체육지도자 필기시험문제!! 최근 기출문제 완전수록

한권으로 끝내기

2급 스포츠지도사

이 책을 펴내며

    문화체육관광부와 한국문화관광연구원이 함께한 '국민생활체육 참여 실태 조사'에서 2018년도 생활체육 참여율은 62.2%로 2017년 59.2% 대비 3.0포인트 증가했으며, 2018년 우리나라 장애인 생활체육 참여율은 23.8%인 것으로 나타났습니다. 앞으로 생활체육프로그램과 공공체육시설 확충으로 장애인도 함께 근거리에서 이용할 수 있게 됨으로써 대한민국 국민이라면 누구나 생활체육을 통해 건강한 삶을 영위할 수 있는 환경이 지속적으로 조성될 것으로 보입니다. 이런 변화에 따라 종목별 스포츠지도사의 배치 확대될 것으로 예상되며, 스포츠 현장에서는 그만큼 역량 있는 스포츠지도사가 요구될 것입니다.

    본서의 저자들은 2015년부터 2021년까지 출제된 기출문제를 분석하여, 수험생들이 꼭 알아야 할 부분의 과목별 핵심 이론을 요약하였습니다. 학습자는 과목별 이론을 체계화하면서 이해를 기반으로 핵심내용은 암기를 병행해야 합니다. 과년도 기출문제 학습을 통해 심화 이론까지 체계화하며, 자주 출제되는 기출문제를 완벽히 학습하고 예상문제를 통해 실전 감각을 익혀야 합니다. 과목별로 핵심 내용들을 머릿속으로 정리하여 마무리한다면 합격할 수 있습니다.

    수험생 여러분 스포츠를 통해 학교, 직장, 지역사회와 체육단체를 포함한 전 국민의 건강과 행복을 줄 수 있는 지도자가 되길 바라며, 합격을 진심으로 기원합니다.

저자 일동

저자 약력

백현종
- 용인대학교 대학원 체육학과 박사 수료(운동생리학)
- 1급 전문스포츠지도사(보디빌딩)
- 건강운동관리사
- 2급 생활스포츠지도사(보디빌딩)
- 대한보디빌딩협회 1급 심판
- 용인대, 한양대, 신한대, 여주대, 경민대 출강
- 스타휘트니스 대표

홍형호
- 한국체육대학교 대학원 석사(운동생리학)
- 국민대학교 대학원 체육학과 박사(스포츠마케팅)
- 2급 전문스포츠지도사(보디빌딩)
- 2급 생활스포츠지도사(보디빌딩)
- The Harvard Medical school Lifestyle Medicine: Prescribing Exercise
- The Harvard Medical school Lifestyle Medicine for Weight Management
- 경민대학교 레포츠과, 태권도과 겸임교수

이동률
- 용인대학교 교육대학원 체육교육학과 석사
- 용인대학교 대학원 체육학과 체육학 박사
- 한국선수트레이너협회 AT
- 대한체력코치협회 사무국장
- 1급 전문스포츠지도사(카라테)
- 중부대학교 겸임교수
- 전) 카라테 국가대표팀 코치
- 前) 대한체육회 찾아가는 운동선수 진로교육 강사
- 前) 카라테 국가대표팀 코치
- 前) 한국스포츠정책과학원 공동연구원

김진훈

- 국립군산대 일반대학원 스포츠인문학 전공 – 체육학박사
- 군산대학교, 을지대학교(대전캠퍼스), 한경대, 전주교육대 출강
- 도핑검사관, 도핑방지교육홍보 전문강사– 한국도핑방지위원회
- 한국프로스포츠협회 스포츠윤리교육 전문강사
- 스포츠윤리센터, 인천시체육회 스포츠인권 전문강사
- 스포츠안전재단 스포츠안전교육 전문강사
- 2급 생활스포츠지도사(보디빌딩, 수영, 스키, 골프, 배드민턴, 배구, 축구, 농구, 조정, 야구)

박채호

- 문화스포츠 복지연구소 대표
- 前 관동대학교 태권도 팀 지도자
- 前 의정부 공고 체육교사, 태권도팀 감독
- 태권도사범자격증 – Basic Athletic Trainer
- 경희대학교 태권도학과 졸업
- 관동대학교 체육교육대학원 교육학석사
- 경희대학교 대학원 스포츠사회학 박사

김정현

- 용인대학교 체육과학대학원 특수체육학과 석사(특수체육)
- 용인대학교 일반대학원 체육학과 박사(특수체육)
- 2급 생활스포츠지도사(수영)

▶▷ 저자 약력

이형록

- 한국외국어 대학교 졸업
- 용인대학교 대학원 체육학과 석사(운동생리학)
- 17회 인천아시안게임 통역(카라테)
- 前)한광중학교 교사
- 대한체력코치협회 체력코치
- 대한체력코치협회 교육팀장
- 서울스포츠과학센터 체력트레이닝 지원

정덕화

- 강원대학교 교육대학원 체육교육전공 교육학석사
- 교원자격증(중등학교 - 2급 체육)
- 2급 생활스포츠지도사(소프트테니스)
- 2급 생활스포츠지도사(배드민턴)
- 2급 생활스포츠지도사(보디빌딩)
- 前) 공군사관학교 항공체육학과 전임강사
- 現) 공군사관학교 항공체육처 조교수

성준영

- 용인대학교 격기지도학과, (부)식품영양학과(학사)
- 용인대학교 교육대학원 체육교육학과(석사)
- 용인대학교 대학원 체육학과(박사)
- 현)공군사관학교 항공체육처 조교수
- 현) 대한체육회 찾아가는 운동선수 진로교육 강사
- 현) 대한체력코치협회 교육&자문이사

시험안내 ❶

※ 체육지도자 자격시험 안내의 상세한 내용은 체육지도자 홈페이지 참조

체육지도자 연수기관 지정 공고

「국민체육진흥법」 제11조의2 및 동법 시행령 제11조의2에 따라 효율적이고 전문적인 체육지도자 연수를 위한 체육지도자 연수기관을 다음과 같이 지정 공지합니다.

1 체육지도자 연수기관 지정 결과

구 분	수도권	경상	충청	전라	강원	제주	합계
1급 전문	국민체육진흥공단 (1)	-	-	-	-	-	1
2급 전문	국기원 한국체육대학교 (2)	동아대학교 (1)	충남대학교 (1)	조선대학교 (1)	-	-	5
1급 생활	국민체육진흥공단 (1)	-	-	원광대학교 (1)	-	-	2
2급 생활	경기대학교 경희대학교 용인대학교 인천대학교 중앙대학교 한양대학교(ERICA) (6)	경남대학교 경상대학교 계명대학교 부경대학교 안동대학교 (5)	건국대학교 충남대학교 충북대학교 호서대학교 (4)	군산대학교 전남대학교 전북대학교 (3)	강릉원주대학교 (1)	제주대학교 (1)	20
유소년	중앙대학교 (1)	경남대학교 (1)	호서대학교 (1)	광주대학교 (1)	가톨릭관동대학교 (1)	-	5
노인	연세대학교 이화여자대학교 (2)	신라대학교 (1)	대전대학교 (1)	목포대학교 호남대학교 (2)	가톨릭관동대학교 (1)	-	7
건강운동	연세대학교 (1)	계명대학교 (1)	순천향대학교 (1)	조선대학교 (1)	-	-	4
1급 장애인	국민체육진흥공단 (1)	-	-	-	-	-	1
2급 장애인	용인대학교 (1)	대구대학교 (1)	백석대학교 (1)	원광대학교 (1)	-	-	4
합계	16	10	9	10	3	1	49

2 지정일 : 2015. 1. 1

※ 기존 경기지도자연수원 및 생활체육지도자 연수원은 2014.12.31자로 운영 만료

시험안내 ❷

체육지도자 자격제도 개편 내용

1 국민체육진흥법 개정(개정 12.2.17/시행 15.1.1)

1. **자격종류** : 스포츠지도사, 건강운동관리사, 장애인스포츠지도사, 유소년스포츠지도사, 노인스포츠지도사 ※ 기존 : 경기지도자, 생활체육지도자
2. **양성과정** : 필기시험 → 실기·구술시험 → 실무연수 ※ 기존 : 실기·구술시험 → 이론연수 → 필기시험
3. **자격검정기관 및 연수기관 지정**
   - 지정권한 : 문체부 장관 지정 ※ 기존 : 문체부 장관 또는 시·도지사가 지정
   - 지정기관 평가 : 시행규칙으로 정하는 바에 따라 평가
   - 위반행위에 따라 업무정지(6개월 이내) 또는 지정취소 가능
4. **자격검정 일부 면제**
   학교체육교사, 선수(프로 스포츠선수 포함) 등 시행령으로 정하는 사람 ※ 기존 : 학교체육교사
5. **수수료** : 자격검정, 연수, 자격증 발급 및 재발급 시 수수료 납부

2 국민체육진흥법시행령 개정(개정 14.7.7/시행 15.1.1)

1. **자격체계** : 지도분야(전문·생활체육), 대상(생애주기)별 세분화

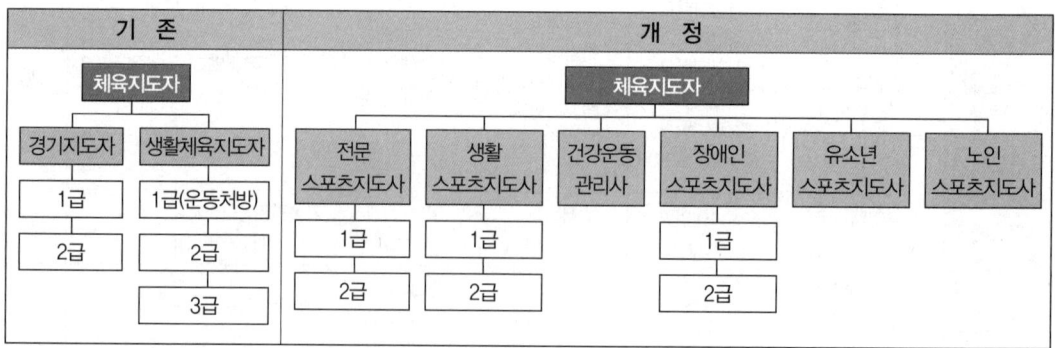

2. **지도대상 및 분야**

지도내용	대 상		분야	자격등급·종류
스포츠 종목	비장애인	유소년(만 3세~초등학생)	체육	유소년스포츠지도사
		청소년 성인	전문체육	1급 전문스포츠지도사(※ 기존 1급 경기지도자)
				2급 전문스포츠지도사(※ 기존 2급 경기지도자)
			생활체육	1급 생활스포츠지도사(※ 기존 2급 생활체육지도자)
				2급 생활스포츠지도사(※ 기존 3급 생활체육지도자)
		노인(만 65세 이상)	생활체육	노인스포츠지도사
	장애인 ※ 전문체육, 생활체육, 종목 前단계인 기초운동			1급 장애인스포츠지도사
				2급 장애인스포츠지도사
운동수행방법 지도·관리				건강운동관리사(※ 기존 1급 생활체육지도사)

3. 자격정의

구 분	내 용
스포츠지도사	자격종목에 대하여 전문체육이나 생활체육을 지도하는 사람을 말함
건강운동 관리사	개인의 체력적 특성에 적합한 운동형태, 강도, 빈도 및 시간 등 운동수행 방법에 대하여 지도·관리하는 사람을 말함 ※ 의사가 의학적 검진을 통하여 건강증진 및 합병증 예방 등을 위하여 치료와 병행하여 운동이 필요하다고 인정하는 사람에 대해서는 의사의 의뢰(「의료기사 등에 관한 법률 시행령」 제2조제1항제3호의 신체교정운동 및 재활훈련은 제외)를 받아 운동 수행방법을 지도·관리함
장애인스포츠 지도사	장애유형에 따른 운동방법 등에 대한 지식을 갖추고 자격종목에 대하여 장애인을 대상으로 전문체육이나 생활체육을 지도하는 사람을 말함
유소년스포츠 지도사	유소년(만 3세부터 중학교 취학 전까지)의 행동양식, 신체발달 등에 대한 지식을 갖추고 자격종목에 대하여 유소년을 대상으로 체육을 지도하는 사람을 말함
노인스포츠 지도사	노인의 신체적·정신적 변화 등에 대한 지식을 갖추고 자격종목에 대하여 노인을 대상으로 생활체육을 지도하는 사람을 말함

4. 자격요건

기 존		개 정	
1급 경기지도자	• 2급 경기 + 경기지도 경력 1년 • 체육 석사 + 경기/경기지도 경력 1년	1급 전문 스포츠지도사	• 해당종목 2급 전문 취득 후 해당종목 경기지도경력 3년 이상
2급 경기지도자	• 체육 분야 학사 • 대학교 졸업 + 경기경력 4년 • 전문대학 졸업 + 경기경력 5년 • 고교 졸업 + 경기경력 6년/국가대표	2급 전문 스포츠지도사	• 해당종목 경기경력 4년 이상 • 다음 각 호에 해당하는 사람은 수업연한을 경기경력으로 인정 – 고등교육법 제2조에 따른 학교에서 체육분야에 관한 학문을 전공하고 졸업한 사람(졸업예정자 포함) – 문체부 장관이 인정하는 외국의 학교에서 체육 분야에 관한 학문을 전공하고 졸업한 사람
2급 생활체육 지도자	• 3급 생체 + 선수/체육분야 행정·연구·지도 경력 3년 • 체육 분야 학사 • 대학교/체육분야 전문대학 졸업 + 선수/체육분야 행정·연구·지도 경력 2년	1급 생활 스포츠지도사	• 해당종목 2급 생활 취득 후 해당종목 지도경력 3년 이상
3급 생활 체육지도자	• 18세 이상	2급 생활 스포츠지도사	• 18세 이상
1급 생활 체육지도자	• 2급 생체 + 선수/체육분야 행정·연구·지도 경력 3년 • 체육 분야 석·박사 • 운동처방전공 석사	건강운동 관리사	• 고등교육법 제2조에 따른 학교에서 체육분야에 관한 학문을 전공하고 졸업한 사람(졸업예정자 포함) • 문체부 장관이 인정하는 외국의 학교에서 체육 분야에 관한 학문을 전공하고 졸업한 사람
–		1급 장애인 스포츠지도사	• 해당종목 2급 장애인 취득 후 해당종목 지도경력 3년 이상
		2급 장애인 스포츠지도사	• 18세 이상
		유소년스포츠 지도사	• 18세 이상
		노인스포츠 지도사	• 18세 이상

5. 자격종목

기 존		개 정	
경기 (54)	검도, 골프, 궁도, 근대5종, 농구, 당구, 럭비, 레슬링, 루지, 봅슬레이스켈레톤, 바이애슬론, 배구, 배드민턴, 보디빌딩, 복싱, 볼링, 빙상, 사격, 사이클, 산악, 세팍타크로, 소프트볼, 수상스키, 수영, 수중, 스쿼시, 스키, 승마, 씨름, 아이스하키, 야구, 양궁, 역도, 요트, 우슈, 유도, 육상, 인라인롤러, 정구, 조정, 체조, 축구, 카누, 컬링, 탁구, 태권도, 테니스, 트라이애슬론, 펜싱, 하키, 핸드볼, 공수도, 댄스스포츠, 택견	전문 스포츠 (54)	• 기존 종목 유지 • 그밖에 문체부 장관이 고시하는 종목
생활 체육 (42)	검도, 게이트볼, 골프, 복싱, 농구, 당구, 라켓볼, 럭비, 레슬링, 레크리에이션, 리듬체조, 배구, 배드민턴, 보디빌딩, 볼링, 빙상, 사이클, 산악, 세팍타크로, 수상스키, 수영, 수중, 스쿼시, 스키, 승마, 씨름, 야구, 에어로빅, 오리엔티어링, 요트, 우슈, 윈드서핑, 유도, 인라인롤러, 정구, 조정, 축구, 카누, 탁구, 태권도, 테니스, 행글라이딩	생활 스포츠 (54)	• 기존 종목 • **명칭 변경(4)** 사이클 → 자전거 산악 → 등산 수중 → 스킨스쿠버 인라인롤러 → 인라인스케이트 • **종목 추가(12)** 궁도, 댄스스포츠, 사격, 아이스하키, 육상, 족구, 철인3종, 패러글라이딩, 하키, 핸드볼, 풋살, 파크골프 • 그밖에 문체부 장관이 고시하는 종목
-		장애인 스포츠 (34)	• 공수도, 골볼, 농구, 레슬링, 론볼, 배구, 배드민턴, 보치아, 볼링, 사격, 사이클, 수영, 승마, 양궁, 역도, 오리엔티어링, 요트, 유도, 육상, 조정, 축구, 카누, 탁구, 태권도, 테니스, 트라이애슬론, 핸드볼, 댄스스포츠, 럭비, 펜싱, 스노우보드, 아이스하키, 알파인 스키 · 바이애슬론 · 크로스컨트리, 컬링 • 그밖에 문체부 장관이 고시하는 종목
		유소년 스포츠 (57)	• 생활체육 종목(54) + **줄넘기, 플라잉디스크, 피구** • 그밖에 문체부 장관이 고시하는 종목
		노인 스포츠 (55)	• 생활체육 종목(54) + **그라운드 골프** • 그밖에 문체부 장관이 고시하는 종목

6. 자격검정 시험과목

	기 존		개 정
1급 경기	• 필기 : 9과목 *영어, 컴퓨터, 스포츠심리학Ⅱ, 스포츠생리학Ⅱ, 스포츠생체역학Ⅱ, 스포츠사회학Ⅱ, 트레이닝론Ⅱ, 코칭론Ⅱ, 스포츠의학	1급 전문	• 필기 : 4과목 *운동상해, 체육측정평가론, 트레이닝론, 스포츠영양학
2급 경기	• 필기 : 8과목 *영어, 한국체육사, 스포츠심리학Ⅰ, 스포츠생리학Ⅰ, 스포츠생체역학Ⅰ, 스포츠사회학Ⅰ, 트레이닝론Ⅰ, 체력측정평가 • 실기와 구술시험	2급 전문	• 필기 : 5과목 *스포츠심리학, 운동생리학, 스포츠사회학, 운동역학, 스포츠교육학, 스포츠윤리, 한국체육사 (7과목 중 5과목 선택) • 실기 및 구술시험
2급 생체	• 필기 : 9과목 *건강교육, 운동생리학, 스포츠사회학, 스포츠심리학, 운동역학, 트레이닝론, 체력검사, 인체해부학, 운동상해 • 실기와 구술시험	1급 생활	• 필기 : 4과목 *운동상해, 체육측정평가론, 트레이닝론, 건강교육론 • 실기 및 구술시험
3급 생체	• 필기 : 8과목 *생활체육론, 건강관리, 운동생리학, 스포츠심리학, 스포츠사회학, 레크리에이션론, 트레이닝론, 구급 및 안전관리 • 실기와 구술시험	2급 생활	• 필기 : 5과목 *스포츠심리학, 운동생리학, 스포츠사회학, 운동역학, 스포츠교육학, 스포츠윤리, 한국체육사 (7과목 중 5과목 선택) • 실기 및 구술시험
1급 생활	• 필기 : 12과목 *운동심리학, 생체역학, 심폐소생법, 운동생리학, 운동영양학, 기능해부학, 병리생리학, 심전도원리, 운동부하 검사, 체력 및 건강검사, 체력육성지도법, 운동처방론	건강 운동	• 필기 : 8과목 *기능해부학(운동역학 포함), 운동생리학, 스포츠심리학, 건강·체력평가, 운동처방론, 병태생리학, 운동상해, 운동부하검사 • 실기 및 구술시험 *심폐소생술(CPR)/응급처치, 건강/체력측정평가, 운동트레이닝방법, 운동손상 평가 및 재활
	-	1급 장애인	• 필기 : 4과목 *장애인스포츠론, 운동상해, 체육측정평가론, 트레이닝론 • 실기 및 구술시험, 장애유형에 따른 지도방법
		2급 장애인	• 필기 : 5과목 *필수(1) : 특수체육론 *선택(4) : 스포츠심리학, 운동생리학, 스포츠사회학, 운동역학, 스포츠교육학, 스포츠윤리, 한국체육사 • 실기 및 구술시험, 장애유형에 따른 지도방법
		유소년	• 필기 : 5과목 *필수(1) : 유아체육론 *선택(4) : 스포츠심리학, 운동생리학, 스포츠사회학, 운동역학, 스포츠교육학, 스포츠윤리, 한국체육사 • 실기 및 구술시험, 유소년 발육·발달 단계에 따른 지도방법
		노인	• 필기 : 5과목 *필수(1) : 노인체육론 *선택(4) : 스포츠심리학, 운동생리학, 스포츠사회학, 운동역학, 스포츠교육학, 스포츠윤리, 한국체육사 • 실기 및 구술시험, 노인의 신체적·정신적 변화에 따른 지도 방법

7. 자격검정 또는 연수과정 일부면제

학교체육교사

기 존		개 정	
2급 경기	• 경기지도 경력 3년 + 실기와 구술시험	2급 전문	• 초·중등교육법 별표 2에 따른 중등학교 정교사(체육과목) 자격을 가지고, 같은 법 제2조에 따른 학교에서 해당종목 경기지도경력 3년 이상 + 실기 및 구술시험
2급 생체	• 지도 경력 3년 + 특별연수	1급 생활	• 초·중등교육법 별표 2에 따른 중등학교 정교사(체육과목) 자격을 가지고, 같은 법 제2조에 따른 학교에서 해당종목 지도경력 3년 이상 + 특별연수
-		2급 장애인	• 초·중등교육법 별표 2에 따른 중등학교 정교사(체육과목) 또는 특수학교 정교사 자격을 가지고 장애인 등에 대한 특수교육법 제2조제10호에 따른 특수교육기관에서 해당종목 지도경력 3년 이상 + 실기 및 구술시험 + 특별연수
		유소년	• 초·중등교육법 별표 2에 따른 중등학교 정교사(체육과목) 자격을 가지고, 같은 법 제2조에 따른 학교에서 해당종목 지도경력 3년 이상 + 실기 및 구술시험 + 특별연수

국가대표선수

기 존		개 정		
-		1급 전문	해당 종목의 국가대표선수로 국제올림픽위원회, 아시아올림픽평의회, 종목별 국제연맹, 종목별 아시아연맹에서 주최하는 국제대회 참가경력	• 해당종목 2급 전문 취득 후 경기지도 3년 이상 + 연수(일반과정)
2급 경기	• 구술시험	2급 전문		• 구술시험
2급 생체	• 특별연수	1급 생활		• 특별연수
3급 생체	• 구술시험	2급 생활	(폐 지)	
-		1급 장애인	해당 종목의 국가대표선수로 국제장애인올림픽위원회, 아시아장애인올림픽위원회, 국제스포츠연맹, 국제장애인올림픽위원회스포츠연맹, 국제장애유형별스포츠연맹에서 주최하는 국제대회 참가경력	• 해당종목 2급 장애인 취득 후 경기지도 3년 이상 + 연수(일반과정)
		2급 장애인		• 구술시험 + 특별연수

프로 스포츠 선수

- 해당 종목의 프로 스포츠단체 선수경력 또는 정회원 경력 3년 이상
- 문체부 장관이 지정하는 프로 스포츠단체에 등록된 프로선수에 한함

개 정	
2급 전문	• 구술시험 + 특별연수
1급 생활	• 구술시험 + 특별연수

체육지도자가 동급의 다른 종목을 취득하려는 경우
[예: 1급 생활체육(볼링)이 1급 생활체육(수영) 취득]

개 정	
2급 전문	• 실기 및 구술시험
1급 · 2급 생활	
2급 장애인	
유소년	
노인	

동일한 종목으로 다른 종류의 자격을 취득하려는 경우
[예: 1급 전문(볼링)이 1급 생활(볼링) 취득]

개 정		
1급 전문	→ 1급 생활	구술시험
	→ 유소년/노인	구술시험 + 특별연수
2급 전문	→ 1급 생활	필기시험 + 구술시험 + 특별연수
	→ 유소년/노인	구술시험 + 특별연수
1급 · 2급 생활	→ 유소년/노인	구술시험 + 특별연수
유소년	→ 2급 생활/노인	구술시험 + 특별연수
노인	→ 2급 생활/유소년	구술시험 + 특별연수

8. 자격검정

1) **방법** : 필기시험, 실기 및 구술시험(1급 전문의 경우는 필기시험만 실시)

2) **시행횟수** : 연 1회 실시(필요 시 문체부 장관의 승인을 받아 횟수 조정 가능)

3) **자격검정위원회** : 근거 신설, 세부사항 시행규칙에 위임

4) **자격검정 시험위원** : 해당 분야에 전문성이 있는 사람으로서 문화체육관광부령으로 정하는 자격이 있는 사람을 필기시험과 실기 및 구술시험의 시험위원으로 위촉해야 함

5) **필기시험 면제** : 필기시험을 합격한 사람에 대해 다음 1회 필기시험 면제

6) **자격검정기관 지정** : 문체부 장관은 고등교육법 제2조에 따른 학교, 체육단체 또는 경기단체 중에서 지정요건을 모두 충족하는 기관을 자격검정기관으로 지정할 수 있음

7) **자격검정기관 지정요건**
   • 체육단체 또는 경기단체의 경우 비영리법인일 것
   • 자격검정 실시를 위한 조직 · 인력 · 시설을 갖추고 있을 것
   • 자격검정에 관한 체육계 및 관련 단체의 의견수렴 체계를 갖추고 있을 것

- 자격종목에 관한 전문성 및 대표성을 확보하고 있을 것(실기 및 구술시험의 자격검정기관에 한함)
- 세부적인 지정기준, 지정절차 등은 문체부 장관이 미리 정하여 공고

8) **자격검정계획** : 원서접수, 시험일정, 장소, 출제기준, 시험위원, 시험문제 관리, 시험감독, 채점 및 합격자 공고, 자격검정 예산 등 내용 포함

9. 연수

1) **연수과정** : 현장실습 포함 등 실무 위주로 개편

2) **연수기관 지정** : 문체부 장관은 고등교육법 제2조에 따른 학교, 체육단체 또는 경기단체 중에서 지정요건을 모두 충족하는 기관을 연수기관으로 지정할 수 있음

3) **연수기관 지정요건**
   - 체육단체 또는 경기단체의 경우 비영리법인일 것
   - 연수과정 운영을 위한 조직·시설·인력을 갖추고 있을 것
   - 해당지역에 연수기관 설치·운영 수요가 있을 것
   - 현장실습을 위한 여건을 갖추고 있을 것
   - 세부적인 지정기준, 지정절차 등은 문체부 장관이 미리 정하여 공고

4) **연수기관의 종류**
   - 1급 전문스포츠지도사 연수기관
   - 2급 전문스포츠지도사 연수기관
   - 1급 생활스포츠지도사 연수기관
   - 2급 생활스포츠지도사 연수기관
   - 건강운동관리사 연수기관
   - 1급 장애인스포츠지도사 연수기관
   - 2급 장애인스포츠지도사 연수기관
   - 유소년스포츠지도사 연수기관
   - 노인스포츠지도사 연수기관
   ※ 문체부 장관이 필요하다고 인정하는 경우 두 종류 이상의 연수기관을 통합하여 운영하게 할 수 있음

5) **운영위원회** : 근거 신설, 세부사항 시행규칙에 위임

6) **연수계획** : 원서접수, 연수일정, 장소, 운영인력, 연수과정, 연수대상자 관리, 운영위원회 구성 및 운영, 연수기관 운영예산 등 내용 포함

10. 자격증 발급·재발급 등 업무 위탁

문체부 장관은 자격증 발급 및 재발급 업무를 국민체육진흥공단에 위탁

※ 기존 : 문체부

11. 특례 및 경과조치
 1) 종전의 체육지도자에 관한 경과조치
    - 종전의 1급 경기지도자 자격을 취득한 사람은 1급 전문스포츠지도사 자격을 취득한 것으로 봄
    - 종전의 2급 경기지도자 자격을 취득한 사람은 2급 전문스포츠지도사 자격을 취득한 것으로 봄
    - 종전의 1급 생활체육지도자 자격을 취득한 사람은 건강운동관리사 자격을 취득한 것으로 봄
    - 종전의 2급 생활체육지도자 자격을 취득한 사람은 1급 생활스포츠지도사 자격을 취득한 것으로 봄
    - 종전의 3급 생활체육지도자 자격을 취득한 사람은 2급 생활스포츠지도사 자격을 취득한 것으로 봄

 2) 1급 전문스포츠지도사 자격 요건에 관한 경과조치
    2급 경기 + 경기지도경력 1년 이상, 체육분야 석사* 이상 + 경기경력, 체육분야 석사* 이상 + 지도경력 1년 이상인 사람에 대해서는 '16.12.31까지('15.1.1 이후 군복무를 마친 경우 '19.12.31까지) 1급 전문 응시 가능

    *체육분야 석사 : '15.1.1 당시 대학원의 체육관련 학과 석사과정에 재학 중인 사람은 '17.12.31까지('15.1.1 이후 군복무를 마친 경우 '20.12.31까지) 응시 가능

 3) 1급 생활스포츠지도사 자격 요건에 관한 경과조치
    3급 생체 + 선수경력, 3급 생체 + 체육분야 행정·연구·지도경력 3년 이상, 체육분야 학사* 취득자, 대학교 또는 전문대학 체육관련 학과 졸업 + 선수 경력 또는 체육분야 행정·연구·지도 경력 2년 이상인 사람에 대해서는 '17.12.31('15.1.1 이후 군복무를 마친 경우 '20.12.31)까지 1급 생활 응시 가능

    *체육분야 학사 : '15.1.1 당시 대학교(학사)의 체육관련 학과에 재학 중인 사람은 '18.12.31까지('15.1.1 이후 군복무를 마친 경우 '21.12.31까지) 응시 가능

 4) 건강운동관리사 자격요건에 관한 경과조치
    2급 생체 + 선수경력, 2급 생체 + 체육분야 행정·연구·지도 경력 3년 이상인 사람에 대해서는 '17.12.31까지('15.1.1 이후 군복무를 마친 경우 '20.12.31까지) 건강운동관리사 응시 가능

 5) 장애인스포츠지도사 신설에 따른 특례
    '08년부터 '11년까지 대한장애인체육회의 장애인스포츠지도사 연수를 수료한 후, 장애인을 대상으로 2년간 체육을 지도한 경력이 있는 사람은 2급 장애인 자격 취득 시 필기시험, 실기시험, 연수과정 면제

 6) 학교운동부지도자 및 스포츠강사에 대한 특례
    - 학교체육진흥법 제2조제6호의 학교운동부지도자가 2급 전문 자격 취득 시 '16.12.31까지 필기시험, 연수과정 면제
    - 학교체육진흥법 제2조제7호의 스포츠강사가 유소년 자격 취득 시 '16.12.31까지 필기시험, 연수과정 면제

체육지도자 자격개편 관련 Q & A

Q 기존 자격제도와 2015년부터 시행되는 자격제도의 가장 큰 변화는 무엇인지?

A 체육지도자 자격종류가 세분화됩니다. 종전의 1·2급 경기지도자와 1·2·3급 생활체육지도자가 2015년부터는 1·2급 전문스포츠지도사, 1·2급 생활스포츠지도사, 건강운동관리사, 1·2급 장애인스포츠지도사, 유소년스포츠지도사, 노인스포츠지도사로 다양해집니다. 취득절차도 종전의 실기·구술 → 연수 → 필기에서, 필기 → 실기·구술 → 연수(실무 위주)로 바뀝니다.

Q 2015년 이전에 취득한 자격증은 어떻게 되는지?

A 기존에 취득한 자격은 그대로 승계가 됩니다. 1급 경기지도자는 1급 전문스포츠지도사로, 2급 경기지도자는 2급 전문스포츠지도사로, 1급 생활체육지도자는 건강운동관리사로, 2급 생활체육지도자는 1급 생활스포츠지도사로, 3급 생활체육지도자는 2급 생활스포츠지도사로 승계됩니다. 새로운 명칭의 자격증을 발급 받으시려면 자격증 재발급 신청을 하시면 됩니다.

Q 체육학과에 재학중인 학생입니다. 기존 제도에서는 3급 생활 필기시험 과목을 이수하고 대학교 성적이 80% 이상이면 자격부여 과정(필기, 연수 면제)으로 3급 생활 자격을 취득할 수 있는데 앞으로는 어떻게 되는지?

A 2015년부터는 학력 및 학점에 따라 자격검정이나 연수과정을 일부 면제하는 제도가 없어집니다. 따라서 체육관련학과 졸업생이라도 필기 → 실기·구술 → 연수과정을 모두 거쳐야 자격취득이 가능합니다.

Q 체육에 관한 연구·지도 종사자로서 해당 자격종목 종사기간이 10년 이상인 사람의 경우 기존에는 3급 생체 특별과정으로 필기가 면제되었는데 앞으로는 어떻게 되는지?

A 2015년부터는 체육분야 연구·지도경력에 따른 특별과정이 없어집니다. 자격검정이나 연수가 일부 면제되는 경우는 국가대표선수, 학교체육교사, 프로 스포츠선수이거나, 이미 자격을 보유한 사람이 다른 종목을 추가 취득 또는 동일한 종목으로 다른 종류의 자격을 취득하는 경우에만 적용됩니다.

Q 필기검정은 어떻게 준비해야 하는지?

A 기존에는 연수 후 필기검정을 실시하였고 연수교재 범위에서 필기검정이 출제되었으나 2015년부터는 필기검정 과목별 출제기준(범위)만 공고되고 별도의 교재가 없습니다. 따라서 여타 다른 자격제도의 필기검정과 마찬가지로 출제기준에 따라 각자 시험 준비를 하여야 합니다.

Q 국가대표 선수의 경우 체육지도자 자격을 취득하려면 어떤 절차를 거쳐야 하는지?

A 해당 종목의 국가대표선수로 국제올림픽위원회, 아시아올림픽평의회, 종목별 국제연맹, 종목별 아시아연맹에서 주최하는 국제대회 참가경력이 있는 사람은 체육지도자 자격 취득 시 자격검정 및 연수과정의 일부를 면제받게 됩니다.

구 분	취득 절차
1급 전문	• 요건 : 해당종목 2급 전문 취득 후 경기지도 3년 이상 • 연수(일반과정)
2급 전문	• 구술시험
1급 생활	• 특별연수

Q 장애인 국가대표 선수의 경우 체육지도자 자격을 취득하려면 어떤 절차를 거쳐야 하는지?

A 해당 종목의 국가대표선수로 국제장애인올림픽위원회, 아시아장애인올림픽위원회, 국제스포츠연맹, 국제장애인올림픽위원회스포츠연맹, 국제장애유형별스포츠연맹에서 주최하는 국제대회 참가경력이 있는 사람은 체육지도자 자격 취득 시 자격검정 및 연수과정의 일부를 면제받게 됩니다.

구 분	주요 내용
1급 장애인	• 요건 : 해당종목 2급 장애인 취득 후 경기지도 3년 이상 • 연수(일반과정)
2급 장애인	• 구술시험 + 특별연수

Q 학교체육교사의 경우 체육지도자 자격을 취득하려면 어떤 절차를 거쳐야 하는지?

A 학교체육교사나 특수학교교사의 경우 자격종류별로 아래와 같이 자격검정 및 연수과정의 일부를 면제받게 됩니다.

구 분	주요 내용
2급 전문	• 요건 : 초·중등교육법 별표 2에 따른 중등학교 정교사(체육과목) 자격을 가지고 같은 법 제2조에 따른 학교에서 해당종목 경기지도경력 3년 이상 • 실기 및 구술시험
1급 생활	• 요건 : 초·중등교육법 별표 2에 따른 중등학교 정교사(체육과목) 자격을 가지고 같은 법 제2조에 따른 학교에서 해당종목 지도경력 3년 이상 • 특별연수
2급 장애인	• 요건 : 초·중등교육법 별표 2에 따른 중등학교 정교사(체육과목) 또는 특수학교 정교사 자격을 가지고 장애인 등에 대한 특수교육법 제2조제10호의 특수교육기관에서 해당종목 지도경력 3년 이상 • 실기 및 구술시험 + 특별연수
유소년	• 요건 : 초·중등교육법 별표 2에 따른 중등학교 정교사(체육과목) 자격을 가지고 같은 법 제2조에 따른 학교에서 해당종목 지도경력 3년 이상 • 실기 및 구술시험 + 특별연수

Q 프로 스포츠 선수의 경우 체육지도자 자격을 취득하려면 어떤 절차를 거쳐야 하는지?

A 문화체육관광부 장관이 지정하는 프로 스포츠단체에 등록된 프로 스포츠선수로서 해당 종목의 프로 스포츠단체 선수경력 또는 정회원 경력이 3년 이상인 사람은 체육지도자 자격 취득 시 자격검정 및 연수과정의 일부를 면제받게 됩니다.

구 분	취득 절차
2급 전문	• 구술시험 + 특별연수
1급 생활	• 구술시험 + 특별연수

Q 자격별로 응시요건이 바뀌면서 전년도에는 응시가 가능했는데 금년부터는 응시가 불가능해지는 경우 해결방안이 없는지?

A 1급 전문, 1급 생활, 건강운동관리사 응시요건을 현재와 같은 수준으로 일정기간 유지하는 경과조치를 마련하였습니다.

1급 전문스포츠지도사의 경우 2급 경기 + 경기지도경력 1년 이상, 체육분야 석사* 이상 + 경기경력, 체육분야 석사* 이상 + 지도경력 1년 이상인 사람에 대해서는 '16.12.31까지('15.1.1 이후 군복무를 마친 경우 '19.12.31까지) 응시 가능합니다.

* 체육분야 석사 : '15.1.1 당시 대학원의 체육관련 학과 석사과정에 재학중인 사람은 '17.12.31까지('15.1.1 이후 군복무를 마친 경우 '20.12.31까지) 응시 가능

1급 생활스포츠지도사의 경우 3급 생체 + 선수경력, 3급 생체 + 체육분야 행정·연구·지도경력 3년 이상, 체육분야 학사* 취득자, 대학교 또는 전문대학 체육관련 학과 졸업 + 선수경력 또는 체육분야 행정·연구·지도 경력 2년 이상인 사람에 대해서는 '17.12.31('15.1.1 이후 군복무를 마친 경우 '20.12.31)까지 응시 가능합니다.

* 체육분야 학사 : '15.1.1 당시 대학교(학사)의 체육관련 학과에 재학중인 사람은 '18.12.31까지('15.1.1 이후 군복무를 마친 경우 '21.12.31까지) 응시 가능

건강운동관리사의 경우 2급 생체 + 선수경력, 2급 생체 + 체육분야 행정·연구·지도 경력 3년 이상인 사람에 대해서는 '17.12.31까지('15.1.1 이후 군복무를 마친 경우 '20.12.31까지) 응시 가능합니다.

시험안내 ❸

체육지도자 필기시험 출제기준(안)

1 과목 총괄표

시험과목	2급 전문 스포츠 지도사	2급 생활 스포츠 지도사	2급 장애인 스포츠 지도사	유소년 스포츠 지도사	노인 스포츠 지도사	건강 운동 관리사	1급 전문 스포츠 지도사	1급 생활 스포츠 지도사	1급 장애인 스포츠 지도사
1) 스포츠심리학	선택	선택	선택	선택	선택	필수			
2) 운동생리학	선택	선택	선택	선택	선택	필수			
3) 스포츠사회학	선택	선택	선택	선택	선택				
4) 운동역학	선택	선택	선택	선택	선택				
5) 스포츠교육학	선택	선택	선택	선택	선택				
6) 스포츠윤리	선택	선택	선택	선택	선택				
7) 한국체육사	선택	선택	선택	선택	선택				
8) 운동상해						필수	필수	필수	필수
9) 체육측정평가론							필수	필수	필수
10) 트레이닝론							필수	필수	필수
11) 기능해부학 (운동역학 포함)						필수			
12) 건강·체력 평가						필수			
13) 운동처방론						필수			
14) 병태생리학						필수			
15) 운동부하검사						필수			
16) 특수체육론			필수						
17) 유아체육론				필수					
18) 노인체육론					필수				
19) 스포츠영양학							필수		
20) 건강교육론								필수	
21) 장애인스포츠론									필수
	5과목 (7과목 중 5과목 선택)	5과목 (7과목 중 5과목 선택)	5과목 (7과목 중 4과목 선택/ 필수 1)	5과목 (7과목 중 4과목 선택/ 필수 1)	5과목 (7과목 중 4과목 선택/ 필수 1)	8과목 (필수)	4과목 (필수)	4과목 (필수)	4과목 (필수)

2 과목별 출제기준(안)

1. 스포츠교육학[2급 전문, 2급 생활, 2급 장애인, 유소년, 노인]

주요항목	세부항목	세세항목
1. 스포츠교육의 배경과 개념	1. 스포츠교육의 역사	1. 스포츠 가르치기에 대한 역사적 관심
		2. 스포츠 가르치기에 대한 최근의 노력
	2. 스포츠교육의 개념	1. 협의의 스포츠교육
		2. 광의의 스포츠교육
	3. 스포츠교육의 현재	1. 학교에서의 스포츠교육
		2. 생활에서의 스포츠교육
		3. 경기에서의 스포츠교육
2. 스포츠교육의 정책과 제도	1. 학교체육	1. 국가체육교육과정 및 학교체육진흥법
		2. 체육교사 및 기타 정책
	2. 생활체육	1. 국민체육진흥법 및 국민체육진흥정책
		2. 스포츠지도사 및 기타 정책
	3. 전문체육	1. 국민체육진흥법 및 국민체육진흥정책
		2. 스포츠지도사 및 기타 정책
3. 스포츠교육의 참여자 이해론	1. 스포츠교육 지도자	1. 체육교육전문가(교사, 강사)
		2. 스포츠지도전문인(코치, 강사)
	2. 스포츠교육 학습자	1. 유아, 청소년
		2. 일반성인
		3. 노년 및 장애인
	3. 스포츠교육 행정가	1. 국내의 현황과 사례
		2. 국외의 현황과 사례
4. 스포츠교육의 프로그램론	1. 학교체육 프로그램 개발 및 실천	1. 체육수업지도 프로그램
		2. 스포츠클럽지도 프로그램
		3. 기타 학교체육활동 프로그램
	2. 생활체육 프로그램 개발 및 실천	1. 청소년 스포츠지도 프로그램
		2. 성인 스포츠지도 프로그램
	3. 전문체육 프로그램 개발 및 실천	1. 청소년 스포츠코칭 프로그램
		2. 성인 스포츠코칭 프로그램
5. 스포츠교육의 지도방법론	1. 스포츠지도를 위한 교육모형	1. 직접 교수 모형
		2. 개별화 지도 모형
		3. 협동학습모형
		4. 스포츠 교육 모형
		5. 동료 교수 모형
		6. 탐구 수업 모형
		7. 전술 게임 모형
		8. 개인적·사회적 책임감 모형
		9. 하나로 수업 모형

주요항목	세부항목	세세항목
5. 스포츠교육의 지도방법론	2. 스포츠지도를 위한 교수기법	1. 지도를 위한 준비
		2. 지도계획안의 설계
		3. 지도내용의 전달
		4. 지도내용의 연습 및 교정
		5. IT의 효과적 활용
		6. 효과적 관리운영
		7. 안전 및 예방
	3. 세부지도목적에 따른 교수기법	1. 건강을 위한 지도기법
		2. 여가를 위한 지도기법
		3. 경쟁을 위한 지도기법
		4. 인성을 위한 지도기법
		5. 표현을 위한 지도기법
		6. 이론을 위한 지도기법
		7. 기타
6. 스포츠교육의 평가론	1. 평가의 이론적 측면	1. 평가의 목적과 활용
		2. 평가의 양호도
	2. 평가의 실천적 측면	1. 평가의 모형과 사례
		2. 평가의 기법과 사례
7. 스포츠교육자의 전문적 성장	1. 스포츠교육전문인의 전문역량	1. 학교체육전문인의 핵심역량 개발
		2. 생활체육전문인의 핵심역량 개발
		3. 전문체육지도자의 핵심역량 개발
	2. 장기적 전문인 성장 및 발달	1. 형식적 성장
		2. 비형식적 성장
		3. 무형식적 성장

2. 스포츠사회학[2급 전문, 2급 생활, 2급 장애인, 유소년, 노인]

주요항목	세부항목	세세항목
1. 스포츠 사회학의 이해	1. 스포츠사회학의 의미	1. 스포츠사회학의 정의
		2. 스포츠사회학의 적용 및 사례
	2. 스포츠의 사회적 기능	1. 사회 정서적 기능
		2. 사회화 기능
		3. 사회 통합 및 통제 기능
2. 스포츠와 정치	1. 스포츠와 정치의 결합	1. 스포츠의 정치적 속성 및 기능
		2. 정치의 스포츠 이용방법
	2. 스포츠와 국내정치	1. 스포츠 정책의 이해
		2. 스포츠에 대한 정치의 개입원인
	3. 스포츠와 국제정치	1. 국제정치에서 스포츠의 역할
		2. 올림픽과 국제정치
		3. 스포츠와 남북관계

주요항목	세부항목	세세항목
3. 스포츠와 경제	1. 상업주의와 스포츠	1. 상업주의와 스포츠의 변화
		2. 프로스포츠와 상업주의
		3. 상업주의와 세계화
	2. 스포츠 메가이벤트의 경제	1. 국제스포츠이벤트의 사회적 기능
		2. 국제스포츠이벤트의 경제적 가치
4. 스포츠와 교육	1. 스포츠의 교육적 기능	1. 스포츠의 교육적 순기능
		2. 스포츠의 교육적 역기능
	2. 한국의 학원스포츠	1. 학원 스포츠의 문제
		2. 학원 스포츠 제도의 변화
5. 스포츠와 미디어	1. 스포츠와 미디어의 이해	1. 스포츠 미디어의 유형과 특성
		2. 스포츠 저널리즘의 이해
	2. 스포츠와 미디어의 상호관계	1. 스포츠와 미디어의 상호작용 및 공생관계
		2. 스포츠와 미디어 윤리
6. 스포츠와 사회계급/계층	1. 사회계층의 이해	1. 사회계층의 개념 및 정의
		2. 사회계층의 형성과정
	2. 사회계층과 스포츠 참가	1. 스포츠 참가 유형의 차이
		2. 스포츠관람 및 참가종목의 차이
	3. 스포츠와 계층이동	1. 스포츠계층이동의 유형
		2. 사회이동기제로서의 스포츠
7. 스포츠와 사회화	1. 스포츠사회화의 의미와 과정	1. 스포츠사회화의 정의
		2. 스포츠사회화 과정
	2. 스포츠로의 사회화와 스포츠를 통한 사회화	1. 스포츠로의 사회화
		2. 스포츠를 통한 사회화
	3. 스포츠 탈사회화와 재사회화	1. 스포츠로부터의 탈사회화
		2. 스포츠에로의 재사회화
8. 스포츠와 일탈	1. 스포츠일탈의 이해	1. 스포츠 일탈의 개념 및 원인
		2. 스포츠 일탈의 기능
	2. 스포츠일탈의 유형	1. 폭력행위
		2. 약물복용
		3. 부정 및 범죄행위
		4. 과도한 참가
		5. 관중폭력
9. 미래사회의 스포츠	1. 스포츠 변화에 영향을 미치는 요인	1. 테크놀로지의 발전
		2. 통신 및 전자매체의 발달
		3. 조직화 및 합리화
		4. 상업화 및 소비성향의 변화
	2. 스포츠 세계화	1. 스포츠 세계화의 의미
		2. 스포츠 세계화의 동인

3. 스포츠심리학[2급 전문, 2급 생활, 건강운동, 2급 장애인, 유소년, 노인]

주요항목	세부항목	세세항목
1. 스포츠심리학의 개관	1. 스포츠심리학의 정의 및 의미	1. 스포츠심리학의 정의
		2. 스포츠심리학의 의미(광의 및 협의)
	2. 스포츠심리학의 역사	1. 스포츠심리학의 발전과정
		2. 우리나라의 스포츠심리학
	3. 스포츠심리학의 영역과 역할	1. 스포츠심리학
		2. 운동제어
		3. 운동학습
		4. 운동발달
		5. 운동심리학
2. 인간운동행동의 이해	1. 운동제어	1. 운동제어의 개념
		2. 기억체계 및 운동제어 체계
		3. 운동프로그램과 특성
	2. 운동학습	1. 운동학습의 개념
		2. 운동학습의 본질(이론과 모델)
		3. 운동학습의 과정
		4. 운동학습 시 주요 요인
		5. 효율적인 운동학습
	3. 운동발달	1. 운동발달의 개념
		2. 운동발달 영향 요인
		3. 발달의 원리와 단계별 특징
3. 스포츠수행의 심리적 요인	1. 성격	1. 성격의 개념과 이론
		2. 성격이론
		3. 성격의 측정
		4. 성격과 경기력과의 관계
	2. 정서와 시합불안	1. 재미와 몰입
		2. 정서모형과 측정
		3. 불안의 측정
		4. 스트레스와 탈진
		5. 경쟁불안과 경기력 관계 이론
		6. 불안, 스트레스 관리 기법
	3. 동기	1. 동기의 개념
		2. 동기유발의 기능과 종류
		3. 동기이론
		4. 귀인과 귀인훈련
		5. 동기유발의 방법
	4. 목표설정	1. 목표설정의 개념
		2. 목표설정의 원리
		3. 목표설정의 실제
	5. 자신감	1. 자신감의 개념
		2. 자신감 이론
		3. 자신감을 향상시키는 방법
	6. 심상	1. 심상의 개념과 유형
		2. 심상의 이론
		3. 심상의 측정과 활용

주요항목	세부항목	세세항목
3. 스포츠수행의 심리적 요인	7. 주의집중	1. 주의집중의 개념
		2. 주의집중의 유형과 측정
		3. 주의와 경기력의 관계
		4. 주의집중 향상 기법
	8. 루틴	1. 루틴의 개념과 활용
		2. 인지 재구성의 개념과 활용
		3. 자기 암시의 개념과 활용
4. 스포츠수행의 사회 심리적 요인	1. 집단 응집력	1. 집단 응집력의 정의
		2. 집단에서 사회적 태만
		3. 집단응집력 이론
		4. 집단 응집력과 운동수행 관계
		5. 팀 빌딩과 집단응집력 향상 기법
	2. 리더십	1. 리더십의 정의
		2. 리더십 이론
		3. 리더십 효과와 상황요인
		4. 강화와 처벌
		5. 코칭 스타일과 코칭행동 평가
	3. 사회적 촉진	1. 사회적 촉진의 개념과 이론
		2. 경쟁과 협동의 효과
		3. 모델링 방법과 효과
		4. 주요타자의 사회적 영향
	4. 사회성 발달	1. 공격성의 개념과 이론
		2. 스포츠에서 공격성의 원인과 결과
		3. 스포츠 참가와 인성발달
5. 운동심리학	1. 운동의 심리적 효과	1. 운동과 성격
		2. 운동의 심리생리적 효과
		3. 신체활동의 심리 측정
		4. 심리적 효과의 과정
	2. 운동심리 이론	1. 합리행동 이론과 계획행동 이론
		2. 변화단계 이론
		3. 통합이론
		4. 사회생태학 이론
	3. 운동실천 중재전략	1. 운동실천 영향 요인
		2. 지도자, 집단, 문화의 영향
		3. 이론에 근거한 전략
		4. 행동수정 및 인지전략
6. 스포츠심리상담	1. 스포츠심리상담의 개념	1. 스포츠심리상담의 이론
		2. 스포츠심리상담 모형
	2. 스포츠심리상담의 적용	1. 스포츠심리상담 프로그램
		2. 스포츠심리상담의 절차와 기법

4. 스포츠윤리[2급 전문, 2급 생활, 2급 장애인, 유소년, 노인]

주요항목	세부항목	세세항목
1. 스포츠와 윤리	1. 스포츠의 윤리적 기초	1. 도덕, 윤리, 선의 개념
		2. 사실판단과 가치판단
		3. 스포츠와 윤리의 관계
	2. 스포츠윤리의 이해	1. 일반윤리와 스포츠윤리: 스포츠윤리의 독자성
		2. 스포츠윤리의 목적과 필요성
		3. 스포츠윤리와 스포츠인의 윤리
	3. 윤리이론	1. 결과론적 윤리체계
		2. 의무론적 윤리체계
		3. 목적(덕)론적 윤리체계
		4. 동양사상과 윤리체계
		5. 가치충돌의 문제와 대안
2. 경쟁과 페어플레이	1. 스포츠경기의 목적	1. agon과 arete의 차이
		2. 승리 추구와 탁월성 성취
	2. 스포츠맨십	1. 투쟁적 놀이로서 스포츠
		2. 놀이의 도덕: 규칙 준수와 게임 자체의 존중
		3. 스포츠에서 도덕적 행동과 "좋은"스포츠 경기
	3. 페어플레이	1. '페어'하게 '플레이'한다는 의미
		2. 의도적인 파울
		3. 승부조작의 윤리적 문제와 해결방안
3. 스포츠와 불평등	1. 성차별	1. 스포츠에서 성차별의 과거와 현재
		2. 스포츠에서 성 평등을 이루기 위한 방안
		3. 성전환 선수의 문제
	2. 인종차별	1. 스포츠에서 인종차별의 과거와 현재
		2. 다문화사회의 도래와 예상되는 갈등들
		3. 스포츠에서 인종차별을 극복하기 위한 방안
	3. 장애차별	1. 장애인의 스포츠권
		2. 스포츠에서 장애인 차별
		3. 장애차별 없는 스포츠의 조건
4. 스포츠에서 환경과 동물윤리	1. 스포츠와 환경윤리	1. 스포츠에서 파생되는 환경윤리적인 문제들
		2. 스포츠에 적용 가능한 환경윤리학의 이론들
		3. 지속가능한 스포츠발달의 윤리적 전제
	2. 스포츠와 동물윤리	1. 스포츠의 종차별주의 문제
		2. 경쟁·유희·연구의 도구로 전락된 동물의 권리
5. 스포츠와 폭력	1. 스포츠 폭력	1. 스포츠 고유의 공격적 특성과 폭력성
		2. 격투스포츠의 윤리적 논쟁: 이종격투기

주요항목	세부항목	세세항목
5. 스포츠와 폭력	2. 선수 폭력	1. 경기 중, 후 선수들 간의 폭력
		2. 선수의 심판이나 관중 폭력
		3. 일상생활에서 선수의 폭력
	3. 관중 폭력	1. 경기 중 관중의 폭력
		2. 경기 후 뒤풀이에서의 폭력적 행동
		3. 라이벌 선수와 팀 폭력
6. 경기력 향상과 공정성	1. 도핑	1. 도핑의 의미
		2. 도핑을 금지해야만 하는 이유
		3. 효과적인 도핑금지 방안
	2. 유전자 조작	1. 스포츠에서 유전자조작의 현황
		2. 유전자조작을 반대해야만 하는 이유
		3. 스포츠에서 유전자조작 방지 대책
	3. 용기구와 생체 공학 기술 활용	1. 스포츠와 공학기술의 결합으로 파생되는 윤리문제
		2. 전신수영복 착용을 금지하는 이유
		3. 의족장애선수의 일반 경기 참가
7. 스포츠와 인권	1. 학생선수의 인권	1. 인권 사각지대인 학교 운동부
		2. 학생 선수의 생활권과 학습권: 최저학력제도
		3. "공부하는 학생 선수" 만들기 프로젝트
		4. 체육특기자의 진학과 입시제도의 문제
	2. 스포츠지도자 윤리	1. 지도자에 의한 폭력이 가능한 이유
		2. 선수체벌 문제
		3. 성폭력 문제
		4. "교육자"로서의 책임과 권한
	3. 스포츠와 인성교육	1. 어린이 운동선수를 보호하기 위한 방안
		2. 학교체육의 인성 교육적 가치
		3. 새로운 학교문화를 위한 스포츠의 역할
8. 스포츠 조직과 윤리	1. 스포츠와 정책윤리	1. 정치와 스포츠의 관계
		2. 스포츠의 사회적 이슈와 윤리성 문제
		3. 스포츠정책과 윤리성 문제
	2. 심판의 윤리	1. 심판의 도덕적 조건
		2. 심판의 사회적 역할과 과제
	3. 스포츠조직의 윤리경영	1. 스포츠경영자의 윤리적 의식: 윤리적 리더십
		2. 스포츠조직의 불공정 행위와 윤리적 조직행동

5. 운동생리학[2급 전문, 2급 생활, 건강운동, 2급 장애인, 유소년, 노인]

주요항목	세부항목	세세항목
1. 운동생리학의 개관	1. 주요 용어	1. 운동
		2. 신체활동
		3. 체력
	2. 운동생리학의 개념	1. 운동 생리학의 정의
		2. 운동 생리학의 인접 학문
2. 에너지 대사와 운동	1. 에너지의 개념과 대사작용	1. 에너지 발생 과정과 형태
		2. 물질대사 과정의 경로
		3. 에너지 전환 및 보존 법칙
	2. 인체의 에너지 대사	1. ATP-PCr 시스템
		2. 해당과정 시스템
		3. 유산소 시스템
		4. 운동과 에너지 공급
		5. 휴식과 운동 중 인체 에너지 사용의 측정방법
	3. 트레이닝에 의한 대사적 적응	1. 유산소 트레이닝에 의한 적응
		2. 무산소 트레이닝에 의한 적응
3. 신경조절과 운동	1. 신경계의 구조와 기능, 특성	1. 뉴런의 구조
		2. 뉴런의 전기적 활동
	2. 신경계의 특성	1. 흥분성
		2. 전달성
		3. 통합성
	3. 신경계의 운동기능 조절	1. 인체움직임과 신경조절
		2. 중추 신경계의 운동기능 조절
		3. 말초 신경계의 운동기능 조절
4. 골격근과 운동	1. 골격근의 구조와 기능	1. 근섬유
		2. 근원섬유
		3. 근섬유의 작용
	2. 골격근과 운동	1. 근섬유의 유형(속근과 지근)
		2. 근섬유의 동원
		3. 근섬유 형태와 경기력
		4. 근육의 수축 형태와 기능(근력, 파워, 근지구력)
5. 내분비계와 운동	1. 내분비계	1. 호르몬의 특성
		2. 호르몬의 작용
		3. 호르몬의 조절
		4. 내분비선과 호르몬
	2. 운동과 호르몬 조절	1. 대사와 에너지에 미치는 호르몬의 영향
		2. 운동 중 수분과 전해질 균형에 대한 호르몬의 영향
		3. 운동에 대한 호르몬의 반응

주요항목	세부항목	세세항목
6. 호흡 · 순환계와 운동	1. 호흡계의 구조와 기능	1. 호흡계의 구조
		2. 호흡계의 기능
	2. 운동에 대한 호흡계의 반응과 적응	1. 운동과 호흡계의 반응
		2. 운동과 호흡계의 적응
	3. 순환계의 구조와 기능	1. 심장
		2. 혈관
		3. 혈액
	4. 운동에 대한 순환계의 반응과 적응	1. 1회박출량, 심박수, 심박출량의 반응
		2. 혈류, 혈압, 혈액의 반응
		3. 운동과 순환계의 적응
7. 환경과 운동	1. 체온 조절과 운동	1. 체온조절 기전
		2. 고온 환경과 운동
		3. 저온 환경과 운동
	2. 인체 운동에 대한 환경 영향	1. 고지 환경의 특성과 영향
		2. 수중 환경의 특성과 영향
		3. 대기 오염의 영향

6. 운동역학[2급 전문, 2급 생활, 2급 장애인, 유소년, 노인]

주요항목	세부항목	세세항목
1. 운동역학 개요	1. 운동역학의 정의	1. 운동역학의 용어변천
		2. 운동역학의 역사
		3. 운동역학의 필요성
	2. 운동역학의 목적과 내용	1. 운동역학의 목적
		2. 운동역학의 내용
2. 운동역학의 이해	1. 해부학적 기초	1. 인체의 근골격계
		2. 해부학적 자세와 방향용어
		3. 인체의 축(axis)과 운동면(plane)
		4. 관절운동
	2. 운동의 종류	1. 운동의 정의와 원인
		2. 병진운동(선운동)
		3. 회전운동
		4. 복합운동
3. 인체역학	1. 인체의 물리적 특성	1. 질량과 무게
		2. 인체의 무게중심
	2. 인체 평형과 안정성	1. 인체 평형
		2. 기저면
		3. 중심의 높이
		4. 중심선의 위치
	3. 인체의 구조적 특성	1. 인체의 분절 모형
		2. 인체 지레의 종류
4. 운동학의 스포츠 적용	1. 선운동의 운동학적 분석	1. 거리와 변위
		2. 속력과 속도
		3. 가속도
		4. 포물선 운동
	2. 각운동의 운동학적 분석	1. 각거리와 각변위
		2. 각속력과 각속도
		3. 각가속도
		4. 선속도와 각속도와의 관계

주요항목	세부항목	세세항목
5. 운동역학의 스포츠 적용	1. 선운동의 운동역학적 분석	1. 힘의 정의와 단위
		2. 힘의 벡터적 특성
		3. 힘의 종류(근력·중력·마찰력·부력·항력·양력)
		4. 뉴턴의 선운동법칙
		5. 선운동량과 충격량
		6. 선운동량의 보존
		7. 충돌
	2. 각운동의 운동역학적 분석	1. 토크(힘의 모멘트)
		2. 관성 모멘트
		3. 뉴턴의 각운동법칙
		4. 각운동량과 회전충격량
		5. 각운동량 보존 및 전이
		6. 구심력과 원심력
6. 일과 에너지	1. 일과 일률	1. 일(work)
		2. 일률(power)
	2. 에너지	1. 에너지의 정의와 종류
		2. 역학적 에너지 보존법칙
		3. 인체 에너지 효율
		4. 일과 에너지의 관계
7. 다양한 운동기술의 분석	1. 동작분석	1. 영상분석의 개요
		2. 2차원 영상분석의 활용
		3. 3차원 영상분석의 활용
	2. 힘 분석	1. 힘 측정 원리
		2. 다양한 힘 측정 방법
		3. 지면반력측정의 활용
	3. 근전도 분석	1. 근전도의 원리
		2. 근전도의 측정
		3. 근전도의 분석과 활용

7. 한국체육사[2급 전문, 2급 생활, 2급 장애인, 유소년, 노인]

주요항목	세부항목	세세항목
1. 체육사의 의미	1. 체육사 연구 분야	1. 체육사란 무엇인가?
		2. 체육사 연구의 대상과 영역
		3. 체육사 연구방법
		4. 체육사 관련 영역
2. 선사·삼국시대	1. 선사 및 부족국가시대의 체육	1. 선사시대의 생활과 신체문화
		2. 부족국가시대의 생활과 신체문화
	2. 삼국 및 통일신라시대의 체육	1. 삼국시대의 사회와 교육
		2. 삼국시대의 무예
		3. 삼국시대의 민속스포츠와 오락
		4. 삼국시대의 체육사상
3. 고려·조선시대	1. 고려시대의 체육	1. 고려시대의 사회와 교육
		2. 고려시대의 무예
		3. 고려시대의 민속스포츠와 오락
	2. 조선시대의 체육	1. 조선시대의 사회와 교육
		2. 조선시대의 무예
		3. 조선시대의 민속스포츠와 오락
		4. 조선시대의 체육사상
4. 한국 근·현대	1. 개화기의 체육	1. 개화기의 사회와 교육
		2. 개화기의 체육
		3. 개화기의 스포츠
		4. 개화기의 체육사상
	2. 일제강점기의 체육	1. 일제강점기의 사회와 교육
		2. 일제강점기의 체육
		3. 일제강점기의 스포츠
		4. 일제강점기의 체육사상
	3. 광복 이후의 체육	1. 광복이후의 사회와 교육
		2. 광복이후의 체육
		3. 광복이후의 스포츠
		4. 광복이후의 체육사상

차 례

1과목 스포츠 교육학

- 1장　스포츠 교육학의 배경과 개념 …… 36
- 2장　스포츠 교육의 정책과 제도 …… 38
- 3장　스포츠 교육의 참여자 이해론 …… 46
- 4장　스포츠 교육의 프로그램론 …… 49
- 5장　스포츠 교육의 지도 방법론 …… 53
- 6장　스포츠 교육의 평가론 …… 58
- 7장　스포츠 교육자의 전문적 성장 …… 60
- 출제예상문제 …………………… 62

2과목 스포츠 사회학

- 1장　스포츠 사회학의 이해와 영역 …… 74
- 2장　스포츠와 정치 …… 77
- 3장　스포츠와 경제 …… 81
- 4장　스포츠와 교육 …… 84
- 5장　스포츠와 미디어 …… 86
- 6장　스포츠와 사회계층 …… 88
- 7장　스포츠와 사회화 …… 91
- 8장　스포츠와 일탈 …… 95
- 9장　미래사회와 스포츠 …… 97
- 출제예상문제 …………………… 99

3과목 스포츠 심리학

- 1장　스포츠심리학의 개관 …… 114
- 2장　인간 운동 행동의 이해 …… 117
- 3장　스포츠수행의 심리적 요인 …… 128
- 4장　스포츠수행의 사회 심리적 요인 …… 143
- 5장　운동심리학 …… 151
- 6장　스포츠 심리상담 …… 158
- 출제예상문제 …………………… 161

4과목 스포츠 윤리

- 1장　스포츠의 윤리적 기초 …… 176
- 2장　경쟁과 페어플레이 …… 182
- 3장　스포츠와 불평등 …… 186
- 4장　스포츠에서 환경과 동물윤리 …… 189
- 5장　스포츠와 폭력 …… 192
- 6장　경기력 향상과 공정성 …… 196
- 7장　스포츠와 인권 …… 200
- 8장　스포츠 조직과 윤리 …… 203
- 출제예상문제 …………………… 205

5과목 운동생리학

- 1장　운동생리학의 개관 …… 216
- 2장　에너지 대사와 운동 …… 218
- 3장　신경 조절과 운동 …… 223
- 4장　골격근과 운동 …… 227
- 5장　내분비계와 운동 …… 234
- 6장　호흡·순환계와 운동 …… 239
- 7장　환경과 운동 …… 245
- 출제예상문제 …………………… 249

6과목 운동역학

- 1장　운동역학의 개요 …… 262
- 2장　운동역학의 이해 …… 264
- 3장　인체역학 …… 269
- 4장　운동학의 스포츠 적용 …… 274
- 5장　운동역학의 스포츠 적용 …… 277
- 6장　일과 에너지 …… 283
- 7장　다양한 운동 기술의 분석 …… 286
- 출제예상문제 …………………… 289

7과목 한국체육사

- 1장 체육사의 개념과 연구 의의 ········ 302
- 2장 선사시대 및 고대의 체육과 스포츠 문화 ········ 305
- 3장 고려시대와 조선시대의 체육과 스포츠 문화 ········ 313
- 4장 광복 이전의 체육과 스포츠 문화 ········ 323
- 5장 광복 이후의 체육과 스포츠 문화 ········ 332
- 출제예상문제 ········ 342

8과목 노인체육론

- 1장 노화와 노화의 특성 ········ 354
- 2장 노인의 운동 효과 ········ 360
- 3장 노인 운동프로그램의 설계 ········ 362
- 4장 질환별 프로그램 설계 ········ 368
- 5장 지도자의 효과적인 지도 ········ 381
- 출제예상문제 ········ 385

9과목 유아체육론

- 1장 유아 체육의 이해 ········ 402
- 2장 유아기 운동 발달 프로그램 구성 요인 ········ 418
- 3장 유아 체육 프로그램 교수법 ········ 423
- 출제예상문제 ········ 428

10과목 특수체육론

- 1장 특수체육의 개요 ········ 442
- 2장 특수체육에서 사용하는 사정과 측정도구 ········ 448
- 3장 특수체육 지도전략 ········ 452
- 4장 장애유형별 체육지도 전략 ········ 458
- 출제예상문제 ········ 476

기출문제

- 2015 2급 생활스포츠지도사 ········ 492
- 2015 2급 전문스포츠지도사 ········ 516
- 2016 2급 생활·전문스포츠지도사 ········ 544
- 2017 2급 생활·전문스포츠지도사 ········ 572
- 2018 2급 생활·전문스포츠지도사 ········ 604
- 2019 2급 생활·전문스포츠지도사 ········ 638
- 2020 2급 생활스포츠지도사 ········ 675
- 2021 2급류 체육지도사 필기시험 ········ 733

과목 1

스포츠 교육학

01 스포츠 교육학의 배경과 개념
02 스포츠 교육의 정책과 제도
03 스포츠 교육의 참여자 이해론
04 스포츠 교육의 프로그램론
05 스포츠 교육의 지도 방법론
06 스포츠 교육의 평가론
07 스포츠 교육자의 전문적 성장
출제예상문제

스포츠 교육학 01 스포츠 교육학의 배경과 개념

1 스포츠 교육학의 역사

(1) 1970년 중반~1980년 중반
  ① 체육 수업의 활동은 주로 체계적 관찰 및 분석의 형태로 진행
  ② 수업과 학습 활동의 밀접한 영향을 미치는 상관관계를 통해 효과성 파악
  ③ 행동주의적, 인지적 심리학의 배경으로 체육 교수 학습 활동을 이해

(2) 1980년 중반~1990년 중반
  ① 질적 연구 분야가 새로이 각광을 받으며 스포츠 교육의 질적 연구가 급성장
  ② 체육을 가르치는 교사와 학생들의 수업 활동, 삶과 체험을 직접적으로 세밀하게 분석

(3) 1990년 중반~현재
  ① 어느 한 가지의 특정한 관점이 아닌 다양한 형태의 연구 활성화
  ② 체육의 교육적 측면에서 학문적 탐구와 연구가 어느 정도 자리를 잡고 있다는 긍정적인 시각으로 볼 수 있음.

2 스포츠 교육학의 개념

(1) 스포츠 교육의 의미

구분	내용
광의의 스포츠 교육학	① 신체활동을 매개로 하여 삶의 의미를 추구하는 운동 및 스포츠를 포함한 모든 신체활동을 포함한다. ② 신체활동을 넘어서 참여 과정에서 일어나는 교육적 현상을 분석 및 기술하는 과학적 학문이다. ③ 신체의 실천적 활동으로 건강 습관과 건강 영역 부분으로 확대되고 있다.
협의의 스포츠 교육학	① 신체활동을 매개로 하여 교육적인 수단으로 한정한다. ② 스포츠가 학교 내에서 교육적으로 실천되는 현상을 다룬다. ③ 정해진 규칙하에서 경쟁 활동을 통해 목표와 기록을 달성한다. ④ 신체활동을 매개로 하여 인간의 가능성을 이끌어 내고 지속적으로 변화시키는 교육을 의미한다.

3 스포츠 교육의 현재

(1) 학교 체육
① 체육 수업을 통해 방과 후 체육 활동과 스포츠 활동이 연결될 수 있도록 학습 경험의 장을 마련한다.
② 학습 경험을 통해 학생들에게 의미 있는 다양한 활동 기회를 제공한다.
③ 다양한 스포츠 활동을 통하여 건강 및 인성 발전을 할 수 있도록 한다.

(2) 생활 체육
① 생활 체육은 개인의 선택에 따른 신체적, 정신적 건강과 여가 생활의 스포츠 활동이다.
② 생활 체육 활동을 통해 개인의 삶의 질 향상을 추구한다.
③ 생활 체육은 인간의 욕구, 평생교육, 건강 유지와 증진 등 사회문화적 해결 및 여가 선용의 역할을 한다.

(3) 전문 체육
① 전문적으로 각 종목별 기능을 향상시키기 위한 전문지도자와 운동선수를 위한 체육 활동이다.
② 운동선수의 경기력을 향상시키고 국가의 위상을 위해 훈련 및 대회 참가 계획을 수립하고 목표를 달성한다.

(4) 특수 체육
① 신체에 장애가 있는 사람들의 체육 활동이다.
② 신체에 장애가 있는 사람들의 신체적 한계를 극복할 수 있도록 하는 신체활동이다.

스포츠 교육학 02 스포츠 교육의 정책과 제도

1 국가체육교육과정

국가체육교육과정은 초·중·고 체육 수업에 필요한 체육 교과 목표, 교육 내용, 교수·학습 방법, 평가 등을 포함하고 있다.

2 국가체육교육과정 변천

교육과정	내용
제1차 교육과정	① 국가 기준으로서의 교육과정임을 명확히 하고, 반공 교육, 도의 교육, 실업 교육을 강조함. ② 특별 활동 시간 배정 및 전인교육을 활성화함.
제2차 교육과정	"경험 중심 교육과정"으로 경험 여하에 따라 어떤 인간으로 성장하게 되는지 결정된다고 봄.
제3차 교육과정	① 국민적 자질의 함양과 인간교육의 강화, 지식, 기술의 쇄신 등을 기본 방향으로 설정 ② 자아실현과 국가 발전 및 민주적 가치 함양
제4차 교육과정	① 민주사회, 고도산업사회, 문화사회에 맞는 사람을 양성 ② 통일조국 건설에 필요한 건강함과 심미적 능력, 도덕적·자주적인 사람을 길러 내는 것을 목적으로 함.
제5차 교육과정	① 개선이 필요한 부분만 개정한다는 기본 원칙 ② 건강하고 도덕적·자주적·창조적인 사람을 길러 내는 것을 목적으로 함.
제6차 교육과정	① 건강한 사람, 자주적인 사람, 창조적인 사람, 도덕적인 사람의 인간상 함양 ② 교육과정 결정의 분권화, 구조의 다양화, 내용의 적정화, 운영의 효율화를 목표로 함.
제7차 교육과정	① 학문적·기능적·규범적 성격을 포함한 종합 교과로의 지향 ② 내재적 가치 추구(움직임 욕구의 실현 및 체육 문화의 계승·발전) ③ 외재적 가치 추구(체력 및 건강 유지·증진, 정서 순화, 사회성 함양) ④ 인간의 삶의 질을 향상시키는 것을 목적으로 함.

3 학교체육 진흥법

이 법은 학생의 체육 활동 강화 및 학교운동부 육성 등 학교체육 활성화에 필요한 사항을 정함으로써 학생들이 건강하고 균형 잡힌 신체와 정신을 가질 수 있도록 하는 데 기여함을 목적으로 한다.

항목	내용
제3조 (학교체육 진흥 시책과 권장)	국가 및 지방자치단체(교육감을 포함한다)는 학교체육 진흥에 필요한 시책을 마련하고 학생의 자발적인 체육 활동을 권장·보호 및 육성하여야 한다.

제6조
(학교체육
진흥의 조치 등)
	① 학교의 장은 학생의 체력 증진과 체육 활동 활성화를 위하여 다음 각 호의 조치를 취하여야 한다.
	  1. 체육교육과정 운영 충실 및 체육 수업의 질 제고
	  2. 제8조에 따른 학생건강체력평가 및 제9조에 따라 비만 판정을 받은 학생에 대한 대책
	  3. 제10조에 따른 학교 스포츠 클럽 및 제11조에 따른 학교운동부 운영
	  4. 학생선수의 학습권 보장 및 인권보호
	  5. 여학생 체육 활동 활성화
	  6. 유아 및 장애 학생의 체육 활동 활성화
	  7. 학교 체육 행사의 정기적 개최
	  8. 학교 간 경기대회 등 체육 교류 활동 활성화
	  9. 교원의 체육 관련 직무연수 강화 및 장려
	  10. 그 밖에 학교 체육 활성화를 위하여 필요한 사항
	② 학교의 장은 제1항에 따른 조치를 시행하기 위하여 필요한 경비를 학교 예산의 범위에서 확보하여야 한다.

제7조 (학교체육 시설 설치 등)	① 국가 및 지방자치단체는 학생의 체육 활동에 필요한 운동장, 체육관 등 기반 시설을 확충하여야 한다. ② 학교의 장은 교육부 장관이 정하는 바에 따라 학생의 체육 활동 진흥에 필요한 체육 교재 및 기자재, 용품 등을 확보하여야 한다. ③ 제1항에 따른 체육 활동 기반 시설 확충과 제2항에 따른 체육 교재 및 기자재, 용품 등의 확보에 필요한 사항은 교육부령으로 정한다.
제8조 (학생건강 체력평가 실시 계획의 수립 및 실시)	① 국가는 학생의 건강체력 상태를 측정하기 위하여 매년 3월 말까지 학생건강체력평가 실시 계획을 수립하고 학교의 장은 실시 계획에 따라 학생건강체력평가를 실시하여야 한다. ② 제1항에 따라 학생건강체력평가를 실시한 학교의 장은 평가 결과를 교육 정보 시스템에 등록하여야 하며, 해당 학생과 학부모에게 알려야 한다. ③ 제1항에 따른 학생건강체력평가는 「고등교육법」에 따른 대학이나 전문 기관·단체 등에 위탁할 수 있다. ④ 제1항부터 제3항까지의 규정에 따라 학생건강체력평가를 실시한 경우에는 「학교보건법」 제7조에 따른 건강 검사 중 신체 능력 검사를 실시한 것으로 본다. ⑤ 제1항부터 제3항까지의 규정에 따른 학생건강체력평가의 시기, 방법, 평가 항목, 평가 결과 등록 및 학생건강체력평가를 위탁받을 수 있는 대학이나 전문기관·단체 등의 자격 요건 등에 필요한 사항은 교육부령으로 정한다.

02 스포츠 교육의 정책과 제도

항목	내용
제9조 (건강체력 교실 등 운영)	① 학교의 장은 제8조에 따른 학생건강체력평가에서 저체력 또는 비만 판정을 받은 학생을 대상으로 건강체력 증진을 위하여 정규 또는 비정규 프로그램(이하 "건강체력교실"이라 한다)을 운영하여야 한다. ② 건강체력교실 등의 설치 및 운영 등에 관하여 필요한 사항은 교육부령으로 정한다.
제10조 (학교 스포츠 클럽 운영)	① 학교의 장은 학생들이 신체활동 프로그램에 참여할 수 있도록 학교 스포츠 클럽을 운영하여 학생들의 체육 활동 참여 기회를 확대하여야 한다. ② 학교의 장은 제1항에 따라 학교 스포츠 클럽을 운영하는 경우 학교 스포츠 클럽 전담 교사를 지정하여야 한다. ③ 제2항에 따른 학교 스포츠 클럽 전담 교사에게는 학교 예산의 범위에서 소정의 지도 수당을 지급한다. ④ 학교의 장은 학교 스포츠 클럽 활동 내용을 학교생활기록부에 기록하여 상급학교 진학 자료로 활용할 수 있도록 하여야 한다. ⑤ 학교의 장은 교육부령으로 정하는 바에 따라 일정 비율 이상의 학교 스포츠 클럽을 해당 학교의 여학생들이 선호하는 종목의 학교 스포츠 클럽으로 운영하여야 한다.
제11조 (학교운동부 운영 등)	① 학교의 장은 학생선수가 일정 수준의 학력 기준(이하 "최저학력"이라 한다)에 도달하지 못한 경우에는 별도의 기초학력 보장 프로그램을 운영하여 최저학력이 보장될 수 있도록 노력하여야 하며, 필요할 경우 경기대회 출전을 제한할 수 있다. ② 최저학력의 기준 및 실시 시기에 필요한 사항과 기초학력 보장 프로그램의 운영 등에 필요한 사항은 교육부령으로 정한다. ③ 학교의 장은 학생선수의 학습권 보장 및 신체적·정서적 발달을 위하여 학기 중의 상시 합숙훈련이 근절될 수 있도록 노력하여야 한다. ④ 학교의 장은 원거리에서 통학하는 학생선수를 위하여 기숙사를 운영할 수 있다. 이 경우 필요한 사항은 교육부령으로 정한다. ⑤ 학교의 장은 학교운동부 관련 후원금을 「초·중등교육법」 제30조의2에 따라 설치된 학교회계에 편입시켜 운영하여야 한다. ⑥ 국가 및 지방자치단체는 예산의 범위에서 학교운동부 운영과 관련된 경비를 지원할 수 있다.
제12조 (학교운동부 지도자)	① 학교의 장은 학생선수의 훈련과 지도를 위하여 학교운동부에 지도자(이하 "학교운동부 지도자"라 한다)를 둘 수 있다. ② 국가는 학교운동부 지도자의 자질 향상 및 전문성 강화를 위하여 연수교육 계획을 수립하고, 이를 실시하여야 한다. 이 경우 연수교육을 관련 단체에 위탁할 수 있다. ③ 국가 및 지방자치단체는 학교운동부 지도자의 급여에 필요한 경비를 지원하도록 노력하여야 하며, 학교의 장은 학교운동부 지도자 임용에 필요한 경비를 「초·중등교육법」 제30조의2에 따라 설치된 학교회계에 반영하여 집행하여야 한다. ④ 학교의 장은 학교운동부 지도자가 학생선수의 학습권을 박탈하거나 폭력, 금품·향응 수수 등의 부적절한 행위를 하였을 경우 학교운영위원회의 심의를 거쳐 계약을 해지할 수 있다. ⑤ 교육감은 학교운동부 지도자의 지도 등을 위하여 학교운동부 지도자 관리위원회를 설치한다. ⑥ 교육감은 제4항의 사유 이외에 학교의 장이 부당하게 학교운동부 지도자를 계약 해지하였을 경우 학교운동부 지도자 관리위원회의 심의를 거쳐 관련 계약 해지를 철회할 수 있다. ⑦ 그 밖에 학교운동부 지도자의 자격기준, 임용, 급여, 신분, 직무 등에 필요한 사항은 대통령령으로 정한다.

항목	내용
제12조의2 (도핑 방지 교육)	① 국가와 지방자치단체는 도핑(「국민체육 진흥법」제2조제10호의 도핑을 말한다. 이하 같다)을 방지하기 위하여 학생선수와 학교운동부 지도자를 대상으로 도핑 방지 교육을 실시하여야 한다. ② 제1항에 따른 도핑 방지 교육의 방법 및 절차 등에 필요한 사항은 대통령령으로 정한다.
제13조 (스포츠 강사의 배치)	① 국가 및 지방자치단체는 학생의 체육 수업 흥미 제고 및 체육 활동 활성화를 위하여 「초·중등교육법」제2조제2호에 따른 초등학교에 스포츠 강사를 배치할 수 있다. ② 제1항에 따른 스포츠 강사의 자격기준, 임용 등에 필요한 사항은 대통령령으로 정한다.
제13조의2 (여학생 체육 활동 활성화 지원)	① 교육부 장관은 여학생의 체육 활동 활성화에 필요한 기본 지침을 수립하여 교육감 및 학교의 장에게 통보하여야 하고, 학교의 장은 기본 지침에 따라 매년 여학생 체육 활동 활성화 계획을 수립·시행하여야 한다. ② 교육부 장관은 제1항에 따른 계획의 수립·시행에 대하여 평가하고 그 평가 결과를 반영하여 「지방교육재정교부금법」에 따른 교부금을 대통령령으로 정하는 바에 따라 특별 지원할 수 있다. ③ 국가 및 지방자치단체는 여학생의 체육 활동 활성화 지원에 필요한 시설을 갖추어야 한다. ④ 교육부 장관은 여학생의 체육 활동 활성화를 지원하기 위한 체육 교재, 기자재, 용품 등의 확보 기준을 따로 정하여야 한다. ⑤ 제2항에 따른 평가 방법 및 항목, 그 밖에 필요한 사항은 교육부령으로 정한다.
제14조 (유아 및 장애 학생 체육 활동 지원)	① 국가 및 지방자치단체는 「유아교육법」제8조에 따라 설립된 유치원에 재원 중인 유아 및 「장애인 등에 대한 특수교육법」제17조에 따라 일반학교 또는 특수학교에 배치된 특수 교육 대상자에 대하여 적절한 체육 활동 프로그램을 운영하여야 한다. ② 유치원의 장 및 학교의 장은 제1항에 따른 체육 활동 프로그램의 운영을 대통령령으로 정하는 관련 단체 및 「고등교육법」제2조제1호에 따른 대학의 체육계열학과 등에 위탁할 수 있다.

4 국민체육 진흥법

이 법은 국민체육을 진흥하여 국민의 체력을 증진하고, 건전한 정신을 함양하여 명랑한 국민 생활을 영위하게 하며, 나아가 체육을 통하여 국위 선양에 이바지함을 목적으로 한다.

항목	내용
제3조 (체육 진흥 시책과 권장)	국가와 지방자치단체는 국민체육 진흥에 관한 시책을 마련하고 국민의 자발적인 체육 활동을 권장·보호 및 육성하여야 한다.
제4조 (기본 시책의 수립 등)	① 문화체육관광부 장관은 국민체육 진흥에 관한 기본 시책을 수립·시행한다. ② 지방자치단체의 장은 제1항의 기본 시책에 따라 그 지방자치단체의 체육 진흥 계획을 수립·시행하여야 한다.

02 스포츠 교육의 정책과 제도

항목	내용
제5조 (지역체육 진흥협의회)	① 지방자치단체의 체육 진흥 계획을 수립하고 그 밖에 체육 진흥에 관한 중요 사항을 협의하기 위하여 지방자치단체에 지역체육진흥협의회(이하 "협의회"라 한다)를 둘 수 있다. ② 협의회의 조직과 운영에 필요한 사항은 해당 지방자치단체의 조례로 정한다.
제6조 (협조)	제4조에 따른 기본 시책과 체육 진흥 계획의 수립·시행에 관하여 문화체육관광부 장관이나 지방자치단체의 장이 요청하면 관계 기관과 단체는 이에 협조하여야 한다.
제10조 (직장 체육의 진흥)	① 국가와 지방자치단체는 직장 체육 진흥에 필요한 시책을 마련하여야 한다. ② 직장의 장은 대통령령으로 정하는 바에 따라 체육동호인 조직과 체육진흥관리위원회를 설치하는 등 직장인의 체력 증진과 체육 활동 육성에 필요한 조치를 마련하여야 한다. ③ 대통령령으로 정하는 직장에는 직장인의 체력 증진과 체육 활동 지도·육성을 위하여 체육지도자를 두어야 한다. ④ 「공공기관의 운영에 관한 법률」에 따른 공공기관 중 대통령령으로 정하는 기관(이하 "공공기관"이라 한다)과 대통령령으로 정하는 직장에는 한 종목 이상의 운동경기부를 설치·운영하고 체육지도자를 두어야 한다. ⑤ 제2항부터 제4항까지의 규정에 따른 직장 체육에 관한 업무는 시장·군수·구청장(자치구의 구청장을 말한다)이 지도·감독한다.
제11조 (체육지도자의 양성)	① 국가는 국민체육 진흥을 위한 체육지도자의 양성과 자질 향상을 위하여 필요한 시책을 마련하여야 한다. ② 문화체육관광부 장관은 대통령령으로 정하는 자격 요건을 갖춘 사람으로서 체육지도자 자격검정(이하 "자격검정"이라 한다)에 합격하고 체육지도자 연수과정(이하 "연수과정"이라 한다)을 이수한 사람에게 문화체육관광부령으로 정하는 바에 따라 체육지도자의 자격증을 발급한다. 다만, 학교체육교사 및 선수(문화체육관광부 장관이 지정하는 프로스포츠단체에 등록된 프로스포츠선수를 포함한다) 등 대통령령으로 정하는 사람에게는 대통령령으로 정하는 바에 따라 자격검정이나 연수과정의 일부를 면제할 수 있다. ③ 제2항에 따라 자격검정이나 연수를 받거나 자격증을 발급 또는 재발급받으려는 사람은 문화체육관광부령으로 정하는 바에 따라 수수료를 납부하여야 한다. ④ 체육지도자의 종류·등급·검정 및 자격 부여 등에 필요한 사항은 대통령령으로 정한다.
제13조 (체육시설의 설치 등)	① 국가와 지방자치단체는 국민의 체육 활동에 필요한 시설의 적정한 확보와 이용에 필요한 시책을 마련하여야 한다. ② 국가와 지방자치단체는 장애인 체육 활동에 필요한 시설의 설치와 운영에 필요한 시책을 마련하여야 하며, 장애인이 체육시설을 우선적으로 이용할 수 있도록 필요한 조치를 할 수 있다. ③ 직장의 장은 종업원의 체육 활동에 필요한 시설을 설치·운영하여야 하며, 학교의 체육시설은 학교 교육에 지장이 없는 범위에서 지역 주민에게 개방·이용되어야 한다. ④ 국가와 지방자치단체는 민간의 체육시설 설치를 권장하고 건전하게 운영되도록 하여야 한다. ⑤ 제1항부터 제4항까지의 규정에 따른 체육시설의 설치·이용 등에 필요한 사항은 따로 법률로 정한다.

항목	내용
제14조 (선수 등의 보호·육성)	① 국가와 지방자치단체는 선수와 체육지도자에 대하여 필요한 보호와 육성을 하여야 한다. ② 국가와 지방자치단체는 우수 선수와 체육지도자 육성을 위하여 필요한 표창제도를 마련하여야 한다. ③ 국가, 지방자치단체, 공공기관, 그 밖에 대통령령으로 정하는 단체는 대통령령으로 정하는 우수 선수에게 아마추어 경기 생활을 할 수 있게 하기 위하여 문화체육관광부 장관이 요청하면 우수 선수와 체육지도자를 고용하여야 한다. ④ 국가는 올림픽대회, 장애인 올림픽대회, 그 밖에 대통령령으로 정하는 대회에서 입상한 선수 또는 그 선수를 지도한 자와 체육 진흥에 뚜렷한 공이 있는 원로 체육인에게 대통령령으로 정하는 바에 따라 장려금이나 생활 보조금을 지급하여야 한다. ⑤ 국가와 지방자치단체는 폭행, 협박 또는 부당한 행위 강요 등으로부터 선수와 체육지도자를 보호하기 위하여 신고 및 상담 시설을 설치하거나 그 사업을 대통령령으로 정하는 기관 또는 단체에 위탁할 수 있다. 이 경우 신고 및 상담 업무에 종사하거나 종사하였던 사람은 직무상 알게 된 비밀을 누설하거나 자료를 제공하여서는 아니 된다. ⑥ 제5항에 따른 신고 및 상담 시설의 설치·운영 등에 필요한 사항은 대통령령으로 정한다.
제14조의3 (선수 등의 금지 행위)	① 전문 체육에 해당하는 운동경기의 선수·감독·코치·심판 및 경기단체의 임직원은 운동경기에 관하여 부정한 청탁을 받고 재물이나 재산상의 이익을 받거나 요구 또는 약속하여서는 아니 된다. ② 전문 체육에 해당하는 운동경기의 선수·감독·코치·심판 및 경기단체의 임직원은 운동경기에 관하여 부정한 청탁을 받고 제3자에게 재물이나 재산상의 이익을 제공하거나 제공할 것을 요구 또는 약속하여서는 아니 된다.
제15조 (도핑 방지 활동)	① 국가는 스포츠 활동에서 약물 등으로부터 선수를 보호하고 공정한 경쟁을 통한 스포츠 정신을 높이기 위하여 도핑 방지를 위한 시책을 수립하여야 한다. ② 국가는 도핑을 예방하기 위하여 선수와 체육지도자를 대상으로 교육과 홍보를 실시하여야 하고, 체육단체 및 경기단체의 도핑 방지 활동을 지도·감독하여야 한다.

5 국민체육 진흥 정책

(1) 스포츠비전 2018

① 비전 : 생활 체육으로 건강하고 행복한 대한민국
② 정책 목표 : 스마일 100 "스포츠를 마음껏 일상적으로 100세까지"
③ 생애주기
- 유소년기 : 운동 습관 형성으로 건강 100세 출발
- 청소년기 : 스마트기기 대신 운동으로 스마트한 청소년기
- 성인기 : 가정에서 직장에서 일상적인 운동으로 즐거운 성인기
- 은퇴기 이후 : 무병장수의 보약 생활 체육으로 활력 있는 은퇴기 이후

(2) 국민체육 진흥법 시행령

항목	내용
제3조 (국민체육 진흥 시책)	① 「국민체육 진흥법」(이하 "법"이라 한다) 제4조제1항에 따라 문화체육관광부 장관이 수립하여 시행하는 국민체육 진흥에 관한 기본 시책(이하 "기본시책"이라 한다)에는 다음 각 호의 사항이 포함되어야 한다. 1. 생활 체육의 진흥 2. 선수와 체육지도자의 보호·육성 3. 체육시설의 설치와 유지·보수 및 관리 4. 체육과학의 진흥 5. 여가 체육 활동의 육성·지원 6. 그 밖에 국민체육 진흥에 관한 사항 ② 문화체육관광부 장관은 기본시책을 수립한 때에는 특별시장·광역시장·특별자치시장·도지사 또는 특별자치도지사(이하 "시·도지사"라 한다)에게 알려야 한다. ③ 문화체육관광부 장관은 기본시책에 따라 연도별 국민체육 진흥 시행 계획을 수립하여 시행하여야 한다.
제4조 (지방체육 진흥 계획)	① 시·도지사는 기본시책에 따라 해당 특별시·광역시·특별자치시·도 또는 특별자치도의 체육 진흥 계획을 수립하여야 하며, 이를 시장·군수·구청장(자치구의 구청장을 말한다. 이하 같다)에게 알려야 한다. ② 시장·군수·구청장은 제1항에 따른 체육 진흥 계획에 따라 해당 시·군·구(자치구를 말한다)의 체육 진흥 계획을 수립하여 시행하여야 한다. ③ 지방자치단체의 장은 제1항과 제2항에 따른 체육 진흥 계획과 그 추진 실적을 문화체육관광부령으로 정하는 바에 따라 문화체육관광부 장관(시장·군수·구청장의 경우에는 시·도지사)에게 보고하여야 한다.

(3) 체육 관련 주요 국정 과제

① 학교체육 활성화 추진
- 초등학교 체육 전담 교사 및 중·고교 스포츠 강사 배치 확대
- 우수 스포츠 클럽 지원
- 학교운동장 및 다목적 체육관 건립으로 체육 활동 여건 개선

② 문화 향유 기회 확대 및 문화 격차 해소
- 장애인 시설에 생활 체육지도자 파견 확대
- 체육시설 내 장애인 생활 체육교실, 청소년 체육교실 확대
- 공공문화체육시설 장애인 접근성 확대를 위한 시설 개보수
- 어울림 스포츠센터 건립

③ 문화 다양성 증진과 문화 교류 협력 확대
- 남북 스포츠 교류 정례화 추진
- 개도국 스포츠지도자 및 선수 초청 사업 확대
- 문화 ODA(Official Development Assistance, 공적 개발 원조) 확대

④ 스포츠 활성화로 건강한 삶 구현
- 생애주기별 맞춤형 프로그램 보급
- 통합 콜 센터 도입
- 전 국민 스포츠·체력 인증제 도입
- 종합형 스포츠 클럽 설립 추진
- 국가대표 체육지도자 자격 부여 및 학교 스포츠 강사 처우 개선
- 체육인 진로 지원 등 체육인 복지 강화
- 태릉, 태백, 진천 국가대표훈련장 효율적 기능 분담
- 스포츠산업 진흥 중장기 계획 수립
- 올림픽 스포츠 콤플렉스(Complex) 조성

스포츠 교육학 03 스포츠 교육의 참여자 이해론

1 스포츠 교육 지도자

(1) 체육교사
① 학교에서 정규 체육 및 방과 후 체육지도자로 신체 활동을 매개로 신체적, 정신적, 사회적 영역의 질을 향상시킬 수 있는 체육 교육 지도자
② 체육학, 교육학, 스포츠 과학에 대한 전문 지식을 지닌, 체육교사 자격증을 소지한 전문 지도자
③ 학교체육의 계획, 조직, 조정, 예산 등의 업무를 총괄하는 전문 지도자

(2) 스포츠 강사
① 초·중·고등학교에서 학교 스포츠 클럽 및 방과 후 체육 활동을 지도하는 체육 전문 지도자
② 체육 관련 전문대학 및 대학교를 졸업하고 초등학교 2급 정교사, 중등학교 2급 정교사, 실기교사 자격증, 생활스포츠지도사 2급 이상의 지도자 자격을 갖춘 전문 지도자

(3) 전문스포츠지도사
① 초·중·고등학교 운동부, 프로팀, 실업팀에 소속된 코치 및 감독 등의 전문 지도자
② 스포츠 과학의 전문 지식을 지녔고 종목에 대한 체계적인 지식과 전문적인 지도 능력 및 리더십을 지닌 전문 지도자

(4) 생활스포츠지도사
① 다양한 스포츠시설 및 체육동호회와 사회단체에서 생활 체육 참여자들을 대상으로 체육 프로그램을 지도하는 전문 지도자
② 생활 체육의 효율적인 지도 기법, 프로그램 개발의 능력을 지닌 전문 지도자

2 스포츠 교육 학습자

(1) 학습자의 상태
효율적인 학습을 위해 스포츠 교육 학습자의 상태를 파악하는 것이 중요하다. 학습자의 내적 요인으로 기능 수준, 체격 및 체력, 동기 유발, 인지 능력 및 감정 코칭 능력, 발달 수준 등을 들 수 있다.

(2) 생애주기별 발달의 특성
① 유아
- 언어를 습득하고 대뇌와 인지능력이 발달되는 시기
- 움직임의 증가로 근육과 감각기관이 발달되는 시기

② 아동기
- 신체 활동의 증가로 운동기능이 발달되는 시기
- 또래 집단과 어울리면서 사회성이 발달되는 시기
- 다양한 움직임을 통한 지적 흥미가 발달되는 시기

③ 청소년
- 급격한 신체 발달, 성적 성숙, 가치관이 형성되는 시기
- 2차 성장이 나타나는 시기

④ 성인
- 일생 중 가장 활발한 시기로 결혼, 가정생활, 직장생활을 통한 사회 구성원의 시기
- 중년기에 들어서면 감각 능력과 지적 능력의 약화 현상이 나타남.

⑤ 노년기 : 사회적 활동의 감소로 신체능력 감소, 감각 · 지적 능력이 퇴화함.

(3) 생애주기별 체육 활동
① 유아
- 놀이를 중심으로 다양한 신체 활동이 발달되는 시기
- 서기, 걷기, 잡기, 던지기 등 신체 활동을 통한 움직임 교육이 활발해지는 시기

② 아동기
- 다양한 경험을 통해 건강한 생활 습관과 올바른 판단력을 기르는 기반을 마련하는 시기
- 달리기, 체조, 뜀뛰기, 물놀이, 춤과 리듬, 조직성이 낮은 간이 경기가 활발해지는 시기

③ 청소년
- 신체 발달, 체력 증가, 정서 안정, 교우관계 등 평생체육의 기반이 마련되는 시기
- 신체 활동과 여가생활, 학교체육을 통해 수영, 등산, 야영, 야외 활동이 활발한 시기

④ 성인
- 운동 부족, 영양 과다, 각종 스트레스로 인한 성인병이 나타날 수 있는 시기
- 생활 체육(골프, 체조, 수영, 배드민턴, 테니스, 자전거, 등산 등)을 통해 성인병 예방이 중요시되는 시기

⑤ 노년기
- 신체적, 정신적 기능이 퇴화하는 시기
- 지나친 신체 활동보다는 자신의 건강 상태에 알맞은 운동이 필요한 시기
- 걷기, 산책, 체조, 등산, 배드민턴, 게이트볼, 레크리에이션 등 생활 체육이 필요한 시기

3 스포츠 교육 행정가

스포츠 교육 행정가는 스포츠와 관련된 일을 한다. 프로젝트, 기획, 행정, 사무, 개발, 교육 등의 업무를 담당하며, 학교 체육 행정가, 생활 체육 행정가, 전문 체육 행정가로 구분된다.

(1) 학교 체육 행정가

학교 체육 행정가는 안내자, 조력자, 행정 이론가, 행정 실무자의 역할을 수행한다.
① 안내자의 역할 : 교사가 학교 현장에서 학교 체육 활성화를 할 수 있도록 안내와 조력자 역할을 한다.
② 행정 이론가 : 학교 업무를 관장하는 교장, 교감, 행정실장 등은 교육정책과 절차를 수립·계획하는 역할을 한다.
③ 행정 실무자 : 학교 체육, 운동부, 학교 스포츠 클럽 관련 업무 등 전체적인 업무를 총괄하여 예산 집행 및 결과를 담당하는 역할을 한다.

(2) 생활 체육 행정가

생활 체육 행정가는 단순 스포츠 활동과 국가 생활 체육의 정책을 수립하고 집행하는 역할을 한다.
① 일반 체육 행정가 : 체육 활동에서 나타나는 수입 및 지출의 계획을 수립하고 자체 수익 사업 등의 사무, 행정 업무를 관장한다.
② 생활 체육 전담 실무 행정가 : 생활 체육대회 및 행사 주관, 홍보, 경기 운영 등 생활 체육의 전반적인 업무를 담당한다.

(3) 전문 체육 행정가

엘리트 스포츠와 관련된 기관에서 사무, 행정, 개발, 교육 등의 업무를 담당한다.
① 운동선수 양성, 각종 대회 개최, 운영 업무를 관장하고 조직의 목표를 달성하는 업무를 담당한다.
② 엘리트 스포츠와 관련된 업무의 조정, 인력의 배치, 물적 자원, 시설, 프로그램 관리 등의 업무를 담당한다.

스포츠 교육학 04 스포츠 교육의 프로그램론

1 학교 체육 프로그램

(1) 학교 체육 프로그램

학교 체육은 교과 활동과 비교과 활동으로 구분한다.

구분	내용
교과 활동	체계적인 계획을 통해 이루어지는 체육교과의 체육 수업이다.
비교과 활동	체육교과의 체육 수업과는 별도로 이루어지는 체육 활동으로 학생들의 자발적인 학교 스포츠 클럽, 방과 후 체육 활동, 운동부 활동 등을 의미한다.

1) 학교 체육 프로그램의 정의
  ① 학교 체육 프로그램은 정과 체육 수업 또는 체육 수업이라고 한다.
  ② 학교 체육 수업은 체계적인 계획을 통해 심동적·인지적·정의적 영역의 학습 내용을 통합적으로 조직하여 제공해야 한다.
  ③ 학습자의 발달 단계, 신체 활동의 경험, 학습 동기, 학습 선호 등의 이해를 바탕으로 수업 주제 선정, 활동 설계 등을 고려하고 목표, 수업 내용, 용기구, 평가 등의 내용을 포함한다.

슐만(Shulman, 1987)의 7가지 교사 지식	
내용 지식	가르칠 교과 내용에 대한 지식
지도 방법 지식	모든 교과에 적용되는 지도법에 대한 지식
내용교수법 지식	특정 학생에게 어느 교과나 주제를 특정한 상황에서 지도할 수 있는 방법에 대한 지식
교과과정 지식	각 학년의 발달 단계에 적합한 내용과 프로그램에 대한 지식
교육 환경 지식	수업 환경에 영향을 미치는 지식
학습자와 학습자 특성 지식	수업에 영향을 미치는 학습자에 관한 지식
교육 목적 지식	목적, 내용 및 교육 시스템의 구조에 관한 지식

2) 학교 체육 프로그램 개발 시 고려 사항
  ① 구체적이고 체계적인 지도 계획이 수립되어야 한다.
  ② 창의적이고 인성을 지향하는 학습 환경이 마련되어야 한다.
  ③ 교수 학습 활동 및 효율적 교수 학습 방법을 활용해야 한다.
  ④ 학교 내·외 환경을 고려해야 한다.
  ⑤ 학급 규모, 학습자 특성, 시간 배당 및 기자재 확보, 학습자 안전관리를 철저히 해야 한다.

(2) 학교 스포츠 클럽 프로그램

1) 학교 스포츠 클럽 프로그램의 정의
   ① 학교 스포츠 클럽은 자율적으로 스포츠 활동에 동일한 취미를 가진 학생들로 운영되는 스포츠 클럽 또는 체육동아리를 의미
   ② 학교 스포츠 클럽 활성화를 통해 건강하고 활기찬 학교 분위기 형성
   ③ 학교 스포츠 클럽 활동을 통해 학교 문화 및 꿈과 끼를 키우는 스포츠 환경 조성

2) 학교 스포츠 클럽의 교육적 가치

구분	내용
신체적 가치	건강, 체력 등 신체 기능과 관련된 가치
인지적 가치	학업 성적, 독해력과 수리력 등 지적 기능과 관련된 가치
정의적 가치	성실과 정직, 협동심과 배려심 등 심리적 건강, 사회적 기술, 도덕적 인격과 관련된 가치
기능적 가치	좋은 결과, 만족, 목표 성취 등을 만들어내는 움직임에 대한 가치

3) 학교 스포츠 클럽의 구분

구분	학교 스포츠 클럽	학교 스포츠 클럽 활동
개념	방과 후 체육 활동에 취미를 가진 동일 학교의 학생으로 구성된 스포츠 동아리	정규 학교 교육과정 중 창의적 체험활동 시간에 운영되는 스포츠 활동
활동 형태	정규 교과과정 외	정규 교과과정 내
활동 시간	방과 후, 점심시간 등	창의적 체험활동 시간
활동 근거	학교체육 진흥법 제10조	초·중등학교 교과과정 총론, 중학교 교육과정 편성 운영 지침

4) 학교 스포츠 클럽의 운영
   ① 점심시간, 방과 후, 토요일에 운동 시간 및 경기 일정 등으로 다양화하여 운영
   ② 학급 및 학교 스포츠 클럽 대항 또는 교내 스포츠 리그 활성화하여 운영
   ③ 대회 유형은 교내 리그, 지역 교육청 리그, 학교 스포츠 클럽 전국대회 등을 운영

5) 학교 스포츠 클럽 프로그램 개발 시 고려 사항
   ① 학생이 주도적이고 자발적 참여를 유도해야 함.
   ② 인성 함양, 스포츠와 관련된 문화 체험 기회 제공
   ③ 다양한 활동 시간을 고려하여 운영

2 생활 체육 프로그램

(1) 생활 체육 프로그램의 개념
① 생활 체육은 국민체육, 평생체육, 사회체육이라는 용어와 함께 사용되었다.
② 1986년 제10회 서울아시안게임, 1988년 제24회 서울올림픽 그리고 1989년 수립된 "국민생활 체육진흥종합계획"으로 인하여 적극적으로 추진되었다.
③ 학교 체육 또는 전문 체육에서 생활 체육으로 범위가 확대되었다.
④ 생활 체육은 모든 연령을 대상으로 방향을 설정하고 진행된다.

(2) 생활 체육 프로그램의 목표
① 달성하고자 하는 상태 및 운동 능력을 명시할 것
② 스포츠 활동 내용을 구체적, 세부적으로 기술할 것
③ 프로그램 전개는 일관된 지침 역할을 하도록 설정할 것
④ 시행 후에는 항상 평가를 통하여 목표 달성 여부를 검토할 수 있도록 기술

(3) 생활 체육 프로그램의 설계

구분	내용
내용	목적과 목표를 상세하게 결정
예산	시설 대여료, 용품 구입, 인건비 등의 경비를 예측
장소와 시설	위치 및 활동 공간을 설정
시간대	여가 시간 또는 활동 가능 시간을 설정하여 효율적인 시간 설정
지도자와 대상	누구를 위해 실행할 것인지에 대한 정확한 대상 설정

(4) 생활 체육 프로그램의 요구 분석
① 지역사회와 참여자의 요구 분석 실행
② 지역사회와 참여자에 대한 사전 분석
③ 지역사회에서 문제시되는 사항 및 요구 사항 파악
④ 프로그램 운영 시 기여할 수 있는 역할 고민
⑤ 지역사회의 관심 및 요구 사항 분석

(5) 생활 체육 프로그램 요구 조사 및 분석

단계	내용
요구 분석	연령, 성별, 선호도, 경제 수준 등을 고려하고, 생활 체육 참여도, 기존 프로그램 만족도, 지도자 만족도 등을 질문
요구 분석 결과	기존의 생활 체육 프로그램을 개선하고 새로운 프로그램을 개발하는 데 활용

3 전문 체육 프로그램

전문 운동선수들의 경기 활동으로 대한체육회에 등록한 엘리트선수와 프로스포츠협회에 등록한 프로스포츠 선수들이 행하는 스포츠 활동을 의미한다.

(1) 마튼스(Martens)의 전문 체육 프로그램 지도 개발 단계

단계	내용
1단계	선수에게 필요한 기술 파악
2단계	선수 이해
3단계	상황 분석
4단계	우선순위 결정 및 목표 설정
5단계	지도 방법 선택
6단계	연습 계획 수립

(2) 청소년 스포츠 프로그램

구분	내용
개념	① 청소년 선수의 기술 및 기능 습득을 발달시킴. ② 팀 및 선수 관리 등을 위한 지도 계획을 종합적으로 구성한 프로그램
프로그램 개발 시 고려 사항	① 코치보다 선수 관점에서 개발 ② 인성 중심의 지도를 실천 ③ 일상생활로의 전이가 필요

(3) 성인 스포츠 프로그램

구분	내용
개념	대학선수 및 그 이상의 엘리트 스포츠에서의 지도 계획을 종합적으로 구상한 프로그램
프로그램 개발 시 고려 사항	① 명확한 목표를 설정 ② 자기 주도적인 환경을 조성 ③ 지속적인 자기 성찰을 위한 기회 제공

스포츠 교육학 05 스포츠 교육의 지도 방법론

1 스포츠 지도를 위한 교육 모형

(1) 직접교수 모형

구분	내용
주제	직접교수 모형은 교수가 수업의 리더 역할을 한다.
개요	① 수업의 형태는 교사가 중심이 되어 의사 결정을 하고 교사가 주도적인 참여 형태를 가진다. ② 교사는 학습 목표와 학습 내용을 명확하게 제시한다. ③ 교사는 학생에게 정확한 피드백을 제시한다. ④ 교사는 학생이 학습 목표를 달성할 수 있도록 충분한 시간을 제공한다.
특징	① 학습자는 지시와 질문에 적극적인 태도를 가진다. ② 학습자가 높은 연습비율을 할 수 있도록 안내한다. ③ 학습자의 연습 과정을 유심히 관찰하고 정확한 피드백을 제공한다.
학습자 운영의 우선순위	우선순위는 ① 심동적, ② 인지적, ③ 정의적 영역의 순이다.

(2) 개별화지도 모형

구분	내용
주제	개별화지도 모형에서 학습 속도는 학습자가 스스로 조절한다.
개요	① 학습자는 계획된 학습 과제의 계열성에 따라 속도를 조절하며 학습한다. ② 학습 과제 모형은 개개인의 수준에 맞도록 과제 제시, 과제 구조, 오류 분석 등 다양한 내용을 포함한다. ③ 학습자에게 정확한 과제를 제공하기 위해서는 문서, 사진, 비디오 등의 다양성을 가지고 전달한다. ④ 교사는 과제 전달 시 미디어 사용을 통해 정보 전달 시간을 최소화한다.
특징	① 학습 과제는 사전에 계열화되어 학습자 자신에게 맞는 속도로 학습할 수 있다. ② 다른 학생보다 학습 진도가 앞서는 학생은 지도자의 동의 없이 진도를 나갈 수 있다.
학습자 운영의 우선순위	우선순위는 ① 심동적, ② 인지적, ③ 정의적 영역의 순이다.

(3) 협동 학습 모형

구분	내용
주제	팀에 소속된 모든 학생이 서로를 위해 협력하여 목표를 달성한다.
개요	① 팀에 소속된 모든 구성원들이 공동의 학습 목표를 달성할 수 있는 수업 모형이다. ② 개인의 책임감 있는 자세, 팀을 위한 개인의 잠재 능력 발휘, 평등한 기회 제공 등 팀의 목표 달성을 위해 공헌하는 것에 의미를 가진다.
특징	① 자아존중감 개발, 개인의 책임감 증진 등을 통해 긍정적인 팀의 관계를 형성한다. ② 모든 학습자는 팀 과제 수행 시 팀원의 수행 점수가 반영되기 때문에 과제 수행을 위해 서로 노력한다.
학습자 운영의 우선순위	① 인지적 학습 초점 : 우선순위는 ① 정의적 = ① 인지적, ② 심동적 영역의 순이다. ② 심동적 학습 초점 : 우선순위는 ① 정의적 = ① 심동적, ② 인지적 영역의 순이다.

(4) 스포츠 교육 모형

구분	내용
주제	유능, 박식, 열정이 가득한 스포츠인으로 성장할 수 있도록 한다.
개요	① 학습자에게 실제적인 스포츠 활동을 통해 교육적으로 풍부한 수업 모형이다. ② 개인의 책임감 있는 자세, 팀을 위한 개인의 잠재능력 발휘, 평등한 기회 제공 등 팀의 목표 달성을 위해 공헌하는 것에 의미를 가진다.
특징	① 학습자들이 스포츠 활동에서 나타나는 다양한 역할을 경험하여 이를 통해 유능, 박식, 열정적인 스포츠인으로 성장할 수 있도록 한다. ② 스포츠 모형의 6가지 요소 • 시즌 : 연습 시간, 정규 시즌, 정규 시즌 전 시간, 최종 경기 시간을 포함한다. • 팀 소속 : 시즌 동안 한 팀의 일원으로 참여한다. • 공식 경기 : 시즌을 조직하고 의사 결정에 참여한다. • 결승전 행사 : 시즌은 팀 경기, 토너먼트, 개인 경쟁 등 다양한 형태로 마무리된다. • 기록 보존 : 경기 수행에 대한 모든 사항을 기록하고 분석한다. • 축제화 : 시즌 동안 경기의 진행과 결승전 행사는 축제 분위기로 마무리한다.
학습자 운영의 우선순위	3가지 영역 모두에서 균형 있게 이루어지며, 학습자 우선순위는 학습 운영 영역에 따라 달라진다.

(5) 동료교수 모형

구분	내용
주제	'나는 너를, 너는 나를 가르친다.'
개요	① 학생이 교사와 학습자 두 가지 유형을 교대로 수행하는 학습 모형이다. ② 교사는 학생에게 학습자와 교사 역할을 충분히 수행할 수 있도록 역할에 대한 설명을 명확히 전달해야 한다.
특징	학습자는 교사의 역할과 학습자의 역할을 경험할 수 있다.
학습자 운영의 우선순위	① 학습자 학습 초점 : 우선순위는 ① 심동적, ② 인지적, ③ 정의적 영역의 순이다. ② 개인교사 학습 초점 : 우선순위는 ① 인지적, ② 정의적, ③ 심동적 영역의 순이다.

(6) 탐구수업 모형

구분	내용
주제	문제 해결을 할 수 있는 학습자
개요	① 교사가 학습자에게 질문을 통해 올바른 정답을 스스로 찾도록 유도하는 수업 모형이다. ② 학습자에게 다양한 질문을 통해 다양한 형태와 깊이와 사고를 이끌어 낸다. ③ 학습자의 움직임 교육, 교육적 게임 등을 통해 문제 해결력, 창의력, 탐구력의 지적 능력을 개발한다.
특징	체육 수업 중 문제 해결을 통해 바른 정답을 스스로 찾도록 유도하는 수업 모형
학습자 운영의 우선순위	우선순위는 ① 인지적, ② 심동적, ③ 정의적 영역의 순이다.

(7) 전술게임 모형

구분	내용
주제	이해 중심 게임 지도
개요	① 적합한 게임을 통해 학습자에게 전술적 지식과 게임 능력을 익히고 흥미를 활용하는 수업 모형이다. ② 게임에 대한 기본적인 이해도를 높이고 게임 전에 전술 기능 개발에 초점을 둔다. ③ 변형된 게임의 경험을 통해 게임에 대한 안목을 형성하고 기능을 숙달하고 게임을 즐길 수 있도록 한다.
특징	전술게임 모형의 6단계 : 게임 소개 → 게임 이해 → 전술 인지 → 의사 결정 → 기술 연습 → 실제 게임 수행
학습자 운영의 우선순위	우선순위는 ① 인지적, ② 심동적, ③ 정의적 영역의 순이다.

(8) 개인적·사회적 책임감 모형

구분	내용
주제	통합, 전이, 권한 위임, 교사-학생의 관계
개요	① 학습자 스스로 타인에 대한 책임감을 어떻게 수행해야 하는지 방법을 연습하고 배우는 수업 모형이다. ② 책임감과 신체 활동은 서로 다른 학습 성과가 아니므로 동시에 추구하고 성취된다. ③ 교사는 학습자의 책임감 수준을 미리 파악하고 학습 과제와 참여 유형을 제시한다.
특징	① 팀의 모든 구성원들은 팀의 성공에 필요한 자신의 역할을 인지하고 책임을 진다. ② 헬리슨(Hellison) 책임감 수준 5단계 <table><tr><td>0단계</td><td>무책임감(타인을 방해하고 참여 의지가 없음)</td></tr><tr><td>1단계</td><td>타인의 권리와 감정 존중(타인을 고려하면서 참여)</td></tr><tr><td>2단계</td><td>참여와 노력(자기 동기 부여)</td></tr><tr><td>3단계</td><td>자기 방향 설정(교사 없이 과제 완수)</td></tr><tr><td>4단계</td><td>돌봄과 배려(다른 사람의 요구와 감정 인정)</td></tr><tr><td>5단계</td><td>전이(같은 상황에 처한 사람에게 피드백 제공)</td></tr></table>
학습자 운영의 우선순위	우선순위는 교사가 현재의 학습 활동과 학습 목표가 어디에 있는가에 따라 결정된다.

2 스포츠 지도를 위한 교수 기법

(1) 교수 스타일

구분	내용
지시형 스타일	① 교사는 과제 활동 전·중·후의 모든 내용을 결정한다. ② 교사가 제시한 방식대로 학습이 이루어진다. ③ 학습 구조에서 나타나는 모든 결정은 교사가 한다.
연습형 스타일	① 피드백이 주어진 기억, 모방, 과제를 학습자가 개별적으로 연습하는 것이다. ② 학습자의 9가지 특정 사항 : 수업 시간, 운영, 과제 시작 시간, 정지 시간, 질문, 자세, 위치, 진행 흐름과 속도, 복장과 외모이다. ③ 교과 내용과 세부 운영 절차를 결정하고 피드백을 학습자에게 개별 제공한다.
상호 학습형 스타일	① 특정 기준에 의하여 주어진 사회적 상호작용 및 피드백이라고 할 수 있다. ② 주어진 과제에서 한 명의 학습자는 실시자, 다른 한 명의 학습자는 관찰자가 되고 교사는 관찰자와 상호작용을 한다. ③ 관찰자는 교사가 제공한 수행 기준에 준하여 실시자에게 피드백을 제공한다.

자기설계형 스타일	① 학습자는 과제를 독립적으로 수행하고 교사가 제공한 평가 기준에 따라 자신의 과제 수행을 스스로 평가한다. ② 교사는 일반적인 교과 내용만 정하여 주고, 학생 스스로 질문이나 문제를 해결한다.	
포괄형 스타일	① 과제에 여러 가지 난이도를 설정하여 수준별 학습에 참여한다. ② 과제를 수행할 수 있는 난이도를 선택하고 스스로 점검하고 평가 기준에 맞추어 자신의 수행을 점검한다.	
유도 발견형 스타일	① 미리 정해진 정답을 학습자가 발견하도록 유도하는 논리적, 계열적인 질문을 설계한다. ② 교사에 의해 주어진 질문에 대한 해답을 발견하는 것이다.	
수렴 발견형 스타일	① 미리 결정되어 있는 정확한 반응을 수렴적 과정을 통해 발견하는 것이다. ② 학습자는 추리력, 호기심, 논리적 사고를 통해 질문의 구성과 연결하여 해결 방법을 발견하는 것이다.	
확산 발견형 스타일	① 학생이 처음으로 교과내용을 발견하고 선택하는 것이다. ② 구체적인 인지 작용을 통해 하나의 문제 또는 상황에서 확산적인 반응을 발견하는 것이다.	
자기주도형 스타일 (J)	① 학습자가 스스로 진도를 정하고 탐구·발견하는 프로그램이다. ② 어떠한 문제나 쟁점을 해결하기 위해 학습 구조의 발견에 대한 독립성을 확립하는 것이다.	
자기학습형 스타일 (K)	① 학생이 교수·학습 활동에 교사나 학습자로 참여하여 모든 의사 결정을 내린다. ② 학습자 자신이 스스로를 가르치는 상황에서 존재하는 학습 스타일이다.	

(2) 교수 기능 연습 방법 및 교정

구분	내용
1인 연습	혼자 거울 또는 비디오 녹화를 통해 교수 행위를 보면서 연습하는 방법
마이크로 티칭	모의 상황에서 소수 참여자들을 대상으로 실제 수업을 해보는 방법
동료 교수	모의 상황에서 동료들이 교수 기능을 연습하는 방법
반성적 교수	교사에 대한 평가를 통해 교수 내용에 대한 평가와 교수 평가 방법
스테이션 교수	과제를 동시에 진행하기 위해 수업 장소를 이동하면서 학습하는 방법
실제 교수	일정 기간 여러 학급에서 실제 수업을 하는 방법
피드백	① 가치적 피드백 : 긍정이나 부정의 내용의 피드백 ② 중립적 피드백 : 판단과 수정이 없는 사실 행동 진술 피드백 ③ 교정적 피드백 : 잘못을 수정하는 피드백

스포츠 교육학 06 스포츠 교육의 평가론

1 평가 이론의 측면

(1) 평가의 개념과 목적

1) 평가의 개념
   ① 평가는 교육과정, 스포츠지도사의 교수 활동, 교육 환경 등과 같은 평가 대상의 가치 판단
   ② 측정 자료를 분석·평가하여 교수 학습의 의사 결정에 도움을 주는 활동

2) 평가의 목적
   ① 교수-학습의 효과성 및 적합성 판단
   ② 학습자의 운동 수행 참여를 통해 동기 유발을 향상시킴.
   ③ 학습자의 학습 상태 및 학습 지도에 관한 정보 제공
   ④ 학습 지도 및 관리 운영의 효율성을 위한 집단 편성
   ⑤ 학습자 역량 판단을 통해 이수 과정 정보 제공
   ⑥ 교육 목표에 따른 학습 진행 상태 점검과 지도 활동

(2) 평가의 기능

1) 진단 평가
   ① 교육 프로그램 시작 전에 학습자의 특성을 점검하는 평가 활동
   ② 학습자의 학습 장애 요인, 선수 지식, 학습 동기 등을 알아보기 위해 실시하는 평가

2) 형성 평가
   ① 교수 학습 중에 수시로 학생들의 학습 정도를 측정하는 평가
   ② 학생, 교수, 프로그램 등의 대상을 개선하고 향상시키려는 목적이 있음.

3) 총괄 평가
   ① 일련의 교수 활동이 모두 끝난 시점에 의도한 교육 목표가 어느 정도 실현되었는지를 최종적으로 확인하는 평가
   ② 학기말 고사나 학년말 고사가 해당

(3) 평가의 양호도
   ① 타당도 : 측정하고자 하는 측정 도구가 정확하고 적합한지에 관한 정보
      ㉠ 내용 타당도 : 측정하고자 하는 내용의 검사 문항이 내용을 얼마나 잘 대표하고 있는지 평가
      ㉡ 준거 타당도 : 측정 도구의 측정 결과가 준거가 되는 다른 측정 결과와 관련이 있는지 평가
      ㉢ 구인 타당도 : 특정 이론의 세부 요소나 특성을 측정·평가

② 신뢰도 : 측정 내용을 일관성 있게 측정하는 정도. 또한 타당도가 높으려면 신뢰도가 높아야 하지만, 신뢰도가 높다고 해서 타당도가 높은 것은 아님.
  ㉠ 검사-재검사 : 시간차를 두고 변인검사를 2회 실시하여 관찰 값을 비교하는 신뢰도
  ㉡ 동형검사 : 측정 시 두 개의 검사지를 통하여 나온 점수의 상관관계를 구하는 신뢰도
  ㉢ 내적 일관성 : 문항들 간의 연관성 유무를 통해 내적 일관성을 파악하는 신뢰도

2 평가의 실천적 측면

(1) 평가 기준

구분	내용
절대 평가(준거 지향)	학습자들이 알아야 할 지식과 기술을 아는지 모르는지를 평가하는 방법으로 교육 또는 지도 목표가 평가 준거이므로 목표 지향 평가라고 함.
상대 평가(규준 지향)	학업 성취도를 평가할 때 집단 내의 상대적인 서열을 중심으로 이루어지는 평가 방법
자기 지향 평가	학습자로 하여금 지식과 기능을 활용하여 학습 과제를 수행하는 능력을 과시하도록 요구하는 평가 방법

(2) 평가 기법

구분	내용
관찰	관찰은 경기 관람, 경기 영상 및 촬영 등 객관적이고 지속적인 관찰
면접	질문을 통해 얻어지는 정보
일지	활동이나 학습 진행 과정과 내용을 기록
프로젝트	과제 수행 정도를 파악하기 위한 소집단별 평가
포트폴리오	특정한 주제의 자료를 모아 만든 작품
루브릭	학습자 스스로 평가 과정에 참여하여 학습 초점을 정확히 아는 자기 주도식 학습
체크리스트	자신의 행동, 특성 등을 나열하여 확인하기 위한 자기 평가
평정 척도	각 요소들을 3단계 척도 또는 5단계 척도로 구분하여 상대적 가치를 평가

스포츠 교육학 | 07 스포츠 교육자의 전문적 성장

1 스포츠 교육 전문인의 역량 개발

(1) 학교 체육 전문인의 역량 개발

구분	내용
인지적 자질	① 학생 개개인의 특성을 이해하고 체육 활동의 스포츠 생리학, 운동역학 등과 관련한 스포츠 과학 지식을 갖춘다. ② 학습자들의 상담을 위한 기본 지식을 갖춘다. ③ 스포츠 교육에 필요한 관련 정책, 법률 등을 이해한다.
수행적 자질	① 체육 공동체, 즉 체육교사, 스포츠 강사, 학부모 등의 협력 관계를 구축한다. ② 학교 체육의 시설과 공간의 제약을 해결하기 위해 지역사회와 연계하여 협력관계를 유지한다. ③ 체육교과, 학습자, 교육 상황에 알맞은 교과과정을 개발한다.
태도적 자질	① 건전하고 바람직한 인성을 갖춘 교사의 사명감을 소유한다. ② 학교 체육의 전문성 개발을 위해 노력·실천한다.

(2) 생활 체육 전문인의 역량 개발

구분	내용
인지적 자질	생활 체육에 참여하는 다양한 연령에 대한 종목, 교수 내용, 교육 환경에 관한 지식
기능적 자질	프로그램 개발과 종목별 지도, 관리 등의 지식
인성적 자질	생활 체육 참여자들의 다양한 연령대의 신체적, 심리적, 사회적 특성 이해

(3) 전문 체육 전문인의 역량 개발

구분	내용
전문적 자질 영역	철학 및 윤리, 안전 및 상해 예방, 성장과 발달, 지도법 및 커뮤니케이션, 운동 기능 전술, 조직과 운영, 신체적 컨디셔닝, 평가를 포함
전문적 자질 개발	• 경기력의 향상에 영향을 미칠 수 있는 지도 능력, 행정 업무 능력 개발 • 선수들의 발달 단계에 맞도록 지도자 구분과 능력 개발

2 스포츠 교육 전문 인력 성장

(1) 형식적 성장

구분	내용
개념	• 고도의 제도화, 관료적, 교육과정에 의해 조직된 교육과정 • 교육과정 이수를 통해 성적, 학위 및 자격증을 부여하는 교육
사례	대학학위과정, 스포츠지도자 연수과정, 체육 관련 협회 또는 단체 자격증 등

(2) 무형식적 성장

구분	내용
개념	공식적인 교육 기관 외에 외부에서 행하여지는 다양한 학습 기회
사례	세미나, 컨퍼런스, 워크숍, 비정규 수업 등

(3) 비형식적 성장

구분	내용
개념	일상적인 경험을 통해 얻어지는 자기 주도적 학습
사례	과거 선수 경험, 멘토링, 코칭 경험, 인터넷, 서적, 스포츠 과학 매체 등

스포츠 교육학 출제예상문제

1 학교 스포츠 클럽의 교육적 가치 영역으로 옳지 <u>않은</u> 것은?

① 신체적 가치 ② 인지적 가치 ③ 경제적 가치 ④ 정의적 가치

해설
학교 스포츠 클럽의 교육적 가치에 경제적 가치는 관련이 없다.

2 다음 설명은 학교 스포츠 클럽의 교육적 가치의 영역이다. 설명에 알맞은 가치는 무엇인가?

> 성실과 정직, 협동심과 배려심 등 심리적 건강, 사회적 기술, 도덕적 인격과 관련된 가치

① 신체적 가치 ② 인지적 가치 ③ 정의적 가치 ④ 기능적 가치

해설
위의 설명은 정의적 가치에 관한 설명이다.

3 다음 설명은 스포츠 교육학의 역사에서 어느 시대에 속하는 내용인가?

> - 질적 연구 분야가 새로이 각광을 받으며 스포츠 교육의 질적 연구가 급성장
> - 체육을 가르치는 교사와 학생들의 수업 활동, 삶과 체험을 직접적으로 세밀하게 분석

① 1960년 초반~1970년 초반
② 1970년 중반~1980년 중반
③ 1980년 중반~1990년 중반
④ 1990년 중반~현재

해설
위의 설명은 1980년 중반~1990년 중반에 관한 설명이다.

4 스포츠 교육의 의미인 협의의 스포츠 교육학에 대한 내용으로 옳지 <u>않은</u> 것은?

① 신체 활동을 매개로 하여 교육적인 수단으로 한정한다.
② 스포츠가 학교 내에서 교육적으로 실천되는 현상을 다룬다.
③ 정해진 규칙하에서 경쟁 활동을 통해 목표와 기록을 달성한다.
④ 신체의 실천적 활동으로 건강 습관과 건강 영역 부분으로 확대되고 있다.

해설
신체의 실천적 활동으로 건강 습관과 건강 영역 부분으로 확대되고 있다는 내용은 광의의 스포츠 교육학에 속하는 내용이다.

정답 1 ③ 2 ③ 3 ③ 4 ④

5 스포츠 교육의 지도법의 탐구수업 모형에 관한 내용으로 옳지 <u>않은</u> 것은?
① 교사가 학습자에게 질문을 통해 올바른 정답을 스스로 찾도록 유도하는 수업 모형이다.
② 학습자에게 다양한 질문을 통해 다양한 형태와 깊이와 사고를 이끌어 낸다.
③ 학습자의 움직임 교육, 교육적 게임 등을 통해 문제 해결력, 창의력, 탐구력의 지적 능력을 개발한다.
④ 교사는 학생에게 학습자와 교사 역할을 충분히 수행할 수 있도록 역할에 대한 설명을 명확히 전달해야 한다.

◎ 해설
교사가 학생에게 학습자와 교사 역할을 충분히 수행할 수 있도록 역할에 대한 설명을 명확히 전달해야 하는 것은 동료교수 모형의 내용이다.

6 스포츠 교육의 지도법의 스포츠 교육 6가지 모형을 <u>잘못</u> 설명하고 있는 것은?
① 시즌 : 연습 시간, 정규 시즌, 정규 시즌 전 시간, 최종 경기 시간을 포함한다.
② 팀 소속 : 시즌 동안 한 팀의 일원으로 참여한다.
③ 공식 경기 : 시즌 마지막의 대표적인 경기만 참여한다.
④ 기록 보존 : 경기 수행에 대한 모든 사항을 기록하고 분석한다.

◎ 해설
공식 경기 : 시즌을 조직하고 의사 결정에 참여한다.

7 다음 중 국민체육 진흥에 관한 기본 시책에 포함되지 <u>않는</u> 것은?
① 생활 체육의 진흥
② 체육 과학의 진흥
③ 전문 체육 활동의 육성과 지원
④ 체육 시설의 설치와 유지 · 보수 및 관리

◎ 해설
국민체육 진흥 시책은 생활 체육의 진흥, 선수와 체육지도자의 보호 · 육성, 체육 시설의 설치와 유지 · 보수 및 관리, 체육 과학의 진흥, 여가 체육 활동의 육성 · 지원 등이 있다.

8 다음 글이 설명하는 평가의 기능은?

- 교육 프로그램 시작 전에 학습자의 특성을 점검하는 평가 활동
- 학습자의 학습 장애 요인, 선수 지식, 학습 동기 등을 알아보기 위해 실시하는 평가

① 진단 평가　② 형성 평가　③ 중간 평가　④ 총괄 평가

◎ 해설
위 글의 설명은 진단 평가의 기능이다.

정답　5 ④　6 ③　7 ③　8 ①

스포츠 교육학 출제예상문제

9 게임의 분류 중 네트형에 해당하는 게임을 보기에서 모두 고른 것은?

| ㉠ 배구 | ㉡ 당구 | ㉢ 넷볼 | ㉣ 배드민턴 | ㉤ 테니스 | ㉥ 라켓볼 |

① ㉠, ㉣, ㉤
② ㉠, ㉢, ㉤
③ ㉡, ㉢, ㉥
④ ㉢, ㉣, ㉤

◆ 해설
네트형 : 배드민턴, 테니스, 배구

10 학교 스포츠 클럽 활동에 대한 설명으로 옳지 않은 것은?
① 정규 학교 교육과정 중 창의적 체험활동 시간에 운영되는 스포츠 활동
② 정규 교과과정 외 활동
③ 창의적 체험활동 시간
④ 초·중등학교 교과과정 총론, 중학교 교육과정 편성 운영 지침

◆ 해설
학교 스포츠 클럽 활동은 정규 교과과정 내에서 활동한다.

11 학교 스포츠 클럽 프로그램 개발 시 고려 사항이 아닌 것은?
① 학생이 주도적이고 자발적 참여를 유도
② 인성 함양, 스포츠와 관련된 문화 체험 기회 제공
③ 다양한 활동 시간을 고려하여 운영
④ 학급 및 학교 스포츠 클럽 대항 또는 교내 스포츠 리그 활성화하여 운영

◆ 해설
학급 및 학교 스포츠 클럽 대항 또는 교내 스포츠 리그 활성화는 학교 스포츠 클럽 운영에 관한 내용이다.

12 마튼스(Martens)의 청소년 스포츠 프로그램 개발 시 고려 사항이 아닌 것은?
① 코치보다 선수 관점에서 개발
② 인성 중심의 지도를 실천
③ 일상생활로의 전이가 필요
④ 자기주도적인 환경을 조성

◆ 해설
자기주도적인 환경 조성은 성인 스포츠 프로그램 개발 시 고려 사항에 관한 내용이다.

◆ 정답 9 ①   10 ②   11 ④   12 ④

13 다음 내용은 스포츠 지도를 위한 교육 모형에 대한 설명이다. 설명에 알맞은 교육 모형은?

> • 수업의 형태는 교사가 중심이 되어 의사 결정과 주도적인 참여 형태를 가진다.
> • 교사는 학습 목표와 학습 내용을 명확하게 제시한다.
> • 교사는 학생에게 정확한 피드백을 제시한다.
> • 교사는 학생이 학습 목표를 달성할 수 있도록 충분한 시간을 제공한다.

① 직접교수 모형
② 개별화지도 모형
③ 협동학습 모형
④ 스포츠 교육 모형

◉ 해설
위 글은 직접교수 모형을 설명한 내용이다.

14 다음 내용은 스포츠 지도를 위한 교육 모형에 대한 설명이다. 설명에 알맞은 교육 모형은?

> • 학생이 교사와 학습자 두 가지 유형을 교대로 수행하는 학습 모형이다.
> • 교사는 학생에게 학습자와 교사 역할을 충분히 수행할 수 있도록 역할에 대한 설명을 명확히 전달해야 한다.

① 직접교수 모형
② 개별화지도 모형
③ 동료교수 모형
④ 스포츠 교육 모형

◉ 해설
보기의 내용은 동료교수 모형을 설명한 내용이다.

15 국민체육 진흥법의 전문 체육 정책에 관한 설명으로 옳지 않은 것은?
① 선수는 지방자치단체에 등록된 자를 의미한다.
② 경기 단체는 특정 종목에 관한 활동과 사업을 목적으로 설립된다.
③ 국가와 지방자치단체는 선수의 체육지도자에 대하여 필요한 보호와 육성을 하여야 한다.
④ 국가와 지방자치단체는 우수 선수와 체육지도자 육성을 위하여 필요한 표창제도를 마련하여야 한다.

◉ 해설
선수 등록은 경기 단체 선수로 등록된 자를 말한다.

정답 13 ① 14 ③ 15 ①

16 슐만(Shulman, 1987)의 7가지 교사 지식의 내용으로 알맞은 것은?

> 특정 학생에게 어느 교과나 주제를 특정한 상황에서 지도할 수 있는 방법에 대한 지식

① 지도 방법 지식 ② 내용 교수법 지식
③ 교과과정 지식 ④ 교육 환경 지식

🔵 해설
특정 학생에게 어느 교과나 주제를 특정한 상황에서 지도할 수 있는 방법에 대한 지식에 관한 내용은 내용 교수 지도법이다.

17 마튼스(Martens)의 전문 체육 프로그램 지도 개발 단계에서 상황 분석 단계는?

① 1단계 ② 2단계 ③ 3단계 ④ 4단계

🔵 해설
지도 개발 단계의 3단계는 상황 분석이다.

18 아래 내용은 어떤 법의 목적인가?

> 제1조(목적) 이 법은 국민체육을 진흥하여 국민의 체력을 증진하고, 건전한 정신을 함양하여 명랑한 국민 생활을 영위하게 하며, 나아가 체육을 통하여 국위 선양에 이바지함을 목적으로 한다.

① 국민체육 진흥법 ② 학교체육 진흥법
③ 생활체육 진흥법 ④ 전문체육 진흥법

🔵 해설
위 글은 국민체육 진흥법 제1조(목적)의 내용이다.

19 스포츠 지도를 위한 교육 모형 중 개인적, 사회적 책임감 모형의 내용이 아닌 것은?

① 학습자 스스로 타인에 대한 책임감을 어떻게 수행해야 하는지 방법을 연습하고 배우는 수업 모형이다.
② 책임감과 신체 활동은 서로 다른 학습 성과가 아니므로 동시에 추구하고 성취된다.
③ 교사는 학습자의 책임감 수준을 미리 파악하고 학습 과제와 참여 유형을 제시해 준다.
④ 게임에 대한 기본적인 이해도를 높이고 게임 전에 전술 기능 개발에 초점을 둔다.

🔵 해설
게임에 대한 기본적인 이해도를 높이고 게임 전에 전술 기능 개발에 초점을 두는 것은 전술 게임 모형에 관한 내용이다.

정답 16 ② 17 ③ 18 ① 19 ④

20 헬리슨(Hellison) 책임감 수준 2단계에 대한 내용으로 알맞은 것은?

① 타인의 권리와 감정 존중(타인을 고려하면서 참여)
② 참여와 노력(자기 동기 부여)
③ 자기 방향 설정(교사 없이 과제 완수)
④ 돌봄과 배려(다른 사람의 요구와 감정 인정)

⊕ 해설
2단계 책임감 수준의 내용은 참여와 노력(자기 동기 부여)이다.

21 다음 중 포괄형 스타일의 특징에 대한 설명으로 옳지 않은 것은?

① 과제에 여러 가지 난이도를 설정하여 수준별 학습 참여
② 과제를 수행할 수 있는 난이도를 선택
③ 스스로 점검하고 평가 기준에 맞추어 자신의 수행을 점검
④ 교사에 의해 주어진 질문에 대한 해답을 발견하는 것

⊕ 해설
교사에 의해 주어진 질문에 대한 해답을 발견하는 것은 유도 발견형 스타일이다.

22 다음 중 지시형 스타일의 특징에 대한 설명으로 옳지 않은 것은?

① 교사는 과제 활동 전·중·후의 모든 내용을 결정한다.
② 교사가 제시한 방식대로 학습이 이루어진다.
③ 학생이 처음으로 교과 내용을 발견하고 선택하는 것이다.
④ 학습 구조에서 나타나는 모든 결정은 교사가 결정한다.

⊕ 해설
학생이 처음으로 교과 내용을 발견하고 선택하는 것은 확산 발견형 스타일이다.

23 전술 게임 모형 6단계의 내용 중 빈칸에 들어갈 내용으로 알맞은 것은?

| 게임 소개 → ( ) → 전술 인지 → 의사 결정 → 기술 연습 → 실제 게임 수행 |

① 참여 형태
② 과제
③ 전술 분석
④ 게임 이해

⊕ 해설
게임 소개 → 게임 이해 → 전술 인지 → 의사 결정 → 기술 연습 → 실제 게임 수행

정답 20 ② 21 ④ 22 ③ 23 ④

스포츠 교육학 출제예상문제

24 피드백 종류에 대한 설명으로 옳은 것은?
① 비교정적 피드백 : 교정적 정보는 제공하지 않고 잘못된 부분의 정보만 제공
② 중립적 피드백 : 학습자가 한 명 한 명에게 전달
③ 개별적 피드백 : 잘못을 수정하는 피드백
④ 긍정적 피드백 : 만족과 불만족 표시가 불분명

해설
교정적 피드백은 다음 수행 개선과 관련된 방법을 함께 제공하고, 비교정적 피드백은 교정적 정보는 제공하지 않고 잘못된 부분의 정보만 제공한다.

25 다음은 교수 기능 연습 방법에 대한 설명이다. 내용에 알맞은 것은?

> 교사에 대한 평가를 통해 교수 내용에 대한 평가와 교수 평가 방법

① 1인 연습
② 마이크로 티칭
③ 반성적 교수
④ 스테이션 교수

해설
교사에 대한 평가를 통해 교수 내용에 대한 평가와 교수 방법 평가 방법은 반성적 교수 연습 방법이다.

26 다음 내용의 타당도에 해당하는 것은?

> 측정하고자 하는 내용의 검사 문항이 내용을 얼마나 잘 대표하고 있는지 평가

① 내용 타당도 ② 준거 타당도 ③ 구인 타당도 ④ 공적 타당도

해설
측정하고자 하는 내용의 검사 문항이 내용을 얼마나 잘 대표하고 있는지의 평가는 내용 타당도의 내용이다.

27 다음 내용이 설명하고 있는 평가 기준으로 옳은 것은?

> 학업 성취도를 평가할 때 집단 내의 상대적인 서열을 중심으로 이루어지는 평가 방법이다.

① 절대 평가(준거 지향)
② 상대 평가(규준 지향)
③ 자기 지향 평가
④ 수행 평가

해설
학업 성취도를 평가할 때 집단 내의 상대적인 서열을 중심으로 이루어지는 평가 방법은 상대 평가(규준 지향) 기준이다.

정답 24 ① 25 ③ 26 ① 27 ②

28 생활 체육 전문인의 역량 개발의 자질이 <u>아닌</u> 것은?
   ① 인지적 자질
   ② 기능적 자질
   ③ 인성적 자질
   ④ 전문적 자질

   ⊙ 해설
   생활 체육 전문인의 역량 개발의 자질은 인지적, 기능적, 인성적 자질이다.

29 학교체육 전문인의 역량 개발의 수행적 자질의 내용이 <u>아닌</u> 것은?
   ① 체육 공동체, 즉 체육교사, 스포츠강사, 학부모 등의 협력관계를 구축한다.
   ② 학교체육의 시설과 공간의 제약을 해결하기 위해 지역사회와 연계하여 협력관계를 유지한다.
   ③ 스포츠 교육에 필요한 관련 정책, 법률 등을 이해한다.
   ④ 체육교과, 학습자, 교육 상황에 알맞은 교과과정을 개발한다.

   ⊙ 해설
   스포츠 교육에 필요한 관련 정책, 법률 등을 이해하는 것은 인지적 자질의 내용이다.

30 다음 스포츠 교육 전문 인력 성장의 내용으로 알맞은 것은?

   | 고도의 제도화, 관료적, 교육과정에 의해 조직된 교육과정 |

   ① 형식적 성장
   ② 무형식적 성장
   ③ 비형식적 성장
   ④ 비정상적 성장

   ⊙ 해설
   고도의 제도화, 관료적, 교육과정에 의해 조직된 교육과정의 내용은 형식적 성장의 개념이다.

31 스포츠 교육의 평가론에서 평가의 목적이 <u>아닌</u> 것은?
   ① 교수-학습의 효과성 및 적합성 판단
   ② 학습자의 운동 수행 참여를 통해 동기 유발을 향상시킴.
   ③ 학습 지도 및 관리 운영의 효율성을 위한 집단 편성
   ④ 측정 자료의 분석, 평가를 하여 교수 학습의 의사 결정에 도움을 주는 활동

   ⊙ 해설
   측정 자료의 분석, 평가를 하여 교수 학습의 의사 결정에 도움을 주는 활동의 평가의 개념이다.

정답 28 ④ 29 ③ 30 ① 31 ④

스포츠 교육학 출제예상문제

32 스포츠 지도를 위한 모형이 아닌 것은?

① 직접교수 모형　② 개별화 지도 모형　③ 체육교육 모형　④ 협동학습 모형

🔵 해설
스포츠 지도를 위한 모형은 직접교수 모형, 개별화 지도 모형, 협동학습 모형, 스포츠 교육 모형, 동료교수 모형, 탐구수업 모형, 전술게임 모형, 개인적·사회적 책임감 모형이 있다.

33 생활 체육 프로그램의 개념이 아닌 것은?

① 생활 체육은 국민 체육, 평생 체육, 사회 체육이라는 용어와 함께 사용되었다.
② 1986년 제10회 서울아시안게임, 1988년 제24회 서울올림픽 그리고 1989년 수립된 "국민생활체육 진흥종합계획"으로 인하여 적극적으로 추진되었다.
③ 생활 체육에서 학교 체육 또는 전문 체육으로 범위가 확대되었다.
④ 생활 체육은 모든 연령을 대상으로 방향을 설정하고 진행된다.

🔵 해설
학교 체육 또는 전문 체육에서 생활 체육으로 범위가 확대되었다.

34 생활 체육 프로그램 설계에서 지도자와 대상의 내용으로 알맞은 것은?

① 누구를 위해 실행할 것인지에 대한 정확한 대상 설정
② 위치 및 활동 공간을 설정
③ 목적과 목표를 상세하게 결정
④ 시설 대여료, 용품 구입, 인건비 등의 경비를 예측

🔵 해설
• 지도자와 대상 : 누구를 위해 실행할 것인지에 대한 정확한 대상 설정
• 장소와 시설 : 위치 및 활동 공간을 설정
• 내용 : 목적과 목표를 상세하게 결정
• 예산 : 시설 대여료, 용품 구입, 인건비 등의 경비를 예측

35 학교체육 프로그램 개발 시 고려 사항이 아닌 것은?

① 구체적이고 체계적인 지도 계획이 수립되어야 한다.
② 창의적, 인성을 지향하는 학습 환경이 있어야 한다.
③ 인성 함양, 스포츠와 관련된 문화 체험 기회를 제공한다.
④ 교수 학습 활동 및 효율적 교수 학습 방법을 활용해야 한다.

🔵 해설
인성 함양, 스포츠와 관련된 문화 체험 기회 제공은 학교 스포츠 클럽 프로그램 개발 시 고려 사항이다.

정답　32 ③　33 ③　34 ①　35 ③

36 슐만(Shulman, 1987)의 7가지 교사 지식에 대한 설명으로 알맞은 것은?

> 수업 환경에 영향을 미치는 지식

① 내용 지식
② 교육 환경 지식
③ 학습자와 학습자 특성 지식
④ 교육 목적 지식

해설
수업 환경에 영향을 미치는 지식은 교육 환경 지식이다.

37 학교체육 프로그램 활동의 내용으로 알맞은 것은?

> 체계적인 계획을 통해 이루어지는 체육 교과의 체육 수업이다.

① 교과 활동
② 비교과 활동
③ 생활 체육 활동
④ 스포츠 클럽 활동

해설
교과 활동은 체계적인 계획을 통해 이루어지는 체육 교과의 체육 수업이다.

38 체육 관련 주요 국정 과제의 내용으로 알맞은 것은?

> • 장애인 시설에 생활체육지도자 파견 확대
> • 체육 시설 내 장애인 생활체육교실, 청소년 체육교실 확대
> • 공공 문화 체육 시설 장애인 접근성 확대를 위한 시설 개보수
> • 어울림 스포츠센터 건립

① 학교체육 활성화 추진
② 문화 향유 기회 확대 및 문화 격차 해소
③ 문화 다양성 증진과 문화 교류 협력 확대
④ 스포츠 활성화로 건강한 삶 구현

해설
'문화 향유 기회 확대 및 문화 격차 해소'가 체육 관련 주요 국정 과제이다.

정답 36 ② 37 ① 38 ②

39 생애주기별 발달 특성의 내용으로 알맞은 것은?

> • 급격한 신체 발달, 성적 성숙, 가치관이 형성되는 시기
> • 2차 성징이 나타나는 시기

① 유아　　② 아동기　　③ 청소년　　④ 성인

◉ 해설
청소년 시기에는 급격한 신체 발달, 성적 성숙, 가치관이 형성되는 시기이며, 2차 성징이 나타나는 시기이다.

40 생애주기별 체육 활동의 내용으로 알맞은 것은?

> • 운동 부족, 영양 과다, 각종 스트레스로 인한 성인병이 나타날 수 있는 시기
> • 생활 체육(골프, 체조, 수영, 배드민턴, 테니스, 자전거, 등산 등)을 통해 성인병 예방이 중요시되는 시기

① 유아　　② 아동기　　③ 청소년　　④ 성인

◉ 해설
성인 시기는 운동 부족, 영양 과다, 각종 스트레스로 인한 성인병이 나타날 수 있는 시기이며, 생활 체육을 통해 성인병 예방이 중요시되는 시기이다.

◉ 정답　39 ③　40 ④

스포츠 사회학

2 과목

01 스포츠 사회학의 이해와 영역
02 스포츠와 정치
03 스포츠와 경제
04 스포츠와 교육
05 스포츠와 미디어
06 스포츠와 사회계층
07 스포츠와 사회화
08 스포츠와 일탈
09 미래사회와 스포츠
출제예상문제

스포츠 사회학 **01 스포츠 사회학의 이해와 영역**

1 스포츠 사회학의 이해

(1) 스포츠 사회학의 의미
스포츠 사회학은 스포츠와 사회학의 관련성을 다루는 학문으로 스포츠 현상에 사회학 이론과 연구방법을 적용하여 연구하는 학문이다.

(2) 스포츠 사회학의 주요 과제
① 스포츠와 사회생활의 다른 여러 측면인 가족, 교육, 정치, 경제, 종교 등의 다른 사회학 영역의 관계성을 파악한다.
② 다양한 형태의 스포츠 현장에서 나타날 수 있는 집단행동과 사회조직 및 사회적 상호작용의 유형을 파악한다.
③ 스포츠와 스포츠 경험에 영향을 미치는 문화적, 구조적, 상황적 요인을 파악한다.
④ 스포츠와 연관되어 발생되는 사회화, 경쟁, 협동, 갈등, 사회계층, 사회변동 등의 사회과정을 파악한다.

(3) 스포츠와 유사용어

스포츠	놀이성과 규칙성, 그리고 경쟁성을 강하게 띠며, 신체 활동이 주가 되는 인간의 행위 양식
놀이	활동 그 자체에서 만족과 즐거움을 찾는 것으로 결과보다는 활동 자체의 의미를 중시
게임	놀이에서 발전되어 보다 조직적, 구조적, 규칙적인 활동으로 경쟁적인 활동

(4) 스포츠사회학의 영역

영역	내용	개념
거시적 영역	기능 종교 교육 실력주의 성	가치, 이데올로기 및 신념의 전달, 개인과 국가의 정치적 관계 종교와 스포츠를 통한 의식 경험 학업성취와 스포츠 계층이동 요인으로서의 스포츠 스포츠에 있어서 성적 차이 및 성적 불평등
미시적 영역	소집단의 상호작용 지도자론 사회화 사기 및 공격, 비행	소집단의 특성, 구성, 구조 및 효율성 효율적인 지도자의 유형 스포츠 참가의 동인과 결과 승리와 사기의 관계, 관중과 경기자의 폭력 행위
전문적 영역	학문적 적법성 스포츠의 본질적 정체	스포츠 사회학의 연구 및 연구방법에 대한 이론 제시 구조기능주의, 갈등주의, 비판이론 및 상징적 상호작용

2 스포츠의 사회적 기능

(1) 스포츠의 순기능과 역기능

1) 사회적 순기능

기능	정의
사회정서적	스포츠 참여와 관람을 통해 긴장과 갈등 및 그에 따른 욕구불만, 좌절, 그리고 공격적 충동을 무해하게 방출하여 해소할 수 있는 계기를 마련함.
사회통합 기능	스포츠는 사회 구성원의 출신 성분에 관계없이 공통적인 감정을 유발시키고 사회통합 및 일체감을 형성함.
사회화 기능	스포츠에서 강조하는 스포츠맨십 및 페어플레이 정신은 성취지향적인 현대사회에서 목표 성취를 위한 합리적인 행동 규범을 제시함.

2) 사회적 역기능

기능	정의
강제와 통제	– 열심히 훈련하고 인내하면 승리를 쟁취할 수 있다는 가치관 강조 – 스포츠 현실에서 질서의 상태는 스포츠의 본질적인 모습이 아닌 강제적으로 조정된 결합
자본주의 사회와 갈등	– 모든 자본주의적 생산 범주는 스포츠 관행에서 재현 – 스포츠의 선취 지향, 끊임없는 기록 추구, 상업화 등 – 승리제일주의적 스포츠 이념으로 인해 선수는 승리를 위해 신체를 도구화함
상업주의의 발달	– 재정적 이익이나 선전 매체로 이용되어 자본주의의 팽창을 증대 – 프로스포츠는 물론 아마추어 스포츠까지 물질만능주의 및 승리제일주의의 잘못된 가치관으로 팽배
국수주의 및 군국주의 팽창	– 올림픽과 같은 국제 스포츠 경쟁이 국수주의적 고립정책 및 군국주의적인 성향 유발 – 경기의 승리를 자국의 국력 및 정치력의 척도로 평가
성차별 및 인종 차별	– 스포츠는 남녀 간의 능력 차이를 극명하게 드러내는 활동 – 여성 운동선수는 비여성적이라는 사회적 고정관념에 의한 심한 성역할 갈등

(2) 스포츠와 사회관계에 대한 관점

1) 구조기능주의
   ① 개념 : 사회질서의 이론으로서, 모든 체계에서 충족시켜야 하는 요건을 구조에 의해서 충족된다는 이론이다.
   ② 스포츠 현상에 대한 적용
      • 적응 : 사회적 환경으로부터 적응하는 것
      • 목표 달성 : 명예, 정직, 페어플레이, 스포츠맨십을 위배하지 않으면서 승리하는 것

- 통합 : 경기의 시작과 종료가 단순명료, 상대의 식별이 용이, 승리라는 명확한 목표, 승패의 결과가 명확, 대중의 이해가 용이
- 체제유지 및 긴장 해소 : 사회질서에 필요한 다양한 기능을 수행함으로 사회의 전반적인 체제유지에 기여

2) 갈등이론
  ① 개념 : 스포츠는 자본주의 사회에서 일부 집단에 의해 조작되고 대중을 소비자로 전락시키고 선수의 재능과 능력을 착취하여 권력과 이익을 보조하는 수단으로 활용된다.
  ② 스포츠 현상에 대한 적용
    - 신체적 소외 : 자본주의 사회에서의 인간과 신체의 소외현상에 대한 내용
    - 강제와 사회통제: 국가나 지배집단, 경제적 자원과 권력을 지닌 계층에서 스포츠를 이용으로써 국민들의 사회 전반에 대한 무관심을 조장한다는 관점의 내용
    - 상업주의 : 현대 스포츠는 물질만능주의, 승리주의를 조장한다는 관점의 내용
    - 국수주의 및 군국주의 : 국제스포츠경기에서의 승리는 민족우월주의 등의 국수주의 의식을 심화시킨다는 관점의 내용
    - 성/인종 차별 : 스포츠 현장에서 여성차별주의 및 인종차별의 만연 및 일반화에 대한 내용

3) 비판이론
  ① 개념
    - 기존사회를 평가하고 비판할 수 있는 수단
    - 사회생활에 관련하여 권력에 초점을 두고 노동문제나 성불평등 등을 규명 및 폭로하고 비판하는 데 관심
  ② 스포츠 현상에 대한 적용
    - 구조기능주의 갈등이론에 대한 대안적이고 비판적인 패러다임으로 표현
    - 스포츠는 자본의 이윤축적을 위한 상품으로 변모되는 경향이 있다고 비판
    - 지역사회 및 전체사회에서 스포츠의 역할에 대해 관심의 초점
    - 사회현상으로서 스포츠가 전체사회의 변화 시기와 함께 이상적인 스포츠의 모습과 가치의 발전을 위한 원인을 파악하고 해결방법 등을 규명하는 데 목적

4) 상징적 상호작용론
  ① 개념 : 사회구조나 제도에 초점을 맞추는 것이 아니라 사람들이 상호작용을 할 때 일어나는 커뮤니케이션을 다룸
  ② 스포츠 현상에 대한 적용
    - 일반화된 타자   • 스포츠 의식   • 팀 문화

스포츠 사회학 02 스포츠와 정치

1 스포츠와 정치의 의의

(1) 스포츠와 정치의 관계
① 정치가 스포츠에 미치는 영향은 정치의 권력작용으로 스포츠를 지배하고 통제하려는 목적이다.
② 정치적인 지지기반을 획득하기 위하여 스포츠를 지원한다.
③ 사회 내에서 스포츠의 가치를 인정받고 스포츠의 발전과 세력을 확대시키기 위하여 정치적인 지원을 바라는 형태이다.
④ 스포츠는 개인의 차원이 아닌 정치적 목적에 맞는 국민체력 증진, 국민화합, 외교적 수단 등의 국가적 차원까지 이용되는 다기능적 역할을 수행한다.

(2) 스포츠와 정치의 활용

정치적 순기능	- 국민의 화합의 수단으로서 정치적 기능 수행 - 외교적 수단으로서의 기능 - 기본적인 인성 및 사회의 기본적 가치와 규범을 가르치는 수단 - 경쟁심과 높은 성취욕구를 불러일으켜 생산성을 높이는 역할 - 정치의 광의적 측면에서 사회운동의 수단
정치적 역기능	- 대립 국가들 간의 대결 및 국제적 갈등의 원인 - 부당한 권력의 형성과 유지를 정당화하기 위해 활성화 - 국수주의적 국민의식을 조장

(3) 스포츠의 정치적 속성 : 스포츠의 정치적 현상과 관련하여 Eitzen과 Sage(1982)는 스포츠의 정치적 속성을 다음과 같이 설명했다.
① 국가들의 국제경기에서의 성적은 국가의 정치적, 문화적, 경제적 우월성을 나타내는 중요한 수단이다.
② 스포츠 현장의 조직은 불평등하며, 그로 인해 권력투쟁이 존재한다.
③ 스포츠와 정치의 결합은 정부 기관이 관여로 기업 혜택의 경우도 존재한다.
④ 스포츠는 보수적인 성향으로 현 상황을 지속하고 스포츠 경기에 수반되는 애국심은 정치체계를 강화한다.

(4) 스포츠와 정치의 결합 방법
① 상징은 직접 자각할 수 없는 의미나 가치 등을 유사적인 표현을 사용하여 구성한다.
② 동일화의 과정을 통해 대중은 선수나 팀을 자신과 일체시킨다.
③ 상징, 동일화, 조작은 일련의 과정이지만 동시다발적으로 발생하기도 한다.

2 스포츠와 국내 정치

(1) 지역 사회와 스포츠

정치가 스포츠에 미치는 영향	– 스포츠 활성화에 지역의 스포츠 관련 단체의 관심이 높으면 기여 – 지역 사회 정치 지도자에 따라 스포츠 활성화에 영향 – 스포츠는 지역 정치적, 문화적 행사에 중요한 구성요인
스포츠가 정치에 미치는 영향	– 스포츠와 정치는 교우적이며, 상호 간 균등한 영향력을 행사 – 스포츠시설 확충은 지역사회의 발전에 기여 – 지역 주민의 자발적 참여로 주민의 화합 및 단결을 도모하여 지역 사회의 정치적 지위를 고양시키는 데 기여

(2) 국가 사회와 스포츠
① 스포츠는 사회적 분쟁을 해결하기 위해 민족적, 종교적, 인종적, 정치적 불화를 해소하고 사회통합을 촉진하는 역할을 수행한다.
② 스포츠를 대중에 대한 사회통제 수단으로 이용된다.
③ 스포츠를 국가 간의 위상을 획득하려고 다른 국가와의 공식 외교 관계를 수립한다.

(3) 국제 사회와 스포츠
① 현대 국가는 스포츠를 통해 국가적 영역을 확대하여 국제화에 관심을 표명한다.
② 오늘날 국제 사회의 추세는 국가 간의 상호의존적이고 대립적인 관계이다.
③ 국제적 접촉의 영역은 스포츠까지 확대한다.

3 스포츠와 국제 정치

(1) 국제 정치에서 스포츠의 역할

1) 국가 이데올로기의 우월성 입증
① 각 국가는 국제 사회를 형성하고 이데올로기의 우월성을 입증하기 위해 여러 가지 제도를 도구적 수단으로 이용된다.
② 스포츠가 경쟁의 결과가 확실하다는 측면에서 이데올로기의 우월성을 입증하기 위한 도구적 가치로 인정받아 중요한 관심사로 부각된다.
③ 조직화 된 스포츠는 이데올로기의 서로 다른 측면임에도 불구하고 국가 간의 친선을 도모하고 유대를 강화하는 역할을 한다.

2) 정치 현상으로서 국제 스포츠
① 정치적 도구로 국가 간의 교류 및 외교 관계 기반 마련
② 국내문제의 해결점을 찾을 수 있는 모토
③ 국가 선전의 장
④ 국가 침략적 공격성 배출
⑤ 국가 경쟁력의 장
⑥ 민족주의의 진원

(2) 국제 정치에 있어서 스포츠의 이용
① 외교적 도구 : 공식화되지 않은 관계라도 양국 및 해당 정부를 승인함을 상징한다.
② 이데올로기 및 체제 선전의 수단 : 정치적 적대국 간의 스포츠 경기는 특정 정치체제를 대표하는 신체적 기량의 공개심판대를 제공한다.
③ 국위선양 : 스포츠를 통한 자국의 존재 및 가치에 대한 의식을 고취한다.
④ 국제 이해 및 평화 : 국가 간 상호작용을 통하여 국제 이해, 친선 및 평화를 증진하는 데 긍정적인 공헌을 한다.
⑤ 외교적 항의 : 스포츠를 통한 외교적 항의는 직접적인 피해나 손해를 입히지 않고 목적을 달성한다.
⑥ 갈등 및 전쟁의 촉매 : 국제관계에서 각국의 갈등은 언제나 존재하며 국제 경기에서도 예기치 않게 발생한다.

(3) 올림픽과 정치
1) 올림픽 경기의 정치화 요인

민족주의 심화	- 국가 간의 경쟁을 심화시키고 올림픽 경기에서 정치화 현상을 유발
상업주의 팽창	- 경제 규모의 확대 수단 활용 - 상업적 이익 추구를 위한 도구로 이용
정치 권력 강화·보상	- 스포츠는 국력의 과시 - 스포츠를 국가 정책의 수단으로 활용

02 스포츠와 정치

2) 올림픽 경기의 정치 도구화

대회	사건
아테네 올림픽	지중해와 에게해에서 터키의 침략정책을 저지하려는 그리스의 정치 개입으로 터키 불참
앤트워프 올림픽	IOC 기구 및 조직에 대한 서방국가와의 견해로 소련 불참 및 세계대전 일으킨 독일, 오스트리아, 터키 불참
베를린 올림픽	히틀러 정권하에 나치의 권위와 선전의 장으로 활용
런던 올림픽	제2차 세계대전 이후 소련과 미국, 영국, 프랑스 간의 정치적 갈등
헬싱키 올림픽	미국과 소련의 세력 각축의 장
맬버른 올림픽	소련의 헝가리 침공으로 스페인, 네델란드, 스위스 등의 서방국가들의 항의 차원에서 불참
도쿄 올림픽	1962년 아시안게임 당시 대만, 이스라엘을 초청하지 않아 인도네시아 불참
뮌헨 올림픽	검은 구월단 사건 발생으로 아프리카 국가들의 대회 불참
몬트리올 올림픽	뉴질랜드 참가를 저지하기 위한 아프리카국들의 대회 불참
모스크바 올림픽	소련의 아프카니스탄 침공으로 서방 국가들의 불참
LA 올림픽	소련을 비롯한 공산 진영 국가(13개국) 불참

스포츠 사회학 03 스포츠와 경제

1 상업주의와 스포츠의 변화

(1) 상업주의 스포츠 출현의 사회적 조건
① 스포츠기반시설 구축을 위한 자본주의적 시장경제 체계 : 스포츠와 관련된 시설 설립 및 유지를 통한 경제적 보상체계가 발달한다.
② 인구 밀도가 높은 도시 : 인구가 밀집되어 있어 스포츠를 통한 성공 가능성이 높다.
③ 자본의 집중 : 체육 시설 유치 및 유지를 통한 경제적 보상이 용이한다.
④ 소비문화의 발전 정도 : 소비 촉진된다.

(2) 스포츠의 본질의 변화
1) 아마추어리즘의 퇴조
① 시대변천으로 국가주의와 상업주의의 대두
② 금전적 이익을 추구하는 프로스포츠의 발달로 퇴조
③ 올림픽 경기에서 조직의 비대화, 경기의 과열, 상업의 신장으로 퇴조

2) 스포츠의 직업화
① 자본주의의 발달과 밀접한 관련
② 현대산업사회에서 대두된 현상
③ 스포츠를 통한 상승적 사회이동의 기회 제공
④ 스포츠의 특성화로 인해 은퇴 후 직업변환의 어려움

(3) 상업주의에 의한 스포츠의 변화
1) 스포츠의 구조
① 경기시간 및 경기팀 조정
② 규칙 개정, 도박심리 유도 등의 스포츠의 규칙 변화
③ 스포츠의 기본구조 유지

2) 스포츠의 내용
① 경기 외적 사실 중시
② 전시효과 추구
③ 심리적 가치보다 영웅적 가치 중시

3) 스포츠의 조직
① 대중매체, 팀 구단주, 후원자 등의 지원 스포츠로 그들의 목적 영위를 위한 쇼(show) 발생
② 개폐회식 이전과 예산 확보를 위한 노력

③ 경기의 내적인 측면보다 이익 창출을 위한 노력
④ 스포츠 경기에서 기업의 목적은 기업발전을 위한 시장 확대의 선전 매장으로 활용

4) 올림픽 경기의 변화
① 규모의 거대화
② 기업체는 기업 선전 매장으로 간주

2 프로스포츠와 상업주의

(1) 프로스포츠의 경제적 가치

1) 경제적 파급효과
① 생산 유발효과, 소득 유발효과, 부가가치 유발효과
② 스포츠를 통해 직·간접적으로 높은 창출효과

2) 수입원 : 프로스포츠 구단들의 수입원은 방송중계권료, 광고 관련 수입, 정기입장료, 스폰서십, 라이센싱 수입이 있다.

(2) 프로스포츠의 사회적 기능

순기능	- 스포츠 참여의 확산 - 흥미 거리를 제공하여 여가 선용 - 사회적 긴장해소로 생활의 활력소 역할 - 아마추어 스포츠 선수에게 장래의 진로 개척 - 지역의 대표 팀으로 지역 주민의 공동체 의식 유발 - 지역경제 활성화로 지역사회의 발전을 이루는 기회 제공 - 아마추어 선수들의 사기양양에 도움으로 아마스포츠 활성화 - 경기에 대한 이해도 높이고 호기심 자극하여 스포츠 대중화 기여
역기능	- 스포츠의 내면보다 외면의 이익을 중시 - 아마추어리즘을 퇴색시키고, 물질만능주에 빠짐 - 특정 종목 몇 가지에만 몰입하도록 유도 - 비인기 종목에 대한 대중들의 무관심의 원인으로 종목간 불균형을 초래 - 일부종목의 경우 합법적인 도박의 기회를 제공하여 사행심 조장 - 승부 조작이나 불법적인 행동을 유발

3 스포츠 메가이벤트의 효과

(1) 순기능

경제적 측면	- 해당 산업 내에서 직접적인 경제효과 - 대회 개최를 위한 투자로 인해 관련 산업에서 고용 유발효과 - 특정한 경제활동이 가져오는 부가적인 생산활동 창출 - 국내 총생산량의 증가 - 수출증대효과, 관광수입효과, 지역경제 활성화
사회적 측면	- 국가와 지역에 대한 국민들의 자부심 증가 - 국민통합과 결속의 효과 - 개최국 기업들의 인지도 및 인식 향상 - 사회적 기초 인프라 구축을 통한 삶의 질 향상
정치적 측면	- 개최 국가 및 개최 도시의 위상과 이미지 제고

(2) 역기능

경제적 측면	- 막대한 재정 투입 - 개최도시의 재정 부담
사회적 측면	- 지역 시민들에게 다른 분야 예산 축소 - 지역 주민의 세금 부담
정치적 측면	- 정치 세력의 권위 및 정당성 강화

(3) 스포츠 메가이벤트의 경제적 가치

① 막대한 수익의 원인 : 대회의 희소성과 스포츠 메가이벤트를 지켜보는 시청자 범위가 전 세계로 확대되어 세계기업의 적극적인 참여를 유도할 수 있음.

② 메가이벤트로 인해 적자의 경우 : 인프라 구축을 위한 투자손실, 과잉투자 및 사후시설관리 등의 문제가 발생할 수 있음.

③ 막대한 비용 지불 : 올림픽과 월드컵의 중계권료는 상승하고 있지만 기업은 주저하지 않고 공식 스폰서가 되기 위해 막대한 비용을 지불함.

④ 올림픽에서 시행하는 스폰서십 : IOC는 기업으로 금전 및 물자를 제공받고 올림픽 공식 로고와 휘장을 사용할 수 있는 권한을 제공받음.

스포츠 사회학 — 04 스포츠와 교육

1 스포츠의 교육적 기능

(1) 스포츠의 교육적 순기능

1) 전인교육
   ① 학업 활동 격려 : 스포츠의 참여는 학생들의 학업 활동에 충실함과 흥미의 동기가 됨.
   ② 사회화 촉진 : 학생들의 목표 도전, 스포츠맨십, 팀워크를 통해서 사회화를 주관함.
   ③ 정서 순화 : 스포츠 활동의 공정성은 개인의 도덕적 가치를 성숙시켜 사회적응에 기반이 됨.

2) 사회통합
   ① 학교 내 통합 : 스포츠는 학교에 공동 목표를 제공하여 교내의 모든 사람에게 공동체 의식을 형성함.
   ② 학교와 지역사회 통합 : 스포츠를 통해 지역사회 생활의 일부가 되며, 학교와 주민 사의의 원활한 소통의 장을 마련함.

3) 사회선도
   ① 사회 진출기회를 통한 여권 신장 : 여학생에 있어서 스포츠는 평등의 개선과 자신의 권리를 높일 수 있도록 기회를 증진 시킴.
   ② 장애인 적응력 배양 : 장애인의 스포츠 활동은 국민의 기본권리이며, 원만한 사회생활을 누릴 수 있는 기능을 함.
   ③ 평생 체육의 기반 조성 : 스포츠는 참가자는 물론 일반 학생에게 평생 즐길 수 있는 신체활동을 전수하여 미래의 삶을 보다 가치 있게 만들 수 있음.

2 스포츠 교육적 역기능

(1) 교육 목표의 훼손
   ① 승리 지상주의 : 과도한 경쟁으로 스포츠 가치가 변질됨.
   ② 일반 학생의 참가기회 제한 : 소수의 기능우수자에게 집중되어 엘리트 의식을 조장함.
   ③ 성차별의 간접교육 : 여성들의 스포츠지도자 부재로 불평등이 존재함.

(2) 부정행위 조장
   ① 스포츠의 상업화 : 운동 선수들의 상업적인 지원으로 경제적 이익을 창출함.
   ② 위선과 착취 : 운동선수들을 이용한 부정행위(성적 위조, 선수를 이용한 경영 등)가 제도적 무기력을 경험함.
   ③ 일탈 조장 : 승리를 위한 부정적인 선수 및 지도자의 행동이 발생함.

(3) 편협한 인간 육성

① 독재적 코치 : 무조건적인 복종 및 강요로 학생들의 자립적인 성장에 방해가 됨.
② 비인간적 훈련 : 학교의 목적 달성을 위한 수단으로 인간성을 상실하게 됨.

3 한국의 학원스포츠

(1) 학원스포츠의 기능

순기능	– 학생들의 학업활동을 촉진한다. – 정서적 순환에 도움을 준다. – 스포츠 활동에 대한 흥미를 유발한다. – 학교 내의 통합을 가져온다. – 지역주민들과의 화합의 기회를 제공한다. – 역량 개발의 기회부여가 된다.
역기능	– 학생들의 학습권에 제한이 있다. – 지도자의 폭력이 난무한다. – 인권침해로 이어질 수 있다. – 승리지상주의로 전락된다. – 비인간적인 훈련이 이어지고 있다. – 성폭력과 성폭행의 가능성이 있다.

스포츠 사회학 05 스포츠와 미디어

1 스포츠와 미디어의 이해

(1) 미디어의 개념
① 소수의 사람들이 다수의 사람들에게 신속하고 동시에 의사교환을 할 수 있게 연결해주는 하나의 매개물이다.
② 인쇄 및 전자매체, 그 밖의 다른 형태의 미디어를 통해 전달되는 문화적 요소의 집합체이다.
③ 유형적인 문화와 오락 활동으로서 대중문화는 미디어를 통해 사람들에게 전해진다.
④ 우리는 미디어를 통해 새로운 언어로 보고 듣고 느낀다.
⑤ 현대사회에서는 미디어 없이 사람들의 소통이 어려울 뿐만 아니라 사회생활의 장애가 된다.

(2) 미디어의 유형
① 전송방식과 단말기에 따라 다양하게 정리될 수 있다.
② 대표적으로 인쇄미디어와 전파미디어로 구분한다.
③ 전파미디어는 유선계와 무선계로 구분된다.
④ 인쇄미디어는 전달되는 메시지가 논리적이고 계획적이며, 직접적인 특징을 가지고 있다.
⑤ 전파미디어는 즉흥적이고 일시적으로 전달되며 메시지 자체가 낮은 정의성을 가지고 있다.

(3) 맥루한의 매체이론

핫 매체 (인쇄미디어)	– 수용자의 낮은 감각 참여와 몰입성으로 수용되는 매체 – 문자시대에 적합 　　　　　– 논리성, 사전계획, 직접적 전달 – 장시간 개별적 수용에 적합　– 신문, 잡지, 라디오, 화보, 영화 등
쿨 매체 (전파미디어)	– 수용자의 높은 감각과 몰입성으로 수용되는 매체 – 전자시대에 적합 　　　　　– 즉흥적, 비논리적, 일시적 – 복잡한 정부의 제한적 제공　– TV, 만화, 인터넷 등

(4) 스포츠 저널리즘

저널리즘	– 라디오와 텔레비전 등장으로 기존의 최근 사건 인쇄 형태에서 의미가 확대 – 시사문제를 다루는 인쇄물과 전자 통신장비를 이용한 커뮤니케이션 모두 포함
스포츠미디어	– 스포츠 이미지와 메시지를 창조하는 저널리스트라 할 수 있음. – 독자에게 가치와 행동의 기준 제공 – 사회적 지배 가치를 만듦.
스포츠 저널리스트	– 공정성과 정확성을 유지하면서 보도 – 주관이 허용되어 객관성이 결여된 기사를 제공 – 특정 선수의 부정적인 기사는 일시적인 효과는 있으나 사회적 비난의 대상

2 스포츠와 미디어의 상호관계

(1) 스포츠가 미디어에 미치는 영향
① 매체의 스포츠 의존도가 증대한다.
② 스포츠 보도의 위상이 향상된다.
③ 방송 기술이 발달한다.

(2) 미디어가 스포츠에 미치는 영향
① 스포츠의 상품화된다.
② 스포츠에 대한 관심과 인기가 증대된다.
③ 스포츠 규칙이 변경된다.
④ 경기 일정이 변경된다.
⑤ 스포츠 기술이 향상된다.

(3) 스포츠와 미디어의 공생관계
① 스포츠 조직을 운영하는데 관람 스포츠의 발달과 미디어의 중계의 발달이 역할을 한다.
② 스포츠는 제대로 된 경기 규칙을 미디어 중계를 통해 실현할 수 있고, 새로운 종목 신설로 대중들의 관심을 증가시킬 수 있다.
③ 미디어 기술의 발달로 운동선수들의 과학적 분석은 선수들의 평균 기량이 향상되는 데 기여한다.
④ 스포츠의 인기와 위상이 올라갈 수 있었던 계기를 마련한다.

스포츠 사회학 06 스포츠와 사회계층

1 사회계층의 이해

(1) 사회계층의 정의
① 사회계층 : 사회에서 개인 및 집단사이에 존재하는 불평등을 의미한다.
② 스포츠 내에서의 사회계층 : 스포츠 내에서 성, 연령, 근력, 신장, 인성, 사회 경제적 지위, 특권, 선호도와 같은 특성이 특정 집단이나 개인에게 차별적으로 분배되어 상호 서열이 위계적 체계를 형성하고 있는 것을 의미한다.

(2) 스포츠 계층의 특성

사회성	보수의 분배가 스포츠 내의 규범이나 관행에 의하여 결정
고래성	사회의 불평등과 관련된 역사와 유사
보편성	보편적 사회문화의 현상
다양성	모든 사람에게 동등하게 권력이나 재산이 부여될 수도 아닐 수도 있는 다양한 형태
영향성	사회적 배경이 비슷한 사람끼리 교류하므로 스포츠 계층과 밀접한 관계

(3) 사회계층의 형성과정

지위의 분화	- 사회적 기위에 따라 역할 배분, 타 지위와 구별되는 과정 - 업무의 한정, 역할의 권한 및 책임 분명 - 성실한 개인 업무 수행 유도, 업무 태만 및 최저한도의 임무 수행 불이행 시 가장 효율적 방법
지위의 서열화	- 지위의 상호비교가 가능 - 서열화의 목적은 각 지위의 적절한 배치 - 개인적 특성, 개인의 기능이나, 능력, 역할의 사회적 기능에 의해 가능
평가	- 가치 유용성 정도에 따라 상이한 각 위치에 지위를 적절히 배열 - 평가의 기준은 다양한 개인의 능력에 따라 결정 - 평가는 가치 판단의 발생과 연관 - 연령, 성, 민족집단, 사회계급을 대표하는 사회범주 안에 차별이 존재
보수의 부여	- 사회적 희소가치의 자원이 차별적으로 배분 - 재화나 용역에 관한 권리 또는 책임을 의미하는 재산 - 자신의 목적을 타인이 반대해도 실현시킬 수 있는 능력 - 비물리적인 보수로 만족이나 기쁨을 가져오는 반응

2 사회계층과 스포츠 참가

(1) 스포츠 참가 유형의 차이
① 스포츠 직접 참여를 선호하는 것은 중하류층보다 상류 사회 계층이다.

② 스포츠는 시간적, 경제적 여유가 보장되어야 가능하다.
③ 스포츠 직접 참여를 위한 장비 구입이나 시설 이용에 대한 지출비용이 부담된다.

(2) 스포츠 관람 유형의 차이
① 시간적·경제적 여유가 작용하기 때문에 계층 간 차이가 있다.
② 경기장의 직접 관람이 부담되는 하류층은 TV 시청을 선호한다.

(3) 스포츠 참가 종목의 차이
① 상류층은 개인종목, 하류층은 단체종목의 참가 비율이 높다.
② 스포츠가 지닌 특성이 다르기 때문에 계층 차이는 나타난다.
② 상류층에게는 소비형태가 과시적 소비로 나타난다.

3 스포츠와 계층이론

(1) 사회이동의 유형

1) 수직이동과 수평이동

수직이동	- 종전의 지위에 대한 상하 변화 - 계층적 상승과 하강의 경우 존재
수평이동	- 계층적 지휘 변화없는 이동 - 동일하게 평가되는 지위 - 일종의 단순한 자리이동

2) 세대 간 이동과 세대 내 이동

세대 간 이동	- 같은 가족 내에서 발생하는 지휘 변화 - 부모의 교육적, 직업적·경제적 면과 성장한 자녀의 세 가지 면과 비교 측정
세대 내 이동	- 한 개인의 생애에 발생하는 변화 - 흔히 경력 이동이라 함

3) 개인 이동과 집단 이동

개인 이동	- 개인의 능력와 노력에 의한 상승 이동 - 스포츠는 실력 본위의 사회이동 체계로서 기회가 폭넓게 제공
집단 이동	- 유사한 조건의 집단이 어떠한 계기를 통한 집단이동 - 가장의 사회이동은 가정의 이동으로 집단이동으로 간주함.

06 스포츠와 사회계층

(2) 사회이동 기제로서의 스포츠

1) 사회이동의 기제로서 스포츠의 역할을 동의하는 입장
   ① 사회적 상승이동을 촉진하는 매개체로 스포츠 참가가 그 역할을 한다.
   ② 조직적인 스포츠 참가는 대인관계에 도움이 될 수 있도록 은퇴 후에도 직접적 후원을 받을 수 있다.
   ③ 조직적인 스포츠 참가는 교육적 성취도를 향상시키는 데 직·간접적으로 영향을 준다.
   ④ 스포츠 참가는 사회생활을 영위하기 위한 사회적 기준을 발달시킨다.
   ⑤ 전문 직종의 기술을 습득할 수 있는 기회를 제공한다.

2) 사회이동의 기제로서 스포츠의 역할을 부정하는 입장
   ① 너무 과한 훈련과 반복적인 잦은 경기출전으로 교유의 기회가 감소되어 성적이 저하된다.
   ② 학교의 재정을 운동에 초점을 맞춰 본래의 교육의 취지 및 기능이 왜곡될 수 있다.

스포츠 사회학 07 스포츠와 사회화

1 스포츠 사회화의 이해

(1) 사회화의 개념

① 인간이 태어나서 자라는 동안 그 사회에서 받아들여질 수 있는 행동 양식과 생활양식을 익히면서 그 사회의 성원으로 성장 발달하는 과정을 말한다.
② 사회화의 기초적인 요인으로는 유전과 환경이 있다.
③ 사회화를 문화적·사회적·심리적 차원의 관점에서 본 경우

문화 동질화 과정	인간의 백지 상태가 문화에 동질화되어가는 과정
역할 훈련 과정	개인이 사회의 구성원으로서 규정되어 있는 역할을 담당하게 되는 과정
충동의 통제능력 형성	인간이 타고난 이기적이고 충동적인 본능을 사회생활을 통해 통제할 수 있는 분별력이 생기는 과정

(2) 스포츠 사회화의 개념

① 스포츠라는 영역에서 일어나는 사회화로 집단 구성원이 공통적으로 가지고 있는 가치관, 신념을 상호작용으로 서로 습득하는 과정이다.
② 개인이 스포츠 활동을 통해 사회가 지닌 문화를 익히고 자신의 정체성을 실현하는 과정이다.

2 스포츠 사회화의 이론

(1) 사회학습이론

1) 개인이 사회적 행동을 습득하고 수행하는 과정을 분석하여 밝히는 이론

코칭, 강화, 관찰학습의 세 가지 요소를 통해 사회화가 이루어진다.

코칭	사회화 주관자로 새로운 지식과 기능 학습
강화	외적보상으로 사회적 역할 습득
관찰학습	타인의 행동을 관찰하여 개인의 과제 학습

2) 역할학습에 관련된 사회화 과정

개인적 특성	성, 연령, 사회 경제적 지위
중요타자	가족, 동료, 교사, 대중매체 등
사회화 상황	집단구조, 참여의 자발성 등

(2) 역할이론

① 개인이 자기 역할을 완전하게 수행하기 위해 시도하면서 사회가 이루어지는 데 이는 자신의 처

한 상황을 인식하고 있기 때문이다.
② 개인이 소속된 집단의 구성원으로 적응해 가는 사실을 설명하기 위한 이론이다.

(3) 준거집단 이론
① 기준이 되는 집단의 행동, 감정, 태도 등을 자신의 준거 척도로 삼는다는 이론이다.
② 준거집단은 규범집단, 비교집단, 청중집단으로 구분한다.

규범집단	규범의 가치관 형성을 위한 개인행동 지침 제공
비교집단	특정한 역할수행의 기능적 의미를 제시하는 역할 모형 집단
청중집단	타 집단의 가치와 태도에 부합되게 행동하려는 집단

3 스포츠 사회화의 과정

(1) 스포츠 사회화
① 참가 자체를 전제로 한다.
② 결정적 영향은 준거집단이나 주요 타자의 가치관이다.
③ 스포츠 개입의 과정은 본질적 즐거움이나 외적 보상에 대한 기대, 부정적 제재로부터의 회피 등이 있다.
④ 스포츠사회화의 주관자

가정	- 가정은 사회화의 가장 중요한 요인으로 출생 이후 계속 사회화를 이룸 - 가정의 사회화 문제에 대해서 가정의 경제적 위치, 가족 구성원 간의 인간관계, 가정에 대한 문화적 인식의 차 등이 중요 - 스포츠에 대한 인식은 가정의 차이에 따라 아동 스포츠가 결정
친구집단	- 가정과 대등하게 인간관계를 경험하는 곳 - 친구집단 속의 스포츠 참여는 페어플레이, 스포츠 역할, 협력 등을 배우며 사회화 과정을 경험 - 청소년기의 친구집단은 스포츠를 통한 자신의 존재감을 확인하는 기회 제공
학교	- 처음 접하는 공식적인 체육활동의 장소 - 체육프로그램을 통해 체력 향상 및 스포츠를 기능을 습득하면서 사회가 요구하는 가치관을 지닌 인격 형성의 기초 - 스포츠로의 사회화가 가장 영향을 미치는 요인은 교사와 지도자의 가치관 및 태도
지역사회	- 지역 사회는 지역주민의 스포츠사회와 주관자 역할을 담당 - 스포츠 참여 인구의 다양화 기반 마련
대중매체	- 모든 사람에게 다양한 정보 제공 - 스포츠에 대한 간접경험의 기회 제공 - 스포츠 지식을 획득할 수 있는 경험의 장

(2) 스포츠를 통한 사회화

1) **정의** : 스포츠 활동 경험을 통하여 성공에 필요한 지식을 습득하고, 특정 사회에서 생존할 수 있는 방법을 습득하는 과정에서 가치를 익히며 행동을 학습하는 것을 의미한다.
2) **스포츠 태도의 형성** : 스포츠 참여를 통해서 형성되는 마음가짐으로 스포츠 참가 형태, 참여 정도, 참여 수준에 따른 차이를 보인다.
3) **스포츠 참가의 유형**

행동적 참가	선수로 참가하는 일차적 참여와 코치, 심판 등의 스포츠를 직접 생산하는 자, 팬과 같은 소비자로 참가하는 이차적 참여로 구분
인지적 참가	스포츠에 관한 일정 정보를 학교, 사회기관 등으로 수용하는데 정보는 스포츠의 역사, 규칙, 기술 등에 관한 지식 등을 의미
정의적 참가	직접적으로 참여하지 않고 간접적으로 특정 선수나 팀 경기에서 강점을 표출하는 행동을 의미
일상적 참가	스포츠 활동에 개인의 활동과 잘 조화를 이루면서 정규적으로 참가
주기적 참가	일정 간격을 유지하면서 참가
일탈적 참가	자신의 직업을 소홀히 하며 스포츠 활동에 참가하는 일차적 일탈과 단순히 기분전환으로 참가가 아닌 거액의 내기를 걸고 도박을 할 정도의 이차적 일탈로 구분
참가 중단	모든 스포츠를 혐오하여 전혀 참가하지 않거나 스포츠 참여 자체가 불쾌한 경험으로 현재 참가하지 않는 상태

4) **스포츠 참가의 수준**

조직적 스포츠 참가	역할학습이나 수행결과에 초점을 두는 구조적 안정된 활동
비조직적 스포츠 참가	활동 자체의 만족을 얻기 위한 자율적인 활동

5) **스포츠 가치의 형성**
   ① 스포츠는 현대사회에서 복잡하고 다원화된 사회의 가치를 보다 효율적으로 구성원들에게 전달하는 유형화된 제도로 발달해 왔다.
   ② 현대사회가 공유하고 있는 성공과 경쟁 등의 이데올로기를 스포츠는 잘 반영하고 있다.

6) **스포츠 사회화의 전이 조건(E. snyder)**

참여의 정도	빈도, 기간, 정도가 클수록 전이가 잘 발생
참가의 자발성 여부	스스로 참여할 경우 전이가 잘 발생
스포츠 조직 내의 사회적 관계	조직 간의 친밀한 관계일수록 전이가 잘 발생
사회화 주관자의 영향력	주관자의 위상과 권위가 클수록 전이가 잘 발생
참가자의 개인·사회적 특성	개인의 다양성도 전이에 영향

(3) 스포츠로부터의 탈사회화

자발적 은퇴	- 운동선수의 교육수준 - 현재와 미래의 재정적 영향 - 새로운 직업에 대한 기회 - 신체 능력의 저하
참여 중단과 중도 탈락 및 은퇴	- 큰 부상이나 팀으로부터 해임 - 스포츠로부터 이탈은 전 연령층 - 예상 밖의 일로 심리적 스트레스와 적응 문제
탈사회화에 영향을 미치는 요인	- 환경 변인 - 취업 변인 - 정서 변인 - 역할 사회화 변인 - 인간관계 변인

(4) 스포츠로의 재사회화

① 스포츠 참가를 중단하고 스포츠 현장에서 이탈해 있던 비참가자가 다른 종목이나 포지션 교체 및 타지역에서 스포츠 활동을 재개하는 경우를 말한다.

② 스포츠와 관련이 없는 사회영역에서 새로운 삶을 선택하는 경우에는 스포츠로의 재사회화로의 진입이 희박하다.

스포츠 사회학 08 스포츠와 일탈

1 스포츠 일탈의 이해

(1) 스포츠 일탈의 개념과 원인

1) 스포츠 일탈의 개념
   ① 스포츠 현장에서의 경기규칙을 위반
   ② 페어플레이 정신 및 스포츠맨십의 보편적 가치를 벗어나는 행동
   ③ 합리적이지 못한 행동으로 사람이나 용구 및 재산에 손해를 입히는 행동
   ④ 도핑 위반, 폭력, 도박, 승부 조작, 의도적 과잉행동 등의 규범을 위반한 행동

2) 스포츠 일탈의 원인

양립 불가능한 가치 지향성	페어플레이 정신을 위반하면 안 되지만 어떠한 상황에서도 승리를 추구하기 때문에 두 가지 가치를 동시에 실현하기 불가능
가치 및 규범과 성공 강박 간의 불일치	스포츠 가치 및 규범과 성공을 위한 행위 사이의 갈등
역할 갈등	학생 선수로서 시합을 위해 연습에 참여하기도 하고 일반 학생으로 수업에 참여하기도 한다. 이때 두 역할을 원만히 수행할 경우의 갈등
상이한 역할 기대 간의 불일치	감독과 코치 사이의 생기는 기대치에 대한 불일치

(2) 스포츠 일탈의 기능

역기능	- 사회질서와 조화에 대한 위협과 긴장 초래 - 예측 가능성을 위협하여 긴장 초래 - 부정적 행동 습득으로 스포츠 참가자의 사회화에 부정적 영향 초래
순기능	- 규범에 대한 동조 강화 - 부분적 일탈은 사회적 안전판 역할 수행 - 현재 일탈이 다음 세대의 규범으로 확립

2 스포츠 일탈의 유형

(1) 약물복용
   ① 운동선수의 기능을 인위적으로 향상을 위해 화학적 합성물을 섭취 또는 사용하는 행위이다.
   ② 약물복용의 문제는 개인을 넘어 사회문제로 확대된다.
   ③ 약물의 종류 : 아나볼릭 스테로이드, 이뇨제, 흥분제, 마약성 진통제 등이 있다.

08 스포츠와 일탈

(2) 폭력행위
① 스포츠 팀의 구조적 모순 및 스포츠 상업화에 의하여 발생되는 폭력행위
② 행위의 결과를 중시 및 상해의 결과를 강조
③ 행동의 결과보다 의도 자체에 초점
④ 폭력행위의 유형으로 적대적 공격(상대에게 해를 가한 행위)과 도구적 공격(승리를 위한 외적 목표를 추구하는 행위)
⑤ 스포츠 폭력의 원인으로 스포츠의 상업화, 선수들의 승리를 위한 역할만 강조, 스포츠팀의 구조적 특성을 들 수 있다.

(3) 부정행위

제도적 부정행위	- 관례적으로 용인되는 제도화된 속임수 - 파울 유도를 위한 반칙을 당한 것처럼 가장하는 행위
일탈적 부정행위	- 일탈을 목적으로 사회적 비난을 받는 행위 - 상대편 경기 용구 훼손, 승부 조작, 약물사용 등

(4) 조직적 일탈
① 사회에서 영향력 있는 개인 혹은 집단의 비윤리적이고 불법적인 규정 위반 행동
② 일탈이라는 낙인이 찍힌 조직의 행동
③ 조직적 차원에서 일탈행동이 용인되기 때문에 통제의 어려움

(5) 관중폭력
① 사회적으로 갈등이 심화된 관중이 스포츠 경기에서 표출되어 관중의 집단행동으로 나타나는 폭력행위이다.
② 스포츠 경기 후 경기결과에 대한 표출의 의미로 과중에 의해 나타나는 폭력행위이다.
③ 관중폭력의 이론

전염 이론	개인의 행동이 타인의 영향을 주어 동조하게 만들어 폭력적 성향이 전염되는 폭력행위
수렴 이론	개인의 잠재적 본성이 익명성을 바탕으로 표출된다는 이론
규범생성 이론	군중폭력 행위의 전염성을 동조하지 않고 이성적으로 판단할 수 있다는 이론
부가가치 이론	집단행동을 야기하는 요인들이 연속적 행동을 한계화, 특성화된다고 보는 이론

스포츠 사회학 09 미래사회와 스포츠

1 스포츠 변화에 영향을 미치는 요인

(1) 테크놀로지의 발전
① 과학의 발달로 스포츠 현장에서 첨단장비의 개발
② 경기력 향상을 위한 과학적 기반을 둔 프로그램 개발
③ 효율적인 훈련방법 개발 및 스포츠 장비의 성능 향상
④ 안정성 제고

(2) 통신과 전자매체의 발달
① 인터넷 발달로 다양한 스포츠 시청과 동시에 스포츠 발달 전반에 기여
② 스포츠 현장에 필요한 정보 수집이 용이

(3) 조직화
① 합리적으로 설정한 조건을 따르고, 목표성취를 통한 스포츠의 즐거움 고취
② 스포츠 행사 개최로 조직의 결속력이 강화되고 유대감 형성

(4) 상업화 및 소비성향의 변화
① 소비자의 소비활동 촉진
② 스포츠 컨텐츠보다 경기 결과에 따른 이익에 대한 관심 증가

(5) 새로운 스포츠 도입
① 가상현실 스포츠 발달
② 스포츠 게임 활성화
③ e-sport의 발달

2 스포츠 세계화

(1) 스포츠 세계화의 의미
① 전 세계의 스포츠를 하나의 체계로 만들기 위해 국가 간의 상호거래로 세계사회에 적응하고 경험의 유형을 발전시켜나가는 과정
② 스포츠는 세계화가 가장 활발히 진행된 분야
③ 스포츠는 세계인이 공유하는 대표적인 문화 현상

09 미래사회와 스포츠

(2) 스포츠 세계화의 원인

제국주의	– 스포츠를 국민에게 문화적 수단을 활용하는 동화정책의 일환 – 체제의 지배는 동의를 얻는 방식으로 진행
민족주의	– 스포츠로 민족의 정체성 확인 – 사람들은 하나로 화합하는 민족 형성에 영향
종교	– 종교의 거부감 해소 – 종교와 결합하여 협동, 희생, 건강, 페어플레이 등의 가치를 강조
테크놀로지의 진보	– 기술 발전으로 스포츠 경기를 실시간으로 전 세계에서 시청 가능 – 미디어 발달은 스포츠 세계화의 결정적 영향

(3) 스포츠 세계화의 변화

① 국제스포츠 경쟁에서 경쟁보다는 국제 스포츠 조직의 확대를 통한 교류가 증진될 것으로 예상
② 기술의 발달은 스포츠 장소 간의 공간적 거리를 무의미하게 만들고, 정보를 주고받는 비용과 시간이 중요할 것으로 예상
③ 국제사회에서 배분의 불평등은 여전히 존재하며, 서구 스포츠가 전 세계적 스포츠 문화 영역으로 확대될 가능성이 존재한다.

스포츠 사회학 출제예상문제

1 스포츠 사회학에 대한 설명으로 옳지 않은 것은?
① 스포츠 사회학은 스포츠와 사회학의 관련성을 다루는 학문으로 스포츠 현상에 사회학 이론과 연구방법을 적용하여 연구하는 학문이다.
② 스포츠와 사회생활의 다른 여러 측면인 가족, 교육, 정치, 경제, 종교 등의 다른 사회학 영역의 관계성을 파악한다.
③ 다양한 형태의 스포츠 현장에서 나타날 수 있는 집단행동과 사회조직 및 사회적 상호작용의 유형을 파악한다.
④ 스포츠와 스포츠 경험에 영향을 미치는 문화적요인 파악하지만 구조적 요인은 영향을 미치지 않는다.

◆ 해설
스포츠 사회학은 스포츠와 스포츠 경험에 영향을 미치는 문화적, 구조적, 상황적 요인을 파악한다.

2 스포츠의 사회적 순기능에 대한 내용으로 옳은 것은?
① 열심히 훈련하고 인내하면 승리를 쟁취할 수 있다는 가치관 강조
② 스포츠는 사회 구성원의 출신 성분에 관계없이 공통적인 감정을 유발시키고 사회통합 및 일체감을 형성
③ 스포츠의 선취 지향, 끊임없는 기록 추구, 상업화 등
④ 재정적 이익이나 선전 매체로 이용되어 자본주의의 팽창을 증대

◆ 해설
①, ③, ④은 스포츠의 사회적 역기능에 해당된다.

3 스포츠, 놀이, 게임의 개념으로 옳지 않은 것은?
① 게임 : 결과보다는 활동 자체의 의미를 중시
② 놀이 : 활동 그 자체에서 만족과 즐거움을 찾는 것으로 결과보다는 활동 자체의 의미를 중시
③ 스포츠 : 놀이성과 규칙성, 그리고 경쟁성을 강하게 띠며, 신체활동이 주가 되는 인간의 행위양식
④ 게임 : 놀이에서 발전되어 보다 조직적, 구조적, 규칙적인 활동으로 경쟁적인 활동

◆ 해설
①은 놀이에 해당되는 내용이다.

◎ 정답 1 ④   2 ②   3 ①

스포츠 사회학 출제예상문제

4 스포츠 사회학의 영역 중 거시적 영역으로 올바른 것은?

① 기능 : 학업 성취와 스포츠
② 종교 : 종교와 스포츠를 통한 의식 경험
③ 교육 : 계층이동 요인으로서의 스포츠
④ 실력주의 : 가치, 이데올로기 및 신념의 전달, 개인과 국가의 정치적 관계

> **해설**
> 스포츠 사회학의 거시적 영역
> 기능 : 가치, 이데올로기 및 신념의 전달, 개인과 국가의 정치적 관계
> 종교 : 종교와 스포츠를 통한 의식 경험
> 교육 : 학업성취와 스포츠
> 실력주의 : 계층이동 요인으로서의 스포츠
> 성 : 스포츠에 있어서 성적 차이 및 성적 불평등

5 다음 ( )안에 들어갈 알맞은 내용은?

> ( )는 사회질서의 이론으로서, 모든 체계에서 충족시켜야 하는 요건을 구조에 의해서 충족된다는 이론이다.

① 비판이론　　　　② 갈등이론
③ 구조기능주의　　④ 상징적 상호작용론

> **해설**
> 구조기능주의는 사회질서의 이론으로서, 모든 체계에서 충족시켜야하는 요건을 구조에 의해서 충족된다는 이론이다.

6 스포츠의 사회적 역기능에 대한 내용으로 옳지 <u>않은</u> 것은?

① 사회통합 기능
② 자본주의 사회와 갈등
③ 국수주의 및 군국주의 팽창
④ 성차별 및 인종차별

> **해설**
> 사회통합 기능은 스포츠의 사회적 순기능에 대한 내용이다.

정답 4 ②　5 ③　6 ①

7 갈등이론의 스포츠현상에 대한 내용으로 옳지 <u>않은</u> 것은?
① 사회질서에 필요한 다양한 기능을 수행함으로 사회의 전반적인 체제유지에 기여
② 자본주의 사회에서의 인간과 신체의 소외현상에 대한 내용
③ 현대 스포츠는 물질만능주의, 승리주의를 조장한다는 관점의 내용
④ 스포츠 현장에서 여성 차별주의 및 인종차별의 만연 및 일반화에 대한 내용

◎ 해설
①은 구조기능주의에 관한 설명이다.

8 다음에서 설명하고 있는 스포츠의 사회적 기능으로 옳은 것은?

- 모든 자본주의적 생산 범주는 스포츠 관행에서 재현
- 스포츠의 선취 지향, 끊임없는 기록 추구, 상업화 등
- 승리제일주의적 스포츠 이념으로 인해 선수는 승리를 위해 신체를 도구화함

① 상업주의의 발달
② 국수주의 및 군국주의 팽창
③ 자본주의 사회와 갈등
④ 강제와 통제

◎ 해설
스포츠의 사회적 역기능
◇ 자본주의 사회와 갈등
- 모든 자본주의적 생산 범주는 스포츠 관행에서 재현
- 스포츠의 선취 지향, 끊임없는 기록 추구, 상업화 등
- 승리제일주의적 스포츠 이념으로 인해 선수는 승리를 위해 신체를 도구화함

9 다음 중 스포츠만이 지닌 특성은?
① 제도화　　　　　　　② 허구성
③ 규칙성　　　　　　　④ 전술

◎ 해설
놀이 : 허구성, 비생산성, 자유성, 오락성, 흥미성, 쾌락성
게임 : 허구성, 비생산성, 분리성, 불확실성, 규칙성, 경쟁성, 확률, 신체기능, 기술
스포츠 : 허구성, 비생산성, 분리성, 불확실성, 규칙성, 경쟁성, 신체적 기량, 전술성, 제도성

◎ 정답　7 ①　8 ③　9 ①, ④

10 스포츠와 정치의 관계 중 옳지 <u>않은</u> 것은?
① 정치가 스포츠에 미치는 영향은 정치의 권력작용으로 스포츠를 지배하고 통제하려는 목적
② 정치적인 지지기반을 획득하기 위하여 스포츠를 지원
③ 국가들의 국제경기에서의 성적은 국가의 정치적·문화적·경제적 우월성을 나타내는 중요한 수단
④ 사회 내에서 스포츠의 가치를 인정받고 스포츠의 발전과 세력을 확대시키기 위하여 정치적인 지원을 바라는 형태

해설
③은 스포츠의 정치적 속성의 내용이다.

11 스포츠의 정치적 순기능으로 올바른 것은?
① 대립 국가들 간의 대결 및 국제적 갈등의 원인
② 정치의 광의적 측면에서 사회운동의 수단
③ 국수주의적 국민의식을 조장
④ 부당한 권력의 형성과 유지를 정당화하기 위해 활성화

해설
①, ③, ④는 스포츠의 정치적 역기능이다.

12 정치가 스포츠에 미치는 영향으로 옳은 것은?
① 스포츠는 지역 정치적·문화적 행사에 중요한 구성 요인
② 스포츠시설 확충은 지역사회의 발전에 기여
③ 주민의 자발적 참여로 화합 및 단결을 도모하여 지역사회의 정치적 지위를 고양시키는 데 기여
④ 스포츠와 정치는 교우적이며, 상호 간 균등한 영향력을 행사

해설
②, ③, ④는 스포츠가 정치에 미치는 영향이다.

13 국제사회와 스포츠의 관계에 대한 설명으로 옳지 <u>않은</u> 것은?
① 스포츠를 대중에 대한 사회통제 수단으로 이용
② 현대국가는 스포츠를 통해 국가적 영역을 확대하여 국제화에 관심을 표명
③ 국제적 접촉의 영역은 스포츠까지 확대
④ 오늘날 국제사회의 추세는 국가 간의 상호의존적이고 대립적인 관계

해설
스포츠를 대중에 대한 사회통제 수단으로 이용은 국가사회와 스포츠의 관계이다.

정답 10 ③ 11 ② 12 ① 13 ①

14 스포츠와 정치의 결합 방법으로 해당하지 않은 것은?

① 상징 ② 동일화
③ 조직 ④ 경쟁

🔵 해설
스포츠와 정치의 결합 방법은 상징, 동일화, 조작은 일련의 과정이지만 동시다발적으로 발생하기도 함

15 다음 〈보기〉 중 국제 정치에 있어서 스포츠의 이용방식을 모두 고른 것은?

〈보기〉
㉠ 외교적 도구   ㉡ 국위선양   ㉢ 외교적 항의
㉣ 갈등 및 전쟁의 촉매   ㉤ 국제 이해 및 평화

① ㉠, ㉡
② ㉠, ㉡, ㉢
③ ㉠, ㉡, ㉢, ㉣
④ ㉠, ㉡, ㉢, ㉣, ㉤

🔵 해설
국제정치에 있어서 스포츠의 이용으로 외교적 도구, 이데올로기 및 체제 선전의 수단, 국위선양, 국제 이해 및 평화, 외교적 항의, 갈등 및 전쟁의 촉매가 있다.

16 국제사회와 스포츠의 관계로 옳은 것을 고르면?

① 현대 국가는 스포츠를 통해 국가적 영역을 확대하여 국제화에 관심을 표명
② 오늘날 국제사회의 추세는 국가 간의 상호의존적이고 대립적인 관계
③ 국제적 접촉의 영역은 스포츠까지 확대
④ 스포츠를 국가 간의 위상을 획득하려고 다른 국가와의 공식외교 관계를 수립

🔵 해설
국제사회와 스포츠
① 스포츠는 사회적 분쟁을 해결하기 위해 민족적, 종교적, 인종적, 정치적 불화를 해소하고 사회통합을 촉진하는 역할을 수행
② 스포츠를 대중에 대한 사회통제 수단으로 이용
③ 스포츠를 국가 간의 위상을 획득하려고 다른 국가와의 공식외교 관계를 수립

정답 14 ④ 15 ④ 16 ④

스포츠 사회학 출제예상문제

17 올림픽 경기의 정치화 요인으로 잘못 연결된 것은?

① 민족주의 심화 : 스포츠를 국가정책의 수단으로 활용
② 상업주의 팽창 : 경제 규모의 확대 수단 활용
③ 상업주의 팽창 : 상업적 이익 추구 위한 도구로 이용
④ 정치 권력 강화·보상 : 스포츠는 국력의 과시

해설
올림픽 정치화의 요인

민족주의 심화	- 국가 간의 경쟁을 심화시키고 올림픽 경기에서 정치화 현상을 유발
상업주의 팽창	- 경제 규모의 확대 수단 활용 - 상업적 이익 추구를 위한 도구로 이용
정치 권력 강화·보상	- 스포츠는 국력의 과시 - 스포츠를 국가 정책의 수단으로 활용

18 올림픽 경기의 정치도구화 된 사건으로 잘못 연결된 것은?

① 아테네 올림픽 : 지중해와 에게해에서 터키의 침략정책을 저지하려는 그리스의 정치개입으로 터키 불참
② 베를린 올림픽 : IOC 기구 및 조직에 대한 서방국가와의 견해로 소련 불참 및 세계대전 일으킨 독일, 오스트리아, 터키 불참
③ 런던 올림픽 : 제2차 세계대전 이후 소련과 미국, 영국, 프랑스 등 간의 정치적 갈등
④ 맬버른 올림픽 : 소련의 헝가리 침공으로 스페인, 네델란드, 스위스 등의 서방국가들의 항의 차원의 불참

해설
앤트워프 올림픽 : IOC 기구 및 조직에 대한 서방국가와의 견해로 소련 불참 및 세계대전 일으킨 독일, 오스트리아, 터키 불참

19 검은 구월단 사건 발생으로 아프리카국들이 대회를 불참한 올림픽은?

① 몬트리올 올림픽　　② 도쿄 올림픽
③ 모스크바 올림픽　　④ 뮌헨 올림픽

해설
뮌헨 올림픽 당시 검은 구월단 사건 발생으로 아프리카국가들이 대회를 불참하였다.

정답 17 ①　18 ②　19 ④

20 스포츠의 본질의 변화 중 아마추어리즘의 퇴조로 옳지 <u>않은</u> 것은?

① 자본주의의 발달과 밀접한 관련
② 시대변천으로 국가주의와 상업주의의 대두
③ 금전적 이익을 추구하는 프로스포츠의 발달로 퇴조
④ 올림픽 경기에서 조직의 비대화, 경기의 과열, 상업의 신장으로 퇴조

◎ 해설
자본주의의 발달과 밀접한 관련는 스포츠의 직업화에 관한 내용이다.

21 스포츠의 직업화의 설명으로 옳지 <u>않은</u> 것은?

① 자본주의의 발달과 밀접한 관련
② 현대산업사회에서 대두된 현상
③ 올림픽 경기에서 조직의 비대화, 경기의 과열, 상업의 신장으로 퇴조
④ 스포츠를 통한 상승적 사회이동의 기회 제공

◎ 해설
올림픽 경기에서 조직의 비대화, 경기의 과열, 상업의 신장으로 퇴조는 아마추어리즘의 퇴조이다.

22 프로스포츠의 사회적 순기능으로 옳지 <u>않은</u> 것은?

① 흥미 거리를 제공하여 여가 선용
② 스포츠의 내면보다 외면의 이익을 중시
③ 지역의 대표 팀으로 지역주민의 공동체 의식 유발
④ 아마추어 스포츠 선수에게 장래의 진로 개척

◎ 해설
스포츠의 내면보다 외면의 이익을 중시는 프로스포츠의 사회적 역기능이다.

정답 20 ① 21 ③ 22 ②

스포츠 사회학 출제예상문제

23 스포츠 메가이벤트의 경제적 가치로 옳은 것은?

① 막대한 수익의 원인은 대회의 희소성과 스포츠 메가이벤트를 지켜보는 시청자 범위가 전세계로 확대되어 세계기업의 적극적인 참여를 유도할 수 없다.
② 메가이벤트로 인해 적자의 경우도 있다. 이로 인해 인프라 구축을 위한 투자손실, 과잉투자 및 사후시설관리 등의 문제가 발생할 수 없다.
③ 올림픽과 월드컵의 중계권료는 상승하고 있지만 기업은 주저하지 않고 공식 스폰서가 되기 위해 막대한 비용을 지불한다.
④ 올림픽에서 시행하는 스폰서십으로 IOC는 기업으로 금전 및 물자를 제공받고 올림픽 공식 로고와 휘장을 사용할 수 있는 권한을 제공받지는 않는다.

해설
① 막대한 수익의 원인은 대회의 희소성과 스포츠 메가이벤트를 지켜보는 시청자 범위가 전 세계로 확대되어 세계기업의 적극적인 참여를 유도할 수 있다.
② 메가이벤트로 인해 적자의 경우도 있다. 이로 인해 인프라 구축을 위한 투자손실, 과잉투자 및 사후시설관리 등의 문제가 발생할 수 있다.
④ 올림픽에서 시행하는 스폰서십으로 IOC는 기업으로 금전 및 물자를 제공받고 올림픽 공식 로고와 휘장을 사용할 수 있는 권한을 제공받는다.

24 스포츠의 교육적 기능 중 전인교육 기능으로 올바르게 연결된 것은?

① 학업 활동 격려 : 학생들의 목표 도전, 스포츠맨십, 팀워크를 통해서 사회화를 주관한다.
② 사회화 촉진 : 스포츠의 참여는 학생들의 학업 활동에 충실함과 흥미의 동기가 된다.
③ 정서 순화 : 스포츠 활동에서의 공정성은 개인의 도덕적 가치를 성숙시켜 사회적응에 기반이 된다.
④ 학교 내 통합 : 스포츠는 학교에 공동 목표를 제공하여 교내의 모든 사람에게 공동체 의식을 형성 시킨다.

해설
전인교육은
학업 활동 격려 : 스포츠의 참여는 학생들의 학업 활동에 충실함과 흥미의 동기가 된다.
사회화 촉진 : 학생들의 목표도전, 스포츠맨십, 팀워크를 통해서 사회화를 주관한다.
정서 순화 : 스포츠 활동에서의 공정성은 개인의 도덕적 가치를 성숙시켜 사회적응에 기반이 된다.

정답 23 ③ 24 ③

25 스포츠의 교육의 역기능으로 옳지 않은 것은?

① 성차별의 간접교육 : 여성들의 스포츠 지도자의 부재로 불평등이 존재한다.
② 스포츠의 상업화 : 운동선수들의 상업적인 지원으로 경제적 이익을 창출한다.
③ 비인간적 훈련 : 학교의 목적 달성을 위한 수단으로 인간성을 상실하게 된다.
④ 평생 체육의 기반 조성 : 스포츠는 참가자는 물론 일반 학생에게 평생 즐길 수 있는 신체활동을 전수하여 미래의 삶을 보다 가치 있게 만들 수 있다.

◎ 해설
평생 체육의 기반 조성 스포츠 교육의 순기능이다.

26 다음 스포츠의 교육적 역기능을 〈보기〉에서 모두 고르면?

> ○○은 중학교 축구선수로 활약하면서 이 팀은 항상 상위권팀으로 ○○은 팀내 가장 중요한 역할을 하는 선수였다. 그런데 다른 A학교에서 ○○에게 장학금 형태의 학비보조, 숙식제공 및 학업 성적 보장을 해주겠다며 스카우트 제의가 들어왔다. 그래서 ○○는 A학교로 전학가기로 결정했다.

〈보기〉
| ㉠ 승리 지상주의 | ㉡ 학원 스포츠의 상업화 | ㉢ 비인간적 훈련 |
| ㉣ 학업에 대한 편법과 관행 | ㉤ 참가 기회의 제한 | ㉥ 일탈과 부정행위 |

① ㉠, ㉡, ㉣, ㉥
② ㉠, ㉡, ㉢, ㉣
③ ㉠, ㉢, ㉣, ㉥
④ ㉠, ㉢, ㉣, ㉤

◎ 해설
비인간적 훈련 : 학교의 목적 달성을 위한 수단으로 인간성을 상실하게 된다.
일반 학생의 참가기회 제한 : 소수의 기능우수자에게 집중되어 엘리트 의식을 조장한다.

27 학원스포츠 기능의 순기능으로 옳지 않은 것은?

① 학생들의 학업활동을 촉진한다.
② 정서적 순환에 도움을 준다.
③ 승리지상주의로 전락된다.
④ 지역주민들과의 화합의 기회를 제공한다.

◎ 해설
학원스포츠의 순기능
㉠ 학생들의 학업활동을 촉진한다.
㉡ 정서적 순환에 도움을 준다.
㉢ 스포츠 활동에 대한 흥미를 유발한다.
㉣ 학교 내의 통합을 가져온다.
㉤ 지역주민들과의 화합의 기회를 제공한다.
㉥ 역량 개발의 기회부여가 된다.

◎ 정답 25 ④ 26 ① 27 ③

스포츠 사회학 출제예상문제

28 맥루한의 매체이론 중 핫 매체에 해당하는 내용은?

① 전자시대에 적합
② 복잡한 정부의 제한적 제공
③ 즉흥적, 비논리적, 일시적
④ 수용자의 낮은 감각 참여와 낮은 감각 몰입성으로 수용되는 매체

◉ 해설

맥루한의 핫 매체
- 수용자의 낮은 감각 참여와 낮은 감각 몰입성으로 수용되는 매체
- 문자 시대에 적합
- 장시간 개별적 수용에 적합
- 논리성, 사전계획, 직접적 전달
- 신문, 잡지, 라디오, 화보, 영화 등

29 다음 미디어의 유형에 대한 설명으로 옳지 않은 것은?

① 전송 방식과 단말기에 따라 다양하게 정리될 수 있다.
② 대표적으로 인쇄미디어와 전파 미디어로 구분한다.
③ 전파 미디어는 유선계와 무선계로 구분된다.
④ 인쇄 미디어는 전달되는 메시지가 비논리적이고 간접적인 특징을 가지고 있다.

◉ 해설

미디어의 유형은
- 전송방식과 단말기에 따라 다양하게 정리될 수 있다.
- 대표적으로 인쇄미디어와 전파 미디어로 구분한다.
- 전파 미디어는 유선계와 무선계로 구분된다.
- 인쇄 미디어는 전달되는 메시지가 논리적이고 계획적이고 직접적인 특징을 가지고 있다.
- 전파 미디어는 즉흥적이고 일시적으로 전달되는 특징으로 메시지 지체의 낮은 정의성을 가지고 있다.

30 스포츠와 미디어의 상호관계로 옳지 않은 것은?

① 스포츠 규칙의 변경
② 방송 기술의 발달
③ 스포츠 보도의 위상 향상
④ 배체의 스포츠 의존도가 증대

◉ 해설

스포츠 규칙의 변경은 미디어가 스포츠에 미치는 영향이다.

정답 28 ④ 29 ④ 30 ①

31 사회 계층의 형성 과정의 순서로 바르게 연결된 것은?

① 지위의 서열화 → 평가 → 지위의 분화 → 보수의 부여
② 지위의 분화 → 지위의 서열화 → 평가 → 보수의 부여
③ 평가 → 지위의 분화 → 지위의 서열화 → 보수의 부여
④ 보수의 부여 → 지위의 분화 → 지위의 서열화 → 평가

◎ 해설
사회 계층의 형성 과정의 순서는 지위의 분화 ⇒ 지위의 서열화 ⇒ 평가 ⇒ 보수의 부여이다.

32 사회이동 중 수평 이동의 내용으로 옳지 않은 것은?

① 계층적 지휘 변화 없는 이동
② 동일하게 평가되는 지위
③ 일종의 단순한 자리이동
④ 종전의 지위에 대한 상하 변화

◎ 해설
종전의 지위에 대한 상하 변화은 수직 이동에 관한 내용이다.

33 다음 중 준거집단 이론에 해당하지 않는 것은?

① 사회집단   ② 규범집단   ③ 비교집단   ④ 청중집단

◎ 해설
준거집단 이론은 규범집단, 비교집단, 청중집단으로 구분한다.

34 다음에서 설명하는 개념으로 가장 적합한 것은?

- 스포츠라는 영역에서 일어나는 사회화로 집단 구성원이 공통적으로 가지고 있는 가치관, 신념을 상호작용으로 서로 습득하는 과정
- 개인이 스포츠 활동을 통해 사회가 지닌 문화를 익히고 자신의 정체성을 실현하는 과정

① 스포츠를 통한 사회화
② 스포츠 사회화
③ 스포츠로의 재사회화
④ 스포츠로의 탈사회화

◎ 해설
〈보기〉의 개념은 스포츠 사회화의 개념이다.

◎ 정답 31 ② 32 ④ 33 ① 34 ②

스포츠 사회학 출제예상문제

35 스포츠로의 탈사회화에 영향을 미치는 요인이 <u>아닌</u> 것은?
① 정서변인
② 인간관계 변인
③ 환경변인
④ 지역변인

> **해설**
> 스포츠 탈사회화의 영향을 미치는 요인은 환경변인, 취업변인, 정서변인, 역할 사회화 변인, 인간관계 변인이다.

36 스포츠 일탈의 개념 설명으로 옳은 것은?
① 페어플레이 정신 및 스포츠맨십의 보편적 가치를 벗어나는 행동
② 양립 불가능한 가치 지향성
③ 가치 및 규범과 성공 강박 간의 불일치
④ 역할 갈등

> **해설**
> 양립 불가능한 가치 지향성, 가치 및 규범과 성공 강박 간의 불일치, 역할 갈등는 스포츠 일탈의 원인이다.

37 다음 〈보기〉 중 스포츠 일탈의 원인을 모두 고른 것은?

〈보기〉
㉠ 관례적으로 용인되는 제도화된 속임수
㉡ 양립 불가능한 가치 지향성
㉢ 가치 및 규범과 성공 강박 간의 불일치
㉣ 역할 갈등
㉤ 상이한 역할 기대 간의 불일치

① ㉠, ㉡, ㉢, ㉣
② ㉡, ㉢, ㉣, ㉤
③ ㉠, ㉢, ㉣, ㉤
④ ㉡, ㉢, ㉣

> **해설**
> 관례적으로 용인되는 제도화된 속임수는 부정행위에 속한다.

정답 35 ④ 36 ① 37 ②

38 스포츠 일탈 중 약물복용의 내용으로 옳지 않은 것은?

① 운동선수의 기능을 인위적으로 향상시키기 위한 화학적 합성물을 섭취 또는 사용하는 행위
② 약물복용의 문제는 개인을 넘어 사회문제로 확대
③ 약물의 종류 : 아나볼릭 스테로이드, 이뇨제, 흥분제, 마약성 진통제 등
④ 행위의 결과를 중시 및 상해의 결과를 강조

해설
행위의 결과를 중시 및 결과를 강조는 폭력 행위의 내용이다.

39 스포츠 변화에 영향을 미치는 요인으로 옳지 않은 것은?

① 테크놀로지의 발전
② 프로 스포츠의 출현
③ 통신과 전자매체의 발달
④ 상업화 및 소비성향의 변화

해설
스포츠 변화에 영향을 미치는 요인은 테크놀로지의 발전, 통신과 전자매체의 발달, 조직화, 상업화 및 소비성향의 변화, 새로운 스포츠 도입이다.

40 다음 스포츠 세계화의 원인에 대한 내용으로 가장 적합한 것은?

- 스포츠로 민족의 정체성 확인
- 사람들은 하나로 화합하는 민족 형성에 영향

① 제국주의
② 민족주의
③ 종교
④ 테크놀로지의 진보

해설

제국주의	- 스포츠를 국민에게 문화적 수단을 활용하는 동화정책의 일환 - 체제의 지배는 동의를 얻는 방식으로 진행
민족주의	- 스포츠로 민족의 정체성 확인 - 사람들은 하나로 화합하는 민족 형성에 영향
종교	- 종교의 거부감 해소 - 종교와 결합하여 협동, 희생, 건강, 페어플레이 등의 가치를 강조
테크놀로지의 진보	- 기술발전으로 스포츠 경기를 실시간으로 전 세계에서 시청 가능 - 미디어 발달은 스포츠 세계화의 결정적 영향

정답 38 ④ 39 ② 40 ②

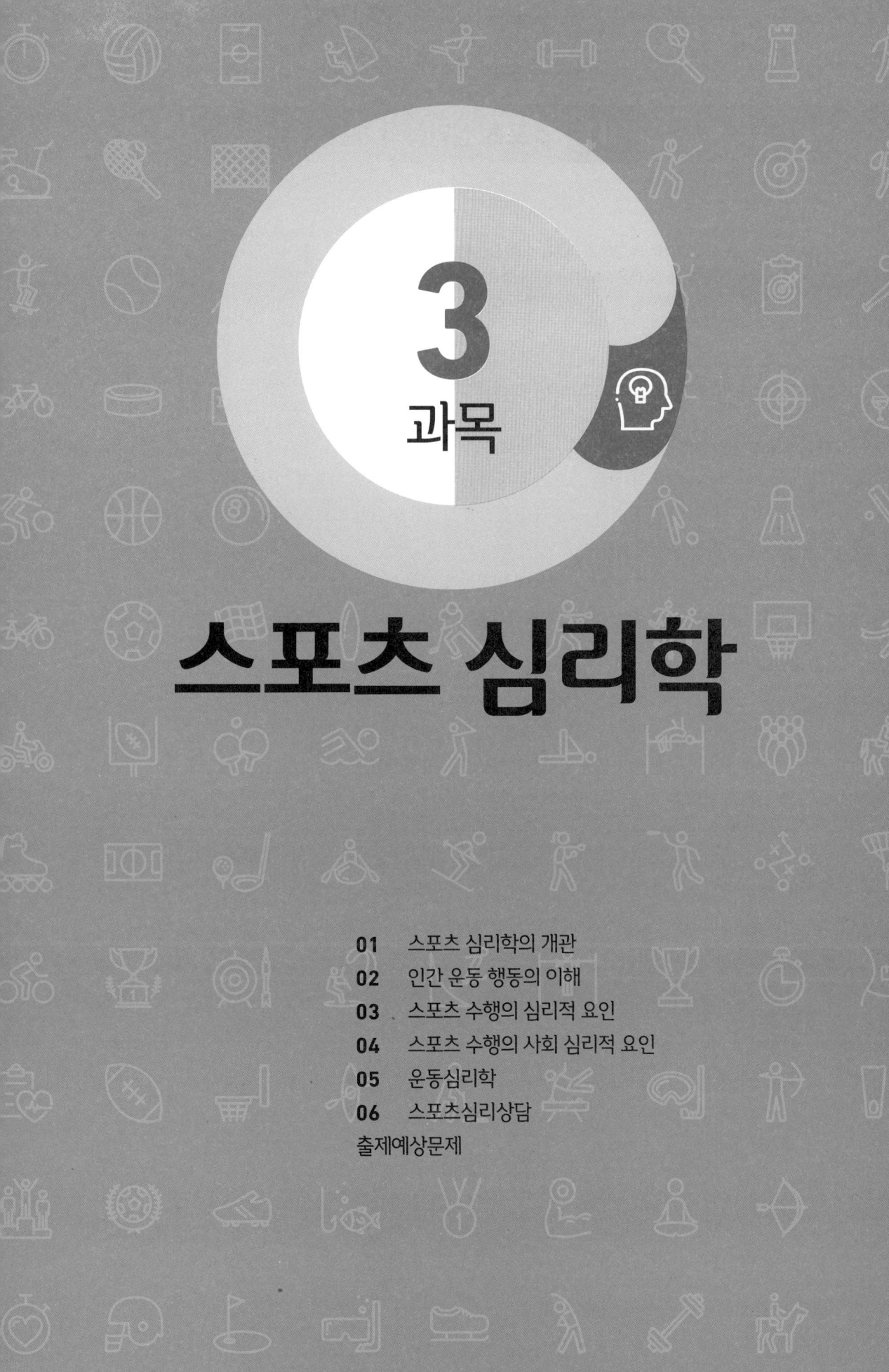

3 과목

스포츠 심리학

01 스포츠 심리학의 개관
02 인간 운동 행동의 이해
03 스포츠 수행의 심리적 요인
04 스포츠 수행의 사회 심리적 요인
05 운동심리학
06 스포츠심리상담
출제예상문제

스포츠 심리학 01 스포츠 심리학의 개관

> 학습목표
> 스포츠심리학의 정의 및 의미를 이해하고 이를 서술할 수 있다.
> 스포츠심리학의 역사를 이해하고 설명할 수 있다.
> 스포츠심리학의 영역과 역할에 대해 이해한다.

1 스포츠심리학의 정의 및 의미의 개요

(1) 스포츠 심리학의 정의
스포츠심리학은 운동과 같은 스포츠 수행에 영향을 미치는 요인들과 그에 따른 기제를 과학적인 특면으로 탐구하는 학문이며 그 결과를 현장에 보급함을 위한 스포츠과학의 분야 중 하나이다. 그에 따른 목적은 다음과 같다.
① 심리적 변인이 운동수행과 스포츠에 미치는 영향의 이해
② 스포츠와 운동 참여가 개인에게 심리적 발달에 미치는 영향의 규명

(2) 스포츠심리학의 의미
① 넓은(광의) 의미의 스포츠심리학
일반 심리학이 포함하는 모든 측면을 스포츠 상황 및 그와 관련된 맥락(운동학습, 운동발달, 운동제어)에서 관찰 가능한 인간행동의 모든 측면에 적용
② 좁은(협의) 의미의 스포츠심리학
스포츠 심리학의 대상을 스포츠 행동 대신 스포츠 행동의 한 측면인 스포츠 수행 또는 운동수행에 그 초점을 두고 운동기능의 수행에 영향을 주는 심리적 요인을 규명

2 스포츠심리학의 역사

(1) 스포츠심리학의 발전과정
1) 태동기(1895~1920)
스포츠와 운동기능의 학습에 필요한 심리적 측면들에 관한 연구가 시작되는 단계로서 최초의 스포츠 심리연구가인 노먼 트리플렛(Norman Triplett, 1897)은 사이클 경기의 집단효과 연구로 사회적 촉진 현상을 연구했다.

2) 창립기(1921~1938)
① 디엠(Carl Diem, 1920)은 독일의 라이프치히에서 스포츠실험실 설립

② 그리피스(Coleman Griffith. 1925)미국 일리노아 주립대에 운동연구소 설립
  * 그리피스는 코칭심리학, 심리학과 운동경기, 검사도구 및 심리적 프로파일을 개발
③ 퓨니(Puni. 1925) 구소련 레닌그라드 체육문화연구소 설립

3) 정착기(1939~1965)
  ① 국외
     - 프랭클린 헨리(Franklin Henry)는 체육의 학문화와 스포츠심리학 대학원 과정을 개설
     - 정착기는 스포츠심리학 분야의 과학적 이론의 적용의 시도가 있었으나 응용 분야에 있어서 다소 미흡
  ② 국내
     한국체육학회(1953)가 창립, 이듬해 한국체육학회(1955)지 창간, 1960년대부터 연구의 활성화

4) 도약기(1966~1979)
  ① 국외
     - 현장관련연구가 활발해짐에 스포츠심리학자가 많이 양산됨
     - ISSP, FEPSAC, CSPLSP, NASPSPA의 창설로 연구가 활성화됨
     - 스포츠심리학이 기틀을 마련함과 동기에 스포츠심리학의 발전에 획기적인 계기가 마련됨
  ② 국내
     한국체육학회 산하 스포츠심리 분과위원회(1970)가 구성, 각 대학에 관련학과가 생겨남

5) 번영기(1980~現)
  ① 국외
     - 스포츠심리학의 연구와 현장에서의 적용이 활발해짐에 따라 멘탈 트레이너(Mental-Trainer)의 많은 활약을 함
     - AASP(1987), ISMTE(1989)의 창립으로 스포츠심리학의 지식의 발발이 이뤄짐
  ② 국내
     - 한국스포츠심리학회(1989) 창립, 한국스포츠심리학회지 발간
     - 한국연구재단 등재학술지 선정(2002)

3 스포츠심리학의 영역과 역할

(1) 스포츠심리학
  ① 영역 : 운동제어, 운동학습, 운동발달, 운동심리학 등의 연구
  ② 역할 : 심리적, 사회적 요인이 스포츠 및 운동수행에 미치는 영향에 대한 규명

(2) 운동제어
  ① 영역 : 정보처리이론, 운동제어이론, 운동의 법칙, 반사와 운동 제어, 협응구조의 등의 연구
  ② 역할 : 운동수행 및 스포츠 시 발생되는 움직임의 생성과 조절에 따른 기전을 연구하고 규명

(3) 운동학습
  ① 영역 : 운동행동모형, 운동학습과정, 운동기억, 피드백, 전이, 연습의 법칙 등의 연구
  ② 역할 : 운동의 기술 및 기능을 효과적으로 습득하기 위한 원리를 분석하고 이를 규명

(4) 운동발달
  ① 영역 : 유전과 경험, 운동기능 발달, 학습 및 수행의 적정연령, 노령화에 관한 연구
  ② 역할 : 성장과정과 발달에 따른 경험이 운동 및 스포츠의 수행, 학습에 어떠한 영향을 미치고 운동수행이 뇌의 발달과 유전적, 환경적 영향이 어떠한 영향을 더 받는지에 관한 연구

(5) 운동심리학
  ① 영역 : 운동참가동기, 운동지속 및 중지, 운동의 심리적 효과 등의 연구
  ② 역할 : 운동 참여자들에게 있어 운동의 지속적인 참여와 중지에 관련된 다양한 요인의 분석 및 연구

(6) 스포츠심리학자의 역할
  ① 연구 성과 발표 및 검증을 하고 스포츠심리학에 관련된 학문적 정보를 제공
  ② 심리상담을 필요로 하는 이들을 대상으로 상담을 실시하며 선수의 심리기술 지도

스포츠 심리학 02 인간 운동 행동의 이해

> 학습목표
> 운동제어의 개념과 체계를 이해하고 학습한다.
> 운동학습의 본질을 이해하고 학습한다.
> 운동발달의 발달원리 및 특징을 이해하고 학습한다.

1 운동제어

(1) 운동제어의 개념
인간이 운동수행을 하기 위한 개인, 환경, 과제의 상호작용 속에서 나타나는 복잡한 인간운동행동의 원리를 동작, 지각, 인지적인 측면에서 규명하는 연구 분야를 말하며 자동제어, 반자동제어, 수동제어로 나뉜다. Schmidt(1982)의 Information theory(정보이론)에서는 정보처리 단계를 다음과 같은 순서로 정의했다. (감각지각 → 반응선택 → 반응실행)

1) 개인
   ① 정보 수집을 하는 지각
   ② 수집된 정보를 바탕으로 하는 판단과 계획에 관련되는 인지
   ③ 운동수행의 실제적인 움직임을 만드는 동작

2) 환경
   운동수행에 따른 움직임에 영양을 주는 조절환경, 비조절환경이 있다.

3) 과제
   과제의 특성에 따른 이동성, 안정성, 조종성으로 구분된다.

2 기억체계 및 운동제어체계

(1) 기억체계

1) 감각기억
   ① 환경으로부터 들어온 자극이 기억체계로 들어와 처리될 때까지의 첫 단계 감각정보
   ② 감각시스템으로 들어온 정보는 분석이전의 형태로 병렬적으로 처리되며 무제한의 정보가 감각기억에 저장되지만 그 기간은 매우 짧다.

2) 단기기억
   ① 감각기억보다 보다 긴 시간동안 정보가 저장되며 정보처리체계에서 사고가 일어난다.

② 감각시스템으로부터 얻어진 정보 중 필요한 정보만을 선택하여 처리하며 단기기억력의 저장기간은 지도와 학습에 중요한 역할을 한다.

3) 장기기억
① 단기기억에서 얻은 정보를 시간과 노력을 통해 장기기억으로 전환하고 기억의 체제 속에서 머무르는 기간은 영구적이다.
② 장기기억의 정보는 사실, 개념, 정의, 규칙에 대한 지식인 선언적 지식과 과제를 수행하는 방법과 절차에 대한 지식인 절차적 지식으로 구분된다.

(2) 운동제어체계

1) 폐쇄회로체계
① 개념 : 기억 체계에 저장되어 있는 과제를 수행에 있어 오류의 탐지와 수정을 위한 참조기제가 있기 때문에 정보가 피드백 되어 참조 기제와 비교됨으로써 오류의 탐지와 수정이 이루어진다는 이론

> 실행목표 설정 → 연속적인 피드백 → 참조기제와 비교에 따른 에러 계산 → 명령기관의 오류수정 지시

② 감각정보와 피드백
폐쇄회로체계는 체계의 반응으로 생성된 감각정보에 의하여 그 다음 반응이 가능한데 이러한 감각정보를 반응산출피드백이라 한다.

> • 자기감각수용기 : 근육, 관절, 건, 전정기관 등 신체 내 운동에 관한 정보를 알려주는 기관
> • 외적감각수용기 : 눈, 귀, 피부 등 신체 외부의 운동에 관한 정보를 알려주는 기관

이러한 수용기에서 얻은 모든 피드백은 중추신경계로 입력을 제공하고 동작분석 목적을 위해 통합된다.

2) 개방회로체계
지시(instruction)가 미리 설정되어 있어 그것이 환경이 미치는 영향에 관계없이 인간의 모든 운동행동이 실행된다는 체계이다. 또한 피드백이 없어도 정상적으로 운동을 하며 매우 빠른 움직임과 관련되어 있다.

3) 인간행동체계
① 감각저장 : 인간의 행동체계에서 들어온 자극을 지각기제로 보내거나 기억과의 접촉을 위하여 장기기억으로 보내는 역할
② 장기저장 : 장기저장에 전달된 정보는 과거의 경험과 접촉하여 유관가(Pertinence value)가

제시된다. 특정한 자극과 경험을 많이 갖게 되면 될 수록 그 자극에 할당되는 유관가는 더 커지게 된다. 반면 유관가가 낮으면 재인과정을 거쳐 지각기제에 전달된다.
③ 지각기제 : 지각과정의 주된 역할은 과중하게 부과된 정보를 여과하는 일이며 지각과정의 완료로 인간행동체계는 관련 특징을 분석을 한다. 이러한 특징들이 인지할 수 있는 단위로 통합 정리되며 입력정보에 의미를 부여한다.
④ 단기저장 : 단기저장 상태에서 중추신경은 자기의 행동을 어떻게 할 것인가를 결정하게 되는 인간행동체계에서 가장 중요한 기제이다. 일단 운동완료 후 반응의 결과는 감각저장과 장기저장을 통하여 단기저장으로 전달되어 오류를 수정한다.
⑤ 운동발생기 : 운동을 수행하는 데 알맞은 적절한 근육조직을 선택하여야 하며 선택된 근육군에 일련의 원심성 운동명령을 전달함으로써 운동프로그램의 실행을 개시한다.
⑥ 효과기 : 반응을 산출하는 사지를 조절하는 근육으로 구성되어 있고, 일단 근육선택과정이 수행되면 효과기는 알맞은 순서로 그 운동을 실행하고 반응산출피드백을 유도한다.
⑦ 피드백 : 수행자 자신의 노력에 의해 여러 감각수용기를 통하여 받을 수 있는 반응산출정보를 말하며, 피드백 정보는 단기저장에 전달되기 전에 장기저장과 접촉이 이루어져야 하고 지각기제에서 의미가 부여되도록 인지되어야 한다.

(3) 운동프로그램

1) 운동프로그램의 개념
   하나의 운동프로그램이 하나의 반응과 대응관계를 갖는 운동 명령에 의하여 운동이 조절된다는 것을 전제로 두고 있다.

2) 운동프로그램의 특성
   움직임이 발생하기 전에 그 움직임이 하나의 프로그램 형태로 기억 속에 저장되고, 가장 높은 대뇌피질 수준에서 구성된 프로그램이 움직임을 실행할 능력이 있는 가장 낮은 중추로 전달하고 연습에 따른 운동수행의 질적인 변화에 대하여 동작을 계획하는 프로그램 자체가 변하는 것을 설명한다.

(4) 운동기능 및 운동능력과 기술

1) 운동기능
   운동기술에 관한 지식을 활용해 그 기술을 잘 수행하는 능력

2) 운동능력
   운동수행에 있어 기반을 이루는 특성(유전적인 영향과 안정적인 특성, 제한적 종류)이다.

3) 운동기술

능력(후천적 습득, 노력, 경험에 의한 변화, 다양한 종류)을 바탕으로 운동 및 과제를 수행하는 능력을 말한다.

3 운동학습

(1) 운동학습의 개념

운동학습은 개인적 특성을 바탕으로 연습이나 경험을 통해 과제와 환경적인 변화에 부합하는 가장 효율적인 협응 동작을 형성시켜 나가는 과정으로 계획된 연습이나 경험에 의해 목표로 하는 운동수행의 향상이나 변화가 지속적으로 발생되는 것을 의미한다.

(2) 운동 학습의 본질

1) 운동학습의 이론

① 폐쇄회로 이론(Adams, 1970)

인간의 운동을 정보처리 관점에서 설명하려는 이론으로 기억체계에 저장되어 있는 동작과 관련된 정보와 동작간의 오류를 수정하기 위한 노력이 기술의 향상을 가져오며 동작의 오류를 수정하기 위하여 사용되는 동작에 대한 정보는 피드백으로서 기초가 된다는 이론이다.

② 개방회로 이론(운동 프로그램에 근거한 운동학습 이론)

빠른 운동의 정보처리를 말하는 이론이다. 즉, 움직임이 발생하기 이전에 뇌에서 동작에 대한 운동 프로그램이 기억되어 있다는 것으로 피드백 없이도 운동을 정상적으로 수행이 가능하다는 주장이다.

(3) 운동학습의 과정

1) 운동학습의 과정

① 움직임의 역동성에 대한 지각 : 학습자는 교사나 지도자가 제시하는 운동기술 동작의 전체적인 움직임 형태를 관찰하여, 그 운동기술의 특성에 대한 정보를 얻게 된다.

② 움직임 구성 수준의 결정과 운동 구조의 형성 : 운동 동작의 협응과 기술은 그 동작에 포함된 움직임의 구성 수준에 따라 달라지며, 이러한 구성 수준은 상호 전환이 어려움을 겪는다.

③ 오류수정 : 오류수정은 움직임 자체에 대한 느낌과 감각 오류를 내부적으로 어떻게 느낄 것인가에 대한 해답을 찾는 과정을 말한다.

④ 자동화와 안정성 획득 : 자동화는 다른 운동학습 과정보다 많은 노력이 필요하며, 수행의 질적

인 변화를 경험함으로써 나타남을 말하고 안정성 획득은 운동 과제와 직접적으로 관련이 없는 내외적 요인에 대해 대처할 수 있는 전환 능력을 말한다.

2) 운동학습의 단계
   ① Fitts와 Posner의 단계 : 인지, 연합, 자동화 단계로 구분
   - 인지 단계 : 학습하여야 할 운동 기술의 특성을 이해하고 그 과제를 수행하기 위하여 사용되는 전략을 개발하는 단계, 초보자
   - 연합(고정화) 단계 : 과제를 수행하기 위한 수행 전략을 선택하고, 잘못된 수행에 대한 적절한 해결책을 찾아갈 수 있게 된다. 수행의 일관성과 수행력 점차 향상.
   - 자동화 단계 : 동작이 거의 자동적으로 이루어지기 때문에 움직임 자체에 대한 의식적인 주의가 크게 요구되지 않는다. 주의를 전환시킬 수 있고, 오류를 탐지하고 수정할 수 있는 능력을 가진다.
   ② Adams의 단계 : 인지화 단계와 고정화 단계를 합친 언어적 운동단계와 운동단계로 구분
   - 폐쇄이론(느린) : 피드백에 의한 정보처리(기억흔적, 지각(감각)흔적), 구심성 신경 차단 실험에 대한 설명이 없고, 빠른 움직임 설명이 없다.
   - 개방이론(빠른) : 대뇌에 운동 프로그램 명령이 존재하여 빠른 운동설명 가능하지만 운동 프로그램에 의해 내려진 명령은 운동 수행 중에 오류가 발생되어도 수정되지 않고 사전에 계획한 대로 움직임을 수행하게 된다는 것이다.
   ③ Gentile의 단계 : 움직임의 개념 습득, 고정화 및 다양화 단계로 구분
   - 움직임의 개념습득단계 : 운동 기술과 관련 있는 환경 조건을 구분하여 필요한 정보를 받아들이고, 그렇지 않은 정보는 무시할 수 있는 능력 학습, 조절조건(운동 수행에 영향을 주는 환경적 조건, 관련 있는 정보), 비조절조건(운동수행에 영향을 주지 않는 환경적 조건, 관련 없는 정보)
   - 고정화(동작 일관성, 폐쇄운동) 및 다양화(환경 적응력, 개방운동) 단계
   ④ Bernstein의 단계 : 자유도의 풀림, 반작용의 활용 단계로 구분
   - 자유도 고정 단계 : 자유도 수를 줄이는 것(단순화), 신체의 자유도를 고정하여 여분의 자유도를 낮추고, 관절의 가동범위를 낮추고, 관절각 간 묶여 움직임(교차상관을 높이고, 관절각의 표준편차 낮춘다), (Vereijken-스키 시뮬레이터 실험) 초보 단계라 한다.
   - 자유도 풀림 단계 : 사용 가능한 자유도 수를 늘려 결합하여 하나의 기능적 단위를 형성, 여분의 자유도를 높이고(유연), 관절의 가동범위를 높이고, 관절각 간 묶여 움직임(교차상관을 낮추고, 관절각의 표준편차를 높인다), (Vereijken) 향상 단계라 한다.

- 반작용의 활용 단계: 수행자와 환경간의 상호작용, 더 많은 여분의 자유도를 활용, 변화하는 환경에 적응하는 것을 (Vereijken) 숙련 단계라 한다.
⑤ Newell의 단계 : 협응과 제어, 기술 단계로 구분
- 협응 단계 : 기본적인 협응 동작 형성(자유도의 고정 & 풀림 단계)
- 제어 단계 : 운동 협응 형태가 달라지는 과정, 움직임의 협응 형태에 매개 변수화(형성된 협응 형태를 다양하게 변하는 환경과 과제들의 특성에 따라서 협응 형태를 변화시키는 것) 하는 능력을 학습하여 운동 기술 수행의 효율성을 높이는 것을 말한다.
- 기술 단계 : 최적의 매개변수 부여된 단계

3) 운동학습과 파워 법칙
① 연습 시간이나 연습 시행 횟수에 따른 운동수행 결과의 변화는 전형적인 수행 곡선의 형태를 보인다. 이러한 변화는 파워법칙을 따른다.
② 연습 시행 횟수가 증가할수록 선택 반응시간이 감소해 운동수행 능력이 높게 나타난다.
- 반응시간의 종류
  - 단순반응시간 : 하나의 자극신호에 대하여 하나의 반응만을 요구할 때의 측정 시간
  - 선택반응시간 : 두 개 이상의 자극에 대하여 각각 다른 반응을 요구할 때의 측정 시간
  - 변별반응시간 : 두 개 이상의 자극에 대하여 특정자극에만 반응을 요구할 때의 측정 시간
- 반응시간에 미치는 요인
  - 자극반응 대안수, 자극반응의 적합성, 연습, 예측, 반응의 복잡성, 각성수준, 정확성 등

4) 고원 현상 : 운동기술을 학습할 때 일시적으로 운동수행 능력이 정체되는 현상
* 고원 현상의 발생이유
운동기술을 습득하는데 있어 하나의 동작에서 다른 동작으로 전환되는 유형에서 발생되는 시기가 고원 현상이 발생되는 시기로 간주되며 다양한 요인의 심리적 원인으로 고원 현상이 발생된다고 사료된다. 이러한 고원 현상은 운동수행의 특성에 있어 정체를 보이지만 학습은 진행된다고 볼 수 있다.

5) 학습효과의 파지
① 파지
연습으로 향상된 운동기술의 수행력을 오랫동안 유지 할 수 있는 능력으로 과제의 본질, 과제가 학습자에게 갖는 의미 등의 다양한 요인들에 의해 얼마든지 달라질 수 있다.
- 정보처리 관점 : 파지를 부호화된 표상 기억의 인철 과정으로 보는 관점
- 다이나믹 관점 : 파지를 운동과제, 환경, 유기체가 지니는 제한요소에 대한 적응과정의 측면으로 보는 관점

② 파지에 영향을 미치는 요인
- 운동과제의 특성 : 과제의 특성을 정확히 이해하고 이에 맞는 학습이 이뤄져야 한다.
- 환경의 특성 : 환경의 제한요소는 운동기술의 학습과 관련이 있다.
- 학습자의 특성 : 운동기술의 파지는 각자의 특성에 따라 다르다.
- 연습과 파지 : 최적의 학습이 이뤄질 수 있도록 연습량을 조절한다.

4 운동학습 시 주요 요인

(1) 운동학습과 기억

기억이란 시간의 흐름 속에서도 획득한 정보를 지속적으로 보유하여 활용할 수 있는 역량

1) 기억의 형태
   ① 감각기억 : 환경으로부터의 자극이 인간의 기억체계로 들어오는 첫 단계 감각정보이며 감각시스템을 통해 들어온 정보는 병렬적으로 처리, 아주 짧은 시간 동안에 많은 양의 정보가 감각기억에 저장
   ② 단기기억 : 감각기억보다 다소 긴 시간동안 정보를 보유할 수 있는 단기기억은 감각시스템으로부터 유입된 모든 정보를 처리할 수 없기 때문에 선택적으로 필요한 정보만을 선택하여 처리
   ③ 장기기억 : 단기기억에 저장도니 정보들은 자극의 수용자가 더 많은 주의를 기울이거나 특별한 조처를 할 때에 장기기억으로 전환, 저장되어 있는 정보의 양은 비교적 무제한이며 정보가 기억의 체제 속에 그대로 머무는 기간은 장기적이며 비교적 영속적

2) 전이
   ① 과거의 수행 또는 학습경험이 새로운 운동기술의 수행과 학습에 영향을 미치는 것
   ② 전이의 분류
   - 정적전이 : 한 가지 과제의 수행이 다른 과제 수행을 돕거나 촉진하는 경우로 운동기술의 요소와 처리과정이 유사할 때 발생한다.
   - 부적전이 : 한 가지 과제의 수행이 다른 과제 수행을 간섭하거나 제지하는 경우로 움직임이 유사하지만 특성이 다를 때 발생한다.

5 효율적인 운동학습

(1) 운동학습과 피드백

1) 피드백의 개념

피드백 정보는 운동기술 수행과 학습과정에 필수적인 요소로서 운동수행에 유용한 정보를 제공하는 것을 의미하며 피드백은 목표 상태와 수행간의 차이에 대한 정보를 되돌려서 운동동작 자체 또는 운동수행의 결과나 평가정보를 제공한다.

2) 피드백의 분류
- 내재적 피드백 : 운동수행자 자체에 내재하는 정보로서, 반응 후에 스스로의 감각자극에서 피드백의 정보가 생긴다. 감각적 피드백이라고도 한다.
- 외재적 피드백 : 타인이나 지도자에게 받는 정보이며 보강적 피드백이라고도 한다.

3) 모델링 기법

운동기술의 연습 방법의 하나로서 시범 수행을 의미하며 현장에서 지도자에 의해 많이 사용되는 방법이다.
- 직접 모델 : 직접적인 시범을 보여주는 것을 말한다.
- 상징적 모델 : 시청각 자료를 통한 시범을 말한다.

4) 피드백의 기능
- 정보제공 : 학습자에게 효율적인 운동수행에 필요한 정보를 제공
- 동기유발 : 학습자의 기술 수행을 위한 동기를 유발시켜 지속적으로 목표를 성취할 수 있도록 유도
- 강화 : 정적강화는 현재의 수행을 지속적으로 유지할 수 있도록 해주고, 부적강화는 운동 수행 중에 바람직하지 않은 수행을 수정하며, 이후 성공적인 수행을 이끌어내는 역할

5) 보강피드백 : 보강피드백은 학습자의 기술수행을 위한 동기를 유발시켜 지속적으로 목표를 성취할 수 있도록 유도
- 수행지식 : 동작의 유형에 대한 정보를 학습자에게 제공
- 결과지식 : 움직임의 결과에 대한 정보를 제공
- Newell의 범주화
- 처방정보 : 이미 성취/완료된 움직임의 운동학적 정보를 말하는 것으로, 주로 언어적인 설명이나 시범을 통해 제공하는 것을 말한다.
- 정보피드백 : 학습자가 수행한 역동적인 움직임의 이전 상태 또는 현재상태에 대한 정보를 제공함을 말한다.

- 전환정보 : 적절한 협응 형태를 형성하는 지각-운동 활동영역의 탐색을 활성화시키는 제어 변수를 말한다.

(2) 효과적인 연습계획 및 유형
학습자의 인적 능력과 신체적 특성 그리고 발달의 차이를 고려, 학습자에 정확한 시범을 보이기 위한 준비, 학습자가 과제에 대한 흥미를 가질 수 있도록 동기유발을 효율적으로 제시한다.
① 연습의 가변성 : 운동기술의 연습을 계획할 때 가장 먼저 고려해야 할 사항으로 학습자가 기술을 연습할 때 다양한 움직임과 환경 상황을 경험하게 하는 것을 말한다.
② 맥락간섭 : 운동기술을 연습할 때에 중간에 개입된 사건이나 경험 사이에 발생되는 갈등으로 학습 및 수행, 기억이 방해를 받는 것을 말한다.
③ 전습법 : 한 가지 과제를 전체로 제시하는 방법을 말한다.
④ 분습법 : 한 가지 과제를 하위 단위로 나누어 제시하는 방법을 말한다.
⑤ 구획연습 : 하나의 기술을 주어진 시간에 연습하는 방법, 무선연습은 주어진 시간에 여러 가지 운동기술을 무작위로 연습하는 방법을 말한다.
⑥ 무선연습 : 맥락간섭효과가 크기 때문에 파지와 전이에 효과적이다.
⑦ 집중연습 : 연습시간이 휴식시간보다 상대적으로 긴 경우를 말한다.
⑧ 분산연습 : 휴식시간이 연습시간보다 상대적으로 긴 경우를 말한다.

6 운동발달

(1) 운동발달의 개념
인간의 생명이 시작되는 순간부터 죽음에 이르기까지 모든 생애를 텅해 이뤄지는 모든 변화의 양상의 과정으로, 즉 연령에 따라 계열적/연속적으로 운동기능이 변화해 가는 과정으로 기능적 분화와 복잡화, 통합화를 이루어 환경에 잘 적응하고 하나의 상태에서 다른 상태로 변화하는 과정을 의미한다.

(2) 운동발달 영향 요인
1) 개인적 요인
① 유전적 요인과 성장, 성숙 : 인간의 염색체 속에 들어있는 유전자에 의해 결정되며 이는 인간의 성장과 성숙에 영향을 미치는데, 출생 시의 체중에는 15~20%, 뼈의 크기에는 60%의 영향을 준다.

② 심리적 요인 : 신체적 자긍심, 내적 동기는 운동참여 및 운동발달에 영향을 끼친다.
③ 신체시스템 및 체력의 발달 : 신경 및 근골격계 등 신체활동에 원활한 움직임을 위한 심폐지구력, 근력 등의 발달에 영향을 준다.

2) 사회/문화적 요인
   ① 성역할 : 성별 구분으로 이뤄지는 환경에서 장난감과 놀이 활동이 스포츠사회화와 기술 능력에 영향을 줄 수 있다.
   ② 사회적 지지자 : 가족 간의 유대관계, 운동에 대한 부모의 긍정적인 인식과 직/간접적인 참여는 정서발달과 규칙적인 신체활동에 도움을 준다.
   ③ 대중매체 : 운동에 필요한 정보를 제공하는 것 중 가장 큰 비중을 차지한다. 대중매체를 통해 운동에 관심을 가지게 됨으로써 운동발달에 간접적으로 영향을 준다.
   ④ 인종과 문화적 배경 : 인종 및 소득격차와 같은 개인이 속한 집단의 가치에 따라 운동발달에 미치는 영향이 다를 수 있다.

3) 운동발달의 특징과 단계
   ① 운동발달의 특징
      - 운동발달은 단계에 따라 인체 성숙에 따라 이루어진다.
      - 운동발달은 기능적 분화와 통합화의 과정에 의해 이루어진다.
      - 운동발달은 연령에 따라 비슷하게 이뤄지며 개인차가 존재한다.
      - 신체는 머리에서 발끝 순서로 몸통에서 말초부분 순서로 발달이 이루어진다.
   ② 운동발달의 단계
      - 반사 움직임 단계
        - 출생부터 1세까지
        - 신경체계의 미완성 단계이므로 불수의적인 움직임의 형태
        - 반사활동을 통해 정보를 획득
      - 초기 움직임 단계
        - 출생부터 2년까지의 유아기에 나타남
        - 수의적인 기본 움직임 형태가 등장
        - 신경체계 성숙으로 반사 운동이 사라지고 수의적인 움직임이 나타나는 단계
      - 기본 움직임 단계
        - 2~6세의 유아기와 아동기에 나타남
        - 기본적인 움직임의 능력이 현저하게 나타나는 단계

- 자신의 신체에 대한 인식과 균형감이 발달하고, 이동운동이 더욱 발전
- 스포츠 기술 단계
  - 7세부터 14세 시기에 나타남
  - 레크리에이션 활동과 스포츠에 참여
  - 전환 단계(7~10세), 적용 단계(11~13세), 생애활용 단계(14세 이후)로 구분
- 성장과 세련단계
  - 청소년기(사춘기) 시기에 나타남
  - 호르몬 분비의 증가로 인해 근골격이 커짐
  - 운동능력이 질적, 양적인 면에서 현저하게 발달
- 최고수행 단계
  - 20~30세에 나타남(남자는 28~30세, 여자는 22~25세)
  - 근력과 심폐기능 그리고 정보처리 능력이 최고조에 이름
  - 최상의 운동수행력을 보임
- 퇴보 단계
  - 30세 이후 성인후기에 나타남
  - 생리적 기능, 심장혈관, 근력, 지구력, 신경기능, 유연성 등이 서서히 감소
  - 정보처리 속도의 감소로 신체반응속도가 떨어짐

스포츠 심리학 — 03 스포츠 수행의 심리적 요인

학습목표 | 스포츠수행의 심리적 요인에 대하여 이해하고 학습한다.

1 성격

(1) 성격의 개념
Weinberg & Gould는 성격이란 행동특성에 영향을 미치는 개인의 독특한 심리적 특성들의 총체라고 정의 했으며 그 개념은 다양하고 광범위하다.

(2) 성격의 특성
① 독특성 : 다른 사람과 구별되어 자신만의 행동 및 사고로 다양한 환경에 따라 나타나는 독특한 반응을 말한다.
② 일관성 : 시간이나 상황의 변화에도 달라지지 않는 행동 특성을 말한다.
③ 경향성 : 어떠한 상황에 따라 개인 간의 반응 속에서 발견된 성향을 의미한다.

(3) 성격의 구조
1) 심리적 핵
성격의 가장 기초적 단계이며 기본적 수준을 말하며 개인의 태도, 가치, 흥미, 동기, 믿음, 신념 등을 포함한다. 성격의 가장 안정된 부분이고 장시간에 걸쳐 일정하게 유지되는 특성을 보이며 외부 상황의 변화에 영향을 받지 않는다.

2) 전형적 반응
환경과의 상호작용을 통해서 외부세계에 반응하는 학습된 양식을 의미하며 심리적 핵을 반영하는 지표가 된다.

3) 역할 행동
① 개인이 사회적 지위와 역할을 염두에 두고 이에 따른 행동을 취하는 것을 말하며 성격의 가장 표면적이고 변화 가능한 부분을 나타낸다.
② 역할과 관련된 행동은 상황에 따라 달라지기 때문에 전형적인 반응이 아니며 심리적 핵을 확실하게 반영하지 않는다.

(4) 성격 이론
1) 정신역동 이론
① 인간 행동을 지배하는 무의식적인 동기를 밝혀내려는 이론으로 프로이드는 인간의 성격은 의

식보다 무의식이 작용한가고 강조하였다.
　② 인간은 상황적 측면에 반응과 적응의 산물인 인성을 지녔으며 인간의 행동은 의식적이거나 무의식적인 동기가 있으며 인간의 행동을 본능적인 측면에서 파악하고 인간의 사고와 정서 및 행동에 있어서 무의식적인 결정체와 목적 주의적 동기체계를 강조한다.

2) 현상학적 이론

현재 일어나고 있는 것에 관한 개인의 주관적 관점에 관심을 두는 이론이다.
① Rogers의 자기실현 경향 : 인간은 자신이 타고난 잠재력을 실현시키는 선천적인 동기와 자신이 무엇인가 되고자 하는 자아상을 충족시키려는 동기를 가진다.
② Maslow의 욕구 : Maslow는 인간의 기초적인 욕구를 5단계로 나누었는데 이들 욕구는 위계적인 관계를 가지고 인간행동을 결정한다.

생리적 욕구	배고픔, 목마름, 수면, 성욕 등
안전의 욕구	정서적, 신체적 위험으로부터의 보호
사랑의 욕구	친밀, 애정, 소속감
자기존중의 욕구	목표달성, 권력, 사회적 지위
자아실현의 욕구	자기만족

3) 특성 이론

개인의 내제에 존재하고 있는 일관적이고 안정된 특성들로 인해 개인의 행동이 결정된다는 이론
- Cattell의 특성 이론 : 카텔은 성격 특성을 표면특성과 기본특성으로 구분하였으며 내용은 다음과 같다.
- 표면특성 : 겉으로 드러나면서 함께 공존하는 것으로 보이는 성격특성이다. 인사하면서 미소 짓는 것을 예로 들 수 있다.
- 기본특성 : 표면특성을 일으키고 표면특성으로 하여금 일관성을 갖도록 하는 성격이다.

4) 사회학습 이론

개인의 심리적 특성 또한 사회적 대인관계를 통해 학습된다는 것으로서 개인의 사회적 행동은 사회적 학습에 따라 상황에 대처하고 환경의 제약에 모순되지 않는다는 이론으로 개인의 성격이 고유하다 보지 않고 개인의 상황이나 경험을 통해 성격이 결정된다는 것을 말한다.

5) 성취목표 성향이론

기본적으로 성취목표를 과제목표(학습목표), 수행목표(자아목표)로 이분화 한다.
① 과제목표 : 새로운 것을 배워 익히는 그 자체를 학습활동의 궁극적인 목표로 한다,

② 수행목표 : 자신이 남들보다 우수하다는 것을 증명하는데 많은 치중을 둔다.

(5) 성격의 측정

1) 평정척도법
   피험자를 직접 인터뷰하거나 관찰한 후에, 그 결과를 준비한 단계에 따라 수량화하는 방법이다.

2) 질문지법
   구조화된 질문지를 피험자에게 주면, 피험자가 자기보고식 방법으로 각 문항에 체크하는 방법이다. 질문지는 관리하기 편하고 수량화하기도 용이하다.
   ① 다면적 인성 검사(MMPI)
   ② Cattell의 성격 요인 검사(16PF)
   ③ Eysenck의 성격차원 검사(EPQ)
   ④ Butler와 Hardy의 선수수행 프로파일

3) 투사법 : 특정한 주제에 대해 직접적인 질문을 하지 않고 애매한 자극을 제시하고 그에 대한 반응을 분석함으로써 피험자의 성격을 파악하는 방법이다.
   ① 로르샤흐 잉크반점 검사 : 잉크의 얼룩이 무엇으로 보이는지에 따라 피험자의 상태를 알아보는 방법이다.
   ② 주제통각 검사 : 애매한 장면이 그려져 있는 그림을 제시하여 과거, 현재, 미래에 대한 이야기를 하게 하여 이야기를 단서로 피험자의 성격을 해석하는 방법이다.

(6) 성격과 운동수행의 관계

1) Morgan의 정신건강 모델 연구
   Morgan은 정신건강 모델에서 긍정적인 정신건강 프로파일은 우수 선수의 특성이 나타나고 부정적인 정신건강 프로파일은 비우수 선수의 특성이 나타난다.

2) 우수 선수의 빙산형 프로파일
   Morgan의 빙산형 프로파일은 심리적 요인과 성공적인 운동수행 사이의 중요한 관계를 나타낸다. 우수 선수의 분포는 빙산과 같은 윤곽을 보이고, 비우수 선수의 분포는 편평한 윤곽을 보이며 심리적 마음 상태는 긴장, 우울, 분노, 피로, 혼란 수치가 낮고, 용기(활력) 수치는 높다.

3) 운동선수의 경기력 수준과 성격
   운동선수들의 경기력 수준과 성격과의 관계에서, 경기력 수준이 높을수록 선수들의 성격과 심리적 특성이 유사하다.
   ① 초기단계 경기력 수준의 선수들

성격은 매우 이질적이고 다양하지만, 긍정적인 성격특성을 가진 선수만이 상위 수준으로 올라가고, 부정적인 성격 특성의 소유자는 상위 수준에서 탈락할 가능성이 높다.
② 중간단계 경기력 수준의 선수들
최고 엘리트 선수들은 낮은 수준의 선수들과는 서로 다른 성격 프로파일이 나타난다.
③ 상위단계 경기력 수준의 선수들
성격 특성이 동질적이며, 반대로 경기력 수준이 낮아질 수 록 성격특성은 이질적이다.
4) 우수 선수와 비우수 선수의 심리적 특성 차이
우수 선수와 비우수 선수 간의 심리적 특성 중 불안대처 능력, 주의조절 능력, 심리기술 능력 등의 인지전략에서 큰 차이를 보인다.

2 정서와 시합불안

(1) 재미와 몰입

1) 재미의 개념
스포츠나 운동참여 경험에서 느끼는 긍정적 정서반응을 의미하여 운동의 흥미, 동기유발, 지속적 참여를 이끌어내는 가장 큰 운동참여요인이다.

2) 몰입의 개념
① 스포츠 참가를 지속하려는 욕구와 결심을 표현하는 심리적 구조로서 스포츠의 종류와 수준에 상관없이 몰입을 경험하여 자신이 가지고 있는 잠재능력을 최대한 발휘하게 되고, 주관적 만족감이나 행복감을 느낄 수 있다.
② 몰입의 구성요소 : 목표, 즉각적인 피드백, 도전과 기술 수준의 균형, 과제집중, 활동과 인식의 통합, 자의식의 상실, 시간 감각의 왜곡, 통제감, 자기 목적적 경험 등이 있다.

(2) 정서

1) 정서의 정의
다양한 감정, 생각, 행동과 관련된 정신적, 생리적 상태로서 주관적 경험으로 대개 기분, 기질, 성격 등과 관련이 있으며 지속시간이 짧은 편이고 선행사건이 분명하게 지각된다.

2) 정서의 관점
① 혼합 관점 : 정서를 기본정서와 혼합정서로 구분함
  • Plutchik의 8가지 기본정서 : 두려움, 놀람, 슬픔, 혐오, 분노, 예견, 기쁨, 수용

- Plutchik의 구조 모형 : 강도 차원, 유사성 차원, 양극성 차원
② 차원 관점
- 정서가 기본 정서로 환원되는 것이 아니라 비정서적인 몇 개의 차원들로 환원됨
- 모든 정서를 유쾌, 불쾌와 각성, 비각성의 두 차원으로 이루어진 평면상의 좌표로 표현
③ 정서의 측정 : 자기보고식 측정법, 생리적 측정법, 표정 측정법, 뇌기능 측정법 등이 있다.

(3) 불안

1) 불안의 정의

신체의 활성화와 각성에 수반되는 주관적인 감정으로 불쾌감 또는 짜증을 동반하는 부정적 정서 상태를 의미한다.

2) 불안의 유형

① 인지적 불안 – 근심, 걱정, 우려 등의 부정적인 생각과 관련된 요인
② 신체적 불안 – 맥박이 빨라지거나 손에 땀이 나는 등 신체적 활성화
③ 특성불안 – 선천적으로 타고난 기질
④ 상태불안 – 일시적인 상황에서 느껴지는 정서 상태
⑤ 경쟁불안 – 스포츠 경기상황에서 경쟁과정에 수반하여 나타나는 불안의 한 형태

3) 불안의 측정

① 심리적 측정방법 : 운동수행 과정에서 나타나는 불안을 측정하기 위한 방법 중 널리 사용되고 있는 심리적 측정방법으로, 검사지와 설문지가 주로 활용된다. 직접적으로 관찰이 어려운 발안 상태를 직접 경험하고 있는 수행자가 자기 진술을 통하여 측정하는 자기보고식 측정방법이라고 볼 수 있다.
- Spielberger의 상태-특성불안 척도(STAI) : 상태불안, 특성불안으로 나눠서 측정
- Martens의 스포츠경쟁불안 척도
  - SCAT : '운동수행과 불안의 관계' 연구에 있어 스포츠의 경쟁적 특수상황을 고려하여야 하며 특정한 상황을 측정하는 불안 검사지에 비해서 행동을 예측에 대한 선행연구들을 바탕으로 스포츠 상황에 적합한 경쟁특성불안 검사지(Sport Competitive Anxiety Test : SCAT)를 개발
  - CSAI-2 : 인지적 상태불안, 신체적 상태불안, 상태 자신감의 하위요인으로 나누고 총 27문항으로 구성된 자기 평가 질문지

② 생리적 측정방법
- 뇌파 검사(EEG) : 두피에 전극을 붙여 뇌의 전기적 활동을 기록하며 검사함

- 피부전기저항 검사(GSR) : 피부에 전류를 통했을 때 생기는 전기저항을 측정함
- 심전도 검사(EKG) : 심장의 박동에 따라 심근에서 발생하는 활동 전류를 체표면의 적당한 2개소로 유도해서 전류계로 심근 활동전류의 기록을 측정함
- 근전도 검사(EMG) : 골격근의 전기적 활동을 표면 전극을 검출하여 기록을 측정함
③ 행동적 불안 측정방법 : 특정 상황에 따른 행동적 반응을 통해 불안을 측정
- 불안의 행동 측정 : 행동으로 나타나는 불안의 증상이나 어떤 과제의 수행상태를 측정하여 수행 차이에 근거해 불안 상태를 파악하는 방법이다.

4) 스트레스와 탈진
① 스트레스
적응하기 어려운 환경에 처할 때 느끼는 심리적, 신체적 긴장 상태로 개인의 동기나 능력에 맞는 환경을 제공받지 못하거나 개인의 능력이 환경을 감당하기 어려울 때 스트레스가 발생한다. 스트레스가 쌓이면 근육긴장의 증가, 주변시각 협소화, 주의산만의 증가와 같은 반응을 보인다.
② 탈진
기운이 다 빠져 없어진 상태로 스트레스로 인한 정서적 소진 상태를 말한다. 이러한 탈진의 원인으로는 과도한 훈련과 목표성향과 동기, 소외감, 고립 등이 있으며 정서적 고갈, 스포츠의 가치 감소, 수행성취 감소 등의 심리적 증상을 보인다.

5) 경쟁불안과 운동수행 관계 이론
① 욕구 이론
운동수행의 결과가 경쟁불안의 정도인 각성수준과 비례하여 증가한다는 이론으로 단순한 운동과제나 학습이 잘된 운동과제의 수행을 설명에는 어느 정도 적합하나, 복잡한 기술이 요구되는 운동과제의 수행은 설명하지 못하는 단점이 있다.
② 적정수준 이론(역 U가설, inverted-U hypothesis)
- 적정수준 이론은 불안이 증가할수록 운동수행은 증진되며, 적정 수준의 각성상태에서 운동수행이 극대화되다가, 각성수준이 더욱 증가하여 과 각성 상태가 되면 운동수행이 저하된다는 이론이다.
- 최적수행지역 이론
선수들의 상태불안 수준의 개인차가 매우 크며, 최고의 수행을 발휘하는 데 있어서 특정한 불안 수준이 필요한 것이 아니라 자신만의 고유한 불안 수준이 있다는 것으로 적정불안 수준은 불안의 연속선상에서 항상 한 중앙이 아닐 수 있으며 개인에 따라 큰 차이가 있다.

- 다차원적 이론
  - 인지적 불안은 주로 운동수행에 부정적인 영향을 주는 반면, 신체적 불안은 생리적 각성으로 적정수준이면 운동수행에 긍정적인 영향을 준다.
  - 인지적 불안과 신체적 불안의 수준에 따라 서로 다른 불안감소기법을 적용해야 한다. 신체적 불안이 높은 경우에는 점진적 이완 기법을, 인지적 불안이 높은 경우에는 인지 재구성 훈련과 같은 인지적 기법으로 불안을 감소시켜야 한다.
- 전환이론
  각성수준의 해석에 따라 각성수준과 정서의 관계가 달라진다는 이론으로 각성을 어떻게 받아들이느냐에 따라 부정적인 기분일 수도 있고 긍정적인 기분일 수도 있다. 즉, 각성수준에 따라 기분상태가 긍정에서 부정으로 변하며 그 반대 방향으로도 전환이 가능하다.
- 심리에너지 이론
  각성을 긍정적으로 해석하면 긍정적 심리에너지가 발생되기 때문에 운동수행에 긍정적인 영향을 미치는 반면, 각성을 부정적으로 해석한다면 부정적 심리에너지 때문에 각성과 운동수행 사이에는 부정적인 관계가 성립되므로 운동선수는 각성을 어떻게 하느냐에 따라 경기력이 달라진다.

6) 불안과 스트레스 관리 기법
  ① 생리적 방법
   - 바이오피드백 : 자율신경계의 기능을 의식적으로 조절한다.
   - 점진이완 : 짧은 시간 내에 몸을 완전히 이완시키는 것을 말한다.
   - 자생훈련 : 따뜻함과 무거움의 2가지 느낌을 신체감각으로 유도하는 것을 말한다.
   - 호흡 : 불안과 긴장을 낮추고 혈중 산소량을 높여 수행 능력을 향상시킨다.
  ② 인지적 방법
   부정적인 생각이 들었을 때 긍정적인 생각으로 변화를 주어 부적 요인을 제거하고 긍정적인 생각으로 이를 대처하는 것을 말한다.

3 동기

(1) 동기의 개념
의사결정이나 특정행동을 하도록 하는 직접적인 계기가 되는 내적 과정을 말한다.
이러한 동기는 행동을 원동력으로 하고 목표의 선택과 결과에 따라 지속되며 노력의 방향과 강도를 통해 확인할 수 있다.

(2) 동기유발의 기능

① 행동의 시발적 기능 : 활성화 기능으로서 행동을 유발한다.
② 목표지향 및 전진 기능 : 행동의 목표와 방향을 결정한다.
③ 강화적 기능 : 목표 도달의 결과에 따른 동기를 일으킨 수준을 결정한다.

(3) 동기이론

1) 성취동기 이론

인간 행동은 성취를 위한다는 가정을 두고 동기의 본질을 이해하려는 이론이다. 인간의 행동은 어떤 특정한 상황이나 과제를 해결하고 성취하기 위해 나타나는 것으로 인간 행동의 방향과 강도 및 지속성은 성취동기에 의해 결정되며 스포츠 활동을 대표적인 성취 지향적 상황으로 설명할 수 있다.

2) 인지평가 이론

행동을 일으키거나 조절하는 외적 사건이 동기 및 동기와 관련된 과정에 미치는 효과를 기술 하는 이론으로 Deci(1975)에 의해 처음 제안되었다.

3) 자기결정성 이론

자기결정선 상에서 동기를 외적, 내적으로 설명하는 인지적 동기 이론으로 인간의 행동을 자율성의 정도에 따라 순전이 타율적인 행동(외적동기 행동)에서 완전히 자기 결정된 행동(내적동기 행동)으로 개념화한다.

① 내적동기
- 감각체험 : 운동할 때 느끼는 감각 체험이 즐거워서 운동을 한다.
- 과제성취 : 과제를 성취하는 만족감 때문에 운동을 한다.
- 지식습득 : 새로운 것을 배우는 것이 즐거워서 운동을 한다.

② 외적동기
- 확인규제 : 운동 자체의 목표가 아닌 건강 증진이나 다이어트 같은 자기설정 목표달성을 위

해 운동을 한다.
- 의무감 규제 : 외적동기요인이 내면화되어 죄책감/불안 같은 압력으로 운동을 한다.
- 외적규제 : 외적보상을 받으려는 욕구가 활동의 원동력이며, 외적보상을 얻기 위해 운동을 한다.

4) 귀인 이론

행동의 지각도와 원인과 의미에 대한 연구를 중요시하고, 자신의 행동이나 타인의 행동에 관하여 인과적이고도 논리적인 해석을 내리는 방법을 강조하는 성취동기에 대한 인지적 접근 개념이다.

① Weiner(1972)의 귀인모형 : 승리와 패배의 원인을 안정성, 내외 인과성, 통제성 세 가지 차원으로 분석함
- 안정성 : 미래 수행에 대한 기대가 안정적인지 불안정한지 결정한다.
- 인과성 : 수행결과와 관련된 효과를 결정한다.
- 통제성 : 개인이 통제할 수 있는지 없는지 유무로 결정한다.

② 귀인의 훈련

성공과 실패의 원인을 자신의 노력(내적)에서 찾고 실패의 원인은 자신의 노력의 부족과 전략, 전술의 미흡이라 믿게끔 귀인을 바꾸는 것을 말한다.

5) 동기유발의 방법

지도자는 스포츠 활동에서 선수 개개인의 목표달성이나 성취와 관련시켜 설명함으로써 선수들이 이에 대한 확신을 갖게 하는 것이 중요하다.

① 목표계획을 구체적으로 세워야 한다.
② 현실적인 목표를 구체적으로 제시해야 한다.
③ 연습 시에는 연습 결과에 대하여 적당한 강화를 부여하는 것이 좋다.
④ 연습 시 선수에게 동작이나 행동의 결과나 오류에 대한 지식을 가능한 한 빨리, 그리고 구체적으로 제공하여야 한다.
⑤ 사회적 동기, 즉 경쟁이나 협동을 이용해야 한다.

4 목표설정

(1) 목표설정의 개념

목표는 정해진 시간 내에 정해진 과업을 효율성 있게 성취하는 것으로 달성하고자 하는 목적이나 결과인 내용과 목표를 달성하기 위한 많은 노력과 시간의 투자인 강도로 나뉜다.

(2) 목표설정의 장점
① 주의 집중력을 높여준다.
② 노력하게 하여 인내심을 지속시키는 효과를 일으킨다.
③ 새로운 학습전략을 개발하도록 촉진시킨다.

(3) 목표설정의 원리
① 구체적이고 현실적인 목표를 설정한다.
② 단기목표와 중기목표 그리고 장기목표를 연계하여 설정한다.
③ 결과목표보다는 수행목표를 설정한다.
④ 팀의 목표를 고려하여 개인의 목표를 설정한다.
⑤ 목표를 융통성 있게 지도자와 상의하여 설정한다.
⑥ 목표성취전략을 개발한다.

(4) 목표설정의 단계

1) 준비단계
① 목표설정 시 지도자는 상당 시간을 투자하여 목표설정에 관한 사전 준비를 해야 한다.
② 목표설정이 가능한 영역(연습의 질 향상, 개인 기술 향상, 팀전력 향상, 체력 향상, 심리 기술 향상 등)들과 선수 수준을 파악한다.
③ 개인별 또는 팀별 목표를 설정할 때에는 선수의 잠재능력, 신념, 연습 시간 등을 고려하고 어떻게 달성할 것인가에 관한 구체적이며, 실천 가능한 전략을 수립한다.

2) 교육단계
① 지도자가 팀의 목표와 선수들 개개인의 요구에 대한 파악을 끝내면 팀 전체를 대상으로 한 목표 설정 오리엔테이션을 진행하며 선수나 학생들에게는 자신의 목표에 대해 생각해 볼 수 있도록 시간적 여유를 준다.
② 목표 설정 훈련을 처음 실시하는 경우에는 한 번에 하나의 목표만을 설정하게 하고 이를 달성하게끔 노력하게 한다.

3) 평가단계
① 목표를 설정하고 실천에 옮기기 시작하면 목표의 달성 여부를 평가해 주어야 한다.
② 목표 달성의 진도를 평가하는 과정에서 목표가 너무 쉽거나 너무 어렵다고 판단이 되면 목표를 수정하도록 한다.

5 자신감

(1) 자신감의 개념
어떤 일을 해낼 수 있다는 마음 또는 주어진 과제를 성공하여 목표를 달성할 수 있다는 믿음을 자신감이라 하며 이는 어떤 일의 수행을 성취하기 위한 방법의 선택과 노력의 강도는 대부분 자신감에 의하여 결정된다고 본다.

(2) 자신감 이론

1) Bandura의 자기효능감 이론
어떠한 상황에서 성공에 대한 기대감으로 당면한 과제를 해결하기 위해 다양한 지식과 기술을 상황에 맞게 조직하고 행동으로 옮기는 능력에 대한 믿음을 의미하며 경쟁 상황에서 자기효능감 수준이 높을수록 운동수행의 성취도가 높고 정서적 각성은 낮아진다.

2) Harter의 유능성동기 이론
개인은 인간의 성취의 모든 영역을 감당할 수 있도록 선천적으로 동기가 부여되는데 숙달과정에서 성공적인 수행은 자기효능감과 긍정적 정서를 생기게 하여, 높은 유능성 동기를 부여한다.
① 동기지향성 : 특정한 과제에 대해 흥미를 느끼고 해볼 만한 가치가 있다고 느끼는 정도
② 지각된 유능성 : 특정한 과제와 관련된 자부심의 정도
③ 통제감 : 특정한 과제의 성공과 실패에 관한 책임감의 인식 정도

3) Vealey의 스포츠 자신감 이론
개인이 스포츠에서 성공할 수 있는 능력을 갖고 있다는 믿음이나 확실한 정도를 의미하며 특성 스포츠 자신감과 경쟁 지향성이 높은 사람은 상태 스포츠 자신감이 높아 행동에 있어서의 만족감, 성공감, 개인의 주관적 정서와 판단을 결정하는데 영향을 준다.

(3) 자신감을 향상시키는 방법
성공적인 경기수행으로 성공적인 행동을 불러 일으켜 자신감 있는 행동을 낳게 되고 이는 자신감 있는 생각을 가지게 해준다. 그리고 자신감을 발달 시켜주는 심상 트레이닝을 통해 심리적 요인들을 다잡고 체력을 키워 완벽한 신체상태를 만들면 충분히 자신감을 향상되어 목표에 대한 완벽한 달성을 위한 마음의 준비가 완료될 것이다.

6 심상

(1) 심상의 개념과 유형

1) 개념

기억 속에 있는 감각 경험을 회상하며, 외적 자극 없이 내적으로 운동 수행하는 과정을 상상하는 것으로서 모든 감각들을 동원하여 마음속으로 어떠한 경험을 재현하거나 만들어대는 것을 심상이라고 한다. 심상은 운동 기능 향상에 많은 도움을 주며 근육 조직의 활동을 일으키며 실제 신체적 경쟁을 준비할 수 있도록 해준다.

2) 유형

① 내적 심상

심상자가 직접적으로 운동을 수행하는 것처럼 느끼는 것을 의미하며 심상을 하는 동안에는 실제로 그 동작을 할 때 자신의 시선에 비쳤던 모습만을 보게 되고, 시선의 이동에 따라 심상도 계속적으로 변한다.

② 외적 심상

심상자 자신이 운동 수행하는 모습을 관찰자의 시점으로 상상하는 것으로서 동작이 끝난 후에 녹화 테이프를 틀어서 자신의 모습을 보는 것과 같다.

> 엘리트 선수들 중에서 외적 심상보다는 내적 심상을 이용하는 경우가 더 많다는 연구가 있긴 하지만 두 가지 유형 중에서 어떤 것이 수행향상에 더 좋은지에 관해서는 견해가 일치되지 않고 있다. 내적 심상을 하면 실제 동작을 수행할 때의 느낌인 운동감각을 더 많이 얻는다는 이점이 있다.
> 그러나 선수에 따라서 선호하는 심상 유형이 있어서 다른 유형으로 바꾸는데 어려움을 겪기도 한다. 만약 내적 심상이 잘 안 된다면 페널티 킥을 실제로 한 번 한 직후에 눈을 감고 그 때의 느낌과 눈에 들어온 장면을 되살려 보는 연습을 자주 한다. 마라톤 선수의 경우 레이스 중에 내적 심상과 외적 심상을 번갈아 가며 사용하기도 한다. 그러므로 어떤 유형의 심상을 이용하든지 관계없이 선명한 이미지와 함께 모든 감각을 이용하여 이미지를 마음대로 조절할 수 있는 능력을 갖추는 것이 중요하다.

(2) 심상의 이론

1) 심리신경근 이론

심상을 하는 동안에 뇌와 근육에는 실제 동작을 할 때와 매우 유사한 전기 자극이 발생하여 실제 동작을 하는 것과 똑같은 순서로 근육에 자극이 전달되어 근육의 운동 기억을 강화한다.

2) 상징 학습 이론

심상은 운동의 패턴을 이해하는 데 필요한 코딩 체계의 역할을 하며 운동 수행 시 그 동작을 뇌에 부호로 만들어 그 동작을 잘 이해하게 만들거나 자동화시키는 역할을 한다.

03 스포츠 수행의 심리적 요인

3) 심리 생리적 정보 처리 이론

뇌의 장기 기억에 저장되어 있다고 구체적으로 전제로 농구를 예를 들어, 자유투하는 것을 상상할 때, 손에 닿는 공의 느낌, 바스켓의 모습 그리고 관중의 소리는 자극 전제에 해당한다. 이러한 자극을 전제를 통한 반응은 심상의 이미지를 분명히 하고 그 결과 몸에 심리적, 생리적 변화가 생기게 해 운동수행 향상에 도움이 된다.

4) 심리기술 향상 가설

심상은 심리기술을 발달시키는 촉매제가 되어 심상을 활용하면 각성과 불안을 조절하며 심리기술을 발달시킬 수 있다.

(3) 심상의 활용

① 기술과 전력의 학습과 연습 : 아무런 제약 없이 가상의 상대를 정하고 기술의 연습을 반복 또는 창조할 수 있다.
② 심리적 기술의 연습 : 심리적 기술을 연습할 때 심상 기법을 활용하여 이완한다.
③ 집중력의 향상 : 어느 부분에 집중해야 할지를 떠올림으로써 과제에 주의를 집중한다.
④ 자신감의 향상 : 성공적 수행 장면을 떠올리거나 상대방의 예상되는 전략에 대한 대안을 구상한다.
⑤ 각성반응의 조절 : 심상을 통하여 과제에 집중함으로써 불안과 긴장을 조절한다.

7 주의집중

(1) 주의집중의 개념

어떤 조건에서 우리의 정신적 자원을 동시에 발생하는 여러 가지 대상에 효율적으로 분산시키는 것으로서 예고 없이 일어나는 자극에 순간적으로 반응하기 위한 준비성과 경계성은 주의의 가장 핵심적인 기능으로, 가장 중요한 단서에 반응하기 위해 준비하고 경계를 지속하는 능력을 말한다.

(2) 주의의 특징

1) 용량

경기상황에서 하나 이상의 무언가에 주의를 기울이는 것이 불가능할 수 있다고 한다. 이는 주의가 한번에 처리할 수 있는 정보가 제한되어 있음을 말한다.

2) 준비

경기에 참가하는 선수들은 불안과 각성에 따라 주의가 산만해지거나 흐트러질 수도 있다. 경기에 필요한 것에만 주의를 집중하여 선수 스스로가 최적의 컨디션을 유지하도록 한다.

3) 선택

주의 집중할 목표를 선택하여 불필요한 정보들을 배제하도록 한다.

(3) 주의의 유형과 측정

1) 니드퍼(R. M. Nideffer)의 주의유형
   ① 주의의 특징 중 선택은 주의 집중할 목표를 선택하여 불필요한 정보들을 배제하도록 한다.
   ② 주의는 폭(광의, 협의)과 방향(내적, 외적)의 2가지 차원으로 구성되어 있다.
   ③ Nideffer의 주의 스타일 이론은 스포츠 상황에 맞는 주의 스타일로서 스포츠에 필요한 기능에 따라 다른 주의 스타일을 요구함 이는 효율적 기능 수행가능 범위와 방향으로 구분한다.
   - 광의/외적 유형 : 상황을 재빠르게 평가한다.
   - 광의/내적 유형 : 분석하고 계획한다.
   - 협의/외적 유형 : 하나 또는 두 개의 단서에 전적으로 주의 집중한다.
   - 협의/내적 유형 : 수행에 대한 정신적 연습 및 정서를 조절한다.

2) 주의의 측정
   ① Nideffer(TAIS) : 주의대인관계 유형 검사지
   ② 뇌전도 검사(EEG), 심박수 검사(HR), 피질의 과제 잠재력 검사(ERP)

(4) 주의와 경기력의 관계

각성수준이 증가함에 따라 과제 수행 관련 단서에 주의력이 감소하여 경기력이 저하되며 수행과제에서 요구되는 주의 형태와 과제의 숙련도에 따라 경기력의 차이가 발생한다.

(5) 주의집중 향상 방법

① 모의 훈련을 통해 주의 산만의 요인에 자주 노출 시켜 적응케 한다.
② 과정지향 목표를 주어 당면한 과제를 해결하는 데 주의를 집중하도록 한다.
③ 개인에게 맞는 적정 수준의 각성을 하도록 한다.
④ 주의가 흐트러져도 다시금 재정비 하도록 재집중 훈련을 한다.
⑤ 동작이 자동적으로 이루어진다는 신뢰를 기르기 위한 훈련을 한다.
⑥ 내적인 변화에 주의를 기울여보고 좋았던 추억을 회상하는 등의 변화되는 생각에 주의를 기울이는 분리전략도 활용해 본다.

8. 루틴

(1) 루틴의 개념과 활용

1) 루틴의 개념

선수들이 최상의 운동수행을 발휘하는 데 필요한 이상적인 상태를 갖추기 위한 자신만의 고유한 동작이나 절차, 또는 선수들이 자주 수행하는 습관화된 동작을 의미한다.

2) 루틴의 중요성

① 선수들이 주의가 산만해질 때 운동과 무관한 것을 차단한다.
② 운동수행에서 집중력을 촉진시키고 다음 상황에 대한 친근감을 제공한다.
③ 운동수행에 앞서 사전에 설정된 수행 과정을 제공함으로써 일관된 운동수행을 도와준다.

3) 루틴의 활용

① 경기 전 : 경기장에 도착하여 최상의 경기력을 위해 자신만의 움직임으로 충분히 몸을 풀거나 준비를 한다.
② 경기 후 : 경기를 분석하고 강점과 약점을 파악하며 추후 경기를 준비한다.
③ 미니루틴 : 운동 및 스포츠 수행 직전의 습관화된 동작을 의미한다.

(2) 루틴의 효과

1) 효과

스포츠 및 운동수행에 있어 준비과정에 많은 도움이 되며 조절이 가능한 요인에 집중을 함으로서 변수가 많은 상황에 빨리 적응하게 도와준다. 그리고 주위가 산만해질 때 빠른 자기 자각을 불러 일으킨다.

2) 루틴 적용 시 고려사항

선수 본인의 신체적 정서적 느낌에 맞도록 해야 하며 그에 따라 자신만의 스타일로 개발해야 할 것이다. 이는 주의 집중을 위해 준비하며 경기 전날부터 경기장까지 이동구간, 경기 전, 경기 중, 경기 후 등 다양한 상황에서 이를 적용해야 할 것이다.

스포츠 심리학 04 스포츠수행의 사회 심리적 요인

학습목표 | 집단 응집력과 리더십을 이해하고 학습한다.
사회적 촉진을 이해하고 학습한다.
사회성 발달에 대하여 이해하고 학습한다.

1 집단응집력

(1) 집단응집력의 정의 및 이론

1) 집단응집력의 의미
   ① 응집력은 집단의 성원을 집단에 머무르도록 작용하는 힘들의 총합을 의미한다.
   ② 응집력의 개념은 다음과 같은 몇 가지 특징을 함축된다.
   - 다차원적인 개념
   - 역동적인 개념
   - 수단적인 개념
   - 정서적 측면이 포함된 개념

2) 집단에서의 사회적 태만
   혼자일 때보다 집단에 속해 있을 때 더 게을러지는 현상이다.
   ① 링겔만 효과 : 모일수록 책임감이 분산되는 현상으로 '나 하나쯤이야'하는 심리를 의미한다. 특히 집단의 잠재 능력에 비해 실제 능력이 줄어드는 이유는 각자의 동기가 줄어들기 때문이다. 즉 동기가 감소하는 사회적 태만 현상이 나타난다.
   ② 사회적 태만 현상의 발생원인
   - 할당 전략 : 혼자일 때 최대의 노력을 발휘하기 위해 집단 속에는 에너지를 절약.
   - 최소화 전략 : 가능한 최소의 노력을 들여 일을 성취.
   - 무임승차 전략 : 남들의 노력에 편승하여 혜택을 받기 위해 자신의 노력을 줄이는 것.
   - 반무임 승차 전략 : 노력하지 않는 사람들이 무임승차를 하는 것을 원하지 않아, 자신의 노력을 줄이는 것

3) 사회적 태만을 방지 방법
   ① 상호간의 얼마나 노력 여부를 확인할 수 있도록 해야 한다.
   ② 집단 내의 상호작용을 촉진시켜 개개인의 책임감을 높여야 한다.
   ③ 목표를 설정 할 때 집단과 개인 목표를 모두 설정해야 한다.

04 스포츠 수행의 사회 심리적 요인

4) 집단응집력의 이론
   ① 스타이너 이론 : 스타이너는 집단에 소속된 개인이 갖고 있는 능력과 집단이 어떤 성과를 나타내는지에 관한 이론을 제시하였다. 이는 다음과 같다.
   • 집단의 실제 생산성
   - 잠재적 생산성 : 팀의 구성원들이 가지고 있는 능력을 최대로 발휘했을 때 이룰 수 있는 최상의 결과를 말하는 것을 의미하며, 주어진 과제를 달성하는 데 필요한 자원(지식, 기술, 능력)의 양에 의해 결정되는 것을 뜻한다.
   - 과정 손실 : 조정 손실과 동기 손실 등 2가지 이유로 발생 하는데 조정 손실은 구성원 사이에 타이밍이 맞지 않거나 잘못된 전략 때문에 팀의 잠재적 생산성에 나쁜 영향을 미치는 손실을 말한다. 그리고 동기 손실은 코치와 선수 등 팀 구성원이 자신의 최대 노력을 기울이지 않을 때 생기는 손실을 말한다.
   ② 집단의 성적이 가장 좋은 경우(스타이너 이론의 의거)
   - 동일한 과정 손실이 발생한 상태라면 필요 자원이 많아야 집단의 수행이 높아진다.
   - 과정 손실이 적은 상태에서는 자원의 양이 같을 때 집단의 수행이 좋아진다.
   - 자원의 양이 많고 과정 손실이 더 적을 때 집단의 수행이 좋아진다.
   ③ 축구, 배구, 농구 등과 같은 상호작용 종목은 조정 손실이 집단의 수행에 큰 영향을 미치고 수영, 육상, 체조 등과 같은 공행 종목에서는 선수들 사이의 상호작용이나 협동이 그다지 요구되지 않기 때문에 동기 손실을 막는 데 중점을 두어야 한다.

5) Carron의 스포츠 집단 응집력 이론 : 캐런은 스포츠 팀 응집력을 결정하는 요인을 다음과 같이 구분하였다.

환경적 요인	계약 책임, 조직의 성향
개인의 요인	개인의 성향, 만족, 개인차
리더십 요인	리더의 행동, 리더십 유형, 코치와 선수 대인관계
팀 요인	집단과제, 팀의 성과규범, 능력, 팀의 안정성, 팀의 지향성, 성과 집단의 성과 → 팀의 성과, 절대적 수행효율성, 상대적 수행효율성 개인의 성과 → 행동의 성과, 절대적 수행효율성, 상대적 수행효율성/만족

6) 집단 응집력과 운동수행의 관계 : 팀의 응집력은 그 팀의 효율성을 결정하는 직접적인 요인이라고 볼 수 있다.
   ① 집단의 응집력과 운동수행이 긍정적 : 경기성적과 운동지속 실천도가 향상됨
   ② 집단의 응집력과 운동수행이 부정적 : 시즌 초기는 상관관계를 보이지 않음

③ 구성원간의 친밀도와 경기결과는 상관관계를 보이지 않음
- 응집력에 영향을 미치는 심리적 요인
  - 팀의 응집력은 개인의 만족도에 영향을 미침
  - 응집력이 높은 팀은 동조나 응종(명령, 요구 따위에 응하여 그대로 따름) 수준이 높음
  - 팀의 안정성이 높을수록 응집력이 강함
  - 응집력은 역할 수용 및 역할 명료성과 관계가 있음
- 집단 응집력의 장애물
  - 그룹 내에서 개인 간의 부조화
  - 구성원 간의 과제와 역할의 갈등
  - 집단 구성원과 지도자 사이의 의사소통이 어려움
  - 구성원 간의 권력 싸움
  - 소집단의 잦은 재편성
  - 집단 목표의 불일치
- ③ 팀 구축(Team building)의 전략

  목표설정 → 역할규정 → 대인과정 분석 → 응집력 구축

  위를 바탕으로 다음과 같은 요인으로 예를 들 수 있다.

환경 요인	팀 구성원이 동일한 유니폼을 입는다.
구조 요인	매주 한 번씩 팀 미팅을 열어 각자의 역할과 책임에 대해 논의한다.
과정 요인	팀 구성원 간 상호작용과 의사소통의 기회를 충분히 갖는다.

2 리더십

(1) 리더십의 정의

집단의 목표를 성취하기 위하여 집단 구성원으로 하여금 목표수행을 할 수 있도록 하는 것으로서 목표를 설정하고 이를 실현하며 집단 구성원 간의 상호작용의 질을 높이는 활동들을 의미한다.

(2) 리더십 이론

1) 특성적 접근(위인이론)

개인의 속성을 강조한다. 성공적인 리더는 필요한 인성이나 특성을 타고 나서 어떠한 상황에도 훌륭한 리더가 될 수 있다고 본다.

2) 행동적 접근

성공적인 리더는 집단을 효율적으로 이끄는 보편적인 행동 특성을 가지고 있으며 이러한 행동 특성을 찾아내어 가르치면 누구나 훌륭한 리더가 될 수 있다고 본다.

3) 상황적 접근

리더의 권위와 재량, 과제의 본질과 추종자의 능력과 동기, 리더에 대한 환경의 요구와 같은 상황적 요구의 중요성을 강조한다.

4) 다차원 리더십 이론

특정상황에서 코치에게 요구되는 규정된 행동, 코치가 실제로 행하는 행동과 선수들이 좋아하는 행동의 일치 여부에 달려 있으며 세가지 행동이 모두 일치할 때 리더십의 효과는 높아진다. 그러나 이 세가지의 행동이 상반될 때 원하는 결과를 얻기 힘들다. 이 세 가지 행동은 상황변인과 리더의 특성, 성원의 특성에 달려있다.

(3) 리더십을 효과와 상황 요인

1) 리더십의 효과

조직의 구성원들 간의 상호작용 관계와 집단의 성격, 집단의 규범, 집단의 성격과 활동 등의 여러 요인들에 의해 리더십의 효과는 얼마든지 달라질 수 있다.

2) 리더십의 상황요인

① 당면 과제 : 코치는 상황의 변화에 따라 즉각적 판단을 내리고 그에 맞는 대응을 해야 하는데 그러한 경우에는 권위적인 리더십이 더 효율적이다.

② 스포츠의 유형 : 종별의 특성상 팀 스포츠는 조정과 조직이 역할이 필요함에 리더는 지시적인 행동이 많이 요구될 것이다.

③ 팀의 크기 : 민주적이고 참여적인 리더십은 팀의 구성원이 많을 때에는 시간과 조정에 대한 제약으로 힘듦을 보인다.

④ 시간의 제약 : 시간에 대한 제약이 클 경우에는 과제 지향적이고 권위적인 리더십이 필요하다.

(4) 강화와 처벌

1) 강화

① 강화의 개념

강화는 어떤 행동이 나타난 다음에 자극을 제시해 줌으로써 미래에 그 반응이 나타날 확률을 높여 주는 것을 말하며, 정적강화와 부적강화로 분류된다.

정적 강화	칭찬, 상, 표창, 금전적 보상 등과 같이 만족감을 주는 자극으로, 반응이나 행동 발달을 촉진시킨다.
부적 강화	꾸중, 지위의 박탈, 화장실 청소 등과 같이 불쾌한 자극을 제거시킴으로써 바람직한 행동을 유도하는 것을 말한다.

② 긍정적 강화의 빈도와 방법

효과적인 강화물을 선택하고 바람직한 행동을 찾아 강화를 주어 결과보다는 수행과정에 관심을 가지게끔 한다. 그리고 강화의 빈도는 초보자에게는 자주 실시하여 흥미와 동기 부여를 일으키고 숙련자에게는 간헐적으로 제공하여 숙련자에게 보다 능률적인 수행을 유도해야 한다. 강화는 가능한 현장에서 즉각적으로 실시하며 기회를 놓쳤을 때는 수행 이후에 꼭 해주는 것이 좋다.

2) 처벌

와인버그(R.S. Weinberg)와 굴드(D. Gould)의 바람직한 처벌 행동 지침에 대해 다음과 같이 정리하였다.

① 동일한 규칙 위반에 대해서는 누구나 동일하게 처벌받는 일관성을 가져야 한다.
② 사람이 아니라 행동을 처벌해야 한다.
③ 신체활동을 처벌로 이용하지 않는다.
④ 개인적 감정으로 처벌하지 않는다.
⑤ 전체 선수나 학생 앞에서 개인 선수에게 창피를 주지 않는다.
⑥ 처벌이 필요할 때에는 단호함을 보여야 한다.

- 처벌의 개념

  특정한 반응이 일어날 확률을 줄이기 위하여 원치 않는 자극을 주거나(정적 처벌), 원하는 자극을 제거하는(부적 처벌) 것으로서 그 자극을 회피하기 위해 그릇된 행동을 감소하게끔 한다.

- 처벌의 부정적 영향
  - 체벌을 포함한 처벌은 선수들에게 실패 공포를 불러일으킨다.
  - 처벌 위주의 지도는 기능 향상을 오히려 방해할 수 있다.
  - 처벌의 효과는 예측 가능성이 낮다.
  - 승리보다는 실패에 대한 회피적 반응을 보인다.
  - 처벌이 학습이 되어 버린다.

(5) 코칭 스타일과 코칭행동 평가

1) 코칭의 스타일
   ① 권위적인 스타일
      승리 지향적이고 과제 지향적인 스타일로 일방적인 명령체계를 보인다.
   ② 민주적인 스타일
      선수들을 중심으로 생각하며 참여 활동적이고 상호 협동적임을 보인다.
   ③ 바람직한 리더의 스타일
      한쪽 권위적이거나 민주적인 면의 한쪽에 치우지지 않고 상황에 따라 융통성 있게 적용하는 것을 의미한다.

2) 코칭행동 평가(Coaching Behavior Assesment System, CMAS)
   ① 선수의 행동에 대한 반응 행동(코치의 반응)
      - 긍정적인 강화 : 코치가 보여주는 긍정적인 반응은 선수로 하여금 강화의 역할을 한다.
      - 무강화 : 선수의 잘한 점을 코치가 아무런 반응을 보이지 않는다.
      - 실수 관련 격려 : 선수의 실수를 강화로서 격려를 한다.
      - 실수 관련 지도 : 실수한 부분을 정확하게 시범 및 설명해 주는 것을 말한다.
      - 처벌 : 선수의 잘못된 행동에 코치가 주는 부정적 강화를 의미한다.
      - 처벌적 실수 관련 기술지도 : 코치가 기술 지도를 처벌의 강화로서 실시하는 것을 말한다.
      - 실수무시 : 코치가 선수의 실수에 대해 정적, 부정적에 대한 아무런 반응을 보이지 않는다.
   ② 자발 행동
      - 일반적인 기술지도
      - 일반적인 격려
      - 일반적인 의사소통

3 사회적 촉진

(1) 사회적 촉진의 개념과 이론

1) 사회적 촉진의 개념
   타인의 존재가 과제수행에 미치는 효과로서 관중효과 라고도 하며 관중의 존재가 수행결과에 주는 정적, 부적인 영향을 사회적 촉진의 효과라고 한다. 이 관중효과와 더불어 타인과 함께 운동을 수행 할 때 나오는 시너지를 공행효과라고 한다.

2) 사회적 촉진 이론
  ① 자기이론
    Bond의 자기과시동기 가설 : 수행자는 관중의 존재 상황에서 자기과시의 동기가 촉진되는데, 자신의 유능성이 유지될 수 있으면 관중의 존재는 개인의 수행을 촉진하지만, 자신이 부적절하게 보인다고 추론되면 수행자는 당황하게 되고 운동수행의 사회적 제지를 초래한다.
    • Wicklund와 Duval의 객관적 자기인식 이론 : 자기인식상태에 있는 수행자는 자신의 과제수행과 이상적 수행 간의 차이에 주목하며, 수행자는 이러한 차이를 감소시키려는 동기가 촉진된다.
    • Guerin의 자기감시적 분석 : 사회적 추동의 원인을 시각적 감시가 불가능한 타인들의 존재에 있다고 가정하며, 수행자에게 해를 끼치지 않는 타인들이 주기적으로 감시될 수 있다면, 타인의 존재는 추동 수준을 증가시키지 않을 것이라고 하였다.
  ② 사회적 추동이론
    • Zajonc의 단순존재가설 : 각성수준이 높아지면 수행능력 또한 향상 되는 반응이 보이지만 학습이 익숙하지 않거나 어렵게 되면 오히려 부정확한 반응을 보여 능률이 저하될 수 있다.
  ③ 경쟁과 협동의 조화
    • 경쟁과 협동의 개념
      - 경쟁 : 개인 또는 집단이 목적을 달성하기 위해 또 다른 개인이나 집단을 이기기 위해 경쟁하는 것을 의미한다.
      - 협동 : 공통된 목표를 달성하기 위해 두 명 이상이나 집단이 결합하여 서로 돕고 의지하는 것을 의미한다.

(2) 경쟁과 협동의 효과
  ① 성취수준 및 생산성을 높인다.
  ② 보다 빠르게 목표를 달성한다.
  ③ 상호작용을 통하여 자기존중감 및 심리적 안정과 건강 수준을 향상시킨다.

(3) 모델링 방법과 효과
 1) 모델링의 개념
  ① 관찰과 모방을 통하여 행동적, 인지적, 정의적 변화를 일궈내는 것을 의미한다.
  ② 방법 : 관찰하고 모방하는 관찰학습과 시청각자료를 활용한 상징적 모델링, 수행 능력이 뛰어난 사람의 직접적 시범을 통한 직접 모델링이 있다.

04 스포츠 수행의 사회 심리적 요인

2) 모델링의 효과
① 운동수행과 관련되어 볼 때 단계별 수행이 구성 되어 있을 때 그 효과가 높다.
② 비운동수행과 관련되어 볼 때 모델링은 다양한 방면으로 간접경험을 할 수 있다.

4 사회성 발달

(1) 공격성
상처나 고통을 주는 것을 목표로 한 성향으로 언어적 비언어적의 모든 행위를 포함한다.

1) 공격행위의 종류

적대적 공격행위	해를 입힐 의도, 해를 입힐 목적, 분노 발생
수단적 공격행위	해를 입힐 의도, 승리가 목적, 분노 없음

2) 스포츠와 공격행위
① 스포츠 수행과 공격행위
  공격행위는 분노나 적개심을 동반하기 때문에 이로 인하여 증가된 각성이 주의의 폭을 지나치게 좁혀 스포츠 수행을 방해한다.
② 공격행위의 원인
  • 종목의 특이성 : 신체적 충돌이 많은 종목은 공격행위가 일어날 확률이 높다.
  • 스코어 차이 : 스코어 차이가 많이 날 때 승리에 대한 좌절감으로 스포츠 정신이 어긋나는 공격행위가 발생할 확률이 높다.
  • 경력과 경기수준 : 경력이 많은 선수들일수록 팀에 이익을 줄 수 있는 방향으로 노력해야 한다는 강박관념으로 공격행위가 많이 발생하는 경향이 있다.

(2) 스포츠 참가와 인성발달
스포츠를 참가함으로서 페어플레이 정신을 가지게 되고 승리에 대한 겸허함을 가지고 패배를 통하여 자기통제와 재학습을 이루게 하고 스포츠맨십을 통한 상호작용으로 예의범절을 배우게 된다.

스포츠 심리학 05 운동심리학

학습목표 | 운동의 심리적 효과를 이해하고 학습한다.
운동심리 이론의 종류와 가설을 이해하고 학습한다.
운동실천 중재전략을 이해하고 학습한다.

1 운동의 심리적 효과

(1) 운동과 성격

1) 운동심리학의 개요

경쟁 스포츠를 대상으로 수행능력의 향상과 개개인의 성장이 스포츠심리학의 초점이라면 운동심리학은 신체활동과 운동, 체력 및 건강을 바탕으로 규칙적인 운동에 초점을 둔다는 점에서 그 차이를 가지고 있다.

2) 성격과 운동의 관계

① A형 행동 성격과 운동참여 : 외향적이고 운동을 실천성이 높으며 시간에 대한 강박, 경쟁심리가 강하다 쉽게 각성되는 등의 적대감을 보이며 운동의 지속력이 높은 편이다.

② B형 행동 성격과 운동참여 – 정서적 불안정함을 보이며 운동의 실천에 있어서 부정적인 면이 있다. 이는 장기간의 운동의 실천으로 정서적 불안정성을 낮출 수 있다.

③ 홀랜더(E. P. Hollander)의 성격 구조

홀랜더는 성격에 대해 자신을 독특하게 하는 그 개인이 가진 특성들의 총합이라고 정의하고 인격은 가치체계를 포함한 의적 면을 강조, 기질은 성격의 하위구조로써 생리적 정서적 가치하고 하였다. 그러한 성격의 구조는 3단계로 분류하였다.

심리적 핵	개인의 기본적인 태도, 가치관, 적성, 동기를 포함한 것으로 성격의 가장 안정된 부분이고 오랜시간 일정하게 유지되는 특성이 있다. → 사회적 환경에 영향을 받지 않는다.
전형적 반응	주위의 환경이나 상황에 따라 일정하게 반응하는 전형인 태도(오늘날 우리가 측정을 시도하는 성격) → 사회적 환경에 영향을 받는다.
역할관련 행동	개인이 행하고 있는 사회적 역할에 따라 일정한 행동을 하게 하는 역할행동(사회적 영향을 가장 많이 받음) → 사회적 환경에 가장 쉽게 영향을 받는다.

3) 운동의 심리와 생리적 효과

① 운동의 심리적 효과
  - 우울증 감소와 불안 및 스트레스의 감소 : 규칙적인 운동은 우울증 및 불안, 스트레스의 감소에 효과적이고 나타났다. 운동은 그 형태의 구분 없이 자체로도 우울증과 불안에 효과적

이나 유산소성의 운동형태는 무산소성 운동의 형태보다 불안요소의 감소로 더 좋은 효과를 보이며 이는 최대심박수의 60~80%의 강도로 30분 정도의 시간 수행하는 것이 좋다는 연구 결과도 있다.
② 기분이 좋아지며 활력 수준이 높아지고 긍정적 정서를 체험 : 운동을 수행하며 힘든 상황에서 느껴지는 행복, 편안, 희열을 느끼게 해주는 러너스 하이(runner's high)는 운동의 내적동기를 높여주며 그로 인해 인간의 기분이 좋게 되는 효과를 가지게 한다.
③ 자아개념과 자아존중감의 향상 : 성장기에 있어 운동은 아동의 자아존중감을 높이는데 효과적이며 체력의 향상과 목표의 성취, 행복과 경험을 통해 자신을 긍정적으로 평가하는 도움을 주어 자아개념 향상시키게 해준다.

(2) 운동의 생리적 효과

1) 심폐계에 미치는 효과

심장 용적이 커지며 심박수의 감소와 1회 박출량의 증가하여 최대 산소섭취량의 증가하게 된다. 그로인해 근 신경의 긴장이 완화되며 스트레스 호르몬이 감소되고 엔도르핀도 발생된다.

2) 근골격계에 미치는 효과

근육계의 변화, 골격계의 변화, 내분비계의 변화

3) 신체활동의 측정

① 질문지의 활용 : 자기보고식 질문지, 인터뷰식 질문지, 대리응답 질문지 등을 활용
② 주관적 운동강도 척도표(RPE) : 운동 강도의 주관적 인식을 측정하는 도구
③ 일지의 기록 : 하루에 어떤 운동을 얼마나 했는지를 일지형식으로 기록
④ 가속도계의 활용 : 움직임을 감지하는 전자 장비를 착용 후, 일상에서의 신체활동
⑤ 심박수계의 활용 : 운동의 강도를 알 수 있는 직접적인 지표로 신체 활동을 측정
⑥ 보수계의 활용 : 만보계, 운동량을 객관적으로 측정
⑦ 행동관찰 : 신체활동을 직접 관찰하고 기록
⑧ 간접 열량 측정 : 섭취한 산소와 배출한 이산화탄소를 측정하여 에너지소비량을 추정
⑨ 동위원소법 : 생화학적인 방법으로 에너지소비량을 추정

4) 심리적 효과의 과정

① 열 발생의 가설 : 운동수행으로 인한 체온의 상승이 뇌에서 보내는 근육이완 반응 유발이 불안감을 감소시킨다는 가설
② 모노아민의 가설 : 운동을 하면 선경전달물질(세로토닌, 도파민 등)의 분비로 불안한 감정을 개선한다는 가설

③ 뇌변화의 가설 : 운동의 수행으로 대뇌 피질의 혈관의 밀도가 높아져 혈류량이 증가되어 인지적 능력의 변화가 일어난다는 가설
④ 생리학 강인함의 가설 : 운동 스트레스에 자주 노출되면 스트레스에 대한 적응력이 높아져서 불안감이 감소되고 정서적으로 안정이 된다는 가설
⑤ 사회심리적의 가설 : 운동을 하면 좋아질 것이라는 기대심리가 작용하게 되어 얻어지는 플라시보 효과가 발생될 것이라는 가설

2 운동심리이론

(1) 합리적 행동이론
개인의 의도는 행동을 예측하는 단 하나의 원인으로 두 가지의 요인으로 나뉜다.
① 태도 : 특정 행동의 실천 결과에 대한 신념과 결과에 대한 평가에 영향을 받는다.
② 주관적 규범 : 타인의 기대에 대한 인식과 기대에 부응하려는 동기에 영향을 받는다.

(2) 계획행동이론
태도와 주관적 규범은 행동에 간접적인 영향을 주지만, 행동통제인식은 의도뿐만 아니라 행동에 직접 영향을 주며 운동이 방해되는 요인을 극복하게 된다. 그로서 주관적 규범으로 자신이 계획한 운동을 지속으로 실천을 해야 한다.

(3) 자기효능감이론
자기효능감으로 행동을 예측할 수 있다(Bandura. 1977)는 이론으로 특정 상황에서 개인이 가진 능력을 고려할 때 주어진 과제를 성공적으로 수행할 수 있다는 생각을 뜻한다. 이는 과거의 수행, 간접경험, 언어적 설득, 신체와 정서상태로 나뉜다.
① 과거의 수행 : 과거와 유사한 상황에서 성공한 정도를 어떻게 인식하는지를 의미한다.
② 간접경험 : 다른 사람이 하는 행동을 관찰하는 것을 의미한다.
③ 언어적 설득 : 자기효능감을 높이기 위한 언어적, 비언어적인 전략들을 의미한다.
④ 신체와 정서상태 : 운동 중에 느끼는 통증 및 피로감 등을 뜻한다.

(4) 변화단계이론
① 무관심 : 운동의 실천과 가치에 대한 의식을 가지지 못하고 운동에 관한 행동의 변화를 거부한 단계로 의사결정의 균형은 혜택보다는 손실이 더 높다.
  ex) 현재 운동을 하고 있지 않으며 6개월 이내에 운동을 수행할 계획이 없다.

② 관심 : 운동을 실천하고자 하는 의지가 다소 보이는 단계로 의사결정의 균형은 혜택과 손실의 중간정도이나 손실이 약간 큰 편에 속한다.
  ex) 현재 운동을 하고 있지는 않으나 6개월 이내에 운동을 수행할 의사는 있다.
③ 준비 : 운동을 수행하고는 있지만 대개는 주 3회, 1회당 20분 이상을 수행을 채우지 못하는 수준으로 의사결정의 균형은 혜택이 손실보다 높아져 운동의 혜택에 대한 인식이 커진 상태이다.
  ex) 30일 이내에 주 3회, 1회당 20분 이상의 수준으로 운동을 수행할 생각이 있다.
④ 실천 : 운동의 동기가 충분히 생겼으며 운동에 대한 시간과 투자가 생긴 단계이다. 하지만 가장 불안정한 단계로서 다시금 하위로 내려갈 가능성이 있다. 의사결정의 균형은 혜택이 손실보다 더 높아진 상태이다.
  ex) 주 3회, 1회당 20분 이상의 수준의 운동을 6개월 미만으로 실천하고 있는 상태
⑤ 유지 : 운동이 안정한 상태에 접어들었고 하위단계로 내려갈 가능성이 낮은 단계이다. 의사결정의 균형은 혜택이 손실보다 매우 높아진 상태이다.
  ex) 주 3회, 1회당 20분 이상의 수준의 운동을 6개월 이상으로 실천하고 있는 상태

(5) 사회생태학이론
① 개인차원의 요소는 행동에 영향을 주는 여러 수준의 영향으로 개인 차원의 역할도 중요하지만 물리적 환경, 지역사회, 정부 등의 다른 차원의 요인도 고려해야 한다.
② 운동과 관련된 환경이나 정책은 개인 수준을 넘는 것으로 개인의 운동에 영향을 준다.
③ 개인의 책임과 지역사회의 책임을 동시에 반영하는 중재를 설계할 수 있다.

3 운동실천 중재전략

(1) 운동실천의 영향 요인
① 개인 배경 : 연령, 성, 직업, 교육수준, 건강상태 등
② 심리적 요인 : 운동방해 요인(시간), 자기효능감, 태도와 의도, 흥미, 신체이미지, 변화의 단계, 운동에 대한 지식 등
③ 운동특성 요인 : 운동 강도, 운동 지속시간, 운동 경력, 운동 빈도 등의 요인들을 조절하여 운동참여율을 높이도록 한다.

(2) 운동실천의 환경 요인(사회 요인)

① 운동 지도자의 영향 : 리더십을 활용하여 운동수행자들의 자기효능감, 재미 등을 높여 운동참여율을 높이며 동기부여를 한다.

② 운동 집단의 영향 : 동일한 목적을 이루기 위한 구성원들끼리 진단을 만드는 경향으로 그 집단별 응집력이 좋을수록 운동실천과 유지가 높다.

③ 사회적 지지의 영향 : 도구적 지지, 정서적 지지, 정보적 지지, 동반자 지지, 비교확인 지지 등이 높을수록 운동의 지속률이 높다.

정서적지지	다른 사람을 격려하고 걱정하는 과정에서 생기는 것
도구적지지	유형의 실천적인 지지를 제공하는 것
정보적지지	운동 방법에 대해 안내와 조언을 하고 진행 상황에 관한 피드백을 제시하는 것
비교확인지지	다른 사람과의 비교를 통해 자신의 생각, 감정, 문제, 체험등이 정상적이라는 확인을 하는 것
동반자지지	운동할 때 동반자 역할을 하는 사람이 있는가의 여부

④ 사회와 문화의 영향 : 행동, 신념, 운동 규범의 변화 등으로 같은 문화권의 사람들끼리 의 공통된 규칙과, 관습, 가치 등을 의미한다.

(3) 이론에 근거한 중재 전략

1) 혜택 인식

운동이 주는 혜택은 광범위하여 개인을 포함한 많은 운동 수행자들에게 의미 있는 혜택이 무엇인가를 인식할 필요가 있다.

① 건강과 체력 증진 : 심폐지구력, 근력, 지구력, 체력 등이 향상된다.

② 외모와 체형 개선 : 외모와 체형의 개선은 신체의 이미지, 신체적 자기 존중감을 높인다.

③ 정신적/정서적 건강 향상 : 운동은 부정적인 정신과 정서를 감소시키고 긍정적인 면을 증가시킨다.

④ 대인관계 개선 : 운동과정 중에서 여러 사람들을 만나며 활발한 교우관계가 형성된다.

2) 방해요인 극복 방안

운동 실천에 있어 방해요인에 대한 인식은 객관적인 존재이가도 하지만 주관적 평가의 속성이 강하기 때문에 이를 극복하기 위한 방안이 필요하다.

① 실제 방해요인 : 편리성(접근성) 부족, 환경적 요인, 생태적 요인, 신체적 제약

② 인식된 방해요인 : 시간 부족, 지루함, 흥미부족

③ 인식된 방해요인 극복 전략

- 하루 계획에 운동시간을 정하고 매일 같은 시간에 운동하기
- 운동시간을 방해하는 일들의 처리 방법을 배우기
- 다양하고 즐거운 형태의 스포츠 활동에 참여하기
- 리더십 있는 지도자와 함께 운동하기

3) 자기효능감의 향상

자기효능감 이론(Bandura. 1977)에서 제시되어 있듯이 자기효능감은 운동의 지속성과 관련되어 여러 측면에서 많은 영향을 준다. 예컨대 운동시간, 노력, 투자, 목표설정 등은 자기효능감에 따라 충분히 달라질 수 있다.

① 과거 성공적인 수행 경험
② 간접 경험
③ 언어적 설득
④ 신체와 감정 상태

4) 행동수정 및 인지 전략

① 행동수정 전략
- 의사결정 단서 : 행동의 실천 여부를 결정하는 과정을 시작하게 하는 자극을 말하며 유사한 개념으로 '프롬프트'라고 하며 계획한 행동을 잊지 않고 실천하도록 기억하게 해주는 것을 말한다.
- 출석상황 게시 : 출석 상황과 운동 수행 정도를 공공장소에 전체적으로 게시하면 운동프로그램 참여자의 동기를 유발시키는 효과가 있다.
- 보상 제공 : 어떠한 목표를 달성했을 때 보상을 줌으로서 동기가 부여되며 출석 행동이 강화되는 효과가 있다.
- 피드백 제공 : 긍정적인 피드백은 운동 기능 향상과 동기부여 측면에서 매우 중요하다.

② 인지 전략

외부 환경에 의한 변화가 아니 개인의 목표설정과 주의집중 전략을 활용하여 생각에 변화를 주게끔 하는 방법이다.
- 목표 설정 : 구체적이고 측정가능하며 현실적이고 약간 어려운 목표를 설정한다는 원칙을 지켜야 하며 그러한 목표설정은 운동의 지속적인 수행에 긍정적인 영향을 준다.
- 의사결정 균형표의 작성 : 운동 참여의 여부를 결정하는데 도움을 주며 운동을 통해 얻게 되는 혜택과 발생하는 손실의 리스트를 적어 비교하는 방법이다. 그로인해 운동의 혜택과 손실을 비교하여 운동여부를 결정 내리게 된다.

- 운동일지의 작성 : 자기효능감을 평가하는데 있어 중요한 정보로 활용되며 운동태도를 스스로 모니터링하고 운동 진도에 따라 체력 향상 정도를 시각적으로 보여주는 효과가 있다.
- 운동계약 : 계약을 통해 운동참여와 관한 책임을 부여하여 운동 참여도를 높이고 운동실천에 대한 의사결정 과정에 참여할 기회가 주어지면 운동 실천에 대한 책임감이 증대된다.
- 운동강도 모니터링 : 운동 초보자들이 범하기 쉬운 실수중 하나로 처음부터 고강도 운동을 하면 근육통, 피로, 부상을 경험할 확률이 높다. 이에 운동 강도를 스스로 인식하고 조절 할 수 있는 방법을 익힐 필요가 있다.
  ex) RPE는 6부터 20까지 숫자로 구성되어 있기 때문에 숫자의 범위로 운동 강도를 표현할 수 있는 장점이 있다.
- 내적 집중과 외적 집중 : 운동 중에 주위를 어디에 기울이느냐가 운동수행에 있어 중요한 변인인데 몸에서 나타나는 반응보다는 외부의 환경에 신경 쓰는 것이 피로감을 줄이는 데 더욱 효과적이다.
- 내적 집중 : 호흡과 근육의 움직임 등의 몸의 내부에서 오는 정보에 집중하는 것으로 근육, 심장, 호흡 등 신체 내부로부터의 피드백 정보에 주의를 기울이는 것을 말한다.
- 외적 집중 : 외부 환경의 정보, 주변 경관을 구경하거나 음악을 듣는 것처럼 외부환경에 주의를 기울이는 것으로 외적 집중이 내적 집중보다 운동 중의 피로감이나 통증을 덜 느끼게 하는 효과가 있다고 나아가 운동의 지속적인 실천에도 등정적인 영향을 준다.

| 스포츠 심리학 | **06** 스포츠심리상담 |

> **학습목표**
> 스포츠심리상담의 개념을 이해하고 학습한다.
> 스포츠심리상담의 역할과 영역을 이해하고 숙지한다.
> 스포츠심리상담의 이해를 적용한다.

1 스포츠심리상담의 개념

(1) 스포츠심리상담의 정의
스포츠 상황에서 선수들의 수행능력 향상을 위해 환경 특성과 선수들의 특성을 파악하고 상담을 통해 중재자의 역할을 수행하는 것으로서 심리기술훈련과 상담을 통해 최대의 경기력을 발휘할 수 있도록 하는 것을 의미한다.

(2) 스포츠심리상담의 목표
상담과 스포츠심리기술을 적용하여 다음과 같은 목적이 있다.
① 수행자의 운동지속기간을 증가시킨다.
② 운동 수행 능력의 향상과 만족감을 높인다.
③ 운동에 관련된 심리적 용인들을 개선하여 그에 따른 문제들을 해결한다.

2 스포츠심리상담의 역할과 단계

(1) 스포츠심리상담의 역할
스포츠심리상담은 치료, 예방, 교육, 발달적 역할로서 다음과 같은 접근 방법을 가진다.
① 심리기술훈련 과 경기력 향상보다는 운동지속시간과 운동만족의 향상에 초점을 둔다.
② 운동을 통하여 신체, 정신, 사회적 측면에서의 개인적 성장에 초점을 둔다.
③ 일반 운동 참가자 및 인간과 환경의 상호 작용에 초점을 둔다.

(2) 상담과정의 단계별 모형
상담과의 3단계 모형(Hill & O'brian, 1999)는 다음과 같다.
① 1단계-탐색 : 상담자는 내담자가 자신의 생각과 감정, 행동 등을 탐색하도록 돕는다.
② 2단계-통할 : 내담자가 탐색한 내용(생각, 감정, 행동)을 이해하는 단계이다.
③ 3단계-실행 : 탐색과 통찰을 근거로 내담자에게 어떤 행동을 하도록 구체적인 방안을 제시한다.

3 스포츠심리상담의 적용

(1) 스포츠심리상담의 프로그램
① 1단계 - 욕구진단을 위한 실제생활과 환경조사
② 2단계 - 욕구와 문제해결을 위한 대안 진술
③ 3단계 - 목적과 목표의 설정
④ 4단계 - 해결책 모색을 위한 정보 수집
⑤ 5단계 - 해결을 위한 프로그램의 선정 및 시행
⑥ 6단계 - 결과의 평가와 효과의 측정

(2) 스포츠심리상담의 절차와 기법

1) 관심집중
내담자가 관심을 가지고 어떤 것을 원하는지에 대해 주의를 기울이며 내담자가 긴장을 풀 수 있도록 편안함을 제공해 주어야 한다. 이를 통해 내담자와의 신뢰를 형성하도록 한다.

2) 경청
내담자의 말뿐만 아니라 표정, 제스처, 자세, 목소리 등을 보고 듣는 것을 내포한다. 상담자는 내담자의 말을 평가하거나 판단하려 하지 말고 내담자의 관점에서 듣도록 해야 한다.

3) 공감
내담자의 입장에서 그 사람이 느끼고 생각하는 점을 상담자가 같거나 유사하게 느끼며 생각하는 것을 말한다. 공감적 반응을 높이기 위해선 생각할 시간을 가지며 반응 시간을 짧게 하고 내담자의 반응에 맞도록 자신을 조정해야 한다.

(3) 스포츠심리상담의 적용
① 라포 : 내담자와 상담자 사이의 공감적 관계
② 신뢰형성 기술 : 적절한 고개 끄덕임과 적절한 반응, 관심어린 질문
③ 관심 보여주기 : 상담자가 내담자 향해 앉기, 개방적 자세 취하기, 적절한 시선 맞추기
④ 경청 : 상담자가 내담자의 언어적 메시지는 물론 비언어적 메시지를 듣는 과정

4 스포츠심리상담의 윤리

(1) 책임감
상담자는 개인 및 집단과 조직에 스포츠 상황에서 발생된 심리적 요인에 대한 정보를 전달하며 그에 맞는 심리기술을 지도해야 한다. 그리고 많은 심리적 요소를 이해하고 개인에게 잘 교육하여야 한다. 또한 전문성, 정직성, 책무성, 인권존중, 사회적 책임을 가져야 한다.

(2) 관계
상담자는 내담자에게 권력남용, 위협을 하지 않으며 상담자와 내담자 간의 치료적 관계와 사회적 혹은 개인적 관계에 대해 주의를 기울여야 한다. 상담자는 내담자에 대한 자신의 욕구와 영향력을 충분히 자각하고 있어야 하며, 전문적 판단에 영향을 줄 수 있는 부적절한 관계를 맺어서는 안 된다.

(3) 비밀보장
상담에서 내담자와의 약속된 비밀은 반드시 지켜져야 한다. 법적으로 상담자가 보고해야 할 상황은 내담자가 자신이나 타인에게 위험한 행동을 할 때, 미성년 내담자가 성범죄, 아동학대 또는 여타의 범죄의 희생자라고 생각될 때, 내담자가 입원할 필요가 있다고 판단될 때, 정보가 법적인 문제가 될 때 등이다.

스포츠 심리학 출제예상문제

1 스포츠 심리학에 대한 설명으로 적절하지 않은 것은?
① 운동과 같은 스포츠 수행에 영향을 미치는 요인과 그에 따른 기제를 과학적으로 탐구하며 그 결과를 현장에 보급하기 위한 학문이다.
② 심리적 변인이 운동수행과 스포츠에 미치는 영향을 이해함에 그 목표가 있다.
③ 스포츠와 운동 참여가 개인에게 심리적 발달에 미치는 영향의 규명을 위한다.
④ 스포츠 참여와 운동수행이 개인의 심리보단 팀의 심리와 사회적 기능에 미치는 영향을 탐구한다.

◉ 해설
스포츠 심리학은 스포츠와 운동의 참여가 개인의 심리에 영향을 주는 영향에 대한 관심이 크다.

2 광의의 스포츠 심리학의 운동학습과 관련된 연구 주제로 가장 적절한 것은?
① 운동행동모형과 관련된 연구
② 연습의 법칙에 관련된 연구
③ 동작 중 오차 인식에 예측된 고유감각 피드백이 미치는 영향
④ 운동수행 시 발생되는 움직임의 생성과 조절에 따른 기전에 대한 연구

◉ 해설
운동학습의 영역은 운동행동모형, 운동학습과정, 운동기억, 피드백, 전이, 연습의 법칙 등의 연구로서 운동의 기술 및 기능을 효과적으로 습득하기 위한 원리를 분석하고 이를 규명에 그 역할을 한다.

3 협의의 심리학에 대한 설명으로 옳지 않은 것은?
① 스포츠심리학만을 이야기 하며 운동학습, 운동제어, 운동발달을 포함하지 않는다.
② 운동학습, 운동제어, 운동발달에서 관찰 가능한 인간행동의 모든 측면에서 적용된다.
③ 스포츠, 운동수행 시 심리적, 사회적 요인이 어떠한 영향을 미치는지를 규명한다.
④ 스포츠, 운동수행에 초점을 두고 운동기능의 수행에 영향을 주는 심리적 요인을 규명한다.

◉ 해설
광의의 심리학은 일반 심리학이 포함하는 모든 측면을 스포츠 상황 및 그와 관련된 맥락(운동학습, 운동발달, 운동제어)에서 관찰 가능한 인간행동의 모든 측면에 적용된다.

◉ 정답   1 ④   2 ④   3 ②

스포츠 심리학 출제예상문제

4 다음 스포츠 심리학의 역사의 발전과정 중 ㉠, ㉡에 들어갈 알맞은 시기를 고르면?

발전 시기	발전 내용
(㉠)	스포츠와 운동기능의 학습에 필요한 심리적 측면들에 관한 연구가 시작되는 단계로서 최초의 스포츠심리연구가인 노먼 트리플렛(Norman Triplett. 1897)은 사이클 경기의 집단효과연구로 사회적 촉진 현상을 연구했다.
(㉡)	국외 – 스포츠심리학의 연구와 현작에서의 적용이 활발해짐에 따라 멘탈 트레이너(Mental-Trainer)의 많은 활약을 함. – AASP(1987), ISMTE(1989)의 창립으로 스포츠심리학의 지식의 발발이 이뤄짐. 국내 – 한국스포츠심리학회(1989) 창립, 한국스포츠심리학회지 발간 – 한국연구재단 등재학술지 선정(2002)

　　㉠　　　　㉡　　　　　　　㉠　　　　㉡
① 태동기　　정착기　　　② 창립기　　도약기
③ 태동기　　번영기　　　④ 창립기　　정착기

🔾 해설
③ 태동기　번영기

5 운동학습의 단계에 대한 설명 중 옳지 않은 것은?
① Fitts와 Posner의 단계 : 인지, 연합, 자동화 단계로 구분
② Adams의 단계 : 인지화 단계와 고정화 단계를 합친 언어적 운동단계와 운동단계로 구분
③ Gentile의 단계 : 움직임의 개념 습득, 고정화 및 다양화 단계로 구분
④ Bernstein의 단계 : 협응과 제어, 기술 단계로 구분

🔾 해설
Bernstein의 단계 : 자유도의 풀림, 반작용의 활용 단계로 구분
Newell의 단계 : 협응과 제어, 기술 단계로 구분

6 운동발달의 특징에 대한 설명 중 옳지 않은 것은?
① 운동발달은 기능적 분화와 통합화의 과정에 의해 이루어진다.
② 운동발달은 연령에 따라 비슷하게 이뤄지며 개인차가 존재한다.
③ 신체는 머리에서 발끝 순서로 몸통에서 말초부분 순서로 발달이 이루어진다.
④ 운동발달은 단계에 따라 인간의 내적 성숙에 따라 이루어진다.

🔾 해설
운동발달은 단계에 따라 인체의 성숙에 따라 이루어진다.

🔾 정답　4 ③　5 ④　6 ④

7 다음에서 설명하고 있는 운동학습 연습법은?

> • 운동기술의 하위 요소들을 순차적으로 연습
> • 한가지 동작을 반복 연습을 통해 다음 동작으로 넘어가는 방법

① 분산연습   ② 집중연습   ③ 무선연습   ④ 구획연습

◎ 해설
분산연습 - 휴식시간이 연습시간보다 상대적으로 긴 경우를 말한다.
집중연습 - 연습시간이 휴식시간보다 상대적으로 긴 경우를 말한다.
무선연습 - 맥락간섭효과가 크기 때문에 파지와 전이에 효과적이다.
구획연습 - 하나의 기술을 주어진 시간에 연습하는 방법, 무선연습은 주어진 시간에 여러 가지 운동기술을 무작위로 연습하는 방법을 말한다.

8 다음 중 뉴웰(Newell)의 이론이 아닌 것은?

① 제어단계   ② 기술단계   ③ 연합단계   ④ 협응단계

◎ 해설
연합단계는 피츠와 포스너의 학습단계 이론으로 과제를 수행하기 위한 수행 전략을 선택하고, 잘못된 수행에 대한 적절한 해결책을 찾아갈 수 있게 된다. 수행의 일관성과 수행력 점차 향상된다는 것을 말한다.

9 다음 ㉠, ㉡, ㉢에 들어갈 알맞은 말을 고르면?

> 감각시스템으로 들어온 정보는 분석이전의 형태로 병렬적으로 처리되며 무제한의 정보가 (㉠)에 저장되지만 그 기간은 매우 짧다. 그리고 감각시스템으로부터 얻어진 정보 중 필요한 정보만을 선택하여 처리하며 (㉡)의 저장기간은 지도와 학습에 중요한 역할을 한다. 또한 (㉢)의 정보는 사실, 개념, 정의, 규칙에 대한 지식인 선언적 지식과 과제를 수행하는 방법과 절차에 대한 지식인 절차적 지식으로 구분된다.

	㉠	㉡	㉢
①	감각기억	장기기억	단기기억
②	단기기억	감각기억	장기기억
③	감각기억	단기기억	장기기억
④	장기기억	감각기억	단기기억

◎ 해설
• 감각기억 : 환경으로부터의 자극이 인간의 기억체계로 들어오는 첫 단계 감각정보이며 감각시스템을 통해 들어온 정보는 병렬적으로 처리, 아주 짧은 시간 동안에 많은 양의 정보가 감각기억에 저장

◎ 정답   7 ④   8 ③   9 ③

- 단기기억 : 감각기억보다 다소 긴 시간동안 정보를 보유할 수 있는 단기기억은 감각시스템으로부터 유입된 모든 정보를 처리할 수 없기 때문에 선택적으로 필요한 정보만을 선택하여 처리
- 장기기억 : 단기기억에 저장도니 정보들은 자극의 수용자가 더 많은 주의를 기울이거나 특별한 조처를 할 때에 장기기억으로 전환, 저장되어 있는 정보의 양은 비교적 무제한이며 정보가 기억의 체제 속에 그대로 머무는 기간은 장기적이며 비교적 영속적이다.

10 다음 〈보기〉 중 성격 이론에 대한 설명으로 옳은 것을 모두 고르면?

〈보기〉
㉠ 건강신념모형 : 운동실천에 있어 질병 발생의 가능성과 심각성 인식이 중요한 역할을 한다.
㉡ 현상학적 이론 : 현재 일어나고 있는 것에 관한 개인의 주관적 관점에 관심을 두는 이론이다.
㉢ 특성 이론 : 개인 안에 내재하는 일관적이고 안정된 특성들로 인해 개인의 행동이 결정된다는 이론이다.
㉣ 생태이론 : 운동 실천과 지속을 위해 개인, 지역 사회, 정부의 노력과 책임이 모두 중요하다.

① ㉠, ㉡ ② ㉠, ㉣ ③ ㉡, ㉢ ④ ㉡, ㉢, ㉣

◆ 해설
㉠, ㉣은 운동심리 이론이다.

11 운동학습의 파지에 영향을 미치는 요인이 아닌 것은?

① 피드백의 유무
② 운동과제의 특성
③ 학습자의 특성
④ 환경의 특성

◆ 해설
파지는 연습으로 향상된 운동기술의 수행력을 오랫동안 유지 할 수 있는 능력으로 과제의 본질로서 과제가 학습자에게 갖는 의미 등의 다양한 요인들에 의해 얼마든지 달라질 수 있다. 파지에 영향을 미치는 요인은 다음과 같다.
- 운동과제의 특성 : 과제의 특성을 정확히 이해하고 이에 맞는 학습이 이뤄져야 함.
- 환경의 특성 : 환경의 제한요소는 운동기술의 학습과 관련이 있음.
- 학습자의 특성 : 운동기술의 파지는 각자의 특성에 따라 다름.
- 연습과 파지 : 최적의 학습이 이뤄질 수 있도록 연습량을 조절.

12 운동학습에서 피드백의 유형 중, 외재적 피드백으로 분류할 수 있는 것은?

① 감각적 피드백
② 결과에서 얻어지는 피드백
③ 보강적 피드백
④ 수행지식으로부터의 피드백

◆ 해설
외재적 피드백은 타인이나 지도자에게 받는 정보이며 보강적 피드백이라고도 한다.

정답 10 ③ 11 ① 12 ③

13 다음에서 설명하고 있는 불안의 유형은?

> • 스포츠 경기상황에서 경쟁과정에 수반하여 나타나는 불안의 형태

① 신체적 불안 ② 특성불안
③ 경쟁불안 ④ 상태불안

🔸 해설
• 신체적 불안 – 맥박이 빨라지거나 손에 땀이 나는 등 신체적 활성화
• 특성불안 – 선천적으로 타고난 기질
• 경쟁불안 – 스포츠 경기상황에서 경쟁과정에 수반하여 나타나는 불안의 한 형태이다.
• 상태불안 – 일시적인 상황에서 느껴지는 정서 상태

14 다음 젠타일(A. M. Gentile)의 운동기술 분류표의 ⓓ에 들어갈 연습 활동으로 적절한 것은?

구 분		신체이동 있음	
물체조작 없음		물체조작 있음	
운동 상태 조절 조건 있음	동작(시기) 간 가변성 없음	ⓐ	ⓑ
	동작(시기) 간 가변성 있음	ⓒ	ⓓ

① 농구 자유투하기
② 장애물 피해 달리기
③ 수비수의 태클을 피해 드리블하기
④ 골키퍼 없는 골대에 페널티킥 연습하기

🔸 해설
Gentile의 움직임 개념 습득 단계 : 환경조건인 조절조건(영향)과 비조절조건(비영향)을 파악한 후, 움직임의 개념 습득, 고정화 및 다양화 단계로 구분한다. 이는 폐쇄운동기술로서 고정화 및 안정화와 개방운동기술인 변하는 환경에 대한 적응 및 다양화로 나뉜다.

15 욕구이론에 관한 설명으로 옳지 <u>않은</u> 것은?

① 운동수행의 결과가 경쟁불안의 정도인 각성 수준과 비례하여 증가한다는 이론이다.
② 단순한 운동과제나 학습이 잘된 운동과제의 수행을 설명에는 어느 정도 적합하다.
③ 복잡한 기술이 요구되는 운동과제의 수행은 설명하지 못하는 단점이 있다.
④ 불안이 증가할수록 운동수행은 증진되며, 적정 수준의 각성상태에서 운동수행이 극대화된다.

🔸 해설
적정 각성 수준 이론(역 U가설, inverted-U hypothesis)은 불안이 증가할수록 운동수행은 증진되며, 적정 수준의 각성상태에서 운동수행이 극대화되다가, 각성 수준이 더욱 증가하여 과각성 상태가 되면 운동수행이 저하된다는 이론이다.

정답 13 ③ 14 ③ 15 ④

스포츠 심리학 출제예상문제

16 운동제어의 개념에 대한 설명으로 옳지 않은 것은?

① 정보 수집을 하는 지각과 운동수행의 실제적인 움직임을 만드는 동작이다.
② 수집된 정보를 바탕으로 하는 판단과 계획에 관련되는 인지
③ 운동수행에 따른 움직임에 영양을 주는 조절환경, 비조절환경이 있다.
④ 움직임을 규명하기 위해 움직임 자체만을 다룬다.

◎ 해설
움직임 자체만이 아닌 인간이 운동수행을 하기 위한 개인, 환경, 과제의 상호작용 속에서 나타나는 복잡한 인간운동 행동의 원리를 동작, 지각, 인지적인 측면에서 규명하는 연구 분야를 말한다.

17 다음 〈보기〉 중 운동심리 이론에 대한 설명으로 옳은 것을 모두 고르면?

〈보기〉
㉠ 자기효능감이론: 특정 상황에서 개인이 가진 능력을 고려할 때 주어진 과제를 성공적으로 수행할 수 있다는 생각을 뜻한다.
㉡ 합리적 행동이론: 운동태도와 객관적 규범뿐만 아니라 행동통제 인식도 운동실천에 영향을 준다.
㉢ 계획행동이론: 성취경험, 대리경험, 언어적 피드백, 신체 및 정서적 상태가 운동실천에 영향을 준다.
㉣ 사회생태이론: 운동과 관련된 환경이나 정책은 개인 수준을 넘는 것으로 개인의 운동에 영향을 준다.

① ㉠, ㉡
② ㉠, ㉣
③ ㉢, ㉣
④ ㉡, ㉢, ㉣

◎ 해설
합리적 행동이론 : 개인의 의도는 행동을 예측하는 단 하나의 원인으로 두 가지의 요인으로 나뉜다.
– 태도 : 특정 행동의 실천 결과에 대한 신념과 결과에 대한 평가에 영향을 받는다.
– 주관적 규범 : 타인의 기대에 대한 인식과 기대에 부응하려는 동기에 영향을 받는다.
– 계획행동이론 : 태도와 주관적 규범은 행동에 간접적인 영향을 주지만, 행동통제인식은 의도뿐만 아니라 행동에 직접 영향을 주며 운동이 방해되는 요인을 극복하게 된다. 그래서 주관적 규범으로 자신이 계획한 운동을 지속으로 실천을 해야 한다.

◎ 정답 16 ④ 17 ②

18 다음 〈보기〉 중 목표설정 원리에 대한 설명으로 옳은 것을 모두 고르면?

〈보기〉
㉠ 구체적이고 객관적인 목표를 설정한다.
㉡ 도전적이고 현실적인 목표를 설정하지 않는다.
㉢ 단기목표와 중기목표 그리고 장기목표를 연계하여 설정한다.
㉣ 팀의 목표보다는 개인의 목표를 설정한다.
㉤ 목표성취전략을 개발한다.

① ㉠, ㉡, ㉢ ② ㉠, ㉢, ㉣ ③ ㉠, ㉢, ㉤ ④ ㉡, ㉣, ㉤

◎ 해설
* 도전적이고 현실적인 목표를 설정하며 팀의 목표를 고려하여 개인의 목표를 설정한다.

19 홀랜더(E. P. Hollander)의 성격 구조 중 심리적 핵에 대한 설명으로 옳은 것은?
① 주변 환경과의 상호작용을 통해 외부세계에 반응하는 학습된 양식을 말한다.
② 단순한 운동과제나 학습이 잘된 운동과제의 수행을 설명에는 어느 정도 적합하다.
③ 외부 상황의 변화에 영향을 받지 않고 일관성이 높다.
④ 가장 표면적이고 변화가 가능하며 지위와 역할과 관련된 행동이다.

◎ 해설
심리적 핵은 성격의 가장 기초적 단계로서 깊숙이 내재되어 있는 실제 이미지를 의미하고 자아, 태도, 가치, 흥미, 동기 등을 포함하고 일관성이 높으며 외부 상황의 변화에 영향을 받지 않는다.

20 다음에서 설명한 신체 및 운동발달의 단계에 대한 설명 중 옳은 것은?
① 초기 움직임 단계 : 신경체계 성숙으로 반사 운동이 사라지고 수의적인 움직임이 나타나는 단계
② 반사 움직임 단계 : 기본적인 움직임의 능력이 현저하게 나타나는 단계
③ 기본 움직임 단계 : 수의적인 움직임 형태가 등장
④ 스포츠 기술 단계 : 자신의 신체에 대한 인식과 균형감이 발달하고, 이동운동이 더욱 발전

◎ 해설
출생부터 2년까지의 유아기에 나타나며 수의적인 기본 움직임 형태가 등장하고 신경체계 성숙으로 반사 운동이 사라지고 수의적인 움직임이 나타나는 단계

◎ 정답 18 ③ 19 ③ 20 ①

스포츠 심리학 출제예상문제

21 모건 W. M의 빙산형 프로파일(iceberg profile)에 대한 설명으로 적절하지 <u>않은</u> 것은?
① 우수선수가 가지는 성격특성을 분석하였다.
② 비우수선수가 우수선수보다 활력이 낮게 나타났다.
③ 측정도구로 마음상태검사(POMS)을 사용하였다.
④ 우수선수의 기분상태 윤곽은 편평한 모형으로 나타났다.

> **해설**
> 우수선수는 빙산과 같은 윤곽을 보이고, 비우수선수는 편평한 윤곽을 보인다.

22 인지 재구성의 단계에 대한 설명으로 옳지 <u>않은</u> 것은?
① 인지 재구성의 일반적 원리를 설명한다.
② 내담자 유형에 따라 각자의 비합리적인 사고를 탐구한다.
③ 상담자가 문제를 분석하게 하고 해결방법이 무엇인지를 탐구한다.
④ 행동의 실천 및 실제 연습을 통해 합리적인 대처 행동을 일으키는 방법을 습득한다.

> **해설**
> 내담자 스스로 문제를 분석하게 하고 해결방법이 무엇인지를 탐구한다.

23 운동의 심리적 효과로 볼 수 <u>없는</u> 것은?
① 우울증 감소와 불안 및 스트레스의 감소
② 기분이 좋아지며 활력 수준이 높아지고 긍정적 정서를 체험
③ 심장 용적이 커지며 심박수의 감소와 1회 박출량 증가
④ 자아개념과 자아존중감의 향상

> **해설**
> ③은 운동의 생리적 효과에 대한 설명이다.

24 다음 중 불안의 심리적 측정방법으로 옳은 것은?
① 뇌파 검사(EEG) ② 상태-특성불안 척도(STAI)
③ 근전도 검사(EMG) ④ 심전도 검사(EKG)

> **해설**
> 심리적 측정방법은 운동수행 과정에서 나타나는 불안을 측정하기 위한 방법 중 널리 사용되고 있는 심리적 측정방법으로, 검사지와 설문지가 주로 활용된다. 직접적으로 관찰이 어려운 발안 상태를 직접 경험하고 있는 수행자가 자기 진술을 통하여 측정하는 자기보고식 측정방법이라고 볼 수 있다.
> Spielberger의 상태-특성불안 척도(STAI) : 상태불안, 특성불안으로 나눠서 측정

정답 21 ④ 22 ③ 23 ③ 24 ②

25 다음 경쟁불안과 운동수행 관계에 대한 내용과 관계 깊은 이론을 고르면?

> 불안이 증가할수록 운동수행은 증진되며, 적정 수준의 각성상태에서 운동수행이 극대화되다가 각성수준이 더욱 증가하여 과각성 상태가 되면 운동수행이 저하된다는 이론이다.

① 적정수준 이론(역 U가설, inverted-U hypothesis)
② 최적수행지역 이론
③ 다차원적 이론
④ 전환이론

◎ 해설
- 최적수행지역 이론 : 선수들의 상태불안 수준의 개인차가 매우 크며, 최고의 수행을 발휘하는 데 있어서 특정한 불안 수준이 필요한 것이 아니라 자신만의 고유한 불안 수준이 있다는 것으로 적정 불안 수준은 불안의 연속 선상에서 항상 한 중앙이 아닐 수 있으며 개인에 따라 큰 차이가 있다.
- 다차원적 이론 : 인지적 불안은 주로 운동수행에 부정적인 영향을 주는 반면, 신체적 불안은 생리적 각성으로 적정수준이면 운동수행에 긍정적인 영향을 준다. 인지적 불안과 신체적 불안의 수준에 따라 서로 다른 불안감소기법을 적용해야 한다. 신체적 불안이 높은 경우에는 점진적 이완 기법을, 인지적 불안이 높은 경우에는 인지 재구성 훈련과 같은 인지적 기법으로 불안을 감소시켜야 한다.
- 전환이론 : 각성수준의 해석에 따라 각성수준과 정서의 관계가 달라진다는 이론으로 각성을 어떻게 받아들이느냐에 따라 부정적인 기분일 수도 있고 긍정적인 기분일 수도 있다. 즉, 각성수준에 따라 기분상태가 긍정에서 부정으로 변하며 그 반대 방향으로도 전환이 가능하다.

26 Bandura의 자기효능감 이론에 대한 설명으로 옳지 않은 것은?
① 자기효능감이 높은 사람은 열의와 자기 확신을 가지고 경쟁 상황을 시작한다.
② 개인이 가진 자기효능의 정도는 경쟁 상황에 접근할 것인지 회피할 것인지를 결정한다.
③ 경쟁적 수행을 위한 기초적 사항이다.
④ 경쟁 상황에서 자기효능감 수준이 높을수록 운동수행의 성취도와 정서적 각성은 높아진다.

◎ 해설
경쟁 상황에서 자기효능감 수준이 높을수록 운동수행의 성취도가 높고 정서적 각성은 낮아진다.

◎ 정답 25 ① 26 ④

스포츠 심리학 출제예상문제

27 다음 (   ) 안에 들어갈 알맞은 이론은?

> 각성을 긍정적으로 해석하면 긍정적 (   )가 발생되기 때문에 운동수행에 긍정적인 영향을 미치는 반면, 각성을 부정적으로 해석한다면 부정적 (   ) 때문에 각성과 운동수행 사이에는 부정적인 관계가 성립되므로 운동선수는 각성을 어떻게 하느냐에 따라 경기력이 달라진다.

① 최적수행지역 이론 ② 전환이론
③ 심리에너지 이론   ④ 다차원적 이론

🔎 해설
심리에너지 이론은 운동선수가 각성을 어떻게 하느냐에 따른 긍정, 부정적 영향을 말한다.

28 다음은 변화 단계 이론의 단계를 나타낸 것이다. ㉠, ㉡에 들어갈 알맞은 말을 고르면?

> (㉠) : 예) 현재 운동을 하고 있지는 않으나 6개월 이내에 운동을 수행할 의사는 있다.
> (㉡) : 예) 30일 이내에 주 3회, 1회당 20분 이상의 수준으로 운동을 수행할 생각이 있다.

	㉠	㉡		㉠	㉡
①	무관심	준비	②	관심	준비
③	관심	실천	④	준비	실천

🔎 해설
- 관심 : 운동을 실천하고자 하는 의지가 다소 보이는 단계로 의사결정의 균형은 혜택과 손실의 중간정도이나 손실이 약간 큰 편에 속한다.
- 준비 : 운동을 수행하고는 있지만 대개는 주 3회, 1회당 20분 이상을 수행을 채우지 못하는 수준으로 의사결정의 균형은 혜택이 손실이 높아져 운동의 혜택에 대한 인식이 커진 상태이다.

29 다음 사회적 태만 현상의 발생 원인과 관계 깊은 전략은?

> • 남들의 노력에 편승하여 혜택을 받기 위해 자신의 노력을 줄이는 것

① 할당 전략   ② 최소화 전략
③ 무임승차 전략 ④ 반무임 승차 전략

🔎 해설
- 할당 전략 : 혼자일 때 최대의 노력을 발휘하기 위해 집단 속에는 에너지를 절약.
- 최소화 전략 : 가능한 최소의 노력을 들여 일을 성취.
- 무임승차 전략 : 남들의 노력에 편승하여 혜택을 받기 위해 자신의 노력을 줄이는 것.
- 반무임 승차 전략 : 노력하지 않는 사람들이 무임승차를 하는 것을 원하지 않아, 자신의 노력을 줄이는 것.

정답 27 ③ 28 ② 29 ③

30 다음은 다차원 리더십의 리더 행동에 대한 내용이다. ㉠, ㉡, ㉢에 들어갈 알맞은 말을 고르면?

(㉠): 조직내에서 리더가 해야만 할 행동, 리더로부터 기대되는 행동
(㉡): 선수들이 선호하거나 바라는 행동
(㉢): 리더가 실제로 행하는 행동

	㉠	㉡	㉢
①	규정행동	선호행동	실제행동
②	규정행동	실제행동	선호행동
③	선호행동	실제행동	규정행동
④	선호행동	규정행동	실제행동

◉ 해설
쉘라두라이(P. Chelladurai) 다차원 리더십 모형은 다음과 같다.

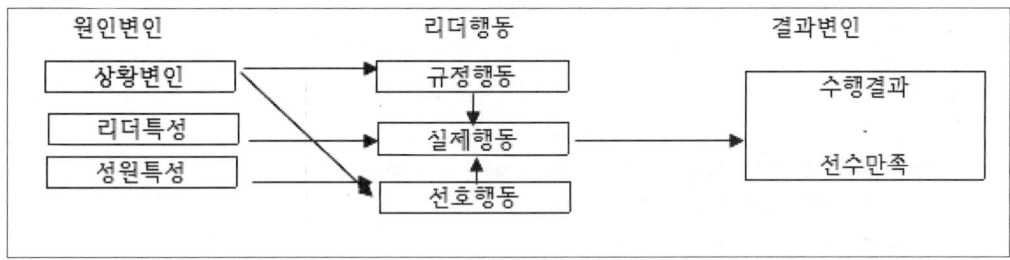

31 사회적 지지 유형 중 다른 사람과의 비교를 통해 자신의 생각, 감정, 문제, 체험 등이 정상적이라는 확인을 하는 것은?

① 정서적지지　　　　② 도구적지지
③ 비교확인 지지　　　④ 정보적지지

◉ 해설
정서적지지: 다른 사람을 격려하고 걱정하는 과정에서 생기는 것
도구적지지: 유형의 실천적인 지지를 제공하는 것
정보적지지: 운동 방법에 대해 안내와 조언을 하고 진행 상황에 관한 피드백을 제시하는 것
비교확인지지: 다른 사람과의 비교를 통해 자신의 생각, 감정, 문제, 체험 등이 정상적이라는 확인을 하는 것

◉ 정답　30 ①　31 ③

스포츠 심리학 출제예상문제

32 운동학습에서 구분하는 피드백(feedback)의 유형 중, 내재적(intrinsic/inherent) 피드백으로 분류할 할 수 없는 것은?

① 시각 피드백
② 감각적 피드백
③ 보강(부가적, augmented) 피드백
④ 운동수행자 자체에 내재됨.

해설
외재적 피드백 : 타인이나 지도자에게 받는 정보이며 보강적 피드백이라고도 한다.

33 다음 상황에 해당하는 니드퍼의 주의유형으로 가장 적절한 것은?

• 양궁선수인 동률이는 시합에서 오로지 표적을 바라보며 조준하고 있다.

① 넓은-내적
② 좁은-내적
③ 넓은-외적
④ 좁은-외적

해설
주의는 폭(광의, 협의)과 방향(내적, 외적)의 2가지 차원으로 구성되어 있다.
(1) 광의/외적 유형 : 상황을 재빠르게 평가한다.
(2) 광의/내적 유형 : 분석하고 계획한다.
(3) 협의/외적 유형 : 하나 또는 두 개의 단서에 전적으로 주의 집중한다.
(4) 협의/내적 유형 : 수행에 대한 정신적 연습 및 정서를 조절한다.

34 주의와 경기력의 측면에서 운동수행과의 관계에 대한 설명으로 옳지 않은 것은?

① 각성수준이 증가함에 따라 과제 수행 관련 단서에 주의력이 감소하여 경기력이 저하된다.
② 운동수행의 효율성과 관련하여, 과제 수행 관련 단서의 질과 단서 간의 조화에 의하여 각성과 운동수행 간의 상호작용이 발생한다.
③ 경기 결과보다는 자신의 수행에 관련된 목표이기 때문에 스스로 통제가 가능하다.
④ 수행과제에서 요구되는 주의 형태와 과제의 숙련도에 따라 경기력의 차이가 발생한다.

해설
③은 주의집중 향상 기법의 중 과정지향 목표 설정에 관한 설명이다.

정답 32 ③   33 ④   34 ③

35 심상(imagery)의 효과를 설명하는 상징학습 이론의 주장으로 가장 적절한 것은?

① 심상을 하는 동안에 뇌와 근육에는 실제 동작을 할 때와 매우 유사한 전기 자극이 발생한다.
② 심상을 하면 실제 동작을 하는 것과 똑같은 순서로 근육에 자극이 전달되어 근육의 운동기억을 강화한다.
③ 심상은 운동의 패턴을 이해하는 데 필요한 코딩 체계의 역할을 한다.
④ 심상은 기능적으로 조직되어 뇌의 장기 기억에 저장되어 있다고 구체적으로 전제한다.

◉ 해설
①, ②은 심리 신경근 이론이고 ④는 심리 생리적 정보처리 이론이다.

36 스포츠심리상담의 역할이 아닌 것은?

① 심리기술훈련과 경기력 향상만을 우선으로 둔다.
② 운동지속시간과 운동만족의 향상에 초점을 둔다.
③ 운동을 통하여 신체, 정신, 사회적 측면에서의 개인적 성장에 초점을 둔다.
④ 일반 운동 참가자 및 인간과 환경의 상호 작용에 초점을 둔다.

◉ 해설
스포츠심리상담은 치료, 예방, 교육, 발달적 역할로서 다음과 같은 접근 방법을 가진다.
심리기술훈련과 경기력 향상보다는 운동지속시간과 운동 만족의 향상에 초점을 둔다.

37 스포츠심리상담의 프로그램으로 바르게 묶은 것은?

① 1단계 – 목적과 목표의 설정
② 2단계 – 욕구와 문제해결을 위한 대안 진술
③ 3단계 – 해결책 모색을 위한 정보 수집
④ 4단계 – 해결을 위한 프로그램의 선정 및 시행

◉ 해설
1단계 – 욕구진단을 위한 실제생활과 환경조사
2단계 – 욕구와 문제해결을 위한 대안 진술
3단계 – 목적과 목표의 설정
4단계 – 해결책 모색을 위한 정보 수집
5단계 – 해결을 위한 프로그램의 선정 및 시행
6단계 – 결과의 평가와 효과의 측정

◉ 정답 35 ③ 36 ① 37 ②

스포츠 심리학 출제예상문제

38 다음 자료에서 설명하고 있는 심상 훈련 프로그램의 개발 단계는?

> 심상에 대한 선수의 사례와 과학적인 연구결과를 제시하여, 심상기술의 효과에 대해 설명하고 아울러 체계적인 연습이 필요하다는 것을 제시한다.

① 측정단계　　② 습득단계　　③ 교육단계　　④ 연습단계

◉ 해설
심상에 대한 이해단계이다. 선수들은 심리적인 문제를 심상을 이용하여 단기간에 해결할 수 있다고 믿음으로, 심상에 대해 올바르게 이해시키는 단계가 필요하다.

39 다음 자료에서 설명하고 있는 리더십의 접근 방법은?

> 리더의 효율성은 특정 상황에서 코치에게 요구되는 규정된 행동, 코치가 실제로 행하는 행동, 선수들이 좋아하는 행동의 일치 여부에 달려 있으며, 세 가지 행동이 모두 일치할 때 리더십의 효율성은 극대화된다.

① 행동적 접근
② 특정적 접근
③ 상황적 접근
④ 스포츠 리더십 다차원적 접근

◉ 해설
리더의 효율성은 특정 상황에서 코치에게 요구되는 규정된 행동, 코치가 실제로 행하는 행동, 선수들이 좋아하는 행동의 일치 여부에 달려 있으며, 세 가지 행동이 모두 일치할 때 리더십의 효율성은 극대화된다. 그러나 세 가지 행동이 상반될 때는 원하는 결과를 얻을 수 없다. 이 세 가지 행동은 각각 처한 상황과 코치의 특성, 그리고 선수들의 특성이라는 선행요인에 달려있다.

40 스포츠심리상담 초기 내담자와의 신뢰형성 방법에 대한 설명으로 적절하지 않은 것은?

① 상담자가 전문성을 가져야 한다.
② 상담자는 책임감이 있어야 한다.
③ 상담자는 내담자가 상담의 효과에 대해 긍정적인 기대를 갖도록 해야 한다.
④ 상담자는 공감적 반응을 높이기 위해선 생각할 시간을 가지며 반응 시간을 길게 한다.

◉ 해설
내담자의 입장에서 그 사람이 느끼고 생각하는 점을 상담자가 같거나 유사하게 느끼며 생각하는 것을 말한다. 공감적 반응을 높이기 위해선 생각할 시간을 가지며 반응 시간을 짧게 하고 내담자의 반응에 맞도록 자신을 조정해야 한다.

◉ 정답　38 ③　39 ④　40 ④

4 과목

스포츠 윤리

01 스포츠의 윤리적 기초
02 경쟁과 페어플레이
03 스포츠와 불평등
04 스포츠에서 환경과 동물윤리
05 스포츠와 폭력
06 경기력 향상과 공정성
07 스포츠와 인권
08 스포츠 조직과 윤리
출제예상문제

스포츠 윤리　01　스포츠의 윤리적 기초

1 스포츠 윤리의 기초

인간의 본성이 완전히 선하다면 윤리가 필요 없고, 완벽하게 악하다면 윤리개념이 성립될 수 없다. 따라서 윤리는 인간본성이 완전히 악하지도 선하지도 않다는 전제 하에 성립한다.
즉, "인간에게만 윤리가 성립"한다.

(1) 도덕, 윤리, 선의 개념

일상생활에서 '윤리'와 '도덕'은 별다른 구분 없이 혼용되는 경우가 많다. 하지만 도덕(morality)이라는 용어는 라틴어에서, 윤리(ethics)라는 용어는 그리스어에서 유래되었으며, 각각 기질(disposition)이나 관습(custom)을 의미하는 단어와 관련을 짓는다.

1) 도덕(moral)
   ① 라틴어 morality에서 유래
   ② 인간이 마땅히 지켜야 할 도리
   ③ 행동에 대한 규제 또는 명령
   ③ 각 개인이 행위를 함에 있어 준수해야만 하는 규범

2) 윤리(ethics)
   ① 그리스어 ethikē(관습)에서 파생
   ② 인간 삶의 길, 인격을 연구하는 학문
   ③ 도덕을 인식하고 규정하는 근거
   ④ 법과 도덕의 종합

3) 선(good)
   ① 윤리, 도덕의 본질을 이루는 가치
   ② '선'은 당위적 가치
   ③ 인간 행위의 당위적 규범을 '윤리', '도덕'이라 함.
   ④ 좋음(옳고)과 나쁨(그름)의 분별을 가능케 함.

(2) 사실판단과 가치판단

윤리학의 주요 관심은 가치판단의 문제, 즉 도덕적인 가치판단의 근거를 탐구하는 데 있다. 가치판단은 3가지의 형태를 띠는데, 사리분별에 관한 것(prudential values), 미적인 것(aesthetic values), 그리고 도덕적인 것(moral values)이다. 그중 도덕적 가치는 우리가 타인과 맺는 관계와 상호작용에 직접적으로 관련 있는 가치들에 관한 것들이다.

1) 사실판단
   ① 객관적인 판단이 가능한 것
   ② 참과 거짓, 옳고 그름이 명확히 구분
2) 가치판단
   ① 주관적인 판단으로 구성
   ② 개인의 가치관 및 상황에 따라 달라질 수 있음.

> **다음 예시에서 사실판단과 가치판단을 구분해보시오.**
> 김연아는 동계올림픽 피겨스케이팅 종목에서 2회 연속 메달을 획득했다. 벤쿠버동계올림픽에서는 금메달을 소치동계올림픽에서는 은메달을 획득했다. 하지만 나는 소치동계올림픽에서 금메달리스트인 러시아 선수보다 김연아의 연기가 더 훌륭했다고 평가했다.

2 스포츠 윤리의 이해

일반윤리는 어떤 사회의 문화나 구성원들이 공유하는 도덕적 이상들의 집합으로 나타나는 반면 스포츠윤리는 특정 분야. 즉 스포츠라는 특수한 상황에서 요구되는 규범이나 도덕적 기준을 다룬다는 점에서 차별성을 가진다.

(1) 일반윤리학과 스포츠윤리학

1) 윤리학

   윤리적 판단 혹은 행위의 원리나 근거를 마련하기 위해 도덕(윤리)의 본질적인 문제를 탐구하는 철학의 한 분과. 마땅히 있어야 할 것과 행해야 할 것, 그리고 바람직한 것을 제시하고 근거 짓는 규범적인 학문
   ① 사회 전체의 도덕의 기원, 발달, 본질, 규범에 대해 연구하는 학문
   ② 사회 전반에서 지켜야 할 것들에 대한 것

2) 스포츠 윤리학

   스포츠 상황 속에서 직면하는 윤리적 판단 혹은 행위의 원리나 근거를 마련하기 위해 도덕(윤리)의 본질적인 문제를 탐구하는 스포츠철학의 한 분과. 스포츠에서 마땅히 있어야 할 것과 행해야 할 것, 그리고 바람직한 것을 제시하고 근거 짓는 규범적인 학문
   ① 스포츠계에서 일어나는 금지약물의 복용, 부정 선수와 부정 장비 사용, 심판 매수, 승부조작 및 담합, 경기장 폭력, 페어플레이 정신의 상실 등의 문제를 다룸.
   ② 일반윤리의 이론적 토대와 근거를 포함, 스포츠라는 특수한 환경 속에서 직면하는 윤리문제 해결의 원리나 행위지침을 제시

01 스포츠의 윤리적 기초

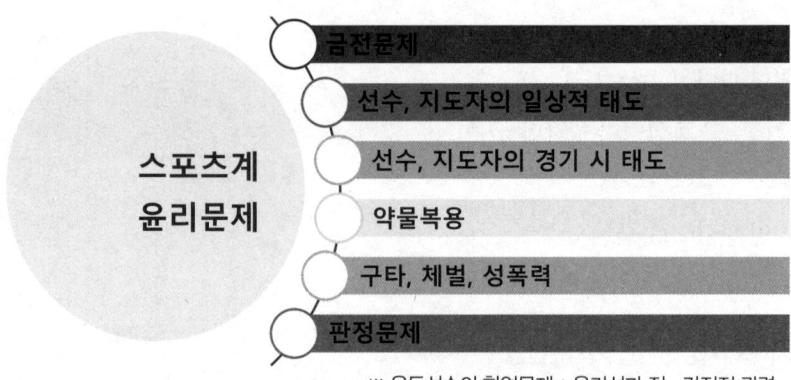

[스포츠에서 발생하는 윤리문제]

3) 스포츠윤리학의 기본원리
① 옳음(rightness, 의무)과 좋음(goodness, 결과)
② 동기(motif)와 결과(result)
③ 황금률(무조건적 선행)과 백은률(계약적 선행)
④ 충서(忠恕)
- 충 : 거짓과 가식 없이 정성을 다함.
- 서 : 타자의 마음을 헤아림.

4) 스포츠인의 윤리 – 스포츠인이 윤리를 지향해야 하는 이유
① 스포츠 내적 이유 및 논리
- 인간 보편의 요청으로서 윤리
- 스포츠인은 스포츠에 관여/참여하는 '인간'
② 스포츠 외적 이유 및 논리
- 스포츠의 윤리적 양상과 스포츠의 존립
- 스포츠(스타)의 (유소년에 대한) 영향

3 윤리이론

(1) 의무론적 윤리이론
① 결과의 좋고 나쁨이 아니라 행위 그 자체가 도덕적 판단 기준
② 반드시 지켜야 할 도덕법칙에 의해 옳고 그름이 결정

③ 한계점
- 도덕규칙이 서로 상충될 수 있음.
- 다수의 이익을 간과할 수 있음.

④ 대표학자 - 임마누엘 칸트(Immanuel Kant, 1724~1804)
- 도덕 규칙에 일치하는 행위는 옳으며 그러한 규칙에 어긋나는 행위는 그르다고 주장
  예) 선의의 거짓말도 안 됨

> "네 의지의 준칙이 언제나 동시에 보편적 입법의 원리로서 타당하도록 해라(Act only according to that maxim by which you can at the same time will that it should become a universal law)."

- 언제나 도덕 규칙을 따라야 하며 그에 따르는 행위가 다소 나쁜 결과를 가져올지라도 이를 무시해야 함. 예외는 허용되어서는 안 됨.

(2) 결과론(목적론)적 윤리이론
① 행위의 옳고 그름의 판단기준이 행위의 의도나 수단보다는 행위의 결과를 중시
② 결과에 따라 행위의 정당성을 부여
③ 한계점
- 절대적 도덕규칙이 무너질 수 있음.
- 인간의 내적동기에 소홀
- 정의와 인간의 내적 동기를 무시

④ 대표학자
- Jeremy Bentham(1748~1832), John Stuart Mill(1806~1873), Peter Albert David Singer(1946~)
- 오늘날에도 정책 입안자, 경제학자, 경영자, 일반 시민들에게도 막강한 영향력을 행사하는 철학
- 최선의 결과를 가져오는 행위는 옳고 그렇지 못한 행위는 그름.

> 공리주의(Utilitarianism) : 최대다수의 최대행복(the greatest good for the greatest number)
> "우리는 최선의 결과를 가져오는 행위를 해야 하고, 이러한 원칙에 따라서 도덕 규칙을 지키고 어기는 문제는 부차적인 것이다."

(3) 덕 윤리 이론
① 공리주의와 의무론의 한계에 따라 나타남.
② 개인의 품성과 연관 - 행위자 중심
③ 한계점
- 사람이 아닌 경우 덕 윤리이론으로 설명하기 어려움.
- 상황에 따라 악덕이 될 수도 있음.
④ 대표학자
- 아리스토텔레스, 매킨타이어
- Aristoteles(BC 384~BC 322) - 중용사상
  - 핵심 : 인간의 도덕성은 의무나 공정성 같은 행위가 아닌 인간 내면의 문제
  - 중용 : 넘치지도 않고 모자라지도 않은 평온한 상태

(4) 동양사상과 윤리체계
1) 유교
① 공자의 사상
- 극기복례위인(克己復禮爲仁) : 자신을 이기고 예로 돌아가는 것이 인의 실천
- 인(仁) : 타고난 내면적인 도덕성을 의미, 인의 실천덕목(효도, 우애, 충, 신)
- 예(禮) : 인의 외면적 표출을 의미
- 종심소욕불유구(從心所欲不踰矩) : 하고 싶은 대로 하여도 법도를 어기지 않음.
② 맹자의 사상
- 맹자의 성선설 : 인간의 타고난 본성은 선함.
  ※ 반대개념 : 순자의 성악설 - 인간의 타고난 본성은 악함.
- 사단(측은지심, 수오지심, 겸양지심, 시비지심)을 통해 인, 의, 예, 지를 실현
  - 측은지심 : 남을 불쌍히 여기는 마음
  - 수오지심 : 옳지 못한 마음을 부끄러워하는 마음
  - 겸양지심 : 자신의 분수를 알고 조화를 이루는 마음
  - 시비지심 : 옳고 그름을 가릴 줄 아는 마음

2) 불교
① 연기론 : 모든 존재들은 원인과 조건에 의해 이루어지고, 모든 현상은 서로 연관지어 있음.
② 자비 : 모든 것이 연결되어 있으므로 차별 없는 평등한 세계, 중생을 구제
③ 일체유심조 : 모든 것은 마음에서부터 나옴.

④ 해탈 : 수행을 통해 경지에 도달하는 것

3) 도교

① 노자에서 비롯, 장자에 의해 발달

② 무위자연 : 자연 그대로의 상태를 이상적이라고 봄.

③ 물아일체 : 자연과 내가 하나가 되는 경지, 물아일체에 도달한 인간을 지인, 지인이라고 함.

④ 상선약수 : 가장 위대한 선은 물과 같음.

> **동양의 윤리학**
> - 행위자 중심의 집단 공동체의 정치사상을 중심으로 전개
> - 덕 윤리와 일맥상통
> - 기존의 스포츠윤리학이 덕 윤리의 스포츠윤리학의 발전하는 것과 유사

(5) 가치충돌의 문제와 대안

① 가치충돌 : 서로 다른 양립할 수 없는 윤리적 가치가 서로 충돌하는 상황

② 상충하는 가치들의 중요도를 서열화할 수 없을 때 발생

③ 해결 방법
- 주어진 상황에 적용할 수 있는 모든 윤리이론을 고려
- 행위자의 관점에서 분석
- 창의적 중도 : 모든 사람이 수용할 수 있는 중간지점을 찾아 납득시키기 위한 창의적 중간 방도

스포츠 윤리 02 경쟁과 페어플레이

1 스포츠경기의 목적

(1) 아곤과 아레테의 차이

1) 아곤(agon)
   ① 고대 그리스 올림픽에서 이루어진 경쟁과 대결을 의미
   ② 자발적 연습과 훈련, 공정한 룰(결과에 이의 제기×)
   ③ 자신의 능력을 과시
   ④ 타인보다 뛰어나려는 열망 의미
   ⑤ 승리의 가치가 게임 자체에 국한, 패자에 비해 우월한 지위

2) 아레테(arete)
   ① 전쟁의 신 아레스에서 유래
   ② 사물의 기능과 밀접(인간의 신체)
   ③ 덕과 탁월성을 의미
   ④ 인간의 아레테는 도덕적 탁월성(인간의 기능을 가장 좋은 상태에 이르게 함이 목적)

3) 아곤과 아레테의 공통점과 차이점
   ① 공통점 : 자신의 능력을 발휘하는 일과 관련
   ② 차이점 : 아곤은 승리 추구를 통해, 아레테는 탁월성의 추구 그 자체에서 의미를 찾음.

(2) 승리 추구와 탁월성의 추구

1) 승리 추구
   ① 타인과의 경쟁에서 승리하는 것을 목표로 하는 아곤적 요소
   ② 언제나 탁월성의 추구를 포함하지 않음.
   ③ 승리지상주의를 긍정
   ④ 경쟁심은 경기의 긴장과 흥미를 불러일으킴.

2) 탁월성의 추구
   ① 경쟁과 승리 추구를 포함
   ② 아곤보다 아레테가 더 포괄적 개념
   ③ 스포츠의 긍정적 이미지
   ④ 나아가 인간승리의 면모를 보여줌.

> **카이요와의 놀이이론**
> - 아곤(agon) : 경쟁적 놀이 – 스포츠
> - 알레아(alea) : 운을 다투는 놀이 – 주사위
> - 미미크리(mimicry) : 현재의 자기로부터 탈출하려는 놀이 – 연극
> - 일링크스(ilinx) : 무아도취의 황홀 – 롤러코스트

2 스포츠맨십

(1) 스포츠맨십의 의미

> - 스포츠에 참가한 자라면 누구나 마땅히 따라야 할 준칙과 태도를 의미
> - 페어플레이, 상대에 대한 존중 및 예의와 같은 덕목을 포함
> - 선수, 지도자, 심판 모두 적용, 스포츠 활동의 윤리적 준칙의 기능

1) 놀이의 특징

> - 게르하르트는 스포츠를 투쟁적 놀이로 이해
> - 스포츠는 일차적으로 놀이이고, 놀이 중 투쟁적 성격을 지닌 놀이

① 놀이는 활동 그 자체가 목적
② 즉흥적 놀이와 규칙이 있는 놀이로 구분
③ 게임은 사전에 규칙이 부여된 놀이를 의미
④ 게임에는 경쟁적인 것과 비경쟁적인 것이 있음.

2) 스포츠규칙의 유형

① 규제적 규칙 : 스포츠 일반의 규칙과 경기방식을 진술
② 구성적 규칙 : 개별 행위에 적용되는 세밀한 규칙 구체적이고 강제적인 규정

02 경쟁과 페어플레이

3) 놀이, 게임, 스포츠의 특성비교

놀이	게임	스포츠
① 허구성 ② 비생산성 ③ 허구성 ④ 쾌락성	① 허구성 ② 비생산성 ③ 분리성 ④ 불확실성 ⑤ 규칙성 　(복잡한 규범과 제재) ⑥ 경쟁성 ⑦ 확률, 신체기능 및 전술에 의한 결과의 결정	① 허구성 ② 비생산성 ③ 분리성 ④ 불확실성 ⑤ 규칙성 　(복잡한 규범과 제재) ⑥ 경쟁성 ⑦ 정교한 신체기능과 복잡한 전술에 의한 결과의 결정 ⑧ 신체적 개량 　(격렬한 대근 활동) ⑨ 제도화 　(가치, 규범, 기술)

3 페어플레이의 이해

- '페어'하게 '플레이'한다는 의미
- 공정한 조건과 경쟁을 의미
- 스포츠 규칙의 준수
- 정정당당한 경기와 타인의 배려를 실현

(1) 형식주의와 비형식주의

1) 형식주의

정해진 공식의 성문 규칙을 어기지 않고 행하는 것

2) 비형식주의

구성적 규칙과 규제적 규칙을 포함하며 더 포괄적인 적용과 정당화가 가능하도록 경기에서 공정의 개념을 확장하여 제안

(2) 의도적 반칙

- 어떤 반칙을 실행하여 기대하는 결과를 발생시키고자 하는 의지적 계획을 가지고 실제로 이루어진 규칙 위반 행위
- 전술수단으로도 사용

1) 의도적 반칙의 조건
    ① 의지적 계획, 의도가 있어야 함.
    ② 행위가 규칙에서 허용되지 않는 것이어야 함.

2) 윤리적 문제
    ① 규칙을 위반의 문제
    ② 페어플레이 정신 위배
    ③ 전술적으로 의도적 파울을 용인
    ④ 승리지상주의의 추구
    ⑤ 과정을 경시하고 결과를 중시

3) 승부조작
    ① 스포츠 경기에서 외적인 이득을 목적으로 경기의 과정과 결과를 왜곡시키는 것
    ② 스포츠의 근본적 가치 훼손
    ③ 스포츠의 요소 중 하나인 경기의 불확실성을 훼손
    ④ 범죄행위이며 행위자의 법적 책임
    ⑤ 스포츠의 존재 근거를 상실시킴.

> **승리지상주의**
> ① 승리지상주의
>   • 승리는 스포츠에서 결코 간과할수 없는 요소
>   • 하지만 승리에 대한 지나친 집착과 갈망은 인간소외를 발생시킴.
>   • 이것을 승리지상주의라 일컬음.
> ② 승리지상주의의 문제점
>   • 참가자의 내면적 성취, 만족을 무시하고 외형적 형태의 객관화된 수치로 탁월함 판단
>   • 게임 자체보다 결과에 관심이 집중
>   • 사회적, 물질적 차별 야기
>   • 승리에 대한 맹목적 집착을 잉태

| 스포츠 교육학 | **03 스포츠와 불평등**

1 성차별

(1) 스포츠에서 성차별

1) 스포츠 성차별의 정의
    ① 성별에 따라 스포츠참여 기회와 권리를 제한하거나 불이익을 주는 행위
    ② 성역할의 고정관념으로 스포츠 영역에서 특정 성별의 참여를 제한하는 것

2) 스포츠 성차별의 원인
    ① 남성 위주의 스포츠 구조와 조직이 지배적 위치 차지
    ② 전통적인 가부장적인 이념이 체육계에 전반적
    ③ 여성스포츠 선수의 성상품화
    ④ 여성의 신체조건에 대한 편견

3) 스포츠에서 성평등을 위한 방안
    ① 스포츠 성차별에 대한 공론화
    ② 스포츠에서 법적 평등 보장을 제도화
    ③ 여성스포츠의 활성화
    ④ 여성지도자의 확충
    ⑤ 남녀의 공정한 기회 제공

4) 성전환 선수의 문제
    ① 성전환을 통한 경기력 향상은 노력 없이 얻은 결과로 공정성 위반
    ② 남성성전환 선수는 생물학적으로 여성보다 남성에 더 가까울 수 있음. 따라서 공정한 경기라 할 수 없음.

> **여성의 스포츠 참가가 확대되기 시작한 결정적인 계기 - Title IX**
>
> Title IX은 보조금, 장학금 또는 기타 학생 지원금 등의 형태로 연방재정의 지원을 받는 학교에서 성차별을 금지하는 법조항이다. 1972년에 통과된 이 법은 교과과정, 상담, 학업지원이나 일반적인 교육기회의 제공에 있어서 의도적으로 성차별을 하는 학교는 연방정부로부터 재정지원이 취소될 수 있다고 규정하였다. 이러한 조항에는 학교 대항 및 학교 지원 스포츠 프로그램까지 포함된다. 초기에는 이 조치가 남성지배적인 학교와 대학의 스포츠당국자들에게 인기를 얻지 못했으나, 1978년 알래스카대학의 여성 운동선수 세 명이 Title IX을 준수하지 않았다고 주를 고소하면서 이슈가 되기 시작하였다. 남성 농구팀에 비해 예산과 장비, 광고를 잘 제공해주지 않았다는 이유였다. 이후 더 많은 고발이 잇따라 1979년 말에는 62개 대학이 시민권국의 조사를 받았다.

> **확고한 남녀평등 의식의 중요성**
> - 여성 스포츠에서 대부분의 지도자들은 남성들이 차지하고 있으며, 각 경기단체의 임원 역시 남성의 비율이 압도적으로 높음. 이는 남성 위주의 문화가 스포츠의 영역에서 뿌리 깊게 남아 있기 때문
> - 남성 위주의 권위적인 문화는 여성 스포츠 선수의 생존권을 위협할 뿐만 아니라, 남성 지도자와 여성 선수 간의 성폭력(성추행) 문제를 유발하는 원인이 되기도 함. 따라서 성차별을 방지할 수 있는 법적, 제도적 장치가 마련되어야 함은 물론, 스포츠 지도자 또는 참여자 역시 확고한 남녀평등 의식을 가지고 스포츠 활동에 임해야 함.

2 인종차별(인종에 따른 우월주의)

(1) 스포츠 인종주의
스포츠계에서 특정한 인종이 다른 인종을 차별, 분리하려는 비합리적인 사고방식

(2) 스포츠에서의 인종차별

1) 피부색(인종)에 따른 차별
   - **예** 발생학적, 생리학적 차이를 과학적이라는 미명 하에 근육 구성의 따른 차이를 증명하고자 하는 일련의 노력으로 인종차별을 정당화

2) 사회 계층과 경제적 차별
   - **예** 미국 역사에서 경제적 하층구조에 있던 흑인들이 자동차경주나 골프, 테니스, 승마 등 귀족 스포츠의 성격을 지닌 종목에 참가할 수 없었고, 부(富)와 권력을 누리던 백인들이 각종 스포츠에서 흑인과 같은 하층계급의 참여를 막기 위한 경제적·사회적 장벽을 만듦.

3) 미디어의 인종차별주의적 보도
   - **예** 흑인선수들의 능력은 타고난 능력, 반면 백인은 엄청난 노력의 결과로 표현

(3) 다문화사회의 도래와 갈등
① 다문화사회 : 민족, 종교, 언어, 인종, 피부색 등 다양한 문화가 혼재된 사회
② 우리나라는 이미 국제결혼, 외국인 근로자의 증가로 다문화사회
③ 스포츠는 화합, 평화 등을 내포, 국제 소통의 도구
④ 스포츠의 사회통합 기능은 다문화사회와 구성원들의 화합을 증대
⑤ 언어소통, 문화적응, 자녀양육과 교육, 편견과 차별, 소외와 갈등의 문제를 스포츠를 통해 해소 가능

(4) 스포츠에서 인종차별극복 방안
① 인종적, 민족적 고정관념 철폐
② 다문화사회의 관습과 생활방식에 대해 존중
③ 스포츠의 사회, 경제적 제약 요인을 허물 수 있는 제도적 장치 마련
④ 언어와 행동의 인종차별적 요소 제거 및 처벌 강화

3 장애차별

(1) 장애인의 스포츠권
① 1988년 서울장애인올림픽 계기, 장애인스포츠의 저변 확대와 스포츠시설의 확충, 우수 선수의 발굴, 국내 장애인체육회의 활성화 등 장애인 스포츠 분야의 획기적인 발전
② 헌법상 천부적 권리에 따라 스포츠 참여 보장
③ 장애로 인한 차별 없이 스포츠에 참여할 수 있는 권리

> **장애인 스포츠권**
> 헌법이 정한 법률에 따라 장애인의 스포츠 참여가 보장되고 장애인은 이를 통해 신체적 · 정신적 재활 도모뿐만 아니라 장애인의 문화생활 향유 및 건전한 경쟁을 통한 자기발전과 자아개발을 경험할 수 있는 기회

④ 스포츠(신체활동)를 통한 장애인과 비장애인의 사회통합

(2) 장애차별 없는 스포츠 방안
① 장애인의 스포츠 참여 접근성 확대를 위한 시설의 확충
② 장애인 스포츠 이벤트의 확대 및 지속적 관심
③ 전문인력의 양성(지도자 및 선수)
④ 장애인스포츠 활성화를 위한 프로그램 및 용품의 개발

스포츠 윤리 | 04 스포츠에서 환경과 동물윤리

1 스포츠와 환경윤리

(1) 스포츠와 환경
① 스포츠는 환경을 위협하고 오염된 환경은 스포츠를 위협
② 스포츠로 인해 발생하는 환경오염
- 자연을 활용하는 스포츠 행위 자체(스키, 산악자전거, 암벽등반 등)
- 스포츠 시설의 건설로 인한 자연파괴
- 자연스포츠 역시 또 다른 환경을 오염

> **생태윤리학**
> 왜 자연환경은 보존되어야 하는가? 그것은 인간의 삶과 건강, 행복을 위해 도구적인 가치를 지니고 있기 때문에 보존되어야 하는가, 아니면 그 자체로서 고유한 가치를 지니고 있기 때문에 보존되어야 하는가? 그렇지 않고 또 다른 이유가 존재하는가?에 대한 물음

(2) 스포츠에 적용 가능한 환경윤리학

1) 인간중심주의
   ① 인간에게만 본질적 가치를 부여, 인간 이외의 존재에게는 도구적 가치만을 부여하는 윤리적 입장
   ② 오직 인간만을 도덕적 주체, "인간이 만물의 척도"
   ③ 자연스포츠에는 철저하게 인간의 욕구충족을 우선시하는 인간중심주의적 관점이 내재

2) 자연중심주의
   ① 인간을 만물의 척도 또는 자연의 지배자와 같이 특별한 존재로 보지 않고 다른 존재자들과 더불어 살아가는 여러 생명체 가운데 하나로 이해
   ② 선이란 생명을 보존하고 발전시키는 것이며, 악이란 생명을 해치거나 없애는 것, 또는 발전 가능한 생명을 발전하지 못하도록 방해하는 것
   ③ 자연환경의 고유한 가치를 보존하고, 보호하는 태도
   ④ 테일러의 '생태윤리 4가지 행위규칙'
   - 첫째, 생명체를 해치지 말아야 한다는 비상해(非傷害)의 규칙
   - 둘째, 개개의 생명체들과 생태계 전체가 자유롭게 발전하는 데 제한을 가하지 말아야 한다는 불간섭(不干涉)의 규칙
   - 셋째, 자연상태에서 살고 있는 야생동물들을 기만함으로써 그들에게 위해를 끼쳐서 그들의 우리에 대한 신뢰를 훼손해서는 안 된다는 신뢰(信賴)의 규칙

04 스포츠에서 환경과 동물윤리

- 넷째, 부득이한 경우 인간과 다른 생명체 간의 '정의의 균형'이 깨어졌을 때 그것을 회복시키도록 노력해야 한다는 이른바 보상적 정의(報償的 正義)의 규칙

> **생태 중심윤리학**
> - 모든 개개의 존재가 '단 하나'로서 '존재 전체'의 뗄 수 없는 일부 윤리공동체는 특별한 공동체가 아니라 자연 전체, 존재 전체와 일치하고 동일함.
> - 인간과 동물, 동물과 생물, 생물과 물질, 물질과 정신 사이에는 존재학적으로 근본적인 차이가 없고, 서로 완전히 연결되어 '단 하나'를 이루고 있음.
> - 동물, 식물, 돌, 물, 모래 등도 윤리적 배려를 받을 권리가 있으며, 윤리공동체에 포함되어야 함.

2 스포츠와 동물윤리

(1) 스포츠의 종차별주의 문제

1) 종차별주의
   ① 종차별주의(speciesism)란 자신이 속한 종의 이익은 옹호하는 반면, 다른 종의 이익은 배척하는 편견이나 왜곡된 태도를 의미
   ② 1970년 피터 싱어(P. Singer)에 의해 본격적으로 논의

2) 반종차별주의
   ① 서로 간의 차이를 인정하고 그 차이에 맞는 처우를 해야 한다는 입장
   ② 종차별을 반하는 입장이긴 하지만, 그것이 인간과 동물의 조건 없는 평등을 주장하는 것은 아님.

(2) 스포츠의 종차별주의

1) 동물스포츠(동물과 인간이 함께하는 스포츠 경기)
   ① 동물과 인간의 투쟁 : 투우 등
   ② 동물을 이용한 스포츠 경기 : 승마, 경마, 개썰매 등
   ③ 동물 간의 투쟁 : 소싸움, 투견, 투계, 개 경주 등

2) 경쟁·유희·연구도구로 전락한 동물의 권리
   ① 경쟁의 수단으로 전락 : 인간의 종차별주의적 성향에서 비롯
   ② 유희수단으로 활용 : 인간의 유희를 위해 동물에게 고통을 가하는 행위
   ③ 연구를 위해 활용 : 인간을 대상으로 실험하기 힘든 요소들을 대체

이익 동등(평등) 고려의 원칙(Peter Singer)

쾌락의 극대화, 고통의 최소화는 감각을 가진 모든 생명체의 이익을 동등하게 고려해야 하며, 인간뿐 아니라 감각을 가진 동물도 도덕적 배려의 대상이 되어야 함(동물 학대 가능성이 있는 스포츠 종목의 당위성을 제시).

쾌고감수능력

- 쾌락과 고통을 인지하는 능력을 의미하는데, 쾌락과 고통을 느낄 수 있는 존재는 이익을 고려해야 할 존재이며, 쾌락에 비해 고통을 상대적으로 적게 느끼게 할 의무를 가지는 것
- 동물실험윤리위원회 3R원칙 : 대체(replace), 축소(reduce), 완화(refine)

스포츠 교육학 — 05 스포츠와 폭력

1 스포츠와 폭력

(1) 스포츠 폭력이란?

1) 폭력

상대방의 의사에 반하여 강압적이거나 물리적인 수단을 사용하여 자신의 의지를 관철하고자 하는 모든 행위들

2) 폭력의 유형

① 언어폭력, 성폭력, 신체적 폭력 등
② 폭력은 대화와 합의를 중요시하는 민주주의 사회의 질서에 반하는 반사회적인 행위로 규정

3) 스포츠 폭력

① 스포츠 구성원(선수, 지도자, 심판, 관중, 구단 등)이 스포츠 경기나 훈련과정에 있어 신체적, 언어적, 성적 등 상대방의 의사에 반하여 자신의 의지를 관철하고자 폭행, 폭력을 저지르는 행위
② 스포츠에 종사하는 사람들은 스포츠 현장에서 지도나 훈육 등의 명분일 지라도, 지도자가 선수에게, 선배 선수가 후배 선수에게 가하는 폭행은 결코 정당화될 수 없고 형사 처분 및 민사상 손해배상책임이 뒤따른다는 것을 명심해야 함.

(2) 스포츠에서 나타나는 인간의 공격성

① 스포츠 고유의 공격성은 인간의 근원적이고 원초적인 욕망과 살아온 환경으로부터 습득된 것이며 표출된 것
② 인간의 근원적 경향성(original tendency) - 일정한 자극에 반응하는 인간의 독특한 경향성
  • 소유욕, 공격, 구타, 살생 등 자위적 행위심성이 몸에 배어 근원적 경향을 이룸.
  • 갈등과 분란을 일으킬 수 있는 감정들 : 질투, 미움, 시기, 집착 등이 존재
  • 공격성은 누구나 갖고 있으며, 스포츠가 가진 고유의 속성

(3) 스포츠의 폭력성

① 인간의 근원적 본능
② 공격성의 억압은 다른 부작용을 발생시킬 우려가 있음.
③ 스포츠 활동을 통해 해소가 가능(특히 청소년기의 효과적)

(4) 스포츠에서 폭력의 문제점
① 선수안전 및 생명에 위험을 초래
② 청소년의 폭력적 행동 모방
③ 관중 및 팬에게 실망을 줌.

> **스포츠 폭력의 유발요인(Factors)**
> - 순간적이고 폭발적인 성격장애(disorder) 발생
> - 폭력장면에의 빈번한 노출 및 습관화
> - 전술적인(tactics) 측면
> - 폭력에 대한 문화적 및 관습적인 배려(cultural consideration)

> **스포츠 폭력의 타입**
> - 신체적인 폭력(physical violence)
> - 언어적인 폭력(폭언, verbal abuse)
> - 입소식 폭력(ritual violence) 등

(5) 이종격투기의 윤리적 찬반논쟁들
 1) 찬성의견
  ① 이종격투기는 규정된 공간과 시간 안에서 인간의 공격성을 마음껏 발산하고 발휘하게 하는 스포츠
  ② 격투스포츠의 도덕성이 페어플레이 성격에 기인
  ③ 선수들이 자유의사를 가지고 상호 동의하에 경기를 행하는 것이기 때문에 간섭할 수 없음.
  ④ 이종격투기가 다른 격투스포츠보다 해롭다는 주장에도 설득력 있는 분명한 이유를 내세울 수 없음.

 2) 반대의견
  ① 잔혹성과 폭력성이 아무런 여과 없이 관중에게 그대로 전달된다는 문제로 인해 인간 대 인간의 폭력성에 대한 논란이 지속
  ② 이종격투기는 다른 격투술적 스포츠에서 보여주는 득점 위주의 경기방식이 아니라 상대 선수를 제압하고자 하고자 하는 목적이 강해서 종종 상대를 위험에 처하게 함.
  ③ 일반 격투스포츠에서 제한되고 있는 상대의 관절을 꺾어버리는 등의 치명적 기술들이 모두 허용
  ④ 이종격투기 경기는 다른 인간을 해하는 상황을 목적으로 받아들이는 것 자체가 비도덕적이라는 관점에서 비판이 제기
  ⑤ 이종격투기는 선수와는 독립적으로 관중도 폭력적 성향을 갖게 함.

2 선수폭력

(1) 선수폭력의 규정
선수를 대상으로 구타하거나 상처가 나게 하는 것, 어느 장소에 가두어두는 것, 겁을 먹게 하는 것, 강요하는 것, 물건이나 돈을 빼앗는 것, 사실이 아닌 일로 인격이나 마음에 상처를 주는 것, 남들 앞에서 창피를 주는 것, 계속해서 반복하여 따돌리는 것 등

(2) 선수 폭력의 유형
1) 선수들 간의 폭력
  ① 선수들 간의 폭력행동은 경기에서 승리를 위한 전술적 차원에서 시도되는 경향
  ② 상대방에게 상해를 입힐 목적으로 행하는 과격한 폭력행위는 상방의 공격성을 더욱 자극할 뿐만 아니라 경기장의 규범과 질서를 파괴하는 행위로 반드시 근절

2) 선수 또는 지도자가 심판에게 가하는 폭력
  ① 대부분 심판판정에 대한 불만으로 인해 발생
  ② 본인 스스로 노여움, 분노, 화를 조절하거나 절제하는 능력 부족

3) 지도자가 선수에게 가하는 폭력
  ① 승리지상주의에 따른 과열경쟁으로 인해 선수들에게 폭언과 폭력을 행사, 이러한 행동은 스포츠사회의 커다란 문제
  ② 생리적 극한을 극복하기 위하여, 팀워크를 다지기 위하여, 기준 이상의 경기기술 습득을 위하여, 학생선수들에게 즉각적인 반응을 얻기 위하여 체벌이 행해짐.

4) 선수가 관중에 가하는 폭력
  ① 대부분 관중의 선수에 대한 모욕이나 욕설로 인해 발생
  ② 선수도 인간이므로 존중의 대상이며, 내가 응원하는 상대팀의 선수도 존중의 대상임을 인식

(3) 선수 폭력의 예방 및 대처
① 스포츠에서 폭력행위가 발생하는 가장 큰 이유는 승리지상주의에 기인
② 선수권익 보호장치 마련
③ 스포츠 윤리 및 스포츠 인권 교육의 확대(선수, 부모, 지도자, 심판, 구단 등)
④ 선수의 체벌과 가혹행위에 대한 지속적인 모니터링
⑤ 지도자 검증제도 및 보수교육을 강화
⑥ 스포츠 인권 가이드라인의 준수와 법적책임 강화

3 관중폭력

(1) 관중폭력의 발생
　① 팀의 지지를 통한 연대감으로 집단적 과시의 경향
　② 경기 결과에 따른 분노와 좌절감에 따라 발생
　③ 스포츠경기에서 생기는 갈등적 장면에서 무리 지어 폭력 행사

(2) 경기 중 관중의 폭력
　① 운동경기가 치열하고 팀에 대한 애정과 몰입 수준이 높을수록 여러 가지 구조적 요인들로 인해 폭력성을 자극
　② 경기 중 선수들 간의 폭력이 관중폭력을 유발
　③ 심판의 편파적이고 무능력한 판정
　④ 사회적 통제 및 안전장치의 미흡한 경우

스포츠 윤리 | 06 경기력 향상과 공정성

1 도핑

(1) 도핑의 의미
① 운동선수가 자신의 경기력을 향상시키기 위해 금지약물을 복용하거나 금지방법을 사용하는 행위
② 도프(dope)는 남아프리카공화국에 거주하는 카피르(Kaffir) 부족이 전투나 수렵 등과 같은 전통의식을 행할 경우 사기를 고양시키기 위한 목적으로 마시는 술이나 음료를 의미하는 데서 유래
③ 1999년에 도핑 전담기구 세계반도핑기구(World Anti-Doping Agency : WADA)를 창설

(2) 도핑의 문제점
① 선수의 건강 손상
② 페어플레이 정신 위반
③ 규칙에 위배
④ 비윤리적 행위

(3) 효과적인 도핑금지 방안
① 스포츠 윤리교육의 강화
② 도핑검사의 강화 및 확대
③ 적발 시 강력한 처벌

> **선수생체수첩 도핑방지 프로그램**
> 소량, 간헐적 약물사용을 막기 위해 의학, 생체학 등 통계적인 근거를 기록 고의적인 도핑을 막고자 함.

[표 1. 금지약물(한국도핑방지위원회, 2018)]

구분	금지약물
상시 금지약물	S0. 비승인약물
	S1. 동화작용제
	S2. 펩티드호르몬, 성장인자 및 관련약물
	S3. 베타-2작용제
	S4. 호르몬 및 대사 변조제
	S5. 이뇨제 및 기타 은폐제

경기기간 중 금지약물	S0. 비승인약물
	S1. 동화작용제
	S2. 펩티드호르몬, 성장인자 및 관련약물
	S3. 베타-2작용제
	S4. 호르몬 및 대사 변조제
	S5. 이뇨제 및 기타 은폐제
	S6. 흥분제
	S7. 마약류
	S8. 카나비노이드
	S9. 부신피질호르몬
특정스포츠 금지약물	P1. 알코올 (항공스포츠, 공수도, 양궁, 모터사이클, 자동차경주, 모터보트)
	P2. 베타차단제 (골프, 자동차경주, 당구, 스키/스노보드, 다트, 양궁, 사격)

[표 2. 금지방법(한국도핑방지위원회, 2018)]

구분	금지방법
산소운반능력 향상	자가혈액, 동종 또는 이종혈액 및 적혈구 제제를 사용하는 경우를 포함한 혈액 도핑
	불소치환화합물 및 변형 헤모글로빈 제품류를 포함한 인위적인 산소 섭취 및 운반능력 향상 제품의 사용(산소보충은 제외)
화학적·물리적 조작	도핑검사 과정에서 채취한 시료의 성분과 유효성을 변조하거나 변조를 시도하는 행위
	의료기관의 허가에 따른 합법적인 정맥투여 혹은 투여된 양이 50㎖ 이상이며, 간격이 6시간 이내인 정맥주사(임상주사를 제외한 정맥주사)
	소량이더라도 전혈을 순차적으로 채취, 조작 후 순환계로 재주입하는 행위
유전자 도핑	핵산 또는 핵산 순서의 이동
	정상적인 세포 또는 유전적 변형이 있는 세포 사용

대표적인 도핑사례

- 1988년 서울올림픽 100M 우승 9'79" 세계신기록 벤 존슨(스테로이드 약물복용 실격)
- 1999~2005년 뚜르 드 프랑스 7연패 달성 랜스 암스트롱 금지약물복용 발각

2 유전자 조작

(1) 유전자 도핑의 정의
① 유전자 치료가 본래의 순수한 목적에서 벗어나 운동선수들에게 자신의 능력을 증가시키기 위한 방법으로 사용
② 인간이 지닌 유전자 자체의 변형을 통해 스포츠 수행향상을 기대하는 방법
③ WADA의 정의 : 치료 목적이 아닌 세포나 유전인자의 사용 혹은 유전자 조작을 통해 운동수행능력을 향상시키려는 것

(2) 유전자 도핑의 사용 가능성

1) 게놈(genomics)
효과적인 약물섭취와 트레이닝 기술의 개발을 통해 선수들의 수행력을 향상시키기 위해 스포츠에 사용되는 유전자 도핑의 우선적 조건으로, 선수 개개인이 지닌 유전자에 대한 정보가 필요, 유전자 지도 파악을 통해 유전자 제거, 변형, 조작이 가능

2) 체세포 변형(somatic cell modification)
특별한 근섬유 같은 신체의 비유전적 세포를 제거하는 것으로, 변형된 적혈구 세포를 통해 EPO(erythropoientin)와 다양한 호르몬의 체내 생산을 증가시킬 수 있을 뿐만 아니라 적혈구 세포의 유전적 변형을 통해 혈액도핑(blood doping) 효과, 이 같은 방법들은 마라톤 선수나 사이클 선수처럼 장거리 종목 선수들의 운동 수행능력 향상을 촉진

3) 생식세포 계열 변형(germ-line modification)
세포 변형이 이루어진다면, 인간의 유전적 세포를 일찍 수정·보완하는 것이 가능해지며, 다음 세대에 영향을 주는 유전자 구성을 재설계할 수 있다는 것

4) 유전 배아 선택(genetic pre-selection)
배아단계에서 스포츠에 알맞은 인간의 유전정보를 얻는 것으로, 장래가 촉망되는 운동선수들은 운동능력을 위해 그들의 유전자 정보를 바탕으로 선택, 이를 통해 감독이나 코치들은 발전 가능성이 큰 젊은 선수들을 선택

(3) 유전자 조작의 문제점
① 생명체의 본질이 훼손, 인간의 존엄성 무시, 인간의 상품화
② 선수생명의 위협 초래
③ 스포츠 정신에 위배
④ 종의 정체성에 혼란을 일으킴.

(4) 유전자 조작 방지 대책
① 지속적 연구의 필요성
② 신뢰성 있는 도핑테스트 개발
③ 선수들의 도핑검사 의무화
④ 선수 및 지도자의 윤리교육 강화

3 스포츠에서 생체공학 기술활용

(1) 스포츠에서 공학기술의 역할

1) 안전을 위한 기술

스포츠에서 과학기술은 선수 보호 차원에서 반드시 필요한 요소일 뿐만 아니라 결국 스포츠 참가로 이끌 수 있는 중요한 동인

2) 감시를 위한 기술

스포츠에서 감시를 위한 과학기술은 위법을 적발하기 위해 필요할 뿐만 아니라 경기규칙을 보호하고, 공정한 경기진행을 위해 필요

3) 수행증가를 위한 기술

과학적 훈련방법, 운동장비의 개발, 식이요법에 이르기까지 광범위하게 적용되는 기술로서 선수들이 지니고 있는 기량을 최대화시킬 뿐만 아니라 인간의 도전정신을 고무시키는 데 긍정적인 영향을 미침.

(2) 전신수영복 착용을 금지하는 이유
① 상대 선수와의 형평성의 가치에 무게를 둔 결정
② 스포츠는 신체의 탁월성으로 경쟁해야 함.
③ 공정성의 문제이며 페어플레이에 위반

(3) 의족장애선수의 일반경기 참가
① 공정성의 문제가 제기
② 비장애인의 역차별 문제(첨단 소재의 사용)
③ 장애선수의 일반경기 참여는 스포츠 평등권에 부합
④ 과학기술의 의존으로 스포츠의 본질 훼손

스포츠 윤리 07 스포츠와 인권

1 학생선수와 인권

(1) 학생선수의 소외
① 신체로부터의 소외
② 스포츠 활동으로부터의 소외
③ 유적 본질의 소외
④ 인간으로부터의 소외
⑤ 자기로부터의 소외

(2) 학생선수의 생활권과 학습권

1) 생활권
① 신체발달 및 지식과 인성을 고루 발달할 수 있는 생활권 보장 요구
② 합숙훈련과 장기적인 훈련으로 인해 정상적인 생활권 침해

2) 학습권
① 중도포기, 은퇴, 다양한 직업의 선택을 설계할 수 있는 학습권 보장 요구
② 학생선수의 학력 저하
③ 특기생 선발제도로 인해 경기실적만을 지향, 학력저하 발생
④ 학기 중 시합 출전 및 합숙훈련으로 인한 수업 결손
⑤ 수업 결손 시 대체학습방안 부족

(3) 학생선수보호를 위한 방안
① 시합출전횟수 제한
② 주말리그제도 시행
③ 최저학력제 적용
④ 체육특기자제도 개편
⑤ 학습권 보장방안 및 결손 시 대체학습 프로그램 개발
⑥ 합숙제도 근절
⑦ 클럽스포츠제도 확충

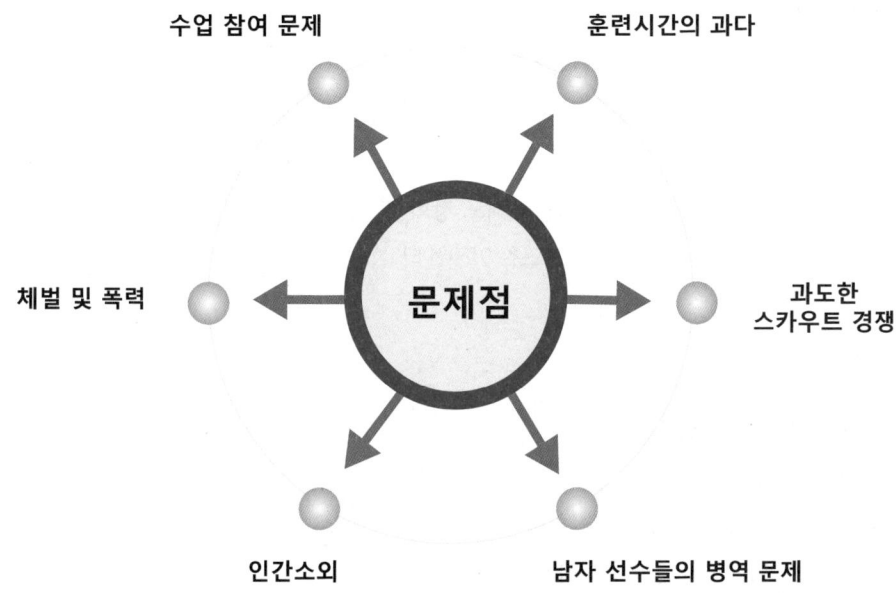

[스포츠 현장의 문제점]

2 스포츠지도자의 윤리

(1) 지도자에 의한 폭력이 일어나는 이유
    ① 전체적인 결정을 할 수 있는 결정권자
    ② 팀의 전략과 전술을 지휘하는 최고의 위치
    ③ 선수들의 진로와 연봉을 결정하는 데 영향력 행사
    ④ 감시와 통제를 받지 않는 자리
    ⑤ 경기출전권
    ⑥ 경기력 및 정신력 강화의 명목으로 폭력의 정당화
    ⑦ 폭력 및 체벌은 단기간에 효과적

(2) 선수체벌 문제
    ① 지도자의 생존권 문제, 승리지상주의가 작동하는 결과주의, 학부모들이 폭력을 묵인하고 침묵하는 태도, 폭력을 당연하게 생각하는 운동문화에 원인
    ② 체벌(폭력)은 경기력과 깊은 관계가 있다는 편견
    ③ 학부모들이 지도자의 폭력을 묵인해주는 관행
    ④ 선수들의 집중력 문제

(3) 선수체벌의 해결방법
① 사회 전체가 연계된 스포츠 인권국가를 지향
② 수직적 관계에 의한 폭력문화를 지향하고 체육계 스스로 변화의 노력
③ 지도자, 선수, 학부모에 대한 인권교육 프로그램 확대
④ 스포츠지도자의 임용에 있어 자격검증제도 강화 및 평가제도 개선
⑤ 스포츠 인권 가이드라인 강화와 스포츠 인권센터 설립

3 스포츠와 인성교육

(1) 어린이 운동선수의 보호방안
① 무리한 훈련의 금지
② 승리 위주의 교육보다 기초기술 위주의 교육
③ 승리보다는 스포츠 자체의 즐거움과 재미 위주로 훈련
④ 공부와 운동의 병행
⑤ 어린 선수에게 체벌 금지

(2) 스포츠 인성교육의 가치
① 스포츠 활동은 부정적 정서를 감소시키고 긍정적 정서를 증진시키며 타인에 대한 정서적 공감 능력 함양을 통해 도덕적 정서 발달의 바탕을 마련
② 스포츠 활동 자체는 주의력·집중력 등 지적 기능 발달의 생리적 토대가 되며 다양한 스포츠경기 속의 전략이나 팀 활동 과정은 전략적·창의적 사고 기술과 비판적·도덕적 판단 능력을 함양할 수 있는 환경을 제공
③ 스포츠 활동은 부정적 행동 및 일탈 방지, 친사회적 행동 및 생활기술의 발달, 도덕적 성품을 발달시킴으로써 스포츠를 통한 인성 발달에 직접적인 기여

(3) 스포츠 인성교육의 기대효과
① 건강한 스포츠의 활용
② 스포츠맨십의 함양
③ 스포츠 덕목의 함양

08 스포츠 조직과 윤리

1 스포츠와 정책윤리

(1) 정치와 스포츠의 순기능
① 국민의 화합과 협력
② 외교적 승인과 국위 선양
③ 국민의 건강과 행복 증진
④ 국가 간의 화해와 협력

(2) 정치와 스포츠의 역기능
① 정치선전 및 체제 강화
② 사회통제
③ 국가 간 분쟁
④ 정치적 시위

(3) 스포츠 조직의 윤리
① 스포츠 정신 / 페어플레이 정신 구현
② 공정한 경쟁 관리, 스포츠가치 실현
③ 조직 윤리는 공정성 및 신뢰를 바탕

(4) 스포츠 조작의 윤리 위반 유형
① 조직 이윤 창출을 위한 비윤리적 행위
② 조직 목표 달성을 위한 비윤리적 행위
③ 조직의 잘못된 관행 및 관습의 답습으로 인한 비윤리적 행위
④ 조직 구성원의 비윤리적 행위

2 심판의 윤리 기준

(1) 공정성
치우침 없고 사사로움이 없이 공평하고 정대함.

(2) 청렴성
성품이 고결하고 탐욕이 없음.

(3) 편견과 차별성 지양
학연, 지연, 혈연, 인종 등을 이유로 편견을 가지거나 차별이 없어야 함.

3 스포츠 조직의 윤리경영

(1) 윤리경영
① 조직 혹은 기업 경영에서 공정하고 합리적인 이익을 추구하는 방법
② 조직 혹은 기업 및 그 구성원이 경제적, 법적, 윤리적, 자선적 책임을 다함으로써 이해관계자들에게 신뢰를 얻을 수 있도록 바른 경영을 하는 것
③ 윤리적 책임까지 조직 혹은 기업의 기본적 의무로 인정하고 기업윤리 준수를 행동방침으로 삼는 경영

(2) 윤리경영의 가치
① 사회적 책임을 실천
② 윤리적 문화 확산으로 조직의 명성 제고
③ 사회공헌 활동을 통한 조직의 명성 제고

(3) 윤리경영의 책임
1) 경제적 책임
   이윤창출, 이익극대화 조직의 영속성 유지
2) 법적 책임
   법 규제 준수
3) 윤리적 책임
   윤리적 기준 준수
4) 자선적 책임
   봉사활동, 사회공헌

스포츠 윤리 출제예상문제

1 다음에서 설명하고 있는 것으로 알맞은 것은?

- 일정한 자극에 반응하는 인간의 독특한 경향성
- 소유욕, 공격, 구타, 살생 등 자위적 행위심성

① 근원적 경향성 ② 분노
③ 내면적 갈등 ④ 경쟁적 갈등

◉ 해설
근원적 경향성은 인간의 독특한 경향성으로 일정한 자극에 반응하며, 소유욕, 공격, 구타 등의 자위적 행위심성이다.

2 다음에 설명된 가치는 무엇인가?

- 윤리, 도덕의 본질을 이루는 가치
- 당위적 가치

① 도(道) ② 선(善)
③ 명(明) ④ 기(氣)

◉ 해설
선은 윤리, 도덕의 본질을 이루는 가치이고, 당위적 가치이다. 인간 행위의 당위적 규범을 '윤리', '도덕'이라 하며, 선은 좋음(옳고)과 나쁨(그름)의 분별을 가능케 한다.

3 다음에서 설명하고 있는 것으로 알맞은 것은?

- 승리에 대한 지나친 집착과 갈망
- 인간소외 발생

① 승리파괴주의 ② 승리상호주의
③ 승리성공주의 ④ 승리지상주의

◉ 해설
승리는 스포츠에서 결코 간과할 수 없는 요소이다. 하지만 승리에 대한 지나친 집착과 갈망은 인간소외를 발생시키는데 이것을 승리지상주의라 일컫는다.

◉ 정답 1 ① 2 ② 3 ④

스포츠 윤리 출제예상문제

4 다음은 어떤 제도에 대한 설명인가?

> NCAA는 학생선수의 학업 관리를 위해 고등학교 성적 2.0 이상의 선수에 대해서만 대학 선수 선발을 인정하고 C+ 이상의 학생에게만 대회출전 자격을 부여하고 있다.

① 학점주의제　　　　　　② 최저학력제
③ 학점완성제　　　　　　④ 승리학점제

해설
NCAA는 전미대학협회로 대학학생운동선수의 최저학력제도를 관리감독한다.

5 다음은 무엇에 대한 설명인가?

> 운동선수가 자신의 경기력 향상을 위해 금지약물이나 금지방법을 사용하는 행위들

① 페어플레이　　　　　　② 승리지상주의
③ 도핑　　　　　　　　　④ 생체촉진

해설
도핑은 경기력 향상을 위해 금지약물이나 금지방법을 사용하는 것을 의미한다.

6 도덕에 관한 설명으로 거리가 먼 것은?

① 일반적으로 개인의 심성 또는 덕행을 가리킨다.
② 도덕은 사람으로서 마땅히 해야 할 도리를 뜻한다.
③ 도덕은 외부의 명령에 의해 실천하는 강제성을 바탕에 둔다.
④ 도덕은 행위의 기준을 제시해 주고, 옳은 일을 스스로 실천하게 만든다.

해설
도덕은 개인의 내면과 관련된 것으로 외부의 명령에 강제성을 두지는 않는다.

7 윤리적 선(善)에 대한 설명으로 바른 것은?

① 도덕적 실천이 기본이 되는 가치이다.
② 시대와 지역에 따라 달라지는 상대적 개념이다.
③ 스포츠에서의 선은 무조건 승리를 쟁취하는 것이다.
④ 남성이 추구하는 선과 여성이 추구하는 선은 다르다.

해설
선은 도덕적 실천이 기본이 되며, 시대, 지역에 따라 달라지지 않는다. 또한 남녀노소 추구하는 선이 다르지 않다.

정답 4 ② 5 ③ 6 ③ 7 ①

8 다음 중 가치판단에 해당하는 것은?

① 손기정은 1936년 베를린 올림픽에서 금메달을 땄다.
② 100M 세계기록 보유자는 우사인 볼트이다.
③ 김연아는 올림픽 2연속 금메달에 실패했다.
④ 선수에게 약물복용을 강요하는 감독의 행위는 옳지 않다.

⊕ 해설
사실판단은 객관적 자료와 근거를 제시한다. 가치판단은 보편적, 공공적, 영구적 가치가 특별하고 일시적인 가치에 우선해야 한다. 가치판단은 도덕적인 것, 미적인 것, 사리분별에 관한 것이다.

9 스포츠 윤리의 목적으로 볼 수 없는 것은?

① 승리의 방법을 가르친다.
② 비윤리적 행위를 배격한다.
③ 좋은 경기의 기준을 제시한다.
④ 바람직한 스포츠문화를 확산한다.

⊕ 해설
스포츠 윤리는 승리의 방법을 가르치지 않는다. 다만 정당한 승리와 그 가치를 알려준다.

10 칸트의 윤리학과 거리가 먼 개념은?

① 중용   ② 선의지   ③ 실천 이성   ④ 정언 명령

⊕ 해설
중용은 아리스토텔레스의 덕과 연관되어 있다.

11 다음의 설명과 관련된 윤리이론은?

- 개인의 이익과 사회 전체의 이익을 조화시키는 문제에서 출발한다.
- 효율성을 중시하는 윤리체계이다.
- '최대 다수의 최대 행복'을 행위의 원칙으로 한다.

① 덕윤리   ② 의무주의
③ 공리주의   ④ 배려윤리

⊕ 해설
공리주의는 벤담과 밀이 대표적인 학자이며 오늘날에도 정책 입안자, 경제학자, 경영자, 일반 시민들에게 막강한 영향력을 행사하는 철학이다.

정답 8 ④ 9 ① 10 ① 11 ③

스포츠 윤리 출제예상문제

12 덕 윤리와 관계가 깊은 사상가로 연결된 것은?
① 벤담-밀
② 칸트-헤겔
③ 에피쿠로스-스피노자
④ 아리스토텔레스-매킨타이어

⊕ 해설
아리스토텔레스와 매킨타이어는 덕론의 대표적 학자이다.

13 동양의 윤리 사상가와 그 내용이 바르게 묶인 것은?
① 공자-무위자연(無爲自然)
② 맹자-호연지기(浩然之氣)
③ 노자-극기복례(克己復禮)
④ 장자-정명(正命)사상

⊕ 해설
노자-무위자연, 공자-극기복례, 정명사상

14 맹자의 사단(四端) 중 불의를 보면 부끄러워하는 마음을 뜻하는 것은?
① 측은지심(惻隱之心)
② 수오지심(羞惡之心)
③ 겸양지심(謙讓之心)
④ 시비지심(是非之心)

⊕ 해설
자기의 잘못을 부끄러워할 줄 알고 남의 착하지 못함을 미워하는 모양을 수오지심이라한다.

15 다음 중 아레테(arete)에 대한 설명으로 거리가 먼 것은?
① 아레테는 덕성과 아무런 관련이 없다.
② 스포츠는 신체의 아레테를 발휘하는 것이다.
③ 아레테는 사람과 사물의 기능과 밀접한 연관을 갖는다.
④ 아레테는 사람이나 사물이 가지고 있는 탁월성을 뜻한다.

⊕ 해설
아레테는 사물의 기능, 탁월성, 덕과 관련이 깊다.

16 스포츠맨십에 대한 설명으로 올바르지 않은 것은?
① 스포츠맨십은 그 자체로 이미 도덕의 범주이다.
② 스포츠맨십은 상대를 적대관계로 만드는 것이다.
③ 스포츠맨십은 경쟁의 전 과정에 최선을 다하는 것이다.
④ 스포츠맨십은 상대를 동일한 규칙에 참여한 인격체로 존중하는 것이다.

⊕ 해설
스포츠맨십은 적대관계가 아닌 '더불어, with you'의 관계를 만든다. 상대에 대한 존중이다.

◎ 정답   12 ④   13 ②   14 ②   15 ①   16 ②

17 좋은 스포츠 경기로 볼 수 없는 것은?
① 좋은 스포츠 경기는 미적인 감동을 전해 준다.
② 좋은 스포츠 경기는 윤리적 논란이 없어야 한다.
③ 좋은 스포츠 경기는 승자에게만 완결의 쾌감을 준다.
④ 좋은 스포츠 경기는 상대에 대한 존경을 불러일으킨다.

⊕ 해설
좋은 스포츠 경기는 승자뿐만 아니라 패자에게도 쾌감을 준다.

18 페어플레이에 대한 설명으로 가장 올바른 것은?
① 페어플레이는 승리를 위해 무시되어도 좋다.
② 페어플레이는 선수의 컨디션에 따라 달라져야 한다.
③ 페어플레이는 구체적인 행동 요령과 승리의 방법을 가르쳐 준다.
④ 페어플레이는 경기 중 선수가 지켜야 할 정정당당한 행위의 실천규범을 말한다.

⊕ 해설
페어플레이는 공정한 경기, 공정한 행위를 의미한다.

19 승부조작의 비윤리성에 해당하는 것은?
① 신의의 원칙에 어긋난다.
② 공정성의 원칙에 어긋난다.
③ 결과의 불확정성이라는 스포츠의 본질을 훼손한다.
④ 스포츠는 승리의 쟁취가 목적이기 때문에 조작에 의한 목적 달성도 가능하다.

⊕ 해설
승리지상주의에 의해 스포츠에서 비윤리적인 문제가 발생하고 있다. 공정한 경기 즉 페어플레이를 해야 한다.

20 스포츠의 환경윤리 중 동물중심주의 윤리를 주창한 사람은?
① 존 스튜어트 밀
② 피터 싱어
③ 임마누엘 칸트
④ 테일러

⊕ 해설
피터 싱어는 동물중심주의 특히 이익 동등 고려의 원칙을 주장하였다.

정답 17 ③ 18 ④ 19 ④ 20 ②

스포츠 윤리 출제예상문제

21 지속가능한 스포츠의 발달에 해당하지 <u>않는</u> 것은?

① 그린스포츠를 정착시킨다.
② 환경의 존중과 개발을 동시에 추구한다.
③ 인간중심주의와 자연중심주의 사이에 조화를 꾀한다.
④ 스포츠에 의한 자연개발은 모든 사람에게 유익한 것이므로 계속 추진되어야 한다.

🔵 해설
자연을 훼손하는 개발은 지속가능한 스포츠의 발달과는 거리가 멀다.

22 다음 중 동물스포츠의 형태가 <u>다른</u> 하나는?

① 경마　　② 승마　　③ 폴로　　④ 투우

🔵 해설
다른 종목과 달리 투우는 인간과 동물의 대결이다.

23 다음 중 도핑을 금지해야 할 윤리적 이유에 해당하지 <u>않는</u> 것은?

① 공정성　　② 평등성　　③ 신체의 목적화　　④ 인간의 존엄성

🔵 해설
신체의 목적화는 신체를 수단으로 사용하여 목적을 달성하는 것을 말한다.

24 다음 중 스포츠 공학 기술의 윤리적 문제로 볼 수 <u>없는</u> 것은?

① 스포츠가 첨단기술의 경쟁으로 변질될 수 있다.
② 스포츠가 인간과 기계의 경합으로 변질될 우려가 있다.
③ 스포츠를 물리적으로 환원함으로써 정신적 요소를 경시할 수 있다.
④ 스포츠 선수가 기계의 조작인이 됨으로써 신체문화의 발달을 꾀할 수 있다.

🔵 해설
기계의 조작인과 신체문화의 발달은 스포츠 공학 기술의 윤리적 문제로 볼 수 없다.

25 전신수영복의 착용을 금지해야 하는 이유로 바르지 <u>않은</u> 것은?

① 인간의 신체적 가능성을 증가시킨다.
② 기술도핑이라는 새로운 부정행위를 양산할 수 있다.
③ 기록의 가치를 떨어뜨려, 운동의 목적을 상실하게 한다.
④ 수영이 신체의 탁월성보다 첨단 소재의 우수성을 경연하는 장으로 전락할 수 있다.

🔵 해설
신체적 기능성을 증가시키는 것은 금지의 이유로 볼 수 없다.

정답　21 ④　22 ④　23 ③　24 ④　25 ①

26 다음 중 학교 운동부의 인권 침해에서 학습권 침해에서 해당하는 것은?

① 방학 중 전지훈련을 실시
② 대회의 개최를 학기 중에 실시
③ 선수의 정신력 강화를 위해 체벌을 가함.
④ 선수의 일상생활 감시를 위해 일기장 검사

◎ 해설
학기 중의 대회참가는 학습권을 침해하는 행위이다.

27 스포츠에서 비윤리적인 현상은 무엇인가?

① 공정한 경기　　　　② 페어플레이
③ 상대의 존중　　　　④ 승부조작

◎ 해설
승부조작은 비윤리적인 현상이다.

28 다음 중 운동부 폭력의 윤리적 문제로 볼 수 없는 것은?

① 부정적 자아 형성
② 폭력의 해악에 대한 불감증 유발
③ 규율적 운동부 문화를 확립, 경기력 향상
④ 경기 중 폭력의 가능성을 높임.

◎ 해설
규율적 운동부의 확립과 경기력 향상은 운동부 폭력의 윤리적 문제로 볼 수 없다.

29 지도자 체벌이 갖는 영향으로 볼 수 없는 것은?

① 폭력의 고착화와 재생산
② 선수의 부정적인 자아정체성 형성
③ 지도자에 대한 신뢰와 유대의 강화
④ 폭력을 정당화하는 조직 규범의 수용

◎ 해설
지도자의 체벌은 지도자와 선수의 신뢰와 유대를 약화시킨다.

◎ 정답　26 ②　27 ④　28 ③　29 ③

스포츠 윤리 출제예상문제

30 성폭력에 대한 지도자의 인식과 태도로 바르지 <u>않은</u> 것은?

① 사적인 만남을 요구하지 않는다.
② 불쾌감을 주는 성적 농담을 하지 않는다.
③ 지도를 위한 가벼운 신체접촉을 한다.
④ 밀폐된 공간에서의 개인 면담을 하지 않는다.

> **해설**
> 신체접촉은 되도록 하지 않아야 하며 부득이한 경우 선수에게 지도를 위한 상황 설명을 한 후 동의를 얻어야 한다.

31 스포츠 지도자의 패터널리즘에 대한 설명으로 가장 올바른 것은?

① 경쟁에서 승리를 위해 선수를 수단화
② 학교 안에서 교사와 동등한 지위와 권한
③ 교육자로서 책임과 권한 보장
④ 부모와 자식에서 유래, 선수에 대한 지도자의 지나친 보호와 간섭

> **해설**
> 페터널리즘은 부모와 자식의 관계에서 유래한 것으로 지나친 보호와 간섭을 의미한다.

32 심판의 도덕적 조건으로 볼 수 <u>없는</u> 것은?

① 청렴성   ② 타율성   ③ 투명성   ④ 공평무사

> **해설**
> 심판은 외부적 요소에 영향을 받으면 안 된다.

33 스포츠 경영자의 윤리의식과 거리가 <u>먼</u> 것은?

① 조직의 통합 유지
② 조직의 임무와 역할 정의
③ 조직의 가치관의 증진 및 보호
④ 효율적인 조직 관리를 위한 계파 형성

> **해설**
> 조직의 활성화와 효율적 관리를 위해서는 계파를 형성해서는 안 된다.

34 스포츠 폭력의 유형으로 볼 수 <u>없는</u> 것은?

① 신체적인 폭력   ② 언어적인 폭력
③ 경기 패배에 따른 복수의 폭력   ④ 입소식 폭력

> **해설**
> 경기 패배에 따른 복수의 폭력은 스포츠 폭력의 유형에는 해당되지 않는다.

정답 30 ③ 31 ④ 32 ② 33 ④ 34 ③

35 도핑에 따른 부작용으로 <u>틀린</u> 것은?

① 폭력적 행동　　　　　② 심장마비
③ 생식기능장애　　　　④ 지능감소

🔵 해설
지능감소는 도핑의 부작용과는 거리가 멀다.

36 다음은 무엇에 대한 설명인가?

> 2002년 세계도핑방지기구(WADA)에서 제안한 도핑방지 프로그램으로, 선수의 생체를 기록하여 고의적인 도핑을 막고자 도입한 프로그램

① 도핑　　　　　　　② 선수생체수첩
③ 안티도핑　　　　　④ 지놈프로젝트

🔵 해설
선수생체수첩에 대한 내용이다.

37 다음에서 설명하고 있는 것으로 알맞은 것은?

> 상대에게 자신의 생각이나 의지를 물리적 힘을 사용하여 관철하는 것

① 주입　　② 정신　　③ 폭력　　④ 최면

🔵 해설
폭력은 상대에게 자신의 생각이나 의지를 물리적 힘을 사용하여 관철하는 것을 말한다.

38 다음 중 가치판단으로 적절하지 <u>않은</u> 것은?

① 스포츠에서는 과정보다 결과가 중요해.
② 광수는 예선전 경고 누적으로 결승경기에 참가할 수 없어.
③ 페어플레이를 했다면 패자도 박수를 받아야 해.
④ 공정한 경기는 승리보다 값진 것 같아.

🔵 해설
윤리에서 사실판단과 가치판단은 스포츠人으로서 바람직한 판단의 원리나 근거를 마련하기 위해 도덕의 본질적인 문제를 탐구하는 분야이다. 사실판단은 있는 그대로의 객관적 사실에 대하여 진술하는 것이지만, 가치판단은 마땅히 그렇게 되어야 할 것을 지시하거나 어떤 기준, 표준 혹은 규범에 따르는 것이어야 함을 나타낸다.

🔶 정답　35 ④　36 ②　37 ③　38 ②

스포츠 윤리 출제예상문제

39 다음 중 폭력을 성찰하는 학자와 이론으로 묶인 것 중 옳지 <u>않은</u> 것은?

① 한나 아렌트 - 악의 평범성 ② 아리스토텔레스 - 분노
③ 푸코 - 규율과 권력 ④ 스피노자 - 감시와 처벌

해설
푸코는 규율을 근간으로 하는 권력은 생산적이라고 하였으며, 한나 아렌트는 '무사유'의 개념으로 잘못된 관행에 복종하는 데 익숙해져 잘못된 관행을 지속하는 데 익숙해진다고 하였다. 아리스토텔레스는 비이성적인 욕구 중 하나인 분노는 자제력이 없음을 말하며, 욕망으로부터 나오는 인간적 행위라고 지적하였다.

40 다음 중 도핑에 대한 설명으로 옳지 <u>않은</u> 것은?

① 도프(dope)는 도핑의 원어이다.
② 도핑은 금지약물복용만을 의미한다.
③ 경기력을 향상시킬 목적으로 사용된다.
④ WADA는 세계반도핑기구의 약자이다.

해설
도핑은 금지약물복용 및 금지방법도 포함된다.

정답 39 ④ 40 ②

5과목 운동생리학

01 운동생리학의 개관
02 에너지 대사와 운동
03 신경 조절과 운동
04 골격근과 운동
05 내분비계와 운동
06 호흡·순환계와 운동
07 환경과 운동
출제예상문제

운동생리학 | 01 운동생리학의 개관

1 주요용어

(1) 운동
건강증진, 체력증진을 위해 계획적이고 체계화된 방법의 신체활동을 규칙적으로 하는 것

(2) 신체활동
일, 운동, 놀이, 여가, 레크리에이션 등의 참여로 에너지를 사용하여 몸을 움직이는 것

(3) 체력의 분류

1) 체력

고전적으로 두 가지 의미로 체력을 분류하였다.
① 방위체력 : 스트레스로부터 견디는 능력
② 행동체력 : 생활기반의 신체활동이나 운동을 위한 체력

2) 건강과 운동 관련 체력

최근 건강을 위한 체력과 운동기술 관련 체력으로 분류한다.
① 건강체력 : 평범한 생활을 영위하는 데 필요한 체력
- 심폐지구력 : 유산소 운동을 하는 능력을 의미한다. 운동 중인 근육에 산소를 운반해주는 능력으로서 심장, 폐의 기능이 능력에 영향을 준다.
- 근력 : 근육이 발휘하는 힘을 말한다. 근력은 운동 중 동원되는 근섬유의 수에 따라 결정된다. 근육의 크기는 근력에 큰 영향을 미친다.
- 근지구력 : 오랫동안 힘을 발휘하는 능력을 말한다.
- 유연성 : 관절의 가동범위를 의미한다. 근육과 관절을 구성하는 인대, 건 등의 신장능력에 따라 영향을 받는다.
- 신체조성 : 체지방과 제지방의 구성으로서 건강상태, 비만 등을 평가한다.

② 운동기능체력 : 운동기술을 발휘하는 데 필요한 체력
- 순발력 : 순간적으로 빠르게 강한 힘을 발휘하는 능력
- 민첩성 : 운동 중 신체의 방향을 신속하게 전환할 수 있는 능력. 제한된 공간 안에서 신체의 방향을 바꾸며 운동기술을 발휘할 수 있는 능력
- 평형성 : 운동 중 균형과 자세를 유지할 수 있는 능력
- 협응력 : 운동의 동작이나 기술의 움직임을 정확하고 매끄럽게 발휘하는 능력
- 스피드 : 운동 중 필요한 힘을 빠르게 적용하는 능력

- 반응시간 : 빛, 소리, 움직임에 대해 신속하게 감지하는 능력. 육상경기의 스타트 신호의 반응속도는 경기결과에 큰 영향을 줌.

2 운동생리학의 개념

(1) 운동생리학의 정의
운동을 통해 일어나는 신체변화의 원인과 과정을 찾기 위해 연구하고 설명해주는 학문

(2) 운동생리학의 인접 학문
1) 인체해부학
   인체의 구조와 기능
2) 운동처방론
   운동의 합리적인 프로그램 적용
3) 운동영양학
   운동, 스포츠활동의 영양학적 효율성
4) 트레이닝론
   경기력, 운동능력 향상을 효율적으로 훈련
5) 생체역학
   운동의 움직임을 역학적으로 분석
6) 스포츠의학
   스포츠 손상, 회복의 의학적 접근방법

운동생리학 02 에너지 대사와 운동

1 에너지의 개념과 대사작용

(1) 에너지의 개념

1) 정의

    일이나 운동을 수행할 수 있는 능력

2) 구분

    ① 열, 빛, 기계, 화학, 전기, 핵에너지로 구분된다.

    ② 에너지는 상호 전환이 될 수 있다.

    예 전기에너지 → 빛 또는 열로 전환 가능

3) 체내에서의 에너지 변환과정

    ① 대사(metabolism) : 체내 물질의 변화과정. 동화작용, 이화작용이 포함됨.

    ② 동화작용(anabolism) : 물질을 합성시켜 에너지로 저장하는 변화의 과정

    ③ 이화작용(catabolism) : 저장된 물질을 분해해 에너지를 소비하는 과정

(2) 인체의 에너지 대사

인체가 움직이기 위해서는 화학적 에너지가 필요한데 음식으로 에너지를 얻는다. 에너지는 기계적, 화학적 에너지로 전환되어 운동을 하거나 일을 하는 데 사용된다. 인체는 다음의 세 가지 경로로 에너지를 사용한다.

1) ATP-PCr system(인원질 시스템)

    ① ATP(adenosine triphosphate)는 세포에서 직접 사용되는 에너지이다.

    ② PCr(phospho creatine)은 ATP합성에 일차적으로 이용되는 매개 물질이다.

    ③ ATP-PCr은 10초간 운동 에너지를 제공하며 순발력을 요구하는 운동에 효율적인 에너지원이다.

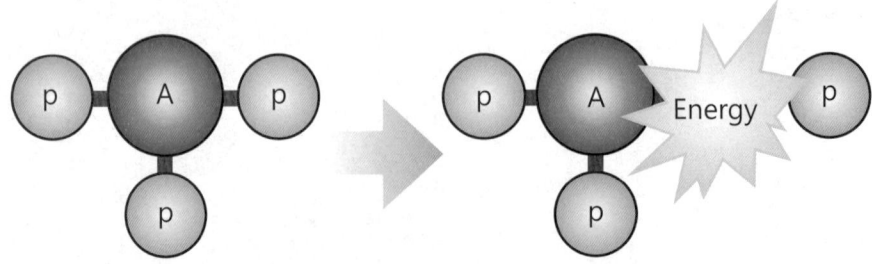

ATP 에너지 : ATP에서 에너지 발생 시 ATPase에 의해 Pi(inorganic phosphate : 무기인산)를 분리시키며 에너지를 방출하고 ADP와 Pi 분리

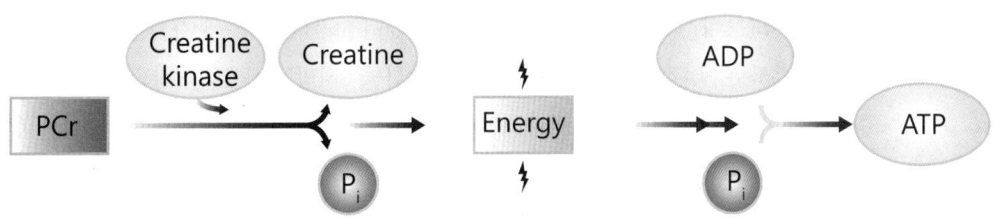

ATP 합성 : PCr은 CK(Creatine kinase) 효소에 의해 크레아틴과 무기인산(Pi)이 분리되어 에너지를 방출하며 인산(Pi)은 ADP와 합성하여 ATP가 된다.

2) lactic acid system(젖산 시스템(=해당과정))
  ① 젖산 시스템은 무산소 에너지 시스템의 과정이다. 강도 높은 운동 중 글리코겐이 ATP로 전환되는 과정에서 산소의 공급이 없을 때 젖산이 생성되기 때문에 젖산 시스템이라고 한다.
  ② 젖산 시스템은 산소를 이용하지 않고 빠르게 ATP를 생산할 수 있다.
  ③ 이 과정에서는 글리코겐이나 글루코스를 초성포도산(pyluvic acid)이나 젖산으로 분해하면서 ATP를 생산할 수 있다.
  ④ 해당과정에서 글루코스의 유입경로
     • 혈중 글루코스가 세포막을 통해 근세포로 유입(2ATP 생산)
     • 근육 내 글리코겐이 당원분해과정(glycogenolysis)에 의하여 글루코스 공급(3ATP 생산)
  ⑤ 해당작용은 세포질에서 일어난다.
  ⑥ 최대 강도 운동 시 20초~ 30초 정도 에너지를 공급(연구자에 따라 수초씩 차이는 있음)한다.
  ⑦ 해당과정 속도 조절효소 PFK(phospho fructo kinase) 활성
     • 해당과정 초기작용
     • ADP, Pi가 증가하면 PFK가 활성화되어 해당속도를 높임.
  ⑧ 해당과정 속도 조절효소 PFK(phospho fructo kinase) 비활성
     • ATP의 농도가 높을 때 활성도가 낮아진다.
     • 혈중 유리지방산, 수소이온, 구연산의 농도가 높을 때 활성도가 낮아진다.

3) aerobic system(유산소 시스템)
   ① 유산소 시스템은 미토콘드리아(mitochondria) 내에서 이루어진다.
   ② 유산소 시스템의 과정은 krebs cycle(크랩스 회로)와 electron transport system(전자전달계)로 구분된다.
      • krebs cycle(크랩스 회로) = TCA cycle = citric acid cycle 세 가지는 같은 의미이다.
      • 수소를 운반하는 NAD, FAD를 이용하여 탄수화물, 지방, 단백질을 산화시킨다.
         – 해당과정에서 만들어진 pylubic acid(초성포도산)에 산소가 충분하면 Acetyl CoA(아세틸 코에이)로 전환
         – 유리지방산이 beta oxidation(베타산화)을 거쳐 Acetyl CoA(아세틸 코에이)로 전환
         – 단백질에서 분해된 아미노산은 종류에 따라 글루코스, 초성포도산, Acetyl CoA(아세틸 코에이)로 전환
      • electron transport system(전자전달계) : 수소이온과 전자가 전자전달계에 들어와 산소와 결합하여 물을 만드는 데 참여한다.

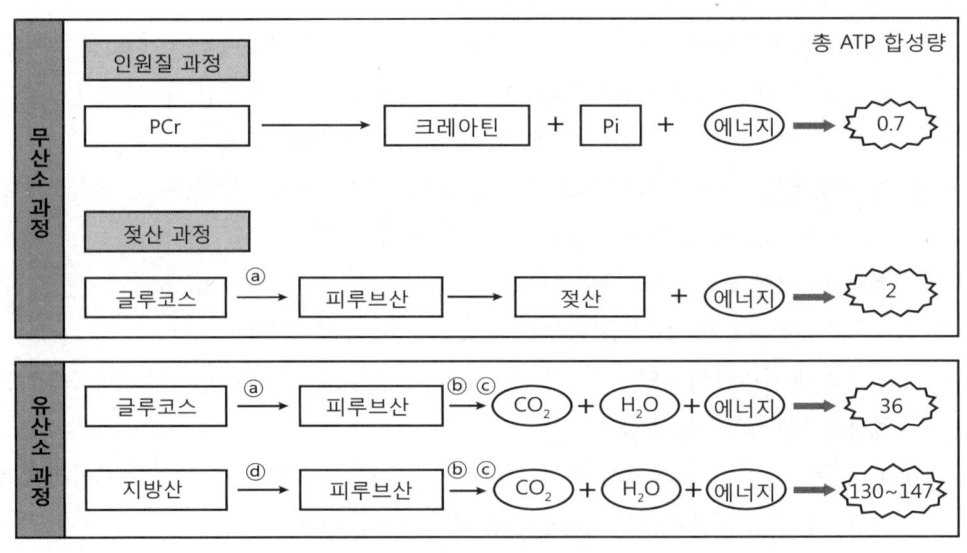

[과정별 ATP생성량]

(3) 운동 형태와 에너지 공급

1) 운동초기

① 안정 시에서 가벼운 운동이나 중강도의 운동으로 운동 강도가 상승하면 산소 섭취량(VO_2)은 갑자기 증가하여 항정상태(steady state)에 도달한다.

② 항정상태에 도달하기 전까지는 무산소과정(ATP-PCr system, lactic acid system)에 의존한다.

③ oxygen deficit(산소부족량) : 초기 산소섭취량이 운동에 필요한 만큼 공급하지 못한 양을 의미한다.

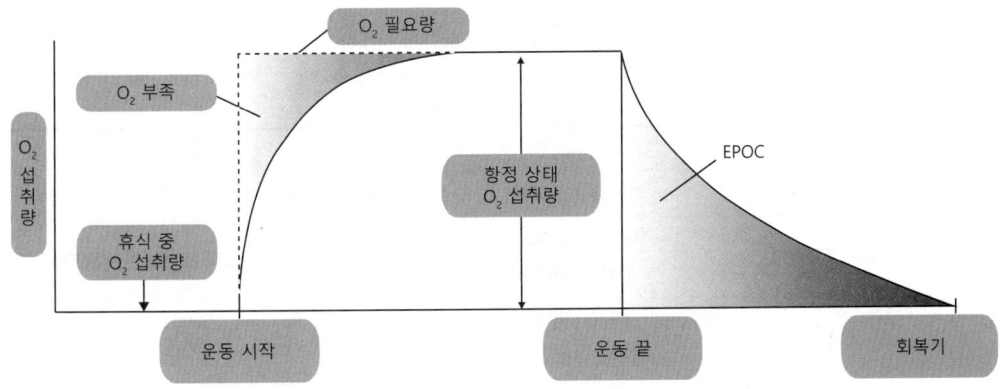

[운동 시 산소부족과 초과 산소소비량]

2) 단시간의 고강도 운동

① 고강도 운동을 수행하는 데 필요한 에너지는 무산소 에너지 대사로 공급된다.

② ATP-PC와 lactic acid system으로부터 ATP를 공급받는다.

3) 장시간 저강도 운동

① 장시간 운동을 수행하는 데 필요한 에너지는 유산소 에너지 대사과정으로 공급한다.

② 최대하의 운동 중에는 항정상태의 산소섭취량이 유지될 수 있다.

③ 운동 중 에너지는 유산소 대사과정으로 공급하기 때문에 피로감을 덜 느끼며 운동을 할 수 있다.

④ 무산소성 역치 이상의 운동 강도에서는 산소 섭취량의 항정 상태가 유지되지 않는다(운동강도를 낮춰서 운동지속시간 연장 가능).

02 에너지 대사와 운동

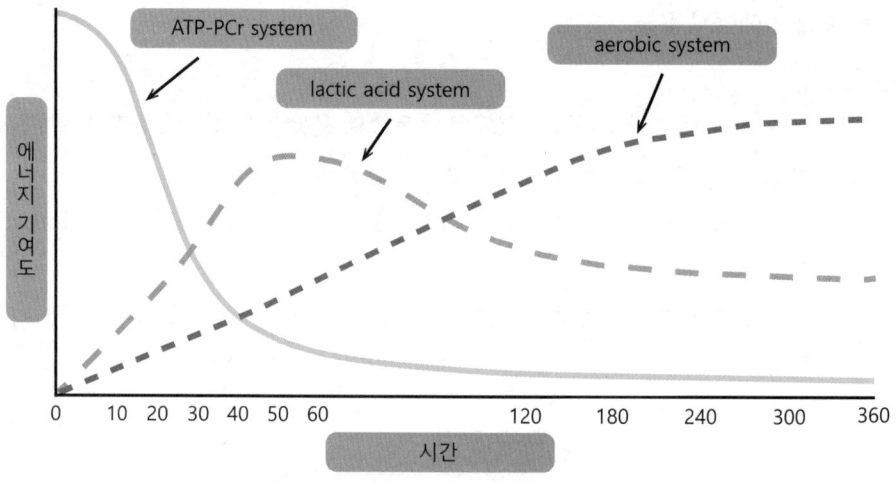

[운동지속 시간에 따른 에너지 시스템]

시간	에너지 시스템	종목
30초 이내	인원질 시스템	100m달리기, 투포환, 파워리프팅, 역도, 높이뛰기
30초~1분 30초	인원질 시스템 젖산 시스템	200m, 400m 달리기, 스피드 스케이트(500m)
1분 30초~3분	젖산 시스템 유산소 시스템	중장거리 달리기(800m, 1,500m), 유도, 레슬링
3분 이상	유산소 시스템	마라톤
운동에 따른 에너지 공급		

(4) 트레이닝에 의한 대사적응

1) 무산소성 트레이닝에 의한 대사적응
   ① PFK(phosphofrucotkinase) 활성으로 ATP 합성 증가
   ② 운동 중 해당능력 및 젖산 적응력 향상

2) 유산소성 트레이닝에 의한 대사적응
   ① 구조적 변화
   • 모세혈관의 밀도 증가 : 산소확산 능력향상, 산소공급이 용이함.
   • 미토콘드리아의 산화 능력 : 미토콘드리아의 수의 증가
   ② 기능적 변화
   • 유리지방산 동원 증가
   • 포도당 이용 절약
   • 무산소성 역치 시점 향상

운동생리학 03 신경 조절과 운동

1 신경계의 구조와 기능
신경계는 해부학적으로 중추신경과 말초신경계로 분류된다.

(1) 중추신경계

1) 척수, 대뇌피질의 상위 뇌 중추

　상위 뇌 중추는 의식적인 행동에 관여하여 하위 뇌 활동에 기억, 생각, 정보 등의 활동에 영향을 준다.

2) 하위 뇌 중추

　① 교, 연수, 시상하부로 구성된다.
　② 혈압, 호흡, 심박수, 체온, 삼투압 등의 작용에 관여한다.

(2) 말초신경계

중추신경계를 제외한 신경세포로 구성된다.

1) 감각기관

　① 피부표면(통증, 냉감, 열감, 압박), 눈, 코, 귀 등의 신경자극을 중추신경계로 수송한다.
　② 말초에서 중추로 정보를 전달하는 섬유를 구심성 섬유라고 한다.

2) 운동기관

　① 골격근을 자극하는 체성운동신경, 내장기간의 운동, 심근, 내분비선 등의 불수의적 움직임 관여한다.
　② 중추에서 자극을 받아 말초로 전달하는 섬유를 원심성 섬유라고 한다.

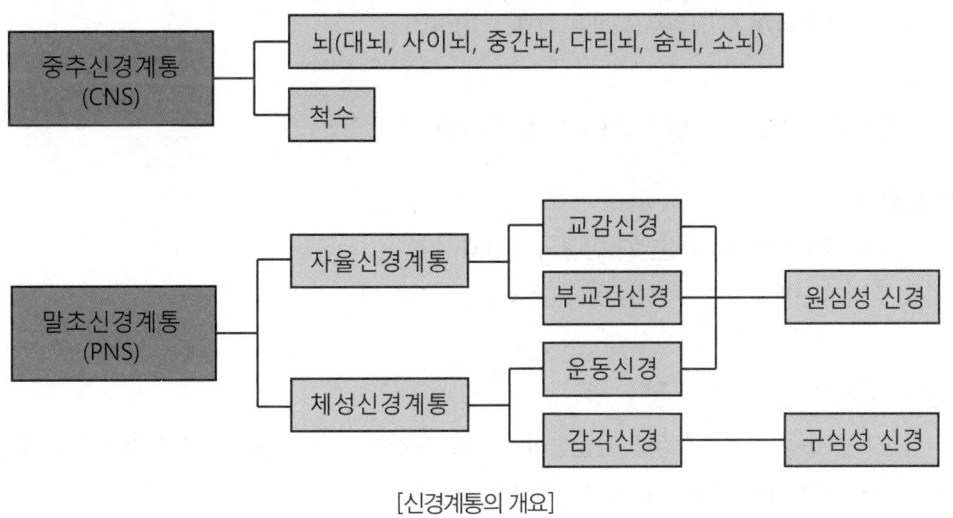

[신경계통의 개요]

2 신경계의 특성

(1) 신경세포의 화학적 특성

1) 흥분성 연접후 막전압(EPSP)
   ① 시냅스전막 : 흥분성 자극이 축삭의 말단에 도달한다.
   ② 시냅스공간 : 축삭 말단의 저장되어 있는 아세틸콜린이 시냅스 공간으로 방출된다.
   ③ 시냅스후막 : 세포체를 통해 막에 탈분극을 일으키고 지속적으로 신경 자극을 전달한다.

2) 억제성 연접후 막전압(IPSP)
   ① 시냅스전막 : 억제성 자극이 축삭의 말단에 도달한다.
   ② 시냅스공간 : 축삭 말단의 저장되어 있는 감마아미노뷰티릭산이 시냅스 공간으로 방출된다.
   ③ 시냅스후막 : 세포체를 통해 막에 과분극을 일으키고 지속적으로 신경 자극을 전달한다.

(2) 신경세포의 전기적 특성

1) 안정막 전압

   자극을 받지 않았을 때 세포 내외의 전위(-70mV)

2) 탈분극

   세포막 전위가 안정막 전위 수보다 감소된 상태(-55~30mV)

3) 활동전압

   탈분극으로 발생하는 막전압(+35mV)

4) 재분극

   탈분극 이후 안정 시 전위로 돌아온 상태(-70mV)

5) 과분극

   전위가 안정시보다 더 커진 상태(-70mV 이상)

(3) 통합성
   ① 자극에 대한 뉴런의 전달과 반응의 통합과정
   ② 감각기→감각뉴런→연합뉴런→운동뉴런→효과기

3 신경계의 운동기능조절

신경계는 운동정보와 감각을 전달하며 이것을 통제하고 통합하는 복잡한 관계망을 형성하고 있다. 중추신경계는 뇌와 척수로 구성되고 말초신경계는 감각계를 통해 정보를 전달하고 인체의 각

기관의 기능을 조절한다.

(1) 중추신경계

1) 대뇌

① 대뇌의 기능
- 복잡한 동작이나 운동의 조직화
- 학습의 경험을 저장
- 정보수용

② 대뇌의 구성

전두엽	일반지능, 운동조절
측두엽	청각정보의 입력 및 해석
두정엽	감각정보의 입력 및 해석
후두엽	시각정보의 입력 및 해석

2) 간뇌

① 시상 : 감각조절중추

② 시상하부
- 항상성 유지 담당기관
- 자율신경계 : 혈압, 심박수, 호흡, 소화 조절
- 체온, 체액, 갈증 등의 조절

3) 소뇌

① 신체평형, 자세유지, 운동 조절에 관여하는 기관

② 고유수용기로부터 전달받은 신호에 반응하여 움직임 조절

③ 소뇌손상 : 움직임의 미숙과 근육의 떨림 발생

4) 뇌간

① 대사기능, 심폐기능, 반사작용 조절

② 구성 : 중뇌, 교, 연수

③ 전정수용기, 피부의 압력수용기, 시감각의 정보로부터 정상적인 직립자세 유지

03 신경 조절과 운동

(2) 말초신경계

1) 감각계
    ① 근방추 : 근섬유의 과신전 감지 근수축 발생
    ② 골지건 : 근육 수축의 관련 정보 전달, 과수축을 감지하여 수축에 의한 부상 예방
    ③ 관절수용기 : 관절의 각도, 관절의 가속도, 관절에 전달되는 압력 등의 정보를 중추신경계로 전달

2) 자율신경계
    ① 교감신경 : 방위 반응계로서 위험에 처한 신체를 활동력 있게 준비
       → 심박수와 수축력 증가, 골격근으로 혈액공급량 증가, 정맥환류 증가
    ② 부교감신경 : 인체의 항상성 조절, 심박수감소, 기관지수축, 관상동맥 수축

[교감신경과 부교감신경이 인체기관에 미치는 기능]

기관	교감신경	부교감신경
심장	심박수 증가, 수축력 증가	심박수 감소, 수축력 감소
근육혈관	확장	-
심혈관	증가	-
뇌 혈액량	증가	-
동공	확대	수축
기관지	수축	수축
방광	이완	수축
간	글리코겐→글루코스 전환	-
위	연동의 감소	운동성 증가
소장	운동성의 감소	소화 증가
대장	운동성의 감소	운동성 증가
아드레날린	증가	-

3) 체성신경계
    ① 추체로 : 골격근의 수의적 운동 지배
    ② 추체외로 : 운동패턴의 변화(자세 유지), 조화로운 운동 조절

운동생리학 04 골격근과 운동

1 골격근의 구조

(1) 근육구조
① 횡문근의 모양을 가지고 있다. 섬유는 어두운 부분과 밝은 부분이 병렬로 연결되어 근섬유가 횡문으로 보인다.
② 수의적 움직임을 만든다.
③ 근섬유 하나는 1,000~2,000개의 근원섬유로 구성된다.
④ 근섬유구성 : 근섬유>근원섬유>근세사(액틴, 마이오신)
⑤ 근형질세망 : 칼슘의 저장소

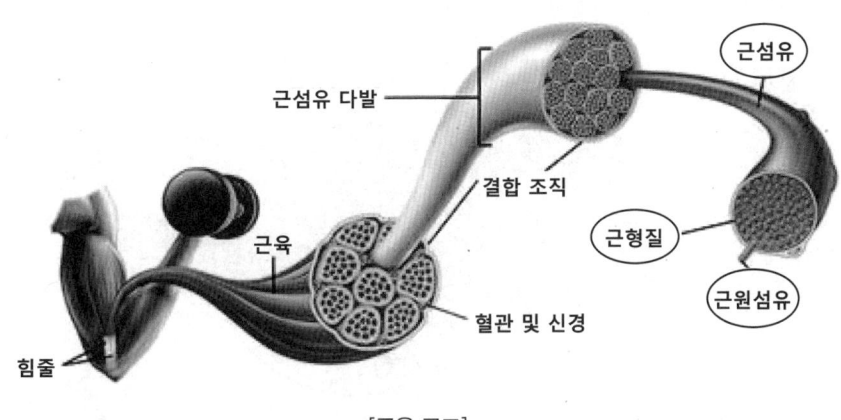

[근육 구조]

(2) 건
① 근육을 뼈에 단단히 접착하여 연결한다. 근섬유 자체가 뼈에 붙어있지 않다.
② 근육에서 발생한 장력은 건을 통하여 전달된다.
③ 비활성 섬유로서 근육보다 단단하다. 근육보다 강하고 근육의 장력을 잘 견디는 특성이 있다.

(3) 근육의 혈액분포
① 안정 시 전체혈류량의 15% 공급
② 운동 중 전체혈류량의 90% 공급
③ 근육 내 혈관은 결체조직을 따라 이동하며 근섬유와 평행 구조를 이룸.
④ 근섬유의 모세혈관 3~4개(운동선수 5~7개)

(4) 신경분포
① 근육에 분포된 신경은 운동신경, 감각신경으로 혈관과 함께 근육에 연결

② 운동신경 60% : 감각신경 40%

2 근섬유의 구조

(1) 근원섬유
① 근원섬유는 소단위의 구성이다. 평균지름 1㎛으로 근장에 담겨 있다.
② 근원섬유 1,000 ~ 2,000개가 모여서 근섬유로 구성된다.
③ 근원섬유는 시각적으로 밝은 곳(I bend), 어두운 곳(A bend)이 일정한 배열을 이룬다.
④ I bend의 중앙 검은 선을 Z라인이라고 한다.
⑤ 중간밝기부분을 H zone(myosine만으로 구성)이라고 한다.

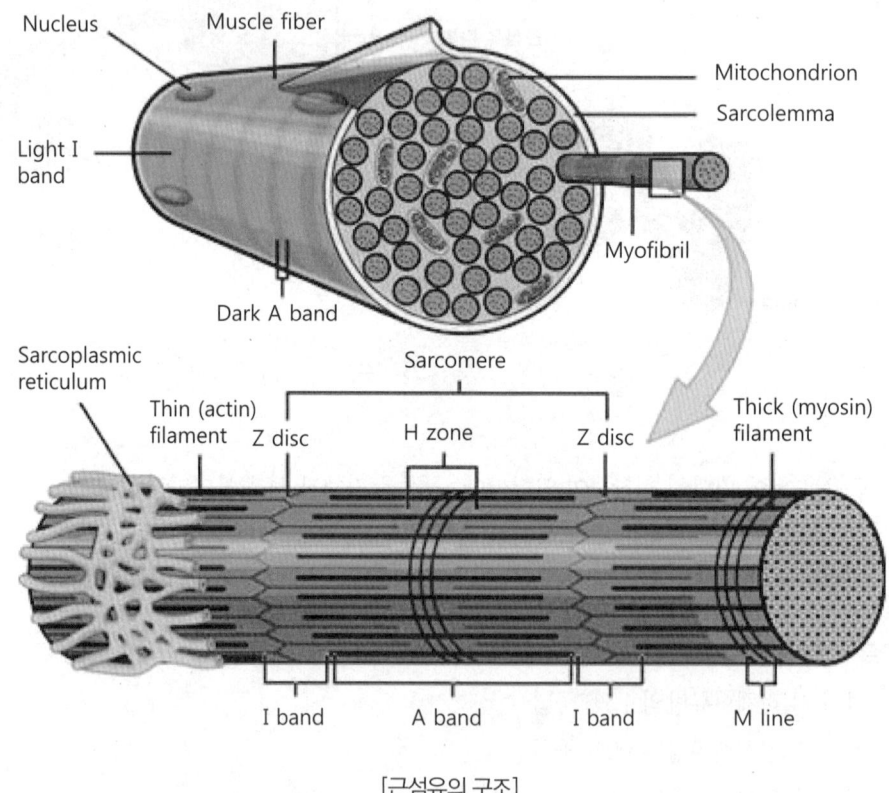

[근섬유의 구조]

(2) 근형질세망과 T세관
① 근형질세망은 근원섬유를 감싸고 있으며 가로, 세로 형태의 구조 : 저장된 칼슘(Ca^{++})의 방출로 근수축이 일어난다.

② 세로관(longitudinal tubles)은 근원섬유와 평행구조

③ 가로세관(transverse tubles)은 근원섬유와 수직구조

(3) 근원섬유

1) I bend와 A bend는 두 가지의 다른 섬유로 구성

    액틴(actin), 마이오신(myosin)

2) 근수축

    액틴과 마이오신이 서로 미끄러지듯이 결합하면서 섬유 마디가 짧아진다.

3) 액틴(actin)

    ① 비대칭으로 생긴 구상단백질로 구성되며 나선형으로 감싸고 있다.

    ② 트로포마이오신(tropomyosin), 트로포닌(troponin)포함된다.

4) 마이오신(myosin)

    ① 두 개의 머리와 긴꼬리를 갖고 있다.

    ② 6개의 마이오신은 액틴의 정방향으로 둘러싼 가장자리에 있다.

    ③ 지름는 약 150Å, 길이는 1.5㎛이다.

(4) 근섬유 활주설

1) 안정단계

    ① 충전되지 않은 ATP 십자형교가 확장된 상태

    ② 액틴과 마이오신의 결합이 일어나지 않음.

    ③ 칼슘이 근형질 세망에 저장된 상태

2) 자극, 결합단계

    ① 신경자극 발생

    ② 근형질세망에서 칼슘(Ca^{++}) 방출

    ③ 칼슘이 트로포닌에 부착되어 액틴의 위치를 변화시킴.

    ④ 액틴과 마이오신이 결합되어 액토마이오신이 형성됨.

3) 수축단계

    ① ATP에서 Pi가 분리되면서 에너지 방출(ATP → ADP, Pi)

    ② 에너지가 십자형교 회전

    ③ 액틴과 마이오신이 서로 잡아당겨 근 수축

    ④ 근력 생성

04 골격근과 운동

4) 재충전 단계
① ATP재합성(ADP+Pi → ATP)
② 액토마이오신이 액틴과 마이오신으로 분리
③ 액틴과 마이오신의 재순환

5) 이완단계
① 신격자극 중지
② 칼슘펌프에 의해 칼슘 제거
③ 근육의 안정상태

> 안정 → 자극, 결합 → 수축 → 재충전 → 이완

3 골격근의 기능

(1) 움직임 발생
인체의 움직임은 근육의 작용으로 가능하고 운동 또한 여러 근육의 조화로운 작용의 결과이다.

(2) 관절의 안정
근육은 뼈를 움직이게 하며, 움직임에 참여하는 여러 가지의 근육이 관절을 고정하는 역할을 한다.

(3) 열생산으로 체온 유지
① 에너지를 사용하는 과정에서 열이 발생하게 된다.
② 발생된 열은 체온을 유지하거나 운동강도가 높으면 체온이 정상 이상으로 상승하게 된다.
③ 추운 환경에서 체온이 낮아지면 근육의 떨림으로 체온을 상승시킨다.

(4) 자세 유지
① 근육은 골격이 자세를 유지하는 데 역할을 한다.
② 근육이 약해지면 골격의 구조가 변형되어 근육통을 유발할 수 있다.

4 근육의 종류

(1) 골격근
① 뼈에 붙어 있는 근육을 골격근이라 한다.
② 골격근의 수축과 이완작용으로 골격을 움직이게 한다.
③ 수의근 : 의지에 의해 움직임이 가능하다.

(2) 심근
① 심장에서만 발견되는 근섬유을 가지고 있다.
② 심장의 대부분이 심근으로 이루어져 있다.
③ 불수의근 : 의지대로 움직일 수 없다.
④ 운동의 강도에 영향을 받는다.

(3) 평활근(=내장근)
① 소화기관 혈관에 분포되어 있다.
② 불수의근 : 의지대로 움직일 수 없다.
③ 내장기관에서 관찰되어 내장근으로도 부른다.

구분	운동성	근육의 형태
골격근	수의근	횡문근
심장근	불수의근	횡문근
내장근	불수의근	평활근

5 근섬유의 종류와 기능

(1) 근섬유의 종류

1) 지근섬유(ST : slow twitch fiber)
　① 느린 수축 속도와 낮은 장력
　② 높은 지구성을 지니고 있어 유산소 운동에 적합
　③ 많은 미토콘드리아와 산화효소
　④ 많은 모세혈관 분포
　⑤ 낮은 ATP효소 농도
　⑥ 낮은 해당효소 농도

04 골격근과 운동

2) 속근섬유(FTb : fast twitch fiber)
① 빠른 수축 속도와 높은 장력
② 낮은 강도의 운동에서 비활성
③ 높은 ATP효소 농도

3) 속근섬유(FTa : fast twitch fiber)
① 지근섬유와 속근섬유(FTb)의 중간형태
② 높은 산소 효소
③ 피로에 대한 저항력이 높음.

구분	근파워	근지구력	산화능력 (장거리)	당분해 능력 (단거리)
속근 FTb(type Ⅱb)	높다	낮다	약하다	강하다
속근 FTa(type Ⅱa)	높다	중간	강하다	강하다
지근 ST(type Ⅰ)	낮다	높다	강하다	약하다

(2) 근육유형의 기능
① 주동근 : 인체의 움직임을 일으키는 데 직접 관여하는 근육
② 길항근 : 주동근과 반대작용으로 움직임을 제어해주는 근육
③ 협응근 : 주동근과 함께 정확한 움직임이 가능하도록 역할을 하는 근육
④ 고정근 : 골격을 고정시키고 지지해주며 다른 근육의 움직임을 돕는 근육

6 골격근과 운동

(1) 근수축의 종류

1) 등장성수축(isotonic contraction)
① 근육의 길이가 변하고 운동부하가 일정한 운동 형태 : 웨이트 트레이닝
② 구심성수축(concentric contraction) : 근육의 길이가 짧아지면서 근육이 수축하는 형태
③ 원심성수축(eccentric contraction) : 근육의 길이가 길어지면서 근육의 수축을 유지하는 형태

2) 등척성수축(isometric contraction)
근육의 길이는 변하지 않으면서 장력이 발생되는 운동 형태
→ 벽밀기, 플랭크 등의 동작을 멈춘 상태로 자세를 유지하는 형태

3) 등속성수축(isokinetic contraction)

관절의 각이 동일한 속도록 움직이는 운동 형태

→ 재활운동에 적합

구분	등장성수축	등척성수축	등속성수축
근육의 길이 변화	변한다	변하지 않는다	변한다
부하의 변화	변하지 않는다	변한다	변한다

(2) 골격근의 트레이닝 효과

1) 근비대
    ① 근섬유는 유전적으로 결정되지만 트레이닝의 효과로 근섬유의 크기와 수를 증가시킬 수 있다.
    ② 근비대는 횡단면적의 증가를 의미한다.

2) 모세혈관 밀도 증가
    ① 근비대는 모세혈관의 증식을 발생하게 한다.
    ② 근육 내 영양소, 산소 공급이 향상된다.
    ③ 운동 중 발생되는 부산물 제거가 향상된다.

3) 에너지 저장량 향상

    ATP, 근글리코겐 저장량이 증가한다.

4) 미토콘드리아 수의 증가

(3) 지연성근육통(DOMS : delayed onset muscle soreness)
① 운동이 종료된 후 24시간~48시간 사이에 근육통이 발생되는 것을 말한다.
② 신장성 근수축을 많이 하는 경우 발생한다.

운동생리학 05 내분비계와 운동

1 내분비계

(1) 호르몬의 특성
① 호르몬은 내분비선에서 합성되어 혈액으로 이동된다.
② 호르몬은 혈액에 의해 운반되어 표적세포에 특이적으로 작용한다.
③ 호르몬은 적은 양으로 생리적 작용을 조절한다.
④ 호르몬은 촉매로서 생물학적 과정에 작용한다.
⑤ 결핍과 과다의 증상을 나타낸다.
⑥ 호르몬은 혈액을 통해 전달되어 반응속도는 느리지만 광범위하게 효과가 지속된다.

(2) 호르몬의 구분

1) 스테로이드성 호르몬
① 콜레스테롤로부터 만들어지기 때문에 콜레스테롤과 비슷한 화학적 구조
② 지용성으로서 세포막을 쉽게 통과함.
③ 수용기가 세포질이나 핵에 위치함.
④ 성호르몬, 부신피질 호르몬

2) 비스테로이드성 호르몬
① 단백질, 펩타이드, 아미노산 유도체 호르몬
② 지용성이 아니어서 세포막을 쉽게 통과하지 못함.
③ 세포막에 수용기에 의해 작용
④ 세포 내에서 효소반응 유발

(3) 호르몬 조절

1) 억제 조절
   높은 농도의 호르몬에 노출되면 호르몬반응의 항상성을 유지하기 위하여 수용체의 수를 감소시켜 호르몬 반응을 감소시킨다.

2) 촉진 조절
   낮은 농도의 호르몬에 노출되면 호르몬반응의 항상성을 유지하기 위하여 수용체의 수가 증가되어 호르몬에 대한 반응이 증가시킨다.

3) 수용체 포화
   세포의 수용체는 한정된 수를 갖고 있어 모든 수용체가 호르몬과 결합하면 포화된다.

(4) 내분비선과 호르몬

1) 뇌하수체 전엽
   ① 갑상선자극호르몬 : 타이록신, 트이아이오딘티로닌 분비 자극
   ② 부신피질자극호르몬 : 부신피질 호르몬의 분비 조절
   ③ 난포자극호르몬 : 에스트로겐 분비 자극, 난포성장, 고환에서 정자 형성 촉진
   ④ 황체형성호르몬 : 에스트로겐, 프로게스테론 분비 촉진, 고환에서 안드로겐 분비 촉진
   ⑤ 성장호르몬 : 성장촉진, 세포 내 단백질 합성 촉진, 중성지방의 분해를 촉진시켜 혈중 유리지방산 증가, 골밀도 증가
   ⑥ 프로락틴 : 유방의 발달, 모유 분비 자극

2) 뇌하수체 후엽
   ① 항이뇨호르몬 : 신장에서 수분 배설 조절, 혈관수축으로 혈압 상승
   ② 옥시토신 : 자궁근육 수축, 임신말기 분만 촉진, 모유 분비 촉진

3) 갑상선
   ① 티록신 : 신진대사 촉진, 산소소비량 증가, 체온 증가, 지방동원 촉진
   ② 칼시토닌 : 혈중 칼슘과 인 농도 조절, 파골세포 활동저하로 분해 억제, 칼슘과다 시 배설 증가

4) 부갑상선
   → 부갑상선호르몬 : 칼슘부족 시 신장에서 칼슘 재흡수, 파골세포 활동 촉진

5) 부신선
   ① 신장의 윗부분에 위치
   ② 부신선 안쪽 부신수질 : 카테콜라민(에피네프린 80%, 노르에피네프린 20%)
      → 작용 : 심박수 증가, 혈관의 수축과 확장, 신진대사 증가, 혈중 글루코스 유리지방산 증가
   ③ 부신선 바깥쪽은 부신피질 : 알도스테론, 코티졸
      • 알도스테론(전해질 코티코이드): 소듐과 포타슘 균형 유지, 탈수 방지
      • 코티졸(글루코 코티코이드): 3대 영양소 대사 조절, 단백질 분해 촉진(글루코스 신생), 유리지방산 동원 촉진

6) 췌장
   ① 인슐린
      • 랑게르한스섬의 베타(β)세포에서 분비된다.
      • 혈중 포도당을 세포로 유입시켜 혈당을 낮춘다.

② 글루카곤
- 랑게르한스섬의 알파(α)세포에서 분비된다.
- 간 글리코겐을 분해해서 혈당을 높인다.

7) 성선
① 고환 : 테스토스테론
- 남성의 2차 성징과 정자 형성
- 골격계의 발달, 성장에 필수 호르몬
- 골격근 성장의 촉진
② 난소 : 에스트로겐, 프로게스테론
- 에스트로겐 : 여성의 2차 성징과 월경주기, 난자 형성
- 프로게스테론 : 임신의 유지, 배란 억제

2 운동과 호르몬 조절

(1) 에너지와 대사에 미치는 호르몬의 영향

1) 운동 중 혈당 조절
① 혈장 글루코스 수준 증가
- 글루카곤 : 간글리코겐 분해, 아미노산으로부터 당신생 합성
- 에피네프린, 노르에피네프린 : 글리코겐 분해 가속
- 코티졸 : 단백질 분해를 촉진시켜 간에서 아미노산으로 당신생 합성
② 근육의 글루코스 흡수(인슐린의 역할)
- 혈중 글루코스 감소
- 인슐린에 의해 세포로 글루코스가 흡수됨(근육 내부로 이동).
- 운동 중 인슐린의 양 감소

2) 운동 중 지방 대사 조절
① 근글리코겐이 감소하면 지방산화를 가속시켜 근육의 에너지를 공급한다.
② 중성지방으로부터 유리된 지방산이 근섬유로 이동하여 에너지로 사용된다.
③ 중성지방은 라이페이스 효소에 의해 유리지방산과 글리세롤로 분해된다.
→ 지방분해 활성 호르몬 : 코티졸, 에피네프린, 노르에피네프린, 성장호르몬

3) 서서히 작용하는 호르몬
   ① 티록신
      - 전체적인 대사율을 결정한다.
      - 세포의 수용기 수와 호르몬 수용기의 친화력에 영향을 미침으로 호르몬 작용에 영향을 준다.
   ② 코티졸
      - 중성지방으로부터 유리지방산 동원을 자극한다.
      - 단백질 분해를 촉진시키고 아미노산으로부터 당신생 합성한다.

4) 빠르게 작용하는 호르몬
   ① 인슐린
      - 인슐린은 혈중 글루코스가 골격근 세포막을 통해 세포 내로 유입되도록 역할을 한다.
      - 인슐린은 혈중 글루코스의 세포 내 유입을 촉진시킨다.
      - 간, 근육세포에서 글리코겐 합성을 촉진시킨다.
      - 인슐린은 글루코스 사용을 위해 중성지방에서 유리지방산의 사용을 억제한다.
      - 인슐린의 작용은 카테콜라민, 성장호르몬, 코티졸, 글루카곤과 길항작용을 한다.
      - 운동 중 인슐린은 안정 시의 50% 수준으로 감소하며, 운동강도와 시간에 따라 감소폭은 크게 나타난다.
      - 운동 중 인슐린 감소는 교감신경계의 흥분도가 증가되어 인슐린 분비를 억제하기 때문이다.
      - 장기간 트레이닝으로 단련된 사람은 동일한 운동강도에서 인슐린 감소폭이 상대적으로 낮게 나타난다.
      - 인슐린 분비 억제는 에피네프린과 노르에피네프린의 혈중 농도 감소 때문이다.
   ② 글루카곤
      - 간 글리코겐의 글루코스 전환 촉진
      - 중성지방을 분해하여 유리지방산 방출
      - 지질분해호르몬
      - 최대산소섭취량의 50% 이상 강도와 1시간 이상의 운동 시 30~300%까지 증가
      - 혈당의 감소는 글루카곤 분비 자극
      - 장시간 운동으로 혈당 감소는 글루카곤 분비 급증가

05 내분비계와 운동

(2) 운동 중 수분과 전해질 균형에 대한 호르몬의 영향

1) 알도스테론과 레닌 앤지오텐신
   ① 알도스테론 : 신장에서 수분재흡수를 촉진하여 체액을 보충함으로써 혈압을 정상으로 유지시킨다.
   ② 레닌 앤지오텐신 : 혈압의 감소와 혈액의 감소는 레닌 효소를 생성시키고 앤지오텐신을 활성화시켜 혈압을 상승시키고 신장에서 알도스테론 분비를 촉진시킨다.

2) 항이뇨호르몬
   항이뇨호르몬은 탈수를 막기 위해 신장에서 수분을 재흡수시켜 수분 배설량을 감소시킨다.

3) 운동 후의 호르몬 작용과 수분균형
   운동 후 12시간에서 48시간 동안 알도스테론과 항이뇨호르몬의 영향으로 소변의 양을 줄이게 되고 탈수로부터 인체를 보호한다.

06 호흡 · 순환계와 운동

1 호흡계의 구조와 기능

(1) 호흡계의 구조

1) 호흡기관

    코(입) → 인두 → 후두 → 기관(→ 기관지 → 세기관지) → 폐

    ① 코 : 공기가 지나가는 통로
    ② 인두 : 기도의 문 역할
    ③ 후두 : 음식물이 들어오면 공기 통로를 막음.
    ④ 기관 : 공기가 폐로 가는 통로. 기관지에서 세기관지로 나눠짐. 세기관지에서 폐포로 연결
    ⑤ 폐 : 폐포는 포도송이 같은 구조

2) 폐호흡과 세포호흡

    ① 폐호흡 : 공기가 폐로 전달되는 폐환기. 폐 내에서 혈액에 산소와 이산화탄소의 가스교환이 일어남.
    ② 세포호흡 : 혈중 산소가 세포조직에 전달되고 이산화탄소가 배출되는 과정

(2) 호흡계의 기능

1) 분당 환기량

    ① 1분 동안 흡기와 호기의 공기량
    ② 분당 환기량(L/ml) = 1회 호흡량(TV) × 호흡수
    ③ 폐포환기량 = (1회 호흡량 – 호흡사강) × 호흡수
    ④ 환기 : 폐에서 공기가 들어오고 나가는 과정
    ⑤ 확산 : 분자의 농도가 높은 곳에서 낮은 곳으로 이동하는 움직임.

2) 폐용적과 폐용량

    ① 폐용적

구분		정의
폐용적	1회 호흡량(TV)	1회 호흡 시 들이마시거나 내쉬는 공기의 양
	흡기 예비용적(IRV)	1회 호흡량에서 최대로 더 들이마실 수 있는 양
	호기 예비용적(ERV)	1회 호흡량에서 최대한 배출시킬 수 있는 양
	잔기용적	가능한 모두 배출한 상태에서 폐에 남아 있는 양

② 폐용량

구분		정의
폐용량	총폐용량(TLC)	최대한 공기를 들이마신 상태의 폐 안의 공기량
	폐활량(VC)	최대한 공기를 들이마신 후 내쉰 공기량
	흡기량(IC)	정상호흡에서 최대로 흡입할 수 있는 공기량
	기능적 잔기량(FRC)	평상호흡에서 편하게 내쉰 후 남아있는 공기량

3) 생리학적 사강

불량한 조직부위 관류 또는 적절하지 않는 환기로 인한 폐포 용적부분

4) 해부학적 사강

① 상부 호흡경로(기관지)에 남아있는 공기로서 폐포와 폐 모세혈관의 가스 교환에 참여하지 못하는 경로에 남아있는 부분
② 1회 호흡량 500ml 중 70%는 폐포환기에 참여하고, 30%는 사강에 남는다.
③ 사강 용량 : 150ml~200ml

2 운동에 대한 호흡계의 반응과 적응

(1) 폐 기능향상

① 규칙적인 운동으로 호기와 흡기 근육의 발달로 폐활량과 기능이 향상된다.
② 호기 : 횡경막, 외늑간근, 사각근, 흉쇄유돌근
③ 흡기 : 내늑간근, 복근

(2) 폐활량 증가

① 폐 기능향상과 함께 폐의 모세혈관과 폐포 사이의 확산 능력 향상
② 많은 양의 산소가 혈액과 결합하여 조직으로 이동

(3) 기도저항

천식, 대기오염 물질 흡입에 의한 기도 저항 증가

(4) 트레이닝에 의한 폐기능

① 환기량 증가
② 환기 효율 상승
③ 폐용량과 폐용적 증가

3 순환계의 구조와 기능

(1) 순환기전

구분	순서
폐순환	우심방 → 우심실 → 폐동맥 → 폐 → 폐정맥 → 좌심방 → 좌심실
체순환	좌심실 → 대동맥 → 동맥 → 세동맥 → 모세혈관 → 정맥 → 대정맥 → 우심방

(2) 심장

1) 심장의 구조
   ① 심장은 가슴 중앙에 위치하며 사람 주먹 크기에 무게는 250g~350g 정도이다.
   ② 심장은 좌심실, 좌심방과 우심실, 우심방으로 2개의 실과 2개의 방으로 구성되어 있다.
   ③ 심방은 혈액을 받아들이고 심실은 혈액을 내보낸다.

2) 심장의 자극전도 시스템
   ① 동방결절 : 심장의 주기적인 수축을 조절하는 기능을 가지고 있다.
   ② 방실결절 : 심장 중심부에 가까운 우심방벽에 위치한다.
   ③ 방실속(히스속) : 심실중격에 뻗어 나가 좌우의 방과 실에 자극을 전달한다.
   ④ 퍼킨제섬유 : 심근의 자극전도를 빠르게 전달해준다.

(3) 혈관

1) 동맥
   ① 폐에서 산소를 받아들인 혈액을 운반하는 혈관으로 모세혈관까지 전달한다. 대동맥 → 동맥 → 세동맥 순서로 직경이 줄어든다.
   ② 직경의 감소는 말초저항으로 작용해서 혈압을 유지하는 데 중요하다.

2) 정맥
   ① 이산화탄소를 받아들은 혈액을 운반하는 혈관으로 심장의 우심방으로 연결된다. 동맥에 비해 혈류가 느리고 혈액의 역류를 막기 위해 판막이 존재한다.
   ② 혈액을 모으고 저장하며 이산화탄소를 운반한다.

3) 모세혈관
   ① 세동맥과 세정맥을 연결하는 혈관이다.
   ② 산소와 영양소를 세포로 운반하고 세포의 대사 물질을 운반한다.

(4) 혈액

1) 혈액의 구성
   ① 혈장 55%와 고형성분 45%로 구성
   ② 혈장(55%) : 물 90%, 혈장단백질 7%, 기타 3%(전해질, 효소, 호르몬)
   ③ 고형성분(45%) : 물 99%, 백혈구와 혈소판 1%

2) 혈액의 기능
   ① 산소, 영양소, 이산화탄소, 노폐물 운반
   ② 산-염기 평형 유지
   ③ 체온 조절

4 운동에 대한 순환계의 반응과 적응

(1) 순환계의 반응

1) 1회 박출량
   ① 심장이 1회 수축할 때 뿜어내는 혈액의 양
   ② 1회 박출량 조절요인
   - 심장(심실)의 수축력
   - 심장(심실)에 채워지는 정맥혈액량
   - 대동맥과 폐동맥의 혈압
   - 호흡펌프작용에 따른 정맥회귀(venous return)의 증가
   - 골격근의 등장성 수축에 따른 근육펌프작용의 증가
   - 교감신경 자극에 따른 심근의 수축력 증가

2) 심박수의 반응
   ① 심장이 1분간 박동하는 횟수
   ② 운동 시 운동 강도와 비례하여 증가 : 운동강도의 증가는 산소섭취량을 증가시키고 산소섭취량의 증가에 비례하여 심박수가 증가된다.

3) 심박출량의 반응
   ① 심장이 1분 동안 혈액을 내보내는 양

$$심박출량(L/min) = 심박수(회/분) \times 1회 박출량(ml/min)$$

② 심장박동의 강도를 조절하는 요인
- 기계적인 요인 : 스탈링의 법칙
- 신경적인 요인 : 교감신경
- 화학적인 요인 : 카테콜라민

> **스탈링의 법칙**
> - 심장근육의 수축 강도는 심실이완기에 있어서 심근섬유의 길이와 함수관계를 가져 심장의 크기가 클수록 수축력이 강해진다는 법칙
> - 정맥환류가 강해 심방에 유입되는 혈액량이 증가하면 심근이 신장되면서 강한 수축력으로 박출량을 증가시켜 심장 스스로 혈액순환의 조절을 하게 되는 법칙

4) 혈류
① 혈류 저항의 요인 : 혈관의 길이, 혈액의 점도, 혈관의 지름
② 혈류의 재분배 : 운동 시 사용되는 골격근의 혈액을 공급하기 위해 내장기관의 혈류량을 줄임. 안정 시 골격근의 혈류량 20%, 운동 시 80%

5) 혈압
① 맥압 : 수축기와 이완기의 혈압차이. 30mmHg~55mmHg
② 혈압의 결정요인 : 혈관 내 혈액량, 심박출량, 말초저항, 심박수 증가, 혈액점도

6) 혈액
① 혈장량 증가 : 운동 중 항이뇨호르몬과 알도스테론 분비로 신장에서 수분 재흡수로 증가
② 혈구 증가 : 운동으로 인해 적혈구 숫자의 증가로 혈액량 증가

(2) 순환계의 적응

1) 안정 시
    심장비대, 심박수 감소, 1회 박출량 증가, 혈액량과 헤모글로빈 수 증가

2) 최대하 운동
    글리코겐 이용 감소, 젖산생성량 감소, 심박수 감소, 활동근 당혈류 감소

3) 최대 운동
    최대산소 섭취량 증가, 젖산생성량 증가, 심박출량 증가

4) 심박수의 감소
    ① 안정 시 : 부교감신경의 제어, 1회 박출량 증가, 심실 크기 증가
    ② 운동 중 : 교감신경의 충격감소, 1회 박출량 증가, 미토콘드리아의 산화능력 개선

06 호흡·순환계와 운동

5) 무산소성 역치 증가
   ① 산소소비능력 개선 : 미토콘드리아 수의 증가, 미토콘드리아의 산화능력 개선
   ② 산소운반능력 개선 : 모세혈관망 수의 증가, 산소확산능력 향상, 동정맥산소차 향상
   ③ 산소운반능력, 산소소비능력 개선으로 미토콘드리아의 지방산화 비율 증가

6) 동정맥 산소차 증가
   ① 모세혈관 밀도 증가
   ② 미토콘드리아의 산화능력 향상

운동생리학 07 환경과 운동

1 체온조절과 운동

(1) 체온조절 기전
① 세포체계와 대사의 경로는 체온의 영향을 받기 때문에 심부온도의 조절은 매우 중요하다.
② 정상적인 체온은 37℃이다.
③ 34℃ 이하의 저체온은 대사가 원활하지 못해 부정맥을 유발할 수 있다.
④ 45℃ 이상의 고체온은 효소단백질 파괴를 일으킨다(사망요인).
⑤ 체온조절기능은 시상하부에 위치한다.
⑥ 시상하부 전엽은 체온 증가에 관여하여 피부혈관 확장 및 발한을 자극한다.
⑦ 시상하부 후엽은 체온 감소에 관여한다.
⑧ 심부온도가 이상적으로 증가하면 시상하부가 반응하여 땀분비를 자극하여 열손실을 만든다.
⑨ 추위에 노출되면 시상하부 후엽에서 열 발생을 위하여 혈관을 수축시키고 근육의 떨림을 발생한다.

(2) 체온조절 원리
1) 열생산과 손실
   다양한 조건에 의해 체온이 조절된다.
   ① 체열 생산 : 기초대사, 운동, 호르몬, 환경
   ② 체열 손실 : 복사, 전도, 대류, 증발
2) 온도수용기
   ① 피부 밑 온도 말초수용기
   ② 시상하부에 심부 온도 수용기
3) 체온조절중추
   체표면과 심부 온도에 대한 수용기의 정보를 시상하부에서 받아서 체온을 일정하게 유지한다.
4) 효과기
   체열의 증가, 손실을 일으켜 저상체온을 유지한다.

(3) 고온환경과 운동
1) 고온환경과 운동능력
   ① 순환계 및 대사
      • 고온환경에서 체온상승은 1회 박출량을 감소시켜 심박수 증가

07 환경과 운동

- 최대 유산소 운동능력 감소
- 근글리코겐 이용률 증가, 젖산 생성량 증가
- 쉽게 피로하고 운동능력 저하

② 심부온도
- 운동 시 41°C까지 상승
- 적당한 체온 상승은 효소활성화로 대사적 이점

③ 탈수
- 고온환경의 강도 높은 운동은 시간당 3L 수분 손실 가능
- 체중의 1% 탈수 : 직장온도의 현저한 증가
- 체중의 4~5% 탈수 : 직장온도 및 심박수의 현저한 증가
- 탈수 시 : 수분과 전해질 보충 필수

2) 수분과 영양소 보충

① 수분과 전해질 : 스포츠이온음료 운동 중 15분마다 100ml~200ml 섭취로 체열로 손실된 수분 보충
② 비타민과 미네랄 : 생화학적 반응을 촉진시켜 근육의 기능 회복

3) 열질환 메커니즘

① 체온 상승 시 체온을 낮추기 위해 혈류량 증가, 발한량 증가
② 체액부족과 운동능력저하 → 혈장감소와 체온조절기능 저하 → 열질환
③ 열질환

구분	정의	발생원인	주요증상	조치
열경련	격렬한 운동으로 나타나며 주로 사용되는 근육에서 나타난다.	염분과 전해질 손실	- 근육경련 - 정상체온 상태	- 수분보충 - 근육 마사지
열탈진	고온 다습한 환경에 노출되거나 격렬한 운동 중에 발생한다.	수분과 염분 손실	현기증, 무기력, 구역, 구토	- 서늘한 곳에서 안정 - 수분보충 - 병원으로 이송
열사병	과도한 체온증가로 체온조절 기능의 이상으로 발생한다.	- 체온조절 장애 - 고온다습한 환경 노출	- 현기증, 오심, 구토, 혼수상태 - 체온 40도 이상	- 의식에 이상이 있으면 병원진료 - 시원한 곳으로 이동

(4) 저온환경과 운동

1) 저온 환경과 운동능력
   ① 저온 환경에서 운동 시 심부온도가 낮아지면 심박수와 최대산소섭취량 감소
   ② 근세포 점성을 증가시켜 에너지동원능력과 근력 감소

2) 저체온
   ① 체온 35℃ 이하 : 혈압 및 신체기능 저하
   ② 체온 33℃ 이하 : 정신기능 혼란 발생

3) 동상
   조직 내 체액이 얼어서 세포의 파괴와 탈수 발생

2 인체운동에 대한 환경 영향

(1) 고지환경과 생리적 반응

1) 환기반응
   ① 저기압 상태에 노출되었을 때 나타나는 일시적 생리현상은 폐환기량 증가 반응이다.
   ② 환기량 증가는 1회 호흡량의 증가에 의해 이루어진다.
   ③ 저산소증은 경동맥체를 자극하여 환기량 증가를 유발한다.
   ④ 호흡의 증가는 이산화탄소의 제거를 증가시킨다.
   ⑤ 혈액의 산성도를 7.4 이상으로 증가시켜 호흡성 알카리성증을 발생시킨다.
   ⑥ 일정기간이 지나면 신장에서 중탄산염을 분비하여 산성도를 정상으로 유지한다.

2) 순환계반응
   ① 고지대의 저기압 상태에서는 최대하 운동의 초기에 심박수와 심박출량이 해수면보다 증가되는 반면, 1회 박출량은 변화를 보이지 않음.
   ② 고지대 최대운동 시 유산소성 운동능력 감소
   ③ 최대산소섭취량, 최대환기량 감소
   ④ 최대심박수, 심박출량, 1회 박출량은 해수면과 차이 없음.
   ⑤ 1,600m 이상 고도에서 고도가 300m 증가할 때마다 최대산소섭취량 3.2% 감소

3) 체액의 손실
   ① 고지대는 낮은 기온과 습도로 공기가 기도를 통과할 때 상당한 수분손실이 발생
   ② 호흡 중 차갑고 건조한 공기가 데워지고 습해지면서 수분손실이 발생
   ③ 수분의 손실은 입, 입술, 기도의 건조 유발

07 환경과 운동

4) 급성고산증
　① 2,500~3,000m 이상의 고도에서 발생
　② 고산증의 발생은 고지환경에서 24~48시간 사이에 가장 심함.
　③ 증상 : 두통, 식욕부진, 메스꺼움, 불면증, 피로, 호흡부전
　④ 고지환경에서 6~8일 머무르면 증상이 사라짐.

(2) 수중환경과 운동

1) 수중환경의 특성
　① 깊은 수면으로 내려갈수록 수압의 증가로 체내의 공기와 공간에 압력에 의한 영향을 받는다.
　② 수중에서 열전도율은 공기보다 25배 높으므로 체온의 감소가 빠르다.

2) 수중활동 시 발생하는 증상
　① 공기색전 : 혈관속에 기포가 발생하여 혈류를 차단하는 것
　② 기흉 : 폐조직의 파열로 늑막강내로 공기가 유입되는 현상
　③ bends 증상 : 수중의 고압에서 갑자기 압력이 낮은 해수면으로 이동했을 때 나타나는 증상. 혈액이나 조직 중에 용해되어 있던 질소가 기포를 형성

(3) 대기오염과 운동

1) 일산화탄소
　① 무색, 무취의 기체로서 연료의 불완전 연소로 발생한다.
　② 산소와의 결합이 헤모글로빈보다 240배 강해 헤모글로빈의 산소결합을 감소시켜 산소공급, 운반을 저하시킨다.

2) 이산화질소
　① 자극성 냄새를 가진 갈색의 기체이다.
　② 고농도 이산화질소에 노출되면 심각한 폐손상과 사망을 일으킨다.

3) 이산화황
　① 황이 연소할 때 발생하는 기체이다.
　② 도심은 혼잡한 러시아워 시간에 대기 중 농도가 높다.
　③ 운동 중에 기도와 기관지에 자극을 주어 천식을 유발한다.

4) 오존
　① 햇빛에 의해 생성되는 오존은 정오에서 오후에 농도가 높다.
　② 폐기능 저하를 유발한다.
　③ 0.75ppm의 고농도에 2시간 노출 시 최대 산소섭취량이 감소한다.

운동생리학 출제예상문제

1 다음 중 건강체력의 요소가 아닌 것은?
① 근력 ② 유연성
③ 근지구력 ④ 근파워

> **해설**
> 건강체력의 요소는 심폐지구력, 근력, 근지구력, 유연성, 신체조성 다섯 가지이다.

2 다음 중 기술과 관련된 체력의 요소로 옳은 것을 고르시오.
① 민첩성, 평형성, 유연성, 순발력, 반응시간, 스피드
② 민첩성, 평형성, 유연성, 순발력, 최대근력, 스피드
③ 민첩성, 평형성, 협응성, 순발력, 반응시간, 스피드
④ 민첩성, 평형성, 협응성, 순발력, 최대근력, 스피드

> **해설**
> 기술과 관련한 체력의 요소는 민첩성, 평형성, 협응성, 순발력, 반응시간, 스피드 여섯 가지이다.

3 다음 중 불수의근이 아닌 것은?
① 내장근 ② 심장근
③ 평활근 ④ 골격근

> **해설**
> 불수의근 : 심장근, 평활근, 내장근
> 수의근 : 골격근

4 다음 중 체순환의 순서가 바른 것을 고르시오.
① 우심실→동맥→모세혈관→정맥→좌심방
② 좌심실→동맥→모세혈관→정맥→우심방
③ 우심실→동맥→모세혈관→정맥→우심방
④ 좌심실→동맥→모세혈관→정맥→좌심방

> **해설**
> 좌심실→동맥→모세혈관→정맥→우심방

정답 1 ④ 2 ③ 3 ④ 4 ②

운동생리학 출제예상문제

5 다음 중 혈관 크기가 큰 순서로 나열된 것을 고르시오.

① 대동맥 > 대정맥 > 소동맥 > 소정맥 ② 대동맥 > 세동맥 > 소정맥 > 모세혈관
③ 대동맥 > 소동맥 > 세동맥 > 모세혈관 ④ 대동맥 > 세정맥 > 소동맥 > 모세혈관

해설
혈관의 크기는 대동맥 > 소동맥 > 세동맥 > 모세혈관의 순서이다.

6 다음 중 에너지원이 아닌 것을 고르시오.

① 단백질   ② 무기질   ③ 지방   ④ 탄수화물

해설
무기질은 생리적 기능에 관여하지만 에너지로 사용되지는 않는다.

7 체중이 60kg인 사람이 분당 10MET로 10분간 조깅했을 때의 운동소비 칼로리는 대략 얼마인가?

① 95Kcal   ② 105Kcal   ③ 115Kcal   ④ 125Kcal

해설
METS=3.5×kg×min
강도와 체중, 시간을 대입하면 된다.
(10×3.5)×60kg×10min=21,000ml(=21L)
21L×5Kcal=105kcal

8 다음의 내용에서 설명하는 특징의 근섬유를 고르시오.

- 느린 수축 속도와 낮은 장력
- 높은 지구성을 지니고 있어 유산소 운동에 적합
- 많은 미토콘드리아와 산화효소
- 많은 모세혈관 분포

① 속근섬유(FTa : fast twitch fiber)   ② 지근섬유(STa : slow twitch fiber)
③ 속근섬유(FTb : fast twitch fiber)   ④ 지근섬유(ST : slow twitch fiber)

해설
- 속근섬유(FTa : fast twitch fiber)는 지근섬유와 속근섬유(FTb)의 중간형태로 높은 산화 효소와 피로에 대한 저항력이 높은 것이 특징이다.
- 속근섬유(FTb : fast twitch fiber)는 빠른 수축 속도와 높은 장력을 발생하며 낮은 강도의 운동에서 비활성화되고 근섬유 내에서 높은 ATP효소의 농도를 나타낸다.
- 지근섬유(ST : slow twitch fiber)는 높은 지구성을 지니고 있어 유산소 운동에 적합하고 근섬유 내 미토콘드리아와 산화효소가 많은 특징이 있다.

정답 5 ③ 6 ② 7 ② 8 ②

9 고온환경에서 운동 시 순환계 및 대사에 관한 내용으로 <u>틀린</u> 것을 고르시오.

① 운동 중 근글리코겐 이용률 증가되어 젖산 생성량이 증가한다.
② 최대하 및 최대 유산소 운동능력이 감소한다.
③ 쉽게 피로하고 운동능력도 저하된다.
④ 고온환경에서 체온상승은 1회 박출량을 증가시켜 심박수가 감소한다.

해설
고온환경에서 운동 시 체온의 상승은 1회 박출량을 감소시키게 되어 심박수가 증가된다.

10 다음 중 운동기술관련 체력으로 묶인 것은?

㉠ 근력	㉡ 체력
㉢ 근지구력	㉣ 민첩성
㉤ 스피드	㉥ 평형성

① ㉠, ㉢, ㉤
② ㉡, ㉣, ㉥
③ ㉣, ㉤, ㉥
④ ㉣, ㉤, ㉠

해설
운동기술관련 체력의 요소는 민첩성, 평형성, 협응성, 순발력, 반응시간, 스피드이다. 근력, 근지구력은 건강체력의 요소이다.

11 근섬유의 구조와 기능에 대한 설명으로 옳지 <u>않은</u> 것은?

① 근형질세망(sarcoplasmic reticulum) : 칼슘 저장
② 근초(sarcolemma) : 뼈에 부착된 건과 융합
③ 근형질(sarcoplasm) : 글리코겐과 미오글로빈 저장
④ 가로세관(transverse-tubule) : 산·염기 평형 유지

해설
가로세관(transverse-tubule)은 신경자극 전달의 기능을 한다.

정답 9 ④   10 ③   11 ④

운동생리학 출제예상문제

12 다음 중 지근(slow-twitch fiber)에 대한 옳은 설명만으로 묶인 것은?

> ㉠ 높은 ATP농도
> ㉡ 높은 산화 능력
> ㉢ 강한 피로 내성
> ㉣ 빠른 수축 속도

① ㉠, ㉡
② ㉡, ㉢
③ ㉢, ㉣
④ ㉠, ㉢

🔵 해설
지근은 피로에 대한 내성이 강하고 산화력이 높은 특징을 가진다.

13 근섬유가 수축하기 위해 필요한 칼슘이 저장되어 있는 근육 내의 저장 장소는?

① 액틴필라멘트
② 가로세관
③ 미토콘드리아
④ 근형질세망

🔵 해설
근형질세망은 근세포의 근섬유를 감싸고 있는 그물 형태의 구조로서 근육이 수축하는 데 필요한 칼슘을 저장하는 곳이다.

14 다음 중 무산소성 트레이닝에 의한 대사적응에 대한 설명이 <u>아닌</u> 것은?

① 모세혈관의 밀도 증가
② 운동 중 해당능력 증가
③ 운동 중 젖산 적응력 향상
④ PFK(phosphofrucotkinase) 활성으로 ATP 합성 증가

🔵 해설
모세혈관의 밀도는 유산소성 트레이닝에 의한 대사적응으로 증가하는 구조적인 변화가 나타난다. 모세혈관의 밀도 증가로 산소의 확산 능력이 향상되고 산소공급이 용이해진다.

🔵 정답 12 ② 13 ④ 14 ①

15 다음 중 혈압의 결정 요인이 아닌 것을 고르시오.

① 1회 박출량
② 혈액점도
③ 심박출량
④ 혈관 내 혈액량

🔎 **해설**
혈압은 혈관 내 혈액량, 심박출량, 말초저항, 심박수 증가, 혈액점도에 의해 영향을 받는다.

16 다음 중 신경세포의 전기적 특성으로 틀린 것을 고르시오.

① 안정막 전압 : 자극을 받을 않았을 때 세포 내외의 전위(-70mV)
② 탈분극 : 세포막 전위가 안정막 전위 수보다 감소된 상태(-55~30mV)
③ 활동전압 : 탈분극으로 발생하는 막전압(+35mV)
④ 재분극 : 탈분극 이후 안정시 보다 더 커진 상태(-70mV 이상)

🔎 **해설**
재분극은 탈분극 이후 안정 시 전위로 돌아온 상태(-70mV)이다.

17 다음 중 근육의 구조에 대한 설명으로 틀린 것을 고르시오.

① 근형질세망은 칼슘의 저장소이다.
② 수의적으로 움직임을 만든다.
③ 근섬유 하나는 10~20개의 근원섬유로 구성된다.
④ 횡문근의 모양을 가지고 있다.

🔎 **해설**
근섬유 하나는 1,000~2,000개의 근원섬유로 구성된다.

18 다음 중 근육의 혈액분포에 대한 설명으로 틀린 것을 고르시오.

① 안정 시 전체혈류량의 15% 공급한다.
② 운동 중 전체혈류량의 60% 공급한다.
③ 근육 내 혈관은 결체조직을 따라 이동하며 근섬유와 평행 구조를 이룬다.
④ 근섬유의 모세혈관은 3~4개(운동선수 5~7개)이다.

🔎 **해설**
운동 중에는 전체 혈류량의 90%를 공급한다.

정답 15 ① 16 ④ 17 ③ 18 ②

운동생리학 출제예상문제

19 다음에서 설명하고 있는 근섬유 활주 단계는?

- 신경자극 발생
- 근형질세망에서 칼슘(Ca^{++}) 방출
- 칼슘이 트로포닌에 부착되어 액틴의 위치를 변화시킴.
- 액틴과 마이오신이 결합되어 액토마이오신이 형성됨.

① 안정단계 ② 자극, 결합단계
③ 수축단계 ④ 재충전단계

해설
자극, 결합단계에서 신경자극이 발생되고 근형질세망에서 칼슘(Ca^{++})이 방출된다. 이어서 칼슘이 트로포닌에 부착되어 액틴의 위치를 변화시키고 액틴과 마이오신이 결합되어 액토마이오신이 형성된다.

20 다음에서 설명하고 있는 근섬유 활주 단계는?

- 신경자극 중지
- 칼슘펌프에 의해 칼슘 제거
- 근육의 안정상태

① 안정단계 ② 수축단계
③ 이완단계 ④ 재충전단계

해설
이완단계에서는 신경자극이 중지되면 칼슘펌프에 의해 칼슘이 제거되고 근육이 안정상태로 돌아간다.

21 근섬유 활주 단계로 바른 것을 고르시오.

① 안정 → 자극, 결합 → 수축 → 재충전 → 이완
② 안정 → 자극 → 수축 → 재충전 → 이완
③ 안정 → 자극, 결합 → 충전 → 수축 → 이완
④ 이완 → 자극, 결합 → 수축 → 재충전 → 안정

해설
근섬유 활주 단계의 순서는 안정 → 자극, 결합 → 수축 → 재충전 → 이완의 순서이다.

정답 19 ② 20 ③ 21 ①

22 다음 중 골격근의 기능에 대한 설명으로 바르지 않은 것은?
① 인체의 움직임은 근육의 작용으로 가능하고 운동 또한 여러 근육의 조화로운 작용의 결과이다.
② 근육은 뼈를 움직이게 하며, 움직임에 참여하는 여러 가지의 근육이 관절을 고정하는 역할을 한다.
③ 추운 환경에서 체온이 낮아지면 근육의 떨림으로 체온을 상승시킨다.
④ 골격은 근육과 신체의 자세를 유지하는 역할을 한다.

◉ 해설
근육은 골격이 자세를 유지하는 역할을 한다.

23 다음 설명에 해당하는 근육을 고르시오.

- 불수의근 : 의지대로 움직일 수 없다.
- 운동의 강도에 영향을 받는다.

① 골격근 ② 심근
③ 평활근 ④ 대흉근

◉ 해설
심근은 불수의근으로서 운동의 강도에 영향을 받는다. 또한 심장에서만 발견되는 근섬유을 가지고 있다.

24 다음 괄호 안에 들어갈 알맞은 답을 고르시오.

구분	운동성	근육의 형태
골격근	(㉠)	횡문근
(㉡)	불수의근	횡문근
내장근	불수의근	(㉢)

① ㉠ 수의근, ㉡ 골격근, ㉢ 횡문근
② ㉠ 불수의근, ㉡ 심장근, ㉢ 평활근
③ ㉠ 수의근, ㉡ 심장근, ㉢ 평활근
④ ㉠ 불수의근, ㉡ 심장근, ㉢ 평활근

◉ 해설
㉠ 수의근
㉡ 심장근
㉢ 평활근

◉ 정답 22 ④ 23 ② 24 ③

운동생리학 출제예상문제

25 다음 중 근육유형과 기능에 대한 설명이 <u>틀린</u> 것을 고르시오.
① 주동근 : 인체의 움직임을 일으키는 데 직접 관여하는 근육
② 길항근 : 주동근과 함께 움직임을 제어해주는 근육
③ 협응근 : 주동근과 함께 정확한 움직임이 가능하도록 역할을 하는 근육
④ 고정근 : 골격을 고정시키고 지지해주며 다른 근육의 움직임을 돕는 근육

◆ 해설
길항근은 주동근과 반대작용으로 움직임을 제어해주는 근육이다

26 다음에서 설명하는 근수축의 종류에 해당되는 것을 고르시오.

> 근육의 길이가 변하고 운동부하가 일정한 운동 형태

① 등척성수축
② 등장성수축
③ 등속성수축
④ 구심성수축

◆ 해설
등장성수축은 근육의 길이가 변하고 운동부하가 일정한 운동 형태이다.

27 다음 중 지연성근육통에 대한 설명으로 옳은 것을 고르시오.
① 운동 중 발생되는 부산물 제거하는 현상
② 트레이닝의 효과로 근섬유의 크기와 수를 증가시키는 것
③ 단축성 근수축을 많이 하는 경우 발생
④ 운동이 종료된 후 24시간 ~ 48시간 사이에 근육통이 발생되는 것

◆ 해설
지연성근육통(DOMS : delayed onset muscle soreness) : 운동이 종료된 후 24시간 ~ 48시간 사이에 근육통이 발생되며 신장성 근수축을 많이 하는 경우 발생한다.

정답 25 ② 26 ② 27 ④

28 다음에서 설명하는 호르몬에 해당되는 것을 고르시오.

> · 콜레스테롤로부터 만들어지기 때문에 콜레스테롤과 비슷한 화학적 구조
> · 지용성으로서 세포막을 쉽게 통과
> · 성호르몬, 부신피질 호르몬

① 스테로이드성 호르몬
② 비스테로이드성 호르몬
③ 갑상선자극 호르몬
④ 황체형성 호르몬

◆ 해설
스테로이드성 호르몬에 대한 설명이다.

29 다음에서 설명하는 호르몬에 해당되는 것을 고르시오.

> · 혈중 포도당을 세포로 유입시켜 혈당을 낮춘다.
> · 랑게르한스섬의 베타(β)세포에서 분비된다.

① 티록신
② 옥시토신
③ 인슐린
④ 글루카곤

◆ 해설
인슐린은 혈중 포도당을 세포로 유입시켜 혈당을 낮춘다. 랑게르한스섬의 베타(β)세포에서 분비된다.

30 다음 중 심장의 구조에 대한 설명으로 틀린 것을 고르시오.

① 심장은 가슴 중앙에 위치하며 사람 주먹 크기에 무게는 250g~350g 정도이다.
② 심장은 좌심실, 좌심방과 우심실, 우심방으로 2개의 실과 2개의 방으로 구성되어 있다.
③ 심방은 폐와 전신에서 혈액을 받아들인다.
④ 우심실은 전신으로 혈액을 내보낸다.

◆ 해설
좌심실에서 전신으로 혈액으로 보내고, 우심실에서 폐로 혈액을 보낸다.

정답 28 ① 29 ③ 30 ④

운동생리학 출제예상문제

31 다음 중 심장의 자극전도 시스템에 대한 설명으로 틀린 것을 고르시오.

① 동방결절 : 심장의 주기적인 수축과 이완을 조절하는 기능을 가지고 있다.
② 방실결절 : 심장 중심부에 가까운 우심방벽에 위치한다.
③ 방실속(히스속) : 심실중격에 뻗어 나가 좌우의 방과 실에 자극을 전달한다.
④ 퍼킨제섬유 : 심근의 자극전도를 빠르게 전달해주는 섬유이다.

◉ 해설
동방결절은 심장의 주기적인 수축을 조절하는 기능을 가지고 있다. 이완의 기능은 하지 않는다.

32 다음 중 체온조절 기전에 대한 설명으로 틀린 것을 고르시오.

① 시상하부 후엽은 체온 감소에 관여한다.
② 추위에 노출되면 시상하부 후엽에서 열발생을 위하여 혈관을 수축시키고 근육의 떨림을 발생한다.
③ 시상하부 전엽은 체온 증가에 관여하여 피부혈관 확장 및 발한을 자극한다.
④ 34℃ 이하의 저체온은 대사가 원활하지 못해 빈맥을 유발할 수 있다.

◉ 해설
34℃ 이하의 저체온은 대사가 원활하지 못해 부정맥을 유발할 수 있다.

33 다음 호흡계의 구조에 대한 설명 중 틀린 것을 고르시오.

① 폐 : 폐포는 공기가 지나가는 통로의 구조
② 인두 : 기도의 문 역할
③ 후두 : 음식물이 들어오면 공기 통로를 막음.
④ 기관 : 공기가 폐로 가는 통로

◉ 해설
폐 : 폐포는 포도송이 같은 구조

34 다음에서 설명하는 호르몬에 해당하는 것을 고르시오.

> 탈수를 막기 위해 신장에서 수분을 재흡수시켜 수분 배설량을 감소시킨다.

① 알도스테론   ② 레닌 앤지오텐신   ③ 항이뇨호르몬   ④ 코티졸

◉ 해설
항이뇨호르몬은 탈수를 막기 위해 신장에서 수분을 재흡수시켜 수분 배설량을 감소시킨다.

◉ 정답 31 ① 32 ④ 33 ① 34 ③

35 다음 중 운동 중 지방 대사 조절에 관한 설명으로 틀린 것을 고르시오.

① 근글리코겐이 감소하면 지방산화를 가속시켜 근육의 에너지를 공급한다.
② 중성지방으로부터 유리된 지방산이 근섬유로 이동하여 에너지로 사용된다.
③ 근글리코겐이 증가하면 지방산화를 가속시켜 근육의 에너지를 공급한다.
④ 중성지방은 라이페이스 효소에 의해 유리지방산과 글리세롤로 분해된다.

> **해설**
> 근글리코겐이 감소하면 지방산화를 가속시켜 근육의 에너지를 공급한다.

36 다음에서 설명하는 호르몬에 해당되는 것을 고르시오.

- 남성의 2차 성징과 정자 형성
- 골격계의 발달, 성장에 필수 호르몬
- 골격근 성장의 촉진

① 프로게스테론 ② 에스트로겐
③ 테스토스테론 ④ 코티졸

> **해설**
> ① 프로게스테론 : 임신의 유지, 배란 억제
> ② 에스트로겐 : 여성의 2차 성징과 월경주기, 난자 형성
> ④ 코티졸 : 중성지방으로부터 유리지방산 동원을 자극

37 다음 중 유산소성 트레이닝에 의한 대사적응의 설명으로 틀린 것을 고르시오.

① 모세혈관의 밀도 증가 : 산소확산 능력 향상, 산소공급이 용이함.
② 미토콘드리아의 산화 능력 : 미토콘드리아의 수의 증가
③ 포도당 이용 절약
④ PFK(phosphofrucotkinase) 활성으로 ATP 합성 증가

> **해설**
> PFK(phosphofrucotkinase) 활성으로 ATP 합성 증가는 무산소성 트레이닝에 의한 적응이다.

정답 35 ③ 36 ③ 37 ④

38 다음의 혈압 수치를 이용하여 평균동맥압을 구하시오.

- 수축기 혈압 : 120mmHg
- 이완기 혈압 : 84mmHg

① 약 91mmHg
② 약 94mmHg
③ 약 96mmHg
④ 약 98mmHg

해설
평균동맥압 공식
(수축기혈압+이완기혈압×2)/3 = 평균동맥압
(120mmHg+84mmHg×2)/3 = 96mmHg

39 운동 후 초과산소섭취량(excess post-exercise oxygen consumption : EPOC)에 관련된 설명으로 옳은 것은?

① 운동 직후 단당류 섭취로 근글리코겐을 신속히 저장하고 휴식과 함께 회복기 대사를 촉진하는 것
② 운동 후 산소와 영양공급을 위하여 글루코스를 보충하는 것
③ 운동이 끝난 이 후 글리코겐을 저장하고 젖산을 글리코겐으로 전환하는 것
④ 운동이 끝나고 신체를 운동 전 상태로 회복하는 데 필요한 에너지를 사용하기 위하여 안정 시보다 많은 산소를 소비하는 것

해설
운동 후 초과산소섭취량(EPOC)는 회복기에 신체를 운동 전 상태로 회복하는 데 필요한 에너지를 사용하기 위하여 안정 시보다 많은 산소를 소비하는 것이다.
체온 상승, 혈중 젖산 농도 증가, 카테콜라민 농도의 증가는 EPOC를 증가시키는 원인이며, EPOC의 느린 영역이 나타나는 데 기여한다.
크레아틴인산(PC)의 고갈과 발열량은 고강도 운동에서 더 큰 EPOC를 나타낸다.

40 다음 중 분당 환기량에 대한 식으로 옳은 것은?

① 1회 호흡량(TV) × 폐활량
② 1회 호흡량(TV) × 흡기량
③ 1회 호흡량(TV) × 호흡수
④ 1회 호흡량(TV) × 잔기용적

해설
분당 환기량(L/ml) = 1회 호흡량(TV) × 호흡수

정답 38 ③ 39 ④ 40 ③

6과목 운동역학

01 운동역학의 개요
02 운동역학의 이해
03 인체역학
04 운동학의 스포츠 적용
05 운동역학의 스포츠 적용
06 일과 에너지
07 다양한 운동 기술의 분석
출제예상문제

운동역학　01 운동역학의 개요

1 운동역학의 정의 및 학문 영역

(1) 운동역학의 정의
운동역학은 생리학, 역학, 해부학적 지식을 활용하여 체육학, 의학, 공학 등의 여러 분야에서 광범위하게 적용되는 학문이다. 운동역학 또는 생체역학(sport biomechanics)이라 하며 스포츠에서의 운동 동작을 역학을 바탕으로 분석하는 연구이다. 더 넓은 의미로 인간의 모든 움직임이 연구 대상이며 신체활동에 영향을 주는 주변 환경까지 연구의 대상이 된다.

(2) 운동역학의 학문 영역

정역학 (statics)	움직임이 없는 정적인 상태이거나 일정한 속도(등속)로 움직이는 물체에 대한 연구이다.
동역학 (dynamics)	속도의 변화가 있는 상태의 물체에 관한 학문으로 가속도가 있는 상태를 말한다. 대부분의 스포츠 상황은 동역학적 연구로 이루어진다.
	운동학(kinematics) : 시간과 공간적인 요소를 사용하여 물체의 움직임을 설명한다. 위치, 변위, 거리, 속도, 속력, 가속도 등이 해당된다.
	운동역학(kinetics) : 운동의 원인이 되는 힘에 관한 것을 다룬다. 힘, 역적, 모멘트·토크, 파워 등이 해당된다.

2 운동역학의 목적과 필요성

(1) 운동역학의 목적
① 스포츠 동작 기술 향상 및 개발
② 경기력 향상을 위한 운동 장비 개발
③ 운동역학적 분석을 통한 훈련의 향상
④ 상해 예방을 위한 동작이나 기술 개발 및 장비 개발

(2) 운동역학의 필요성
① 스포츠 동작을 지도하기 위해서는 그 동작의 과학적 원리를 명확하게 파악해야 하고, 운동역학적 지식을 바탕으로 현장에 적용하면 경기력 향상에 영향을 미칠 수 있다.
② 스포츠 현장에서 동작에 대해 설명을 할 때 어떻게 해야 하는지, 왜 그렇게 해야 하는지에 대한 이론적인 설명을 할 수 있으며, 학습 효과에 도움을 준다.

3 운동역학의 연구 방법 및 연구 영역

(1) 운동역학의 연구 방법

① 정성분석(qualitative analysis) : 동작을 측정하거나 계산하지 않아서 숫자를 사용하지 않고 동작을 분석하고 설명하는 방법이다. 영상 장비와 프로그램으로 구성되어 있으며 일반적으로 비디오, 스마트폰, 태블릿 pc 등을 사용한다.

② 정량분석(quantitative analysis) : 기구를 사용하여 동작을 측정하거나 계산하여 얻어진 데이터를 이용하여 동작을 분석하는 방법이다. 동작분석측정 장비가 해당되며 정성분석보다 객관적인 분석방법이지만 측정 장소가 한정되어 있으며 자료처리에 시간이 많이 걸리는 이유로 현장 적용에는 한계가 있다.

(2) 운동역학의 주요 연구 영역

① 운동역학을 통해 운동 동작의 단점을 찾아내어 보완점을 제공함으로 기술 동작의 오류를 수정한다.

② 빠른 속도로 발달하고 있는 측정 기구로 인해 선수의 운동 수행 능력 개선과 함께 상해를 예방한다.

③ 측정 방법과 자료 처리 기술의 개발로 보다 정확한 기술 분석을 가능하게 하며 현장에 빠른 적용을 시킬 수 있다.

운동역학 02 운동역학의 이해

1 해부학적 기초

(1) 인체의 근골격계
① 근골격계 : 인체가 움직임을 할 수 있도록 근육과 관절로 이루어진 것을 뜻한다.
② 인체 동작의 원리 : 움직이고자 하는 의지가 신경계를 통해 근육계에 전달이 되면 근육이 수축을 하여 힘이 발생하고 이 힘이 골격계에 전달되어 관절을 축으로 움직일 수 있도록 한다.

(2) 해부학적 자세와 방향 용어
① 해부학적 자세 : 눈의 시선은 정면을 바라보며 내린 팔의 손바닥은 앞을 향하며, 두 발의 발꿈치는 붙이고 발끝은 약간 외측으로 벌리고 똑바로 선 자세를 의미한다. 이러한 해부학적 자세에서 상부(superior)는 항상 머리쪽, 하부(inferior)는 발끝을 의미한다.

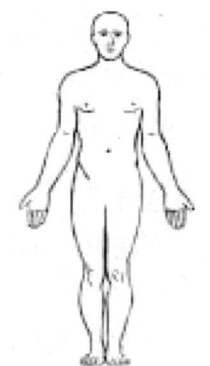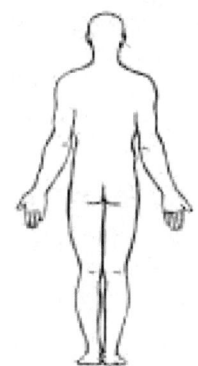

[해부학적 자세]

② 방향용어

용어		뜻	사용 예
상측	superior	위쪽	머리는 가슴에 비해 위쪽에 위치
하측	inferior	아래쪽	엉덩이는 가슴에 비해 아래쪽에 위치
전측	anterior	앞쪽	코는 귀에 비해 앞쪽에 위치
후측	posterior	뒤쪽	손등은 손에 비해 뒤쪽에 위치
내측	medial	안쪽	심장은 폐에 비해 안쪽에 위치
외측	lateral	바깥쪽	어깨는 목에 비해 바깥쪽에 위치
내번	inversion	발바닥 안쪽으로 드는 동작	제기차기에서 발 안쪽으로 드는 동작
외번	eversion	발바닥 바깥쪽으로 드는 동작	스케이트에서 안쪽 날로 탈 때의 동작
근위	proximal	몸통과 가까운 쪽	무릎은 발목에 비해 근위에 위치
원위	distal	몸통과 먼 쪽	손은 어깨에 비해 원위에 위치
회선	circumduction	휘돌림. 회전운동이 연속적으로 일어나 원뿔을 그리는 운동	손목 돌리기. 팔을 쭉 뻗어 손끝으로 원을 그리는 동작
저측굴곡	plantarflexion	발바닥 쪽으로 굽힘	기계체조나 발레에서 많이 사용
배측굴곡	dorsiflexion	발등 쪽으로 굽힘	태권도에서 발뒤꿈치 차기

(3) 인체의 축과 운동면

1) 운동면
    ① 전후면(Sagittal Plane ; 시상면) : 인체의 좌우 질량이 같도록 인체를 좌우로 나누는 평면. 인체의 정중앙을 지나게 되는 평면은 정중면(median plane)이라 부른다.
    ② 좌우면(Frontal Plane ; 관상면) : 인체의 앞뒤 질량이 같도록 인체를 앞뒤로 나누는 평면
    ③ 횡단면(Transverse Plane ; 수평면) : 인체의 위아래 질량이 서로 같도록 인체를 상하로 나누면 평면

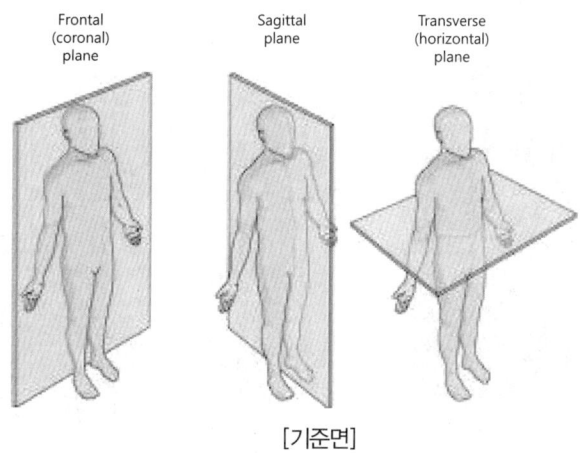

[기준면]

2) 운동축
    ① 좌우축(Frontal Axis) : 전후면의 기준이 되는 축으로 인체의 좌우를 통과하는 축
    ② 전후축(Sagital Axis) : 좌우면의 중심이 되는 축으로 인체의 전후를 통과하는 축
    ③ 수직축(Longitudinal Axis ; 장축) : 횡단면의 중심이 되는 축으로 인체의 위아래를 통과하는 축

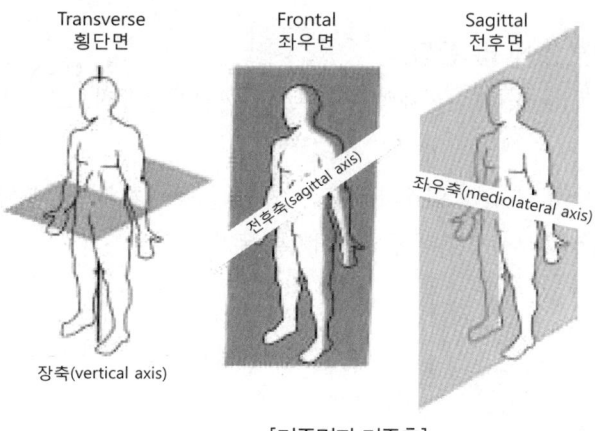

[기준면과 기준축]

(4) 관절 운동

1) 전후면(시상면)에서 일어나는 운동
   ① 굴곡(flexion) : 관절을 형성하는 두 분절 사이의 각도가 작아지는 동작
   ② 신전(extension) : 관절을 형성하는 두 분절 사이의 각도가 커지는 동작으로 해부학적 자세로 되돌아가는 운동

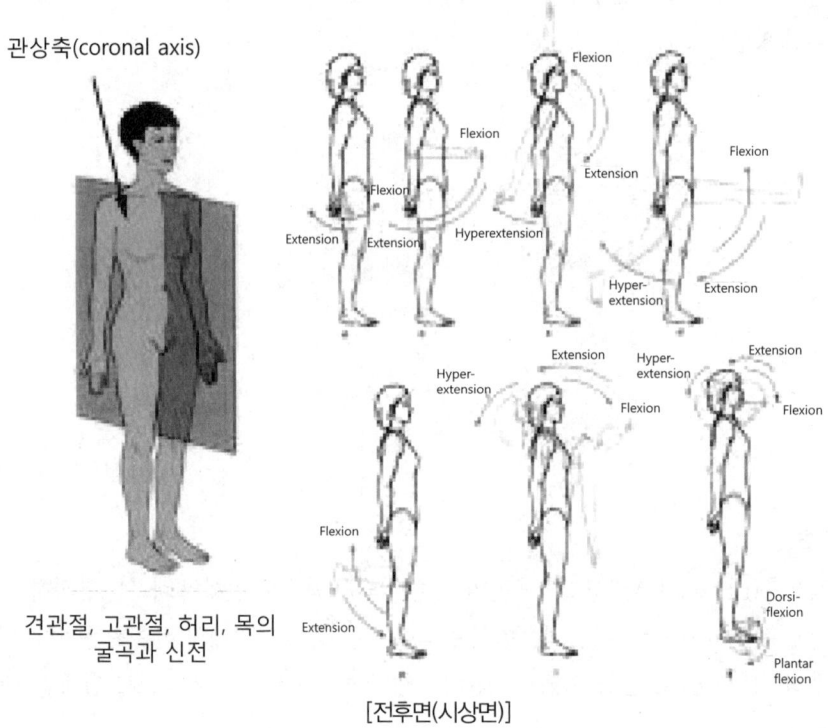

견관절, 고관절, 허리, 목의 굴곡과 신전

[전후면(시상면)]

2) 좌우면(관상면)에서 일어나는 운동
   ① 내전(모음 ; adduction) : 인체의 중심부로 가까워지는 동작으로 해부학적 자세로 돌아오는 동작
   ② 외전(벌림 ; abduction) : 인체의 전후축을 중심으로 인체의 중심부나 분절의 중심부에서 멀어지는 동작으로 해부학적 자세에서 멀어지는 동작

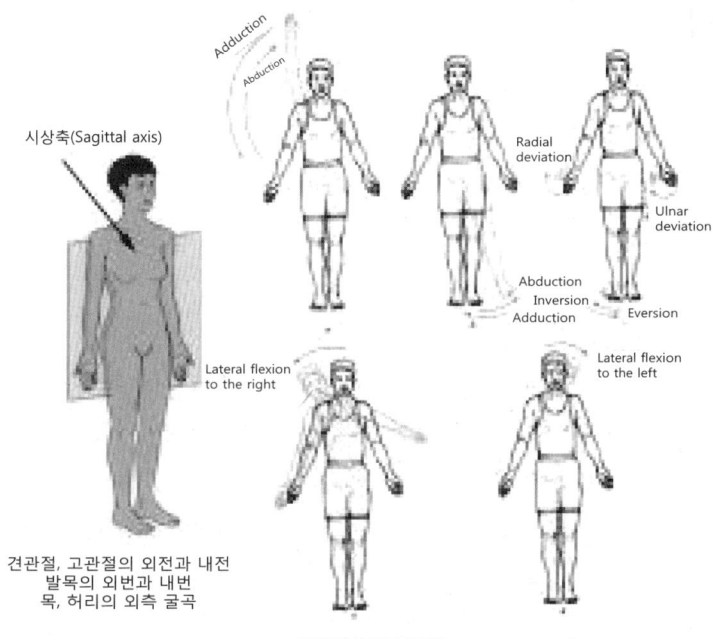

[좌우면(관상면)]

3) 횡단면(수평면)에서 일어나는 운동
   ① 회내(엎침 ; pronation) : 해부학적 자세에서 손등이 보이도록 돌리는 동작
   ② 회외(뒤침 ; supination) : 손바닥이 보이는 해부학적 자세로 돌아가는 동작

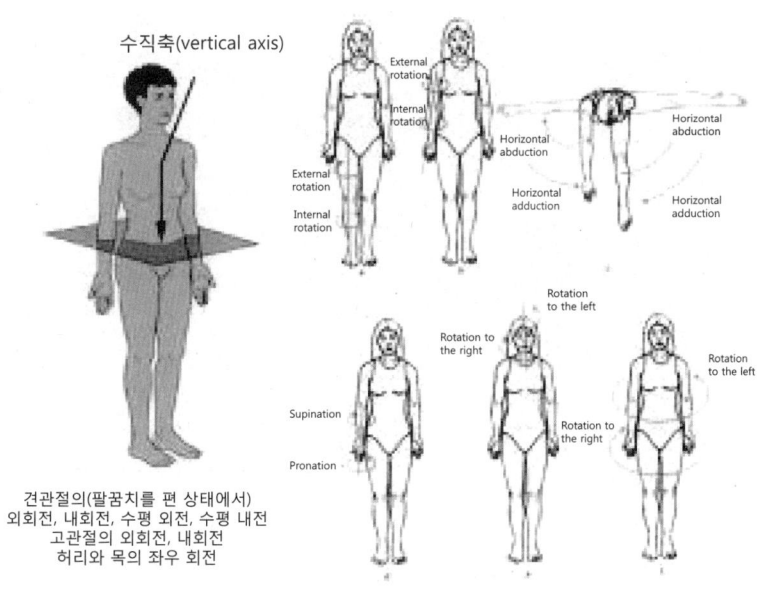

[횡단면(수평면)]

2 운동의 종류

1) 병진운동(선운동) : 100m 달리기(직선), 스키점프(곡선) 등
   ① 신체의 모든 부분이 동시에 같은 방향으로 같은 거리를 이동하는 운동
   ② 이동하는 경로가 직선이면 직선운동, 곡선이면 곡선운동으로 구분한다. 직선운동은 1차원 운동으로 직선을 그리듯이 움직이는 운동이고, 곡선운동은 2차원 운동으로 직선으로 이동하는 것이 아니고 방향이 바뀌는 운동으로 곡선을 그리면서 이동하는 운동이다.

2) 회전운동(각운동) : 마루 운동에서 공중돌기 등
   ① 회전축을 중심으로 신체의 모든 부분이 같은 방향으로 같은 각속도로 회전하는 운동
   ② 관절을 축으로 하여 발생하는 인체 분절의 움직임을 각운동이라 할 수 있다.

3) 복합운동
   대부분의 인체 운동은 병진운동과 회전운동이 결합된 형태의 운동인 복합운동에 해당된다. 예를 들면 자전거를 탈 때 상체는 직선운동을 하고 있으나, 하체의 각 관절은 각운동을 한다. 이는 인체의 각 관절에서 분절이 회전운동을 함으로 복합운동에 해당된다.

운동역학 03 인체역학

1 인체의 물리적 특성

(1) 체중과 질량

1) 체중(무게 ; weight)
   ① 무게는 지구의 중력에 의해 당겨지는 힘으로 체중은 중력에 의해 당겨지는 신체의 인력이다.
   ② 물체에 작용하는 중력의 크기는 장소에 따라 달라질 수 있다.
      예 지구 vs 달에서의 무게
   ③ 무게는 질량과 중력가속도의 곱으로 나타낸다.

$$무게(w) = 질량(m) \times 중력가속도(g)$$

2) 질량(mass)
   ① 질량은 물질이나 물체의 관성을 수량적으로 측정한 것으로 어디에서나 일정한 값을 나타내며 불변의 물리량이다.
   ② 질량은 물체의 고유 특성이며 중력 가속도에 대하여 독립적이다.
   ③ MKS 단위계 : 가장 널리 사용되는 단위계로 길이는 미터(m), 질량은 킬로그램(kg), 시간은 초(s)로 나타낸다.

(2) 인체의 무게 중심

① 질량 중심(center of mass)은 물체의 전체 질량이 집중되어 있다고 가정하는 하나의 점으로 중력이 집중적으로 작용하는 점이라고 할 수 있다.
② 질량중심은 무게중심(center of gravity)이라고도 하며 인체는 하나의 강체가 아니기 때문에 인체의 무게 중심은 분절의 위치에 따라 바뀐다.
③ 무게 중심의 높이는 인체의 자세에 따라 달라지는데 인체 내부뿐만 아니라 외부에도 존재할 수 있으며 대부분의 성인 남성보다 여성의 경우에 보다 낮은 지점에 위치한다.
④ 무게 중심은 순간적으로 고정된 자세에 따라 결정되기 때문에 인체 동작이 발생하는 동안 무게 중심의 위치는 계속 변화한다.
⑤ 무게 중심 활용사례 : 레슬링 선수가 안정성을 높이기 위해 무게중심을 낮춘다. 배구에서 스파이크의 타점을 높이기 위해 무게 중심을 높인다.

2 인체 평형과 안정성

(1) 인체 평형과 안정성

① 평형 : 속도가 변화하지 않는 상태로 가속도가 '0'인 상태를 말한다. 정적평형(static equilibrium)과 동적평형(dynamic equilibrium)으로 구분되며 정적평형은 인체나 물체가 정지해 있는 상태에서의 평형, 동적평형은 일정한 속도로 움직이는 상태를 말한다. 정적평형 상태를 유지하기 위해서는 외부에서 작용하는 힘과 토크의 합이 0이 되어야 하며 동적 평형에는 선평형(linear equilibrium)과 회전평형(rotary equilibrium)이 있다.

② 안정성
  - 평형 상태를 유지하고 하는 상태를 의미하며, 안정성이 높으면 동작을 바꾸거나 중심 이동이 어려운 반면 안정성이 낮아지면 작은 외부의 힘에 대해서도 쉽게 인체를 움직일 수 있게 된다.
    예 씨름, 유도 등
  - 안정성이 크려면 기저면이 넓고, 무게 중심이 기저면 중심부위에 낮게 위치해야 하며 인체의 수직중심선이 기저면의 중앙 위치에 위치해야 한다.

(2) 기저면과 안정성의 관계

① 기저면(base of support) : 물체의 접촉에 의해 형성된 지면의 경계선에 포함된 전체 면적을 뜻한다.

② 기저면과 안정성의 관계
  - 기저면의 넓이에 따라 안정성이 달라진다. 기저면이 넓어질수록 안정성은 높아지고 좁을수록 안정성은 작아진다.
  - 한발로 서있는 자세보다 두발로 서 있을 때 더 안정성이 높으며, 두발로 서있을 때보다 지지대를 사용하거나 양손으로 바닥을 짚어서 네발로 있을 때 더 안정성이 높다.

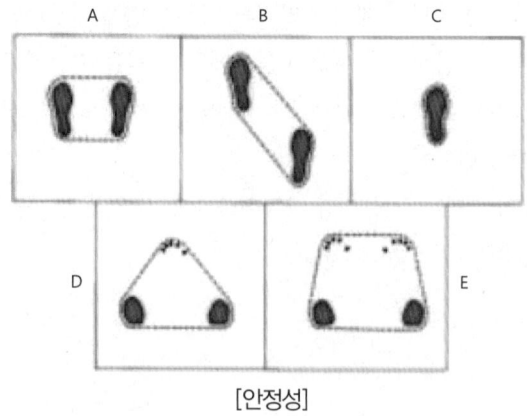

[안정성]

[안정성을 높이는 방법]

기저면	기저면이 넓을수록 안정성이 높다.
무게 중심	무게 중심이 낮을수록 안정성이 높다.
수직 중심선	수직 중심선이 기저면의 중앙에 가까울수록 안정성이 높다.
	인체에 중력을 제외한 외력이 작용할 경우, 외력이 작용하는 쪽으로 치우치면 안정성이 높아진다.

3 인체의 구조적 특성

(1) 인체 지레

인체의 대부분의 동작은 지레의 원리를 사용한다. 근육의 수축하는 힘이 관절에 전달되면서 분절의 가동력이 발생하는 기계적 특성이 나타난다. 이러한 분절에서는 지렛대의 역할을 수행하며, 근육의 정지점에는 힘점, 움직이는 분절의 무게중심에는 저항점이 있으며, 운동하는 관절은 받침점으로 이루어진다.

1) 지레의 3요소 : 힘점, 작용점(저항점), 받침점(축)

[지레의 원리에 따른 인체요소]

구분	내용
힘점	주동근 부착점
작용점	저항점, 무게
받침점	관절 축
지렛대	뼈

2) 지레의 종류

① 1종 지레(힘점, 받침점, 작용점) : 축(받침점)이 힘점과 작용점(저항점) 사이에 위치
   예 시소, 가위, 고개 숙이기(목관절 신전) 등

② 2종 지레(받침점, 작용점, 힘점) : 축(받침점) 다음에 작용점(저항점)과 힘점이 위치하고 있으며, 작은힘으로 무거운 것을 지지하거나 움직일 수 있는 효율적인 지렛대지만 비교적 동작범위가 작은 단점이 있다.
   예 병뚜껑 따개, 호두까는 기구, 손수레, 발뒤꿈치 들고 서기, 팔굽혀 펴기 등

③ 3종 지레(받침점, 힘점, 작용점) : 축(받침점), 힘점, 작용점(저항점) 순서로 위치하고 있으

며, 인체 지레의 90% 이상 해당되며, 큰 운동의 범위와 빠른 속도가 필요한 곳에서 적합하다. 주어진 저항을 움직이기 위해서 보다 큰 힘이 필요하기 때문에 보다 비효율적이다.

📌 삽질, 카누에서 노 젓는 동작, 아령 들기(팔꿈치 굴곡) 등

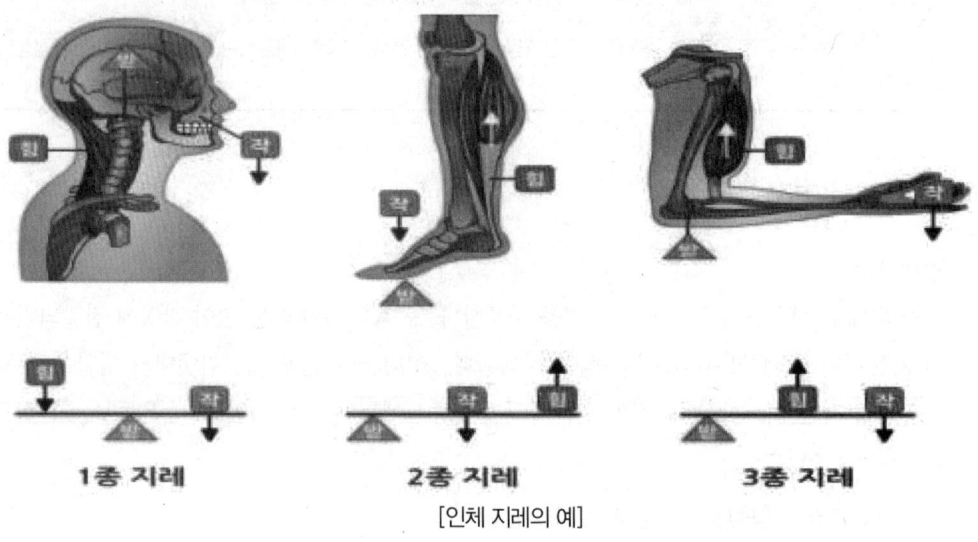

[인체 지레의 예]

(2) 인체 도르래

① 도르래는 인체에서 골격근에 고정 도르래만 있는데, 1종 지레와 유사한 기능을 수행하게 되므로 힘의 방향만 변화시키는 작용을 한다. 고정도르래는 단지 힘의 방향만 바꿔주는 역할을 하지만 인체운동에서는 인체가 발휘한 총 힘에 대해 실제로 이득을 얻을 수 있다.

② knee extension machine에서 발목관절(ankle joint)에서 도르래 작용은 외측 복사뼈(lateral malleolus)는 도르래의 수레작용, 비복근에 연결된 아킬레스건은 줄의 역할을 한다. 비복근이 수축을 하면 아킬레스건이 비복근의 기시(origin) 방향으로 당겨 올라가면서 발목관절에서 저측굴곡이 일어난다.

슬관절(knee joint)에서는 무릎뼈(patella)가 수레의 역할을 하고 대퇴사두근(quadriceps)에 연결된 건이 줄의 역할을 하여 대퇴사두근이 수축을 하며 슬관절에서의 신전이 일어난다. 즉, 발목관절에서는 복사뼈가, 무릎관절에서는 무릎뼈가 연결된 근육의 수축으로의 힘의 방향을 변화시킨다.

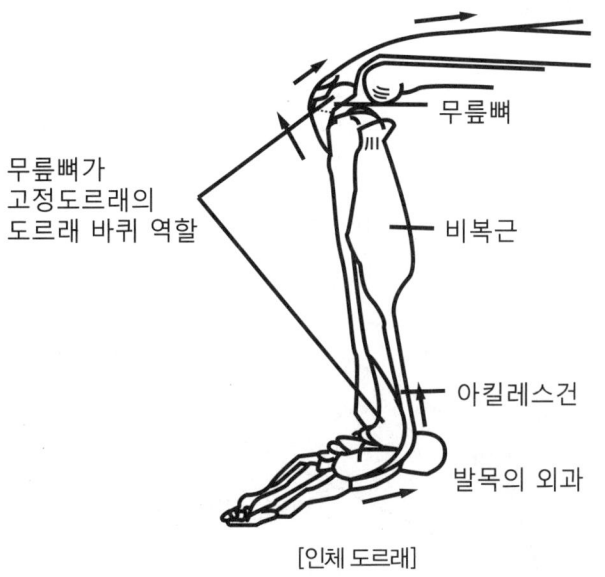

[인체 도르래]

(3) 인체의 축과 바퀴

① **1형 유형** : 자동차의 핸들과 같이 겉바퀴에 힘이 작용하는 유형으로 바퀴에 힘을 가해 축에서 보다 큰 힘을 얻고자 하는 것이다. 인체 지렛대 원리 중 2종 지레와 비슷하다.

② **2형 유형** : 자전거의 뒷바퀴와 같이 중심축에 힘이 작용하는 것으로 축에 힘을 가해 바퀴에서 빠른 회전력을 얻고자 하는 유형이다. 인체 지렛대 원리 중 3종 지레와 비슷하다.

③ 인체에서 바퀴는 회전을 발생시키는 힘이 중심축에 작용하여 힘에서는 손해를 보는 대신 거리와 속도에서 이득을 보는 2형 바퀴 유형이 대부분이다. 예를 들면 인체에서 머리·몸통을 돌리는 동작, 팔다리의 외전과 내전 등 대부분의 비틀기와 회전운동이 2형 바퀴체제의 역할을 한다.

운동역학 | 04 운동학의 스포츠 적용

1 선운동의 운동학적 분석

(1) 거리와 변위
① 거리 : 물체가 처음 위치부터 나중 위치까지 이동한 운동경로를 의미하며 항상 양의 값을 갖으며 크기를 나타내는 스칼라량이다.
② 변위 : 처음 위치부터 나중 위치까지의 크기와 방향을 나타내는 벡터양으로 처음 위치에서 나중 위치로 연결되는 직선으로 나타낼 수 있다.

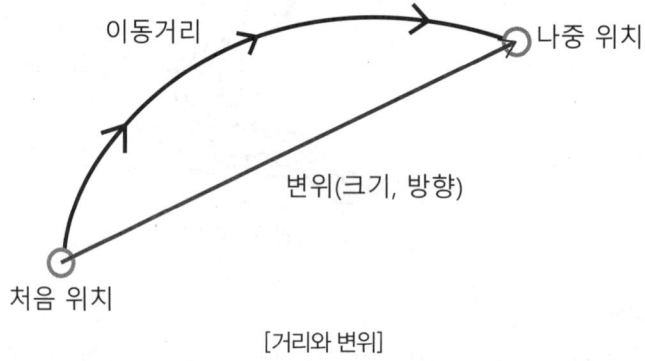

[거리와 변위]

(2) 속력과 속도
① 속력(speed) : 단순히 물체가 얼마나 빨리 이동하였는가라는 크기에 중점을 두고 있으며, 일정 시간동안 이동한 거리로 물체의 빠르기를 나타내는 스칼라량이다. 단위는 m/s, cm/s, km/h 등이 있다.

> 속력 = 이동거리 / 소요시간

② 속도(velocity) : 어느 쪽으로 얼마나 빨리 이동하는가로 크기와 방향에 중점을 두고 있으며, 단위 시간(1초) 동안 이동한 변위로 물체의 빠르기를 나타내는 벡터량이다. 단위는 속력과 동일하다.

> 속도 = 변위 / 소요시간

③ 순간속도(instantaneous velocity) : 속도를 구하는 공식에서 소요시간을 0에 가깝게 극소화시켜 미분한 값이다. 순간 벡터로 방향과 크기를 가진다.

(3) 가속도
① 시간에 대한 속도의 변화량으로 속도가 증가할 때 정적 가속도, 속력이 감소할 때 부적 가속도라 하며 속도와 방향을 나타내는 벡터량이다.

② 시간에 대한 속도의 변화 비율로 단위는 m/s²이다.

$$가속도 = (나중\ 속도 - 처음\ 속도) / 소요시간$$

③ 등속도 운동의 특징은 물체의 속도 변화가 없거나 시간이 변해도 가속도가 일정함으로 가속도는 0을 나타낸다.
④ 순간 가속도는 가속도를 구하는 공식에서 소요시간을 0에 가깝게 극소화시켜서 미분한 값으로 순간 벡터로서 방향과 크기를 가진다.

(4) 포물선 운동
① 선운동의 대표적인 형태로 투사체가 이동하면서 만든 궤적의 곡선운동을 말한다.
② 포물선 운동 시 수평 방향으로는 가속도가 0인 등속도 운동, 수직 방향으로는 외력이 작용하므로 가속도가 g가 되는 등가속도 운동을 한다.
③ 최고 높이에서의 수직 속도는 0m/s이다.
④ 투사 높이와 착지 높이가 같다면 포물선 모양은 좌우 대칭이며 속도의 크기는 같다.
⑤ 투사체 궤적을 결정하는 주요 요소들

투사 높이	• 투사 높이와 착지 높이가 같을 때 : 45도로 던질 때 최대거리 • 투사 높이가 착지 높이보다 낮은 경우 : 45보다 큰 각도로 던질 때 최대거리 • 투사 높이가 착지 높이보다 높을 경우 : 45보다 작은 각도로 던질 때 최대거리 • 상대적 투사높이는 투사높이와 착지 높이와의 차이로 결정 • 높이 없이 원점에서 투사될 경우 투사체의 상승시간과 하강시간은 같다.
투사 각도	• 투사각은 투사하는 순간 투사체가 운동하는 방향과 수평선을 이루는 각도 • 다른 조건은 같고 투사각만 달리 했을 때 투사각이 45도 일 때 최대거리
투사 속도	• 투사하는 순간 투사체의 속력 • 투사체의 수평 이동거리는 수평속도와 체공시간과의 곱 • 투사각이 45도 일 때 투사 속도가 빠를수록 최대 거리

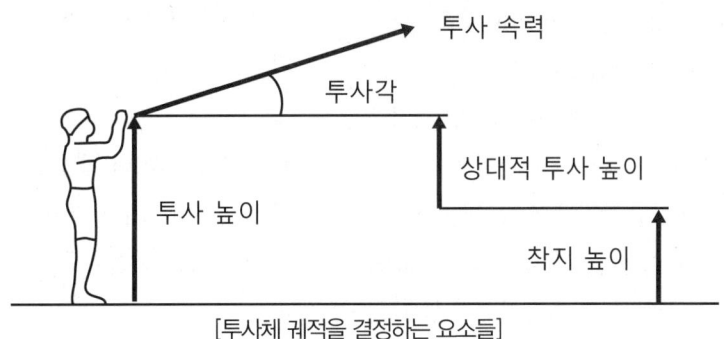

[투사체 궤적을 결정하는 요소들]

04 운동학의 스포츠 적용

2 각운동의 운동학적 분석

(1) 각운동의 이해
철봉의 휘돌기나 피겨 스케이팅의 스핀 동작과 같이 축을 중심으로 회전하는 운동을 각운동(angular motion)이라 한다.

(2) 각운동의 요소

각거리	물체가 한 지점에서 다른 지점으로 이동하였을 때 물체가 이동한 경로를 측정한 총 각도의 크기로 방향이 없으며 항상 양의 값을 갖는다.
각변위	• 물체가 이동한 처음 위치에서 마지막 위치까지의 직선거리 • 회전하는 물체에 대한 각위치의 변화 • 방향을 가지는 벡터로 일반적으로 시계방향(-), 반시계방향(+)으로 나타낸다.
각속력	• 각속도의 절대값을 의미하며 항상 양의 값을 갖는다. • 각거리/소요시간(각 거리는 0~360°로 계산)
각속도	• 일정시간동안 각 변위의 변화율로 방향을 함께 나타내는 벡터로 크기와 방향을 갖고 있다. • 각변위/소요시간으로 계산
각가속도	• 각속도가 빨라지거나 느려질 때 발생하는 변화하는 정도를 나타낸다. • (마지막 각속도-처음 각속도)/시간으로 계산

(3) 각속도의 운동

회전하는 물체의 한 부분의 선속도는 회전축으로 부터의 거리 × 각속도이다. 각속도가 같을 때 회전축으로부터의 거리가 길수록 선속도는 증가한다. 이와 반대로 회전축으로부터의 거리가 짧을수록 선속도는 감소한다. 회전축으로부터의 거리가 같을 때 각속도가 빨라지면 선속도도 빨라지고 각속도가 느려지면 선속도로 느려진다.

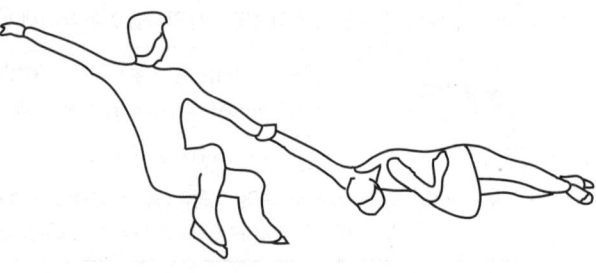

[각속도의 운동 _ 페어 스케이팅]

📖 골프공을 가장 멀리 보내기 위해 티샷을 할 때 사용하는 드라이버 채의 길이가 가장 길다.

① 페어 스케이팅 동작에서 남자선수가 회전축이 되고 남자선수의 팔과 여자선수의 전체 몸이 같은 속도로 회전하고 있다. 같은 각속도로 회전하고 있지만 회전축에 가까운 남자선수의 손의 각속도는 느린 반면 여자선수의 선속도는 빠르다.

운동역학 05 운동역학의 스포츠 적용

1 선운동의 운동역학적 분석

(1) 힘의 정의와 단위
① 힘은 한 물체가 다른 물체를 당기거나 미는 것으로 운동 상태를 변화시키는 것이다.
② 힘은 크기와 방향을 가지고 있는 벡터량이며, 질량과 가속도에 비례한다.
③ 힘은 속도의 변화를 일으키며 가속도가 생긴다.
④ 단위는 뉴턴(N)을 사용하며, 1N은 1kg의 물체를 1m/s²으로 가속시키는 힘을 말한다.

$$1N = 1kg \times 1m/s^2$$

(2) 힘의 벡터적 특성
① 힘은 움직임을 발생시키는 벡터량으로 크기, 방향, 작용점으로 구성되어 있으며 다음의 화살표를 사용해 나타낸다.

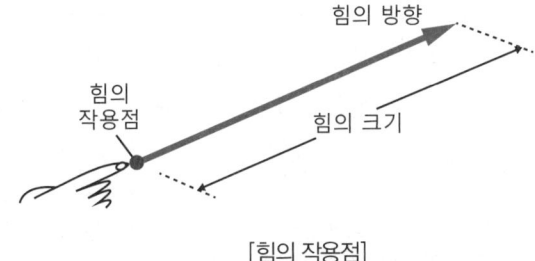

[힘의 작용점]

② 힘의 크기와 방향이 같으면 동일한 힘이며, 크기와 방향이 다를 경우 물체에 미치는 힘은 다르다.
③ 같은 크기의 힘이 다른 힘의 작용점에 작용하면 움직임이 달라진다.

(3) 힘의 종류

외력	인체 외부에서 존재하는 모든 힘으로 중력, 마찰력, 충격력, 반작용력, 물의 항력, 부력 등이 있다.
내력	인체 내부에서 존재하는 힘으로 근력, 관절 반작용력 등이 있다.
근력	근육의 수축으로 인해 발생하는 힘
접촉력	두 물체 사이에 접촉이 이루어졌을 때 발생하는 힘
중력	지구 중심방향으로 끌어당기는 힘으로 스포츠나 일상생활에 작용하며 지구상의 모든 물체에 적용
마찰력	한 물체가 다른 물체에 접촉하면서 운동을 할 때, 접촉면의 운동을 방해하는 반대방향의 힘으로 정지 마찰력, 미끄럼 마찰력, 구름 마찰력이 있다.
부력	물속에 잠긴 물체에서 중력에 반대방향인 위로 작용하는 힘으로 물에서 물체가 뜨는 원리

05 운동역학의 스포츠 적용

항력	• 공기나 물속을 움직이는 물체가 운동방향의 정면으로 받기 되는 힘 • 이동 방향에서 본 물체의 단면적의 크기와 이동속도의 제곱에 비례 • 운동 방향에서 본 단면적의 크기에 비례하지만, 같은 단면적일 경우 유선형에 가까울수록 적게 작용
양력	유체 속 물체에 운동방향의 수직방향으로 작용하는 힘으로 유체의 속도가 증가할수록 그 유체가 작용하는 압력이 감소

(4) 뉴턴의 운동법칙

1) 관성의 법칙(제 1법칙)
   ① 물체는 외부로부터 받은 힘이 '0'일 경우 현재의 운동 상태를 유지하려고 하는 것으로, 정지해 있는 물체는 계속 정지해 있고 움직이고 있는 물체는 움직이고 있는 방향과 속도를 유지하면서 계속 운동한다.

   예 출발하는 버스, 급제동하는 버스 등

   ② 관성의 법칙은 외부로부터 받은 힘이 '0'이 되기 때문에 물체가 움직이고, 외부에서 작용하는 힘이 없으면 그 물체는 일직선으로 같은 속도로 계속 움직인다.
   ③ 물체의 관성은 질량과 비례하여 질량이 클수록 관성도 같이 커져서 움직이기 더욱 어려워진다.

   > 🔔 알짜힘
   > 한 물체에 작용하는 모든 힘의 합으로 관성의 법칙에서는 알짜힘이 '0'이 된다. 한쪽이 힘이 더 크면 이기는 쪽으로 작용하며 가속도의 법칙의 경우 알짜힘이 '0'이 아닌 경우이다.

2) 가속도의 법칙(제 2법칙)
   물체는 외부로부터 힘을 받으면 힘의 방향으로 가속되며, 이 때 가속도의 크기는 힘에 비례하고 질량에 반비례한다.

   $$\vec{F} = m\vec{a}$$

3) 작용-반작용의 법칙(제 3법칙)
   ① 한 물체가 다른 물체에 힘을 작용하면 항상 크기가 같고 방향이 반대인 반작용의 힘이 동시에 작용한다.
   ② 인체의 기본 움직임인 걷기, 달리기, 뛰기 등은 인체가 지면에 가한 힘의 반작용에 의해 가능하다.

> **뉴턴의 법칙 사례**
> ① 관성의 법칙 : 자동차가 급출발할 때 차 안에 있는 사람의 몸이 뒤로 쏠리는 현상이나 급정거 할 때 몸이 앞으로 쏠리는 현상이다.
> ② 가속도의 법칙 : 볼링공과 골프공에 같은 힘이 작용할 때 훨씬 무거운 볼링공의 가속도가 작은 반면 골프공의 경우 큰 가속도를 갖게 된다. 자전거 페달을 강하게 밟으면 속도가 빨라지고 천천히 밟으면 느려진다.
> ③ 작용-반작용의 법칙 : 보트를 타고 노를 이용해 수면 뒤로 밀면 보트는 앞으로 간다.

(5) 선운동량과 충격량

1) 선운동량

① 물체의 질량과 그 물체의 속도와의 곱으로 더 큰 질량일수록, 또는 더 빠른 속도로 움직이는 물체일수록 큰 운동량을 가진다. 따라서 스포츠 현장에서의 질량은 대부분 일정하기 때문에 속도를 변화시켜 운동량을 변화 시킬 수 있다.

② 선운동량 공식

$$운동량 = 물체의 질량(m) \times 속도(v)$$

③ 선운동량의 단위 : $N \cdot s$ 또는 $kg \cdot m/s$

2) 충격량

① 충격량은 힘의 크기뿐만 아니라 힘이 작용하는 시간에 따라 결정되며 큰 힘이 오랫동안 작용하면 충격량은 커지고, 작은 힘으로 짧은 시간 작용하면 충격량은 작아진다. 충격량은 크기와 방향을 가진 벡터량이며 방향은 힘의 방향과 같다.

② 충격량 공식

$$충격량 = 힘(충격력) \times 작용시간 = 충돌 후 운동량 - 충돌 전 운동량 = 운동량의 변화량$$

③ 충격량의 단위 : $N \cdot s$ 또는 $kg \cdot m/s$

(6) 선운동량의 보존

① 외력이 작용하지 않는 한 충돌 전후의 운동량은 일정하다.
② 뉴턴의 제 1법칙과 3법칙이 적용되어 운동이 진행되는 동안 운동량은 그대로 유지된다.

(7) 충돌

1) 탄성력

① 어떤 물체가 외력에 의해 일시적으로 변형되었다가 외력이 제거 되었을 때 원래의 모양으로 되

돌아가려는 성질로 충돌 시 두 개의 물체의 속도 변화는 각각의 질량에 반비례한다.
② 탄성계수에 영향을 주는 요인으로 주위의 온도, 충돌하는 물체와 바닥의 표면 재질, 충격 각도, 충격 속도이다.

> 탄성 계수 = 충돌 후 상대속도 / 충돌 전 상대속도

2) 탄성의 형태
① 완전 탄성충돌(탄성계수 = 1) : 충돌 물체 상호 간에 충돌 전·후의 상대속도가 같은 경우로 충돌에 의한 에너지 형태 전환 및 손실이 없는 경우
    예 당구 등
② 불완전 탄성 충돌(0 < 탄성계수 < 1) : 충돌에 의해 물체가 일시적으로 변형된 후 다시 원래의 형태로 복원되는 경우를 말하며 대부분의 스포츠 상황에서 나타난다.
    예 농구의 리바운드, 축구의 킥, 테니스 등
③ 완전 비탄성 충돌(탄성계수 = 0) : 충돌 후 충돌체가 분리되지 않는 경우
    예 양궁, 사격 등

2 각운동의 운동역학적 분석

(1) 토크
① 물체를 회전시켜 각운동량을 만드는 힘의 효과로 힘의 모멘트 혹은 회전력이라고 한다.
② 토크의 크기는 작용된 힘, 힘의 연장선인 모멘트 팔(moment arm), 회전 중심 사이의 수직 거리에 비례한다.
③ 토크의 계산

> 편심력 × 모멘트 팔 = 관성 모멘트 × 각가속도(F × d)

④ 토크의 생성원인

내력 (내적 토크)	• 내적인 힘(근육) × 내적인 모멘트 팔 • 주동근 수축에 의한 장력으로 근수축에 의한 근력이나 관절 사이에 작용하는 반작용력 등이 있다.
외력 (외적 토크)	• 외적인 힘(중력 또는 무게) × 외적인 모멘트 팔 • 분절의 무게 중심에 작용하는 외력으로 중력, 공기저항, 부력, 원심력과 구심력 등이 있다.

예 볼트를 쉽게 돌리기 위해 렌치를 사용, 체중이 다른 두 아이가 탄 시소

(2) 관성 모멘트
① 관성 모멘트는 회전 운동의 변화에 저항하는 물체의 특성이며 질량의 크기뿐만 아니라 회전축을 중심으로 그 질량이 어떻게 분포되어 있느냐에 따라 그 크기가 결정된다.
② 관성 모멘트의 크기는 물체의 질량과 회전 반경이 클수록 증가하며 관성 모멘트가 클수록 회전이 어려워지며 반대로 관성모멘트가 작아질수록 회전은 쉬워진다.
> **예** 다이빙 선수가 전방으로 공중회전을 하는 동작에서 몸을 펴면 회전 반경이 커져서 모멘트가 증가하고 몸을 둥글게 웅크리면 회전 반경이 작아져서 모멘트가 감소함

(3) 뉴턴의 각운동 법칙
1) 각관성의 법칙(제 1법칙)
외부에서 토크가 작용하지 않는 모든 물체의 회전체는 동일 축을 중심으로 일정한 각운동량을 가지고 회전 상태를 계속 유지하여 각운동량은 변화하지 않는다.

2) 각가속도의 법칙(제 2법칙)
물체에 토크가 작용하면 가해진 토크에 비례하고 관성모멘트가 반비례하는 각가속도가 토크의 방향과 같은 방향으로 발생한다.

3) 각반작용의 법칙(제 3법칙)
어떤 물체에 토크를 가하면 그 물체에 발휘되는 크기가 같고 방향이 반대인 반작용 토크가 발생한다.

(4) 각운동량과 회전충격량
1) 각운동량
① 각운동량은 관성모멘트와 각속도의 곱으로 회전하는 물체가 가진 운동량으로 크기와 방향을 가지고 있는 벡터이다.
② 관성 모멘트가 클수록, 더 빠른 각속도로 움직이는 물체일수록 큰 각운동량을 가진다.

2) 회전충격량
① 회전충격량은 주어진 시간동안 가해진 회전력의 총량으로 각운동량의 변화를 발생시킨다.
② 각운동량의 변화의 원인이다.

(5) 각운동량 보존과 전이
1) 각운동량 구성 요인과 공식
각운동량을 구성하는 요인으로는 질량, 회전하는 물체의 질량분포, 회전 비율(각속도)로 구성되어 있다.

$$\text{각 운동량} = \text{관성모멘트} \times \text{각속도} \ (I \times \omega)$$

2) 각운동량 보존과 전이

보존	각운동량의 전이가 일어날 때 외부에서 작용하는 알짜 토크가 없는 한, 물체의 각운동량은 일정하게 보존
전이	각운동량의 전이는 각운동량이 변하지 않은 상태에서 일부동작은 각운동량을 만들고, 나머지는 선운동량으로 전환되는 현상

📌 넓이 뛰기 할 때 팔을 돌려 반대방향의 각운동량을 만듦, 다이빙 동작 시 각운동량은 보존됨

(6) 구심력과 원심력

1) 구심력

물체가 곡선 경로를 따라 움직이는 운동체에 존재하는 힘으로, 일종의 장력이며 원의 중심으로 향하는 힘

$$구심력 = 질량 \times 회전반경 \times 각속도$$

2) 원심력

구심력과는 반대인 반작용으로 회전하는 물체가 회전 궤도를 이탈하고자 하는 가상의 힘

$$원심력 = 질량 \times 속도 / 회전 반경$$

운동역학 06 일과 에너지

1 일과 일률

(1) 일(work)
역학적으로 일을 했다는 것은 힘이 작용하는 동안 물체가 일정한 거리에 걸쳐 지면에 대항하는 힘이 작용되었다는 것을 말하며, 단위는 J(줄)로 나타낸다.

> 일(W) = 힘(F) × 거리(d), 1J = 1N × 1m
> (1J은 1N의 힘으로 1m 이동한 것이다.)

(2) 일률(power)
① 수행된 일에 시간 개념을 도입한 것으로 이루어진 일을 소요된 시간으로 나눈 것을 의미하며, 단위는 와트(W) 또는 J/s, N · m/s로 나타낸다.
② 스포츠에서는 폭발적인 파워를 발휘할 수 있는 능력이 매우 중요하며, 그 능력이 뛰어난 선수가 운동기능을 성공적으로 기술을 수행할 가능성이 높다.
③ 일률의 계산

> 일률(P) = 일의 양(W) / 걸린 시간(t) = F × d / t = F × v, 1W = J/t
> (t : 소요 시간, d : 이동변위, v : 속도)

2 에너지

(1) 양의 일(Positive work)과 음의 일(Negative work)
① 양의 일 : 힘의 방향과 이동방향이 동일하면 양의 일이라 한다.
② 음의 일 : 힘의 방향과 이동방향이 반대이면 음의 일이라 한다.
③ 누워서 바벨을 이용하여 운동을 할 때 바벨을 올리는 동작은 양의 일, 내리는 동작은 음의 일이다.

(2) 에너지의 정의와 종류
1) 에너지의 개념
에너지란 일을 할 수 있는 능력으로 크기를 가지고 있는 스칼라량이다. 단위는 일의 단위와 같은 J를 사용한다.

2) 에너지의 종류
   ① 운동 에너지(Kinetic Energy)
   - 운동을 하고 있는 물체가 가지고 있는 에너지
   - 움직이는 물체가 다른 물체와 접촉을 하게 되면서 속력이 줄어드는 것은 운동 에너지의 영향으로 운동 에너지가 감소되었다고 할 수 있다.
   - 운동 에너지는 운동체의 속도의 제곱에 비례하고 운동체의 질량에 비례한다.

   $$KE = \frac{1}{2} mv^2 \ (m : 질량, \ v : 속도)$$

   ② 위치 에너지(Potential Energy)
   - 물체의 위치나 모양에 의해 갖게 되는 에너지
   - 중력에 의한 위치 에너지 : 물체가 지면으로부터 떨어져 높은 위치에 있는 것으로 중력으로 인한 높이에 따라 정해진 에너지
   - 위치 에너지는 그 물체에 저장되어 있는 것이며, 위치와 모양이 변화하면서 운동 에너지로 전환이 가능하다.
   - 위치 에너지의 크기는 질량과 높이에 비례한다.

   $$PE = mgh = m \times 9.8 \ m/s^2 \times h \ (m : 질량, \ g : 중력가속도, \ h : 높이)$$

   ③ 탄성 에너지(Strain Energy)
   - 물체가 변형되면서 원래의 상태로 되돌아가려는 성질에 의해 나타나는 에너지
   - 스프링과 같은 탄성체에서 저장된 탄성 에너지가 운동 에너지로 전환되면서 원래의 모양으로 되돌아간다.
   - 인체의 아킬레스건, 장대높이의 장대, 다이빙의 보드, 양궁의 활 등이 있다.

   $$SE = \frac{1}{2}kx \ (k : 탄성계수, \ x : 변형의 크기)$$

(3) 역학적 에너지 보존의 법칙
   ① 역학적 에너지의 개념 : 운동 에너지와 위치 에너지의 합을 의미한다.
   ② 역학적 에너지 보존의 법칙
   - 운동하는 모든 물체의 에너지는 에너지 보존 법칙에 의해 외력이 존재하지 않으면 항상 일정하다.
   - 운동하는 물체의 에너지는 형태만 변화하며 역학적 에너지의 총합은 일정하다.

   $$역학적 에너지 = 운동 에너지 + 위치 에너지$$

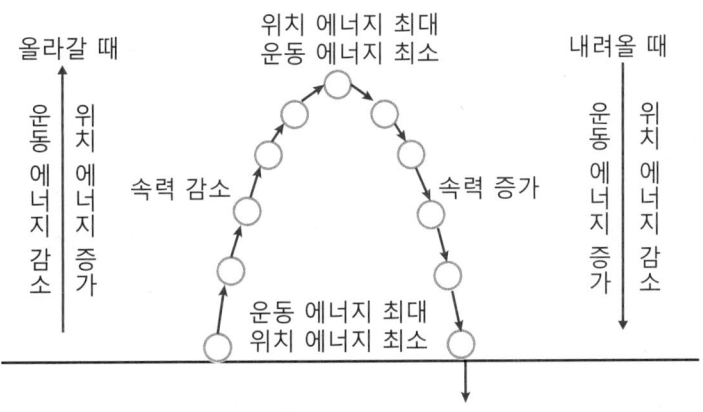

[비스듬히 던져올린 공]

(4) 인체의 효율

① 에너지 효율은 인체가 소모한 에너지양과 역학적 일의 양의 비율이다.
② 소모한 에너지량을 대사 에너지로 생리학적으로 계산할 수 있으며, 그 양과 역학적 일의 양이 같아야 인체의 에너지 효율이 높은 운동을 했다고 할 수 있다.

> 인체 에너지 효율 = 역학적 일의 양 / 소모한 에너지 양 × 100

운동역학 07 다양한 운동 기술의 분석

1 운동기술의 이해

(1) 운동학적 분석

시간과 공간적인 요소를 사용하여 운동의 형태에 관한 분석으로 변위, 속도, 가속도, 무게중심, 방향, 위치, 거리, 속력 등이 있다.

> 예) 야구 스윙 시 배트의 각속도 측정, 100m 달리기 시 구간별 속도 측정, 멀리 뛰기의 발 구르기 시 발목관절의 각도 측정 등

(2) 운동역학적 분석

- 운동의 원인이 되는 힘에 대한 분석으로 역학적 힘, 모멘트/토크, 파워, 중력, 마찰력, 지면반력 등이 있다.

> 예) 보행 시 지면 반력 측정, 스쿼트 동작에서 대퇴사두근의 근활성도 측정, 농구 슛 동작 후 착지 시 무릎 관절의 모멘트 계산, 라켓 운동 시 그립 압력 측정 등

2 동작분석과 영상분석

(1) 동작분석의 개념

① 다양한 기구를 사용하여 동작을 측정하거나 계산하여 얻어진 데이터를 이용하여 동작을 분석하는 방법이다.
② 인체의 움직임을 객관적으로 분석이 가능하며 운동역학에서 가장 활용도가 높은 분석 방법이다.

(2) 영상분석의 개념

① 영상분석은 카메라, 스마트폰 등의 영상 장비를 통해 동작이나 움직임을 기록하고 기록된 영상을 분석하여 인체나 물체의 운동에 대한 정보를 분석하여 필요한 자료를 추출하는 과정이다.
② 영상분석을 통해 추출 가능한 요소로는 자세(각도), 속도, 가속도 등이 있다.

(3) 영상분석의 구분

① 2차원 영상분석 : 2차원인 평면상에서의 영상분석으로 운동이 1개의 평면 내에서 이루어진다고 가정하고 동작을 분석하는 것이다.
> 예) 철봉의 대차, 싸이클링 다리 동작, 보행 동작 등

② 3차원 영상분석
- 대부분의 움직임은 복잡하게 일어나므로 2개 이상의 평면 자료를 사용하여 분석하여 나온 3차원 공간좌표를 분석하는 것

- 공간상의 운동을 평면적으로 분석함에 따라 발생하는 오차를 감소시키며, 복잡한 인체 운동 분석을 할 수 있다.

3 힘 분석

(1) 힘의 측정원리

힘은 눈으로 직접적인 변화를 관찰할 수 없지만 물체에 힘이 가해지면 변형이나 이동거리의 변화 등이 나타난다. 이러한 힘의 변화에 따른 전기적 세기가 반응하는 장치를 이용하여 힘을 측정하며, 근전도나 지면 반력기 등을 통하여 측정할 수 있다.

(2) 다양한 힘의 측정 방법 및 활용

지면 반력기	• 작용-반작용의 원리인 지면반력을 이용하여 인체가 지면에 서 있을 때 지면에 가해준 힘에 대한 반작용을 측정 • 압력판을 사용하여 인체의 압력 중심에 대해 측정된 자료를 이용해 분석한다. • 수직 성분은 수직으로 누르는 힘, 수평 성분은 마찰력의 영향을 받는다. • 상하, 좌우, 전후 셋방향의 힘과 압력 중심점, 토크, 모멘트 등을 산출한다. • 보행, 도약 등의 움직임 상황을 측정하여 분석할 수 있다.
스트레인 게인지	• 물체가 외부의 힘으로 변형될 때 발생하는 진동 등을 측정하여 분석 • 사용 기구에 부착하여 힘을 측정 및 분석
근전도기	• 인체의 근수축이 일어나는 근육에서 발생하는 미세한 전위차를 측정하여 분석 • 미세한 전위차를 증폭시켜 근육의 움직임을 추정할 수 있는 측정도구

4 근전도 분석

(1) 근전도의 원리

- 근육의 내부 또는 외부에 전극을 통해 근육의 수축에 수반하여 일어나는 근활동전류를 유도해서 증폭한 뒤 분석
- 움직임을 발생시키는 운동신경계의 변화를 측정가능하며, 자세, 보행, 스포츠 동작 수행 등의 근활동 분석이 가능

(2) 근전도의 측정

① 표면전극
- 측정하고자 하는 근육과 인접한 피부에 전극을 부착하여 큰 근육이나 근육군의 활동 분석 시 적절

- 심부 근육의 근육활동을 측정할 때는 적절하지 않지만 실험과정이 간단하고 다양한 현장 상황에 적용이 가능
② 침전극 및 극세선 전극
- 심부 근육이나 미세 근육의 활동을 분석할 때 운동 단위 수준의 활동 전위에 대한 정보를 측정할 때 사용
- 인체 내 측정 도구가 삽입되어야 되기 때문에 인체의 안정성 및 활동에 제약이 많아 동적인 운동기술 분석에는 부적절하다.

(3) 근전도의 분석과 활용
① 인체가 움직일 때 발생하는 미세한 전기를 수집 후 증폭시켜 여러 가지 분석을 할 수 있다. 근전도 측정을 통해 수집된 신호 파형을 유형별로 비교 분석하는 방법인 정성적 분석과 수집된 신호의 크기나 빈도를 비교 분석하여 근육의 피로현상 및 근력의 변화 등에 대한 결과를 보는 정량적 분석으로 나눌 수 있다.
② 근전도는 근수축과 근육 조절작용에 대한 생체 전기 활동 정보를 측정할 수 있으므로 활동 근육의 종류, 시기, 활동 정도를 분석하여 근육의 활성도, 최대 근파워, 근육질환의 진단 및 재활 후 평가에 적용될 수 있다. 또한 최대 근력과 피로도 등을 과학적으로 분석하여 스포츠 현장에서 운동선수의 훈련과 기능향상 및 상해 예방에 활용된다.

운동역학 출제예상문제

1 운동역학의 주요 연구 영역에 대한 설명으로 옳지 <u>않은</u> 것은?
① 측정 방법과 자료처리 기술의 개발
② 운동 기구의 개발과 평가
③ 근지구력 향상을 위한 프로그램 개발
④ 운동 동작의 분석과 개발

> **해설**
> 근지구력 향상을 위한 연구는 운동 생리학 영역이다.

2 다음 중 운동역학에 대한 설명으로 옳지 <u>않은</u> 것은?
① 정역학은 힘의 평형 상태에 대한 연구이다.
② 동역학은 힘의 영향을 받은 운동 상태에 대한 연구이다.
③ 토크, 각속도, 각가속도, 힘 등을 이용하여 운동을 설명하는 학문이다.
④ 스포츠 현장에서 나타나는 심리적 불안감을 관찰하여 그 원인을 규명하는 학문이다.

> **해설**
> 스포츠 현장에서 나타나는 심리적 불안감을 연구하는 학문은 스포츠 심리학이다.

3 운동역학의 목적으로 가장 적절한 것은?
① 새로운 스포츠 동작 개발을 통한 경기력 향상
② 심리적 트레이닝을 통한 경기력 향상
③ 스포츠 현장에서 필요한 근력 강화 운동 프로그램 개발
④ 생리학적 이해를 통한 경기력 향상

> **해설**
> 운동역학의 목적으로는 새로운 스포츠 동작 개발을 통한 경기력 향상, 역학적 지식을 바탕으로 스포츠 동작의 효율성 증가, 스포츠 현장에서 역학적으로 발생하는 상해원인 분석 및 경기력 향상을 위한 운동 장비 개발이 있다.

정답 1 ③ 2 ④ 3 ①

운동역학 출제예상문제

4 다음 중 운동역학의 방향 용어로 옳게 설명한 것은?
① 원위(Distal) : 체간이나 기시점(point of origin)에서 먼 방향
② 내측(medial) : 인체의 앞 방향
③ 전측(anterior) : 신체 표면에서 가까운 방향
④ 하측(inferior) : 인체의 뒷 방향

해설
내측은 인체의 정중 시상면 또는 어떤 구조물의 중앙선에서 가까운 방향이고, 전측은 신체의 앞 방향이고, 하측은 신체의 아래쪽이다.

5 다음 중 관절운동에서 신전에 대한 설명으로 옳은 것은?
① 인체 관절의 각도가 작아지면서 해부학적 자세에서 멀어지는 것이다.
② 인체 관절의 각도가 커지면서 해부학적 자세로 돌아가는 것이다.
③ 전후축을 중심으로 인체의 중심부나 분절의 중심부에서 멀어지는 동작이다.
④ 몸통이 왼쪽 혹은 오른쪽으로 굽히는 동작이다.

해설
①은 굴곡, ③은 벌림, ④는 가쪽 굽힘에 대한 설명이다.

6 다음 해부학적 용어와 사용 예가 잘못된 것은?
① 전측 : 코는 귀에 비해 전측에 위치
② 상측 : 머리는 가슴에 비해 상측에 위치
③ 근위 : 무릎은 발목에 비해 근위에 위치
④ 내측 : 어깨는 목에 비해 내측에 위치

해설
내측 : '목은 어깨에 비해 내측에 위치'로 변경되어야 한다.

7 기본 물리량과 표준 단위가 알맞게 연결된 것은?
① 질량 : g
② 시간 : s
③ 속도 : m/s²
④ 길이 : cm

해설
기본 물리량의 국제단위는 시간은 s, 길이는 m, 질량은 kg이다.

정답 4① 5② 6④ 7②

8 안정성을 높이기 위한 예로 잘못된 것은?

① 레슬링에서 다리를 넓게 벌리는 자세
② 봅슬레이 경기에서 몸을 최대한 숙이는 자세
③ 점프 후 착지자세에서 다리를 모으고 서있는 자세
④ 버스 안에서 다리를 벌리고 서있는 자세

> **해설**
> 안정성을 높이기 위해서는 기저면은 넓게, 무게중심 높이는 낮게 해야 한다. 안정성을 높이기 위해서는 점프 후 착지 자세에서 다리를 벌리고 착지해야 한다.

9 인체의 안정성을 결정짓는 요인으로 옳은 것은?

① 기저면의 크기가 클수록 안정성이 증가한다.
② 무게중심선이 기저면 중앙에 가까울수록 불안정한 상태가 된다.
③ 무게중심선이 기저면 바깥에 있으면 안정성은 높아지게 된다.
④ 무게 중심 높이가 높아질수록 안정성이 증가한다.

> **해설**
> 인체의 안정성에 대한 요인으로 무게 중심선이 기저면 중앙에 가까울수록 안정성은 높아진다. 무게 중심선이 기저면 바깥에 있으면 안정성은 불안정한 상태가 된다. 무게 중심 높이가 낮아질수록 안정성이 증가한다.

10 다음 중 질량과 무게에 대한 설명으로 옳지 않은 것은?

① 질량은 스칼라량이고, 무게는 크기와 방향을 가진 벡터량이다.
② 무게의 단위는 kg이다.
③ 질량은 모든 물체에 존재하고 있는 불변의 물리량이다.
④ 무게는 질량과 중력가속도의 곱으로 이루어진다.

> **해설**
> 무게의 단위는 kg중, N, kg · m/s^{2}을 사용한다.

11 다음 중 인체 지레에 대한 설명으로 옳은 것은?

① 제 1종 지레 : 축이 힘점과 작용점 사이에 위치하며 목관절 신전이 있다.
② 제 2종 지레 : 축이 있고 그 다음에 작용점과 힘점이 위치하며, 병따개가 해당된다.
③ 제 3종 지레 : 축이 있고 힘점, 작용점 순서로 위치하며, 덤벨 암컬이 해당된다.
④ 제 3종 지레 : 축이 있고 작용점, 힘점 순서로 위치하며, 덤벨 암컬이 해당된다.

> **해설**
> 제 3종 지레는 축, 힘점, 작용점 순서로 위치되어 있다.

정답 8 ③ 9 ① 10 ② 11 ③

운동역학 출제예상문제

12 다음 중 선운동에 대한 설명으로 옳은 것은?
① 거리는 물체의 처음부터 마지막 위치까지의 경로로 벡터량에 해당된다.
② 변위는 처음 위치부터 마지막 위치까지의 직선 경로로 스칼라량에 해당된다.
③ 속력은 단위 시간에 움직임 거리를 나타내는 벡터량이다.
④ 가속도는 단위 시간에 따른 속도의 변화율로 벡터량이다.

◎ 해설
거리는 스칼라량, 변위는 벡터량, 속력은 스칼라량에 해당된다.

13 20m 높이에서 공을 자유낙하 시킬 때 공이 지면에 닿을 때의 속도는 얼마인가?(단 g=10m/s²)
① 15m/s
② 17m/s
③ 20m/s
④ 25m/s

◎ 해설
공이 지면에 닿을 때, 20m 높이의 위치 에너지는 모두 운동 에너지로 전환된다.
$mgh = \frac{1}{2}mv^2$
$gh = \frac{1}{2}v^2$
$10 \times 20 = \frac{1}{2}v^2$
$v = \sqrt{2 \times 10 \times 20} = 20m/s$

14 역도 선수가 100kg 바벨을 1,500N의 힘으로 1m 높이로 들어 올릴 때, 바벨에 대한 일은 얼마인가?
① 1500J
② 1600J
③ 1700J
④ 1800J

◎ 해설
- 바벨이 한 일을 구하는 공식은 W = F × d이다.
- W = F × d = 1500N × 1m = 1500J

15 체중 800N의 역도 선수가 1,200N의 바벨을 들고 정지한 상태를 유지할 때 바벨에 대한 일은 얼마인가?
① 0J
② 800J
③ 1200J
④ 1500J

◎ 해설
바벨이 한 일을 구하는 공식은 W = F × d이다. 역도 선수가 바벨을 들고 정지해 있기 때문에 움직인 거리는 0m이다.
- W = F × d = 1,500N × 0m = 1,500J

◎ 정답 12 ④ 13 ③ 14 ① 15 ①

16 다음 괄호 안에 들어갈 용어로 알맞은 것은?

(㉠)는 운동으로 인해 물체가 갖는 에너지이며, (㉡)은 물체 또는 선수가 놓여 있는 위치에 따라 저장된 에너지이다. (㉢)은 저장 에너지의 한 형태로 계산식은 SE=½kx이다.

	㉠	㉡	㉢
①	운동 에너지	탄성 에너지	위치 에너지
②	탄성 에너지	운동 에너지	위치 에너지
③	탄성 에너지	위치 에너지	운동 에너지
④	운동 에너지	위치 에너지	탄성 에너지

◎ 해설
㉠은 운동 에너지, ㉡은 위치 에너지, ㉢은 탄성 에너지에 대한 설명이다.

17 다음 현상에 영향을 미치는 성질로 옳은 것은?

외부의 힘이 작용하지 않는 한 물체는 현재 상태를 계속 유지하려고 한다. 예로 급출발하거나 급제동하는 버스를 들 수 있다.

① 관성의 법칙
② 가속도의 법칙
③ 작용-반작용의 법칙
④ 선운동량 보존의 법칙

◎ 해설
보기는 뉴턴의 법칙 중 관성의 법칙에 대한 설명이다.
② 가속도의 법칙은 물체의 가속도는 힘이 작용하는 방향과 운동을 일으키는 힘에 비례하는 것이다.
③ 작용-반작용의 법칙은 A 물체가 B 물체에 힘을 작용하면 B물체로 힘을 작용한 A물체에 크기가 같고 방향이 반대인 힘이 작용하는 것이다.
④ 선운동량 보존의 법칙은 외력이 작용하지 않는 한, 한 시스템 내에서 어떠한 힘이 상호작용하더라도 총 운동량은 변하지 않는 것이다.

18 다음 중 운동을 하고 있는 임의의 회전축에 대한 질량의 분포상태를 나타내는 물리량은 명칭으로 알맞은 것은?

① 토크
② 회선반경
③ 관성모멘트
④ 회전력

◎ 해설
관성모멘트는 회전 운동 시 외력이 가해진 회전력에 대하여 물체의 운동 상태를 변화시키지 않으려는 저항이다.

운동역학 출제예상문제

19 100m 선수가 5초 동안 속도를 5m/s에서 8m/s로 증가시켰다면 가속도는 얼마인가?

① 0.4m/s²　　　　　　　　② 0.6m/s²
③ 0.8m/s²　　　　　　　　④ 1.0m/s²

해설
가속도 구하는 공식 : a = 속도의 변화량 / 소요시간
　　　　　　　　　　= (8m/s-5m/s) / 5s = 0.6m/s²

20 투사 속도에 대한 설명으로 옳지 <u>않은</u> 것은?

① 수직 속도가 빠를수록 투사 높이가 증가한다.
② 수평 속도가 빠를수록 투사 높이가 증가한다.
③ 수평 속도가 느릴수록 투사 높이가 증가한다.
④ 투사 속도는 수평 속도와 수직 속도의 합력이다.

해설
수평속도가 빠를수록 투사 높이가 증가한다.

21 원운동을 하고 있는 물체에 크기는 같고 방향은 반대인 두 개의 힘은 무엇인가?

① 중력과 원심력
② 중력과 회전력
③ 원심력과 회전력
④ 원심력과 구심력

해설
원운동 시 원심력과 구심력은 동일한 크기에 반대방향으로 작용한다.

22 다음 중 구심력에 대한 설명으로 옳지 <u>않은</u> 것은?

① 해머의 질량을 2배 늘리면 2배의 원심력이 필요하지만, 해머 선수가 회전을 2배 빠르게 하면 4배의 원심력이 필요하기 때문에 해머의 질량을 늘리거나 질량분포를 길게 하는 것이 효율적이다.
② 물체를 구속시켜 원주 위를 운동하게 하는 원인이다.
③ 구심력을 구하는 공식은 '질량 × 속도 / 회전반경'이다.
④ 물체를 원 궤도를 따라서 운동하게 하는 힘으로 일종의 장력이다.

해설
'질량 × 속도 / 회전반경'은 원심력을 구하는 공식이다.

정답 19 ②　20 ③　21 ④　22 ③

23 뉴턴의 3법칙이 아닌 것은?

① 관성의 법칙　　　　② 가속도의 법칙
③ 각속도의 법칙　　　④ 작용-반작용의 법칙

🔾 해설
뉴턴의 3법칙은 관성의 법칙, 가속도의 법칙, 작용-반작용의 법칙으로 구성되어 있다.

24 보기의 괄호 안에 들어갈 적합한 용어는?

> (　　　　　　)이란 회전하며 이동하는 공의 윗부분과 아랫부분의 압력차에 의해서 공의 경로가 굽어지는 현상이다.

① 만유인력의 법칙　　② 아르키메데스의 원리
③ 에너지 보존의 법칙　④ 마그너스 효과

🔾 해설
보기의 설명은 마그너스의 효과이다.
① 만유인력의 법칙은 질량을 가진 모든 물체는 두 물체 사이의 질량의 곱에 비례, 두 물체의 질점 사이의 거리에 제곱에 반비례하는 외력이 작용하는 것이다.
② 아르키메데스의 원리는 물체가 유체에 잠겨있으면 그 물체의 부피와 같은 양의 유체에 작용하는 중력과 같은 크기의 부력을 받는 것이다.
③ 에너지 보존의 법칙은 에너지는 발생하거나 소멸되지 않고 형태만 바뀌므로 에너지 총량은 일정하다는 법칙이다.

25 다음 중 일과 에너지에 대한 설명으로 옳지 않은 것은?

① 일은 신체가 이동한 거리와 힘의 크기를 곱한 값이다.
② 일의 합은 위치 에너지의 변화와 운동 에너지의 변화를 합한 값이다.
③ 일은 힘이 작용하여 물체로 전달된 에너지 또는 물체가 전달한 에너지이다.
④ 일은 운동의 원천으로 일을 할 수 있는 능력이다.

🔾 해설
운동의 원천으로 일을 할 수 있는 능력은 에너지(Energy)이다.

26 각 운동량의 구성요소가 아닌 것은?

① 질량　　　　　　　② 회전하는 물체의 질량분포
③ 거리　　　　　　　④ 회전 또는 스윙의 분포

🔾 해설
각운동량의 구성요인은 질량, 회전하는 물체의 질량분포, 회전 또는 스윙의 비율이다.

정답　23 ③　24 ④　25 ④　26 ③

운동역학 출제예상문제

27 힘분석 장비와 역할이 바르게 연결된 것은?

① 근전도 분석 : 표면 근전도의 경우 피부에 부착하여 근육의 작용을 측정–분석한다.
② 근전도 분석 : 경기 장비 위에 부착하여 근력의 전달 경로를 측정–분석한다.
③ 스트레인 게이지 : 피부에 부착하여 힘을 측정–분석한다.
④ 지면 반력기 : 신발에 부착하여 힘의 작용을 측정–분석한다.

◉ 해설
표면 근전도는 측정하고 하는 근육과 가까운 피부에 부착하여 근육의 작용을 측정–분석한다.

28 벡터량이 아닌 것은?

① 힘
② 거리
③ 속도
④ 가속도

◉ 해설
거리는 크기만을 가진 스칼라량이다.

29 충돌과 탄성계수에 대한 내용으로 옳지 않은 것은?

	종류	탄성계수
①	완전 탄성 충돌	0
②	완전 탄성 충돌	1
③	불완전 비탄성 충돌	0~1
④	완전 바탄성 충돌	0

◉ 해설
완전 탄성 충돌은 탄성계수가 1로 충돌 후 상대속도와 충돌 후 상대속도가 같은 경우로 당구가 완전 탄성충돌에 가장 가깝다.

30 줄다리기를 하는 두 팀의 A팀이 500N의 힘으로 당기고 있으면, B팀이 받고 있는 힘은 얼마인가?

① 250N
② 500N
③ 750N
④ 1000N

◉ 해설
뉴턴의 작용–반작용의 법칙에 따라, B팀은 A팀의 500N의 힘 그대로 전달된다.

정답   27 ①   28 ②   29 ①   30 ②

31 투사체의 수평거리에 영향을 미치는 요인이 아닌 것은?

① 투사 속도 ② 투사 높이
③ 투사 가속도 ④ 투사 각도

⊙ 해설
투사체의 수평거리에 영향을 미치는 요인으로 투사 속도, 투사 높이, 투사 각도가 있다.

32 다음 중 운동학적 사례로 틀린 것은?

① 공 던지기에서 공의 이동거리 측정
② 농구에서 자유투 후 착지 시 무릎관절의 모멘트 측정
③ 100m 달리기 시 신체 중심의 구간별 속도 측정
④ 제자리 멀리 뛰기에서 이동거리 측정

⊙ 해설
모멘트는 운동역학적 분석 사례이다.

33 힘에 대한 설명으로 옳지 않은 것은?

① 중력 : 지구의 만유인력과 자전에 의한 원심력을 합한 힘이다.
② 마찰력 : 물체가 움직이거나 다른 표면을 가로질러 이동할 때 언제나 일어나는 힘이다.
③ 부력 : 물이나 공기 같은 유체에 잠긴 물체에서 방향은 수평이고 크기는 유체와 같은 힘을 받는다.
④ 근력 : 근육 수축에 의하여 생기는 힘이다.

⊙ 해설
부력은 물이나 공기 같은 유체에 잠긴 물체에서 방향은 수직이고 크기는 유체와 같은 힘을 받는다.

34 다음 중 가속도에 대한 설명으로 옳은 것은?

① 단위 시간당 이동한 거리를 고려한 스칼라량이다.
② 가속도의 단위는 m/s^2이다.
③ 가속도의 방향은 합력 방향과 항상 일치하지 않는다.
④ 총 소요 시간에 따른 속력의 변화율을 의미한다.

⊙ 해설
① 가속도는 단위 시간당 이동한 거리와 방향을 고려한 벡터량이다.
③ 가속도의 방향은 합력 방향과 항상 일치한다.
④ 가속도는 단위 시간에 따른 속도의 변화율을 의미한다.

정답 31 ③ 32 ② 33 ③ 34 ②

운동역학 출제예상문제

35 충격량에 대한 설명으로 옳은 것은?
① 충격량은 운동량의 변화량이라고 할 수 있다.
② 충격량은 충격력과 적용시간의 제곱을 곱한 값이다.
③ 유도의 낙법은 충격력을 증가시키는 기술이다.
④ 물체의 질량과 속도가 작은 물체는 충격력이 커진다.

> **해설**
> ② 충격량은 충격력과 적용시간을 곱한 값이다.
> ③ 유도의 낙법은 충격력을 감소시키는 기술이다.
> ④ 물체의 질량과 속도가 큰 물체는 충격력이 커진다.

36 지면반력 측정에 대한 설명으로 틀린 것은?
① 지면 반력은 작용-반작용의 법칙의 영향을 받아 인체가 지면에 가해준 힘에 대한 반작용이다.
② 전후, 좌우, 상하 세 방향과 힘과 압력 중심점, 토크, 모멘트 등을 산출한다.
③ 수평으로 누르는 힘, 수직으로 마찰력의 영향을 받는다.
④ 압력판 위에서 인체의 압력 중심에 대한 정보를 산출하여 안정성의 분석에 활용된다.

> **해설**
> 지면 반력은 수직으로 누르는 힘으로 수평으로 마찰력의 영향을 받는다.

37 근전도에 대한 설명으로 옳은 것은?
① 표면 전극은 인체의 안정성 및 활동에 제약이 많다.
② 표면 전극은 큰 근육이나 근육군의 근활성도에 대해 측정하는데 용이하다.
③ 근전도는 골격근의 수축에 수반하여 일어나는 생체 전기를 감소시킨 기록이다.
④ 근전도를 이용하여 손가락 운동과 같은 섬세한 근활동 분석은 측정할 수 없다.

> **해설**
> ① 표면 전극은 인체의 안정성 및 활동에 제약이 적다.
> ③ 근전도는 골격근의 수축에 수반하여 일어나는 생체 전기를 증폭시킨 기록이다.
> ④ 근전도는 손가락 운동과 같은 섬세한 근활동 분석도 측정이 가능하다.

정답 35 ① 36 ③ 37 ②

38 운동 동작의 일에 대한 설명으로 <u>틀린</u> 것은?
① 역도에서 중량을 들기 위해 지면에 가까이 앉으면 음의 일이다.
② 역도에서 중량을 들기 위해 지면에 가까이 앉으면 양의 일이다.
③ 벤치프레스 운동에서 중량을 30cm 들어 올렸으면 양의 일이다.
④ 벤치프레스 운동에서 중량을 들어 올린 상태에서 내리면 음의 일이다.

⊕ 해설
힘이 작용한 방향과 물체가 움직인 방향이 같으면 양의 일, 반대는 음의 일이 된다. 중량을 들기 위해 일어서면 양의 일이다.

39 투사체 운동에 대한 설명으로 옳지 <u>않은</u> 것은?
① 투사거리는 투사 속도, 투사 각도, 투사 높이의 세 가지 요인에 의하여 결정된다.
② 중력과 주위 공간에 있는 공기로부터 힘을 받는다.
③ 투사체 운동은 수직 운동만 일어난다.
④ 투사 속도와 높이가 일정할 때 최대 거리를 운동하기 위한 투사 각도는 45도이다.

⊕ 해설
투사체 운동은 수직 운동과 수평 운동이 동시에 일어난다.

40 등속도 운동에 대한 설명으로 옳은 것은?
① 가속는 0이 아닌 운동이다.
② 시간에 따라 가속도가 변화한다.
③ 물체의 속도가 변하지 않는다.
④ 물체는 공중으로 포물선을 그리면서 운동한다.

⊕ 해설
등속도 운동은 가속도가 0이며, 시간이 변해도 일정하다. 공중으로 포물선을 그리면서 운동하는 것은 포물선 운동에 대한 설명이다.

정답 38 ② 39 ③ 40 ③

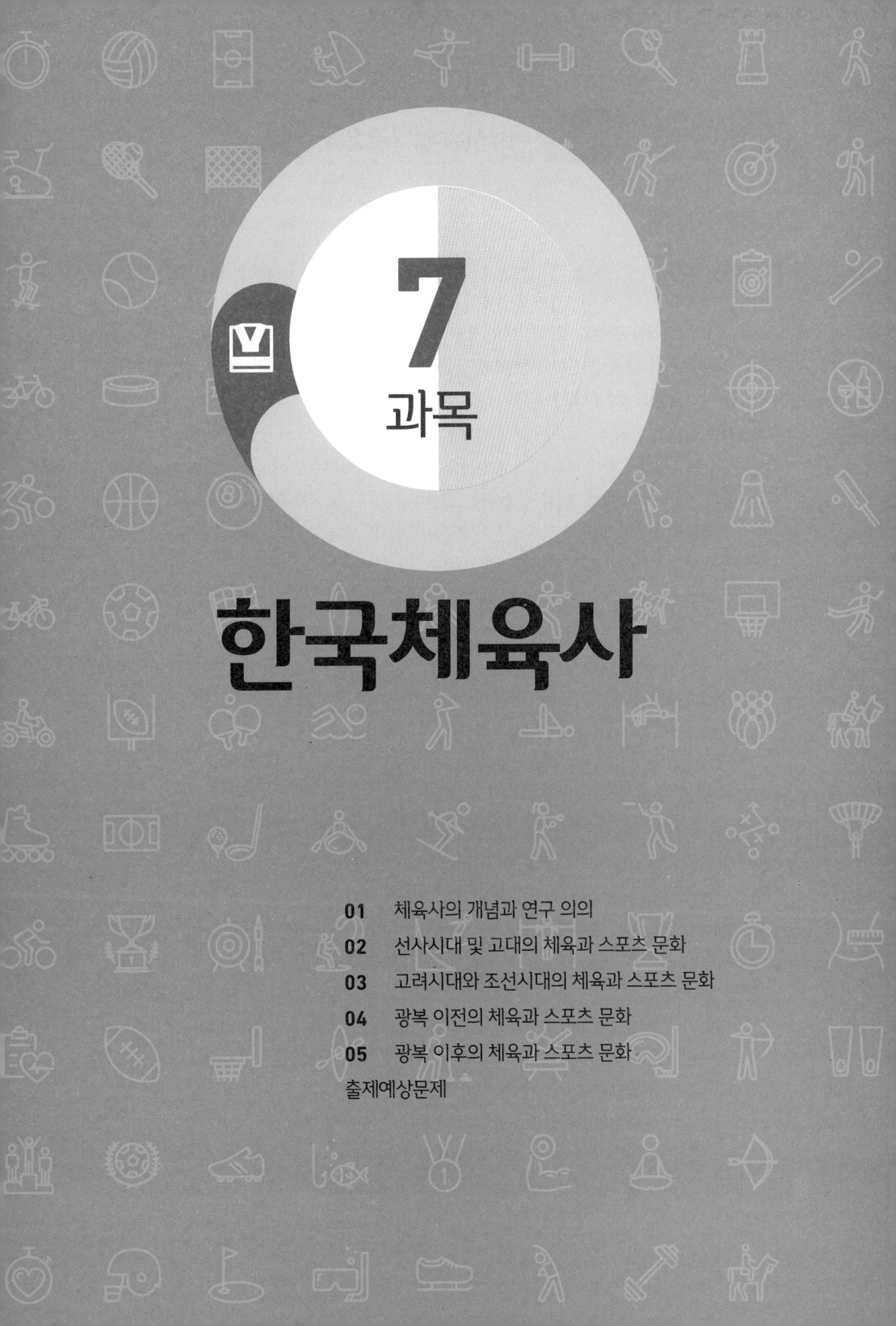

한국체육사

01 체육사의 개념과 연구 의의

1 체육사의 이해

(1) 체육사의 정의

체육은 고대부터 현대에 이르기까지 인류의 사회, 문화적 전통과 관습, 종교, 경제, 정치 교육의 모든 현상과 밀접한 관련을 갖고 시대의 요구에 따라 변천하였다. 이러한 통사적 틀에서 본다면 어떤 형식화된 신체활동을 문화의 한 영역으로 이해되었으며, 우리는 이를 체육, 스포츠, 신체 문화라는 여러 용어로 정의하였다.

1) **체육사의 학문적 위치**

체육사는 체육철학과 함께 체육의 근본적 물음을 탐구하는 학문으로 체육인 문학의 한 분야이다. 역사학의 영역은 시대별로 고대사, 중세사, 근현대사로 나누고, 지역별로는 서양사와 동양사 그리고 한국사로 구분되어진다. 그리고 분야별로는 과학사, 사회경제사, 문화사 등으로 나눌 수 있으며 체육사는 문화사와 많은 관련을 가지고 있다.

2) **체육사 연구 대상**

체육사는 이러한 인간의 신체활동의 역사이다. 체육은 자연 발생적이며 인간의 역사에서 가장 오래된 교육의 형태이다. 인류는 지금까지 각 시대의 정치, 사회, 경제, 종교적인 사건이나 이슈에 대하여 서로 다른 견해와 이해를 가지고 있다. 그러므로 체육사의 연구 대상은 단지 사실의 연대기적인 나열에서 한발 더 나아가 신체 문화와 신체 교육의 역사를 사실과 해석적 의미까지 파악하고 설명할 수 있는 것이 중요하다.

3) **스포츠 개념의 종류**

스포츠의 어원은 desport 또는 disport의 단축어로서 '즐겁게 놀다', '일을 그만두다', '일에서 벗어나다'라는 뜻을 함축하고 있다. 이처럼 스포츠는 기분전환(diversion), 유희(recreation, pastime), 오락(amusement) 등으로 해석할 수 있으며, 모든 신체활동을 의미하는 광의의 '체육'을 대신하기도 한다. 통상적인 스포츠인 운동 경기(athletic competition)가 아닌 인간의 모든 신체활동을 의미하는 용어로써 스포츠를 정의하면 다음과 같다.

① 첫 번째 스포츠 영역은 평상의 일 혹은 속박에서 벗어나 기분전환과 오락을 목적으로 하는 신체활동이라 불리는 '여가스포츠(recreational sport)'다. 이와 비슷한 의미가 놀이(games) 또는 여가(recreation)의 형태이다. 여가스포츠 특징은 오락적인 성격을 갖고 있어야 하며 경쟁의 의미는 그다지 중요치 않다. 여기에는 등산, 낚시, 하이킹 등 우리 주변에서 행해지는 다양한 오락적 스포츠가 여기에 포함된다.

② 두 번째 스포츠 영역은 신체활동을 통해 교육의 목적을 달성하려는 것으로 체육(physical education)이라고 불리는 '교육스포츠(educational sport)'다. 체육 또는 교육스포츠의 정

의는 학자가 보는 관점에 따라 그 개념이 다소의 차이가 있을 수 있다. 일반적으로 체육은 교육이며 신체활동을 수단으로 하고 변화, 개선, 수정, 발전을 꾀하는 활동이다. 즉 교육의 목표를 전인적 인간의 형성이라고 한다면 체육은 신체 교육을 통해 전인적 인간에 도달하려고 한다. 우리가 체육을 공부하고 연구하는 것이 바로 여기에 해당된다.

③ 세 번째 스포츠 영역은 통상적인 스포츠 개념으로 경쟁하여 승부를 결정하는 '경기스포츠(athletic sports)'다. 경기스포츠는 19세기 영국을 중심으로 발생한 육상, 축구, 테니스, 하키, 배드민턴 등과 이후 미국에서 발생한 농구, 야구, 배구와 같이 조직화되고 제도화된 형태를 의미한다. 이는 여가스포츠나 교육스포츠와는 달리 인간의 신체를 경쟁하는 데 더 많은 의미를 부여하고 있다. 주로 엘리트 스포츠를 의미하고 있으며 보다 폭넓은 의미에서 바라본다면 전문화된 생활스포츠도 여기에 해당된다고 볼 수 있다.

④ 스포츠를 활발한 근육 활동을 통하여 일어나는 인간의 신체활동이라 정의한다면 용어는 다를지라도 체조(gymnastic), 신체문화(physical culture), 신체훈련(physical training), 독일체조(turnen), 체육(physical education), 인간행동(human movement) 등의 모든 용어도 이와 비슷한 개념인 신체활동을 의미하는 것이다. 이들 용어는 다른 학문과 마찬가지로 시대에 따라 어떻게 활용되었는지에 따라 의미가 달라지지만, 기본적인 내용은 서로 비슷하다고 하겠다.

2 체육사의 영역

(1) 체육사의 사관

체육사 연구는 체육과 관련된 역사적인 사실에 대해 역사 연구방법을 활용하여 그것이 가지고 있는 체육사적인 의미를 이해하고 해석하는 것이다. 사관은 역사가의 통상적으로 역사를 읽고 혹은 연구하는 것은 우리가 현재 그리고 미래의 결단을 해답을 얻기 위해 과거에 물음에 던지는 것이라고 한다. 그러나 역사를 통해 해답을 얻기는 쉽지 않다. 왜냐하면 역사를 향해 던지는 질문의 답이 역사가에 따라 또는 사회에 따라 매번 다를 수밖에 없기 때문이다. 그러므로 역사가 우리에게 결단의 답을 직접적으로 제공한다는 것은 잘못된 판단일 것이다. 그보다도 역사는 그 문제를 풀 수 있는 지혜를 준다고 하는 것이 타당한 해석일 것이다.

(2) 체육사의 시대 구분

체육사 측면에서 체육과 관련된 사실들을 다양한 시대별로 구분하는 것이 체육사 서술과 이해에 유용하다는 판단하에 이루어진다. 체육사 서술에서 시대구분은 체육사를 연구하고 학습하는 데 있어, 체육 관련 사실들에 대한 정리를 쉽게 해서 과거의 사실에 대한 이해에 대한 영향을 줄 수 있다. 특히, 정치, 사회, 경제, 문화 등에서 나타난 체육 관련 활동 시대별 특수성과 보편타당성까지 함께 고려하는 것이 체육사 시대구분에 꼭 필요하다.

(3) 체육사의 사료

체육사 연구에서 사료는 과거의 사실이 남아있는 모든 자료이며, 체육과 관련된 과거 사실을 연구하고 서술하는 데 있어서 기본적인 토대가 된다. 역사 인식의 매개물로서 사료의 종류는 다양하지만, 전통적인 분류 방식에 따르면 물적 사료와 기록 사료로 나뉠 수 있다. 우선 물적 사료는 유물, 유적 등 현존하는 모든 상태의 물질적 유산으로서 기구, 도구, 예술품, 건물, 성곽 거주지 등을 유적으로 들 수 있다. 그리고 기록 사료는 세부적으로 문헌 사료와 구전 사료로 구분하는데 문자로 작성된 고문헌, 고문서 등의 문헌 자료와 민요, 시가, 회고담 등의 구전 자료로 들 수 있다.

3 체육사의 연구 의의

(1) 체육이란 용어를 정의하기 무척이나 어렵지만, 문화적인 측면으로 보면 체육이란 인간에게 내재된 움직임의 욕구를 형성된 신체문화로 표출하고 이를 통해 전인적 인간으로 성장시키는 활동을 의미한다. 즉 체육은 인간을 인간답게 만들며, 인간의 정신과 육체를 동시에 발달시키는 행위인 것이다.

(2) 체육(體育) 또는 스포츠(sport)는 시대에 따라 다르게 해석되고 활용되었기 때문에 이를 쉽게 정의하기는 쉽지 않다. 시대마다 신체문화인 체육·스포츠를 제대로 해석하려면 당시의 사회적 상황을 면밀하게 살펴보는 것이 무엇보다 중요하다. 즉 체육·스포츠 역사를 바르게 이해하기 위해서는 국사(國史), 세계사(世界史)를 통해 접근해야 할 것이다.

(3) 신체문화는 긴 역사에서 다양한 형태로 존재하였으며, 인간의 역사에서 오래된 교육의 형태이다. 이러한 신체문화(체육)는 시대의 요구에 따라 변천하였다. 즉 체육은 살기 위한 수단으로 군사적 목적으로, 신체건강과 균형, 삶의 질 향상을 위해, 때론 교육, 예술, 정치, 종교, 여가의 수단으로 해석되기도 하였다. 또한 체육은 어떤 사회에서는 중요하였으며, 또 어떤 사회에서는 소외당하기도 했다. 이렇듯 변화무쌍한 신체문화로서의 체육을 제대로 이해해야만 현재 체육의 실타래를 푸는 지혜를 얻을 수 있을 것이다. 따라서 체육사는 과거의 신체문화를 이해하고 이를 통해 현재 체육을 직시하고 미래 체육을 전망하는 일이다.

한국체육사 02 선사시대 및 고대의 체육과 스포츠 문화

1 선사시대의 체육과 스포츠

(1) 선사시대의 생활과 문화

① 인류의 역사는 기록의 유무에 따라 선사시대와 역사시대로 구분된다. 140만 년 전, 아프리카 지역에서 생활했던 영장류인 인간들이 어떠한 생활을 하였고, 언제 다른 대륙으로 이동했는지는 확실치 않다. 단지 그들은 불을 사용하고 사후 세계를 동경하였으며 바다로 향해 나아갔음을 추측하고 있다. 더불어 그들은 악기를 만들었고 예술을 표현하며 정착하며 살기 시작했을 것으로 추측하고 있다. 이러한 추측의 시대, 문자가 존재하지 않는 시대, 그 시대를 '선사시대'란 용어로 대변되고 있다.

② 구석기인들은 주로 사냥을 하거나 나무 열매를 따는 등 주고 원시적인 생활을 하며 삶을 영위해나갔다. 구석기의 유물로는 평안남도 상원의 검은모루 유적, 함경북도 옹기군의 굴포리 유적, 충남 공주시 장기면의 석장리 유적 등이 있다.

③ 신석기인들은 빗살무늬토기를 만들어 썼으며 주로 석창을 사용하고 도구를 이용하여 사냥했다. 그리고 씨족 중심의 혈연사회가 이루어졌으며 샤머니즘, 토테미즘. 애니미즘과 같은 신앙을 토대로 생활한 것으로 추정된다.

(2) 선사시대의 교육

① 선사시대의 인류는 자연 속에서 자신과 부족의 안녕, 개인의 생존을 위해 체력은 무엇보다도 중요하였다. 부족의 젊은이들은 자신과 부족의 생존을 위해서 살아가는 기술을 배워야 했다.

② 전투와 사냥을 위해서는 힘과 기술이 필요했다. 남자아이들은 무기를 효과적으로 다룰 수 있는 방법과 강인한 인내력과 체력이 요구되는 상황이었기 때문에 이러한 자질을 가질 수 있는 교육을 진행했을 것이다.

③ 선사시대는 문자가 없었던 시대였기 때문에 어디까지가 생존을 위한 교육이었는지 어디까지가 놀이를 위한 활동의 범주였는지를 확인하기는 매우 어렵다.

(3) 선사시대의 신체문화와 스포츠

1) 생존으로서의 신체활동

신석기 시대의 활, 창, 도끼 등이 발견되는 것으로 보아 생존 활동과 연관된 궁술, 사냥 등이 있었을 것으로 추정되며, 유적을 통해서도 사냥, 어로, 춤 등과 연계된 신체문화의 존재를 확인할 수 있다. 선사시대의 사람들도 지금의 원주민들처럼 부족의 어른이 활 쏘는 기술이며 창을 던지는 기술, 무기를 만드는 기술, 짐승을 추적하는 방법, 배를 만들고 노를 젓고, 고기를 잡는 방법을 젊은이들과 소년들에게 가르쳤을 것이다. 다른 부족들과의 빈번한 전쟁으로 평상시에도 청년들과

소년은 전쟁놀이를 즐기고 무기를 활용하여 전쟁에서 이기는 방법을 배웠을 것이다.

2) 주술문화로서의 신체활동

선사시대는 자신들이 믿고 따르는 여러 신의 가르침에 순종하고 신의 말을 전하는 전파자의 지시를 존중하였다. 그뿐만 아니라 폭우, 불, 홍수, 기근 등의 자연의 재해 등은 선사시대의 사람들이 존중해야 하는 또 다른 신의 말씀이었다. 이들은 자연에 대해 대항하기보다는 자연은 가공할 힘이 깃들어 있는 신이라고 믿고 이를 공경하고 정성을 다하며 제례를 지냈다. 이러한 이유로 선사시대 사람들은 갖가지 제례 의식을 행하게 되었고, 그중에서 신체활동과 주술적 측면을 동시에 강조한 제례, 무용 등을 창안하기 이른다. 광의의 개념으로 본다면, 선사시대에 있어서 신체적 활동을 요구하는 제례 의식이나 축제도 체육사 범위 안에 포함되어야 할 것이다. 이러한 제례 의식에서 대표적인 신체활동은 바로 무용이었다.

2 부족국가 시대의 체육과 스포츠

(1) 부족국가 시대의 사회와 문화

① 신석기시대에는 도구를 좀 더 정교하고 다양하게 만들게 되고 더 큰 집단생활을 하게 된다. 석기는 연마해서 사용하게 되고 석창을 이용하고 빗살무늬토기를 만들어 사용하였다.

② 청동기시대는 부족국가가 이루어지는데 벼농사를 포함한 농경 정착 생활이 이루어지는 시기이다. 또 부족국가 간의 정복과 연합이 이루어져 부족 연맹 국가 같은 초기왕국을 형성하는 과정을 이루게 된다. 이 시기는 후기로 갈수록 농경이나 목축을 하는 생산에 관계된 사람들과 전쟁 시의 군사로 활동하는 사람들의 분리가 이루어지는 시기이다.

③ 고조선 : 청동기 문화와 함께 철기문화가 전해지고 쇠로 된 가래, 낫과 같은 농기구가 등장했으며, 쇠로 만든 화살, 창, 칼 등이 있었다.

(2) 부족국가의 신체문화

1) 교육적 신체활동

부족국가 시대의 신체활동은 그야말로 삶 자체를 위한 움직임이었을 것이다. 그러나 생산기술과 전투기술이 분화되는 시대를 지나면서 사냥기술이나 전투기술의 단련을 위한 신체활동은 존재했다.

① 궁술 : 고분에서 출토된 벽화나 유물에 의하면 부족국가 시대의 궁술은 생존과 전투에 있어서 중요한 기술이었던 것으로 나타난다. 전쟁에 대비하기 위해 생존을 위해 궁술에 관한 교육을 실시했을 것이라 사료된다.

② 기마술 : 우리나라 역사에서 말과 관련된 최초의 기록이 있는 삼국지 문헌에 의하면 "말이 모두 작아 산에 잘 오른다. 사람들이 기력이 좋으며, 전투 연습을 한다."라고 기록돼 있다. 이러한 기록으로 보아 부족국가 시대부터 기마술 또한 궁술과 함께 중요한 신체적 훈련이 있었음을 알 수 있다.

③ 수렵 : 부족국가 시대에 수렵은 가장 중요한 활동이었기 때문에 도구를 제작하고 사용하여 동물을 사냥하는 방법을 집단 내에서 교육되고 이수 되었다. 아직 어린 사람인 미경험자가 경험자로부터 배워서 반복연습을 하는 그 과정은 중요한 체육활동이라 부를 수 있다.

2) 민속적인 신체활동

부족국가 시대의 우리 조상들은 파종기와 추수기에 제사를 지내고 농사의 수확을 많이 하게 되기를 바라는 즉, 풍년을 기원하는 축제를 개최하기도 하였다. 이 축제가 끝난 후에는 온몸을 격렬하게 움직이는 춤을 추었다.

① 제천행사 : 농경사회였던 부족국가 시대에는 제천의식이 있었으며 대표적인 것은 고구려의 동맹, 부여의 영고, 동예의 무천, 신라의 가배, 삼한의 단오와 상달 등이 있으며 이는 일종의 추수감사제였다. 행사는 조상들이 종교와 예술을 얼마나 중시하였는지를 한눈에 볼 수 있는 제정일치의 본보기였다.

② 민속놀이 : 부족국가 시대의 민속스포츠로는 기마, 수박, 격검, 씨름, 윷놀이 등이 있었으며, 그중 가장 대표적인 민속놀이는 윷놀이로 대개 정월 초하루부터 대보름까지 행해졌으며, 도, 개, 걸, 윷, 모는 동물의 빠르기와 연관이 있었다.

③ 유희 : 인간의 본능에는 유희본능이 있으므로 집단 내에서 경쟁적인 유희 활동이나. 제천의식이나, 축제, 주술 활동을 할 때도 유희적 요소가 포함되어 있어 부족국가 시대의 사람들 역시 유희를 즐겼을 것이다.

3 삼국시대 및 통일신라시대의 체육과 스포츠

(1) 삼국시대의 사회와 교육

1) 삼국시대 사회

① 삼국시대가 어느 시기부터였는지 학자들의 주장마다 약간씩 차이가 있지만, 삼국이 고대국가의 면모를 갖추고 대립하게 된 것은 4세기경부터 7세기 중엽까지로 보고 있다. 고구려, 백제, 신라 3국은 종전의 인근 부족들을 병합함으로써 고대 국가의 체제로 변신했다.

② 삼국시대는 불교와 유교의 수용으로 정치와 교육, 문화 등 전반에 큰 영향을 주고 되고 윤리의식의 발달은 삼국시대의 근간이 되었다. 유교의 도입에 대한 정확한 기록은 없으나 삼국시

대로 추정하고 있고 불교는 고구려(소수림왕 2년), 백제(침류왕 1년), 신라(법흥왕 14년)가 수용하면서 삼국시대 전반에 영향을 미치게 된다.

③ 고구려는 대륙과 지속적인 대외와 항쟁을 하였으며, 그 과정에서 중국의 문화를 수용 및 정리하여 한반도에 전달하였다.

④ 백제는 상업으로 경제적 번영을 누리면서 중국의 귀족문화를 수용하며 한반도와 일본에 전달하는 역할을 하였다.

⑤ 후삼국 시대에 접어들면서 신라는 당항성(지금의 한강유역)을 장악하게 되었고 중국과 직접 교육을 하면서 독자적인 신라문화를 만들게 되었으며, 훗날 삼국을 통일하여 통일신라 시대를 맞이한다.

2) 삼국시대 교육

① 고구려

㉠ 태학 : 고구려 소수림왕은 집권 2년 차(373)에 귀족 자제의 교육을 위해 국가교육 기관인 태학(太學)을 세웠고 그곳에서 무예를 가르쳤다. 최초의 관학이며, 고등교육 기관의 효시이다.

㉡ 경당 : 장수왕(413~491) 때는 평민의 자녀교육을 위해 '경당(扃堂)'을 세워 문무일치 교육을 강조했으며 이를 통해 무예 진흥을 꾀했다. 경당은 화랑도와 마찬가지로 원시사회의 청소년집회소에서 발전한 곳으로 일정 부분 교육기관의 역할을 하였으며 그곳에서 군사적 훈련으로 활쏘기를 했다는 점 역시 화랑도와 비슷한 성격의 조직이었던 것으로 보인다.

㉢ 선배 : 단재 신채호(申采浩)의 '조선상고사(朝鮮上古史)'에는 고구려의 무인 청년단으로 구성된 선배(先輩)제도가 고구려의 강성을 이룩했다고 나와 있다. 고구려의 선배는 신라의 화랑도와 유사한 청년 단체이다.

② 백제 : 백제는 학교가 있었다는 기록이 발견되고 있지 않다. 그러나 백제는 중국과의 교역이 빈번하여 일찍이 중국의 문물을 받아들였다. 그리고 백제는 모시(毛詩)박사, 의(醫)박사, 역(易)박사 오경박사 등 일종의 교육담당관 직책인 박사제도가 있었다.

③ 신라

㉠ 화랑도 : 화랑의 '화(花)'는 아름다운 미모 등을 의미하며 '랑(郎)'은 남자를 지칭하였다. 국가의 어진 재상과 충성스러운 신하가 화랑으로부터 나왔고, 훌륭한 장군도 화랑으로부터 나왔다. 화랑도의 실체는 약 6세기부터 10세기까지 신라에 존재했던 청년단체의 장도는 단체를 말한다. 민간수양단체의 성격을 지니고 있었으나 국가비상사태를 위해 전사 교육도 실시하였다.

㉡ 국학 : 국학에서는 유학의 교수 및 연구와 관리 양성을 목표로 하였다. 국학의 수업연한은

9년이었으며, 교육의 대상자는 귀족 자제들이었다.

(2) 삼국시대의 체육

삼국시대는 고대국가의 틀이 비로소 완성되었다. 무술을 중심으로 한 국방체육이 크게 발달한 시기도 바로 이 시기다. 당시 국방체육은 근대체육이 성립하기 전까지 통일신라는 물론 고려시대와 조선시대까지도 맥을 이어나갔다. 이는 사회적, 정치적, 종교적, 군사적 생활까지 적응하는 조화적 인간상을 지향하는 궁극적 의미의 무예 교육이었다. 결국 무예 교육은 신체적인 것은 물론 지적, 정서적인 면까지도 목표로 한 '전인적(全人的)' 인간을 추구하였다.

1) **기마술**

삼국시대의 마구와 함께 기마의 상황을 알려주는 유적으로는 고구려의 고분벽화 기마 수렵도, 기마 전투도, 기마행렬도, 기마무사도 등이 있다. 기사란 말을 타고 달리며 활을 쏘는 것을 말한다. 훗날 조선시대 무과시험 과목이 된 기사는 삼국시대부터 중요한 무예 교육의 한 영역이었다.

2) **궁술**

우리나라는 부족국가 시대부터 궁술이 발달하였다. 삼국시대의 활쏘기는 매우 중요하게 취급되었으며 활쏘기는 교육의 한 분야였다. 고구려의 경당에서는 궁술 교육의 일부분이었으며, 백제에서도 궁술은 백성이나 임금이 갖추어야 할 중요한 자질의 하나로 취급되었다. 신라에서 역시 궁전법을 통해 인재를 등용하였다.

3) **입산수행과 편력**

① 입산수행 : 화랑도의 신체적 교육의 독특한 방법 중 하나는 입산수행이었다. 입산수행은 산속에 들어가 신체적 고행을 통해서 신체와 정신의 강화를 목적으로 했던 활동이었다. 당시 화랑들이 행한 신체 수련은 전인적 인간의 육성에 초점이 맞춰져 있었다. 그들의 놀이로는 가무(歌舞), 편력(遍歷), 축국(蹴鞠) 등이 있었다.

② 편력 : 편력은 화랑의 야외교육 활동을 말한다. 명산대천(名山大川)을 두루 돌아다니며 야외활동 중 시와 음악과 관련된 활동을 비롯한 각종 신체활동 등도 포함된다. 화랑도들은 각지의 유명한 큰 강과 산을 수일간 순회하면서 신체적, 정서적 수양을 시도하였다. 편력은 목숨을 걸고 국토를 지킨다는 불국토 사상과도 연계되어있다. 이러한 신체활동을 통하여 화랑은 전인적 인간으로 육성되었다.

4) **화랑도 체육**

화랑도가 청소년들에게 집단 활동을 통해서 도덕적 품성과 미적 정조를 함양하도록 하고 신체적 단련을 통해 강한 청소년을 양성하려 했던 점에서 체육사적으로 큰 의미를 지닌다. 화랑도는 세속오계(世俗五戒)를 바탕으로 보국충성(保國忠誠)할 수 있는 문무겸비의 인재를 양성하고 우수한 인재를 국가의 관료로 등용하던 신라 특유의 교육제도이며 화랑도에서 나타나는 교육 목적은 크게 군사적 측면과 교육적 측면으로 나타난다.
① 군사적 측면의 교육목적 : 화랑제도는 용감한 병사의 육성을 위해 실천적 인간을 육성하려는 데 기여했다. 화랑도는 평소에는 사회 지도적 인물을 양성하는 수양단체의 성격을 띠고 있었으나 유사시에는 전사로서 활동할 수 있는 청년의 육성기관이었다. 화랑도를 군사적 특성을 지닌 단체로 간주하는 것은 국가의 비상시 전사로서 참여했기 때문이다.
② 교육적 측면의 교육목적 : 화랑도는 심신의 단련을 통한 도덕적 인간의 육성을 추구하였다. 화랑도는 법률로서 제정된 정식 국가기관은 아니었고 촌락 공동체의 청소년 단체로서 화랑의 낭도들은 엄격한 규율을 지키며 자연을 벗 삼아 풍류를 즐겼으며 정신수양을 하는 한편 무예와 각종 신체적인 활동을 통하여 덕을 쌓고 심신을 수련하였다.
③ 세속오계는 화랑 귀산(貴山)과 추항(箒項)이 원광을 찾아가 일생을 두고 경계할 금언을 청하자, 원광이 전한 다섯 가지 계율을 말한다. 6세기 말 진평왕 때 원광법사가 전한세속오계(世俗五戒)는 다음과 같다.

> **세속오계(화랑도의 5가지 정신)**
> ① 사군이충(事君以忠) : 충으로써 임금을 섬긴다.
> ② 사친이효(事親以孝) : 효도로써 아버지를 섬긴다.
> ③ 교우이신(交友以信) : 믿음으로써 벗을 사귄다.
> ④ 임전무퇴(臨戰無退) : 싸움에 임해서는 물러남이 없다.
> ⑤ 살생유택(殺生有擇) : 산 것을 죽임에는 가림이 있다.

세속오계 가운데 그들이 특별히 귀히 여긴 사회윤리 덕목은 충(忠)과 신(信)이었다. 이것은 화랑도가 제정된 6세기 중엽부터 삼국통일을 이룩하게 되는 7세기 중엽까지 약 1세기 동안 가장 숭상되는 도의였다. 이처럼 화랑도의 교육은 넓은 시각에서 볼 때 심신의 조화로운 발달을 추구한 것이다.

(3) 삼국시대의 민속스포츠와 오락
① 수렵 : 수렵은 대륙을 막론하고 고대사회에서 공통적으로 나타나는 생존 활동이자 스포츠였다. 정치, 군사적 시위의 성격을 지닌 왕의 선무행사 중의 수렵, 기사 훈련의 성격을 지닌 군사적 수렵, 스포츠로서의 수렵 등 다양하였다.
② 방응 : 방응(放鷹)이란 매사냥을 말한다. 방응은 동서고금을 통해 보이는 사냥의 한 종류이다. 사나운 매를 길들여 새를 사냥하는 일종의 수렵방법이다. 삼국시대에 매우 성행하였다.
③ 축국 : 축국(蹴鞠)은 가죽 주머니로 공을 만들어 발로 차던 공놀이였다. 축국은 지금의 축구와 비슷하였으며 제기차기, 족구 등과 비슷한 점도 있다. 중국의 자료를 살펴보면 "축국은 군사

들의 훈련을 위한 방편으로 만들어진 것으로 1인이 할 수도 있고 8인이 할 수도 있는 놀이다"
라고 하였다. 한자문화권에 있어서 축국의 최초 기록은 사마천의 ≪사기≫다.

④ 석전(돌싸움) : 석전은 돌싸움 또는 편싸움 놀이로서 원래 한자로는 변전(邊戰)이라 쓰던 것을 후에 편전(便戰)으로 변경하였으며 석전희(石戰戱), 돌팔매 놀이라는 명칭으로도 불렸던 우리 민족 고유의 놀이다. 석전은 개천이나 넓은 도로를 사이에 두고 주민들이 서로 편을 갈라 돌을 던지는 놀이였다. 우리 민족의 놀이에는 싸움이란 말로 많은 인용이 되고 있는데 대략 '戰'으로 많이 사용하며 '石'은 물론 우리말로 '돌'을 의미한다. 따라서 '石戰'을 우리말로 풀어보면 '돌싸움'을 말한다. 석전은 서로 돌팔매질을 하다가 분위기가 고조되어 갈 무렵 6모 곤봉을 든 대장들 간에 백병전을 시작으로 석전이 본격화된다.

⑤ 각저(씨름) : 씨름은 한자로 각저(角抵), 각력(角力), 각희(角戱), 치우희(蚩尤戱)라고도 하며 중국에서는 솔교, 일본에서는 상박(相搏)이라 불렀다. 씨름의 호칭은 다르게 불렸으나 뜻을 살펴보면 두 사람이 각기 띠를 두르고 힘을 겨루어 묘기를 부려 상대방을 넘어뜨린다는 의미는 똑같다. 즉 씨름은 소박하면서도 박진감 넘치는 서민의 놀이였다. 씨름은 농경시대 이전부터 제례행사의 하나로 실시된 경기로 꽤 오랜 역사를 품고 있다. 씨름은 각저(角抵)라고도 한다. 각저라는 뜻은 뿔로 서로 밀친다는 의미다.

⑥ 투호 : 투호(投壺)는 일정한 거리에 항아리를 놓고 화살과 비슷한 것을 그 안에 넣는 놀이다. 삼국시대의 여성들도 투호를 즐겨하였다. 투호는 단순한 놀이라기보다 자신의 수양 그리고 대인관계에서의 군자의 태도를 익히는 또 다른 방법이었다.

(4) 삼국시대의 체육 사상

한국 교육사에서 삼국시대의 교육이 가장 독특하다. 삼국시대의 교육에서 추구한 것은 '문무의 균형', '심신의 조화', '지덕체의 병행'으로 표현할 수 있다. 그리고 당시 화랑도의 교육 이상은 현대 전인교육의 이상과 일치한다.

① 신체 미의 숭배 사상 : 고대국가의 신체의 미는 물론 신체의 탁월성을 매우 중요시하였으며, 신라는 신체 그 자체에 높은 가치를 부여했고, 신체의 미 역시 중요하게 생각하였다. 화랑이 귀족의 자제로서 외모가 수려한 자들을 선발했다는 사실에서 드러난다.

② 심신 일원론적 체육관 : 화랑의 심신 일체적 신체관이 토대가 되었으며 신체활동을 통한 수련 자체를 덕의 함양 수단으로 생각했고, 심신의 조화를 인간상을 구현했다. 화랑의 체육이 심신 일체적신체관을 바탕으로 하고 있었다는 것은 궁도나 편력을 통해서 잘 알 수 있다.

③ 군사주의 체육사상 : 화랑도는 국가가 위기를 맞을 때 국가를 위해 자신을 던질 수 있는 지혜롭고 용감한 인재양성은의 산실이었다. 또한 군사집단으로서 화랑들의 무사 정신을 발휘하고

02 선사시대 및 고대의 체육과 스포츠 문화

화랑 체육은 군사적 사상도 내재되고 교육과 훈련이 국가주의적 사상이 있음을 명확히 알 수 있었다.
④ 불국토 사상 : 신라의 체육 중 입산수행과 편력은 종교의식과 연관된 신체활동이었으며, 이것은 화랑도의 편력 활동에서 드러난다. 국토를 신성하고 존엄하게 생각하며 목숨을 걸고 지켜내야 한다는 사상과 연계되어 있다.

한국체육사 03 고려시대와 조선시대의 체육과 스포츠 문화

1 고려시대의 체육과 스포츠

(1) 고려시대의 사회
① 후삼국(882~938) 시대를 마감하고 새롭게 등장한 고려(938~1392)는 문치주의를 중시하였다. 고려는 안으로 신라의 중앙귀족과 경주중심의 국정운영을 중단하였고 밖으로는 중국과의 광범위한 문화적 교류를 통해 다양한 문화를 흡수하며 성장의 토대를 구축하였다.
② 고려는 옛 고구려의 전통을 이어나간다는 의미에서 서경(西京)을 평양에 치하였다. 이를 바탕으로 고려는 강력한 북진정책을 추진해 나갔고 곧이어 과거제도를 실시하며 관제를 개혁하였고 유교를 정치이념으로 대내외에 표방하였다.
③ 고려는 국가적으로 유교와 불교를 동시에 받아들였고 왕실과 귀족들도 불교를 숭상하였다. 고려는 금속활자의 발명, 상감청자와 같은 도자기의 발달, 역사서의 집필 등 독창적인 문화를 발달시켰다.

(2) 고려시대의 교육

1) 관학
① 국자감 : 국자감은 성종 때에 창건되었으며, 7재라는 전문 강좌를 두었으며, 6학 4계급으로 되어 있었다.
② 학당 : 순수한 유학 교육기관으로 서민을 위한 교육기관이었다.
③ 향교 : 향교는 지방 학교로 언제부터 교육이 실행되었는지 명확하지 않으나 성종 이후 지방의 관립학교로 운영되었다.

2) 사학
① 12도 : 사학 12도는 고려시대 사학교육 기관으로 12개교를 총칭하는 것이다. 해동공자 최충이 72세 관직을 은퇴한 이후 9재를 짓고 학당을 설립하였다. 이후 이 학원을 최공도라고 하였다, 국자감과 향교는 부진했고, 학당은 아직 출현 전이어서 고려가 멸망할 때까지 360년간 존속한 12도는 고려의 중요한 교육기관이었다.
② 서당 : 사당은 향촌의 부락에 설치된 민간의 자생적인 사설 교육기관이다. 이러한 성격으로 인하여 서당의 기원을 고구려의 경당에서 찾기도 한다. 서당은 민간사설 교육기관으로서 마을에서 초보적인 교육을 하던 교육기관이었다.
③ 과거제도 : 과거제도는 중국과 한국에서 실시하였던 관리 선발제도로서 시험을 통하여 관리를 선발하는 것이 중요한 특징이다. 제술업이라 하는 문예를 시험하는 것과 명경업이라 하는 유교 경전을 읽고 그 뜻이 통하는지 시험하는 것 그리고 잡업인 해당 기술 기능에 관한 학문적 자질을 시험하는 것이 있었다.

(3) 고려시대의 무예체육

1) 국학과 향약의 무예체육
   ① 국학의 체육 : 고려시대는 국학 안에 7재를 두었는데 그 중 무학을 공부하는 강예재(講藝齋)가 있었다. 고려교육 기관의 성향으로 볼 때 유능한 인재를 선발하여 교육시켜 관리로 등용시킨 점으로 볼 때 무학을 통해 장수로 양성한 것으로 보인다. 무예와 정신수양을 강조하였으며, 무예를 중시하며 번성하던 고려는 수박, 궁사, 격구 등 무사시취(武士試取)와 관련되어 많은 기록을 전했다.
   ② 향약의 체육 : 향약이란 지방의 학교라는 뜻인데 학교를 세워 널리 도를 가르쳤다 함이다. 예의를 엄중하게 여겨 덕행이 있는 자를 표창하고 궁중에서 존경심을 길러 마을 사람들로 하여금 본받게 한 것임을 볼 때 사회교육으로 큰 의의를 가지고 있다.

2) 무신정권과 무예의 발달
   ① 고려시대의 문치주의에 입각한 귀족정치는 무신의 사회적 경제적 열세를 초래했다.
   ② 12세기 중엽 무인들의 등장은 무예의 발달을 더욱 촉진시키는 계기가 되었다. 고려시대 무인들은 천시되었으며 이러한 분위기 속에서 역사상 최초의 쿠데타가 일어났다. 무신들의 반란을 일으킨 직접적인 계기는 무예 행사였다.
   ③ 무신반란의 직접적인 계기는 오병수박희 행사였다. 그 이후 무인들은 약 100년 동안 정치적 영향력을 행사하며 무예는 더욱 더 많은 발전을 이루었다.

3) 무예체육
   고려시대의 무예체육은 거의 삼국시대의 신체활동을 계승한 것이다. 무예훈련의 성격을 지닌 체육활동으로 볼 수 있으며, 고려시대의 무인정신은 충, 효에 의에 기반을 두고 있다.
   ① 수박 : 고구려 시대부터 성행했던 수박은 맨손과 발을 이용한 격투기로 보여진다. 수박은 고려시대에 무인들에게 적극적으로 권장되었으며, 명종 때에는 수박을 겨루어 이기는 자에게 벼슬을 주는 경우도 있었다. 그리고 관람을 위해 자주 연출되었던 무예경기로 수박은 무신들의 흥을 돋우기 위해 행해졌다. 고려시대에는 인재를 등용시키는 특별채용방식으로 무인을 등용했고 무인 집권 시기에는 수박희가 인재 선발의 중요한 수단이었음을 알 수 있다.
   ② 궁술 : 삼국시대부터 그 전통이 이어졌으며, 고려시대의 궁술을 널리 권장되었다. 국가에서도 병사나 관료들에게 궁술을 익히도록 하였으며, 신라시대의 궁술로 인재를 뽑던 전통도 고려시대로 전승되었다. 궁술은 무인은 물론 문인들도 심신 수양과 인격도야의 한 방법으로 중히 여겼다. 궁술의 장려와 인재 등용 정책 등은 문무를 겸비한 인재 양성과 무관치 않았으며 고려시대의 궁술이 장려된 것은 국방력 강화라는 차원과 연계되어 있었다. 그러나 활터를 설치하고

일반인들에게 공개한 점으로 보아 군사적 목적 외 운동경기의 성격도 지닌 활동으로 보인다.
③ 마술 : 말을 타고 여러 가지 자세나 기예를 보여주는 것으로 유교를 치국의 도로 삼았던 고려시대의 승마기술은 군자의 중요한 덕목 중의 하나였다. 고려시대의 마술은 중국의 영향을 받아 마상재와 격구 등과 연계되어 발달하였다.

(4) 고려시대의 민속스포츠

1) 귀족사회의 민속스포츠

고려사회는 문치주의를 표방하면서 새로운 지배층이 형성되었고 중국식 관계를 정비하였으며, 군사적 행정체제를 갖추고 있었다. 이러한 가운데 문반 귀족들은 각종 무예를 유희적인 요소를 가미시켜 무예는 유희, 오락의 대상으로 경기적인 요소가 가미되었다.

① 격구 : 격구는 페르시아의 폴로에서 기원을 둔 것으로 격구가 한반도에 전래한 것이 언제인지 명확하지는 않으나 대략 8~9세기경으로 추정하고 있다. 고려시대의 귀족사회에서 격구가 매우 성행하였으며, 특히 격구에 대한 의종의 열정을 광적이라고 표현할 정도였다고 한다. 고려시대의 격구 애호 풍조는 조선시대까지 이어졌으며, 아녀자들도 보행격구를 실시할 만큼 인기가 있었다.

㉠ 격구의 성행배경 : 고려시대의 격구는 군사훈련의 수단이었으며, 주로 말타기 능력향상을 위한 훈련 수단이었다. 고려시대의 예종 5년 신기군에 의하여 처음 실시되었으며, 여진의 침입을 막기 위하여 국가 방위에 총력을 기울였다. 격구가 군사훈련을 위한 수단으로 채택된 이후부터 급속히 확산되었다. 그리고 격구는 귀족들의 우락 및 여가활동이었다. 중세 말을 소유한 부유한 계급이 기사였듯이 격구에 참여한 계층은 주로 왕족이나 귀족계급이었다.

㉡ 격구의 폐단 : 격구가 대중화 양상을 보이면서 점차 사치스러운 모습으로 변하였으며, 최씨 무인 집권기에는 격구의 사치성이 최고조를 달하였다. 이처럼 고려시대의 격구는 무예적 요소와 유희적 요소를 동시에 지니고 발달되었으나 말이나 장비를 구할 수 있는 여건 사치성으로 인하여 특수계층만 참여했고 그 폐단 역시 굉장히 심각하였다.

② 방응 : 고려시대 귀족들은 격구와 함께 방응(放鷹)을 즐겼다. 당시 주인이 길들인 매로 사냥을 하는 것이 '방응'이며 이는 짐승을 활로 잡는 수렵행위보다 자연적이고 원시적인 방법이었다. 하지만 우리 선인들은 아득한 고대부터 매사냥을 즐겼고 고려시대에는 매의 사육과 사냥을 전담하는 응방(鷹坊)이라는 관청까지 두었다. 고려 응방은 면역, 면세의 특권이 있었고 왕의 힘을 배경으로 한 관청이었기에 소속 관원들의 횡포와 폐단이 극심하였다. 이로 인해 14세기 중반, 충목왕은 한때 응방을 폐지하기도 하였으나 다음 왕인 공민왕이 응방을 다시 설치하였다.

03 고려시대와 조선시대의 체육과 스포츠 문화

그리고 창왕 때는 응방을 아주 폐지하였다.
③ 투호 : 투호는 삼국통일 이전에 이미 한반도에 소개된 것이며, 고려왕조를 통해서도 계승되었다. 고려시대에도 투호는 왕실과 귀족사회에서도 성행하였다.

2) 서민사회의 민속스포츠

서민들의 유희와 오락은 팔관회와 같은 불교 행사나 단오절과 같은 명절날에 주로 시행되었다. 팔관회는 신라 진흥왕 때 시작되어 고려 시대에 가장 융성하였던 민족의 불교 축제였다. 고려의 팔관회는 국가의 안녕과 축복을 빌며, 농경 의례를 계승한 추수제의 의미를 지닌 것이었다.

① 씨름 : 삼국시대부터 행해진 일종의 민속스포츠였다. 각저, 각력, 상박, 각지, 각희라고 불렸으며 현재 씨름의 형태와 유사하다. 고려사 충혜왕 조에 "충해왕이 요사를 거느리고 각력희를 관람하였다"라는 기록이 있는 것으로 보아 씨름도 유희나 무예의 일종으로 발달된 것으로 보고 있다.

② 추천 : 고려시대의 그네뛰기는 단오절에 가장 많이 행해졌으며, 한자로 추천(鞦韆)이다. 고려시대의 씨름이 남성들의 놀이였다면 그네뛰기는 여성들의 놀이였다. 그네뛰기에 관한 최초의 기록은 고려 사열전 최충헌조에 등장한다. 고려시대는 무술을 연마하면서 일상생활을 즐기기 위한 새로운 유희와 오락 등이 많았는데 마상재를 비롯한 위기, 기구, 격구, 수박, 석전, 방응, 쌍륙 등이 바로 그것이었다.

③ 석전 : 석전은 고대의 것이 전승된 것으로 고려시대에는 나라의 풍속으로 단옷날이나 명절에 민속놀이의 성격을 띠었다. 무로서의 석전은 모의 군사훈련의 방법으로 이용되었으며, 관중스포츠로써 왕이나 양반들에게 구경거리를 제공하는 성격을 지녔다.

④ 연날리기 : 삼국시대부터 있었던 연날리기는 군사적 목적이나 놀이의 성격을 띠고 고려시대로 전승되었다. 풍연이라고 불리기도 한다.

2 조선시대의 체육과 스포츠

(1) 조선시대의 사회

1) 유교적 관료국가

① 1392년 조선을 건국한 태조 이성계는 고려의 체제를 일정 부분 유지하며 새로운 개혁을 시행하였다. 우선 태조는 국시로 유교주의, 사대주의, 농본주의를 내세웠다. 유교 예법은 국민생활의 기본적인 규범의식이 되었고 삼강오륜은 마음을 움직이는 도덕률이 되었으며 신분제도는 사농공상(士農工商)이라는 엄격한 틀로 분리시켰다.

② 조선시대의 신분제도는 고려 말부터 내려오는 전통적인 사회적 기반과 유교적 이념 위에 세워졌다. 신분제도는 지배계층과 피지배계층이 엄격하게 구분되었으며, 사(士)와 서(庶), 혹은 사농공상의 사민(四民)이 뚜렷이 구분되었다. 한마디로 조선사회는 신분이 어느 정도 신분이 세습되는 사회였고 귀천의 구별도 비교적 엄격했다. 신분간의 차별이 심했던 조선은 왜란과 호란으로 실학이 싹트게 되었다. 여기에 새로운 서양문물의 전래는 조선사회의 새로운 자아와 새로운 생각을 탄생시켰다.

③ 삼강은 글자 그대로 임금과 신하, 부모와 자식, 부부 등이 지켜야 할 서로 간의 도리다. 오륜은 임금과 신하의 도리에 있어 의리가 있어야 하고 아버지와 아들 사이에는 친애가 있어야 한다. 부부 사이에는 서로 침범치 못할 인륜의 구별이 있고 어른과 아이 사이에는 질서가 있으며 벗과는 믿음이 있어야 함을 강조하였다.

> 삼강 : 君爲臣綱 군위신강, 父爲子綱 부위자강, 夫爲婦綱 부위부강
> 오륜 : 君臣有義 군신유의, 父子有親 부자유친, 夫婦有別 부부유별,
>   長幼有序 장유유서, 朋友有信 붕우유신

④ 조선시대 가장 영민한 왕으로 평가받는 영조와 정조의 탕평책은 조선을 안정시켰고 경제적 발달을 가져왔다. 그러나 순조가 집권한 이후부터 세도정치, 즉 "국왕의 위임을 받아 정권을 잡은 특정인과 추종세력에 의해 정치가 이루어지는 조선의 정치형태"로 인해 폐단이 극심해졌다. 이로 인해 일반 서민의 삶은 고통으로 치달았다. 그러자 전국에서는 민란이 들끓었으며 신흥 종교인 천주교를 믿는 사람들이 늘어갔다. 여기에 처음 보는 서양문화가 전래되는 등 조선은 그야말로 혼란의 중심에 서게 되었다.

(2) 조선시대의 교육

조선시대는 초기부터 유교주의 국가이념을 바탕으로 한 교육기관이 증설되어 이에 따른 교육이 실시되었다. 조선시대의 교육 형태는 크게 유학교육, 무학교육, 기술교육이 있었다.

1) 관학

① 성균관 : 조선시대의 성균관은 고려시대의 최고 교육기관인 국자감의 명칭을 바꾸어 이어졌다. 성균관은 성리학을 바탕으로 지배이념을 보급하여 유교적 소양을 갖춘 관료를 양성함으로써 왕조체제를 유지하는 데 기여하였다.

② 사학 : 고려시대에 개경에 설치되었던 5부 학당을 조선이 계승하여 세운 교육기관이다. 사학은 성균관의 부속 학교와 비슷한 성격을 지닌 중등학교 수준의 교육기관이었으며 향교와 유사했다.

③ 향교 : 조선시대의 향교는 고려시대의 지방에 설립된 중등학교 수준의 교육기관이었으나 조선시대에 들어와 크게 발전하였다. 향교는 성균관의 축소판이라 할 수 있으며 유교경전을 공부하는 경학을 교과 내용으로 하였다.
④ 서원 : 조선시대 성리학의 연구와 교육의 목적으로 지방에 16세기 후반부터 세워지기 시작한 서원은 고려 말, 조선 초에 존재하던 서재의 전통을 잇는 것이었다. 서원의 목적은 학문을 연마하는 것이었으며, 현실적으로는 과거를 준비하는 교육기관의 역할을 하였다.
⑤ 서당 : 서당은 고려시대부터 이어져 오던 교육기관이었으며, 조선시대에 들어 더욱더 활성화되었다. 교육내용은 천자문과 사서오경의 강독, 문장 공부인 제술, 실용적인 글쓰기 연습인 습자 등이 있었다.

2) 무학 교육기관
① 훈련원 : 무인 양성과 관련된 공식적인 교육기관이다. 군사의 무재를 시험하고 무예를 연습하였으며, 병서 강습을 하기도 하였다. 활쏘기 승마 등을 연습시켰다.
② 사정 : 조선시대의 사정은 무인을 교육하던 기관으로 무과 합격에 가장 큰 영향을 미친 곳이다. 무사들은 평상시에 무과를 준비하고 훈련을 하는 교육기관의 역할을 대신하였다.

3) 과거제도
① 문과 제도 : 문관의 채용시험은 초급 문관시험인 소과와 대과의 두 단계로 나뉘었다. 소과에는 사서오경으로 시험하는 생원과와 시, 부, 책 등 문장으로 시험하는 진사과가 있었다.
② 무과 제도 : 소과 대과의 구분이 없는 단일과로 초시(230명), 복시(28명), 전시(28명, 갑 3명, 을 5명, 병 20명)의 3단계 시험이 있었다. 초시의 경우 훈련원, 지방의 각도 방사에서 치렀다. 무과를 관장하는 것은 국가였고 그 관림 책임은 훈련원이나 병조에 있었으며, 엄격한 절차에 따라 무과 시험이 진행되었다.

[무과의 시취과목]

시별과목	무예	강서(논문형태)
초시	활쏘기(목전 : 240보 편전 :130보 철전 : 80보) 기사, 기창, 격구	없음
복시	초시와 동일	사서오경 중 일서 무경칠서 중 일서 통감, 병요, 장감, 박의, 소학 중 일서
전시	격구(기격구, 보격구)	없음

(3) 조선시대의 무예 교육

1) 무예 교육

조선시대에 무예 교육이 체계적으로 실시되었다고 보기 어려우나 왕실에서는 무예 교육을 실시하였다. 무사 교육은 궁마나 병서를 익히기 쉬운 환경에서 성장한 사람들에게 유리했으며, 체계적이라기보다는 비체계적인 경향이 강했고 즉흥적인 성격을 띠고 있었다.

2) 무예 서적

정조는 왕명으로 규장각 검서관인 이덕무(李德懋)와 박제가(朴齊家), 장용영의 장교 백동수(白東修) 등에게 명하여 종합무예 서적을 편찬케 하였다. 무예도보통지는 목판본으로 정조 14년, 즉 1790년에 4권 4책으로 완간되었다. 이름을 해석해보면 '무예'란 무에 관한 기예를 뜻하고, '도보'란 어떠한 사물을 실물의 그림을 통해 설명함으로써 체계적으로 분류하는 것을 의미하며 '통지'는 모든 것을 망라한 종합서적임을 제시한다. 해당 서적은 ≪무예통지≫, ≪무예도보≫, ≪무예보≫ 라고도 불렸다. 서적은 선조 31년인 1598에 한교가 6가지 무예를 중심으로 편찬한 ≪무예제보(武藝提報)≫와 영조 35년인 1759년에 사도세자가 18가지 무예를 중심으로 편찬한 ≪무예신보(武藝新譜)≫를 모체로 하고 있다. 그뿐만 아니라 무예도보통지는 중국과 일본, 우리나라의 무예 서적 145권을 고증하여 만든 종합무예서다. 다음 그림은 무예도보통지이다.

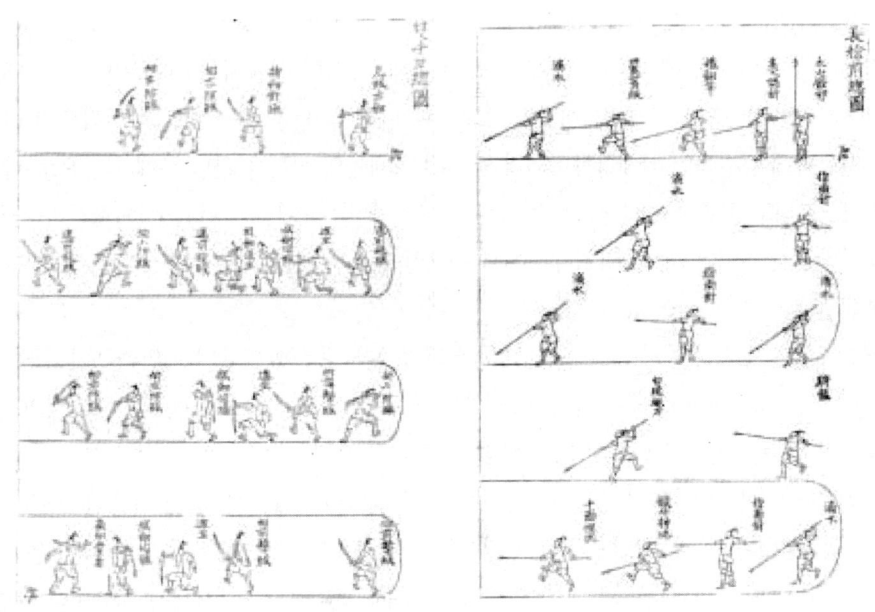

출처: 김익환(1970). 무예도보통지(全)

(4) 조선시대의 체육 성격의 무예와 건강법

① 궁술 : 조선시대의 궁술은 교육 활동의 한 영역으로 인정받았으며, 활쏘기를 통해 인간 형성을 지향하는 유교적 교육의 방식으로 인식되었다. 또한 전쟁기술로서가 아닌 일종의 게임으로 승부를 가르는 편사는 팀을 구성하여 실시하던 궁술 대회였다.

② 목전 : 화살은 나무로 만들며, 240보의 거리에서 3발씩 쏘되, 2인이 번갈아 가면서 한발씩 쏜다. 목표물인 후는 사방 1장 8척의 크기로 돼지머리가 그려져 있다. 후의 좌우와 일정한 거리 뒤에 깃발을 세워 표시하였다. 목전은 목표물을 정확히 맞히는 능력보다 멀리 쏘는 능력에 초점을 맞춘 것으로 목표물에 도달하면 7점, 5보 이상 추가 시마다 1점을 가산하여 계산하였다.

③ 편전 : 작고 짧은 화살로 애기 살이라고도 하며 통아라 부르는 통속에 화살을 넣고 쏘았다. 편전은 적중률과 관통률이 매우 우수하여 전쟁에서 큰 역할을 담당하였다. 편전은 일 인당 3발을 쏘되 세종 때 180보의 거리에서 중후를 쏘게 되었다. 이후 경국대전에는 50보가 줄어든 130보로 정해졌다. 중후는 8척 3촌의 크기다. 편전시험에서 북소리는 합격, 징소리는 불합격이었다. 편전이 세계사에 유일한 무기는 아니나 조선시대의 특색 있던 무기임에는 분명하다.

④ 철전 : 화살촉을 쇠로 만든 전투용 화살로 멀리 쏘아서 궁력의 강약을 평가하였다. 화살이 목표물에 미치면 7점, 80보를 넘으면 5보마다 1점을 가산하여 계산하였다. 철전의 후는 근후를 사용하게 되며 4척 6촌의 크기다.

⑤ 격구 : 격구의 방법에 대해서는 무예도보통지에 자세히 서술되어있다. 귀족스포츠였으나 그 자체가 능숙한 승마 기술 및 체력이 요구됨에 따라 국방을 위한 훈련의 성격도 지니고 있다. 무인교육에 필수적인 신체활동이었다는 점에서 체육의 성격을 지닌 무예 활동으로 취급되기도 한다. 그리고 각종 무예를 잘할 수 있는 기초적 훈련 즉 기술, 체력훈련으로서의 가치를 높이 평가받았던 것이다. 무과 과거제도에서 중요한 과목의 하나로 취급되었다는 것을 통해서도 명백해진다.

⑥ 격방 : 조선시대에는 격구, 타구라고 기록되었다가 세조에 이르러 기마격구와 구별하기 위해 방희 또는 격방이라고 불렀다. 골프 형태의 격구는 채 막대기로 공을 쳐 여러 개의 구멍 속에 넣으면 점수를 얻어 승부를 내는 놀이였다.

⑦ 도인체조와 이황의 활인심방: 활인심방은 중국 명나라 태조 주원장의 아들인 주권(朱權)이 지은 '활인심법'을 퇴계 이황이 구하여 필사한 책이다. 활인심방에서의 도인(導引)은 정신통일, 목 돌리기, 마찰, 침 삼키기, 다리의 굴신 동작을 펼쳤다. 해당 서적은 치료보다 예방을 위한 보건 체조의 운동법을 제시한다. 이황의 활인심방이 전하는 양생지법(養生之法), 즉 건강하게 오래 사는 법에 따르면 우선 '여름은 더운 시절로 사람들의 정신이 산만한 때라 심장의 기능은

왕성하나 신장이 쇠하니 노소 불문하고 더운 음식을 먹어야 가을에 토사곽란의 염려가 없다'고 기록하였다.

(5) 조선시대의 귀족스포츠

① 궁술 : 조선시대 초기부터 과거에 문과와 무과가 시행되었고 궁술은 무과시취에 중요한 과목이 되었다. 궁술은 임금이 갖추어야 할 덕목이었고 무인이 되기 위해 반드시 익혀야 할 과목이었다. 무예 시험에서 활쏘기는 목전, 철전, 편전, 기사의 4과목이었다. 조선시대의 사정은 일종의 궁도클럽과 같은 기능을 지니고 있었다. 조선시대 상류층 양반들은 활쏘기를 즐겼으며 게임의 단계로 발전된 일종의 민속스포츠였다.

② 봉희 : 최고의 성군이라 불리는 세종의 살아생전 역사를 정리한 세종실록 3년 차의 내용을 살펴보면 세종은 왕위를 물리고 들어앉은 아버지 태종과 형제간인 효령대군, 경령군 그리고 사촌인 의평군, 순평군과 더불어 궁에서 격방을 자주 즐겼다는 기록이 있다. 당시 격방 채는 합죽(合竹)으로 만들고 손잡이 부분에는 물소 가죽으로 미끄러지지 않게 했으며, 공의 크기는 달걀만한 크기로 마노(瑪瑙)로 만들거나 나무를 깎아 만들었다. 여기서 마노는 석영질의 보석으로 원석의 모양이 말의 뇌수를 닮았다고 하여 이름이 붙여졌다. 마노는 일반적으로 반투명하며 빛깔이 아름다워 장신구로 많이 활용되었다.

③ 방응 : 조선시대의 방응은 고려시대의 것과 비슷하다. 태조 때 한강위에 응방을 설치했으며, 조선시대에도 방응은 왕실과 상류층의 여가문화로서 주목을 받았다. 고려시대와 마찬가지로 조선시대의 방응은 매우 성행하였으며 그 폐허로 인해 규제를 가했다.

④ 투호 : 조선시대의 투호는 궁중 오락으로 매우 성행하였으며, 교육적인 성향도 지니고 있었다. 투호는 각종 행사에서 손님들을 즐겁게 해주기 위하여 실시된 사교적 목적의 스포츠였다.

(6) 서민사회의 민속스포츠

① 장치기 : 오늘날의 필드하키와 유사한 종목으로 편을 갈라 공, 나무토막 등을 긴 막대기로 쳐서 상대편 문안에 넣은 경기이다. 조선 후기까지 전국적으로 행해지던 장정들의 집단경기였다.

② 석전 : 우리 민족에게도 다소 과격한 놀이가 있다. 해당 놀이는 앞서 잠시 설명한 바와 같이 편싸움이라 하여 정월 대보름날 전국적으로 행해진 전투적인 놀이다. 놀이방식은 이웃 동네 청년들이 양편으로 갈라져 고개나 강물을 사이에 두고 돌팔매질을 하는 놀이로 투석전 또는 석전(石戰)이라고도 불렸다. 석전은 서울 만리동 고개의 편싸움이 유명했으며 평양의 편싸움은 사상자를 낼만큼 격렬했다. 편쌈의 전래를 더듬어 올라가면 원시적 전쟁으로 귀결됨을 알 수 있다. 돌팔매질이 중요한 전쟁 수단이었던 시절에는 편쌈은 놀이가 아니라 하나의 무술로 상대로부터 스스로를 방어하기 위한 수단이었다. 고려시대만 해도 돌팔매질 잘하는 무사들로 이뤄진

척석군(擲石軍)부대가 있었으며 어전(御前)에서는 투석 무예의 열병식(閱兵式)까지 있었다. 이와 같이 석전은 최초 무술에서 시작하였다. 그러나 과학이 발달하고 다양한 무기체계가 개발되면서 석전의 가치는 점차 하락하였고 결국 석전은 놀이의 형태로 전승되었다.

③ 씨름 : 씨름은 한자로 각저(角抵), 각력(角力), 각희(角戱), 치우희(蚩尤戱)라고도 하며 중국에서는 솔교, 일본에서는 상박(相搏)이라 불렀다. 씨름의 호칭은 다르게 불렸으나 뜻을 살펴보면 두 사람이 각기 띠를 두르고 힘을 겨루어 묘기를 부려 상대방을 넘어뜨린다는 의미는 똑같다. 즉 씨름은 소박하면서도 박진감 넘치는 서민의 놀이였다. 씨름은 농경시대 이전부터 제례행사의 하나로 실시된 경기로 꽤 오랜 역사를 품고 있다.

④ 추천 : 부녀자들이 그네를 타고 노는 놀이가 추천(鞦韆)이다. 음력 5월 5일은 우리 민족의 명절 단옷날이다. 해당일은 일 년 중에서 가장 양기(陽氣)가 왕성한 날로 우리에게는 큰 명절이었으며 여러 가지 행사가 전국적으로 행해졌다. 단오는 중종 13년(1518) 때 설날, 추석과 함께 '삼대명절'로 정해진 적도 있었다.

한국체육사 04 광복 이전의 체육과 스포츠 문화

1 개화기의 체육과 스포츠 문화

(1) 개화기의 시대
① 개화기는 1876년의 강화도 조약 이후부터 우리나라가 서양 문물의 영향을 받아 종래의 봉건적인 사회 질서를 타파하고 근대적 사회로 개혁하던 시기를 말한다. 당시 우리나라의 위정자들은 쇄국정책을 주장하였고 선각자들은 개화사상을 주장하였다.
② 강화도조약으로 시작된 개화기는 근대 문명이 도입되기 시작하면서 기존의 질서에 대한 재편이 시도되었으며, 위정척사 운동을 비롯하여 동학운동, 갑오개혁, 임오군란, 을미사변, 을사늑약, 의병운동 등으로 19세기 말은 정치적 사회적 격변의 시기였다.
③ 개화기의 수많은 시련과 격동 속에서 우리 민족은 근대적 자주 독립국가로서의 의지를 갖고 근대화를 위한 여러 가지 노력을 한 결과 전통적인 교육에도 변화가 나타나기 시작하였다.

(2) 개화기의 교육
① 문호를 개방한 조선은 외국의 문물을 받아들이기 위해 사찰단을 파견하고 국가기관을 개편하는 등 빠른 행보를 보였다. 신 교육령에 의해 보통학교, 중학교, 사범학교 등의 설립을 하는 등 비로소 근대국가로서의 모든 형식과 체제를 갖추기 시작하였다
② 국가의 부강은 교육에 달려있다는 인식의 확산으로 근대학교가 설립되었으며, 구한말 근대 학교의 설립 주제는 크게 정부에서 주도하는 관립 교육기관, 민간 교육기관 그리고 선교단체의 교육기관이 설립되었다.
③ 근대 관립 교육기관 : 조선은 서구열강 및 일본과 통상조약을 체결한 이후 가장 시급한 것이 통역관의 양성이라는 것을 깨닫고 이러한 배경으로 1883년 영어교육을 위한 동문학을 시작으로 통변학교, 육영공원을 설립하였다. 이곳에서는 여러 나라의 언어뿐만 아니라 영어, 지리, 수학, 국제학과 같은 신지식을 가르쳤다.
④ 최초의 근대적 학교인 원산학사를 중심으로 육원공원, 오성학교, 보성학교 그리고 광혜원, 배재학당, 이화학당 등 1910년까지 전국에 796개의 학교가 설립되었으며 한국 근대교육의 기초를 마련해 주는 역할을 하였다.
⑤ 갑오개혁 이후 조선은 과거제의 폐지와 임용시험제도의 채택, 신분 계급을 타파한 인제 등용 등 정치, 경제, 사회, 문화 등 여러 방면에서 전반적인 개혁을 단행하였으며, 고종은 교육을 국가중흥에 기본적인 수단으로 생각하고 '교육입국조서'를 발표하였다. 바로 덕양, 체양, 지양을 주장하는 내용이다.

04 광복 이전의 체육과 스포츠 문화

(3) 개화기의 체육

① 1878년 개항과 동시에 서구의 문화가 도입되면서 스포츠와 체육 분야에도 많은 변화가 시작됐다. 전통적인 무예와 민족적 유희 중심의 체육 내용이 체조, 유희 스포츠 분야에 걸쳐 확대되었다.

② 원산학사에서는 전통무예를 학교 교육에 포함했으며 고유한 우리 민족의 스포츠 문화를 새롭게 형성시키 시작하였다. 이러한 사실은 우리나라 전통무예와 서양의 스포츠가 함께 공존했다는 점에서 큰 의미가 있다.

③ 근대체육의 도입은 학교를 통해 구체화 되었으며, 체육을 정규교과과정에 편성시켰으며 서구 스포츠 도입과 운동회, 체육구락부 등도 활성화되었다. 더불어 한일병합조약이 체결되기 이전까지 학교를 중심으로 연합운동회와 병식체조 등은 더욱 활성화되며 민족주의적 체육활동이 본격화되었다.

④ 고종의 교육입국조서는 기존 경서(經書)중심의 교육체계를 뿌리째 뒤흔들며 근대적 체육교육을 태동시키는 결정적 계기가 되었다. 학교에서는 체조 과목이 정규교육과정에 포함되었고 서구의 각종 운동경기가 소개되었다. 결국 우리나라의 체조교육은 근대적 체육교육의 첫 시작점으로서 운동회 및 체육구락부를 통해 더욱 활성화되었다. 이는 근대체육의 새로운 시작이었다.

(4) 개화기의 스포츠

1) 학교 스포츠의 발달

① 운동회의 확산 : 1896년 5월 2일, 동대문 근처 삼선교에서 우리나라 최초의 근대적 운동회가 열렸다. 당시 운동회는 오늘날과 같은 경기대회라기보다는 일종의 야유회형식에 가까웠으며 이름도 '화류회(花柳會)'라 불렀다. 화류회의 근본적인 목적은 좁은 교실에서 벗어나 자연 속에서 운동회를 하고 심신단련과 호연지기(浩然之氣)를 배양하기 위함이었다. 이후 근대적 운동회는 전국으로 펴져 갔으며 각 학교의 연합운동회로 발전해 나갔다.

② 학교운동회의 성격과 기능 : 개화기 운동회는 봉건사회에서 근대로 전환되는 사회의 특징으로 인하여 전통 민속놀이와 근대 스포츠가 공존하는 형태로 활성화되었다. 당시 근대적 운동회는 남녀노소를 막론하고 수백에서 수만 명의 관객이 모이는 지역사회의 대중문화 활동이었다. 운동회를 통해 작게는 지역 공동체 의식을 강화하였고 크게는 민족주의를 강화하며 애국심을 고취시켰다. 결국 운동회는 학교나 개화 인사들 중심으로 보급된 근대운동경기를 한 번에 많은 대중에게 소개할 수 있는 기회를 제공함으로써 체육의 대중화, 사회체육의 발달을 촉진하는 역할을 하였다.

(5) 개화기의 근대스포츠 보급과 도입

새로운 근대 스포츠의 보급으로 인해 생기는 전통문화와 신문화 간의 문화적 충돌도 당시엔 큰 문 젯거리였다. 하지만 이러한 진통과정을 거쳐 결국 서양 스포츠가 1897년부터 1910년까지 대한제 국 시기에 소개되었다. 우리나라에 소개된 서양 스포츠 관련 내용을 표로 정리하면 다음과 같다.

종목	소개년도	내 용
검도	1896	경무청에서 경찰 교습과목으로 채택함. 공개적 경기는 1908년 경시청.
농구	1907	황성기독청년회(YMCA)의 총무였던 질레트에 의해 YMCA야구단원들이 야구복 차림으로 농구공을 가지고 놀기 시작함. 1916년 미국 반하트가 YMCA간사로 취임하며 본격화 됨.
럭비	1923	1923년 조선체육회 주최 제4회 전조선 축구대회 중간에 번외경기로 거행하여 럭비를 보급하기 시작함.
레슬링	1936	YMCA회관에서 일본 유학생이 국내 청소년들을 위하여 레슬링 강습회를 연 것이 우리 레슬링 도입의 계기가 됨. 서양씨름으로 소개됨.
배구	1916	미국인 반하트가 중앙 YMCA간사로 취임하면서 배구경기가 점차 보급 발전하기 시작함.
복싱	1912	광무대와 단성사 주인인 박승필이 발기하여 유각 권투 구락부를 조직, 회원들에게 지도한 것이 시초가 됨.
빙상	1890	미국인 알렌부부가 고종과 민비를 위해 처음으로 소개함. 1904년 현동순이 삼청동 구주에서 얼음을 지쳤다는 동아일보 1929.1.1일 자 기사가 있음.
사격	1904	1904년 육군연성학교에서 사격이 정규 교과목으로 선정되었음.
사이클	1906	육군 참위(소위)권원식 등이 지금의 서울 운동장에서 자전거 경기를 연 것이 최초, 당시 자전거를 자행거라 했다. 우리의 영웅 엄복동은 우리 모두가 주목해야 할 분임.
수영	1898	5월 14일 무관학교 칙령, 여름방학에 학생들에게 휴가를 주되 수영연습을 실시할 것을 규정함. 1916년 원산 송도원에서 한국 최초의 수영강습회, 최초 수영대회는 1929년 9월 동아일보사 주최 경성제국대학 수영장에서 제1회 전조선 수영대회임.
스키	1921	일본 나가노현에서 소재한 이이야마 중학교 교사인 나카무라가 함경남도 원산중학교로 전임 오면서 근대화된 오스트리제 스키 2대를 소지하고 들어옴.
승마	1909	근위 기병대 군사들이 훈련원에서 기병 경마회를 개최함. 굳이 도입 기간을 따져서 그렇긴 하지만 기간을 알 수 없을 만큼 오래된 것이 바로 우리의 승마임.
씨름	1898	학부주최 관, 사립학교 운동회에서 씨름을 경기종목으로 선택함.
야구	1905	1905년 질레트가 YMCA청년들에게 야구 지도, 최초의 야구경기는 1906년 훈련원에서 YMCA팀과 독일어 학교팀 간의 시합임.

04 광복 이전의 체육과 스포츠 문화

종목	소개년도	내 용
아메리칸 풋볼	1946	YMCA회관에서 김영달, 전득수, 장박 등이 중심이 되어 '조선 미식축구협회'를 창립하여 아메리칸 풋볼을 보급하기 시작함.
역도	1920	서상천의 '중앙체육 연구소'에서 청소년들이 신체단련의 수단으로 바벨을 사용하기 시작한 데서 시초가 됨.
유도	1906	일본인 우치다효헤이에 의해서 전래, 최초 경기는 1908년 무관학교 내각 원유회 주최한 한·일 양국 간의 순경들 경기가 시초가 됨.
육상	1895	1896년 5월 2일, 영어학교 운동회, 화류회에서 최초 시작되었음. 허치슨, 팰리팩스, 터너 등에 의해서임(1895년 을미의숙 대운동회도 반드시 주목해야 함).
정구	1908	1908년 탁지부(현 재무부)에서 회동 구락부를 조직하여 미창동 코트에서 시작함. 경식 정구(테니스)는 1927년 일본 오사카 매일 신문 경성지국 주최 제1회 경식 정구 선수권대회가 철도코트에서 거행된 것이 경식정구의 시초가 됨.
조정	1916	매일신보에 보트에 대한 기록이 처음 등장함.
체조	1895	한성사범학교 설치령에 따라 체조 교과가 정식으로 채택되었음. 당시 체조교과목은 도수체조, 병식체조, 기계체조 등으로 구성되어 있었음. 1897년 헐버트는 배재학당에서 도수체조와 철봉 등을 지도함.
축구	1882	영국의 1882년 플라잉피시호(Flying Fish)의 영국 수병들이 우리나라의 인천항에 입항하여 최초의 축구 경기를 하였음. 구기종목 중 우리나라에 가장 먼저 전래된 종목임.
탁구	1924	일본 경성, 일일신문사 주최, 제1회 핑퐁경기대회가 개최되면서 시작됨.
핸드볼	1939	이병학, 조영하 등이 일본 송구협회 조선 지부를 결성하면서 핸드볼이 시작됨.

1) 체육 단체의 결성

개화기에는 학교운동회, 연합운동회 등을 통해 서구 스포츠가 조선에 소개되면서 많은 체육 단체들도 생겨났다. 대표적인 체육 단체로는 1906년 3월에 결성된 우리나라 최초의 근대적 체육단체인 대한체육구락부, 그리고 우리에게 서울YMCA로 잘 알려져 있는 황성기독교청년회가 있다. 황성기독교청년회는 1903년 10월 발족하였으며 1906년 4월 11일에 운동부를 결성하였다. 이들은 각종 운동경기를 개최하여 초창기 조선의 체육활동 보급과 확산에 지대한 영향을 미쳤다. 1906년 6월 홍천사에서 개최한 운동회는 1등 상으로 은장 상패를 수여하여 우리나라 최초의 메달로 기록되고 있다.

2) 개화기의 체육사적 의의

이처럼 개화기의 체육은 학교의 교육과정 속에서 체육이 하나의 교과목으로서 위상을 확고히 다졌다. 이는 근대적 체육 및 스포츠 문화를 창출하는 새로운 기점이 되었고 또한 YMCA 등의 체육단체와 학교체육 활성화를 통해 체육의 개념 및 가치에 대해 새로운 정립이 가능해졌다. 이를 통해 근대체육은 크게 보급, 확산되어 새로운 스포츠 문화가 창출되었다. 국민들은 스포츠에 동화되었으며 국권을 회복하고 애국심을 고취하려는 민족주의적 몸짓으로 체육은 더 큰 주목을 받았다. 당시 나라의 상황은 매우 어려웠으나 어느 때 보다 체육의 위상은 높았고 체육의 입지가 확립된 시기가 바로 개화기였다.

2 일제강점기의 체육과 스포츠 문화

(1) 일제강점기의 사회
① 일제는 1905년 을사조약의 체결과 함께 통감부를 설치하였고 실질적으로 우리나라의 모든 행정권을 장악하였다. 이와 함께 식민지체육의 민족주의적 성격도 일제는 제거하려 했다.
② 일제강점기는 우리 민족이 주권을 잃고 국가 활동이 단절되어버린 비극의 시대이며 독립을 쟁취하기 위해 싸운 투쟁의 시대라고 할 수 있다.
③ 일제강점기는 무단정치기(1910~1919), 문화정치기(1919~1931), 병참기지화 및 전시동원기(1931~1945)로 구분하고 있다.

(2) 일제강점기의 교육
일제의 민족문화 말살 정책은 민속놀이의 금지와 함께 학교교육제도를 전면적으로 수정하였다.
① 제1차 조선교육령(1911~1922)은 조선의 우민화 교육에 중심을 두었다. 그리고 일본어 보급을 통해 우리의 전통문화와 생활양식을 말살하고 일본 문화와 생활양식에 동화시켰다.
② 제2차 조선교육령(1922~1938)은 한국인의 불만을 다스리기 위해 일제와 비슷한 학교편제와 수업연한을 조정했다. 교육의 목적이 일본어 습득에 있었으며 일본어와 일본의 역사를 통해 민족의식의 말살을 시도하였다.
③ 제3차 조선교육령(1938~1943)은 종래의 보통학교, 고등보통학교, 여자고등보통학교를 각 소학교, 중학교, 고등여학교로 개칭하며 한국인과 일본인과 차별을 철폐한다고 하였다. 또한 황국 식민화를 위해 일본 역사, 도덕, 체육 등의 교과목 비중도 높아졌다.
④ 제4차 조선교육령(1943~1945)은 모든 교육기관의 수업연한을 단축하고 교육목적을 '황국의 도에 따른 국민연성'으로 바꾸었다. 그러나 이 모든 것은 학교를 통해 전쟁 인력을 확보하기 위한 조치였다.

04 광복 이전의 체육과 스포츠 문화

(3) 일제강점기의 체육

1) 조선교육령 공포기의 체육(1910-1914)
   ① 체육의 목적 : 일본에 의한 식민교육은 조선교육령 공포와 함께 시작되었다. 그들은 조선인을 충량한 일본 신민으로 육성하는 것에 교육의 목적을 두었다. 보다 근대적인 체육의 목적 개념이 설정되었으나 잠재적 의도는 체육의 자주성을 박탈하고 우민화 교육을 지향한 것이었다.
   ② 보통학교의 교칙 : 체육 목표의 개념을 '신체의 각 부분을 고르게 하여 자세를 단정히 하고 정신을 쾌활케 하며 겸하여 규율을 지키고 절제를 숭상하는 습관을 기름의 요지로 한다'. 라고 규정하였다. 학교 체조라는 명칭이 없어진 대신 보통체조라는 명칭이 등장하고 수영 스케이팅을 새롭게 추가하였다.
   ③ 교수요목 반포조치 : 체육의 내용이 더욱 다양해졌으며, 병식체조를 통해 무력을 기르며 민족주의 사상을 고취시키고 국권을 회복하고자 하였다. 체육내용이 다양성이라는 측면에서 볼 때 진전되었으나 총독부는 체조교원을 일본 군인으로 충당하는 등 본래의 의도는 민족주의 저거 체육활동을 통제하는 것이었다.

2) 체조교수요목의 제정과 개정기의 체육(1914-1927)
   ① 체육은 근대화되었으며, 각 학교의 체조교육을 통일시키기 위해 몇 가지 조치가 실시되었다. 유희, 병식체조, 보통체조가 각각 체조, 교련, 유희로 변경되었다. 학교교육 체계에서 체육이 필수화되었다.
   ② 심신의 발달이라는 체육의 목적개념, 체육의 생활화, 학교위생의 강조 등은 교수요목의 반포를 계기로 체육이 근대적인 모습으로 변천하는 것을 보여 주고 있다.
   ③ 이러한 변화는 총독부의 식민지주의의 교육 정책을 토대로 한 것이었다는 측면에서 우리 날 체육의 근대화는 일본이 주도했다는 정당화 논리는 믿기 어렵다.

3) 체조교수요목의 개편기의 체육(1927-1941)
   ① 체육은 유희 및 스포츠 중심의 체육으로 볼 수 있다. 학교체육 시설의 부족으로 육상경기 중심의 스포츠밖에 실시할 수 없는 여건이었으나 내용상 체조 중심에서 유희 스포츠 중심으로 변화하였다.
   ② 학생들의 체육활동에 대한 요구가 증가하고 학교 대항 각종 경기대회가 성행하였으며 국제무대에도 진출하게 되는 시기였다.
   ③ 과외활동으로서 학교 간 대항경기가 성행하였으며, 이러한 학교경기는 사회체육으로 이어져 민족의식을 고취시키는 역할을 하기도 하였다.

4) 체육 통제기의 체육(1941-1947)
① 일본은 1937년 중일전쟁을 일으키며 한반도를 대륙침략의 기지로 삼았으며 1941년 태평양전쟁을 일으키면서 조선에서 노골적인 민족 문화 말살 정책을 폈다.
② 1941년 3월 31일 초등학교령을 반포하며 전시 동원체제에 맞는 학제로 개편하였고 체조과는 체련과로 변경되어 체육을 점차 교련화 되었다.

(4) 일제강점기의 스포츠
① 서구의 근대스포츠는 주로 서양의 선교사들에 의해 도입되었다. 체조, 육상, 검도, 축구, 수영, 씨름, 사격, 야구, 사이클, 유도, 빙상, 정구, 승마, 조정 등 개화기에 도입된 것이 대부분이지만 일제강점기에 도입된 대표적인 스포츠는 권투, 탁구, 배구, 연식정구, 테니스, 스키, 럭비, 역도 등이다.
② 일제강점기 우리 민족의 체육활동은 일제에 저항하는 민족주의적 활동이 중심이었다. 그러나 일제는 이를 사전에 차단하고 체육을 통해 흥미 유발 기능을 더욱 확대하였다. 따라서 일제는 체육을 사상 선도의 수단이나 노동쟁의를 억압하는 등 식민지 통치수단으로 철저히 이용하였다.
③ 일제는 학교체육의 근대화라는 명분을 내세워 병식체조와 군사훈련을 장려하였다. 또한 일제는 운동회의 경우 개최 횟수를 제한하거나 금지시켰다. 이러한 일제의 탄압에도 불구하고 조선의 학교운동회는 자주 개최되었다. 대표적인 예로 1910년 5월 14일 삼선평에서 오성학교, 보성학교, 청년학관, 배재학당, 경신학교, 중앙학교, 휘문의숙, 양정학교 등 8개 학교가 개최한 연합운동회가 있다. 이들 운동회는 구한말 운동회에서 민족의식을 고취했던 연설가, 애국가, 운동가 등을 실시하기보다 오늘날 연례행사로 행해지는 중등학교 육상 경기대회와 비슷한 모습이었다.

(5) 체육 단체
① 조선체육회 : 문화정치로 인하여 그간 철저하게 구속받았던 조선의 언론, 집회, 출판의 자유가 어느 정도 인정되기 시작하였다. 1919년 2월에 설립된 일본인 주도의 조선체육협회, 이를 견제할 수 있는 '조선체육회'가 1920년 7월 13일 창립되었다. 조선체육회는 조선인의 체육을 지도하고 장려하기 위해 각종 경기대회의 주최 및 후원을 본격화한 단체였다. 조선체육회는 출발부터 단순한 체육 단체이기 이전에 체육을 통해 항일운동을 주도한 민족운동단체의 성격이 짙었다. 조선체육회 70여 명의 발기인에는 동아일보 주필 장덕수를 비롯한 훗날 부통령을 역임한 김성수, 참의원 의장 백낙준, 국무총리 최두선, 그리고 동경조선인 기독교협회 회장 신흥우등 우리 민족의 지도자급 인사들이 주축을 이뤘기 때문이다. 조선체육회는 창설된 후 첫 행사로 1920년 11월 배재고교 운동장에서 '제1회 전조선야구대회'를 거행했다. 해당 대회

04 광복 이전의 체육과 스포츠 문화

가 현재 전국체육대회의 기원이다.
② 관서체육회 : 관서체육회는 1925년 2월 평양기독교청년회관에서 결성되어 최초 회장 정세윤이 취임했다. 1930년에는 민족운동가인 조만식이 회장을 역임하며 단체는 일제의 식민지정책에 저항하였다. 해당 단체는 1934년 1월 전조선빙상대회를 비롯해 5월 전조선축구대회, 6월 전조선씨름대회, 7월 전조선수상대회, 8월 관서조선야구대회, 9월 관서체육대회, 10월 전평양농구연맹전, 11월 전조선탁구대회 등을 개최한 민족주의적 체육 단체였다. 조선체육회와 함께 일제강점기 조선의 스포츠 발달에 큰 공헌을 하였다.

(6) 체육과 스포츠의 탄압
① 체육 정책은 각 경기종목에서 세계적 수준에 도달하는 우리나라 선수들의 등장을 종용하였다. 이는 우리 민족에게 강한 자신감을 심어주는 역할을 하였으며 일본인과의 대결을 통하여 민족의식은 더욱 고취되었다. 이제 스포츠는 우리 민족에게 단순한 스포츠 경기가 아니라 나라를 빼앗긴 울분을 표출하는 현장이었다.
② 조선의 선수들은 어느 종목이건 일본 선수와의 대결에서 불굴의 투지를 불태웠고, 관중들은 하나 되어 이를 뜨겁게 응원했다. 특히 인기종목인 축구, 농구, 권투, 야구 등에서는 언제나 우리 선수가 일본 선수를 크게 압도하여 망국(亡國)의 한을 달래주었다.

(7) 일장기 말소사건
① 1936년 베를린올림픽대회에 출전한 손기정(1912~2002)은 마라톤에서 우승을 차지하였고 남승룡은 3위에 입상하였다. 이는 조선 체육사에 한 획을 긋는 놀라운 사건이었다. 베를린 올림픽에서 당당히 금메달을 획득한 손기정은 태극기 대신 일장기를 가슴에 달고 경기에 참가했다. 금메달 시상식에서는 애국가 대신 일본의 기미가요가 울렸으며 손기정이란 이름 대신 '기테이손'이라는 이름이 게재되었다. 차후 그는 '다시는 이런 욕된 세계무대에 서지 않겠다!'라고 결심하였다고 한다.
② 한편 동아일보 기자 이길용은 시상식에서 손기정과 남승룡의 가슴에 선명히 보이는 일장기를 제거하여 신문을 출간하는 의거를 감행했다. 비록 가슴에 일장기를 달고 일본 대표 자격으로 올림픽대회에 참가해 거둔 우승이지만 손기정의 우승은 실질적인 우리 민족의 승리로 인식한 것이다. 해당 사건은 일제의 식민지 지배체제에 우리 민족이 분연히 항거한 것으로 민족의 민족주의적 저항의식을 만방에 보여준 일대 사건이었다. 해당 사건의 날짜와 신문은 1936년 8월25일, 동아일보였다.

[일장기말소(말살)사건, 좌측의 이길용 의거, 우측의 일본신문]

출처: sbs뉴스, 2017년 8월 23일

한국체육사   05 광복 이후의 체육과 스포츠 문화

1 광복 이후 사회와 교육

(1) 광복 이후의 사회

① 광복 후 대한민국은 일제강점기의 아픈 기억을 털어내고 신생독립국가로서의 근대화 과업을 새롭게 추진해야 할 역사적 과제를 앞두고 있었다. 그러나 극심한 이념적 갈등으로 인한 사회적 혼란은 한국전쟁으로 표면화되었고 한국전쟁은 직접적인 군부(軍部)의 성장을 가져왔다. 혼돈의 시대는 정치판의 새로운 변화도 가져왔다.

② 1959년에는 4·19혁명으로 제1공화국이 붕괴하자 제2공화국이 들어섰다. 제2공화국이 새롭게 들어섰지만, 정치와 사회의 혼란, 경제적 불안 등은 계속되었다. 이러한 정치 현실에 효과적으로 대처할 수 없었던 정치체제의 취약성과 군부 내의 누적된 갈등은 결국 1961년, 5.16군사정변을 불러왔다. 나라를 지키던 군인들이 나라 안의 권력을 국방의 힘으로 찬탈한 것이었다. 군부세력이 정권을 획득한 제3공화국은 근대화의 기치를 앞세워 사회구조 전반에 걸친 개혁에 착수하였다.

③ 1970년대 후반부터 본격화된 민주화 운동은 많은 굴절 속에 스포츠중흥의 기초를 다진 박정희 대통령이 서거 하였고 스포츠는 새로운 전환점에 들어섰다. 하지만 이미 당겨진 스포츠의 불씨는 더욱 큰 장작더미에 옮겨붙어 기존과는 차원이 다른 스포츠 세상을 맞이하게 되었다. 새롭게 출범한 제5공화국은 범국민적 지지가 이루어지지 않자 정권 획득의 정당성과 초기부터 분출되는 국민의 정치적 관심과 요구를 잠재우기 위해 새로운 방법을 고민하게 되었다.

④ 결국 5공화국은 폭력적 통제와 교묘한 의식조작을 뒤섞은 다양하고 체계적인 문화정책을 구사했고 문화정책은 하나의 방향을 강제하고 장려하는 '의도적 육성'정책을 펼쳤다. 더불어 일정한 테두리를 벗어나는 행위는 정부가 철저히 통제하기에 이른다.

⑤ 본격화된 민주화 운동은 많은 굴절 속에 1990년 문민정부의 출현을 가져왔고, 그 이후 민주화가 급격히 진척되고, 정치, 경제, 사회, 문화, 교육 등 여러 영역에서 발전을 거듭하여 21C에는 선진국 진입을 바라보게 되었다.

⑥ 우리 역사상 처음으로 여당과 야당의 정권 교체가 이루어졌다. 처음으로 야당 출신의 김대중 정부는 통일 정책에서 큰 성과를 얻었다. 남북 정상 회담이 이루어지며 햇볕 정책으로 북한을 포용하려 노력했다. 경제적 지원과 문화 교류에 힘썼고 대화가 끊어지지 않도록 노력했다. 두 정상은 2000년 6·15 선언을 통하여 통일의 그 날을 앞당기며 통일을 위한 노력과 민주주의 발전에 전력을 다하였다.

(2) 광복 이후의 교육

1) 미군정기의 교육(1945.9.7.~1948.8.15.)
   ① 광복 이후 일시적으로 미군정이 실시되었다. 우리는 이 시기를 광복 공간기라고 부른다. 정전 이후 미군정기와 제1공화국에서는 체육에 대한 정책도 부재했다. 아니 준비되지 못했다는 표현이 맞을 것이다. 이시기는 매우 혼란스러웠던 시기로 일제강점기에서 벗어난 행복도 잠깐 한국의 교육 재건 방향을 모색하고 한국교육위원회를 통해서 장기적인 교육계획과 교육이념, 교원인사 등에 대한 자문을 구하여 교육개혁을 단행하였다.
   ② 교육 현장에서 가장 많이 오르내리게 된 말은 자유와 민주주의였다. 민주주의 교육의 계몽서적들이 출간되었고, 서양의 교육학자들이 새로운 교육이론들이 소개되었으며, 신분, 성별에 상관없이 각자 능력에 따라 교육받을 수 있는 교육 균등기회가 제공되었다.

2) 대한민국의 교육
   ① "모든 국민은 균등하게 교육받을 권리가 있으며, 적어도 초등교육은 의무적이며 무상을 실시한다".고 1948년 7월 17일 공포된 헌법 제16조이다. 1949년 교육법이 통과되었으며, 그 교육법에서 홍익 인간을 교육이념으로 정하였다. 그러나 6·25동란이 터지고 한국 교육은 거의 중단상태에 빠졌다.
   ② 1960년대부터 한국의 교육은 본궤도로 진입을 하게 되었다. 주요교육시책은 대학입학 예비고사 실시, 사립학교법 제정, 교육과정의 개정, 국민교육헌장의 제정과 장기종합교육계획의 수립, 사회교육의 실시 등이었다.
   ③ 1970년대의 교육은 '국민교육헌장'의 내용을 기초로 개인, 사회, 국가의 조화로운 관계를 유지시켜 국민이나 국가가 나아갈 길에 대한 방향을 제시해 주었으며 조국통일의 실현과 민주주의 발전을 강조하였다.
   ④ 1980년대의 교육의 가장 큰 변화는 과열과외 해소를 위한 대학입시제도의 개선과 교육내실화를 위란 교육과정 개선, 교원교육의 개편 등이었다. 주요시책은 대학본고사 폐지, 대학졸업정원제 그리고 교원교육 개선 등 교육과정개정, 평생 교육체제 확대 등이 있었다.

2 광복 이후 체육과 스포츠 문화

(1) 미군정기의 체육과 스포츠

1) 학교체육
   ① 미군정기는 혼란과 정쟁, 격동의 시대였다. 광복 후 미국 군정이 실시된 약 3년 동안에 교육의 새로운 이념과 방침이 설정되었으며, 체육지도자들은 '새 교육운동'과 같은 맥락에서 미국의

05 광복 이후의 체육과 스포츠 문화

'신 체육'의 영향을 받아 새로운 체육 이념을 설정하고 체육의 발전을 위해 노력했다.

② 1946년 8월 이후 체육 교과목의 명칭은 체육. 보건이었으며 초급중학교는 주당 5시간 고급중학교는 주당 3~5시간의 체육 시간을 교육과정에 편성하였다. 신체를 단련시키고 정신을 연마하여 조국애와 근로정신을 강조하며 국방력 증강에 기여하였다.

③ 광복 당시 체육교사 자격증을 소지한 사람은 일본 체육대학교 출신 168명과 동경사범출신 및 명에 지나지 않았다. 1948년까지 체육 교사들은 교과서도 없이 체육수업을 진행하는 형편이었다.

2) 생활체육

1945년 조선체육연맹이 구심점이 되어 일제감정기의 군국주의적 잔재를 일소하려는 노력을 기울였으며, 교수요목이 제정된 이후부터 체육은 점차 체계적인 모습을 갖추게 되었다. 하지만 어려웠던 시기였던 만큼 국민들이 생활스포츠를 즐길만한 여건을 되지 못하였다.

3) 엘리트 스포츠

① 1946년과 1947년에 걸쳐 진행된 제27회와 제28회 전국체육대회의 명칭은 당시 '조선올림픽대회'란 이름으로 불렸다. 이제 '올림픽'이란 단어는 국민 사이에 자주 회자되는 친근한 단어가 되었다. 여기에 머물지 않고 사람들은 태극기를 가슴에 달고 세계무대에 나설, 즉 올림픽에 나설 우리 선수들의 모습에 큰 기대감을 갖게 되었다.

② 광복과 함께 요동치는 조선 체육계의 새로운 변화 속에서 1947년 4월, 제51회 보스턴국제마라톤대회에 참가한 서윤복이 2시간 25분 39초라는 세계신기록으로 대회 우승을 차지하였다. 그리고 같은 해 9월에는 세계역도선수권대회에 출전한 김성집이 우리나라 선수사상 최초로 동메달을 획득하였다.

③ 광복 후 1947년 동계스키대회가 2월 13일부터 지리산 노고단에서 개최되었고 1948년 한강 특설링크에서 열린 대회에서는 동계종목 최초로 피겨스케이팅이 채택되었다. 1949년 동계스키대회는 울릉도에서 개최되었고 해당 대회가 제29회 전국체육대회 동계대회로 개칭되어 오늘에 이르고 있다

④ 1940년 제12회 대회, 1944년 제13회 대회가 일본 도쿄와 영국 런던에서 열릴 예정이었으나 제2차 세계대전으로 인하여 열지 못했다. 이로 인해 1948년 런던올림픽은 12년 만에 열린 올림픽이었다. 따라서 세계인의 관심은 더욱 커졌다. 이렇듯 세계적으로 관심이 크게 고조된 대회가 우리나라에도 매우 특별한 대회로 기록되었다.

⑤ 우리나라가 미군정하에서 태극기를 앞세워 'KOREA'라는 이름으로 처음으로 출전한 뜻깊은 대회였기 때문이다. 올림픽 출전을 위한 경비는 '올림픽 후원권'으로 마련되었는데 무려 8만여 달러를 모금할 만큼 범국민적 지원이 대단하였다. 런던올림픽 대회의 개막식이 열린 1948년

7월 29일, 개막식에서 우리나라 선수단은 자메이카에 이어 29번째로 입장하였다. 우리나라의 성적은 역도 김성집과 복싱의 한수안이 동메달을 차지하였다.

4) 단체 및 기타
   ① 조선체육회 : 광복 후 체육인들은 일제의 탄압으로 강제 해산된 체육단체의 재건에 빠르게 나섰다. 이로 인해 1945년 8월 17일, 민간 체육인들의 주도로 '조선체육동지회'가 발족하였다. 이를 계기로 11월 26일에는 일제강점기 조선의 체육활동을 주도했던 '조선체육회'가 재건되었다. 즉 광복 후 조선체육회의 부활은 3.1운동의 민족정기를 민족의 체육 정신으로 보전하여 광복 이전 조선체육회의 18년 역사를 광복의 새 역사로 되살린 의미 있는 실천이었다. 조선체육회가 재건되자 체육계는 체육회를 중심으로 내부를 결속하며 체계화하면서 사회통합에 새로운 활력을 불어넣었다.

(2) 이승만 정권기의 체육과 스포츠(1948-1960)

1) 학교체육
   ① 1차 교육과정 시대의 체육의 명칭은 초등학교에서는 보건, 중고등학교에서는 체육이었으며, 교과 중심 교육과정의 틀 속에서 교육의 내용 및 사조를 택하였다. 특히 진보주의 사상이 도입됨으로써 경험과 생활 중심 교육을 강조하였다.
   ② 이승만 정권기에는 뚜렷한 체육에 관련된 진흥정책이 없었으며, 한국전쟁의 발발로 체육 문화의 존립 기반이 붕괴되었다.

2) 생활체육
   한국전쟁 이후 우리나라는 불안정한 정치, 사회적 상황에도 불구하고 체육이 대중화될 정도로 안정화되지 못한 채 체육과 스포츠는 학교체육을 중심으로 발달하여 극소수의 국민들만이 생활 체육을 하였다.

3) 엘리트 스포츠
   ① 1948년 8월 15일로 이후 조선체육회는 대한체육회로 공식 명칭을 바꾸며 일신(一新)하였다.
   ② 1950년 4월에 열린 제54회 보스턴국제마라톤대회에서는 우리나라 선수들이 1, 2, 3위를 독식하는 진기록을 펼쳐 보였다. 대회에선 1위 함기용, 2위 송길윤, 3위는 최윤칠이 차지하였다. 이로 인해 대한민국은 일제강점기 베를린올림픽대회의 손기정으로 시작된 '마라톤 강국' 이미지는 광복 이후에도 명성을 고스란히 지킬 수 있었다.
   ③ 한국전쟁 중에도 체육인들은 힘을 모아 전라남도 광주광역시에서 1951년 전국체육대회를 개최하는 등 뜨거운 열정도 보여주었다. 1952년 7월에는 헬싱키올림픽대회가 열렸다. 당시 국내는 한국 전쟁 중이었기에 올림픽 출전에 관해 대한체육회는 고민을 거듭했다. 결국 체육회

05 광복 이후의 체육과 스포츠 문화

는 민족적 역량과 자긍심을 높이고 국제외교에 일조한다는 목적으로 올림픽 참가를 선언하였다. 대회에서는 복싱의 강준호와 역도의 김성집이 각각 동메달을 획득하였다.

김성집은 선수 겸 감독으로 올림픽에 두 번째 출전한 것이었다. 그는 역도 75kg급에서 총계 382.5kg을 들어 올려 올림픽대회 2회 연속, 즉 런던올림픽대회와 헬싱키 올림픽대회에서 연속적으로 메달 획득이라는 놀라운 체육사적 업적을 남겼다.

④ 1953년 10월에는 한국체육학회가 발족하였다. 학회는 1955년부터 학회지를 발간했으며 1971년에는 전문분과위원회가 만들어졌다. 1954년 3월에는 세계축구선수권대회에 참가한 우리나라 축구 국가 대표팀이 극동지역 예선에서 일본을 제압하였다. 같은 해 7월에는 세계축구선수권 대회에 우리나라가 극동지역대표로 출전하였다. 해당 대회는 우리나라가 처음으로 출전한 월드컵이었다. 1956년 11월에는 제16회 멜버른올림픽대회에서 복싱의 송순천이 은메달, 역도의 김창희가 동메달을 획득하였다.

(3) 박정희 정권기의 체육과 스포츠(1963-1979)

1) 학교체육

① 2차 교육과정의 교과목 명칭은 보건·체육에서 체육으로 통일되었고 그 명칭이 지금까지 사용되어져 오고 있다. 제2차 교육과정의 핵심 및 사조는 경험 중심교육과정으로 생활 경험을 중시하는 교육을 지향하되 여가 활동을 중시하는 개념이 내포되어 있었다.

② 박정희 정권이 들어오면서부터 구호로만 외치던 이 전과는 달리 건강과 체력을 중요시하고 초등학교부터 대학에 이르기까지 체육을 필수로 지정하는 등 학교체육은 체계적으로 발전되었다.

③ 학교체육의 제도와 규정이 정비되었으며, 청소년들의 건강과 체력강화를 위해 도입된 대표적인 제도로 학교보건법, 학교신체검사법, 체력장제도, 학교체육시설 설비기준령 등이 있었다.

④ 체력장 제도는 1970년과 1971년에 걸쳐 전국 중.고등학생을 대상으로 실시되었으며, 등급별 점수는 고등학교 입학전형과 대학교 입학전형에 포함되었다. 1973년부터는 대입내신을 위한 체력장 제도를 전격적으로 도입하였다.

⑤ 1972년 처음 창설된 대회로 제1회 '전국스포츠소년대회'가 바로 그 주인공이다. 대회는 전국체육대회의 비대화 방지와 청소년체육의 활성화를 위하여 대한체육회가 새롭게 창설한 대회였다. 소년체전의 목적은 건전한 청소년을 육성함은 물론이고 우수선수를 발굴하는 것이었다.

2) 생활체육

① 박정희 정부는 스포츠중흥을 통한 정권의 정통성 확보에 주력하였고 대통령으로 취임하기도 전인 1962년 3월 8일에 국민체육진흥법을 성안(成案)시켰다. 국민체육진흥법은 "국민체육을

진흥하여 온 국민의 체력을 증진하고 건전한 정신을 강화하기 위하여 1962년 9월 17일 법률 제1146호로 공포"된 법이었다.
② 박정희 정부의 가장 두드러진 변화는 직장 체육의 활성화였다. 1970년 국민체육심의위원회가 구성되고 대한체육회 산하에 사회체육위원회가 설치되었다. 1976년 사회체육진흥 5개년 계획이 발표된 이래 지역사회와 직장 체육의 진흥이 이루어졌다.

```
1961년 '체력은 국력'이란 슬로건
1961년  7월 10일 '재건국민체조' 제정
1962년  9월 17일 ;국민체육진흥법' 공포
1962년 10월 15일 '체육의 날' 제정
```

3) 엘리트 스포츠
① 박정희 정부는 체육을 국가발전의 기본으로 인식하는 '건민사상'과 '국위 선양'을 위한 엘리트 스포츠로 나누어 체육시설 확장과 경기력 향상을 위한 지원에 몰입하였다
② 박정희 정부는 체육활성화 정책을 본격적으로 추진하며 엘리트 스포츠를 통한 대한민국의 국력을 세계만방에 과시하였다. 즉 정부는 엘리트 스포츠를 성공적으로 육성하여 근대화 추진의 성과를 직접 확인코자 했다. 또한 남북이 분단된 상황에서 자유민주주의 체제의 우월성을 과시하고 반공(反共)에 대한 사상적 강화를 가져올 수 있었기에 엘리트 스포츠 위주의 국가지원 체제는 당시 시대적 상황에서 최적의 선택이었다. 즉 1960~1970년대 근대화 과정의 중추 역할을 담당하였던 박정희 정부는 시대적 제약성을 스포츠 민족주의(Sport Nationalism)의 기치를 앞세웠다
③ 정부가 청소년부터 성인에 이르기까지 엘리트 스포츠에 집중한 이유는 근대화 추진의 성과를 대내·외에 나타내고자 함이었다. 물론 정부는 남북이 분단된 상황에서 체제의 우월성을 과시하고 반공 이데올로기의 강화를 가져올 수 있는 것은 오직 체육뿐이라 판단했기 때문이기도 했다. 더불어 정부의 엘리트 스포츠 활성화 정책은 당시 사회체제의 정당화와 국민적 통합이라는 동시 목표를 지향하고 있었다
④ 몬트리올올림픽 대회에 출전한 우리나라의 양정모가 건국 이후 처음으로 올림픽 금메달을 획득한 것이었다. 당시로선 실로 놀라운 사건이었다. 온 국민은 금메달에 환호했다. 몬트리올 하늘에 애국가가 울려 퍼지는 순간 양정모는 감격의 눈물을 흘렸고 국민들도 함께 울었다. 귀국 후 선수단 일행은 김포공항에서 시청 앞까지 오픈카 퍼레이드를 실시하였다. 8월 17일에는 본부 임원과 입상 종목 선수, 임원 등 27명이 박정희 대통령으로부터 직접 훈장을 수여받았다. 모든 선수와 임원들의 훈장 수여가 끝나고 대통령과 함께하는 다과회가 열렸다.

05 광복 이후의 체육과 스포츠 문화

> 1966년 태릉선수촌 설립
> 1977년 한국체육대학교 설립

(4) 전두환, 노태우 정권기의 체육과 스포츠(1981-1993)

1) 학교체육
   ① 5공화국은 폭력적 통제와 교묘한 의식조작을 뒤섞은 다양하고 체계적인 문화정책을 구사했고 문화정책은 하나의 방향을 강제하고 장려하는 '의도적 육성'정책을 펼쳤다. 더불어 일정한 테두리를 벗어나는 행위는 정부가 철저히 통제하기에 이른다. 물론 어느 쪽이든 폭력성을 동반하였고 그 중심에 물망에 오른 건 스포츠였다.
   ② 4차 교육과정의 핵심 사조는 인간중심 교육과정의 틀 속에서 채택되었다. 통합교육과정의 교과서가 개발되었고 체육의 목표는 체력과 기초적인 운동 기능을 육성하고 건강생활에 필요한 규칙과 예의를 지키며 즐거운 생활 태도를 기르는 것으로 설정되었다.
   ③ 제5공화국의 체육문화는 다른 어떤 시대보다 구조적으로 정치화되었으며 다양한 방식으로 문화를 억압하는 한편 '의도적 육성'정책을 추구하였다. 대표적인 예로는 올림픽을 비롯한 국제대회와 각종 문화행사의 개최를 들 수 있다.

2) 생활체육
   ① 생활체육의 경우에도 광복 이후 약 40여 년간은 우리의 삶에 있어 의식주 해결이 먼저였고 시간과 금전적 여유가 있는 사람들만이 즐기는 반서민적 형태로 여겨져 왔다. 이러한 환경 속에서 생활체육에 대한 국가나 지방자치단체, 기업의 지원은 기대할 수도 없었으며 관련 법규 역시도 미비하였다.
   ② 1990년대부터 노동집약적인 후진국형 노동환경에서 벗어난 대한민국은 국민의 삶의 질 향상을 목적으로 체육활동을 비롯한 여가활동에 적극적으로 투자하기 시작했다. 이는 경제적 풍요에 따른 수혜와 전반적인 생활 향상을 통해 국민이 체육에 대한 인식과 건강 욕구가 높아졌고 의식이 변화하였음을 의미하는 내용이었다.
   ③ 정부는 1990년 생활체육 진흥을 위한 '호돌이 계획'을 수립, 실행하였다. 또한 정부는 1993년부터 시행된 국민체육진흥 제1차, 2차 5개년계획, 그리고 1996년 삶의 질 세계화를 위한 생활 체육 활성화 계획 등을 구체화하였다. 이렇듯 생활체육에 대한 정부의 구체적 추진전략이 활성화되면서 실제 국민들도 생활체육에 대한 관심과 실제적 참여가 급속도로 확대되었다. 즉 해당 시기에 체육에 관한 인식전환이 빠르게 이루어졌다.
   ④ 1990년대 대한민국은 새로운 개혁이 다양하게 시도되며 신(新)스포츠 문화를 꽃피웠다. 시작

은 '국민 생활 체육진흥종합계획'이 맡았다. 해당 계획은 1989년 11월, 소위 '호돌이 계획'이라 불렸다. 이 계획으로 인해 1990년 7월 처음으로 전국 시군구에 생활 체육협의회가 설립되었다. 비슷한 시기 태릉훈련원은 태릉선수촌으로 명칭이 환원되었고 체육부는 체육청소년부로 개칭되었다.

3) 엘리트 스포츠
   ① 당시의 체육문화는 정치적 요구에 영합하여 대중의 정치적 관심을 희석시키고 탈 의식화시켰다. 즉 당시 스포츠는 국민들이 사회의 모순을 인식하고 사회를 변화시킬 수 있는 능력을 저해하여 사회체제를 유지, 강화하는 데 초점을 두었다.
   ② 1980년대 올림픽과 같은 국제스포츠대회의 유치와 프로스포츠의 출범으로 한국체육은 비약적인 발전을 이루는 혜택도 누렸으나, 반대로 대한민국이 '스포츠 공화국'으로 불릴 만큼 정치적으로 체육을 이용했다는 오명도 쓰게 되었다.
   ③ 전두환 정부는 프로야구를 출범시키고 야간경기를 부활시키며 거의 매일 밤 총천연색 TV로 프로야구를 생중계하였다. 이는 에너지 절약을 이유로 최고의 인기 스포츠인 고교야구 결승전의 야간경기까지 금지했던 박정희 정부의 인색한 금욕주의와는 또 다른 차원의 스포츠 정책이었다. 이제 스포츠는 아마추어를 넘어 프로스포츠 시대의 주인공으로 등장했다. 프로야구를 비롯한 축구, 씨름, 권투 등의 프로화가 시작되었다.
   ④ 1994년 9월 4일, 대한민국은 다시 한번 국제 스포츠계에서 놀라운 역사를 새겼다. 바로 우리의 국기 '태권도'가 올림픽 정식종목으로 승인된 것이었다. 이제 태권도 종주국인 대한민국은 올림픽 때마다 최소한 3~4개의 금메달을 기대할 수 있게 되었다. 또한 세계에 진출한 태권도 사범의 위상은 더욱 높아질 것이며 태권도 관련 산업도 크게 발전될 것이 자명했다. 결국 대한민국 태권도와 스포츠의 위상은 올림픽과 함께 드높아지게 되었다.

4) 국제대회
   ① 1982년 11월 인도에서 열린 아시아 경기대회에 출전한 우리나라는 금메달 28개를 획득하며 종합 3위를 기록하였다. 또한 1983년 6월에는 세계 청소년축구선수권대회에 출전한 대한민국 축구팀이 그동안 꿈꾸던 4강 진출에 성공하였다. 당시 감독 박종환의 독특한 지도방식과 카리스마는 국민들에게 큰 주목을 받았다.
   ② 1986년에는 서울 아시아경기대회가 9월 20일부터 10월 5일까지 서울에서 열렸다. 대회에서 우리나라는 참가국 27개국 가운데 종합 2위라는 놀라운 성과를 제시하였다. 한국선수단의 금메달은 무려 93개로 일본을 제쳤고 1위 중국과도 금메달 1개 차이였다. 대한민국이 얻은 가장 큰 성과는 바로 대회 개최의 자신감, 그리고 국가에 대한 국민의 자긍심을 높였다는 사실이

었다. 아시아경기대회를 통해 한국은 아시아 스포츠의 중심임을 다시금 확인하였고 해당 시기를 기점으로 대한민국이 세계 속의 스포츠 강국으로 도약하는 계기가 되었다.

③ 1988년 서울올림픽대회는 지금도 전 세계로부터 올림픽 역사상 가장 훌륭한 대회로 평가 받고 있다. 올림픽은 우리 민족의 힘을 전 세계에 과시한 결과물이 되었고 이는 한국인 모두의 가슴에 커다란 자부심으로 남게 되었다. 서울올림픽대회에는 역대 올림픽사상 최다국가인 160개 국가에서 13,000여 명의 선수단이 참가하는 스포츠외교사에 놀라운 성과를 제시했다.

④ 1990년대의 또 하나의 중대한 체육문화의 변화는 분단 이후 첨예한 대립 관계에 있었던 남북한이 체육을 통하여 화해의 장을 만들었다는 사실이었다. 1990년 10월 9일은 평양에서, 10월 21일은 서울에서 열렸던 남북한 통일축구대회는 분단 이후 사실상 최초의 남북 체육 교류가 실현된다. 이는 그동안 남북한이 서로 대결 방식이 아닌 화해와 협력을 바탕으로 실시되었다는 데 의의가 있다.

⑤ 제41회 세계탁구선수권대회에서 남북한 선수단은 통일된 선수단의 기와 단복을 앞세워 남북 단일팀으로 출전하였다. 대회 결과 여자단체전에서 우승을 차지하였고 여자 단식에서도 준우승을 차지하였다. 더불어 남북한의 단일청소년축구팀은 포르투갈 세계 청소년축구대회에서 8강에 오르는 파란을 일으켰다. 이는 스포츠를 통해 한민족의 저력을 확인한 값진 성과였다.

(5) 김영삼 김대중 노무현 정권기의 체육과 스포츠와 그 이후

1) 학교체육

① 1997년에 공포된 제7차 교육과정에서는 체육의 목적을 제시하고 체육과의 성격을 1-10학년(초등학교 1~고등학교 1)까지의 국민 공통 교육과정과 11-12학년(고2-3)의 심화 과정으로 편성하였다.

② 체육은 움직임 욕구의 실현 및 체육문화의 계승 발전이라는 내재적 가치와 체력 및 건강의 유지, 증진, 정서의 순화, 사회성의 함양이라는 외재적 가치를 동시에 추구함으로써 삶의 질을 높이는 목적을 두었다.

2) 생활체육

① 정부는 1993년부터 시행된 국민체육진흥 제1차, 2차 5개년계획, 그리고 1996년 삶의 질 세계화를 위한 생활체육 활성화 계획 등을 구체화하였다. 이렇듯 생활체육에 대한 정부의 구체적 추진전략이 활성화되면서 실제 국민들도 생활체육에 대한 관심과 실제적 참여가 급속도로 확대되었다. 즉 해당 시기에 체육에 관한 인식전환이 빠르게 이루어졌다.

② 1995년부터 실시된 지방자치제는 지역의 체육시설은 물론 생활체육 조직을 바탕으로 생활체육 프로그램이 활발히 운영되는 계기가 되었다. 그러나 정부의 생활체육 활성화 정책 이면에

는 엘리트 스포츠가 군사정권의 유산쯤으로 치부되는 오류도 있었다. 이러한 정부 정책으로 인하여 체육 정책은 합리적인 검토 없이 그동안 실시해 온 제도의 폐지와 중앙정부의 체육기구가 축소되면서 체육진흥 전반에 커다란 시련을 가져오기도 하였다.

3) 엘리트 스포츠
① 1998년에는 박세리가 미국 여자프로골프에 진출하여 메이저대회 2승을 차지하였다. 당시 IMF의 위기에서 신음하던 대한민국 국민들은 박세리와 박찬호라는 양 박의 활약을 통해 오아시스 같은 큰 위로와 용기를 얻었다. 여기에 일본프로야구에 성공적으로 진출한 선동열과 이상훈, 이종범 등도 한국야구의 자존심을 세워주며 큰 활약을 펼쳤다.
② 1996년에는 근대올림픽 창설 1백 주년을 기념하는 애틀랜타올림픽대회가 열렸다. 개회식에서 우리나라 선수단은 96번째로 입장하였다. 대회에서는 우리나라 선수단이 금메달 7개를 획득하였다. 우선 전기영, 조민선 등이 유도에서 금메달을 획득하였고, 심권호가 레슬링에서 금메달을, 양궁과 배드민턴에서 각각 금메달 2개를 획득하였다. 마라톤에서는 국민 마라토너 이봉주가 은메달을 획득하였다.
③ 21세기의 시작을 알리는 2000년 시드니 올림픽에서는 남북한 선수들이 서로 손을 잡고 한반도 기를 앞세우며 동시 입장을 실현함으로써 남북한 화해의 무드를 세계만방에 과시하였다. 체육을 통해서 보여준 남과 북의 공존과 협조는 그동안 절망의 시대를 살아왔던 우리 민족에게 통일의 가능성을 보여주었다.
④ 2002년 6월에 열린 한·일 월드컵축구대회에서는 이 땅에 체육문화 결실의 꽃을 피우는 장이 되었다. 유럽 강호들을 누르며 4강에 진출한 대한민국 국가대표팀의 경기력은 물론이고, 전국 최대 700여만 명이 운집하여 벌인 열광적인 길거리 응원은 세계의 어느 축제보다도 즐겁고 가슴 벅찬 감동을 선사하였다.
⑤ 2004년 8월 아테네올림픽대회에서 남과 북의 선수들은 또다시 공동으로 입장하였다. 당시 태권도의 문대성은 금빛 후리기를 멋지게 펼쳐 보이며 태권도 종주국의 위상을 드높였다. 한국은 아테네올림픽에서 금메달 9개, 은메달 12개, 동메달 9개로 종합 9위에 오름으로써 1996년 애틀랜타올림픽(종합 10위)과 시드니올림픽(종합 12위)의 부진을 만회하며 대회 10위권 진입에 성공하였다. 특히 한국선수단이 은메달을 많이 획득한 것은 향후 올림픽을 앞두고 긍정의 메시지였다.
⑥ 2012년에는 런던올림픽이 열렸다. 해당 대회에서 우리나라는 원정 대회 사상 최고의 성적인 종합 5위를 달성하였다. 대회에서 축구대표팀의 박종우는 일본과의 동메달 결정전에서 승리한 후 '독도는 우리 땅'이라고 쓰인 종이를 들며 그라운드를 누볐다.

한국체육사 출제예상문제

1 체육사의 연구영역에 해당되지 않는 것은?
① 통사적 연구영역
② 지역적 연구영역
③ 윤리적 연구영역
④ 세계사적 연구영역

> **해설**
> 윤리적 연구영역은 스포츠에서 일어나는 옳고 그름에 관한 연구이다.

2 다음 중 체육사의 사관(史觀)에 대한 설명으로 옳지 않은 것은?
① 체육사 연구에 있어 재료가 된다.
② 같은 역사적 사실에도 시각에 따라 사실에 대한 해석이 달라진다.
③ 체육 역사가의 가치관에 따른 선택에 의해 사회, 문화적인 변화를 인식하다.
④ 체육사를 바라보는 견해를 통해 역사적 현상의 변화에 대한 근본적인 법칙을 해석하는 시각이다.

> **해설**
> 체육사의 사관은 객관적인 사실에 역사가의 주관적인 관점으로 역사를 보는 것이다.

3 다음 중 체육사의 시대구분에 대한 설명으로 옳은 것은?
① 체육사는 불변의 진리를 탐구하는 학문이다.
② 지식의 타당성을 규명하려는 포괄적인 연구이다.
③ 형이상학의 실제로 주로 연역법과 귀납법이 사용된다.
④ 체육 관련 활동내용들의 시대별 특수성과 보편타당성까지 함께 고려해야 한다.

> **해설**
> 체육사의 시대구분은 정치적, 경제적, 사회 문화적인 관점에서 시대별 특수한 상황까지 고려해야 한다.

4 다음 중 체육사의 사료(史料)에 해당하지 않는 것은?
① 문자
② 신문
③ 유적
④ 건강

> **해설**
> 건강은 너무 광범위하고 객관적이 될 수 없기 때문에 체육사의 사료에는 해당하지 않는다.

정답 1 ③ 2 ① 3 ④ 4 ④

5 다음의 설명과 부합하는 신체활동은?

> ⓐ 부여의 '영고', 동예의 '무천', 고구려의 '동맹', 마한의 10월제, 신라에서는 '가배'라고 불렸다.
> ⓑ 부족국가 시대의 우리 조상들은 파종기와 추수기에 제사를 지내고 여흥을 즐겼다.

① 수렵　　② 궁술　　③ 기마술　　④ 제천의식

🔾 해설
부족국가 시대의 우리 조상들은 농경생활을 하고 있었으며, 제천의식을 지내고 여흥을 즐겼다.

6 다음 중 선사시대의 신체활동을 고르시오.

① 탁구　　② 수렵　　③ 레슬링　　④ 멀리뛰기

🔾 해설
선사시대에는 생존과 관련된 신체활동을 하였다.

7 다음 중 선사시대의 신체활동으로 옳지 않은 것은?

① 국위선양의 목적으로 수렵이 실시되었다.
② 축제나 주술활동을 할 때 유희적 요소가 포함되었다.
③ 선사시대에는 성년이 될 때 통과의례로써 성인식을 치러야 했다.
④ 선사시대의 무용의 목적은 모든 신령의 축복과 가호를 축원하는 제례의식에서 비롯되었다.

🔾 해설
선사시대에는 생존과 관련된 신체활동을 하였다.

8 삼국시대에 행해지던 놀이로 돌싸움, 또는 편싸움으로 돌팔매 놀이라는 명칭으로 불리던 우리민족 고유의 놀이는?

① 석전　　② 투호　　③ 연날리기　　④ 축국

🔾 해설
석전은 말 그대로 돌싸움으로서 전투 훈련의 효과가 있었다.

9 다음 중 삼국시대 시행된 민속스포츠에 대한 설명으로 옳은 것은?

① 격구 : 돌팔매질을 하여 승부를 가린다.
② 축국 : 매를 길들여 사냥한다.
③ 각저 : 두 사람이 맞잡고 힘을 겨룬다.
④ 방응 : 막대기로 공을 쳐서 상대편에 문에 넣는다.

🔾 해설
씨름은 한자로 각저(角抵), 각력(角力), 각희(角戱), 치우희(蚩尤戱)라고 불렸다. 씨름의 호칭은 다르게 불렸으나 뜻을 살펴보면 두 사람이 각기 띠를 두르고 힘을 겨루어 묘기를 부려 상대방을 넘어뜨린다는 의미는 똑같다.

정답　5 ④　6 ②　7 ①　8 ①　9 ③

한국체육사 출제예상문제

10 우리나라 삼국시대의 교육기관으로 바르게 이어진 것은?
① 백제-화랑
② 신라-국자감
③ 고구려-오경박사
④ 고구려-선배

◉ 해설
고구려에는 신라의 화랑과 유사한 선배라는 단체가 있었다.

11 신라시대 화랑도에 대한 설명으로 맞지 않은 것은?
① 청소년 교육단체이다.
② 심신일원론적 사상에 기반한 전인교육 지향을 지향하였다.
③ 서민을 대상으로 경서와 활쏘기를 익히는 교육목적을 가지고 있었다.
④ 세속오계(世俗五戒)를 바탕으로 보국 충성할 수 있는 문무겸비의 인재 양성의 기능도 가지고 있었다.

◉ 해설
화랑은 해당집단의 지도자로서 용모가 단정하고 믿음직하며 사교성이 풍부한 진골 귀족 가운데서 낭도의 추대를 받아 뽑혔다.

12 다음 중 화랑도의 신체활동에 대해 알맞은 것은?

> 교육과정에 포함된 것으로 일종의 야외활동이며, 명산대천을 두루 돌아다니며 시와 음악을 비롯하여 각종 신체적 수련활동을 참여하였다.

① 편력
② 궁술
③ 기마술
④ 제천의식

◉ 해설
화랑도의 체육은 편력이라는 독특한 형식의 야외활동 형식이 있었으며, 국토를 신성하고 존엄하게 생각하며 목숨을 걸고서라도 지켜내야 한다는 불국토 사상과도 연계되어 있다.

13 다음 중 삼국시대의 체육사상과 관련이 없는 것은?
① 화랑에게는 군사적 성격의 훈련이 요구되지 않았다.
② 심신일원론적 사상에 기반한 전인교육 지향을 지향하였다.
③ 고대국가에서도 신체의 미는 물론 신체적 탁월성을 매우 중시하였다.
④ 편력은 국토를 신성하고 존엄하게 생각하며 목숨을 걸고서라도 지켜내야 하는 불국토 사상과도 연계되어있다.

◉ 해설
화랑의 모든 신체활동은 군사적 성격의 훈련이 요구되었다.

◉ 정답 10 ④ 11 ③ 12 ① 13 ①

14 고려시대의 서민사회의 민속 스포츠가 아닌 것은?

① 편력   ② 씨름   ③ 석전   ④ 추천

◉ 해설
편력은 독특한 형식의 야외활동 형식이 있었으며 삼국시대의 화랑이 주로 했던 신체활동이다.

15 다음 중 고려시대에 발생했던 무신정권의 설명으로 바른 것은?

① 무신정권의 발발 계기는 편력이었다.
② 무인들이 집권하여 무예는 발달하지 않았다.
③ 무신주의에 입각한 귀족정치는 무신의 사회적 경제적 열쇠를 초래하였다.
④ 무신정권이 들어선 것은 뿌리 깊은 숭무천무 사상에 대한 반발이 있었고 무신정변이 일어난 직접적인 계기는 수박희 행사였다.

◉ 해설
고려 전기 이래 '숭문천무(崇文賤武)' 정책에 따른 무신들에 대한 차별 대우의 구조적인 문제가 있어왔으며 수박희 행사에서 김부식의 아들인 김돈중(金敦中)에 의해 정중부의 수염이 불타고, 한뢰(韓賴)가 대장군 이소응(李紹應)의 뺨을 쳐 그를 계단에 떨어뜨리는 등 무신들에 대한 모욕 사건이 발생하였다.

16 고려시대 격구(擊毬)에 대한 설명으로 바르지 않은 것은?

① 군사훈련의 수단이었다.
② 충숙왕도 격구를 즐겼다고 한다.
③ 무인집권기에 격구의 사치성이 최고조에 이르는 등 폐단이 많았다.
④ 상류층에게는 인기가 없었고 주로 서민들이 즐겨하던 오락 및 여가 활동이었다.

◉ 해설
격구는 말이 필요했기 때문에 서민들이 할 수 있는 스포츠가 아니었다.

17 다음 중 고려시대의 신체활동에 대해 알맞은 것은?

> 삼국시대부터 성행했던 것으로 사나운 매를 길러 기타조류를 사냥하는 수렵활동이었다.
> 고려시대에는 응방과 연계된 귀족들의 유희이자 스포츠였다.

① 편력   ② 궁술   ③ 방응   ④ 기마

◉ 해설
방응은 매사냥으로서 사나운 매를 길러 기타조류를 사냥하는 수렵활동이었다.

◉ 정답   14 ①   15 ④   16 ④   17 ③

한국체육사 출제예상문제

18 정조는 궁궐 안에 규장각을 설치하고 각종 편찬 사업을 실시한다. 조선 최고의 무예서는?
① 무예제보 ② 무예신보
③ 무예도보통지 ④ 임원경제지

🔾 해설
조선시대의 『무예도보통지』는 정조의 명으로 지시로 이덕무, 박제가, 백동수 등에 의해 간행되었다.

19 조선시대의 무과시험의 한 과목으로서 국가적, 교육적으로 권장한 것은?
① 활쏘기 ② 태권도
③ 격구 ④ 석전
⑤ 피구

🔾 해설
조선시대의 활쏘기는 나라에서 적극적으로 권장하여 귀족뿐 아니라 일반 서민 역시 활쏘기를 실시하였다.

20 조선시대에 시민들의 놀이 활동이 아닌 것은?
① 격구 ② 수박
③ 씨름 ④ 그네타기

🔾 해설
격구는 말이 필요했기 때문에 서민들이 할 수 있는 스포츠는 아니었다.

21 다음 중 조선시대의 과거제도에 대한 설명으로 틀린 것은?
① 무관의 채용시험은 소과와 대과의 구분이 있었다.
② 문관의 채용시험은 소과와 대과의 구분이 있었다.
③ 무과급제를 위해서는 무예 익히기와 강서탐독이 요구되었다.
④ 복시와 전시는 병조와 훈련원에서 하고 초시는 서울 및 각도의 병영에서 치렀다.

🔾 해설
무과는 문과처럼 대과와 소과의 구별은 없었으며 초시 · 복시 · 전시를 치렀다.

정답 18 ③ 19 ① 20 ① 21 ①

22 다음은 조선시대의 교육기관에 대한 설명이다. 보기 중에 고르시오.

> ⓐ 병서강습을 하기도 하였다.
> ⓑ 무인양성과 관련된 공식적인 교육기관이다.
> ⓒ 군사의 무재를 시험하고 무예를 습득하였다.

① 성균관 ② 국자감
③ 훈련원 ④ 화랑도

🔎 해설
무과를 관장하는 것은 국가였고 그 관림 책임은 훈련원이나 병조에 있었으며, 엄격한 절차에 따라 무과 시험이 진행되었다.

23 조선시대 무과(武科) 시험방법으로 바르지 않은 것은?

① 편력 ② 기사
③ 기창 ④ 격구

🔎 해설
편력은 독특한 형식의 야외활동 형식이 있었으며 삼국시대의 화랑이 주로 했던 신체활동이다.

24 다음 중 조선시대의 서민들의 신체활동에 대해 알맞은 것은?

> ⓐ 조선시대 민간에서는 성행하여 단옷날 뿐 아니라 평상시에도 그네를 즐겼다.
> ⓑ 단옷날에는 남녀가 함께 뛰는 것은 시골이나 서울이나 마찬가지였다.

① 편력 ② 궁술
③ 석전 ④ 추천

🔎 해설
그네뛰기는 한자로 추천(鞦韆)이다.

25 다음 중 활인심방을 필사(筆寫)하여 자신의 건강을 다스린 사람은?

① 이황 ② 이이
③ 유성룡 ④ 이순신

🔎 해설
활인심방은 중국 명나라 태조 주원장의 아들인 주권(朱權)이 지은 '활인심법'을 퇴계이황이 구하여 필사한 책이다.

정답 22 ③ 23 ① 24 ④ 25 ①

한국체육사 출제예상문제

26 우리나라의 근대적 체육 스포츠 종목의 소개 및 스포츠 문화를 창출하는 새로운 기점이 되었던 시기는?

① 근대기 ② 개화기
③ 문화 통치기 ④ 민족 말살기

> **해설**
> 개화기에 강화도 조약 이후 외국의 근대스포츠가 우리나라에 도입되었다.

27 개화기 선교사에 의해 조직되어 국내에 야구, 농구 등을 보급한 체육 단체는?

① 희동구락부 ② 체조연구회
③ 대동체육구락부 ④ 황성기독교청년

> **해설**
> 황성기독교청년회는 1903년 10월 발족하였으며 1906년 4월 11일에 운동부를 결성하였다. 이들은 각종 운동경기를 개최하여 초창기 조선의 체육활동 보급과 확산에 지대한 영향을 미쳤다.

28 다음의 설명과 부합하는 근대체육학교는?

> ⓐ 새로운 세대에게 신지식으로 교육하여 인재를 양성하고 외국의 도전에 근본적으로 대응하고자 자발적으로 서당을 개량하여 운영하였다.
> ⓑ 문예반 50명과 무예반 200명을 선발하였다.
> ⓒ 동래 무예학교의 영향을 받았다.

① 광혜원 ② 배제학당
③ 원산학사 ④ 황성기독교청년회

> **해설**
> 1883년에는 원산의 민간인들이 모여 만든 최초의 근대적 사립학교인 원산학사가 설립되었다. 이곳 원산학사에서는 전통무예를 학교교육에 포함시켰으며 고유한 우리민족의 스포츠 문화를 새롭게 형성하였다.

29 고종이 반포한 '교육조서'에 대한 설명으로 옳지 않은 것은?

① 체조가 정식과목으로 채택되지 않았다.
② 덕양, 체양, 지양에 힘쓸 것을 강조하였다.
③ 체육은 소학교 및 고등과정에 정식과목으로 채택되었다.
④ 체육의 심동적, 정의적 목표 개념을 함축적으로 내비치고 있다.

> **해설**
> 고종이 반포한 '교육조서'에는 체조가 정식과목으로 채택되었다.

정답 26 ② 27 ④ 28 ③ 29 ①

30 우리나라 최초의 운동회 화류회(花柳會)에 대한 설명으로 옳은 것은?

① 광복 이후에 실시되었다.
② 최초의 근대적 체육단체이다.
③ 초창기 운동회는 구기종목만을 실시하였다.
④ 영어학교의 영국인 교수 허치슨의 지도하에 개최되었다.

해설
우리나라 최초의 운동회는 1896년 5월 2일 영어학교에서 열린 화류회였다.

31 일제강점기 체육활동에 대한 설명으로 옳지 않은 것은?

① 유도, 검도 같은 무도가 빠르게 전파되었다.
② 손기정, 엄복동 등의 스포츠스타들이 등장하였다.
③ 체육, 스포츠 활동을 통해 민족의식을 고취하였다.
④ 투호, 방응, 석전 등 민속스포츠가 적극 장려되었다.

해설
일제강점기에는 투호, 방응, 석전 등 민속스포츠가 탄압되었다.

32 다음 중 조선체육회에 대한 설명으로 틀린 것은?

① 우리나라 대한체육회의 전신이다.
② 근대스포츠의 보급과 장려가 시작된 단체이다.
③ 문화정치로 전환되었던 1919년 3.1운동 이후 만들어졌다.
④ 조선의 언론, 집회, 결사의 자유가 인정되어 설립된 체육단체이다.

해설
조선체육회는 1920년에 창립하였으며 근대스포츠의 보급과 장려가 시작된 시점은 1876년 개화기이다.

33 한국인 최초로 금메달을 획득하며 일장기 말살사건 등 한국 올림픽 사, 더 나아가 한국 스포츠 사에서 매우 중요한 역사적 의미를 가지고 있는 대회는?

① 1948년 런던올림픽
② 1932년 LA올림픽
③ 1936년 베를린올림픽
④ 1976년 몬트리올올림픽

해설
동아일보 기자 이길용은 베를린올림픽시상식에서 손기정과 남승룡의 가슴에 선명히 보이는 일장기를 제거하여 신문을 출간하는 의거를 감행했다.

정답 30 ④ 31 ④ 32 ② 33 ③

한국체육사 출제예상문제

34 일제 강점기 중 민족말살기에 시행된 학교체육 과목이 아닌 것은?
① 체조
② 유희
③ 석전
④ 교련

🔾 해설
우리나라 전통 스포츠인 석전은 말 그대로 돌싸움으로서 전투훈련의 효과가 있었다.

35 일제강점기 일장기 말소사건에 대한 내용으로 알맞지 않은 것은?
① 조선체육회를 결성하는 계기가 되었다.
② 민족주의적 투쟁 정신이 표출된 대표적 사례이다.
③ 동아일보의 이길용 기자의 주도에 일어난 일이다.
④ 1936년 베를린올림픽대회에서 우승한 손기정의 사진에 일장기가 지워진 것이다.

🔾 해설
일제강점기 일장기 말소사건은 1936년이고 조선체육회는 1920년에 창립되었다.

36 일제강점기의 학교체육 중 무단통치기의 내용으로 알맞지 않은 것은?
① 황국신민체조가 실시되었다.
② 남자고등학교 3,4학년에 기계체조과목이 정식으로 채택되었다.
③ 1914년 6월 10 조선총독부령으로 학교체조교수요목이 제정되었다.
④ 1910년 한일병합으로 국권상실이 되면서 민족주의 체육도 기반이 무너졌다.

🔾 해설
황국신민체조의 실시는 민족말살기에 시작되었다.

37 일제강점기 스포츠 시설 중 1925년 경성부가 만든 경성운동장에 대한 설명으로 옳은 것은?
① 대한체육회가 관리하였다.
② 최초의 운동회인 화류회가 개최되었다.
③ 1925년 일본 왕자의 결혼을 기념하기 위해 만들었다.
④ 일본인 단체였던 조선체육협회를 해산시키고 조선체육회를 결성하는 계기가 되었다.

🔾 해설
일제강점기의 스포츠시설은 1925년 일본 왕자의 결혼을 기념하기 위해 경성운동장을 비롯하여 전국에 288개의 각종 경기장을 만들었다.

정답 34 ③ 35 ① 36 ① 37 ③

38 동계올림픽에 대한 설명으로 틀린 것은?

① 제1회 동계올림픽은 1928년 나고야에서 개최되었다.
② 쇼트트랙 종목은 1992년부터 정식종목이 되었다.
③ IOC는 1992년부터 동·하계 올림픽 간격을 2년으로 결정하였다.
④ 2018년 동계올림픽은 평창에서 개최되었다.

> 해설
제1회 동계올림픽은 1928년 샤모니에서 개최되었다.

39 우리나라가 올림픽 출전 후 양정모 선수가 레슬링에서 첫 금메달을 획득한 올림픽 대회는?

① 1972년 뮌헨 올림픽
② 1968년 멕시코올림픽
③ 1976년 몬트리올올림픽
④ 1988년 서울올림픽

> 해설
우리나라의 첫 금메달은 1976년 몬트리올 올림픽에서 레슬링의 양정모 선수가 획득하였다.

40 남북이 분리된 상황에서 엘리트 스포츠를 통해 국제사회에 국력을 과시하고 '체력을 국력'이라는 모토를 내세워 체육을 보다 체계적으로 조직한 대통령은?

① 이명박
② 박근혜
③ 박정희
④ 문재인

> 해설
엘리트 스포츠를 통해 국제사회에 국력을 과시하고 '체력을 국력'이라는 모토를 내세운 대통령은 박정희이다.

41 남한과 북한이 최초의 단일팀을 구성하여 코리아(KOREA)라는 명칭으로 참가한 종목은?

① 역도
② 아이스하키
③ 탁구
④ 레슬링

> 해설
1991년 지바세계탁구선수권대회에 남북 단일팀이 출전하였다.

42 한반도기를 들고 남한과 북한이 동시입장을 성사시키며 세계의 주목을 받았던 대회는?

① 1988년 서울올림픽
② 2012년 런던올림픽
③ 1968년 멕시코올림픽
④ 2000년 시드니올림픽

> 해설
2000년 시드니올림픽에서 남과 북이 한반도기를 들고 동시입장을 하였다.

정답 38 ① 39 ③ 40 ③ 41 ③ 42 ④

한국체육사 출제예상문제

43 우리나라가 광복 이후 첫 출전한 올림픽 대회는?
① 1948년 런던올림픽 ② 1952년 헬싱키올림픽
③ 1972년 뮌헨 올림픽 ④ 1976년 몬트리올올림픽

해설
우리나라는 1948년 런던올림픽에 첫 출전하였다.

44 제5공화국은 군사정권의 정당성을 확보하기 위해 펼친 스포츠 정책이 아닌 것은?
① 정부의 업적주의 행정체제
② 엘리트 스포츠를 통한 국민통합
③ 엘리트 스포츠를 통한 금욕주의 정책
④ 엘리트 스포츠를 통해 체제의 우월성 입증

해설
엘리트 스포츠를 통한 금욕주의 정책은 박정희 정권인 제3공화국에서 일어났다.

정답 43 ① 44 ③

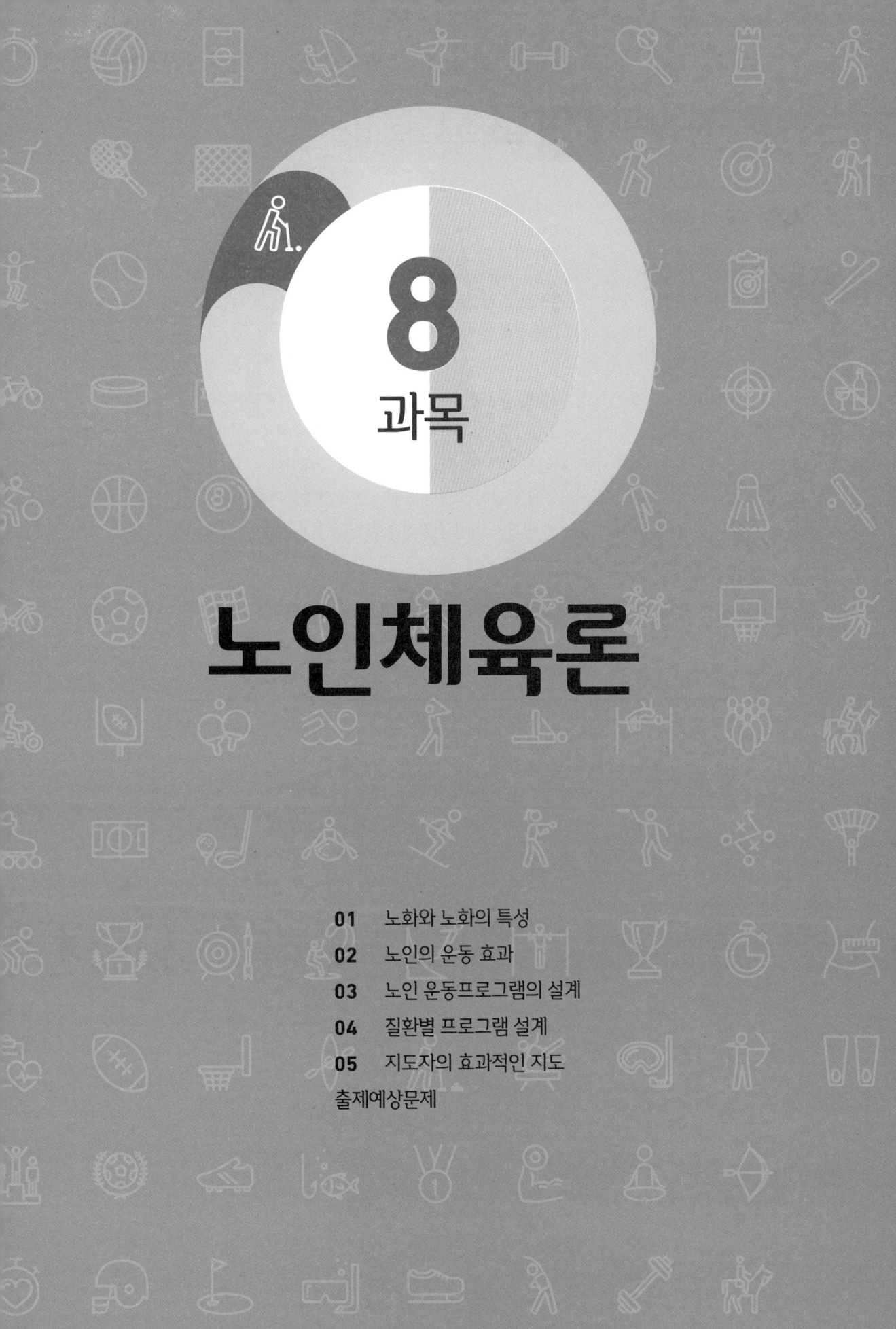

8 과목

노인체육론

01 노화와 노화의 특성
02 노인의 운동 효과
03 노인 운동프로그램의 설계
04 질환별 프로그램 설계
05 지도자의 효과적인 지도
출제예상문제

노인체육론   01 노화와 노화의 특성

1 노화의 개념

(1) 노화에 대한 정의

① 노화(老化)란? 생물학적 현상으로 시간이 지남에 따라 신체의 구조와 기능이 점진적으로 저하되어 질병과 사망에 대한 감수성이 증가하면서 쇠약해지는 과정

② 노화의 특성
- 보편성 : 노화는 모든 사람에게 보편적으로 나타나지만, 노화가 일어나는 시기는 개인차가 존재한다.
- 내인성 : 노화의 주요 원인은 외부가 아닌 내부(체내)에 존재한다.
- 쇠퇴성 : 노화는 신체기능에 부정적인 영향을 미치므로 사망률과 연관된다.
- 점진성 : 노화는 한순간의 변화가 아닌 점진적으로 일어난다.

(2) 노인

① 일반적으로 나이가 많은 사람을 노인이라고 칭하지만, 우리나라의 노인 기준은 만 65세 이상으로 정해져 있다.

② 연령에 따른 분류

구분	노인 인구(65세 이상)			
	전기고령노인	중기고령노인	후기고령노인	초고령노인
연령	65~74세	75~84세	85~99세	100세 이상

(3) 노인체육학

① 신체활동이 노인의 건강과 행복에 미치는 영향과 노화에 미치는 영향에 대해 연구하는 학문

② 노인체육학 연구 범위 : 노화의 특성, 노인의 질병, 노화와 신체활동 관계, 노인 체력, 노인 운동 지도

2 노화와 관련된 이론

(1) 생물학적 이론

① 체내에 지방은 증가하고(부정적 요소 증가), 단백질·수분·미네랄 등의 성분은 감소한다(긍정적 요소 감소). 이로 인해 골밀도가 감소하고 뼈엉성증(골다공증), 퇴행성관절염의 발생빈도가 증가한다.

② 생물학적 이론은 다양한 미니이론이 존재하는데 크게 유전적노화이론, 비유전적세포이론, 면역이론으로 나눌 수 있다.

- 유전적노화이론 : 노화는 유전에 의해 이루어진다.
- 비유전적세포이론 : 내·외부적인 충격(감염, 질병, 사고 등)에 의해 세포가 변화한다.
- 면역이론 : 면역체계에 어떤 변화가 나타난다.

이론	미니이론	특성
유전적 노화이론	유전적노화이론	DNA에 노화의 속성이 저장되어 있기 때문에 정해진 시기에 특정 유전자가 적극적으로 활동하여 세포를 노화시킨다.
비유전적 세포이론	유전자돌연변이이론	DNA 복구 시스템의 영구적인 변화 및 비정상적 변화로 일부 유전자 정보가 상실 → 돌연변이세포가 만들어짐 → 돌연변이세포 누적 → 노화가 진행된다.
	손상이론	세포의 내·외부적 충격으로 세포 손상이 누적되고, 그로 인해 세포의 기능장애로 노화를 촉진시킨다.
	교차이론	세포 내부의 분자들이 서로 교차되어 활동성을 잃거나, 비정상적인 교차로 인해 세포조직의 영구적인 손상으로 노화가 생긴다.
	사용마모이론	연령이 증가함에 따라 인체의 세포가 점진적으로 마모되어 노화가 진행된다.
	노폐물축적이론	연령이 증가함에 따라 인체 내부에 부정적인 물질과 노폐물이 축적되어, 축적된 노폐물이 세포 기능에 부정적인 영향을 미쳐 노화가 진행된다.
	산화기이론	산소대사가 이루어지지 못하고 체내에 남아 활성산소로 전환되어 세포막과 결합해 세포막을 변형시켜 노화가 진행된다.
	점진적불균형이론	연령이 증가함에 따라 신경계, 내분비계의 세포들이 감소하고, 그 결과로 세포의 불균형이 생겨 노화가 진행된다.
면역이론	면역이론	체내의 면역체계가 항체를 만들어 낼 때 정상세포까지 파괴하는 항체를 생성하는데, 그 항체들이 누적되어 노화가 진행된다.

(2) 심리학적 이론

'사람이 어떻게 심리적으로 늙어가는가'에 대한 접근보다는 사람이 생물학적으로 늙어갈 때 심리적으로 늙어가는 것을 예방하거나 지연시킬 수 있는 방법에 대한 이론이다.

- 자아발달단계이론 : 에릭슨(Erickson, E. H. : 1963)은 출생에서 노년까지의 자아발달을 8단계로 나누었다. 노년기가 마지막 단계이며, 이는 긍정적 요소와 부정적 요소로 나뉜다.

  긍정적 요소는 "자부심과 만족감을 느끼며 살아온 과거를 돌아보며, 죽음을 위엄 있게 받아들일 수 있다."

  부정적 요소는 "자신이 살아오면서 달성하고자 하는 것을 달성하지 못했다고 느끼면서 삶의 종말이 다가오는 것을 절망한다."

- 발달과업이론 ① : 하비거스트(Havighurst, R. J : 1972)는 생애주기를 신체적인 조건, 문화적 규범, 사회적인 기대감, 개인적인 가치설정, 개인적 기대감 등 6단계로 구분하고, 각 발달단계에서 주어진 과업을 완수하는 정도에 따라 현재의 행복과 다음 단계의 성공적인 과업수행에 결정적인 역할을 한다고 주장하였다.

> 약화되는 신체적 힘과 건강에 따른 적응 → 퇴직 및 경제적 수입 감소에 대한 적응 → 배우자 죽음에 대한 적응 → 동년배 집단과의 유대감 형성 → 사회적 역할을 수행하고 적응 → 생활에 적합한 생활환경 조성

- 발달과업이론 ② : 팩(Peck, R, C. : 1968)은 중년기 이후 발달과업을 3단계로 구분하였다.

1단계 : 자아분화 대 직업역할몰두	- 자아의 분화가 잘 되어 있는 사람은 자아의 지지기반을 직업역할 이외에 여러 가지 역할로 나누어 준다. - 자아의 분화가 약한 사람은 거의 전적으로 자아의 지지기반을 직업역할에 두고 있다.
2단계 : 신체초월 대 신체몰두	- 신체적 기능쇠퇴의 생물적 노화 현상을 극복하고 적응함으로써 생활의 만족을 얻는 것이다. - 극복하지 못하면 생활의 만족을 얻지 못한다.
3단계 : 자아초월 대 자아몰두	- 현실적인 자아를 초월하는 단계로 죽음을 인정하고 긍정적으로 받아들여 미래까지 연결하는 것이다. - 자아 초월의 과업이 해결되지 않으면 죽음을 두려워한다.

- 사회적와해이론 : 카이퍼스(Kuypers) & 벤슨(Bengtson, V. L. : 1973)은 "심리적으로 약한 사람은 주변환경으로부터 부정적인 반응을 받게 된 결과 자아개념이 무너지는 부정적인 피

드백의 연속으로 인해 사회적으로 와해된다."는 이론을 주장하였다. 이 이론에 의하면 "노인들이 사회로부터 강제퇴직을 당함으로써 중년기의 역할을 상실하고, 사회에서 무능력자로 낙인찍혀 의존적인 존재로 취급되며 결과적으로 자신감을 상실하고 불안한 상태가 된다."

- 성공적노화이론 : 발테스 등(Baltes, M. M. & Baltes, P. B. : 1990)은 "노후에는 신체적 및 지적 퇴화로 인해 젊었을 때처럼 사회활동에 적극적으로 참여할 수 없지만, 급작스럽고 전적인 단절은 오히려 노화를 촉진하므로 일과 보상이 주어진다면 성공적인 노화를 보낼 수 있다(선택과 보상이 있는 적정화). = 역동이론

(3) 사회학적 이론

노화과정에서 나타나는 개인적 특성, 행동, 노년기에 일어나는 사회적 관계와 역할의 변화를 사회학적 측면에서 설명하는 이론이다.

- 사회교환이론 : 사회에서 교환이 이루어져야 하는 경우 가치가 높은 교환자원을 가지고 있거나 교환자원을 다양하게 가지고 있는 사람이 그렇지 못한 사람들을 지배할 수 있다는 이론이다.
  교환자원의 가치나 양 ⇒ 노인 〈 젊은 세대
- 사회유리이론 : 건강 악화, 죽음에 이를 가능성 증가, 사회 공헌의 약화 등 다양한 요인에 의해서 노인의 사회적 역할과 상호작용을 감소시켜 노인들을 사회에서 분리시킨다.
  - 개인적 분리 : 노인 스스로가 사회활동으로부터 소모되는 에너지를 보존하기 위해 스스로 사회활동에서 물러난다.
  - 사회적 분리 : 노인을 사회로 다시 복귀시키는 것보다 젊은 세대를 영입하는 것이 더 유익하다고 판단해서 노인을 분리시키는 것
- 연령계층이론 : 라일리(Riley) & 포너(Foner : 1968)는 동일한 연령대에 속하는 사람들은 동일한 문화권, 비슷한 경험을 하면서 성장해왔기에 비슷한 가치관과 태도를 갖고 있다고 가정한다. 연령집단에 따라 사회적 계층화가 나타나서 연령에 따른 불평등이 나타나는 연령계층이론을 주장하였다.
- 지속성이론 : 개인의 인격에 따라 다른 노화 패턴을 만들어낸다. 그러므로 노인이 자신의 기준대로 적응할 수 있도록 하는 것이 성공적인 노화를 돕는다.
- 활동이론 : 노인의 사회활동 참여율이 높을수록 심리적 만족감과 생활만족도가 높아진다. 가능한 사회에 통합되어 새로운 역할을 찾아 사회 활동을 지속하는 것이 성공적인 노화이다.
- 현대화이론 : 과거에는 모든 연령대가 공통된 문화와 전통 속에서 공동체 생활을 하였지만, 산업화로 인해 젊은 세대들을 도시로 이동시키면서 전통사회를 해체하고 새로운 문화가 형성되었다. 세대 간 다른 역사적 경험들은 생활양식, 경험, 규범, 이해관계 등 다양한 방면에서 대

01 노화와 노화의 특성

립적인 위치에 서게 되었다. 즉, 사회구조 및 사회체제의 변화는 세대별로 다른 조건을 부여하여 세대 간의 이질성을 심화시켜 노인의 신분이 하락하였다.
- 노인의 사회적 지위 상실 요인 : 건강기술, 과학기술의 발전, 도시화, 교육 기회 확대

3 노화에 따른 신체적·심리적·사회적 변화

(1) 신체적 변화

변화	특징
외관상 변화	머리와 피부색의 변화, 주름과 얼룩반점 형성, 피부탄력 감소, 근육의 크기 감소로 인해 왜소해지며, 자세가 구부정해진다.
신체기능과 체성분의 변화	피하지방과 근육량의 감소, 내장지방의 증가로 체지방 비율 증가, 수분과 고형성분(백혈구, 적혈구, 혈소판 등)의 비율이 감소, 골밀도가 낮아짐에 따라 관절염, 골다공증, 골절 빈도 증가, 운동 능력 감퇴, 모든 신체기능 저하, 항상성 회복 속도저하 등
시력 및 청력의 변화	시력 감퇴 = 노안, 빛에 대한 감각저하, 명시성이 낮은 색·질감 구분의 어려움 청력 감퇴 = 높은 주파수 듣기 어려움, 난청, 안뜰기관 기능 저하(평형성 유지 어려워짐)
감각기관의 변화	외부를 인식하는 오감 모두 퇴화, 체온유지 능력 상실 피부탄력 감소(촉각이 둔해지고 고통에 대한 반응이 약해짐) 미각의 둔화(짜고, 단것에 대한 감각이 낮아짐)
신체기관의 변화	호흡계통의 변화로 기관지질환, 호흡기질환 발생률 증가, 치아결손과 소화효소 분비량 감소, 내장기관 약화(소화기능 감퇴), 세포 수의 감소로 운동능력 저하, 신장 기능 저하, 혈압 증가 심혈관 기능 감소 : 1회 박출량 감소, 폐활량 감소 등
회복능력 변화	신체조직 기능 저하로 인해 회복기능 감퇴(외부 충격 주의) 가벼운 질환도 치명적일 수 있음

(2) 심리적 변화

① 젊은 세대 혹은 가족으로부터의 무관심으로 인해 일반적 존재가치가 저하된다.
② 가족구성원, 사회구성원으로서의 역할이 축소되거나 상실되어 무기력 및 허탈감에 빠진다.
③ 고집이 강하고 거부감을 드러내는 성격을 띠게 된다. 예를 들어 노인단체는 다른 단체와 타협과 수용이 어려운 경우가 있다.

④ 활동성이 감소하고, 새로운 상황에 대한 학습이나 적응에 어려움을 겪는다.
⑤ 노화에 따른 자신의 신체적, 인지적 능력 저하를 쉽게 인지하지 못하고 본인의 역할기능을 수행하려는 경향이 있다.
⑥ 우울감, 내향적, 수동적인 행동이 증가한다.
⑦ 보수적인 성격이 강하게 나타나며, 아둔하고 과거에 집착한다.

(3) 사회적 변화

변화	특징
자녀 결혼	남성 노인의 경우 집안에서 가장의 자리를 아들에게 물려줌으로써 고독감을 느낄 수 있으며, 여성 노인은 자식의 자립으로 인해 '빈 둥지 증후군'을 느낌
배우자와 친족의 상실	가족이나 친한 동료들의 죽음과 스트레스 등 부정적인 경험을 통해 허탈감, 절망감, 고독감을 느낌
은퇴	소득 상실로 인한 경제적 빈곤감, 대인관계 축소로 인한 유대감 상실, 사회적 신분과 지위의 변화로 인한 상실감, 사회생활·직업을 중요시 생각하던 노인은 퇴직 후 가정 문제에 대한 사소한 대립적 갈등
지위와 역할 변화	삶의 질을 결정하는데 있어, 권력·재력·사회적 영향력은 매우 중요한 요소이다. 그러나 노년기에는 대부분 사회적 지위와 역할을 상실하는 경우가 대부분이며, 그로 인해 주류사회에서 비주류사회로, 방임, 빈곤과 소외, 무관심, 고독 등 다양한 감정의 변화를 느낌

노인체육론 02 노인의 운동 효과

1 운동의 개념과 역할

(1) 노인운동의 개념
① 신체활동 : 안정 시 에너지소비량보다 많은 에너지를 소비하는 신체의 움직임
② 운동(Physical Exercise) : 하나 또는 그 이상의 체력 요소를 향상시키기 위해 계획적이며, 체계적이고 반복적인 신체활동
③ 노인운동 : 노인이 자신의 체력 요소(근력, 근지구력, 심폐지구력, 유연성, 민첩성 등)를 향상시키기 위해 계획적이며, 체계적이고 반복적인 활동
④ 우리나라 노인의 신체활동 실천 현황

[한국건강증진개발원(2017) 노인의 신체활동 실천현황 및 정책제언 16호]

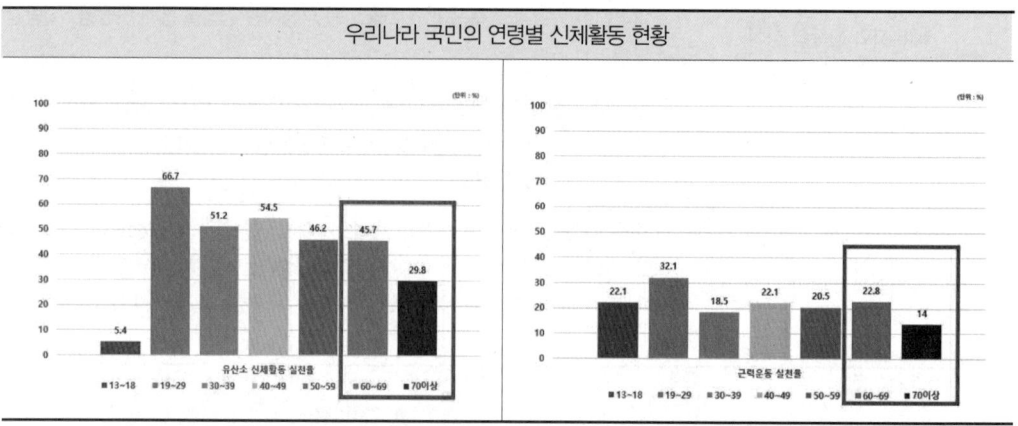

자료 : 보건복지부, 질병관리본부(2016) 2015 국민건강통계
보건복지부, 질병관리본부(2016) 2016년 국민건강영양조사 및 청소년건강행태 온라인조사 결과발표회 자료집

- 근력운동에서 노인이 신체활동(14%) 실천율이 가장 낮은 것으로 나타났다.
- 노인은 다른 연령대에 비해 신체활동 기회가 많음에도 불구하고 유산소·근력운동 구분 없이 충분한 신체활동을 실천하는 노인은 3명 중 1명에도 미치지 못하는 실정

(2) 노인운동의 역할
① 질병 예방 및 수명 연장: 신체활동을 규칙적으로 실천할 경우 생애주기 구분 없이 질병예방 및 건강수명연장에 효과가 있다.
② 심혈관질환 예방 : 심혈관 기능 개선으로 체내 산소와 영양물질 운반, 콜레스테롤 감소
③ 의료비 절감 : 건강수명연장 및 심혈관 기능 개선, 골밀도 증가, 암 예방 등 다양한 신체적 이점을 통해 의료비 절감 효과

④ 심리적 행복감 및 우울증 예방
⑤ 운동에 대한 생리적 적응 : 모세혈관 증가, 체지방 감소 심폐기능 향상, 기초대사량 증가, 만성질환 예방 및 개선 등

2 운동의 효과

(1) 심리적 효과
① 삶의 질 향상 ② 우울증 감소 ③ 인지기능 향상 ④ 기억력 개선 ⑤ 집중력 향상

(2) 사회적 효과
① 지속적인 사회활동으로 단절 방지
② 세대 간 소통 증가
③ 역할 유지 및 새로운 역할 부여
④ 새로운 친구 및 동료 사귀기
⑤ 사회적 네트워크 확장

(3) 신체적 효과
① 골격근 : 근력/근지구력 향상, 골밀도 향상, 골량 증가, 근육량 증가, 체지방 감소 등
② 심혈관계 : 심장/혈관 기능 향상, VO₂max 증가, 1회 박출량 증가, 최대 동정맥 산소차 증가, 심실용적 증가, 혈장량 증가, 정맥혈 환류량 증가, 모세혈관 증가, 안정 시 심박수 감소, 수축기/이완기 혈압 감소 등
③ 내분비계 : 인슐린 내성 감소(=저항성 감소 = 민감도 증가 = 감수성 증가), 대사증후군 유병률 감소, 당뇨병 예방 및 개선, LDL-C 감소, TG 감소, HDL-C 증가 등
④ 신경계 : 반응시간 단축, 협응력 향상, 기억력 향상, 인지기능 향상, 수면상태 호전 등
⑤ 기타 : 활력 증가, 심장 및 각종 내장기관 기능 향상, 면역기능 향상, 성기능 향상 등

노인체육론 03 노인 운동프로그램의 설계

1 운동프로그램의 요소

(1) 운동형태(건강체력)
    ① 근력 : 근육이 힘을 발휘할 수 있는 최대 능력
    ② 근지구력 : 최대하 부하에서 지속적으로 근육을 수축할 수 있는 능력
        • 종류(근력/근지구력) : 탄력밴드 운동, 팔굽혀펴기, 계단 오르기, 웨이트트레이닝 등
    ③ 심폐지구력 : 운동 중 근육으로 산소와 영양분이 풍부한 혈액을 박출하는 심장의 능력 및 산소를 받아들이고 사용할 수 있는 근육의 능력
        • 종류 : 걷기, 달리기, 자전거타기, 수영, 등산 등
    ④ 유연성 : 관절의 전체 동작 범위에 걸쳐 자유롭게 움직일 수 있는 능력
        • 종류 : 동적스트레칭, 정적스트레칭, 요가 등

(2) 운동형태(운동기능체력)
    ① 평형성 : 신체의 안정성을 유지할 수 있는 능력
        • 종류 : 한발서기, 8자 걷기, 옆으로 걷기 등
    ② 순발력 : 운동을 수행하는 능력이나 속도
        • 종류 : 제자리 멀리 뛰기, 써전트 점프
    ③ 민첩성 : 스피드와 정확성을 동반한 공간에서 신체의 위치변경 능력
        • 종류 : 사이드스텝, 10m 왕복달리기
    ④ 협응력 : 운동수행 시 시각 및 청각과 같은 감각기관을 다른 신체부분과 함께 매끄럽고 정확하게 사용할 수 있는 능력
    ⑤ 반응속도 : 자극과 반응시간 사이의 경과시간

(3) 운동강도
    ① 수행한 운동의 힘든 정도
    ② 유산소성 운동은 심박수, 산소섭취량, MET를 이용하고, 저항성 운동은 1RM을 이용하여 설정

(4) 운동시간 : 하루 수행한 전체 운동시간

(5) 운동빈도 : 주당 실시하는 운동 횟수

(6) 운동량 : 하루 수행한 운동의 총량(빈도 × 시간 × 강도)

(7) 진행 : 운동 빈도, 강도, 시간에 적응하면서 운동량을 변화시키는 과정

2 지속적 운동참여를 위한 동기유발 방법

(1) 합리적 행동이론과 계획행동이론

① 합리적 행동이론
- 타인의 기대에 대한 인식 포함
- 의사결정 측면에서 운동을 예측
- 특정 행동 실천과 결과에 대한 신념을 포함
- 개인의 의도가 행동을 유도하는 결정적인 원인
- 의도 = 행동에 대한 태도(건강행동을 실천하는 것이 중요) + 주관적인 규범(운동을 해야한다는 주변의 기대)

② 계획행동이론
- 합리적 행동이론 + 행동통제 인식
- 행동통제 인식 : 운동을 방해하는 요인을 통제할 수 있는 자신감
- 의도 : 어떤 행동을 해야겠다는 의지와 행동을 위한 투자(노력의 정도)
- 주관적규범 : 어떤 행동을 할 것인지에 대해 개인이 느끼는 사회적 기대(압력)

(2) 건강신념 모형

① 배커(Becker, 1984)에 근거한 운동실천 중재전략
② 질병의 위험성 인식을 통한 건강행동 실천에 직접적인 영향
③ 질병은 누구에게나 발생할 수 있고 질병이 발생하면 심각한 문제라고 인식하는 영향
④ 언론, 타인의 조언, 주변 지인의 질병 목격 등 질병에 대한 위험 인식
⑤ 건강행동을 실천에 옮기는 것은 질병 발생의 가능성과 건강행동 실천에 따른 손실과 혜택을 비교하여 결정

(3) 변화단계이론

① 원인과 결과가 직선적이기 보다는 비선형적(역동적)이며, 불안정한 상태
② 변화단계이론 특징
- 사람의 행동을 단계적으로 구분한다.
- 한 단계에서 다음 단계로 가기 위해서는 반드시 정해진 과제를 달성해야 한다.
- 단계는 높아지기도 하고 퇴보될 수 있다.(전진, 후퇴, 정체, 순환 등)
- 운동실천을 위한 중재 전략을 적용할 때 도움이 된다.

03 노인 운동프로그램의 설계

③ 행동변화의 단계
- 계획 전 단계(무관심) : 현재 운동을 하지 않으며, 6개월 이내에도 운동 시작 의도나 의지가 없는 단계
- 계획 단계 : 현재 운동을 하고 있지 않으나, 6개월 내에 운동을 할 의도나 의지가 있는 단계
- 준비 단계 : 현재 운동을 하고 있지 않으나, 1개월 내에 운동을 할 의도나 의자가 있는 단계
- 행동(실천 단계) : 현재 운동을 규칙적으로 하고 있으나, 6개월 이전 단계
- 유지 단계 : 현재 운동을 규칙적으로 하고 있으며, 6개월이 지난 단계

(4) 사회생태이론
① 신체활동은 개인적, 환경적, 사회적 요인들에 복합적으로 영향을 받거나, 이들 요인 간의 상호작용에 의해 영향을 받는다.
② 운동 실천과 지속을 위해 개인, 지역사회, 정부의 노력과 책임이 중요하다.

(5) 자기효능감이론
① 특정 상황에서 주어진 과제를 수행할 수 있는 개인적 믿음
② 특정한 행동은 자기효능감으로 예측 가능
③ 자기효능감이 높을수록 행동의 실현 가능성, 운동 행동이 높아짐
④ 과거수행, 언어적 설득, 간접경험, 신체와 정서 상태로 결정

(6) 노인 동기 유발 요소
① 건강증진 및 질병위험 요인 감소
② 스트레스 해소 및 정신적 건강 증진
③ 가족이나 지인과 함께 참여하는 운동 및 사회 참여
④ 외모의 체중관리

3 운동권고 지침 및 운동방안

(1) 트레이닝의 기본 원리
① 과부하(overload) : 운동기능을 높이기 위해 일상생활보다 더 큰 자극에 노출되어야 한다.
② 점진성(progression) : 운동참여를 지속하고 위험요인 감소를 위해 강도를 점진적으로 증가시켜야 한다.

③ 특이성(specificity) : 수행된 운동형태와 동원된 근육에 국한되어 운동효과가 나타난다.
④ 개별성(individuality) : 성별, 연령, 발육단계, 건강상태 등을 고려하여 각자의 상태에 맞는 부하를 적용한다.
⑤ 가역성(reversibility) : 운동을 중단하면 신체의 기능은 운동 전의 상태로 돌아가려 한다.
⑥ 다양성(variation) : 단조로움과 지루함을 극복하기 위해 운동형태, 시간, 환경 등의 요인을 고려하여 운동종목을 구성한다.

(2) 운동의 구성
① 준비 운동 : 최소 5~10분 저·중강도 유산소운동 or 가벼운 무게의 저항운동 실시
② 본 운동 : 최소 20~60분 유산소운동, 저항운동, 근신경운동, 스포츠 활동
③ 정리 운동 : 최소 5~10분 저·중강도 유산소운동 or 가벼운 무게의 저항운동 실시

(3) 운동의 강도
① 유산소운동 강도 예측방법(ACSM 10판)

강도	상대강도				절대강도
	% HRR or %VO₂R (여유심박수 or 여유산소섭취량)	%HRmax (최대심박수)	%VO₂max (최대산소섭취량)	RPE (운동자각도)	MET (대사당량)
매우 가볍다	< 30	< 57	< 37	< 9	< 2
저강도	30 ~ 39	57 ~ 63	37 ~ 45	9 ~ 11	2.0 ~ 2.9
중강도	40 ~ 59	64 ~ 76	46 ~ 63	12 ~ 13	3.0 ~ 5.9
고강도	60 ~ 89	77 ~ 95	64 ~ 90	14 ~ 17	6.0 ~ 8.7
거의 최대	≥ 90	≥ 95	≥ 91	≥ 18	≥ 8.8

② 저항성운동 강도 예측방법(ACSM 10판)

강도	매우 가볍다	저강도	중강도	고강도	거의 최대
% 1RM	< 30	30 ~ 49	50 ~ 69	70 ~ 84	≥ 85

(4) 노인의 운동처방
① 노인의 특징 및 주의사항
- 생리적 노화가 전 연령대에서 일치하지 않으므로 운동에 대한 반응이 다를 수 있다.
- 노인들은 모든 연령대에서 신체적 활동이 매우 적다.
- 나이보다 신체활동 참여 능력으로 건강과 기능적 상태를 판단하는 것이 좋다.

② 노인 운동검사
- 대부분 노인들은 중강도 신체활동을 시작하기 전에 운동검사가 필요 없다.
- 고령자의 운동검사는 의사나 다른 건강관리전문가가 지시한 경우에만 수행
- 운동 능력이 낮은 사람은 초기 부하를 3METs 이하로 설정하고, 부하 증가량은 0.5~1.0METs로 설정
- 평형성과 신경근 협응력이 낮고 체중부하에 제한이 있거나 발에 문제가 있는 경우 자전거에르고미터가 적합
- 트레드밀 부하는 속도보다는 경사도를 증가시키면서 적응시키는 것이 좋다.
- 최대운동검사를 실시하는 동안 나이로 예측된 최대심박수를 초과할 수 있다.

	SFT(Senior Fitness Test)	국민 체력100
심폐지구력	6분 걷기, 2분 스텝 테스트	6분 걷기, 2분 제자리 걷기
근력 & 근지구력	상지 : 암컬 하지 : 30초 의자 앉았다 일어서기	상지 : 상대악력 하지 : 30초 의자 앉았다 일어서기
유연성	상지 : 등 뒤에서 손잡기 하지 : 의자 앉아 윗몸 굽히기	앉아 윗몸 앞으로 굽히기
민첩성	8자 보행검사	–
협응력		8자 보행검사
평형성		의자에 앉아 3m 표적 돌아오기
순발력	–	–

③ 노인 신체기능 검사
- 노인의 기능적 상태를 평가하기 위해 운동검사를 대체해서 실시
- 노인체력검사, 단기신체기능검사, 보행속도검사, 6분걷기검사, 지속적척도신체기능검사 등
- 공간, 장비, 비용이 거의 필요 없고, 병상의 사람들에게도 간편히 사용할 수 있는 안전한 방법

④ 노인 운동처방 지침(ACSM 10판)
- 신경근 훈련을 일주일에 2~3일 수행하면 낙상 예방에 효과적이다.
- 건강한 노년층의 근력 향상을 위해서는 저강도~중강도 부하(30~60%)를 사용하여 빠른 속도로 6~10회 반복하는 단일 및 다관절 운동을 1~3세트 실시한다.
- 스트레칭은 근육의 긴장감과 약간의 불편감이 느껴질 정도까지 실시한다.
- 만성질환의 개선을 위해 최소 권장운동량을 초과하는 신체활동을 고려한다.
- 근감소증이 있는 노인은 유산소 트레이닝을 실시하기 전에 근력 증가가 요구된다.

- 인지능력이 감퇴된 노인들은 중강도의 신체활동이 권장한다.
- 심혈관질환이 있는 노인들은 신체활동 프로그램 마지막에 반드시 정리 운동을 해야 한다.

유산소운동	
빈도	중강도 주 5일 이상, 고강도 주 3일 이상, 중강도~고강도 주 3~5일 실시
강도	0~10 RPE 척도에서 중강도 5~6, 고강도 7~8
시간	• 중강도 최소 10분 이상, 1일 최소 30~60분, 주당 총 150~300분 • 고강도 1일 최소 20~30분 이상, 주당 총 75~100분
형태	정형외과적 스트레스를 과하게 유발하지 않는 운동
저항운동	
빈도	주 2일 이상
강도	초보자는 저강도(1RM 40~50%)로 시작, 중~고강도(1RM 60~80%)로 증가시킴
시간	대근육군으로 8~10종류 운동, 각 8~12회 반복, 1~3세트 실시
형태	점진적 웨이트트레이닝 프로그램, 체중부하 유연성 체조, 근력 강화 활동(대근육 사용)
유연성운동	
빈도	주 2일 이상
강도	당김과 약간의 불편감이 느껴질 정도
시간	30~60초 동안 유지
형태	• 느린 움직임으로 유연성을 증진시키거나 유지시키는 동작 • 빠른 탄성적인 움직임보다는 정적 스트레칭이 적절함

노인체육론 04 질환별 프로그램 설계

1 호흡·순환계 질환 운동프로그램(ACSM 10판)

(1) 이상지질혈증
① 특징
- 혈중지질량이 비정상인 상태, TC 200, LDL 130, TG 150, 증가 HDL 40 감소
- 식습관, 생활습관, 유전적 요인이 원인이다.
- 운동은 이상지질혈증을 치료하기 위해 유용하지만 효과의 규모가 크지 않다.
- 추가로 식이요법과 체중감량이 이상지질혈증 개선에 도움이 된다.

② 고려사항
- 이상지질혈증과 다른 만성질환이 같이 있는 경우 운동이 수정한다.
- 30~60분간 지속적인 운동을 할 수 없는 사람은 최소 10분씩 간헐적인 유산소 운동을 수행하여 운동시간을 축적한다.
- 지질강하제(스타틴계)를 복용하는 사람들은 근육통을 경험할 수 있으며, 심할 경우 근육 손상으로 인한 횡문근융해증 위험 존재한다.

③ 운동처방
- 동반 질환이 없는 사람은 건강한 성인들을 위한 운동처방과 유사하다.
- 최대로 에너지를 소비하기 위해 유산소 운동을 기본으로 주당 250~300분 유지한다.
- 저항운동과 유연성 운동은 일반적 건강에는 도움이 되지만 항상 유산소 운동을 추가한다.

유산소 운동	
빈도	주 5일 이상
강도	40~75% VO_2R, HRR
시간	1일 30~60분, 체중감량을 위해서는 매일 50~60분
형태	대근육을 이용한 지속적이고 리듬 있는 활동

저항운동	
빈도	주 2~3일
강도	• 근력 : 중강도(1RM 50~69%)에서 고강도(1RM 70~85%), • 근지구력 : 1RM 50% 미만
시간	• 근력 : 8~12회, 2~4세트 • 근지구력 : 12~20회, 2세트 이하
형태	저항성 운동기구, 프리웨이트, 체중부하 운동

유연성운동	
빈도	주 2~3일 이상
강도	긴장이나 약간의 불편함을 느끼는 지점까지
시간	정적 스트레칭 10~30초, 각 운동 2~4회 반복
형태	정적, 동적, PNF 스트레칭

(2) 고혈압

① 특징
- 안정 시 수축기혈압 140mmHg 이상, 이완기혈압 90mmHg 이상인 상태
- 일차성(본태성) 고혈압이 대부분이며 조기 사망과 심혈관질환의 위험인자
- 유전, 잘못된 식습관(고지방, 고염분), 신체활동 부족이 원인이다.
- 항고혈압제는 운동 시 생리적 반응에 영향을 미칠 수 있으므로 운동검사와 처방 시 신중하게 고려

② 고려사항
- 운동 시 수축기혈압 220mmHg 이하 또는 이완기혈압 105mmHg 이하를 유지한다.
- 저항성운동 참여 시 발살바 매뉴버에 의한 손상을 줄이기 위해 단축성 호기(날숨), 신장성 흡기(들숨)를 하여 체내 압력과 혈압이 높아지지 않게 해야 한다.
- 베타차단제와 이뇨제는 체온조절 기능에 역효과를 나타낸다.
- 베타차단제는 저혈당 경향을 증가시키면서도, 징후(특히, 빈맥)는 나타나지 않게 한다.
- 베타차단제는 허혈성 심근이 아니더라도 환자들의 최대하와 최대운동능력을 감소시킨다.
- 알파차단제, 칼슘통로차단제, 혈관확장제와 같은 항고혈압제는 운동 후 혈압을 과도하게 감소시킬 수 있다.
- 유산소성 운동 후 즉각적으로 저혈압이 발생할 수 있다.

③ 운동처방
- 지속적인 유산소 운동은 고혈압 환자의 운동 중 수축기혈압을 감소시키고 안정 시 수축기혈압과 이완기혈압을 낮춘다.
- 저항운동이나 유연성 운동보다는 유산소운동이 효과적이다.

(3) 당뇨병

① 특징
- 인슐린 분비량이 부족하거나 정상적인 기능이 이루어지지 않는 대사질환이다.

04 질환별 프로그램 설계

- 혈중 포도당 농도가 높은 상태, 신경병증이나 혈관질환과 같은 합병증 위험 증가한다.
- 제1형 당뇨 : 인슐린을 만드는 췌장의 베타 세포가 자가 면역에 의해 파괴되어 발생한다.
- 제2형 당뇨 : 인슐린 분비 결핍과 골격근, 지방조직, 간에서의 인슐인 저항성에 의해 발생한다.
- 당뇨병 환자의 대부분은 과체중이다.

② 고려사항
- 혈당이 70 미만인 경우 운동 금지한다.
- 뚜렷한 증상 없이도 혈당이 감소할 수 있다(저혈당 무감지).
  - 저혈당 증상 : 휘청거림, 쇠약함, 비정상적인 땀, 긴장, 불안 입과 손가락 저림
- 저혈당은 운동 후 12시간 이후에도 발생할 수 있으므로 음식이나 약물 조정이 필요하다.
- 인슐린 복용 시간 변화, 인슐린 복용량 감소, 탄수화물 섭취 증가를 통해 운동 중과 후 혈당 변화에 대비할 수 있다.
- 운동 시작 시 혈당 수준이 100 이하인 경우 운동 전 탄수화물 섭취 필요(최대 15g)하다.
- 인슐린 수치가 최대일 때 운동 시 저혈당을 예방하기 위해 단기간 인슐린 투여량을 감소시킬 수 있다(보통 2~3시간 이내).
- 고혈당과 케톤 증상이 동반될 때 운동은 연기되어야 한다.
  - 고혈당 증상 : 다뇨증, 피로감, 무력감, 갈증 증가, 아세톤 호흡
- 제1형 당뇨병 환자는 운동 시작 시 혈당 수준이 250 이상일 때는 케톤뇨를 확인해야 한다.
- 자율신경병증이 있는 경우 협심증을 인지할 수 없으므로 무증상 허혈의 징후와 증상, 운동 전, 후 혈압을 관찰한다.
- 망막증이 동반되는 경우 운동 중 초자체 출혈 위험이 있으며, 발살바 메뉴버, 머리를 아래로 놓는 활동, 충돌, 점프, 고강도 유산소 및 저항성 운동을 피해야 한다.
- 고강도 활동은 에피네프린 및 글루카곤과 같은 길항 조절 호르몬을 많이 방출시켜 혈당 상승을 유발할 수 있다.
- 운동에 대한 심박수와 혈압의 반응이 둔화 될 수 있으므로 RPE를 통해 운동강도를 평가해야 한다.
- 말초신경병증 환자의 경우 발의 궤양을 예방하고 절단 위험을 낮추기 위해 발을 적절히 관리해야 한다.

③ 운동처방
- 운동은 제1형 당뇨병 환자의 췌장 기능에는 영향이 적지만 인슐린 주사 요구량을 낮춘다.
- 운동은 제2형 당뇨병 환자의 혈액 내 포도당 흡수를 촉진 시킨다.

- 유산소와 저항운동을 결합한 복합 운동은 한 가지 형태의 운동보다 혈당 조절을 향상시킨다.
- 제2형 당뇨병 환자는 심혈관질환 위험을 감소를 위해 주당 150분의 중~고강도 유산소 운동 필요하다.
- 중강도 유산소 운동 시 매우 짧게 고강도 인터벌 훈련을 하면 초기 운동 후 휴식 동안 혈당이 덜 내려가도록 할 수 있다.
- 고강도 인터벌훈련(HIIT)과 연속적인 훈련 등 고강도 유산소 운동이 권고된다.
- 최근 레이저 수술 병력, 중증 증식 망막병, 조절되지 않는 고혈압이 없다면 저항운동도 권장된다.
- 콜라겐의 당화 반응으로 인해 관절가동범위(ROM)가 제한될 수 있으므로 저항운동 시 부상을 유의하여 적절히 진전시켜야 한다.
- 족부 궤양이 있는 사람들은 체중지지 활동과 수중활동을 피해야 한다.
- 복합 운동을 할 때 유산소 운동 전 저항운동 하면 제1형 당뇨병 환자 저혈당 위험을 낮출 수 있다.

유산소운동	
빈도	주 3~7일
강도	중강도(40~59% VO2R / RPE 11~13), 고강도(60~89% VO₂R / RPE 14~17)
시간	주 150분 중강도 또는 주 75분 고강도
형태	대근육을 이용한 지속적이고 리듬 있는 활동
저항운동	
빈도	비연속적으로 최소 주 2일
강도	중강도(1RM 50~69%), 고강도(1RM 70~85%)
시간	8~10가지 운동, 10~15회, 1~3세트, 점진적으로 중량 올려서 8~10회, 1~3세트
형태	저항성 운동기구, 프리웨이트
유연성운동	
빈도	주 2~3일 이상
강도	당김이나 약간의 불편함을 느끼는 지점까지
시간	정적 스트레칭 10~30초, 각 운동 2~4회 반복
형태	정적, 동적, PNF 스트레칭

(4) 만성폐쇄성폐질환

① 특징
- 호흡곤란, 만성기침, 가래, 체중감소, 영양 이상, 근육 감소 및 골격근 기능장애가 주요 증상이다.
- 운동은 질병의 중등도와 관계없이 증상을 개선하고 기능 손상 및 장애 발생을 줄일 수 있다.

② 고려사항
- 운동강도는 Borg CR10 척도에서 3~6 사이의 호흡곤란 척도를 사용할 수 있다.
- 최대심박수나 여유심박수의 백분율을 기준으로 한 운동강도 목표는 부적절하다.
- 만성폐쇄성폐질환자는 상지를 포함한 일상활동을 수행하는 동안 호흡곤란을 겪을 수 있으므로 상체 근육을 위한 저항성 운동을 해야 한다.
- 운동 초기 산소측정법을 사용해 운동으로 유발된 산화헤모글로빈 불포화를 측정하고 운동량을 확인하는 것이 권장된다.
- 흡기근 약화 및 호흡곤란이 있는 환자에게 흡기근 강화 운동이 유용할 수 있으며, 흡기근 강화 운동은 최대 흡기압의 30% 강도를 권장한다.
- 운동 중 산소보충은 동맥산소분압이 55% 이하 또는 동맥혈산소포화도가 88% 이하일 때 적용한다.
- 급성 악화로 고통 받는 환자는 증상이 진정될 때까지 운동을 제한한다.

③ 운동처방
- 유산소운동은 모든 단계의 만성폐쇄성폐질환 환자에게 권장한다.
- 저항운동은 근 기능 이상을 해결하기 위해 필수적이다.
- 낙상 예방을 위해 하체 강화 및 균형 훈련이 필요하다.

유산소운동	
빈도	주 3~5일
강도	중~고강도(최고 운동강도의 45~80% / Borg CR10의 4~6) 심박수 처방하지 않음
시간	중~고강도로 하루 20~60분간 실시
형태	걷기, 고정식 자전거타기, 상지 에르고미터 같은 일반적 유산소 운동
저항운동	
빈도	주 2~3일
강도	초보 : 1RM 60~70%, 훈련자 1RM 80%이상

시간	근력 : 8~12회, 2~4세트 근지구력 : 15~20회, 2세트 이하
형태	저항성 운동기구, 프리웨이트, 체중부하 운동
유연성운동	
빈도	주 2~3일 이상
강도	당김이나 약간의 불편함을 느끼는 지점까지
시간	정적 스트레칭 10~30초, 각 운동 2~4회 반복
형태	정적, 동적, PNF 스트레칭

(5) 천식

① 특징
- 기관지의 과민성, 기도 폐쇄, 반복성 천명, 호흡곤란, 가슴 답답함, 특히, 밤 또는 이른 아침에 발생하는 기침이 특징인 기도의 만성염증질환이다.
- 천식 증상이 심하지 않은 환자들에게 큰 무리가 없으므로 운동할 수 있도록 독려해야 한다.
- 운동에 의해 유발되거나 악화될 수 있다.

② 고려사항
- 천식이 악화된 환자는 증상과 기도의 기능이 개선될 때 까지 운동을 제한한다.
- 경구용 코르티코스테이로드를 지속적으로 사용하는 경우 말초 근육 쇠약이 생길 수 있다.
- 운동 전, 후 단기작용 기관지 확장제의 사용이 필요할 수 있다.
- 염소가 없는 수영장은 천식 발작을 유발할 가능성이 낮으므로 권장한다.
- 춥거나 공기매개 알레르기항원 또는 오염 물질이 있는 환경에서의 운동은 제한되어야 한다.

③ 운동처방
- 10~15분 사이 고강도 운동이나 저~고강도를 병행하는 운동을 하면 자극에 대한 불응기가 발생하여 기관지 수축을 억제할 수 있다.
- 운동은 기관지 수축(추위, 건조, 먼지투성이의 공기, 오염물질 흡입)에 대한 유발요인을 제거한다.

유산소운동	
빈도	주 3~5일
강도	중강도(40~59% HRR, VO$_2$R)에서 70%까지 점진적으로 증가

시간	최소 하루 30~40분에서 점진적으로 증가
형태	수중운동, 대근육군을 사용하는 유산소운동
저항운동	
빈도	주 2~3일
강도	초보 : 1RM 60~70%, 훈련자 1RM 80% 이상
시간	• 근력 : 8~12회, 2~4세트 • 근지구력 : 15~20회, 2세트 이하
형태	저항성 운동기구, 프리웨이트, 체중부하 운동
유연성운동	
빈도	주 2~3일 이상
강도	당김이나 약간의 불편함을 느끼는 지점까지
시간	정적 스트레칭 10~30초, 각 운동 2~4회 반복
형태	정적, 동적, PNF 스트레칭

(6) 심부전 환자

① 특징
- 운동성 호흡곤란과 피로가 특징이다.
- 운동능력, 중심 혈액순환 기능, 자율신경계 기능, 말초혈관 및 근골격 기능 개선에 도움 된다.

② 고려사항
- 90% HRR 고강도 유산소 인터벌 훈련을 고려할 수 있다.
- 대부분 환자들에게 주당 약 3~7MET-hr · wr의 운동이 처방한다.
- 일반적으로 운동강도보다 지속 시간과 빈도를 먼저 증가시킨다.
- 유산소 운동프로그램에 4주간 적응 후 저항운동을 추가한다.
- 청진법 대신 도플러방식으로 혈압을 측정, 안정 시 평균동맥압은 70~80 사이에서 조절되어야 한다.
- 운동 시 초기에 피로감이 나타날 수 있으며, 간헐적 운동을 수행하면 다음 운동 시 피로감을 낮출 수 있다.
- RPE 11~13 수준에서 운동하는 것이 바람직하다.

③ 운동처방
- 운동 적응력을 높이고 잠재적인 발작 위험도를 낮추는 것이 목표
- 항상 유산소 운동이 포함

유산소운동	
빈도	주 3~5일
강도	HRR 60~80%, RPE 11~14(심박수 x, 심실세동 o -) RPE 활용)
시간	1일 30분까지 점차 증가시키고 이후 60분까지
형태	트레드밀, 자유롭게 걷기, 고정식 자전거

저항운동	
빈도	비연속적으로 주 1~2일
강도	상체 1RM 40%, 하체 1RM 50%로 시작, 1RM 70%까지 점진적 증가
시간	대근육 운동, 10~15회, 2세트
형태	근력 상실과 균형 문제로 머신을 적극 권장

유연성운동	
빈도	주 2~3일 이상
강도	당김이나 약간의 불편함을 느끼는 지점까지
시간	정적 스트레칭 10~30초, 각 운동 2~4회 반복
형태	정적, 동적, PNF 스트레칭

※ 죽상경화증 심혈관질환 위험요인과 기준의 정의(ACSM 10판)

위험요인	기준의 정의
연령	남자 45세 이상, 여자 55세 이상
가족력	아버지 또는 남자 형제 중에서 55세 이전 그리고 어머니 또는 여자 자매 중에서 65세 이전에 심근경색, 관상동맥혈관 재형성술 및 급사한 가족이 있음
흡연	현재 흡연자, 6개월 이내 금연자, 흡연 환경에 노출
신체활동 부족	최소 3개월 동안 주당 최소 3일, 중강도(40~59 VO_2R)의 신체활동을 30분 이상 참여하지 않음
비만	• 체질량 지수 30kg · m^{-2} • 허리둘레 남 : 102cm(40in) / 여 : 88cm(35in) 초과

04 질환별 프로그램 설계

고혈압	최소 2회 이상 측정하여 수축기혈압 140mmHg 이상 또는 이완기 혈관 90mmHg 이상 또는 항고혈압제복용
이상지질혈증	LDL-C 130mg·dL^{-1} 이상, 또는 HDL-C 40mg·dL^{-1} 미만, 또는 지질강하제 투약, TC만 확인 가능하다면 200mg·dL^{-1} 이상
당뇨병	공복 혈당 126mg·dL^{-1} 이상, 또는 경구 당부하검사 2시간 후 200mg·dL^{-1} 이상, 또는 당화혈색소 6.5% 이상
음성 위험요인	기준의 정의
고밀도지단백 콜레스테롤	60mg·dL^{-1} 이상

2 신경계 질환 운동프로그램(ACSM 10판)

(1) 뇌졸중
① 특징
- 뇌 조직에 혈류가 차단되고 신경세포가 사멸되어, 운동, 감각, 정서, 인지기능 장애가 발생한다.
- 체력저하, 정서장애, 좌업 생활의 특징을 보인다.

② 고려사항
- 저항운동 시 발살바 메뉴버로 인한 혈압 상승이 되지 않도록 조심해야 한다.
- 느린 트레드밀 속도에서 운동을 시작하고 필요시 체중부하 없이 걷도록 해야 한다.
- 기분이나 동기, 좌절감이나 혼란감 등 환자에게 영향을 미치는 문제에 주의한다.
- 운동 초기 국부적 근육 피로감이나 전체적인 피로감이 일반적으로 나타날 수 있다.

③ 운동처방
- 대다수는 노령자이므로 심혈관질환, 관절염, 대사장애 등의 합병증을 갖고 있다.
- 합병증을 위해 복용하는 약물이 운동 반응과 프로그램에 영향을 미치므로 고려해야 한다.
- 환자의 일상생활이 가능하도록 능력을 회복시키는 것이 주된 목표이다.

유산소운동	
빈도	주 3~5일
강도	HRR 40~70%, RPE 11~14
시간	일일 운동량 20~60분까지 점증 증가, 10분씩 가능
형태	자전거 에르고미터, 스테퍼 등

저항운동	
빈도	비연속적으로 주 2일
강도	1RM 50~80%
시간	8~12회, 2~3세트
형태	신체적 결함이 있어도 안전하게 수행할 수 있는 장비
유연성운동	
빈도	주 2~3일 이상
강도	당김이나 약간의 불편함을 느끼는 지점까지
시간	정적 스트레칭 10~30초, 각 운동 2~4회 반복
형태	정적, 동적, PNF 스트레칭

(2) 파킨슨병

① 특징
- 안정 시 전진, 운동완만, 경직, 자세불안정, 비정상적인 보행 자세와 같은 증상을 보이는 만성적, 점진적인 신경장애
- 유전적, 환경적 요인, 노화, 자가면역반응, 미토콘드리아 기능장애가 질병의 원인이다.

② 고려사항
- 척추의 가동성과 축성 회전 운동들은 모든 심한 단계에서 권고된다.
- 목의 경직이 자세, 보행, 평형성, 기능적 가동성에 영향을 주므로 목의 유연성 운동이 중요하다.
- 통합적 기능 운동은 근신경 조절, 균형감, 삶의 질 유지를 위해 할 수 있는 만큼 해야 한다.
- 치료에 사용되는 약물로 인해 비운동성 징후가 생길 수 있으므로 운동 시 주의해야 한다.
- 낙상 관련 교육을 운동 프로그램으로 통합 강조한다.(낙상 경험 환자는 3개월 내 재발 가능성이 높다)
- 신체활동 수준이 낮기 때문에 운동 전 심혈관계 위험을 평가한다.

③ 운동처방
- 파킨슨병은 만성적이고 진행성 장애이므로, 운동의 목적은 장애를 지연시키고 이차 합병증을 예방하며 삶의 질을 향상시키는데 초점을 둔다.
- 운동프로그램은 환자가 최초 진단 받았을 때 바로 처방되고, 규칙적으로 장기간 지속되어야 한다.

- 보행, 이동, 균형, 관절가동성과 근력을 향상시켜야 한다.
- 균형장애와 낙상이 주요 문제점이므로 균형 운동이 반드시 필요하다.

유산소운동	
빈도	주 3일
강도	중강도(40~59% VO_2R, HRR), RPE 12~13
시간	30분 지속적이거나 축적된 운동시간
형태	대근육 그룹을 사용하여 장기간, 리듬감 있는 활동
저항운동	
빈도	주 2~3일
강도	근력 향상 = 1RM 40~50%, 진전되면 = 1RM 60~70%
시간	1세트 이상 8~12회, 초보자는 10~15회
형태	안전을 위해 프리웨이트는 피함
유연성운동	
빈도	주 2~3일
강도	당김이나 약간의 불편함을 느끼는 지점까지
시간	정적 스트레칭 10~30초, 각 운동 2~4회
형태	모든 주요 근육군에 대한 천천히 정적 스트레칭

3 근골격계 질환 운동프로그램(ACSM 10판)

(1) 관절염

① 특징
- 통증, 신체기능장애, 피로 및 신체구성의 변화를 유발한다.
- 자기관리 교육, 물리치료, 운동을 포함한 통합적 치료가 필요하다.
- 관절 손상이 심각하고 기능 회복과 통증 조절이 어려울 경우 수술적 방법이 필요하다.
- 추가로 식이요법과 체중감량이 이상지질혈증 개선에 도움이 된다.

② 고려사항
- 급성염증이 있으면 고강도 운동은 하지 않다.
- 관절염을 앓고 있다고 충격량이 높은 활동에 참여할 수 없는 것은 아니다.

- 통증이 있고 관절움직임이 제한되는 사람은 처음부터 유산소 운동을 장시간 하는 것보다 짧게 10분 정도부터 시작하는 것이 좋다.
- 급성 발작이 나타나는 동안 격렬한 운동은 피해야 한다.
- 급성 통증이 운동 후 2시간 동안 지속되고 운동 시작 전보다 심해진다면, 다음 운동 시 시간과 강도를 줄여야 한다.

③ 운동처방
- 운동은 통증, 피로, 염증 및 질병 활동을 감소시킨다.
- 통증이 있거나 컨디션이 낮은 사람은 점진적으로 강도와 양을 증가시켜야 한다.
- 개인 질병, 통증, 기능적 제한, 개인 운동이나 신체활동 선호도를 고려해야 한다.

유산소운동	
빈도	주 3~5일
강도	중강도(40~59% HRR, VO_2R), 고강도(60% HRR, VO_2R 이상)
시간	주당 150분 이상 중강도, 주당 75분 이상 고강도 또는 이 둘의 조합
형태	걷기, 자전거, 수영, 수중운동과 같은 관절에 부하를 적게 주는 활동
저항운동	
빈도	주 2~3일
강도	1RM 60~80%, 초보자는 초기 강도 낮게 1RM 50~60%
시간	• 건강한 성인의 지침을 적절하게 조정하여 사용 • 8~12회, 2~4세트, 모든 대근육군 포함
형태	저항성 운동기구, 프리웨이트, 체중부하 운동
유연성운동	
빈도	매일
강도	• 통증 없이 긴장감, 스트레칭을 느끼는 ROM으로 움직임 • 통증 거의 없는 경우 ROM 점증
시간	동적 움직임으로 10회 이상, 정적 스트레칭 10~30초
형태	모든 주요 관절에서 정적, 동적 스트레칭 복합 실시

(2) 골다공증

① 특징
- 골밀도가 낮아지고 뼈의 미세구조가 변형되어 골절의 위험이 높아지는 골격계 질환이다.

04 질환별 프로그램 설계

- 폐경 여성과 50대 이상의 남성에서 허리뼈, 전체 엉덩관절, 넙다리 목의 BMD T-점수가 -2.5 이하일 때 골다공증으로 정의한다.
- 높은 골밀도 수준을 가진 노인에게도 골다공증성 골절이 발생할 수 있다.

② 고려사항
- 격렬한 움직임이나 과한 충격이 있는 운동은 피해야 한다.
- 척추의 골밀도 수치가 낮은 사람은 과도한 비틀기, 구부림, 압박을 요구하는 운동은 피해야 한다.

③ 운동처방
- 일반적으로 통증을 유발시키거나 악화시키지 않는 중강도의 체중지지 운동을 권고한다.
- 낙상 예방을 위해 평형성 향상을 위한 운동을 포함해야 한다.

	유산소운동
빈도	주 4~5일
강도	중강도(40~59% VO2R, HRR), CR10척도 3~4정도
시간	20분에서 시작하고 점차 증가시켜 최소 30분
형태	걷기, 자전거 등 체중지지 운동
	저항운동
빈도	연속적이지 않은 주 1~2일로 시작하여, 주 2~3일로 진전
강도	고강도 트레이닝 가능(중강도 시작 ~ 고강도)
시간	1세트 8~12회로 시작, 2주 후부터 2세트로 증가
형태	표준 장비를 적절한 지도와 안전을 고려하여 사용
	유연성운동
빈도	주 5~7일
강도	당김이나 약간의 불편함을 느끼는 지점까지
시간	정적 스트레칭 10~30초, 각 운동 2~4회
형태	모든 주요관절 정적 스트레칭

노인체육론 05 지도자의 효과적인 지도

1 의사소통 기술

(1) 노인 스포츠지도사의 역할
① 노인 복지정책과 이용방법에 대해 알려주는 안내자 역할
② 노인들의 건강관리, 상담해주는 관리자 역할
③ 노인들의 고민을 들어주고 문제해결을 도와주는 상담자 역할
④ 신체활동의 원리와 방법, 긍정적인 효과에 대해 알려주는 역할
⑤ 노인들이 건강운동에 참여하도록 동기유발 및 지속적 참여를 이끌어내는 역할

(2) 노인 스포츠지도사의 마음가짐
① 예의 바른 마음가짐 : 자신의 가족처럼 공경하고 예의 바르게 대하려는 마음가짐을 지녀야한다.
② 따뜻한 마음가짐 : 노인들을 따뜻한 마음으로 대해야 서로의 마음을 주고받을 수 있다.
③ 겸손한 마음가짐 : 단호하지만 권위적이지 않고, 확실하지만 겸손한 마음가짐을 지녀야한다.
④ 인내하는 마음가짐 : 노인들은 젊은 사람에 비해 운동 발달이 늦으므로 천천히 기다리고 수용해야 원하는 목표 달성 가능하다.

(3) 노인들과의 의사소통 기술
① 존경하는 마음 : 노인과 대화할 때는 반드시 경어를 사용하고, 노인이 불리고 싶어하는 호칭으로 불러야 한다.
② 임파워먼트 : "권한 부여, 능력 개발, 가능성 부여, 허락한다." 라는 의미를 가지고 있다. 노인과 대화하거나 상담할 때 노인의 능력을 믿어주고, 노인들이 원하는 사회적 자원을 획득할 수 있도록 도와주는 기술이며, 그로 인해 노인들은 자신감 회복, 무력감에서 벗어남, 적극적 사회활동 참여, 삶의 질 향상 등 다양한 긍정적 효과가 나타난다.
③ 노인과 대화할 때는 서두르지 말고 시간을 가지고 천천히 대화하며, 충분한 의사소통이 되었는지 확인해야 한다.
④ 노인에게 질문할 때는 가급적이면 간단한 문장을 사용하고 한꺼번에 여러 질문을 하지 않는다.
⑤ 말로는 아무렇지 않다고 하면서 실제로는 괴로워 하는듯한 표정이 나타날 수 있으므로 비언어적 표현에 주의해야한다.
⑥ 의사소통이 어려운 질병(실어증, 실독증, 실서증 등)이 나타날 수 있으므로 각 질병에 맞는 의사소통 방법을 숙지하고 있어야 한다.

05 지도자의 효과적인 지도

(4) 노인 운동의 지도기법

1) 기본원리
    ① 자발성의 원리 : 강압적, 타율적으로 이루어지는 것이 아니라, 노인의 특성과 흥미에 입각한 자발성을 기초로 이루어져야 한다.
    ② 사제행동의 원리 : 노인 교육에서는 학생(노인)과 교사(노인스포츠지도사)가 동등한 입장이며, 상호 협의 하에 교육이 이루어진다.
    ③ 생활화의 원리 : 노인들에게 가르치는 내용과 방법이 일상생활과 밀접한 관련이 있어야 한다.
    ④ 다양화의 원리 : 노인들에게 주입식 교육보다는 다양한 체험이나 연습을 원한다.
    ⑤ 개별화의 원리 : 지적능력, 학력, 흥미, 성격, 경험 등 다양한 방면에서 차이가 나타나므로 개개인의 학습욕구에 맞는 프로그램을 개발·적용해야 한다.
    ⑥ 사회화의 원리 : 노인을 교육하는 목표 중의 하나가 급격하게 변하는 사회적 환경에 노인이 적응할 수 있도록 돕는 것이다.

2) 목표
    ① 노인들의 신체적, 정신적, 사회적 건강을 유지 및 증진해야 한다.
    ② 노인들 간에 서로 원만한 유대관계를 가질 수 있도록 돕고, 바람직한 사회성 함양을 유도한다.
    ③ 호기심과 새로운 것에 도전하려는 욕구를 충족시킬 수 있도록 노력한다.
    ④ 노인 스스로 소속감을 느끼고, 타인을 존중하는 자세를 갖도록 노력한다.
    ⑤ 자율적으로 행동하고, 외부 환경에 적응하여 독립심을 향상시킬 수 있게 도와준다.

3) 단계
    - 1단계 : 참가자들의 기대와 운동 목표 확인
    - 2단계 : 참가자들의 개인 목표 설정
    - 3단계 : 운동 중, 운동 후, 운동 목표를 향한 다양한 피드백 제공
    - 4단계 : 보상과 인센티브 제공(반드시 물질적인 것은 아님)
    - 5단계 : 걸림돌 극복하기
    - 6단계 : 운동을 지속적으로 참여할 수 있게 만들기

2 노인운동 시 위험관리

(1) 노인 운동시설의 안전관리

1) 시설의 안전관리
   ① 응급상황에서 신속하게 대응하기 위해 응급처치 계획을 세우고 응급처치 관련 게시물을 눈에 잘 띄는 곳에 게시한다.
   ② 노인 스포츠지도사는 정기적으로 응급처치 교육을 받아야 한다(심폐소생술 포함).
   ③ 노인 스포츠지도사는 운동에 참여한 노인 중에서 신체적으로 이상이 있는지 사전에 확인해야 한다.
   ④ 노인 스포츠지도사는 시설과 장비 사용 방법에 대해 잘 숙지하고 있어야 하며, 운동 참여자들에게 올바른 사용 방법을 지도해야 한다.
   ⑤ 노인들이 운동하는 동선을 파악하여 운동시설과 장비를 안전하게 배치해야 한다.

2) 환경과 장소의 안전관리
   ① 덥고 습한 환경이나, 춥고 건조한 환경에서의 운동은 피해야 한다.
   ② 직사광선이 있는 장소는 피해야 한다.
   ③ 수중운동을 할 때는 수온과 수심을 체크하고, 보온대책과 수중 응급처치 방법을 미리 숙지해야 한다.
   ④ 노인들은 대부분 시간과 청각에 어느 정도 기능 상실이 있다는 점을 인지하고 장소를 선택해야 한다.

3) 응급상황 관리
   ① 운동 시작 전에 반드시 참가자들의 건강상태를 체크해야 한다.
   ② 참가자 중에서 심혈관질환자나 심혈관질환을 진단을 받은 병력이 있는 노인이 있으면 운동강도나 운동형태를 바꿀 때마다 체크해야 한다.
   ③ 당뇨병 환자이거나, 당뇨병 전단계인 참가자가 있다면 사탕이나 초콜릿 등을 준비해두어 저혈당 발생 시 섭취를 권하여야 한다.
   ④ 노인들은 빨리 피로를 느끼기 때문에 운동 중간 중간에 충분한 휴식 시간을 가져야 한다.
   ⑤ 응급상황이 닥쳤을 때 당황하지 않고 신속하고 정확하게 응급처치를 해야 한다.
   ⑥ 운동시설에 자동제세동기(AED)를 항상 구비해야 하며, 배터리를 주기적으로 교체한다.

(2) 응급처치법

1) PRICE법

① 보호(Protection) : 손상을 받은 부위는 적절한 지지대, 패드 등 고정할 수 있는 도구를 이용하여 2차 손상으로부터 보호해야 한다.

② 휴식(Rest) : 손상된 조직의 빠른 치유를 위해 반드시 필요하다.

③ 냉찜질(Ice) : 손상 직후부터 48~72시간 정도까지 실시한다. 1~2시간 간격으로 10~20분 정도 실시하는 것이 효과적이다. 통증감소, 출혈과 부종 감소, 조직 내 산소와 영양분의 필요량 감소, 염증과 근육경련의 빈도 감소 등의 효과가 있다.

④ 압박(Compression) : 손상 받은 부위의 주위에 압력을 주어 부종이 일어날 공간을 감소시키므로, 통증이 있더라도 그대로 두는 것이 중요하다. 압박은 급성 손상 후 적어도 약 72시간은 유지해야 한다.

⑤ 올림(거상, Elevation) : 중력에 의해 울혈 되는 현상을 막기 위해 초기 72시간 동안 가능한 많이, 높게 올려야 한다.

2) 하임리히법(Heimlich maneuver)

① 정의 : 기도가 이물질로 인해 폐쇄가 되었을 때, 즉 기도에 이물질이 있을 때의 응급처지법이다.

② 방법 : 노인스포츠 지도사가 뒤에서 양팔로 안듯이 잡고 칼돌기와 배꼽 사이의 공간을 주먹 등으로 세게 밀어 올리거나 등을 친다.

3) 심폐소생술(CPR)

① 정의 : 호흡이나 심장박동이 멈추었을 때 인공적으로 호흡을 유지하고 혈액 순환을 유지해주는 응급처치법이다.

② 방법
- 의식 확인
- 구조요청 및 AED 요청
- 가슴압박(30회) : 젖꼭지를 이은 정중앙선(100회/분, 5cm) 압박
- 인공호흡(2회) : 기도확보 후 가슴이 올라오는지 확인하며 인공호흡

③ 자동제세동기(AED) : 심실세동이나 심실빈맥으로 심정지가 되어 있는 환자에게 전기충격을 주어 심장의 정상 리듬을 가져오게 해주는 도구

노인체육론 출제예상문제

1 노인의 규칙적인 중강도 유산소 운동을 통한 이점으로 옳지 않은 것은?

① 혈중 저밀도지단백 콜레스테롤(LDL-C) 증가
② 수축기, 이완기 혈압 감소
③ 혈중 고밀도지단백 콜레스테롤(HDL-C) 증가
④ 관상동맥 질환 발생 가능성 감소

◎ 해설
규칙적 중강도 유산소 운동을 통해 LDL-C은 감소한다.

2 노인의 운동부하검사의 특성으로 옳은 것은?

① 노인의 신체적 능력이 부족하더라도 항상 최대 운동부하검사를 실시한다.
② 평형성, 신경근 협응력 부족, 시력 손상, 정형외과적 손상이 있는 노인은 자전거 에르고미터 검사가 적합하다.
③ 초기 부하가 낮고 부하 증가량도 적은 Bruce 프로토콜을 사용한다.
④ 노인의 심폐지구력 검사를 위해 3km 달리기 검사방법을 활용한다.

◎ 해설
노인의 신체적 능력이 부족하면 최대 운동부하검사는 적합하지 않다.
초기 부하가 낮고 부하 증가량도 적은 프로토콜은 노튼(Naughton) 프로토콜이다.
노인의 심폐지구력 측정은 6분 걷기 검사, 2분 제자리 걷기 검사가 적합하다.

3 노인체력검사(SFT) 항목으로 바르게 묶인 것은?

① 3km 달리기, 악력 검사, 체공시간 검사
② 암컬, 2분 스텝 테스트, 일리노이 민첩성 검사
③ 20m 왕복오래달리기, 반복 옆뛰기, 악력검사
④ 2분 스텝 테스트, 암컬, 등 뒤에 손잡기, 30초 의자 앉았다 일어서기

◎ 해설
노인체력검사 항목은 다음과 같다.

- 심폐지구력 : 6분 걷기, 2분 스텝 테스트
- 근력&근지구력 : 상지 : 암컬 / 하지 : 30초 의자 앉았다 일어서기
- 유연성 : 상지 : 등 뒤에서 손잡기 / 하지 : 의자 앉아 윗몸 굽히기
- 민첩성 : 일어서서 3야드 걸어오기

정답 01 ① 02 ② 03 ④

노인체육론 출제예상문제

4 노인의 장기간 운동을 통한 사회적, 심리적 효과로 옳지 않은 것은?

① 지속적인 사회활동으로 인해 단절 방지
② 인지능력 향상
③ 체지방 감소, 심혈관계 능력 향상을 통한 만성질환 예방
④ 삶의 질 향상 및 우울증 감소

해설
③번의 내용은 생리적 효과의 내용이다.

5 〈보기〉는 박○○ 노인의 건강검진 결과이다. 박○○ 노인의 죽상경화증 질환의 위험인자를 모두 제시한 지도사는 누구인가? (미국 스포츠의학회(ACSM) 기준)

- 연령 : 70세, 성별 : 남자, 신장 : 175cm, 체중 : 60kg
- 허리둘레 : 104cm
- 저밀도지단백질 콜레스테롤(LDL-C) : 125mg/dL
- 고밀도지단백질 콜레스테롤 : 50mg/dL
- 공복혈당 : 120mg/dL
- 안정 시 혈압 : 150mmHg / 80mmHg
- 현재 하루에 10개피 이상 흡연 중임
- 현재 신체활동은 참여하고 있지 않음

① 정○○ 지도사 : 연령, 과체중, 이상지질혈증, 당뇨병
② 김○○ 지도사 : 연령, 이상지질혈증, 흡연, 신체활동 부족, 당뇨
③ 최○○ 지도사 : 연령, 허리둘레, 고혈압, 흡연, 신체활동 부족
④ 이○○ 지도사 : 체질량지수, 고혈압, 흡연, 이상지질혈증

해설
죽상경화증 심혈관질환 위험요인 (연령, 허리둘레, 고혈압, 흡연, 신체활동 부족에 해당)

위험요인	기준의 정의
연령	남자 45세 이상, 여자 55세 이상
가족력	아버지 또는 남자 형제 중에서 55세 이전 그리고 어머니 또는 여자 자매 중에서 65세 이전에 심근경색, 관상동맥혈관 재형성술 및 급사한 가족이 있음
흡연	현재 흡연자, 6개월 이내 금연자, 흡연 환경에 노출
신체활동 부족	최소 3개월 동안 주당 최소 3일, 중강도(40~59 VO₂R)의 신체활동을 30분 이상 참여하지 않음

정답 04 ③ 05 ③

비만	체질량 지수 30kg · m^{-2} 허리둘레 남 : 102cm(40in) / 여 : 88cm(35in) 초과
고혈압	최소 2회 이상 측정하여 수축기혈압 140mmHg 이상 또는 이완기 혈관 90mmHg 이상 또는 항고혈압제복용
이상지질혈증	LDL-C 130mg · dL^{-1} 이상 또는 HDL-C 40mg · dL^{-1} 미만 또는 지질강하제 투약, TC만 확인 가능하다면 200mg · dL^{-1} 이상
당뇨병	공복 혈당 126mg · dL^{-1} 이상 또는 경구 당부하검사 2시간 후 200mg · dL^{-1} 이상 또는 당화혈색소 6.5% 이상
음성 위험요인	기준의 정의
고밀도지단백 콜레스테롤	60mg · dL^{-1} 이상

6 노인들과의 의사소통 기술에서 적절하지 않은 것은?

① 노인과 대화할 때는 반드시 경어를 사용한다.
② 노인에게 질문할 때는 가급적 간단한 문장을 사용하고 여러 가지 질문을 한꺼번에 한다.
③ 노인이 불리고 싶어하는 호칭으로 불러야한다.
④ 의사소통이 어려운 질병(실어증, 실독증, 실서증 등)이 나타날 수 있으므로 각 질병에 대한 의사소통 방법을 숙지한다.

해설
노인에게 질문할 때는 가급적 간단한 문장을 사용하고 한 번에 한가지 씩 질문한다.

7 하비거스트(Havighurst)의 발달과업 이론에서 노년기에 나타나는 적응과제로 적절하지 않은 것은?

① 배우자 죽음에 대한 적응
② 신체적으로 약해지고 건강이 약화되는 것에 대한 적응
③ 사회적 역할을 융통성 있게 수행하고 적응
④ 퇴직으로 여가생활 증가에 따른 삶의 질 향상

해설
하비거스트(Havighurst)의 발달과업 이론은 다음과 같다.

정답 06 ② 07 ④

> • 약화되는 신체적 힘과 건강에 따른 적응
> • 퇴직 및 경제적 수입 감소에 대한 적응
> • 배우자 죽음에 대한 적응
> • 동년배 집단과의 유대감 형성
> • 사회적 역할을 수행하고 적응
> • 생활에 적합한 생환환경 조성

8 다음 〈보기〉에 들어갈 생물학적 노화이론으로 적절한 것은?

> ㉠ : 인체 내부에 해로운 물질과 노폐물이 축적되고, 축적된 노폐물에 의해 세포가 정상적으로 작동하지 않는다.
> ㉡ : DNA 속에 노화의 속성이 저장되어 있기 때문에 정해진 시기가 지나면 특정 유전자들이 작용하여 노화가 진행된다.
> ㉢ : 면역체계가 항체를 생성할 때 정상세포까지 파괴하는 항체를 조금씩 생성하게 되는데, 그 항체들이 누적되어 노화가 진행된다.

	㉠	㉡	㉢
①	노폐물축적 이론	면역 이론	유전적 노화 이론
②	교차연결 이론	사용마모 이론	면역 이론
③	노폐물축적 이론	유전적 노화 이론	면역 이론
④	산화기이론	유전적 노화 이론	면역 이론

◎ 해설
㉠은 노폐물 축적 이론, ㉡은 유전적 노화 이론, ㉢은 면역 이론에 해당한다.

9 성공적인 노년기 생활을 보내는 방법으로 옳지 않은 것은?
① 심리적으로 만족하고 정신적으로 건강한 삶을 영위한다.
② 사회적 관계 유지와 적극적 여가를 참여한다.
③ 건강증진을 위한 생활 습관 관리, 신체활동을 증가시킨다.
④ 퇴직을 했기 때문에 사회발전에 기여할 필요성은 없다.

◎ 해설
퇴직을 했더라도 경제발전이나 사회발전에 기여할 수 있는 활동에 참여하는 것이 중요하다.

정답 08 ③ 09 ④

10 노화에 따른 신체적 변화에 따른 내용으로 옳지 않은 것은?

① 감각기관의 변화 : 오감이 서서히 퇴화한다.
② 외관상 변화 : 머리와 피부색이 변하고 신장이 줄며, 자세가 구부정해진다.
③ 신체기능과 체성분의 변화 : 복부 지방량과 근육량이 증가하고 골밀도가 감소한다.
④ 회복능력의 변화 : 신체조직의 기능이 저하되면서 회복기능도 감퇴한다.

◎ 해설
복부 지방량 증가, 근육량, 골밀도는 감소한다.

11 노인 체육과 관련된 용어의 의미가 옳지 않은 것은?

① 운동(Exercise) : 경쟁의 의미가 내포되어 있는 축구, 농구, 테니스 경기가 해당된다.
② 신체활동(Physical activity) : 안정 시 에너지소비량보다 많은 에너지를 소비하는 신체의 움직임
③ 유연성(Flexibility) : 관절의 전체 동작 범위에 걸쳐 자유롭게 움직일 수 있는 능력
④ 근력(Muscular strength) : 근육이 힘을 발휘할 수 있는 최대 능력

◎ 해설
운동(Exercise) : 하나 또는 그 이상의 체력 요소를 향상시키기 위해 계획적이며, 체계적이고 반복적인 신체활동

12 노인 운동의 역할에 대해 잘못 설명하고 있는 노인은?

① 김○○ 노인 : "신체활동을 규칙적으로 실천하면 생애주기 구분 없이 질병 예방 및 건강수명 연장에 효과가 있대."
② 박○○ 노인 : "특히, 유산소 운동을 하면 심혈관질환을 예방할 수 있다고 들었어."
③ 정○○ 노인 : "맞아! 질병 예방을 통해 의료비를 줄일 수도 있대."
④ 최○○ 노인 : "신체적으로는 도움이 될지는 모르지만 우울증 감소, 인지기능 향상에는 도움이 되지 않는대."

◎ 해설
지속적인 운동은 우울증 감소, 삶의 질 향상, 인지기능 향상, 기억력 개선에 도움이 된다.

◎ 정답 10 ③ 11 ① 12 ④

노인체육론 출제예상문제

13 다음 〈보기〉에 들어갈 운동처방 용어로 적절한 것은?

> ⊙ : 수행한 운동의 힘든 정도를 의미한다.
> ⓒ : 주당 실시하는 운동 횟수를 의미한다.
> ⓒ : 하루 수행한 전체 운동시간을 의미한다.
> ⓔ : 하루 수행한 운동의 총량(빈도×시간×강도)을 의미한다.

	⊙	ⓒ	ⓒ	ⓔ
①	운동형태	운동시간	운동빈도	운동량
②	운동강도	운동빈도	운동시간	운동량
③	운동강도	운동시간	운동빈도	운동량
④	운동강도	운동빈도	운동량	운동시간

● 해설
⊙은 운동강도, ⓒ은 운동빈도, ⓒ은 운동시간, ⓔ은 운동량을 의미한다.

14 트레이닝의 기본원리에 대한 설명 중 옳지 않은 것은?

① 점진성(progression)의 원리 : 운동기능을 높이기 위해 일상생활보다 더 큰 자극에 노출되어야 한다.
② 다양성(variation)의 원리 : 단조로움과 지루함을 극복하기 위해 운동형태, 시간, 환경 등의 요인을 고려하여 운동종목을 구성해야 한다.
③ 가역성(reversibility)의 원리 : 운동을 중단하면 신체의 기능은 운동 전의 상태로 돌아가려 한다.
④ 특이성(specificity)의 원리 : 수행된 운동형태와 동원된 근육에 국한되어 운동효과가 나타난다.

● 해설
①번의 내용은 과부하(overload) 원리에 관한 내용이다.

● 정답 13 ② 14 ①

15 미국 스포츠의학회(ACSM)가 제시한 노인의 운동처방 지침으로 옳지 않은 것은?

① 신경은 훈련을 일주일에 2~3회 수행하면 낙상 예방에 효과적이다.
② 스트레칭은 근육의 긴장감과 약간의 불편함이 느껴지는 정도까지 실시한다.
③ 인지능력이 감퇴 된 노인들은 중강도의 신체활동이 권장된다.
④ 근감소증이 있는 노인들은 저항성 운동을 권장하지 않는다.

◎ 해설
근감소증이 있는 노인들은 유산소 운동을 실시하기 전에 근력 증가가 요구된다.

16 〈보기〉 중에서 미국 스포츠의학회(ACSM)의 노인 유산소 운동에 대한 운동처방 지침 중 옳은 것을 모두 고른 것은?

> ㉠ 빈도(Frequency) : 중강도 주 5일 이상, 고강도 주 3일 이상, 중~고강도 복합 주 3~5일 실시
> ㉡ 강도(Intensity) : 0~10 RPE 척도에서 중강도 2~3, 고강도 5~6
> ㉢ 시간(Time) : 중강도 최소 10분 이상, 1일 최소 30~60분 이상, 주당 총 150~300분 / 고강도 1일 최소 20~30분 이상, 주당 총 75~100분
> ㉣ 형태(Type) : 걷기, 달리기, 수영, 자전거 타기 등 정형외과적 스트레스를 유발하지 않는 운동

① ㉠, ㉡
② ㉠, ㉢, ㉣
③ ㉡, ㉢, ㉣
④ ㉠, ㉡, ㉢, ㉣

◎ 해설
0~10 RPE 척도에서 중강도 5~6, 고강도 7~8을 권장한다.

17 이상지질혈증을 진단받은 노인에게 운동처방을 할 때 고려해야 되는 사항으로 옳지 않은 것은?

① 동반 질환이 없는 건강한 노인의 경우 일반 노인들의 운동처방과 유사하다.
② 최대로 에너지를 소비하기 위해 유산소 운동은 주당 250~300분을 유지한다.
③ 지질강하제(스타틴계)를 복용하는 사람은 근육통을 경험할 수 있으므로 주의한다.
④ 10분씩 간헐적으로 하는 유산소 운동은 효과가 크지 않으므로 최소 30분 이상 실시한다.

◎ 해설
30~60분간 운동을 지속할 수 없는 노인의 경우 10분씩 간헐적으로 운동시간을 축적하는 유산소 운동도 효과적이다.

◎ 정답 15 ④ 16 ② 17 ④

노인체육론 출제예상문제

18 노인스포츠지도사가 노인을 지도할 때 가져야할 마음가짐으로 옳지 않은 것은?

① 자신의 가족처럼 공경하고 예의 바르게 대하려는 마음가짐을 지닌다.
② 운동을 배려는 노인에게는 권위적으로 대화를 해야 한다.
③ 노인들을 따뜻한 마음으로 대해야 서로의 마음을 주고받을 수 있다.
④ 노인들은 젊은 사람에 비해 운동 발달이 늦어질 수 있으므로 천천히 기다리고 수용한다.

◎ 해설
단호하지만 권위적이지 않고, 확실하지만 겸손한 마음가짐을 지녀야한다.

19 〈보기〉는 김○○ 노인의 건강검진 결과이다. 김○○ 노인의 건강검진 결과는 보고 위험요인과 운동처방 지침을 바르게 묶인 것은?(ACSM 죽상경화증 기준을 적용하시오.)

- 연령 : 70세, 성별 : 남자, 신장 : 170cm, 체중 : 55kg
- 허리둘레 : 100cm
- 저밀도지단백질 콜레스테롤(LDL-C) : 125mg/dL
- 고밀도지단백질 콜레스테롤 : 50mg/dL
- 당화혈색소 : 6.3%
- 2년간 항고혈압제 복용 중
- 흡연하고 있지 않다.
- 6개월간 지속적으로 30분씩 중-고강도로 운동에 참여중이다.

① 김○○ 노인은 현재 당뇨병이므로 저항성 운동 전에 혈당을 확인한다.
② 김○○ 노인은 현재 복부비만이므로 저항성 운동이 권장된다.
③ 김○○ 노인은 현재 고혈압이므로 저항성 운동 시 발살바메뉴버에 의한 손상을 줄이기 위해 단축성 시 호기, 신장성 시 흡기를 하여 체내 압력과 혈압이 높아지지 않게 주의 한다.
④ 김○○ 노인은 현재 이상지질혈증이므로 유산소 운동량은 증가시킨다.

◎ 해설
김○○ 노인은 현재 고혈압만 해당되며, 저항성 운동 시 발살바 메뉴버에 의한 손상을 줄이기 위해 단축성 시 호기, 신장성 시 흡기를 하여 체내 압력과 혈압이 높아지지 않게 주의하며 운동을 실시해야 한다.

◎ 정답 18 ② 19 ③

20 〈보기〉 중에서 미국 스포츠의학회(ACSM)의 노인 저항성 운동에 대한 운동처방 지침 중 옳은 것을 모두 고른 것은?

> ㉠ 빈도(Frequency) : 주 5일 이상
> ㉡ 강도(Intensity) : 초보자는 저강도(1RM 40~50%)로 시작하여 중~고강도(1RM 60~80%)로 점진적으로 증가시킨다.
> ㉢ 시간(Time) : 대근육군 위주로 8~10종류, 각 8~12회 반복, 1~3세트 실시
> ㉣ 형태(Type) : 점진적 웨이트트레이닝, 체중부하 체조 등

① ㉠, ㉡
② ㉠, ㉢, ㉣
③ ㉡, ㉢, ㉣
④ ㉠, ㉡, ㉢, ㉣

◆ 해설
빈도는 주 2일 이상을 권장한다.

21 다음 〈보기〉에 들어갈 노인의 사회적 변화에 대한 설명으로 옳은 것은?

> (㉠) : 남성 노인의 경우 집안에서 가장의 자리를 아들에게 물려줌으로써 고독감을 느낄 수 있으며, 여성 노인의 경우 자식의 독립으로 '빈 둥지 증후군'을 느낄 수 있다.
> (㉡) : 소득 상실로 인한 경제적 빈곤감, 대인관계 축소로 인한 유대감 상실, 사회적 신분과 지위의 변화로 인한 상실감을 느낀다.
> (㉢) : 가족이나 친한 동료의 죽음과 스트레스 등 부정적인 경험을 통해 허탈감, 절망감, 고독감을 느낀다.

	㉠	㉡	㉢
①	자녀의 결혼	은퇴	배우자와 친족의 상실
②	배우자와 친족의 상실	자녀의 결혼	은퇴
③	은퇴	자녀의 결혼	배우자와 친족의 상실
④	자녀의 결혼	은퇴	배우자와 친족의 상실

◆ 해설
㉠은 자녀의 결혼, ㉡은 은퇴, ㉢은 배우자와 친족의 상실을 의미한다.

정답 20 ③ 21 ①

노인체육론 출제예상문제

22 노화의 특성 중에서 바르게 설명하지 않은 것은?

① 보편성 : 노화는 모든 사람에게 보편적으로 나타나지만, 노화가 일어나는 시기는 개인차가 존재한다.
② 내인성 : 노화의 주요 원인은 외부가 아닌 내부(체내)에 존재한다.
③ 점진성 : 노화는 60세 이후로 한순간에 변화한다.
④ 쇠퇴성 : 노화는 신체기능에 부정적인 영향을 미치므로 사망률과 연관된다.

⊕ 해설
점진성은 노화는 한순간의 변화가 아닌 점진적으로 일어난다.

23 노화에 따른 심리적 변화에 대한 설명으로 옳지 않은 것은?

① 젊은 세대 혹은 가족으로부터의 무관심으로 인해 일반적 존재가치가 저하된다.
② 가족, 사회구성원으로서의 역할이 축소되거나 상실되어 무기력 및 허탈감에 빠진다.
③ 우울감, 내향적, 수동적인 행동이 감소한다.
④ 활동성이 감소하고, 새로운 상황에 대한 학습이나 적응에 어려움을 겪는다.

⊕ 해설
우울감, 내향적, 수동적인 행동이 증가하고, 보수적인 성격을 강하게 나타나며, 아둔하고 과거에 집착한다.

24 다음 〈보기〉에 들어갈 팩(Peck)의 중년기 이후 발달과업에 대한 설명으로 옳은 것은?

㉠	자아의 분화가 잘 되어 있는 사람은 자아의 지지기반을 직업역할 이외에 여러 가지 역할로 나누어 주고 있는데 반해, 자아의 분화가 약한 사람은 거의 전적으로 자아의 지지기반을 직업역할에 두고 있다.
㉡	신체적 기능쇠퇴의 생물적 노화 현상을 극복하고 적응함으로써 생활의 만족을 얻는 것이다. 극복하지 못하면 생활의 만족을 얻지 못한다.
㉢	현실적인 자아를 초월하는 단계로 죽음을 인정하고 긍정적으로 받아들여 미래까지 연결하는 것이다. 자아 초월의 과업이 해결되지 않으면 죽음을 두려워한다.

정답 22 ③ 23 ③ 24 ①

	㉠	㉡	㉢
①	자아분화 대 직업역할 몰두	신체초월 대 신체몰두	자아초월 대 자아몰두
②	신체초월 대 신체몰두	자아분화 대 직업역할 몰두	자아초월 대 자아몰두
③	신체초월 대 신체몰두	자아초월 대 자아몰두	자아분화 대 직업역할 몰두
④	자아분화 대 직업역할 몰두	자아초월 대 자아몰두	신체초월 대 신체몰두

⊙ 해설
㉠은 자아분화 대 직업역할 몰두, ㉡은 신체초월 대 신체몰두, ㉢은 자아초월 대 자아몰두를 의미한다.

25 노화와 관련된 이론 중에서 사회학적 이론에 대한 설명 중 옳지 않은 것은?

① 사회교환이론 : 사회에서 교환이 이루어져야 하는 경우 가치가 높은 교환자원을 가지고 있거나 교환자원을 다양하게 가지고 있는 사람이 그렇지 못한 사람들을 지배할 수 있다는 이론이다.
② 사회유리이론 : 건강 악화, 죽음에 이를 가능성 증가, 사회 공헌의 약화 등 다양한 요인에 의해서 노인의 사회적 역할과 상호작용을 감소시켜 노인들을 사회에서 분리시킨다.
③ 지속성이론 : 노인의 사회활동 참여율이 높을수록 심리적 만족감과 생활만족도가 높아진다. 가능한 사회에 통합되어 새로운 역할을 찾아 사회 활동을 지속하는 것이 성공적인 노화이다.
④ 연령계층이론 : 라일리(Riley) & 포너(Foner : 1968)는 동일한 연령대에 속하는 사람들은 동일한 문화권, 비슷한 경험을 하면서 성장해왔기에 비슷한 가치관과 태도를 갖고 있다고 가정한다.

⊙ 해설
지속성이론은 개인의 인격에 따라 다른 노화패턴을 만들어낸다. 그러므로 노인이 자신의 기준대로 적응할 수 있도록 하는 것이 성공적인 노화를 돕는다.

26 노인의 규칙적인 운동으로 신체적 변화(긍정적 변화)로 옳지 않은 것은?

① 골격근 : 근력/근지구력 향상, 골밀도 향상, 골량 증가, 근육량 증가, 체지방 감소
② 심혈관계 : 심장/혈관 기능 향상, VO_2max 증가, 1회 박출량 증가, 최대 동정맥 산소차 증가, 심실용적 증가, 혈장량 증가
③ 내분비계 : 인슐린 내성 증가, 대사증후군 유병률 감소, 당뇨병 예방 및 개선, LDL-C 감소, TG 감소, HDL 감소 등
④ 신경계 : 반응시간 단축, 협응력 향상, 기억력 향상, 인지기능 향상, 수면상태 호전

⊙ 해설
내분비계의 긍적적인 변화로는 대사증후군 유병률 감소, 당뇨병 예방 및 개선, 인슐린 내성 감소(=저항성 감소 = 민감도 증가 = 감수성 증가), LDL-C 감소, TG 감소, HDL-C 증가 등이 있다.

정답 25 ③ 26 ③

노인체육론 출제예상문제

27 노인의 지속적인 운동참여를 위한 동기유발 방법 중에서 건강신념 모형에 대한 설명으로 옳지 않은 것은?

① 배커(Becker, 1984)에 근거한 운동실천 중재전략이다.
② 질병의 위험성 인식을 통한 건강행동 실천에 직접적인 영향을 미친다.
③ 합리적 행동이론에 행동통제 인식이 추가된 이론이다.
④ 질병은 누구에게나 발생할 수 있고 질병이 발생하면 심각한 문제라고 인식한다.

◎ 해설
합리적 행동이론에 행동통제 인식이 추가된 것은 계획행동 이론에 대한 설명이다.

28 다음 〈보기〉에 들어갈 행동변화의 단계를 바르게 설명한 것은 무엇인가?

- ㉠ : 현재 운동을 하지 않으며, 6개월 이내에도 운동 시작 의도나 의지가 없는 단계
- ㉡ : 현재 운동을 하고 있지 않으나, 6개월 내에 운동을 할 의도나 의지가 있는 단계
- ㉢ : 현재 운동을 하고 있지 않으나, 1개월 내에 운동을 할 의도나 의자가 있는 단계
- ㉣ : 현재 운동을 규칙적으로 하고 있으나, 6개월 이전 단계
- ㉤ : 현재 운동을 규칙적으로 하고 있으며, 6개월이 지난 단계

	㉠	㉡	㉢	㉣	㉤
①	계획 단계	실천 단계	실천 전 단계	운동 단계	유지 단계
②	계획 전 단계	운동 전 단계	준비 단계	실천 단계	유지 단계
③	계획 전 단계	계획 단계	준비 단계	실천 단계	유지 단계
④	계획 단계	준비 단계	실천 단계	계획 전 단계	유지 단계

◎ 해설
㉠은 계획 전 단계, ㉡은 계획 단계, ㉢은 준비 단계, ㉣은 실천 단계, ㉤은 유지 단계에 대한 설명이다.

29 자기효능감이론에 대해 바르게 설명하지 못한 것은?

① 특정 상황에서 주어진 과제를 수행할 수 있는 개인적 믿음
② 특정한 행동은 자기효능감으로 예측 가능
③ 자기효능감이 높을수록 행동의 실현 가능성, 운동 행동이 높아진다.
④ 원인과 결과가 직선적이기 보다는 비선형적(역동적)이며, 불안정한 상태

◎ 해설
④은 변화단계이론에 대한 설명이다.

◎ 정답 27 ③   28 ③   29 ④

30 노인에게 운동처방을 할 때 주의사항과 특징에 대해 바르게 설명하지 못한 것은?

① 생리적 노화가 전 연령대에서 일치하지 않으므로 운동에 대한 반응이 다를 수 있다.
② 노인들은 여가시간이 많으므로 모든 연령대에서 신체적 활동이 매우 많다.
③ 최대운동검사를 실시하는 동안 나이로 예측된 최대심박수를 초과할 수 있다.
④ 나이보다 신체활동 참여 능력으로 건강과 기능적 상태를 판단하는 것이 좋다.

◆ 해설
노인들은 모든 연령대에서 신체적 활동이 매우 적다.

31 미국 스포츠의학회(ACSM)가 정의한 죽상경화증 심혈관질환 위험 요인과 기준에 대한 설명 중 옳지 않은 것은?

① 연령 : 남자 45세 이상, 여자 55세 이상
② 고혈압 : 수축기 140mmHg, 이완기 85mmHg 이상
③ 이상지질혈증 : 저밀도지단백 콜레스테롤(LDL-C) 130mg · dL 이상
④ 당뇨병 : 공복혈당 126mg · dL 이상

◆ 해설
고혈압은 수축기 140mmHg, 이완기 90mmHg 이상이거나 항고혈압제 복용 중이면 해당된다.

32 다음 〈보기〉에 최○○ 노인에 대한 여유심박수(HRR)로 옳은 것은?

• 나이 : 75세	• 성별 : 여성
• 신장 : 160cm	• 체중 : 55Kg
• 안정시 심박수 : 70bpm	• 최대심박수 : 170bpm
• 목표운동강도 : 60~70%의 여유심박수	

① 120 ~ 130bpm
② 130 ~ 140bpm
③ 135 ~ 145bpm
④ 140 ~ 145bpm

◆ 해설
(최대심박수-안정 시 심박수) × 운동강도 + 안정 시 심박수
(170-70) × 0.6 + 70 = 130 / (170-70) × 0.7 + 70 = 140

◎ 정답 30 ② 31 ② 32 ②

노인체육론 출제예상문제

33 다음〈보기〉에서 미국 스포츠의학회(ACSM)가 제시한 당뇨병 환자의 운동처방 권고사항 중 옳은 것을 모두 고른 것은?

> ㉠ : 혈당이 70mg · dL 미만이면 운동을 금지한다.
> ㉡ : 고강도 운동은 에피네프린 및 글루카곤과 같은 길항 조절 호르몬을 많이 분비시켜 혈당 상승을 유발할 수 있다.
> ㉢ : 제1형 당뇨병 환자는 운동 시작 전 혈당 수준을 파악하지 않아도 된다.
> ㉣ : 운동에 대한 심박수와 혈압의 반응이 둔화되면 220-나이로 최대심박수를 예측하여 운동강도를 설정한다.
> ㉤ : 망막증이 동반되는 경우 운동 중 초자체 출혈 위험이 있을 수 있으므로 발살바 메뉴버, 머리를 아래로 놓는 활동은 피하는 것이 좋다.

① ㉠, ㉡, ㉣
② ㉠, ㉡, ㉤
③ ㉡, ㉢, ㉤
④ ㉢, ㉣, ㉤

🔎 **해설**
제1형 당뇨병 환자는 운동 시작 시 혈당 수준이 250 이상일 때는 케톤뇨를 확인해야 하며, 운동에 대한 심박수와 혈압의 반응이 둔화될 수 있으므로 RPE를 통해 운동강도를 평가해야 한다.

34 미국 스포츠의학회(ACSM)가 제시한 만성폐쇄성 환자의 운동처방 중 옳지 않은 것은?

① 유산소 운동 : 주당 3~5일 실시하며, 걷기, 자전거 타기를 권장한다.
② 유산소 운동 : 운동강도는 HRR의 50~60%(중강도)를 권장한다.
③ 유산소 운동 : 운동시간은 중~고강도로 하루 20~60분간 권장한다.
④ 저항성 운동 : 초보자의 경우 1RM의 60~70%를 권장한다.

🔎 **해설**
운동강도를 처방할 때는 중~고강도(최고 운동강도의 45~80% / Borg CR10의 4~6)를 권장하며, 최대심박수나 여유심박수로의 백분율을 기준으로 운동강도를 처방하는 것은 적절하지 않다.

35 다음 중 심폐소생술(CPR)의 순서로 적절한 것은?

① 의식확인 - 구조요청 및 AED 요청 - 가슴압박 - 기도확보 - 인공호흡
② 의식확인 - 구조요청 및 AED 요청 - 기도확보 - 가슴압박 - 인공호흡
③ 의식확인 - 기도확보 - 인공호흡 - 가슴압박 - 구조요청 및 AED 요청
④ 구급대원이 올 때까지 주변의 상황 정리만 하고 있어본다.

🔎 **해설**
의식확인 - 구조요청 및 AED 요청 - 가슴압박 - 기도확보 - 인공호흡 순서로 진행

정답 33 ② 34 ② 35 ①

36 운동 중 응급상황 발생을 최소화하기 위해 운동을 시작 전 노인스포츠지도사의 역할에 대해 옳지 않은 것은?

① 노인들은 빨리 지루해하기 때문에 휴식 시간을 최소화한 형태의 운동프로그램을 구성해야 한다.
② 참가자 중에서 심혈관질환자나 심혈관질환을 진단을 받은 병력이 있는 노인이 있으면 운동강도나 운동형태를 바꿀 때마다 체크해야 한다.
③ 당뇨병 환자이거나, 당뇨병 전단계인 참가자가 있다면 사탕이나 초콜릿 등을 준비해두어 저혈당 발생 시 섭취를 권하여야 한다.
④ 운동 시작 전에 반드시 참가자들의 건강상태를 체크해야 한다.

◎ 해설
노인들은 빨리 피로를 느끼기 때문에 운동 중간 중간에 충분한 휴식 시간을 가져야 한다.

37 노인운동 시 환경과 장소의 안전관리에 대한 내용 중 옳지 않은 것은?

① 장소를 선택할 때 노인의 시각과 청각 수준보다는 유산소 능력에 초점을 맞춘다.
② 덥고 습한 환경이나, 춥고 건조한 환경에서의 운동은 피해야 한다.
③ 직사광선이 있는 장소는 피해야 한다.
④ 수중운동을 할 때는 수온과 수심을 체크하고, 보온대책과 수중 응급처치 방법을 미리 숙지해야 한다.

◎ 해설
노인들은 대부분 시간과 청각에 어느 정도 기능 상실이 있다는 점을 인지하고 장소를 선택해야 한다.

38 노인 운동의 지도기법에 대해 잘못된 내용을 설명하고 있는 지도사는?

① 정○○ 지도사 : "강압적, 타율적으로 이루어지는 것이 아니라, 노인의 특성과 흥미에 입각한 자발성을 기초로 이루어지는 것이 자발성의 원리입니다."
② 김○○ 지도사 : "노인들에게 주입식 교육보다는 다양한 체험이나 연습을 원하는 것은 다양화의 원리입니다."
③ 최○○ 지도사 : "노인을 교육하는 목표 중의 하나가 급격하게 변하는 사회적 환경에 노인이 적응할 수 있도록 돕는 것은 사회화의 원리입니다."
④ 박○○ 지도사 : "노인들에게 가르치는 내용과 방법이 일상생활과 밀접한 보다 건강증진에만 초점을 맞춰야 되는 것은 건강화의 원리입니다."

◎ 해설
박○○ 지도사는 "노인들에게 가르치는 내용과 방법이 일상생활과 밀접한 관련이 있어야 하는" 생활화에 원리에 대해 잘못 설명하고 있다.

39 미국 스포츠의학회(ACSM)가 제시한 골다공증 환자의 운동처방에 대한 내용 중 옳지 않은 것은?

① 폐경 여성과 50대 이상의 남성에서 허리뼈, 전체 엉덩관절, 넙다리 목의 BMD T-점수가 -2.0 이하일 때 골다공증으로 정의한다.
② 높은 골밀도 수준을 가진 노인에게도 골다공증성 골절이 발생할 수 있다.
③ 척추의 골밀도 수치가 낮은 사람은 과도한 비틀기, 구부림, 압박을 요구하는 운동은 피해야 한다.
④ 격렬한 움직임이나 과한 충격이 있는 운동은 피해야 한다.

◉ 해설
폐경 여성과 50대 이상의 남성에서 허리뼈, 전체 엉덩관절, 넙다리 목의 BMD T-점수가 -2.5 이하일 때 골다공증으로 정의한다.

40 다음 〈보기〉는 노인 체력 검사에 대한 내용이다. 빈칸에 알맞은 내용으로 옳은 것은?

	SFT(Senior Fitness Test)	국민 체력100
심폐지구력	(㉠), 2분 스텝 테스트	(㉠), 2분 제자리 걷기
근력 & 근지구력	상지 : 암컬 하지 : (㉡)	상지 : 상대악력 하지 : (㉡)
유연성	상지 : 등 뒤에서 손잡기 하지 : (㉢)	(㉢)
민첩성		-
협응력	(㉣)	(㉣)
평형성		의자에 앉아 3m 표적 돌아오기
순발력	-	-

	㉠	㉡	㉢	㉣
①	3km 달리기	스쿼트	의자 앉아 윗몸 굽히기	8자 보행검사
②	6분 걷기	30초 의자 앉았다 일어서기	의자 앉아 윗몸 굽히기	제자리 멀리뛰기
③	6분 걷기	30초 의자 앉았다 일어서기	의자 앉아 윗몸 굽히기	8자 보행검사
④	20m 왕복 달리기	런지	의자 앉아 윗몸 굽히기	일리노이 검사

◉ 해설
㉠은 6분 걷기, ㉡은 30초 의자 앉았다 일어서기, ㉢은 의자 앉아 윗몸 굽히기, ㉣은 8자 보행검사에 대한 내용이다.

◉ 정답 39 ①   40 ③

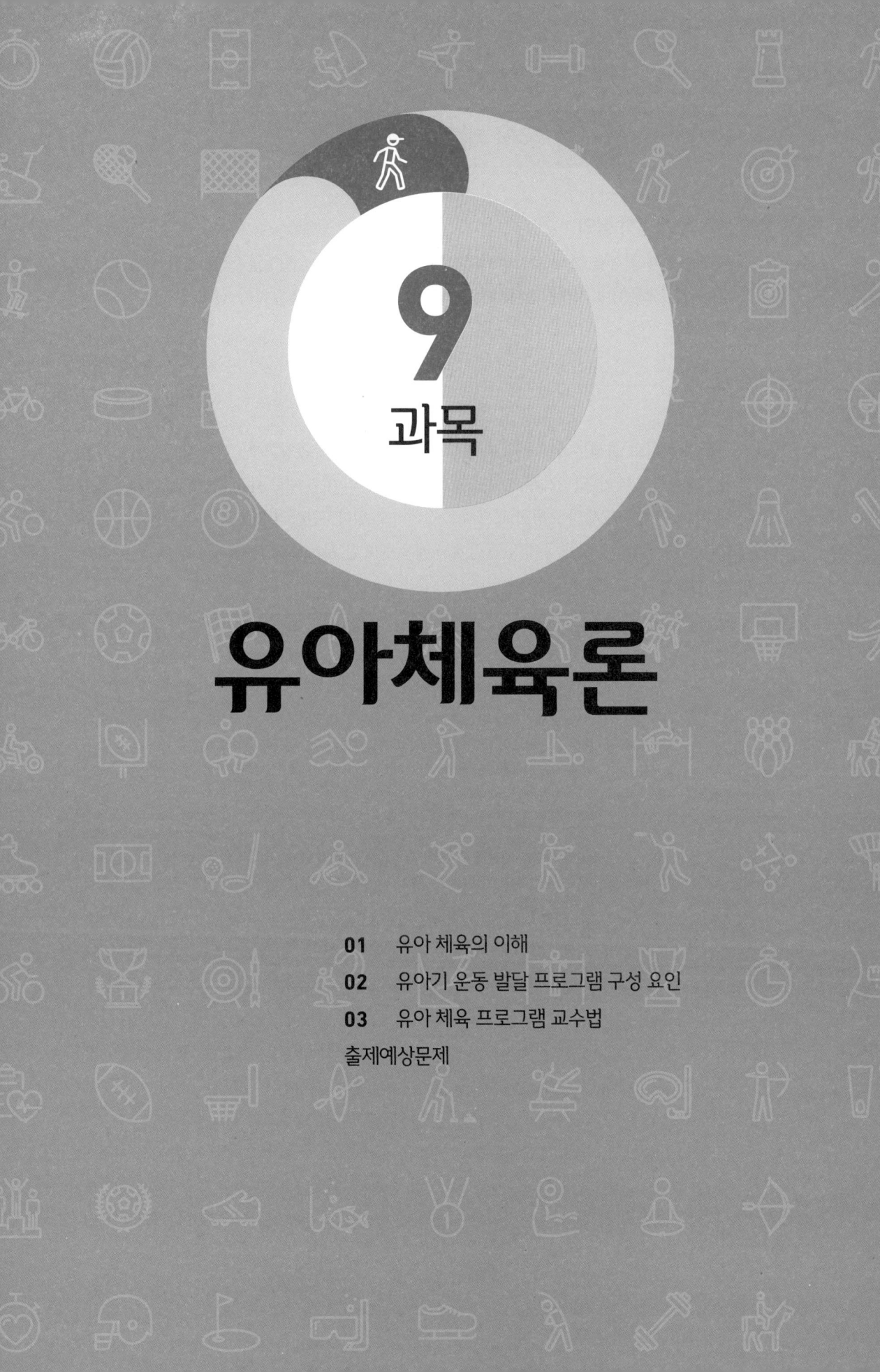

유아체육론　01　유아 체육의 이해

1 유아 체육의 개념적 정의

유아 체육이란 신체 활동을 통해 유아의 정신적, 신체적, 사회적인 발달을 도와 전인적 인간으로 성장시키기 위한 교육이며 지적, 정서적 능력보다 유아기에 집중 발달하는 신체 및 운동 능력의 발달을 도모하는 것이다.

(1) 유아 체육

1) 유아란?

발육기 구분의 하나로 출생부터 초등학교 입학 전까지의 아동을 총칭하며, 현대 대한민국에서는 유아를 유아교육법에 따라 '만 3세부터 초등학교 취학 이전의 어린이'로 유소년을 2012 체육진흥법 개정에 따라 '만 3~12세의 초등학교'까지로 정의하고 있다. 인간의 기본적 성격, 행동은 유소년기에 대부분 형성되기에 생애 주기적 관점에서 매우 중요한 시기로 구분된다.

2) 연령별 용어 정리

유아기	유아는 대한민국의 국어사전에 따르면 생후 1년부터 만 6세까지의 아이를 지칭한다. 그러나 학자에 따라서는 영아를 생후에서 생후 3년으로, 유아를 생후 3년~생후 6년까지로 규정하기도 한다. 우리나라의 유아교육법에서는 유아를 만 3세부터 초등학교 취학 이전의 어린아이로 정의하고 있다.
아동기	아동기란 6세에서 12세까지의 아이를 말한다. 아동기의 아이는 신체적, 지적으로 미성숙 단계에 위치해 있으며, 흔히 초등학교에 다니는 나이의 아이를 지칭한다. 아동복지법에서는 18세 미만의 아동을 지칭하며, 아동기는 2세에서 6세까지를 초기 아동기, 6세에서 10세까지를 후기 아동기로 구분하기도 한다.
청소년기	청년과 소년을 함께 지칭하며 이르는 말로 어른(청년)과 어린이의 중간 시기로 청소년기본법에서 9세 이상~24세 이하인 사람을 지칭한다. 흔히 '청소년'이라 하면 만 13세에서 만 18세 사이의 사람으로 이 시기의 경우에는 간단하게 '학생'이라는 말로 대신하기도 한다. 청소년기에는 대부분 사춘기를 겪으며 학년 상으로 중학교 1학년부터 고등학교 3학년까지이다.
유소년기	유아와 소년을 아울러 이르는 말이다. 2012 체육진흥법 개정으로 인한 유소년의 정의는 3~12세의 초등학생까지를 의미한다.

3) 유아 교육의 중요성

우리나라 속담 중 "세 살 버릇 여든 간다."는 말이 있다. 이 속담에서 알 수 있듯 우리 선조들도 유아 및 유소년 교육에 대해 많은 관심을 가지고 있었다. 과거의 교육이라 하면 서당이나 서원에 입학하여 글을 읽고 쓰는 등의 교육을 생각하였기 때문에 과거 유소년 교육은 보육, 육아, 훈육, 아이 돌보기 등의 범주에서 다루어졌으며, 학교가 아닌 가정교육, 즉 가정의 테두리 안에서 이루어졌다고 볼 수 있다. 그러나 근래의 교육학, 심리학, 생물학 등의 연구 결과에서 유아기에 인간의 기본적 성격 및 행동 양식 대부분 형성되어 일생을 유지한다는 것이 과학적으로 입증되었다. 그에 따라 유소년 교육은 부모들로부터 많은 관심을 받게 되었다. 선진국일수록 더욱 유아 및 유소년 교육에 열을 올리고 있다. 예를 들어 소수인구의 옛 동독이 스포츠 강국으로 자리 잡았고, 적은 인구의 이스라엘이 수백 배의 아랍인을 상대로 싸워 승리하는 것도 유아 교육을 통하여 이룩한 결과라고 보고 있다. 대한민국도 제5공화국 출범과 동시에 유아 및 유소년 교육이 중요 과제로 부각되어 정기국회에서 1982년 유아교육진흥에 관한 법률이 제정되었다.

4) 체육이란?

체육의 사전적 의미는 '건전한 몸과 온전한 운동 능력을 기르는 것을 목표로 하는 교육'이다. 즉 체육은 신체 활동의 잠재적 가치를 최대한으로 발휘할 수 있도록 교육하는 것으로 초기 '신체의 교육'에서 신체 운동에 의한 교육으로 발전해 왔으며, 윌리엄스는 체육을 '신체의 교육과 신체 활동을 통한 교육'이라 정의하였다. 체육은 건강 증진 및 신체의 성장 발달에 도움을 주며 성격 형성, 감정, 지적 발달, 인격 형성 등 전인적인 발달을 목표로 한다. 체육의 가치는 생리적 가치, 심리적 가치, 사회적 가치로 구분된다.

① 생리적 가치 : 체육 활동은 신체적으로 많은 이점을 제공한다. 인체의 원활한 신체 활동 및 생명 유지를 위한 생리적 항상성 유지와 면역력 증가, 골격과 근육의 균형적 발달 도모 및 운동 능력 강화 등을 발달시킨다.

② 심리적 가치 : 체육 활동을 통해 인간의 기본욕구인 유희성, 경쟁심 등을 충족시켜주며 자기실현의 기회를 제공하고, 본능과 감정의 순화를 통해 정서적 안정을 제공한다. 욕구 좌절 및 욕구 불만은 정서적 긴장과 신신장애를 유발한다. 체육은 활동의 기회를 통해 신체 활동의 욕구, 자기실현의 욕구, 자기과시의 욕구, 집단 참여의 욕구를 해소할 수 있다.

③ 사회적 가치 : "인간은 사회적 동물이다."라는 문구에서 볼 수 있듯이 인간은 사회와 긴밀한 관계를 맺고 있으며, 사회를 떠나 개인만으론 살아갈 수 없다. 체육 활동은 구성원간의 일정 역할이 분담되며, 규칙과 규범을 통한 통제된 활동을 하게 된다. 이를 통해 사회적 화합과 집단 응집력 및 공동체 의식을 증가시키며 국가 및 세계평화에 기여하는 역할도 하게 된다. 또한 팀워크, 페어플레이 등 개인과 사회의 성장 역시 이뤄낼 수 있다.

5) 체육의 유사 개념

체육	신체 활동을 통해 사람을 올바른 방향으로 변화시키는 과정
스포츠	조직화된 규칙과 경쟁을 동반한 신체 활동
놀이	자유로움과 쾌락을 추구하는 사람의 기본 활동
게임	규칙과 경쟁을 통한 활동

01 유아 체육의 이해

6) 유아 체육이란?

유아 체육이란 유아와 체육의 합성어로 유아기 어린이를 대상으로 하는 체육 활동을 의미한다. 유아는 각각 본능적으로 활동 의욕을 가지고 항상 놀이의 형식으로 신체적 운동을 행하고, 이에 의해서 연습, 학습 등이 행하여지며 신체의 발달과 발육이 된다. 그러나 이러한 자연 발달에만 맡겨 둔다면 때로는 불충분한 경우가 있으므로 특별한 체육 방법을 고려할 필요가 생기게 된다. 그래서 나타난 것이 유소년 체육이다. 지도에 있어 주의할 점은 변화가 풍부한 지도, 쉬운 것에서부터 어려운 것으로 옮겨가는 단계적인 지도, 개인차의 파악, 유아의 능력을 알고 거기에 알맞은 놀이를 주는 것, 시설이나 용구를 충분히 활용하는 것, 운동에 대한 공포심을 품지 않게 하는 것, 끊임없이 기술을 높여주는 것 등이다. 프로그램의 실시에서는 건강관리, 복장, 놀이터의 안전 등에 주의해야 한다. 유아기의 체육은 조직적으로 하게 되는 경우는 있지만 가정에서, 특히 어머니의 지도에 의하지 않으면 안 될 것이 많다. 건강과 흥미 등에 주의해서 마음껏 즐길 수 있는 것을 자유로이 할 수 있도록 하는 것이 무엇보다 중요하다.

(2) 유아 체육의 중요성

어린아이들은 몸을 움직임으로써 행복감을 느낀다. 움직임을 통해 자신을 표현하고, 지능, 신체 능력, 운동 기술을 발달시키는 것을 배운다. 활동을 통해 더 건강해지고 종합적 체육 활동을 학습하는 것은 모든 아동의 발달 과정에 있어 매우 중요한 과정이다. 유아기는 놀이를 통해 배우는 단계이다. 놀이는 유아기의 교육과 삶 그자체로 볼 수 있다. 그러므로 놀이 중심의 교육을 준비해야 하며, 유아가 적절한 자극과 경험을 느끼고 이를 필요로 하는 존재로서 이에 상응 하는 감각 활동 또는 주체적 경험을 가질 수 있도록 놀이 구성과 기자재가 준비되어야 한다. 또한 유아의 전인적 성장을 이루고자 하기에 통합적인 발달영역의 조화를 이루도록 해야 한다.

유아기를 결정적 시기라고 하는 까닭은 유아기의 경험이 아동의 신체적, 인지적, 정서적, 사회적인 발달에 있어 모든 기초를 형성하고, 성장의 방향과 질을 결정하는 중요한 시기이기 때문이다. 유소년 체육이 중요한 이유는 유아들은 성장시기상 뼈가 경골화(뼈가 단단해지는 것)가 되기 전이고 근육이 성인과 다르게 유연하여 운동 기능 발달 수반에 유리하며, 신체 활동은 단순 신체기능뿐만 아닌 지능발달과도 밀접한 관계가 있기 때문이다. 또한 다양한 신체 표현 기초 체력 놀이를 통한 신체적, 정서적 안정감은 아동의 자아개념 형성에 중요한 역할을 하게 되며, 간단하고 복잡한 표현 놀이를 통하여 문제 해결력과 창의성을 향상시키고 상상력을 발달시킬 수 있다.

협동놀이나 게임을 통해서 아동들에게 자연스럽게 협동심, 인내심, 양보심, 단체의 규칙을 준수할 수 있는 사회적인 태도를 쉽게 습득시킬 수 있기 때문에 적절한 시기의 유아 체육은 반드시 필요하다 볼 수 있다. 또한 유아는 신체 활동을 통하여 자기 신체를 컨트롤하고, 신체 능력의 발달로 위험으로부터 자신을 보호할 수 있게 된다. 그러므로 유소년교육은 학자마다 강조점이나 접근 방식에 따라 차이가 있으나 유소년 체육 영역에서 볼 때 이 시기 아동의 신체적, 정신적, 사회적, 지적 발달을 위해 신체 활동 교육 즉 체육 교육이 우선적으로 제공되어야 할 것이다.

(3) 유아 체육의 목표
① 대, 소근육의 균형적 발달을 목표로 한다.
② 사회적 인성 발달(인내, 협동, 규칙 준수, 배려, 예절, 양보)을 목표로 한다.
③ 정서적 발달(자기 통제력, 움직임 복구 충족)을 목표로 한다.
④ 인지적 발달(공간, 지각, 운동 능력 통한 개념 학습)을 목표로 한다.
⑤ 기본 언어 능력의 발달을 목표로 한다.
⑥ 운동 능력(유연성, 민첩성, 순발력, 근력, 근지구력, 협응력, 심폐지구력, 평형성)의 발달을 목표로 한다.
⑦ 몸과 마음이 건강하게 자랄 수 있도록 의미 있는 경험의 습득을 목표로 한다.
⑧ 기본 생활 습관 양육 및 다른 사람과 더불어 생활하는 태도를 목표로 한다.
⑨ 생각과 느낌을 창의적으로 표현하는 경험을 목표로 한다.
⑩ 자신의 신체를 보호할 수 있는 안전 능력을 기르는 것을 목표로 한다.
⑪ 상상 신체 놀이를 통한 감성 개발을 목표로 한다.
⑫ 성취감과 자신감 회복을 통한 자존감 발달을 목표로 한다.
⑬ 율동적인 신체의 움직임을 목표로 한다.
⑭ 건강과 안전에 대한 생활 습관을 목표로 한다.
⑮ 여러 가지 도구를 경험하고 다루는 방법을 알아가면서 자신감을 향상하는 것을 목표로 한다.

(4) 유아 체육의 효과
① 규칙적 신체 활동으로 인해 건강 증진에 도움이 된다.
② 신체적 움직임을 통한 자신감을 증가시킨다.
③ 다양한 도구를 활용한 놀이를 통한 기구 사용법과 창의력 향상에 도움이 된다.
④ 협동 놀이를 통해 또래와의 관계 형성에 도움이 된다.
⑤ 체육 활동 습득으로 평생체육의 기반을 형성할 수 있다.
⑥ 여가시간 활용 및 즐거운 생활 습관 형성에 도움이 된다.
⑦ 자신과 타인을 존중하는 인식 개선에 도움이 된다.
⑧ 다양한 활동을 통해 도전의식을 고취할 수 있다.
⑨ 게임과 체육 활동을 통한 규칙 및 규범을 습득할 수 있다.

⑩ 놀이와 게임 등 즐거운 활동을 통해 스트레스를 해소할 수 있다.
⑪ 체육 활동을 통해 사회성과 인성개발, 팀워크, 리더십 등을 기를 수 있다.
⑫ 인지적 발달, 정서적 발달, 사회적 발달, 언어적 발달, 신체적 발달, 운동 기능 및 체력 발달, 지능 발달, 감성 발달, 도덕성 발달, 개성의 발달 등에 효과가 있다.

(5) 유아 체육의 필수요소

1) 흥미

유아 체육의 목적은 체력 훈련이 경기력 향상이 아니다. 그렇기에 강제적인 체육 활동에 초점을 두기보다 대상 아동들의 흥미 유발에 보다 초점을 두고 있다. 체육 활동을 수행하는 아동들이 흥미를 느끼고 적극적으로 체육 활동에 참여한다면 신체적 요소의 발달도 도모될 것이다.

2) 상상

피아제의 '실재론적 사고'에 의하면 아동은 자신이 상상하고 꿈꾸는 것들이 실제 존재한다고 믿는 경향이 있다. 그렇기에 체육 활동에 상상놀이를 가미하면 대상자의 흥미도 유발하고 보다 즐겁게 체육 활동을 수행할 수 있다.

3) 욕구

욕구는 스스로 하고자 하는 마음이다. 이 욕구를 활용할 수 있다면 교사는 크게 힘들이지 않고 대상자들의 수업을 진행할 수 있다. 유소년기의 욕구를 유발하는 방법 중 가장 효과적인 방법은 언어활동도 행동 유발이다.

4) 놀이

유아의 체육(특히 유아기)은 경쟁도 훈련도 아니다. 유소년 체육의 목적은 앞서 살펴본 대로 흥미 유발적인 놀이 중점이다. 그렇기에 놀이를 기반으로 신체 활동을 구성하고, 아이들이 체육 활동이 아닌 놀이를 한다고 느끼도록 활동을 구성해야 한다.

5) 경험

유아 체육은 신체 능력으로 기량을 가리는 스포츠 경기가 아닌 대상자의 성장과 경험에 초점을 맞추는 활동이다. 다양한 경험은 다양한 사고방식에 영향을 주고 사고방식을 통한 창의성 발전에 영향을 미친다. 체육 활동은 경험적 활동으로 작용하여 문제 해결 능력 및 가치 판단에 긍정적 작용을 할 수 있다.

6) 시범

유아기에는 외부의 많은 지식과 정보를 얻는 시기이다. 그 중 가장 중요한 정보는 바로 시청각적인 정보이다. 그렇기에 체육 활동 시 교사의 시범이 필수적이며 교사의 시범을 모방함으로써 아동들의 동작 발달에 긍정적 작용을 할 수 있다.

7) 상호작용

유아 체육은 교사의 일방적인 수업이 이루어지지 않는다. 청소년이나 성인 체육 수업에서도 일방적인 수업이 이루어진다면 사람들은 흥미를 느끼지 못하고 곧 지루해 질 것이다. 특히 유소년은 집중력이 부족하고 수업에 쉽게 흥미를 느끼지 못하기에 교사와 대상 아동간의 상호작용이 매우 중요하다. 언어 또는 행동을 통한 상호작용으로 교사는 아이들과 소통할 수 있고, 집중도 또한 높일 수 있다.

2 놀이와 게임으로 접근하는 유아 체육

(1) 놀이적 접근

놀이는 아동에게 가장 자연스러운 활동이다. 특히 유아기의 아동에게 놀이란 생활 그 차체라 할 수 있다. 놀이를 통해 인간은 신체와 마음, 정신을 하나로 결합할 수 있고, 이를 통해 기능적 측면을 통합하고 균형을 이루어 살아갈 수 있다.

1) 놀이의 정의

놀이에 관한 여러 학자들의 정의는 다음과 같다.
① Frobel : 놀이는 가장 순수한 정신적 활동이며, 동시에 인간과 모든 사물에 내적으로 감추어진 자연스러운 생활 전체이다. 즉 유아의 놀이는 곧 교육이다.
② Freud : 모든 행동에는 동기가 있으며 놀이는 우연한 사건이 아니라 개인의 감정과 정서에 의해 결정되고, 놀이를 통하여 유아는 갈등을 해소한다.
③ Isascs : 놀이가 유아의 삶 자체인 동시에 세상을 이해하는 수단이다.
④ Robin : 놀이는 문제해결력, 협동, 도구 사용 기술, 창조성, 언어 발달, 통찰력, 성역할, 문화의 전승 등 사회, 도덕, 인지 발달에 공헌하는 마술 상자다.

2) 놀이의 이유

아동들이 놀이를 하는 이유는 여러 가지가 있지만 크게 다음 3가지로 정의할 수 있다.
① 이미 사전에 알고 있던 정보나 경험을 활용하여 새로운 사실, 지식을 습득하기 위해 놀이를 한다.
② 자신의 능력을 확인하고 성취감을 얻기 위해 놀이를 한다.
③ 활동 자체를 즐기기 위해 놀이를 한다.

01 유아 체육의 이해

3) 유아 체육의 놀이적 접근

놀이는 명령에 의해서가 아닌 자발적인 행위이다. 놀이가 명령에 의해 실행되면 이미 놀이가 아니다. 이러한 놀이는 외적 규칙에서 상대적으로 자유롭고 결과보다 행동 자체가 목적인 행위이다. 즉, 놀이로 인한 재미 때문에 놀이를 하는 것이다. 또한 놀이는 각 놀이만의 고유 규칙을 가지고 있으며 놀이의 규칙은 대부분 놀이자에 의해 결정된다. 보통의 놀이는 경쟁성을 띄지 않지만 간혹 경쟁성을 내포하기도 한다.

4) 발달 단계에 따른 놀이의 특징

① 3세 유아 : 신체적 움직임이 왕성하지만 아직 조절 능력이 불안정하여 성인의 보호가 요구되며, 근육의 발달 및 자율성과 독립심을 길러주는 놀이가 좋다. 이 시기의 아동은 모방과 상징 놀이, 혼자 놀기 및 언어 놀이 등을 실시한다.

② 4세 유아 : 근육 조절 능력도 좋아지고, 신체 활동에 자신감이 붙는 시기이다. 자신의 능력을 자랑하기 위해 복잡한 기구를 활용한 놀이를 시작하는 시기이다. 이 시기의 아동은 상상 놀이와 창의적인 놀이를 하는 모습도 보인다. 또한 분류와 범주화를 놀이로 활용하기도 하고, 과학, 음악 활동을 놀이화 하는 특징이 있다.

③ 5세 유아 : 근육 조절 및 신체적 능력을 이용한 기교와, 운동 능력을 과시하고 싶어 하는 시기이다. 4세와 마찬가지로 기구를 활용한 놀이를 시작하는 시기이다. 이 시기의 아동은 상상 놀이와 창의적인 놀이를 하는 모습도 보인다. 또한 분류와 범주화를 놀이로 활용하기도 하고, 과학, 음악 활동을 놀이화 하는 특징이 있다.

④ 놀이로 접근하는 유아 체육 교사의 역할

가정에서는 부모가 그리고 교육 환경에서는 교사가 유아의 놀이 유형, 지속 시간, 놀이의 질에 영향을 미치는 가장 중요한 요인으로 작용한다. 그렇기에 교사는 알맞고 흥미로우며 교육적으로 적용 가능한 놀이 환경을 마련해 주어야 한다. Seefeldt는 놀이에 대한 교사의 역할을 다음과 같이 정의했다.

㉠ 교사는 유머와 인내심으로 돌발 상황을 받아들일 준비가 되어 있어야 한다.
㉡ 교사는 놀이 상황에 따라 적절하게 개입할 수 있어야 한다.
㉢ 교사는 놀이의 균형을 위해 계획해야 한다.
㉣ 교사는 협동적인 놀이를 제공해야 한다.
㉤ 교사는 다양한 문화적, 사회적, 인지적, 언어적, 창의적, 정서적인 활동 등

(2) 게임적 접근

1) 게임의 정의
게임은 참여자가 두 편으로 나뉘어서 일정 규칙에 따라 서로 이기려고 노력하는 신체적, 정신적 경쟁을 말한다. 즉 게임은 놀이의 한 형태로 '승패 있는 놀이'라 규정할 수 있다.

2) 게임의 특성
게임은 놀이와 혼용되어 쓰이는 경우가 많다. 게임과 놀이는 둘 다 즐거움이 있는 지적, 신체적 활동이지만 차이점은 게임은 놀이와 다르게 집단 구성, 규칙, 경쟁성을 보인다는 것이다. 하지만 게임 역시 놀이의 일부분으로 본다. 간단한 게임이라도 경쟁 대상이 있어야 하기 때문에 사회성과 경쟁의식이 어느 정도 발달해 있어야 흥미를 느낄 수 있다. 즉 규칙을 알고, 순서를 이해하고, 이기고 지는 것의 재미를 알아야 창의적 방법으로 전개할 수 있다.

3) 게임 유형
① 목적물 맞추기 게임 : 지각과 운동 능력과의 협응력, 공간 이해력을 발달시키는 데 도움을 준다.
② 경주 게임 : 대근육의 발달 협동, 서열, 분류, 생각을 교환하는 능력을 발달시키는 데 도움을 준다.
③ 쫓기 게임 : 다른 사람을 이해하기, 공간 개념, 언어 발달의 가치를 지닌다.
④ 숨기기 게임 : 공간의 크고 작은 관계를 이해하고 자기 신체 조절 능력을 발달시킬 수 있다.
⑤ 언어적 지시 게임 : 다른 사람의 말을 집중해서 듣고 지시에 따라 행동하는 능력을 발달시킬 수 있다.
⑥ 알아맞히기 게임 : 상상력, 추리력을 발달시키며 주의집중력과 적절한 어휘로 말하는 능력, 사물의 명칭을 이해하고 확장시켜 나가는 능력을 발달시킬 수 있다.

4) 게임의 지도 원칙
Piaget는 게임의 지도 원칙 두 가지를 강조했다. 먼저 게임은 반드시 유아가 생각하는 방식에 맞도록 수정되어야 한다는 것이고, 두 번째는 성인의 권위를 최대한 줄이고 유아 중심으로 지도해야 한다는 것이다.
① 유아들이 게임에 자발적으로 참여하도록 하고 제시는 하되 강요해서는 안 된다.
② 처음 하는 게임은 성공적인 경험을 할 수 있도록 쉽고 단순한 방법을 선택한다.
③ 게임을 통해서 사회, 언어, 인지, 운동 기술뿐만 아니라 일상생활에 필요한 기술을 기를 수 있는 다양한 게임을 선택하도록 한다.
④ 이긴 사람에게 상이나 권한을 주는 것은 피해야 한다. 결과보다는 과정에서 느낀 점을 중심으로 평가한다.

⑤ 재미있고 흥미로운 게임을 제공한다.
⑥ 유아들이 규칙을 정해보며 규칙에 대한 융통성을 알도록 한다.
⑦ 이기는 것보다 흥미에 초점을 맞추고 경쟁성을 줄이도록 해야 한다.
⑧ 팀을 나눌 때 고정화된 남자와 여자보다는 색깔이나 동물 등 다양한 방법을 사용할 수 있다.

3 유아기의 발달

(1) 유아기의 신체적 발달

유아기의 신체적 변화는 양적 변화와 질적 변화를 볼 수 있다. 양적 변화란 신장, 체중, 어휘력 등 눈에 보이는 변화이고 질적 변화란 심리, 지능 같은 것을 뜻한다. 아동의 신체 발달은 태내기, 신생아기, 영아기, 유아기, 아동기로 구분되며, 인간의 성장에 있어 1차 성장이 이루어지는 시기이다. 이 시기의 아동은 크게 다음과 같은 발달 특징을 보인다.

1) 신경 기능

대뇌 발달이 늦고, 평형성, 정확성 등과 같은 신경 기능의 발달 역시 부족하다. 척수가 빠르게 발달하며, 신경계의 발육 및 신경 기능의 향상이 원활히 이루어진다.

2) 근력 기능

유아기의 아동은 성인의 1/3의 체중을 가지고 있지만 근력은 성인의 1/6밖에 되지 않는다. 이 시기에는 체격에 비해 근력이 약한 편이다.

3) 호흡 기능

인간의 호흡기관은 초등학교 시기를 거치면서 뼈와 근육의 성장과 유사한 비율로 발달한다. 폐활량은 연령과 신체의 발육에 좌우되기에 키, 체중, 체표 면적의 발육과 관련이 높다. 5세 유아의 산소 섭취 능력은 성인의 1/4~1/3 수준이다.

4) 순환 기능

유아기 아동의 맥박은 호흡수와 마찬가지로 같이 작은 환경 변화나 움직임에도 매우 쉽게 변화한다. 온도가 1도 상승하면 15~20회 증가하게 되고, 운동을 실시하면 상당 수준으로 증가하게 된다.

(2) 유아기의 인지 발달

'인지'란 인간이 지식을 습득하고 문제 해결 과정에서 이를 사용하는 정신적 과정을 말한다. 아동은 놀이를 통해서 대근육 운동 기술과 소근육 운동 기술의 발달시킬 뿐만 아니라 인지적 성장에 있어 중요한 촉진제로 활용한다. 놀이는 말 그대로 아동들에 있어 일에 해당하는 것으로 볼 수 있다. 피아제에 의하면 유아기를 '전조작기 사고 단계'로 칭하며 이 시기에는 언어와 놀이에서 상징적 사용 능력이 발달한다. 그리고 유아들은 자기중심적 사고를 가지고 있다.

자기중심적이란 유아가 자신의 입장에서 판단하고, 다른 사람의 생각이나 관점 그리고 감정을 자신의 생각과 동일하다고 가정하며 발생하는 현상을 말한다. 즉 자기중심적 사고를 가지고 있는 유아는 다른 사람의 입장을 고려하지 못하는 상태이다.

이러한 유아의 사고 발달의 특징은 실제 행동과 시범을 좋아한다. 유아에게 언어만으로 하는 지시는 이해시키기 힘들다. 유아는 피암시성의 특징이 있다. 유아는 의지가 약하기 때문에 암시에 걸리기 쉽다는 이야기다. 또한 유아는 칭찬을 하면 자신감이 생기고 의욕적인 태도를 보인다.

(3) 유아기의 사회적 발달

사회화란 인간이 살아가는 세상을 이해하고 타인과 상호작용하는 사회성 발달을 배우는 과정이다. 즉, 사회화 는 개인과 타인의 관계를 형성하는 과정으로 가치관을 형성하는 과정이라고 할 수 있다.

아동에게 있어 생후 첫 1년은 자기중심적이고 비사회화 된 시기이다. 영아는 친밀한 정도에 따라서 사람과 사물을 구분하고, 이에 따른 반응을 나타내는 사회적 유대를 형성한다. 생후 7~24개월까지는 이동 운동의 발달로 인하여 주변 물체와 유대 관계를 능동적으로 탐색할 수 있게 되며 새롭게 발달하는 움직임은 사회적 상호작용을 촉진한다.

영아기에는 웃어주고, 만져주고, 음성을 주고받음으로써 사회성이 발달하지만, 두 살 무렵에는 주로 놀이감을 가지고 놀면서 사회성이 발달한다. 그리고 점차 아이가 커갈수록 친구와의 관계가 사회성에 많은 영향을 미치게 된다. 2~4세가 되면 또래 친구들과 놀이를 하며 친구를 사귀고, 5세 이후부터는 자주 놀 수 있는 주변에 사는 아이들을 친구라고 여기기 시작한다. 따라서 이 시기에는 많은 친구들과 어울릴 수 있도록 기회를 주어야 한다.

간혹 친구들과 놀면서 싸울 수 있지만 이는 사회성이 발달하는 과정에서 일어나는 자연스러운 현상이다. 아이들은 이 속에서 양보와 타협, 협동, 규칙을 배우고 점차 자기중심적인 사고에서 벗어나게 된다. 또한 놀이를 통해 다른 사람의 역할을 해보며 상대방의 입장과 감정을 효과적으로 경험하게 된다. 이와 같이 또래 아이들과의 놀이는 사회성 발달에 매우 중요하다.

유아기 연령별 사회적 인지 특성은 다음과 같다.

0~1세	친숙한 사람과 친숙하지 않은 사람을 구분하고 애착 대상을 선호한다.
1~2세	사회적으로 유의한 차원들에 따라 타인들을 범주화한다.
3~5세	자존감이 등장하고 우정을 공유하는 활동에 기초한다.

6~10세	인상은 타인들이 보이는 특징들에 기초하기 시작한다.
11세 이상	편견적 태도는 사회적 영향에 따라 강화한다.

(4) 유아기의 정서적 발달

인간의 움직임을 통하여 본인과 다른 사람에게 작용하는 느낌과 감정을 경험하게 되는데 이것을 '정서'라고 한다. 정서는 신체적, 심리적 자극으로 발생하는 상태를 의미한다.

초기 아동기에는 자기중심적이며 타인 역시 자기와 같은 생각을 하는 것이라 생각한다. 그렇기에 다른 사람과 나누거나 사이좋게 지내기를 싫어하는 것처럼 보이기도 한다. 후기 아동기에는 많은 규칙들이나 평가들을 충분히 내면화하고 외부의 다른 사람들이 보거나 평가를 내리는 것과 상관없이 자신의 품행에 대해 자부심을 느끼거나 수치스러워하거나 죄책감을 느끼게 된다.

아동의 생후 1년은 자기중심적이고 비사회화 된 시기이며, 4~5세경이 되면 놀이를 통해 리더십 능력과 경쟁, 협동 그리고 사회적 인식이 발달될 수 있는 기회를 제공받는다.

출생~	모든 1차적 정서가 나타나고, 기쁨, 분노, 슬픔 같은 표정을 구분한다.
6개월	정적 정서의 표출이 일반적이 되고, 고개를 돌림으로써 부정 정서의 조절을 시도한다.
7~12개월	다른 사람의 일차적 정서에 대한 인식이 향상하고 사회적 참조가 등장한다.
1~3세	2차적 정서(자기-인식)가 등장한다. 정서에 대해 말하기 시작하며, 정서가 놀이와 감정이입적 반응에 등장한다.
3~6세	감정이입적 반응이 보다 공통적이다.
6~12세	동일한 사건에 대해 다른 정서적 반응을 할 수 있다는 것을 인식하며, 타인의 정서를 공감하기 시작한다.

(5) 유아기의 운동 발달

1) 발달의 개념

인간이 출생에서 사망에 이르기까지 시간과 연령에 따라 구조적 변화인 성장, 생리적 변화인 성숙, 반복 연습에 의한 학습을 포함하는 포괄적 개념으로 정의한다.

2) 발달 원리

① 성숙과 학습이 발달에 상호연관성을 가지며 영향을 미치고 유아는 그 과정에 따라 발달한다.
② 발달은 계속된 과정이지만 속도는 일정하지 않고 순서성과, 연속성이 있고 개인차가 존재한다.
③ 유아 발달에는 시기상 적정 시기가 존재한다.
④ 인간 발달은 유전과 환경의 상호작용이다.

⑤ 발달은 분화적, 통합적으로 이루어진다.
⑥ 발달은 연속적이며, 점진적이다.

3) 발달 이론
① 피아제의 인지 발달 4단계 이론
피아제는 인간의 인지 발달은 네 단계를 통하게 되며, 질적으로 다른 이 단계들은 정해진 순서대로 진행되고 단계가 높아질수록 복잡성이 증가된다고 하였다.

단계	연령	특징	놀이유형
감각운동기	출생~2세	감각경험과 운동을 조합하는 것을 배우는 시기로 '대상의 연속성'을 이해하지 못한다.	반복 놀이, 까꿍 놀이
전 조작기	2~7세	언어를 사용하고 상상적 사고가 가능하며, 자기중심적 사고의 특징을 보인다.	성장 놀이, 이야기 놀이
구체적 조작기	7~12세	논리적인 생각이 가능하고 외관에 현혹되지 않는다.	규칙이 있는 게임
형식적 조작기	12세 이후	사춘기시기로 반발가능성이 있고 가설 및 사고에 대한 사고가 가능하다.	사회극 놀이

② 프로이드의 성격 발달 단계 이론
프로이드는 인간이 성숙함에 따라 생리적 쾌락을 얻게 되는 주요 신체 부위를 중심으로 성격 발달 단계를 나눴다. 각 단계별로 인간은 만족감을 가져야 하며 이 만족감의 정도 또는 성취 여부에 따라 성격 형성에 변화를 줄 수 있다고 본다.

단계	연령	특징
구강기	0~1세	구강을 통하여 먹고 빨고 깨물고 삼키는 데서 욕구를 충족하며, 자신에게 만족과 쾌감을 주는 대상에게 애착을 가진다. 구강기 초기에 문제가 있었던 영아는 성인이 되어서도 타인에게 지나치게 의존적이며 수동적인 사람이 된다.
항문기	1~3세	배설물을 보유하거나 배출하는 데서 쾌감을 얻는 시기로 대소변 가리기 훈련으로 본능적 충동을 외부로부터 통제받는 경험을 하게 되며, 충동적 통제와 외부적 통제와의 절충을 통해 자아가 발달하게 되며, 이러한 훈련이 되지 않으면 긍정적 성격이나 인색하거나 강박적 성격, 무질서하고 파괴적인 성격을 보인다고 설명한다.
남근기	3~5세	자신의 성기에 대해 관심을 갖고 자위 행위를 하기도 하며, 출산이나 성에 관한 질문을 많이 하기도 한다. 동성의 부모에 대한 질투를 느끼면서 이성의 부모에 대한 성적인 애정과 접근을 시도하는 시기. 콤플렉스(갈등)가 발현되는 시기(아들이 아빠에게 가지는 '오이디푸스 콤플렉스', 여아가 엄마에게 느끼는 콤플렉스를 '엘렉트라 콤플렉스') 남근기를 원만하기 보내지 못할 경우, 남아는 과시적이며 남성다움을 강조하는 사람이 된다. 여아는 겉으로 보기에는 순진하고 결백해 보이지만 유혹적이고 천박한 여성이 된다.

01 유아 체육의 이해

잠복기	6~11세	동성 친구에게 관심 시기이며 성적 욕구가 철저히 억압되고 비성적인 활동 시기이며 지적 호기심, 운동에 대한 관심 및 우정이 싹트는 시기이다.
생식기	12세 이후	사춘기가 되면서 성적, 공격적 충동이 이성에 대한 흥미와 관심으로 나타나는 시기. 2차 성 특징이 나타난다. 생식기를 원만하게 지낼 경우, 성숙하고 책임 있는 사회적, 성적 관계를 유지하며, 이성과의 만족감, 욕구 충족을 지연할 수 있는 책임감 있는 성인이 된다.

③ 에릭슨 성격 발달의 8단계 이론

에릭슨은 프로이트의 영향을 받아 프로이트의 이론을 기본으로 하여 자신만의 이론을 발전시켰다.

단계	연령	명칭	특징	프로이트 이론 단계
1단계	출생~1세	영아기 신뢰감 대 불신감	인생의 가장 중요한 시기로 영아가 부모와 신뢰감을 형성하는 시기이다.	구강기
2단계	1~3세	초기 유아기 자율성 대 수치심	운동 능력과 언어 능력이 발달하며 자율성을 기르고 자율성에 대한 조절 실패 시 수치심이 발달하게 된다.	항문기
3단계	3~5세	놀이기 주도성 대 죄책감	목표를 세우고 목표 완수를 위해 노력한다. 또한 초자아의 형성으로 죄의식이 생성되어 죄책감을 느끼게 된다.	남근기
4단계	6~12세	학령기 근면성 대 열등감	인지 능력 및 또래와의 관계를 통한 사회성을 습득하고 근면성이 발달한다.	잠재기
5단계	13~19세	청소년기 정체감 대 역할 혼미	급격한 신체 변화와 더불어 인지적 변화가 수반된다. 자아와 본인의 정체성에 대해 탐구하고 기본적 신뢰감이 형성되는 시기이다.	생식기
6단계	20세 경	초기 성인기 친밀감 대 고립감	청년기를 지나 성인에 이르는 시기이다.	-
7단계	중년	성인기 생산성 대 침체	중년에 해당하는 시기이다.	-
8단계	노년	노년기 자아 통합 대 절망	노년기에 해당하는 시기이다.	-

④ 메슬로우의 욕구 5단계 이론

메슬로우는 인간의 5단계 욕구가 하위 욕구가 충족되어지면 상위 욕구로 점차 발전한다고 하였다.

단계	욕구	특징
1단계	생명의 욕구	생명을 유지하기 위해 최소한으로 필요한 음식과 물, 수면, 산소 그리고 배설 등의 욕구이다.
2단계	안전의 욕구	신체의 안전과 동시에 심리적으로 협박당하거나 사회적으로 협박당하는 것을 피하려는 욕구이다.
3단계	소속감과 애정의 욕구	어떤 단체에 소속되어 소속감을 느끼고 주위 사람들에게 사랑받고 있음을 느끼고자 하는 욕구이다.
4단계	존경의 욕구	사람들로부터 인정받고 존경받고자 하는 욕구이다.
5단계	자아실현의 욕구	자신의 가치관을 충실히 실현시키려는 욕구, 인생의 의미, 삶에 보람을 느끼며, 아름답고 풍요롭게 살고 싶은 욕구이다.

4) 유아기의 운동 발달

인간의 성장 발달은 태내에서 임종까지 일어나는 변화의 모든 과정을 의미한다. 즉 발달이란 인간 성장의 단계를 일관성 있게 진행하는 신체와 심리적 변화들이 종합된 과정이다.

운동 발달이란 신체 기능 및 운동 능력을 발달시키는 과정이고, 유아의 운동 발달은 신체뿐만 아닌 다른 영역의 발달에도 큰 도움을 준다. 인간의 운동 발달은 Gallahue의 움직임 발달 단계 모델에서 잘 나타나고 있다.

운동 능력 발달 4단계 : (Gallahue, 1995)	
1단계	반사적(운동) 동작기
2단계	초보적(운동) 동작기
3단계	기본적 동작기
4단계	(스포츠와 관련된 동작) 전문적 동작기

① 반사적(운동) 동작기

신생아에게 최초로 나타나는 운동 발달 특징이다. 반사는 외적인 자극에 따라 무의식적으로 신체가 움직여지는 것을 말하며 빨기 반사, 모로 반사. 바빈스키 반사. 파악 반사 등이 있다. 반사는 신생아의 먹는 기능과 생리적 기능을 유지하는 데 사용되며. 신생아를 위험으로부터 보호해 주는 기능을 갖는다.

신생아의 반사 운동	
빨기 반사	입에 닿는 모든 것을 빨려는 반사
모로 반사	놀라면 팔을 앞으로 뻗어 안으려는 반사

바빈스키 반사	발을 만지면 발바닥이 부채처럼 펴지는 반사
파악 반사	손에 잡고 놓지 않으려는 반사

② 초보적(운동) 동작기

초보적 동작기란 출생부터 2세 전후까지 발달되는 동작을 말한다. 반사적 행동이 점차 감소되면서 불완전해 보이는 기초 움직임이 나타나며 의도적인 신체 운동이 시작된다. 목, 머리, 몸을 조절하면서 앉고 설 수 있는 비이동성 동작이 가능해지고, 팔꿈치와 엉덩이로 기어 움직이는 동작과 손과 무릎을 사용하여 기어가는 동작, 그리고 걷기와 빨기 반사 입에 닿는 것은 무엇이든지 빨려고 한다. 모로 반사 놀라면 팔을 앞으로 뻗어서 무엇인가를 껴안으려 한다. 바빈스키 반사 발바닥을 간질이면 발가락이 부채처럼 펴진다. 파악 반사 무엇인가를 손에 대어 주면 꽉 잡고 놓지 않는 특성을 보인다. 또한 조작적 동작 기술로서 사물이나 물건을 잡았다가 놓는 경험에도 익숙하게 된다.

③ 기본적(운동) 동작기

2세 이후부터 7세까지 지속되며, 유아들이 초보적인 동작 단계에서 점차 발달하며 다양한 기본 동작을 성숙하게 수행할 수 있게 된다. 이러한 과정은 아동의 기본 운동 능력을 형성할 뿐만 아니라, 기초 체력 형성에 도움을 준다. 그 순서는 시작 단계(2~3세)에서 초보 단계(4~5세)를 거쳐 성숙 단계(6~7세)로 진행된다.

④ (전문화된 운동) 전문적 동작기

아동의 운동 수행 능력은 7세 이후 초등학교 아동기를 거쳐 그 이후 청년기까지 지속적으로 발달되는 것이다. 기본적 동작 발달 단계보다 각종 동작을 정확하게 구사할 수 있게 된다.

5) 운동 기술의 발달 및 운동 능력의 변화

① 운동 능력은 뇌에 가까운 부분부터 발달한다.
② 운동 능력은 중심부분에서 말초부분으로 발달한다.
③ 운동 능력은 대근육이 먼저 발달 후 소근육이 발달한다.
④ 운동 능력은 양방에서 일방으로 발달(양쪽 손사용에서 오른손잡이로)한다.
⑤ 운동 능력은 수평적 동작에서 수직적 동작으로 발달한다.

(6) 유아기 건강과 운동

1) 유아기 건강

유아기의 건강이란 외부로부터 위협을 받지 않고, 올바른 환경에서 유아 심신의 조화로운 발육 발달이 이루어지는 상태를 의미한다. 유아기는 인간에게 신체적, 정신적, 사회적으로 중요한 시기이기에 이 시기에 건강한 생활은 매우 중요하다 할 수 있다.
2) 유아기 신체 건강 3요인
   ① 운동
   유아기 아동은 신체 활동 욕구가 가장 높은 시기이다. 운동은 아동의 적절한 수면과 영양 섭취 유도에도 긍정적인 작용을 하며, 성장 발달 및 피부와 면역 저항 향상에도 유익한 작용을 한다.
   ② 수면
   건강과 수면은 밀접한 관련성을 지닌다. 성장기 유아에게 수면이 부족하다면 성장에 부정적 영향을 미칠 수 있고, 성격형성에도 장애를 유발하게 된다.
   ③ 영양
   적절한 영양의 섭취는 성장기 아동에게 매우 중요하다. 영양 공급이 되지 못하면 정신적, 신체적으로 성장하지 못하며, 영양 과잉은 비만의 요인이기에 적절한 영양 섭취와 영양 교육이 필요하다.

유아체육론   02   유아기 운동 발달 프로그램 구성 요인

1 유아기 운동 발달 프로그램 기본 원리

(1) 적합성의 원리

신체 운동 프로그램을 적용시킬 때는 동일 연령의 유아라 하더라도 유아 개개인의 발육 발달 정도를 고려하여 운동 프로그램을 운영해야 한다. 유아 체육 프로그램은 유아의 발달적이고 심리적으로 적합한 활동들을 고려해야 하며, 발달 단계에 따라 가장 많은 영향력을 주는 '민감기'가 유아에게는 존재하는데, '민감기'란 인간과 동물의 성장 과정에서 특정 능력이나 기술을 성장시킬 수 있는 준비과정의 시기를 말한다. 이 시기가 지나가면 동일한 조건과 환경을 제공되더라도 최적의 발달 효과를 볼 수 없다.

(2) 방향성의 원리

영아기의 운동 발달에는 방향성이 존재한다. 방향성에는 개인차가 존재하고, 신체와 심리의 기능 발달에는 결정 시기가 존재한다.

1) 머리에서 발가락 방향을 향해 발달한다. 생후 2개월 때는 머리 비율이 약 25%였다가 점차 비율이 줄어들고 몸통과 하체가 발달하게 된다.
2) 신체 중심에서 말초 부위로 발달하는 중심-말초 원리에 따라 몸통이 먼저 발달하고 손가락, 발가락 등의 말초로 성장이 이루어진다.
3) 대근육에서 소근육으로 발달하고, 팔과 다리 등의 큰 근육의 발달이 먼저 이루어진 뒤, 손가락, 발가락의 발달이 이루어진다.

따라서 유아 체육 프로그램을 편성할 때는 이러한 발달 방향성을 적용하여 위에서 아래 방향으로, 중심에서 말단 부분으로 활동 순서를 구성하여야 한다.

(3) 안정성의 원리

안전은 유아 체육 현장에서 제일 중요하다고해도 과언이 아니다. 안전성이란 유아 체육 프로그램 운영 및 일상생활에서의 안전에 관한 사항들을 예방하는 것을 뜻한다.

(4) 다양성의 원리

유아의 기술적 능력에서 개인별 차이에 대한 생각 및 지도 방법에 대한 원리를 다양성의 원리라 한다. 유아들은 흥미가 없으면 집중력이 많이 떨어지는 경향을 보이기 때문에 유아의 프로그램은 재미있고 다양한 경험을 제공해야 한다. 그래서 교사는 체계적이고 다양한 체육 프로그램과 지속적인 관리 보안을 통해 목표를 달성할 수 있도록 노력해야 한다.

(5) 특이성의 원리

유아 체육 프로그램을 구성하는 데 있어 전형적이며 공통적인 일반화된 특성뿐만 아니라 개개인의 유전과 환경 요인을 고려한 개인차를 반드시 고려해야 한다.

(6) 연계성의 원리

유아 체육은 기능적 차이, 운동 발달의 차이, 신체 발달 차이 등을 고려하여 지도해야 한다. 유아 프로그램은 나이와 성별, 신체 발달의 특징을 변화와 순서에 맞게 체계적으로 연계하여야 하며, 신체 발달 뿐만 아니라 정서적, 사회적 발달을 위한 교육 프로그램에 연계성이 있어야 한다. 그렇기에 유아의 발달 단계에 따라 연간 계획, 월간 계획, 주간 계획, 일일 계획 등을 연계성 있는 계획이 진행되어야 한다.

2 유아기 운동 발달 프로그램 구성 요소

유아는 성인의 축소판이 아니다. 한 개인의 성장 과정으로 생각하고 프로그램을 구성해야 한다. 즉, 유아의 발달 단계와 과정에 따라 다른 운동 프로그램을 제시해야 하며, 유아 개개인 나이에 맞는 발달 과제를 성취하도록 프로그램을 구성해야 한다.

(1) 유아 체육 프로그램 구성 시 고려해야 할 사항

정서적 영역	① 유아가 자신을 느낄 수 있도록 한다. ② 긍정적인 자아개념과 자기를 존중할 수 있도록 한다. ③ 자신감을 갖고 독립적으로 활동할 수 있도록 한다. ④ 유아가 사회성을 배울 수 있도록 한다. ⑤ 나누고 협력하고 바꿔보는 협동을 할 수 있도록 한다. ⑥ 안전하게 놀고 친절하게 말하는 것을 할 수 있도록 한다.
인지적 영역	① 의사소통하는 방법을 알 수 있도록 한다. ② 기본 규칙과 게임 놀이를 할 수 있도록 한다. ③ 지시에 따르는 것을 할 수 있도록 한다. ④ 사물, 색, 모양을 인식하는 것을 배운다. ⑤ 몸에 대해 배우고(몸의 부분을 안다), 운동(움직임)의 개념을 배운다.
신체적 영역	① 아직 형성되지 않은 운동 기술을 배울 수 있다. ② 이동 기술(걷기, 달리기, 뛰기, 질주하기, 제자리 뛰기, 뛰어넘기)을 배울 수 있다. ③ 신체 기술(밸런스, 비틀기, 돌리기, 흔들기, 펴기, 높이기, 낮추기, 구부리기, 돌기)을 배울 수 있다. ④ 사물을 조절하는 것(던지기, 잡기, 차기, 치기, 튀기기)을 배울 수 있다, ⑤ 안정성(정적인 면과 동적인 면의 균형)을 배울 수 있다. ⑥ 심폐지구력, 유연성, 근력, 근지구력, 순발력, 민첩성, 협응력을 개발할 수 있다.

(2) 연령별 유아의 운동 특성 및 운동 능력 향상 방법

1세	운동 놀이의 시작 시기로서 생후 12개월은 걷기 시작하며 18개월은 달릴 수 있다. 초기의 운동 놀이는 사물을 밀고 끌고 다니는 행동을 시도한다. 보행 연습 기구를 통해 균형성을 기르도록 한 뒤 도움을 받으며 걷게 하거나 계단을 기어 올라가도록 연습시킬 수 있다.
2세	신체적 독립기로 운동기능이 활발히 발달하며 마음대로 돌아다니는 특성이 있으며 다양한 신체 활동(계단의 오르내림, 매달리기, 구르기 등)을 통해 신체를 발달시킬 수 있다.
3세	급속한 성장을 겪으며 일종의 완성기에 접어든다. 생활 습관과 운동 기능이 위태로운 단계를 넘어서는 시기다. 그네타기, 기어 올라가기 등을 통해 대근육 발달을 유도하고 동시에 나무 블럭 연결하기, 점토 놀이, 손가락으로 그림 그리기 등을 통해 소근육의 발달을 유도할 수 있다.
4세	유아기 중 발달이 가장 왕성한 시기로 대뇌의 80%가 발달한다. 지능과 신체적 기능의 발달이 특히 활발한 시기이다. 야외에서 놀 수 있는 여건을 마련하고 운동 능력을 향상시킬 수 있다.
5~6세	신체와 정신이 안정되어 조화를 이루는 시기이며 유아기의 마무리 단계이다. 자전거, 스케이트, 썰매, 줄넘기, 공놀이 등을 할 수 있도록 해주며 지금까지 해온 신체 움직임들이 보다 향상될 수 있도록 지도한다.

(3) 지각 운동 능력 발달의 구성 요소

지각과 운동은 상호의존 관계에 있다. 유아가 효과적으로 움직이기 위해서는 자신과 환경에 대한 정확한 지각이 있어야 하고 유아의 지각능력은 움직임에 의해 발달되는 것이다. 따라서 유아의 지각적인 능력이 자발적인 운동 능력에 달려 있음을 인식할 때 유아들은 다양한 신체 활동을 경험해야 한다. 이를 통해 발달할 수 있는 인지 발달은 신체 지각, 공간 지각, 방향 지각, 효과적인 시간 및 공간 적응 수립을 포함하는 지각 운동 개념이 있다.

지각 운동 요소	하위 주제	탐색개념
신체 지각	신체 명칭	신체각부분의 명칭
	신체 모양	구부러진, 곧게 뻗은, 둥근, 긴 모양 등
	신체 표면	앞, 뒤, 옆(오른쪽, 왼쪽)
공간 지각	장소	자기 공간, 일반 공간 존중 이해
	높이	높게, 낮게, 중간 높이 이해
	방향	앞, 뒤, 옆, 위, 아래, 비스듬히
	범위	크게, 작게, 넓게, 좁게, 중간으로
	바닥 모양	지그재그 등

시간 지각	속도	빠르게, 느리게, 점점 빠르게, 점점 느리게
	리듬	박자, 리듬패턴, 동시적으로, 연속적으로
	시간	과거, 현재, 미래, 오전, 오후, 저녁
무게 지각	무게 전이	무겁게, 가볍게, 점차 사라지게
	힘의 세기	세게/약하게, 중간 정도로
관계 지각	신체간의 관계	가까이, 멀리, 꼬이게 등의 관계
	사람과의 관계	짝 소집단(만나기, 헤어지기, 마주보기 등)
	물체와의 관계	공, 후프, 평균대 등과의 관계
움직임 지각	균형	움직임에서 균형의 역할 이해
	시간	움직임의 속도 증가 및 감소 이해
	힘	개인의 힘을 만들어 내거나 수정하는 능력
	흐름	움직임을 수행하거나 부드럽게 연결하는 능력

(4) 기본 운동 발달 구성 요소

기본 운동 발달을 위한 요소는 안정성, 이동 운동, 조작 운동으로 나뉠 수 있으며, 개념과 포함 요소는 다음과 같다.

안정성		이동운동 프로그램		조작운동 프로그램	
축 이용 기술	정적 동적	기초	복합	추진	흡수
굽히기 늘기기 비틀기 돌기 흔들기	직립 균형 거꾸로 균형 구르기 시작하기 멈추기 재빨리 피하기	걷기 달리기 리핑 호핑 점핑	기어오르기 갤로핑 슬라이딩 스키핑	굴리기 던지기 때리기 차기 튀기기 펀팅 되받아치기	잡기 볼 멈추기

(5) 유아기 운동 발달 프로그램 구성을 위한 기초적 체력 발달 구성 요소

체력 발달 프로그램 구성은 건강 관련 체력과 운동신경 관련 체력으로 나누어볼 수 있다.

02 유아기 운동 발달 프로그램 구성 요인

체력 요소 구분		개념	활동
건강관련체력	근력, 근지구력	- 근력 : 근육이 무게나 힘 등의 자극에 대해 최대한 힘을 발산할 수 있는 능력 - 근지구력 : 무게나 힘 등의 자극에 대해 반복하여 힘을 낼 수 있는 능력, 근육을 오래 움직일 수 있는 능력	앉아서 등 밀기, 벽 밀기, 오리걸음, 팔씨름, 팔굽혀펴기, 줄다리기, 엉덩이 밀기 등
	심폐지구력	심장, 폐, 혈관의 기능과 밀접한 관계가 있는 능력으로 전신 활동을 오래 할 수 있는 능력	수영, 오래 달리기, 자전거 타기, 계단 오르기, 걷기 등
	유연성	근육과 관절의 가동 범위 및 관절에 뻣뻣함이 없이 부드럽고 자연스럽게 움직일 수 있는 능력	손목, 발목 수축 이완 운동, 어깨와 귀 닿기, 몸으로 비행기 만들기, 다리 벌리기, 발 들어 올리기, 발로 신체 부위 대기 등
운동신경관련체력	평형성	움직이거나 정지한 상태에서 몸의 균형을 유지시킬 수 있는 능력 몸의 균형을 생활에 맞게 움직일 수 있는 능력	줄 따라 걷기, 평균대 걷기, 한발로 서기, 허수아비, 회전하여 중심잡기 등
	민첩성	일정한 방향으로 움직이는 몸을 신속하게 다른 방향으로 바꿀 수 있는 능력	차렷, 열중 쉬어, 왕복 달리기, 얼음 놀이, 가위바위보, 소리 듣고 움직이기, 방향 바꾸기 등
	순발력	순간적으로 최대한의 힘을 발산할 수 있는 능력	높이뛰기, 높이 뛰어 회전하기, 개구리 점프, 공 던지기, 점프가위, 무릎과 가슴 닿기 등
	협응성	감각 기관과 신체 부분이 조화를 이루어 행할 수 있는 능력	따라해 보세요, 그림자놀이, 몸으로 숫자 만들기, 박수치며 걷기 등

유아체육론 03 유아 체육 프로그램 교수법

1 유아 체육 교수법

유아 체육의 교수법은 일반적으로 직접 - 교사 주도적 교수법, 간접 - 유아 주도적 교수법, 유아 - 교사 상호 주도적 교수법 그리고 효과적 교수법으로 구분된다.

(1) 직접 - 교사 주도적 교수법

직접 - 교사 주도적 교수법은 전통적 교수법 중 하나로, 학생이 언제, 어디서, 무엇을, 어떻게 할지 교사가 모든 것을 결정하는 교수법이다. 직접 교수법은 다시 지시적 방법과 과제 제시 방법으로 나눌 수 있다.

1) 지시적 방법

시범 보이기, 연습해 보기, 활동에 대해 언급해 주기, 필요한 부분 보충 설명하기 등이 해당된다. 지시적 방법의 모든 결정권과 주체는 지도자라고 할 수 있다.

2) 과제 제시 방법

지시적 방법과 마찬가지로 유아가 활동하는 방법을 지도자가 정하지만, 유아의 의사 결정을 어느 정도 허용한다는 점에서 지시적 방법과 차이가 있다.

(2) 간접 - 유아 주도적 교수법

선택을 교수자가 아닌 유아에게 활동이나 선택의 기회를 주는 방법이다. 이 교수법은 유아 개개인의 흥미나 능력의 차이를 인정하기에 시범 혹은 설명 없이 유아가 원하는 활동 과제를 수행한다. 학습의 결과보다 과정에 중점을 두며, 활동 시 어떤 운동기구나 소도구도 자유롭게 이용이 가능하다는 특징이 있다. 개인차를 인정하고 유아의 능력, 흥미와 취향에 따라 운동을 선택하게 하며, 유아 스스로 독창성을 발휘하여 자기 발견 학습을 할 수 있다는 장점이 있다.

(3) 유아 - 교사 상호 주도적 교수법

유아의 흥미와 교사 주도의 체계적 접근의 균형적인 방법이다. 교수자의 안내를 받으며 유아에게 적절한 과제와 연습 기회를 제공한다는 특징이 있다. Slater(1993)의 발표에 따르면, 유아 - 교사 상호 주도적 교수법은 도입 단계, 동작 습득 단계, 창의적 표현 단계, 평가 단계의 4단계로 전개되는 체계적인 특징이 있다. Katz와 Chard(1989)는 교사 주도의 체계적, 학문적 교수법과 전적으로 유아의 흥미에 의존하여 활동을 전개하는 놀이 중심의 전통적 유아 중심 접근법이 모두 유아의 정신을 몰입시키는 데 실패하고 있다고 비판하면서 유아의 흥미에 근거한 교사 주도의 체계적인 접근 방법을 연결해주는 통합적 교수 - 학습방법을 제안하였다.

03 유아 체육 프로그램 교수법

(4) 효과적 교수법

효과적인 교수법의 핵심은 유아가 안정된 분위기 속에서 가능한 많은 시간을 학습 활동에 참여하도록 하는 데 있으므로 이를 가능하게 하는 교수 전략을 수립하는 것은 매우 중요하며, 여러 가지 연구에서 밝혀진 효과적인 전략은 다음과 같다.

① 수업 내용을 미리 알려주어 수업의 효과를 올린다.
② 정해진 일정한 시간에 수업하고 마무리한다.
③ 주의 집중을 위한 방법을 개발하고 활용한다.
④ 교사가 열정과 에너지로 지도한다.
⑤ 칭찬은 기본, 과정을 칭찬한다.
⑥ 수업 활동을 다양하게 진행한다.
⑦ 실제 학습 시간으로 많은 시간을 활용한다.

2 유아기 운동 발달프로그램 지도 원리

놀이 중심의 원리	지속적인 운동 참여를 유도하도록 흥미를 고려하고 유아가 즐겁게 참여하도록 한다.
생활 중심의 원리	체육 활동을 통해 일상생활과 연결된 체험을 유도하고 학습할 수 있도록 한다.
개별화 원리	운동 능력과 발달 속도에 따른 체육 활동을 유도하고, 유아의 운동 능력 수준이나 경험 수준이 다양한 점을 고려함으로써 유아 개개인의 차이를 고려한다.
탐구 학습의 원리	유아 스스로 움직임의 개념, 즉 신체에 대한 움직임, 방향, 시간, 힘, 흐름 등과 같은 움직임의 기본적 개념을 탐색하여 가능성을 찾고 탐구하고 발견하면서 학습하도록 한다.
반복 학습의 원리	안정, 이동, 조작 운동의 3가지 기초 운동을 반복 학습한다.
융통성의 원리	활동 순서나 시간을 제시할 때 유아의 체력과 흥미, 활동 시간 등을 고려하여 활동한다. 이를 통해 유아의 신체 활동 시 스스로 시간을 결정할 수 있는 융통성을 부여한다.
통합의 원리	기초 운동 기술(안전, 이동), 운동 능력(협응, 균, 힘, 속도)과 지각 – 운동 능력(공간, 신체, 방향, 시간)의 통합적 발달이 이루어지도록 한다.

3 유아기 운동 발달 프로그램 지도법

(1) 유아의 기초 체력 향상을 위한 운동 프로그램 지도법

① 근지구력 향상에 중점(한 발로 오래 뛰기, 윗몸일으키기)

② 유연성 향상에 중점(다리 뻗고 앉아서 앞으로 굽히기)
③ 평형성 향상에 중점(눈감고 한 발로 서기, 평균대 위에 한 발로 오래 있기)
④ 순발력 향상에 중점(제자리 멀리 뛰기, 서전트 점프)
⑤ 민첩성 향상에 중점(왕복 달리기, 지그재그 달리기)

(2) 유아의 지각 발달을 위한 운동 프로그램 지도법
① 신체 각 부위의 위치와 명칭 알기
② 신체 각 부위의 활동과 중요성 알기

(3) 유아의 공간 지각 능력 발달을 위한 운동 프로그램 지도법
① 신체가 공간에서 차지하는 비중 알기
② 신체를 외부 공간으로 표현하는 능력 향상시키기
③ 기초적인 운동 능력 향상시키기

(4) 유아의 시·청각 발달을 위한 운동 프로그램 지도법
① 거리(깊이, 높이)의 판단 능력
② 형태를 재생하고 인식하며 분별하는 능력
③ 청각을 통한 명령에 적절한 반응 능력
④ 유사한 소리를 구별할 수 있는 능력
⑤ 들은 이야기를 기억 및 재구성하는 능력

4 지도자의 심리적 기술

(1) **목표를 향한 동기 부여**
활동은 항상 목표가 있다. 목표 없는 활동을 지루함을 유발시킬 뿐이다. 어떠한 활동을 통해 어떤 운동 효과를 얻고 싶은지 미리 목표를 설정하고, 그 활동에 대한 동기 부여를 실시해야 한다.

(2) **의욕적인 지도**
유아는 새로운 것에 두려움을 갖고 적극성을 띠지 않는 특성이 있다. 그렇기에 교사가 먼저 흥미를 갖고 의욕적으로 지도해야 유아들도 흥미를 가지고 수업에 참여할 수 있다.

(3) **변화 있는 지도**
변화 없는 단순 반복 활동은 성인도 지치게 만든다. 유아는 성인에 비해 집중력이 짧기에 매일 같

03 유아 체육 프로그램 교수법

은 활동을 반복하게 되면 수업에 효율이 감소한다. 그렇기에 교수자는 항상 변화 있게 창의적으로 수업을 준비해야 하고 진행해야 한다.

(4) 심리적 특징을 고려한 지도
앞서 살펴보았듯이 유아는 집중력이 성인에 비해 짧다. 그렇기에 정적인 활동이 많지 않도록 유의해야 한다. 또한 단순 활동에서 복잡한 활동으로 단계에 변화를 주어야 한다. 단계를 올림으로써 참여 아동의 흥미를 유발시킬 수 있다.

(5) 개인차를 고려한 지도
교사는 학생의 개인적인 차이를 이해하고 있어야 효과적으로 지도할 수 있다. 개인적인 차이는 교육적으로 중요한 의미를 가지고 있다. 특히 신체 활동을 요하는 체육적인 면에서 중요한 것은 체력의 차이, 운동 소질 및 적성의 차이 등을 들 수 있으며 아동들의 운동 능력 또한 개인차가 현저하여 연령은 같더라도 운동을 수행하는 능력은 개인차가 존재하기에 획일적인 지도보다는 개인의 능력에 맞춰 지도하는 것이 바람직하다.

(6) 시범을 통한 정확한 지도
유아들에게는 말로 설명하는 것보다 교사가 직접 행동으로 보여주는 것이 유아의 이해에 효과적이다. 정확한 동작으로 보여주는 시범은 동작의 습득뿐만 아니라 동작수행 시 처할 수 있는 유아의 위험요인 또한 감소시킬 수 있다.

5 유아 체육 교사의 필요 역량

(1) 수업의 목표와 계획을 수립하라.

(2) 수업에 필요한 지식과 정보를 수집하라.

(3) 교사가 수업에 적극 참여하라.

(4) 유아의 건강 상태를 확인하라.

(5) 유아에게 확산적인 질문을 하라.

(6) 항상 부드럽고 다정한 모습으로 다가가라.

(7) 즐거움과 재미를 전달하라.

(8) 구체적이고 정확한 시범을 보여라.

(9) 유아에게 충분한 시간을 제공하라.

(10) 협동심을 유발하라.

(11) 유아의 안전을 최우선으로 하라.

(12) 보조자의 역할을 하라.

(13) 통합적인 수업을 하라.

(14) 긍정적인 언어를 사용하라.

6 유아기 운동 발달 프로그램의 단계적 설계

유아 개인의 특성을 최대한 고려한 지도 방법과 연습 방법을 제공해야 한다. 유아와 지도자들의 능력에 맞추어 부담감 없이 최상의 결과를 얻도록 설계해야 한다. 다양한 교구의 세팅을 통해 실제적으로 실행될 수 있는 활동이 포함하여야 한다.

구분	내용	활동		중점항목
		교사	유아	
준비	• 비 운동 • 기초 체력 및 신체 표현 놀이	• 건강 이상 유무 확인 • 준비 운동 실시	• 건강 확인 • 기초 체력 및 신체 표현 놀이	• 건강 확인
도입	• 목표 제시 • 활동 설명 • 활동 방법	• 활동 방법 및 목표 제시 • 유아 의견 수렴 • 안전사항 설명	• 설명 듣기 • 활동에 대한 의견 말하기	• 유아 의견 반영 • 질서 및 안전 강조
전개	• 활동 실시	• 흥미를 가질 수 있도록 분위기 조성 • 적극적 활동 유도 • 정확한 시범	• 적극적 참여 • 활동 목표 인지	• 개인차 고려 • 자세수정
정리	• 정리 운동 • 생활 지도 • 차시 예고	• 정리 운동 지도 • 기본 생활 교육 및 차시 예고	• 정리 운동 • 활동 생각하기 • 기본 생활 인지	건강 상태 확인

유아체육론 출제예상문제

1 영아기의 설명으로 옳지 않은 것은?
① 영아기는 생후 4주~2세까지를 말한다.
② 신체 길이가 빠르게 성장하고 피하조직이 크게 증가한다.
③ 생후 약 12개월이 되면 걸음마가 시작될 정도로 발달한다.
④ 신체 부위별 크기 증가는 똑같은 비율로 이루어진다.

● 해설
영유아는 신체 부위별 성장의 다양성이 있으며 발달의 과정은 계속적 과정이지만 속도나 크기는 일정하지 않다.

2 유아의 신체적 발달에 관한 설명이 잘못된 것은?
① 제1신장기는 5~7세이다.
② 유아기의 발달은 청년 초기보다 성장이 빠르다.
③ 제1충실기는 2~4세이다.
④ 9~14세 아동은 남자가 여자보다 높은 성장률을 보인다. 유아기의 발달은 청년초기보다 성장이 빠르다.

● 해설
유아기의 발달은 청년 초기보다 빠르며, 9~14세는 여아가 남아보다 높은 성장률을 보인다.

유아의 신체 발달 추기별 연령	
제1충실기	2~4세
제1신장기	5~7세
제2충실기	8~12세(남), 8~10세(여)
제2신장기	8~12세(남), 11~14세(여)

3 유아 체육에 대해 바르게 설명한 것은?
① 유아 체육이란 신체 활동을 통해서 유아의 성장 발달을 도와 신체적, 정서적, 사회적으로 완전한 전인적 인간을 만들기 위한 교육이다.
② 유아들의 발달과 심리에만 적합한 다양한 신체 활동이다.
③ 신체 활동을 통해 유아부터 초등학생까지의 성장 발달을 도와 신체적, 정서적, 사회적으로 완전한 전인적 인간을 만들기 위한 교육이다.
④ 유아를 위한 놀이와 유희와 스포츠 율동이다.

◉ 정답 1 ④ 2 ④ 3 ④

4 유소년이란 몇 세~몇 세까지 말하는가?
① 0세~만 7세
② 0세~ 만 12세
③ 초등학교 다니는 아이들
④ 만 3세~만 12세

5 피아제(Piaget)의 인지발달이론에 대한 설명 중 옳지 않은 것은?
① 감각운동기, 전 조작기, 구체적 조작기, 형식적 조작기로 구분된다.
② 전조작기에는 행동이 아닌 생각으로 행위를 수행할 수 있으며, 자기중심적인 특징이 있다.
③ 모든 사람이 형식적 조작기에 이를 수 있다.
④ 구체적 조작기에는 동일성, 보상성, 가역성의 특징을 나타낸다.

⊕ 해설
형식적 조작기는 피아제(Piaget)의 4단계 인지 발달 이론의 마지막 단계이며, 대략 11세 이후의 청소년들에게서만 관찰 가능한 사고 패턴인 형식적 조작 사고가 등장하는 시기이다.

6 후기 아동기 시기의 정서 발달 특징에 대한 설명으로 옳지 않은 것은?
① 정서적 수준은 이미 성숙한 수준으로 가정에서나 학교에서나 일괄된 행동을 보인다.
② 자아중심적이며 소집단 활동에서는 잘 놀지만, 장시간 이어지는 대집단 놀이에서는 서투른 편이다.
③ 때때로 공격적이고 자아비판적이며 과잉 반응으로 행동한다.
④ 남아와 여아의 관심가가 비슷하지만 이후부터는 점차 달라지기 시작한다.

⊕ 해설
아동기 시기의 정서적 특징은 자기중심적이며, 모든 사람들이 자신과 같은 방법으로 생각한다고 추측한다. 또한 다른 사람과 나누거나 사이좋게 지내기를 싫어하는 것처럼 보이며 새로운 상황을 두려워하고 수줍어한다.

7 유아의 성장 및 발달에 영향을 주는 요인으로 거리가 먼 것은?
① 질병
② 운동과 손상
③ 영양 섭취
④ 성격

⊕ 해설
유아의 성장 및 발달에 영향을 주는 요인으로는 영양 섭취, 운동과 손상, 질병 및 기후 등의 천재지변이 있다.

정답 4 ④ 5 ③ 6 ① 7 ④

8 유아기의 인지 발달의 특성 중 거리가 먼 것은?

① 대부분의 시간을 놀이로 보내고, 놀이를 통해 신체의 움직임을 배우는 시기이다.
② 신체 조직에 대해 궁금해 하는 시기이다.
③ 창의적 생활이 제한된 시기이다.
④ 호기심이 많고 주의 집중 시간이 짧은 시기이다.

해설
유아의 인지 발달 특징은 주의 집중 시간이 짧고, 모든 사물에 대한 관심과 호기심이 많으며 신체 조직에 대해 호기심을 갖고 궁금해 한다. 또한 창의적인 생활이 특징인 시기이며 놀이를 통해 자신의 신체와 움직임을 배우는 시기이다.

9 유아의 신체적 발달 주기가 잘못된 것은?

① 제1충실기는 2~4세
② 제1신장기는 7~9세
③ 제2충실기는 8~12세(남), 8~10세(여)
④ 제2신장기는 11~14세(여)

해설

유아의 신체 발달 추기별 연령	
제1충실기	2~4세
제1신장기	5~7세
제2충실기	8~12세(남), 8~10세(여)
제2신장기	8~12세(남), 11~14세(여)

10 유아기의 사회적 발달의 특징과 거리가 먼 것은?

① 유아기에는 놀이를 통해 리더십과 경쟁, 협동심을 배우는 시기이다.
② 유아기에는 행동보다는 언어적 설명을 좋아하는 시기이다.
③ 유아기에는 자율성과 주도성이라는 발달적 과제가 나타나는 시기이다.
④ 유아기에는 유희적 만족을 추구하는 시기이며 자기중심적인 특징이 있다.

해설
유아기의 사회적 발달의 특징 중 하나는 언어적 설명보다는 실제 행동과 시범을 좋아하는 시기이다.

정답 8 ③ 9 ② 10 ②

11 유아기 정서적 발달의 특징과 거리가 먼 것은?

① 유아들은 자기중심적이며 '~했다요'라는 말을 쓰기도 한다.
② 유아들은 정서적 안정감의 상실을 두려워한다.
③ 유아들은 새로운 상황을 두려워하지 않으며 수줍어한다.
④ 유아들은 신체 및 정신의 욕구와 충족이 중요하다.

➲ 해설
유아기 정서적 발달의 특징 중 하나는 새로운 상황을 두려워하고 수줍어하며 안정감을 상실하는 것을 두려워한다는 것이다.

12 유아기의 발달 특징으로 옳지 않은 것은?

① 발달은 유전적 정보에 따라 기본 방향으로 연속적인 변화 단계를 발현하는 특징이 있다.
② 유아의 발달 시기에는 적정 시기가 존재한다.
③ 유아의 발달에는 순서성과 연속성이 있다.
④ 발달은 계속되는 과정이고, 속도도 일정하다.

➲ 해설
발달은 계속되는 과정이지만 속도는 일정하지 않다.

13 영유아 신체 발달의 형태와 거리가 가장 먼 것은?

① 생식형
② 신경형
③ 임파형
④ 순환형

➲ 해설
신체 발달 형태는 신체형, 신경형, 임파형, 생식형이 있다.

14 영유아 신경형 신체 발달의 형태에 대한 설명으로 틀린 것은?

① 뇌는 영유아기에 활발히 발달한다.
② 8세 때는 성인 뇌의 95% 발달한다.
③ 뇌는 유아가 태어날 때부터 다른 부위에 비해 무겁지 않다.
④ 뇌, 척추, 안구가 발달한다.

➲ 해설
뇌는 다른 부위에 비해 무겁고 뇌는 영유아기에 급격히 발달한다.

정답 11 ③ 12 ④ 13 ④ 14 ③

유아체육론 출제예상문제

15 신경 기능의 발달 특성의 설명 중 옳은 것은?

① 척수가 빠르게 발달하지 않는다.
② 키, 체중, 체표면적의 신체 발육과 관련성이 높다.
③ 유아기에는 신경 기능의 발달이 활발하지 않다.
④ 평형성, 속도, 정확성 등 기능의 발달이 미흡하다.

> **해설**
> 키, 체중, 체표면적의 발육과 관련성이 높은 기능은 호흡 기능이다.

16 유아 운동 능력의 발달에 관한 설명 중 옳은 것은?

① 뇌에서 먼 곳부터 발달을 시작한다.
② 소근육이 먼저 발달하며 대근육은 이후에 발달한다.
③ 양방에서 일방으로 발달하며 양쪽 손 사용에서 오른손잡이로 발달한다.
④ 동작은 수직적 동작에서 수평적 동작으로 발달한다.

> **해설**
> - 뇌에서 가까운 곳에서부터 발달한다.
> - 대근육이 발달하고 나중에 소근육 발달한다.
> - 수평적 동작에서 수직적 동작으로 발달한다.

17 운동 발달 기본 움직임 단계에 대한 설명 순서가 바른 것은?

① 기초 → 반사 → 초보 → 전문화
② 반사 → 초보 → 기본 → 전문화
③ 초보 → 반사 → 기본 → 전문화
④ 반사 → 전문화 → 기본 → 초보

> **해설**
> • Gallahue의 운동 발달 기본 움직임
> - 1단계 : 반사적 운동(신생아기)
> - 2단계 : 초보적 운동(출생~2세)
> - 3단계 : 기본적 운동(2세~7세)
> - 4단계 : 전문적 운동, 스포츠와 관련된 동작(7세~)

정답 15 ④ 16 ③ 17 ②

18 운동 기술 습득 단계에 대한 설명으로 바른 것은?

① 개별화 과정 : 움직임 수행의 일반적 특성을 인식하고 관련된 움직임을 찾기 시작
② 조합 과정 : 유아가 한 움직임 기술을 다른 기술과 결합하기 시작
③ 적용 과정 : 효과적이고 의미 있는 움직임 형태의 탐색 시작
④ 탐색 과정 : 특정한 과제를 수행하기 위해 자신의 특성과 한계에 따라 수정하고 조정

▶ 해설
- 개별화 과정 : 학습자의 성별, 연령, 건강, 체력 및 심리적 특성을 고려하는 과정
- 적용 과정 : 특정한 과제를 수행하기 위해 자신의 특성과 한계에 따라 수정하고 조정하는 과정
- 탐색 과정 : 효과적이고 의미 있는 움직임 형태를 탐색하는 과정

19 안정성 운동 능력에 따른 설명 중 바른 것은?

① 정적 평행성은 무게 중심이 이동할 때 평형을 유지하는 능력이다.
② 동적 평형성은 무게 중심이 고정되어 있을 때 평형을 유지하는 능력이다.
③ 축성 평형성은 굽히기, 펴기, 비틀기, 몸 돌리기 등과 같은 정적 자세 유지 능력이다.
④ 안정성 운동은 비교적 가장 늦게 발달하는 능력이다.

▶ 해설
- 정적 평형성 : 고정된 자세에서 신체의 평형을 유지할 수 있는 능력
- 동적 평형성 : 어떠한 동작을 수행하는 동안 신체를 통제하고 평형을 유지할 수 있는 능력
- 안정성 운동 : 자리를 이동하지 않고 서거나 앉거나 누운 자세에서 이루어지는 동작

20 유아기 기본적인 움직임 기술에 해당되지 않는 것은?

① 이동 운동
② 반사 운동
③ 비 이동 운동
④ 조작 운동

▶ 해설
- 특정 자극에 의해 반사적으로 수행되는 운동인 반사 운동은 영아기의 특징에 해당한다.
- 유아기의 기본적인 운동 능력
  - 이동 운동 : 걷기, 달리기
  - 비 이동 운동 : 구르기, 비틀기
  - 조작 운동 : 던지기, 차기

정답 18 ② 19 ③ 20 ②

유아체육론 출제예상문제

21 유아기 신체 건강의 3가지 요인이 아닌 것은?
① 수면
② 영양
③ 운동
④ 장소

🔎 해설
신체 건강의 3가지 요인으로는 영양, 수면, 운동이 있다.

22 유아기 영양과 거리가 먼 것은?
① 신체와 정신 발달에 영향을 미친다.
② 운동 전 고당질의 영양소 섭취는 지양하도록 한다.
③ 유아기 때부터 편식 습관을 들이지 않도록 주의해야 한다.
④ 부모의 관리보다는 교사의 관리가 필수적이다.

🔎 해설
유아기의 영양은 신체와 정신 발달에 영향을 미치며 부모의 영양 지도가 필수이며, 유아기 때부터 편식 습관을 들이지 않도록 주의하며 고당질의 영양소 섭취는 지양하도록 한다.

23 유아기의 수면에 관한 설명 중 틀린 것은?
① 유아기의 수면은 건강과 밀접한 관련성을 지니고 있다.
② 유아기 수면의 질은 유전보다 환경적 영향이 더욱 크다.
③ 유아기 때는 하루 1회 정도 낮잠이 필요하다.
④ 유아기의 수면 부족은 울음, 짜증 등 정서적 불안과 관계가 없다.

🔎 해설
유아기의 수면 부족은 울음, 짜증 등 정서적 불안과 관계가 깊다.

24 유아 운동의 권장지침이 아닌 것은?
① 건강한 생활을 위한 습관과 태도를 배양한다.
② 에너지와 감정의 발산을 통해 정신적 건강에 유익하다.
③ 위험한 환경으로부터 유아를 보호하기 위해 야외 활동을 지양한다.
④ 안전한 생활에 필요한 습관과 태도를 배양한다.

🔎 해설
유아기 때의 야외 활동은 햇빛을 통해 피부 저항을 길러주기 때문에 필요한 활동이다.

정답 21 ④ 22 ④ 23 ④ 24 ③

25 유아 운동 권장지침으로 옳지 않은 것은?

① 간접적, 직접적 상황에서 대근육 활동을 할 수 있는 기회를 지속적으로 제공한다.
② 물체의 조작과 눈과 손의 협응이 자연스럽도록 프로그램을 구성한다.
③ 전신을 움직이는 활동보다 세부적 움직임의 기술을 우선으로 구성한다.
④ 지각 운동 기능이 향상될 수 있도록 특별한 활동을 포함한다.

> **해설**
> 유아 운동 권장지침은 과학적 근거가 미약하고 각 국가에서 권장하는 내용들이 조금씩 차이가 있으나 일반적으로 하루에 계획된 신체 활동과 계획되지 않은 신체 활동을 각 한 시간 이상 할 것을 권고하고 있으며, 세부적인 내용으로는 직·간접적 상황에서의 대근육 활동, 협응 활동, 전신 활동, 지각 운동 기능이 향상될 수 있는 활동 등이 있다.

26 유아 발달 프로그램의 기본 원리 중 특이성의 원리에 해당하는 것은?

① 체력 향상의 다양한 측면보다 극히 일부분만 관여한다.
② 개개인의 유전과 환경요인을 고려한 개인차를 반영한다.
③ 체력의 구성 요소들을 발달시키기 위해서는 단일 종목의 운동을 반복적으로 연습한다.
④ 지속적인 체력 향상을 위해 운동량을 동일하게 한다.

> **해설**
> 운동 발달 프로그램을 구성하는 데 있어 전형적이며 공통적인 일반화된 특성뿐만 아니라 개개인의 운동 능력과 유전적 환경요인을 고려한 개인차를 반드시 고려해야 한다.

27 지각 운동을 위한 유아의 활동 중 공간 인지 능력을 발달시키는 활동으로 적합한 것은?

① 신체를 '점점 높게, 점점 낮게, 앞, 뒤, 위, 아래'로 움직인다.
② 빠르거나 느리게 걷거나 뛴다.
③ 팔을 강하게 또는 약하게 위에서 아래로 당긴다.
④ 몸을 부드럽게 흔든다.

> **해설**
> 공간 인지 능력을 발달시키기 위한 활동으로 신체의 높이는 높게, 낮게, 중간 높이로 움직이며 방향은 앞, 뒤, 위, 아래, 비스듬히 움직이는 것이 있다.

신체 지각	몸으로 무엇을 할 수 있는가, 신체 명칭, 모양, 표현, 범위 지각, 1세 전후 발달, 가장 먼저 발달 지각 능력
공간 지각	어디로 움직이는가, 위치, 방향, 거리
방향 지각	양측성과 방향성 구분. 양측성(앞/뒤, 오른쪽/왼쪽, 위/아래)
시간 지각	속도와 리듬 동작 발달
관계 지각	누구와 함께 하느냐 문제. 신체 사물 사람과의 관계를 포함한다.

정답 25 ③ 26 ② 27 ①

유아체육론 출제예상문제

28 유아 운동 프로그램 구성 시 교사의 고려 사항이 아닌 것은?

① 과제를 위한 시간 분배를 가지고 진행을 예측해야 한다.
② 유아의 개인차보다 과제 수행을 우선시해야 한다.
③ 학습자가 과제를 인식할 수 있도록 어떤 신호나 자극을 줘야 한다.
④ 과제를 설명할 때 학습자와 의사소통이 될 수 있도록 해야 한다.

○ 해설
유아의 운동 프로그램을 구성할 때 과제를 위한 시간을 분배해야 한다. 학습자가 과제를 인식할 수 있도록 신호나 자극을 주며 학습자와 의사소통을 할 수 있도록 해야 한다. 또한 유아기는 개개인 별로 운동 능력의 차이가 있기 때문에 개인차를 고려한 프로그램을 구성해야 한다.

29 유아 – 교사 상호주도적 통합 교수 방법에 대한 설명으로 옳은 것은?

① 유아가 어떤 활동이든 똑같이 반복할 수 있도록 지도한다.
② 유아가 무엇을, 언제, 어떻게 할 것인가를 교사가 주도적으로 결정한다.
③ 운동 선택 결정 기회를 전적으로 유아에게 부여하여 운동도구나 소도구를 자유롭게 이용한다.
④ 유아의 흥미와 교사의 체계적인 접근 방법이 균형을 이룬다.

○ 해설
유아 – 교수 상호주도적 통합 교수 방법은 유아의 흥미와 교사의 체계적인 접근 방법이 균형을 이루는 방법이다.

30 유아기 운동 발달 프로그램의 기본 원리가 아닌 것은?

① 적합성의 원리
② 보편성의 원리
③ 다양성의 원리
④ 안전성의 원리

○ 해설
유아기 운동 발달 프로그램의 기본 원리는 적합성의 원리, 다양성의 원리, 방향성의 원리, 안전성의 원리, 특이성의 원리가 있다.

정답 28 ② 29 ④ 30 ②

31 유아 운동 프로그램의 구성 요소가 아닌 것은?

① 운동 경험
② 운동 빈도
③ 운동 강도
④ 운동 시간

◉ 해설
운동 프로그램의 구성 요소는 운동 빈도, 운동 강도, 운동 시간, 운동 형태가 있다.

32 지각 운동 능력 발달의 구성 요소가 아닌 것은?

① 신체 지각
② 공간 지각
③ 무게 지각
④ 개인 지각

◉ 해설
지각 운동 능력 발달의 구성 요소로는 신체 지각, 공간 지각, 시간 지각, 무게 지각, 관계 지각이 있다.

33 유아기 운동 발달 프로그램 구성 중 건강 관련 체력 요소가 아닌 것은?

① 근력
② 심폐지구력
③ 평형성
④ 유연성

◉ 해설
건강 체력 요소로는 근력, 근지구력, 심폐지구력, 유연성이 있다.

34 유아 체육 활동 시 안전을 위한 고려사항이 아닌 것은?

① 발달 수준에 적합한 운동 기구 선택
② 도구 사용법이나 운동 방법에 대한 사전 교육
③ 위험한 장소에서도 운동 수행
④ 운동 전, 후에 올바른 준비, 정리 운동 실시

◉ 해설
유아 체육 활동 시 안전을 위해서는 유아의 발달 수준에 적합한 운동 기구를 선택하며 도구 사용법이나 운동 방법에 대한 사전 교육이 필요하며 운동 전, 후에 올바른 준비, 정리 운동을 실시해야 한다.

◉ 정답 31 ① 32 ④ 33 ③ 34 ③

유아체육론 출제예상문제

35 유아의 학습 행동 발달 유형의 순서를 바르게 나열한 것은?

① 탐색 – 탐구 – 활용 – 인식
② 인식 – 탐색 – 탐구 – 활용
③ 탐구 – 활용 – 인식 – 탐색
④ 활용 – 인식 – 탐색 – 탐구

◉ 해설
유아의 학습 행동 발달 유형의 순서는 인식 – 탐색 – 탐구 – 활용 순이다.

교수 – 학습의 주기(인식 – 탐색 – 탐구 – 활용)	
인식	환경 조성하기, 새로운 물건이나 대상, 사람을 소개하여 흥미를 가질 수 있는 기회 제공이나 질문을 제시하여 흥미 유발, 유아의 관심이나 선행 경험에 반응하기, 관심과 호응 보여 주기
탐색	관찰 촉진, 조장, 탐색의 기회 확대 지원, 적극적인 탐색의 기회 제공, 놀이로 확장시키기, 유아의 활동 요사 및 기술하기, 탐색하기, 개방적 질문하기, 유아의 사고 존중 오류를 재구성하고 발견하게 하기
탐구	영유아 스스로 이해한 것을 개념화하도록 돕기, 영유아가 중요한 부분에 주의집중 할 수 있도록 안내하기, 초점에 다가설 수 있는 질문하기, 필요할 때 적절한 정보 제공하기, 영유아가 경험과 지식을 관련지을 수 있도록 돕기
활용	생활에 적용할 수 있는 매체나 기제 창조하기, 영유아가 새로운 상황에 적용해 보도록 돕기, 학습한 내용을 의미 있는 상황에 적용하기

36 유아 체육 지도의 원리 중 옳지 않은 것은?

① 놀이 중심의 원리 : 유아 흥미를 고려하여 다양한 운동도구를 활용한 프로그램에 참여
② 개별화의 원리 : 유아의 운동 능력과 발달 속도에 따라 체육 활동을 경험
③ 반복의 원리 : 안정, 이동, 조작 운동의 3가지 기초 운동 반복 학습
④ 융통성의 원리 : 기초 운동 기술, 운동 능력, 지각 – 운동 능력의 발달이 통합적으로 이루어지게 함

◉ 해설
융통성의 원리는 유아 스스로 신체 활동의 시간을 결정할 수 있도록 융통성을 두도록 하는 원리이다.

◉ 정답 35 ② 36 ④

37 유아기 운동 발달 프로그램의 단계별 설계 중 교사의 활동으로 맞는 것은?

① 준비 : 신체의 이상 유무 확인
② 도입 : 유아의 능동적 활동을 지도
③ 전개 : 건강 및 안전과 관련된 기본 생활 교육
④ 정리 : 질서 및 흥미를 가질 수 있도록 분위기 조성

🔵 해설
- 질서 및 흥미를 가질 수 있는 분위기 조성은 전개 단계에서 실시하도록 한다.
- 유아의 능동적 활동을 자도(전개), 건강 및 안전과 관련된 기본 생활 교육(정리), 질서 및 흥미를 가질 수 있도록 분위기 조성(도입)을 한다.

38 신체 활동 지도 시 고려 사항이 아닌 것은?

① 신체 각 부위를 탐색하고 활동할 수 있게 기회를 제공한다.
② 유아의 발달별 개인차가 있음을 알고 적절히 대응한다.
③ 교사는 유아의 생각이 끝나기 전에 피드백을 제공한다.
④ 움직이면서 생각하고, 생각하면서 움직일 수 있도록 한다.

🔵 해설
교사는 유아가 생각할 시간을 충분히 제공해야 한다.

39 유아의 시각 운동 발달을 위한 지도 방법 중 틀린 것은?

① 신체 기본 움직임 향상
② 깊이와 높이 판단 능력 향상
③ 거리 판단 능력의 향상
④ 신체 외부공간으로 표현하는 능력의 향상

🔵 해설
신체 외부공간으로 표현하는 능력을 향상시키는 지도 방법은 공간 지각 지도 방법 중 하나이다.

40 유아 체육 지도자의 유의점 중 틀린 것은?

① 안전사고에 대비하여 사전 준비와 예방책 마련
② 유아의 생리적, 심리적, 사회적 특성과 발달 수준을 고려한 단계적 지도
③ 유아의 흥미나 능력에 맞는 활동이나 자료를 제공
④ 유아의 신체 활동에 요구하는 놀이를 통해 인성 발달을 촉진하도록 지도

🔵 해설
유아 체육 지도자의 역할은 유아의 신체 활동에 요구되는 놀이를 통해 신체 발달을 촉진하는 것이다.

🔵 정답 37 ① 38 ③ 39 ④ 40 ④

10 과목

특수체육론

01 특수체육의 개요
02 특수체육에서 사용하는 사정과 측정도구
03 특수체육 지도 전략
04 장애 유형별 체육지도 전략
출제예상문제

특수체육론 01 특수체육의 개요

1 특수체육의 개념
① 특수체육은 장애인의 삶의 질을 향상시키고 자아를 실현할 수 있도록 지원하는 현장 중심의 학문으로 일반적으로 장애가 있는 사람들의 체육 활동과 관련 있는 분야에서 사용되는 용어
② 운동 참여라는 체육의 기본적 목표를 성취시켜주기 위해 상호작용적 변인들을 변화시킴으로써 운동참여 방해요소를 최소화하고 운동참여 촉진요소를 최대화 시키는 학예(Sherrill)
③ 개인들의 독특한 요구를 충족시켜주기 위해 계획된 체력과 운동체력, 기본운동기술과 양식 그리고 수중활동 무용 개인 및 단체 게임 스포츠에서의 기술들을 포함하는 개별화되는 프로그램(Wonnick)
④ 심리 운동적 문제의 발견과 해결을 목적으로 하는 학문적 지식체계이며, 개인적 혹은 환경적 문제를 개선시키기 위해 고안된 서비스 전달체계(최승오)

2 특수체육과 장애의 관계

(1) 장애의 정의

1) 장애인복지법
   신체적, 정신적 장애로 오랫동안 일상생활이나 사회생활에서 상당한 제약을 받는 자로서 대통령령이 정하는 장애의 종류 및 기준에 해당하는 자

2) WHO의 장애 개념
   ① 국제장애분류(ICIDH, 1980년)
     - 질병의 결과로 장애가 나타난다고 보아 장애와 질병이 서로 구분되는 개념임을 확인
     - 장애는 손상, 기능장애, 사회적불리(핸디캡)으로 구분하고, 서로 연관성을 가진다고 파악
     - 손상 : 신체적, 심리적 기능의 손실로 인한 영구적, 일시적 병리적 상태
     - 기능장애 : 각종 기능 상실로 인해 일상생활 속에서 받게 되는 제한성
     - 사회적불리 : 일반 사회생활 속에서 받게 되는 제약이나 불이익
   ② 국제 기능·장애·건강분류(ICF, 2001년)
     - 장애란 총체적인 개념으로 신체 기능과 구조의 손실 뿐만 아니라 사회적 인식 등의 환경적 요인과 성, 연령, 인종 등의 개인적 요소의 상호작용에 의해 발생하는 것이라고 파악
     - 기존의 손상, 기능장애, 사회적불리의 개념을 ①신체 기능과 구조, ②활동의 제한, ③참여 제약으로 변경하고 장애는 누구에게나 발생가능한 일반적 현상이라고 인식

(2) 특수체육의 참여자

① 특수체육의 참여 대상은 일반적으로 장애가 있는 사람이지만 특수체육은 장애에 한정되지 않고 신체활동에 어려움을 가지는 사람들까지 포함하는 넓은 개념
② 다만, 장애인 스포츠에 있어서는 공정하고 대등한 경쟁이 가능하도록 종목별로 참여 가능한 장애 유형을 구분하고 있으며, 장애 정도도 등급분류 또는 검사를 통해 최소 장애기준 충족이 필요
③ 특수교육 대상자와의 관계
  - 특수교육도 반드시 장애를 가지고 있는 사람만을 대상으로 하는 것은 아님
  - 특히, 특수교육의 경우 장애인 등에 대한 특수교육법이 별도로 존재하고 있으며 이에 따른 장애 유형분류가 장애인복지법과는 차이가 존재

구 분	장애인	특수교육의 대상
법적근거	장애인복지법	장애인 등에 대한 특수교육법
장애분류 (대상자 범위)	(15종) - 신체적 장애 : 외부 신체기능 / 내부 기관의 장애 1. 지체 2. 뇌병변 3. 시각 4. 청각 5. 언어 6. 안면 / 7. 심장 8. 호흡기 9. 간 10. 신장 11. 장루·요루 12. 뇌전증 - 정신적 장애 : 발달장애 / 정신질환으로 발생 13. 지적 14. 자폐성 / 15. 정신	(10종) 1. 시각 2. 청각 3. 지적 4. 지체 5. 정서·행동 6. 자폐성 7. 의사소통 8. 학습 9. 건강 10. 발달지체

3 특수체육의 내용

① 장애가 있거나 신체 활동에 어려움을 가지는 사람들을 대상으로 하는 체육
② 장애인을 개별적인 욕구를 가진 사람이라고 파악하고, 이러한 욕구를 충족시키기 위해 계획하여 제공하는 개별화 프로그램
③ 프로그램에 신체 교정, 훈련, 치료 등의 요소를 포함시켜 신체적 능력에 차이가 있는 참여자들이 안전하게 스포츠를 경험할 수 있도록 함

  * 특수체육 용어 변화
    1952 미국체육학회 adapted physical education
    → 2001 세계특수체육학회(IFAPA) adapted physical activity

4 특수체육의 특징

① 법률적 요구와 사정에 기초하여 제공되는 서비스로 단순한 적응 교육이 아닌 연속적인 직접 서비스를 제공
② 적절하게 변형된 스포츠규칙, 전략, 기술 등의 방식으로 대상자의 낮은 수준의 다양한 심리, 운동 수행능력을 고려한 서비스 제공
③ 스포츠는 문화의 일부이므로, 장애인들도 일생동안 스포츠에 참여할 수 있도록 여가 선용 기술을 발달시키는 것을 목적으로 하며, 이에 따라 유아 및 청년기 연령층을 포함하는 평생교육 측면도 강조
④ 유기체와 환경과의 관계를 연구하는 생태학과 밀접한 관련이 존재
⑤ 사회적 참여와 삶의 질을 최적화시키기 위해서는 장애인의 임파워먼트(권리신장)가 필요
  - 임파워먼트는 개인적 유능감, 자기결정, 사회적 참여의 3가지 속성을 가짐
⑥ 시행목적에 따라 적응체육, 교정체육, 발달체육, 의료체육 등으로 구분 가능
  - 적응체육 : 기존의 체육 활동을 변형하여 장애인에게 안전한 참여의 기회 제공
  - 교정체육 : 기능적 물리적 신체의 결함을 교정
  - 발달체육 : 장애아동의 능력을 일반 아동의 수준으로까지 향상
  - 의료체육 : 특정한 신체적 활동으로 장애인의 운동 능력을 다시 회복시키거나 향상

5 특수체육의 목표

인지적, 심동적(신체적 움직임), 정의적 영역을 고루 발달시키는 것
① 인지적 영역 : 놀이와 활동을 통해 인지운동 기능과 감각을 발달
② 심동적 영역 : 운동 기술과 패턴을 익혀 체력을 향상시키고, 여가에 필요한 기술을 습득
③ 정의적 영역 : 사회적 능력 향상, 긍정적 자아 형성, 즐거움을 느끼고 긴장을 해소

6 장애인 스포츠 대회

(1) 국제대회

구분	패럴림픽	스페셜올림픽	데플림픽
장애 유형	지체, 뇌병변, 지적, 시각	지적, 자폐성	청각
개최시기	4년마다 일반 동·하계 올림픽과 동일한 시기	4년마다 동·하계 개최	4년마다 동·하계 개최 (일반올림픽 다음해)
수상방식	1~3위	1~3위, 4위 이하는 리본 수여	1~3위
국제기구	IPC (국제패럴림픽위원회)	SOI (국제스페셜올림픽위원회)	ICSD (국제농아인스포츠위원회)
등급분류	10가지	디비져닝(3단계분류) ① 성별 → ② 연령 → ③ 능력	최소 55dB이상

- 패럴림픽 등급분류 세부내역
  - 지체장애(5종) : 근력손상, 관절장애, 사지결손, 하지차이(다리길이), 짧은 키
  - 뇌병변(3종) : 경직성, 운동실조증, 무정위운동증

(2) 국제대회 개최의 목적과 기능

① 목적 : 장애인 스포츠에 대한 국민적 이해 증진, 장애 체육인의 경기력 향상, 체육 활성화
② 기능 : 장애인에 대한 사회 인식의 긍정적 개선 및 사회 통합, 고용 창출 등의 경제적 효과 및 국가 브랜드 이미지제고

(3) 장애인 스포츠 대회 관련 주요연혁

1924 제1회 국제농아인경기대회(파리) → 1960 제1회 패럴림픽(로마) → 1967 제1회 전국상이군경체육대회(국내) → 1976 제1회 동계패럴림픽(스웨덴) → 1981 제1회 전국장애인체육대회(국내) → 1988 제8회 하계 패럴림픽(서울) → 2004 제1회 전국장애인동계체육대회(국내) → 2005 대한장애인체육회 설립 → 2013 스페셜올림픽(평창) → 2014 장애인아시아경기대회(인천) → 2018 제12회 동계패럴림픽(평창)

7 장애인 스포츠지도사

국민체육진흥법에 근거를 두고 국민체육진흥공단에서 실시

① 장애유형에 따른 운동 방법에 대한 지식을 보유하고 장애인을 대상으로 해당 자격 종목에 관해 전문체육 또는 생활체육을 지도할 수 있는 능력을 가진 사람
② 장애인 스포츠지도사의 자격이 부여되는 종목은 현재 34개 종목

8 통합체육

(1) 통합체육의 개념
① 체육교과에서 이루어지는 통합교육으로 장애학생이 비장애학생과 함께 정규 수업에 참가하여 같은 환경 내에서 교육을 받는 것을 의미
② 장애인들은 통합과정을 통해 사회의 구성원으로서 권리를 보장받을 수 있으며, 장애인관련 법령에 따라 이러한 통합을 적극적으로 요구할 수 있음
* 사회적 관점에서 통합사회, 교육적 관점에서 통합교육, 체육 관점으로는 통합체육

(2) 통합체육의 특징
① 장애학생들은 비장애 학생들과 함께 하면서 더 잘하고 싶다는 자극을 받게되므로 장애학생의 운동 수행 능력은 통합 체육교육 환경에서 더 나은 수행능력 발휘 가능
② 비장애학생은 장애학생에게 모범적 역할모델이 되며 장애학생을 존중하는 방식을 습득
③ 장애학생들은 수행 능력 정도가 다양하기 때문에 스포츠 활동 진행에 어려움이 있고 별도의 시설 및 특별한 도구가 요구됨에 따라 준비와 계획에 추가적인 시간이 소요
④ 일반 체육 교사의 경우 장애 학생의 지도 방법에 대해 잘 인지하지 못하는 경우도 존재

(3) 스포츠분야에서의 통합의 단계 : 5단계 스포츠 통합의 연속체계(J.Winnick 위닉) : 1단계로 갈수록 제한적인 요소가 감소됨

1단계 - 일반스포츠
장애인이 비장애인 선수들과 동등한 자격 조건으로 참가

2단계 - 편의를 제공한 일반스포츠
장애인이 경기력에 직접적인 영향을 주지 않는 정도에서 합리적인 적응 방법을 제공하여 스포츠에 참가할 수 있도록 하는 경기

3단계 - 일반스포츠와 장애인스포츠

부분 통합 또는 완전 통합 스포츠 환경에서 이루어지고 있는 일반 및 장애인 스포츠를 포함, 장애인 선수와 비장애인 선수가 한 팀이 되어 경기를 하는 경우

4단계 - 통합환경의 장애인스포츠

장애인 선수와 비장애인 선수가 장애인 스포츠 종목에 함께 참가, 이 경우 비장애인 선수도 장애인 스포츠 규칙을 그대로 적용

5단계 - 분리환경의 장애인 스포츠

장애인 선수만 참가가능, 등급분류를 받아야만 경기에 참가 가능. 장애인 스포츠 경기단체가 주최하는 거의 모든 대회

(4) 기타 통합 관련 개념

1) 정상화 : 장애인도 다른 사회구성원처럼 사회에 적응할 수 있도록 하여야 하며, 장애 유무를 떠나 모두가 인간의 존엄성을 존중받아야 한다는 신념을 의미

2) 주류화 : 특수교육을 받는 장애학생이 일반교육이라는 주된 교육 체계 속에 포함되도록 일반학급에서 비장애 아동들과 함께 생활하는 것을 의미하며 분리 교육 금지와 제한환경의 최소화를 특징으로 함

특수체육론 — 02 특수체육에서 사용하는 사정과 측정도구

1 사정의 개념과 종류

(1) 사정의 개념
① 평가와 측정의 중간개념으로 교육적 의사결정에 필요한 자료를 수집하는 과정을 의미
② 단순한 측정만이 아니라 의사결정이라는 목적을 달성하기 위한 근거자료 수집에 중점을 두고 있으며 수집하는 자료는 양적 자료와 질적 자료를 모두 포함

(2) 구분개념

1) 측정
- 양적 또는 수량적 자료를 수집하는 과정
- 대상자의 정의적, 심동적, 인지적 영역에 속하는 여러 특성을 도구를 활용하여 수량화

2) 평가
- 수집된 자료에 근거한 가치판단을 통하여 최종적 의사결정을 내리는 과정
- 수집된 정보를 토대로 운동기능 수준이나 체력 상태 등과 관련된 결정을 내리는 과정

2 측정도구

(1) 유형

1) 표준화 검사와 수정된 표준화 검사
- 표준화 검사 : 개인의 운동수행력을 측정하기 위한 것으로 일정한 측정 순서, 형식, 해석방법 등이 정해져 있는 방식 (규준지향평가와 준거지향평가 방식이 대표적)
- 수정된 검사 : 장애로 인해 지침대로 검사를 수행할 수 없는 경우 장애를 고려하여 표준화 검사를 수정하여 진행하는 것 (시간제한, 보조물, 피드백, 정적강화, 검사자 변경 등)

2) 규준지향평가와 준거지향평가 (표준화 검사)

방식	내용
규준지향평가 (규준참조평가, 결과중심)	– 대상자의 점수를 규준(검사를 수행한 동일집단의 점수분포)과 비교하여 파악 – 개개인의 운동수행력을 특정한 집단의 기록과 비교하기 위한 방식 – 규준 설정 및 성취수준 파악을 위해 통계적 척도를 활용 – 특정 또래 그룹의 수행과 비교가 가능하며, 지도의 시작과 종료 시에 실시

준거지향평가 (준거참조평가, 과정중심)	- 사전에 설정한 숙달기준인 준거에 대상자의 점수를 비교하여 특정 영역에서의 대상자의 성취수준을 파악하는 것 (예: 100m 20초 이내 들어올 시 합격) - 특정 영역에 관한 숙련도 검사로 미숙한 동작의 원인 파악 등에 활용 - 개개인을 위한 프로그램 계획 및 평가에 사용 - 다른 검사 참여자들과 비교하기 어려움

3) 비표준화 검사

장애인을 위한 프로그램의 목표를 설정하고 지속적인 변화 과정을 확인하는데 유용한 검사 방식

방식	내용
루브릭	학습자가 수행과제에서 드러낸 수행 결과물이 어느 수준에 있는가를 규명하고 판단하기 위해 사용하는 명세화되고 사전에 공유된 기준이나 가이드라인 활용
포트폴리오	작업 결과나 작품 혹은 어떤 수행의 결과를 모아놓은 자료집이나 서류파일을 보고 평가
관찰	특정 환경에서 개인의 행동을 직접 관찰하여 체계적으로 기록하는 방식
면접	피면접자와의 대화를 통해 질문에 대한 반응과 답변을 기록하는 방법

(2) 측정도구의 선택 시 고려해야 할 사항

요소	내용
타당성	신체 능력 및 인지적, 정의적 요소의 능력이나 특성을 충실히 측정하고 있는지 여부
신뢰성	동일한 검사를 반복 실시하여도 같은 결과가 나올 수 있는 일관성이 있는지 여부
적합성	검사하는데 적정한 유형의 대상을 포함하고 있는지 여부 (나이, 성별, 장애유형 등)
변별성	검사방법을 잘 수행하는 사람과 그렇지 않은 사람을 구분하여 실시할 수 있는 방법인지 여부
용이성	측정을 쉽게 할 수 있어서 검사대상자들이 수행에 어려움을 겪지 않아야 하고, 측정된 결과 역시 지도자가 쉽게 이해할 수 있어 이를 지도에 용이하게 활용할 수 있는지 여부
객관성	두 명 이상의 다수 평가자의 측정 결과가 동일하거나 유사한 점수 범위에 있는지 여부
효율성	최소의 시간과 비용으로 측정가능한지 여부

(3) 표준화 검사를 수정하는 경우 유의사항

① 수정을 하기 전에 장애인을 대상으로 기존의 지침대로 완전한 검사를 시행
② 기존 지침서에 수정에 대한 지침이 존재하는지 여부를 파악
③ 지침에 제시되어 있는 범위를 넘어서는 정도의 수정이 필요한 경우 그 내용 상세히 기술
④ 넘어서는 수정을 한 경우 기존의 제시된 규준과 비교하여 검사결과를 해석하여서는 안 됨

3 특수체육 관련 사정 및 평가

(1) 필요성
① 대상자의 현재 상태를 파악하여 기능상의 손상이나 발달 지체 또는 장애 존재여부를 진단
② 사정 자료를 바탕으로 개인적인 욕구에 맞춘 개별화 교육 프로그램 개발 및 적용 가능

(2) 장애인 스포츠 관련 사정

1) 장애인 스포츠에서 측정도구 활용 시 고려해야 하는 사항
   ① 손상유형의 다양성(여러 장애유형 별 차이가 존재)
   ② 손상정도의 다양성(운동기술, 체력 등의 차이가 존재)
   ③ 욕구의 다양성(추구하는 목적이 각기 다름)

2) 장애인 운동기술 측정 도구 유형

도구	TGMD-2	BPFT	PAPS-D (국내개발 2013)
대상	만 3세 ~ 10세 장애아동 / 비장애아동	만 10세~17세 척수장애, 뇌성마비, 절단, 지적, 시각장애 / 비장애인	장애학생 (6개 장애유형)
목적	대근운동발달수준 검사	심폐능력, 신체조성, 근골격계기 능(유연성, 근력 및 근지구력)의 검사	건강체력 평가
검사 방식	• 이동기술 : 달리기, 갤롭, 홉, 립, 제자리 멀리뛰기, 슬 라이드 • 조작기술 : 치기, 튀기기, 받 기, 차기, 던지기, 굴리기	• 심폐 : PACER, 심박수검사 등 • 신체 : 피부두께, BMI 측정 • 유연성 : 앉아 윗몸굽히기, 응 용 토마스 검사 등 • 근력 : 매달리기, 푸쉬업 등	• 근골격계 : 근기능, 유연성, 신체 균형도(자세평가) • 호흡순환계 : 심폐기능 • 신체구성 : 비만도 • 자기신체평가 : 외모, 존중감 등
활용	규준지향, 준거지향 방식 모두 활용 가능	준거지향(절대기준) 방식	규준지향, 준거지향 방식 모두 활용 가능
절차	설명과 시범 – 사전연습 – 검사	검사 전 프로파일 작성 – 검사항 목 선정 – 측정 – 준거점수와 비 교 – 결과에 대한 프로파일 작성 – 운동계획 작성	6가지 검사유형 중 선택 가능 지체(보행/휠체어/전동휠체어) 시각/ 청각/ 정신, 정서 및 행동

(3) 과제분석

1) 개념
   ① 목표 과제를 시작부터 최종 단계까지 세부적인 단계로 분류하여 효과적으로 과제수행을 진행하도록 준비하는 과정
   ② 지도자에게 있어서는 다양한 과제에 대한 지도방안을 세분화, 구체화하는 측면이 있고 대상자에게는 과제 이행 수준을 진단하고 평가할 수 있는 사정 도구로 활용 가능

2) 유형
   ① 동작중심 과제분석 : 하나의 운동기술의 질적 향상을 목적으로 세부적인 움직임 기술에 대해 단계적으로 도달 목표를 제시하는 방식(단일 과제 활동에 주로 적용)
   ② 유사활동 중심 과제분석 : 특정 목표와 연관된 활동을 병렬식으로 제시하는 방식
   ③ 영역 중심 과제분석 : 축구 등의 스포츠 종목이나 경기를 진행함에 있어 달성하여야 할 목표를 중심으로 포괄적 분류가 필요할 때 사용
   ④ 생태학적 과제분석 : 운동 기술, 움직임 등의 수행 과제뿐만 아니라 학생의 개별적인 특성과 선호도 및 수행에 영향을 줄 수 있는 환경 요소까지 고려하는 방식
   * 생태학적 과제분석의 3대요소 : 수행자, 수행환경, 수행과제

특수체육론 03 특수체육 지도전략

1 개별화 교육 계획(IEP)의 개요

(1) 개념 및 필요성
① 특별한 욕구를 가지고 있는 장애학생이 적절하게 발달할 수 있도록 개개인의 학습능력에 맞도록 조정된 교육 내용을 지도하는 과정
② 장애학생이 가지는 개별적인 발달 특성은 다양하게 나타난다는 점에서 지체되어 있는 특성을 파악하여 적절한 교육과 관련 서비스를 받도록 관리하는 기능을 함

(2) 개별화 교육 계획의 구성요소
① 현재 학습 수행 수준 평가(진단 평가 등)
② 연간 교육목표(장기) 설정
③ 단기 교육목표 설정
  * 고려사항 : 상황(시설, 기구 등의 주변조건), 기준(능력향상 목표), 동작(측정가능한 움직임)
④ 교육 계획 수립 (지도 방식, 보조인력 투입 여부, 교재 및 교구, 시기와 종기 결정 등)
⑤ 평가 (진도 점검, 목표 수정, 자원 투입방식 조정 등)

(3) 개별화 교육 계획의 기능과 절차
1) 기능
   관리 도구, 점검 도구, 평가 도구, 의사소통의 수단(교사 간, 교사 - 부모 간)
2) 절차
   진단 평가 → 계획 수립 → 지도 → 평가 및 조정 → 지도 → 종합평가(학년말)

2 지도 방식

(1) 또래교수 방식
학생을 교사로 이용하는 방식

구분	내용
같은 연령 또래 교수	- 동일한 연령의 학생이 교사가 되어 활동하는 유형 - 초등 저학년의 경우와 중증 장애 학생의 경우에는 비효과적임
상급생 또래교수	- 나이 많은 학생을 교사로 이용 - 초등 저학년과 중증 장애학생의 경우 같은 연령 또래교수 방식보다 효과적

일방 또래교수	- 학습시간 전부를 교사로 선택된 학생이 지도 또는 지도보조하는 유형 - 뇌성마비, 시각장애, 중증자폐, 지적장애 학생 지도에 효과적
상호 또래교수	- 장애학생과 비장애학생이 짝이 되어 역할을 변경하는 유형 - 경도 장애학생에게 효과적
학급 단위 또래교수	- 학급의 모든 학생을 짝지우거나 소규모 집단으로 구성하여 서로 간에 피드백을 제공하는 유형 - 전 학급이 참여하므로 장애학생 배제의 문제가 없으며 경도 장애학생에게 효과적 - 수업 목표에 맞는 과제카드를 활용하는 방식으로 지도

(2) 스테이션 교수
하나의 학급을 소규모 집단으로 분류하여 기술을 습득하게 하고 각 스테이션을 구성해 순환하는 형식으로 진행

(3) 협동 학습
학생들끼리 서로 돕기 위해 소집단이나 팀으로 함께 학습하는 수업 형태

(4) 역주류화 수업
비장애학생이 장애가 있는 학생들과 함께 수업에 참여하는 것

(5) 증거기반교수
효과성 측면에서 실재하는 증거를 제시함으로써 대상자들의 과제수행에 효과적인 지도전략을 적용하는 방법

(6) 중재반응모델
특별한 교육적 조치가 필요한 학생들을 확인하기 위해 사용되는 구조적 접근방법으로 생애초기부터 학생들의 학습효과를 극대화하고 문제행동을 최소화할 수 있는 방식의 사정과 중재를 통합하는 방법

(7) 기타 수업방식 분류

수업형태	내용
교사 중심 수업	- 교사가 수업의 내용, 방법, 진도 등에 대한 결정권을 가짐 - 수업진행이 빠르나 주로 주입식 교육 방식으로 진행되어 개인차 고려가 어려움 - 학생은 수동적 입장이므로 자발적 참여를 기대하기 힘듦
학생 중심 수업	- 학생의 요구에 맞춰 수업 방식 등이 결정 - 교육자는 상담자, 안내자, 정보 제공자의 역할 수행 - 학생 개인차를 고려하고, 참여 자체의 즐거움과 학생 개인의 발달이 주요 관심 대상

03 특수체육 지도전략

토의식 수업	- 학생 간 상호 작용으로 정보와 의견을 교환하는 방식 - 교사는 비권위적이며 융통성 있게 서로 의견을 존중할 수 있도록 지도 - 학생은 민주적 시민으로서의 사회적 태도 및 의식 함양 가능
발견 학습	- 학습자의 탐구능력과 학습 의욕을 향상시키는 것이 목표로 하는 방식으로 교사의 역할을 최소화하여 학습자 스스로 목표를 달성할 수 있도록 함 (교사는 학습의 보조자 역할) - 학습자가 과제파악, 가설설정, 검증, 적응의 귀납적 방식을 통해 문제를 해결토록 지도
문제해결 학습	- 기존의 학습 내용을 활용하여 새로운 지식이나 능력 태도를 습득시키는 방식 - 소집단 중심의 협동 학습 위주로 문제 해결에 효과적인 방식
개별화 교수	- 학습자의 개별성을 존중하여 개인별 학습능력의 개발, 향상을 목표로 지도 - 개인의 요구에 맞춰진 학습, 학습자의 경험, 능력, 욕구를 고려해 지도의 내용과 방법을 정함 - 주어진 문제를 학습자 스스로 해결해 나가려는 능동적이고 자발적 활동
기능적 접근 (하향식 접근)	- 전체 동작을 먼저 습득한 후 세부 동작을 가르치는 것 - 전체적인 흐름을 파악하게 한 후, 세부적으로 중요하고 어려운 동작부터 쉬운 동작으로 교육
발달적 접근 (상향식 접근)	세부 동작을 먼저 습득하게 한 후 전체 동작을 가르치는 것 / 비장애 학생 지도 시 유용 예) 축구지도 시 기초기능 → 응용기능 → 공격 수비 전술 → 간이게임 순으로 지도

3 활동 변형

(1) 개념
장애인을 지도할 경우 지도자가 교육대상인 장애인 개개인의 특성과 요구에 맞게 학습 과제(환경, 용구·기구, 규칙 등)를 변경하는 것

(2) 변형 방법
1) 대상자의 신체적 정신적 발달 특성에 따라 활동 내용 및 환경 요소의 변형이 필요
2) 변형의 유형

환경 변형	효과적인 스포츠 진행을 위해 장소의 접근성, 안정성, 흥미성, 효율성을 고려
용구·기구 변형	- 의료보조기, 휠체어, 용품 등의 용구 및 기구는 꼭 필요한 경우에 변형 - 근력이 부족하거나 양손을 사용할 수 없는 경우 보통보다 가볍거나 작은 도구로 바꾸어 진행하는 등의 방식

경기규칙 변형	– 참여인원, 난이도 조정, 경기장 크기변경 등 상황을 고려하여 변화 – 자주 휴식을 하도록 하여 피로를 감소시킬 수 있게 하기 위해 경기 시간을 짧게 하거나 선수 교체 폭을 넓히는 등의 방식
개별성 고려	대상 장애인에 대한 맞춤 체육활동 시행

(3) 변형 시 주의사항
① 쉽게 이해할 수 있도록 최소한의 규칙을 사용하여 참여 극대화를 유도
② 변형하는 경우에도 스포츠의 본질은 유지하여야 함
③ 활동변형을 하였음에도 어려워하는 경우 수정 보완 후 다시 시행

4 행동관리

(1) 개념
① 문제가 있는 행동을 수정하여 적절한 행동으로 전환시키기 위해 운동기술, 체력 등을 지도하는 방식
② 바람직한 행동을 촉진하고, 문제행동을 감소시키는 지도 전략 수립이 필요

(2) 행동관리 관련 이론
① 행동주의 : 학습은 경험의 결과로 나타나는 관찰 가능한 행동의 변화라고 보는 이론
  * 조작적 조건화 이론 : 특정한 환경에서 발생하는 다양한 행동과 그 행동으로 초래되는 긍정적, 부정적 결과로부터 추후의 행동이 증가하거나 감소하게 된다고 보는 이론(결과의 보상에 따라 행동이 발생한다고 봄)
② 생태학적 접근법 : 스포츠 환경의 부조화가 장애인의 문제행동을 야기한다고 보는 이론
③ 교육심리적 접근법 : 참여자의 자아존중감과 지도자의 관계 강화를 중시하는 이론

(3) 행동관리 강화 기법
1) 강화의 개념
  장애인 지도에 필수적인 요소로 행동에 따라오는 결과 혹은 보상을 의미
2) 정적 강화
  바람직한 행동을 유지하거나 증가시키기 위해 사용하는 강화 방법
  ① 칭찬 : 바람직한 행동에 대해 격려 및 지지를 표현

② 프리맥 원리 : 좋아하는 활동을 이용하여 좋아하지 않는 활동에 학습동기를 부여하는 것
③ 토큰 경제 강화 : 미리 결정된 행동 기준에 대상자가 도달한 경우 이에 대한 대가를 지불하여 대가로 받은 토큰이나 점수로 어떠한 강화물로 교환이 가능하도록 하는 방식
④ 행동 계약 : 지도자와 학생 또는 부모와 학생이 특정행동을 정하고 이를 계약서로 명시하는 방식
⑤ 촉진 : 과제를 수행하는데 부모 또는 교사가 도와주는 방식
⑥ 용암법 : 지원 혹은 도움을 점진적 또는 체계적으로 제거하는 것

3) 부적 강화

바람직한 행동 증가를 위해 그 행동을 보일 경우 혐오적 사건을 제거하는 것

① 타임아웃 : 정해진 시간 내 정적 강화 환경에서 문제행동 일으키는 경우 그 환경에서 퇴출
② 과잉교정 : 문제행동을 한 경우 강제적으로 반복 통제함으로서 대상자에게 문제 행동에 대한 책임을 지게 하거나 원래보다 더 개선된 상태로 변화시키는 것(강제적 반복교정)
③ 소거 : 문제행동을 유지 증가시키는 특정 강화물을 없애 문제행동을 제거하는 방식
④ 벌 : 야단을 치거나 체벌을 하는 방식으로 행동을 하지 못하게 하는 것
⑤ 체계적 둔감법 : 대상에게서 느끼는 불안 혹은 공포감을 점차 감소시키는 방법
⑥ 박탈 : 원하는 물건을 없애거나 강화를 중지하는 것
⑦ 포화 : 문제행동에 대해 스스로 잘못됨을 느낄 때까지 반복시키는 방식

(4) 문제행동 관리 절차

1) 문제행동의 개념

상황에 맞지 않는 행동 또는 자신이나 타인에게 위협이 되는 행동

2) 관리절차

① 문제행동에 대한 현황 파악(발생 빈도, 기간, 유형 등)
② 적절한 행동 관리법을 선정
③ 효과적인 강화 방식을 선정
④ 행동 관리 시행에 따른 효과 관찰 및 기록
⑤ 행동 변화를 점검하는 평가 시행

5 운동발달 원리와 단계

(1) 운동발달 원리
　① 발달은 위에서 아래로, 중심에서 말초로, 전체에서 특수로, 대근육에서 소근육의 순으로
　② 머리는 다른 신체부위에 비해 먼저 발달
　③ 신경계의 발달이 있어야 운동기능에 발달을 가져옴
　④ 발달의 순서는 동일성이 있으나, 발달의 속도는 개인차가 존재
　⑤ 신체적, 인지적, 사회적, 정서적 발달은 상호 연관성을 가짐

(2) 운동발달의 단계
　반사/반응행동 → 감각운동 → 운동양식 → 운동기술

특수체육론 04 장애 유형별 체육지도 전략

1 지적장애

(1) 정의
① 장애인복지법 : 정신 발육이 항구적으로 지체되어 지적 능력의 발달이 불충분하거나 불완전하고 자신의 일을 처리하는 것과 사회생활에 적응이 상당히 곤란한 사람
② 미국지적장애 · 발달장애협회, AAIDD : 지적기능과 개념적, 사회적, 실제적 적응기술로서 표현되는 모든 적응 행동에서 제한적인 면이 명백히 나타나는 특징이 있으며, 18세 이전에 시작됨
 - 3대 핵심요소 : 지적 기능, 적응행동, 발달기
③ 세계보건기구, WHO : 정신발달이 정지된 또는 불완전한 상태로서 특히 발달기에 나타나는 지능의 장애로 단순히 기능 수행의 수준만 낮다고 하여 지적장애로 보지는 않으며, 지적 기능 수행의 수준이 낮아 정상적인 사회 환경에서 적응하는 능력에 한계가 있을 경우에만 지적장애로 파악
④ 장애인 등에 대한 특수교육법 : 지적장애가 아닌 정신지체라는 용어로 정의하고 있으며, 지적 기능과 적응 행동상의 어려움이 함께 존재하여 교육적 성취에 어려움이 있는 사람을 의미

(2) 발생원인
1) 시기에 따른 원인
① 출생 전 : 염색체 이상, 단일 유전자 장애, 대사이상(페닐케톤뇨증), 산모질병(풍진, 홍역 등), 부모연령, 산모의 중독(음주, 흡연), 뇌 발육 부전 등
② 출생 시 : 조산, 신생아 질환, 출생 시 손상 등
③ 출생 후 : 질병(뇌염, 뇌수막염), 외상성 뇌손상, 퇴행성 질환, 영양실조 등

2) 질병에 의한 원인
① 다운증후군 : 21번 염색체가 3개 존재하여 나타나는 유전질환
 증상 : 낮은 코, 둥글고 납작한 얼굴, 작은 키, 짧은 팔다리 등 특징적인 외모, 낮은 근육긴장도, 심장이상, 지능저하와 발달지연 등
② 터너증후군 : 여아의 성염색체인 X염색체 중 하나가 없거나 불완전하여 난소 기능 장애가 발생하는 유전질환
 증상 : 조기 폐경, 저신장증, 심장질환, 골격계이상, 자가면역 질환, 정신지체 등
③ 약체(취약) X증후군 : X염색체에서 발견되는 1개 이상의 유전자가 관여하는 열성질환
 증상 : 큰머리, 돌출된 이마와 눈, 큰 턱모양, 자폐유사행동, 지적장애 등

④ 프라더 윌리 증후군 : 유전적 결함으로 인해 15번 염색체 일부가 소실됨에 따라 발생

　　증상 : 음식에 집착하여 고도비만의 위험, 성장 호르몬 이상으로 인한 작은 키, 심장질환, 척추측만 등

⑤ 페닐케톤뇨증 : 유전자에 의한 단백질 대사 이상에 따른 선천성 대사 장애로 인해 발생

　　증상 : 단백질의 페닐알라닌 아미노산의 적절한 대사를 방해하여 뇌세포를 손상시킴

(3) 등급분류 기준

1) 장애인복지법상 분류 : 지능지수 상한선 = 70

① 1급(지능지수 35이하) : 일상생활과 사회생활의 적응이 현저하게 곤란, 일생동안 타인 보호 필요

② 2급(지능지수 35~50) : 일상생활의 단순한 행동 훈련 가능, 어느 정도 감독과 도움이 있으면 복잡하지 않고 특수한 기술이 필요하지 않는 직업을 가질 수 있음

③ 3급(지능지수 50~70) : 교육을 통한 사회적, 직업적 재활이 가능

2) 지원의 종류과 강도에 따른 분류 (미국 지적장애·발달장애협회)

① 간헐적 지원 : 단기간의 일회적인 지원 형태로 필요한 시기에 기초적 수준의 지원을 함

② 제한적 지원 : 일정한 시간적인 제한 속에서 이루어지는 지원으로 지원되는 인력의 규모나 소요되는 비용이 확장적지원이나 전반적 지원보다는 적음

③ 확장적 지원 : 특정 환경이나 조건에서 정기적으로 이루어지는 지원이며, 지속적으로 이루어지므로 시간적인 제한이 없음

④ 전반적 지원 : 항구적이며 고강도의 지원을 의미함. 삶을 유지시키는데 필요한 지원이므로 모든 분야에서 지원이 이루어지며 지원을 위한 다수의 인력과 적극적 개입을 요함

(4) 영역별 특성

① 인지적 영역 : 스스로 통제할 수 있는 능력이 떨어짐, 인지 수준 낮음, 분석력·주의력·기억력 낮음. 특히 단기기억이 매우 부족하여 장기기억 차원으로 전환되도록 반복학습과 촉진 프로그램 시행이 중요

② 정의적 영역 : 욕구조절, 도덕적·사회적 가치에 대한 의식이 낮고, 판단능력이 떨어져 상황판단이나 과제 중요도 판별 및 타인과의 상호작용 미숙하고 사회성이 결여

③ 심동적 영역 : 운동발달 상의 지체, 낮은 체력 수준, 신체적 제어 부족, 과체중과 비만 및 관절의 과신전(관절의 각이 180도 넘는 상태) 경향이 있음

04 장애 유형별 체육지도 전략

(5) 체육지도 전략

※ 지적능력이 낮으므로 흥미를 가질 수 있는 간단한 방식으로 반복적으로 지도하여야 함

① 지도에 앞서 현재 수행능력의 세밀한 파악 선행(과제분석 방식 활용)

* 과제분석은 시간의 순서나 과제의 난이도 순서로 분석하며 장애가 심할수록 더욱 세분화 됨

② 쉬운 과제에서 어려운 과제로. 익숙한 과제에서 새로운 과제로 제공

③ 간단한 언어 및 단어 사용하면서 단순한 규칙을 가진 놀이 제공

④ 다양한 감각적 단서 및 주의 집중할 수 있는 관련 단서를 제공하여 독립된 경험을 제공

⑤ 지도방식은 언어지도, 시범지도, 직접지도 등을 활용하되 직접 지도 시 최소한의 신체접촉 유지

⑥ 필요에 따라 용구 및 기구를 변형하고, 운동수행 발달 정도에 따라 꾸준히 지도

⑦ 안전 지도방안을 구체화하여야 하며 특히 고관절 과신전 부상 주의

* 다운증후군은 유연성은 우수하나 관절의 기능과 관절을 보강하는 근육 수준이 낮아 다칠 위험이 높음

2 정서 장애

(1) 정서 장애의 정의

1) (장애인 등에 대한 특수교육법) 정서장애와 행동장애를 함께 규율

① 정서·행동장애를 지닌 특수교육대상자 : 장기간에 걸쳐 다음 각 목의 어느 하나에 해당하여, 특별한 교육적 조치가 필요한 사람

가. 지적·감각적·건강상의 이유로 설명할 수 없는 학습상의 어려움을 지닌 사람

나. 또래나 교사와의 대인관계에 어려움이 있어 학습에 어려움을 겪는 사람

다. 일반적인 상황에서 부적절한 행동이나 감정을 나타내어 학습에 어려움이 있는 사람

라. 전반적인 불행감이나 우울증을 나타내어 학습에 어려움이 있는 사람

마. 학교나 개인 문제에 관련된 신체적인 통증이나 공포를 나타내어 학습에 어려움이 있는 사람

2) (미국 장애인교육법, IDEA) 중증 정서장애라는 표현을 사용하며 장기간동안 학습에 뚜렷하게 불리한 영향을 주는 것으로 다음 중 하나 또는 그 이상의 특성을 가진다고 봄

가. 지적, 감각적 혹은 건강상 요인에 의해 설명될 수 없는 학습 무능력

나. 또래 및 교사들과 만족스러운 대인관계를 형성하거나 유지 못함

다. 정상적인 상황에서 보이는 부적절한 형태의 행동 혹은 감정

라. 일반적이고 만연한 불행감 혹은 우울함

마. 개인 또는 학교문제와 관련하여 신체적 증상 또는 공포가 나타나는 경향

3) (장애인복지법) 정서장애는 별도로 구분하고 있지 않으나 다음과 같이 정신장애를 정의
- 정신장애 : ① 지속적인 양극성 정동장애(여러 현실 상황에서 부적절한 정서 반응을 보이는 장애), 조현병(정신분열증), 조현정동장애 및 재발성 우울장애와 ② 지속적인 치료에도 호전되지 않는 강박장애, 뇌의 신경학적 손상으로 인한 기질성 정신장애, 투렛장애 및 기면증에 따른 감정조절·행동·사고 기능 및 능력의 장애로 일상생활이나 사회생활에 상당한 제약을 받아 다른 사람의 도움이 필요한 사람

(2) 정서 장애의 원인 : 각 요인들은 상호관련성을 가짐
① 생물학적 요인 : 유전자이상, 기질적 문제, 뇌기능이상, 뇌손상, 신체적 질병, 영양결핍 등
② 가족 요인 : 부모이혼, 냉담한 가족관계, 부모부재, 학대, 부모와의 분리 등 병리적 가족 관계, 가족 구성원의 낮은 사회적 경제적 지위 등
③ 문화 요인 : 가족, 이웃, 지역사회의 기대와 가치, 민족성, 사회적 계층, 대인관계 등
④ 학교 요인 : 학업성취도에 대한 강요, 경쟁적 환경, 비일관적인 교사의 훈육방식 등 학교에서의 부정적인 경험

(3) 정서 장애 분류 및 행동특성

1) 교육적 분류
① 분열행동 : 자리이탈, 교사 무시, 지시 불이행 등의 행동
② 공격행동 : 때리기, 싸우기, 기물 파괴 등 타인에게 위해를 가하는 행동
③ 상동행동 : 몸 앞뒤로 흔들기 등 무의미한 행동이나 동작을 반복적으로 하는 행동

2) 임상적 분류
① 주의력 결핍 과잉행동장애(ADHD) : 주로 학령기에 나타나나 성인에게도 나타나며 여아보다 남아에게서 많이 발생함, 주의력 조절이 어려워 학습에 문제 나타냄
② 품행장애 : 타인의 이목을 끌려는 행동이나 타인과의 싸움, 물건 등의 파괴, 반항하기, 울기 등의 모습이 나타나며, 여아보다 남아에게서 많이 발생하는 특징이 있음
③ 불안 : 과도한 자기-자극, 과민성, 일반적인 두려움, 불안, 우울감, 인식된 슬픔 등의 정서적 상태

04 장애 유형별 체육지도 전략

3) 통계적 분류
① 사회화된 공격 : 조직적인 절도, 무단결석, 불량학생 추종, 조직가담, 도덕과 규정, 법률경시 등
② 주의력문제(미성숙) : 짧은 집중시간, 나태함, 무기력, 생각없고 무성의한 답변 등
③ 운동과잉(과잉행동) : 쉬지않고 움직이며, 편안하게 이완하지 못하는 등 활동량이 지나치게 과도하게 발생

(4) 체육활동 지도전략
※ 신체적으로 일반인과 유사한 성장 발달을 보이지만, 정의적 발달은 거의 이루어지지 않으므로 체육활동 지도 시 정서적으로 안정화시키는 것이 중요
① 정서적 발달을 도모할 수 있는 신체적 활동 필요
② 문제행동에 대한 중재를 통해 기분상태 조절방안 마련하고 긍정적인 피드백을 통해 바람직한 스포츠 참여를 유도
③ 안정적이고 편안한 호흡운동(유산소 운동, 체조, 요가)을 위주로 진행
④ 심폐지구력 운동 등 격렬한 스포츠 활동 시 심박수 증가 등을 가져와 격앙된 감정 표출 및 부적절한 감정변화를 나타내기도 하므로 운동 지도 시 주의요구
⑤ 스포츠 참여에 거부반응이 있을 시 개인 활동 지도 후 단체활동에 참여하도록 유도

3 자폐성장애

(1) 정의
① 정신분열증을 보이는 일련의 사고 장애를 기술하기 위해 사용한 용어(Bleuler, 1911)
② 소화기 자폐증, 비전형적 자폐증에 따른 언어, 신체표현, 자기조절 사회적응 기능 및 능력의 장애로 인하여 일상생활이나 사회생활에 상당한 제약을 받아 다른 사람의 도움이 필요한 사람(장애인복지법)
③ 사회적 상호작용과 의사소통에 결함이 있고 제한적이고 반복적인 관심과 활동을 보임으로써 교육적 성취 및 일상생활 적응에 도움이 필요한 사람(장애인 등에 대한 특수교육법)
④ 미국 자폐협회
 • 생후 3년 이내에 나타나는 증상으로 정상적인 기능에 영향을 미침
 • 통상적으로 의사소통, 사회적 상호작용, 놀이활동 등에서 어려움을 나타내는 사람

(2) 발생원인

① 일반적으로 뇌간의 손상, 전두엽 발달 저하 등 뇌의 구조나 기능상의 문제에 의해 발생하는 경우
② 유전적 요인과 신경계 손상이 주요 원인이며, 정상적인 발달과정에서 나타나게 되는 정신분열과는 차이가 존재
③ 최근에는 환경호르몬 등의 외부적인 요인으로 인한 자폐성 장애 발생 가능성이 증가
* 자폐성 장애는 정상인에 비해 신진대사가 원활하지 않고, 치료 능력이 낮아 환경적 노출에 취약

(3) 자폐성장애 관련 주요 질환의 특징

① 아스퍼거 증후군 : 대인관계의 상호작용에 어려움이 있고 관심분야가 한정되는 질환으로 언어발달과 사회적응 발달이 지연되어 타인의 감정을 잘 이해하지 못하고 고집이 강하고 사회적 신호에 무감각함
② 레트장애 : 머리 둘레 성장이 느려지고, 반복적이고 무의미한 손놀림을 하고, 걸음걸이에 어려움을 겪는 질환으로 주로 여아에게 나타나는 신경계 발달 질환
③ 소아기 붕괴성 장애 : 2~3세까지 정상적으로 발달하던 아이에게서 언어, 사회적기능, 운동기능 등에서 발달지연이 나타나는 것이 특징인 희귀질환

(4) 영역별 특성 : 의사소통과 사회적 상호작용능력의 현저한 발달지체 및 상동행동이 대표적

1) 인지적 영역

① 하위 유형이나 전반적 기능 수준에 따라 다양한 양상을 보이며 지적 장애와 유사한 특성을 가짐
② 의사소통 측면에서 자폐 진단받은 아동의 경우 언어기능 발달이 미흡한 것으로 알려져 있으며, 대명사 전도현상(스스로를 2인칭으로 지칭), 은유적인 언어, 특이한 억양과 말투, 심한 축어적 표현 등을 보임

2) 정의적 영역

① 사회적인 상호 작용에 많은 문제를 보이며, 다른 사람과의 눈맞춤 결여, 주위사람들과의 빈약한 애착관계, 홀로 보내기, 특정 사물에 대한 강한 집착, 타인으로부터 위로 받으려고 하지 않는 등의 모습을 보임
② 주변환경에 무관심 하면서도 익숙한 환경의 변화에는 상당히 민감하게 반응을 보임 (예견가능하게 구조화된 일상적인 환경이더라도 일정 변경이나 장소이동 등의 변화 발생 시 불안감을 나타냄)

04 장애 유형별 체육지도 전략

3) 심동적 영역
   ① 낮은 체력수준, 운동 수행능력 낮음, 외부세계와의 단절로 다양한 문제행동 발생, 감각 회피, 관심끌기, 선호물건 행동 등을 함
   ② 행동 특성 : 대표적으로 상동행동, 자해행동, 공격행동의 특성을 보임
   - 상동행동 : 자폐성 장애인이 특정 행동이나 동작을 습관적으로 반복하는 것
     (몸 앞뒤로 흔들기, 물건 돌리기, 눈앞에 손가락이나 막대 들고 흔들기 등)
   - 자해행동 : 머리 들이박기, 깨물기, 할퀴기 등의 자기 신체에 손상을 끼치는 것
   - 공격행동 : 자해행동과 달리 타인을 대상으로 하는 난폭적인 행동을 하는 것

(5) 자폐성 장애인의 체육지도 전략
   ※ 의사소통이 어렵고, 비인격적 사물을 사용해서 관계를 만들어 간다는 점에서 익숙한 공간과 규칙으로 반복 진행하는 것이 필요
   ① 언어지시와 동시에 시각적 단서를 제공하고 지시의 패턴화 필요
   ② 의사소통 보드 또는 그림(사진, 실물 그림, 상징적 그림 등)을 적극적으로 활용
   - 자폐성 장애의 경우 관련 없는 정보를 배제할 수 있는 능력이 부족하므로 그림 하나에 한 항목만 포함하는 것이 효과적
   * 보드메이커 : 사건이나 행동 등을 나타내는데 있어서 보편적으로 받아들여지는 상징들을 구성하는데 도움을 주는 소프트웨어
   ③ 규칙적인 일상과 구조를 유지
   - 자폐성 장애인의 경우 새롭거나 기존 환경과 차이가 있는 정보가 무작위 또는 무계획적으로 제공될 때 부적절한 행동으로 반응하는 경우가 많음
   - 일상적 과제를 수행하는 것이 과제에 대한 기대치를 향상시킬 수 있음
   - 새로운 정보를 제공하는 경우 기존과 유사성 있는 정보를 점진적으로 제공하는 것이 유용함
   ④ 접하기 쉽고 선호하는 스포츠를 우선 선정하고, 같은 스포츠활동 시 동일한 환경과 장비로 구성
   ⑤ 불연속, 계열적 동작으로 구성된 스포츠(농구, 야구)보다 연속동작으로 구성된 스포츠(사이클, 수영)가 적합
   ⑥ 소음과 활동에 저해되는 환경 관리

4 시각장애

(1) 정의
- ① 장애인복지법
  - 가. 나쁜 눈의 시력(공인된 시력표에 따라 측정된 교정시력)이 0.02 이하인 사람
  - 나. 좋은 눈의 시력이 0.2 이하인 사람
  - 다. 두 눈의 시야가 각각 주시점에서 10도 이하로 남은 사람
  - 라. 두 눈의 시야 2분의 1 이상을 잃은 사람
  - 마. 두 눈의 중심 시야에서 20도 이내에 겹보임(복시)이 있는 사람
- ② 시각계의 손상이 심하여 시각기능을 전혀 이용하지 못하거나(맹) 또는 보조공학기기의 지원을 받아야 시각적 과제를 수행(저시각)할 수 있는 사람으로서 시각에 의한 학습이 곤란하여 특정의 광학기구, 학습매체를 통하여 학습하거나 촉각 또는 청각을 학습의 주요수단으로 사용하는 사람(장애인 등에 대한 특수교육법)

(2) 발생원인
- ① 백색증 : 멜라닌 합성의 결핍으로 피부, 머리, 눈의 색을 갖고 있지 않은 상태로 유전성 질환으로 눈부심과 안구진탕, 심한시력감퇴 등이 발생
- ② 미숙아 망막증 : 저체중으로 출생 후 망막혈관들의 비정상적인 발달로 인해 망막의 혈관성 변화가 일어나는 질환
- ③ 망막아세포종 : 눈의 안쪽 뒷면에 있는 얇은 막인 망막에 생기는 악성 종양으로 주로 2세이전의 소아에게 발생
- ④ 백내장 : 눈의 수정체가 뿌옇게 흐려져 시력장애가 발생하는 질환
- ⑤ 녹내장 : 안압 등의 상승으로 인해 시각정보를 뇌로 전달하는 역할을 하는 시신경에 손상을 주고 이로 인해 시야결손이 나타나는 질환
- ⑥ 망막 색소변성 : 망막에 색소가 쌓이면서 망막의 기능이 소실되는 질환
- ⑦ 황반변성 : 눈 조직 중 황반에 발생하는 변성으로 시력 저하를 유발하는 퇴행성 질환
- ⑧ 망막박리 : 안구 내벽에서 망막이 떨어져 들뜸에 따라 망막에 영양공급이 차단되어 시세포 기능이 손실되고 망막이 위축되어 실명하게 되는 질환

(3) 시각장애의 분류
1) 스포츠 등급 분류 : B3에서 B1로 갈수록 장애 정도가 심함
- ① B1 : 빛을 감지 못하는 상태

② B2 : 시력이 2m/60m 이하 또는 시야가 5도 이하로 물체나 그 윤곽을 인식하는 경우
③ B3 : 시력이 2m/60m ~ 6m/60m 또는 시야가 5~20도 사이인 경우

2) 세계보건기구

정상	(정상) 특별한 도움없이 정상적으로 과제 수행이 가능한 상태
	(중등도) 도움을 받으면 정상적으로 과제수행이 가능
저시력	(중도) 도움을 받으면 낮은 수준으로 과제 수행이 가능
	(최중도) 도움을 받아도 시각 과제 수행에 어려움이 있고 섬세한 작업 수행이 어려움
맹	(근접시력) 시력 사용이 거의 불가하고 다른 감각에 의존이 필요한 상태
	(맹) 시력이 전혀 없고 다른 감각에 무조건 의지해야 하는 상태

3) 장애인복지법 시행규칙에 따른 분류 (공인된 시력표로 측정, 최대 교정시력 기준)

장애의 정도가 심한 장애인	좋은 눈의 시력이 0.06 이하인 사람
	두 눈의 시야가 각각 모든 방향에서 5도 이하로 남은 사람
장애의 정도가 심하지 않는 장애인	좋은 눈의 시력이 0.2 이하인 사람
	두 눈의 시야가 각각 모든 방향에서 10도 이하로 남은 사람
	두 눈의 시야가 각각 정상 시야의 50%이상 감소한 사람
	나쁜 눈의 시력이 0.02 이하인 사람
	두 눈의 중심 시야에서 20도 이내에 겹보임이 있는 사람(복시)

(4) 영역별 특성

1) 인지적 영역

제한된 환경 경험으로 인해 또래에 비해 학업 성취가 지체되는 경향이 있으며 비장애인보다 감각 운동과 협응력이 떨어지는 편임

2) 정의적 영역
① 시각적 제약으로 인해 동료와 어울리거나 주변 환경에 능동적인 참여가 곤란함
② 사회성 발달이나 사회적 관계 형성에 어려움을 겪음에 따라 불안과 공포심이 높음

3) 심동적 영역
① 정적인 운동보다 동적인 운동 기능에 대해 일반인에 비해 지체 현상을 보임(상황이 수시로 변하는 운동 과제의 수행을 어려워 함)

② 발을 땅에 끌며 걷거나 구부정하고 경직된 자세를 보이는 등 비정상적인 자세를 가지고 있는 경우가 많음
③ 불필요한 동작을 하게 되어 더 많은 에너지를 소비하게 됨

(5) 체육활동 지도전략

※ 시각을 대체하도록 언어지도, 촉각탐색, 직접지도의 단계로 지도하며 안전을 위한 환경구성이 중요

① 수행과제의 전체 동작과 부분 동작을 순서대로 시범을 보임
② 놀라지 않도록 신체적 가이던스를 제공하기 전에 미리 공지하고 제공하며, 지원의 강도는 점진적으로 줄여나감
③ 지도자는 시범을 하기 전에 참여자의 잔존시력의 정도를 파악하여야 하고, 참여자가 스스로 자신의 손으로 만져서 자세를 확인할 수 있는 기회를 주어야 함
④ 사용하는 시설이나 용구 또는 기구의 위치를 미리 알 수 있도록 하며(방향정위), 확인 이후에는 되도록 시설이나 기구의 위치를 바꾸지 않음
⑤ 충돌의 위험이 있거나 힘을 강하게 가하는 운동은 지양함
⑥ 색상의 대비, 색의 조도(명암, 밝기) 등을 조절하여 원활한 체육활동이 이루어지도록 지원

5 청각장애

(1) 정의

1) 장애인복지법
   ① 두 귀의 청력 손실이 각각 60데시벨(dB) 이상인 사람
   ② 한 귀의 청력 손실이 80데시벨 이상, 다른 귀의 청력 손실이 40데시벨 이상인 사람
   ③ 두 귀에 들리는 보통 말소리의 명료도가 50퍼센트 이하인 사람
   ④ 평형 기능에 상당한 장애가 있는 사람

2) 장애인 등에 대한 특수교육법
   ① 청력 손실이 심해 보청기를 착용해도 청각을 통한 의사소통이 불가능 또는 곤란한 상태
   ② 청력이 남아있어도 보청기를 착용해서 청각을 통한 의사소통이 가능하여 청각에 의한 교육적 성취가 어려운 사람

(2) 청각 장애의 원인

① 유전 요인 : 선천적 청각 장애의 50% 이상을 차지하고 있는 원인
② 출생 전 요인 : 모체의 감염이나 모자 혈액형 불일치 등으로 인해 태아 시기에 청각 기관이 제대로 형성되지 못하여 청력에 손실을 가지게 된 경우
③ 출생 당시 요인 : 조산, 미숙아, 출산당시 외상 등으로 인해 청각장애를 가지게 된 경우
④ 질병 요인
- 중이염 : 중이 부분에 염증이 발생하는 것으로 중이강 내에 고인 삼출액이 소리 전달을 방해하여 소리가 전달되지 않게 됨에 따라 난청이 발생
- 소음성 난청 : 총소리, 비행기소리, 공사장 소리 등 큰 소리에 반복적으로 노출됨에 따라 청력의 손실이 발생하는 경우
- 돌발성 난청 : 특별한 이유없이 난청이 발생하는 것으로, 주된 원인으로는 바이러스 감염 및 혈관장애, 자가면역성 질환, 와우막파열 등으로 알려져 있음

(3) 청각 장애의 분류

1) 장애인복지법 상의 분류
① 청력을 잃은 사람
- 장애의 정도가 심한 장애인 : 두 귀의 청력을 각각 80dB 이상 잃은 사람(귀에 입을 대고 큰 소리로 말을 해도 듣지 못함)
- 장애의 정도가 심하지 않은 장애인
  - 두 귀에 들리는 보통 말소리의 최대의 명료도가 50% 이하인 사람
  - 두 귀의 청력을 각각 60dB 이상 잃은 사람(40cm 이상의 거리에서 발성된 말소리를 듣지 못하는 사람)
  - 한 귀의 청력을 80dB 이상 잃고, 다른 귀의 청력을 40dB 이상 잃은 사람
② 평형기능에 장애가 있는 사람
- 장애의 정도가 심한 장애인 : 양측 평형기능의 소실로 두 눈을 뜨고 직선으로 10m 이상을 지속적으로 걸을 수 없는 사람
- 장애의 정도가 심하지 않은 장애인 : 평형기능의 감소로 두 눈을 뜨고 10m 거리를 직선으로 걸을 때 중앙에서 60cm 이상 벗어나 복합적인 신체운동이 어려운 사람

2) 장애인등에 대한 특수교육법 상의 분류
① 농 : 보청기 등의 보조기구를 사용해도 의사소통이 불가능한 경우

② 난청 : 보조 기구를 사용하면 의사소통이 가능한 경우

3) 청각손상 형태에 따른 분류
① 전음성 : 외이 또는 중이의 손상으로 인해 소리가 전달되지 못하는 일반적인 청력 손실상태로 구화, 보청기 사용으로 일상생활이 가능
② 감음신경성 : 청각과 관련된 신경 손상에 의해 청력이 손실된 상태로 고주파수 대역 손실이 더 크며, 인공와우 시술이 필요
③ 혼합성 : 전음성과 감음신경성이 혼합되어 나타나는 형태

(4) 영역별 특성

1) 인지적 영역
언어 발달이 미흡하여 학업 성취수준이 낮고, 의사소통 및 표현능력이 부족

2) 정의적 영역
① 수화 사용 위주의 청각 장애인 간 교류가 많고, 자연스럽게 다른 이와 놀이할 기회가 적음에 따라 사회성이 결여되어 있는 경우가 많음
② 청각장애로 인한 우울감, 고립감, 위축감 등은 행동과 사회적·정서적 발달에 영향을 줌

3) 심동적 영역
① 청각장애로 인한 체력이나 운동기술의 신체적인 문제는 크지 않으나, 출생 후 기본운동 습득 여부에 따라 신체적인 활성화 및 기능의 완성도가 다름
② 청각장애에 따른 언어훈련을 우선시 함에 따라 상대적으로 운동 경험이 부족하고, 의사소통의 어려움으로 인해 신체활동의 참여 기회가 적음

(5) 체육활동 지도 전략
① 지도 시 시각 및 촉각 신호 사용하여야 하며 시각적 자료 적극 활용, 수화 및 구화 사용 유도, 주변 소음에 주의하고 교사의 입모양을 볼 수 있는 대형 선택
② 시범을 보일 경우 청각장애인이 교사 등 뒤에 위치하게 하며 대화 시에는 항상 시선을 맞추고 대화함
③ 스포츠 참가 상황에서 위험에 대한 경고를 알아듣지 못하는 경우가 많으므로 참여를 두려워하는 경향이 존재하기 때문에 지도 전 시설이나 기구사용법 충분히 익히게 하고 넘어지는 방법도 지도
④ 게임 참여 시 전술에 대한 설명, 게임 방법 및 규칙 등 중요한 단서를 미리 알려주어 참여하도록 함

⑤ 비장애인들과 비슷한 수준의 프로그램을 계획하고 실행할 수 있으며 또래 교수 프로그램을 활용하는 방식을 추천

6 지체장애

(1) 정의
① 선천적, 후천적인 질환이나 상해로 인해 근육, 골격, 신경계 등에 발생한 신체기능 상의 장애
② 장애인복지법 상의 정의
    가. 한 팔, 한 다리 또는 몸통의 기능에 영속적인 장애가 있는 사람
    나. 한 손의 엄지손가락을 지골(손가락 뼈) 관절 이상의 부위에서 잃은 사람 또는 한 손의 둘째 손가락을 포함한 두 개 이상의 손가락을 모두 제1지골 관절 이상의 부위에서 잃은 사람
    다. 한 다리를 가로발목뼈관절(lisfranc joint) 이상의 부위에서 잃은 사람
    라. 두 발의 발가락을 모두 잃은 사람
    마. 한 손의 엄지손가락 기능을 잃은 사람 또는 한 손의 둘째 손가락을 포함한 손가락 두 개 이상의 기능을 잃은 사람
    바. 왜소증으로 키가 심하게 작거나 척추에 현저한 변형 또는 기형이 있는 사람
    사. 지체(肢體)의 어느 하나에 해당하는 장애정도 이상의 장애가 있다고 인정되는 사람
③ 장애인 등에 대한 특수교육법 상의 정의
    • 기능 형태상 장애를 가지고 있거나 몸통지탱 또는 팔다리의 움직임 등에 어려움을 겪는 신체적 조건이나 상태로 인해 교육적 성취에 어려움이 있는 사람

(2) 지체 장애 관련 질환
1) 척수손상
    ① 질병이나 사고로 인해 척추 속에 있는 신체 사이에 운동신경이나 감각신경의 정보를 전달하는 척수가 손상됨에 따라 신체적 기능 장애를 초래하는 경우
    ② 척수의 손상부위와 정도에 따라 사지 완전마비에서 부분마비 등으로 장애의 정도가 다양
    ③ 척수장애는 선천적인 경우보다 후천적으로 발생하는 경우가 많아 갑작스런 환경변화와 사회생활의 여러 가지 제약으로 인해 많은 고통을 받게 됨
2) 회백수염(소아마비)
    폴리오 바이러스에 의해 신경계가 감염되어 발생하는 전염성 질환으로 척수성 소아마비 형태로 나타나 손발의 마비를 일으키며 어린이에게 잘 발생하고, 예방접종으로 대비 가능

3) 척추이분증(이분척추)

척수를 보호하는 역할을 하는 척주의 특정 뼈가 불완전하게 닫힘에 따라 척수의 일부분이 외부에 노출되고 이에 따라 방광조절이 안되고 보행이 어려워지는 등의 이상증세가 발생하는 선천적인 기형 질환

4) 척주편위

정상적으로 수직방향인 척추가 일정방향으로 편위되어 있는 질환(척주에서의 휨 현상)으로 척추측만증, 척추전만증, 척추후만증으로 구분

5) 절단장애

선천적 또는 후천적으로 사지의 일부 또는 전체가 제거되거나 상실된 상태로 크게 상지 절단과 하지 절단으로 구분되며, 하지 절단의 경우 이동을 위해 보조기구의 적극적 사용이 필요하며 활동량 저하로 인해 유산소 능력 수준이 낮게 나타나는 특징이 있음

6) 다발성 경화증

뇌, 척수, 중추신경계에 발생하는 만성 신경면역계 질환으로 몸의 여러 곳에 동시 다발적으로 발생한 염증으로 신경 수초가 손상되고 이로 인해 시력, 감각, 근육 등이 굳어지게 됨

7) 근이영양증

골격근이 점차 변성되고 위축되면서 악화되어가는 진행성 유전성 질환으로 신경계와 관계없이 골격근의 퇴화가 진행되어 근육 약화, 변형이 일어나 보행장애나 심근장애가 발생함

8) 프리드리히 운동실조증

상염색체 열성으로 유전하는 질환으로 10세 전후로 발생하며 5년이내에 보행이 어려워 짐, 보행장애로 시작되어 손 운동 어려움, 눈 움직임 이상 등이 나타나며 심장 문제도 발생함

9) 중증근무력증

일시적인 근력약화와 피로를 특징으로 하는 대표적인 근신경질환으로 변동이 있는 골격근의 근력 약화의 증상을 나타남

10) 골형성부전증

선천적으로 골의 강도가 약해서 특별한 이유없이도 쉽게 골절되는 유전성 질환으로 콜라겐 섬유 단백질의 결핍으로 인해 뼈가 불완전하게 형성되어 잘 부서지는 특징을 가짐

(3) **영역별 특성**

① 인지적 영역 : 움직임이 자유롭지 못함에 따라 우울감이나 조울감 등의 감정 기복이 큼
② 정의적 영역 : 대인관계 및 상호작용에 어려움 존재

③ 심동적 영역 : 보행가능 유무에 따라 차이가 존재하며, 운동능력은 충분히 개선 가능
- 절단장애의 경우 상지절단과 하지절단 등의 유형에 따라 운동기술 능력에 차이 존재
- 하지 절단 장애의 경우 걷기, 달리기 등 대근육 운동 기술 습득에 장기간 소요

(4) 체육지도 전략 : 지체장애는 다양한 세부 장애유형을 포함하고 있어 일반화하기는 어려움
① 지체장애인에게 알맞은 체육 공간과 활동에 집중할 수 있는 환경 조성(체육 시설, 외부 소음 및 방해물 제거)
② 장애 특성으로 인한 제한적 요인을 정확하게 파악하여 적합한 체육활동 프로그램을 제공
③ 체육활동 참여 시 보조 기구를 사용하는 경우가 많으므로 보조기구를 익숙하게 다룰 수 있도록 지도
④ 운동 기능 습득 시 쉽게 이해할 수 있도록 정확한 동작으로 시범을 보이고 단계적, 반복적으로 실시
⑤ 무리한 관절 운동은 지양하고 체육활동 전후에 유연성 향상을 위한 스트레칭 실시
⑥ 상해 부위의 보호와 2차 손상을 예방하기 위해 보호용 커버, 적절한 의복 등을 착용

7 뇌병변 장애

(1) 정의
뇌성마비, 외상성 뇌손상, 뇌졸중 등 뇌의 기질적 병변으로 인해 발생한 신체적 장애로 보행이나 일상생활의 동작 등에 상당한 제약을 받는 사람(장애인복지법)

(2) 뇌병변 장애의 유형
1) 뇌성마비
① 개념 : 뇌가 성숙되기 이전 여러 요인으로 인해 뇌가 손상되어 비정상적인 근긴장도가 발생함에 따라 운동과 자세의 장애를 보이는 비진행성 질환
② 주요원인
- 출생 전 : 유전적 요인, 선천성기형, 모체감염, 모성빈혈 등
- 출생 시 : 조산으로 인한 미숙아, 핵황달 등에 의한 경우로 뇌성마비의 60% 이상을 차지
- 출생 후 : 두개골 외상, 뇌출혈, 뇌염·뇌막염 등의 감염 등

③ 미국 뇌성마비학회의 분류

구분	분류	증상
장애정도	경증	보조기구 없이 일상생활 활동이 가능
	중등도	보조기구 사용시 보행가능 독립적 또는 약간의 도움으로 일상생활 가능
	중증	보조기구 사용하여도 독립적 보행과 일상생활이 불가능하여 반드시 타인의 도움이 필요
마비부위	단마비	하나의 상지 혹은 하지가 마비된 경우
	편마비	한쪽 상하지가 마비된 경우
	하지마비	사지에 모두 증상이 있으나 하지가 뚜렷하게 심한 경우
	삼지마비	양쪽 하지와 한쪽 상지가 마비된 경우
	사지마비	모든 사지가 비슷한 정도의 마비 증상이 있는 경우
	이중편마비	모든 사지의 불완전 마비이나 사지 한쪽의 손상이 더 심한 경우
신경학적 유형 (운동기능)	경직형	경직에 의해 팔다리가 뻣뻣하고 관절을 부드럽게 움직일 수 없음
	불수의운동형	경직과 의지와 상관없이 움직이는 불수의 운동이 반복되는 특징을 보임
	강직형	자세와 움직임이 비정상적이고 근긴장도가 증가된 경우
	진전형	조절할 수 없는 떨림으로 근운동 조절이 불가능
	실조형	소뇌의 손상으로 근육의 협응이 안되어 균형을 상실하는 경우
	혼합형	경직성과 무정위 운동증이 함께 나타남

④ 신경해부학적 분류
- 추체로성 뇌성마비 : 대뇌피질로부터 골격근으로 명령을 운반하는 신경통로인 추체로의 손상으로 인해 발생(경련성 뇌성마비 일으킴)
- 추체외로성 뇌성마비 : 추체로를 통하지 않는 명령 계통이 손상된 경우로 운동의 협응력이나 조절력이 상실되는 운동이상증을 초래(무정위운동증 뇌성마비를 일으킴)
- 소뇌성 뇌성마비 : 운동 협응, 공간, 위치감각, 평형성 유지의 기능을 담당하는 소뇌가 손상된 경우(운동 실조증 뇌성마비 일으킴)

2) 외상성 뇌손상

교통사고, 추락 등 외부적인 충격에 따른 신체 손상, 학대, 스포츠상해 등의 물리적 충격으로 인해 뇌의 신경세포들의 기능이상으로 뇌 기능이 감소 또는 소실됨에 따라 인지 및 신체 기능에 장애를 일으키는 경우

04 장애 유형별 체육지도 전략

3) 뇌졸중(중풍)
① 개념 : 뇌에 혈액을 공급하는 혈관이 막히거나 손상을 입는 등 뇌혈관의 이상으로 신경학적인 증상을 동반하는 경우
② 유형
- 출혈성 : 뇌출혈이라고 하며, 뇌혈관이 터져 뇌속으로 피가 고이는 경우로 고혈압이 주원인으로 뇌압의 상승으로 인한 두통, 의식장애 등이 나타남
- 허혈성 : 크고 작은 뇌혈관이 막히거나 좁아져서 발생하며 침범부위에 따라 감각이상, 마비, 시력이상 등이 나타나는 질환으로 뇌경색과 일과성 허혈성 발작으로 구분됨

(3) 영역별 특성

1) 인지적 영역
① 주의력, 기억력 수준이 낮고 판단력이 부족하고, 언어 문제도 가지고 있음
② 물리치료나 외과수술 등의 사유로 연속적인 학업 진행이 어려워 낮은 학업성취도를 보임

2) 정의적 영역
① 타인에게 의존해야만 하는 상황이므로 열등감, 낮은 동기유발, 무기력 등으로 인해 수동적인 태도를 보이는 반면, 충동적이고 공격적인 성향을 보이기도 함
② 독특한 신체적 외모로 인해 대인관계와 타인과의 상호작용이 어려움

3) 심동적 영역
① 근육발달이 불균형하고 근력, 유연성 및 심폐지구력 수준이 낮아 독자적 움직임이 어려움
② 신체적 움직임이 어려우면서, 유연성과 관절의 가동범위도 적고 체력 수준이 낮음
③ 신경의 훼손으로 평형성, 협응력 등 신체 기능과 활동에 문제 존재

(4) 체육지도 전략
① 마비 유형과 정도를 사전에 파악하여 프로그램을 계획하며 개별적 특성을 고려하여 활동을 알맞게 변형
② 스포츠 활동 시 의사소통에 어려움이 있을 수 있으므로 의사소통판이나 시각자료 등을 활용한 보조적인 지도가 필요
③ 다양한 과제보다는 하나의 과제를 목표로 수행하도록 하며 지나친 보조를 삼가고 점차적으로 보조를 제거
④ 뇌병변 장애인이 견디고 적응할 수 있는 범위 내에서 기능 회복을 위한 체육 활동을 제공
⑤ 경기 참여 시 방법, 전략, 규칙 등을 정확하게 이해하여 참여할 수 있도록 반복적으로 설명

⑥ 장애 특성상 운동 제어에 어려움이 있으므로 체육 활동 중 발생할 수 있는 위험에 대비할 안전 지식과 대처 방법 습득

특수체육론 출제예상문제

1 특수체육에 대한 설명 중 옳지 않은 것은?
① 특수체육은 일반적으로 장애가 있는 사람들의 체육 활동과 관련된 분야에서 사용되는 용어이다.
② 장애의 삶의 질을 향상시키고 자아를 실현할 수 있도록 합리적이고 논리적인 근거를 제공하는 이론적 학문이다.
③ 심동적인 어려움이 있는 사람들의 독특한 요구를 충족시키기 위해 계획된 개별화 프로그램이다.
④ 법률적 요구와 사정에 기초하여 제공되는 서비스이다.

해설
특수체육은 현장 중심의 학문이다.

2 장애인복지법에 따른 장애의 분류에 해당하지 않는 유형은?
① 발달 장애
② 자폐성 장애
③ 뇌병변 장애
④ 지체 장애

해설
장애인복지법은 장애의 유형을 15가지 종류로 구분한다.

신체적 장애	외부 신체 기능	1. 지체 2. 뇌병변 3. 시각 4. 청각 5. 언어 6. 안면
	내부 기관의 장애	7. 심장 8. 호흡기 9. 간 10. 신장 11. 장루·요루 12. 뇌전증
정신적 장애	발달 장애	13. 지적 14. 자폐성
	정신 질환	15. 정신

정답 1 ② 2 ①

3 국제 장애인 스포츠 대회와 관련되어 정리한 표의 내용 중 옳지 않은 부분은?

구분	패럴림픽	스페셜 올림픽	데플림픽
① 장애 유형	지체, 뇌병변, 지적, 시각	지적, 자폐성	청각
② 개최 시기	4년마다 일반 동·하계 올림픽과 동일한 시기	4년마다 동·하계 개최	4년마다 동·하계 개최
③ 국제 기구	IPC (국제 패럴림픽 위원회)	SOI (국제 스페셜 올림픽 위원회)	ICSD (국제 농아인 스포츠 위원회)
④ 등급 분류	디비져닝(3단계 분류) 성별 → 연령 → 능력	10종	최소 55dB 이상

⊙ 해설

디비져닝을 통해 등급을 분류하는 방식은 스페셜 올림픽이며, 패럴림픽은 다음과 같이 총 10종으로 구분한다.
- 지체 장애(5종) : 근력 손상, 관절 장애, 사지결손, 하지 차이(다리 길이), 짧은 키
- 뇌병변(3종) : 경직성, 운동실조증, 무정위운동증
- 지적장애(1종), 시각장애(1종)

4 장애인 스포츠 대회와 관련된 내용으로 옳지 않은 것은?

① 제1회 패럴림픽은 1960년 로마에서 개최되었다.
② 제8회 패럴림픽은 1988년 서울에서 개최되었다.
③ 국내에서는 1981년 제1회 전국 장애인 체육대회가 개최되었다.
④ 평창에서는 동계 패럴림픽 이후 스페셜 올림픽을 개최하였다.

⊙ 해설

2013년 스페셜 올림픽 개최 이후 2018년 동계 패럴림픽이 개최되었다.

⊙ 정답 3 ④   4 ④

특수체육론 출제예상문제

5 통합 체육과 관련된 설명으로 옳지 않은 것은?

① 장애인들은 탈시설화, 지역적 네트워크를 통한 사회참여, 주류화 등의 통합 과정을 통해 사회의 한 구성원으로서 활동할 권리를 보장받는다.
② 일반 교육이라는 주된 교육 체계 속에서 장애가 있는 학생이 참여하여 통합되어 가는 과정을 정상화라고 한다.
③ 장애 학생의 운동 수행 능력은 통합 체육 교육 환경에서 더 나은 수행 능력을 발휘할 수 있다.
④ 장애 학생의 안정적인 참여를 위해서는 대규모 수업보다는 소규모 수업이 적절하다.

◉ 해설
주류화에 대한 설명이다.

6 규준 참조 검사와 준거 참조 검사의 비교 내용 중 옳지 않은 부분은?

구분	규준 참조 검사	준거 참조 검사
①	동일 집단의 수행과 비교	사전에 설정된 수준인 준거와 비교
②	동일 집단 내에서의 상대적 위치	특정 기술이나 체력 등의 수준 파악
③	선별 진단 배치에 사용	프로그램 계획 및 평가에 사용
④	좁은 영역, 영역당 많은 문항 수	광범위한 영역, 영역당 소수 문항 수

◉ 해설

규준 참조 검사	준거 참조 검사
동일 집단의 수행과 비교	사전에 설정된 수준인 준거와 비교
동일 집단 내에서의 상대적 위치	특정 기술이나 체력 등의 수준 파악
선별 진단 배치에 사용	프로그램 계획 및 평가에 사용
다양한 난이도의 문항	거의 동등한 난이도의 문항
광범위한 영역, 영역당 소수 문항 수	좁은 영역, 영역당 많은 문항 수

◉ 정답 5 ② 6 ④

7 PAPS-D 검사에 대한 설명으로 옳지 않은 것은?

① 2013년 장애 학생의 건강 체력 수준을 파악하고 관리하기 위해 우리나라에서 개발하였다.
② 건강 유지에 필요한 체력 관련 요인으로 근골격계, 호흡순환계, 신체구성, 자기신체상이 있다.
③ 6개 장애 유형에 따른 검사 방식이 존재한다.
④ 검사 전 프로파일 작성, 검사 항목 선정, 측정, 준거 점수와 비교, 결과에 대한 프로파일 작성 운동 계획 작성의 순서로 진행된다.

⊙ 해설
BPFT에 대한 설명이다.

8 BPFT 검사에 대한 설명으로 옳지 않은 것은?

① 건강 체력 요소에 해당하는 심폐 능력, 근골격계 기능, 신체 조성에 대해 측정하는 검사 방식이다.
② 타인과의 비교가 목적이 아니라 개인의 건강 수준을 확인하고 관리의 중요성을 강조하는 준거 지향적 방식을 취하고 있다.
③ BPFT에서 신체 조성을 측정하는 방법으로는 피부 두겹 측정과 응용 토마스가 있다.
④ 만 10세에서 17세까지의 척수 장애, 뇌성마비, 절단 장애, 지적 장애, 시각 장애인에게 적용할 수 있는 검사 방식이다.

⊙ 해설
신체 조성 측정 방법으로는 피부 두겹 측정과 신체질량지수(BMI)가 있다.

9 TGMD-2에 대한 설명으로 옳지 않은 것은?

① 만 3세~10세 아동의 대근운동 발달 수준을 검사하는 표준화된 검사도구이다.
② 세부 검사 항목으로 크게 이동 기술과 조작 기술로 나눌 수 있다.
③ 검사 결과는 준거 지향 방식으로만 활용이 가능하다.
④ 검사 시행은 설명과 시범 - 사전 연습 - 검사의 순서로 진행된다.

⊙ 해설
TGMD-2의 검사 결과는 규준 지향 또는 준거 지향 방식으로 모두 활용이 가능하다.

정답 7 ④ 8 ③ 9 ③

특수체육론 출제예상문제

10 특수 체육에서 사용하는 사정 및 측정도구에 대한 설명으로 옳지 않은 것은?
① 비표준화 검사는 장애인을 위한 프로그램의 목표를 설정하고 지속적인 변화 과정을 확인하는 데 유용하다.
② 루브릭 방식은 학습자가 수행 과제에서 드러낸 결과물이 어느 정도의 수준인지를 사전에 공유된 기준이나 가이드라인을 활용한다.
③ 작업 결과나 작품 또는 수행의 결과를 모아놓은 자료집이나 서류 파일을 보고 평가하는 방식은 포트폴리오이다.
④ 면접은 특정 환경에서 개인의 행동을 직접 보고 체계적으로 기록하는 방식이다.

◉ 해설
④번은 관찰에 대한 설명이며, 면접은 대상자와의 대화를 통해 질문에 대한 반응과 답변을 기록하는 방식이다.

11 측정도구의 선택 기준에 대한 설명으로 옳지 않은 것은?
① 타당성 : 신체 능력 및 인지적, 정의적 요소의 능력이나 특성을 충실히 측정하고 있는지 여부
② 신뢰성 : 동일한 검사를 반복 실시하여도 같은 결과가 나올 수 있는 일관성이 있는지 여부
③ 객관성 : 두 명 이상의 다수 평가자가 측정한 결과가 동일한 점수를 나타내는지 여부
④ 변별성 : 검사하는데 적합한 유형의 대상을 포함하고 있는지 여부(나이, 성별, 장애 유형 등)

◉ 해설
④번은 적합성에 대한 설명이며, 변별성은 검사 방법을 잘 수행하는 사람과 그렇지 않은 사람을 구분하고 실시하고 있는지 여부를 본다.

12 장애인을 대상으로 표준화 검사를 수정하여 진행하는 경우 유의하여야 할 사항으로 옳지 않은 것은?
① 수정 실시 전에 지침대로 완전히 검사를 진행한다.
② 수정 전 지침서에 수정 지침이 존재하는지 확인한다.
③ 지침서에 제시된 범위를 넘어 수정이 필요한 경우 수정 내용을 자세히 기술해야 한다.
④ 넘어선 수정이 있을 경우라도 기존의 규준과 비교하여 검사 결과를 해석하는 것에는 무리가 없다.

◉ 해설
지침서에 제시된 범위를 넘는 수정의 경우 검사 결과를 기존 규준과 비교하여서는 안 된다.

◉ 정답 10 ④ 11 ④ 12 ④

13 과제 분석에 대한 내용으로 옳지 않은 것은?

① 목표 과제를 시작부터 최종 단계까지 세부적인 단계로 분류하여 효과적으로 과제 수행을 진행하도록 준비하는 과정이다.
② 총체적으로 학습이 필요한 과제에서도 적용에 무리가 없다.
③ 유형으로는 동작 중심 과제 분석, 유사 활동 중심 과제 분석, 영역 중심 과제 분석, 생태학적 과제 분석으로 구분된다.
④ 체계적이고 논리적인 순서로 학생을 지도할 수 있도록 교수 계획 수립 시 활용할 수 있다.

해설
단계적으로 세분화하기 힘들고 총체적으로 학습이 필요한 과제에서는 적용에 어려움이 있다.

14 개별화 교육 계획의 지도 전략에 대한 설명으로 옳지 않은 것은?

① 장애 학생과 비장애 학생이 짝을 지어 역할을 변경하는 상호 또래 교수 방식은 중증 장애 학생에게 효과적이다.
② 지도자 두 명이 학급을 두 집단으로 나누어 각기 다른 내용을 진행 후 바꾸어 다시 진행하는 방식은 교대 팀티칭이다.
③ 스테이션 교수는 하나의 학급을 소규모 집단으로 분류하여 기술을 습득하게 하고 각 스테이션을 구성해 순환하는 형식으로 진행한다.
④ 역주류화 수업은 비장애 학생이 장애가 있는 학생들과 함께 수업에 참여하는 방식이다.

해설
상호 또래 교수 방식은 경도 장애 학생에게 효과적이다.

15 장애인 스포츠 활동 변형에 대한 내용으로 옳지 않은 것은?

① 장애를 가진 사람을 지도할 때 스포츠 활동을 효과적으로 유도하기 위해 환경, 용구 기구 규칙 등을 변형하여 적용할 수 있다.
② 활동 공간은 효과적인 스포츠 진행을 위한 중요요건으로 접근성, 안정성, 효율성, 흥미성을 고려하여 변형을 주어야 할 필요가 있다.
③ 변형하는 경우에도 스포츠의 본질은 유지하여야 한다.
④ 활동 변형을 하였음에도 어려워하는 경우 익숙해 질 때까지 계속해서 지도하여야 한다.

해설
활동 변형을 하였음에도 어려워한다면 수정 보완 후 다시 시도하여야 한다.

정답 13 ② 14 ① 15 ④

특수체육론 출제예상문제

16 다음 내용이 설명하는 행동관리 이론으로 옳은 것은?

> 자극에 따라 행동이 발생하며 그에 따른 결과를 획득하는 형태로 인해 행동이 나타나게 된다고 보는 이론으로 결과의 보상에 따라 행동이 발생하는 것으로 이해한다.

① 생태학적 접근법
② A-B-C 모델
③ 교육심리적 접근법
④ 조작적 조건형성이론

해설
- 생태학적 접근법 : 스포츠 환경의 부조화가 장애인의 문제 행동을 야기한다고 보는 이론
- 조작적 조건형성이론 : 특정한 환경에서 발생하는 다양한 행동과 그 행동으로 초래되는 긍정적, 부정적 결과로부터 추후의 행동이 증가하거나 감소하게 된다고 보는 이론
- 교육심리적 접근법 : 참여자의 자아존중감과 지도자의 관계 강화가 중요하다고 보는 이론

17 다음의 행동관리 강화 기법 중 정적강화에 해당되는 것으로만 짝지어진 것은?

가. 프리맥 원리	나. 타임아웃
다. 체계적 둔감법	라. 토큰 경제 강화
마. 과잉교정	바. 용암법

① 가, 나, 라
② 가, 라, 바
③ 나, 다, 마
④ 나, 마, 바

해설
- 정적강화 : 프리맥 원리, 토큰 경제 강화, 용암법
- 부적강화 : 타임아웃, 과잉교정, 체계적 둔감법

정답 16 ② 17 ②

18 문제 행동 관리의 절차 순서로 옳은 것은?

> 1) 문제 행동 파악
> 2) 문제 행동의 발생 빈도, 기간, 유형을 파악
> 3) 효과적인 강화물을 조사하고 선정
> 4) 적절한 행동 관리법을 선정
> 5) 행동 관리 시작
> 6) 행동 관리 시행에 따른 효과 관찰 및 기록
> 7) 행동 관리법에 사용된 강화물을 점차 감소시켜 나감
> 8) 행동 변화를 확인하는 최종평가 시행

① 1) - 2) - 3) - 4) - 5) - 6) - 7) - 8)
② 1) - 2) - 4) - 3) - 5) - 6) - 8) - 7)
③ 1) - 2) - 3) - 4) - 5) - 6) - 8) - 7)
④ 1) - 2) - 4) - 3) - 5) - 6) - 7) - 8)

◎ 해설
1) 문제 행동이 무엇인지 파악
  - 문제 행동 : 상황에 맞지 않는 행동 또는 자신이나 타인에게 위협이 되는 행동
2) 문제 행동의 발생 빈도, 기간, 유형을 파악
3) 적절한 행동 관리법을 선정
4) 효과적인 강화물을 조사하고 선정
5) 행동 관리 시작
6) 행동 관리 시행에 따른 효과 관찰 및 기록
7) 행동 변화를 확인하는 최종평가 시행
8) 행동 관리법에 사용된 강화물을 점차 감소시켜 나감

19 운동 발달에 대한 내용 중 옳지 않은 것은?
① 발달은 위에서 아래로, 중심에서 말초로, 소근육에서 대근육으로 이루어진다.
② 머리는 다른 신체부위에 비해 먼저 발달한다.
③ 발달의 순서는 동일성이 있으나, 발달의 속도는 개인차가 존재한다.
④ 발달의 단계는 반사 / 반응 행동 → 감각 운동 → 운동 양식 → 운동 기술 순으로 이루어진다.

◎ 해설
대근육에서 소근육으로 이루어진다.

◎ 정답 18 ② 19 ①

특수체육론 출제예상문제

20 체력 훈련을 위한 운동 처방 구성 요소 중 동일한 성격의 요소로 짝지어 진 것은?

| 가. 운동 시간 | 나. 운동 빈도 | 다. 운동 강도 | 라. 운동 유형 |

① 가, 다   ② 나, 라   ③ 다, 라   ④ 나, 다

해설
(가, 나)와 (다, 라)가 동일한 성격의 요소이다.
양적요소 : 운동 시간, 운동 빈도, 운동 기간 / 질적 요소 : 운동 강도, 운동 유형

21 다음의 설명에 부합하는 지적 장애의 원인으로 옳은 것은?

> 여아의 성염색체인 X염색체 중 하나가 없거나 불완전하여 난소 기능 장애가 발생하는 유전질환으로 조기 폐경, 저신장증, 심장질환, 골격계 이상, 자가면역 질환, 정신지체 등의 증상을 보인다.

① 다운 증후군
② 윌리엄스 증후군
③ 프라더윌리 증후군
④ 터너 증후군

해설
- 윌리엄스 증후군 : 7번 염색체 일부가 결실됨에 따라 발생하는 유전질환
  (증상 : 위로 치켜 올라간 코와 작은 턱, 긴 인중 등 특징적 외모, 심장질환, 정신지체 등)
- 다운 증후군 : 21번 염색체가 3개 존재하여 나타나는 유전질환
  (증상 : 낮은 코, 둥글고 납작한 얼굴, 작은 키, 짧은 팔다리 등 특징적인 외모, 낮은 근육 긴장도, 심장 이상, 지능 저하와 발달 지연 등)
- 프라더윌리 증후군 : 유전적 결함으로 인해 15번 염색체 일부가 소실됨에 따라 발생
  (증상 음식에 집착하여 고도비만의 위험, 성장 호르몬 이상으로 인한 작은 키, 심장질환, 척추측만 등)

22 스페셜 올림픽에 대한 설명으로 옳지 않은 것은?
① 4년마다 개최되는 국제 경기 대회로 하계 대회와 동계 대회로 나뉘어 개최된다.
② 모든 참가 선수들의 경기 결과를 인정한다.
③ 만 8세 이상의 지적 · 자폐성 장애인은 모든 연령층이 참가 가능하다.
④ 경쟁과 승패에 의의를 두며 금전적인 보상이 주어진다.

해설
스페셜 올림픽은 순위 경쟁보다는 선수들의 도전과 노력에 의의를 두며 1~3위 입상자에 대한 메달 수여 외에 참가자 전원에게 리본이 수여된다.

정답 20 ③ 21 ④ 22 ④

23 지적 장애인 체육 지도 전략에 대한 설명 중 옳지 않은 것은?

① 흥미를 가질 수 있는 간단한 방식으로 반복적으로 지도하여야 한다.
② 간단한 언어 및 단어를 사용하고 단순한 규칙을 가진 놀이를 제공한다.
③ 직접 지도 시 최대한의 신체 접촉을 유지하며 지도한다.
④ 쉬운 과제에서 어려운 과제로, 익숙한 과제에서 새로운 과제로 제공한다.

🔾 해설
지도 방식은 언어 지도, 시범 지도, 직접 지도 등을 활용하며 직접 지도 시 최소한의 신체 접촉을 유지해야 한다.

24 정서 장애의 행동 특성 중 짧은 집중 시간, 나태함, 무기력, 생각 없는 답변 등에 해당하는 것은?

① 운동 과잉(과잉 행동)
② 주의력 문제(미성숙)
③ 불안 회피
④ 사회화된 공격

🔾 해설
• 정서 장애의 행동 특성
  - 운동 과잉(과잉 행동) : 쉬지 않고 움직이며, 편안하게 이완하지 못하는 것을 의미
  - 사회화된 공격 : 조직적인 절도, 무단결석, 불량 학생 추종, 조직 가담, 도덕과 법률 경시 등
  - 주의력 문제(미성숙) : 짧은 집중 시간, 나태함, 무기력, 생각 없는 답변 등
  - 불안 회피 : 과도한 자기 – 자극, 과민성, 일반적인 두려움, 불안, 우울감, 인식된 슬픔 등

25 보기에서 설명하고 있는 자폐성 장애의 행동 특성으로 옳은 것은?

> 몸 앞뒤로 흔들기, 눈앞에서 손가락이나 막대를 대고 흔들기, 물건을 계속하여 빙빙 돌리기 등 부적절한 행동을 반복적으로 행하는 경우

① 상동 행동
② 자해 행동
③ 공격 행동
④ 개별화 행동

🔾 해설
자폐성 장애의 행동 특성 중 특정 행동이나 동작을 습관적으로 반복하는 것을 상동 행동이라 한다.

정답 23 ③ 24 ② 25 ①

26 자폐성 장애인의 체육활동 지도에 대한 설명으로 옳지 않은 것은?

① 언어 지시와 동시에 시각적 단서를 제공한다.
② 의사소통 보드 또는 그림, 사진을 적극적으로 활용한다.
③ 연속 동작으로 구성된 스포츠보다는 불연속 동작으로 구성된 스포츠가 적합하다.
④ 종소리, 호각 등의 소리나 주변 소음을 최소화시켜 준다.

◎ 해설
불연속, 계열적 동작으로 구성된 스포츠(농구, 야구)보다 연속 동작으로 구성된 스포츠(사이클, 수영)가 적합하다.

27 시각 장애인에게 수중 운동을 지도하는 경우 고려해야 할 사항으로 옳지 않은 것은?

① 수영장의 여러 시설과 풀 안의 구조를 익히고 이동, 입수, 퇴수 방법을 사전에 훈련한다.
② 저시각의 경우 풀의 끝 지점이나 바닥에 눈에 잘 띄는 테이프를 붙인다.
③ 전맹의 경우 레인이나 풀의 끝 지점에 주변 색과 뚜렷하게 대조되는 패드를 장착한다.
④ 버디시스템을 활용하여 시각 장애가 없는 동료와 탈의실, 풀장 등을 함께 이용한다.

◎ 해설
전맹의 경우 시력이 전혀 없고 다른 잔존감각에 의존해야 하므로, 시각적인 대비보다는 음향 장치 등을 설치하여 안전하게 수영할 수 있도록 하여야 한다.

28 시각 장애인을 위해 고안된 스포츠 종목이 아닌 것은?

① 쇼다운
② 텐덤사이클
③ 보치아
④ 골볼

◎ 해설
보치아는 공을 던져 표적구에 가까운 공의 점수를 합하여 승패를 겨루는 경기로 뇌성마비 중증 장애인과 운동성 장애인만이 참가할 수 있는 종목이다.

29 시각 장애의 기능적 정의에 따른 분류로 옳지 않은 것은?

① 완전실명(전맹) : 시력이 전혀 없는 상태
② 광각 : 암실에서 광선 인식이 가능한 상태
③ 지수 : 전방 1m 움직임 정도만 구분 가능
④ 저시각 : 낮은 시력으로 일상생활이 불가능한 상태

◎ 해설
저시각은 낮은 시력으로 일반 활자를 읽지 못할 수도 있으나 일상생활은 가능한 상태이다.

정답 26 ③ 27 ③ 28 ③ 29 ④

30 시각 장애인을 위한 신체활동 지도법으로 옳지 않은 것은?

① 잔존시력의 정도를 파악 후 동작을 반복적으로 보여준다.
② 만져서 자세를 확인하는 방법을 통해 동작의 확인을 도와야 한다.
③ 언어 지도 – 촉각 탐색 – 직접 지도의 단계로 지도한다.
④ 달리기를 하는 경우 테더(보조줄)은 시각장애인에게 방해를 줄 수 있으므로 가급적 최소한으로 사용하여야 한다.

◉ 해설
테더 : 시각장애인과 함께 달릴 수 있도록 하는 짧은 길이의 줄

31 장애인복지법에서 규정하는 청각 장애의 기준으로 옳은 것만으로 짝지어진 것은?

> 가. 두 귀의 청력을 각각 80dB 이상 잃은 사람
> 나. 두 귀에 들리는 보통 말소리의 최대 명료도가 50% 이하인 사람
> 다. 한 귀 청력을 80dB 이상 잃고, 다른 귀의 청력을 60dB 이상 잃은 사람
> 라. 평형 기능의 소실로 두 눈을 뜨고 직선으로 5m 이상을 지속적으로 걸을 수 없는 사람

① 가
② 가, 나
③ 가, 나, 다
④ 가, 나, 다, 라

◉ 해설
가. 청각 기능 장애
- 장애의 정도가 심한 장애인 : 두 귀의 청력을 각각 80dB 이상 잃은 사람
- 장애의 정도가 심하지 않은 장애인
  - 두 귀에 들리는 보통 말소리의 최대의 명료도가 50% 이하인 사람
  - 두 귀의 청력을 각각 60dB 이상 잃은 사람
나. 평형 기능 장애
- 장애의 정도가 심한 장애인
  - 양측 평형 기능의 소실로 두 눈을 뜨고 직선으로 10m 이상을 지속적으로 걸을 수 없는 사람
- 장애의 정도가 심하지 않은 장애인
  - 평형 기능의 감소로 두 눈을 뜨고 10m 거리를 직선으로 걸을 때 중앙에서 60cm 이상 벗어나 복합적인 신체 운동이 어려운 사람
다. 한 귀의 청력을 80dB 이상 잃고, 다른 귀의 청력을 40dB 이상 잃은 사람

◉ 정답 30 ④ 31 ②

32 청각 장애인과 의사소통 시 주의할 사항으로 옳지 않은 것은?

① 대화 시 필요에 따라 종이와 연필 등 필기구를 사용한다.
② 청각 장애인이 명확하게 인지하고 있는 수신호를 사용한다.
③ 눈을 마주치고 대화를 하면 청각 장애인이 불편해하므로 눈을 마주치지 않는다.
④ 대화를 방해할 수 있는 언행과 불필요한 행동을 하지 않는다.

해설
청각 장애인과 의사소통 시 눈을 마주치며 대화한다.

33 청각 장애인의 체육 활동 지도 전략으로 옳지 않은 것은?

① 지도 시 시각적 자료를 적극적으로 활용하고 수화 및 구화를 사용하도록 한다.
② 다른 사람들과 활동에 참가할 경우 의사소통에 어려움이 있으므로 개인 스포츠에만 참가하도록 한다.
③ 추가설명이 필요한 경우 메모지나 휴대용 의사소통 판 등을 활용한다.
④ 지도 전 시설이나 기구사용법을 충분히 숙지하게 하고 넘어지는 방법을 지도한다.

해설
스포츠 참가 상황에서 위험에 대한 경고를 알아듣지 못하거나 의사소통에 어려움이 있을 수 있으나 참여를 두려워하지 않도록 지도하며 팀 스포츠에 참가할 수 있도록 한다.

34 데플림픽에 대한 설명으로 옳지 않은 것은?

① 데플림픽 대회는 4년마다 개최되는 청각 장애인을 위한 국제 경기 대회이다.
② 데플림픽 대회의 참가 기준은 두 귀의 청력 손실이 60데시벨(dB) 이상이며 인공와우와 보청기를 사용할 수 있다.
③ 1924년 프랑스 파리에서 제1회 하계 데플림픽이 개최되었다.
④ 데플림픽에서는 육상 출발용 화약총, 호루라기, 마이크 등을 사용할 수 없다.

해설
동·하계 데플림픽 모두 참가 기준은 두 귀의 청력 손실이 55데시벨(dB) 이상의 청각 장애인이며 경기 시작 전에 착용한 인공와우와 보청기 등을 모두 제거해야만 경기에 참가할 수 있다.

정답 32 ③ 33 ② 34 ②

35 지체 장애 중 척수 손상에 대한 설명으로 옳지 않은 것은?

① 회백수염, 이분척추, 척주편위 등이 포함된다.
② 척수의 손상 부위와 정도에 따라 장애의 정도가 다양하게 나타난다.
③ 척수 장애는 후천적인 경우보다 선천적인 경우가 많다.
④ 흉추 6번 이상의 척수 손상자는 혈압 증가와 심박수 감소 등의 문제가 있어 스포츠지도 시 체온 조절에 유의해야 한다.

◎ 해설
척수 장애인은 질병이나 사고 등으로 후천적으로 발생하는 경우가 많아 갑작스런 환경 변화와 사회생활의 여러 가지 제약으로 인해 많은 고통을 받게 된다.

36 지체 장애인의 의사소통 시 고려사항으로 옳지 않은 것은?

① 지체 장애인이 넘어진 경우 도움이 필요한지 물어보기 전에 먼저 도움을 준다.
② 휠체어 사용자의 보조 요청이 있는 경우에 보조를 제공한다.
③ 목발, 휠체어 등 지체 장애인이 따로 요청하지 않는 이상 활동 구역 내에 보관한다.
④ 장애인 기능을 제한하는 환경적 측면 장벽을 최소화한다.

◎ 해설
지체 장애인이 넘어진 경우 도움이 필요한 지 여부를 먼저 묻고, 도움을 요청할 경우에 지원한다.

37 지체 장애인의 스포츠지도 시 고려사항으로 알맞지 않은 것은?

① 체육 활동에 집중할 수 있도록 시끄럽지 않은 환경을 조성해 준다.
② 수분을 흡수할 수 있는 의복을 착용하되 체중의 중심을 자주 옮겨줄 필요는 없다.
③ 척수 손상자는 활동 전에 방광을 비우고 참여하도록 한다.
④ 흉추 6번 이상의 척수 손상자는 혈압 증가의 문제가 있으므로 체온 조절에 유의한다.

◎ 해설
지체 장애인은 욕창 예방을 위해 체중의 중심을 자주 옮겨주고, 수분을 흡수할 수 있는 의복을 착용시킨다.

정답 35 ③ 36 ① 37 ②

특수체육론 출제예상문제

38 뇌성마비에 대한 설명 중 옳은 것은?
① 뇌성마비 중 대마비는 모든 사지가 마비되는 것을 의미한다.
② 국제뇌성마비 스포츠레크리에이션 협회에서는 뇌성마비를 8개의 등급으로 나누며, 5등급 이상부터는 휠체어를 타지 않고 보행이 가능하다고 분류한다.
③ 신체적 제어 능력 향상보다 몸을 지탱할 수 있는 근력의 증가에 초점을 두어 지도하여야 한다.
④ 뇌성마비의 형태 중 운동기능적으로는 무정위 운동성 뇌성마비 비율이 가장 높다.

◎ 해설
- 대마비는 양측 다리가 마비되는 것이며, 모든 사지가 마비되는 것은 사지마비이다.
- 근력의 증가보다 신체적 제어 능력이나 협응력 향상에 초점을 두어야 한다.
- 경련성 뇌성마비가 전체 뇌성마비의 60% 정도를 차지한다.

39 뇌병변 장애의 운동기능적 분류에 대한 설명으로 옳은 것은?
① 경련성 : 심한 정신 지체를 동반, 수축근과 길항근에서 모두 근육의 강직을 보이는 경우
② 무정위 운동성 : 대뇌 중앙에 위치한 기저핵 부분이 손상되어 사지가 의지와 상관없이 불규칙하게 움직이는 경우
③ 운동실조성 : 운동에서 신체의 일부가 불수의적으로 떨리는 경우
④ 강직성 : 근육의 장력이 증가함에 따라 근육의 움직임이 둔해지고 과긴장 상태가 되는 경우

◎ 해설
운동기능적 분류
- 경련성 : 근육의 장력이 증가함에 따라 근육의 움직임이 둔해지고 과긴장 상태가 되는 것
- 운동실조성 : 소뇌에 손상을 입어 몸의 평형성과 협응력에 영향을 미치는 것
- 강직성 : 심한 정신 지체를 동반, 수축근과 길항근에서 모두 근육의 강직을 보임

40 뇌성마비의 형태적 분류에 대한 설명으로 옳지 않은 것은?
① 단마비는 팔 다리 중 한 부위가 마비된 상태를 말한다.
② 편마비는 몸의 한쪽 수족에 마비가 있으며 다리보다는 팔이 심각하다.
③ 사지마비는 모든 사지가 마비된 상태로 경직성 및 무정위 운동증에서 많이 발생한다.
④ 이중편마비는 신체 양측에 마비가 있으며 상지보다 하지 마비가 심각하다.

◎ 해설
신체 양측에 마비가 있으며 상지보다 하지 마비가 심각한 경우는 양측마비이며 이중 편마비는 양측에 마비가 있으나 한쪽이 조금 더 심한 경우이다.

◎ 정답 38 ② 39 ② 40 ④

스포츠지도사 기출문제

2015 2급 생활스포츠지도사
2015 2급 전문스포츠지도사
2016 2급 생활·전문스포츠지도사
2017 2급 생활·전문스포츠지도사
2018 2급 생활·전문스포츠지도사
2019 2급 생활·전문스포츠지도사

※ 2016년~2019년에는 생활과 전문 문제가 동일하게 출제되었습니다.

2020 2급 생활스포츠지도사
2021 2급류 체육지도사 필기시험

2015 2급 생활스포츠지도사

1과목 스포츠 교육학

1 스포츠 교육학의 연구 영역이 아닌 것은?
① 교사(지도자) 교육
② 교수(수업) 방법
③ 교육과정(프로그램)
④ 교육행정

2 개방기술에 해당되지 않는 것은?
① 탁구 스매싱
② 농구 자유투
③ 야구 배팅
④ 축구 드리블

3 스포츠 교육학이 추구하는 가치 영역이 아닌 것은?
① 인지적 영역
② 평가적 영역
③ 심동적 영역
④ 정의적 영역

4 스포츠 교육학의 실천 영역이 아닌 것은?
① 학교체육
② 생활체육
③ 전문체육
④ 전인체육

5 학습과제의 발달적 내용분석을 위한 세 가지 순서는?
① 확대 – 세련 – 적용(응용)
② 확대 – 적용(응용) – 세련
③ 적용(응용) – 확대 – 세련
④ 세련 – 확대 – 적용(응용)

6 평가의 타당도를 측정하는 방법이 아닌 것은?
① 내용 타당도
② 준거 타당도
③ 조언 타당도
④ 구인 타당도

7 체육지도자의 전문가로서 성장방법이 아닌 것은?
① 형식적 성장
② 무형식적 성장
③ 반성적 성장
④ 비형식적 성장

8 지도자가 학습자의 과제 수행을 관찰해야 하는 가장 기본적인 목적은?

① 과제 수행 참여 여부 확인
② 안전한 과제 수행 여부 확인
③ 과제 난이도의 적합 여부 확인
④ 피드백의 제공 필요 여부 확인

9 교수 – 학습과정의 구성 요소가 아닌 것은?

① 실행
② 계획
③ 전환
④ 평가

10 체육지도자의 자격명칭이 아닌 것은?

① 스포츠지도사
② 건강운동관리사
③ 유아스포츠지도사
④ 노인스포츠지도사

11 효과적인 단서의 특징이 아닌 것은?

① 간결성
② 구체성
③ 연령에 맞는 용어
④ 평가가 가능한 표현

12 지도자가 수업을 계획할 때 고려 요인이 아닌 것은?

① 이용 가능한 수업시간
② 학생들의 사회 경제적 지위
③ 수업공간 및 기구
④ 수업 참여 학생 수

13 학습과제의 난이도를 조절하는 방법이 아닌 것은?

① 남녀학생의 구분
② 운동수행조건의 수정
③ 인원수 조절
④ 기구의 조정

14 중학교에서 실시되는 '학교 스포츠 클럽 활동'은 창의적 체험활동의 어떤 영역에 포함되는가?

① 정규교육과정 활동
② 동아리 활동
③ 봉사 활동
④ 진로 활동

15 지도자가 수업의 성공여부를 판단할 때 가장 중요한 기준은?

① 학생들이 얼마나 즐겁게 수업에 참여했는가?
② 학생들이 수업 중 규칙을 얼마나 잘 준수했는가?
③ 학생들이 수업 중 얼마나 열심히 참여했는가?
④ 학생들이 목표를 얼마나 달성했는가?

16 일반학생 대상 스포츠 프로그램 운영 시 적절하지 않은 지도자의 행동은?

① 움직임 개념, 전략, 전술 이해 및 신체활동에 적용할 수 있는 충분한 기회 제공
② 다른 사람에 대한 존중과 협동의 중요성 경험
③ 승리의 중요성에 대한 지속적 강조
④ 건강한 삶의 영위수단으로서 스포츠의 중요성 이해

17 다음의 설명에 맞는 평가방법은?

> 1. 미리 정해놓은 기준과 비교하여 학습자의 성취도 수준 평가
> 2. 개인의 목표성취 여부에 관심
> 3. 신뢰할 수 있는 기준의 설정 어려움

① 절대평가　　　　② 상대평가
③ 형성평가　　　　④ 총괄평가

18 다음 설명에 맞는 수업모형은?

> 1. 학습자 스스로 학습활동에 관련된 문제를 해결한다.
> 2. 지도자는 과제수행 방법을 설명과 시범이 아닌 질문을 통해 학습자들이 스스로 찾도록 한다.

① 전술게임 모형　　② 동료교수 모형
③ 탐구수업 모형　　④ 협동학습 모형

19 스테이션 티칭의 특징으로 적절하지 않은 것은?

① 과제교수라고도 한다.
② 교수 – 학습과정에 대한 지도자의 영향력을 극대화할 수 있다.
③ 기구가 부족한 수업상황에서 사용할 수 있다.
④ 지도자의 관점에서 볼 때 학생들 관찰이 다소 어렵다.

20 질문유형에 대한 설명이 옳은 것은?
① 회상형(회고적) 질문 : 기억수준의 대답이 요구되는 질문
② 수렴형(집중적) 질문 : 어떤 사건에 대한 개인적 가치, 태도, 의견 등의 표현이 요구되는 질문
③ 확산형(분산적) 질문 : 과거에 있었던 사건을 기억해내는 것이 요구되는 질문
④ 가치형(가치적) 질문 : 경험하지 않은 새로운 문제에 대한 해결방법을 찾기 위해 요구되는 질문

2과목 스포츠 사회학

1 스포츠 사회학에 대한 설명으로 바르지 않은 것은?
① 스포츠와 사회관계에 관심을 둔다.
② 스포츠과학의 분과 학문이다.
③ 스포츠에서 불안과 학습제어를 연구 대상으로 한다.
④ 스포츠의 맥락에서 인간의 사회행동 법칙을 규명한다.

2 사회구성원의 긴장과 공격성을 해소해 주는 기능에 해당하는 것은?
① 사회 정서적 기능   ② 사회통제 기능
③ 사회화 기능   ④ 사회통합 기능

3 스포츠와 정치의 결합방법에 대한 설명으로 바른 것은?
① 상징은 자신과 타인이 일치된 상태를 의미한다.
② 동일화는 운동선수가 국가를 대표하는 것을 의미한다.
③ 통제는 국가가 스포츠 참여를 제한하는 것을 의미한다.
④ 조작은 정치권력이 인위적 개입을 통해 상징 등의 효과를 극대화하는 것을 의미한다.

4 국가가 스포츠에 개입하는 원인에 해당되지 않는 것은?
① 국민 여가기회 제공   ② 경기규칙의 선진화
③ 국민 건강증진   ④ 정부에 대한 지지 확보

5 국제정치에서 스포츠의 역할과 거리가 먼 것은?
① 외교적 친선
② 남성지배 이데올로기 강화
③ 국제 이해와 평화
④ 국위 선양

6 상업주의로 인한 스포츠의 변화 중 성격이 다른 하나는?
① 아마추어리즘의 퇴조
② 득점체계 다양화
③ 극적인 요소의 극대화
④ 광고를 위한 경기시간 조정

7 국제스포츠이벤트의 사회적 기능에 해당되지 않는 것은?
① 지역주민의 자긍심 제고
② 개최지역의 이미지 제고
③ 순기능적 효과만 발생
④ 기반시설의 확충

8 스포츠의 교육적 기능 중 성격이 다른 하나는?
① 사회화 촉진
② 학교 내 통합에 기여
③ 정서함양 및 순화에 기여
④ 일반 학생의 참가기회 제한

9 학원스포츠의 문제점에 해당되지 않는 것은?
① 학생선수의 학습권 제한
② 학생선수의 폭력 문제
③ 학생선수의 인권 침해
④ 최저학력제 도입 및 운영

10 스포츠미디어의 유형이 다른 하나는?
① 신문
② 인터넷
③ 모바일 기기
④ 비디오 게임

11 스포츠가 미디어에 미치는 영향으로 바르지 않은 것은?
① 미디어콘텐츠 제공
② 스포츠경기 일정 조정
③ 미디어 기술의 발전
④ 스포츠보도 위상 제고

12 적재적소에 인재 배치를 주요 목적으로 하는 것은?
① 지위의 분화
② 지위의 평가
③ 지위의 서열화
④ 보수부여

13 사회계층에 따른 스포츠 참가에 대한 설명으로 바른 것은?
① 학력이 높을수록 스포츠 참가 경향이 높다.
② 사회계층은 스포츠 참가와 관계가 없다.
③ 소득수준에 따라 스포츠 참가에 차이가 없다.
④ 직업은 스포츠 참가에 영향을 미치지 않는다.

14 2군 감독에서 1군 감독으로 소속이 변경된 사회이동 유형은?
① 수평이동
② 하향이동
③ 수직이동
④ 세대 간 이동

15 스포츠 참가 자체를 의미하는 스포츠 사회화 과정 모형은?
① 스포츠로의 사회화
② 스포츠를 통한 사회화
③ 스포츠로부터의 탈사회화
④ 스포츠로의 재사회화

16 청소년기에 가장 영향력이 큰 사회화 주관자는?
① 가족
② 지역사회
③ 대중매체
④ 또래집단

17 스포츠 재사회화에 대한 설명으로 바른 것은?
① 친구들과 처음 스키캠프에 참가
② 선수생활 중단 5년 후 스포츠클럽 지도자로 활동
③ 경기 중 부상으로 운동선수 생활 은퇴
④ 건강을 위해 처음 수영 강습에 참가

18 관중폭력 발생의 주요 결정 요인은?
① 관중의 규모가 적음
② 관중의 밀도의 낮음
③ 앉아 있는 관중이 많음
④ 경기의 중요도가 매우 높음

19 미래의 통신 및 전자매체가 스포츠변화에 미친 영향으로 바르지 않은 것은?
① 미디어에 의한 스포츠 정보 제공
② 스포츠 직접참가 인구의 급격한 감소로 국제스포츠 이벤트 소멸
③ 미래스포츠에 대해 상상할 수 있는 다양한 정보 제공
④ 미디어 제작자들의 미래 스포츠 모습에 대한 영향력 증가

20 테크놀로지 발전에 따른 미래 스포츠의 변화로 거리가 먼 것은?
① 스포츠 장비 개선
② 뉴 스포츠의 지속적 등장
③ 스포츠 활동의 위험성 증가
④ 최상의 운동 수행 능력 발현

3과목 스포츠 심리학

1 스포츠 상황에서 집단 응집력 모형(Gill)의 4가지 요소에 해당하지 않는 것은?
① 환경적 요인
② 개인적 요인
③ 심리사회적 요인
④ 리더십 요인

2 동기에 대한 설명으로 옳지 않은 것은?
① 내적 동기보다 외적 동기가 더 중요하다.
② 내적 동기와 외적 동기로 나눌 수 있다.
③ 외적 동기에는 경기 결과에 따른 상, 벌, 칭찬 등이 해당한다.
④ 내적 동기에는 경기 자체에 대한 즐거움, 보람 등이 해당한다.

3 개인차가 매우 크며, 최고의 수행을 발휘하는 데 자신만의 고유한 불안수준이 있다는 이론은?
① 최적수행지역이론
② 추동이론
③ 역U자 가설
④ 전환이론

4 기억체계에 대한 설명으로 바르지 않은 것은?
① 기억의 과정은 지각, 저장, 인출의 단계를 거친다.
② 장기기억은 무제한의 용량을 가진다.
③ 단기기억은 활동기억이라고도 불린다.
④ 단기기억은 무제한의 용량을 가진다.

5 성격의 구조에 포함되지 않는 것은?
① 심리적 핵
② 독특성
③ 전형적 반응
④ 역할 행동

6 피드백의 기능에 대한 설명으로 바른 것은?

> ㉠ 학습자의 불필요한 행동을 줄여주고 무엇을 수정해야 하는지에 대한 정보를 제시해 준다.
> ㉡ 현재의 수행을 유지하며 성공적인 자신의 운동수행에 대해 자신감을 갖도록 해 준다.

① ㉠ : 동기유발기능　　㉡ : 정보기능
② ㉠ : 정보기능　　　　㉡ : 처방기능
③ ㉠ : 처방기능　　　　㉡ : 강화기능
④ ㉠ : 정보기능　　　　㉡ : 강화기능

7 운동심리학의 단계적 변화모형에서 신체활동 단계에 대한 설명으로 바르지 <u>않은</u> 것은?
① 준비 전 단계 : 현재 운동을 규칙적으로 하고 있으며 시작한 지 6개월이 지난 단계
② 계획 전 단계 : 현재 운동을 하고 있지 않으며 앞으로 6개월 내에도 운동을 할 의도가 없는 단계
③ 계획 단계 : 현재 운동을 하고 있지 않으나 6개월 내에 운동을 할 의도를 가지고 있는 단계
④ 준비 단계 : 규칙적으로 운동을 하고 있지 않으나 1개월 내에 운동을 할 의도를 가지고 있는 단계

8 스포츠 심리학의 주요 연구 과제에 해당되지 <u>않는</u> 것은?
① 동기유발전략　　　　② 상담기술 및 방법
③ 체육행정 정책수립　　④ 불안감소전략

9 운동발달 개념에 대한 설명으로 바르지 <u>않은</u> 것은?
① 태아기에서 사망까지의 지속적인 과정이다.
② 발달은 연령에 의해서만 결정되지 않는다.
③ 발달은 운동연습에 의해서만 결정된다.
④ 발달의 속도와 범위는 개인별로 과제의 특성에 의해 영향을 받는다.

10 인간이 본능적으로 신체적, 언어적 공격을 한다는 이론은?
① 본능이론　　　　② 좌절-공격 이론
③ 사회학습 이론　　④ 인지행동 이론

11 스포츠 심리학자의 역할 중 바르지 않은 것은?
① 자신의 연구성과를 발표하고 검증받기도 한다.
② 운동선수를 대상으로 한 상담만을 실시한다.
③ 스포츠 심리학, 운동 학습, 운동 제어, 운동 발달 등을 가르친다.
④ 상담을 통해 선수가 필요로 하는 심리 기술 훈련을 하기도 한다.

12 운동의 심리적 효과를 설명한 것 중 옳지 않은 것은?
① 연령과 성별에 관계없이 긍정적 효과가 나타난다.
② 불안감소를 위해서는 무산소 운동만이 효과적이다.
③ 운동참여 후 스트레스 해소 효과를 느낀다.
④ 운동참여자가 비참여자에 비해 자긍심이 높다.

13 운동 시 스트레스 측정에 활용되지 않는 것은?
① 심박수 ② 피부반응
③ 호르몬 변화 ④ 반응시간

14 경기 중 흔히 사용하는 주의집중 향상 기법이 아닌 것은?
① 심상 훈련 ② 참선 훈련
③ 격자판 훈련 ④ 감각회상 훈련

15 스포츠 목표 설정의 원리에 포함되지 않는 것은?
① 구체적인 목표 ② 측정 가능한 목표
③ 과도하게 높은 목표 ④ 시간을 정해둔 목표

16 선수들이 지각하는 최고의 스포츠 심리 상담사와 거리가 먼 것은?
① 친밀감(유대감) 형성 ② 지속적인 심리훈련
③ 경기 시즌 전, 중, 후 지원 ④ 선수와의 개인별 접근 제한

17 Bandura가 제안한 자기효능감 강화방법이 아닌 것은?
① 성공 경험 ② 실패 경험
③ 사회적 설득 ④ 대리 경험

18 심상훈련 과정에서 주의해야 할 내용 중 바른 것은?
① 소음이 있는 장소에서 실시한다.
② 신체적 요소만을 사용하여 전체적으로 분절된 동작을 심상해야 한다.
③ 실제 경기 상황과 동일한 속도로 심상해야 한다.
④ 이미 실패한 수행장면만 심상한다.

19 스포츠 상황에서 지도자의 코칭행동에 영향을 미치는 주요 선행 요인이 <u>아닌</u> 것은?
① 부모의 강요
② 리더의 특성
③ 구성원의 특성
④ 상황요인

20 스포츠 심리 상담사의 상담 윤리 중 바람직한 행동이 <u>아닌</u> 것은?
① 상담, 감독을 받는 학생이나 고객과 이성관계로 만나지 않는다.
② 알고 지내는 사람에 한해 전문적인 상담을 진행하도록 한다.
③ 미성년자 고객의 가족과는 개인적, 금전적 또는 다른 관계로 만나지 않는다.
④ 특별한 경우를 제외하고는 고객과 상담실 밖에서의 사적인 관계를 유지하지 않는다.

 4과목 스포츠 윤리

1 괄호 안에 들어갈 말을 순서대로 바르게 짝지어 놓은 것은?

> 체육교사가 배우자 명의로 배우자와 함께 술집을 운영하는 것은 (   )으로는 문제가 되지 않을 수 있지만, 교직 (   )으로는 문제가 될 수 있다.

① 상식적 - 도덕적
② 도덕적 - 윤리적
③ 윤리적 - 도덕적
④ 도덕적 - 상식적

2 스포츠 윤리에 관한 설명으로 바르지 <u>않은</u> 것은?
① 스포츠 행위 중 가장 기본적이고 상식적인 것
② 스포츠를 어떻게 해야 할 것인가에 대한 올바른 목적과 행위
③ 승리를 위한 의도적 파울(foul) 전략
④ 스포츠 현장에서 요구하는 규칙과 기본적 원리 준수

3 현대 스포츠에서 발생하는 문제의 윤리적 원인에 대한 해결 방안으로 바른 것은?
① 승리를 최우선 목적으로 설정
② 권위주의 기반의 상하 교육체계
③ 스포츠 경기를 위한 전술 훈련
④ 인간성 회복과 감성의 스포츠 교육

4 스포츠 또는 스포츠 윤리와 가장 거리가 먼 것은?
① 아곤(agon)
② 아레테(arete)
③ 알레아(alea)
④ 에토스(ethos)

5 스포츠에서 형식적 공정 유지를 위해 가장 필요한 것은?
① 승리
② 기술
③ 행운
④ 규칙

6 선수의 내적 통제를 통한 승부조작을 최소화할 수 있는 방안은?
① 윤리교육 강화
② 법적 처벌 강화
③ 비디오 판독 시스템 구축
④ 심판의 수 증가

7 스포츠 성폭력 방지책으로 적당하지 않은 것은?
① 체육지도자와 청소년들의 성별융합 학습교육 실시
② 주변 사람의 묵인과 사회적 무관심
③ 체육단체들의 의무적 예방교육의 필요성
④ 스포츠성폭력 전문상담원 배치

8 스포츠에서 인종차별 극복 방안이 아닌 것은?
① 인종을 초월한 실력으로 경쟁
② 인종에 대한 편견 해소
③ 차별철폐의 이념과 방법론
④ 국수주의적 이념으로 전환

9 다음과 같은 원칙과 이를 주장한 사람을 바르게 짝지은 것은?

> 쾌락을 극대화하고 고통을 최소화하는 것은 감각을 가진 모든 생명체의 이익에 동등하게 고려되어야 한다. 따라서 인간뿐 아니라 감각을 가진 동물도 도덕적 배려의 대상이 되어야 한다.

① 동물학대 금지의 원칙 – 플라톤
② 이익평등 고려의 원칙 – 피터 싱어
③ 인간종족 배려의 원칙 – 베이컨
④ 쾌락과 고통의 평등원칙 – 제레미 벤담

10 학교체육에서 반사회적인 행위를 순화 및 구체화시켜주는 체육의 심리학적 가치는?

① 근원적 경향의 제어 ② 개인주의의 억제
③ 인본주의의 가치 ④ 욕구불만의 해소

11 이종격투기에서 나타나는 사회 윤리적 측면의 문제는?

① 폭력에 대한 무감각 및 중독 초래 ② 자기신체방어 기술의 증가
③ 경기 패배로 인한 자신감 감소 ④ 신체수련을 통한 정신력 강화

12 2013년에 발표한 '스포츠 폭력 근절대책'에서 '폭력 예방활동 강화'를 위한 방안에 해당하지 <u>않는</u> 것은?

① 폭력지도자 체육현장에서 배제 ② 선수지도 우수모델 확산
③ 폭력가해선수 보호 및 지원 강화 ④ 인성이 중시되는 학교운동부 정착

13 괄호 안에 들어갈 말로 올바른 것은?

> 관중 폭력은 경기에서 스포츠 참여의 관여를 향한 사람들의 (　)와(과) 스포츠에 대한 지역사회 지지에 중요한 영향을 미친다. 그래서 특별히 젊은이들이 비윤리적 행위를 거부하기 위한 적절한 (　)을 고취시키는 것이 매우 중요하다.

① 태도 – 윤리적 가치관 ② 규범 – 법리적 공공성
③ 윤리 – 사회적 합리성 ④ 시선 – 합리적 타당성

14 다음은 무엇에 대한 설명인가?

> 선수가 운동경기에서 성적을 향상시킬 목적으로 약물을 사용하거나 특수한 이학적 처치를 하는 일

① 심폐소생술 ② 운동처방 및 재활
③ 도핑 ④ 웨이트 트레이닝

15 미국 학생선수들의 최저학력제를 관리 감독하는 조직은?

① NCAA ② PTA
③ PGA ④ ESPN

16 체육지도자가 지녀야 할 덕목이 아닌 것은?
① 책임감
② 창의적 사고
③ 스포츠맨십
④ 맹목적 승리추구

17 학교체육의 역할로 적절하지 않은 것은?
① 창의적 이탈행위의 개발과 교육
② 사회적 이탈행위에 대한 정화적 역할
③ 사회적 존재로서의 공동체의식 고취
④ 학교 환경 적응과 갈등 해소 기회 제공

18 스포츠 윤리의 실천 과제로 적당하지 않은 것은?
① 스포츠 윤리 의식의 패러다임 전환
② 우수선수의 연금수혜에 대한 과제
③ 스포츠행위자에 대한 법적 과제
④ 스포츠 윤리 강령 제정 및 조정 시스템 구축

19 심판의 오심을 바로잡기 위한 방안으로 적절하지 않은 것은?
① 심판의 판정능력 향상을 위한 반복훈련
② 심판의 권위의식 강화 및 명예심 고취
③ 상임심판 제도의 확립과 적절한 보수를 통한 전문성 제고
④ 심판의 질적 향상을 위한 교육기회 확대

20 스포츠 조직의 윤리적 문화 조성에 필요한 효과적인 행동 수칙 내용으로 바르지 않은 것은?
① 수칙은 애매모호하지 않아야 한다.
② 수칙은 그 수칙이 적용될 사람들에게 확실히 명시되어야 한다.
③ 수칙은 위반의 결과를 명확히 해야 한다.
④ 수칙은 반드시 예외 조항을 다루어야 한다.

5과목 운동생리학

1 인체운동에 관한 다음 설명에서 ( ) 안에 들어갈 단어를 올바른 순서대로 짝지어 놓은 것은?

> ( )에너지를 ( )에너지로 전환시키는 생체 에너지 과정은 연속적인 화학작용에 의하여 조절된다.

① 화학적 – 기계적 ② 기계적 – 화학적
③ 물리적 – 전기적 ④ 전기적 – 물리적

2 체중이 80kg인 사람이 분당 10MET로 10분간 조깅했을 때의 운동 소비 칼로리는 대략 얼마인가?

① 130kcal ② 140kcal ③ 150kcal ④ 160kcal

3 부신수질에서 분비되는 호르몬의 80%를 차지하는 것은?

① 에피네프린 ② 무기질 코티코이드
③ 당질 코티코이드 ④ 성 스테로이드

4 인체 운동에 따른 신체적응에 대한 설명으로 올바른 것은?

① 단련자는 비단련자보다 최대 심박출량이 높게 나타난다.
② 단련자는 비단련자보다 동일 조건의 운동에서 심박수가 높게 나타난다.
③ 단련자는 비단련자보다 안정 시 심박수가 높게 나타난다.
④ 단련자는 비단련자보다 최대 심박수가 낮게 나타난다.

5 인체 근육조직은 여러 가지 조직으로 결합되어 있다. 근육의 구조를 올바르게 나열한 것은?

① 근섬유 〉 근원섬유 〉 필라멘트 〉 근다발
② 근원섬유 〉 필라멘트 〉 근다발 〉 근섬유
③ 필라멘트 〉 근다발 〉 근섬유 〉 근원섬유
④ 근다발 〉 근섬유 〉 근원섬유 〉 필라멘트

6 뉴런은 신경계의 기능적 단위이며, 해부학적으로 세포체, 수상돌기, ( )의 세 가지 기본영역으로 구성된다. ( )에 알맞은 단어는?

① 핵 ② 축삭
③ 미토콘드리아 ④ 골지체

7 운동생리학의 기본 영역에서 파생된 학문으로 관련성이 가장 적은 것은?
① 운동처방
② 트레이닝 방법론
③ 운동역학
④ 운동영양학

8 유산소시스템에 대한 설명으로 옳지 않은 것은?
① 일부 아미노산은 크렙스 회로로 직접 진입할 수 있다.
② 이 과정은 크게 크렙스 회로와 전자전달계로 구분된다.
③ 이 과정은 세포 내 소기관인 골지장치에서 산소를 이용하여 일어난다.
④ 크렙스 회로는 주로 시트르산 탈수소효소에 의해 조절된다.

9 우리 몸의 균형과 평형을 담당하는 주요 기관은?
① 망상체
② 소뇌
③ 척수
④ 전정기관

10 트레이닝 초기에 근력이 증가하였을 때, 가장 먼저 영향을 준 요인은?
① 근신경계통의 발달
② 근섬유의 크기 증가
③ 근섬유의 숫자 증가
④ 스테로이드 호르몬에 의한 근비대

11 운동강도의 증가에 따라 동원되는 근섬유 유형의 순서로 올바른 것은?
① FTa → FTx → ST
② FTx → FTa → ST
③ ST → FTa → FTx
④ ST → FTx → FTa

12 카테콜라민(Catecholamine)을 의미하는 두 가지 호르몬으로 바르게 연결된 것은?
① 인슐린(insulin) – 글루카곤(glucagon)
② 코티졸(cortisol) – 티로신(tyrosine)
③ 아드레날린(adrenaline) – 코티졸(cortisol)
④ 에피네프린(epinephrine) – 노르에피네프린(norepinephrine)

13 제2형 당뇨(type-2 diabetes)의 원인으로 알려지고 있는 주된 호르몬은?
① 카테콜라민(catecholamine)
② 인슐린(insulin)
③ 글루카곤(glucagon)
④ 코티졸(cortisol)

14 혈관의 직경이 큰 것에서 작은 것 순으로 바르게 나열한 것은?

① 대동맥 〉 세동맥 〉 소동맥 〉 모세혈관
② 대동맥 〉 소동맥 〉 모세혈관 〉 세동맥
③ 대동맥 〉 모세혈관 〉 소동맥 〉 세동맥
④ 대동맥 〉 소동맥 〉 세동맥 〉 모세혈관

15 호흡계통의 이동경로를 순서대로 바르게 연결한 것은?

① 가슴우리 – 허파꽈리 – 기도
② 기도 – 가슴우리 – 허파꽈리
③ 기도 – 허파꽈리 – 가슴우리
④ 허파꽈리 – 기도 – 가슴우리

16 장기간 신체활동을 고온환경에서 행할 경우, 얻게 되는 열순응에 대한 설명으로 틀린 것은?

① 발한시점 조기화
② 피부 밑(피하) 혈관의 수축
③ 발한율 증가
④ 혈장량 증가

17 고지대 환경에서 시합 시, 경기력의 저하가 가장 크게 나타나는 종목은?

① 100m
② 200m
③ 400m
④ 마라톤

18 '근육의 길이가 길어지면서도 힘을 발휘할 수 있는 수축'은?

① 단축성 수축
② 영적 수축
③ 신장성 수축
④ 정적 수축

19 유산소 트레이닝이 엘리트 선수의 인체 적응효과에 미치는 영향으로 옳지 않은 것은?

① 최대 산소섭취량이 더 이상 증가하지 않더라도 지구성 트레이닝을 계속하면 지구력이 증가된다.
② 개인의 유전적 소질은 유산소 능력 향상에 영향을 주지 않는다.
③ 고도로 단련된 남녀 지구력 선수의 비교에서 여자선수는 남자선수보다 최대 산소섭취량이 10%가량 낮다.
④ 심폐지구력을 최대화시키면 경기력 향상에 도움이 된다.

20 혈액 내 이산화탄소의 운반형태 중에서 70% 정도를 차지하는 것은?

① 중탄산염 형태
② 혈액 내 용해되어 운반되는 형태
③ 헤모글로빈과 결합하여 카르바미노헤모글로빈 형태
④ 수소와 결합형태

6과목 　운동역학

1 운동역학의 필요성을 잘못 설명한 것은?

① 스포츠지도자는 운동역학적 지식을 토대로 운동 학습의 효과를 극대화시킬 수 있다.
② 스포츠과학자는 운동역학적 지식을 현장에 적용시키기 위해 스포츠지도자와 협력적인 관계를 지속적으로 유지해야 한다.
③ 스포츠과학자는 운동역학적 이론을 현장에 적용하여 경기력 향상에 크게 기여한다.
④ 선수들을 지도할 때 운동역학적 지식은 풍부한 운동경험과 관찰능력보다 항상 우위에 있다.

2 스케이팅의 클랩 스케이트, 장대높이뛰기의 유리섬유질 장대, 탁구 라켓의 이질 라버와 관계되는 운동역학의 연구 내용 분야는?

① 트레이닝 방법의 평가 및 개발
② 운동 기술의 분석 및 개발
③ 운동 기구의 평가 및 개발
④ 분석 방법 및 자료 처리 기술 개발

3 근대 운동역학의 기초가 되는 세 가지 운동법칙(관성의 법칙, 가속도의 법칙, 작용-반작용의 법칙)을 발표한 학자는?

① 아리스토텔레스(Aristotle)
② 레오나르도 다빈치(Leonardo da Vinci)
③ 갈릴레오(Galileo)
④ 뉴턴(Newton)

4 운동역학의 목적에 적합한 내용이 아닌 것은?
① 무릎 관절의 상해 기전에 대해 알아보기 위하여 도약 후 착지 시 무릎에 가해지는 힘을 측정하는 방법을 개발한다.
② 드라이버 비거리를 향상시키기 위하여 영상 분석을 통해 다운스윙 시 손목의 동작을 분석함으로써 피드백을 제공한다.
③ 태권도 시합 중 발생할 수 있는 뇌진탕을 방지하기 위하여 최적의 헤드 기어를 연구 개발한다.
④ 재활치료 중 운동 수행의 중단 효과를 감소시키기 위한 이미지 트레이닝 방법을 연구 개발한다.

5 공기저항을 무시할 때 투사체의 투사거리에 영향을 미치는 요인이 아닌 것은?
① 투사 높이 ② 투사 속도
③ 투사 형태 ④ 투사 각도

6 인체의 움직임은 3개의 운동면에서 설명할 수 있다. 다음 중 인체의 3가지 면에 해당되지 않는 것은?
① 전좌면(anterioleft plane) ② 전후면(sagittal plane)
③ 좌우면(frontal plane) ④ 수평면(horizontal plane)

7 인체 관절의 종류 중에서 절구공이관절(절구관절, ball and socket joint)에 대해 잘못 설명한 것은?
① 관절을 이루는 뼈의 표면이 각각 볼록하고 오목하다.
② 모든 운동면에서 회전이 가능하다.
③ 어깨관절, 엉덩관절 등이 절구공이관절에 해당된다.
④ 절구공이관절은 타원의 장축과 단축만으로 회전하는 운동을 하기 때문에 2축 관절이다.

8 기저면이 좁은 자세에서 넓은 자세 순으로 바르게 열거한 것은?
① 차렷 자세 – 태권도 주춤 서기 자세 – 평균대 위에서 한 발 서기 – 레슬링에서 옆굴리기 저항 자세
② 평균대 위에서 한 발 서기 – 태권도 주춤 서기 자세 – 차렷 자세 – 레슬링에서 옆굴리기 저항 자세
③ 평균대 위에서 한 발 서기 – 차렷 자세 – 태권도 주춤 서기 자세 – 레슬링에서 옆굴리기 저항 자세
④ 차렷 자세 – 평균대 위에서 한 발 서기 – 레슬링에서 옆굴리기 저항 자세 – 태권도 주춤 서기 자세

9 10kg의 아령을 손에 들고 굴곡(굽힘) 운동(curl)을 할 때 아령과 아래팔(전완)의 무게는 저항이고, 팔꿈치 관절(주관절)은 축이라 할 때 작용하는 힘은 어디인가?

① 위팔두갈래근(상완이두근)
② 위팔세갈래근(상완삼두근)
③ 등세모근(승모근)
④ 넙다리네갈래근(대퇴사두근)

10 인체의 무게중심에 대하여 잘못 설명한 것은?

① 여자는 남자보다 골반이 넓고 어깨의 폭이 좁기 때문에 무게중심이 남자보다 높다.
② 자유롭게 움직이는 분절은 인체 전체의 무게중심점의 위치를 수시로 변하게 한다.
③ 서양인은 동양인에 비해 하지장의 길이가 길기 때문에 무게중심이 동양인보다 높다.
④ 인체의 무게중심이 높으면 불안정해진다.

11 인체의 안정성과 관련이 가장 적은 것은?

① 무게중심의 높이
② 근력
③ 기저면의 크기
④ 마찰력

12 다음 중 거리와 변위를 설명한 것 중 바른 것은?

① 거리와 변위는 똑같이 스칼라량이다.
② 400m 곡선 트랙을 달릴 경우 거리와 변위는 모두 400m이다.
③ 거리는 벡터량이고 변위는 스칼라량이다.
④ 거리는 단지 크기만을 가지고 있고, 변위는 크기와 방향을 모두 가지고 있다.

13 단거리 선수가 100m를 10초에 달렸다면 평균 속도는 얼마인가?

① 5m/s
② 10m/s
③ 15m/s
④ 20m/s

14 종종 야구 배트를 효과적으로 가속시키기 위해 배트의 위쪽을 원통 모양으로 잘라내고 그 안에 코르크와 같은 가벼운 소재로 채워 넣는다. 배트의 무엇을 줄이기 위한 것인가?

① 관성 모멘트
② 배트의 회전 속도
③ 탄성에너지
④ 마찰력

15 복싱 경기에서 면적이 넓은 글러브를 사용하면 면적이 작은 글러브나 맨주먹보다 신체에 가해지는 ( )을 분산시켜 상해를 예방할 수 있다. 다음 중 ( )에 해당하는 것은?

① 근력
② 마찰력
③ 압력
④ 중력

16 도르래에 100J(주울)의 일을 공급하여 도르래가 회전할 때 마찰로 인해 40J(주울)의 에너지를 열로 잃었고 출력된 일은 60J(주울)이다. 이때 도르래의 효율은 몇 %인가?

① 100%
② 60%
③ 40%
④ 0%

17 역학적 일의 강도에 대한 가장 좋은 지표이며 시간당 한 일을 나타내고, 순발력이라고 표현하기도 한다. 이것은 무엇을 설명하는가?

① 힘
② 모멘트
③ 운동에너지
④ 파워

18 다음 설명 중 역학적 일과 거리가 먼 것은?

① 바벨을 머리 위에서 3초 동안 움직이지 않게 버티고 있었다.
② 바닥에 있는 바벨을 머리 위까지 올렸다.
③ 머리 위에서 바닥으로 바벨을 내려놓았다.
④ 바벨을 다시 바닥에서 가슴 높이까지 올렸다.

19 인체의 움직임을 카메라 등의 장비를 통해 기록하고 기록된 영상으로부터 인체 운동의 정보를 추출해 내는 분석 방법은?

① 가속도계 분석
② 영상 분석
③ 압력판 분석
④ 전자 각도계 분석

20 운동 시 각각의 근육에 대한 수축 및 활성도 정보를 얻을 수 있는 분석 방법은?

① 가속도계 분석
② 근전도 분석
③ 영상 분석
④ 지면 반력 분석

7과목　한국체육사

1 한국체육사 연구가 본격적으로 이루어진 시기에 대한 설명으로 바른 것은?
① 고려시대
② 조선시대
③ 일제 강점기
④ 광복 이후

2 다음 중 활인심방을 필사(筆寫)하여 자신의 건강을 다스린 사람은?
① 이이
② 이황
③ 유성룡
④ 이순신

3 1980년대에 출범한 프로스포츠 종목이 아닌 것은?
① 프로야구
② 프로축구
③ 프로씨름
④ 프로농구

4 체육사의 연구영역에 해당되지 않는 것은?
① 통사적·세계사적 연구영역
② 시대적·지역적 연구영역
③ 개별적·특수적 연구영역
④ 현재적·미래적 연구영역

5 삼국시대 여자놀이의 하나로 축판희, 도판희(跳板戲) 등으로 불린 놀이는?
① 숨바꼭질
② 널뛰기
③ 술래잡기
④ 그네뛰기

6 삼국시대에 행해졌던 무예에 대한 내용으로 바르지 않은 것은?
① 방응(放應)
② 수박(手搏)
③ 마상재(馬上才)
④ 삼국시대의 무예는 교육적 목적으로 인정받지 못하였다.

7 다음 중 삼국시대 교육단체 및 기관의 연결이 잘못된 것은?
① 백제 – 국학
② 신라 – 화랑도
③ 고구려 – 태학
④ 고구려 – 경당

8 신라시대 화랑도에 대한 설명으로 맞지 않은 것은?
① 세속오계(世俗五戒)
② 서민을 대상으로 경서와 활쏘기를 익히는 교육 목적 수행
③ 심신일원론적 사상에 기반한 전인교육 지향
④ 편력이라는 야외교육활동 수행

9 다음의 한국 근·현대체육사 내용 중에서 바르지 않은 것은?
① 1962년 – 국민체육진흥법 공포
② 1982년 – 체육부 신설
③ 1989년 – 국민체육진흥공단 설립
④ 2012년 – 문화관광부에서 문화체육관광부로 개편

10 조선시대 활쏘기 대회인 편사(便射)에 참가하는 궁수의 숫자는?
① 5인 이상
② 4인 이상
③ 3인 이상
④ 2인 이상

11 조선시대의 육예(六藝) 중 신체활동과 관련된 것은?
① 서(書)
② 예(禮)
③ 사(射)
④ 수(數)

12 고려시대 지방 교육기관으로서 궁사와 음악 교육 등이 이루어졌던 곳은?
① 향학
② 7제
③ 학당
④ 국학

13 조선시대 무과(武科) 시험방법으로 바르지 않은 것은?
① 소과와 대과로 구별되었다.
② 초시, 복시, 전시 세 단계로 구성되었다.
③ 무관의 자손, 향리 등이 응시할 수 있었다.
④ 궁술, 마술, 총술, 강서 시험으로 나뉘었다.

14 조선시대의 『무예도보통지』에 대한 설명으로 맞지 않은 것은?

① 한국, 중국, 일본의 서적 145종을 참고한 종합무예서이다.
② 영조의 지시로 이덕무, 박제가, 백동수 등에 의해 간행되었다.
③ 『무예도보통지』에서 무예(武藝)란 무(武)에 관한 기예를 뜻한다.
④ 『무예도보통지』에는 총 24가지의 무예가 실려 있다.

15 고려시대 격구(擊毬)에 대한 설명으로 바르지 않은 것은?

① 말타기, 기창, 기검, 기사의 능력 향상을 위한 군사훈련의 수단이었다.
② 왕, 귀족, 무인 등과 같이 주로 귀족계층의 활동이었다.
③ 상류층에게는 인기가 없었고 주로 서민들이 즐겨하던 오락 및 여가 활동이었다.
④ 무인집권기에 격구의 사치성이 최고조에 이르는 등 폐단이 많았다.

16 대한민국의 국제대회 참가사로 바르지 않은 것은?

① 1948년 – 생모리츠동계올림픽 최초 참가
② 1950년 – 런던하계올림픽 최초 참가
③ 1954년 – 뉴델리하계아시안게임 최초 참가
④ 1986년 – 삿포로동계아시안게임 최초 참가

17 일제강점기 일장기 말소사건에 대한 내용으로 알맞지 않은 것은?

① 1936년 베를린올림픽대회에서 우승한 손기정의 사진에 일장기가 지워진 것이다.
② 일본인 단체였던 조선체육협회를 해산시키고 조선체육회를 결성하는 계기가 되었다.
③ 체육을 통해 일제에 항거하는 민족주의적 투쟁 정신이 표출된 대표적 사례이다.
④ 동아일보는 무기 정간을 당하고 일장기를 말소한 이길용 기자 등이 징역을 받았다.

18 남북체육교류협력 내용 중 바르게 연결되지 않은 것은?

① 1991년 : 세계 탁구 및 축구 남북한 단일팀 구성 참가
② 2000년 : 시드니올림픽 개회식 남북한 공동 입장
③ 2002년 : 부산아시안게임 남북한 개폐회식 공동 입장
④ 2008년 : 베이징올림픽 남북한 개폐회식 공동 입장

19 다음 중 개화기 체육단체가 아닌 것은?

① 대한체육구락부
② 황성기독교청년회운동부
③ 대동체육구락부
④ 대한올림픽위원회

20 한국에서 개최한 국제 스포츠대회 중 다음의 설명과 부합하는 대회는?

> 일본과 치열한 유치 과정에서 적극적인 외교활동을 펼쳐 서독 바덴바덴에서 유치를 결정지었다. 화합, 문화, 복지, 희망, 번영이라는 5대 특징을 가지고 이루어졌으며, 당시 역대 최대 규모의 선수단이 참가하여 최고의 성적을 거두었다.

① 1986년 서울아시안게임
② 1988년 서울올림픽대회
③ 2011년 대구세계육상선수권대회
④ 2002년 한일월드컵대회

2015 2급 전문스포츠지도사

1과목 스포츠 교육학

1 다음 중 운동선수를 대상으로 한 스포츠 교육을 가장 적절하게 표현한 것은 무엇인가?

① 운동 능력 개발을 최우선 목표로 설정하여 강력한 훈련 프로그램을 실행한다.
② 승리와 우승을 달성하기 위해 모든 수단과 방법을 동원한다.
③ 운동 과학의 지식을 응용하여 최고도의 기능을 발휘할 수 있도록 한다.
④ 운동 기술을 익히고 시합을 하는 과정에서 참된 자신과 가능성을 깨닫고 삶 속에서 지속적으로 실천해 가도록 한다.

2 다음 중 안전한 학습 환경 조성과 학습 분위기 유지를 위한 교수 기법으로 적절하지 <u>않은</u> 것은 무엇인가?

① 수업 시작과 끝맺음을 위한 신호를 활용한다.
② 규칙과 절차를 인지시키고 지속적으로 강조한다.
③ 기대 행동과 수행 기준을 반복적으로 명시한다.
④ 적합한 행동은 간과하더라도 부적합한 행동에는 즉시 개입한다.

3 다음 중 Hellison(2003)의 개인적·사회적 책임감모형에 있어서 인성지도를 위한 책임감 수준이 순서대로 나열된 것은 무엇인가?

① 타인 감정 존중 - 자기방향 설정 - 참여와 노력 - 돌봄과 배려 - 전이
② 타인 감정 존중 - 참여와 노력 - 돌봄과 배려 - 자기방향 설정 - 전이
③ 타인 감정 존중 - 참여와 노력 - 자기방향 설정 - 돌봄과 배려 - 전이
④ 타인 감정 존중 - 자기방향 설정 - 돌봄과 배려 - 참여와 노력 - 전이

4 아래 〈보기〉의 내용을 모두 포함하는 교육과정 개선의 관점은 무엇인가?

> • 교사를 교육과정과 학교교육 변화의 중심에 둔다.
> • 교육과정의 개선은 학교교육에 참여하는 구성원 간의 상호작용을 통해 결정된다.
> • 교사 스스로 변화의 정당성을 이해하고자 노력하며, 능동적으로 의식의 전환을 도모한다.

① 기능적 관점　　　　　　　② 생태적 관점
③ 문화적 관점　　　　　　　④ 효율적 관점

5 다음 중 체육지도방법의 교수전략으로 타당하지 않은 것은 무엇인가?

① 반성적 교수
② 파트너 교수
③ 팀 티칭
④ 목적 중심 교수

6 다음 중 청소년 스포츠코칭 프로그램의 내용 지식과 관련된 고려사항으로 적절하지 않은 것은 무엇인가?

① 네트형 스포츠에서 공격 계획을 수립하는 등의 일반적인 게임 전략들이 배구 선수의 운동 수행 능력을 증진시킬 수 있다.
② 코치가 게임분류 체계를 이용하면 같은 범주의 스포츠 안에서 일반적인 움직임의 요소들을 고려한 수업을 운영할 수 있다.
③ 영역형 스포츠에서 공간을 만들어 내는 것과 같은 기초 지식들은 하키나 농구 게임에서 볼 수 있는 전술과 전략에 큰 도움이 되지 못한다.
④ 코치가 게임분류 체계를 이용하면 특정한 스포츠 기술에만 주안점을 두지 않고 같은 범주의 스포츠 안에서 선수들에게 전략을 제공할 수 있다.

7 아래의 〈보기〉는 Schempp(2006)가 제시한 스포츠지도자의 전문성의 구성 요소 중 어느 것에 해당하는가?

배려심, 선천적인 기질, 열정, 믿음 등의 심리적 측면의 전문성 요소이다.

① 기술
② 지식
③ 철학
④ 개인적 특성

8 아래의 〈보기〉 중에서 괄호 안에 들어갈 말을 적합하게 짝지어 놓은 것은 무엇인가?

(   ) 과제는 난이도와 복잡성이 덧붙여진 형태의 과제이고, (   ) 과제는 폼이나 느낌과 같이 운동기능의 질적인 측면에 초점이 맞추어진 과제이다.

① 세련형 – 적용형
② 세련형 – 확장형
③ 적용형 – 세련형
④ 확장형 – 세련형

9 다음 중 체육진흥 정책과 계획의 수립에 있어서 올바르지 <u>않은</u> 것은 무엇인가?

① 선수와 체육지도자의 보호 · 육성
② 체육시설의 설치와 유지 · 보수 및 관리
③ 문화체육관광부 장관은 기본시책을 수립한 때에는 "시 · 도지사"에게 알려야 한다.
④ 지방자치단체의 장은 체육 진흥 계획과 그 추진 실적을 대통령에게 정하는 바에 따라 보고하여야 한다.

10 다음 중 학교스포츠클럽지도 프로그램의 활용 목적으로 적절하지 <u>않은</u> 것은 무엇인가?

① 일반 학생들의 체력 저하가 심화됨에 따라 정기적인 체육활동의 기회를 제공한다.
② 학생들의 자율체육활동을 활성화하고 건강체력 증진과 활기찬 학교분위기를 조성한다.
③ 학생들의 체육활동 참여 기회를 확대하고 경기에 참여할 수 있는 체험의 기회를 제공한다.
④ 학교스포츠클럽 대회는 휴일이나 주말보다는 주중에 신체활동에 참여할 수 있는 기회를 극대화하도록 한다.

11 다음 중 체육학습 평가의 목적과 활용에 대한 설명으로 적절하지 <u>않은</u> 것은 무엇인가?

① 학습자들에게 학습상태와 학습지도에 관한 정보를 제공한다.
② 평가로 활용할 수 있는 방법은 진단평가보다 형성평가가 적합하다.
③ 학습목표와 관련된 학습 진행 상태를 평가하여 교수활동을 조정한다.
④ 교수의 효과를 판단하고 학습자들에게 운동수행의 향상동기를 유발한다.

12 다음 중 현대 스포츠 교육의 특성을 총체적으로 가장 잘 표현한 것은 무엇인가?

① 건강 증진
② 스포츠 기술 습득
③ 정서 순화
④ 전인적 성장

13 학교체육진흥법은 각급 학교에서 체육활동 활성화를 위한 내용을 포함하고 있다. 다음 중 정과 체육과 관련이 깊은 것은 무엇인가?

① 체육교육과정 운영 충실 및 체육수업의 질 제고
② 학생선수의 학습권 보장 및 인권보호
③ 학교스포츠클럽 및 학교운동부 운영
④ 학교체육행사의 정기적 개최

14 다음 중 노인을 대상으로 운동을 지도할 때 유의해야 할 점으로 가장 적절한 것은 무엇인가?
① 개인차보다는 효율적인 운동 수행을 더 중요하게 고려한다.
② 의학적 체크나 건강 상태의 점검은 간헐적으로 시행한다.
③ 평소 가정에서 행하기 어려운 신체활동 위주로 지도한다.
④ 운동 중의 신체 상황을 지속적으로 점검하거나, 대화를 통해 건강상태를 파악한다.

15 아래의 〈보기〉는 학습과제의 전달을 위한 요소 중 무엇에 관한 설명인가?

> 어떤 학습과제에서 가장 중요한 특징을 학생에게 전달하기 위해 지도자가 사용하는 단어나 문장

① 학습목표
② 학습단서
③ 학습요령
④ 학습내용

16 다음 중 학교체육 활동에 있어서 교과 영역에 포함되지 않는 것은 무엇인가?
① 경쟁 활동
② 여가 활동
③ 건강 활동
④ 클럽 활동

17 아래의 〈보기〉는 Kemmis와 McTaggart(1988)의 현장개선 연구의 절차를 설명하고 있다. 스포츠 교육 지도자의 전문역량을 향상시키기 위한 반성적 교수행동으로 ( ) 안에 포함될 적당한 것은 무엇인가?

> 계획 – 실행 – ( ) – 반성 – 수정과 재계획

① 토의
② 평가
③ 검토
④ 관찰

18 다음 중 학습자 간 동료평가에 대한 설명으로 올바르지 않은 것은 무엇인가?
① 짧은 시간에 신뢰성 높은 자료를 수집할 수 있다.
② 자기평가보다 신뢰성이 높다.
③ 지도자는 평가하는 학생에게 처음부터 책임범위를 넓게 주는 것이 필요하다.
④ 학습자가 평가 기준에 대해 충분히 이해하고 있어야 한다.

19 다음 중 직접교수 모형의 특징으로 올바르지 <u>않은</u> 것은 무엇인가?
① 지도자의 의사결정을 따르나, 주도적 참여 형태는 학습자이다.
② 학습자는 지도자의 지시에 따르며, 지도자의 질문에 적극적으로 대답한다.
③ 학습자로 하여금 연습과제와 기능연습에 높은 비율로 참여하도록 안내한다.
④ 지도자는 학습자가 연습하는 것을 관찰하고, 학습자에게 교정적 피드백을 제공한다.

20 다음 중 엘리트 선수 훈련을 위한 스포츠 과학지원 방안으로 적절하지 <u>않은</u> 것은 무엇인가?
① 엘리트 선수를 위한 과학적 훈련 방법 연구 및 현장을 방문하여 기술훈련, 체력훈련을 지원한다.
② 스포츠과학 교실 운영, 스포츠과학 세미나 개최, 연구발표회 등 훈련 과학화를 위한 정보를 제공하도록 한다.
③ 정보 분석 및 제공을 위해 선수의 실전 적응력을 탐색하며, 종합적이고 입체적인 기술분석 방법을 활용하도록 한다.
④ 약물복용 검사보다는 종목별 체력 강화 훈련과 체력측정을 실시하는 등 다각적인 방법을 통해 과학적 훈련에 집중하도록 한다.

2과목 스포츠 사회학

1 다음 중 스포츠 사회학에 대한 설명으로 적절하지 <u>않은</u> 것은?
① 스포츠 현상에 사회학적 이론과 연구방법을 적용하여 연구하는 사회학과 스포츠 과학의 한계과학(boundary science)이다.
② 스포츠와 운동 상황에서의 인간과 인간행동을 과학적으로 탐구하는 학문이다.
③ 사회학의 하위분야로서 사회행동의 과정과 유형을 스포츠의 맥락에서 설명하는 학문이다.
④ 스포츠 장면에서 일어나는 행동유형과 사회과정을 일반 사회구조의 측면에서 설명하는 학문이다.

2 다음 중 스포츠의 사회적 기능에 해당하는 것으로 가장 적절한 것은?
① 상업주의   ② 세계화
③ 분리주의   ④ 체제 유지 및 긴장 해소

3 다음 중 스포츠와 정치의 결합 방법으로 가장 적합한 것은?
① 상징, 동일화, 조작
② 동일화, 조작, 통합
③ 조작, 통합, 상징
④ 통합, 상징, 동일화

4 다음 중 스포츠 남북교류 역사상 남북 단일팀이 구성된 사례는 어느 것인가?
① 1988년 서울 올림픽
② 1991년 지바 세계 탁구선수권 대회
③ 2014년 소치 동계올림픽
④ 2014년 인천 아시안 게임

5 프로 스포츠의 순기능을 설명한 내용 중 적절한 것은?
① 스카우트 경쟁의 과열
② 스포츠 도박의 성행
③ 아마추어리즘의 퇴보
④ 스트레스 해소 및 생활의 활력

6 다음 중 스포츠 메가 이벤트의 긍정적 효과로 볼 수 <u>없는</u> 것은?
① 고용 효과 증대
② 무리한 시설 투자
③ 개최국의 이미지 제고
④ 관광객 유치 증진에 기여

7 다음 중 스포츠의 교육적 순기능으로 볼 수 <u>없는</u> 것은?
① 학업 활동 격려
② 학교와 지역사회 통합
③ 스포츠상업화
④ 사회선도

8 다음 중 스포츠의 교육적 역기능에 해당하는 것은?
① 전인교육
② 사회화 촉진
③ 교육 목표의 결핍
④ 장애자의 적응력 배양

9 현대 스포츠 발전에 미디어가 기여한 내용으로 볼 수 <u>없는</u> 것은?
① 스포츠 경기규칙이 변화되지 않도록 기여하였다.
② 스포츠 실시간 중계가 가능해졌다.
③ 스포츠 대중화에 기여하였다.
④ 스포츠 정보 습득이 용이해졌다.

10 다음 중 미디어가 스포츠에 미치는 영향으로 옳지 않은 것은?

① 스포츠 규칙 변경 및 경기 일정 변경 ② 스포츠에 대한 관심과 인기 증대
③ 스포츠 상품화 ④ 스포츠 관중의 감소

11 다음은 스포츠와 미디어의 관계에 대한 설명이다. (　)에 들어갈 가장 적절한 용어는?

> 스포츠는 신문판매 증진, 광고 수익, TV와 라디오 방송시간을 이용한 수익 계약의 증대 등에 이용되고 있으며, 반대로 미디어는 스포츠와 관련된 소비상품을 경기 장소에서 관람객들에게 판매하도록 돕는다. 이러한 이유를 들어 스포츠와 미디어는 (　)에 있다고 할 수 있다.

① 경쟁관계 ② 공생관계
③ 비례관계 ④ 갈등관계

12 수평적 계층이동에 대한 설명으로 바른 것은?

① A팀에서 B팀으로 동등한 수준으로 트레이드
② 후보 선수에서 주전선수로 이동
③ 선수에서 코치나 감독으로 이동
④ 대학팀 선수에서 프로팀 선수로 이동

13 스포츠 참가와 사회계층에 대한 설명이다. 올바르지 않은 것은?

① 스포츠 참가유형은 계급에 따라 달라지며, 상류층은 직접참가, 중·하류층은 주로 간접참가를 하는 경향이 있다.
② 소득과 학력이 높고 직업과 지위가 높은 사람들이 활동적인 스포츠의 참가비율이 높다.
③ 건강 운동의 경우에는 중류층보다 저소득층, 상류층 사람들이 더 많이 참가한다.
④ 소득수준과 학력수준이 신체활동 참여비율에 영향을 미친다.

14 다음 중 상류층의 참여가 높은 스포츠 종목으로 가장 적합하지 않은 것은?

① 골프 ② 축구 ③ 승마 ④ 테니스

15 다음 중 스포츠 장면에서 학습된 기능, 특성, 가치, 태도, 지식 및 성향 등이 다른 사회현상으로 전이 또는 일반화되는 과정을 뜻하는 것은?

① 스포츠로의 사회화 ② 스포츠로의 재사회화
③ 스포츠에서의 탈사회화 ④ 스포츠를 통한 사회화

16 다음 중 스포츠 사회화에 대한 설명으로 올바른 것은?
① 스포츠 참여를 통해 스포츠 집단이 가지는 가치관, 신념, 태도 등을 체득하는 과정이다.
② 스포츠에 개인이 참여하는 것만으로도 사회화는 이루어진다.
③ 스포츠는 집단의 형태로 이루어질 때 사회화가 극대화된다.
④ 스포츠 참여를 통해 개인의 발전만을 도모하기 위한 과정이다.

17 스포츠 사회화 주관자의 하나로서 스포츠와 여가활동의 역할사회화가 최초로 이루어지는 준거집단은?
① 학교　　　② 또래집단　　　③ 가족　　　④ 매스미디어

18 다음 내용에 해당하는 스포츠 일탈의 유형은?

> 스포츠와 관련된 특정 상황에 처한 다수의 관중이나 선수 또는 일반 대중이 공통의 자극에 충동적으로 반응할 때 발생

① 긍정적 일탈　　② 부정행위　　③ 범죄행위　　④ 집합행동

19 다음의 내용은 스포츠 일탈의 순기능 중 무엇에 관한 설명인가?

> 1966년 보스턴 마라톤 대회에서 여성의 신분을 속이고 참가한 로베르타 깁은 600명이 넘는 남자들과 겨루어 135등을 차지하면서 완주하였다. 당시 여성의 마라톤 경기는 허용되지 않았기 때문에 매스컴에서도 그녀의 완주를 경이로운 시각으로 다루었으며, 이는 여성 마라톤의 시발점이 되었다.

① 스포츠 일탈은 규범의 존재를 재확인시켜준다.
② 일탈행동은 잠재적 공격성과 불만을 잠재우는 사회적 안전판의 역할을 한다.
③ 스포츠 일탈은 사회에 개혁과 창의성을 가져다주는 역할을 할 수 있다.
④ 스포츠 일탈은 참가자의 사회화에 긍정적인 영향을 미칠 수 있다.

20 다음 중 고령자층의 생활방식 변화에 따른 스포츠 활동 참여 성향에 대한 설명으로 적절하지 않은 것은?
① 근 파워 위주의 스포츠를 즐김
② 건강, 체형관리, 사회적 관계 등에 중점을 둔 스포츠를 선호함
③ 게이트볼, 볼링 등 신체접촉이 배제된 스포츠를 선호함
④ 체력과 집중력이 약하므로 위험하지 않은 스포츠를 즐김

3과목 스포츠 심리학

1 괄호 안에 들어갈 말을 올바르게 짝지은 것은?

> (　　)은 신체나 신체 부분의 크기의 증가를 뜻하는 용어로 신체 변화의 총체를 의미한다. (　　)은 기능을 보다 높은 수준으로 발전할 수 있게끔 하는 질적 변화로 정해진 순서에 따라 진행되는 특성이 있다.

① 성장 – 성숙　　② 성숙 – 성장
③ 발달 – 성장　　④ 성숙 – 발달

2 운동 제어의 주요 제한 요소(constraint)와 거리가 먼 것은?
① 개인　　② 환경
③ 과제　　④ 기술

3 보강 피드백의 분류에서 ㄱ), ㄴ)에 해당하는 지식의 명칭으로 알맞은 것은?

> 당신의 골프 스윙 정확성을 분석한 결과, ㄱ) 목표 지점에서 오른쪽으로 10미터 벗어났고, 거리도 20미터 짧게 나왔습니다. 정확한 골프 스윙을 하기 위해서는 ㄴ) 백스윙에서 머리가 움직이지 않도록 하면서, 어깨의 회전과 함께 체중이 오른쪽으로 이동하도록 해야 합니다. 이러한 골프 스윙이 비거리와 정확성을 높일 수 있습니다.

① ㄱ) 수행지식 ㄴ) 처방지식　　② ㄱ) 결과지식 ㄴ) 처방지식
③ ㄱ) 결과지식 ㄴ) 수행지식　　④ ㄱ) 처방지식 ㄴ) 결과지식

4 다음 중 집단에서 응집력을 강화하기 위한 사회적 태만의 방지 전략으로 적절하지 않은 것은?
① 적절한 목표 설정하기　　② 선수의 노력을 확인하고 칭찬하기
③ 선수와 대화하기　　④ 개인의 공헌 강조하기

5 효율적인 운동 수행을 위해 내적 동기를 유발시키는 방법으로 적절하지 않은 것은?
① 과제 난이도를 적절히 조절하여 성공경험을 갖게 한다.
② 운동수행에 대한 시상, 칭찬 등의 보상을 한다.
③ 과제의 난이도를 현저히 높인다.
④ 목표설정 과정에 참여시킨다.

6 협의의 스포츠 심리학에 관한 설명으로 적절하지 <u>않은</u> 것은?

① 심리적 요인이 운동수행에 어떤 영향을 미치는가를 규명하는 분야이다.
② 운동수행과 사회적 요인과의 관계를 연구하는 분야이다.
③ 스포츠나 운동수행이 개인과 팀의 심리적 기능에 어떠한 영향을 주는지 규명하는 분야이다.
④ 인간 운동의 기능적, 생태적 원리를 포괄하는 운동제어, 운동학습, 운동발달 등을 포함하는 연구 분야이다.

7 운동 발달에 영향을 미치는 사회문화적 요인에 대한 설명으로 <u>틀린</u> 것은?

① 인종과 문화적 배경은 성장과 운동발달에 영향을 미친다.
② 교사나 학교 사회에서의 성별 구분이 놀이 및 스포츠 사회화에 영향을 준다.
③ 놀이 공간은 스포츠 참여에 필요한 사회적 환경을 제공하며 놀이 공간과 놀이 활동이 아동의 운동 발달에 영향을 미친다.
④ 민감기의 학습은 자극에 민감한 시간적 구조가 있음을 의미하지만, 민감기의 자극 정도가 발달에 영향을 미치지는 않는다.

8 스포츠 및 운동참가가 인성발달에 어떤 영향을 주는지 설명한 내용이다. 다음 중 인성발달에 긍정적인 영향을 준 내용끼리 묶인 것은?

> 가. 올바른 스포츠 행동을 모방하게 하도록 격려한다.
> 나. 지도자가 항상 승부 결과에 대한 강한 의지를 피드백(환류)한다.
> 다. 과제 자체에 대한 동기 및 협동심을 자극한다.
> 라. 경쟁심을 조장하고 보상과 처벌을 엄격하게 적용한다.
> 마. 선수(학생) 스스로가 선택하고 책임질 수 있도록 재량권을 준다.

① 가, 나
② 다, 라
③ 나, 라, 마
④ 가, 다, 마

9 목표 설정의 주요 원리에 대한 설명으로 <u>틀린</u> 것은?

① 성공적인 수행을 이끌어 낼 수 있는 구체적인 목표를 설정한다.
② 시간의 제약을 받지 않는 목표를 설정한다.
③ 도전적이면서도 자신의 한계를 뛰어넘을 수 있는 성취 가능한 목표를 설정한다.
④ 팀의 목표와 선수 자신의 목표에 대한 충분한 검토를 통한 적절한 목표를 설정한다.

10 주의집중은 범위와 방향에 따라 '넓은-좁은'과 '내적-외적' 유형으로 분류할 수 있다. 이러한 4가지 유형을 골프 경기 상황별로 단계화하여 연결한 설명으로 틀린 것은?

① 유형 : 넓은 외적 주의집중 / 사례 : 골프장의 바람, 코스 상황, 관중
② 유형 : 넓은 내적 주의집중 / 사례 : 정보 분석(이전 경험 추출), 클럽 선택
③ 유형 : 좁은 내적 주의집중 / 사례 : 계획 수립 및 클럽 선택
④ 유형 : 좁은 외적 주의집중 / 사례 : 공 자체를 보고 샷

11 다음 중 선수가 바람직한 행동을 강화할 수 있도록 지도자가 사용하는 부적 강화를 설명하는 상황으로 올바른 것은?

① 선수가 그날의 훈련목표를 달성할 때마다 선수가 원하는 충분한 자유시간을 준다.
② 선수가 그날의 훈련목표를 달성할 때마다 선수가 하기 싫어하는 운동 뒷정리를 면제해준다.
③ 선수가 그날의 훈련목표를 달성할 때마다 선수가 보고 싶어 하는 영화표를 선물로 준다.
④ 선수가 그날의 훈련목표를 달성할 때마다 선수가 필요로 하는 운동도구를 새로이 구입해 준다.

12 피츠(P. Fitts)와 포스너(M. Posner)의 운동 학습 단계 설명으로 틀린 것은?

① 인지-연합-자동화의 단계에 따라 주의 요구 수준은 증가한다.
② 학습하여야 할 운동기술의 특성을 이해하고 과제 수행을 위해 전략을 개발하는 단계를 인지 단계라고 한다.
③ 과제를 수행하기 위한 전략을 선택하고, 잘못된 수행에 대한 적절한 해결책을 찾는 단계를 연합 단계라고 한다.
④ 동작이 거의 자동적으로 이루어지게 되며 움직임 자체에 대한 의식적인 주의가 요구되지 않는 단계를 자동화 단계라고 한다.

13 불안과 운동수행의 관계를 설명하는 이론은 다양하다. 각성이 아주 낮거나 지나치게 높으면 수행에 방해가 되고, 적정한 수준의 각성이 최고의 운동수행을 가져온다고 주장하는 이론은?

① 격변 이론
② 최적 수행 지역 이론
③ 역U 가설
④ 다차원적 불안 이론

14 다음의 불안의 감소기법 가운데 부정적인 생각을 찾아내어 긍정적인 생각으로 바꾸는 기법은?

① 호흡 조절
② 인지 재구성
③ 자생훈련
④ 바이오피드백

15 코치는 선수의 동기유발 차원에서 아래와 같은 행동을 했다. 이에 자기효능감 관점에서 자신감에 영향을 준 요인에 대한 설명 중 적절한 것은 무엇인가?

> A 선수를 맡은 코치는 선수가 자신감이 없는 것을 알고 그 원인을 분석했다. 그 결과 경기에서 지나치게 심리적 불안을 느끼고 있으며, 실패할 것이라는 두려움이 컸다. 이에 코치는 비교적 쉬운 과제를 주고 경기에 대한 심리적 스트레스를 주는 행동을 자제했다.

① 코치는 성공경험을 위해 스트레스를 주는 행동을 자제했다.
② 코치는 성공경험을 위해 쉬운 과제를 제시해 주었다.
③ 코치는 사회적 설득을 하기 위해 노력하고 있다.
④ 코치는 대리경험을 주기 위해 노력하고 있다.

16 운동 참여자들의 운동 실천을 촉진하기 위한 설명으로 적절하지 <u>않은</u> 것은?
① 운동의 과정보다는 결과를 중요시한다.
② 자기효능감을 향상시킨다.
③ 운동 실천으로 인한 혜택을 개인의 상황과 특성에 맞게 제공한다.
④ 운동 실천의 방해 요인을 극복하기 위한 전략들을 마련한다.

17 다음은 운동경기 상황에서 자주 나타나는 선수들의 공격성의 두 가지 형태인 적대적 공격과 수단적 공격에 대한 설명이다. 이 중 적절하지 <u>않은</u> 것은?
① 적대적 공격은 대상에게 가해지는 고통, 상처 등이 보상이다.
② 수단적 공격은 승리, 명예, 금전 등이 보상이다.
③ 적대적 공격성에는 야구의 빈볼(bean ball), 축구의 보복 공격이 있다.
④ 수단적 공격성은 상대방의 자극에 의한 반응으로 분노가 수반된다.

18 다음 중 주의와 경기력과의 상호작용에 대한 설명으로 적절한 것은?
① 사격과 양궁 경기 중 관중의 소란은 경기에 전혀 영향을 주지 않는다.
② 선수의 자동화가 높을수록 부적절한 주의를 줄이고 경기력 향상에 도움을 준다.
③ 골프는 상황과 관중 등으로부터 경기력에 가장 영향을 적게 받는 경기이다.
④ 구기종목의 홈그라운드는 경기 과정이나 결과에 전혀 영향을 미치지 않는다.

19 스포츠심리상담의 절차에 대한 설명으로 틀린 것은?
① 상담 초기에는 지도자와 선수 간의 친밀한 관계와 상호 신뢰의 형성이 중요하다.
② 상담 중기에는 상담실뿐만 아니라 훈련장이나 경기장에서도 상담이 이루어질 수 있다.
③ 상담의 후기에는 면담이나 질문지 검사를 통해 상담 초기 선수가 지닌 목표를 평가한다.
④ 상담은 자발적으로 원하는 선수에게만 실시해야 한다.

20 스포츠심리상담사가 가져야 할 역량이나 태도로 합당하지 않은 것은?
① 스포츠심리상담사는 어떠한 경우에도 비밀을 지켜야 한다.
② 스포츠심리상담사는 스포츠에 관한 전문적 지식과 함께 사회 전반에 관한 풍부한 지식을 가져야 한다.
③ 스포츠심리상담사는 풍부한 대인관계 기술을 필요로 한다.
④ 스포츠심리상담사는 선수들의 표정, 외모 등의 비언어적 메시지에도 주의를 기울여야 한다.

4과목 스포츠 윤리

1 스포츠인의 윤리에 대한 설명으로 가장 바르지 않은 것은?
① 스포츠인의 윤리는 일반윤리 덕목과 크게 다름
② 스포츠인이 갖추어야 할 도덕적 품성
③ 스포츠 활동을 하면서 상호작용하는 사람들 사이에서 갖추어야 할 덕목
④ 진정한 스포츠인으로 거듭날 수 있도록 하는 도덕적 품성

2 동양사상과 윤리체계에 해당하지 않는 것은?
① 유가사상   ② 불교사상
③ 묵가사상   ④ 기독사상

3 스포츠에 있어서 경기 결과의 좋고 나쁨이 아니라 그 행위가 도덕적 의무를 준수했는가를 판단의 기준으로 하는 윤리이론은?
① 결과론적 윤리체계   ② 의무론적 윤리체계
③ 덕론적 윤리체계   ④ 목적론적 윤리체계

4 스포츠경기 상황에서 규칙이 준수되도록 외적 통제가 강화되어야 한다. 경기 중 이 일을 직접 담당하는 가장 중요한 사람은 누구인가?
① 단장
② 관중
③ 감독
④ 심판

5 다음 중 페어플레이의 설명으로 바르지 않은 것은?
① 영국의 귀족과 신사가 스포츠를 할 때 강조한 것이다.
② 공정한 시합이라는 의미다.
③ 보편적인 스포츠 윤리라고 말할 수 없다.
④ 행위나 동작을 강조할 때 공정행위로 표현할 수 있다.

6 스포츠 행위에 있어서 '윤리적 비난'의 대상이 아닌 것은?
① 폭력행위
② 약물복용
③ 부정행위
④ 체중감량

7 오늘날 한국스포츠 현장에서는 각 종목에서 하프코리안 선수들이 증가하고 있는 추세이다. 하프코리안 선수들의 운동경험에서 나타나는 문화적 적응과정에서 발생하는 갈등요인을 가장 적절하게 표현한 것은?
① 엄격한 위계질서에 의한 선후배 관계
② 시즌 합숙훈련
③ 새로운 감독의 만남
④ 시즌 경기일정

8 체육·스포츠는 다문화사회에서 사회적 갈등과 비용을 최소화시키기 위한 중요한 정책적 수단이 된다. 다음 중 다문화주의 가치의 합리적 수용성을 담아내는 스포츠정책으로 적절하지 않은 것은?
① 다문화가정의 체육활동 지원
② 이민자 생활체육의 욕구 및 실태조사
③ 다문화가정 자녀 간의 교류 확대
④ 다문화가정의 체육교육 프로그램 개발

9 다음 중 스포츠에 있어서 여성 경기에 관한 과거와 현재의 내용 중 사실과 <u>다른</u> 것은?

① 고대 그리스 올림픽에서 여성은 관람을 할 수 있었으나 참가는 할 수 없었다.
② 근대올림픽의 부활에 있어서 여성 경기인들의 참여는 제한적이었다.
③ 2012년 런던올림픽에서 여성이 참가하지 못한 종목은 하나도 없었다.
④ 현대 올림픽에서는 싱크로나이즈드스위밍이나 리듬체조 등 여성들만 참가할 수 있는 경기 종목들이 있다.

10 스포츠 활동에 참여하고 스포츠 이벤트를 개최하는 데 있어 발생할 수 있는 환경적 이슈가 <u>아닌</u> 것은?

① 생물다양성 보존　　　　② 생태계 보호
③ 스포츠시설의 대중화　　④ 문화유산의 안전보호

11 문화체육관광부는 선수 (성)폭력 사건이 끊이지 않는 원인 중 하나로 성(폭력) 가해자(폭력 행위를 한 선수 또는 지도자)에 대한 처벌 기준이 불명확하다고 지적하고 '대한체육회 선수위원회 규정'(2009)을 전면 개정(2013)하였다. 그 선수 위원회 규정에 맞는 것은? (2013년 대한체육회 내부자료 기준)

① 지도자-1차 적발 시 5년 이상 자격정지
② 선수-2차 적발 시 5년 이상 자격정지
③ 지도자-2차 적발 시 15년 이상 자격정지
④ 선수-3차 적발 시 영구 제명

12 선수 또는 지도자가 판정에 불만을 갖게 됨으로써 심판에게 가하는 폭력의 원인으로 지목되는 것은 무엇인가?

① 선수 및 지도자의 자기 분노조절 실패
② 승부에서의 패배
③ 경기에서 부상
④ 관중폭력

13 스포츠현장에서 라이벌 선수와 상대 팀에 대하여 폭력상황이 발생하는 이유는 무엇인가?

① 스포츠맨십　　　　② 자연주의
③ 승리지상주의　　　④ 이상주의

14 도핑을 금지해야만 하는 이유로 올바르지 않은 것은?
① 스포츠와 인간 공동 추구의 기본적 즐거움을 감소시키기 때문
② 도핑을 통해 경기 수행에 부당한 이익을 얻는 것을 방지하기 위해
③ 약물투여로 인해 발생하는 해로운 부작용으로부터 선수를 보호하기 위해
④ 의학적으로 사용되는 약물 사용을 제한하기 위해

15 유전자도핑이 금지되어야 하는 이유로 가장 적절한 것은 무엇인가?
① 일반인 및 선수생명의 보호 때문에
② 에이즈 및 전염병 발생 때문에
③ 인위적 기록향상이 인간의 탁월성을 침해하기 때문에
④ 안전성이 검증되지 않았기 때문에

16 다음 중 세계도핑방지위원회(2015년 현재)에서 '상시 금지약물'을 지정한 것이 아닌 것은?
① P1.알코올
② S1.동화작용제
③ S3.베타-2작용제
④ S5.이뇨제 및 기타 은폐제

17 스포츠지도자의 비윤리적 행위의 원인으로 볼 수 없는 것은?
① 학부모의 지도자 금품 제공
② 스포츠클럽지도자의 부족
③ 팀 성적에 대한 부담
④ 지도자의 불안정한 근무형태

18 소수 정예를 중심으로 경쟁성을 강조하는 운동 또는 전문적인 운동선수들이 행하는 운동을 표현한 가장 적절한 용어는 어느 것인가?
① 익스트림스포츠
② 전문체육
③ 프로스포츠
④ 아마추어스포츠

19 스포츠정책의 윤리적 측면에서 초등학교 스포츠 강사사업을 공리주의적 관점으로 긍정적 가치와 부정적 가치로 나누어 볼 수 있다. 그 긍정적 가치에 해당하지 않는 것은?
① 체육수업운영의 전문성 확보를 통한 내실화
② 전문 인력 남용과 동시에 저소득 양산
③ 초등교사의 수업부담 감소
④ 방과 후 체육활동 활성화

20 스포츠 심판 판정의 직무수행을 위해 갖추어야 할 윤리적 자세에 해당하지 않는 것은?
  ① 자율성   ② 청렴성
  ③ 공정성   ④ 스포츠맨십

5과목　운동생리학

1 점증부하운동으로 유산소성 기능을 비교하려고 한다. 비훈련자와 비교하여 유산소성 트레이닝으로 단련된 훈련자의 생리학적 현상은?
  ① 젖산역치가 늦게 발생   ② 동일 운동강도에서 높은 심박수
  ③ 운동지속시간의 감소   ④ 최대산소섭취량이 낮게 발생

2 젊은 성인의 스포츠 심장에 대한 설명으로 옳지 않은 것은?
  ① 심장의 이완기 연장   ② 안정 시 심박수의 감소
  ③ 최대심박출량의 증가   ④ 심장 자체의 산소소비량 증가

3 운동 시 탈수현상을 예방하기 위한 지침서의 내용으로 가장 적절한 것은?
  ① 운동 전(약 3시간 전)에 400~800mL 수분섭취
  ② 운동 중 15~20분 간격으로 150~300mL 수분섭취
  ③ 운동 후 충분한 수분보충
  ④ 위(①, ②, ③) 전부

4 다음 중 저온환경에서 순발력 저하의 원인으로 바르지 않은 것은?
  ① 근육온도의 저하로 인해 근육세포 내 수분의 점도 증가
  ② 근육세포 내 ATP 합성을 위한 화학반응의 속도 증가
  ③ 근육 내 화학반응속도 감소로 인해 최대근육수축의 도달시간 증가
  ④ 교차결합과 액틴의 움직임에 대한 물리적 저항 증대

5 다음은 안정 시 및 최대운동 시 혈중가스분압의 변화로 바르지 않은 것은?
① 단련자가 일반인보다 활동근 정맥혈에서의 산소분압이 더욱 높게 나타난다.
② 단련자가 일반인보다 산소를 추출하여 운동을 수행하는 능력이 높다.
③ 단련자는 일반인에 비해 동정맥 산소차가 크게 나타난다.
④ 단련자는 일반인과 비교해 동맥혈 산소함량에는 큰 차이가 없다.

6 다음 중 근섬유에 대한 일반적 설명으로 가장 옳은 것은?
① 근섬유에는 미토콘드리아가 많이 분포하지는 않는다.
② 근섬유는 우리의 의지에 따라 움직일 수 없다.
③ 운동선수나 일반인이나 근섬유 주위에 모세혈관은 거의 동일하다.
④ 하나의 근섬유 위에 운동신경이 접합되는 지점을 운동종판이라고 한다.

7 뇌하수체 전엽에서 분비되는 성장호르몬의 기능에 대한 설명으로 적합하지 않은 것은?
① 간조직의 글리코겐 분해 자극
② 간조직의 당신생과정 자극
③ 지방조직으로의 당 이동 제한과 지방 동원 자극
④ 단백질 합성 및 골 성장 자극

8 다음 중 신경자극과 근수축 발생까지의 현상을 나타낸 것으로서 바르지 않은 것은?
① 칼슘이 근형질세망에서 방출된다.
② 칼슘펌프에 의해 칼슘이 제거된다.
③ 액틴과 마이오신이 결합하여 액토마이오신이 형성된다.
④ 근수축을 위해 운동신경의 종말로부터 아세틸콜린을 분비한다.

9 일회성 운동 시 호르몬 반응에 대한 설명으로 올바르지 않은 것은?
① 카테콜라민의 혈중 농도는 운동강도에 비례하여 증가한다.
② 인슐린의 혈중 농도는 운동지속시간에 비례하여 증가한다.
③ 글루카곤의 혈중 농도는 운동지속시간에 비례하여 증가한다.
④ 코티졸의 혈중 농도는 운동지속시간에 비례하여 증가한다.

10 다음 중 호흡활동에 대한 설명이 맞지 않는 것은?
① 횡경막이 수축하여 가슴안(흉강)이 확장된다.
② 바깥갈비사이근(외늑간근)이 수축하여 가슴안(흉강)이 수축한다.
③ 흉강의 확장에 의해 허파꽈리(폐포)의 내압이 감소한다.
④ 허파쪽 가슴막(장측늑막)과 벽쪽가슴막(벽측늑막)이 서로 밀착하여 흉강이 확장된다.

11 에너지 대사 측면에서 탄수화물과 지방의 특성으로 관련이 없는 설명은?
① 지방은 산화를 통한 ATP 생산을 위하여 반드시 산소가 필요하다.
② 1그램의 지방은 약 9kcal의 열량을 생산한다.
③ 포도당 1분자와 비교하여 지방 1분자가 생산하는 ATP의 양이 적다.
④ 탄수화물은 높은 운동강도에서 지방보다 선호되는 에너지원이다.

12 지구성 훈련을 통하여 기대할 수 있는 근섬유 내의 생화학적 변화로 관련성이 없는 것은?
① 근섬유 내 모세혈관의 밀도가 증가하여 산소, 이산화탄소 및 포도당과 같은 화학물질의 확산 및 이동거리가 짧아진다.
② 근섬유의 모세혈관 밀도는 Type I보다는 Type II 근섬유에서 더욱 현저하게 증가한다.
③ 미토콘드리아 내의 유산소성 효소의 증가가 이루어지기에 크렙스 사이클 및 전자전달계의 효율성이 좋아진다.
④ 미오글로빈의 농도가 증가하여 근육 내 산소 운반 능력이 좋아진다.

13 뉴런의 전기적 활동에 대한 설명으로 바르지 않은 것은?
① 흥분성 신경전달물질은 세포막을 탈분극시키는 작용을 한다.
② 억제성 신경전달물질은 세포막을 과분극시키는 작용을 한다.
③ 탈분극이 발생되면 세포막 내의 나트륨이 밖으로 나가면서 활동전위가 발생된다.
④ 안정 시 막전압으로 돌아오려면 Na-K 펌프가 작동되어야 한다.

14 다음 중 근원섬유에서 근수축을 활성화시킬 수 있도록 칼슘이온이 접착하는 부위는?
① 액틴   ② 마이오신
③ 트로포닌   ④ 트로포마이오신

15 분당산소섭취량을 결정하는 요인은 무엇인가?
① 1회박출량
② 동–정맥산소차
③ 심박수
④ 위(①, ②, ③) 전부

16 중추신경계에 속해 있으며 뇌의 역할을 조절하는 중요한 역할을 수행하며, 갈증, 체온조절, 혈압, 수분 균형 및 내분비계의 활동 등을 조절하면서 항상성을 유지하는 역할을 하는 부위는?
① 척수
② 시상하부
③ 소뇌
④ 대뇌피질

17 다음 중 인간 활동에 있어서 가장 중요한 에너지 형태를 하나 고르시오.
① 기계적 에너지
② 핵 에너지
③ 전기 에너지
④ 화학 에너지

18 운동생리학은 운동 중 생명체가 어떻게 생리학적으로 반응하는가를 관찰하는 학문이다. 그러므로 운동이라는 (㉠)을(를) 이용하여 인체가 (㉡)하는 과정을 생리학적으로 관찰함과 동시에 인체가 궁극적으로 어떻게 변화하는지를 연구하는 학문이다. 그러나 21세기에 접어들면서 운동생리학의 연구영역은 인체의 (㉢)(이)라는 생리학적 수준에서 점차 진화하여 (㉣)와(과) 신호전달체계 및 단백질 합성 및 발현이라는 세포생물학 또는 분자생물학 분야로 진화하고 있다. 괄호 안에 가장 적합한 단어를 순서대로 표기한 보기를 선택하시오.
① ㉠ 자극   ㉡ 적응   ㉢ 기관   ㉣ 조직
② ㉠ 적응   ㉡ 자극   ㉢ 세포   ㉣ 조직과 기관
③ ㉠ 자극   ㉡ 적응   ㉢ 조직과 기관   ㉣ 세포
④ ㉠ 적응   ㉡ 자극   ㉢ 조직과 기관   ㉣ 세포

19 운동단위와 관련된 다음 설명 중 관련성이 낮은 보기는?
① 운동단위는 운동신경과 운동신경이 지배하는 모든 근섬유를 뜻한다.
② 1개의 운동단위는 여러 개의 근섬유를 지배할 수 있다.
③ 하나의 운동단위가 동시에 지근과 속근섬유의 수축에 영향을 미친다.
④ 속근섬유는 지근섬유에 비해 운동단위의 수가 적다.

20 심근산소소비량에 대한 설명으로 가장 올바른 것은?
① 운동으로 인한 심장발작을 모니터하기 위한 수단으로 측정한다.
② 심근산소소비량은 운동강도에 비례하여 증가한다.
③ 심근산소소비량은 수축기 혈압과 심박수에 의해서 결정된다.
④ 위(①, ②, ③) 모두

6과목 운동역학

1 운동역학의 연구에 사용되는 방법이 아닌 것은?
① 힘분석법
② 동작분석법
③ 근전도분석법
④ 운동부하검사법

2 운동역학의 연구 내용으로 바르지 않은 것은?
① 운동 기술의 분석 및 개발
② 운동 기구의 평가 및 개발
③ 트레이닝 방법의 평가 및 개발
④ 분석 방법 및 자료 처리 기술 개발

3 소프트볼 투수가 공을 던지는 동작의 설명으로 바르지 않은 것은?
① 던지는 팔의 회전 속도는 공의 선속도에 영향을 미친다.
② 투수의 팔 길이가 길면 공의 선속도를 증가시키는 데 유리하다.
③ 공의 선속도는 던지는 팔의 길이와 팔의 각속도의 곱으로 나타난다.
④ 공을 던지는 순간 투수의 던지는 팔 길이를 길게 하면 팔의 회전 각속도는 크다.

4 체중 900N의 역도선수가 1000N의 바벨을 들고 가만히 서 있었다면 바벨에 대한 일은 몇인가?
① 0J
② 25J
③ 50J
④ 100J

5 6m/s의 속도로 오른쪽으로 움직이는 체중 90kg인 럭비선수(A)와 7m/s의 속도로 왼쪽으로 움직이는 80kg인 선수(B)가 정면으로 충돌한다면 각 선수들의 운동량은 얼마나 되는가?

① A 선수 560kg · m/s, B 선수 540kg · m/s
② A 선수 540kg · m/s, B 선수 560kg · m/s
③ A 선수 90kg · m/s, B 선수 80kg · m/s
④ A 선수 80kg · m/s, B 선수 90kg · m/s

6 다음 중 해부학적 자세에 대한 설명으로 바르지 <u>않은</u> 것은?

① 시선은 전방을 향한다.
② 인체를 곧게 세운 직립자세를 말한다.
③ 각 분절의 운동축과 운동면은 해부학적 자세를 기준으로 한다.
④ 팔은 엄지손가락이 전방을 향하여 손바닥이 몸통을 향하게 한다.

7 다음 중 운동, 탄성, 위치에너지가 모두 작용하는 종목으로 가장 적합한 것은?

① 높이뛰기
② 단거리 달리기
③ 장대높이뛰기
④ 멀리뛰기

8 다음 보기에서 설명하는 인체지레의 종류로 올바른 것은?

> 물체의 저항점이 힘의 작용점과 회전축 사이에 있으며, 힘팔이 저항팔보다 항상 긴 구조를 갖는다.
> 예) 엎드려 팔굽혀 펴기

① 1종 지레
② 2종 지레
③ 3종 지레
④ 4종 지레

9 영상분석으로 추출할 수 있는 변인이 <u>아닌</u> 것은?

① 압력중심의 위치
② 각도(자세)
③ 가속도
④ 속도

10 불안정할수록 유리한 종목자세에 따른 역학적 요인으로 올바른 것은?

① 유도의 방어자세 – 기저면을 좁히고, 몸의 중심을 낮춘다.
② 씨름의 방어자세 – 기저면을 넓히고, 몸의 중심을 높인다.
③ 레슬링의 방어자세 – 무게중심이 기저면의 가장자리에 위치하게 한다.
④ 육상의 100미터 크라우칭 스타트자세 – 무게중심이 진행방향의 기저면 가장자리에 위치하게 한다.

11 다음 표에 들어갈 법칙을 바르게 나열한 것은?

뉴턴의 운동법칙	운동법칙의 예
(㉠)	버스가 급출발하거나 급정거할 경우 버스 안의 승객들이 뒤로 혹은 앞으로 쏠리는 것은 버스의 운동 변화와는 달리 승객들은 원래 운동 상태를 유지하려고 한다.
(㉡)	보트를 타고 노로 물을 뒤로 밀면 배는 앞으로 간다.
(㉢)	자전거를 타고 페달을 강하게 밟을수록 자전거는 외력이 커져 가속되면서 앞으로 간다.

① ㉠ 관성의 법칙　㉡ 가속도의 법칙　㉢ 작용반작용의 법칙
② ㉠ 가속도의 법칙　㉡ 작용반작용의 법칙　㉢ 관성의 법칙
③ ㉠ 작용반작용의 법칙　㉡ 관성의 법칙　㉢ 가속도의 법칙
④ ㉠ 관성의 법칙　㉡ 작용반작용의 법칙　㉢ 가속도의 법칙

12 다음 보기의 괄호 안에 들어갈 용어를 바르게 나열한 것은?

(㉠)은 원운동을 발생시키는 원인으로 원의 중심을 향한다. 반면 (㉡)은 원운동을 하는 물체가 바깥쪽으로 벗어나려고 하는 경향을 나타내는 힘이다.

① ㉠ 구심력 ㉡ 원심력
② ㉠ 원심력 ㉡ 구심력
③ ㉠ 구심력 ㉡ 향심력
④ ㉠ 원심력 ㉡ 향심력

13 거리란 물체의 처음 위치부터 마지막 위치까지의 운동경로에 따른 길이의 측정치를 의미한다. 그렇다면 처음 위치부터 마지막 위치로의 방향과 직선거리를 나타내는 벡터를 무엇이라 하는가?

① 스칼라
② 변위
③ 위치
④ 궤적의 길이

14 근전도 신호를 통해 알 수 있는 정보로 올바른 것은?
① 근파워   ② 충격력
③ 압력중심궤적   ④ 근육의 동원순서

15 좌우축을 중심으로 하는 전후면상에서의 운동으로 올바른 것은?
① 굴곡(flexion)   ② 외번(eversion)
③ 내번(inversion)   ④ 회전(rotation)

16 운동역학에서 기본 물리량의 국제단위계(SI단위계)로 바르지 않은 것은?
① 시간(s)   ② 속도(m/s^2)
③ 길이(m)   ④ 질량(kg)

17 다음 보기 중 괄호 안에 들어갈 용어를 바르게 나열한 것은?

(㉠)은(는) 단위시간에 움직인 거리를 나타내는 (㉡)량이고 (㉢)는(은) 단위시간에 움직인 변위를 나타내는 (㉣)량이다.

① ㉠ 속력 ㉡ 벡터 ㉢ 속도 ㉣ 스칼라
② ㉠ 속도 ㉡ 벡터 ㉢ 속력 ㉣ 스칼라
③ ㉠ 벡터 ㉡ 속력 ㉢ 스칼라 ㉣ 속도
④ ㉠ 속력 ㉡ 스칼라 ㉢ 속도 ㉣ 벡터

18 다음 보기 중 괄호 안에 들어갈 용어와 공식을 바르게 나열한 것은?

역학적에너지 = (㉠) + (㉡) = (㉢) + 9.8mh = (㉣)

① ㉠ 위치에너지 ㉡ 운동에너지 ㉢ 일정 ㉣ ½mv^2
② ㉠ 위치에너지 ㉡ 운동에너지 ㉢ ½mv^2 ㉣ 일정
③ ㉠ 운동에너지 ㉡ 위치에너지 ㉢ ½mv^2 ㉣ 일정
④ ㉠ 위치에너지 ㉡ 운동에너지 ㉢ 일정 ㉣ ½mv^2

19 힘의 종류에 대한 설명 중 바르지 못한 것은?

① 추진력은 운동을 유발하는 힘이다.
② 저항력은 운동을 방해하는 힘이다.
③ 양력은 '떠오르게 하는 힘'으로 중력에 반대되는 힘이다.
④ 탄성력은 접촉면의 형태, 성분 등에 의해 결정되는 힘이다.

20 흔히 "내 체중은 65kg이다"라고 말한다. 지구상에서 이 사람의 무게를 잘못 나타낸 것은?(지구의 중력가속도=9.8m/s²)

① 65000g
② 65kg중
③ 637N
④ 637kg · m/s²

7과목 한국체육사

1 체육사의 올바른 이해에 대한 설명으로 바르지 않은 것은?

① 신체활동의 여러 현상을 문화사 또는 교육사의 측면으로 살펴본다.
② 체육의 역사적 변화를 이해함으로써 교훈을 얻는다.
③ 각 나라의 역사와 문화를 살펴보는 것이 중요하다.
④ 과거를 통해서 파악한 현재 체육으로 미래 체육을 예언한다.

2 체육사의 시대구분에 대한 설명으로 가장 올바른 것은?

① 기존의 구분 방식을 그대로 따라야 한다.
② 역사가들의 임의적 수단이자 도구이다.
③ 역사 이해를 단절시키는 위험이 있다.
④ 지역과 주제에 따라서 변경할 수 없다.

3 선사시대 신체활동의 특징으로 올바른 것은?

① 식량의 획득 수단이자 몸을 지키는 전투술
② 신체건강을 유지하는 수단
③ 인간성 회복을 위한 체육활동
④ 다양한 스포츠활동

4 부족국가시대 신체문화의 모습이 아닌 것은?
① 제천행사 ② 성인식
③ 체육대회 ④ 궁술

5 신라의 화랑도에 대한 내용으로 올바르지 않은 것은?
① 귀족자제들이 참여하였다.
② 심신의 조화로운 인간상을 지향하였다.
③ 활인심방이라는 보건체조를 실시하였다.
④ 무예수련을 통해 인재를 양성하였다.

6 삼국시대의 편력에 대한 설명으로 바르지 않은 것은?
① 편력은 석전이다.
② 편력은 야외활동이다.
③ 편력은 화랑도의 교육방식이다.
④ 편력은 음악과 신체활동을 포함하고 있다.

7 고려시대 체육적 성격의 무예활동이 아닌 것은?
① 말타기 ② 활쏘기
③ 수박   ④ 씨름

8 고려의 유희 활동 중 귀족들의 사치로 인하여 대중스포츠가 되지 못한 것은?
① 격구(擊毬) ② 방응(放鷹)
③ 추천(鞦韆) ④ 수렵(狩獵)

9 조선시대의 고등교육기관으로 활쏘기 시합의 한 형태인 대사례(大射禮)를 실시한 곳은?
① 성균관(成均館) ② 향교(鄕校)
③ 대학(大學)   ④ 국학(國學)

10 다음 중 조선시대 정조 때 만들어진 무예서는?
① 무예도보통지 ② 무예제보
③ 무예신서   ④ 무비지

11 조선시대 민속스포츠의 특징 중 가장 올바르지 않은 것은?

① 고려시대 귀족들의 놀이가 대중화되었다.
② 새로운 놀이들이 출현하였다.
③ 일부는 연중행사로 정착되었다.
④ 외국의 근대스포츠가 도입되었다.

12 고종이 전 국민에게 덕양, 체양, 지양의 3대 교육분야를 조화롭게 가르쳐야 한다고 발표한 것은?

① 조선교육령   ② 학제개혁
③ 교육조서   ④ 소학교령

13 원산학사에 대한 설명으로 바르지 않은 것은?

① 최초의 근대 학교이다.   ② 문예반과 무예반으로 구성되었다.
③ 한국 최초로 체육과를 개설하였다.   ④ 교과과정에 전통무예를 포함하였다.

14 개화기에 도입되지 않은 스포츠 종목은?

① 야구   ② 축구
③ 테니스   ④ 배드민턴

15 일제강점기 체육에서 민족주의 성격을 바르게 설명하지 않은 것은?

① 일본단체의 주관대회에 한국인이 참가하였다.
② 조선체육회 등과 같은 체육단체들이 결성되었다.
③ 학교체육에서 군사훈련보다는 순수체육을 지향하였다.
④ 전통스포츠에는 관심을 두지 않았다.

16 일제강점기의 시기별 학교체육의 내용으로 알맞지 않은 것은?

① 조선교육령공포기(1911~1914) - 일본군 체조교원을 채용하여 민족주의 체육을 규제하였다.
② 학교체조교수요목의 제정과 개정기(1914~1927) - 군국주의를 바탕으로 군사훈련을 강요하였다.
③ 학교체조교수요목 개편기(1927~1941) - 체조 중심에서 유희와 스포츠 중심으로 변화하였다.
④ 체육통제기(1941~1945) - 체조과를 체련과(體鍊科)로 변경하고 체육을 점차 교련화하였다.

17 일제강점기의 체육단체로 다음의 설명에 알맞은 단체는?

> 1920년 7월 13일에 창립되었다. 조선인의 체육을 지도 장려함을 목적으로 삼고, 체육에 관한 조사 연구 및 선전, 체육 도서의 발행, 각종 경기대회의 주최 및 후원, 기타 체육회 사업 등의 활동을 실행하였다. 1948년 9월 3일 대한체육회로 명칭을 변경하였다.

① 조선체육회 ② 황성기독교청년회
③ 관서체육회 ④ 고려구락부

18 각 차수별 교육과정에서 체육목표의 내용으로 가장 알맞은 것은?
① 제1차 교육과정은 순환운동, 질서운동을 체육의 내용으로 새롭게 채택하였다.
② 제2차 교육과정부터 '보건·체육'에서 '체육'으로 교과목 명칭을 통일하였다.
③ 제3차 교육과정은 생활 경험을 중요시하여 여가 활동을 강조하였다.
④ 제4차 교육과정부터 초등학교에서는 놀이를 벗어난 '운동'이라는 용어를 사용하였다.

19 다음의 설명에 알맞은 체육시설은?

> 1964년 동경올림픽에 대비한 '우수선수강화훈련단'이 결성되어 국가대표 선수들의 훈련이 이루어졌고, 동경올림픽 이후 대한체육회는 우수선수의 지속적인 강화훈련을 위해 서울 공릉동에 건물을 짓고 1966년 준공식을 갖게 되었다.

① 동숭동합숙소 ② 태릉선수촌
③ 진천선수촌 ④ 태백선수촌

20 1990년대 남북한 단일팀 구성에서 합의한 내용이 아닌 것은?
① 선수단의 단복은 남과 북을 구별한다.
② 선수단의 단가는 1920년대 '아리랑'으로 한다.
③ 선수단의 호칭은 한글로 '코리아'와 영문으로는 'KOREA'이다.
④ 선수단의 단기는 '흰색 바탕에 하늘색 한반도 지도'를 넣는다.

2016 2급 생활·전문스포츠지도사

1과목 스포츠 교육학

1 〈보기〉의 내용을 포함하고 있는 정책은?

> - '언제나' 향유할 수 있는 참여 기회 제공
> - '어디서나' 이용 가능한 시설 제공
> - 세대와 문화를 넘어 '함께' 참여하는 생활체육

① 스포츠 7330
② 스포츠비전 2018
③ 스마일 100
④ 신체활동 7560+

2 스포츠 교육학에 관한 설명으로 옳지 <u>않은</u> 것은?
① 학교체육, 생활체육, 전문체육을 모두 포괄한다.
② 체육교육과정, 체육수업, 체육교사교육 등을 연구영역으로 한다.
③ 체육학문화 운동으로 스포츠 교육학은 1940년대에 학문적으로 체계화되었다.
④ 교육적 관점에서 모든 연령층의 신체활동을 다룬다.

3 〈보기〉에서 설명하는 교수법은?

> 참여자는 체육지도자가 묻는 질문에 대답하면서 한 가지 개념적 아이디어를 찾아낸다.

① 지시형
② 자기점검형
③ 연습형
④ 유도발견형

4 생활체육 분야에서 체육지도자의 자질 및 역할로 옳지 <u>않은</u> 것은?
① 다양한 연령층을 대상으로 하는 프로그램을 구성하고 지도한다.
② 사회·문화적 책임감을 갖고 스포츠 활동을 지도한다.
③ 참여자가 지속적으로 스포츠 활동에 참여하도록 안내한다.
④ 운동기능을 지도하는 데 필요한 이론적 지식은 갖추지 않아도 무방하다.

5 〈보기〉에서 설명하고 있는 지식은?

> 체육지도자가 유소년에게 농구 기본 기술을 지도하는 방법에 대한 지식

① 교육과정 지식   ② 교육환경 지식
③ 내용교수법 지식 ④ 내용 지식

6 체육지도자가 학교스포츠클럽 지도를 계획할 때 고려해야 할 요소가 아닌 것은?

① 학생의 흥미보다는 지도자 자신의 흥미 고려
② 학생의 운동 경험에 따른 자발적 참여 유도
③ 다양한 활동 시간을 고려하여 운영
④ 스포츠와 관련된 문화 체험 기회 제공

7 〈보기〉에서 박 코치가 태호에게 제시하고 있는 피드백 방식은?

> 박 코치 : "태호야. 테니스 서브를 할 때, 베이스라인을 밟았네. 다음부터는 라인을 밟지 않도록 해라."
> 태 호 : "네, 그렇게 하겠습니다."

① 교정적 피드백   ② 부정적 피드백
③ 긍정적 피드백   ④ 가치적 피드백

8 협동 학습 모형이 추구하는 지도 목표가 아닌 것은?

① 긍정적인 팀 관계 격려
② 상호작용을 기반으로 개인의 책임감 증진
③ 팀 내 개인 간 경쟁 도모
④ 자아존중감 개발

9 〈보기〉에서 제시하고 있는 포괄형 스타일의 특징은?

> • 유 코치는 높이뛰기를 지도하기 위해서 바(bar)의 높이를 110cm, 130cm, 150cm로 준비하였다.
> • 참여자들은 자신의 수준에 적합한 바의 높이를 선택하였다.

① 지도자가 참여자의 출발점을 결정한다.
② 과제수행 능력에 대한 개인의 차이를 인정한다.
③ 모든 참여자가 동일한 수준의 과제를 수행한다.
④ 지도자는 참여자가 선택한 수준에 대해 가치가 담긴 피드백을 제공한다.

10 학교체육진흥법에 따른 학교체육 진흥의 조치에서 학생의 체력증진과 체육활동 활성화 안에 포함되지 않는 것은?

① 장애학생의 체육활동 활성화
② 여학생의 체육활동 활성화
③ 우수선수의 발굴 및 지원
④ 체육수업의 질 제고

11 참여자들이 스포츠에서 다양한 역할을 경험하여 '유능하고 박식하며 열정적인 스포츠인'으로 성장하는 데 목적을 두고 있는 체육수업 모형은?

① 직접 교수 모형
② 스포츠 교육 모형
③ 개별화 지도 모형
④ 전술 게임 모형

12 프로그램 지도 계획에 대한 설명 중 옳지 않은 것은?

① 가능한 시설과 용구, 시간, 참여자 수 등을 고려해야 한다.
② 프로그램 목표가 명확하게 진술되어야 한다.
③ 내용의 범위와 계열성을 확인해야 한다.
④ 평가절차는 포함하지 않는다.

13 〈보기〉에서 김 코치가 고려하고 있는 것은?

> 김 코치는 중학교 여학생을 대상으로 리듬체조를 지도할 때, 초보자에게는 기초기술을, 숙련자에게는 응용기술을 가르쳤다.

① 학습자의 기능 수준
② 학습자의 인지적 능력
③ 학습자의 감정 코칭 능력
④ 학습자의 신체 발달

14 상호학습형 스타일을 적용하여 배구 토스기술 지도 시 옳지 않은 것은?

① 참여자들은 2인 1조로 각각 수행자와 관찰자의 역할을 정한다.
② 관찰자와 수행자는 각자의 수준에 맞추어서 토스 연습을 한다.
③ 수행자는 토스를 연습하고 관찰자는 수행자에게 피드백을 제공한다.
④ 지도자는 관찰자에게 피드백을 제공한다.

15 실제 스포츠활동 상황에서 참여자가 알고 있는 것과 할 수 있는 것을 평가하는 방법은?

① 형성평가
② 상대평가
③ 절대평가
④ 수행평가

16 체육지도자의 '인지적 자질'에 해당되지 않는 것은?
① 스포츠생리학, 운동역학 등과 관련된 스포츠 과학지식이 요구된다.
② 참여자와의 상담을 위해 기본적인 상담지식을 갖추어야 한다.
③ 클럽 운영과 관련된 시식, 정책 및 법령에 내한 이해가 필요하다.
④ 스포츠맨십, 스포츠 인권 등과 같은 규범적 가치를 존중해야 한다.

17 〈보기〉에서 설명하고 있는 교수기능 연습 방법은?

> 예비지도자가 모의 상황에서 동료 또는 소수 참여자들을 대상으로 일정한 시간 내에 구체적인 내용으로 지도기능을 연습한다.

① 실제 교수
② 마이크로 티칭
③ 스테이션 교수
④ 1인 연습

18 〈보기〉에서 설명하고 있는 지도방법은?

> • 참여자는 선호하는 학습양식과 학습매체를 사용할 수 있다.
> • 참여자는 하나의 문제에 다양한 해답을 찾을 수 있다.
> • 참여자는 해답을 찾아가는 과정에 대한 책임이 있다.

① 유도발견형
② 문제해결형
③ 과제형
④ 직접형

19 체육전문인으로 성장하기 위한 방안 중 무형식적인 성장 방법이 아닌 것은?
① 세미나 참여
② 워크숍 참여
③ 클리닉 참여
④ 개인적 경험

20 〈보기〉에 해당하는 게임 유형은?

> 농구, 하키, 축구, 넷볼, 핸드볼, 럭비

① 영역(침범)형
② 필드형
③ 표적형
④ 네트형

2과목 스포츠 사회학

1 스포츠 사회학을 적용한 연구 사례로 옳지 <u>않은</u> 것은?
① 종교가 스포츠 보급에 미치는 영향을 분석하였다.
② 운동선수들의 은퇴 후 사회 적응 과정을 분석하였다.
③ 스포츠 활동과 생활만족도 간의 관계를 연구하였다.
④ 걷기의 운동량이 다이어트에 효과가 있는지를 규명하였다.

2 스포츠계층의 특성에 대한 설명으로 옳은 것은?
① 보편성 : 스포츠계층은 사회적 상황에 따라 다르게 형성된다.
② 고래성 : 스포츠계층은 역사발전 과정을 거치며 변천해왔다.
③ 경쟁성 : 스포츠계층은 사회계층을 반영한다.
④ 다양성 : 스포츠계층은 모든 국가와 사회에 존재한다.

3 거트만(A. Guttmann)의 근대스포츠 특성에 관한 설명으로 옳지 <u>않은</u> 것은?
① 수량화 : 시간, 거리, 점수 등 측정 가능한 숫자로 표현한다.
② 합리화 : 자산, 지위, 계층과 관계없이 동일한 종목에 참여한다.
③ 전문화 : 포지션의 분화와 리그의 세분화를 촉진한다.
④ 관료화 : 규칙을 제정하고 경기를 조직적으로 운영한다.

4 스포츠에서의 사회계층에 관한 설명으로 옳지 <u>않은</u> 것은?
① 스포츠라는 사회체계 내에서 계층이 형성되는 것을 의미한다.
② 스포츠는 상이한 계층 간의 사회적 상호작용을 가능하게 한다.
③ 사회계층은 선호하는 스포츠 종목에 영향을 미친다.
④ 사회적 지위가 높을수록 일차적 관람보다 이차적 관람을 선호하는 경향이 있다.

5 스포츠 일탈에 관한 설명으로 옳지 <u>않은</u> 것은?
① 페어플레이 정신과 스포츠맨십에 위반되는 행동이다.
② 스포츠참가자의 사회화에 부정적인 영향을 미칠 수 있다.
③ 부정적 일탈은 규범지향적이고, 긍정적 일탈은 반규범지향적이다.
④ 시간, 장소, 사회적 상황, 평가하는 사람에 따라 다양하게 평가된다.

6 〈보기〉에서 설명하는 현상은?

> • 외국 선수의 국내유입과 자국 선수의 해외진출이 자유롭게 이루어지고 있다.
> • 나이키와 아디다스 같은 스포츠 기업이 다국적 기업으로 성장하고 있다.
> • 태권도가 올림픽 정식종목으로 채택되면서 많은 국가에 보급되고 있다.

① 스포츠의 세계화 ② 스포츠의 전문화
③ 스포츠의 평등화 ④ 스포츠의 세속화

7 역대 올림픽 경기에서 정치가 영향을 미친 사례에 대한 설명으로 옳지 않은 것은?
① 베를린올림픽(1936년) : 히틀러 정부는 나치의 민족우월주의를 선전하였다.
② 뮌헨올림픽(1972년) : 팔레스타인 테러리스트들은 이스라엘 선수들을 살해하였다.
③ 모스크바올림픽(1980년) : 미국은 구소련의 아프가니스탄 침공에 항의하며 불참하였다.
④ LA올림픽(1984년) : 동유럽권 국가들은 구소련의 헝가리 침공에 항의하며 불참하였다.

8 프로스포츠의 역기능이 아닌 것은?
① 우수선수의 스카우트 경쟁 심화
② 국민들의 사행심 감소
③ 스포츠의 물질만능주의 확대
④ 인기종목과 비인기종목의 불균형 초래

9 〈보기〉에서 괄호 안에 적합한 용어는?

> (   )이란 스포츠라는 특정 사회제도 내에서 개인의 사회적, 문화적, 생물학적 특성에 따라 권력, 부, 사회적 평가, 심리적 만족 등이 특정 집단이나 개인 및 종목에 차별적으로 배분되어 상호서열의 위계적 체계를 의미한다.

① 스포츠 집단 ② 스포츠 조직
③ 스포츠 계층 ④ 스포츠 경쟁

10 미래사회의 스포츠 변화에 대한 예측으로 옳지 않은 것은?
① 용품, 장비, 시설 등 스포츠 환경이 더욱 개선될 것이다.
② 전자매체의 발달로 관람 스포츠의 형태가 변화될 것이다.
③ 새로운 형태의 스포츠가 지속적으로 생겨날 것이다.
④ 소비성향의 변화에 따라 노인의 스포츠 참여율은 감소될 것이다.

11 스포츠에 있어서 제도적 부정행위는?

① 경주마에 약물투여
② 상대편 경기 용구의 훼손
③ 담합에 의한 경기성적의 조작
④ 심판에게 반칙판정을 유도하는 헐리웃 액션(hollywood action)

12 스포츠의 사회통합 기능에 해당되는 것은?

① 스포츠는 성, 연령, 계층과 관계없이 사회적 소통을 촉진한다.
② 스포츠는 신체적, 정신적 스트레스를 해소시킨다.
③ 스포츠는 규칙을 준수하고 바람직한 인격을 형성한다.
④ 스포츠는 공격성, 긴장감, 좌절감을 효과적으로 방출시킨다.

13 스포츠가 대중매체에 미친 영향으로 옳은 것은?

① 흥미 위주의 스포츠 규칙 개정
② 미디어 테크놀로지 발전과 콘텐츠 제공
③ 스포츠에 대한 관심과 참여 증대
④ 경기기술의 전문화와 표준화

14 학원 스포츠의 개선방안으로 옳지 않은 것은?

① 경쟁적 보상구조 강화
② 공부하는 학생 선수 육성
③ 학교 스포츠클럽의 육성
④ 운동부 지도자 처우개선

15 〈보기〉에서 괄호 안에 적합한 용어는?

> 올림픽에서 (   )을(를) 시행함으로써 IOC는 기업으로부터 금전 및 물자를 제공받고, 기업은 자사제품 광고 및 홍보에 올림픽 공식 로고와 휘장을 사용할 수 있는 권한을 얻는다.

① 독점방영권
② 자유계약 제도
③ 스폰서십(sponsorship)
④ 드래프트(draft) 제도

16 〈보기〉의 ㉠과 ㉡에서 설명하는 사회화 과정은?

> ㉠ 중학생 고영주는 학교 스포츠클럽에 참가하면서 교우관계가 원만해졌다.
> ㉡ 프로야구 강동훈 선수는 부상으로 은퇴한 후, 해설가로 활동하면서 사회인 야구의 감독을 맡고 있다.

① ㉠ 스포츠로의 사회화, ㉡ 스포츠를 통한 사회화
② ㉠ 스포츠를 통한 사회화, ㉡ 스포츠로의 재사회화
③ ㉠ 스포츠로의 재사회화, ㉡ 스포츠로부터의 탈사회화
④ ㉠ 스포츠로부터의 탈사회화, ㉡ 스포츠로의 사회화

17 〈보기〉는 맥루한(M. McLuhan)의 매체이론에 근거한 내용이다. 쿨(cool) 매체스포츠에 해당되는 내용만으로 묶은 것은?

| ㉠ 스포츠의 정의성 높음 | ㉡ 관람자의 감각몰입성 높음 | ㉢ 야구 |
| ㉣ 축구 | ㉤ 테니스 | ㉥ 핸드볼 |

① ㉠-㉣-㉥
② ㉠-㉢-㉤
③ ㉡-㉣-㉥
④ ㉡-㉢-㉤

18 사회적 상승이동의 매개체로서 스포츠의 역할이 아닌 것은?
① 과도한 성공 신화의 확산
② 교육적 기회 제공 및 성취도 향상
③ 직업적 후원의 다양한 기회 제공
④ 올바른 태도 및 행동 함양

19 정보화 시대의 스포츠 특징으로 적합하지 않은 것은?
① 스포츠가 젊은 세대의 전유물로 자리잡는다.
② 스포츠 교육서비스에 대한 요구가 증대된다.
③ 스포츠 과학이 획기적으로 발전한다.
④ 다양한 경기 전략에 대한 정보를 신속하게 제공받는다.

20 <보기>의 신체적 공격행위 중 도구적 공격행위만으로 묶은 것은?

> ㉠ 상대의 고통을 목적으로 공격하는 행위
> ㉡ 농구에서 팔꿈치를 크게 휘두르는 행위
> ㉢ 승리, 금전, 위광 등 다른 외적 보상이나 목표를 획득하기 위한 행위
> ㉣ 야구에서 투수가 자신을 화나게 만든 타자에게 안쪽 또는 높은 공을 던지는 행위
> ㉤ 유격수에게 과감한 슬라이딩을 감행해 더블플레이를 방해하는 행위

① ㉠-㉢-㉣
② ㉠-㉡-㉤
③ ㉡-㉢-㉤
④ ㉡-㉣-㉤

3과목 스포츠 심리학

1 광의의 스포츠 심리학 하위 학문영역으로 옳지 않은 것은?

① 운동발달　　② 운동학습
③ 운동제어　　④ 운동처방

2 팀 응집력 요구수준이 가장 높은 스포츠 종목은?

① 축구　　② 양궁
③ 스키　　④ 사격

3 운동학습의 개념에 대한 설명으로 옳지 않은 것은?

① 운동학습은 연습과 경험에 의해서 나타난다.
② 운동학습 과정은 직접적으로 관찰할 수 없다.
③ 운동학습은 비교적 영구적인 변화를 유도하는 내적 과정이다.
④ 운동학습은 성숙이나 동기에 의한 일시적 수행 변화를 말한다.

4 운동실천에 영향을 주는 요인에 대한 설명으로 옳지 않은 것은?
① 운동시설 근접성이 좋을수록 운동참여율이 높아진다.
② 지도자의 지도방식은 운동실천에 영향을 주지 않는다.
③ 운동참여의 즐거움이 클수록 운동참여율이 높아진다.
④ 가족, 친구, 동료의 사회적 지지는 운동실천에 영향을 준다.

5 〈보기〉의 불안과 운동수행 간의 관계를 설명하는 이론은?

> 인지 불안이 높아지면, 생리적 각성이 증가함에 따라 운동수행도 점차 증가하지만 적정수준을 넘어서면 수행의 급격한 추락현상이 발생한다.

① 추동 이론
② 역U 이론
③ 카타스트로피(격변) 이론
④ 심리에너지 이론

6 〈보기〉에서 설명하는 자결성 이론의 규제 유형은?

> 외적 보상을 받으려는 욕구가 활동의 원동력이며, 외적 보상을 얻기 위해 스포츠 활동에 참여한다.

① 무규제
② 외적 규제
③ 부적 규제
④ 내적 규제

7 연습시간이 휴식시간보다 상대적으로 긴 연습방법은?
① 집중연습
② 분산연습
③ 구획연습
④ 무선연습

8 번스타인(N. Bernstein)의 운동학습단계를 바르게 연결한 것은?
① 협응 단계 – 제어 단계
② 인지 단계 – 연합 단계 – 자동화 단계
③ 움직임 개념 습득 단계 – 고정화 및 다양화 단계
④ 자유도의 고정 단계 – 자유도의 풀림 단계 – 반작용의 활용 단계

9 〈보기〉의 괄호 안에 들어갈 용어는?

( )은/는 모든 감각을 활용하여 과거의 성공 경험을 회상하거나 미래의 성공적 운동수행을 마음속으로 상상함으로써 자신감을 향상시키고 집중력을 높인다.

① 심상
② 목표설정
③ 인지적 재구성
④ 체계적 둔감화

10 〈보기〉의 괄호 안에 들어갈 용어는?

운동기술의 요소와 처리 과정이 유사하여 과거의 학습이 새로운 학습에 도움이 되는 것을 ( )(이)라고 한다.

① 부호화
② 정적 전이
③ 파지
④ 표상

11 운동의 심리적 효과에 대한 설명으로 옳은 것은?
① 일회성 유산소 운동은 특성불안을 증가시킨다.
② 고강도 무산소 운동은 불안 감소에 탁월하다.
③ 장기간 운동이 단기간 운동보다 우울증 개선 효과가 더 크다.
④ 우울증 개선을 위해 유산소 운동보다 무산소 운동이 효과적이다.

12 목표설정에서 수행목표로 적절한 것은?
① 한국시리즈에서 우승한다.
② 올림픽에서 메달을 획득한다.
③ 20km 단축 마라톤에서 1위를 한다.
④ 서브에서 팔꿈치를 완전히 펴서 스윙한다.

13 〈보기〉의 사례가 의미하는 용어는?

철인 3종 선수 선우는 경기 중 힘이 들어 포기하려는 순간 예상치 않게 편안함, 통제감, 희열감을 느끼는 체험을 하였다. 선우는 그 순간에 시간과 공간의 장애를 초월한 느낌을 경험하였다.

① 자기 효능감
② 러너스 하이(runner's high)
③ 각성반응
④ 자기 존중감

14 운동발달의 원리에 대한 설명으로 옳지 <u>않은</u> 것은?
① 분화와 통합의 과정을 거친다.
② 일정한 순서와 방향성을 가진다.
③ 발달속도는 연령에 상관없이 일정하다.
④ 유전과 환경의 상호작용을 통해 발달한다.

15 〈보기〉의 팀 구축(team building) 중재 전략과 요인을 바르게 연결한 것은?

> ㉠ 팀 구성원이 동일한 유니폼을 입는다.
> ㉡ 매주 한 번씩 팀 미팅을 열어 각자의 역할과 책임에 대해 논의한다.
> ㉢ 팀 구성원 간 상호작용과 의사소통의 기회를 충분히 갖는다.

① ㉠ 환경 요인, ㉡ 구조 요인, ㉢ 과정 요인
② ㉠ 환경 요인, ㉡ 과정 요인, ㉢ 구조 요인
③ ㉠ 과정 요인, ㉡ 환경 요인, ㉢ 구조 요인
④ ㉠ 과정 요인, ㉡ 구조 요인, ㉢ 환경 요인

16 운동학습 이론에서 정보처리단계를 순서대로 바르게 연결한 것은?
① 감각 지각 → 반응 실행 → 반응 선택
② 감각 지각 → 반응 선택 → 반응 실행
③ 반응 선택 → 감각 지각 → 반응 실행
④ 반응 선택 → 반응 실행 → 감각 지각

17 루틴(routine)에 대한 설명으로 옳지 <u>않은</u> 것은?
① 경기력 향상에 도움을 준다.
② 경기력의 일관성을 위해 개발된 습관화된 동작이다.
③ 자신이 조절할 수 없는 요인에 주의를 기울이게 한다.
④ 최상수행을 위한 선수들 자신만의 고유한 동작이나 절차이다.

18 〈보기〉의 괄호 안에 들어갈 용어는?

> 링겔만(M. Ringelmann)의 줄다리기 실험에 의하면, 줄을 당기는 힘은 혼자일 때 가장 크고, 줄을 당기는 인원이 증가할수록 개인이 쓰는 힘의 양은 줄어드는 것으로 나타났다. 이와 같이 집단 속에서 개인의 노력이 줄어드는 현상을 (   )(이)라고 한다.

① 사회적 태만
② 정적 강화
③ 사회적 지지
④ 부적 강화

19 〈보기〉의 사례에 적합한 피드백은?

> 농구수업에서 김 코치는 학습자가 자유투 동작과 관련된 피드백을 원할 때 정보를 제공하기로 하고, 각자 연습을 시작하였다. 김 코치는 연습 중 학습자가 피드백을 요구할 때마다 정확한 자유투 동작에 대해 알려주었다.

① 뉴로 피드백
② 내재적 피드백
③ 자기통제 피드백
④ 바이오 피드백

20 바람직한 코칭 행동 지침으로 옳지 <u>않은</u> 것은?
① 인간적으로 팀 구성원을 이해하기 위해 노력한다.
② 자신이 지도하는 종목에 대한 전문지식을 배양한다.
③ 팀 구성원에게 차별이나 편애 없이 공정하게 대한다.
④ 지도자 개인의 필요에 따라 팀 구성원을 이용한다.

4과목 스포츠 윤리

1 가치판단적 진술이 <u>아닌</u> 것은?
① 추신수는 정직한 선수이다.
② 페어플레이는 좋은 행위이다.
③ 감독은 선수를 체벌해서는 안 된다.
④ 김연아는 올림픽경기에서 금메달을 땄다.

2 스포츠 윤리의 독자성에 대한 설명으로 옳지 <u>않은</u> 것은?
① 스포츠의 문제해결과 관련하여 법의 필요성을 강조한다.
② 경쟁의 도덕적 조건과 가치 있는 승리의 의미를 밝힌다.
③ 비도덕적 행위의 유형과 공정성의 조건을 제시한다.
④ 스포츠를 통한 도덕적 자질과 인격의 함양을 추구한다.

3 스포츠의 가장 포괄적인 도덕규범으로 볼 수 있는 것은?
① 규칙의 준수
② 스포츠맨십
③ 아마추어리즘
④ 상대선수의 존중

4 운동선수가 갖추어야 할 덕목으로서 탁월성 또는 덕으로 번역될 수 있는 용어는?

① 에토스(ethos)
② 아곤(agon)
③ 아레테(arete)
④ 로고스(logos)

5 〈보기〉에서 주장하는 이론적 입장은?

> 남성은 여성에 비해 선천적으로 우월한 신체 능력을 갖고 태어나기 때문에 신체 능력에 크게 의존하는 스포츠에서 남녀차별은 불가피하다.

① 자유주의적 페미니즘
② 생물학적 환원주의
③ 사회주의적 페미니즘
④ 여성 보호주의

6 스포츠에서 성차별을 극복하기 위한 방안으로 볼 수 없는 것은?

① 전통적인 여성상에서 탈피하려는 노력
② 인기 종목 위주의 스포츠 보도
③ 남성 선수와의 연봉 불균형 개선
④ 능력에 대한 공정한 평가

7 〈보기〉의 사례에서 투수가 선택한 윤리체계는?

> 야구경기 중 코치가 빈볼(머리를 겨누어 던지는 투구)을 지시했지만, 투수는 이것이 도덕원칙에 어긋난다고 생각하여 정상적으로 투구했다.

① 의무론
② 결과론
③ 인간중심주의
④ 공리주의

8 장애인의 스포츠 활동 참여를 어렵게 만드는 요인이 아닌 것은?

① 장애인의 접근이 어려운 지역사회 스포츠시설
② 장애인에 대한 이해와 교수 방법이 부족한 지도자
③ 동료참여자들의 편견과 부정적 시선
④ 장애인 스포츠 관련 법 규정의 부재

9 형식적 공정에 위배되는 선수의 행위는?
① 실수로 파울을 범한 상대 선수를 화난 표정을 지으며 노려보는 행위
② 이기고 있는 팀이 시합종료까지 시간을 끌기 위해 공을 돌리는 행위
③ 경기력 향상을 위해 금지약물을 은밀하게 복용하는 행위
④ 자신의 이익을 위해 심판의 오심을 알고도 묵인하는 행위

10 스포츠 활동과정에서 다른 생명체를 해치는 행위는 테일러(P. Taylor)가 제시한 인간의 네 가지 의무 중 어떤 조항에 위배되는가?
① 신뢰의 의무
② 불간섭의 의무
③ 불침해의 의무
④ 보상적 정의의 의무

11 지속 가능한 스포츠 발전을 위한 노력으로 옳지 않은 것은?
① 스포츠 행사에서 쓰레기를 줄이기 위한 각종 대책의 마련
② 생태계에 미치는 영향을 최소화한 레저 시설의 건립
③ 에너지 소비의 최소화를 통한 스포츠 시설의 효율적 운영
④ 오염되지 않은 자연환경을 스포츠 공간으로 활용

12 경기장에서 발생하는 관중 폭력에 대한 설명으로 옳지 않은 것은?
① 신체 접촉이 많은 종목일수록 증가하는 경향이 있다.
② 개별성과 책임성이 강한 개인화된 구성원에 의해 일어난다.
③ 경기 성격, 라이벌 의식, 배타적 응원문화 등이 원인이다.
④ 선수폭력에 동조하는 관중에 의해 발생하는 경향이 있다.

13 〈보기〉에 해당하는 도핑 금지 이유는?

> 청소년 선수들은 유명 선수의 도핑을 모방할 가능성이 크며, 그렇게 될 경우 약물오남용이 사회적으로 크게 확산될 위험성이 있다.

① 부정적 역할모형
② 자연성의 훼손
③ 타자 피해의 발생
④ 건강상의 부작용

14 스포츠경기에서 오심이나 편파 판정을 최소화하여 공정성을 향상시켜 주는 공학기술은?
① 안전을 위한 기술
② 건강을 위한 기술
③ 감시를 위한 기술
④ 수행증가를 위한 기술

15 마라톤경기 중 넘어진 경쟁자를 부축해주는 선수의 마음은?
① 수오지심(羞惡之心)   ② 사양지심(辭讓之心)
③ 시비지심(是非之心)   ④ 측은지심(惻隱之心)

16 선수체벌 금지 이유로 적절하지 않은 것은?
① 인권을 침해하는 행위이기 때문에   ② 경기력 향상에 효과가 없기 때문에
③ 과도한 스트레스의 원인이 되기 때문에   ④ 수동적 태도를 길러주기 때문에

17 효과적인 도핑 금지 방안이 아닌 것은?
① 윤리 교육   ② 신약 개발
③ 검사 강화   ④ 강한 처벌

18 문화체육관광부가 지목하고 있는 '스포츠 4대 악'에 해당되지 않는 것은?
① 조직 사유화   ② 승부조작
③ 스포츠도박   ④ (성)폭력

19 도핑 행위로 볼 수 없는 것은?
① 식이요법을 통한 글리코겐 로딩   ② 아나볼릭 스테로이드 투여
③ 프로야구에서의 압축배트 사용   ④ 적혈구생성촉진인자 투여

20 대한체육회의 스포츠인권익센터에서 규정하고 있는 선수폭력에 해당되지 않는 것은?
① 따돌림   ② 감금
③ 고강도 훈련   ④ 협박

5과목 운동생리학

1 운동기술 관련 체력(skill-related fitness) 요소가 아닌 것은?
① 민첩성   ② 순발력
③ 신체조성   ④ 스피드

2 〈보기〉에서 괄호에 들어갈 명칭은?

> 미국 운동생리학의 역사는 1920년대 호흡생리학의 권위자인 핸더슨(L. Henderson)이 설립한 (　　) 에서 시작되었으며, 이곳에서 최대산소섭취량과 산소부채, 탄수화물과 지방 대사, 환경생리학, 임상생리학, 노화, 혈액 및 체력 등 여러 분야의 연구가 수행되었다.

① 하버드피로연구소(Harvard Fatigue Lab.)
② 아우구스트크로그연구소(August Krogh Lab.)
③ 크리스티안보어연구소(Christian Bohr Lab.)
④ 카롤린스카연구소(Karolinska Institute)

3 혈압을 상승시키는 요인이 아닌 것은?

① 혈액량 증가
② 혈관저항 증가
③ 혈관탄성 증가
④ 1회박출량 증가

4 안정 시 폐용적과 폐용량의 개념에 대한 설명으로 옳지 않은 것은?

① 1회 호흡량(Tidal Volume) : 안정 시 호기 후 최대 흡기량
② 기능적 잔기량(Functional Residual Capacity) : 안정 시 호기 후 폐의 잔기량
③ 폐활량(Vital Capacity) : 최대 흡기 후 최대 호기량
④ 총폐용적(Total Lung Capacity) : 최대 흡기 시 폐내 총 가스량

5 〈보기〉에서 에너지 공급 시스템에 관한 옳은 설명만으로 묶인 것은?

> ㉠ 유산소 대사는 주 에너지 공급원으로 글루코스 외에도 유리지방산이 많이 이용되며 장시간의 운동을 수행할 때 주로 사용된다.
> ㉡ 유산소 대사는 미토콘드리아에서 크렙스회로(Krebs cycle)와 전자전달계(Electron Transport Chain)를 통해 이루어진다.
> ㉢ ATP-PCr 시스템은 빠르게 에너지를 공급하며, 마라톤과 같은 장시간 지속되는 운동의 주 에너지 시스템이다.
> ㉣ 피루브산은 무산소성 해당과정에서 생성되는 물질이다.

① ㉠, ㉡, ㉢
② ㉡, ㉢, ㉣
③ ㉠, ㉢, ㉣
④ ㉠, ㉡, ㉣

6 주 에너지 공급 시스템이 다른 종목은?
① 100m 달리기
② 800m 수영
③ 다이빙
④ 역도

7 〈보기〉에서 괄호에 들어갈 용어로 바르게 묶인 것은?

> 체내의 대사과정(metabolism)은 물질을 합성하여 에너지를 저장하는 (㉠)과 물질을 분해하여 에너지를 소비하는 (㉡)으로 구분된다.

① ㉠ 화학작용, ㉡ 물리작용
② ㉠ 물리작용, ㉡ 화학작용
③ ㉠ 동화작용, ㉡ 이화작용
④ ㉠ 이화작용, ㉡ 동화작용

8 신경세포에서 전기적 신호 전달 순서로 옳은 것은?
① 신경자극 → 수상돌기 → 세포체 → 축삭 → 축삭종말
② 신경자극 → 세포체 → 수상돌기 → 축삭 → 축삭종말
③ 신경자극 → 축삭 → 세포체 → 수상돌기 → 축삭종말
④ 신경자극 → 수상돌기 → 축삭 → 세포체 → 축삭종말

9 뇌(brain)에서 〈보기〉의 기능을 모두 가진 영역은?

> ㉠ 골격근 기능의 조절   ㉡ 근 긴장 유지
> ㉢ 심혈관계와 호흡계의 기능조절   ㉣ 의식상태의 결정(각성과 수면)

① 사이뇌(간뇌, diencephalon)
② 소뇌(cerebellum)
③ 바닥핵(기저핵, basal ganglia)
④ 뇌줄기(뇌간, brainstem)

10 근섬유의 구조와 기능에 대한 설명으로 옳지 <u>않은</u> 것은?
① 근형질세망(sarcoplasmic reticulum) : 칼슘 저장
② 가로세관(transverse-tubule) : 산·염기 평형 유지
③ 근형질(sarcoplasm) : 글리코겐과 미오글로빈 저장
④ 근초(sarcolemma) : 뼈에 부착된 건과 융합

11 〈보기〉에서 속근(fast-twitch fiber)에 대한 옳은 설명만으로 묶인 것은?

㉠ 빠른 수축 속도	㉡ 강한 피로 내성
㉢ 높은 산화 능력	㉣ 높은 해당 능력

① ㉠, ㉡
② ㉡, ㉢
③ ㉢, ㉣
④ ㉠, ㉣

12 장기간 유산소 트레이닝에 따른 심혈관계의 변화로 옳지 않은 것은?

① 트레이닝 전과 비교하여 안정 시 심박수 증가
② 트레이닝 전과 비교하여 안정 시 1회박출량 증가
③ 트레이닝 전과 비교하여 최대 운동 시 심박출량 증가
④ 트레이닝 전과 비교하여 최대 운동 시 산소섭취량 증가

13 〈보기〉에서 괄호에 들어갈 용어를 바르게 연결한 것은?

체액(혈압) 감소 → 간에서 안지오텐시노겐 분비 → 신장에서 분비된 (㉠)이/가 안지오텐시노겐을 안지오텐신-Ⅰ으로 전환 → (㉡)이/가 안지오텐신-Ⅰ을 안지오텐신-Ⅱ로 전환 → 안지오텐신-Ⅱ가 부신피질로부터 (㉢)의 생성 및 분비 → 분비된 (㉢)이/가 신장의 세뇨관에서 수분 및 전해질의 재흡수 촉진 → 체액(혈압) 증가

① ㉠ 레닌 – ㉡ 알도스테론 – ㉢ 안지오텐신 전환효소
② ㉠ 레닌 – ㉡ 안지오텐신 전환효소 – ㉢ 알도스테론
③ ㉠ 안지오텐신 전환효소 – ㉡ 레닌 – ㉢ 알도스테론
④ ㉠ 안지오텐신 전환효소 – ㉡ 알도스테론 – ㉢ 레닌

14 혈중 글루코스 수준을 증가시키는 호르몬과 분비장소를 바르게 연결한 것은?

① 인슐린 – 췌장 베타세포
② 글루카곤 – 췌장 알파세포
③ 인슐린 – 췌장 알파세포
④ 글루카곤 – 췌장 베타세포

15 〈보기〉에서 괄호에 들어갈 용어를 바르게 연결한 것은?

> 인체는 다음의 세 가지 대사 경로를 통해 ATP를 생성한다. (㉠)과 (㉡)은/는 산소 없이도 일어날 수 있기 때문에 무산소 대사로 구분되며, (㉢)은 산소를 필요로 하기 때문에 유산소 대사로 구분된다.

① ㉠ 산화 시스템 - ㉡ ATP-PCr 시스템 - ㉢ 해당과정(젖산 시스템)
② ㉠ ATP-PCr 시스템 - ㉡ 해당과정(젖산 시스템) - ㉢ 산화 시스템
③ ㉠ 해당과정(젖산 시스템) - ㉡ 베타 산화 - ㉢ ATP-PCr 시스템
④ ㉠ ATP-PCr 시스템 - ㉡ 베타 산화 - ㉢ 해당과정(젖산 시스템)

16 고지환경에 단기간 노출되었을 때 나타나는 생리적 반응으로 옳지 <u>않은</u> 것은?
① 혈압 감소
② 호흡수 증가
③ 심박수 증가
④ 심박출량 증가

17 1회박출량(Stroke Volume)을 조절하는 요인이 <u>아닌</u> 것은?
① 심실이완기말 혈액량
② 평균 대동맥혈압
③ 폐활량
④ 심실수축력

18 〈보기〉에서 괄호에 들어갈 용어를 바르게 연결한 것은?

> 걷기와 같은 저강도 운동 중에는 주로 (㉠)가 동원되며, 달리기와 같은 더 높은 강도의 운동 중에는 추가적으로 (㉡)가 동원된다. 나아가 전력 질주와 같은 최고 강도의 운동 시에는 (㉢)가 최종적으로 동원된다.

① ㉠ 속근섬유(Type IIa) - ㉡ 속근섬유(Type IIx/IIb) - ㉢ 지근섬유(Type I)
② ㉠ 속근섬유(Type IIx/IIb) - ㉡ 속근섬유(Type IIa) - ㉢ 지근섬유(Type I)
③ ㉠ 지근섬유(Type I) - ㉡ 속근섬유(Type IIa) - ㉢ 속근섬유(Type IIx/IIb)
④ ㉠ 지근섬유(Type I) - ㉡ 속근섬유(Type IIx/IIb) - ㉢ 속근섬유(Type IIa)

19 장기간 유산소 트레이닝이 비만인의 혈액성분에 미치는 영향이 <u>아닌</u> 것은?
① 혈중 중성지방 감소
② 혈중 저밀도 지단백(Low Density Lipoprotein: LDL) 콜레스테롤 감소
③ 혈중 고밀도 지단백(High Density Lipoprotein: HDL) 콜레스테롤 증가
④ 혈중 총콜레스테롤 증가

20 심혈관계의 주 기능이 아닌 것은?
① 산소 운반
② 체액균형 조절
③ 대사노폐물 제거
④ 감각정보 전달

6과목 운동역학

1 학문영역에 대한 설명으로 옳지 않은 것은?
① 정역학(Statics) : 인체측정학적 요인을 연구하는 학문
② 동역학(Dynamics) : 가속에 영향을 받는 시스템을 연구하는 학문
③ 운동학(Kinematics) : 공간이나 시간을 고려하여 움직임을 기술하는 학문
④ 운동역학(Kinetics) : 힘의 작용을 연구하는 학문

2 운동역학의 주요 연구목적에 포함되지 않는 것은?
① 경기력 및 운동기술의 향상
② 스포츠 현장에서의 상해 예방
③ 스포츠 선수의 심리 조절
④ 경기력 향상을 위한 운동장비 개발

3 팔꿉관절(주관절)을 축으로 시행하는 암컬(arm-curl) 동작은 어떻게 이루어지는가?
① 벌림과 모음(외전과 내전)
② 굽힘과 폄(굴곡과 신전)
③ 휘돌림과 돌림(회선과 회전)
④ 손바닥 안쪽돌림과 바깥쪽돌림(회내와 회외)

4 운동학(Kinematics)적 분석의 예로 옳은 것은?
① 테니스 포핸드 스트로크에서 그립 압력(grip pressure)의 크기 측정
② 스쿼트 동작에서 대퇴사두근의 근활성도 측정
③ 축구 헤딩 후 착지 시 무릎관절의 모멘트 계산
④ 골프 드라이버 스윙 시 클럽헤드의 최대속도 계산

5 운동역학(Kinetics)적 분석의 예로 옳은 것은?
① 축구에서 드리블하는 동안의 이동 거리 측정
② 보행 시 지면반력 측정
③ 100m 달리기 시 신체중심의 구간별 속도 측정
④ 멀리뛰기 발구름 시 발목관절의 각도 측정

6 선운동에 해당되지 않는 것은?
① 스키점프 비행구간에서 신체중심의 이동궤적
② 선수의 손을 떠난 투포환 질량중심의 투사궤적
③ 100m 달리기 시 신체중심의 이동궤적
④ 체조의 대차돌기 시 신체중심의 이동궤적

7 각운동에 대한 설명으로 옳은 것은?
① 직선 경로로 움직이는 운동과 축을 중심으로 회전하는 운동이 복합된 운동 형태
② 물체나 신체를 구성하는 모든 질점(particle)의 경로가 평행하게 곡선을 이루는 운동 형태
③ 물체나 신체를 구성하는 모든 질점이 일정한 시간 동안 같은 거리, 같은 방향으로 평행하게 움직이는 운동 형태
④ 물체나 신체가 고정된 축을 중심으로 일정 시간 동안 회전하는 운동 형태

8 경기력 향상을 위해 무게중심을 효과적으로 활용하는 상황이 아닌 것은?
① 높이뛰기 선수가 바를 효과적으로 넘기 위해 배면뛰기 기술을 구사한다.
② 레슬링 선수가 안정성 증가를 위해 무게중심을 낮춘다.
③ 단거리 크라우칭 스타트(crouching start) 시 빠른 출발을 위해 무게중심을 낮춘다.
④ 배구 스파이크 시 타점을 높이기 위해 무게중심을 높인다.

9 시소의 중심으로부터 1.50m 지점에 몸무게가 500N의 사람이 앉아있다. 몸무게가 600N인 사람이 반대편에 앉아 시소의 평형을 유지하기 위해서는 시소의 중심으로부터 몇 m 지점에 앉아야 하는가?
① 1.20m
② 1.25m
③ 1.30m
④ 1.35m

10 거리(distance)와 변위(displacement)에 대한 설명으로 옳지 않은 것은?

① 거리 : 물체가 실제로 이동한 경로
② 거리 : 스칼라량으로써 크기만 존재
③ 변위 : 벡터량으로써 크기만 존재
④ 변위 : 두 지점을 잇는 최단 직선거리

11 일상생활 또는 스포츠 상황 속에서 토크(torque)를 올바르게 활용하는 방법이 아닌 것은?

① 유도의 업어치기 시 상대와 자신의 신체중심거리를 최대한 넓히는 것
② 볼트(bolt)를 쉽게 돌리기 위하여 렌치(wrench)를 이용하는 것
③ 테니스 서브를 강하게 하기 위해 공을 임팩트할 때 신체를 최대한 신전하는 것
④ 역도에서 바벨을 몸의 중심에 가까이 유지하면서 들어올리는 것

12 힘의 세 가지 요소에 해당되지 않는 것은?

① 힘의 작용시간　　　　　　　② 힘의 작용점
③ 힘의 방향　　　　　　　　　④ 힘의 크기

13 인체의 측면을 통과하여 인체를 전후로 나누는 해부학적 운동면은?

① 횡단면(수평면)　　　　　　② 전후면(정중면)
③ 좌우면(관상면)　　　　　　④ 시상면

14 동일한 조건에서 크기가 같은 무거운 공(0.50kg)과 가벼운 공(0.25kg)이 날아갈 때 운동량에 대한 설명으로 바른 것은?

① 같은 속도로 날아오는 무거운 공과 가벼운 공의 운동량은 같다.
② 같은 공으로 속도를 다르게 해서 던져도 운동량은 같다.
③ 같은 속도로 날아오는 무거운 공과 가벼운 공의 운동량은 다르다.
④ 같은 공으로 속도를 같게 해서 던져도 운동량은 같다.

15 토크(torque)를 결정하는 두 가지 요소는?

① 작용하는 힘, 모멘트 암
② 이동한 속도, 경사각도
③ 모멘트 암, 이동한 속도
④ 작용하는 힘, 이동한 속도

16 다이빙 동작의 각 단계에서 각운동량 보존의 법칙의 적용 결과에 대한 설명으로 옳은 것은?
① 도약 시 몸을 최대로 신전시켜서 관성모멘트를 최소화한다.
② 공중동작에서 몸을 최대로 굴곡시켜서 관성모멘트를 최대화하고 각속도를 크게 한다.
③ 공중동작에서 몸을 최대로 굴곡시켜서 관성모멘트를 최소화하고 각속도를 작게 한다.
④ 입수 시 수면과 수직방향으로 몸을 최대로 신전시켜서 관성모멘트를 최대화하고 각속도를 최소화한다.

17 역학적 일을 구하는 공식은?
① 일 = 작용한 힘 × 변위
② 일 = 작용한 힘 × 속도
③ 일 = 작용한 힘 × 가속도
④ 일 = 작용한 힘 × 토크

18 역학적 에너지가 아닌 것은?
① 운동에너지
② 전기에너지
③ 중력에 의한 위치에너지
④ 탄성에 의한 위치에너지

19 영상분석 장비로 산출할 수 있는 것은?
① 지면반력의 수직성분
② 근력의 활성시점
③ 압력중심의 궤적
④ 가속도

20 운동 상황에서 힘을 직접 측정하는 방법이 아닌 것은?
① 영상분석 방법
② 스트레인 게이지(strain gauge) 측정 방법
③ 마찰력 측정 방법
④ 지면반력 측정 방법

7과목 한국체육사

1 체육사의 연구내용에 대한 설명으로 옳지 않은 것은?
① 스포츠를 통해 시대별로 파생된 여러 문화 현상을 다룬다.
② 스포츠 경쟁의 도덕적 조건과 가치 있는 승리의 의미를 다룬다.
③ 스포츠의 기원 또는 발달 과정을 다룬다.
④ 스포츠 종목의 발생 원인 및 조건을 다룬다.

2 〈보기〉에서 설명하고 있는 부족국가 시대의 민속스포츠는?

- 여러 사람이 모여 즐기던 놀이 중 하나로 지금까지 행해지고 있다.
- 저포라는 용어로 지칭되었다.
- 다섯 개(현재 4개)의 나무막대기를 이용하여 승부를 겨루는 놀이이다.

① 윷놀이　　　　　　　　　② 투호
③ 추천　　　　　　　　　　④ 수박

3 신라 화랑도의 세속오계(世俗五戒)에 해당하는 것은?
① 부자유친(父子有親)　　　② 사군이충(事君以忠)
③ 장유유서(長幼有序)　　　④ 붕우유신(朋友有信)

4 〈보기〉의 괄호 안에 들어갈 용어는?

삼국시대에는 오늘날 체육의 한 유형인 각종 무예교육이 시행되었다. 고구려의 대표적인 무예는 (㉠)과 궁술이다. 평민층 교육기관인 경당의 주된 교육내용은 경서암송과 (㉡)이다.

① ㉠ 기마술, ㉡ 궁술　　　② ㉠ 기창, ㉡ 수박
③ ㉠ 기창, ㉡ 축국　　　　④ ㉠ 기마술, ㉡ 방응

5 삼국시대에 시행된 민속스포츠에 대한 설명으로 옳은 것은?
① 격구 : 돌팔매질을 하여 승부를 겨룬다.
② 축국 : 매를 길들여 사냥한다.
③ 각저 : 두 사람이 맞잡고 힘을 겨룬다.
④ 방응 : 막대기로 공을 쳐서 상대편의 문에 넣는다.

6 〈보기〉의 괄호 안에 들어갈 용어는?

> 신라 화랑은 야외활동을 통해서 호연지기를 함양하고, (㉠)에 대한 신성함과 존엄성을 교육받았다. 이를 (㉡)이라고 한다.

① ㉠ 편력, ㉡ 신체미 숭배 사상
② ㉠ 풍류, ㉡ 심신일체론 사상
③ ㉠ 국선, ㉡ 세속오계 사상
④ ㉠ 국토, ㉡ 불국토 사상

7 고려시대의 대표적인 국립교육기관으로 7재에 강예재를 두어 무예를 실시하였던 기관은?
① 국자감
② 서당
③ 서원
④ 성균관

8 고려시대의 석전에 대한 성격으로 옳지 않은 것은?
① 세시풍속의 민속스포츠이다.
② 군사훈련으로 활용되었다.
③ 관람스포츠의 형태를 지니기도 했다.
④ 심신단련 체조법이다.

9 임진왜란 이후 조선에서 무예를 체계화하고 발전시키기 위해 편찬된 무예서적이 아닌 것은?
① 기효신서
② 무예제보
③ 무예신보
④ 무예도보통지

10 조선시대의 활쏘기에 대한 설명으로 옳지 않은 것은?
① 군사훈련의 수단으로 활용되었다.
② 심신수련의 중요한 교육활동으로 인식되었다.
③ 유·불·선 사상을 토대로 한 행동양식이었다.
④ 무과 시험에서 인재를 선발하는 실기과목이었다.

11 개화기 선교사에 의해 조직되어 국내에 야구, 농구 등을 보급한 체육단체는?
① 황성기독교청년회
② 대동체육구락부
③ 희동구락부
④ 체조연구회

12 개화기 체육교육에 대한 설명으로 옳지 않은 것은?
① 원산학사에서는 교육과정에 전통무예를 포함하였다.
② 1895년 교육입국조서에서 덕양, 지양, 체양을 기본으로 삼았다.
③ 배재학당, 이화학당 등의 신식학교에서는 체조를 교육과정에 포함하였다.
④ 〈전시학도체육훈련〉 지침을 두어 전력 증강에 목표를 두었다.

13 개화기 체육의 역사적 의미에 대한 설명으로 옳지 않은 것은?
① 체육의 개념 및 가치에 대한 근대적 각성이 이루어졌다.
② 각종 국제스포츠경기대회 참가로 국가의 위상이 높아졌다.
③ 체육이 교육체계 속에 포함되기 시작하였다.
④ 근대적인 체육문화가 창출되었다.

14 일제강점기 체육활동에 대한 설명으로 옳지 않은 것은?
① 체육, 스포츠 활동을 통해 민족의식을 고취하였다.
② 유도, 검도 같은 무도가 빠르게 전파되었다.
③ 투호, 방응, 석전 등 민속스포츠가 적극 장려되었다.
④ 손기정, 엄복동 등의 국제적인 스포츠선수들이 등장하였다.

15 조선체육회에 대한 설명으로 옳은 것은?
① 1925년 제1회 전조선신궁대회를 개최하였다.
② 조선신문사의 적극적인 후원에 힘입어 설립되었다.
③ 일본체육단체에 대한 대응으로 1920년 조선인 중심으로 창립되었다.
④ 경성정구회와 경성야구협회를 통합하여 조직한 단체이다.

16 광복 이후 우리나라에 나타난 체육 사상이나 운동으로 옳지 않은 것은?
① 엘리트스포츠 육성을 통한 스포츠민족주의
② 체육진흥운동을 통해 강건한 국민성을 함양하는 건민체육사상
③ 서양체육사상과 전통체육사상이 융합된 양토체육사상
④ 국민 모두의 생활체육을 강조한 대중스포츠운동

17 1936년 베를린올림픽대회 참가와 관련하여 옳은 것은?
① 함기용, 송길윤, 최윤칠 선수가 마라톤에서 모두 입상하였다.
② 최초로 코리아(KOREA)라는 국가 명칭을 사용하였다.
③ 김성집 선수가 역도에서 동메달을 획득하였다.
④ 동아일보 이길용 기자에 의해 일장기말살사건이 발생하였다.

18 1960~1970년대 정부가 추진한 주요 스포츠정책이 아닌 것은?
① 보건체육의 시수 증가
② 입시전형에서 체력장제도 도입
③ 엘리트스포츠 양성을 위한 태릉선수촌 설립
④ 남북스포츠교류의 활성화

19 정부가 체육정책의 운영에 있어 법적 근거를 마련하기 위해 최초로 제정한 체육관련법은?
① 학교체육진흥법
② 국민체육진흥법
③ 스포츠산업진흥법
④ 전통무예진흥법

20 1988년 서울올림픽대회의 역사적 의의에 대한 설명으로 옳지 않은 것은?
① 스포츠외교를 통해 공산국가들이 대거 참가한 대회였다.
② 생활체육을 활성화하는 계기를 마련하였다.
③ 북한이 참가하여 남북화합의 신기원을 이룩하였다.
④ 엘리트스포츠 발전에 획기적인 역할을 하였다.

2017 2급 생활 · 전문스포츠지도사

1과목 스포츠 교육학

1 〈보기〉의 학교체육진흥법의 내용 중 옳은 것을 모두 고른 것은?

> ㉠ 학생선수의 최저학력이 보장될 수 있도록 노력해야 한다.
> ㉡ 저체력 및 비만 판정을 받은 학생을 위한 건강 체력교실을 운영해야 한다.
> ㉢ 학생들의 체육 활동 참여 기회 확대를 위해 학교스포츠클럽을 운영해야 한다.
> ㉣ 초등학교에서는 스포츠강사를 의무적으로 배치해야 한다.

① ㉠
② ㉠, ㉡
③ ㉠, ㉡, ㉢
④ ㉠, ㉡, ㉢, ㉣

2 〈보기〉에서 설명하고 있는 체육 지도자가 갖추어야 할 지식은?

> 체육 프로그램 참여자의 발달 단계에 적합한 내용과 프로그램에 대한 지식이다.

① 교육과정 지식
② 지도방법 지식
③ 내용 지식
④ 교육목적 지식

3 〈보기〉의 생활체육 프로그램 목표 설정 시 고려해야 할 사항 중 옳은 것을 모두 고른 것은?

> ㉠ 프로그램 전개 시 일관된 지침 역할을 하도록 설정한다.
> ㉡ 프로그램 시행 후 목표 달성 여부를 검토할 수 있도록 기술한다.
> ㉢ 프로그램을 통해 달성하고자 하는 상태 및 운동 능력을 명시한다.
> ㉣ 프로그램을 구성하는 스포츠 활동 내용을 구체적이고 세부적으로 기술한다.

① ㉠
② ㉠, ㉡
③ ㉠, ㉡, ㉢
④ ㉠, ㉡, ㉢, ㉣

4 생활체육 프로그램의 요구 조사 및 분석에 관한 설명으로 옳지 <u>않은</u> 것은?
① 요구 조사에서는 연령, 성별, 선호도, 경제 수준 등을 고려해야 한다.
② 요구 조사에서는 생활체육 참여도, 기존 프로그램 만족도, 지도자에 대한 만족도 등을 질문한다.
③ 요구 분석 결과는 기존의 생활체육 프로그램을 개선하고 새로운 프로그램을 개발하는 데 활용한다.
④ 요구 분석은 생활체육 프로그램을 추진하고자 하는 지역사회와 참여자에 대한 사후 분석 절차이다.

5 지역 스포츠클럽 대회의 경기 운영 방식에 관한 설명으로 옳은 것은?
① 통합리그는 순위가 고착화될 가능성이 높다.
② 조별리그는 토너먼트 대회보다 빠르게 진행된다.
③ 녹다운 토너먼트는 우승팀 이외의 순위를 산정하기 쉽다.
④ 스플릿 토너먼트는 모든 팀에게 동일한 경기 수를 보장하지 않는다.

6 〈보기〉에서 제시한 마튼스(R. Martens)의 전문 체육 프로그램 지도 개발 단계를 순서대로 바르게 연결한 것은?

㉠ 선수에게 필요한 기술 파악	㉡ 지도 방법 선택
㉢ 상황 분석	㉣ 우선순위 결정 및 목표 설정
㉤ 선수 이해	㉥ 연습 계획 수립

① ㉠-㉢-㉤-㉣-㉥-㉡
② ㉠-㉢-㉣-㉤-㉥-㉡
③ ㉠-㉤-㉣-㉢-㉡-㉥
④ ㉠-㉤-㉢-㉣-㉡-㉥

7 체육 활동에서 지도자와 학생 간 교수·학습의 주도성(directiveness)을 결정하는 요인에 해당하지 <u>않는</u> 것은?
① 학습 목표
② 내용 선정
③ 수업 운영
④ 과제 전개

8 〈보기〉의 특성을 갖는 교육 모형의 주제는?

- 적극적 교수(Active Teaching)로 불리기도 한다.
- 높은 비율의 학습 참여 기회(OTR)를 제공한다.
- 초기 학습 과제의 진도는 교사가, 이후 연습 단계의 학습 진도는 학생이 결정한다.

① 수업 진도는 학생이 결정한다.
② 교사가 수업 리더의 역할을 한다.
③ 서로를 위해 함께 배운다.
④ 유능하고 박식하며 열정적인 스포츠인으로 성장한다.

9 이해중심게임수업모형의 단계 중 괄호 안에 들어갈 용어는?

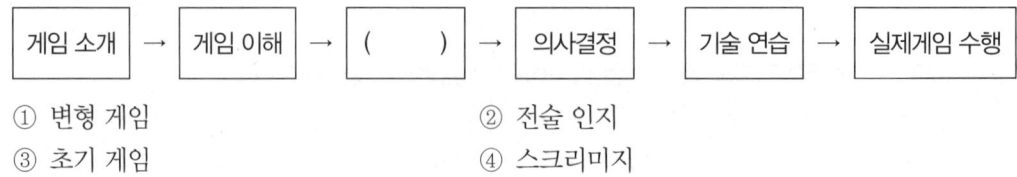

① 변형 게임　　　　　　　② 전술 인지
③ 초기 게임　　　　　　　④ 스크리미지

10 동료교수모형에 관한 설명으로 옳은 것은?
① 개인교사는 교사에게 역할 수행을 위한 훈련을 받지 않는다.
② 교사는 개인교사, 학습자 모두와 상호작용을 한다.
③ 학생은 개인교사 역할과 학습자 역할을 번갈아가며 경험한다.
④ 학습 활동의 직접적인 참여 기회가 증가한다.

11 〈보기〉의 내용 중 스포츠교육모형의 6가지 요소에 해당하는 것으로만 묶인 것은?

| ㉠ 시즌 | ㉡ 결승전 행사 | ㉢ 기록 보존 |
| ㉣ 팀 소속 | ㉤ 학생-팀 성취 배분 | ㉥ 과제포스터 |

① ㉠, ㉡, ㉤
② ㉠, ㉢, ㉣
③ ㉡, ㉢, ㉥
④ ㉡, ㉤, ㉥

12 탐구수업모형에서 학습 영역의 우선순위를 순서대로 바르게 연결한 것은?
① 인지적 영역 → 심동적 영역 → 정의적 영역
② 인지적 영역 → 정의적 영역 → 심동적 영역
③ 심동적 영역 → 인지적 영역 → 정의적 영역
④ 심동적 영역 → 정의적 영역 → 인지적 영역

13 개인적 · 사회적 책임감지도모형에서 〈보기〉의 밑줄 친 내용에 해당하는 책임감 발달의 수준은?

> 동민이는 축구 클럽 활동 초기에는 연습에 관심이 없었고, 친구들의 연습을 방해하기도 했다. 그러나 박 코치의 지속적인 관심과 지도로 점차 연습에 열심히 참여했고, 코치가 자리를 비운 상황에서도 <u>스스로 목표를 세우고 과제를 완수할 수 있게 되었다.</u>

① 1단계 : 타인의 권리와 감정 존중
② 2단계 : 참여와 노력
③ 3단계 : 자기 방향 설정
④ 4단계 : 돌봄과 배려

14 하나로수업모형에서 〈보기〉의 내용이 의미하는 학습 활동은?

> • 스포츠의 심법적 차원(전통, 안목, 정신)을 가르친다.
> • 스포츠를 잘 알 수 있도록 한다.
> • 스포츠 문화에로의 입문을 도와준다.

① 기능 체험   ② 예술 체험
③ 직접 체험   ④ 간접 체험

15 〈보기〉에서 김 강사가 활용한 학습자 관리 기술은?

> 김 강사는 야구를 지도하면서, 정민이가 야구 장비를 치우지 않는 일이 반복되자, 지도 후 장비를 치우는 행동을 여러 번 반복하게 했다. 이후 정민이가 장비를 함부로 다루거나 정리하지 않는 행동이 감소되었다.

① 삭제 훈련   ② 적극적 연습
③ 보상 손실   ④ 퇴장

16 체육 지도자의 수업 중 간접기여행동의 예로 옳은 것은?

① 부상 학생의 처리
② 학부모와의 면담
③ 동작 설명과 시범
④ 학생 관찰 및 피드백

17 〈보기〉에서 이 감독이 고려하지 않은 평가의 양호도는?

> 준혁 : 서진아, 왜 이 감독님은 배구 스파이크를 평가할 때 공을 얼마나 멀리 보내는지를 가장 중요하게 평가하시는 걸까?
> 서진 : 그러게 말이야. 스파이크는 멀리 보내는 것이 중요한 게 아니라 코트 안으로 얼마나 정확하고 강하게 때리느냐가 중요한 것 같은데.

① 신뢰도　　　　　　　　　② 객관도
③ 타당도　　　　　　　　　④ 실용도

18 체육 활동 지도 초기에 참여자의 수준과 상태를 파악하고, 효과적인 교수·학습 전략을 수립하기 위해 실시하는 평가는?

① 진단평가　　　　　　　　② 형성평가
③ 총괄평가　　　　　　　　④ 수시평가

19 〈보기〉에서 최 코치가 추천한 스포츠 교육 전문인의 성장 방식은?

> 민　수 : 코치님, 어떻게 하면 저도 훌륭한 스포츠 교육 전문가가 될 수 있을까요?
> 최 코치 : 여러 가지가 있겠지만, 나는 네가 선수 시절 경험을 정리해보거나, 코칭 관련 책과 잡지를 읽으면서 다양한 지식을 얻었으면 좋겠다.

① 경험적 성장　　　　　　　② 비형식적 성장
③ 의도적 성장　　　　　　　④ 무형식적 성장

20 체육 활동의 학습자 관리 기술로 적절하지 않은 것은?

① 학습자 행동을 단계적으로 변화시킨다.
② 수반되는 행동 수정의 결과를 명시한다.
③ 다른 학습자에게 방해되지 않아도 부적절한 행동을 즉시 제지한다.
④ 학습자의 적절한 행동을 위한 대용보상체계를 마련한다.

2과목 스포츠 사회학

1 〈보기〉에서 설명하고 있는 스포츠의 사회적 기능은?

- 정치인들이 국민의 스포츠에 대한 관심을 증대시켜 정치적 무관심을 유도한다.
- 정치인들이 스포츠 경기를 자신의 이익이나 권력을 공고히 하는 데 이용한다.

① 사회통제 기능
② 사회통합 기능
③ 사회소외 기능
④ 사회정서 기능

2 〈보기〉의 내용에 공통적으로 해당하는 스포츠의 정치적 이용 방식은?

- 남아프리카공화국의 인종차별정책에 반대하는 많은 국가들이 남아프리카공화국에서 개최된 국제대회에 불참하였다.
- 구소련의 아프가니스탄 침공을 문제삼아 미국을 비롯한 서방국가들이 1980년 모스크바 올림픽 경기대회에 불참하였다.

① 국제 평화 증진
② 체제 선전의 수단
③ 전쟁의 촉매
④ 외교적 항의

3 〈보기〉에서 목표로 하고 있는 스포츠의 교육적 순기능은?

미래중학교는 학생 상호 간, 학생과 교사 간 교류가 줄어들면서 '우리'라는 공동체의식을 형성하지 못한 채 갈등을 겪고 있다. 미래중학교는 이러한 문제를 해결하기 위해 스포츠를 적극 활용하려고 한다.

① 학교 내 통합
② 학업활동 촉진
③ 평생체육의 여건 형성
④ 학교와 지역사회의 통합

4 〈보기〉의 ㉠, ㉡에 들어갈 용어는?

> 스포츠 사회학은 스포츠에서 나타나는 행동유형과 (㉠)에 초점을 두고 있으며, 이를 스포츠 활동이 존재하는 일반 (㉡)의 측면에서 설명하는 학문이다.

	㉠	㉡
①	사회환경	사회문제
②	사회과정	사회구조
③	사회환경	사회관계
④	사회과정	사회변화

5 코클리(J. Coakley)가 제시한 스포츠 제도화의 특성에 해당하지 않는 것은?
① 경기규칙의 표준화
② 경기기록의 계량화
③ 활동의 조직적, 합리적 측면 강조
④ 경기기술의 정형화

6 〈보기〉에서 올림픽 경기가 정치화된 요인을 모두 고른 것은?

| ㉠ 민족주의 심화 | ㉡ 정치권력 강화 | ㉢ 상업주의 팽창 | ㉣ 페어플레이 강화 |

① ㉠
② ㉠, ㉡
③ ㉠, ㉡, ㉢
④ ㉠, ㉡, ㉢, ㉣

7 〈보기〉에서 스포츠의 상업화로 인한 변화만으로 묶인 것은?

| ㉠ 내면적 욕구 충족 강화 | ㉡ 스포츠 규칙의 변화 | ㉢ 스포츠 제도의 변화 |
| ㉣ 아마추어리즘의 퇴조 | ㉤ 스포츠의 직업화 | ㉥ 심미적 경기 성향 강화 |

① ㉠, ㉡, ㉣
② ㉠, ㉢, ㉤
③ ㉡, ㉢, ㉣
④ ㉡, ㉤, ㉥

8 스포츠 미디어에 대한 설명으로 옳지 않은 것은?
① 스포츠 메가 이벤트는 미디어의 이윤창출에 기여한다.
② 보편적 접근권은 스포츠 콘텐츠의 차별화를 위한 미디어의 정책이다.
③ 1964년 동경올림픽경기대회는 최초로 인공위성을 통해 전 세계에 중계되었다.
④ 스포츠 저널리즘은 대중의 호기심과 흥미를 유발하는 '옐로우 저널리즘'의 성격이 강하다.

9 드워(C. Dewar)가 제시한 프로야구 경기의 관중 난동 요인에 대한 설명으로 옳은 것은?
① 관중이 많을수록 난동 발생 가능성이 낮다.
② 경기의 후반부일수록 난동 발생 가능성이 낮다.
③ 기온이 내려갈수록 난동 발생 가능성이 높다.
④ 시즌의 막바지로 접어들수록 난동 발생 가능성이 높다.

10 스포츠와 미디어의 관계에 대한 설명으로 옳은 것은?
① 미디어는 스포츠에 종속되어 스포츠 발전에 기여한다.
② 미디어는 스포츠의 본질적 가치를 지키기 위해 경기규칙 변경에 부정적 태도를 취한다.
③ 미디어가 경기일정 변경을 요구하는 주된 이유는 보다 많은 경기장 관중을 유치하기 위해서다.
④ 미디어는 스포츠 기술의 전문화와 일반화에 기여한다.

11 스포츠 일탈에 대한 설명으로 옳은 것은?
① 절대론적 접근에 따르면 스포츠 일탈은 승리추구라는 보편적 윤리 가치체계의 준수 유무에 따라 결정된다.
② 상대론적 접근에 따르면 스포츠 일탈은 개인의 윤리적 문제가 아닌 사회 구조적인 문제이다.
③ 스포츠 일탈에 대한 절대론적 접근은 과잉동조 개념을 설명하는 데 매우 유용하다.
④ 스포츠 일탈에 대한 상대론적 접근은 창의성과 변화를 약화시킨다는 비판을 받는다.

12 〈보기〉에서 스나이더(E. Snyder)가 제시한 스포츠 사회화의 전이 조건을 모두 고른 것은?

㉠ 스포츠 참가 정도	㉡ 스포츠 참가의 자발성 여부
㉢ 스포츠 참가자의 개인적·사회적 특성	㉣ 사회화 주관자의 위신 및 위력

① ㉠
② ㉠, ㉡
③ ㉠, ㉡, ㉢
④ ㉠, ㉡, ㉢, ㉣

13 스포츠 세계화에 대한 설명으로 옳지 않은 것은?
① 스포츠 세계화는 근대스포츠의 태동 이전부터 나타났다.
② 스포츠 세계화는 스포츠의 탈영토화를 의미한다.
③ 스포츠 세계화는 스포츠 소비문화의 측면에서도 이루어지고 있다.
④ 스포츠 세계화는 스포츠가 내재하고 있는 가치를 전 세계에 전파하는 데 기여하였다.

14 케년(G. Kenyon)과 슈츠(Z. Schutz)가 구분한 스포츠 참가 유형에 대한 설명으로 옳지 않은 것은?
① 일상적 참가 : 스포츠 참가가 일상의 주된 활동이 되어 스포츠 활동에 대부분의 시간을 소비함
② 주기적 참가 : 일정 간격을 유지하면서 스포츠에 지속적으로 참가함
③ 일차적 일탈 참가 : 자신의 직업을 등한시하고 대부분의 시간을 스포츠 참가에 할애함
④ 이차적 일탈 참가 : 경기결과에 거액의 돈을 걸고 스포츠를 관람함

15 스포츠 탈사회화와 재사회화 과정에 대한 설명으로 옳지 않은 것은?
① 운동선수의 스포츠 탈사회화는 선수은퇴를 의미한다.
② 환경, 취업, 정서 등의 요인은 운동선수의 스포츠 탈사회화에 영향을 미친다.
③ 운동선수는 스포츠 탈사회화 이후 모두 스포츠 재사회화의 과정을 겪게 된다.
④ 새로운 직업에 대한 기회가 많고 교육수준이 높은 운동선수일수록 자발적 은퇴를 선택할 가능성이 높다.

16 계층별 스포츠 참가에 대한 설명으로 옳지 않은 것은?
① 계층별 사회적 조건에 따라 스포츠 참가 유형에 차이가 나타난다.
② 하류계층은 경제적 조건 때문에 상류계층보다 상대적으로 스포츠의 직접관람률이 낮다.
③ 상류계층은 자신의 경제적 여유를 드러내려는 속성으로 인해 하류계층보다 단체스포츠 참가를 더 선호한다.
④ 상류계층은 특정 종목을 강조하는 분위기에 따라 사회화과정에서 해당 종목에 자연스럽게 익숙해지게 된다.

17 〈보기〉에서 과잉동조 행위만으로 묶인 것은?

> ㉠ 자신을 조롱하는 관중에게 야구공을 던져 상해를 입힌 행위
> ㉡ 자신을 태클한 상대선수에게 보복 태클을 한 행위
> ㉢ 지도자의 지시에 따라 상대팀 선수에게 부상을 입히기 위해 태클을 거는 행위
> ㉣ 상대팀 투수가 빈볼을 던지자 벤치에서 뛰어나가 그 투수에게 주먹을 휘두르는 행위

① ㉠, ㉡
② ㉢, ㉣
③ ㉠, ㉢
④ ㉡, ㉣

18 〈보기〉의 괄호 안에 들어갈 용어는?

> 부르디외(P. Bourdieu)는 생활양식과 같은 사회문화적 요소를 계급결정 요인으로 간주하고 이를 자본의 개념으로 다루었다. 이 개념에 따르면 스포츠는 체화된 (   )의 한 형태로써 사회의 계층구조에 관여한다.

① 경제자본 ② 사회자본
③ 문화자본 ④ 소비자본

19 스포츠 사회화 이론에 대한 설명으로 옳은 것은?
① 사회학습이론은 비판이론의 관점을 바탕으로 개인의 복잡한 사회학습과정을 설명한다.
② 사회학습이론에서는 스포츠 역할의 학습을 이해하기 위해 강화, 코칭, 보상의 개념을 활용한다.
③ 역할이론은 사회를 갈등대립의 장으로 보고, 개인은 그 속에서 타인과의 상호작용을 통해 갈등해결의 역할을 배워간다고 가정한다.
④ 준거집단이론에서 준거집단은 규범집단, 비교집단, 청중집단 등으로 구성된다.

20 〈보기〉에서 스포츠 세계화의 과정에 대한 설명으로 옳은 것을 모두 고른 것은?

> ㉠ 제국주의 시대에 스포츠를 통한 동화정책은 식민지 체제의 지배를 정당화하는 데 기여하였다.
> ㉡ 19세기 기독교는 아시아와 아프리카 원주민의 종교적 거부감을 해소하는 데 스포츠를 활용하였다.
> ㉢ 과학기술의 진보는 스포츠의 시·공간적 제약을 극복하는 데 기여하였다.
> ㉣ 제국주의 시대 스포츠는 결과적으로 피식민지 주민의 민족주의적 감정을 억제하는 데 기여하였다.

① ㉠   ② ㉠, ㉡
③ ㉠, ㉡, ㉢   ④ ㉠, ㉡, ㉢, ㉣

3과목 스포츠 심리학

1 〈보기〉에 해당하는 스포츠 심리학의 하위 영역은?

> 인간의 움직임 생성과 조절에 대한 신경심리적 과정과 생물학적 기전을 밝히는 학문 영역

① 운동학습 ② 운동제어
③ 운동발달 ④ 운동심리

2 심리요인이 스포츠 수행에 미치는 영향과 관련된 연구문제로 적당하지 <u>않은</u> 것은?

① 불안이 축구 페널티킥 성공률에 어떠한 영향을 미치는가?
② 자신감의 수준이 아동의 수영학습에 어떠한 영향을 미치는가?
③ 성공/실패의 경험은 골프퍼팅 학습에 어떠한 영향을 미치는가?
④ 태권도 수련 참가는 아동의 성격발달에 어떠한 영향을 미치는가?

3 〈보기〉의 괄호 안에 들어갈 용어가 바르게 연결된 것은?

> (㉠)은 숙련된 운동수행을 위한 개인능력의 (㉡) 변화를 유도하는 일련의 (㉢) 과정으로, 직접적으로 관찰할 수 없으며 연습과 경험에 의해 나타난다.

	㉠	㉡	㉢
①	운동학습	영구적	내적
②	운동학습	일시적	외적
③	운동발달	영구적	내적
④	운동발달	일시적	외적

4 〈보기〉의 운동수행에 관한 예시를 가장 잘 설명하고 있는 이론은?

> 테니스 서비스는 공을 서비스 코트에 떨어뜨려야 한다. 퍼스트 서비스가 너무 길어 폴트가 된 것을 본 후, 손목 조절을 위해 시각 및 운동감각적 피드백을 이용하여 세컨드 서비스에서 공이 서비스 코트를 이탈하지 않도록 한다.

① 폐쇄회로 이론(closed loop theory)
② 개방회로 이론(open loop theory)
③ 다이나믹 시스템 이론(dynamic systems theory)
④ 생태학적 이론(ecological theory)

5 운동기술 연습에서 발생하는 맥락간섭효과에 대한 설명으로 옳은 것은?
① 집중연습과 분산연습에 의해 맥락간섭효과의 크기는 달라진다.
② 높은 맥락간섭은 연습수행에서 효과가 높다.
③ 낮은 맥락간섭은 파지에 효과가 높다.
④ 무선연습은 분단연습에 비해 파지 및 전이에 효과가 높다.

6 운동발달의 기본 가정으로 틀린 것은?
① 전 생애에 걸쳐 진행되는 불연속적인 과정이다.
② 개인차가 존재한다.
③ 민감기 또는 결정적 시기가 존재한다.
④ 환경적 맥락의 영향을 받는다.

7 아젠(I. Ajzen)과 피시바인(M. Fishbein)의 합리적 행동이론(Theory of Reasoned Action)의 주요 변인이 아닌 것은?
① 행동에 대한 태도　　② 주관적 규범
③ 행동통제 인식　　　 ④ 의도

8 운동실천을 위한 중재전략 중 내적 동기 전략에 해당하는 것은?
① 매월 운동참여율이 70% 이상인 회원에게 경품을 제공한다.
② 헬스클럽에서 출석상황과 운동수행 정도를 그래프로 게시한다.
③ 에스컬레이터 대신 계단 이용을 권장하는 포스터를 부착한다.
④ 운동 목표를 재미에 두어 즐거움과 몰입을 체험하게 한다.

9 매슬로(A. Maslow)가 제안한 욕구위계이론에서 다른 욕구가 충족되었을 때 마지막에 나타나는 최상위 욕구는?
① 안전 욕구　　　　② 생리적 욕구
③ 자아실현 욕구　　④ 소속 욕구

10 〈보기〉에서 괄호 안을 설명하는 용어는?

> - (㉠)은 운동수행에 관한 부정적 생각, 걱정 등의 의식적 지각이다.
> - (㉡)은(는) 과도한 신체·심리에너지 사용으로 인한 심리·생리적 피로의 결과이다.
> - (㉢)은 환경의 위협 정도와 무관하게 불안을 지각하는 잠재적 성향이다.
> - (㉣)에 따르면 각성수준과 운동수행 수준은 비례한다.

	㉠	㉡	㉢	㉣
①	신체불안	스트레스	상태불안	역U이론
②	신체불안	탈진	특성불안	추동이론
③	인지불안	탈진	특성불안	추동이론
④	인지불안	스트레스	상태불안	역U이론

11 와이너(B. Weiner)의 귀인이론에서 4가지 귀인요소를 원인소재(locus of control)와 안정성(stability)에 따라 분류할 때 〈보기〉의 괄호 안에 적절한 것은?

> (㉠)은(는) 불안정한 외적 요소이고, (㉡)은(는) 안정된 내적 요소이고, (㉢)은(는) 불안정한 내적 요소이며, (㉣)은(는) 안정된 외적 요소이다.

	㉠	㉡	㉢	㉣
①	능력	노력	과제난이도	운
②	노력	과제난이도	운	능력
③	과제난이도	운	능력	노력
④	운	능력	노력	과제난이도

12 〈보기〉에서 심상의 활용으로 적절한 것은?

> ㉠ 각성 수준을 높인 상태에서 진행한다.
> ㉡ 시각만을 활용해 진행한다.
> ㉢ 성공하는 장면을 선명하게 그린다.
> ㉣ 운동의 동작을 구체적으로 포함한다.

① ㉠, ㉡
② ㉠, ㉣
③ ㉡, ㉢
④ ㉢, ㉣

13 〈보기〉에서 괄호가 설명하는 것은?

- ( )은(는) 관심을 기울일 대상의 선정이다.
- ( )유형은 폭과 방향으로 구성된다.
- 니데퍼(R. Nideffer)는 ( )의 유형을 넓은-내적, 좁은-내적, 넓은-외적, 좁은-외적의 4가지로 구분해 설명한다.

① 주의(attention) ② 관심(interest)
③ 집중(concentration) ④ 몰입(flow)

14 〈보기〉가 설명하고 있는 것은?

메시(Messi)는 페널티킥을 할 때 항상 같은 동작으로 준비를 한다. 우선 공을 양손으로 들고, 페널티 마크에 공을 위치시키면서, 자기가 찰 곳을 보고, 골키퍼 위치를 보고, 다시 공을 본 후에, 뒤로 네 걸음 걷고 나서, 심호흡을 한다.

① 심상(imagery) ② 루틴(routine) ③ 이완(relaxation) ④ 주의(attention)

15 집단의 과제 수행에서 발생하는 개인의 동기적 손실 원인이 아닌 것은?

① 할당전략 ② 무임승차전략
③ 반무임승차전략 ④ 최대화전략

16 〈보기〉의 팀 구축 프로그램을 위한 개념 모형에서 괄호 안에 적절한 변인은?

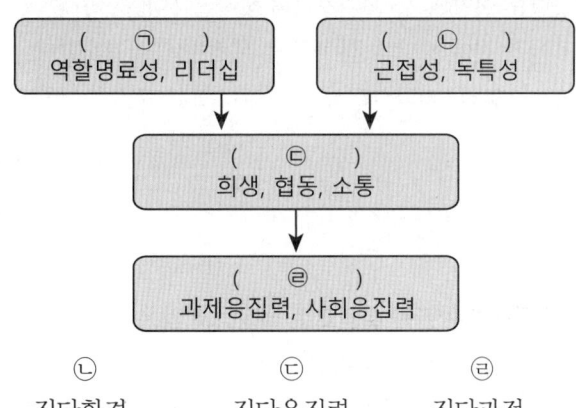

	㉠	㉡	㉢	㉣
①	집단구조	집단환경	집단응집력	집단과정
②	집단구조	집단환경	집단과정	집단응집력
③	집단환경	집단구조	집단응집력	집단과정
④	집단환경	집단구조	집단과정	집단응집력

17 운동지도에 활용할 수 있는 강화(reinforcement) 전략으로 적절한 것은?
① 운동이 모두 끝나고 정리운동 후에 강화한다.
② 바람직한 행동을 찾아 강화한다.
③ 초보자에게 가끔, 숙련자에게 자주 강화한다.
④ 노력보다는 성취 결과를 중심으로 강화한다.

18 〈보기〉에서 괄호가 설명하는 것은?

> (   )은 피해나 부상을 피하려고 하는 사람에게 피해나 상해를 입히기 위한 목적으로 가해지는 행동으로, 목표와 분노가 있었는지에 따라 적대적 (   )과 수단적 (   )으로 분류된다.

① 호전성
② 가학성
③ 공격성
④ 위해성

19 스포츠 심리 상담과 관련한 설명으로 옳지 않은 것은?
① 상담은 상담자와 내담자의 상호 협력 관계에 기초한다.
② 스포츠 심리 상담은 인간적 성장과 경기력 향상을 목표로 한다.
③ 상담자는 상담 시작 전에 상담의 전 과정을 내담자에게 안내한다.
④ 심리기술(psychological skill)에는 루틴, 자화, 심상 등이 있다.

20 스포츠 심리 상담의 적용과 관련된 설명으로 적절하지 않은 것은?
① 라포는 내담자와 상담자 사이의 공감적 관계이다.
② 신뢰형성 기술에는 내담자 향해 앉기, 개방적 자세 취하기, 적절한 시선 맞추기 등이 있다.
③ 경청은 상담자가 내담자의 언어적 메시지는 물론 비언어적 메시지를 듣는 과정이다.
④ 공감적 이해의 증진을 위해 생각할 시간을 갖고, 반응시간을 짧게 하고, 내담자에 맞게 반응해야 한다.

4과목 스포츠 윤리

1 〈보기〉에서 B 선수의 판단과정에 영향을 준 윤리 이론은?

> 강등위기에 처한 프로축구팀 감독은 상대팀 주전 공격수인 A 선수를 거칠게 수비하라는 지시를 B 선수에게 내렸다. B 선수는 자신의 파울로 인한 결과가 유용하고 A 선수 한 사람에게 주는 피해보다 소속팀 전체에게 이익을 줄 수 있다면 자신의 행동은 옳을 것이라고 생각했다.

① 덕윤리 ② 사회계약론
③ 의무론 ④ 공리주의

2 스포츠맨십, 페어플레이와 같은 윤리적 품성의 실천과 습관화를 강조하는 교육은?

① 정서교육 ② 인지교육
③ 덕교육   ④ 지식교육

3 〈보기〉의 ㉠, ㉡에 들어갈 용어는?

> (㉠)은 실제 사건과 현상에 대한 진술이라면, (㉡)은 마땅히 그렇게 되어야 할 것을 지시하거나 어떤 기준, 규범에 따르는 것이어야 함을 나타낸다. 예를 들면 '박태환 선수는 아시아선수권 수영대회에서 자유형 200m 대회 신기록을 수립했다'는 (㉠)이고, '축구경기 중 넘어진 상대선수를 일으켜 준 박지성 선수의 행동은 매우 훌륭했다'는 (㉡)이다.

	㉠	㉡
①	사실판단	주관판단
②	객관판단	가치판단
③	사실판단	가치판단
④	객관판단	주관판단

4 〈보기〉에서 괄호 안에 들어갈 용어는?

> 스포츠 선수의 (   )은(는) 자신에게 주어진 모든 가능성을 최대한 활용하여 최고의 실력을 정당하게 발휘하고자 하는 마음가짐과 태도라고 할 수 있다.

① 로고스(Logos) ② 에토스(Ethos)
③ 아곤(Agon)   ④ 아레테(Arete)

5 스포츠맨십에 대한 설명으로 옳지 않은 것은?
① 페어플레이에 비해 보다 구체적이고 상대적인 윤리규범이다.
② 일반적인 도덕규범을 통해 경쟁의 부정적인 요소를 억제하는 태도이다.
③ 경기에서 일반적인 윤리덕목을 지키고 강화하려는 정신이다.
④ 이상적인 신사(Gentleman)의 인간상이 스포츠에 적용되면서 만들어진 가치이다.

6 〈보기〉의 괄호 안에 들어갈 용어는?

> 축구 경기 중 상대 선수가 부상으로 쓰러졌을 경우, 공을 밖으로 걷어내고 부상자를 돌보는 행위는 (　　)을(를) 준수한 것이다.

① 경기 규칙　　　　　　　　② 스포츠 에토스
③ 규제적 규칙　　　　　　　④ 스포츠 법령

7 〈보기〉에서 설명하고 있는 정의의 유형은?

> 동등한 기회 보장을 강조하는 공정성의 원리는 바람이나 햇볕 같은 통제 불가능한 외적 요인으로 인해 실현되지 않을 수 있다. 이와 같은 불평등은 테니스에서 동전을 던져 코트를 결정하거나, 축구에서 전·후반 진영 교체와 같은 방법을 통해 해소될 수 있다.

① 절차적 정의　　　　　　　② 평균적 정의
③ 분배적 정의　　　　　　　④ 법률적 정의

8 〈보기〉에서 K 선수의 의도적 반칙을 비난하는 근거로 옳은 것은?

> 레드팀과 블루팀의 농구경기는 종료 2분을 남겨 두고 있다. 레드팀은 1점차로 지고 있고 팀파울에 걸려 있다. 블루팀 P 선수가 공을 잡자 레드팀의 K 선수는 고의적으로 반칙을 하여 자유투를 허용하였다.

① 농구경기의 공유된 관습에 어긋난 행위이다.
② 비형식주의(non-formalism)에 어긋난 행위이다.
③ 구성적 규칙(constitutive rules)을 위반한 것은 아니지만, 규제적 규칙(regulative rules)에 어긋나는 행위이다.
④ 구성적 규칙(constitutive rules)과 규제적 규칙(regulative rules)에 모두 어긋나는 행위이다.

9 고통을 느낄 수 있는 존재는 모두 도덕적 고려의 대상이 되어야 한다고 주장함으로써, 동물 학대 가능성이 있는 스포츠 종목의 폐지 당위성을 제시한 윤리학자는?

① 싱어(P. Singer) ② 베르크(A. Berque)
③ 레오폴드(A. Leopold) ④ 패스모어(J. Passmore)

10 〈보기〉의 대화에서 ㉠, ㉡에 들어갈 용어는?

> 재형 : 스포츠에서 통제된 힘의 사용은 정당한 폭력이며, 스포츠에서는 이런 폭력을 (㉠)이라고 불러.
> 해리 : 난 스포츠에서 일어나는 폭력은 근본적으로 (㉡)이 있는 것 같아. 왜냐하면 스포츠는 폭력적인 성향의 분출을 자극하면서 동시에 감시하고 제어하잖아.

	㉠	㉡
①	용인된 폭력	특수성
②	본질적 폭력	이중성
③	자기 목적적 폭력	특수성
④	자기 목적적 폭력	이중성

11 카이요와(R. Caillois)가 구분한 놀이의 요소 중 경쟁성을 기반으로 하는 스포츠와 관련 있는 것은?

① 아곤(Agon) ② 미미크리(Mimicry)
③ 알레아(Alea) ④ 일링크스(Ilinx)

12 도핑을 방지하기 위한 방안으로 옳지 않은 것은?

① 윤리교육을 통한 의식 변화 ② 도핑 검사의 강화
③ 적발 시 강력한 처벌 ④ 승리에 대한 보상 강화

13 〈보기〉에서 A 투수의 판단에 영향을 준 윤리이론의 난점에 대한 설명으로 옳은 것은?

> 보복성 빈볼을 지시받은 A 투수는 빈볼이 팀 전체에 이익을 줄 수는 있지만, 아무 잘못이 없는 상대 선수에게 위협을 가하거나 부상을 입히는 행위는 도덕적으로 옳지 않다고 판단했다.

① 결과에 의해 행위를 평가하는 까닭에 정의의 문제를 소홀히 다룰 수 있다.
② 도덕규칙 간의 갈등상황에서 실질적인 해결책을 제시하지 못할 수 있다.
③ 상식적이고 보편적인 도덕직관과 충돌하는 결론을 이끌어 낼 수 있다.
④ 자신의 쾌락추구가 선(善)이라고 해서 항상 전체의 쾌락추구도 선이라는 결론이 성립하지 않을 수 있다.

14 스포츠의 성차별에 관한 설명 중 옳지 않은 것은?

① 여성의 스포츠 참여 기회와 권리를 제한하거나 불이익을 주는 제반 행위를 말한다.
② 성역할 고정관념은 스포츠의 제반 영역에서 여성의 참여를 제한하는 논리로 기능해왔다.
③ 미국의 Title IX은 여성의 스포츠 참여를 활성화하는 계기가 되었다.
④ 근대 올림픽의 창시자인 쿠베르탱(P. Coubertin)은 여성의 올림픽 참여를 권장하였다.

15 〈보기〉에서 제헌이가 주장하는 윤리이론에 대한 설명으로 옳지 않은 것은?

> 유리 : 스포츠 윤리는 선수들이 규칙과 도덕적 원리만 따르면 확립되는 것 아니야?
> 제헌 : 아니. 난 윤리에서 중요한 것은 행위자의 도덕적 원리가 아니라 행위자의 내면적 품성에 대한 판단이며, 도덕적 행위의 실천이라고 생각해.

① 행위의 주체보다는 행위 자체에 초점을 맞추고 있다.
② 행위자의 인성을 중시한다.
③ '무엇을 해야만 하는가'가 아니라 '어떻게 살아야 하는가'가 근본적인 질문이다.
④ 감정을 도덕적 동기로 인정한다.

16 장애인의 스포츠권에 대한 설명으로 옳지 않은 것은?

① 스포츠에서 장애차별이란 장애로 인해 스포츠 참여의 권리와 기회를 비장애인과 동등하게 누리지 못하는 불평등을 말한다.
② 우리나라에서는 장애인이 체육에 참여할 권리에 관한 규정이 아직 마련되어 있지 않다.
③ 장애인의 스포츠권은 장애인의 기본적인 권리의 충족 이후가 아니라 동시에 보장되어야 한다.
④ 장애를 이유로 스포츠 참여를 원하는 장애인에 대한 제한, 배제, 분리, 거부는 기본권의 침해에 해당한다.

17 심판의 도덕적 조건 중 개인윤리 측면이 아닌 것은?

① 외부의 지시나 간섭을 단호히 뿌리칠 수 있는 자율성을 지녀야 한다.
② 심판평가제를 도입하여 오심 누적 시 자격을 박탈하는 등 엄격히 대처해야 한다.
③ 성품과 행실이 바르고 탐욕이 없는 청렴성을 지녀야 한다.
④ 심판의 도덕신념이 본인의 이익을 위한 것이라면 도덕적이라 할 수 없다.

18 스포츠 상황에서 도덕적 가치가 충돌할 때 바람직한 판단 방법으로 적절하지 않은 것은?

① 주어진 윤리적 상황을 다각도로 분석하는 것이 필요하다.
② 주어진 상황에 적용할 수 있는 다양한 윤리이론을 고려해본다.
③ 윤리적 상황에 직면한 행위자의 관점이 아니라 재판자의 관점에서만 판단하는 것이 바람직하다.
④ 윤리적 상황에 적용되는 도덕규칙과 결과의 공리성을 비교·분석하여 최선의 방안을 찾으려는 노력이 필요하다.

19 부올레(P. Vuolle)는 스포츠와 자연의 관계를 기준으로 스포츠 환경을 순수환경, 개발환경, 시설환경으로 구분하였다. 이 중 개발환경에 해당하는 스포츠는?

① 카누, 등산, 요트
② 역도, 유도, 탁구
③ 골프, 야구, 테니스
④ 윈드서핑, 스키, 체조

20 스포츠의 공정성을 실현하는 방법 중 형식주의(formalism)에 관한 설명으로 옳은 것은?

① 공정성은 스포츠 경기의 공유된 관습을 지키는 것이다.
② 공정성은 구성적 규칙과 규제적 규칙을 모두 준수하면 실현된다.
③ 경기규칙의 준수보다 더 포괄적인 적용과 정당화가 가능한 견해이다.
④ 경기의 관습뿐만 아니라 문서화된 경기규칙을 지켜야 한다.

5과목 운동생리학

1 운동생리학 관련 연구에 대한 설명 중 옳지 않은 것은?

① 운동 시 신체의 기능이 어떻게 변화하는지를 연구한다.
② 운동능력을 향상시키기 위한 훈련 과정에 적용하는 학문이다.
③ 장기간 운동에 대한 신체적 효과 및 적응에 대해 연구한다.
④ 운동손상에 대한 수술방법을 연구하는 학문이다.

2 해당과정(glycolysis)에 관한 내용으로 옳은 것은?

① 전자전달계(electron transport chain)에서 ATP 생성
② H^+이 피르브산(pyruvate)과 결합하여 젖산 형성
③ 미토콘드리아에서 에너지를 생성하여 근육으로 전달
④ 단백질 합성을 통한 에너지 생성

3 운동 중 호흡순환 조절에 대한 설명으로 옳은 것은?
① 고온 환경에서 장시간의 최대하운동은 서늘한 환경에서보다 1회박출량을 감소시킨다.
② 우심실로부터 나온 혈액의 산소분압은 폐포의 산소분압보다 높기 때문에 폐포에서 혈관으로 산소가 유입된다.
③ 환기량은 운동 강도가 증가함에 따라 직선적으로 증가한다.
④ 고강도 운동은 저강도 운동에 비하여 혈액의 pH농도와 산소분압을 증가시킨다.

4 심박출량(cardiac output)에 대한 설명 중 옳지 <u>않은</u> 것은?
① 1회박출량과 심박수의 곱으로 산출한다.
② 심박출량은 운동 강도의 증가에 따라 직선적으로 계속 증가한다.
③ 1분당 심장에서 박출되는 총 혈액량이다.
④ 정맥회귀(venous return)량은 심박출량에 영향을 준다.

5 생체 에너지 공급 시스템에 관한 설명으로 옳은 것은?
① 중성지방은 리파아제(lipase)에 의해 글리세롤과 유리지방산으로 분해된다.
② ATP-PCr 시스템은 고강도 운동에 ATP를 공급하기 위해 젖산 탈수소효소(lactate dehydrogenase)가 활성화되어야 한다.
③ 3분 이상의 고강도 운동에는 지방에 저장되어 있는 글리코겐이 주요 기질로 사용된다.
④ 무산소성 대사에서 피르브산(pyruvate)이 젖산으로 전환되는 과정을 베타산화라 한다.

6 운동 종목에 따른 근섬유 유형 및 에너지 대사에 관한 설명으로 옳은 것은?
① 장대높이뛰기 선수는 경기 시 ATP-PCr 시스템을 주로 사용한다.
② 100m 달리기 선수는 VO_{2max}의 약 50% 수준으로 훈련해야 한다.
③ 마라톤 선수는 Type IIx의 근섬유를 많이 가지고 있다.
④ 10,000m 달리기 선수는 크레아틴 키나아제(creatine kinase)의 활성도가 높다.

7 호흡 교환율(Respiratory Exchange Ratio ; RER)에 대한 설명으로 옳지 <u>않은</u> 것은?
① 지방산인 팔미틱산(palmitic acid)을 100% 사용할 때 RER은 0.7 정도이다.
② 운동의 강도가 올라가면 RER은 증가한다.
③ 탄수화물 산화가 지방 산화보다 많은 산소를 필요로 한다.
④ RER은 호흡 중 이산화탄소 생성량과 산소 소비량의 비율에 의해 결정된다.

8 〈보기〉의 심장 자극 전도체계 순서를 바르게 나열한 것은?

| ㉠ 방실다발(AV bundle) | ㉡ 동방결절(SA node) |
| ㉢ 퍼킨제섬유(Purkinje fibers) | ㉣ 방실결절(AV node) |

① ㉡-㉠-㉣-㉢ ② ㉡-㉣-㉠-㉢
③ ㉣-㉡-㉢-㉠ ④ ㉣-㉠-㉡-㉢

9 자율신경계의 기능에 대한 설명으로 옳은 것은?
① 교감신경계 활성은 심박수를 안정시킨다.
② 수의적인 신경조절로 운동수행력을 향상시킨다.
③ 심장근, 내분비선, 평활근을 자극한다.
④ 부교감 신경의 말단에서 에피네프린(epinephrine)을 분비한다.

10 신경자극에 대한 설명으로 옳지 <u>않은</u> 것은?
① 탈분극은 Na^+이 세포 밖에서 안으로 유입되면서 양전하가 세포 내에 증가하는 현상이다.
② 과분극은 K^+ 통로의 열린 상태가 유지되어 추가적으로 K^+이 세포 밖으로 나가는 현상이다.
③ 세포막의 자극이 역치를 넘어서지 않으면 활동전위(action potential)가 생성되지 않는다.
④ 안정막전위는 세포 밖은 K^+, 세포 안은 Na^+이 많은 상태로 분리되어 있다.

11 〈보기〉의 내용을 특징으로 하는 말초신경계 고유감각수용기는?

- 수용기가 활성되면 주동근의 수축을 억제함
- 저항성 운동에 중요한 역할을 함
- 근육 수축을 통해 발생되는 장력 변화를 감지함
- 장력을 억제하여 잠재적 위험성을 감소시키는 보호 및 안전장치 역할을 함

① 운동단위(motor unit)
② 골지건기관(golgi tendon organ)
③ 화학수용기(chemoreceptor)
④ 온도수용기(thermoreceptor)

12 신경세포와 근육의 흥분-수축 결합 단계를 순서대로 바르게 나열한 것은?

> ㉠ 마이오신 머리가 액틴세사를 잡아당긴다.
> ㉡ 활동전위가 축삭 종말에 도달하면 아세틸콜린이 방출된다.
> ㉢ 근형질세망에서 분비된 Ca^{2+}이 트로포닌에 부착되어 트로포마이오신을 들어올린다.

① ㉠-㉡-㉢
② ㉡-㉠-㉢
③ ㉡-㉢-㉠
④ ㉢-㉡-㉠

13 〈보기〉에서 Type I 근섬유에 대한 설명으로 옳은 것은?

> ㉠ 빠른 수축 속도 ㉡ 강한 피로 내성
> ㉢ 빠른 ATPase 효소 ㉣ 낮은 해당능력

① ㉠, ㉢
② ㉠, ㉣
③ ㉡, ㉢
④ ㉡, ㉣

14 운동 시 인체의 호르몬 반응에 대한 설명으로 옳지 않은 것은?

① 성장호르몬(growth hormone)은 단백질 합성, 간의 당신생, 지방산 동원을 증가시킨다.
② 코티졸(cortisol)은 운동 시 혈당 유지를 위하여 유리지방산의 혈액유입을 촉진한다.
③ 에피네프린(epinephrine)은 부신수질에서 분비되어 심혈관계와 호흡계에 영향을 미친다.
④ 글루카곤(glucagon)은 간과 근육에 당을 저장시켜 운동을 지속할 수 있게 한다.

15 〈보기〉의 모든 과정이 적용되는 인체 체액량 유지 호르몬은?

> • 운동 시 수분손실에 자극된다. • Na^+을 재흡수하여 수분 손실을 억제한다.
> • 부신피질에서 분비된다. • 표적기관은 신장이다.

① 코티졸(cortisol)
② 알도스테론(aldosterone)
③ 항이뇨호르몬(antidiuretic hormone)
④ 에피네프린(epinephrine)

16 호흡 시 혈액 내의 이산화탄소를 폐로 운반하는 방법이 아닌 것은?

① 혈장 내에 용해되어 운반
② 헤모글로빈과 결합하여 운반
③ 중탄산염(HCO_3^-) 형태로 운반
④ 미오글로빈(myoglobin)과 결합하여 운반

17 심혈관계에 대한 설명으로 옳은 것은?
① 혈액은 우심실에서 박출되어 인체의 모든 기관에 순환된다.
② 산소가 포화된 혈액은 폐정맥을 통해 좌심방으로 이동된다.
③ 폐순환은 산소를 인체의 모든 조직에 직접 전달하는 것이다.
④ 우심방으로 들어온 혈액은 우심실을 거쳐 바로 좌심방으로 이동된다.

18 운동 시 동정맥산소차에 대한 설명으로 옳은 것은?
① 동정맥산소차는 근육세포의 산소 소비량에 비례한다.
② 고강도 운동은 동정맥산소차를 감소시킨다.
③ 골격근의 모세혈관 분포의 증가는 동정맥산소차를 감소시킨다.
④ 동정맥산소차의 감소는 지구력을 증가시킨다.

19 고온 환경에서 운동 시 생리적 반응으로 옳지 않은 것은?
① 심부온도 증가　　　② 교감신경계 자극 증가
③ 심박수 감소　　　　④ 피부혈류량 증가

20 운동 시 체온조절에 관한 설명으로 옳은 것은?
① 체온조절은 뇌의 전두엽이 담당한다.
② 인체의 열생성을 위한 방법으로는 수의적인 운동이 유일하다.
③ 격렬한 운동으로 증가된 체온은 주로 땀의 증발을 통해 조절된다.
④ 운동 강도의 증가는 대류와 복사에 의한 열손실을 증가시킨다.

6과목　운동역학

1 운동역학 분야의 목적과 내용으로 옳지 않은 것은?
① 심폐지구력 향상 훈련법의 개발
② 스포츠 동작 신기술 개발을 통한 경기력 향상
③ 역학적 이해를 통한 스포츠 동작의 효율성 극대화
④ 스포츠 상황에서 역학적으로 발생하는 상해 원인 분석

2 해부학적 자세를 기준으로 발목관절(족관절 : ankle joint)의 바닥쪽 굽힘(족저굴곡 : plantar flexion)과 등쪽 굽힘(배측굴곡 : dorsiflexion)이 발생하는 면(plane)은?

① 수평면(horizontal plane)
② 전두면(frontal plane)
③ 대각면(diagonal plane)
④ 시상면(sagittal plane)

3 인체의 운동분석은 운동학(kinematics)과 운동역학(kinetics)으로 나눌 수 있다. 이에 대한 설명으로 옳지 않은 것은?

① 운동학 : 운동의 변위, 속도, 가속도를 기술
② 운동역학 : 속도를 기준으로 분석
③ 운동학 : 무게중심, 관절각 등을 기술
④ 운동역학 : 운동의 원인이 되는 힘을 측정

4 인체의 안정성에 대한 설명으로 옳은 것은?

① 기저면이 넓을수록 안정성은 향상된다.
② 100m 크라우칭스타트 자세는 안정성과 기동성을 모두 향상시킨다.
③ 몸무게가 무거울수록 안정성은 나빠진다.
④ 무게중심이 높을수록 안정성은 향상된다.

5 인체의 무게중심에 대한 설명으로 옳은 것은?

① 무게중심은 항상 불변이다.
② 두 사람의 몸무게가 같으면, 두 사람의 무게중심 위치는 항상 같다.
③ 무게중심은 토크(Torque)의 합이 0인 지점으로 회전균형을 이룬다.
④ 무게중심은 인체 외부에 위치할 수 없다.

6 가속도에 대한 설명으로 옳은 것은?

① 가속도는 시간의 변화에 따른 변위의 변화 정도이다.
② 가속도의 단위는 m/s이다.
③ 가속도의 방향은 속도의 방향과 항상 같다.
④ 가속도의 방향은 합력의 방향과 항상 같다.

7 힘(force)에 대한 설명으로 옳지 않은 것은?

① 힘은 움직임을 일으키는 원인이다.
② 힘의 3요소는 크기, 방향, 작용점이다.
③ 힘의 단위는 N(newton)이다.
④ 힘은 크기가 0보다 큰 스칼라(scalar)양이다.

8 운동 상황에서 선속도와 각속도에 대한 설명으로 옳은 것은?

① 야구 배트 헤드의 선속도는 배트의 각속도에 반비례한다.
② 테니스 라켓의 선속도 방향은 각속도 방향과 같다.
③ 팔꿈치를 펴면 배드민턴 라켓 헤드의 선속도가 증가한다(동일한 팔회전 각속도 조건).
④ 팔 길이가 짧을수록 야구공 릴리스 선속도가 크다(동일한 팔회전 각속도 조건).

9 운동량, 충격력, 충격량의 관계에 대한 설명으로 옳은 것은?

① 충격량은 질량이 변하지 않을 때 속도의 변화량에 비례한다.
② 동일한 충격량 생성 조건에서 접촉시간을 늘리면 충격력은 증가한다.
③ 운동량은 스칼라(scalar)양이다.
④ 운동량과 충격량의 단위는 다르다.

10 일(work)과 일률(power)을 계산하는 공식 중 옳지 않은 것은?

① 일 = (작용한 힘) × (힘 방향의 변위)
② 일률 = 일 / 시간
③ 일 = (작용한 힘) / (힘 방향의 변위)
④ 일률 = (작용한 힘) × (힘 방향의 속도)

11 운동 상황에서 측정된 지면반력에 대한 설명 중 옳은 것은?

① 달릴 때와 걸을 때 최대 수직 지면반력의 크기는 항상 같다.
② 인체가 수평 정지 상태에 있으면 수직 지면반력의 크기는 몸무게와 항상 같다.
③ 전진 보행에서 뒤꿈치가 지면에 닿을 때 발생하는 전후 지면반력은 추진력이다.
④ 수직점프할 때 반동동작은 수직 지면반력의 크기에 영향을 주지 않는다.

12 역학실험 장비로 맨손 스쿼트(squat) 동작을 분석하고자 한다. 다음에 제시된 분석 변인과 관련된 측정 장비의 순서가 바르게 나열된 것은?

측정 장비	분석 변인
㉠	무릎관절각, 엉덩관절각
㉡	압력중심궤적
㉢	넙다리네갈래근(대퇴사두근 : quadriceps femoris)의 활성치

	㉠	㉡	㉢
①	지면반력기	동작분석기	근전도장비
②	동작분석기	동작분석기	근전도장비
③	근전도장비	지면반력기	동작분석기
④	동작분석기	지면반력기	근전도장비

13 스키점프 동작에서 이륙 후 역학적 에너지에 대한 설명으로 옳지 않은 것은?(공기저항을 무시함)

① 역학적 에너지는 착지 직전까지 보존된다.
② 위치에너지는 수직 최고점에서 가장 작다.
③ 운동에너지는 착지 직전에 가장 크다.
④ 위치에너지는 수직 최고점에서 가장 크다.

14 운동 상황에서 회전축을 중심으로 발생하는 인체의 관성모멘트(moment of inertia)에 대한 설명으로 옳지 않은 것은?

① 피겨스케이트 트리플 악셀 점프에서 팔을 몸통으로 이동시키면 관성모멘트는 감소한다.
② 다이빙 동작에서 몸을 펴면 관성모멘트는 감소한다.
③ 야구 배팅 스윙에서 배트가 몸통 가까이에 붙어 회전하면 관성모멘트는 감소한다.
④ 달리기 동작에서 발 이륙 후 무릎을 접으면 하지의 관성모멘트는 감소한다.

15 농구 자유투의 투사체 운동에 대한 설명으로 옳은 것은?(공기저항을 무시함)

① 농구공 무게중심의 가속도는 수직하방으로 작용하는 중력가속도이다.
② 농구공 무게중심의 수평 가속도는 0m/s²이 아니다.
③ 농구공 무게중심의 속력(speed)은 일정하다.
④ 농구공 무게중심의 수평 속도는 최고점에서 0m/s가 된다.

16 운동 상황에서 운동량 보존과 전이에 대한 설명으로 옳지 않은 것은?(공기저항을 무시함)
① 다이빙의 공중 동작에서 각운동량은 보존된다.
② 체조 도마의 제2비약(도마이륙 후 착지 전까지 동작)에서 상·하체 각운동량의 합은 일정하지 않다.
③ 축구의 인프론트킥에서 발끝 속도는 몸통의 각운동량이 하지로 전이되어 발생한다.
④ 높이뛰기에서 이륙 후 인체의 총 각운동량은 일정하다.

17 목뼈(경추 : cervical vertebrae) 1번 관절에서 위쪽등세모근(상부승모근 : upper trapezius muscle)의 근력과 머리 하중이 형성하는 지레의 종류는?
① 1종 지레
② 2종 지레
③ 3종 지레
④ 해당 사항 없음

18 영상분석에서 사용하는 2차원과 3차원 분석법에 대한 설명 중 옳은 것은?
① 3차원 분석법에 요구되는 최소 카메라 수는 1대이다.
② 3차원 분석법은 2차원 분석법에서 발생하는 투시오차를 해결할 수 있다.
③ 체조의 비틀기 동작분석에서 2차원 분석법이 3차원 분석법보다 더 적절하다.
④ 2차원 분석법에서 하나의 인체 분절 정의에 필요한 최소 반사마커 수는 3개이다.

19 운동 상황에서 구심력과 원심력에 대한 설명으로 옳지 않은 것은?
① 해머던지기 선수는 원심력에 저항하기 위해 투척할 때 후경 자세를 취한다.
② 쇼트트랙 선수는 곡선주로에서 원심력을 줄이려고 왼손으로 빙판을 짚는 동작을 취한다.
③ 육상 선수는 곡선주로에서 원심력을 줄이기 위해 질주속도를 증가시킨다.
④ 벨로드롬 사이클 곡선주로에서 지면마찰력이 구심력으로 작용한다.

20 운동 상황에서 얻어진 물리량 중 단위가 다른 하나는?
① 야구에서 투수가 던진 공의 운동에너지
② 역도 인상에서 선수가 바벨을 들어올린 일률(power)
③ 높이뛰기에서 지면반력이 인체에 가하는 역학적인 일(work)
④ 장대높이뛰기에서 장대에 저장되는 탄성에너지

7과목 한국체육사

1 체육사에 대한 설명으로 옳지 <u>않은</u> 것은?
   ① 체육과 스포츠를 역사적 방법으로 연구하는 학문이다.
   ② 체육사상사, 스포츠문화사, 스포츠종목사 등의 연구 내용을 포함한다.
   ③ 스포츠행위의 옳고 그름에 대한 판단 기준을 제시하는 학문이다.
   ④ 연구 대상으로는 시간, 인간, 공간이 고려된다.

2 부족국가 시대의 신체활동에 대한 설명으로 옳지 <u>않은</u> 것은?
   ① 제천행사와 민속놀이가 있었다.
   ② 교육적 신체활동으로 궁술과 기마술이 있었다.
   ③ 생존과 연관된 사냥 활동이 있었다.
   ④ 신체미 숭배사상이 제천의식의 목적이었다.

3 〈보기〉의 괄호 안에 들어갈 공통된 용어는?

> 삼국시대에는 무사훈련을 위해 기마술과 (   )을(를) 매우 중요시하였다. 고구려의 경당에서는 (   )을(를) 교육하였으며, 백제 또한 (   )을(를) 임금이나 백성이 갖추어야 할 중요한 자질의 하나로 취급하였다.

   ① 검술   ② 축국
   ③ 활쏘기   ④ 각저

4 화랑도(花郎徒)에 대한 설명으로 옳지 <u>않은</u> 것은?
   ① 원효(元曉)의 세속오계(世俗五戒)를 기본 정신으로 하고 있다.
   ② 단체생활을 통해 심신을 연마하였다.
   ③ 편력(遍歷)이라는 야외교육활동을 수행하였다.
   ④ 풍류도(風流徒), 국선도(國仙徒), 원화도(源花徒)라고도 하였다.

5 삼국시대 민속스포츠에 대한 설명으로 옳은 것은?

① 쌍륙(雙六) : 공을 발로 차던 공차기 놀이임
② 축국(蹴鞠) : 변전, 편전, 편쌈이라고도 함
③ 각저(角抵) : 말을 타고 숟가락처럼 생긴 막대기로 공을 쳐서 상대방의 문에 넣는 놀이
④ 마상재(馬上才) : 말 위에서 여러 동작을 보이는 것으로 곡마, 말놀음, 말광대라고도 함

6 〈보기〉에서 제시한 고려시대 수박(手搏)에 대한 설명 중 바른 것만 묶인 것은?

> ㉠ 맨손으로 허리를 잡고 발을 이용하는 격투기이다.
> ㉡ 인재선발을 위한 기준이 되었다.
> ㉢ 썰렘(SSulrem), 쎄기유(SSegiyu), 삼보(Sambo)라고도 한다.
> ㉣ 수박희는 무신 반란의 주요 원인 중 하나였다.

① ㉠, ㉡ ② ㉠, ㉣
③ ㉡, ㉢ ④ ㉡, ㉣

7 고려시대 귀족의 민속놀이를 모두 고른 것은?

㉠ 격구(擊毬)	㉡ 투호(投壺)	㉢ 방응(放鷹)	㉣ 풍연(風鳶)

① ㉠ ② ㉠, ㉡
③ ㉠, ㉡, ㉢ ④ ㉠, ㉡, ㉢, ㉣

8 〈보기〉에서 설명하는 조선시대의 고등교육기관은?

> • 교육목표 중 덕의 함양을 위해 활쏘기를 실시하였다.
> • 육일각(六一閣)에서 대사례를 거행하였다.
> • 대사례에서 사용된 궁은 예궁(禮弓) 또는 각궁(角弓)이었다.

① 향교(鄕校) ② 성균관(成均館) ③ 대학(大學) ④ 국학(國學)

9 조선시대 체육활동에 대한 설명으로 옳은 것은?

① 방응(放鷹) : 타구, 방희 등으로 혼용하여 사용되었다.
② 편사(便射) : 단체전으로 경기적인 궁술대회를 의미한다.
③ 석전(石戰) : 오늘날 폴로(Polo)와 유사한 형태이다.
④ 활인심방(活人心方) : 중국의 주권이 저술한 책을 율곡 이이가 도입하였다.

10 조선시대의 민속놀이와 오락에 대한 설명으로 옳은 것은?

① 기풍의례(祈豊儀禮)로서 장치기, 바둑, 장기 등을 행하였다.
② 세시풍속은 농경문화를 반영하고 있어 농경의례라고도 한다.
③ 정초 새해 길흉을 점치기 위한 놀이로 줄다리기를 행하였다.
④ 도판희(跳板戱)와 추천(鞦韆)은 남성 중심의 민속놀이였다.

11 고종(高宗)이 반포한 교육입국조서(敎育立國詔書)와 관련된 내용으로 옳지 않은 것은?

① 교육입국조서는 1895년에 반포되었다.
② 소학교 및 고등과정에 체조가 정식과목으로 채택되는 데 영향을 주었다.
③ 교육의 기회가 전 국민적으로 확대되는 데 기여하였다.
④ 덕양(德養), 지양(智養)보다 체양(體養)을 강조하였다.

12 개화기 운동회에 대한 설명으로 옳지 않은 것은?

① 초창기 운동회에서 실시된 종목은 주로 구기종목이었다.
② 영어학교나 기독교계 학교를 중심으로 운동회가 확산되었다.
③ 학생대항, 마을대항과 같은 단체전 중심이었다.
④ 우리나라 최초의 운동회는 화류회(花柳會)이다.

13 근대식 학교인 원산학사에 대한 설명으로 옳은 것은?

① 1885년 아펜젤러가 설립하였다.
② 조선의 신교육을 위하여 일본인들이 설립한 학교이다.
③ 동래 무예학교의 영향을 받았으며 무사양성 교육에 힘썼다.
④ 오늘날 경신중·고등학교의 전신으로 '오락'이라는 체조시간이 배정되었다.

14 YMCA가 우리나라 체육에 끼친 영향으로 옳지 않은 것은?

① 전통스포츠의 보급 및 확산을 통한 민족의식 고양에 힘썼다.
② 야구, 농구, 배구 등과 같은 서구 스포츠를 우리나라에 소개했다.
③ YMCA의 조직망을 통해 스포츠를 전국으로 확산시키는 데 기여했다.
④ 많은 스포츠 종목의 지도자를 배출하였다.

15 민족말살기(1931~1945) 학교체육에 대한 내용으로 옳은 것은?

① 보통체조와 병식체조 중심에서 스웨덴체조로 전환되었다.
② 경쟁유희, 발표동작유희, 행진유희 등 일본식 유희가 도입되었다.
③ 일본에 의해 황국신민체조가 도입되었다.
④ 제2차 조선교육령을 통해 스포츠와 유희를 중심으로 전개되었다.

16 일제강점기 근대 스포츠 도입에 대한 설명으로 옳은 것은?

① 스키는 조선철도국에 의해 소개되었다.
② 배구는 YMCA 체육부에 의해 소개되었다.
③ 럭비는 일본인 체육교사 나카무라에 의해 소개되었다.
④ 골프는 서상천에 의해 소개되었다.

17 광복 이후 개최된 올림픽경기대회에서 최초로 금메달을 획득한 선수와 종목이 바르게 연결된 것은?

① 김원기–레슬링
② 양정모–레슬링
③ 김성집–역도
④ 서윤복–마라톤

18 1970년대 실시한 체력장 제도에 대한 설명으로 옳지 않은 것은?

① 국민체력검사표준위원회에서 기준과 종목을 선정하였다.
② 체력증진이라는 교육 목적으로 전국적으로 실시되었다.
③ 입시과열 현상 등 부작용이 발생하였다.
④ 기본운동과 구기운동 종목으로 구성되었다.

19 오늘날 전국체육대회의 효시는?

① 전조선축구대회
② 전조선야구대회
③ 전조선육상대회
④ 전조선정구대회

20 〈보기〉의 내용이 연대순으로 바르게 연결된 것은?

| ㉠ 서울하계올림픽경기대회 개최 | ㉡ 국민체육진흥법 공포 |
| ㉢ 한국프로야구 출범 | ㉣ 태릉선수촌 건립 |

① ㉡–㉣–㉢–㉠
② ㉢–㉡–㉣–㉠
③ ㉣–㉡–㉢–㉠
④ ㉣–㉢–㉡–㉠

2018 2급 생활·전문스포츠지도사

1과목 스포츠 교육학

1 문제 해결 중심의 지도에 활용할 수 있는 체육수업 모형이나 방식으로 적절한 것은?
① 적극적 교수
② 직접교수모형
③ 탐구수업모형
④ 상호학습형 스타일

2 〈보기〉에서 괄호 안에 알맞은 용어는?

> 진보주의 교육이론은 신체와 정신은 서로 분리될 수 없으며, 모든 교육적 활동은 지적, 도덕적, 신체적 결과를 동시에 가져다준다는 것을 강조한다. 이 이론은 체육 교육의 목적이 '체조 중심의 체육'에서 (   )으로 전환되는 철학적 근거를 마련해 주었다.

① 신체를 통한 교육
② 체력 중심의 교육
③ 신체의 교육
④ 움직임 교육

3 초등학교 스포츠 강사의 역할에 대한 설명으로 옳지 않은 것은?
① 학교스포츠클럽 및 방과 후 체육활동 등을 지도한다.
② 담임교사의 보조를 받아 초등학교 정규 체육수업을 주도적으로 지도한다.
③ 체육수업에 대한 흥미를 유발하고 즐거운 경험의 기회를 제공한다.
④ 학교스포츠클럽 리그 및 토너먼트 경기를 기획하고 운동 프로그램을 개발한다.

4 스포츠 인성교육 조건에 대한 설명으로 적절하지 않은 것은?
① 스포츠 활동에서 바람직한 행동을 지속적으로 반복하도록 한다.
② 학습자가 올바른 도덕적 의식을 가지고 자율적으로 실천하도록 한다.
③ 지도자가 바람직한 인성의 역할 모델로서 스포츠맨십의 모범을 보여준다.
④ 스포츠 활동과 인성의 요소를 독립적으로 구분하여 지도한다.

5 〈보기〉는 생활체육 참여자가 지도자의 자질을 평가하는 도구이다. 이 평가 도구의 명칭은?

평가 요소		매우 만족	만족	보통	불만족	매우 불만족
안전 관리	운동상해 예방 및 관리, 안전사고 대응 지식					
시설 관리	시설, 운동기구의 배치 및 관리 지식					
의사소통	참가자를 대상으로 한 운동 상담 기본 지식					

① 보고서　　② 루브릭　　③ 평정척도　　④ 학습자 일지

6 〈보기〉의 스포츠 지도를 위한 준비 단계에 대한 설명 중 옳은 것을 모두 고른 것은?

> ㉠ 지도자는 자신이 가르칠 수 있는 내용의 수준이 어느 정도인지 고려한다.
> ㉡ 학습자의 성취 결과뿐만 아니라 향상 정도를 평가할 수 있는 방법을 계획한다.
> ㉢ 지도의 목표가 모방일 경우에는 지시자, 창조일 경우에는 촉진자의 역할이 필요하다.
> ㉣ 행동 목표는 운동 수행 조건, 성취 행동, 운동 수행 기준을 고려하여 설정한다.

① ㉠　　② ㉠, ㉡　　③ ㉠, ㉡, ㉢　　④ ㉠, ㉡, ㉢, ㉣

7 학습자의 부적절한 행동을 감소시키는 전략의 명칭과 사례가 바르게 연결된 것은?
① 신호 간섭(signal interference) – 지도자가 옆 사람과 잡담하는 학습자에게 가까이 다가간다.
② 접근 통제(proximity control) – 동료의 연습을 방해하는 학습자를 일정 시간 동안 연습에 참여시키지 않는다.
③ 삭제 훈련(omission training) – 운동 기구 정리를 잘 하지 않는 학습자에게 기구 정리를 반복하여 연습시킨다.
④ 보상 손실(reward cost) – 연습 시간에 계속 지각하는 학습자의 경기 출전권을 제한한다.

8 학교체육진흥법의 주요 내용 중 옳지 않은 것은?

① 학교의 장은 학교운동부 운영의 투명성을 위해 기숙사를 운영할 수 없다.
② 학교의 장은 학생선수의 최저학력이 보장될 수 있도록 노력해야 하며, 경기대회 출전을 제한할 수 있다.
③ 기초학력보장 프로그램의 운영 등에 필요한 사항은 교육부령으로 정한다.
④ 국가 및 지방자치단체는 예산의 범위에서 학교운동부 운영과 관련된 경비를 지원할 수 있다.

9 〈보기〉의 사업을 포함하는 생활체육 활성화 정책은?

> • 행복 나눔 스포츠 교실
> • 스포츠강좌이용권 사업
> • 스포츠 버스(bus)를 활용한 움직이는 체육관 및 작은 운동회

① 소외계층 체육 진흥정책
② 동호인 체육 진흥정책
③ 직장체육 진흥정책
④ 유아체육 진흥정책

10 스포츠 지도 시 주의 집중 전략으로 적절하지 않은 것은?

① 주위가 소란할 때는 학습자와 사전에 약속된 신호를 사용하는 것이 필요하다.
② 학습자의 주의가 기구에 집중되면, 기구를 정리한 후 집합하여 설명하는 것이 좋다.
③ 학습자의 주의를 집중하기 위해 가능하면 지도자는 햇빛을 등지고 설명한다.
④ 학습자가 설명을 정확하게 이해하도록 지도자는 학습자 가까이에서 설명하는 것이 좋다.

11 〈보기〉에 ㉠, ㉡의 용어가 바르게 묶인 것은?

> 2015 초·중등학교 교육과정 총론에 의하면, 중학교 '학교스포츠클럽 활동'은 정규교육과정의 (㉠)에 편제되어 있지 않으며, (㉡)의 동아리활동에 매학기 편성하도록 하고 있다.

	㉠	㉡
①	교과 활동	재량 활동
②	비교과 활동	창의적 체험활동
③	비교과 활동	재량 활동
④	교과 활동	창의적 체험활동

12 개별화지도모형에 대한 설명으로 옳은 것은?
① 학생의 학습 과제는 사전에 계열화되지 않는다.
② 학습 진도가 빠른 학생은 지도자의 동의 없이 진도를 나갈 수 있다.
③ 학습영역의 우선순위는 인지적, 심동적, 정의적 영역의 순이다.
④ 지도자는 운영 과제 전달 시 미디어 사용을 자제하고, 학습 과제 정보 전달 시간을 늘린다.

13 학습자에게 지도 과제를 전달하는 방법에 대한 설명으로 적절하지 않은 것은?
① 스포츠 경험이 많지 않은 학습자에게는 구체적인 언어 전달이 필요하다.
② 과제 전달의 효율성을 높이려면 학습 단서의 수가 많을수록 좋다.
③ 개방 기능의 단서는 복잡한 환경을 폐쇄 기능의 연습 조건 수준으로 단순화시켜 제공한다.
④ 집중력이 높지 않은 어린 학습자에게는 말이나 행동 정보 외에 매체를 활용하면 효과적이다.

14 〈보기〉의 수업 장면에서 활용된 모스턴(M. Mosston)의 교수 스타일에 대한 설명으로 적절하지 않은 것은?

> • 운동 종목 : 축구
> • 학습 목표 : 수비수를 넘겨 멀리 인프런트킥으로 패스하기
> • 수업 장면
> 　지도자 : 네 앞에 수비가 있을 때, 멀리 있는 동료에게 패스하려면 어떻게 킥을 해야 할까?
> 　학습자 : 수비수를 피해 공이 높이 뜨도록 차야 해요.
> 　…(중략)…
> 　지도자 : 그럼, 달려가면서 발의 어느 부분으로 공의 밑 부분을 차면 멀리 보낼 수 있을까?
> 　학습자 : 발등과 발 안쪽의 중간 지점이요(손으로 신발 끈을 묶는 곳을 가리킨다).
> 　지도자 : 좋은 대답이야. 그럼. 우리 한 번 수비수를 넘겨 킥을 해볼까?

① 지도자는 미리 예정되어 있는 해답을 학생에게 직접적으로 전달한다.
② 지도자는 논리적이며 계열적인 질문을 설계해야 한다.
③ 지도자는 질문(단서)에 대한 학습자의 해답(반응)을 검토하고 확인한다.
④ 지도자와 학습자가 지속적으로 상호작용하며 의사 결정을 내린다.

15 〈보기〉에서 설명하는 슬라빈(R. Slavin)의 협동학습모형의 개념은?

> 모든 팀원의 수행이 팀 점수 또는 평가에 포함되기 때문에 모든 학습자는 팀의 과제 수행을 위해 노력해야 한다.

① 평등한 기회 제공　② 팀 보상　③ 개인 책무성　④ 팀워크

16 〈보기〉는 김 감독과 강 코치의 대화이다. ㉠에서 강 코치가 고려하지 못한 학습자 상태와 ㉡에 해당하는 적절한 교사 지식이 바르게 묶인 것은?

> 김 감독 : 요즘 강 코치님 팀 선수들 지도에 어려움은 없는지요?
> 강 코치 : 감독님. ㉠ 제가 요즘 우리 팀 승리에 집착하다 보니 초보 선수들에게도 너무 어려운 기능을 가르친 것 같습니다.
> 김 감독 : ㉡ 그럼, 선수들의 수준에 맞게 적절한 기능을 선정하고 가르칠 수 있는 방법을 함께 생각해 봅시다.

       ㉠   ㉡
① 체격 및 체력   지도 방법 지식
② 기능 수준   지도 방법 지식
③ 체격 및 체력   내용 교수법 지식
④ 기능 수준   내용 교수법 지식

* 지도 방법 지식 : general pedagogical knowledge
* 내용 교수법 지식 : pedagogical content knowledge

17 〈보기〉에서 A 회원이 제안한 내용에 적절한 생활체육 프로그램 유형과 교육 모형(instructional model)이 바르게 묶인 것은?

> 회　　장 : 우리 축구 동호회는 너무 기술이 좋은 사람들 위주로만 경기를 하는 것 같습니다. 회원 모두가 즐겁게 참여할 수 있는 방법이 없을까요?
> A 회원 : 전체 회원을 기능이 비슷한 몇 개 팀으로 나눠서 리그전을 하면 됩니다. 회원과 팀의 공식 기록도 남기고, 시상도 하면 어떨까요? 그리고 팀마다 코치, 심판, 기록원, 해설가 등의 역할을 맡도록 하면 모두가 실력에 상관없이 다양한 활동을 체험하며, 친목도 도모할 수 있을 것 같습니다.

① 축제형, 스포츠교육모형
② 강습회형, 스포츠교육모형
③ 강습회형, 협동학습모형
④ 축제형, 협동학습모형

18 〈보기〉에서 설명하는 협동학습모형의 교수 전략은?

> • 지도자는 학습자를 몇 개 팀으로 나누고, 각 팀마다 학습 과제를 분배한다(테니스의 경우, A팀은 포핸드 스트로크, B팀은 백핸드 스트로크, C팀은 발리, D팀은 서비스).
> • 각 팀의 모든 팀원들은 팀에 할당된 과제를 익힌 후, 다른 팀에게 해당 과제를 가르친다.

① 학생 팀-성취 배분(STAD)
② 직소(Jigsaw)
③ 팀 게임 토너먼트(TGT)
④ 팀-보조 수업(TAI)

19 〈보기〉에 해당하는 스포츠 창의성의 요소로 가장 적절한 것은?

> 농구 경기에서 상대팀의 기능이 우수한 센터를 방어하기 위해 팀원들이 기존의 수비법을 변형하고 대인 방어와 지역 방어를 혼합한 수비법을 즉흥적으로 구상하여 적용한다.

① 표현적 창의력
② 전술적 창의력
③ 기능적 창의력
④ 심미적 창의력

20 〈보기〉에서 지용이가 학교스포츠클럽 활동을 통해 얻은 교육적 가치로 가장 적절한 것은?

> 지용이는 학교스포츠클럽 농구팀에 소속되어 다양한 대회에 참여하면서 경기 규칙을 준수하고, 친구들과 서로 협동하고 배려하는 행동을 보여주었다.

① 신체적 가치
② 인지적 가치
③ 정의적 가치
④ 기능적 가치

2과목 스포츠 사회학

1 〈보기〉의 ㉠, ㉡에 알맞은 용어는?

> 친구들과 개울가에서 물장구를 치면서 장난을 하는 경우 (㉠)의 한 형태가 되지만, 제도화된 규칙하에서 상대방과 경쟁하는 수영은 (㉡)(이)라고 할 수 있다.

	㉠	㉡
①	놀이	스포츠
②	놀이	게임
③	게임	놀이
④	스포츠	게임

2 학원 스포츠의 정상화를 위한 정책으로 적절하지 <u>않은</u> 것은?
① 초·중학교 상시 합숙 제도
② 주말리그제 시행
③ 학교운동부 운영 투명화
④ 최저 학력 기준 설정

3 국제정치에서의 스포츠 역할 중 〈보기〉의 설명에 해당하는 것은?

> 2018 평창동계올림픽에서 남북한 여자 아이스하키 단일팀이 구성되었으며, 이를 계기로 그동안 중단되었던 남북교류가 다시 활성화되고 있다.

① 외교적 항의
② 국가 경제력 표출
③ 외교적 친선 및 승인
④ 갈등 및 전쟁의 촉매

4 상업주의 스포츠 출현 및 발전의 사회·경제적 조건에 해당되지 <u>않는</u> 것은?
① 인구의 고령화
② 스포츠 기반 시설 구축을 위한 거대자본
③ 인구가 밀집되어 있는 도시
④ 자본주의적 시장경제 체제

5 스포츠 미디어에 내포된 이데올로기와 이를 보도하는 방식이 바르게 연결된 것은?

① 국가주의 이데올로기 – 특정 선수만이 아닌 모든 선수를 함께 부각하여 보도
② 젠더 이데올로기 – 여성 선수의 탁월한 기량에 초점을 두어 보도
③ 자본주의 이데올로기 – 경제적 가치를 중시하여 스포츠의 소비를 유도하는 보도
④ 개인주의 이데올로기 – 결과만을 중시하고 항상 승자의 시각에서 보도

6 머튼(R. K. Merton)의 아노미(anomie) 이론에서 일탈행동에 대한 적응 형태와 특징이 바르게 연결된 것은?

① 반란(반역)주의 – 스포츠에서 이기기 위해서는 수단과 방법을 가리지 않아야 한다고 생각한다.
② 도피주의 – 스포츠에서는 승패보다 규칙을 지키며 참가하는 데 가치가 있다고 생각한다.
③ 혁신주의 – 기존의 스포츠를 거부하고 새로운 형태의 스포츠를 개발해야 한다고 생각한다.
④ 동조주의 – 스포츠에서는 규칙을 준수하면서 이기는 것이 중요하다고 생각한다.

7 선수 개인의 사생활이나 비공식적인 내용을 중심으로 대중을 자극하고 호기심에 호소하는 흥미 위주의 스포츠 관련 보도를 지칭하는 용어는?

① 팩 저널리즘(pack journalism)
② 옐로 저널리즘(yellow journalism)
③ 하이에나 저널리즘(hyena journalism)
④ 뉴 저널리즘(new journalism)

8 투민(M. M. Tumin)의 스포츠계층 형성 과정 중 〈보기〉의 설명에 해당되는 것은?

> 축구에서 우수한 미드필더 자원이 되기 위해서는 체격, 체력, 순발력 등의 뛰어난 신체적 능력뿐 아니라 경기의 흐름을 읽고 조율할 수 있는 통찰력 등 탁월한 개인적 특성을 갖추고 있어야 한다.

① 평가　　　　　　　　② 지위의 분화
③ 보수 부여　　　　　　④ 지위의 서열화

9 〈보기〉의 내용에 나타나는 스포츠의 사회적 기능으로 옳은 것은?

> 올림픽에서 농구 주전선수인 ○○이는 1차전 경기에서 어깨에 심각한 부상을 입었다. 그러나 팀의 승리와 메달 획득 때문에 감독은 응급처치 후 ○○이를 다시 경기에 출전하도록 강요하였고 이후 부상이 심각해져서 결국 입원하게 되었다.

① 사회통제 기능　　　　② 사회차별 기능
③ 신체소외 기능　　　　④ 신체적응 기능

10 정치의 스포츠 이용 방법은 일련의 과정을 거쳐 발현되는데, 다음 설명 중 옳지 않은 것은?
① 상징은 직접 자각할 수 없는 의미나 가치 등을 유사적인 표현을 사용해 구상화하는 것을 의미한다.
② 상징의 과정을 통해 대중은 선수나 팀을 자신과 일체시킨다.
③ 상징과 동일화의 효과를 극대화하기 위한 행위는 조작이다.
④ 상징, 동일화, 조작은 일련의 과정이지만 동시다발적으로 발생하기도 한다.

11 스포츠 현장에서 발생하는 일탈적 부정행위가 아닌 것은?
① 상대방의 심리적 불안을 초래하는 과도한 야유
② 경기력 향상을 위한 금지약물 복용
③ 상급학교 진학을 위한 승부조작
④ 승리를 위한 심판 매수 및 금품 제공

12 스포츠계층의 특성 중 '보편성(편재성)'의 사례로 적절하지 않은 것은?
① 스포츠는 인기종목과 비인기종목으로 구분된다.
② 태권도, 유도는 승단체계에 따라 종목 내 계층이 형성된다.
③ 프로스포츠 태동 이후 운동선수들의 지위가 향상되고 있다.
④ 종합격투기는 체급에 따라 대전료와 중계권료 등에 차등이 있다.

13 아래 내용에 나타나는 스포츠의 교육적 역기능을 〈보기〉에서 찾아 바르게 묶은 것은?

> ○○이는 초등학교에서 씨름선수로 활약하면서 늘 좋은 성적을 내는 상위권 선수였다. 학교의 명성을 높이려는 A중학교에서 메달을 따는 조건으로 ○○이에게 장학금 형태의 학비 보조, 숙식 제공 및 학업성적 보장을 해주겠다며 스카우트 제의가 들어왔다. 그래서 ○○이는 A중학교로 진학하기로 결정했다.

㉠ 승리지상주의 　　　　　㉡ 학원 스포츠의 상업화
㉢ 일탈과 부정행위 　　　　㉣ 참여 기회의 제한
㉤ 학업에 대한 편법과 관행　㉥ 비인간적 훈련

① ㉠, ㉢, ㉤, ㉥
② ㉠, ㉡, ㉢, ㉤
③ ㉡, ㉢, ㉣, ㉤
④ ㉡, ㉢, ㉤, ㉥

14 〈보기〉에서 설명하는 케년(G. Kenyon)의 스포츠 참가(참여)의 유형은?

> 실제 스포츠에 참가하지는 않지만 간접적으로 특정 선수나 팀 또는 경기상황에 대해 감정적인 태도나 성향을 표출하는 참가

① 행동적 참가　　　　　　② 인지적 참가
③ 일탈적 참가　　　　　　④ 정의적 참가

15 〈보기〉에서 대중매체가 스포츠에 미치는 영향으로만 바르게 묶인 것은?

> ㉠ 미디어 보급 및 확산　　　㉡ 경기규칙과 경기일정 변경
> ㉢ 스포츠 인구 증가　　　　㉣ 스포츠 용구의 변화
> ㉤ 미디어 기술의 발달　　　㉥ 새로운 스포츠 종목 창출

① ㉠, ㉡, ㉣, ㉥
② ㉡, ㉢, ㉤
③ ㉠, ㉢, ㉣
④ ㉡, ㉢, ㉣, ㉥

16 〈보기〉와 같이 스포츠의 세계화로 인해 파생되는 현상은?

> 최근 들어 우리나라 야구, 축구 선수들의 해외리그 진출이 증가하고 있다. 또한 우리나라에도 축구, 농구, 배구 등에서 많은 외국선수들이 활동하고 있다.

① 스포츠 국수주의　　　　② 스포츠 노동이주
③ 스포츠 민족주의　　　　④ 스포츠 제국주의

17 〈보기〉의 내용에 해당하는 스포츠 사회화 과정의 특징으로 옳은 것은?

> ○○이는 어린이날에 야구를 좋아하는 삼촌을 따라 처음으로 야구장에 가게 되었다. 처음 보는 현장 경기에서 실제로 본 선수들의 모습이 너무 멋있었다. 다음 날 부모님을 졸라 주변에 있는 리틀 야구단에 입단하였다.

① 스포츠 경험을 통해 자신이 속한 특정 사회의 가치, 태도, 행동양식을 습득하는 과정
② 사회화 주관자나 준거집단의 영향을 수용하여 스포츠에 참가하게 되는 과정
③ 스포츠를 통해서 페어플레이, 바람직한 시민의식 같은 인성·도덕적 성향이 함양되는 과정
④ 스포츠 활동에서 학습한 기능, 특성 등이 다른 사회현상으로 전이 또는 일반화되는 과정

18 상업화에 따른 스포츠의 변화 중 관중의 흥미를 극대화하기 위한 구조(규칙) 변화의 사례로 옳지 않은 것은?

① 배구의 랠리포인트 시스템　　② 농구의 공격시간 제한
③ 테니스의 타이브레이크 시스템　　④ 야구의 신생팀 창단 제한

19 〈보기〉에서 스포츠 일탈의 역기능을 모두 고른 것은?

> ㉠ 스포츠의 공정성 및 질서체계 훼손
> ㉡ 스포츠 참가자의 사회화에 부정적인 영향
> ㉢ 사회적 안전판의 기능
> ㉣ 고정관념에서 벗어나는 창의적 기회

① ㉠　　② ㉠, ㉡
③ ㉠, ㉡, ㉢　　④ ㉠, ㉡, ㉢, ㉣

20 〈보기〉의 내용에 해당하는 스포츠 사회화의 주관자는?

> 박태환 선수의 올림픽 금메달 획득 장면이 언론에 집중적으로 보도되자 국내 수영장에는 많은 어린이들의 수영강습 신청에 대한 문의가 증가했다.

① 지역사회　　② 또래 친구　　③ 대중매체　　④ 학교

3과목　스포츠 심리학

1 〈보기〉의 괄호 안에 들어갈 스포츠 심리학의 하위 영역이 바르게 나열된 것은?

> • (㉠)은 지속적인 운동 참여와 그것을 통해 얻을 수 있는 개인의 정신건강에 관한 연구 분야
> • (㉡)은 운동행동이 연령에 따라 계열적이고 연속적으로 변해가는 과정에 관한 연구 분야

	㉠	㉡
①	응용스포츠심리학	운동발달
②	건강운동심리학	운동발달
③	건강운동심리학	운동학습
④	응용스포츠심리학	운동학습

2 〈보기〉에서 경쟁불안이 일어나는 원인으로만 나열된 것은?

㉠ 실패에 대한 두려움	㉡ 적절한 목표 설정
㉢ 높은 성취 목표 성향	㉣ 승리에 대한 압박

① ㉠, ㉢
② ㉢, ㉣
③ ㉠, ㉣
④ ㉡, ㉢

3 〈보기〉의 대화 내용 중 지도자의 설명과 관련된 불안이론은?

> 선　수 : 감독님! 시합이 다가오니 초조하고 긴장이 되어 잠이 오질 않습니다.
> 지도자 : 영운아! 시합이 다가오면 누구나 불안을 느끼지만, 불안을 어떻게 해석하느냐에 따라 경기수행이 달라지는 거야! 시합을 좀 더 긍정적이고 희망적인 것으로 해석하도록 노력하렴! 나는 너를 믿는다!

① 추동(욕구) 이론(drive theory)
② 카타스트로피 이론(catastrophe theory)
③ 심리 에너지 이론(mental energy theory)
④ 최적수행지역 이론(zone of optimal functioning theory)

4 〈보기〉에서 설명하는 심상효과와 관련된 이론은?

> • 운동선수가 특정 움직임을 상상할 때, 뇌에서는 실제 움직임이 일어날 때와 유사한 반응이 발생한다.
> • 어떤 동작을 생생하게 상상하면 실제 동작과 유사한 근육의 미세 움직임이 일어난다.

① 상징학습 이론(symbolic learning theory)
② 간섭 이론(interference theory)
③ 정보처리 이론(information processing theory)
④ 심리신경근 이론(psychoneuromuscular theory)

5 〈보기〉에서 설명하는 사회적 태만 현상의 동기(motivation) 손실 원인은?

> 영운이는 친구들과 줄다리기를 할 때, 자신의 힘은 전혀 쓰지도 않고 친구들의 노력에 편승해서 경기에 이기려는 모습을 보이고 있다.

① 할당 전략(allocation strategy)
② 무임승차 전략(free ride strategy)
③ 최소화 전략(minimizing strategy)
④ 반무임승차 전략(sucker strategy)

6 〈보기〉의 쉘라두라이(P. Chelladurai) 다차원 리더십 모형에서 제시하는 리더행동이 바르게 나열된 것은?

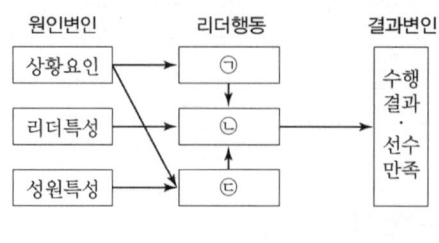

	㉠	㉡	㉢
①	규정행동	선호행동	실제행동
②	규정행동	실제행동	선호행동
③	선호행동	실제행동	규정행동
④	선호행동	규정행동	실제행동

7 운동과 정신건강의 관계를 바르게 설명한 것은?
① 규칙적인 운동은 불안의 감소와 상관이 없다.
② 규칙적인 운동은 인지능력 개선에 효과가 없다.
③ 규칙적인 걷기는 상태불안을 증가시킨다.
④ 유·무산소성 운동은 우울증을 감소시키는 효과가 있다.

8 사회적 지지 유형 중 다른 사람을 격려하고 걱정하는 과정에서 생기는 지지는?
① 정서적 지지　　　　　　② 도구적 지지
③ 비교 확인 지지　　　　　④ 정보적 지지

9 〈보기〉의 상황에 해당하는 니드퍼(R. M. Nideffer)의 주의 유형으로 가장 적절한 것은?

> 사격선수인 효운이는 시합에서 오로지 표적을 바라보며 조준하고 있다.

① 넓은-내적　　　　　　② 좁은-내적
③ 넓은-외적　　　　　　④ 좁은-외적

10 〈보기〉에서 설명하는 홀랜더(E. P. Hollander)의 성격구조는?

- 깊숙이 내재되어 있는 실제 이미지를 의미한다.
- 자아, 태도, 가치, 흥미, 동기 등을 포함한다.
- 일관성이 가장 높다.

① 심리적 핵 ② 전형적 역할
③ 역할행동 ④ 전형적 반응

11 프로차스카(J. O. Prochaska)의 운동행동변화 단계이론에 대한 설명으로 옳지 않은 것은?

① 무관심단계 : 현재 운동을 하고 있지 않으며 6개월 이내에도 운동을 시작할 의도가 없다.
② 관심단계 : 현재 운동을 하고 있지 않지만 6개월 이내에 운동을 시작할 의도가 있다.
③ 준비단계 : 현재 운동을 하고 있지만 운동 가이드라인을 충족하지 못하는 수준이다.
④ 실천단계 : 운동 가이드라인을 충족하는 수준의 운동을 6개월 이상 해왔다.

12 〈보기〉에서 공통적으로 제공하고 있는 피드백은?

- 육상 : 경기 장면을 담은 영상을 보고 무릎의 동작을 수정하였다.
- 테니스 : 코치가 "체중 이동이 빠르다"라는 정보를 제공하였다.

① 내재적 피드백(intrinsic feedback)
② 고유감각 피드백(proprioceptive feedback)
③ 보강적 피드백(augmented feedback)
④ 바이오피드백(biofeedback)

13 〈보기〉에 제시한 피츠(P. Fitts)와 포스너(M. Posner)의 운동 학습 단계와 설명이 바르게 나열된 것은?

운동 학습 단계	ⓐ 인지단계 ⓑ 연합단계 ⓒ 자동화단계
설명	㉠ 동작 실행 시 의식적 주의가 거의 필요 없으며 정확성과 일관성이 매우 높다. 동작에 대한 오류를 탐지하고 수정할 수 있는 능력이 있다. ㉡ 학습해야 할 운동기술의 특성을 이해하고 그 과제를 수행하기 위한 전략을 개발한다. 오류 수정 능력을 갖추지 못했기 때문에 운동 수행 시 일관성이 부족하다. ㉢ 과제에 대한 전략을 선택하고 잘못된 수행에 대한 해결책을 찾아 나갈 수 있게 된다. 동작의 일관성이 점점 좋아진다.

① ⓐ-㉠, ⓑ-㉡, ⓒ-㉢ ② ⓐ-㉡, ⓑ-㉠, ⓒ-㉢
③ ⓐ-㉢, ⓑ-㉡, ⓒ-㉠ ④ ⓐ-㉡, ⓑ-㉢, ⓒ-㉠

14 시기별 운동 발달 단계가 바르지 않은 것은?

① 유아기 – 반사 움직임 단계
② 아동기 – 스포츠 기술 단계
③ 청소년기 – 성장과 세련 단계
④ 성인 초기 – 최고 수행 단계

15 〈보기〉에서 설명하고 있는 운동제어 이론은?

> - 유기체, 환경, 과제의 상호작용 속에서 자기조직의 원리와 비선형성의 원리에 의해 인간의 운동이 생성되고 조절된다.
> - 일반화된 운동 프로그램과 같은 기억표상의 구조가 필요하지 않다고 주장한다.

① 정보 처리 이론(information processing theory)
② 도식 이론(schema theory)
③ 다이내믹 시스템 이론(dynamic systems theory)
④ 폐쇄회로 이론(closed-loop theory)

16 〈보기〉는 맥락 간섭 효과를 유발하는 연습 방법에 대한 내용이다. 괄호 안에 들어갈 용어가 바르게 나열된 것은?

> 스포츠지도사인 류현진은 야구 수업에서 오버핸드(A), 사이드 암(B), 언더핸드(C) 던지기 동작을 지도하기 위해 2가지 연습 방법을 계획하였다. (㉠) 연습은 ABC 던지기 동작을 각각 10분씩 할당하여 연습하게 하는 것이고 (㉡) 연습은 30분 동안 ABC 던지기 동작을 순서 없이 무작위로 연습하는 것이었다.
> ※ 야구 수업 연습 구성의 예
> [방법 1] (㉠) 연습 : AAAAA(10분) → BBBBB(10분) → CCCCC(10분)
> [방법 2] (㉡) 연습 : ACBABACABCBACBC(30분)

	㉠	㉡
①	분단(blocked)	무선(random)
②	분단(blocked)	계열(serial)
③	분산(distributed)	무선(random)
④	분산(distributed)	계열(serial)

17 데시(E. L. Deci)의 인지평가이론에 대한 내용이 아닌 것은?

① 칭찬과 같은 긍정적 정보를 제공하면 유능성이 향상되어 내적 동기가 증가한다.
② 부정적 피드백을 제공하면 유능성이 낮아져 내적 동기가 감소된다.
③ 지도자의 일방적 지시는 자결성을 낮추어 내적 동기를 감소시킨다.
④ 선수들이 스스로 의사결정을 하게 되면 유능성이 향상되어 내적 동기가 증가한다.

18 <보기>에서 설명하는 가설은?

> 운동이 우울증에 긍정적 효과가 있는 이유는 세로토닌, 노에피네프린, 도파민과 같은 뇌의 신경 전달 물질의 변화 때문이다. 즉, 운동을 하면 신경원에 의한 신경 전달 물질의 분비와 수용이 촉진되어 신경원 간의 의사소통이 향상된다.

① 생리적 강인함 가설
② 모노아민 가설
③ 사회심리적 가설
④ 열발생 가설

19 <보기>에 제시된 내용과 관련된 반두라(A. Bandura)의 자기효능감 향상 요인은?

> - 자신이 판단하기에 기술적으로 과거보다 향상되었음을 느꼈다.
> - 시합 전 우승 장면을 자주 떠올린다.
> - 결승골을 넣어 이겼던 적이 많다.

① 성공경험　　　　② 간접경험
③ 언어적 설득　　　④ 신체·정서 상태 향상

20 주의집중을 향상시키는 방법으로 적절하지 <u>않은</u> 것은?
① 적정 각성 수준 찾기
② 수행 전 루틴 개발하기
③ 실패 결과를 미리 예측하기
④ 조절할 수 있는 것에 집중하기

4과목　스포츠 윤리

1 스포츠 윤리학의 이론적 토대가 되는 개념을 바르게 묶은 것은?
① 가치 – 인성 – 교육　　② 도덕 – 윤리 – 선
③ 관습 – 규칙 – 법률　　④ 인성 – 경쟁 – 승리

2 스포츠 상황에서 아레테(arete)가 갖는 의미와 거리가 먼 것은?

① 선수의 덕성
② 지도자의 탁월성
③ 선수의 최적의 기능 수준
④ 상대와의 경쟁을 통한 승리 추구

3 〈보기〉에서 A 선수의 판단과 관련이 있는 가장 적절한 윤리 이론은?

> 심판은 페널티킥을 선언했다. A 선수는 심판에게 다가가 "상대선수의 발에 걸려 넘어진 것이 아니라 내가 스스로 넘어진 것이니 반칙이 아니다"라고 판정을 번복해 달라고 요청했다. 아무 잘못이 없는 상대에게 피해를 입히는 행위는 도덕적으로 옳지 않다고 판단했기 때문이다.

① 결과론
② 의무론
③ 상대론
④ 계약론

4 스포츠 윤리학의 주요 관심사인 가치 판단의 형태로 적절하지 않은 것은?

① 도덕적인 것(moral values)
② 미적인 것(aesthetic values)
③ 사실적인 것(realistic values)
④ 사리 분별에 관한 것(prudential values)

5 〈보기〉에서 A 선수의 행위를 판단하는 윤리적 관점으로 옳은 것은?

> 프로야구 A 선수는 매 경기마다 더위에 고생하고 있는 어린 볼보이들을 위해 시원한 음료를 제공했다.

① 의무론적 관점에서 A 선수의 행위는 선수로서 긍정적인 이미지를 구축하기 위한 행동으로 볼 수 있다.
② 덕론적 관점에서 A 선수의 행위는 유덕한 품성으로부터 나온 선한 행동으로 볼 수 있다.
③ 결과론적 관점에서 A 선수의 행위는 어린 볼보이들을 안쓰럽게 여겼기 때문에 나온 행동이라고 볼 수 있다.
④ 상대론적 관점에서 A 선수의 행위는 도덕법칙에 따라 행동한 것으로 볼 수 있다.

6 공정시합에 관한 견해 중 비형식주의에 대한 설명으로 가장 적절한 것은?

① 명확한 판정 기준을 제공한다.
② 규제적 규칙의 준수를 강조한다.
③ 구성적 규칙과 규제적 규칙을 준수하면 공정시합은 실현된다고 강조한다.
④ 공정의 개념을 규칙의 준수보다 더 포괄적으로 적용할 것을 제안한다.

7 〈보기〉의 ㉠, ㉡에 알맞은 용어는?

- (㉠)은/는 스포츠인이 마땅히 지켜야 할 준칙과 갖추어야 할 태도를 의미한다.
- (㉡)은/는 스포츠인이 지켜야 할 정정당당한 행위로서 경쟁자에 대한 배려를 포함한다.
- 이처럼 (㉠)은/는 (㉡)에 비해 보다 일반적이고, 보편적인 윤리규범이라 할 수 있다.

	㉠	㉡		㉠	㉡
①	페어플레이	스포츠맨십	②	스포츠맨십	페어플레이
③	규칙준수	페어플레이	④	규칙준수	스포츠맨십

8 〈보기〉에서 A팀 주장이 취한 윤리적 입장의 난점으로 볼 수 없는 것은?

프로축구 A팀 감독은 주장을 불러 상대팀 선수에게 의도적 반칙을 하여 부상을 입히라는 작전 지시를 내렸다. A팀 주장은 고민 끝에 실행에 옮겼고, 결과적으로 팀의 승리를 가져왔다.

① 결과만 놓고 보면 부상을 입힌 선수의 행위는 옳은 것으로 간주될 수 있다.
② 팀 전체의 이익보다 선수 개인의 이익이 더 중요할 수 있다.
③ 선수가 갖는 상식적이고 보편적인 도덕적 직관과 충돌하는 결론을 이끌어 낼 수 있다.
④ 우리 팀이 행복할 수 있다고 해서 축구 경기에 참가한 모든 사람이 행복한 것은 아니다.

9 스포츠 윤리가 스포츠인에게 필요한 이유로 가장 거리가 먼 것은?
① 스포츠인의 도덕적 삶을 위한 지침을 제시해준다.
② 스포츠 상황에서 어떤 목적이 좋은가를 결정하는 데 도움을 준다.
③ 스포츠인으로서 올바르게 행동하는 데 도움을 준다.
④ 스포츠 선수로서 자신의 경기 수행 능력을 향상시키는 데 도움을 준다.

10 〈보기〉의 ㉠, ㉡에 알맞은 용어는?

심판의 윤리는 (㉠)와 (㉡)가 복합적으로 얽혀 있어 상호 보완적 관계를 가진다. (㉠)는 심판 개인의 공정성, 청렴성 등의 인격적 도덕성을 의미하며, (㉡)는 협회나 기구의 도덕성과 밀접한 연관을 가진다.

	㉠	㉡
①	개인윤리	사회윤리
②	책임윤리	심정윤리
③	덕윤리	의무윤리
④	배려윤리	공동체윤리

11 〈보기〉의 내용을 찬성하는 입장으로 적절하지 않은 것은?

> 프로농구 결승전, 경기 종료 1분을 앞두고 3점차로 지고 있던 A팀의 선수 '김태풍'은 의도적 반칙을 행한다. 그런데 우리는 종종 반칙을 한 선수에게 비난하기보다는 뛰어난 선수라며 오히려 칭찬하는 경우를 발견한다.

① 김태풍이 구성적 규칙을 위반한 것은 사실이지만, 규제적 규칙을 위반한 것은 아니다.
② 의도적 반칙은 농구경기의 일부이며, 농구의 본질, 가치를 손상시키지 않는다.
③ 팀의 전략적 능력과 그 전략을 실행하는 선수의 수행능력을 표현한 것이다.
④ 능력에 따라 승패를 결정하는 경기, 즉 경쟁적 스포츠의 윤리에서 벗어난 것이 아니다.

12 〈보기〉에서 설명하는 정의의 유형은?

> 다이빙, 리듬체조, 피겨스케이팅 등의 종목은 기술의 난이도에 따라 차등적으로 점수를 받는다. 경기 수행이 어려울수록 더 많은 점수(가산점)를 받는 것이다. 다만 이 경우 모든 참가자가 동의할 수 있는 절차가 마련되어 있어야 한다.

① 자연적 정의
② 평균적 정의
③ 절차적 정의
④ 분배적 정의

13 스포츠에서 나타나는 인종차별에 관한 내용으로 볼 수 없는 것은?
① 남아프리카공화국에서는 1960년까지 백인선수만 올림픽에 참가하였다.
② 흑인선수의 경기력은 발생학적이고, 백인선수는 후천적 노력의 결과이다.
③ 스포츠에서 인종 간의 승패 여부는 민족적·생물학적 의미를 가지지 않는다.
④ 미디어에서는 흑인선수가 수영종목에 적합하지 않은 신체조건을 갖고 있다고 설명한다.

14 〈보기〉에서 ㉠, ㉡, ㉢, ㉣에 알맞은 용어로 바르게 묶인 것은?

> 스포츠에서의 장애차별이란 장애로 인해 스포츠 참여의 권리와 기회를 비장애인과 동등하게 누리지 못하는 불평등을 말한다. 장애를 이유로 스포츠 참여를 원하는 장애인에 대한 (㉠), (㉡), (㉢), (㉣)는 기본권의 침해에 해당한다.

	㉠	㉡	㉢	㉣
①	제한	배제	분리	거부
②	권리	의무	추구	자유
③	노동	배제	차별	분리
④	감금	체벌	구속	착취

15 스포츠와 관련하여 종차별주의로 희생되고 있는 동물 윤리의 문제로 볼 수 없는 것은?

① 경쟁을 위한 수단
② 유희를 위한 수단
③ 연구를 위한 수단
④ 이동을 위한 수단

16 〈보기〉에서 영준과 효지의 윤리적 입장에 대한 설명으로 옳지 않은 것은?

> 영준 : 승부조작이 발생하는 원인은 모두 개인의 도덕성 결핍에 있다고 생각해.
> 효지 : 아니야. 윤리적 문제는 스포츠 사회 구조나 제도가 정의롭지 않을 때 발생하는 거야.

① 영준은 개인의 도덕적 의지와 책임을 강조하는 입장이다.
② 효지는 문제의 원인이 잘못된 사회 제도에 있다고 본다.
③ 영준은 개인의 행동이 사회 구조에 의해 결정된다고 본다.
④ 효지는 사회 윤리적 관점, 영준은 개인 윤리적 관점이다.

17 도핑을 금지해야 하는 이유 중 〈보기〉의 사례와 가장 관련이 깊은 것은?

> 러시아는 국가가 주도적으로 자국의 선수들에게 원치 않는 금지약물을 사용하게 하고, 도핑 검사결과를 조작하였다.

① 공정성
② 역할모형
③ 강요
④ 건강상의 부작용

18 〈보기〉의 내용을 가장 잘 설명할 수 있는 개념과 학자가 바르게 연결된 것은?

> 스포츠계에서는 오랫동안 폭력이 아무런 죄책감 없이 습관처럼 행해지고 있다. 폭력에 길들여진 위계질서와 문화가 폭력을 폭력으로 인식하지 못하게 하고 있다. 이러한 사회에서는 사유(思惟)의 부재로 인해 폭력적이고 억압적인 행위가 지속될 수밖에 없다.

① 악의 평범성 – 한나 아렌트(H. Arendt)
② 책임의 원칙 – 한나 요나스(H. Jonas)
③ 분노 – 아리스토텔레스(Aristoteles)
④ 본능 – 로렌츠(K. Lorenz)

19 스포츠 인권에 대한 설명으로 옳지 않은 것은?

① 스포츠에서 가져야 할 인간의 존엄성을 말한다.
② 스포츠에서 가져야 할 인간의 자유에 대한 권리이다.
③ 스포츠의 종목이나 대상에 따라 상대적으로 보장되는 권리이다.
④ 인종이나 성별에 관계없이 누구나 스포츠를 동등하게 누릴 수 있는 권리이다.

20 〈보기〉는 개인윤리와 사회윤리에 대한 내용이다. 괄호 안에 공통으로 들어갈 용어는?

> 공정한 스포츠는 스포츠인의 도덕적 자율성과 (   ) 조화에서 찾을 수 있다.
> 하지만 (   )이 집중되면 조직의 감시와 통제, 억압, 착취를 받을 가능성이 높다.

① 제도적 자율성 ② 개인적 존엄성
③ 개인적 정당성 ④ 제도적 강제성

5과목 운동생리학

1 〈보기〉의 괄호 안에 들어갈 가장 적절한 용어는?

> '운동생리학'은 일정 기간 동안 운동 형태로 가해진 자극에 대해 인체가 적절하게 반응하고 (   )하는 과정 속에서 나타나는 생리학적 현상을 연구하는 학문 분야이다.

① 선택 ② 수용 ③ 회피 ④ 적응

2 〈보기〉에서 설명하는 호르몬은?

> • 췌장의 베타세포에서 분비된다.
> • 혈당(glucose) 조절에 관여한다.
> • 장시간의 운동 중 혈액 내 농도는 감소된다.

① 인슐린(insulin) ② 글루카곤(glucagon)
③ 알도스테론(aldosterone) ④ 에피네프린(epinephrine)

3 운동 중 호흡 교환율(Respiratory Exchange Ratio : RER)이 〈보기〉와 같을 때 옳지 않은 설명은?

> 호흡 교환율(RER)=1

① 상대적으로 낮은 강도의 운동을 수행하고 있다.
② 주 에너지 대사연료로 탄수화물을 사용하고 있다.
③ 지방은 에너지 생성 대사에 거의 사용되지 않고 있다.
④ 혈중 젖산 농도가 안정 시보다 높다.

4 운동 시 뇌하수체후엽에서 분비되어 신장(콩팥)을 통한 수분 손실을 감소시켜주는 호르몬은?
① 항이뇨호르몬(antidiuretic hormone)
② 에피네프린(epinephrine)
③ 칼시토닌(calcitonin)
④ 코티졸(cortisol)

5 체내 주요 영양소의 에너지 대사에 대한 설명으로 옳지 않은 것은?
① 포도당은 근육 및 간에서 글리코겐의 형태로 저장될 수 있다.
② 지방산은 베타산화(β-oxidation)를 거쳐 ATP 생성에 사용된다.
③ 단백질은 근육의 구성 물질로서 에너지 대사과정에 주로 사용된다.
④ 포도당과 지방은 서로 전환되어 에너지원으로 사용되기도 한다.

6 체성신경계의 지배를 통해 수의적(voluntary)으로 수축 및 이완할 수 있는 근육은?
① 골격근　　　　　　　② 심장근
③ 평활근　　　　　　　④ 내장근

7 〈보기〉의 괄호 안에 들어갈 용어를 바르게 나열한 것은?

> 호흡에 의한 인체 내 산-염기 균형 조절은 점증부하 운동 시 증가된 혈중 (㉠) 농도가 (㉡)의 완충 작용과 폐환기량의 증가에 의해 감소되는 것을 의미한다.

	㉠	㉡
①	산소(O_2)	염소이온(Cl^-)
②	산소(O_2)	중탄산염(HCO_3^-)
③	수소이온(H^+)	중탄산염(HCO_3^-)
④	수소이온(H^+)	염소이온(Cl^-)

8 골격근의 수축 과정 중 근형질세망(sarcoplasmic reticulum)에서 분비되어 트로포닌(troponin)과 결합하는 물질은?

① 아데노신 삼인산(ATP) ② 칼슘이온(Ca^{2+})
③ 무기인산(Pi) ④ 아세틸콜린(Ach)

9 호흡의 원리에 대한 설명으로 옳지 <u>않은</u> 것은?

① 폐내 압력이 대기압보다 낮아지면서 흡기(inspiration)가 일어난다.
② 안정 시 흡기는 흡기에 동원되는 호흡근(respiratory muscles)의 능동적인 수축으로 일어난다.
③ 안정 시 호기(expiration)는 흡기 시 수축했던 호흡근이 이완되면서 수동적으로 일어난다.
④ 운동 시 호기는 횡격막(diaphragm)과 외늑간근(external intercostal muscles)의 능동적인 수축으로 일어난다.

10 등장성(isotonic) 근수축의 형태로 근육의 길이가 늘어나는 동안 장력(tension)이 발생되는 것은?

① 단축성(구심성 : concentric) 수축 ② 신장성(원심성 : eccentric) 수축
③ 등척성(isometric) 수축 ④ 등속성(isokinetic) 수축

11 <보기>가 설명하는 에너지 생성 시스템은?

> • 400m 전력 달리기 시 필요한 ATP 공급
> • 아데노신 이인산(ADP) 및 무기인산(Pi)에 의한 인산과당분해효소(Phosphofructokinase : PFK)의 활성
> • 대사분해에 의한 피루브산염(pyruvate)의 생성

① ATP-PC 시스템
② 해당 작용(glycolysis) 시스템
③ 유산소 시스템
④ 단백질 대사

12 근육의 수축력이 저하되는 경우는?

① 젖산역치 시점의 지연
② 근육 세포의 산성화
③ 에너지대사 효소의 활성도 증가
④ 근육 내 ATP 저장량 증가

13 운동 중 정맥혈 회귀(venous return)를 조절하는 요인이 아닌 것은?
① 근육 펌프
② 호흡 펌프
③ 정맥 수축
④ 모세혈관 수축

14 <보기>에서 설명하는 심혈관계의 구성 요소는?

> • 1분 동안 심장으로부터 박출되는 혈액의 양이다.
> • 심박수와 1회박출량의 곱(HR×SV)으로 계산된다.

① 분당 환기량
② 심박출량
③ 동정맥산소차
④ 최대산소섭취량

15 장기간 지구성 트레이닝에 의한 심혈관계의 적응으로 옳지 않은 것은?
① 안정 시 심박수가 증가한다.
② 안정 시 1회박출량이 증가한다.
③ 최대하 운동 시 동일한 절대적 운동강도에서 심박수가 감소한다.
④ 최대하 운동 시 동일한 절대적 운동강도에서 1회박출량이 증가한다.

16 근섬유 수축을 위한 신경 활동전위(action potential)의 단계 중 <보기>가 설명하는 것은?

> 신경 뉴런(neuron)의 활동전위(action potential)가 생성되는 첫 번째 단계로서 나트륨 이온(Na^+)의 세포막 투과성을 높여 세포 내 양(+)전하를 만들고 활동전위를 역치수준에 이르게 한다.

① 탈분극(depolarization)
② 재분극(repolarization)
③ 과분극(hyperpolarization)
④ 불응기(refractory period)

17 더운 환경에서 운동 시 나타나는 인체의 생리적 반응으로 옳지 않은 것은?
① 심박수가 증가한다.
② 땀 분비가 증가한다.
③ 떨림(shivering)이 증가한다.
④ 피부혈관의 혈류가 증가한다.

18 고지대에서 지구성 운동능력이 저하되는 원인은?
① 동정맥산소차 증가
② 산소분압 감소
③ 최대산소섭취량 증가
④ 호흡빈도와 호흡량 감소

19 심장의 구조와 기능에 대한 설명으로 옳지 <u>않은</u> 것은?
① 판막은 혈액의 역류를 방지한다.
② 심장은 두 개의 방과 두 개의 실로 구성되어 있다.
③ 심실중격은 좌·우심실 간 혈액의 혼합을 방지한다.
④ 방실결절은 좌심방에 위치하며 맥박조정자(pacemaker)의 역할을 담당한다.

20 〈보기〉의 괄호 안에 들어갈 알맞은 용어는?

> 자율신경계는 신체의 내부 환경을 일정하게 유지하는 항상성(homeostasis) 조절에 중요한 역할을 한다. 예를 들어 (　　)가 활성화되면 심박수 및 혈압이 증가된다.

① 감각신경계　　　　　　　② 체성신경계
③ 교감신경계　　　　　　　④ 부교감신경계

 6과목 운동역학

1 해부학적 자세(anatomical position)에서 방향용어의 표현으로 적절한 것은?
① 코는 귀의 외측(바깥쪽 : lateral)에 위치한다.
② 가슴은 엉덩이의 하측(아래쪽 : inferior)에 위치한다.
③ 어깨는 목의 내측(안쪽 : medial)에 위치한다.
④ 머리는 가슴의 상측(위쪽 : superior)에 위치한다.

2 그림에서 다리의 벌림(외전 : abduction)과 모음(내전 : adduction)이 발생하는 면(plane)은?

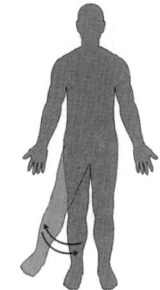

① 수평면(횡단면 : horizontal or transverse plane)
② 좌우면(관상면 : frontal plane)
③ 전후면(시상면 : sagittal plane)
④ 대각면(diagonal plane)

3 지렛대 원리에 대한 설명으로 틀린 것은?

- 힘점 : Force(F)
- 축 : Axis(A)
- 작용점 : Resistance(R)

① 지면에서 수직으로 발뒤꿈치 들고 서기(calf raise)는 인체의 2종 지렛대 원리이다.
② 2종 지레는 작용점(R)이 축(A)과 힘점(F) 사이에 있다.
③ 3종 지레는 축(A)이 힘점(F)과 작용점(R) 사이에 있다.
④ 시소(seesaw)의 구조는 축(A)이 힘점(F)과 작용점(R) 사이에 있는 1종 지렛대 원리이다.

4 〈보기〉의 ㉠, ㉡에 알맞은 내용으로 연결된 것은?

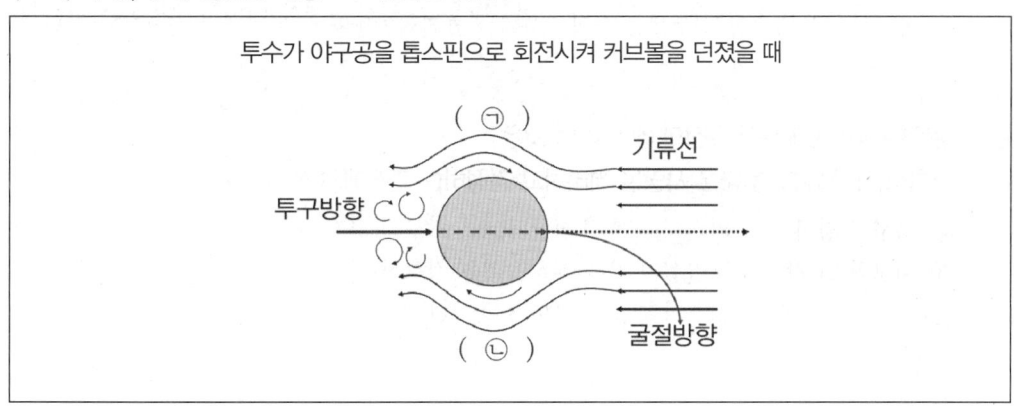

	㉠	㉡
①	고기압대 – 기류감속	저기압대 – 기류가속
②	고기압대 – 기류가속	저기압대 – 기류감속
③	저기압대 – 기류감속	고기압대 – 기류가속
④	저기압대 – 기류가속	고기압대 – 기류감속

5 〈보기〉의 ㉠, ㉡, ㉢에 알맞은 내용은?

> 직립 자세에서 안정성을 높이기 위해서는 기저면(base of support)을 (㉠), 무게중심을 (㉡), 수직무게 중심선을 기저면의 (㉢)에 위치시키는 동작이 효과적이다.

	㉠	㉡	㉢		㉠	㉡	㉢
①	좁히고	높이고	안	②	좁히고	높이고	밖
③	넓히고	낮추고	안	④	넓히고	낮추고	밖

6 선운동(linear motion)에 대한 설명으로 옳은 것은?
① 거리(distance)는 두 지점을 잇는 최단 경로이다.
② 변위(displacement)는 시작점에서 끝점까지의 누적된 이동궤적의 총합이다.
③ 속력(speed)은 스칼라량으로 방향만 가지고 있다.
④ 속도(velocity)는 벡터량으로 크기와 방향을 가지며 변위를 경과시간으로 나눈 것을 말한다.

7 운동역학(sport biomechanics)에 대한 내용으로 가장 적절한 것은?
① 스포츠 상황에서의 경쟁과 불안에 대해서 연구하는 학문이다.
② 스포츠를 사회현상으로 이해하고 설명하려는 학문이다.
③ 스포츠 상황에서 인체 힘의 원인과 결과를 다루는 학문이다.
④ 스포츠 상황에서 인체에서 일어나는 화학반응 및 생리 현상에 대해서 설명하는 학문이다.

8 운동학(kinematics)적 측정의 예가 아닌 것은?
① 자유투 시 농구공이 날아가는 궤적을 측정한다.
② 야구 스윙 시 배트의 각속도를 측정한다.
③ 컬링의 스위핑 시 브러쉬에 가해지는 압력을 측정한다.
④ 테니스 스트로크 동작 시 팔꿈치 각도를 측정한다.

9 일률(power)에 대한 설명으로 옳은 것은?
① 단위 시간당 수행한 일(work)의 양이다.
② 질량과 가속도의 곱이다.
③ 단위는 N(Newton)이다.
④ 수행시간을 길게 하면 증가된다.

10 ⟨보기⟩의 ㉠, ㉡에 알맞은 내용은?

> 다이빙 선수가 전방으로 공중 회전하는 동작에서 사지를 쭉 편 레이아웃(layout) 자세보다 사지를 웅크린 턱(tuck) 자세가 회전수를 (㉠)시킨다. 레이아웃 자세는 신체 질량이 회전축으로부터 멀리 분포되어 있어 회전반경과 관성모멘트가 (㉡)

	㉠	㉡
①	감소	커진다.
②	증가	커진다.
③	증가	작아진다.
④	감소	작아진다.

11 한 축에서 발생하는 토크(torque, moment of force)에 대한 설명 중 틀린 것은?

① 토크는 회전력을 말한다.
② 토크는 가해진 힘과 축에서 힘의 작용선까지 수직거리의 곱이다.
③ 힘이 작용하는 방향이 다르면 토크가 달라진다.
④ 힘의 작용선이 물체의 회전축을 통과할 때 토크가 발생한다.

12 운동역학(kinetics)적 변인이 아닌 것은?

① 토크(torque)
② 각속도(angular velocity)
③ 족압력(foot pressure)
④ 양력(lift force)

13 농구선수가 20N의 힘으로 농구공을 수직으로 2m 들어올렸을 때 역학적 일(work)의 크기는?

① 0N·m(J)
② 10N·m(J)
③ 22N·m(J)
④ 40N·m(J)

14 중력에 대한 설명으로 틀린 것은?

① 지구의 모든 지역에서 동일하게 작용된다.
② 물체의 질량과 중력가속도의 곱이다.
③ 물체의 질량에 비례한다.
④ 인체나 물체를 지구 중심을 향해 끌어당기는 힘이다.

15 관성모멘트(moment of inertia)에 대한 설명 중 **틀린** 것은?
 ① 단위는 kg · m²이다.
 ② 질량이 회전축으로부터 멀리 분포될수록 커진다.
 ③ 어떤 물체를 회전시키려 할 때 잘 돌아가지 않으려는 속성이다.
 ④ 물체의 크기, 형태, 밀도가 변해도 동일하다.

16 마찰력에 대한 설명 중 옳은 것은?
 ① 마찰력의 크기는 마찰계수와 접촉면에 수평으로 가해진 힘의 곱이다.
 ② 접촉면의 형태와 성분(재질)은 마찰계수에 영향을 미친다.
 ③ 최대정지마찰력은 운동마찰력보다 작다.
 ④ 마찰력은 추진력으로 작용할 수 없다.

17 〈보기〉의 ㉠, ㉡에 알맞은 내용은?

> 충격량은 질량과 속도의 곱인 (㉠)의 변화량이며, 가해진 (㉡)과(와) 접촉시간의 곱이다.

	㉠	㉡
①	토크	관성모멘트
②	토크	충격력
③	운동량	관성모멘트
④	운동량	충격력

18 근전도(EMG)기에 대한 설명으로 옳은 것은?
 ① 지면반력을 측정한다.
 ② 운동학적 변인을 측정한다.
 ③ 근육의 수축을 유발하는 전기적 신호를 측정한다.
 ④ 압력의 변화를 측정한다.

19 〈보기〉에서 설명하는 뉴턴의 운동법칙은?

> 물체는 외부로부터 외력이 가해지지 않는 한 정지 또는 운동 상태를 계속 유지한다.

① 작용 · 반작용의 법칙 ② 관성의 법칙
③ 가속도의 법칙   ④ 훅의 법칙

20 원반던지기의 투사거리에 중요한 영향을 미치는 3가지 요소는?
   ① 투사각도 – 투사속도 – 투사높이
   ② 투사속도 – 조파항력 – 부력
   ③ 투사높이 – 부력 – 투사속도
   ④ 조파항력 – 투사각도 – 투사속도

7과목 한국체육사

1 체육사 연구에서 시대를 구분하는 이유로 가장 적절한 것은?
   ① 체육사의 종합적인 이해와 서술을 돕기 위해서
   ② 체육사의 옳고 그름을 판단하기 위해서
   ③ 체육사의 현재를 설명하기 위해서
   ④ 체육사의 사료를 비판하기 위해서

2 체육사 연구에서 사관(史觀)이 갖는 의미로 가장 적절한 것은?
   ① 체육의 현상을 개념화한다.
   ② 체육에 대한 기록으로의 역사와 사실로서의 역사를 기술한다.
   ③ 체육에 대한 문헌 사료를 제시한다.
   ④ 역사가의 가치관에 따라 체육의 역사를 해석한다.

3 〈보기〉에서 설명하는 부족 국가 시대의 신체 활동은?

   • 두 사람이 맨손으로 허리의 띠를 맞잡고 힘과 기를 겨루어 넘어뜨리는 경기이다.
   • 현재 국가무형문화재 제131호로 지정되었다.

   ① 수박(手搏)   ② 각저(角觝)
   ③ 격검(擊劍)   ④ 사예(射藝)

4 〈보기〉에서 설명하는 화랑도의 신체 활동은?

> 신라 화랑들은 명산대천(名山大川)을 두루 돌아다니며 야외 활동의 과정에서 시(詩)와 음악을 비롯한 각종 신체 수련 활동을 하였다.

① 기마술(騎馬術) ② 궁술(弓術)
③ 편력(遍歷) ④ 수렵(狩獵)

5 삼국시대의 민속놀이에 대한 설명으로 옳은 것은?
① 저포(樗蒲)는 나무로 만든 막대기(주사위)를 던져서 승부를 겨루는 놀이이다.
② 축국(蹴鞠)은 말 위에서 여러 동작을 보이는 것이다.
③ 추천(鞦韆)은 화살 같은 막대기를 일정한 거리에서 항아리나 병 안에 넣는 놀이이다.
④ 투호(投壺)는 동편과 서편으로 나누어 돌팔매질 방법으로 승부를 겨루는 놀이이다.

6 신라 화랑의 체육 사상으로 옳지 <u>않은</u> 것은?
① 신체의 미(美)와 탁월성을 중시하였다.
② 불국토사상은 편력 활동과 연계되었다.
③ 신체관은 심신일체론에 바탕을 두었다.
④ 임전무퇴는 개인을 위한 계율이었다.

7 고려시대의 무예에 대한 설명으로 옳지 <u>않은</u> 것은?
① 수박희(手搏戲)는 무인 선발의 중요한 수단이었다.
② 무인 정신은 충, 효, 의에 기반을 두었다.
③ 무예도보통지(武藝圖譜通志)가 편찬되었다.
④ 강예재(講藝齋)에서 무예를 장려하였다.

8 〈보기〉에서 고려시대 서민의 민속놀이를 모두 고른 것은?

> ㉠ 축국(蹴鞠) ㉡ 격구(擊毬) ㉢ 추천(鞦韆) ㉣ 투호(投壺) ㉤ 각저(角觝) ㉥ 방응(放鷹)

① ㉠, ㉢, ㉤ ② ㉡, ㉤, ㉥ ③ ㉢, ㉣, ㉥ ④ ㉣, ㉤, ㉥

9 조선시대 무과 시험에 대한 설명으로 옳지 않은 것은?

① 무과는 초시(初試), 복시(覆試), 전시(展試)로 이루어져 있다.
② 복시는 병조와 훈련원에서 주관하였다.
③ 전시는 기격구(騎擊毬)와 보격구(步擊毬)를 시행하였다.
④ 초시, 복시, 전시 모두 동일한 인원을 선발하였다.

10 〈보기〉의 ㉠, ㉡에 알맞은 용어는?

조선시대는 유교의 영향으로 인하여 (㉠) 사상이 만연하였다. 그러나 정조는 (㉡) 사상이 국가를 부강하게 한다고 생각하였다.

	㉠	㉡
①	단련주의(鍛鍊主義)	문무겸전(文武兼全)
②	숭문천무(崇文賤武)	문무겸전(文武兼全)
③	숭문천무(崇文賤武)	심신일여(心身一如)
④	금욕주의(禁慾主義)	단련주의(鍛鍊主義)

11 〈보기〉에서 설명하는 사립학교는?

- 1907년 국권회복운동의 일환으로 도산 안창호가 설립하였다.
- 구(舊) 한국군 출신이 체육교사로 부임하였다.
- 일반 체조를 포함하여 군대식 조련을 실시하였다.

① 대성학교 ② 오산학교
③ 배재학당 ④ 원산학사

12 개화기에 질레트가 도입한 스포츠로 바르게 묶인 것은?

① 농구-배구 ② 축구-농구
③ 야구-농구 ④ 축구-배구

13 개화기에 설립된 우리나라 최초의 체육 단체는?

① 황성기독교청년회 체육부
② 대한민국체육회
③ 대한체육구락부
④ 광학구락부

14 개화기 체육 사상가인 문일평이 체육 발전을 위하여 제안한 내용으로 옳지 않은 것은?

① 체육 학교를 설치하고, 체육 교사를 양성하자.
② 과목에 체조, 승마 등을 개설하자.
③ 체육에 관한 학술을 연구하기 위해 청년을 해외에 파견하자.
④ 체육 활동을 통괄할 단체를 설립하자.

15 일제강점기의 학교체조교수요목(1914)에 대한 설명으로 옳지 않은 것은?

① 식민지 통치하 학교 체육을 본격적 궤도에 올려놓았다.
② 유희, 보통체조, 병식체조가 체조과 교재로 도입되었다.
③ 일본식 유희가 도입되었다.
④ 체조과 교수 시간 이외에 여러 가지 운동을 실시하였다.

16 1930년대 체육 대중화를 위하여 조선인 체육 지도자들이 보급한 체조는?

① 라디오체조　　　　② 보건체조
③ 스웨덴체조　　　　④ 병식체조

17 일장기 말소 사건(1936)과 관련이 없는 것은?

① 손기정　　　　② 이길용
③ 베를린 올림픽　　　　④ 조선일보

18 〈보기〉의 ㉠, ㉡에 알맞은 용어로 바르게 묶인 것은?

- (㉠) 경기 대회는 한국전쟁 중 우리나라가 참가한 대회로, 올림픽에 대한 한국의 열정을 극명하게 보여주었다.
- (㉡) 경기대회는 우리나라가 최초로 금메달을 획득한 대회로, 금 1개, 은 1개, 동 4개로 종합 순위 19위를 차지하였다.

	㉠	㉡
①	헬싱키 올림픽	동경 올림픽
②	헬싱키 올림픽	몬트리올 올림픽
③	뮌헨 올림픽	동경 올림픽
④	뮌헨 올림픽	몬트리올 올림픽

19 남한과 북한이 최초로 단일팀을 구성하여 '코리아(KOREA)'라는 명칭으로 참가한 종목은?

① 태권도　　　　② 축구
③ 탁구　　　　　④ 농구

20 <보기>의 체육 정책이 추진된 정부는?

- 국민체육진흥법 제정
- 태릉선수촌 건립
- 체력장 제도 실시

① 박정희 정부　　　② 김대중 정부
③ 노태우 정부　　　④ 문재인 정부

2019 2급 생활·전문스포츠지도사

1과목 스포츠 교육학

1 스포츠교육이 지향하고 있는 내용으로 적절하지 않은 것은?
① 활동 목표와 내용, 방법에 있어 통합화와 다양화를 추진하고 있다.
② 훈련과정에서 지도자 자신의 직관에만 근거하여 지도한다.
③ 유아, 청소년, 성인, 노인, 장애인 등 다양한 학습자를 대상으로 한다.
④ 학교체육-생활체육-전문체육을 연계적으로 발전시키고자 한다.

2. 움직임 기능에 적합한 학습과제가 바르게 연결된 것은?
① 이동 운동 기능-한 발로 뛰어 목표 지점까지 도달하기
② 비이동 운동 기능-훌라후프 던지고 받기
③ 물체 조작 기능-음악을 듣고 움직임 표현하기
④ 도구 조작 기능-평균대 위에서 균형 잡기

3. 〈보기〉에서 국민체육진흥법(2019.1.15. 일부개정)에 명시된 내용에 해당하는 것으로만 묶인 것은?

㉠ 국가와 지방자치단체는 스포츠 강사와 체육지도자를 배치하여야 한다.
㉡ 지방자치단체는 직장인 체육대회를 연 1회 이상 개최 하여야 한다.
㉢ 국가와 지방자치단체는 우수선수와 체육지도자 육성을 위해 필요한 표창제도를 마련하여야 한다.
㉣ 체육동호인조직이란 같은 생활체육 활동에 지속적으로 참여하는 자의 모임을 말

① ㉠, ㉡, ㉢ ② ㉠, ㉡, ㉣ ③ ㉠, ㉢, ㉣ ④ ㉡, ㉢, ㉣

4. 교수·학습 지도안을 작성할 때 고려해야 할 사항으로 가장 거리가 먼 것은?
① 진행할 학습 과제, 각 과제에 배정한 시간 등을 포함한다.
② 과제 전달 방법 및 과제 수행 조건, 교수 단서 등을 포함한다.
③ 학습 목표는 학습자 특성보다 지도자 중심으로 작성한다.
④ 예상치 못한 상황이 발생했을 때를 대비하여 대안적 계획을 수립한다.

5. <보기>의 대화에서 평가의 개념과 목적을 잘못 이해하고 있는 지도자는?

> 박 코치 : 평가의 유사개념에는 측정, 사정, 검사 등이 있는 것으로 알고 있습니다.
> 정 코치 : 네, 측정이나 검사는 가치 지향적이고 평가는 가치중립적인 활동입니다.
> 김 코치 : 평가는 학습자의 학습 상태와 지도에 관한 정보를 제공할 수 있습니다.
> 유 코치 : 그래서 평가는 지도 활동에 대한 피드백이 될 수 있습니다.

① 박 코치   ② 정 코치   ③ 김 코치   ④ 유 코치

6. 국민체육진흥법과 동 시행령(2019. 1. 15) 제2조에서 규정한 체육지도자의 명칭과 역할에 대한 설명이 적절하지 않은 것은?

① 스포츠지도사 : 초·중등학교 정규수업 보조 및 학교스포츠 클럽을 지도하는 체육전문강사를 말한다.
② 노인스포츠지도사 : 노인의 신체적·정신적 변화 등에 대한 지식을 갖추고 …(중략)… 노인을 대상으로 생활체육을 지도하는 사람을 말한다.
③ 유소년스포츠지도사 : 유소년의 행동양식, 신체발달 등에 대한 지식을 갖추고 …(중략)… 유소년을 대상으로 체육을 지도하는 사람을 말한다.
④ 장애인스포츠지도사 : 장애 유형에 따른 운동방법 등에 대한 지식을 갖추고 …(중략)… 장애인을 대상으로 전문체육이나 생활체육을 지도하는 사람을 말한다.

7. <보기>는 지역 스포츠클럽 강사 K의 코칭 일지의 일부이다. ㉠에 해당하는 스포츠교육의 학습 영역과 ㉡에 해당하는 체육 학습 활동이 바르게 묶인 것은?

> 코칭 일지
> 나는 스포츠클럽에서 배구의 기술뿐만 아니라 ㉠역사, 전략, 규칙과 같은 개념과 원리를 참여자들에게 가르쳤다. 배구 게임을 제대로 이해하기 위해서 전술 연습을 진행했다. ㉡게임을 진행하는 도중에 '티칭 모멘트'가 발생할 경우, 게임을 멈추고 전략과 전술을 지도하는 수업활동을 적용했다.

① 정의적 영역, 스크리미지(scrimmage)
② 정의적 영역, 리드-업 게임(lead-up games)
③ 인지적 영역, 스크리미지(scrimmage)
④ 인지적 영역, 리드-업 게임(lead-up games)

8. 〈보기〉는 이 코치의 수업을 관찰한 일지의 일부이다. ㉠, ㉡에 알맞은 용어로 바르게 묶인 것은?

> 관찰일지 2019년 5월 7일
> 이 코치는 학습자들에게 농구 드리블의 개념과 핵심단서를 가르쳐주고, 시범을 보였다. 설명과 시범이 끝나고 "낮은 자세로 드리블을 5분 동안 연습하세요."라는 과제를 제시하였다. …(중략)… 이 코치는 (㉠)을 활용했고, 과제 참여 시간의 비율이 높은 수업을 운영했다. 수업의 마지막에는 질문식 수업을 활용했다. "키가 큰 상대팀 선수에게 가로막혔을 경우 어떻게 해야 합니까?"라는 (㉡) 질문을 통해 학습자가 다양한 대안을 찾을 수 있도록 했다.

	㉠	㉡
①	적극적 수업	확산형
②	과제식 수업	가치형
③	동료 수업	확산형
④	협동 수업	가치형

9. 〈보기〉는 정코치의 반성 일지이다. ㉠, ㉡, ㉢에 해당하는 피드백이 바르게 나열된 것은?

> 반성 일지 2019년 5월 7일
> 오늘은 초등학교 방과 후 테니스 수업에서 지난 시간에 이어서 모둠별로 포핸드 드라이브 연습을 수행했다. '테니스의 왕자'라고 자부하는 시안이는 포핸드를 정확하게 수행한 후 자랑스러운 듯 나를 바라보았다. ㉠나는 고개를 끄덕이며 엄지손가락을 세워 보였다. …(중략)… 한편, 경민이는 여전히 공을 맞히는 데 힘들어 보였다. 나는 ㉡"정민아 지금처럼 공을 끝까지 보지 않으면 안 돼!" ㉢"왼손으로 공을 가리키고 시선을 고정하면 정확하게 공을 맞힐 수 있어."라고 피드백을 주었다.

	㉠	㉡	㉢
①	가치적 피드백	구체적 피드백	중립적 피드백
②	가치적 피드백	중립적 피드백	교정적 피드백
③	비언어적 피드백	부정적 피드백	일반적 피드백
④	비언어적 피드백	부정적 피드백	교정적 피드백

10. 효율적인 지도의 특징으로 적절하지 <u>않은</u> 것은?
① 운영 시간에 배당된 시간의 비율이 낮다.
② 학습자가 과제에 참여하는 시간의 비율이 높다.
③ 학습 과제의 난이도가 적절하다.
④ 학습자가 대기하는 시간의 비율이 높다.

11. 모스턴(M. Mosston)의 교수(teaching) 스타일에 대한 설명으로 옳지 않은 것은?

① 교수 스타일 A~E까지는 모방(reproduction)이 중심이 된다.
② 교수 스타일의 구조는 과제 활동 전, 중, 후 결정군으로 구성된다.
③ 교수는 지도자와 학습자의 연속되는 의사 결정 과정을 전제로 한다.
④ 교수 스타일은 '대비접근' 방식에 근거를 둔다.

12. 〈보기〉에서 설명하는 현장(개선)연구의 특징으로 적절하지 않은 것은?

> 현장(개선)연구는 체육 지도자가 동료나 연구자의 도움을 받아 자신의 강좌를 반성적으로 탐구하여 개선하는 데 목적이 있다.

① 집단적 협동과정이다.
② 자기 성찰을 중시한다.
③ 연속되는 순환 과정이다.
④ 효율성과 결과를 중시한다.

13. 스포츠지도사가 생활체육 프로그램 설계 시 고려해야 하는 구성요소에 대한 설명으로 적절하지 않은 것은?

① 프로그램 설계 시 목적 및 목표, 내용, 장소, 예산, 홍보 등이 포함된다.
② 홍보는 시대에 적합하게 다양한 방법으로 실행한다.
③ 장소는 접근성보다 최신식 시설을 우선으로 고려한다.
④ 예산은 시설 대여비, 용품구입비, 인건비, 홍보비 등의 경비를 예측해야 한다.

14. 〈보기〉의 대화에서 각 지도자들이 활용하고 있는(활용하고자 하는) 평가 유형이 바르게 나열된 것은?

> 이 감독 : 오리엔테이션 때 학생들에게 최종 목표를 분명하게 얘기했어요. 그 목표의 달성 여부를 종합적으로 확인하기 위해 시즌 마지막에 평가를 실시할 계획이에요.
> 윤 감독 : 이번에 입학한 학생들은 기본기가 많이 부족했어요. 시즌 전에 학생들의 기본기 수준을 평가했어요.
> 김 감독 : 학교스포츠클럽에서 배구를 가르칠 때 수시로 학생들의 기본기능을 확인하고 있어요.

	이 감독	윤 감독	김 감독
①	총괄평가	형성평가	진단평가
②	총괄평가	진단평가	형성평가
③	진단평가	형성평가	총괄평가
④	진단평가	총괄평가	형성평가

15. ⟨보기⟩에서 설명하는 스포츠 지도 활동에 해당하는 용어로 적절한 것은?

> 이 활동은 스포츠 지도시간에 반복적으로 일어나는 활동이다. 예를 들어 출석점검, 수업준비 상태 확인, 화장실 출입 등이다. 이러한 과정을 효율적으로 관리하면 학습자들의 과제참여 시간을 증가시키는 데 도움이 된다.

① 상규적 활동　　② 개인적 활동　　③ 사회적 활동　　④ 전략적 활동

16. 현행 학교스포츠클럽에 대한 설명으로 적절하지 않은 것은?
① 학교스포츠클럽은 방과 후, 점심시간, 토요일 등에 실시한다.
② 학교스포츠클럽 대회의 리그 유형에는 통합리그, 조별리그, 스플릿 리그 등이 있다.
③ 학교스포츠클럽의 활성화를 위해 단위학교는 학교스포츠 클럽 리그를 운영한다.
④ 학교스포츠클럽은 국가수준 교육과정 편성·운영 지침에 근거하여 운영된다.

17. 학교체육진흥법과 동 시행령(2017. 10. 17)에서 규정하고 있는 '스포츠강사'의 재임용 평가사항이 아닌 것은?
① 전국대회 입상 실적　　② 복무 태도
③ 학생의 만족도　　　　④ 강사로서의 자질

18. ⟨보기⟩의 ㉠, ㉡에 해당하는 평가기법으로 적절한 것은?

⟨보기⟩ 배드민턴 평가 계획

㉠ 하이클리어 기능 평가 도구

항목	예	아니오
포핸드 스트로크를 할 때 타점이 정확한가?		
시선을 고정하고 있는가?		
팔꿈치를 펴서 스트로크를 하는가?		

㉡ 배드민턴에 대한 태도 평가
• 수강생의 배드민턴에 대한 열정과 의지를 물어봄
• 반구조화된 내용으로 질의응답을 함

	㉠	㉡
①	평정척도	면접법
②	평정척도	관찰법
③	체크리스트	면접법
④	체크리스트	관찰법

19. 링크(J. Rink.)의 내용 발달(content development)에 대한 설명으로 적절하지 않은 것은?
 ① 응용 과제는 실제 게임에 적용할 수 있는 기회를 제공한다.
 ② 확대 과제는 쉬운 과제에서 어렵고 복잡한 과제로 발전시킨다.
 ③ 세련 과제는 학습자에게 가능한 한 많은 동작을 알려주는 형태로 개발한다.
 ④ 시작(제시, 전달) 과제는 기초적인 수준에서 학습하도록 소개하고 안내한다.

20. <보기>의 효과적인 과제 제시 방법에 대한 설명이 적절한 것으로 묶인 것은?

> ㉠ 시각 정보보다는 언어 정보에 중점을 둔다. ㉡ 모든 학습자가 쉽게 보고 들을 수 있는 대형을 갖춘다. ㉢ 학습자가 이해할 수 있는 어휘를 사용한다. ㉣ 학습자에게 한 번에 최대한 많은 양의 정보를 제공한다.

 ① ㉠, ㉡   ② ㉡, ㉢   ③ ㉢, ㉣   ④ ㉠, ㉣

2과목 스포츠 사회학

1. 스포츠사회학의 연구영역과 주제 중 거시영역의 사회제도와 관련된 연구내용이 아닌 것은?
 ① 정치   ② 경제   ③ 교육   ④ 조직

2. <보기>에서 설명하는 스포츠의 사회적 기능으로 적절한 것은?

> 2002년 한일월드컵에서 한국축구대표팀은 4강 신화를 만들었다. 이 과정에서 성별, 연령에 관계없이 많은 국민들이 길거리 응원에 참가하며 국가에 대한 애착심과 소속감을 되새겼다.

 ① 사회통합   ② 사회통제   ③ 신체소외   ④ 사회차별

3. 현대 스포츠의 발전에 영향을 미친 요소에 대한 설명으로 옳지 않은 것은?
 ① 산업의 고도화 : 스포츠용품의 대량 생산체계가 갖춰지고 용구가 표준화되었다.
 ② 인구의 저밀도화 : 쾌적한 생활환경으로 인해 스포츠 참가가 증가하였다.
 ③ 교통의 발달 : 수송체계가 원활해지면서 다양한 스포츠 행사가 열릴 수 있게 되었다.
 ④ 통신의 발달 : 정보 유통이 원활해져 스포츠저널리즘이 발달하게 되었다.

4. 스포츠로의 사회화(socialization into sport) 요인 중 〈보기〉의 설명에 해당하는 것은?

> 여성의 신체노출을 금기시 하는 일부 중동국가의 문화는 여성의 스포츠 참가를 불가능하게 하며 스포츠 경기 관람조차 허용하지 않고 있다.

① 개인적 특성　② 사회적 상황　③ 스포츠 개입　④ 스포츠 사회화 주관자

5. 신자유주의 시대의 스포츠 세계화에 대한 특징으로 적절하지 않은 것은?
① 프로스포츠의 이윤 극대화에 기여하였다.
② 스포츠 시장의 경계가 국경을 초월해 전 세계로 확대되었다.
③ 세계인들에게 표준화된 스포츠 상품을 소비하도록 만들었다.
④ 각 나라의 전통스포츠가 전 세계로 보급되어 새로운 스포츠시장을 개척할 수 있게 되었다.

6. 스포츠정책과 정치에 대한 설명으로 적절하지 않은 것은?
① 국가는 스포츠정책을 통해 스포츠에 개입한다.
② 냉전시대 국가의 국제스포츠정책은 스포츠를 통한 상업주의 팽창에 초점이 맞춰졌다.
③ 스포츠는 상징, 동일화, 조작의 과정을 통해 정치적 기능이 극대화된다.
④ 정부는 의료비 지출을 줄이고 산업생산력을 향상시키기 위해 스포츠에 관여한다.

7. 〈보기〉에서 설명하는 스포츠일탈에 관한 스포츠사회학 이론은?

> 일탈은 현존하는 사회질서의 유지에 기여한다는 점에서 정상적인 것으로 간주된다. 예를 들어, 도핑은 그 자체로는 일탈행위에 해당되지만, 이를 통해 사람들은 그런 행동을 경멸하게 되고 이에 대한 경각심을 갖게 된다.

① 구조기능이론　② 갈등이론　③ 차별교제이론　④ 낙인이론

8. 스포츠의 상업화에 따른 변화 중 〈보기〉의 사례에 해당하는 것은?

> 2013년 미국프로야구 LA 다저스와 신시내티 레즈의 경기에서 한국의 류현진 선수와 추신수 선수 간의 맞대결이 펼쳐지자 미국프로야구 사무국은 이 날을 코리안 데이로 지정하고 한국의 걸그룹 소녀시대를 초청하여 애국가를 제창하게 하였다. 이 외에도 미국프로야구 사무국은 각종 의전행사 및 경품행사를 개최하여 언론의 반응에 촉각을 곤두세웠다.

① 스포츠 기술의 변화　　　　② 스포츠 규칙의 변화
③ 스포츠 조직의 변화　　　　④ 선수, 코치의 경기 성향 변화

9. 프로스포츠에서 시행되는 제도와 특징이 바르게 연결된 것은?
   ① 보류조항(reserve clause) - 일정 기간 선수들의 자유로운 계약과 이적을 막아 선수단 운영비를 줄이기 위한 목적으로 도입되었다.
   ② 최저연봉제(minimum salary) - 신인선수의 연봉협상력을 줄여 선수단 운영경비를 줄이기 위한 목적으로 도입되었다.
   ③ 샐러리 캡(salary cap) - 선수 개인에게 지불할 수 있는 최대 연봉 상한선으로, 선수 간 연봉격차를 줄이기 위한 목적으로 도입되었다.
   ④ 트레이드(trade) - 선수가 새로운 팀으로 이적하기 위해 구단에 요구할 수 있는 권리로, 구단은 특별한 사유가 없는 한 선수의 요구에 응해야 한다.

10. 〈보기〉에서 설명하는 디 플로어(M. De Fleur)의 미디어 이론은?

    - 미디어의 영향력과 스포츠의 소비 형태는 연령, 성, 사회계층, 교육수준, 결혼여부 등에 따라 달라질 수 있다.
    - 미디어의 영향력이 서로 다른 하위집단의 구성원에게 획일적으로 미치지 않을 수 있다.

    ① 개인차 이론(Individual differences theory)
    ② 사회범주 이론(Social categories theory)
    ③ 사회관계 이론(Social relationships theory)
    ④ 문화규범 이론(Cultural norms theory)

11. 스포츠와 계급·계층에 대한 설명으로 옳지 않은 것은?
    ① 부르디외(P. Bourdieu)의 계급론에 따르면, 골프는 상류계급의 스포츠로 분류된다.
    ② 베블렌(T. Veblen)의 계급론에 따르면, 상류계급이 스포츠에 참가하는 이유는 자신의 지위를 과시하기 위해서이다.
    ③ 마르크스(C. Marx)의 계급론에 따르면, 운동선수는 생산수단을 소유한 지배계급에 속한다.
    ④ 베버(M. Weber)의 계층론에 따르면, 프로스포츠에서 감독과 선수의 사회계층 수준은 연봉 액수만으로 평가되지 않는다.

12. 정치가 스포츠를 이용하는 방법 중 〈보기〉의 사례에 해당하는 것은?

    스포츠에 참여하는 선수나 팀이 스포츠 경기 자체를 뛰어넘어 특정 집단을 대리 또는 대표하는 것으로 의미가 확장되는 과정을 일컫는다.

    ① 상징화   ② 동일화   ③ 조작화   ④ 우민화

13. 코클리(J. Coakley)가 제시한 일탈적 과잉동조를 유발하는 스포츠 윤리규범의 유형과 특징이 바르게 연결되지 <u>않은</u> 것은?

① 몰입규범 – 운동선수는 경기에 헌신해야 하며 이를 그들의 삶에서 우선순위에 두어야 한다.
② 구분짓기규범 – 운동선수는 다른 선수와 구별되기 위해 자신만의 경기 스타일을 만들어야 한다.
③ 인내규범 – 운동선수는 위험을 받아들이고 고통 속에서도 경기에 참여해야 한다.
④ 도전규범 – 운동선수는 스포츠에서 성공을 위해 장애물을 극복하고 역경을 헤쳐 나가는 노력을 해야 한다.

14. 크로젯(T. Crosset)의 여성에 대한 남성선수의 폭력과 남성 스포츠문화와의 관련성에 대한 연구내용에 해당하는 것은?

① 지역사회는 남성 선수의 폭력에 대해 경외감을 갖지 못하도록 철저히 처벌한다.
② 여성 선수를 존경의 대상으로 삼고 함께 공동체성을 나누어야 할 대상으로 간주한다.
③ 폭력이 남성다움을 확립하고 여성을 통제하는데 효과적인 전략이라는 믿음이 존재한다.
④ 폭력이 남성의 사회적 유대를 강화하고 자만심에 사로잡히지 않도록 분위기를 조성한다.

15. 〈보기〉에서 설명하고 있는 레오나르드(W.Leonard II)의 스포츠 사회화 이론은?

- A고교 농구 감독은 팀 훈련 과정에서 학생선수들의 운동 수행 능력을 향상시키기 위하여 상과 벌을 활용한다.
- B선수는 다른 팀 선수가 독특한 타격 자세로 최다 안타상을 획득하자 그 선수의 타격자세를 관찰하여 자신만의 것으로 발전시켰다.

① 사회학습이론　　　　② 역할이론
③ 준거집단이론　　　　④ 근거이론

16. 우리나라 학원스포츠의 문화적 특성 중 〈보기〉의 설명에 해당하는 것은?

학생선수들은 교실공간과 분리되어 합숙소와 운동장에서 주로 생활하며 그들만의 공동체 문화를 만들어 간다. 또한 그들만의 동질감을 바탕으로 끈끈한 인간관계를 맺지만, 일반학생들과는 이질화되고 있다.

① 승리지상주의 문화　　② 군사주의 문화
③ 섬 문화　　　　　　　④ 신체소외 문화

17. 스포츠의 상업화에 따른 스포츠와 미디어의 관계에 대한 설명으로 적절하지 <u>않은</u> 것은?
① 스포츠는 미디어의 주요 콘텐츠로 자리 잡을 때 경제적 가치를 인정받을 수 있다.
② 뉴미디어의 등장으로 스포츠 콘텐츠의 생산자와 수용자의 경계가 모호해 지고 있다.
③ 스포츠가 미디어에 의존할수록 미디어의 스포츠에 대한 통제력은 감소한다.
④ 미디어는 상업적 가치를 증가시키기 위해 스포츠 규칙의 변화를 요구한다.

18. 스포츠 세계화와 민족주의의 관계에 대한 설명으로 적절한 것은?
① 냉전 시대에 스포츠 세계화는 민족주의를 약화시켰다.
② 민족주의는 국가 간 갈등의 원인이 되어 스포츠 세계화의 걸림돌로 작용해 왔다.
③ 제국주의 시대에 스포츠 세계화는 식민국가의 민족주의를 약화시키는 결과를 초래하였다.
④ 스포츠에 내재된 민족주의적 속성은 다국적 기업의 세계화 전략에 중요한 자원으로 활용되고 있다.

19. 스포츠사회학의 정의에 대한 설명으로 적절하지 <u>않은</u> 것은?
① 스포츠의 맥락에서 인간의 사회행동 법칙을 규명한다.
② 스포츠 현상을 일반 사회구조의 측면에서 설명한다.
③ 사회학의 하위분야로 스포츠 현상에 사회학적 개념을 적용한다.
④ 선수 개인의 행동과 관련된 인간 내면의 특성 및 과정을 설명한다.

20. 스포츠와 계층이동 유형에 대한 설명으로 적절한 것은?
① 수직이동은 한팀의 선수가 다른 팀으로 같은 대우를 받고 이적하는 경우를 말한다.
② 개인이동은 소속 집단이 특정 계기를 통하여 집합적으로 이동하는 것을 말한다.
③ 수평이동은 팀의 2군에 소속되어 있던 선수가 1군으로 승격하여 이동하는 경우를 말한다.
④ 세대 간 수직 이동은 운동선수가 부모보다 더 많은 수입과 명예를 얻게 되는 경우를 말한다.

3과목 스포츠 심리학

1. 〈보기〉에서 ㉠에 해당하는 스포츠심리학의 하위 분야는?

   > • 야구에서 공을 잡은 외야수는 2루 주자의 주력과 경기상황을 고려하여 홈으로 송구하기로 결정한다. 그리고 홈까지의 거리와 위치를 확인하고 공을 던진다.
   > • (㉠) 분야에서는 외야수가 경기상황에서의 여러 정보를 종합·판단하여 어떻게 동작을 생성하고 조절하는지와 관련된 원리와 법칙을 밝히는 데 관심을 가진다.

   ① 운동제어
   ② 운동발달
   ③ 운동심리학
   ④ 건강심리학

2. 운동기술(motor skill)의 일차원적 분류체계가 아닌 것은?
   ① 과제의 난이도에 따른 분류
   ② 환경의 안정성에 따른 분류
   ③ 움직임의 연속성에 따른 분류
   ④ 움직임에 동원되는 근육의 크기에 따른 분류

3. 스포츠 상황에서 루틴(routine)에 대한 설명으로 적절하지 않은 것은?
   ① 시합 당일에 수정한다.
   ② 불안을 감소시키고 집중력을 증대시킨다.
   ③ 심상과 혼잣말이 포함될 수 있다.
   ④ 상황이 달라져도 편안함을 유지 시킨다.

4. 응용스포츠심리학회(Association for the Advancement of Applied Sport Psychology : AAASP)가 제시하는 스포츠심리상담의 윤리규정이 아닌 것은?
   ① 평소 알고 지내는 사람(가족, 친구 등)과의 상담과정은 전문적으로 진행한다.
   ② 나이, 성별, 국적, 종교, 장애, 사회경제적 지위 등의 개인차를 존중한다.
   ③ 교육, 연수, 수련 경험 등을 통해 인정받은 전문 지식과 기법을 제공한다.
   ④ 내담자의 이익을 최우선에 두고 상담을 진행하며 필요한 경우 다른 전문가에게 의뢰한다.

5. 정보처리단계 중 '반응실행 단계'에 해당하는 내용으로 적절한 것은?
① 실제 움직임을 생성하기 위하여 움직임을 조직화한다.
② 받아들인 정보의 내용을 분석하여 의미를 부여한다.
③ 자극을 확인한 후, 환경특성에 맞는 반응을 선택한다.
④ 환경정보 자극에 대한 확인과 자극의 유형에 대해 인식한다.

6. 반두라(A. Bandura)의 자기효능감(self-efficacy)이론에 대한 설명으로 적절하지 않은 것은?
① 자기효능감이 높은 선수는 역경 상황에 잘 대처한다.
② 타인의 수행에 대한 관찰은 자기효능감에 영향을 주지 않는다.
③ 자기효능감은 농구드리블과 같은 구체적인 기술을 수행할 수 있다는 믿음이다.
④ 경쟁상황에서 각성상태에 대해 부정적으로 인식할 때 자기효능감은 떨어질 수 있다.

7. 〈보기〉에 해당하는 와이너(B. Weiner)의 귀인 범주를 바르게 나열한 것은?

탁구 선수 A는 경기에서 패배한 것을 상대 선수의 능력이 자신보다 더 우수하였기 때문이라고 생각했다.		

	안정성	인과성	통제성
①	안정적 요인	외적 요인	통제가능요인
②	안정적 요인	외적 요인	통제불가능요인
③	불안정적 요인	외적 요인	통제가능요인
④	불안정적 요인	내적 요인	통제불가능요인

8. 〈보기〉에서 설명하는 이론은?

〈보기〉
• 각성 수준에 대한 개인의 인지적 해석에 따라 정서 경험이 다를 수 있다.
• 각성 수준이 높은 상태를 기분 좋은 흥분상태나 불쾌한 정서로 해석할 수 있다.
• 결정적 순간에 발생하는 심판의 오심은 선수의 정서 상태를 순간적으로 변화시킬 수 있다.

① 반전 이론(reversal theory)
② 카타스트로피 이론(catastrophe theory)
③ 다차원불안 이론(multidimensional anxiety theory)
④ 최적수행지역 이론(zone of optimal functioning theory)

9. <보기>의 야구 투구와 타격 상황에 대한 해석으로 적절하지 <u>않은</u> 것은?

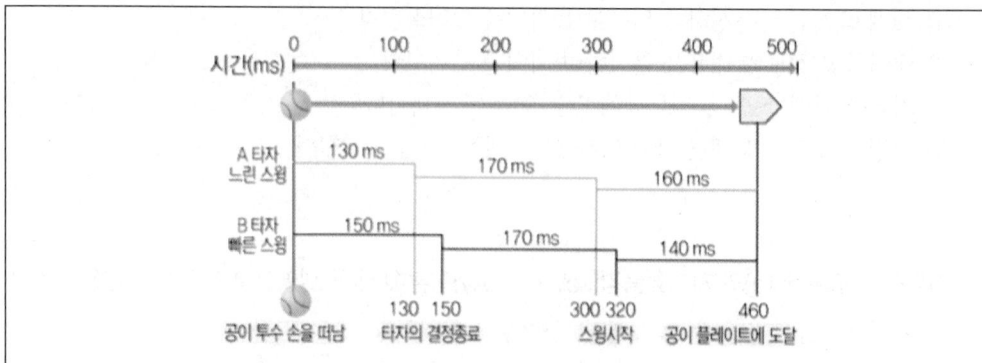

- 투수가 시속 145km의 속도로 던진 공이 홈플레이트에 도달하는 시간은 460ms이다.
- 두 명의 타자 중 A 타자의 스윙 시간은 160ms이며, B 타자의 스윙 시간은 140ms이다.
- 두 타자의 신체 조건, 사용하는 배트, 기술 수준, 공이 맞는 지점은 모두 같다고 가정한다.

① B 타자는 A 타자보다 구질을 파악하는데 더 많은 시간을 활용할 수 있다.
② B 타자는 A 타자보다 타격의 충격력이 커서 더 멀리 공을 쳐 낼 수 있다.
③ B 타자는 A 타자보다 공에 대한 정보를 파악하는데 유리하다.
④ B 타자는 A 타자보다 스윙 시작이 빨라야 한다.

10. 자기목표성향(ego-goal orientation)보다 과제목표성향(task-goal orientation)이 높은 선수의 특성으로 가장 적절한 것은?

① 달성하기 어려운 목표를 설정한다.
② 평가상황에서는 평소보다 수행이 더 저조할 수 있다.
③ 상대 선수의 실수로 인해 승리하였다고 생각한다.
④ 자신의 노력 부족으로 인해 패배하였다고 생각한다.

11. <보기>가 설명하는 자기결정이론(self-determination theory)의 동기 유형으로 가장 적절한 것은?

> 동수는 배드민턴에 흥미를 느끼고 스포츠클럽 활동을 시작했다. 시간이 지날수록 재미가 없어져서 클럽을 그만두고 싶었지만, 지도자와 동료들로부터 부정적인 평가를 받기 싫어서 클럽 활동을 유지하고 있다.

① 무동기(amotivation) ② 행동규제(behavior regulation)
③ 확인규제(identified regulation) ④ 의무감규제(introjected regulation)

12. <보기>에서 설명하는 자기존중감(self-esteem) 향상과 관련된 가설로 가장 적절한 것은?

> • 정기적으로 운동하여 체지방의 감량과 체형의 변화를 확인하였다.
> • 피트니스센터에 가면 정서적 안정감을 느낀다.
> • 스포츠지도사로부터 칭찬을 자주 받는다.
> • 가족들로부터 운동참여에 대한 지지를 받고 있다.

① 신체상(body-image) 향상설
② 자기도식(self-schema) 향상설
③ 자기효능감(self-efficacy) 향상설
④ 자기결정성(self-determination) 향상설

13. 운동학습의 정의 및 특성에 대한 설명으로 옳지 않은 것은?
① 학습 과정 그 자체를 직접 관찰할 수 있다.
② 신경가소성(neural plasticity)의 특성을 나타낸다.
③ 비교적 영구적인 운동 수행의 향상으로 나타나는 일련의 내적 과정이다.
④ 연습과 경험에 의해서 나타나는 현상이며, 성숙이나 동기 또는 훈련 등에 의해 일시적으로 변화하는 것은 포함하지 않는다.

14. <보기>에서 설명하는 심리기술훈련은?

> 테니스선수 A는 평소 연습과는 달리 시합만 하면 생리적 각성상태가 높아져서 서비스 실수가 자주 발생한다. 스포츠지도사 B는 A 선수의 어깨 부분에 근육의 긴장도를 측정하는 센서와 가슴에 심박수를 측정하는 센서를 부착하였다. 불안감이 높아질 때 어깨 근육의 긴장도가 함께 증가하는 것을 시각적으로 보여 주면서 각성 조절능력을 높이도록 하였다.

① 심상훈련(imagery training)
② 자생훈련(autogenic training)
③ 바이오피드백훈련(biofeedback training)
④ 점진적이완훈련(progressive relaxation training)

15. 운동 애착(exercise adherence)을 촉진하는 스포츠지도사의 전략으로 적절하지 않은 것은?
① 개인적인 피드백을 제공한다.
② 참여자를 위해 운동을 선택해준다.
③ 운동을 자극하는 표어나 포스터를 활용한다.
④ 친구 또는 가족과 함께 운동하는 것을 장려한다.

16. <보기>에서 대한야구협회가 활용한 행동수정 전략은?

> — 공고문 —
> 본 협회는 선수들의 경기장 폭력을 감소시키기 위해 폭력 정도에 따라 출전시간을 제한하는 제도를 시행합니다.
>
> 2019. 5. 11.
> 대한야구협회

① 정적강화　　② 부적강화　　③ 정적처벌　　④ 부적처벌

17. <보기>의 ㉠과 ㉡에 들어갈 용어가 바르게 묶인 것은?

> • (㉠)은/는 다른 근육군을 사용하여 같은 움직임을 수행할 수 있는 능력을 말한다.
> • (㉡)은/는 근육의 활동이 동일해도 조건에 따라 운동결과가 달라질 수 있다는 것이다.

	㉠	㉡
①	운동 등가 (motor equivalence)	맥락 조건 가변성 (context-conditioned variability)
②	운동 등가 (motor equivalence)	자유도 (degree of freedom)
③	맥락 조건 가변성 (context-conditioned variability)	자유도 (degree of freedom)
④	맥락 조건 가변성 (context-conditioned variability)	운동 등가 (motor equivalence)

18. 캐론(A. V. Carron)의 응집력 모형에서 응집력과 관련이 있는 팀 요소가 아닌 것은?

① 팀의 능력　　② 팀의 규모　　③ 팀의 목표　　④ 팀의 승부욕

19. 수영장에서 연습한 수영기술이 바다에서도 잘 발휘할 수 있는지를 확인하는 검사로 적절한 것은?

① 전이 검사(transfer test)
② 파지 검사(retention test)
③ 효율성 검사(efficiency test)
④ 수행 검사(performance test)

20. 반응시간(reaction time)의 유형이 아닌 것은?
   ① 변별반응시간(discrimination reaction time)
   ② 단순반응시간(simple reaction time)
   ③ 자유반응시간(free reaction time)
   ④ 선택반응시간(choice reaction time)

4과목 스포츠 윤리

1. 스포츠윤리의 개념에 대한 설명으로 적절하지 않은 것은?
   ① 윤리는 실천의 자율성을 중시한다.
   ② 도덕은 양심, 자율성 등 개인의 내면성 문제를 주로 다룬다.
   ③ 절묘한 기술로서 '좋은 패스'는 도덕적 선(善)으로 해석된다.
   ④ 스포츠맨십은 합규칙성을 넘는 적극적인 도덕적 마음가짐이다.

2. <보기>의 법 또는 헌장이 지향하고 있는 개념으로 가장 적절한 것은?

   - 모든 국민은 인간으로서 존엄과 가치를 가지며, 행복을 추구할 권리를 가진다(헌법 제10조).
   - 어느 국가 또는 개인에 대해서도 인종·종교 또는 정치상의 이유로 차별대우해서는 안 된다(올림픽 헌장 6조).
   - 학교의 장은 학생선수가 일정 수준의 학력기준에 도달하지 못한 경우에는 별도의 기초학력보장 프로그램을 운영하여 최저학력이 보장될 수 있도록 노력하여야 하며, 필요할 경우 경기대회 출전을 제한할 수 있다(학교체육진흥법 제11조).

   ① 스포츠와 평등   ② 스포츠와 인권
   ③ 스포츠와 환경   ④ 스포츠와 교육

3. 세계반도핑규약(WADC)에서 규정하고 있는 도핑 금지방법에 해당하지 않은 것은?
   ① 물리적 조작   ② 화학적 조작
   ③ 침술의 활용   ④ 유전자 도핑

4. 〈보기〉에서 지영이의 윤리적 입장에 대한 설명으로 적절하지 <u>않은</u> 것은?

> 상화 : 스포츠윤리는 선수들이 규칙과 도덕적 원리만 따르면 확립될 수 있다고 생각해.
> 지영 : 아니야. 나는 스포츠윤리에서 중요한 것은 도덕적 원리가 아니라 행위자의 내면적 품성과 도덕적 행위의 실천이라고 생각해.

① 행위의 주체보다는 행위 자체에 초점을 맞추고 있다.
② 인간에게 내재되어 있는 감정을 도덕적 동기로 인정한다.
③ '무엇을 해야 하는가'보다 '어떻게 살아야 하는가'가 중요하다.
④ 인간 내면에 있는 도덕성의 근원과 개인의 인성을 중요시한다.

5. 〈보기〉의 ㉠, ㉡에 해당하는 심판의 덕목으로 바르게 묶인 것은?

> ㉠ 심판은 선수의 이익을 동등하게 대우하는 엄격한 중립성을 가져야 하며, 개인적 감정을 배제해야 한다.
> ㉡ 심판은 한 번 내린 판정을 번복하기가 힘들기 때문에, 정확한 판정을 내릴 수 있는 오랜 경험과 훈련이 필요하다.

	㉠	㉡
①	공정성	자율성
②	공정성	전문성
③	전문성	자율성
④	개방성	전문성

6. 〈보기〉에서 (가)의 상황과 동일한 윤리적 입장으로 볼 수 있는 내용을 (나)에서 찾아 바르게 묶은 것은?

(가)	블루팀과 레드팀의 농구경기는 종료까지 2분 남았다. 블루팀은 1점 차이로 뒤지고 있고, 팀 파울에 걸려 있다. 그때부터 블루팀은 의도적인 반칙을 통해, 시간 단축과 더불어 공격기회를 한 번이라도 더 얻기 위해 노력하였다.
(나)	㉠ 팀 승리 및 사기 진작을 위해서는 스포츠에서 용인될 수 있는 행동이다. ㉡ 상대에게 고의적으로 반칙을 하는 행동은 목적 자체가 그릇된 행동이다. ㉢ 팀원뿐 아니라 팀을 위해 응원하는 관중에게 보답하고자 하는 행동이다. ㉣ 형식주의 관점에서 규칙을 위반했기 때문에 정당화될 수 없는 행동이다.

① ㉠, ㉢   ② ㉠, ㉣   ③ ㉡, ㉢   ④ ㉡, ㉣

7. <보기>에서 설명하는 롤스(J. Rawls)의 '정의의 원칙'으로 가장 적절한 것은?

> 상대적으로 사회적 약자인 저소득층 자녀들에게 지역의 사설 스포츠 센터 무료 이용권, 건강운동 강좌 수강이 가능한 스포츠 바우처(voucher)를 제공하여 누구나 경제적 형편에 상관없이 공평하게 스포츠를 누릴 수 있도록 정책을 마련한다.

① 자유의 원칙
② 차등의 원칙
③ 기회균등의 원칙
④ 원초적 원칙

8. <보기>의 상황과 관련된 학자와 이론이 바르게 연결된 것은?

> 학생선수 A는 양심적으로 교칙을 준수하고, 다친 친구 대신 가방을 들어주는 등 도덕적 성품을 지니고 있다. 하지만 축구 경기에서는 상대 선수를 심판 모르게 공격하는 등 반칙을 하거나 상대 선수를 배려하지 않고 팀의 이익을 위해 행동하는 팀 분위기에 동화되고 있다.

① 베버(M. Weber) – 책임윤리
② 요나스(H. Jonas) – 책임윤리
③ 니부어(R. Niebuhr) – 사회윤리
④ 나딩스(N. Noddings) – 배려윤리

9. <보기>에서 설명하는 스포츠에 대한 입장으로 적절한 사상가는?

> 승리지상주의가 팽배하는 현대 스포츠 현장에서 승리의 추구보다 스포츠 자체를 즐길 수 있도록 자기 자신을 낮추고 겸양과 배려로 상대를 대할 때, 진정한 의미의 스포츠윤리가 발현될 수 있다. 이를 위해서는 스포츠에서 인위적 제도나 구속이 최소화되도록 해야 하며, 윤리적 행위가 스포츠 자체를 통해 자연스럽게 발현되도록 해야 한다.

① 공자(孔子)
② 맹자(孟子)
③ 순자(荀子)
④ 노자(老子)

10. <보기>의 (가)에 해당하는 윤리적 관점에서 제기할 수 있는 (나) 상황의 문제점으로 가장 적절한 것은?

(가)	만약 한 존재가 고통이나 행복이나 즐거움을 느낄 수 없다면, 고려해야 할 것은 아무것도 없다. 이러한 것이 타자의 이익을 고려할 때, '쾌고감수능력'이라는 기준이 유일하게 옹호되는 이유이다.
(나)	경마(競馬)는 일정 거리를 말을 타고 달려 그 빠르기를 겨루는 경기이다. 이를 위해 말들은 자신의 의지와 무관하게 고통스러운 훈련을 받고 비좁은 축사에 갇혀 살아가게 된다.

① 동물도 이익에 맞는 동등한 대우를 받아야 한다.
② 모든 생명이 지니고 있는 고유한 가치를 존중해야 한다.
③ 인간의 생존을 위해 동물을 더욱 효율적으로 사육해야 한다.
④ 생태계 전체의 이익을 고려하여 그들의 정체성을 존중해야 한다.

11. <보기>는 레스트(J. Rest)의 도덕성 4구성요소 모형을 스포츠윤리 교육에 적용한 내용이다. ㉠, ㉡에 해당하는 것으로 바르게 연결된 것은?

1. 도덕적 민감성(moral sensitivity) : 스포츠 상황에서 도덕적 딜레마를 지각하게 하는 것
2. 도덕적 판단력(moral judgement) : 스포츠 상황에서 옳고 그름을 판단하게 하는 것
3. (㉠) : (㉡)
4. 도덕적 품성화(moral character) : 스포츠 상황에서 장애 요인을 극복하여 실천할 수 있는 강한 의지, 용기, 인내 등의 품성을 갖게 하는 것

	㉠	㉡
①	도덕적 추론화 (moral reasoning)	상대 선수와 팀을 존중하게 하는 것
②	도덕적 동기화 (moral motivation)	상대 선수의 의도적 반칙에 반응하게 하는 것
③	도덕적 추론화 (moral reasoning)	감독의 부당한 지시를 도덕적 문제상황으로 감지하게 하는 것
④	도덕적 동기화 (moral motivation)	다른 가치보다 정정당당하게 경기하는 것에 가치를 두게 하는 것

12. 〈보기〉에서 A선수가 취한 윤리적 입장의 난점으로 가장 적절한 것은?

> A선수는 마라톤 대회에 참가하여 2등으로 달리고 있던 중, 결승선 바로 앞에서 탈진하여 쓰러진 1등 선수를 발견하였다. A선수는 그 선수를 무시하고 1등을 차지할 수 있었지만, 쓰러진 선수를 돕는 것이 스포츠선수로서의 마땅한 행위라고 생각했다. 그래서 넘어진 선수를 부축하여 결승선까지 함께 도착하였으나 최종 성적은 순위권 밖으로 밀려났다.

① 인간 그 자체를 항상 목적으로 대해야 한다.
② 자연적인 경향성을 극복하고 의무를 따라야 한다.
③ 보편적 입법의 원리가 될 수 있도록 행동해야 한다.
④ 행위가 가져올 사회의 이익과 손해를 고려하여 행동해야 한다.

13. 스포츠에서 규제적 규칙(regulative rules)을 위반한 행위가 아닌 것은?
① 야구에서 배트에 철심을 넣어 보다 강력한 타격이 나오게 만드는 행위
② 태권도에서 전자호구를 조작하여 타격이 없더라도 점수를 높이는 행위
③ 수영에서 화상자국을 은폐하기 위해 전신수영복을 입고 출전하는 행위
④ 사이클에서 산소운반능력을 높이기 위하여 도핑을 하고 출전하는 행위

14. 페어플레이에 대한 설명으로 적절하지 않은 것은?
① 선수 개인의 의도나 목적에 따라 변화하는 도덕적 행위이다.
② 규칙 준수, 상대 존중 등 근대적 시민의 도덕규범과 일치한다.
③ 규칙의 준수로서 페어플레이는 행위에 대한 요구와 제재를 의미한다.
④ 패자 앞에서 과도한 승리 세리모니를 하는 것은 규범으로서의 페어플레이를 위반한 것이다.

15. 〈보기〉의 대화 내용에서 나타나는 스포츠에서의 차별에 대한 설명으로 적절한 것은?

> 아나운서 : A선수의 파워와 스피드, 그리고 순발력 앞에서 아무도 버틸 수 없을 것 같네요.
> 해설위원 : 맞습니다. A선수는 흑인 특유의 탄력과 유연성뿐만 아니라 파워까지 겸비하고 있기에 지금까지 승승장구해 왔다고 할 수 있지요.
> 아나운서 : 위원님, 그렇다면 이번 대결에서 B선수는 어떤 방법으로 대처하는 것이 좋을까요?
> 해설위원 : 아무래도 B선수는 백인들의 장점이라 할 수 있는 냉철한 판단력을 바탕으로 A선수의 허점을 공략하는 것이 가장 좋을 것 같습니다. A선수는 신체능력이 우수한 반면에 심리적으로 약할 가능성이 큽니다.
> 아나운서 : 저도 그렇게 생각합니다. 신체능력을 극복하는 판단력과 의지, 그것이 백인의 우수성 아니겠습니까?

① 단일 민족에게는 해당되지 않는 문제이다.
② 여성 스포츠에서 성의 상품화는 문제가 될 수 있다.
③ 여성의 스포츠 참여 제한은 차별에 해당하지 않는다.
④ 피부색에 따른 정신적·신체적 능력의 차이는 절대적이지 않다.

16. 〈보기〉의 대화에서 스포츠와 환경윤리에 대한 견해가 <u>다른</u> 사람은?

> 우준 : 우리 집 근처에 스키장이 생겼으면 좋겠어. 나는 스키가 좋은데, 스키장이 너무 멀어서 불편해.
> 경태 : 스키장 건설은 환경을 파괴하는 행위야. 그래서 나는 환경파괴가 없는 서핑이 좋더라.
> 관훈 : 서핑은 환경파괴가 없는 거야? 나는 잘 모르겠어. 그냥 나는 그런 것보다 동물과 함께하는 것이 좋아. 그래서 주말에 승마를 하러 가.
> 지영 : 나는 쾌적한 환경에서 운동하는 게 좋더라. 그래서 집앞 센터에서 요가를 하고 있어. 나는 실내운동이 좋아.

① 우준　　② 경태　　③ 관훈　　④ 지영

17. ⟨보기⟩의 대화에서 ㉠, ㉡에 들어갈 학교체육진흥법과 관련된 용어가 바르게 나열된 것은?

> A : (㉠)가 도입되면서부터 운동할 시간이 줄어들었어.
> B : 그것은 지금까지 우리가 (㉡)을 보장 받지 못했기 때문이야.
> A : 그래도 갑작스러운 (㉠) 도입은 형평성에 문제가 있어. 일반학생들은 공부하기 싫으면 안 해도 되지만, 우리는 시합 출전을 위해 어쩔 수 없이 해야 되는 제도잖아.
> B : 그것도 틀린 말은 아니지만, (㉡)은 우리가 정당하게 누려야 하는 권리이면서 의무이기도 해. 그것을 보장받기 위해 이런 제도가 도입된 거야.

	㉠	㉡
①	최저학력제	학습권
②	기초학력제	학습권
③	최저학력제	경기출전권
④	기초학력제	경기출전권

18. 관중폭력에 대한 설명으로 적절하지 <u>않은</u> 것은?
① 선수나 심판에 대한 욕설이나 비방도 넓은 의미에서 관중폭력에 해당한다.
② 신체적 폭행이 아닌 경기 시설물을 파괴하는 행위도 관중폭력에 해당한다.
③ 군중으로 있을 때보다 선수와 단둘이 있을 때, 상대적으로 발생하기 쉽다.
④ 축구팬의 훌리거니즘(hooliganism)은 관중폭력의 실제 사례 중 하나이다.

※ [19~20] ⟨보기⟩는 고대 동양 사상가들의 윤리적 입장이다. 물음에 답하시오.

> ㉠ 인(仁), 의(義), 효(孝), 우(友), 충(忠), 신(信), 관(寬), 서(恕), 공(恭), 경(敬)을 포함한 10가지 덕을 터득하여, 그 상황에서의 인식, 판단, 도덕적 행위를 선택할 수 있는 능력을 배양해야 한다.
> ㉡ 인(仁), 의(義), 예(禮), 지(智)가 도덕적 성향의 토대가 되면, 윤리적 사고가 필요한 상황에서 자연스럽게 실천적 행위가 가능하다.
> ㉢ 무릇 도(道)는 실재한다는 확실한 믿음이 있지만, 인위적인 행함이 없고, 그 형체도 없다. 마음으로 전할 수는 있으나, 형체가 있는 것처럼 주고받을 수는 없다.

19. ㉠과 ㉡의 입장에 대한 설명으로 적절하지 <u>않은</u> 것은?
① ㉠ : 정도(正道)를 지키기 위해 정정당당하게 승부한다.
② ㉡ : 상선약수(上善若水)를 중심으로 한 스포츠맨십을 중요시한다.
③ ㉠ : 선수 개인의 윤리와 함께 스포츠에서 제도의 중요성을 강조한다.
④ ㉡ : 부상 당한 선수를 도와주는 것은 본능적인 행동이기에 권장한다.

20. ㉢의 입장에서 ㉡에 대해 제기할 수 있는 반론으로 가장 적절한 것은?

① 지속적인 교육을 통해 넘어진 선수를 도와줄 수 있도록 만들어야 한다.
② 넘어진 선수를 도와줄 수 있도록 제도나 규정을 강화하여야 할 것이다.
③ 넘어진 선수를 부축하는 것은 순자(荀子)의 주장에 위배되는 행동이다.
④ 남의 눈치 때문에 다른 사람을 부축하기보다 내면의 윤리성이 중요하다.

5과목 운동생리학

1. 〈보기〉에서 설명하는 운동훈련의 원리는?

> • 운동훈련에 의한 효과는 운동량이 일상생활 수준보다 높을 때 일어난다.
> • 운동량은 운동의 빈도, 강도 또는 지속시간을 증가시킴으로써 늘릴 수 있다.

① 가역성의 원리 ② 개별성의 원리
③ 과부하의 원리 ④ 특이성의 원리

2. 근섬유의 형태에 따른 특성으로 적절하지 <u>않은</u> 것은?

① 지근은 속근에 비해 모세혈관의 밀도가 높다.
② 지근은 속근에 비해 미토콘드리아 수가 많다.
③ 속근은 지근에 비해 ATPase의 활성도가 높다.
④ 속근은 지근에 비해 피로에 대한 저항성이 높다.

3. 혈액 내 산소운반 물질은?

① 글루코스(glucose) ② 헤모글로빈(hemoglobin)
③ 마이오글로빈(myoglobin) ④ 유리지방산(free fatty acid)

4. 고강도 운동 중 젖산역치(LT)가 발생하는 원인으로 적절하지 <u>않은</u> 것은?

① 근육 내 산소량 감소 ② 속근섬유 사용률 증가
③ 코리사이클(cori cycle) 증가 ④ 무산소성 해당과정 의존율 증가

5. <보기>는 췌장에서 분비되는 혈당조절 호르몬에 대한 설명이다. ㉠, ㉡에 들어갈 용어를 바르게 나열한 것은?

> • (㉠)은 혈당 저하 시 글리코겐과 중성지방의 분해를 증가시켜, 혈당을 높여주는 역할을 한다.
> • (㉡)은 혈당 증가 시 세포 안으로 포도당 흡수를 촉진하여, 혈당을 낮추는 역할을 한다.

	㉠	㉡
①	인슐린	글루카곤
②	인슐린	알도스테론
③	글루카곤	알도스테론
④	글루카곤	인슐린

6. 건강체력 요소가 아닌 것은?
   ① 순발력   ② 유연성   ③ 신체구성   ④ 심폐지구력

7. 고지대에서 장기간 노출 시 나타나는 생리적 적응현상으로 적절하지 않은 것은?
   ① 적혈구 수 증가
   ② 혈액의 산소운반능력 향상
   ③ 근육의 모세혈관 밀도 감소
   ④ 주어진 절대강도 운동 시 폐환기량 증가

8. <보기>의 ㉠, ㉡에 들어갈 용어를 바르게 나열한 것은?

> • 신경계는 중추신경계(CNS)와 말초신경계(PNS)로 구분된다.
> • 말초신경계 중, 자율신경계(autonomic nervous system)는 '흥분성'의 (㉠)과 '억제성'의 (㉡)으로 구분된다.

	㉠	㉡
①	교감신경	부교감신경
②	부교감신경	교감신경
③	원심성신경	구심성신경
④	구심성신경	원심성신경

9. 운동 시 폐포와 폐모세혈관 사이에서의 산소교환율을 증가시키는 직접적인 원인은?

① 폐동맥의 낮은 산소량
② 폐동맥의 높은 산소량
③ 폐정맥의 낮은 산소량
④ 폐정맥의 높은 산소량

10. 〈보기〉에 제시된 근수축 과정을 단계별로 바르게 나열한 것은?

> ㉠ 근육세포의 활동전위(action potential) 발생
> ㉡ 근형질세망(SR)에서 칼슘이온(Ca2+) 분비
> ㉢ 축삭 종말에서 아세틸콜린(ACh) 방출
> ㉣ ATP 분해에 따른 근세사 활주 시작

① ㉠-㉢-㉣-㉡
② ㉡-㉢-㉠-㉣
③ ㉢-㉠-㉡-㉣
④ ㉣-㉢-㉡-㉠

11. 운동 시 비훈련자의 심혈관계 변화로 적절하지 <u>않은</u> 것은?

① 최대강도까지 운동 강도에 비례하여 심박수 증가
② 최대강도까지 운동 강도에 비례하여 심박출량 증가
③ 최대강도까지 운동 강도에 비례하여 1회박출량 증가
④ 최대강도까지 운동 강도에 비례하여 동정맥산소차 증가

12. 〈보기〉에 제시된 운동단위(motor unit)에 대한 설명 중 옳은 것을 있는 대로 고른 것은?

> ㉠ 하나의 운동신경과 그 신경에 의해 지배되는 근육섬유들로 정의 된다.
> ㉡ 운동신경에 연결된 근섬유 수가 많을수록 큰 힘을 내는데 유리하다.
> ㉢ 자극비율(innervation ratio)이 낮은 근육은 정교한 움직임에 적합하다.

① ㉠
② ㉠, ㉡
③ ㉡, ㉢
④ ㉠, ㉡, ㉢

13. 호흡교환율(Respiratory Exchange Ratio : RER)이 〈보기〉와 같을 때의 생리적 현상에 대한 설명으로 가장 적절한 것은?

> 호흡교환율(RER) = 0.8

① 이산화탄소 생성량이 산소 소비량보다 많다.
② 에너지 대사의 주 연료로 지방을 사용하고 있다.
③ V·O2max 80% 이상의 고강도 운동을 수행하고 있다.
④ 에너지 대사의 연료로 탄수화물은 전혀 사용되지 않고 있다.

14. 장기간의 규칙적인 유산소 훈련에 따른 생리적 적응 현상으로 적절하지 <u>않은</u> 것은?
① 근섬유의 항산화능력 향상
② 지근섬유의 속근섬유로의 전환
③ 근섬유의 미토콘드리아 밀도 증가
④ 최대하운동 중 지방대사능력의 향상

15. 〈보기〉에서 설명하는 호르몬은?

> • 운동 시 부신수질로부터 분비가 증가된다.
> • 간과 근육의 글리코겐 분해를 촉진시킨다.
> • 심박수와 심근의 수축력을 증가시킨다.

① 에스트로겐(estrogen)
② 에피네프린(epinephrine)
③ 성장호르몬(growth hormone)
④ 갑상선자극호르몬(thyroid stimulating hormone)

16. 〈보기〉의 지방(fat)에 대한 설명 중 옳은 것으로만 묶인 것은?

> ㉠ 지방은 유리지방산의 형태로 지방조직과 골격근 등에 저장된다.
> ㉡ 중성지방은 탄수화물이 고갈되더라도 에너지원으로 사용되지 않는다.
> ㉢ 중성지방은 리파아제(lipase)에 의해 지방산과 글리세롤(glycerol)로 분해된다.
> ㉣ 운동 강도가 증가함에 따라 에너지 생산을 위한 주연료는 지방에서 탄수화물로 전환된다.

① ㉠, ㉡   ② ㉠, ㉣   ③ ㉡, ㉢   ④ ㉢, ㉣

17. 〈보기〉에서 설명하는 근육 기관은?

> • 골격근에서 발견된다.
> • 근육의 길이를 감지한다.
> • 근육의 급격한 신전 시 반사적 근육활동을 촉발시킨다.

① 근방추   ② 동방결절
③ 모세혈관   ④ 근형질세망

18. 운동 후 초과산소섭취량(ExcessPost-exerciseOxygenConsumption : EPOC)이 발생하는 원인으로 적절하지 <u>않은</u> 것은?

① 운동 중 증가한 혈압 감소
② 운동 중 증가한 젖산 제거
③ 운동 중 증가한 체온 저하
④ 운동 중 증가한 산소 제거

19. 〈보기〉에서 설명하는 용어는?

> • 심실이 수축할 때 배출되는 혈액의 양
> • 확장기말 혈액량(EDV)과 수축기말 혈액량(ESV)의 차이

① 심박수   ② 1회박출량
③ 분당 환기량   ④ 최대산소섭취량

20. 〈보기〉에서 설명하는 에너지 시스템은?

> • 순간적인 고강도 운동을 위한 주요 에너지 시스템
> • 운동 시작 시기에 가장 빠르게 에너지를 생산하는 방법
> • 역도, 높이뛰기, 20m 달리기 등에 사용되는 주요 에너지 시스템

① ATP-PC 시스템
② 무산소성 해당과정(glycolysis)
③ 젖산 시스템(lactic acid system)
④ 산화적 인산화(oxidative phosphorylation)

6과목 운동역학

1. 운동역학 연구의 주된 목적이 아닌 것은?
   ① 운동기술의 향상
   ② 운동 용기구의 개발 및 평가
   ③ 멘탈 및 인지 강화 프로그램의 구성
   ④ 운동수행 안전성의 향상 및 손상의 예방

2. 골프 수행에 관한 변인 중 벡터(vector)에 해당하는 것은?
   ① 골프공의 속력(speed)
   ② 골프공의 비거리(distance)
   ③ 골프클럽의 가속도(acceleration)
   ④ 골프공의 위치에너지(potential energy)

3. 해부학적 방향을 나타내는 용어와 의미가 바르게 묶이지 않은 것은?
   ① 앞쪽(anterior, 전) – 인체의 정면 쪽
   ② 아래쪽(inferior, 하) – 머리로부터 먼 쪽
   ③ 안쪽(medial, 내측) – 인체의 중심 쪽
   ④ 얕은(superficial, 표층) – 인체의 안쪽

4. 트램펄린 위에서 점프 동작을 할 때 신체의 위치에너지에 대한 설명으로 옳은 것은? (단, 공기 저항은 무시함)
   ① 위치에너지는 신체의 점프 높이에 상관없이 일정하다.
   ② 위치에너지는 신체가 트램펄린에 닿을 때 최대가 된다.
   ③ 위치에너지는 신체가 트램펄린에 근접할 때 최대가 된다.
   ④ 위치에너지는 신체가 수직으로 가장 높이 올라갔을 때 최대가 된다.

5. 인체의 좌우축을 중심으로 전후면(시상면)에서 발생하는 관절운동이 아닌 것은?
   ① 굽힘(flexion, 굴곡)
   ② 폄(extension, 신전)
   ③ 벌림(abduction, 외전)
   ④ 발바닥굽힘(plantar flexion, 저측굴곡)

6. 〈그림〉에서 카누선수가 보트 위에서 오른손으로 패들의 끝을 잡고, 왼손으로 패들을 잡고 당기는 순간에 적용되는 지레는?

① 1종 지레
② 2종 지레
③ 3종 지레
④ 1종과 2종 지레의 혼합

7. 정역학(statics)의 범주에 해당하지 않은 것은?
① 물체에 작용하는 모든 힘이 평형을 이루고 있고 회전이 발생하지 않을 때
② 물체가 일정한 속도로 움직일 때
③ 물체가 정지하고 있을 때
④ 물체가 가속할 때

8. 운동의 종류에 대한 설명으로 옳지 않은 것은?
① 철봉 대차돌기는 복합운동 형태이다.
② 각운동은 중심선(점) 주위를 회전하는 운동이다.
③ 선운동(병진운동)에는 직선운동과 곡선운동이 있다.
④ 대부분의 인간 움직임은 각운동과 선운동 요소가 결합되어 나타난다.

9. '마찰'에 대한 설명으로 옳지 않은 것은?
① 마찰력은 저항력 또는 추진력으로 작용할 수 있다.
② 마찰계수는 접촉면의 형태와 성분에 따라 달라진다.
③ 마찰력의 크기는 접촉면에 가한 수직 힘의 크기에 비례한다.
④ 마찰력은 접촉면과 평행하게 작용하며 물체의 운동 방향으로 작용한다.

10. 물체에 힘을 가할 때 충격량(impulse)의 크기가 다른 것은?

① 한 사람이 2초 동안 30N의 일정한 힘을 발생시켰을 때
② 한 사람이 3초 동안 20N의 일정한 힘을 발생시켰을 때
③ 한 사람이 4초 동안 15N의 일정한 힘을 발생시켰을 때
④ 한 사람이 2초 동안 40N의 일정한 힘을 발생시켰을 때

11. 인체의 무게중심에 대한 설명으로 옳지 않은 것은?

① 무게중심의 위치는 안정성에 영향을 줄 수 있다.
② 무게중심은 회전력의 합이 '0'인 지점이다.
③ 무게중심은 인체 외부에 위치할 수 있다.
④ 무게중심의 위치는 변하지 않는다.

12. 다이빙 공중 동작을 할 때 신체의 좌우축에 대한 회전속도(각속도)의 크기가 가장 큰 동작으로 적절한 것은? (단, 각운동량(angular momentum)은 같음)

① 두 팔과 두 다리 모두 편 자세를 취할 때
② 두 팔과 두 다리를 동시에 몸통 쪽으로 모으는 자세를 취할 때
③ 두 다리는 편 상태에서 두 팔만 몸통 쪽으로 모으는 자세를 취할 때
④ 두 팔은 편 상태에서 두 다리만 몸통 쪽으로 모으는 자세를 취할 때

13. 걷기 동작에서 측정되는 지면반력(ground reaction force)에 대한 설명으로 옳지 않은 것은?

① 지면반력기로 측정할 수 있다.
② 발이 지면에 가하는 근력을 측정한 값이다.
③ 지면이 신체에 가하는 반력을 측정한 값이다.
④ 뉴턴의 작용-반작용 법칙으로 설명할 수 있다.

14. 근전도(electromyography: EMG) 검사와 평가에 대한 설명으로 옳지 않은 것은?

① 근수축과 관련된 전기적 신호를 측정하는 것이다.
② 근전도 검사를 통해 신체 분절의 위치를 측정할 수 있다.
③ 근전도 검사에 사용되는 전극은 표면전극과 삽입전극으로 구분된다.
④ 근전도 신호의 분석을 통해 근 피로에 대한 정보를 일부 추정할 수 있다.

15. 〈보기〉의 ㉠, ㉡에 알맞은 내용으로 바르게 나열된 것은?

> 신장성 수축(eccentric contraction)은 근육군에 의해 발휘되는 힘 모멘트가 외력에 의한 저항 모멘트보다 (㉠), 근육이 (㉡) 발생하는 수축형태이다.

	㉠	㉡
①	작아서	길어지며
②	작아서	짧아지며
③	커서	길어지며
④	커서	짧아지며

16. 달리기 동작의 2차원 영상분석에 대한 설명으로 옳은 것은?
① 지면반력기를 사용한다.
② 반드시 2대의 카메라가 필요하다.
③ 2차원 상의 평면 운동을 분석하는 것이다.
④ 움직임의 원인이 되는 힘을 직접 측정하는 방법이다.

17. 파워(power)에 대한 설명으로 옳지 않은 것은?
① 단위 시간 당 수행한 일(work)의 양이다.
② 일의 빠르기를 나타내는 물리량이다.
③ 단위는 watt 혹은 Joule/s이다
④ 단위는 에너지의 단위와 같다.

18. 공의 포물선 운동에 대한 설명으로 옳지 않은 것은? (단, 공기저항은 무시함)
① 공의 속력은 항상 일정하다.
② 공의 수평가속도는 0m/s2이다.
③ 공의 수직가속도는 중력가속도와 같다.
④ 공의 투사각도는 투사거리에 영향을 미친다.

19. 800N 바벨을 정지상태에서 위로 올린 후 다시 정지시키는 벤치프레스 동작에서 바벨에 가한 시간 –수직 힘크기 그래프로 가장 옳은 것은?

①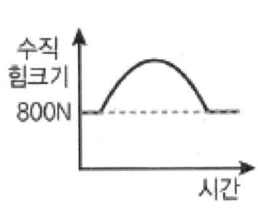
②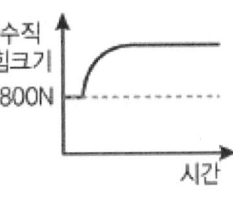
③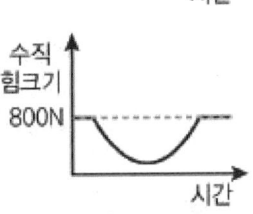
④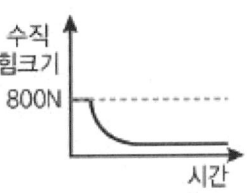

20. 400m 트랙 한 바퀴를 50초에 달린 육상선수의 평균속력과 평균 속도로 적절한 것은? (단, 출발점과 도착점의 위치가 같음)

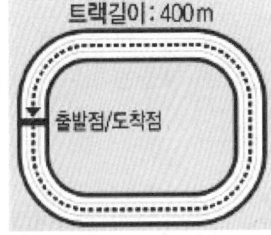

	평균속력(m/s)	평균속도(m/s)
①	0	8
②	0	0
③	8	0
④	8	8

7과목 한국체육사

1. 체육사 연구에서 사료(史料)에 대한 설명으로 옳지 않은 것은?
① 유물, 유적 등의 유산은 물적 사료이다.
② 공문서, 사문서, 출판물 등은 문헌 사료이다.
③ 과거의 기억에 대한 증언 등은 구술 사료이다.
④ 각종 트로피, 우승기, 메달, 경기 복장 등은 구전 사료이다.

2. 〈보기〉의 ㉠, ㉡에 들어갈 알맞은 용어는?

> 선사시대에는 애니미즘(animism, 만유정령설)에 대한 믿음을 바탕으로 놀이와 신체활동이 포함된 제천의식을 시행하였다. 부족국가와 삼국시대의 제천의식으로는 부여의 영고, 동예의 무천, 고구려의 (㉠), 신라의 (㉡)이/가 있었다.

	㉠	㉡
①	가배	동맹
②	동맹	10월제
③	동맹	가배
④	가배	10월제

3. 삼국시대 민속놀이에 대한 설명으로 옳은 것은?
① 윷놀이는 두 사람이 맞잡고 힘을 겨루는 경기이다.
② 장기는 나무 막대로 만든 주사위를 던져서 승부를 겨루는 놀이이다.
③ 마상재는 화살 같은 막대기를 일정한 거리에서 항아리나 병 안에 넣는 놀이이다.
④ 방응은 사나운 매를 길러 꿩이나 새를 사냥하는 일종의 수렵활동이다.

4. 〈보기〉에서 설명하는 고려시대의 민속놀이는?

> • 단오절 행사에 여성들의 놀이로 인기가 있었다.
> • 두 줄을 붙잡고 온몸을 흔들고 발의 탄력을 이용해 온몸을 마음껏 날려 보내는 놀이이다.

① 저포(樗蒲) ② 축국(蹴鞠)
③ 추천(鞦韆) ④ 풍연(風鳶)

5. 〈보기〉에서 설명하는 조선 시대의 무예는?

> • 무과 시험 과목의 하나였다.
> • 각 사정을 대표하는 궁수 5인 이상이 편을 나누어 활을 쏘는 단체경기였다.

① 편사(便射) ② 기창(騎槍)
③ 기사(騎射) ④ 본국검(本國劍)

6. 〈보기〉에서 설명하는 고려 시대의 무예는?

> • 무인집권시대에 인재 선발의 중요한 수단이었다.
> • 맨손으로 치기, 주먹지르기 등의 기술을 사용하는 일종의 격투기였다.

① 궁술(弓術) ② 각저(角觝)
③ 수박(手搏) ④ 격구(擊毬)

7. 〈보기〉의 괄호 안에 들어갈 알맞은 용어는?

> 정조(正祖, 1752~1800)는 문무겸비를 강조한 왕으로서 문과 무를 양립시키는 것이 국가를 부강하게 하는 계책 이라고 여겼다. 그는 규장각의 이덕무, 박제가와 장용영의 백동수를 통해 (   )를 편찬케 하였다. 이 책은 조선 시대를 대표하는 병서이자 무예교범서였다.

① 《무예도보통지(武藝圖譜通志)》
② 《무예신보(武藝新譜)》
③ 《무예제보(武藝諸譜)》
④ 《임원경제지(林園經濟誌)》

8. 〈보기〉에서 설명하는 단체의 활동으로 옳은 것은?

> • 1903년 '황성기독교청년회'라는 이름으로 창설된 단체이다.
> • 외국인 선교사를 주축으로 근대스포츠를 도입, 보급하여 한국 근대스포츠 발전에 많은 영향을 미쳤다.
> • 1910년 한일병합 이후에도 스포츠 보급 활동에 기여하였다.

① 첫 사업으로 제1회 전조선야구대회를 개최했다.
② 1916년 우리나라 최초의 체육관을 개관하여 스포츠 활동의 활기를 도모했다.
③ 조선에서 최초의 종합경기대회라고 할 수 있는 조선신궁 경기대회를 개최했다.
④ 우리나라 근대체육의 선구자였던 노백린이 병식체조 중심의 체육을 비판하며 설립한 단체였다.

9. 개화기 교육입국조서(敎育立國詔書)가 반포된 이후의 체육사적 사실이 <u>아닌</u> 것은?

① 한국 YMCA가 설립되어 서구 스포츠가 본격적으로 도입되었다.
② 한국 최초의 운동회가 화류회(花柳會)라는 이름으로 개최되었다.
③ 우리나라 최초의 근대적인 체육 단체인 대한체육구락부가 결성되었다.
④ 언더우드(H. G. Underwood)학당이 설립되어 체조가 정식교과목에 편성되었다.

10. 개화기에 발생한 체육사적 사실이 아닌 것은?

① 관서체육회(關西體育會)가 결성되어 전조선빙상대회가 개최 되었다.
② 최초의 근대 학교인 원산학사에서는 무사 양성을 위한 무예반을 개설했다.
③ 선교사들이 미션 스쿨을 설립하고, 서구의 체조 및 근대 스포츠를 도입하였다.
④ 한국 최초의 여성교육기관인 이화학당이 설립되고, 정규 수업에 체조 수업을 실시하였다.

11. 〈보기〉의 ㉠~㉣을 연대순으로 바르게 연결한 것은?

> ㉠ 태권도가 하계올림픽경기대회에서 정식 종목으로 채택되었다.
> ㉡ 손기정은 하계올림픽경기대회 마라톤 종목에서 금메달을 획득했다.
> ㉢ 한국은 하계올림픽경기대회에 'KOREA'라는 정식 국호를 달고 최초로 참가했다.
> ㉣ 양정모는 하계올림픽경기대회 레슬링 종목에서 한국 선수 최초로 금메달을 획득했다.

① ㉣-㉠-㉡-㉢
② ㉡-㉢-㉠-㉣
③ ㉡-㉢-㉣-㉠
④ ㉢-㉡-㉠-㉣

12. 개화기 배재학당에 대한 설명으로 옳은 것은?

① 스크랜턴(M.F. Scranton)에 의해 설립된 학교로 정기적으로 체조수업을 실시했다.
② 알렌(H. N. Allen)에 의해 설립된 학교로 건강 및 보건을 위한 활동을 실시했다.
③ 아펜젤러(H. G. Appenzeller)가 설립한 학교로 서구 스포츠가 과외활동을 통해 보급되었다.
④ 조선 정부가 영어교육을 위해서 세운 학교로 다양한 서구 근대 스포츠 문화를 소개했다.

13. 조선체육회에 대한 설명으로 옳지 않은 것은?

① 경성일보사의 적극적인 후원으로 설립되었다.
② 조선의 체육을 지도, 장려하는 것을 목적으로 설립된 단체였다.
③ 민족주의 사상을 토대로 일본체육단체에 대응하기 위해 창립되었다.
④ 운동경기에 관한 연구 활동뿐만 아니라 스포츠 보급의 일환으로 운동구점을 설치하고 운영했다.

14. 〈보기〉에서 설명하는 정부가 시행한 체육 정책에 해당하지 않은 것은?

> 이 정부는 '체력은 국력'이란 슬로건을 채택했으며, '국민재건체조'를 제정하고 대한체육회의 예산을 정부가 지원하기로 결정했다. 그 외 국민체육진흥법공포(1961), 체육진흥법 시행령 공포(1963), 체육의 날 제정(1962), 매월 마지막 주의 '체육주간' 제정 등과 같은 조치가 이루어졌다.

① 태릉선수촌의 건립
② 국군체육부대의 창설
③ 우수선수 병역면제 시행
④ 메달리스트 체육연금제도 도입

15. 〈보기〉에서 설명하는 체육 단체는?

> • 제24회 서울올림픽경기대회를 기념하여 1989년 공익법인으로 설립되었다.
> • 체육지도자 국가자격시험을 전담하고 있다.
> • 경정, 경륜, 스포츠토토 등의 기금조성사업을 하고 있다.

① 대한체육회
② 문화체육관광부
③ 대한장애인체육회
④ 국민체육진흥공단

16. 〈보기〉에서 설명하는 인물은?

> • 1903년 황성기독교청년회 초대 총무를 역임하였다.
> • 우리나라 최초로 야구와 농구를 소개하였다.
> • 개화기 YMCA를 통해서 우리나라 근대스포츠의 발달에 큰 역할을 담당했다.

① 푸트(L. M. Foote)
② 반하트(B. P. Barnhart)
③ 허치슨(W. D. Hutchinson)
④ 질레트(P. L. Gillett)

17. 조선시대에 남성들이 양편으로 나누어 서로 마주 보고 돌을 던지던 민속놀이는?

① 사희(柶戲)
② 석전(石戰)
③ 추천(鞦韆)
④ 삭전(索戰)

18. 우리나라가 대한민국 국호를 걸고 최초로 참가한 동계올림픽 경기대회는?

① 1948년 제5회 생모리츠올림픽경기대회
② 1992년 제16회 알베르빌올림픽경기대회
③ 2002년 제19회 솔트레이크시티올림픽경기대회
④ 2018년 제23회 평창올림픽경기대회

19. 〈보기〉에서 설명하는 올림픽 경기대회는?

> • 분단 후 남한과 북한의 선수가 최초로 동시에 입장한 대회였다.
> • 남한과 북한의 대표선수단은 KOREA라는 표지판과 한반도기를 앞세우고 함께 입장하여 세계인의 박수를 받았다.
> • 태권도가 올림픽 정식 종목으로 시행되었다.

① 1996년 제26회 애틀란타올림픽경기대회
② 2000년 제27회 시드니올림픽경기대회
③ 2004년 제28회 아테네올림픽경기대회
④ 2008년 제29회 베이징올림픽경기대회

20. 〈보기〉에서 설명하는 장소는?

> • 대한체육회가 1966년 우수선수의 육성을 위해 건립했다.
> • 스포츠를 통한 국위선양 및 국민통합 실현의 목적이 있다.
> • 국가대표선수들을 과학적으로 육성하는 기반이 되었다.

① 장충체육관　　　　　② 태릉선수촌
③ 동대문운동장　　　　④ 효창운동장

2020 2급 생활스포츠지도사

1과목 스포츠 교육학

1 모스턴(M. Mosston)의 수업 스타일 중 학습자가 인지 작용을 통해 문제에 대한 다양한 해답을 찾는 유형은?
① 연습형
② 수렴발견형
③ 상호학습형
④ 확산발견형

2 헬리슨(D. Hellison)의 개인적·사회적 책임감 모형 중 전이 단계(transfer level)에 해당하는 것은?
① 다른 사람을 방해하지 않고 체육 프로그램에 참여하기
② 체육 프로그램에서 타인의 요구와 감정을 인정하고 경청하기
③ 체육 프로그램에서 학습한 배려를 일상생활에서 실천하기
④ 자기 목표를 설정하고 지도자의 통제 없이 체육 프로그램 과제를 완수하기

3 멕티게(J. Mctighe)가 제시한 개념으로 학습자가 배운 내용을 경기 상황에서 구현하는 정도를 평가하는 방법은?
① 실제 평가(authentic assessment)
② 총괄 평가(summative assessment)
③ 규준지향 평가(norm-referenced assessment)
④ 준거지향 평가(criterion-referenced assessment)

4 체육 프로그램의 목표로 정의적 영역(affective domain)에 해당하는 것은?
① 축구에서 인사이드 패스를 실행할 수 있다.
② 야구에서 스윙 동작을 분석하고 평가할 수 있다.
③ 배구에서 동료와 협력할 수 있다.
④ 농구에서 지역방어전략을 사용할 수 있다.

5 모스턴(M. Mosston)의 수업 스타일 중 연습형의 특징으로 적절하지 않은 것은?

① 학습자가 스스로 과제를 평가하게 한다.
② 지도자는 학습자에게 개별적으로 피드백을 제공한다.
③ 학습자가 모방 과제를 스스로 연습할 수 있도록 지도한다.
④ 학습자는 숙련된 운동 수행이 과제의 반복 연습과 관련 있음을 이해한다.

6 〈보기〉에서 블룸(B. Bloom)의 인지적 영역 수준에 해당하는 것은?

> 배드민턴 경기에서 상대 선수의 서비스를 받을 때, 낮고 짧은 서비스와 높고 긴 서비스의 대처 방법이 어떻게 달라져야 하는지를 알 수 있다.

① 분석   ② 기억   ③ 이해   ④ 평가

7 〈보기〉에서 설명하는 알버노(P. Alberno)와 트라웃맨(A Troutman)의 행동수정기법에 해당하는 것은?

> 학습자가 적절한 행동을 할 때마다 지도자가 점수, 스티커, 쿠폰 등을 제공하는 기법이다.

① 타임아웃(time out)
② 토큰 수집(token economies)
③ 좋은 행동 게임(good behavior game)
④ 지도자 – 학습자 사이의 계약(behavior contracting)

8 〈보기〉에서 정 코치의 질문에 대한 각 지도자의 답변으로 적절하지 않은 것은?

> 정 코치 : 메츨러(M. Metzler)의 절차적 지식에 대해 간단히 설명해 주시기 바랍니다.
> 박 코치 : 지도자가 학습자에게 움직임 패턴을 연습할 수 있게 하고 이를 경기에 적용할 수 있는 지식입니다.
> 김 코치 : 학습자가 과제를 연습하는 동안 이를 관찰하고 정확한 피드백을 제공할 수 있는 지식입니다.
> 한 코치 : 지도자가 실제로 체육 프로그램 전, 중, 후에 적용할 수 있는 지식입니다.
> 이 코치 : 지도자가 개념을 설명할 수 있는 지식입니다.

① 박 코치   ② 김 코치
③ 한 코치   ④ 이 코치

9 학교체육진흥법(시행 2017. 10. 19)의 제 11조, 제12조에서 규정하고 있는 학교운동부 운영 및 학교운동부지도자에 대한 내용으로 적절하지 않은 것은?

① 학교의 장은 학습권 보장을 위한 상시 합숙 훈련 금지 원칙으로 원거리에서 통학하는 학생 선수를 위하여 기숙사를 운영할 수 없다.
② 최저 학력의 기준 및 실시 시기에 필요한 사항과 기초 학력 보장 프로그램의 운영 등에 필요한 사항은 교육부령으로 정한다.
③ 학교의 장은 학교운동부지도자가 학생선수의 학습권을 박탈하거나 폭력, 금품, 향응 수수 등의 부적절한 행위를 하였을 경우 학교운영위원회의 심의를 거쳐 계약을 해지할 수 있다.
④ 그 밖에 학교운동부지도자의 자격 기준, 임용, 급여, 신분, 직무 등에 필요한 사항은 대통령령으로 정한다.

10 〈보기〉 중 각 지도자의 행동 유형과 개념이 바르게 연결되지 않은 것은?

> 박 코치: 지도하는 데 갑자기 학습자의 보호자가 찾아오셔서 대화하느라 지도 시간이 부족했어요.
> 김 코치: 말도 마세요! 저는 지도하다가 학습자들끼리 부딪혔는데 한 학습자가 쓰러져 일어나지 못했어요. 정말 놀라서 급하게 119에 신고했던 기억이 나네요.
> 한 코치: 지도 중에 좁은 공간에서 기구를 잘못 사용하는 학습자를 보면 곧바로 운동을 중지하고, 안전의 중요성을 강조하면서 공간과 기구를 정리하라고 말했어요.
> 이 코치: 저는 학습자의 참여를 높이기 위해 신호에 따른 즉각적인 과제 수행을 강조했어요. 그 결과, 개별적인 피드백을 제공할 수 있게 되었고, 학습자의 성취도가 점점 향상되는 것 같았어요.

① 박 코치 – 비기여 행동
② 김 코치 – 비기여 행동
③ 한 코치 – 직접기여 행동
④ 이 코치 – 직접기여 행동

11 학습자의 이탈 행동을 예방하고 과제 참여 유지를 위한 교수 기능 중 올스테인(A. Ornstein)과 레빈(D. Levine)이 제시한 신호 간섭에 해당하는 것은?

① 긴장 완화를 위해 유머를 활용하는 것이다.
② 시선, 손짓 등 지도자의 행동으로 학습자의 운동 참여 방해 행동을 제지하는 것이다.
③ 프로그램 진행을 방해하는 학습자에게 가까이 접근하거나 접촉하여 제지하는 것이다.
④ 프로그램에 참여하는 학습자에게 일상적 수업, 루틴 등과 같은 활동을 활용하는 것이다.

12 〈보기〉의 국민체육진흥법(시행2020. 1. 16)의 제 12조에 명시된 내용 중 체육 지도자의 자격 취소 사유를 모두 고른 것은?

> ㉠ 자격 정지 기간에 업무를 수행한 경우
> ㉡ 체육 지도자 자격증을 타인에게 대여한 경우
> ㉢ 선수의 신체에 폭행을 가하거나 상해를 입히는 행위를 한 경우
> ㉣ 거짓이나 그 밖의 부정한 방법으로 체육 지도자의 자격을 취득한 경우

① ㉠, ㉢
② ㉡, ㉢
③ ㉡, ㉢, ㉣
④ ㉠, ㉡, ㉢, ㉣

13 〈보기〉에서 설명하는 로젠샤인(B. Rosenshine)의 직접 교수 모형 단계로 적절한 것은?

> • 이 단계는 학습자에게 초기 학습 과제와 함께 순차적으로 과제 연습이 이루어지는 과정이다.
> • 지도자는 학습자에게 다음 과제를 제시하기 위해 핵심단서(cue)를 다시 가르치거나 이전 학습 과제를 되풀이할 수 있다.

① 피드백 및 교정
② 비공식적 평가
③ 새로운 과제 제시
④ 독자적인 연습

14 〈보기〉의 배드민턴 지도 사례에서 IT 매체의 효과로 바르게 연결되지 않은 것은?

> ㉠ 학습자의 흥미 유발을 위해 스마트폰과 스피커를 활용하여 최신 음악을 맞춰 준비 운동을 시켰다.
> ㉡ 배드민턴 스매시 동작을 기록하기 위해 영상분석 애플리케이션(application)을 사용하였다.
> ㉢ 학습자의 동작 완료 10초 후 지도자는 녹화된 영상을 보고 학습자의 자세를 교정해 주었다.
> ㉣ 지도자가 녹화한 영상을 학습자의 단체 소셜 네트워크 서비스(SNS)에 올린 후 동작 분석에 대해 서로 토의했다.

① ㉠ - 학습자의 동기 유발
② ㉡ - 과제에 대한 체계적 관찰의 효율성 증가
③ ㉢ - 학습자의 운동 참여 시간 증가
④ ㉣ - 학습자와 지도자의 의사소통 향상

15 〈보기〉에서 설명한 시든탑(D. Siedentop)의 교수(teaching) 기능 연습법에 해당하는 용어로 적절한 것은?

> • 박 코치는 소수의 실제 학습자들 앞에서 지도 연습을 했다.
> • 자신의 지도 행동을 관찰하기 위해 비디오 촬영을 병행했다.

① 1인 연습(self practice)
② 동료 교수(peer teaching)
③ 축소 수업(micro teaching)
④ 반성적 교수(reflective teaching)

16 지도자가 의사 전달을 위해 학습자의 신체를 올바른 자세로 직접 고쳐주는 지도 정보 단서로 적절한 것은?

① 언어 단서(verbal cue)
② 조작 단서(manipulative cue)
③ 과제 단서(task cue)
④ 시청각 단서(audiovisual cue)

17 〈보기〉에서 예방적(proactive) 수업 운영 행동에 해당하는 것을 바르게 고른 것은?

> ㉠ 이번 주에 배울 내용을 게시판에 공지한다.
> ㉡ 수업 시작과 종료를 정확하게 지킨다.
> ㉢ 학습자에게 농구의 체스트 패스에 대한 시범을 보인다.
> ㉣ 2인 1조로 체스트 패스 연습을 한다.
> ㉤ 호루라기를 사용하여 학습자의 주의를 집중시킨다.

① ㉠, ㉡, ㉢
② ㉠, ㉡, ㉤
③ ㉡, ㉢, ㉣
④ ㉢, ㉣, ㉤

18 〈보기〉의 설명과 관련된 용어는?

> • 정규 농구 골대의 높이를 낮춘다.
> • 반(half)코트 경기를 운영한다.
> • 배구공 대신 소프트 배구공을 사용한다.

① 역할 수행
② 학습 센터
③ 변형 게임
④ 협동 과제

19 체육 프로그램을 지도할 때 실제 학습 시간(Academic Learning Time)을 바르게 설명한 것은?

① 체육 활동에 할당된 시간
② 학습자가 운동에 참여한 시간
③ 학습자가 다른 학습자에게 피드백을 제공하는 시간
④ 학습자가 학습 목표와 부합한 과제의 성공을 경험하며 참여한 시간

20 체육 프로그램을 지도할 때 학습자 평가의 목적으로 가장 거리가 먼 것은?

① 교수 – 학습의 효과성 판단
② 학습자의 체육 프로그램 참여 및 향상 동기 촉진
③ 교육목표에 따른 학습 진행 상태 점검과 지도 활동 조정
④ 학습 과정을 배제하고 결과 중심으로 순의를 결정하기 위해 활용

2과목 스포츠 사회학

1 스포츠의 사회적 순기능으로 적절하지 않는 것은?

① 사회화 기능
② 사회통제 기능
③ 사회통합 기능
④ 사회정서적 기능

2 〈보기〉에서 설명하는 이론은?

- 지배계급은 피지배계급을 억압하고 착취한다.
- 재화의 불평등한 분배는 사회의 본질적 속성이다.
- 스포츠는 일부 지배 계급에 의해 그들의 이익을 증대시키는 데 이용된다.

① 갈등 이론
② 비판 이론
③ 상징적 상호작용론
④ 구조기능주의 이론

3 〈보기〉에서 정치가 스포츠를 이용하는 방식을 바르게 연결한 것은?

> ㉠ 경기에 앞서 국가 연주, 국가에 대한 경례 등의 의식을 갖는다.
> ㉡ 대중은 선수나 팀을 자신과 일치시키는 태도를 형성한다.
> ㉢ 정치인의 비리, 부정 등을 은폐하기 위해 스포츠를 이용한다.

	㉠	㉡	㉢
①	상징	조작	동일화
②	동일화	상징	조작
③	상징	동일화	조작
④	조작	동일화	상징

4 스포츠와 미디어의 상호관계에 미디어가 스포츠에 미치는 영향에 해당하는 것은?
① 영국 프리미어리그 경기는 방송사에 수준 높은 콘텐츠를 제공하고 있다.
② 방송사의 편익을 위해 배구의 랠리포인트제, 농구의 쿼터제 등 경기규칙을 변경하였다.
③ 손흥민, 류현진 선수 등의 활약으로 스포츠 관련 방송시장이 확대되었다.
④ 시청자의 욕구를 충족시켜 주기 위해 슬로우 영상, 반복 영상 등을 제공하고 있다.

5 상업주의 심화에 따른 스포츠의 변화에 대한 설명으로 적절하지 않은 것은?
① 경기 내적인 요소보다 외적인 요소를 중요시한다.
② 심미적 가치보다 영웅적 가치를 중요시한다.
③ 아마추어리즘보다 프로페셔널리즘을 추구한다.
④ 경기의 공정성을 강화하기 위해 경기 규칙을 개정한다.

6 〈보기〉의 A선수에 해당하는 사회 계층 이동의 유형을 바르게 연결한 것은?

> A선수는 2002년부터 2019년까지 프로축구리그 S팀의 주전선수로 활동하면서 MVP 3회 수상 등 축구선수로서 면성을 얻었다. 은퇴 후, 2020년부터 프로축구 A팀의 수석코치로 활동하게 되었다.

	이동의 방향	시간적 거리	이동의 주체
①	수평 이동	세대 간 이동	집단 이동
②	수평 이동	세대 내 이동	개인 이동
③	수직 이동	세대 간 이동	집단 이동
④	수직 이동	세대 내 이동	개인 이동

7 버렐(S. Birrell)과 로이(J. Loy)가 제시한 스포츠미디어를 통해 충족할 수 있는 욕구 유형에 대한 설명으로 옳은 것은?

① 통합적 욕구 : 스포츠에 대한 규칙 정보를 제공한다.
② 인지적 욕구 : 스포츠에 대한 흥미와 즐거움을 제공한다.
③ 정의적 욕구 : 스포츠에 대한 지식, 경기 결과 및 통계적 지식을 제공한다.
④ 도피적 욕구 : 불안, 초조, 욕구 불만, 좌절 등의 감정을 해소하도록 돕는다.

8 〈보기〉에서 설명하는 에티즌(D. Eitzen)과 세이지(G. Sage)가 제시한 스포츠의 정치적 속성은?

> • 스포츠 경기에 수반되는 의식과 행동은 선수의 충성심을 상징적으로 재확인하는 것에 목적이 있다.
> • 스포츠 조직은 구호, 응원가, 유니폼, 마스코트 등의 상징을 통해 조직에 대한 선수의 충성심을 지속시키거나 강화한다.

① 보수성　　　　　　② 대표성
③ 상호의존성　　　　④ 권력투쟁

9 스포츠 일탈의 유형과 원인을 규정하기 어려운 이유로 적절하지 않은 것은?

① 스포츠 현장에서 발생하는 일탈 사례가 부족하기 때문이다.
② 인지적 욕구 : 스포츠에 대한 흥미와 즐거움을 제공한다.
③ 정의적 욕구 : 스포츠에 대한 지식, 경기 결과 및 통계적 지식을 제공한다.
④ 도피적 욕구 : 불안, 초조, 욕구 불만, 좌절 등의 감정을 해소하도록 돕니다.

10 맥루한(M. McLuhan)의 미디어 이론에 따른 구분 및 특성을 바르게 제시한 것은?

	정의성	감각 참여성	감각 몰입성	경기 진행 속도
① 핫 미디어 스포츠	높음	낮음	높음	빠름
② 쿨 미디어 스포츠	낮음	낮음	낮음	느림
③ 핫 미디어 스포츠	높음	높음	낮음	느림
④ 쿨 미디어 스포츠	낮음	높음	높음	빠름

11 〈보기〉를 투민(M. Tumin)의 스포츠 계층 형성 과정 순서에 따라 바르게 배열한 것은?

> ㉠ 세계적인 테니스 선수는 기업으로부터 많은 후원금을 받고 있다.
> ㉡ 세계 랭킹에 따라 참가할 수 있는 테니스 대회가 나누어져 있다.
> ㉢ 테니스는 선수, 코치, 감독, 트레이너 등으로 역할이 구분되어 있다.
> ㉣ 낙인 이론 – 선수에게 부여된 악동, 풍운아 같은 이미지는 선수 생활에 영향을 미치지 않는다.

① ㉡ – ㉢ – ㉠ – ㉣
② ㉡ – ㉢ – ㉣ – ㉠
③ ㉢ – ㉡ – ㉣ – ㉠
④ ㉢ – ㉡ – ㉠ – ㉣

12 스포츠 세계화의 원인이 아닌 것은?

① 종교 전파
② 제국주의 확장
③ 인종 차별 심화
④ 과학 기술 발전

13 〈보기〉의 ㉠이 설명하는 집단 행동의 유형과 관련된 이론은?

> A : 어제 축구 봤어? 경기 도중 관중 폭력이 발생했잖아.
> B : 나도 방송에서 봤는데 관중 폭력의 원인이 인종 차별 때문이래.
> A : ㉠ 인종 차별과 같은 사회구조적, 문화적 선행 요건이 없었다면, 두 팀 관중들 간에 폭력은 없었을 거야.

① 전염 이론
② 수렴 이론
③ 규범생성 이론
④ 부가가치 이론

14 스포츠 일탈에 관한 설명으로 적절하지 않은 것은?

① 부정적 일탈 사례로는 금지 약물 복용, 구타 및 폭력 등이 있다.
② 부정적 일탈은 스포츠 규범 체계에 대한 과잉 동조 성향을 의미한다.
③ 긍정적 일탈 사례로는 오버 트레이닝(over-training), 운동 중독 등이 있다.
④ 긍정적 일탈은 정상적으로 받아들여지는 행동에 대한 무비판적 수용을 의미한다.

15 스포츠 일탈을 설명하는 이론과 그 특징이 바르게 연결된 것은?

① 갈등 이론 – 선수의 금지 약물 복용 등과 같은 일탈적 행위는 개인의 윤리적 문제이다.
② 아노미 이론 – 선수의 승리에 대한 목표와 수단의 괴리로 인해 일탈이 발생한다.
③ 차별교제 이론 – 팀 내 우수선수가 금지 약물을 복용해도 동료들은 복용하지 않는다.
④ 낙인 이론 – 선수에게 부여된 악동, 풍운아 같은 이미지는 선수 생활에 영향을 미치지 않는다.

16 〈보기〉에서 설명하는 사건은?

- 1972년 제20회 뮌헨올림픽에서 발생
- 팔레스타인 테러조직에 의한 이스라엘 선수단 인질 사건
- 국가 간 갈등이 올림픽을 통해 표출된 테러 사건

① 검은 구월단 사건
② 축구 전쟁(100시간 전쟁) 사건
③ 보스턴 마라톤 폭탄 테러 사건
④ IRA 인쇄 폭탄 테러 사건

17 상류 계급이 스포츠 참가 특징에 대한 설명으로 적절하지 않은 것은?

① 과시적 소비 성향의 스포츠를 선호한다.
② 요트, 승마와 같은 자연친화적 개인 스포츠를 선호한다.
③ 직접 참여보다는 TV 시청을 통한 관람 스포츠를 소비하는 경향이 높다.
④ 사생활이 보호되는 장소에서 소수 인원이 즐기는 스포츠 참여를 선호한다.

18 〈보기〉에서 설명하는 스포츠 사회화 과정은?

- 이용대 선수의 경기 보도 증가는 대중들의 배드민턴 참여를 촉진한다.
- 부모의 스포츠에 대한 긍정적인 태도는 자녀의 스포츠 참여 가능성을 높인다.
- 학생들은 교내에서 체육 교과와 다양한 프로그램을 통해 스포츠에 참여하고 있다.

① 스포츠로의 사회화
② 스포츠로의 재사회화
③ 스포츠를 통한 사회화
④ 스포츠로부터의 탈사회화

19 <보기>에서 설명하는 스포츠의 교육적 순기능은?

> • 스포츠 참여를 통해 생애 주기에 적합한 스포츠를 즐길 수 있는 습관을 형성할 수 있다.
> • 학교에서의 스포츠 경험은 개인이 전 생애에 걸쳐 스포츠를 즐길 수 있는 토대를 마련해 준다.

① 학업 활동 촉진
② 학교 내 통합
③ 평생체육과의 연계
④ 정서 순화

20 <보기>에서 설명하는 케년(G. Kenyon)의 스포츠 참가 유형은?

> • 스포츠 상황 내에서 다양한 지위와 규범을 이행함으로써 스포츠에 실질적으로 참가하는 형태
> • 생활 체육 동호인, 선수, 감독, 심판, 해설자로 활동

① 행동적 참가   ② 인지적 참가
③ 정의적 참가   ④ 조직적 참가

3과목 스포츠 심리학

1 다이나믹 시스템 관점에서의 협응 구조 형성에 대한 설명으로 옳지 않은 것은?
① 협응 구조는 하나의 기능적 단위로 자기조직의 원리에 따라 형성된다.
② 제어 변수는 질서변수를 변화시키는 원인이 되는 것으로, 동작을 변화시키는 속도나 무게 등이 있다.
③ 상변이는 협응 구조의 형태가 변화하는 현상이며 선형의 원리를 따른다.
④ 협응 구조의 안정성은 상대적 위상의 표준편차로 측정할 수 있다.

2 목표 설정에서 수행 목표로 적합하지 않은 것은?
① 농구 대회에서 우승한다.
② 골프 스윙에서 공을 끝까지 본다.
③ 테니스 포핸드 발리에서 손목을 고정한다.
④ 야구 타격에서 무게 중심을 뒤에서 앞으로 이동한다.

3 〈보기〉의 ㉠, ㉡에 해당하는 것은?

> ㉠ : 학습자가 새로운 기술을 연습한 후, 특정한 시간이 지난 후 연습한 기술의 수행력을 평가하는 검사
> ㉡ : 연습한 기술이 다른 수행 상황에서도 발휘될 수 있는지를 평가하는 검사

	㉠	㉡
①	전이 검사	파지 검사
②	파지 검사	전이 검사
③	망각 검사	파지 검사
④	파지 검사	망각 검사

4 주의 집중 방법으로 적절하지 않은 것은?

① 테니스 서브를 루틴에 따라 실행한다.
② 축구 경기에서 관중의 방해를 의식하지 않는다.
③ 골프 경기에서 마지막 홀에 있는 해저드에 대해 생각한다.
④ 야구 경기에서 지난 이닝의 수비 실책은 잊고 현재 수행에 몰입한다.

5 〈보기〉에 제시된 심상(imagery)의 요소로 바르게 나타낸 것은?

> ㉠ 선수: 시합에서 느꼈던 자신감, 흥분, 행복감을 실제처럼 시각화한다.
> ㉡ 선수: 부정적인 수행 장면을 성공적인 수행 이미지로 바꾼다.

	㉠	㉡
①	주의 연합 (attentional association)	주의 분리 (attentional dissociation)
②	외적 심상 (external imagery)	집중력 (concentration)
③	통제적 처리 (controlled processing)	자동적 처리 (automatic processing)
④	선명도 (vividness)	조절력 (controllability)

6 〈보기〉에서 지도자가 제공하는 보강적 피드백의 유형으로 적절한 것은?

> 지도자 : 창하야! 다운스윙 전에 백스윙이 제대로 이루어지지 않았어.

① 내적 피드백(intrinsic feedback)
② 감각 피드백(sensory feedback)
③ 결과 지식(Knowledge of Result : KR)
④ 수행 지식(Knowledge of Performance : KP)

7 〈보기〉의 ㉠, ㉡에 해당하는 것은?

> 줄다리기에서 집단이 내는 힘의 총합이 개인의 힘을 모두 합친 것보다 적게 나타나는 현상은 (㉠)이며, 집단의 인원수가 증가할 때 발생하는 개인의 수행 감소는 (㉡) 때문이다.

	㉠	㉡
①	링겔만 효과(Ringelmann effect)	유능감 손실
②	관중 효과(audience effect)	동기 손실
③	링겔만 효과(Ringelmann effect)	동기 손실
④	관중 효과(audience effect)	유능감 손실

8 〈보기〉에서 피츠(P. Fitts)와 포스너(M. Posner)의 운동학습 단계와 설명이 바르게 제시된 것은?

> ㉠ 테니스 포핸드 스트로크 자세를 안정적이고 일관성 있게 수행할 수 있다.
> ㉡ 학습자는 오류를 수정하기 위해서 연습하고, 스스로 오류를 탐지하여 그 오류의 일부를 수정할 수 있다.
> ㉢ 학습자는 테니스 포핸드 스트로크의 개념을 이해한다.

	자동화 단계	인지 단계	연합 단계
①	㉠	㉡	㉢
②	㉠	㉢	㉡
③	㉡	㉢	㉠
④	㉡	㉠	㉢

9 〈보기〉의 참가자를 위한 와이너(B. Weiner)의 귀인 이론에 기반한 지도 방법으로 옳은 것은?

> 수영 교실에 참가하는 A씨는 다른 참가자들보다 수영에 재능이 없어 기술 습득이 늦다고 생각한다. 이로 인해 결석이 잦고 운동 중단이 예상된다.

① 외적이며 안정적이고 통제 불가능한 개인의 노력에 귀인 할 수 있도록 지도한다.
② 내적이며 불안정적이고 통제 가능한 개인의 노력에 귀인 할 수 있도록 지도한다.
③ 외적이며 안정적이고 통제 불가능한 개인의 능력에 귀인 할 수 있도록 지도한다.
④ 내적이며 안정적이고 통제 가능한 개인의 능력에 귀인 할 수 있도록 지도한다.

10 〈보기〉에서 설명하는 개념은?

> 수현이는 오랫동안 배드민턴을 즐기다가 새롭게 테니스 교실에 등록했다. 테니스 코치는 포핸드 스트로크를 지도할 때, 수현이가 손목 스냅을 습관적으로 사용하는 것을 보고 손목을 고정하도록 지도했다.

① 과제 내 전이 (intratask transfer)
② 양측 전이(bilateral transfer)
③ 정적 전이(positive transfer)
④ 부적 전이(negative transfer)

11 <보기>의 ㉠, ㉡, ㉢에 해당하는 것은?

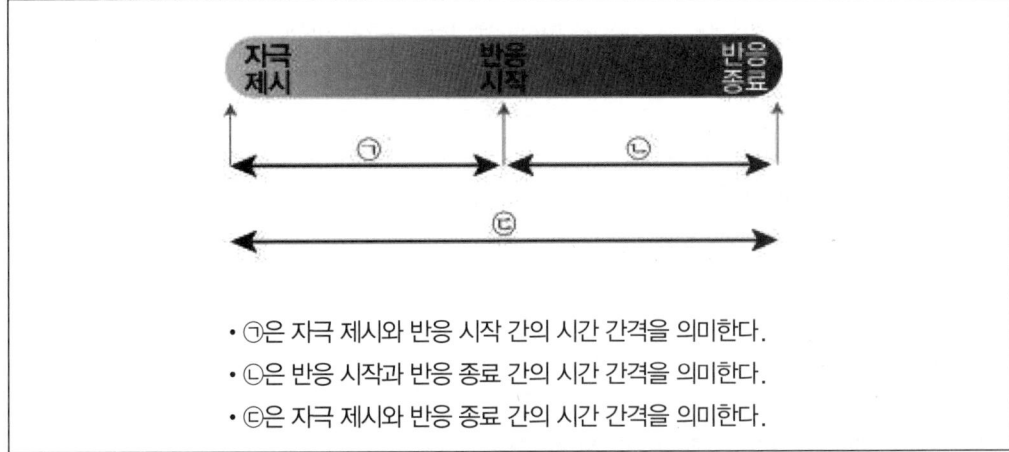

- ㉠은 자극 제시와 반응 시작 간의 시간 간격을 의미한다.
- ㉡은 반응 시작과 반응 종료 간의 시간 간격을 의미한다.
- ㉢은 자극 제시와 반응 종료 간의 시간 간격을 의미한다.

	㉠	㉡	㉢
①	반응 시간 (reaction time)	움직임 시간 (movement time)	전체 반응 시간 (response time)
②	반응 시간 (reaction time)	전체 반응 시간 (response time)	움직임 시간 (movement time)
③	움직임 시간 (movement time)	반응 시간 (reaction time)	전체 반응 시간 (response time)
④	단순 반응 시간 (simple reaction time)	움직임 시간 (movement time)	전체 반응 시간 (response time)

12 <보기>에서 설명하는 개념은?

> 양궁 선수 A는 첫 앤드에서 6점을 한 발 기록했다. 그러나 A는 바람 부는 상황으로 인해 총 36발의 슈팅 중에서 6점은 한 번 정도 나올 수 있는 점수이며, 첫 앤드에 나온 것이 다행이라고 긍정적으로 생각했다.

① 사고 정지(thought stopping)
② 자생 훈련(autogenic training)
③ 점진적 이완(progressive relaxation)
④ 인지 재구성(cognitive restructuring)

13 ⟨보기⟩에서 설명하는 개념은?

> 철수는 처음으로 깊은 바다 속으로 다이빙하면서 각성 수준이 높아졌다. 높은 각성 수준으로 인해 깊은 바다 속에서 시야가 평소보다 훨씬 좁아졌다.

① 스트룹 효과(Stroop effect)
② 지각 협소화(perceptual narrowing)
③ 칵테일 파티 효과(cocktail party effect)
④ 맥락간섭 효과(contextual-interference effect)

14 스포츠 지도자의 리더십 행동으로 적절하지 않은 것은?
① 선수에게 개별 시간을 할애하는 행동
② 선수가 목표를 수립하도록 도와주는 행동
③ 선수에게 과도한 자신감을 부여하는 행동
④ 선수의 주의산만 요인을 파악하고 지도하는 행동

15 ⟨보기⟩에서 ㉠, ㉡, ㉢에 해당하는 기억의 유형이 바르게 연결된 것은?

유형	㉠	㉡	㉢
기억 용량	제한	극히 제한	무제한
특징	반복하거나 시연하지 않으면 사라진다.	새로운 정보가 유입되면 쉽게 손실된다.	반복과 시연을 통해 강화된다.
지도 방법	한 번에 너무 많은 정보를 제공하지 않고, 정보를 처리할 수 있는 시간을 제공한다.	불필요한 외부 정보를 줄이고 집중할 수 있도록 지도한다.	연습을 통해 기억을 강화한다.

	㉠	㉡	㉢
①	감각 기억	단기 기억	장기 기억
②	감각 기억	장기 기억	단기 기억
③	단기 기억	장기 기억	감각 기억
④	단기 기억	감각 기억	장기 기억

16 프로차스카(J. Prochaska)의 운동 변화 단계 이론(transtheoretical model)에 대한 설명으로 옳지 않은 것은?

① 준비 단계는 현재 운동에 참여하지 않지만, 6개월 이내에 운동을 시작할 의도가 있는 것을 의미한다.
② 의사결정 균형이란 운동을 할 때 기대할 수 있는 혜택과 손실을 평가하는 것을 의미한다.
③ 인지 과정과 행동 과정과 같은 변화 과정을 통해 이전 단계에서 다음 단계로 이동하게 된다.
④ 자기효능감은 관심 단계보다 유지 단계에서 더 높다.

17 〈보기〉에서 설명하는 개념은?

> 피겨 스케이팅 경기에서 영희는 앞 선수가 완벽에 가까운 연기를 펼치자, 불안해지고 긴장되었다.

① 상태 불안 ② 분리 불안
③ 특성 불안 ④ 부적 강화

18 〈보기〉의 ㉠, ㉡에 배구 기술을 지도하기 위한 연습구조가 적절하게 제시된 것은?

	1차 시	2차 시	3차 시
㉠	서브 서브 서브	세팅(토스) 세팅(토스) 세팅(토스)	언더핸드 언더핸드 언더핸드
㉡	서브 세팅(토스) 언더핸드	세팅(토스) 언더핸드 서브	언더핸드 서브 세팅(토스)

*두 가지 연습 구조에서 연습 시간과 횟수는 동일

	㉠	㉡
①	집중 연습 (massed practice)	분산 연습 (distributed practice)
②	가변 연습(variable practice)	무선 연습 (random practice)
③	구획 연습(blocked practice)	무선 연습 (random practice)
④	가변 연습(variable practice)	일정 연습 (constant practice)

19 스포츠 심리상담사에 관한 설명으로 적절하지 않은 것은?

① 내담자와 공감하며 경청한다.
② 내담자와 라포(rapport)를 형성한다.
③ 내담자와 일상생활에서 개인적 관계를 맺는다.
④ 내담자의 비언어적 메시지에도 관심을 가진다.

20 정보 처리 3단계의 관점에서 100m 달리기 스타트의 반응 시간이 배구 서브 리시브 상황에서의 반응 시간보다 짧은 이유로 옳은 것은?

① 100m 스타트에서는 자극 확인(stimulus identification) 단계의 소요 시간이 상대적으로 짧기 때문이다.
② 100m 스타트에서는 운동 프로그래밍(motor programming) 단계의 소요 시간이 상대적으로 길기 때문이다.
③ 배구 서브 리시브 상황에서는 자극확인(stimulus identification) 단계의 소요 시간이 상대적으로 짧기 때문이다.
④ 배구 서브 리시브 상황에서는 반응선택(response selection) 단계의 소요 시간이 상대적으로 짧기 때문이다.

 4과목 스포츠 윤리

1 스포츠 윤리의 역할로 적절하지 않은 것은?

① 스포츠 현상에 대한 사실만을 기술한다.
② 스포츠인의 행위에서 요구되는 도덕적 원리와 덕목을 고찰한다.
③ 도덕적 의미의 용어를 스포츠 환경에 적용할 때 그 기준과 방법에 대해 탐색한다.
④ 스포츠 상황에서 행동과 목적의 옳고 그름을 결정할 수 있는 근본 원리를 탐색한다.

2 가치 판단의 사례로 적절하지 않은 것은?

① 2020년 제32회 도쿄올림픽이 1년 연기되었다.
② 선수들에게 폭력을 행사하면 안 된다.
③ 피겨스케이팅 선수들의 연기는 매우 아름답다.
④ 스포츠 선수들의 기부는 사회적으로 긍정적인 영향을 준다.

3 〈보기〉의 ㉠, ㉡에 들어갈 용어로 바른 것은?

> 스포츠에는 (㉠)적 요소와 (㉡)적 요소가 모두 내재되어 있다. (㉠)적 요소는 경기에 긴장과 흥미를 불러일으킨다. 선수들은 승리하려는 강력한 욕망으로 인해 경기에 몰입하고, 스포츠팬들 역시 승부로 인해 응원의 동기를 갖게 된다. 그러나 경쟁심이 과열되고 승리가 절대화될 경우 제도화된 규칙이 무시될 우려가 있으며, 스포츠는 폭력의 투쟁으로 변질될 수 있다. 이것이 스포츠에서 (㉠)적 요소보다 (㉡)적 요소를 더욱 중시하는 이유이다.

	㉠	㉡
①	도덕(morality)	윤리(ethics)
②	미미크리(mimicry)	일링크스(ilinx)
③	아곤(agon)	아레테(arete)
④	사실 판단(factual judgement)	가치 판단(value judgement)

4 에토스(ethos)의 실천으로 적절하지 않은 것은?
① 축구에서 상대 선수가 부상으로 쓰러져 걱정되는 마음에 공을 경기장 밖으로 걷어냈다.
② 배구에서 블로킹할 때 훈련한 대로 네트에 손이 닿지 않도록 주의를 기울였다.
③ 야구에서 투수가 던진 공에 상대팀 타자가 맞아 투수는 모자를 벗어 타자에게 미안함을 표현했다.
④ 농구에서 경기 종료 1분을 남기고, 우리 팀이 큰 점수 차로 이기고 있는 상황에서 감독은 상대를 배려하는 마음에 작전 타임을 부르지 않았다.

5 〈보기〉의 괄호에 들어갈 용어로 적절한 것은?

> 스포츠 윤리 교육의 목적은 스포츠인의 도덕적 ( ) 함양이라고 할 수 있다. 도덕적 ( )이란 "도덕적 문제에 대한 비판적, 독립적 사고를 바탕으로 스포츠 상황에 적용하는 능력"을 의미한다.

① 민간성 ② 존엄성
③ 자율성 ④ 우월성

6 〈보기〉에서 의무론적 도덕 추론에 해당하는 것을 바르게 고른 것은?

> ㉠ 행위의 결과에 상관없이 절대적인 도덕 규칙에 따라 판단을 내린다.
> ㉡ 행위를 함에 있어 유용성의 원리, 공평성의 원리 등이 적용된다.
> ㉢ 행위의 옳고 그름은 그 행위로 인해 발생하는 결과에 따라 결정된다.
> ㉣ 의무론적 도덕 추론은 정언적 도덕 추론이라고도 한다.
> ㉤ 행위에 있어 선의지가 중요하며, 목적은 수단을 정당화할 수 없다.

① ㉠, ㉡, ㉣
② ㉠, ㉣, ㉤
③ ㉡, ㉢, ㉤
④ ㉢, ㉣, ㉤

7 〈보기〉에서 국제축구연맹(FIFA)의 판단 과정에 영향을 준 윤리 이론은?

> 국제축구연맹은 선수부상 위험과 종교적인 갈등을 불러일으킬 수 있다는 이유로 경기 중 히잡(hijab) 착용을 금지했었다. 그러나 국제축구연맹 부회장인 알리빈 알 후세인은 이러한 조치가 오히려 종교적인 역차별이라는 주장을 내세우며 제도개선을 요구하였다. 오늘날 국제축구연맹은 히잡을 쓴 이슬람권 여성 선수의 참가를 허용하고 있다.

① 윤리적 의무주의
② 윤리적 절대주의
③ 윤리적 상대주의
④ 윤리적 환원주의

8 도핑 검사에서 선수의 역할 및 책임으로 적절하지 않은 것은?

① 시료 채취가 언제든 가능하도록 해야 한다.
② 의료진에게 운동선수임을 고지해야 한다.
③ 도핑방지규정위반을 조사하는 도핑방지기구에 협력해야 한다.
④ 치료 목적으로 처방되어 사용(복용)한 물질에 대해서는 책임지지 않는다.

9 폭력을 설명한 학자의 개념과 그에 대한 설명으로 바르게 연결되지 않은 것은?

① 푸코(M. Foucault)의 규율과 권력 – 스포츠계에서 위계적 권력 관계는 폭력으로 변질되어 작동된다.
② 아렌트(H. Arendt)의 악의 평범성 – 스포츠계에서 폭력과 같은 잘못된 관행에 복종하는 데 익숙해진 나머지 이를 지속시키는 데 기여한다.
③ 아리스토텔레스(Aristotle)의 분노 – 스포츠 현장에서 인간 내면의 분노 감정에서 시작된 폭력은 전용되고 악순환을 반복하는 경향이 있다.
④ 홉스(T. Hobbes)의 폭력론 – 자기가 좋아하는 운동선수의 폭력을 따라 하게 되듯이 인간 폭력의 원인을 공격 본능이나 자연 상태가 아닌 모방적 경쟁 관계라 주장한다.

10 <보기>의 내용과 연관된 학자의 이론으로 적절하지 않은 것은?

> 자연중심주의 환경윤리는 환경에 있어서 도덕적 고려의 대상을 자연의 생명체를 포함한 생태계 전체로 확대할 것을 주문한다. 이런 점에서 보면 동물 스포츠라 불리는 스페인의 투우, 한국의 전통 민속놀이인 소싸움 등은 동물을 인간의 오락 대상으로 삼았다는 점에서 윤리적으로 허용되기 어렵다.

① 베로크(A. Berque)의 환경 윤리
② 레오폴드(A. Leopold)의 대지 윤리
③ 네스(A. Naess)의 심층적 생태 주의
④ 슈바이처(A. Schweitzer)의 생명 중심 주의

11 <보기>의 (가)에 A팀의 행동을 지지하는 이론의 제한점을 (나)에서 모두 고른 것은?

(가)	A팀과 B팀의 축구 경기가 진행 중이다. 경기 종료 20분을 남기고 A팀이 1대0으로 이기고 있으나 A팀 선수들의 체력은 이미 고갈되었고, B팀은 무섭게 공격을 이어가고 있다. 이때 A팀 감독은 이대로 경기가 진행될 경우 역전당할 위험이 있다는 판단 하에 선수들에게 시간을 끌 것을 지시하였다. A팀 선수들은 부상당한 척 시간을 지연시키는 이른바 침대축구를 하였고, 결과적으로 A팀이 승리하게 되었다.
(나)	㉠ 결과로 행위를 평가하기 때문에 정의의 문제가 소홀해질 수 있다. ㉡ 도덕규칙 간의 충돌 문제가 발생했을 때 실질적인 도움을 주지 못할 수 있다. ㉢ 일반적인 사실로부터 도덕적인 당위를 추론하지 못할 수 있다. ㉣ 사회 전체의 이익을 제대로 고려하지 못하는 경우가 있다. ㉤ 개인의 이익과 공공의 이익이 충돌할 때 사익(私益)의 희생을 당연시한다.

① ㉠, ㉡, ㉤
② ㉠, ㉢, ㉤
③ ㉡, ㉢, ㉣
④ ㉡, ㉣, ㉤

12 <보기>의 스포츠 현장에서 발생하는 도핑(약물복용)의 원인을 모두 고른 것은?

> ㉠ 선수 또는 동물의 수행 능력 향상을 위한 것이다.
> ㉡ 상대와의 경쟁에서 승리하기 위한 것이다.
> ㉢ 경기에 참가하고 싶은 지나친 욕구 때문이다.
> ㉣ 물질적 보상이 동기가 되기 때문이다.

① ㉠, ㉢
② ㉡, ㉢, ㉣
③ ㉠, ㉡, ㉣
④ ㉠, ㉡, ㉢, ㉣

13 〈보기〉의 ㉠, ㉡과 스포츠에서의 정의(justice)에 대한 개념이 바르게 묶인 것은?

> ㉠ 핸드볼 – 양 팀에 동일한 골대의 규격을 적용
> ㉡ 테니스 – 시합 전 동전 던지기로 선공 / 후공을 결정

	㉠	㉡
①	평균적 정의	분배적 정의
②	평균적 정의	절차적 정의
③	분배적 정의	평균적 정의
④	분배적 정의	절차적 정의

14 〈보기〉에서 밑줄 친 A 선수의 입장과 관련된 맹자(孟子)의 사상으로 적절한 것은?

> 태권도 국가대표선발 결승전, 먼저 득점하면 경기가 종료되는 서든 데스(sudden death) 상황에서 A 선수가 실수로 경기장 한계선을 넘었다. A 선수가 패배해야 할 상화이었지만 심판은 감정을 선언하지 않았다. 상대 팀 감독과 선수는 강력히 항의했으나 판정은 번복되지 않았고 경기는 계속 진행됐다. 결국 A 선수는 승리했지만, 부끄러운 마음에 팀 동료들과 승리의 기쁨을 나누지 않고 조용히 집으로 돌아갔다.

① 수오지심(羞惡之心) ② 측은지심(惻隱之心)
③ 사양지심(辭讓之心) ④ 시비지심(是非之心)

15 〈보기〉의 대화 내용과 성차별적 인식이 다른 것은?

> 보연 : 내 친구 수현이는 얼만 전부터 권투를 시작했어. 남자들이나 하는 거친 운동을 여자가 겁도 없이 한다기에 내가 못하게 적극적으로 말렸어.
> 지웅 : 잘했어. 여자에게 어울리는 스포츠도 많잖아. 요가나 필라테스처럼 여자에게 어울리는 종목을 추천해줘.

① 남자라면 거칠고 투쟁적인 스포츠를 즐겨야 한다.
② 남성다움, 여성다움을 강조하는 스포츠를 참여를 권장한다.
③ 권투에 참여하는 여성을 여성성을 잃게 되어 매력적이지 않다.
④ 여자보다 남자의 근력이 강하기 때문에 권투와 같은 종목은 여자에게 적합하지 않다.

16 심판에게 요구되는 개인 윤리적 덕목에 대한 설명으로 적절하지 않은 것은?
① 외부의 지시나 간섭을 단호히 뿌리쳐야 한다.
② 판정을 신뢰성을 높이는 제도를 도입해야 한다.
③ 어느 한쪽으로 치우침과 사사로움이 없어야 한다.
④ 성품이 고결하여 탐욕이 없고, 심판으로서 품위를 지켜야 한다.

17 <보기>의 (가)에서 환경단체의 입장과 관련이 있는 주장을 (나)에서 모두 고른 것은?

(가)	평창올림픽 활강경기장 건립을 둘러싸고 환경단체로부터 반대의 의견이 나오게 되었다. 가리왕산은 활강경기의 특성상 최적의 장소이지만 이곳은 산림자원 보호구역으로 지정된 곳이었기 때문이다. 올림픽으로 얻어지는 경제적 효과를 강조하는 측과 산림의 가치를 경제적으로 환산할 수 없다는 환경단체의 입장이 팽팽히 맞서고 있다.
(나)	㉠ 효율성의 극대화를 목표를 하는 경제학을 추구한다. ㉡ 인간의 사용 가치에 비례하여 자연의 가치를 평가한다. ㉢ 인간을 소중히 여기는 마음으로 자연환경도 소중히 대한다. ㉣ 인간도 생태계 구성원으로 보는 생태 공동체 의식을 기른다.

① ㉠, ㉡   ② ㉠, ㉢   ③ ㉡, ㉣   ④ ㉢, ㉣

18 성폭력 예방 또는 대처에 대한 설명으로 적절하지 않은 것은?
① 선수는 피해 사실을 기록하도록 한다.
② 선수는 가능한 한 피해 상황에서 즉시 벗어나도록 한다.
③ 성폭력 사실을 고발한 선수가 피해 받지 않는 분위기를 조성한다.
④ 여성 선수와 남성 지도자 위주로 성폭력 예방 교육이 이루어져야 한다.

19 장애인 선수들의 인권 향상을 위한 방안으로 적절하지 않은 것은?
① 장애인 선수들에게 비장애인과 동일한 훈련량과 지도 방법을 적용해야 한다.
② 인권에 대한 문제는 예방이 중요하므로 지속적인 예방 교육과 더불어 홍보가 필요하다.
③ 장애인 국가대표 선수단 역시 훈련에 필요한 안정적인 지원이 확보되어야 한다.
④ 장애인 선수들의 접근과 이용이 불편하지 않도록 시설 확충과 설계가 이루어져야 한다.

20 〈보기〉의 괄호에 들어갈 용어로 적절한 것은?

> 1968년 제 19회 멕시코 올림픽의 육상 200M 경기에서 1위와 3위로 입성한 미국의 토미 스미스와 존 카롤로스는 시상식에서 검은 장갑, 검은 양말 등으로 (　　)에 대해 저항을 표현했다.

① 성 차별　　　　　　　② 장애 차별
③ 인종 차별　　　　　　④ 계급 차별

5과목　운동생리학

1 유산소 시스템의 특징으로 적절하지 않은 것은?
① 장시간의 저강도 운동 시 사용된다.
② 무산소 시스템에 비해 ATP 합성률이 빠르다.
③ 산소를 이용하여 에너지 기질(substrate)을 분해한다.
④ 에너지 기질로 탄수화물과 지방을 모두 이용할 수 있다.

2 근육 내에서 산소를 운반하는 물질은?
① 알부민(albumin)
② 신경전달물질(neurotransmitter)
③ 마이오글로빈(myoglobin)
④ 아세틸콜린(acetylcholine)

3 고강도 운동 시 ATP 합성에 사용되는 주요 기질(substrate)로 적절한 것은?
① 젖산
② 지방
③ 근육 단백질
④ 근육 글리코겐

4 〈보기〉가 설명하는 호르몬은?

> • 부신수질로부터 분비된다.
> • 운동의 강도와 시간이 증가함에 따라 분비가 증가하며, 지방조직과 근육 내 지방의 분해를 촉진하는 역할을 한다.

① 인슐린(insulin)
② 글루카곤(glucagon)
③ 에피네프린(epinephrine)
④ 알도스테론(aldosterone)

5 장기간의 저항성 트레이닝에 따른 골격근의 적응으로 적절하지 않은 것은?

① 근형질(sarcoplasm)의 양이 증가한다.
② 근원섬유(myofibril)의 수가 증가한다.
③ 속근섬유(type Ⅱ fiber)의 단면적이 증가한다.
④ 미토콘드리아(mitochondria)의 밀도가 증가한다.

6 〈보기〉의 ㉠과 ㉡에 들어갈 용어를 바르게 나열한 것은?

> 지구성 트레이닝에 대한 적응으로 최대 동-정맥산소차는 (㉠)하고, 최대 1회 박출량(stroke volume)은 (㉡)한다.

	㉠	㉡
①	증가	증가
②	증가	감소
③	감소	감소
④	감소	증가

7 〈보기〉의 신경세포 구조 및 전기적 활동에 관한 적절한 설명을 고른 것은?

> ㉠ 안정 시 신경세포 막의 안쪽은 Na^+의 농도가 높고, 바깥쪽은 K^+의 농도가 높다.
> ㉡ 역치(threshold)는 신경세포 막의 차등성전위(gradedpotential)가 안정막전위(resting membrane potential)로 바뀌는 시점을 말한다.
> ㉢ 활동전위(action potential)는 신경세포 막의 탈분극(depolarization)을 유도한다.
> ㉣ 신경세포는 신경-근접합부(neuromuscular junction)를 통해 근섬유와 상호신호전달을 한다.

① ㉠, ㉡   ② ㉠, ㉣   ③ ㉡, ㉢   ④ ㉢, ㉣

8 적혈구용적률(hematocrit)에 관한 설명으로 적절한 것은?
① 높은 적혈구용적률(60% 이상)은 혈액의 흐름을 수월하게 한다.
② 일반적으로 성인 여성이 성인 남성보다 높은 적혈구용적률을 보인다.
③ 전체 혈액량 대비 혈장(plasma)량의 비율이 높을수록 적혈구용적률은 낮다.
④ 지구성 트레이닝에 대한 적응으로 혈장량이 감소하여 적혈구용적률은 증가한다.

9 근세사 활주설(sliding filament theory)에 관한 설명으로 적절하지 않은 것은?
① 액틴(actin)은 근절(sarcomere)의 중앙부위로 마이오신(myosin)을 잡아당긴다.
② 마이오신 머리(myosin head)에 있는 인산기(Pi)가 방출되면서 파워 스트로크(power stroke)가 일어난다.
③ 활동전위는 근형질세망(sarcoplasmic reticulum)으로부터 나온 Ca^{2+}을 근형질(sarcoplasm) 내로 유입하게 한다.
④ Ca^{2+}은 액틴 세사의 트로포닌(troponin)과 결합하고 트로포닌은 트로포마이오신(tropomyosin)을 이동시켜 마이오신 머리가 액틴과 결합할 수 있도록 한다.

10 <보기>는 산소-헤모글로빈 해리 곡선의 운동 시 변화에 관한 설명이다. ㉠, ㉡, ㉢, ㉣에 들어갈 용어를 바르게 나열한 것은?

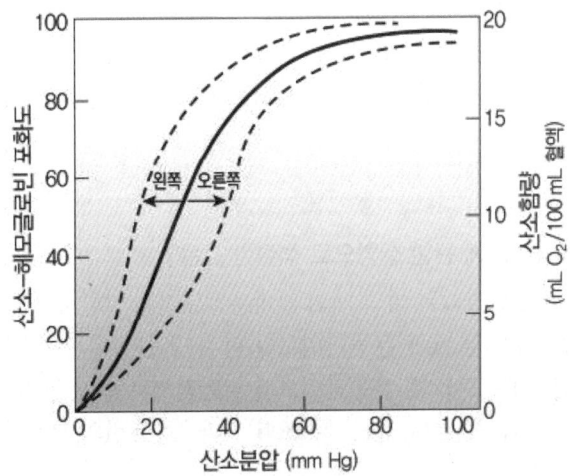

- 심부체온이 증가하여 산소-헤모글로빈 해리 곡선은 (㉠)으로 이동하며, 헤모글로빈의 산소 친화력을 (㉡)시킨다.
- 신체의 pH가 감소하여 산소-헤모글로빈 해리 곡선은 (㉢)으로 이동하며, 헤모글로빈의 산소 친화력을 (㉣)시킨다.

	㉠	㉡	㉢	㉣
①	오른쪽	감소	오른쪽	감소
②	오른쪽	증가	왼쪽	감소
③	왼쪽	증가	왼쪽	증가
④	왼쪽	감소	오른쪽	증가

11 <보기>의 근수축 유형에 따른 힘-속도-파워 간의 관계에 관한 설명으로 적절한 것만 고른 것은?

㉠ 신장성 수축은 수축 속도가 빠를수록 힘이 더 증가한다.
㉡ 단축성 수축은 수축 속도가 빠를수록 최대파워가 더 증가한다.
㉢ 동일 근육에서의 느린 단축성 수축은 빠른 신장성 수축에 비해 더 큰 힘이 생성된다.
㉣ 동일 근육에서의 신장성 수축은 단축성 수축에 비해 같은 속도에서 더 큰 힘이 생성된다.

① ㉠, ㉢
② ㉠, ㉢, ㉣
③ ㉠, ㉣
④ ㉡, ㉢

12 장시간의 운동 시 발생하는 탈수현상이 심혈관계에 미치는 영향으로 적절한 것은?

① 혈액량이 점차 증가한다.
② 심박수가 점차 증가한다.
③ 심실의 확장기말 용량(end-diastolic volume)이 점차 증가한다.
④ 우심방으로 돌아오는 정맥환류(venous return)의 양이 점차 증가한다.

13 운동단위(motor unit)에 관한 설명으로 적절한 것은?

① 하나의 근섬유와 연결되는 여러 개의 알파운동뉴런을 말한다.
② TypeⅠ 운동단위는 TypeⅡ 운동단위보다 단위 당 근섬유 수가 많다.
③ TypeⅠ 운동단위는 TypeⅡ 운동단위보다 일반적으로 먼저 동원된다.
④ TypeⅠ 운동단위는 TypeⅡ 운동단위보다 알파운동뉴런의 크기가 크다

14 〈보기〉가 설명하는 호르몬은?

> • 운동 시 뇌하수체 전엽에서 분비된다.
> • 트라이아이오드타이로닌(T_3)과 티록신(T_4) 호르몬의 분비를 조절한다.

① 갑상선자극 호르몬(thyroid-stimulating hormone)
② 노르에피네프린 (norepinephrine)
③ 성장 호르몬(growth hormone)
④ 인슐린(insulin)

15 〈보기〉에서 ㉠과 ㉡의 근섬유 유형별 특성으로 적절한 것은?

> 훈련되지 않은 사람과 비교하여 단거리 선수의 장딴지 근육은 주로 (㉠)의 비율이 높고, 장거리 수영 선수의 팔 근육은 (㉡)의 비율이 높은 경향이 있다.

① ㉠은 ㉡에 비하여 수축 속도가 느리다.
② ㉠은 ㉡에 비하여 피로에 대한 저항성이 낮다.
③ ㉡은 ㉠에 비하여 미토콘드리아 밀도가 낮다.
④ ㉡은 ㉠에 비하여 해당 능력(glycolytic capacity)이 높다.

16 〈보기〉가 설명하는 것은?

> • 우심방 벽에 위치한다.
> • 심장수축을 위한 전기적 자극이 시작되므로 페이스메이커(pacemaker)라고 한다.

① 동방결절(SA node)
② 퍼킨제섬유(purkinje fibers)
③ 방실다발(AV bundle)
④ 삼첨판막(bicuspid valve)

17 저강도(1RM의 30~40%)의 고반복(세트당 20~25회) 저항성 트레이닝에 따른 골격근의 주요 변화로 적절한 것은?

① 근비대(muscle hypertrophy) 향상
② 근력(muscle strength) 향상
③ 근파워(muscle power) 향상
④ 근지구력(muscle endurance) 향상

18 〈보기〉에서 인체 내 가스교환에 관한 설명 중 ㉠과 ㉡에 들어갈 용어를 바르게 나열한 것은?

> • 운동 시 폐포로 유입된 (㉠)는 폐 모세혈관으로 확산된다.
> • 운동 시 근육에서 생성된 (㉡)는 모세혈관으로 확산된다.

	㉠	㉡
①	산소	산소
②	산소	이산화탄소
③	이산화탄소	이산화탄소
④	이산화탄소	산소

19 운동 시 교감신경계의 활성화에 따른 반응으로 적절하지 않은 것은?

① 심박수가 증가한다.
② 소화기계 활동이 증가한다.
③ 골격근의 혈류량이 증가한다.
④ 호흡수 및 가스교환율이 증가한다.

20 장기간의 유산소 트레이닝에 따른 심혈관계의 적응으로 적절하지 않은 것은?

① 안정 시 심박수 감소
② 최대산소섭취량(VO₂max) 증가
③ 최대 심박출량(cardiac output) 증가
④ 안정 시 1회 박출량(stroke volume) 감소

6과목 운동역학

1 수영 동작의 운동학(kinematics)적 분석이 아닌 것은?

① 저항력(drag force) 분석
② 턴 거리(turn distance) 분석
③ 스트로크 길이(stroke length) 분석
④ 주진 속도(propelling velocity) 분석

2 힘(force)에 관한 설명으로 옳지 않은 것은?

① 단위는 m/s이다.
② 벡터(vector)이다.
③ 중력(gravitational force)은 힘이다.
④ 내력(internal force)과 외력(external force)으로 구분할 수 있다.

3 보행 동작에서 지면으로부터 보행자의 발에 가해지는 힘은?

① 근력(muscle force)
② 부력(buoyant force)
③ 중력(gravitational force)
④ 지면 반력(ground reaction force)

4 〈보기〉에서 근수축 형태와 기계적 일(mechanical work)과의 관계를 설명한 것 중 옳은 것만을 모두 고른 것은?

> ㉠ 위팔두갈래근(상완이두근, biceps brachii muscle)은 팔꿈 관절(elbow joint)에 대해 양(positive)의 일을 한다.
> ㉡ 위팔두갈래근의 단축성 수축(Concentric contraction)은 팔꿈 관절에 대해 음(negative)의 일을 한다.
> ㉢ 위팔두갈래근의 등척성 수축(Isometric contraction)은 팔꿈 관절에 대해 한 일은 0이다.

① ㉠,㉡,㉢　　③ ㉠,㉡　　② ㉡,㉢　　④ ㉢

5 충격량(impulse)에 관한 설명으로 옳지 않은 것은?
① 스칼라(scalar)이다.
② 단위는 kg*m/s이다.
③ 운동량(momentum) 변화의 원인이 된다.
④ 시간에 대한 힘의 곡선을 적분한 값이다.

6 신체 관절의 움직임 자유도(degree of freedom)에 관한 설명으로 옳은 것은?
① 절구 관절(ball and socket joint)의 움직임 자유도는 3이다.
② 타원 관절(ellipsoid joint)의 움직임 자유도는 3이다.
③ 경첩 관절(hinge joint)의 움직임 자유도는 2이다.
④ 중쇠 관절(pivot joint)의 움직임 자유도는 2이다.

7 3종 지레에 관한 설명으로 옳지 않은 것은?
① 팔꿈치 굽힘(굴곡, flexion) 동작은 3종 지레의 특성으로 이해할 수 있다.
② 받침점(회전중심)을 기준으로 저항점 위치가 힘점의 위치보다 더 멀다.
③ 관절의 평형 상태를 유지하기 위해 저항력보다 더 큰 근력이 요구된다.
④ 기계적 확대율(mechanical advantage)은 1보다 크다.

8 근전도(electromyogtaphy, EMG) 신호에 관한 설명으로 옳은 것은?
① 양과 음의 값을 모두 가지고 있다.
② 신호의 분석을 통해 관절 각도를 측정할 수 있다.
③ 측정 시간'S' 곱한 값'S' 선형 포락선(bnear envelop)이라고 한다.
④ 진폭(amplitude)과 근력과의 관계는 근육의 수축 형태와 상관이 없다.

9 〈보기〉의 그래프에 대한 설명으로 옳은 것은?

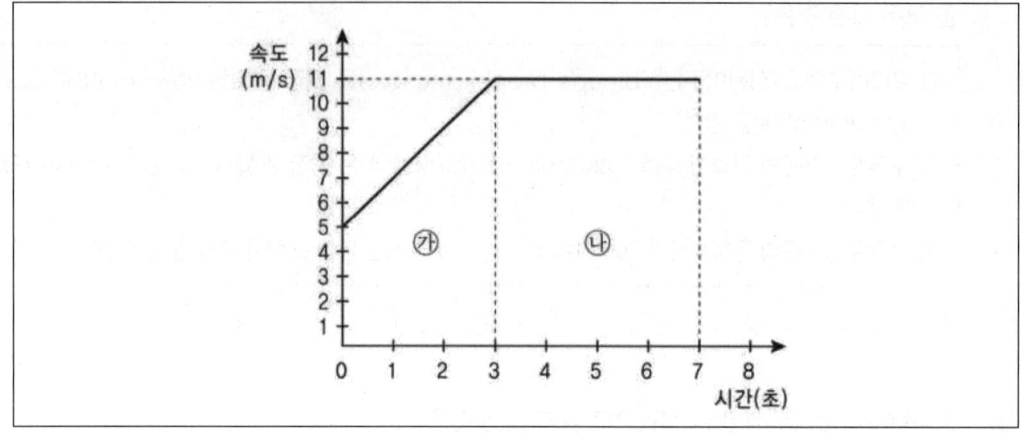

① ㉮ 구간의 가속도는 증가한다.
② ㉯ 구간의 가속도는 1m/s²이다.
③ ㉮ 구간의 가속도가 ㉯ 구간의 가속도보다 크다.
④ ㉯ 구간은 정지한 상태이다.

10 각운동에 관한 내용으로 옳은 것은?
① "접선속도(선속도) = 반지름 × 각속도"에서 각속도의 단위는 도(degree)이다.
② 반지름(회전반경)의 크기가 커지면 1라디안(radian)의 크기는 커진다.
③ 라디안은 반지름과 호의 길이의 비율로 계산한다.
④ 360도는 2라디안이다.

11 해머던지기에서 구심력과 원심력에 관한 설명으로 옳지 않은 것은?
① 7kg의 해머와 비교하여 14kg의 해머를 동일한 각속도로 회전시키려면 선수는 구심력을 두 배로 증가시켜야 한다.
② 직선으로 운동하려는 해머의 관성을 이겨내고 원형경로를 유지하려면 안쪽으로 당기는 힘이 요구된다.
③ 해머의 각속도를 두 배로 증가시키려면, 선수는 두 배의 힘으로 해머를 안쪽으로 당겨야 한다.
④ 선수가 해머를 안쪽으로 당기는 힘을 증가시키면 해머도 선수를 당기는 힘을 증가시킨다.

12 반발계수(coefficient of restitution)에 관한 설명으로 적절하지 않은 것은?

① 0부터 1 사이의 값이다.
② 두 물체 간의 충돌 전후의 상대속도의 비율로 측정한다.
③ 완전탄성충돌(perfectly elastic collision)의 반발계수는 1이다.
④ 공을 떨어뜨린(drop) 높이와 공이 지면에서 튀어 오른(bounce) 높이의 차이 값이다.

13 골프에 관한 운동학(kinematics)적 또는 운동역학(kinetics)적 개념에 관한 설명으로 옳은 것은? (단, 샤프트(shaft)는 휘어지지 않는다고 가정함.)

① 드라이버 스윙 시 헤드(head)와 샤프트의 각 속도는 다르다.
② 골프공의 반발 계수를 작게 하면 더 멀리 보낼 수 있다.
③ 샤프트의 길이가 길어지면 샤프트의 관성 모멘트는 작아진다.
④ 7번 아이언 헤드의 선속도는 헤드의 각속도와 샤프트의 길이에 비례한다.

14 각운동량의 보존과 전이에 관한 운동 동작의 예시로 적절하지 않은 것은?

① 배구에서 공중 스파이크를 하기 전에 팔과 다리를 함께 뒤로 굽히는 동작
② 높이뛰기에서 발 구름을 할 때 지지하는 다리를 최대한 구부리는 동작
③ 멀리뛰기에서 착지하기 전에 팔과 다리를 함께 앞으로 당기는 동작
④ 다이빙에서 공중회전을 할 때 팔을 몸통 쪽으로 모으는 동작

15 영상 분석에 관한 설명으로 옳지 않은 것은?

① 2차원 영상 분석은 평면상에서 관찰되는 운동을 분석하는 것이다.
② 3차원 영상 분석은 2대 이상의 카메라를 사용한다.
③ 운동역학(kinetics)적 변인을 직접 측정할 수 있다.
④ 동작의 정량적 분석이 가능하다.

16 100m 달리기 경기에서 80kg인 선수가 출발 3초 후 12m/s의 속도가 되었다면 달리는 방향으로 발휘한 평균 힘의 크기는?

① 240N ② 320N
③ 800N ④ 960N

17 〈보기〉에서 무게 중심(center of gravity)이 신체 내부에 위치하는 자세를 모두 고른 것은?

① ㉠㉡㉢㉣ ② ㉠, ㉢
③ ㉡, ㉢, ㉣ ④ ㉢

18 〈보기〉의 다이빙 선수가 가지는 에너지의 변화에 관한 설명에서 ㉠, ㉡, ㉢에 들어갈 용어로 적절한 것은?

플랫폼에서 정지하고 있는 선수의 ㉠ 에너지는 0이고, 낙하할수록 ㉡ 에너지는 감소하고, ㉢ 에너지는 증가하게 된다.

	㉠	㉡	㉢
①	운동	운동	역학적
②	운동	위치	운동
③	역학적	위치	운동
④	운동	위치	역학적

19 운동의 형태에 관한 설명으로 옳은 것은?
① 병진 운동은 회전축 주위를 일정한 각도로 이동하는 운동이다.
② 복합 운동은 선 운동과 병진 운동이 결합되어 나타나는 운동이다.
③ 곡선 운동은 회전 운동이 아닌 병진 운동에서 일어나는 운동이다.
④ 회전 운동은 신체의 각 부위가 동일한 거리를 이동하는 운동이다

20 야구공이 야구 배트의 회전축에서부터 0.5m 지점에서 타격되었다. 야구공이 타격되는 순간 배트의 각속도가 50rad/s이면 타격 지점에서 배트의 선속도는?

① 12.5m/s   ② 12.5rad/s   ③ 25m/s   ④ 25rad/s

7과목 한국체육사

1. 〈보기〉에서 설명하는 의례는?

> - 부족의 신화를 계승하는 춤을 익혔다.
> - 식량 확보를 위한 수렵과 채집 활동을 하였다.
> - 『삼국지』의 「위지동이전」에 '큰사람'으로 부른 기록이 있다.

① 영고(迎鼓)   ② 무천(舞天)
③ 동맹(東盟)   ④ 성년의식(成年儀式)

2. 〈보기〉에서 설명하는 화랑도의 정신은?

> - 사군이충(事君以忠) : 충성심으로 임금을 섬김
> - 사친이효(事親以孝) : 효심으로 부모를 섬김
> - 교우이신(交友以信) : 신의를 바탕으로 벗을 사귐
> - 살생유택(殺生有擇) : 생명체를 함부로 죽이지 않음
> - 임전무퇴(臨戰無退) : 전쟁에 임할 때는 후퇴를 삼감

① 삼강오륜(三綱五倫)   ② 세속오계(世俗五戒)
③ 문무겸비(文武兼備)   ④ 사단칠정(四端七情)

3. 고려시대의 무예에 대한 설명으로 적절하지 않은 것은?

① 무학교육기관으로 강예재(講藝齋)가 있었다.
② 수박희(手搏戱)는 인재 선발을 위한 기준이 되었다.
③ 격구(擊毬)는 군사 훈련 및 여가 활동으로 성행하였다.
④ 종합무예서인 『무예도보통지』가 편찬되었다.

4 〈보기〉에서 설명하는 민속놀이는?

> • 귀족들이 즐겼던 놀이이다.
> • 매를 길들여 꿩이나 기타 조류를 사냥하였다.

① 각저(角觝) ② 방응(放鷹) ③ 격구(擊毬) ④ 추천(鞦韆)

5 〈보기〉에서 설명하는 고려시대의 사건은?

> 1170년 의종이 문신들과 보현원에 행차하였다. …(중략)… 대장군 이소응이 젊은 병사와 오병수박희(五兵手搏戲)를 겨루었고 패하였다. 그러자 젊은 문신 한뢰가 대장군 이소응의 뺨을 때리며 비웃었다. 이 광경을 보던 정중부와 이의방 등이 선동하여 반란을 일으켰다.

① 무신정변
② 묘청의 난
③ 이자겸의 난
④ 삼별초의 난

6 〈보기〉에서 설명하는 개화기 사립학교는?

> • 무비자강(武備自强)을 강조하였다.
> • 문예반 50명, 무예반 200명을 선발하였다.
> • 1883년에 설립된 최초의 근대식 학교이다.

① 대성학교(大成學校)
② 오산학교(五山學校)
③ 원산학사(元山學舍)
④ 동래무예학교(東萊武藝學校)

7 〈보기〉의 ⊙, ⓒ에 들어갈 용어는?

> • 나현성의 『한국체육사』에 따른 시대 구분이다.
> • 갑오경장(甲午更張) 이전은 무예를 중심으로 하는 (⊙) 체육을 강조하였다.
> • 갑오경장 이후는 「교육입국조서(敎育立國詔書)」를 중심으로 하는 (ⓒ) 체육을 강조하였다.

	⊙	ⓒ
①	현대	전통
②	근대	전통
③	전통	근대
④	전통	현대

8 조선시대 무과제도에 관한 설명으로 적절한 것은?

① 정기적으로만 실시하였다.
② 예조와 음양과에서 주관하였다.
③ 시험은 무예 실기만 시행되었다.
④ 초시, 복시, 전시의 3단계로 진행되었다.

9 개화기 운동회에 대한 설명으로 적절한 것은?

① 일본인을 위한 축제의 성격이었다.
② 최초 시행 종목은 야구와 농구였다.
③ 우리나라 최초의 운동회는 화류회(花柳會)이다.
④ 학교 정규교과목으로 학생에게 장려된 활동이었다.

10 〈보기〉에서 설명하는 조선시대의 기관은?

- 무예의 수련을 담당하였다.
- 병서의 습독을 장려하였다.
- 군사의 시재(試才)를 담당하였다.

① 사정(射亭)
③ 사역원(司譯院)
② 성균관(成均館)
④ 훈련원(訓鍊院)

11 『활인심방(活人心方)』에 대한 설명으로 적절하지 않은 것은?

① 이이(李珥)가 『활인심방』이라는 책을 펴냈다.
② 도인법(導引法)은 목 돌리기, 마찰, 다리의 굴신 등의 보건 체조이다.
③ 사계양생가(四季養生家)는 춘하추동으로 나누어 호흡하는 방법이다.
④ 활인심서(活人心序)는 기를 조절하고, 식욕을 줄이며, 욕망을 절제하는 방법이다.

12 〈보기〉에서 대한체육회에 대한 옳은 설명을 모두 고른 것은?

> ㉠ 1920년 - 조선체육회가 창립되었다.
> ㉡ 1948년 - 대한체육회로 개칭되었다.
> ㉢ 1966년 - 태릉선수촌을 건립하였다.
> ㉣ 2016년 - 국민생활체육회와 통합되었다.

① ㉡, ㉢
② ㉡, ㉣
③ ㉠, ㉡, ㉢
④ ㉠, ㉡, ㉢, ㉣

13 개화기에 도입된 스포츠에 대한 설명으로 옳지 않은 것은?

① 조원희는 교육체조를 보급하였다.
② 우치다(內田)는 검도를 보급하였다.
③ 질레트(P. Gillett)는 야구와 농구를 보급하였다.
④ 푸트(L. Foote)는 연식정구(척구)를 보급하였다.

14 일제강점기 스포츠 종목의 도입에 대한 설명으로 옳지 않은 것은?

① 권투 - 1914년 경성구락부에서 소개하였다.
② 경식정구 - 1919년 조선철도국에서 소개하였다.
③ 스키 - 1921년 나카무라(中村)가 소개하였다.
④ 역도 - 1926년 서상천이 소개하였다.

15 〈보기〉에서 설명하는 최초의 체육 진흥 계획은?

> • 국민생활체육 협의회가 설립되었다.
> • 서울 올림픽 기념 생활관이 건립되었다.
> • '호돌이 계획'으로 생활체육 진흥을 도모하는 계기가 되었다.

① 국민생활체육 진흥 종합 계획
② 제1차 국민 체육 진흥 5개년 계획
③ 제2차 국민 체육 진흥 5개년 계획
④ 참여정부 국민 체육 진흥 5개년 계획

16 일제강점기 황국신민체조에 대한 설명으로 적절하지 않은 것은?

① 군국주의 함양을 위한 것이다.
② 무사도 정신을 고취하기 위한 것이다.
③ 식민지 통치 체제의 일환으로 실시되었다.
④ 유희 중심의 체조 지도 원리에 따라 교육되었다.

17 1936년 제11회 베를린 올림픽 경기 대회 마라톤에서 손기정과 함께 입상한 선수는?

① 권태하   ② 남승룡   ③ 서윤복   ④ 함길용

18 〈보기〉에서 설명하는 일제강점기의 체육시설은?

- 축구장, 야구장, 정구장, 수영장 등이 있었다.
- 전국 규모의 대회와 올림픽 경기 대회 예선전 등이 열렸다.
- 1925년에 건립되었고, 1984년에 동대문운동장으로 개칭되었다.

① 경성 운동장   ② 효창 운동장
③ 목동 운동장   ④ 잠실 종합 운동장

19 〈보기〉의 설명과 관련 있는 정부는?

- 서울 아시아 경기 대회를 개최하였다.
- 정부 행정조직에서 체육부가 신설되었다.
- 프로야구, 프로축구, 프로씨름 등이 출범하였다.

① 박정희 정부   ② 전두환 정부   ③ 노태우 정부   ④ 김영삼 정부

20 〈보기〉의 ㉠, ㉡에 들어갈 알맞은 국제대회의 명칭은?

- 1988년 개최된 (㉠)의 마스코트는 '호돌이'이다.
- 2018년 개최된 (㉡)의 마스코트는 '수호랑'과 '반다비'이다.

	㉠	㉡
①	서울 올림픽 경기 대회	서울 아시아 경기 대회
②	서울 아시아 경기 대회	부산 아시아 경기 대회
③	서울 올림픽 경기 대회	평창 올림픽 경기 대회
④	부산 아시아 경기 대회	평창 올림픽 경기 대회

8과목 노인 체육론

1 우리나라 인구 변화에 관한 설명으로 적절하지 않은 것은?
① 저출산으로 고령화가 감소하고 있다.
② 현재 노인 인구의 비율이 14% 이상인 고령사회이다.
③ 노인 인구 증가로 인해 국가의 의료비 부담이 증가하고 있다.
④ 노인 인구 증가로 인해 생산가능 인구의 노인에 대한 부양비가 증가하고 있다.

2 〈보기〉의 ㉠, ㉡, ㉢, ㉣ 에 들어갈 용어로 알맞은 것은?

> 노인은 연령이 높아질수록 근육량은 (㉠)하고, 최대심박수는 (㉡)하고, 혈관 경직도는 (㉢)하고, 최대산소섭취량은 (㉣)한다.

	㉠	㉡	㉢	㉣
①	증가	증가	감소	증가
②	감소	감소	증가	감소
③	감소	증가	감소	감소
④	증가	감소	증가	증가

3 노인에게 낙상의 위험성이 높은 원인으로 적절한 것은?
① 보폭의 증가
② 자세 동요의 감소
③ 발목 가동성의 감소
④ 보행 속도의 증가

4 중강도의 규칙적인 운동이 노인의 건강에 미치는 영향으로 적절한 것은?
① 근력의 감소
② 수면의 질 감소
③ 뇌 혈류량의 감소
④ 인슐린 저항성의 감소

5 노인의 지속적인 운동 참여를 위한 동기유발 방법으로 적절하지 않은 것은?

① 모험적인 목표를 세워 동기를 유발한다.
② 운동 시설에 대한 접근성을 높인다.
③ 동료의 성공적인 경험을 공유하게 한다.
④ 체력 수준에 맞게 운동 목표를 구체적으로 설정한다.

6 하비거스트(R. Havighurst)의 발달과업 이론에서 노년기의 과업으로 적절하지 않은 것은?

① 배우자의 죽음에 대한 적응
② 은퇴와 수입 감소에 대한 적응
③ 선호하는 사회적 모임에 대한 적응
④ 근력 감소와 건강 약화에 대한 적응

7 〈보기〉에서 설명하는 행동 변화 이론으로 가장 적절한 것은?

> 65세인 조 할머니는 요즘 살이 계속 찌고 움직이는 것도 점점 힘들어졌다. 가족과 친구들이 운동을 권유하였으나 완강하게 거부하며 운동을 하지 않았다. 그러나 최근 병원에서 당뇨병 판정을 받고 의사의 운동 권유로 운동에 대한 믿음과 의지가 생겨서 구체적인 운동 목표를 세우고 헬스센터에서 운동을 시작하였다.

① 지속성 이론
③ 자기효능감 이론
② 사회생태 이론
④ 계획된 행동 이론

8 〈보기〉의 ㉠과 ㉡에 들어갈 심박수(회/분)는?

> 70세 남성 노인이 달리기 운동을 할 때, Karvonen(여유심박수, %HRR) 공식을 활용한 목표심박수의 범위는 (㉠)에서부터 (㉡)까지이다.
> [분당 안정 시 심박수 70회, 여유심박수 60~70% 강도]

① 90 ~ 105
② 112 ~ 119
③ 118 ~ 126
④ 124 ~ 138

9 〈보기〉에서 김 할아버지의 죽상경화증 심혈관 질환의 위험요인을 바르게 제시한 것은?

> 건강 증진 운동 프로그램에 참여하고자 하는 김 할아버지의 정보
> • 연령 : 67세, 성별 : 남성, 신장 : 170cm, 체중: 87kg
> • 총콜레스테롤 : 190mg/dL
> • 안정 시 혈압 : 130mmHg / 85mmHg
> • 공복 혈당: 135mg/dL
> • 흡연 : 30대부터 하루에 10~20 개비
> * 미국스포츠의학회(ACSM, 2018)를 참고한 기준 적용

① 연령, 과체중, 혈압, 흡연
② 비만, 총콜레스테롤, 혈압, 흡연
③ 연령, 비만, 당뇨병, 흡연
④ 과체중, 총콜레스테롤, 혈압, 당뇨병

10 〈보기〉에 적용되는 트레이닝 원리는?

> 올해 70세인 박 할머니는 지난 6개월 동안 집 근처 헬스장에서 하루 1시간씩, 주 5회 이상 노인 스포츠 지도사와 운동을 하여 체력이 향상되었으나 최근 코로나19(Covid-19) 때문에 운동을 3개월 동안 하지 못하여 지금은 계단을 오르기조차 힘들어졌다.

① 개별성의 원리
③ 과부하의 원리
② 특이성의 원리
④ 가역성의 원리

11 <보기>에서 ㉠, ㉡에 들어갈 용어를 바르게 나열한 것은?

리클리와 존스(Rikli & Jones)의
노인 체력 검사(Senior Fitness Test : SFT)

검사 항목	㉠	㉡
일상생활 능력	욕실에서 머리 감기 상의를 입고 벗기 차에서 안전벨트 매기	걷기 계단 오르기 자동차 타고 내리기

	㉠	㉡
①	등 뒤에서 양손 마주잡기	의자에 앉아 윗몸 앞으로 굽히기
②	등 뒤에서 양손 마주잡기	의자에 앉았다가 일어서기
③	아령 들기	의자에 앉았다가 일어서기
④	아령 들기	의자에 앉아 윗몸 앞으로 굽히기

12 미국스포츠의학회(ACSM, 2018)에서 제시한 노인을 위한 운동 권장 사항으로 적절한 것은?
① 저항 운동은 체력수준을 고려하지 않고 실시한다.
② 저항 운동을 처음 시작할 경우 1RM의 40~50%로 실시한다.
③ 유연성 향상을 위해 정적스트레칭을 60~90초 동안 유지한다.
④ 중강도 유산소 운동을 처음 시작할 경우 주당 총 300~450분을 실시한다.

13 노인을 위한 스트레칭에 관한 설명으로 적절한 것은?
① 탄성 스트레칭을 우선적으로 권장한다.
② 스트레칭은 관절의 가동범위와 관련이 없다.
③ 정적 스트레칭은 동적 스트레칭에 비해 상해 위험이 적다.
④ 고유수용성 신경근 촉진법은 효과가 없어 사용하지 않는다.

14 〈보기〉에 해당하는 프로차스카(J. Prochaska)의 범이론적 모형 단계와 지도 내용을 바르게 나열한 것은?

> 운동을 하지 않았던 김 할아버지는 당뇨병 진단을 받은 후 지난 한 해 동안 매일 만보계를 가지고 중강도의 걷기 운동을 하고 있다.

	단계(stage)	지도 내용
①	무의식(precontemplation)	운동이 당뇨에 미치는 효과를 지도
②	의식(contemplation)	운동 방법 및 만보계 사용법을 지도
③	행동(action)	운동 강도 조절에 관하여 지도
④	유지(maintenance)	즐길 수 있는 스포츠를 경험하도록 지도

15 이상지질혈증이 있는 노인을 위한 운동 방법으로 적절하지 않은 것은?
① 하루 30~60분의 운동이 적당하다.
② 유연성 운동, 저항 운동 및 유산소 운동을 실시한다.
③ 대근육을 이용한 지속적이고 리드미컬한 형태의 운동을 한다.
④ 에너지 소비를 최대로 증가시키기 위해 고강도 운동을 한다.

16 골다공증이 있는 노인의 운동에 관한 설명으로 적절하지 않은 것은?
① 심각한 골다공증이 있는 노인에게는 최대 근력 검사를 권장하지 않는다.
② 통증을 유발하지 않는 중강도 운동을 권장한다.
③ 체중 지지 운동은 권장하지 않는다.
④ 평형성 향상을 위한 운동을 권장한다.

17 〈보기〉에서 바람직하지 않은 노인 스포츠 지도사는?

> 김 지도사 : 어르신의 이해를 돕기 위해 시각 정보 없이 언어 정보만을 제공한다.
> 박 지도사 : 어르신들의 신체활동에 대한 개인차를 고려하여 수준별로 운동을 지도한다.
> 최 지도사 : 어르신의 특성을 고려해서 한 번에 한두 가지의 동작에 대한 시범을 보여준다.
> 이 지도사 : 운동을 지도할 때, 어르신들이 이해할 수 있는 언어와 그림을 함께 사용한다.

① 김 지도사　　　　　　　　③ 박 지도사
② 이 지도사　　　　　　　　④ 최 지도사

18 미국스포츠의학회(ACSM, 2018)에서 제시한 노인의 중강도 신체 활동으로 적절하지 않은 것은?

① 3.0mi/h(4.83km/h)의 속도로 걷기
② 축구, 농구, 배구와 같은 경쟁 스포츠
③ 청소, 창 닦기, 세차, 페인팅 등의 가사 활동
④ 보그 스케일(Borg scale)의 운동자각도(RPE)에서 12~13 수준의 신체 활동

19 노인에게 운동을 지도할 때, 주의사항으로 적절하지 않은 것은?

① 운동 강도를 높일수록 단열성이 높은 의복을 착용하게 한다.
② 탈수 증상을 대비하여 수분을 미리 보충하게 한다.
③ 낙상의 위험을 최소화하기 위해 적절한 신발을 착용하게 한다.
④ 추운 환경에서는 준비 운동을 평소보다 오랜 시간 진행하도록 한다.

20 운동 중 노인의 심정지 상황에 대한 응급처치로 적절하지 않은 것은?

① 자동 제세 동기를 이용할 수 있는 경우 사용한다.
② 의식의 확인과 119 신고 후, 심폐소생술을 실시한다.
③ 의식이 없으면 묵시적 동의라고 간주하고 심폐소생술을 실시한다.
④ 심폐소생술 실시 중 의식이 돌아오지 않으면 가슴 압박을 중단한다.

9과목 유아 체육론

1 유아의 발달적 특성을 고려한 신체 활동 지도 방법으로 적절하지 않은 것은?

① 지도 내용과 방법에 변화를 준다.
② 목표 설정이 없는 동일한 활동을 반복한다.
③ 개인차를 고려하여 적절한 자극을 부여한다.
④ 놀이 상대를 바꾸어 주어 흥미를 유지한다.

2 미국 스포츠·체육교육협회(NASPE)의 유아기 신체 활동 촉진을 위한 지도지침으로 적절하지 않은 것은?

① 근육과 뼈를 강화시키는 신체 활동은 피하도록 한다.
② 매일 최소 60분의 계획된 신체 활동에 참여해야 한다.
③ 안전한 실내와 실외에서 대근육 활동을 해야 한다.
④ 수면 시간을 제외하고 60분 이상 눕거나 앉아 있지 않도록 한다.

3 유아 발달에 적합한 실내·외 지도 환경에 대한 설명으로 적절하지 않은 것은?

① 공간의 구성은 놀이 형태와 지속 시간에 영향을 준다.
② 놀이 공간과 놀이 교구는 유아의 놀이에 영향을 미친다.
③ 활동성을 고려해 좁은 공간을 확보하는 것이 바람직하다.
④ 발달과 학습을 유도할 수 있는 환경을 의도적으로 구성해야 한다.

4 유아의 체력 요소 검사 방법으로 적절하지 않은 것은?

① 순발력 : 모둠발로 멀리 뛴 거리를 측정한다.
② 균형성 : 평균대 위에서 외발로 서 있는 시간을 측정한다.
③ 근지구력 : 스키핑 동작으로 뛴 높이를 측정한다.
④ 민첩성 : 7m 거리를 왕복하여 달린 시간을 측정한다.

5 영아기 반사의 기능이 아닌 것은?

① 생존을 돕는다.
② 운동 행동을 진단한다.
③ 미래의 움직임을 예측한다.
④ 미래에 발현하는 불수의적인 움직임을 자의적으로 연습하게 한다.

6 신체 활동 프로그램에서 실제 학습 시간(Academic LearningTime: ALT)을 증가시키는 전략으로 적절하지 않은 것은?

① 설명은 간결하고 명확하게 한다.
② 주의 집중을 위해 상호 간에 약속된 신호를 만든다.
③ 수업 시작 전 교구를 효율적으로 배치한다.
④ 동작에 대한 시범을 위해 오랜 시간을 할애한다.

7 영유아보육법(2011) 제1장 제2조에서 정의한 영유아에 관한 내용으로 옳은 것은?

① 생후 4주부터 1년까지의 아동을 말한다.
② 만 6세 미만의 취학 전 아동을 말한다.
③ 만 3세부터 초등학교 2학년까지의 아동을 말한다.
④ 만 6세부터 초등학교 6학년까지의 아동을 말한다.

8 〈보기〉에서 운동 발달과 관련성이 높은 감각 체계들을 바르게 고른 것은?

| ㉠ 시각(visual) 체계 | ㉡ 운동 감각(kinesthetic) 체계 |
| ㉢ 미각(gustatory) 체계 | ㉣ 후각(olfactory) 체계 |

① ㉠,㉡   ② ㉠,㉣
③ ㉠,㉢   ④ ㉡,㉢

9 〈보기〉의 훗트(C. Hutt)가 제시한 놀이 관련 행동에 대한 설명에서 ㉠, ㉡에 들어갈 용어는?

구분	㉠	㉡
맥락	새로운 물체	익숙한 물체
목적	정보 획득	자극 생성
행동	정형화됨	다양함
기분	심각함	행복함
심장 박동 변화	낮은 변화성	높은 변화성

	㉠	㉡
①	모방	놀이
②	모방	과제 관련 행동
③	탐색	놀이
④	탐색	과제 관련 행동

10 〈보기〉에 해당하는 에릭슨(E. Erikson)의 심리 사회 발달 단계는?

> - 목표나 계획을 세워 성공하고자 노력하는 시기이다.
> - 이동성이 커지면서 성인과 다를 바 없다는 사실을 자각한다.
> - 아동은 의미 있는 놀이도구를 조작하면서 만족스러운 성취감을 경험한다.

① 1단계 - 신뢰감(trust) 대 불신감(mistrust)
② 2단계 - 자율성(autonomy) 대 수치심(shame)
③ 3단계 - 주도성(initiative) 대 죄책감(guilt)
④ 4단계 - 친밀성(intimacy) 대 고립감(isolation)

11 〈보기〉에 해당하는 이동 운동 기술은?

> - 체중을 한 발에서 다른 발로 이동시키는 기술이다.
> - 달리기보다 더 높이, 더 멀리 뛰면서 바닥을 접촉하지 않는 상태를 유지한다.
> - 한 발로 멀리 건너뛰기를 하거나 보폭을 크게 하여 달리는 모습과 비슷하다.

① 겔로핑(galloping)　　② 슬라이딩(sliding)
③ 호핑(hopping)　　④ 리핑(leaping)

12 유아기 발달에 관한 이론의 설명으로 적절하지 않은 것은?

① 성숙주의 이론(A. Gesell) : 인간의 발달은 유전적 요인에 기인한다고 주장하였다.
② 인지발달 이론(J. Piaget) : 인간의 본성은 태어날 때부터 환경에 따른 훈련에 의해 만들어진다고 주장하였다.
③ 사회적놀이 이론(M. Parten) : 파튼은 사회적 놀이를 사회적 참여도에 따라 여섯 가지 형태로 분류하였다.
④ 도덕성발달 이론(L. Kohlberg) : 인간의 존엄성과 양심에 따라 자율적이고 독립적 판단이 가능하다고 주장하였다.

13 〈보기〉의 ㉠, ㉡에 들어갈 유아 체육 프로그램의 구성 원리는?

㉠	• 연령에 따른 민감기를 고려하여 적절한 운동이 적용되면 운동 발달에 효과적이다. • 신체 활동의 경험, 기술 및 발달 수준, 체력을 고려한 프로그램 구성이 필요하다.
㉡	• 운동 발달 프로그램을 구성할 때 개개인의 유전과 환경요인이 반영된 개인차를 고려하여 구성한다.

    ㉠   ㉡
① 연계성의 원리 특이성의 원리
② 연계성의 원리 적합성의 원리
③ 적합성의 원리 특이성의 원리
④ 적합성의 원리 연계성의 원리

14 유아 체육 지도 방법과 해당 설명의 연결이 올바르지 않은 것은?
① 지시적 방법 : 시범 보이기, 연습해보기, 일반적인 언급해주기, 보충 설명과 시범 다시 보이기
② 과제제시 방법 : 동작을 위해 지도자나 또래의 활동을 관찰함으로써 과제 수행 방법을 이해시키기
③ 안내 · 발견적 방법 : 올바른 동작 방법을 제시하고 자유롭고 창의적으로 표현하게 하기
④ 탐구적 방법 : 동작 과제나 질문을 제시하고 유아들이 제안한 다양한 해결 방법을 인정하고 받아들이기

15 파튼(M. Parten)의 사회적 놀이 발달 이론에 대한 설명으로 적절하지 못한 것은?
① 혼자(단독) 놀이 : 다른 친구의 놀이를 지켜보며 가끔씩 구경하는 친구에게 말을 걸기도 한다.
② 병행 놀이 : 주변의 친구들과 동일한 놀이를 하지만 함께 놀이를 하지는 않는다.
③ 연합 놀이 : 다른 유아와 활동을 공유하며 놀이에 대해 이야기를 주고받거나 놀잇감을 빌려주기도 하지만 놀이 내용이 조직적으로 전개되지는 않는다.
④ 협동 놀이 : 역할의 분담과 목적의 공유가 이루어지는 단계로서 병원 놀이 같은 것이 있다.

16 〈표〉의 ㉠, ㉡, ㉢에 들어갈 던지기(overarm throw) 동작의 발달 단계를 바르게 짝지은 것은?

발달 단계	특징	동작
㉠	• 체중은 명확하게 앞으로 이동됨 • 던지는 팔과 같은 쪽의 다리를 앞으로 내밈	
㉡	• 준비 움직임 동안 체중을 뒷발에 실음 • 체중이 이동하면서 반대 발이 앞으로 나아감	
㉢	• 양발은 고정된 상태를 유지함 • 던지기를 준비하는 동안 양발을 이동하는 경우가 자주 있으나 특별한 목적은 없음	

	㉠	㉡	㉢
①	초보	성숙	시작
②	성숙	시작	초보
③	시작	성숙	초보
④	초보	시작	성숙

17 〈보기〉의 ㉠, ㉡에 들어갈 기본 운동발달의 요소는?

㉠	• 배트로 치기 연습하기(striking) • 날아오는 공을 발로 잡기(trapping)
㉡	• 철봉 잡고 앞뒤로 흔들기(swinging) • 몸통을 굽히거나 접기(bending)

	㉠	㉡
①	이동 운동	조작 운동
②	조작 운동	안정성 운동
③	안정성 운동	조작 운동
④	조작 운동	이동 운동

18 〈보기〉의 밑줄 친 ㉠과 관련 깊은 지각 운동의 유형은?

지도사 : 오늘은 잡기 놀이를 해볼까요? 술래 친구가 정해지면 술래를 피해 달아나 보세요. 술래를 잘 피하려면 어떻게 해야 할까요?
유아 : 술래에게 안 잡히려고 빨리 도망가야 해요!
지도사 : 네! 맞았어요. ㉠ 술래가 움직이는 걸 보고 술래의 앞쪽이나 뒤쪽, 술래의 왼쪽이나 오른쪽으로 가면 잡히지 않고 도망갈 수 있어요. 그럼 우리 모두 한번 해볼까요?
유아 : 네!

① 시간 지각
③ 신체 지각
② 관계 지각
④ 방향 지각

19 2019 개정 누리 과정에서 '신체 운동·건강 영역의 세부 내용'에 대한 설명으로 적절하지 않을 것은?

① 신체 움직임을 조절한다.
② 신체를 인식하고 움직인다.
③ 경쟁 활동을 통해 스포츠 기술을 습득하고 건강을 증진한다.
④ 기초적인 이동 운동, 제자리 운동, 도구를 이용한 운동을 한다.

20 〈보기〉가 설명하는 질환은?

> • 주로 생후 6개월~5세 사이의 영유아에게서 발생한다.
> • 갑자기 올라간 고열과 함께 경련을 일으킨다.
> • 주된 원인으로 고열, 뇌 손상, 유전적인 요인 등이 거론된다.

① 독감   ② 근육 경련
③ 2도 화상   ④ 열성 경련

10과목 특수 체육론

1 특수 체육(Adapted Physical Activity)의 개념에 관한 설명 중 옳지 않은 것은?
① 법률에 기초하여 신체 활동 서비스를 제공한다.
② 신체 활동 참여에서 임파워먼트(empowerment)를 강조한다.
③ 심동적 문제의 발견과 해결을 목적으로 하는 다학문적 지식체계이다.
④ 개인적 요구를 충족시켜주기 위해 분리된 환경에서의 서비스 제공을 기본으로 한다.

2 휠체어 농구 기술 수행 검사의 타당성과 관련한 내용으로 옳은 것은?
① 최소의 시간과 비용으로 측정할 수 있는가?
② 여러 사람이 측정하여도 그 결과가 같은가?
③ 검사를 두 번 반복하였을 때에도 그 결과가 일치하는가?
④ 휠체어 조작 기술과 농구 기술을 정확하게 측정할 수 있는가?

3 〈보기〉의 세부 내용을 설명하는 용어는?

프로그램	휠체어 테니스 교실	대상	지체 장애인
내용	백 핸드 스트로크		
세부 내용	1. 수행이 이루어지는 동안 계속해서 공을 본다. 2. 풋워크를 통해 재빨리 공에 접근한다. 3. 라켓을 몸 중심에서 뒤로 가져간다(백스윙). 4. 엉덩이와 어깨를 네트와 수직으로 위치시킨다. 5. 공을 칠 때 엉덩이와 어깨를 회전시키면서 무게 중심을 앞발로 옮긴다. 6. 공이 엉덩이 앞쪽에 올 때 공을 친다. 7. 공을 칠 때 손목을 고정시킨다. 8. 반대쪽 팔은 중심을 잡기 위해 몸 바깥쪽으로 뻗는다. 9. 팔로우 스루를 어깨 높이나 그 이상에서 계속해서 유지한다.		

① 준거 참조 평가
② 과제 분석
③ 근거 기반 실무
④ 과제 중심 평가

4 〈보기〉와 같은 평가 방법은?

환경	잠실 실내 수영장	과제	비어있는 사물함 찾기
세부 환경	탈의실	수행자	지적 장애인

관찰 내용	반응 평가 O	반응 평가 X
1. 탈의실 출입문을 찾아서 들어간다.	√	
2. 문이 열려있는 사물함을 찾는다.		√
3. 다른 사람이 찾는 것을 보고, 문이 열려있는 사물함을 찾는다.	√	
4. 문이 열린 사물함으로 다가간다.	√	
5. 사물함이 비어있는 것을 확인한다.		√

평가 결과:
1. 탈의실 출입문을 찾을 수 있다.
2. 문이 열려있는 사물함을 찾아야 한다는 과제를 이해하지 못하고 있다.
3. 타인의 행동과 주변 환경에 대한 관찰을 통해서 문이 열려있는 사물함을 찾을 수 있다.
4. 문이 열린 사물함으로 다가갈 수 있다.
5. 사물함이 비어있는지 확인해야 한다는 것을 이해하지 못하고 있다.

① 루브릭 ② 포트폴리오
③ 생태학적 평가 ④ 규준참조 평가

5 장애인에게 적합한 신체 활동 변형에 관한 설명으로 옳지 않은 것은?
① 활동의 본질적인 특성을 변형한다.
② 참여를 촉진하는 방향으로 변형한다.
③ 최적의 수행 능력을 발휘하도록 변형한다.
④ 장애로 인해서 제한이 발생하지 않도록 변형한다.

6 시각 장애인을 위한 신체 활동 지도법으로 옳지 않은 것은?
① 과제의 전체 동작과 부분 동작을 순서대로 시범 보인다.
② 신체적 가이던스(physical guidance)의 강도를 점진적으로 줄인다.
③ 독립성을 기르기 위해 청각 및 촉각을 활용하지 않도록 습관화하여야 한다.
④ 동작의 확인을 돕기 위해 '만져서 자세를 확인하는 방법(brailing)'을 사용한다.

7 〈보기〉에서 설명하는 수업 스타일은?

프로그램	생활 체육 통합 농구 교실		
목표	2점 슛을 성공할 수 있다.	내용	자유투 라인에서 슛을 한다.
대상	발달 장애인	장소	실내 체육관
수업 스타일			

- 경험 많은 참여자가 보조 지도자로서 신규 참여자를 지도한다.
- 지도자에 대한 참여자의 비율을 줄이는 효과가 있다.

① 팀 교수(team teaching)
② 또래 교수(peer tutoring)
③ 협동 학습(cooperative learning)
④ 역주류화 수업(reverse mainstreaming)

8 <보기>에서 세계보건기구(WHO)의 '기능, 장애, 건강에 대한 국제 분류(International Classification of Functioning, Disability and Health : ICF)'에 대한 설명 중 괄호 안에 들어갈 가장 적절한 말은?

> 장애는 (　　)의 세 가지 영역 모두 또는 어느 한 가지 영역에서 겪게 되는 어려움으로 발생하며, 개인적·환경적 요인들에 의해서도 영향을 받는다.

① 지능, 신체 기능과 구조, 참여
② 활동, 대인관계 능력, 신체 기능
③ 신체 기능과 구조, 활동, 참여
④ 지능, 대인관계 능력, 신체 구조

9 <보기>의 ㉠, ㉡에 들어갈 장애의 정의로 알맞은 것은?

> - −2 표준편차 이하의 지적 기능을 나타낸다.
> - (㉠) 영역에서 적응 행동의 제한이 명백히 나타난다.
> - (㉡) 이전에 시작된다.
>
> －미국 지적장애 및 발달장애협회(AAIDD, 2010)－

	㉠	㉡
①	발달적, 사회적, 실제적	18세
②	개념적, 실제적, 사회적	19세
③	실제적, 사회적, 개념적	18세
④	교육적, 행동적, 사회적	19세

10 자폐성 장애인의 문제점과 해결할 수 있는 전략이 바르게 묶인 것은?

	문제점	해결전략
①	부정적인 신체적 자아개념	불필요한 자극을 줄인다.
②	상동 행동	지도환경을 구조화하고 지도 방식의 일관성을 유지한다.
③	의사소통의 어려움	언어적 단서를 줄이고 수업 환경에서 자연스러운 단서를 활용한다.
④	감각 자극에 대한 비정상적인 반응	개인 활동에서 시작하여 단체 활동으로 발전시킨다.

11 뇌성마비의 분류 기준과 예시를 바르게 연결한 것은?

① 형태적 분류 – 대뇌피질성, 기저핵성, 소뇌성
② 스포츠등급 분류 – 단마비, 편마비, 양측마비
③ 운동기능적 분류 – 경직성, 무정위 운동성, 운동 실조성
④ 신경해부학적 분류 – CP1, CP2, CP3, CP4, CP5, CP6, CP7, CP8

12 〈보기〉의 ㉠, ㉡, ㉢에 들어갈 용어로 바르게 묶인 것은?

- (㉠)은 바이러스 감염에 의한 마비로써 척수의 운동 세포에 영향을 미쳐 뼈의 변형이나 보행에 문제를 일으킨다.
- (㉡)은 중추신경계 질환으로 몸의 여러 곳에 염증이 발생하여 근육이 굳어지며 전반적인 무력감을 일으킨다.
- (㉢)은 근육 퇴화를 유발하는 유전 질환으로 호흡장애와 심장질환 등의 합병증을 유발한다.

	㉠	㉡	㉢
①	회백수염 (poliomyelitis)	근이 영양증 (muscular dystrophy)	다발성 경화증 (multiple sclerosis)
②	다발성 경화증 (multiple sclerosis)	회백수염 (poliomyelitis)	근이 영양증 (muscular dystrophy)
③	다발성 경화증 (multiple sclerosis)	근이 영양증 (muscular dystrophy)	회백수염 (poliomyelitis)
④	회백수염 (poliomyelitis)	다발성 경화증 (multiple sclerosis)	근이 영양증 (muscular dystrophy)

13 절단 장애인에게 신체 활동을 지도할 때 고려사항으로 적절하지 않은 것은?

① 염증이나 감염을 방지하기 위해 절단 부위를 관리한다.
② 신체 활동 강도에 따라 휴식 시간을 조절하여 피로 발생을 완화한다.
③ 운동역학적 효율성을 고려하여 무게 중심의 변화에 적응하도록 한다.
④ 자율신경계 반사 부전증을 일으키는 요인을 인식하여 문제 발생을 예방한다.

14 뇌성마비 장애인의 체력 프로그램에서 고려할 사항이 아닌 것은?

① 근육의 긴장이 높은 경우에는 운동 시간을 길게 설정한다.
② 원시 반사의 영향과 적절한 운동 신경의 조절 능력을 확인한다.
③ 스포츠 기술의 수행 능력 향상을 위해서 스피드 훈련을 실시한다.
④ 매우 낮은 운동 강도에서도 에너지 소비가 높기 때문에 강도 조절에 유의한다.

15 〈보기〉에서 괄호 안에 해당하는 문제 행동 관리의 절차는?

> 1. 문제 행동이 무엇인지 파악한다.
> 2. (   )
> 3. 적절한 행동 관리법을 선정한다.
> 4. 효과적인 강화물을 조사하고 선정한다.

① 행동 관리를 시작한다.
② 행동 변화를 파악한다.
③ 행동 관리의 효과를 파악한다.
④ 문제 행동이 발생하는 빈도, 기간, 유형 등을 파악한다.

16 장애 유형별로 실시한 체력 프로그램으로 적절하지 않은 것은?

① 척수 장애인에게 최대근력을 고려한 근력 운동을 지도했다.
② 다운증후군 지적 장애인에게 과신전 유연성 운동을 지도했다.
③ 과잉 행동 주의력 결핍 장애인(ADHD)에게 유산소성 운동을 지도했다.
④ 청각 장애인에게 비장애인과 똑같은 빈도로 심폐지구력 운동을 지도했다.

17 지적 장애인을 위한 신체 활동 지도 전략으로 적절하지 않은 것은?

① 활동을 단순화시키고 강화를 제공한다.
② 참여자의 활동을 지도자가 결정해준다.
③ 학습 동기가 감소할 경우 활동 내용에 변화를 준다.
④ 운동 기술의 습득과 전이가 이루어지고 있는지 수시로 점검한다.

18 시각 장애와 관련된 설명으로 옳은 것은?
① 시각(vision)은 눈을 통해 빛의 자극을 받아들이는 과정이다.
② 시력(visual acuity)은 시각을 사용하여 과제를 수행하는 능력이다.
③ 약시(amblyopia)는 터널 속에서 터널 입구를 바라보는 모양으로 시야가 제한된 상태이다.
④ 법적맹(legally blind)은 교정 시력이 20/20ft 이하이거나 시야가 20° 이하인 상태이다.

19 청각 장애인에게 신체 활동을 지도할 때의 유의점으로 적절하지 않은 것은?
① 신체 활동 지도에 필요한 수어를 사용할 수 있도록 준비한다.
② 인공 와우 수술을 받은 청각 장애인은 축구와 레슬링 같은 활동을 피하게 한다.
③ 과장된 표정과 입술 모양은 부담을 줄 수 있으므로 구화보다는 수어 사용에 중점을 둔다.
④ 인공 와우 수술을 받은 청각 장애인은 정전기를 유발할 수 있는 기구를 사용하지 않게 한다.

20 척수 장애인에게 신체 활동을 지도할 때의 고려할 사항으로 적절한 것은?
① 손상 부위에 따라 적합한 운동기구를 활용하는지 점검한다.
② 손상 부위가 같으면 체력 수준도 유사하므로 같은 프로그램을 제공한다.
③ 체온 조절 능력이 상실되었으므로 온도와 습도를 고려하지 않는다.
④ 잔존 운동 기능의 정도와 상관없이 재활과 치료 중심의 활동에 참여하게 한다.

2021 2급 체육지도사 필기시험

1과목 스포츠 교육학

1 시덴탑(D. Siedentop)이 제시한 스포츠교육 모형의 6가지 핵심적인 특성에 해당하지 않는 것은?

① 축제화(festivity)
② 팀 소속(affiliation)
③ 유도 연습(guided practice)
④ 공식 경기(formal competition)

2 〈보기〉의 방과 후 학교 체육 활동 프로그램 개발 시 고려사항에 관한 설명 중 옳은 것으로만 묶인 것은?

> ㉠ 학습자의 적성과 흥미를 고려한다.
> ㉡ 구체적인 목표와 미래 지향적 방향을 설정한다.
> ㉢ 교육 과정과의 연계보다 프로그램의 특성을 고려한다.
> ㉣ 학교 체육 시설, 지도 인력, 예산 등은 제약없이 사용이 가능하므로 이를 반영한다.

① ㉠, ㉡
② ㉠, ㉢
③ ㉡, ㉢
④ ㉡, ㉣

3 〈보기〉의 ㉠, ㉡에 해당하는 용어가 바르게 연결된 것은?

> 1960년대 중반 미국을 중심으로 전개된 (㉠)은 스포츠 교육학이 체육학의 하위 학문 분야로 성장하는 데 촉매제 역할을 하였다. 결국 신체 활동을 지도할 때 학문을 기반으로 한 (㉡) 지식을 스포츠 참여자에게 가르쳐야 한다는 주장이 본격적으로 제기되기 시작했다.

	㉠	㉡
①	체육 학문화 운동	이론적
②	체육 학문화 운동	경험적
③	체육 과학화 운동	경험적
④	체육 과학화 운동	이론적

4 체육 활동에서 안전한 학습 환경 유지에 관한 설명으로 적절하지 않은 것은?
① 활동 전에 안전 문제를 예측하고 교구를 배치한다.
② 위험한 상황이 예측되더라도 시작한 과제는 끝까지 수행한다.
③ 안전한 수업 운영에 필요한 절차를 학습자들에게 명확히 전달한다.
④ 새로운 연습 과제나 게임을 시작할 때 지도자는 지속적으로 학습자를 감독한다.

5 〈보기〉의 성장 단계별 스포츠 프로그램의 목적 중 옳은 것을 모두 고른 것은?

> ㉠ 유소년 스포츠 : 유아와 아동의 신체적·인지적 발달 도모, 기본적인 사회관계 형성
> ㉡ 청소년 스포츠 : 운동 기능 습득, 삶의 즐거움과 활력 찾기, 또래 친구와의 여가 활동 참여
> ㉢ 성인 스포츠 : 신체적 건강 유지, 사교, 흥미 확대, 사회적 안정 추구

① ㉠
② ㉠, ㉡
③ ㉡, ㉢
④ ㉠, ㉡, ㉢

6 〈보기〉에서 설명하는 스포츠 지도자가 고려해야 할 학습자 특성은?

> 학습자의 성별, 연령, 환경적 요인 등 학습자의 개인차를 고려해서 학습 단계를 결정하는 것이 중요하다.

① 감정 조절
② 발달 수준
③ 공감 능력
④ 동기 유발 상태

7 스포츠 지도자의 자질과 지도 방법에 관한 내용으로 옳지 않은 것은?
① 지도자는 높은 성품 수준을 유지하며 모범을 보여야 한다.
② 선수가 수단과 방법을 가리지 않고 승리할 수 있도록 지도한다.
③ 지도자는 재능의 차원과 인성적 차원의 자질을 고루 갖추어야 한다.
④ 선수가 올바른 도덕적 의식을 가지고 자율적으로 실천하도록 지도한다.

8 〈보기〉에서 설명하는 수업 주도성 프로파일의 특성을 나타내는 체육 수업 모형은?

> • 학습자는 각 과제의 수행 기준에 도달할 책임이 있다.
> • 학습자는 많은 피드백과 높은 수준의 언어적 상호작용의 기회를 갖는다.
> • 지도자는 내용 선정과 과제 제시를 주도하고, 학습자는 수업 진도를 결정한다.

① 전술 게임 모형
② 협동 학습 모형
③ 개별화 지도 모형
④ 개인적 · 사회적 책임감 지도 모형

9 〈보기〉에서 스포츠 활동 참여자의 행동 수정 전략을 잘못 이해하고 있는 지도자들로만 묶인 것은?

> 송 코치 : 저는 지도자가 일관성 있게 지도하는 것이 중요하다고 생각해요.
> 이 코치 : 학습자의 행동 수정에도 그 단계를 설정할 필요가 있는 것 같아요.
> 김 코치 : 과거의 행동 수준부터 한 번에 많은 변화가 있도록 지도해야 해요.
> 박 코치 : 목표 행동은 간단히 진술하고 그에 따른 결과는 고려하지 않아도 되요.

① 송 코치, 이 코치
② 이 코치, 김 코치
③ 박 코치, 송 코치
④ 김 코치, 박 코치

10 〈보기〉는 박 코치의 수업 일지 내용이다. ㉠, ㉡에 해당하는 용어가 바르게 연결된 것은?

> 골프 수업에 참여한 학습자들이 골프 규칙을 비롯해, 골프와 유사한 스포츠의 개념적 특징을 비교 · 분석할 수 있도록 (㉠) 목표를 제시하였다. … (중략) …
> 또한 각 팀의 1등은 다른 팀의 1등끼리, 2등은 다른 팀의 2등끼리 점수를 비교하여 같은 등수에서 높은 점수를 얻은 학습자에게 정해진 상점을 부여했다. 이와 같이 협동 학습 모형의 과제 구조 중 (㉡) 전략을 사용하였다.

	㉠	㉡
①	정의적	직소(Jigsaw)
②	정의적	팀 - 보조 수업(Team - Assisted Instruction)
③	인지적	팀 게임 토너먼트(Team Games Tournament)
④	인지적	팀 - 성취 배분(Student Teams - Achievement Division)

11 학교 체육 진흥법(2020. 10. 20, 일부개정)의 제12조에서 규정하고 있는 내용으로 옳지 않은 것은?

① 교육감은 학교운동부지도자의 자질 향상 및 전문성 강화를 위하여 연수 교육 계획을 수립하고, 이를 실시하여야 한다.
② 학교의 장은 학교운동부지도자가 학생선수의 학습권을 박탈하거나 폭력, 금품·향응 수수 등의 부적절한 행위를 하였을 경우 학교운영위원회의 심의를 거쳐 계약을 해지할 수 있다.
③ 국가 및 지방자치단체는 학교운동부지도자의 급여에 필요한 경비를 지원하도록 노력해야 한다.
④ 학교운동부지도자의 자격 기준, 임용, 급여, 신분, 직무 등에 필요한 사항은 대통령령으로 정한다.

12 〈보기〉의 국민체육진흥법(2020. 8. 18, 일부개정) 제12조의3의 내용 중 ⊙, ⓒ에 해당하는 용어가 바르게 연결된 것은?

> 문화체육관광부장관은 체육지도자 및 체육단체의 책임이 있는 자가 체육계 인권 침해 및 (⊙)와/과 관련하여 (ⓒ)이/가 확정되는 경우에는 운영위원회의 심의·의결을 거쳐 그 인적사항 및 비위 사실 등을 공개할 수 있다.

	⊙	ⓒ
①	폭행	자격 정지
②	스포츠 비리	유죄 판결
③	폭행	행정 처분
④	스포츠 비리	자격 취소

13 〈보기〉의 ⊙~⊎ 중 모스턴(M. Mosston)의 '자기점검형(self - check style)' 교수 스타일에 해당하는 특징으로만 묶인 것은?

> ⊙ 지도자는 감환 과정의 준거를 제시한다.
> ⓒ 지도자는 학습자의 능력과 독립성을 존중한다.
> ⓒ 지도자는 학습자가 활용할 평가 기준을 마련한다.
> ㉢ 학습자는 과제 활동 전 결정군에서 내용을 정한다.
> ㉣ 학습자는 스스로 자신의 과제를 확인하고 교정한다.
> ㉥ 학습자는 동료와 피드백을 주고받으며 연습하는 데 중점을 둔다.

① ⊙, ⓒ, ㉥
② ⓒ, ⓒ, ㉣
③ ⊙, ㉢, ㉣
④ ⓒ, ㉣, ㉥

14 〈보기〉에서 설명하는 알몬드(L. Almond)의 게임 유형은?

> • 야구, 티볼, 크리켓, 소프트볼 등 팀 구성원 모두가 공격과 수비에 번갈아 참여한다.
> • 개인의 역할 수행이 경기에 중요한 영향을 미치므로, 자신의 역할에 대한 이해와 책임감이 강조된다.

① 영역(침범)형　　② 네트형　　③ 필드형　　④ 표적형

15 체육 수행평가에 관한 설명으로 옳은 것은?

① 학습의 과정보다 결과를 중시한다.
② 일시적이며 단편적인 관찰에 의존한다.
③ 개인보다 집단에 대한 평가를 강조한다.
④ 아는 것과 실제 적용 능력을 모두 강조한다.

16 메츨러(M. Metzler)의 스포츠 지도를 위한 교수·학습 과정안(지도계획안) 작성 요소와 방법이 바르게 연결된 것은?

	작성 요소	작성 방법
①	학습 목표	학습 목표는 추상적으로 작성
②	수업 정리	과제의 내용을 구조화하고, 제시 방법을 기술
③	학습 평가	평가 시기, 평가의 관리 및 절차상의 고려사항을 제시
④	수업 맥락 기술	과제의 중요도에 따라 학습 활동 목록을 작성

17 〈보기〉에서 세 명의 축구 지도자가 활용한 질문 유형이 바르게 연결된 것은?

> 이 코치 : 지난 회의에서 설명했던 오프사이드 규칙 기억나니?
> 윤 코치 : (작전판에 그림을 그리면서) 상대 팀 선수가 중앙으로 드리블해서 돌파하고자 할 때, 수비하는 방법들은 무엇이 있을까?
> 정 코치 : 상대 선수가 너에게 반칙을 하지 않았는데 심판이 상대 선수에게 반칙 판정을 했어. 너는 이런 상황에서 어떻게 하겠니?

	이 코치	윤 코치	정 코치
①	회상형(회고형)	확산형(분산형)	가치형
②	회상형(회고형)	수렴형(집중형)	가치형
③	가치형	수렴형(집중형)	회상형(회고형)
④	가치형	확산형(분산형)	회상형(회고형)

18 〈보기〉에 해당하는 링크(J. Rink)의 내용 발달 과제는?

> • 과제의 난이도와 복잡성에 따른 점진적 발달에 관심을 갖는다.
> • 복잡한 기술을 가르치기 전에 기능을 세분화한다.

① 세련 과제
② 정보(시작) 과제
③ 적용(평가) 과제
④ 확대(확장) 과제

19 〈보기〉에서 설명하는 슐만(L. Shulman)의 교사 지식은?

> • 노인의 신체적·정신적 변화 등에 관한 지식
> • 장애 유형에 따른 운동 방법 등에 관한 지식
> • 유소년의 행동 양식, 신체 발달 등에 관한 지식

① 교육 과정(curriculum) 지식
② 교육 환경(educational context) 지식
③ 지도 방법(general pedagogical) 지식
④ 학습자와 학습자 특성(learners and their characteristics) 지식

20 〈보기〉에서 두 명의 수영 지도자가 활용한 평가 유형이 바르게 연결된 것은?

> 박 코치 : 우리 반은 초급이라서 25m 완주를 목표한다고 공지했어요. 완주한 회원들에게는 수영모를 드렸어요.
> 김 코치 : 저는 우리 클럽의 특성을 고려해서 모든 회원의 50m 평영 기록을 측정했습니다. 그리고 상위 15%에 해당하는 회원들께 '박태환' 스티커를 드렸습니다.

	박 코치	김 코치
①	절대평가	상대평가
②	상대평가	절대평가
③	동료평가	자기평가
④	자기평가	동료평가

2과목　스포츠 사회학

1 스포츠 사회학에 관한 설명으로 옳지 않은 것은?
① 스포츠 현장의 사회 구조와 사회 과정을 설명하는 학문이다.
② 운동 참여자의 운동 수행 능력과 관련된 직접적인 원인을 설명한다.
③ 사회학의 하위 분야로 스포츠 현장의 인간 행동을 예측하고 이해한다.
④ 스포츠는 사회 영역과 밀접한 관계를 맺고 있어 통찰과 분석이 필요하다.

2 〈보기〉에서 설명하는 스포츠의 국제 정치적 사건은?

- 온두라스와 엘살바도르 간의 갈등 심화
- 1969년 중남미 월드컵 지역 예선 경기에서 발생

① 축구 전쟁
② 헤이젤 참사
③ 검은 구월단
④ 핑퐁 외교

3 파슨즈(T. Parsons)의 AGIL 모형에 근거한 스포츠의 사회적 기능으로 적절하지 않은 것은?
① 적응
② 통합
③ 목표 성취
④ 상업주의

4 훌리한(B. Houlihan)이 제시한 정부(정치)가 스포츠에 개입한 목적에 해당하지 않는 것은?
① 시민들의 건강 및 체력 유지를 위해 반도핑 기구에 재원을 지원한다.
② 스포츠 현장에서 인종 차별을 해소하기 위해 Title IX 법안을 제정했다.
③ 게르만족의 우월성을 강조하기 위해 1936년 베를린 올림픽을 개최하였다.
④ 공공질서를 보호하기 위해 공원에서 스케이트보드 금지, 헬멧 착용 등의 도시 조례가 제정되었다.

5 〈보기〉에서 프로 스포츠의 순기능을 모두 고른 것은?

> ㉠ 스포츠의 대중화
> ㉡ 생활의 활력소 역할
> ㉢ 지역사회 연대감 증대
> ㉣ 아마추어 스포츠의 활성화

① ㉠
② ㉠, ㉡
③ ㉠, ㉡, ㉢
④ ㉠, ㉡, ㉢, ㉣

6 〈보기〉에서 스포츠 상업화에 따른 변화를 모두 고른 것은?

> ㉠ 프로페셔널리즘 추구　　　　㉡ 심미적 가치의 경시
> ㉢ 직업 선수의 등장　　　　　　㉣ 아마추어리즘의 강조
> ㉤ 스포츠 조직의 세계화　　　　㉥ 농구 쿼터제 도입

① ㉠, ㉡, ㉢, ㉥
② ㉠, ㉢, ㉤, ㉥
③ ㉡, ㉢, ㉣, ㉤
④ ㉡, ㉣, ㉤, ㉥

7 〈보기〉에서 투민(M. Tumin)의 스포츠 계층 형성과정의 서열화에 관한 설명 중 옳은 것을 모두 고른 것은?

> ㉠ 특정 선수를 선망의 대상으로 생각하거나 팬으로서 특정 선수를 좋아한다.
> ㉡ 스포츠 팀 구성원으로 자신의 능력이 팀의 승리에 미치는 영향력이 커야 한다.
> ㉢ 뛰어난 운동 신경과 능력뿐만 아니라 탁월한 개인적 특성을 갖추고 있어야 한다.
> ㉣ 특정 스포츠 영역에서 요구되는 운동 기술이 특출한 기량을 발휘해야 한다.

① ㉠, ㉡
② ㉠, ㉢
③ ㉠, ㉡, ㉢
④ ㉡, ㉢, ㉣

8 로이(J. Loy)와 레오나르드(G. Leonard)가 제시한 사회 이동 기제로서 스포츠 역할의 근거로 적절하지 않은 것은?

① 프로 스포츠 선수들은 다양한 형태의 후원 및 광고 출연의 기회가 있다.
② 조직적인 스포츠 참가는 직·간접적으로 교육적 성취도를 향상시킨다.
③ 스포츠의 참가 기회 및 결과는 공정하기 때문에 상승 이동에 기여한다.
④ 사회생활을 하는 데 가치 있다고 여겨지는 태도 및 행동 양식을 학습시킨다.

9 스포츠 미디어 이론에 관한 설명이 옳지 않은 것은?

① 문화규범 이론 – 문화적 차이에 의해 핫 미디어와 쿨 미디어로 나누어진다.
② 사회범주 이론 – 미디어의 영향력은 성, 연령, 계층 등에 따라 다르게 반영된다.
③ 개인차 이론 – 대중들은 능동적 수용자로서 심리적 욕구를 만족하기 위해 매스미디어를 활용한다.
④ 사회관계 이론 – 미디어를 통한 개인의 스포츠 소비 형태는 중요 타자의 가치와 소비 행동에 의해 영향을 받는다.

10 〈보기〉의 ㉠~㉣에 해당하는 머튼(R. Merton)의 아노미이론에서 제시한 일탈 행동 유형이 바르게 연결된 것은?

㉠ 벤 존슨은 불법 약물 복용으로 올림픽 금메달을 박탈당했다.
㉡ 승리에 대한 집념보다는 규칙을 지키며 최선을 다해 경기에 참여한다.
㉢ 스스로 실력의 한계를 느끼고 운동부에서 탈퇴한다.
㉣ 학생 선수의 학습권을 보장하기 위해 최저 학력제를 도입하였다.

	㉠	㉡	㉢	㉣
①	혁신주의	반역주의	도피주의	의례주의
②	반역주의	혁신주의	의례주의	도피주의
③	혁신주의	의례주의	도피주의	반역주의
④	의례주의	반역주의	혁신주의	도피주의

11 〈보기〉의 ㉠~㉣에 해당하는 집합 행동 이론이 바르게 연결된 것은?

> ㉠ 군중은 피암시성, 순환적 반작용에 의해 폭력적 집단행동이 나타난다.
> ㉡ 군중들의 반사회적 성향이 익명성, 몰개성화에 의해 집합 행동으로 나타난다.
> ㉢ 특정 사회적 상황에서의 공유의식은 구성원의 감정과 정숙 정도, 수용성 등에 영향을 준다.
> ㉣ 선행적 사회구조적·문화적 요인으로 인한 단계적 절차는 집합 행동을 생성, 발전 및 소멸시킨다.

	㉠	㉡	㉢	㉣
①	전염 이론	수렴 이론	규범생성 이론	부가가치 이론
②	수렴 이론	전염 이론	부가가치 이론	규범생성 이론
③	규범생성 이론	부가가치 이론	수렴 이론	전염 이론
④	부가가치 이론	규범생성 이론	전염 이론	수렴 이론

12 〈보기〉는 코클리(J. Coakley)가 제시한 일탈적 과잉 동조를 유발하는 스포츠 윤리 규범의 유형과 특징에 관한 설명이다. ㉠~㉢에 들어갈 내용이 바르게 연결된 것은?

> (㉠) : 운동선수는 위험을 받아들이고 고통 속에서도 경기에 참여해야 한다.
> (㉡) : 운동선수는 장애물을 극복하고 역경을 헤쳐 나가는 노력을 해야 한다.
> (㉢) : 운동선수는 경기에 헌신해야 하며 이를 그들의 삶에서 우선순위에 두어야 한다.
> 구분짓기 규범 : 다른 선수와의 차별성을 강조하며, 운동선수는 경기에서 탁월함을 추구해야 한다.

	㉠	㉡	㉢
①	몰입 규범	도전 규범	인내 규범
②	몰입 규범	인내 규범	도전 규범
③	인내 규범	도전 규범	몰입 규범
④	인내 규범	몰입 규범	도전 규범

13 〈보기〉에서 매기(J. Magee)와 서덴(J. Sugden)이 제시한 스포츠의 노동 이주 유형은?

> • 종목의 특성으로 인해 국가 간 이동이 발생한다.
> • 개인의 취향에 의해 선택하는 경우도 발생한다.
> • 흥미로운 장소를 돌면서 스포츠를 즐기는 유형이다.

① 유목민형　　　　　　② 정착민형
③ 개척자형　　　　　　④ 귀향민형

14 〈보기〉에서 설명하는 스포츠일탈이론의 관점은?

> • 동일한 행위도 상황에 따라 일탈로 규정되거나 그렇지 않을 수 있다.
> • 경기장에도 다양한 일탈 행동으로 낙인찍힌 선수들이 있다.

① 갈등론적 관점
② 구조기능주의 관점
③ 상징적 상호작용론적 관점
④ 비판론적 관점

15 〈보기〉의 ㉠~㉢에 해당하는 스포츠 사회화 과정이 바르게 연결된 것은?

> (㉠) : 테니스 지도자가 되어 초등학교에서 테니스를 가르치게 되었다.
> (㉡) : 부모님의 권유로 테니스를 배우게 되었다.
> (㉢) : 테니스 참여를 통해 사회성, 준법정신이 강한 선수가 되었다.
> 스포츠 탈 사회화 : 무릎인대 손상으로 테니스 선수 생활을 그만두었다.

	㉠	㉡	㉢
①	스포츠 재사회화	스포츠를 통한 사회화	스포츠로의 사회화
②	스포츠로의 사회화	스포츠 재사회화	스포츠를 통한 사회화
③	스포츠를 통한 사회화	스포츠로의 사회화	스포츠 재사회화
④	스포츠 재사회화	스포츠로의 사회화	스포츠를 통한 사회화

16 〈보기〉에서 신자유주의 시대 스포츠 세계화의 특징에 해당하는 것으로만 묶인 것은?

> ㉠ 스포츠 시장의 경계가 국경을 초월해 전 세계로 확대되었다.
> ㉡ 프로스포츠의 이윤 극대화로 인해 빈익빈 부익부 현상이 해소되었다.
> ㉢ 세계인들에게 표준화된 스포츠 상품과 스포츠 문화를 소비하게 만들었다.
> ㉣ 각 나라의 전통스포츠가 전 세계로 보급되어 새로운 스포츠 시장을 개척할 수 있게 되었다.

① ㉠, ㉡
② ㉠, ㉢
③ ㉡, ㉢
④ ㉡, ㉣

17 〈보기〉의 ㉠, ㉡에 해당하는 용어가 바르게 연결된 것은?

> • 미디어는 스포츠 중계를 통해 시청자들의 상품 소비를 촉진시키는 (㉠) 이데올로기를 생산한다.
> • 미디어는 남성 스포츠 경기를 역사적 중요성을 갖고 있는 것처럼 묘사하며, 여성 스포츠를 실력보다 외모를 부각시키는 (㉡) 이데올로기를 생산한다.

	㉠	㉡
①	합리주의	젠더
②	자본주의	젠더
③	합리주의	성공
④	자본주의	성공

18 교육 현장에서 스포츠의 역기능에 관한 설명으로 옳지 않은 것은?

① 비과학적 훈련 방법은 학생 선수를 혹사시킨다.
② 승리지상주의 심화로 인해 교육 목표를 결핍시킨다.
③ 참여 기회의 제한으로 장애인의 적응력을 배양시킨다.
④ 학교와 팀의 성공을 위해 학생 선수의 의도적 유급, 성적 위조 등을 조장한다.

19 〈보기〉에서 설명하는 스포츠 사회화 이론은?

> • 상과 벌을 통해 행동의 변화가 일어난다.
> • 사회화 주관자의 가르침을 통해 행동이 변화한다.
> • 다른 사람의 행동을 관찰하여 모방이 일어난다.

① 사회학습 이론　　　　　② 역할 이론
③ 준거집단 이론　　　　　④ 문화규범 이론

20 미래 스포츠의 변화와 전망에 관한 설명으로 옳지 않은 것은?

① 정보통신기술의 발달로 스포츠 관람형태가 다양해진다.
② '기술 도핑(technical doping)'은 스포츠의 공정성을 훼손한다.
③ 다양한 신소재의 개발은 스포츠의 용품 및 장비 개발에 활용된다.
④ 통신 및 전자매체의 발달로 스포츠에서 미디어의 영향력이 감소된다.

3과목 스포츠 심리학

1 스포츠와 운동의 참여가 개인의 심리적 발달에 미치는 영향에 관한 연구주제로 적절하지 않은 것은?

① 달리기는 우울증을 조절하는가?
② 스포츠클럽 활동은 사회성과 집중력을 높이는가?
③ 태권도 수련은 아동의 인성 발달에 도움이 되는가?
④ 수영에 대한 자신감이 수영 학습에 어떤 영향을 주는가?

2 보강적 피드백(augmented feedback)의 유형에 해당하는 것은?

① 시각(visual)
② 촉각(tactile)
③ 청각(auditory)
④ 결과 지식(knowledge of result)

3 나이데퍼(R. Nideffer)의 주의 초점 모형을 근거로, 〈보기〉의 내용에 해당하는 주의의 폭과 방향은?

> 배구 선수가 서브를 준비하면서 상대 진영을 살핀 후, 빈 곳을 확인하여 그곳으로 공을 서브하였다.

① 광의 외적에서 협의 외적으로
② 광의 내적에서 광의 외적으로
③ 협의 내적에서 광의 외적으로
④ 협의 외적에서 협의 외적으로

4 아이젠(I. Ajen)의 계획된 행동 이론(theory of planned behavior)의 구성 요인으로만 묶인 것은?

① 태도(attitude), 의도(intention), 주관적 규범(subjective norm), 동기(motivation)
② 태도(attitude), 의도(intention), 주관적 규범(subjective norm), 행동 통제 인식(perceived behavioral control)
③ 주관적 규범(subjective norm), 자신감(confidence), 의도(intention), 태도(attitude)
④ 행동 통제 인식(perceived behavioral control), 자신감(confidence), 태도(attitude), 동기(motivation)

5 스포츠 심리 기술 훈련에 관한 설명으로 옳지 않은 것은?

① 경기력 향상에 즉각적 효과를 줄 수 있다.
② 평소 연습과 통합되어 지속적으로 진행되어야 한다.
③ 심상, 루틴, 사고 조절 등의 심리기법이 활용된다.
④ 연령, 성별, 경기 수준과 관계없이 모든 선수들에게 적용될 수 있다.

6 캐런(A.V. Carron)의 팀 응집력 모형에서 응집력의 결정요인으로만 묶인 것은?

① 리더십 요인(leadership factor), 발달 요인(development factor), 환경 요인(environment factor), 팀 요인(team factor)
② 리더십 요인(leadership factor), 팀 요인(team factor), 개인 요인(personal factor), 발달요인(development factor)
③ 팀 요인(team factor), 리더십 요인(leadership factor), 환경 요인(environment factor), 개인 요인(personal factor)
④ 팀 요인(team factor), 발달 요인(development factor), 환경 요인(environment factor), 개인 요인(personal factor)

7 인지 평가 이론(cognitive evaluation theory)에서 내적 동기를 높일 수 있는 방법으로 옳지 않은 것은?

① 타인과의 관계성을 높여준다.
② 자신의 능력에 대해 유능감을 높여준다.
③ 행동을 결정하는 데 있어 자율성을 갖게 한다.
④ 행동 결과에 대한 보상의 연관성을 강조한다.

8 그림의 정보 처리 과정과 반응 시간의 관계에서 ㉠~㉢에 들어갈 단계가 바르게 연결된 것은?

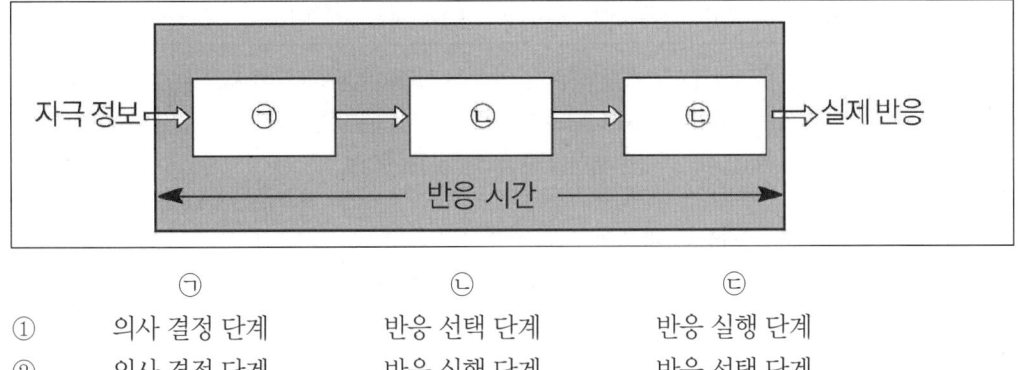

	㉠	㉡	㉢
①	의사 결정 단계	반응 선택 단계	반응 실행 단계
②	의사 결정 단계	반응 실행 단계	반응 선택 단계
③	감각, 지각 단계	반응 선택 단계	반응 실행 단계
④	감각, 지각 단계	반응 실행 단계	반응 선택 단계

9 운동 실천을 위한 행동 수정 중재 전략으로 적절하지 않은 것은?

① 운동화를 눈에 잘 띄는 곳에 둔다.
② 구체적이고 실현 가능한 목표를 설정한다.
③ 지각이나 결석이 없는 회원에게 보상을 제공한다.
④ 출석 상황과 운동 수행 정도를 공공장소에 게시한다.

10 <보기>의 사례와 관련 있는 데시(E.L. Deci)와 라이언(R.M. Ryan)의 자결성 이론(self-determination theory)의 구성 요인이 바르게 연결된 것은?

㉠ 현우는 뛰는 것을 그다지 좋아하지는 않지만, 체중 조절과 건강 증진을 위해서 매일 1시간씩 조깅을 한다.
㉡ 승아는 필라테스를 그다지 좋아하지는 않지만, 개인 강습비를 지원해준 부모님에 대한 죄책감 때문에 학원에 다닌다.

	㉠	㉡
①	확인 규제(identified regulation)	의무감 규제(introjected regulation)
②	외적 규제(external regulation)	의무감 규제(introjected regulation)
③	내적 규제(internal regulation)	확인 규제(identified regulation)
④	의무감 규제(introjected regulation)	확인 규제(identified regulation)

11 <보기>는 성취 목표 성향 이론에서 자기목표 성향(ego-goal orientation)과 과제목표 성향(task-goal orientation)에 관한 예시이다. 이에 대한 해석이 옳은 것은?

> 인호와 영찬이는 수업에서 테니스를 배운다. 이 둘은 실력이 비슷하다. 하지만 수업에서 인호는 테니스 기술을 배우는 것보다 다른 친구와 테니스 게임을 하여 이기는 것을 좋아한다. 반면에 영찬이는 테니스 기술에 중점을 두며 테니스 기술을 연마할 때마다 뿌듯해 한다.

① 영찬이는 실현 불가능한 과제를 자주 선택할 것이다.
② 인호는 자신의 기술 향상을 위하여 개인 노력을 중시한다.
③ 인호는 영찬이를 이겼을 때 자신이 잘해서 승리하였다고 생각한다.
④ 인호는 학습의 증진과 연관된 자기-참고적(self-reference)인 목표를 가진 학생이다.

12 <보기>의 운동 기능 연습법 내용과 관련 있는 것은?

> 각 부분을 따로 연습한 후 전체 기술을 종합적으로 연습하는 순수 분습법(pure-part practice)과 전체 운동 기술 중에 첫 번째와 두 번째 요소를 각각 연습한 후 그 두 요소를 결합하고 이후 다음 요소를 다시 연습하는 과정을 거쳐 전체 기술을 습득해가는 점진적 분습법(progressive-part practice)으로 구분된다.

① 분절화
② 부분화
③ 분산 연습
④ 집중 연습

13 특성불안을 측정하는 검사지는?
① SCQ(Sport Cohesion Questionnaire)
② SCAT(Sport Competitive Anxiety Test)
③ CSAI-2(Competitive State Anxiety Inventory-2)
④ 16PF(Cattell's Sixteen Personality Factor Questionnaire)

14 <보기>의 ㉠~㉢에 들어갈 운동 발달의 단계를 바르게 나열한 것은?

반사 운동 단계 → (㉠) → (㉡) → 스포츠 기술 단계 → (㉢) → 최고 수행 단계 → 퇴보 단계

	㉠	㉡	㉢
①	초기 움직임 단계	성장과 세련 단계	기본 움직임 단계
②	초기 움직임 단계	기본 움직임 단계	성장과 세련 단계
③	기본 움직임 단계	성장과 세련 단계	초기 움직임 단계
④	기본 움직임 단계	초기 움직임 단계	성장과 세련 단계

15 와인버그(R.S. Weinberg)와 굴드(D. Gould)의 바람직한 처벌 행동 지침에 관한 내용으로 옳지 않은 것은?

① 사람이 아니라 행동을 처벌한다.
② 동일한 규칙 위반에 대해서는 동일하게 처벌한다.
③ 연습 중에 실수한 것에 대해서는 가볍게 처벌한다.
④ 규칙 위반에 관한 처벌 규정을 만들 때 선수의 의견을 반영한다.

16 스포츠 심리 상담에서 상담자가 활용할 수 있는 기법에 관한 설명으로 옳지 않은 것은?

① 적극적 경청 : 내담자의 말에 적절하게 행동으로 반응한다.
② 관심 집중 : 내담자의 말이 끝날 때까지 내담자를 계속 관찰한다.
③ 신뢰 형성 : 내담자 개인의 정신적 고민이나 감정적 호소에 귀 기울인다.
④ 공감적 이해 : 내담자에게는 생각할 시간을 충분히 주고, 상담자는 반응을 짧게 한다.

17 운동 발달에 관한 설명으로 옳지 않은 것은?

① 운동 발달에는 개인차가 존재한다.
② 운동 발달 과정에는 민감기(sensitive period)가 있다.
③ 운동 발달은 운동 행동이 연속적으로 변화하는 과정이다.
④ 운동 발달 상황에서 공통적으로 나타나는 행동을 개체 발생적 운동 행동이라고 한다.

18 신체 활동은 일련의 단계를 거쳐 변화한다는 것을 기본적인 전제로 하는 운동 행동 이론은?

① 계획 행동 이론(theory of planned behavior)
② 건강 신념 모형(health belief model)
③ 변화 단계 이론(transtheoretical model)
④ 합리적 행동 이론(theory of reasoned action)

19 〈보기〉의 내용과 관련 있는 불안 이론은?

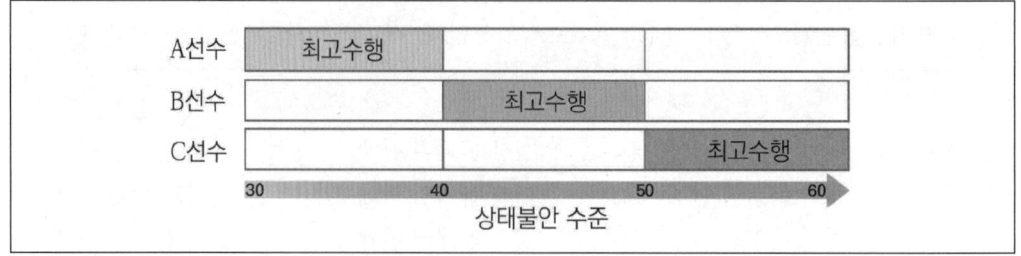

① 적정 수준 이론(optimal level theory)
② 전환 이론(reversal theory)
③ 다차원 불안 이론(multidimensional anxiety model)
④ 최적 수행 지역 이론(zone of optimal functioning theory)

20 사회적 태만(social loafing) 현상을 극복하기 위한 지도 전략으로 옳지 않은 것은?
① 사회적 태만 허용 상황을 미리 설정하지 않게 한다.
② 대집단보다는 소집단(포지션별)을 구성하여 훈련한다.
③ 지도자는 선수 개개인의 노력을 확인하고 이를 인정한다.
④ 선수들이 자신의 포지션뿐만 아니라 다른 역할도 경험하게 한다.

4과목 스포츠 윤리

1 스포츠 윤리의 목적으로 적절하지 않은 것은?
① 스포츠 행위의 공정한 조건을 제시한다.
② 의도적 반칙에 대한 정당화의 근거를 제시한다.
③ 스포츠를 통한 도덕적 자질과 인격 함양을 추구한다.
④ 스포츠맨십, 페어플레이 등 스포츠 윤리 규범을 통한 바람직한 공동체의 모습을 제시한다.

2 〈보기〉에서 ㉠, ㉡에 들어갈 용어가 바르게 연결된 것은?

> 스포츠에서 일어나는 사건이나 현상에 대한 사유 작용을 판단이라고 한다. 판단은 크게 사실 판단과 가치 판단으로 구분된다. 사실 판단은 실제 스포츠에서 일어난 사건과 현상에 대한 진술을 말한다. 따라서 (㉠)을/를 가릴 수 있다. 이에 비해 가치 판단은 옳고 그름 혹은 바람직하거나 그렇지 못한 것 등 가치에 대한 진술로 이루어진다. 가치 판단은 주로 (㉡)에 근거한다.

	㉠	㉡
①	진위	당위
②	진위	허위
③	진리	상상
④	진리	선택

3 〈보기〉에서 설명하는 스포츠 윤리 규범은?

> 스포츠의 규범은 근대 스포츠의 탄생과 밀접한 연관을 갖는다. 규칙의 준수가 근대 시민 계급의 도덕성 함양에 기여할 수 있다고 여겨지면서 하나의 윤리 규범으로 정착하였다. 특히 진실과 성실의 정신(spirit of truth and honesty)을 바탕으로 경기에 임하는 도덕적 태도와 같은 의미로 쓰이면서 오늘날 스포츠의 보편적인 윤리 규범이 되었다.

① 유틸리티(utility)
② 테크네(techne)
③ 젠틀맨십(gentlemanship)
④ 페어플레이(fairplay)

4 〈보기〉에서 ( ) 안에 들어갈 용어로 적절한 것은?

> 운동 선수로서 아무리 뛰어난 능력을 갖추었더라도 인간의 본질인 도덕성(덕)이 부족하면 훌륭한 선수가 될 수 없다. 이런 까닭에 운동 선수에게는 두 가지 ( )이/가 동시에 요구된다. 즉 신체적 탁월성과 도덕적 탁월성을 겸비하였을 때 비로소 훌륭한 선수가 되는 것이다.

① 아곤(agon)
② 퓌시스(physis)
③ 로고스(logos)
④ 아레테(arete)

5 〈보기〉의 ( ) 안에 들어갈 용어와 대표적인 사상가가 바르게 연결된 것은?

> 스포츠에서 도덕 법칙은 "승리를 원한다면 열심히 훈련하라.", "위대한 선수가 되기 위해서는 스포츠맨십에 충실하라." 등과 같이 가언적으로 주어지지 않고, 어떠한 경우에도 선수의 의무로서 반드시 행하라는 ( ) 명령의 형태로 존재한다.

① 공리적 – 칸트(I. Kant)
② 공리적 – 벤덤(J. Bentham)
③ 정언적 – 칸트(I. Kant)
④ 정언적 – 벤덤(J. Bentham)

6 〈보기〉에서 설명하는 윤리 이론은?

> • 윤리적 가치의 근거를 페미니즘에서 찾음
> • 이성의 윤리가 아닌 감성의 윤리
> • 경기에 처음 출전하는 후배를 격려하는 선배의 친절
> • 근육 경련을 일으킨 상대 선수를 걱정하고 보살피는 행위
> • 타자의 요구와 정서에 공감하고 대응하는 것이 도덕의 출발임

① 공리주의　　② 의무주의　　③ 배려 윤리　　④ 대지 윤리

7 〈보기〉의 ㉠, ㉡에 해당하는 정의의 유형은?

> 라우 : 스포츠는 ㉠ 동등한 조건의 참가와 동일한 규칙의 적용이 이루어져야 해. 그렇지 않으면 정의의 원칙에 어긋나게 되거든.
> 형린 : 그런데 모든 것이 동등하지는 않아. 피겨스케이팅과 다이빙에서 ㉡ 높은 난이도의 연기를 펼친 선수는 그렇지 않은 선수보다 더 높은 점수를 받아야 해. 이것도 정의의 원칙이라고 할 수 있어.

	㉠	㉡
①	분배적	절차적
②	평균적	분배적
③	평균적	절차적
④	분배적	평균적

8 스포츠에서 발생하는 인종 차별에 해당하는 것은?

① 생물학적 환원주의
② 지속가능한 발전
③ 게발트(Gewalt)
④ 아파르트헤이트(Apartheid)

9 <보기>의 폭력에 관한 설명과 관계 깊은 사상가는?

- 학교 스포츠에서 선수에게 폭력을 가하는 감독도 한 가정의 평범한 가장이다.
- 운동 중 체벌을 가하는 것은 좋은 성적을 거두어야 하는 감독의 직업적 행동이다.
- 후배들에게 체벌을 가한 것은 감독의 지시에 따른 행동으로 나의 책임이 아니다.
- 폭력은 괴물이나 악마처럼 괴이한 존재가 아니라 평범한 일상 속에 함께 있다.
- 악(폭력)을 멈추게 할 유일한 방법은 생각과 반성이다.

① 뒤르켐(E. Durkheim)
② 홉스(T. Hobbes)
③ 지라르(R. Girard)
④ 아렌트(H. Arendt)

10 <보기>의 내용에 해당하는 반칙은?

A팀과 B팀의 농구 경기는 종료까지 12초가 남았다. A팀은 4점 차로 지고 있고 팀 파울에 걸렸다. B팀이 공을 잡자 A팀의 한 선수가 B팀 선수에게 반칙을 해서 자유투를 유도한 후, 공격권을 가져오려고 한다.

① 의도적 구성 반칙
② 비의도적 구성 반칙
③ 의도적 규제 반칙
④ 비의도적 규제 반칙

11 〈보기〉의 ㉠, ㉡에 해당하는 유교 사상이 바르게 묶인 것은?

㉠	공자는 "내가 원하지 않는 일을 남에게 하지 말라(己所不欲 勿施於人)"는 원리를 인간 관계의 기본적인 행위 준칙으로 보았다. 내가 원하지 않는 것은 타인도 원하지 않을 것이라는 동등 고려(equal consideration)의 원리는 스포츠맨십의 바탕이기도 하다. 스포츠맨십은 하지 말아야 할 행위를 하지 않는 것이 아니라 스스로 원하지 않는 것을 상대 선수에게 행하지 않는 원리를 실천하는 것이다.
㉡	사회구성원의 모든 행위가 그 이름(역할)에 적합하도록 행해야 한다는 도덕적 요구를 말한다. "임금은 임금답고 신하는 신하다우며, 아버지는 아버지답고 자식은 자식다워야 한다(君君臣臣 父父子子)"는 주문으로 각자에게 주어진 이름과 역할에 걸맞게 행동하라는 도덕적 명령이다. 스포츠인을 스포츠인답게 만드는 것이 곧 스포츠맨십이다.

	㉠	㉡
①	충(忠)	예시예종(禮始禮終)
②	서(恕)	정명(正名)
③	충(忠)	절차탁마(切磋琢磨)
④	서(恕)	극기복례(克己復禮)

12 국민체육진흥법 제18조의3(2020. 8. 18, 일부개정)에 의거하여 체육의 공정성 확보와 체육인의 인권 보호를 위해 설립된 단체는?

① 스포츠 윤리 센터
② 클린 스포츠 센터
③ 스포츠 인권 센터
④ 선수 고충 처리 센터

13 〈보기〉의 ㉠에 해당하는 레스트(J. Rest)의 도덕성 구성 요소는?

상빈 : 직업 선수에게 가장 중요한 것은 무엇이라고 생각해?
미라 : 연봉이지! 직업 선수의 연봉이 그 선수의 능력을 나타내는 것이라고 생각해. 나는 작년 성적이 좋아서 올해 연봉이 200% 인상되었어.
은숙 : 연봉은 매우 중요하지. 하지만 ㉠ 나는 연봉, 명예 등의 가치보다 스포츠인으로서 스포츠맨십과 페어플레이가 가장 중요한 가치라고 생각해.

① 도덕적 감수성(moral sensitivity)
② 도덕적 판단력(moral judgement)
③ 도덕적 동기화(moral motivation)
④ 도덕적 품성화(moral character)

14 사상가와 스포츠를 통한 도덕 교육 방법이 바르게 연결되지 않은 것은?

① 루소(J. Rousseau) - 어린 시절부터 다양한 신체 활동을 통해 성 평등, 동료애, 공동체에서의 협력과 책임을 지는 습관을 길러준다.
② 베닛(W. Benneitt) - 스포츠 상황에서 발생하는 다양한 사건에 대한 논리적 추론과 가치명료화 등을 통해 도덕적 판단 능력을 길러준다.
③ 위인(E. Wynne) - 스포츠 경기의 전통을 이해하고, 규칙 준수 등의 바람직한 행동을 습관화할 수 있도록 가르친다.
④ 콜버그(L. Kohlberg) - 스포츠에서 발생하는 도덕적 딜레마에 대한 토론을 통해 도덕적 갈등상황을 이해하고, 자율적으로 대처할 수 있도록 가르친다.

15 〈보기〉의 (　) 안에 들어갈 사상가는?

> (　)은/는 "도덕적 가치들은 중요한 타자들(significant others)이 어떻게 행동하고 있는가를 관찰하는 것에 의하여 학습된다."고 하였다. 스포츠 도덕 교육에서 스포츠 지도자는 중요한 타자에 해당된다. 스포츠의 도덕적 가치는 스포츠 지도자의 도덕적 모범에 의해 학습되어지며, 참여자는 스포츠 지도자를 통해 관찰 학습과 사회적 모델링을 하게 된다.

① 맥페일(P. McPhail)　② 피아제(J. Piajet)
③ 피터스(R. Peters)　④ 콜버그(L. Kohlberg

16 장애 차별 없는 스포츠의 조건에 해당하지 않는 것은?

① 장애인이 원하는 장소와 시간을 확보해야 한다.
② 대회의 참여와 종목의 선택은 감독에게 맡긴다.
③ 활동에 필요한 장비 및 기구의 재정적인 지원이 확보되어야 한다.
④ 다양한 사람과의 관계를 통해 사회성 함양의 기회를 주어야 한다.

17 〈보기〉의 ㉠, ㉡에 해당하는 도덕 원리의 검토 방법이 바르게 묶인 것은?

> ㉠ '나 혼자 의도적 파울을 하는 것은 괜찮겠지'라는 판단은 '모든 선수가 의도적 파울을 한다면'이라는 원리에 비추어 검토한다.
> ㉡ '부상당한 선수를 무시하고 경기를 진행하라'는 주장의 지시에 '자신이 부상당한 경우를 가정하여 판단해보라'고 이야기한다.

	㉠	㉡
①	포섭 검토	보편화 결과의 검토
②	반증 사례의 검토	포섭 검토
③	역할 교환의 검토	반증 사례의 검토
④	보편화 결과의 검토	역할 교환의 검토

18 스포츠에서 공격이 윤리적이어야 하는 이유의 근거로 적절하지 않은 것은?
① 타인의 탁월성 발휘를 침해하지 않아야 하기 때문이다.
② 파괴적인 것이 아니라 합리적인 방법과 전술의 개발 등 생산적이어야 하기 때문이다.
③ 공격 당사자의 본능, 감정, 의지를 폭력적인 수단에 의해 관철해야 하기 때문이다.
④ 규칙의 범위 내에서 공격과 방어의 교환이라는 소통의 구조를 가져야 하기 때문이다

19 스포츠에 도입된 과학 기술의 긍정적인 효과로 적절하지 않은 것은?
① 운동선수의 인격 형성에 기여한다.
② 기록의 객관성과 신뢰성을 높인다.
③ 운동선수의 안전과 부상 방지에 도움을 준다.
④ 오심과 편파 판정을 최소화하여 경기의 공정성을 향상시킨다.

20 스포츠 규칙의 원리로 적절하지 않은 것은?
① 편파성 ② 임의성(가변성)
③ 제도화 ④ 공평성

5과목 운동생리학

1 <보기>의 ㉠~㉣에 해당하는 용어를 바르게 나열한 것은?

> - 골격근은 (㉠) 신경계의 조절에 의해 (㉡)으로 수축한다.
> - 걷기와 같은 저강도 운동 중에는 (㉢) 섬유가 주로 동원되고 전력 질주와 같은 고강도 운동 중에는 (㉣) 섬유가 주로 동원된다.

	㉠	㉡	㉢	㉣
①	자율	수의적	type Ⅰ	type Ⅱ
②	체성	불수의적	type Ⅱ	type Ⅰ
③	자율	불수의적	type Ⅱ	type Ⅰ
④	체성	수의적	type Ⅰ	type Ⅱ

2 안정 시와 운동 중 에너지 소비량 측정 및 추정에 관한 설명으로 옳지 않은 것은?
① 직접 열량 측정법은 열 생산을 측정함으로써 에너지 소비량을 측정한다.
② 간접 열량 측정법은 산소 소비량과 이산화탄소 배출량을 이용하여 에너지 소비량을 추정한다.
③ 호흡교환율은 질소 배출량과 산소 소비량의 비율을 의미하며, 체내 지방과 단백질의 대사 이용 비율을 추정한다.
④ 이중표식수(doubly labeled water) 검사법은 동위원소 기법을 사용해 에너지 소비량을 추정한다.

3 운동 중 심근(myocardium)으로 혈액을 공급하는 동맥은?
① 관상동맥
② 폐동맥
③ 하대동맥
④ 상대동맥

4 해수면과 비교하여 고지 환경에서 운동 시 생리적 반응으로 옳지 않은 것은?
① 최대하 운동 시 폐환기량이 증가한다.
② 최대하 운동 시 심박수와 심박출량은 감소한다.
③ 최대하 운동 시 동맥혈 산화헤모글로빈 포화도는 감소한다.
④ 무산소 운동 능력보다 유산소 운동 능력이 더 감소한다.

5 유산소 트레이닝에 의한 골격근의 적응 현상으로 옳지 않은 것은?

① 모세혈관의 밀도 증가
② TypeⅡ 섬유의 현저한 크기 증가
③ 마이오글로빈의 함유량 증가
④ 미토콘드리아의 수와 크기 증가

6 〈보기〉에서 운동 중 호흡계 전도 영역의 기능으로만 묶인 것은?

> ㉠ 호흡하는 공기에 습기를 제공한다.
> ㉡ 폐포의 표면 장력을 감소시키는 표면활성제(surfactant)를 제공한다.
> ㉢ 공기를 여과하는 역할을 한다.
> ㉣ 호흡가스 확산을 증가시킨다.

① ㉠, ㉡
② ㉠, ㉢
③ ㉡, ㉢
④ ㉢, ㉣

7 〈보기〉의 내용 중 옳은 것으로만 묶인 것은?

> ㉠ 유산소 시스템 : 장시간의 운동 시 글루코스 외에도 유리지방산을 이용하여 ATP 합성
> ㉡ 유산소 시스템 : 세포질에서 크렙스회로와 전자전달계를 통해 ATP 합성
> ㉢ 무산소 해당 시스템 : 혈액 혹은 글리코겐으로부터 얻어진 포도당을 피루브산으로 분해
> ㉣ 무산소 해당 시스템 : 산화적 인산화를 통해 피루브산을 젖산으로 분해
> ㉤ ATP-PCr 시스템 : 세포 내 ADP 또는 Pi의 농도가 증가할 때 포스포프룩토키나아제(PFK)를 활성화시켜 ATP 합성
> ㉥ ATP-PCr 시스템 : 단시간의 폭발적인 힘을 발휘하는 운동 시 PCr이 분해되며 발생한 에너지를 이용하여 ATP 합성

① ㉠, ㉢, ㉥
② ㉠, ㉣, ㉤
③ ㉡, ㉢, ㉥
④ ㉡, ㉣, ㉤

8 〈보기〉의 ㉠, ㉡에 들어갈 호르몬이 바르게 연결된 것은?

> 규칙적인 신체 활동을 통해 골형성을 자극하거나 활동부족으로 골손실을 자극하는 칼슘(Ca^{2+}) 조절 호르몬의 역할에 대한 설명이다.
> - (㉠)은 혈중 칼슘 농도가 증가하면 뼈의 칼슘 방출을 감소시킨다.
> - (㉡)은 혈중 칼슘 농도가 감소하면 뼈의 칼슘 방출을 증가시킨다.

	㉠	㉡
①	인슐린	부갑상선 호르몬
②	안드로겐	티록신
③	칼시토닌	부갑상선 호르몬
④	글루카곤	티록신

9 근섬유(muscle fiber) 및 근원섬유(myofibril)에 관한 설명으로 옳은 것은?
① 근섬유는 여러 개의 핵을 가진 다른 세포들과 다르게 단핵 세포로 구성된다.
② 근섬유는 결합조직인 근내막(endomysium)으로 싸여 있다.
③ 근원섬유는 근세포라 불리며, 가는 세사와 굵은 세사로 구성된다.
④ 근원섬유의 막 주위에는 위성세포(satellite cells)가 존재한다.

10 골격근의 수축 형태와 기능에 관한 설명으로 옳은 것은?
① 단축성 수축은 동적 수축이며 속도가 빠를수록 더 큰 힘이 생성된다.
② 단축성 수축은 근절의 길이가 짧아지는 수축이며 근절의 길이가 최소일 때 최대 힘이 생성된다.
③ 신장성 수축은 정적 수축이며 속도가 0일 때 최대 힘이 생성된다.
④ 동일 근육에서의 신장성 수축은 단축성 수축에 비해 같은 속도에서 더 큰 힘이 생성된다.

11 〈보기〉의 심전도(ECG)에 관한 설명 중 옳은 것으로만 묶인 것은?

> ㉠ 심방을 통한 전도 속도가 감소하면 P파는 넓어진다.
> ㉡ PR 간격은 심방의 탈분극부터 심실의 탈분극 전까지 걸리는 시간이다.
> ㉢ QRS 복합파를 이용해서 심박수를 측정할 수 없다.
> ㉣ QRS 복합파는 심실에서의 탈분극을 일컫는다.
> ㉤ ST 분절은 심실 재분극에 소요되는 총 시간이다.

① ㉠, ㉡, ㉣
② ㉠, ㉡, ㉤
③ ㉡, ㉢, ㉣
④ ㉢, ㉣, ㉤

12 운동 시 호르몬이 분비되는 내분비선과 주요기능에 관한 설명으로 옳지 않은 것은?

	호르몬	내분비선	주요 기능
①	알도스테론	부신피질	나트륨(Na^+) 흡수, 수분 손실 억제
②	코티졸	부신수질	당신생, 유리지방산 동원 증가
③	에피네프린	부신수질	근육과 간 글리코겐 분해, 유리지방산 동원 증가
④	성장호르몬	뇌하수체후엽	단백질 합성 증가, 유리지방산 동원 증가

13 유산소 운동 중 호흡계의 환기량 증가 요인에 관한 설명으로 옳지 않은 것은

① 중추 화학적 수용체인 경동맥체와 대동맥체는 동맥의 산소 분압 증가에 따라 환기량 증가를 자극한다.
② 근육 내 화학적 수용체는 칼륨(K^+)과 수소(H^+)의 농도 증가에 따라 환기량 증가를 자극한다.
③ 근방추나 골지힘줄기관의 구심성 신경자극 증가는 환기량 증가를 자극한다.
④ 사용된 근육의 운동단위 증가는 환기량 증가를 자극한다.

14 〈보기〉에서 설명하는 신경세포 활동 전위의 단계는?

> • 칼륨(K^+) 채널이 열려 있고, 칼륨이 세포 외로 이동하면서 세포 내는 음전하를 띠게 되는 단계
> • 이 단계 이후 칼륨 채널이 닫히고, 칼륨의 세포 외 유출이 적어짐에 따라 안정막전위로 복귀

① 과분극
② 탈분극
③ 재분극
④ 불응기

15 〈보기〉에서 설명하는 용어는?

> • 운동 뉴런의 말단과 근섬유가 접합되어 있는 기능적 연결 부위
> • 신경전달물질이 분비되는 공간
> • 시냅스 전 축삭 말단, 시냅스 간극, 근섬유 원형 질막의 운동 종판으로 구성

① 시냅스(synapse, 연접)
② 운동 단위(motor unit)
③ 랑비에르 결절(node of Ranvier)
④ 신경근 접합부(neuromuscular junction)

16 〈보기〉에서 설명하는 열손실 기전은?

> • 피부의 땀이나 호흡을 통하여 체열을 손실시킨다.
> • 실내 트레드밀 달리기 중 열손실의 가장 주된 기전이다.
> • 대기조건(습도, 온도)과 노출된 피부 표면적의 영향을 받는다.

① 복사
② 대류
③ 증발
④ 전도

17 〈보기〉에서 설명하는 것은?

> • 고온 환경의 운동 중 극도의 피로, 혼란, 혼미, 현기증, 구토
> • 심한 탈수 현상으로 심혈 관계가 인체의 요구에 적절히 대처하지 못함
> • 심부체온 40℃ 미만

① 열사병
② 열탈진
③ 열순응
④ 저나트륨혈증

18 〈보기〉에 제시된 감각 – 운동 신경계의 인체 운동 반응 조절 과정을 단계별로 바르게 나열한 것은?

> ㉠ 자극이 감각 뉴런을 통해 중추신경계로 전달된다.
> ㉡ 운동 자극이 중추신경계에서 운동 뉴런으로 전달된다.
> ㉢ 운동 자극이 근섬유에 전달되면 운동 반응이 일어난다.
> ㉣ 중추신경계가 정보를 해석하고 운동 반응을 결정한다.
> ㉤ 감각 수용기가 감각 자극을 받아들인다.

① ㉠ → ㉤ → ㉡ → ㉢ → ㉣
② ㉠ → ㉤ → ㉣ → ㉢ → ㉡
③ ㉤ → ㉠ → ㉡ → ㉢ → ㉣
④ ㉤ → ㉠ → ㉣ → ㉡ → ㉢

19 저항성 트레이닝에 의한 근력 향상의 요인으로 적절하지 않은 것은?

① TypeⅠ 섬유 수의 증가
② TypeⅡ 섬유 크기의 증가
③ 동원되는 운동단위수의 증가
④ 동원되는 십자형교(cross-bridge) 수의 증가

20 고강도 운동 시 심박출량 증가 요인으로 옳지 않은 것은?

① 혈중 에피네프린 증가에 따른 심박수 증가
② 활동근의 근육펌프 작용에 따른 정맥회귀량 증가
③ 교감신경계의 활성에 따른 심실수축력 증가
④ 부교감신경계의 활성에 따른 심박수 증가

6과목 운동역학

1. 운동역학의 연구 목적으로 적절하지 않은 것은?
   ① 운동 기술 향상
   ② 운동 불안 완화
   ③ 운동 장비 개발
   ④ 스포츠 손상 예방

2. 해부학적 자세에서 몸의 중심을 기준으로 한 방향 용어의 사용이 옳지 않은 것은?
   ① 복장뼈(흉골 : sternum)는 어깨의 가쪽(외측 : lateral)에 있다.
   ② 손목 관절은 팔꿈치 관절보다 먼쪽(원위 : distal)에 있다.
   ③ 엉덩이는 무릎보다 몸쪽(근위 : proximal)에 있다.
   ④ 머리는 발보다 위(상 : superior)에 있다.

3. 운동의 종류에 관한 설명으로 옳은 것은?
   ① 병진 운동에는 직선 운동만 있다.
   ② 곡선 운동은 회전 운동에 포함되는 운동이다.
   ③ 복합 운동은 병진 운동과 회전 운동이 혼합된 운동이다.
   ④ 병진 운동은 한 개의 고정된 축을 중심으로 물체가 회전하는 운동이다.

4. 인체의 물리량과 물리적 특성에 관한 설명으로 옳은 것은?
   ① kg은 무게의 단위이다.
   ② 질량은 스칼라(scalar)이고, 무게는 벡터(vector)이다.
   ③ 무게 중심의 위치는 자세와 상관없이 항상 인체 내부에 있다.
   ④ 질량은 인체가 가지고 있는 관성의 척도로 장소에 따라 크기가 변한다.

5. 인체의 안정성에 관한 설명으로 옳지 않은 것은?
   ① 기저면의 크기는 안정성에 영향을 미친다.
   ② 기저면의 형태는 안정성에 영향을 미친다.
   ③ 무게 중심의 높이는 안정성에 영향을 미치지 않는다.
   ④ 무게 중심을 통과하는 수직선(중심선)이 기저면의 중앙에 가까울수록 안정성은 높아진다.

6 인체 지레에 관한 설명으로 옳은 것은?

① 1종 지레는 힘점이 받침점과 작용점 사이에 있다.
② 2종 지레는 작용점이 힘점과 받침점 사이에 있다.
③ 3종 지레는 받침점이 힘점과 작용점 사이에 있다.
④ 인체 지레의 대부분은 2종 지레에 해당되어 힘에서 이득을 본다.

7 〈그림〉의 야구 투구에서 공의 회전방향과 마구누스 힘(Magunus force)의 방향이 바르게 연결된 것은?

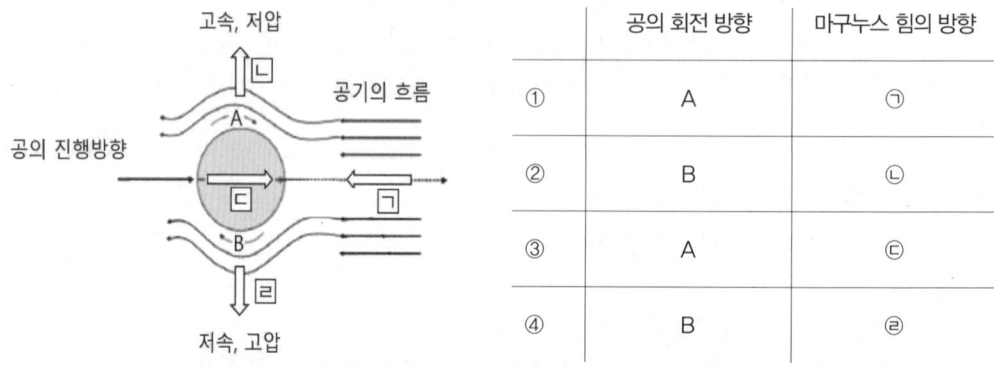

	공의 회전 방향	마구누스 힘의 방향
①	A	㉠
②	B	㉡
③	A	㉢
④	B	㉣

8 〈보기〉는 200m 달리기 경기에서 경과시간에 따른 평균 속도 변화이다. 이에 관한 설명으로 옳지 않은 것은?

경과 시간(초)	0	1	3	5	7	9	11	13	15	17	19	21	23
평균 시간(m/s)	0	2.4	8.4	10	10	9.6	9.5	8.9	8.7	8.6	8.5	8.4	8.3

① 평균 가속도가 0인 구간이 존재한다.
② 처음 1초 동안 2.4m를 이동하였다.
③ 후반부의 평균 속도는 감속되고 있다.
④ 최대 평균 가속도는 5초와 7초 사이에 나타난다.

9 길이 50m 수영장에서 자유형 100m 경기 기록이 100초였을 때 평균 속력과 평균 속도는? (단, 출발과 도착 지점이 동일하다고 가정)

① 평균 속력 : 1m/s, 평균 속도 : 1m/s
② 평균 속력 : 0m/s, 평균 속도 : 0m/s
③ 평균 속력 : 1m/s, 평균 속도 : 0m/s
④ 평균 속력 : 0m/s, 평균 속도 : 1m/s

10 〈보기〉의 ㉠~㉢에 들어갈 용어가 바르게 연결된 것은?

(㉠)에서는 주동근에 의해 발휘되는 (㉡)가 (㉢)보다 커서 근육의 길이가 짧아진다.

	㉠	㉡	㉢
①	단축성 수축(concentric contraction)	저항모멘트	힘모멘트
②	단축성 수축(concentric contraction)	힘모멘트	저항모멘트
③	신장성 수축(eccentric contraction)	저항모멘트	힘모멘트
④	신장성 수축(eccentric contraction)	힘모멘트	저항모멘트

11 마찰력에 관한 설명으로 옳지 않은 것은?

① 마찰력은 추진력으로 작용될 수 없다.
② 최대 정지 마찰력은 운동 마찰력보다 크다.
③ 마찰 계수는 접촉면의 형태에 영향을 받는다.
④ 마찰력은 마찰 계수와 접촉면에 수직으로 작용한 힘의 곱으로 구한다.

12 〈보기〉에서 설명하는 운동법칙은?

물체에 작용하는 힘의 크기가 일정할 때, 물체의 질량이 증가하면 가속도는 감소하게 된다.

① 뉴턴의 제1법칙　　② 뉴턴의 제2법칙
③ 뉴턴의 제3법칙　　④ 질량 보존의 법칙

13 〈그림〉은 A 선수와 B 선수가 제자리에서 수직 점프 후 착지할 때 착지 구간에서 시간에 따른 수직 힘의 변화를 나타내는 그래프이다. 이에 관한 설명으로 옳은 것은?(단, 가와 나의 면적은 동일)

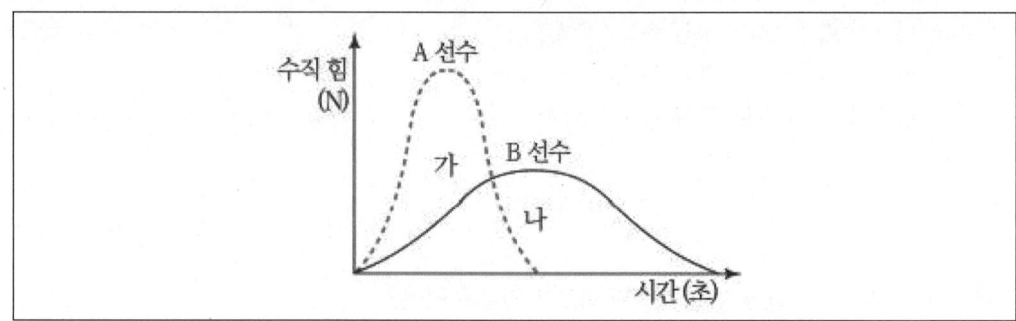

① A 선수와 B 선수의 수직 충격량은 동일하다.
② A 선수와 B 선수에서 수직 운동량의 변화량은 다르다.
③ A 선수와 B 선수의 수직 충격력이 다르기 때문에 수직 충격량이 다르다.
④ A 선수와 B 선수의 수직 힘의 작용시간이 다르기 때문에 수직 충격량이 다르다.

14 다이빙 선수의 공중 동작에서 발생할 수 있는 회전 운동에 관한 설명으로 옳은 것은?
① 질량 분포가 회전축에서 멀수록 관성 모멘트는 작아진다.
② 관성 모멘트는 각 운동량에 비례하고 각 속도에 반비례한다.
③ 회전 반경의 길이는 관성 모멘트의 크기에 영향을 주지 않는다.
④ 공중 자세에서 관성 모멘트가 달라져도 각 속도는 변하지 않는다.

15 1N의 힘으로 1m 거리를 움직였을 때 수행한 일(work)은? (단, 힘의 작용 방향과 이동 방향은 일치함)
① 1J(Joule) ② 1N(Newton)
③ 1m₃(Cubic meter) ④ 1J/s(Joule/sec)

16 어떤 물체에 200N의 힘을 가해 물체를 10초 동안 5m 이동시켰을 때 일률(power)은?(단, 힘의 작용 방향과 이동 방향은 일치함)
① 100Watt ② 400Watt
③ 1,000Watt ④ 10,000Watt

17 에너지에 관한 설명으로 옳지 않은 것은?

① 에너지의 단위는 Joule이다.
② 일을 수행할 수 있는 능력이다.
③ 운동 에너지는 물체의 속도뿐만 아니라 질량과도 관계가 있다.
④ 위치 에너지는 물체의 질량과는 관계가 있으나 높이와는 관계가 없다.

18 가장 큰 역학적 에너지는?

① 7m/s로 평지를 달리고 있는 질량 90kg인 럭비 선수의 운동 에너지
② 8m/s로 평지를 달리고 있는 질량 100kg인 럭비 선수의 운동 에너지
③ 5m 높이에 서 있는 질량 50kg인 다이빙 선수의 위치 에너지
④ 4m 높이에 서 있는 질량 60kg인 다이빙 선수의 위치 에너지

19 〈보기〉에서 운동학적(kinematics) 분석 방법으로만 묶인 것은?

㉠ 영상 분석	㉡ 고니오미터(goniometer) 각도 분석
㉢ 스트레인 게이지 힘 분석	㉣ 지면반력 분석

① ㉠, ㉡
② ㉠, ㉢
③ ㉡, ㉣
④ ㉢, ㉣

20 근전도(electromyogram, EMG) 분석을 통하여 얻을 수 있는 정보로 옳지 않은 것은?

① 제자리멀리뛰기에서 장딴지근(비복근)의 최대 수축 시점
② 스쿼트에서 넙다리곧은근(대퇴직근)의 근피로도
③ 제자리높이뛰기에서 무게중심의 3차원 위치 좌표
④ 팔굽혀펴기에서 위팔세갈래근(상완삼두근)의 근활성도

7과목 한국체육사

1 한국체육사의 시대구분에 관한 내용으로 적절하지 않은 것은?

① 고대체육은 부족국가 및 삼국시대로 구분할 수 있다.
② 광복을 전후로 고대체육과 전통체육으로 구분할 수 있다.
③ 갑오경장을 전후로 전통체육과 근대체육으로 구분할 수 있다.
④ 고대체육, 중세체육, 근대체육, 전통체육으로 구분할 수 있다.

2 체육 관련 사료 중 문헌 사료가 아닌 것은?

① 고구려 무용총 수렵도(狩獵圖)
② 무예도보통지(武藝圖譜通志)
③ 조선체육계(朝鮮體育界)
④ 손기정 회고록(回顧錄)

3 부족국가시대의 저포(樗蒲)에 관한 설명으로 옳은 것은?

① 위기(圍棋)라는 용어로 불리기도 하였다.
② 제천의식과 관련된 대표적인 민속놀이였다.
③ 두 사람이 서로 맞잡고 힘을 겨루는 경기였다.
④ 달리는 말 위에서 여러 가지 동작을 행하는 경기였다.

4 화랑도의 교육 방법에 관한 설명으로 옳지 않은 것은?

① 입산수행은 화랑도 교육 활동의 하나였다.
② 심신일체론적 사상을 바탕으로 전인 교육을 지향하였다.
③ 편력(遍歷)은 명산대천을 돌아다니며 수련하는 야외 활동이었다.
④ 삼강오륜(三綱五倫)의 붕우유신(朋友有信)을 바탕으로 도의 교육을 실시하였다.

5 삼국시대 민속놀이의 명칭이 바르게 연결된 것은?

① 석전(石戰) – 제기차기
② 마상재(馬上才) – 널뛰기
③ 방응(放鷹) – 매사냥
④ 수박(手搏) – 장기

6 〈보기〉의 ( ) 안에 들어갈 용어는?

> 고려시대 최고의 교육기관인 국자감에는 7재(七齋)를 두었는데, 그 중 무학을 공부하는 ( )가 있었다. 이를 통해 고려의 관학에서는 무예 교육이 중시되었음을 알 수 있다.

① 강예재(講藝齋) ② 대빙재(待聘齋)
③ 경덕재(經德齋) ④ 양정재(養正齋)

7 〈보기〉의 고려시대 격구(擊毬)에 관한 설명 중 옳은 것으로만 묶인 것은?

> ㉠ 왕, 귀족, 무인들의 오락이나 스포츠로 발달했다.
> ㉡ 가죽 주머니로 만든 공을 발로 차는 형식의 무예이다.
> ㉢ 말 타기 능력의 향상 및 군사 훈련을 위한 수단으로 활용되었다.
> ㉣ 서민들의 오락적 신체 활동으로 급속히 확산되었다.

① ㉠, ㉡ ② ㉠, ㉢
③ ㉡, ㉣ ④ ㉢, ㉣

8 〈보기〉의 ㉠, ㉡에 해당하는 고려시대 무예의 명칭이 바르게 연결된 것은?

> ㉠은/는 고려시대 무인들에게 적극 권장되었으며, 명종(明宗, 1170~1197) 때에는 이 무예를 겨루게 하여 승자에게 벼슬을 주었다.
> ㉡은/는 유교를 치국의 도(道)로 삼았던 고려시대에도 6예의 어(御)에 속하는 것으로 군자의 중요한 덕목 중 하나였다.

	㉠	㉡
①	격구(擊毬)	수박(手搏)
②	수박(手搏)	마술(馬術)
③	마술(馬術)	궁술(弓術)
④	궁술(弓術)	방응(放鷹)

9 조선시대 사정(射亭)에 관한 설명으로 옳지 않은 것은?

① 전국에 사정(射亭)을 설치하고 습사(習射)를 장려하였다.
② 관설사정(官設射亭)과 민간사정(民間射亭)이 있었다.
③ 병서(兵書) 강습과 마상(馬上) 무예 훈련을 주로 하였다.
④ 민간사정(民間射亭)으로 오운정(五雲亭), 등룡정(登龍亭) 등이 있었다.

10 조선시대 줄다리기에 관한 설명으로 옳은 것은?
① 동채싸움으로도 불리며, 동네별로 승부를 겨루는 경기였다.
② 상박(相搏)으로도 불리며, 궁정과 귀족사회의 유희 중 하나였다.
③ 추천(鞦韆)으로도 불리며, 단오절에 많이 행해진 서민들의 민속놀이였다.
④ 삭전(索戰), 갈전(葛戰)으로도 불리며, 촌락공동체의 의례적 연중 행사로 성행했다.

11 개화기 이화학당에 관한 설명으로 옳은 것은?
① 스크랜턴(M. Scranton)이 설립한 학교로 체조를 교과목으로 편성했다.
② 아펜젤러(H. Appenzeller)가 설립한 학교로 각종 서구 스포츠를 도입했다.
③ 이승훈이 설립한 학교로 민족정신의 고취와 체력 단련을 위해 체육을 강조했다.
④ 개화파 관리들이 중심이 되어 설립한 학교로 무사 양성을 위한 무예반을 설치했다.

12 〈보기〉의 ㉠, ㉡에 들어갈 용어가 바르게 연결된 것은?

> ㉠은/는 1903년 10월 18일에 발족되었으며, 1906년 운동부를 개설하여 개화기에 가장 활발하게 체육 활동을 전개한 체육 단체 중 하나였다. 이 단체의 총무였던 ㉡은/는 야구, 농구 등의 다양한 근대스포츠 문화를 우리나라에 소개하고 확산시키는 노력을 하였다.

	㉠	㉡
①	회동구락부	언더우드(H. Underwood)
②	대동체육부	노백린
③	무도기계체육부	윤치호
④	황성기독교청년회	질레트(P. Gillett)

13 개화기에 설립된 체육단체가 아닌 것은?
① 조선체육협회
② 대한체육구락부
③ 대한국민체육회
④ 대한흥학회운동부

14 <보기>에서 설명하는 인물은?

> - 조선 체력 증진법 연구회를 설립하고, 전국의 역도 보급에 앞장섰다.
> - 1926년 휘문고등학교 체육 교사로 부임해 역도부를 조직하고 지도했다.
> - 대한체조협회 회장, 대한씨름협회 회장을 역임하며 한국 스포츠 발전에 공헌을 했다.

① 서상천 ② 백용기
③ 이원용 ④ 유억겸

15 일제강점기에 발생한 체육사적 사실이 아닌 것은?
① 경성 운동장이 설립되어 각종 스포츠 대회가 개최되었다.
② 덴마크의 닐스 북(Neils Bukh)이 체조 강습회를 개최했다.
③ 남승룡이 베를린 올림픽 경기 대회에서 동메달을 획득했다.
④ 영어 학교에서 한국 최초의 운동회인 화류회가 개최되었다.

16 <보기>에 해당하는 체육단체에 관한 설명으로 옳지 않은 것은?

> - 고려구락부를 모체로 설립된 단체이다.
> - 1920년 7월 동아일보사의 후원으로 일본유학생과 국내체육인들이 조선인의 체육을 장려할 목적으로 설립하였다.

① 1920년 전조선 야구 대회를 개최했다.
② 스포츠 보급의 일환으로 운동구점을 설치하고 운영하였다.
③ 1925년 경성 운동장 개장을 기념하기 위해 조선 신궁 경기 대회를 개최했다.
④ 육상 경기의 연구를 위한 육상 경기 위원회 조직과 육상 경기 규칙을 편찬했다.

17 <보기>의 ㉠, ㉡에 해당하는 국제 대회가 바르게 연결된 것은?

> 1990년 남북 체육 장관 회담의 결과, 1991년 사상 첫 남북 스포츠 단일팀이 구성되었다. ㉠에 남북단일팀으로 참가한 코리아 팀은 여자 단체전에서 세계를 제패했으며, ㉡에도 청소년대표팀이 남북단일팀으로 참가하여 8강 진출이라는 위업을 달성했다.

	㉠	㉡
①	41회 지바 세계 탁구 선수권 대회	제4회 멕시코 세계 청소년 축구 대회
②	32회 사라예보 세계 탁구 선수권 대회	제6회 포르투갈 세계 청소년 축구 대회
③	32회 사라예보 세계 탁구 선수권 대회	제4회 멕시코 세계 청소년 축구 대회
④	41회 지바 세계 탁구 선수권 대회	제6회 포르투갈 세계 청소년 축구 대회

18. 〈보기〉의 ㉠~㉣을 연대순으로 바르게 연결한 것은?

> ㉠ 한국은 동계 올림픽 경기 대회에 최초로 태극기를 단 선수단을 파견하였다.
> ㉡ 한국은 최초로 하계 올림픽 경기 대회를 개최하였고 종합 4위의 성적을 거두었다.
> ㉢ 남한과 북한의 선수가 최초로 하계 올림픽 경기 대회에서 동시 입장을 하였다.
> ㉣ 한국은 광복 후 하계 올림픽 경기 대회에서 최초로 금메달을 획득하였다.

① ㉠ – ㉢ – ㉡ – ㉣
② ㉠ – ㉢ – ㉣ – ㉡
③ ㉠ – ㉣ – ㉡ – ㉢
④ ㉣ – ㉠ – ㉡ – ㉢

19. 〈보기〉에서 설명하는 올림픽 경기 대회는?

> • 1936년에 개최된 하계 올림픽 경기 대회였다.
> • 마라톤 경기에서 손기정 선수가 금메달을 획득했다.
> • 일장기 말소 사건은 국권 회복과 민족의식을 일깨워주는 계기가 되었다.

① 제9회 암스테르담 올림픽 경기 대회
② 제11회 베를린 올림픽 경기 대회
③ 제14회 런던 올림픽 경기 대회
④ 제17회 로마 올림픽 경기 대회

20. 〈보기〉의 내용을 실시한 정권의 스포츠 정책이 아닌 것은?

> 1982년 중앙정부행정조직에 체육부를 신설하고, 아시안 게임과 올림픽 경기 대회의 준비, 우수 선수 육성 및 지도자의 양성 등 스포츠 진흥 운동을 전개했다.

① 프로축구의 출범
② 프로야구의 출범
③ 태릉선수촌의 건립
④ 국군체육부대의 창설

8과목 노인 체육론

1 노화로 인한 생리적 변화가 아닌 것은?
① 최대 산소섭취량의 감소
② 폐의 탄력성과 호흡기 근력의 저하
③ 수축기 및 이완기 혈압수치의 감소
④ 동·정맥 산소 차의 감소

2 〈보기〉의 ㉠~㉢에 해당하는 노화의 생물학적 이론이 바르게 연결된 것은?

- (㉠) : 유전적 요인이 노화의 속도를 결정한다.
- (㉡) : 세포 손상의 누적이 세포의 기능 장애에 결정 요소로 작용한다.
- (㉢) : 인체 기관이 다른 속도로 노화하면서 신경내분비계에 불균형을 초래한다.

	㉠	㉡	㉢
①	유전적 이론	손상 이론	점진적 불균형 이론
②	성공적 노화 이론	손상 이론	점진적 불균형 이론
③	손상 이론	점진적 불균형 이론	유전적 이론
④	지속성 이론	점진적 불균형 이론	손상 이론

3 에릭슨(E. Erikson)의 심리사회 발달 단계에 관한 내용이 옳은 것은?

	연령	단계	긍정적 결과
①	13~18세	역량 대 열등감	어떻게 살기 원하는지에 대한 생각을 발달시킨다.
②	젊은 성인	독자성 대 역할 혼동	타인과 밀접한 관계를 형성한다.
③	중년 성인	친분 대 고독	가족의 부양 또는 어떤 형태의 일을 통해 생산적인 생활을 할 수 있다.
④	노년기	자아주체성 대 절망	자부심과 만족을 느끼면서 삶을 되돌아 볼 수 있다.

4 〈보기〉에서 설명하는 노화에 관한 심리학적 관점은?

> - 성공적 노화는 신체적, 정신적, 사회적 손실에 대한 적응력과 관련이 있다.
> - 기능적 능력의 향상을 통해 노화로 인한 손실을 보완하도록 도움을 준다.

① 성공적 노화 모델
② 분리이론
③ 자아통합 이론
④ 보상이 수반된 선택적 적정화 모델

5 노인 체육 관련 용어의 의미가 옳지 않은 것은?

① 신체 활동(physical activity) : 골격근에 의해 에너지 소비가 이루어지는 신체의 움직임
② 운동(exercise) : 관찰 가능한 외현적인 움직임
③ 체력(physical fitness) : 신체 활동을 수행할 수 있는 기능적 특성
④ 건강(health) : 질병이 없거나 허약하지 않을 뿐만 아니라 신체적, 심리적, 사회적으로 안녕한 상태

6 〈보기〉의 대화에서 노인에게 나타날 수 있는 증상이 아닌 것은?

> A : 코로나19로 경로당 운영이 중단돼서 운동도 못하고, 친구들도 못 만나니 너무 두렵고 슬퍼. 예전에 친구들과 함께 운동하던 때가 그립구만…….
> B : 나도 그래. 최근 옆집에 혼자 사는 최 씨가 안보여 찾아가보니 술로 잠을 자려고 하던데 정말 걱정이야. 밖으로 나가 운동도 하고 친구도 만나야 하는데……. 저러다 치매에 걸릴까 겁이 나네.

① 수면 장애
② 불안감 고조
③ 고립감 약화
④ 사고력 약화

7 노인의 운동 참여에서 불안과 두려움을 극복하기 위한 반두라(A. Bandura)의 자기효능감 이론의 변인과 증진 전략으로 옳지 않은 것은?

	변인	증진 전략
①	성공 수행 경험	운동 참여에 대한 불안과 두려움을 극복하는 경험을 갖도록 지도한다.
②	간접 경험	운동에 함께 참여하는 동료 노인을 통해 간접 경험을 갖게 한다.
③	언어적 설득	운동과 관련된 의사결정을 스스로 내리도록 한다.
④	정서적 상태	불안과 두려움을 조절할 수 있도록 인지적 훈련을 시킨다.

8 노인과의 올바른 의사소통 방법이 아닌 것은?
① 노인이 원하는 존칭을 사용한다.
② 어린아이를 다루듯 말한다.
③ 분명하고 천천히 말한다.
④ 따뜻한 표정으로 비언어적 의사소통을 사용한다.

9 행동주의적 지도 방법이 아닌 것은?
① 개별 상담을 통해 운동의 중요성을 인식하게 한다.
② 체육관 복도에 출석률을 게시한다.
③ 성공적인 운동 참여에 대해 긍정적 강화를 제공한다.
④ 런닝머신 걷기를 할 때만 좋아하는 연속극을 시청하게 한다.

10 〈보기〉의 ㉠, ㉡에 해당하는 노인체력검사(SFT) 항목이 바르게 연결된 것은?

- (㉠) : 식료품 나르기와 손자 안아주기가 어렵다.
- (㉡) : 버스에서 신속하게 내리기가 어렵다.

	㉠	㉡
①	30초 아령 들기	등 뒤에서 양손 마주잡기
②	30초 아령 들기	2.4m 왕복 걷기
③	등 뒤에서 양손 마주잡기	2분 제자리 걷기
④	2.4m 왕복 걷기	2분 제자리 걷기

11 운동 경험이 없는 노인이 장기간 저항성 운동을 했을 때 예상되는 변화는?
① 골밀도와 낙상 위험의 감소
② 20대의 근비대 수준으로 근력 회복
③ 근력과 제지방량의 증가
④ 혈관 경직도 증가

12 미국스포츠의학회(ACSM)가 제시한 노인을 대상으로 한 운동 부하 검사의 고려사항으로 옳지 않은 것은?
① 시력 손상, 보행 실조, 발의 문제가 있는 경우 자전거 에르고미터 검사를 실시한다.
② 트레드밀 부하는 경사도보다는 속도를 증가시킨다.
③ 균형감과 근력이 낮고, 신경근 협응력이 저조하여 검사의 두려움이 있다면 트레드밀의 양측 손잡이를 잡고 검사를 실시한다.
④ 낮은 체력을 가진 노인은 초기 부하가 낮고(3METs 이하), 부하 증가량도 작은(0.5~1.0METs) 노턴(Naughton) 트레드밀 프로토콜을 이용한다.

13 노인을 위한 수중 운동 지도 방법으로 옳지 않은 것은?
① 안전을 위해 처음 몇 회는 물속에서 자세를 취하는 방법을 가르친다.
② 물에 저항하여 움직이도록 지도하여 에너지 소비를 증가시킨다.
③ 관절염을 앓고 있는 노인은 아픈 관절이 물에 잠기게 한다.
④ 물이 몸통 근육의 역할을 하도록 직립 자세로 서서 운동하게 한다.

14 요통을 예방하는 방법으로 옳은 것은?
① 등을 굽히고 선다.
② 등을 굽히고 걷는다.
③ 장시간 계속 서 있는 것을 피한다.
④ 등을 굽히고 앉는다.

15 〈보기〉의 특성을 보인 노인에게 미국스포츠의학회(ACSM)가 제시한 관상동맥 질환의 위험인자를 모두 제시한 것은?

> • 연령 : 71세, 성별 : 여자, 신장 : 158cm, 체중 : 54kg
> • 가족력 : 어머니는 54세에 심혈관 질환으로 돌아가셨다.
> • 허리둘레 : 79cm
> • 총콜레스테롤 : 200mg / dL
> • 고밀도지단백질 콜레스테롤 : 30mg / dL
> • 공복 혈당 : 135mg / dL
> • 안정 시 혈압 : 190mmHg / 90mmHg
> • 10대 때 흡연(하루에 20개 피 이상)
> • 평생 전업주부로 생활하고 현재 특별한 신체 활동은 하지 않았다.

① 연령, 가족력, 허리둘레, 혈압, 흡연
② 비만, 공복 혈당, 혈압, 흡연, 신체 활동
③ 가족력, 총콜레스테롤, 고밀도지단백질 콜레스테롤, 혈압, 신체 활동
④ 허리둘레, 총콜레스테롤, 고밀도지단백질 콜레스테롤, 공복 혈당, 혈압

16 미국스포츠의학회(ACSM)가 제시한 노인 신체 활동 프로그램으로 옳지 않은 것은?

① 고강도로 주 3일 이상 또는 중강도로 주 5일 이상의 유산소 운동
② 체중 부하 유연 체조와 계단 오르기를 제외한 근력 강화 운동
③ 근육의 긴장과 약간의 불편감이 느껴질 정도의 유연성 운동
④ 저 · 중강도로 주 2회 이상의 대근육군을 이용한 저항 운동

17 노인을 위한 준비 및 정리 운동의 생리적 효과에 관한 설명으로 옳지 않은 것은?

① 준비 운동은 혈중산소포화도를 증가시켜 근육의 산소 이용률을 증가시킨다.
② 준비 운동은 폐 혈류의 저항을 증가시켜 폐의 혈액 순환을 향상시킨다.
③ 정리 운동은 호흡, 체온, 심박수를 활동 전 수준으로 되돌리는 데 도움을 준다.
④ 정리 운동은 혈중젖산농도를 낮추는 데 도움을 준다.

18 노인의 걷기 특성으로 옳지 않은 것은?

① 분당 보폭수(cadence)의 증가
② 보행주기 중 양발 지지기(double support time) 비율의 증가
③ 안정된 걷기를 위한 의식적 관여의 증가
④ 보폭(step length)의 증가와 활보장(stride length)의 감소

19 노인의 단기기억 문제를 고려한 지도 방법으로 옳지 않은 것은?
① 각자의 페이스로 동작을 수행하도록 한다.
② 동작을 단순화하여 반복적으로 시범을 보여준다.
③ 동작의 속도와 방향을 다양하게 한다.
④ 심상 훈련을 활용한다.

20 노인의 균형감에 관한 설명으로 옳은 것은?
① 의식적인 노력은 균형감 향상과 무관하다.
② 시력 약화는 균형감을 향상시킨다.
③ 전정계 기능의 저하는 균형감을 향상시킨다.
④ 체성 감각 기능의 저하는 균형감을 떨어뜨린다.

9과목　유아 체육론

1 피아제(J. Piaget)의 도식(schema) 형성과정이 아닌 것은?
① 동화과정(assimilation)
② 조절과정(accommodation)
③ 평형과정(equilibrium)
④ 가역과정(reversibility)

2 〈보기〉에서 영유아의 신체 및 운동 발달 특징 중 옳은 것으로만 묶인 것은?

> ㉠ 머리에서 다리 방향으로 발달한다.
> ㉡ 반사 및 반응 행동은 운동 발달에 필수적인 단계이다.
> ㉢ 근육량의 증가로 안정 시 분당 심박수는 점차 증가한다.
> ㉣ 연령 증가에 따라 상체와 하체의 비율은 변화하지 않는다.

① ㉠, ㉡
② ㉠, ㉢
③ ㉡, ㉢
④ ㉢, ㉣

3 비대칭목경직반사(Asymmetric Tonic Neck Reflexes : ATNR)에 관한 설명으로 옳지 않은 것은?

① 생후 6개월에 나타난다.
② 원시반사의 한 유형이다.
③ 눈과 손의 협응력 발달에 중요하다.
④ 머리를 오른쪽으로 돌리면 오른쪽 팔과 다리가 펴진다.

4 <보기>에서 설명하는 발달 이론은?

> • 환경을 변화시켜 바람직한 행동을 형성한다.
> • 피드백을 통해 유아의 바람직한 행동을 촉진한다.

① 게셀(A. Gesell)의 성숙주의 이론
② 피아제(J. Piaget)의 인지 발달 이론
③ 스키너(B. Skinner)의 행동주의 이론
④ 프로이드(S. Freud)의 정신 분석 이론

5 성숙 단계 드리블 동작(dribbling)의 특징으로 옳은 것은?

① 가슴 높이에서 공을 드리블 한다.
② 한발을 앞으로 내밀고 반대편 손으로 드리블 한다.
③ 바운드되는 공의 높이가 일정하지 않게 드리블 한다.
④ 손목 스냅을 이용하지 않고 손바닥으로 공을 때리면서 드리블 한다.

6 안정성 운동 기술에 관한 설명으로 옳지 않은 것은?

① 정적, 동적, 축성 안정성으로 구분한다.
② 구르기(rolling)는 동적 안정성과 관련이 있다.
③ 재빨리 피하기(dodging)는 동적 안정성과 관련이 있다.
④ 몸통 앞으로 굽히기(bending)는 정적 안정성과 관련이 있다.

7 에릭슨(E. Erikson)의 심리 사회 발달 단계 중 주도성 대 죄책감에 관한 설명으로 옳지 않은 것은?

① 자기개념 형성이 시작되는 시기이다.
② 놀이를 스스로 시도할 수 있는 시기이다.
③ 취학 전 연령기(만 3세~6세)에 해당된다.
④ 놀이를 통한 성공 경험은 주도성 형성에 도움이 된다.

8 <보기>의 ㉠~㉢에 해당하는 지각 운동의 요소로 바르게 연결된 것은?

요소	활동
㉠	몸을 구부려 훌라후프 통과하기
㉡	박수 소리에 맞추어 리듬감 있게 점프하기
㉢	신호에 따라 오른쪽으로 회전하기

① 공간 / 시간 / 방향
② 관계 / 시간 / 신체
③ 관계 / 방향 / 공간
④ 공간 / 방향 / 관계

9 유아의 체력 요인과 검사 방법으로 적절한 것은?

① 순발력 : 모둠발로 멀리 뛴 거리의 측정
② 근지구력 : 왕복달리기(2m) 시간의 측정
③ 평형성 : 1분 간 앉았다 일어나기 동작 횟수의 측정
④ 민첩성 : 평균대 위에서 한 발로 서있는 시간의 측정

10 <그림>의 동작이 성숙 단계로 발달하도록 지도하는 방법으로 적절하지 않은 것은?

수직 점프(vertical jump)의 초보 단계

① 도약과 착지 지점이 멀리 떨어지도록 지도한다.
② 두 팔을 동시에 위로 올리는 협응 동작을 지도한다.
③ 두 발로 동시에 도약하고 착지할 수 있도록 지도한다.
④ 도약 후 공중에서 몸 전체를 뻗을 수 있도록 지도한다.

11 〈보기〉의 ㉠, ㉡에 들어갈 유아 체육 프로그램의 구성 원리로 바르게 묶인 것은?

- (㉠) 자신의 운동 능력을 과대평가하는 경우 안전에 주의하도록 한다.
- (㉡) 동일 연령의 유아라도 발육 발달의 개인차를 프로그램에 반영한다.

	㉠	㉡
①	안전성	다양성
②	안전성	적합성
③	적합성	다양성
④	적합성	주도성

12 〈보기〉에서 설명하는 유아의 기본 운동 기술 유형은?

- 물체를 다루는 능력이다.
- 추진 운동 기술과 흡수 운동 기술로 구분한다.
- 예로는 치기(striking)와 받기(catching)가 있다.

① 안정성(stability)
② 지각성(perception)
③ 이동성(locomotion)
④ 조작성(manipulation)

13 유아 운동 프로그램의 구성 방법으로 적절하지 않은 것은?
① 체력을 고려한 신체 활동으로 구성한다.
② 연령과 운동 발달 수준을 고려한 신체 활동으로 구성한다.
③ 눈과 손의 협응력 향상에 필요한 다양한 활동을 포함한다.
④ 남아와 여아의 흥미가 다르기 때문에 분리 활동이 필요하다.

14 세계보건기구(WHO, 2020)가 권장한 유아·청소년기 신체 활동 지침으로 옳은 것은?
① 만 1세 이전 : 신체 활동을 권장하지 않는다.
② 만 1~2세 : 하루 180분 이상의 저·중강도 신체 활동을 권장한다.
③ 만 3~4세 : 최소 60분 이상의 중·고강도 신체 활동을 포함한 하루 180분 이상의 신체 활동을 권장한다.
④ 만 5~17세 : 최소 주 5회 이상의 고강도 근력 운동을 포함한 하루 60분 이상의 중·고강도 신체 활동을 권장한다.

15 체육 수업 중 유아의 신체 활동 참여 시간을 증가시키는 방법으로 적절하지 않은 것은?

① 활동적 참여에 대해 정적 강화를 한다.
② 과제와 동작을 최대한 자세히 설명한다.
③ 수업 전에 교구를 배치하여 대기시간을 줄인다.
④ 일부 유아들이 어려워하는 활동이나 게임은 피한다.

16 유아의 신체적 자기개념(self-concept)에 관한 설명으로 적절한 것은?

① 신체적 자기개념은 단일 개념이다.
② 신체적 자기개념은 자기효능감과는 관련이 없다.
③ 스포츠 참여를 통한 성공경험과 스포츠 유능감 간의 관련성은 없다.
④ 스포츠 참여는 신체적 능력에 대한 개념을 형성하는 데 도움을 준다.

17 유아의 신체 활동 참여 동기를 증진시키는 방법으로 적절하지 않은 것은?

① 수행력 향상을 위해 역할 모델을 활용한다.
② 쉬운 과제를 성취한 경우라도 칭찬해 준다.
③ 과제 성취를 운에 의한 것으로 생각하도록 지도한다.
④ 성취 경험의 빈도를 높이기 위해 과제 난이도를 조절한다.

18 유아 대상의 운동 지도 방법으로 적절하지 않은 것은?

① 자세한 설명보다는 시범을 자주 보여준다.
② 게임 파트너를 교대하며 다양한 변화를 준다.
③ 미디어를 활용하여 운동 참여에 대한 관심을 유도한다.
④ 어렵고 위험한 과제에도 신체적 가이던스(physical guidance)를 자제한다.

19 유아 체육 수업의 환경 조성에 관한 설명으로 적절하지 않은 것은?

① 유아가 선호하는 하나의 교구만을 배치한다.
② 다양한 감각 자극을 제공할 수 있는 환경을 조성한다.
③ 유아가 자유롭게 몸을 움직일 수 있도록 충분한 공간을 확보한다.
④ 적절한 교구 배치를 통해 효과적 지도가 가능한 환경을 조성한다.

20 누리 과정(2019)에서 '신체운동 · 건강 영역'의 내용 범주가 아닌 것은?
① 신체 활동 즐기기
② 건강하게 생활하기
③ 안전하게 생활하기
④ 창의적으로 표현하기

10과목 특수 체육론

1 특수 체육(Adapted Physical Activity)에 관한 설명 중 옳지 않은 것은?
① 참여 촉진의 수단으로 변형을 활용한다.
② 학교 체육 및 평생 체육을 포함한다.
③ 개인의 장애를 치료하는 데 주목적이 있다.
④ 정상화를 실현하기 위해 통합 체육을 강조한다.

2 〈보기〉는 국제 기능 · 장애 · 건강 분류(International Classification of Functioning, Disability and Health: ICF)에서 어떤 영역에 해당하는가?

> A는 스포츠에 독립적으로 참여하는 데 어려움이 있으나 적절한 지원을 받을 경우 문제없이 참여할 수 있다.

① 신체 기능과 구조 ② 참여
③ 활동 ④ 장애

3 지적 장애인을 위한 체육 활동의 변형 방법으로 적절한 것은?
① 축구 : 경기장의 크기를 확대한다.
② 배구 : 비치볼(beach ball)을 사용한다.
③ 농구 : 골대의 높이를 올린다.
④ 수영 : 레인의 폭을 축소한다.

4 용어의 시대적 변화를 순서대로 연결한 것은?

> ⊙ 특수 체육(adapted physical activity)
> ⓒ 교정 체육(corrective physical education)
> ⓒ 의료 체육(medical gymnastics)
> ⓔ 특수 체육(adapted physical education)

① ⓒ – ⓒ – ⓔ – ⊙
② ⓒ – ⓔ – ⊙ – ⓒ
③ ⓔ – ⓒ – ⊙ – ⓒ
④ ⓔ – ⓒ – ⓒ – ⊙

5 생태학적 과제 분석(ecological task analysis)의 3대 구성 요소가 아닌 것은?

① 수행자
② 수행 환경
③ 수행 평가자
④ 수행 과제

6 〈보기〉에서 기술하는 것과 장애유형이 바르게 연결된 것은?

> • (⊙) : 운동 기능에 손상이 있으나 손상이 진행적이지 않다.
> • (ⓒ) : 호흡기 근육군의 퇴화가 올 수 있다.

	⊙	ⓒ
①	뇌성마비	근이영양증
②	근이영양증	다발성경화증
③	다발성경화증	뇌성마비
④	뇌성마비	다발성경화증

7 〈보기〉에서 설명하는 양호도는?

> 새롭게 개발된 대근 운동 발달 수준 측정 도구의 타당도를 확보하기 위해 TGMD-2와 비교 검증하였다.

① 준거 타당도(criterion reference validity)
② 구성 타당도(construck validity)
③ 내용 타당도(content validity)
④ 안면 타당도(face validity)

8 평가도구와 목적을 바르게 연결한 것은?

① PDMS-2 : 성인기 대근 및 소근 운동 기능 평가
② TGMD-2 : 신체, 언어, 인지 기능 평가
③ BPFT : 운동 수행력과 적응 행동 평가
④ PAPS-D : 장애 유형을 고려한 장애 학생 체력 평가

9 〈보기〉에서 설명하는 것은?

> • 과학적으로 반복 검증된 프로그램을 사용한다.
> • 프로그램 효과에 대한 예측을 가능하게 한다.
> • 프로그램 표준화에 대한 기초 자료가 된다.

① 근거 기반 프로그램(evidence-based program)
② 사례 기반 프로그램(case-based program)
③ 과제 지향 프로그램(task-oriented program)
④ 위기 관리 프로그램(risk-management program)

10 참여자에게 종목선택권을 부여하고 의사결정 참여 기회의 폭을 넓혀주는 것은?

① 몰입(flow)
② 임파워먼트(empowerment)
③ 강화(reinforcement)
④ 사회적 참여(social engagement)

11 〈보기〉는 미국장애인교육법에서 명시한 정의이다. 밑줄 친 '독특한 요구'를 충족시켜 주기 위한 지도 방법으로 옳지 않은 것은?

> 특수체육은 장애인의 '독특한 요구(unique needs)'를 충족시키기 위해 고안된 체력과 운동 체력; 기본 운동 기술과 양식; 수중, 무용, 개인 및 집단 게임, 스포츠에서의 기술의 발달을 위한 개별화된 프로그램이다.

① 개인별 목표 성취를 위해 신체 활동의 방법을 변형한다.
② 휠체어 사용자를 위해 체육 시설의 접근성을 높인다.
③ 동선 상의 위험 요인을 제거한다.
④ 변형을 위해 활동의 본질을 바꾼다.

12 척수 손상 장애인의 자율신경 반사 이상(autonomic dysreflexia)에 관한 내용으로 옳지 않은 것은?

① 자율신경 반사 이상은 예방할 수 없다.
② 운동 전 방광과 장을 비움으로써 예방할 수 있다.
③ 자율신경 이상이 증가하면 운동을 중단한다.
④ 경추 6번 및 윗 부위의 손상 장애인에게서 발생 가능성이 높다.

13 〈보기〉에서 시각 장애인을 지도할 때 고려사항이 바르게 묶인 것은?

> ㉠ 경기장을 미리 돌아보게 한다.
> ㉡ 장비의 모양, 크기, 재질 등을 알 수 있도록 한다.
> ㉢ 방향 정위를 위해 목소리, 나무 방울 혹은 자동 방향 감지기 등을 사용한다.
> ㉣ 높이뛰기, 멀리뛰기와 같은 도약 경기에 참가하는 선수에게는 걸음걸이를 미리 세어보도록 한다.

① ㉢, ㉣
② ㉠, ㉡, ㉢
③ ㉠, ㉡, ㉣
④ ㉠, ㉡, ㉢, ㉣

14 장애인 스포츠 지도사의 지원 강도에 관한 설명으로 옳지 않은 것은?

① 간헐적(intermittent) 지원 – 일시적이고 단기간에 걸쳐 요구할 때 지원
② 제한적(limited) 지원 – 제한된 시간 동안 신체 활동에서 지원
③ 확장적(extensive) 지원 – 지도자의 판단에 따른 일시적 지원
④ 전반적(pervasive) 지원 – 지속적이고 신체 활동 내내 지원

15 〈보기〉에서 설명하는 행동 수정 기법은?

> 체육 기구를 계속 던지면서 수업을 방해할 때마다 제자리에 돌려놓도록 강제적으로 반복적으로 시켰다.

① 프리맥 원리
② 과잉 교정
③ 토큰 강화
④ 타임아웃

16 자폐성 장애인의 특성을 고려한 지도 전략으로 적절한 것은?
① 자연스러운 단서보다 언어적 단서를 주로 사용한다.
② 그림 카드를 활용하여 시각적 단서를 제공한다.
③ 환경의 비구조화를 통해 다양한 신체 활동을 제공한다.
④ 신체 활동 순서와 절차를 바꾸면서 흥미를 준다.

17 시각 장애인의 신체 활동 지도를 위해 사전에 알아야 할 정보가 아닌 것은?
① 시력 상실의 원인
② 시력 상실의 시기
③ 잔존시력 정도
④ 주거환경

18 청각 장애인에 관한 설명으로 옳지 않은 것은?
① 지필대화를 할 수 있다.
② 부정확한 발음은 즉시 교정해 준다.
③ 눈을 마주보고 대화를 한다.
④ 수어 통역사가 있더라도 가능하면 직접 대화한다.

19 발작(seizure)에 대한 지도자의 대처 방법으로 옳지 않은 것은?
① 발작 동안 주변 사물과 충돌하지 않도록 조치한다.
② 발작 이후 즉시 심폐소생술을 실시한다.
③ 발작이 10분 이상 지속할 경우 응급 상황으로 판단한다.
④ 발작 이후 호흡 상태 관찰과 필요시 회복 자세를 취하도록 한다.

20 뇌성마비의 유형별 특징으로 옳지 않은 것은?
① 경직성은 대뇌피질의 손상으로 근육의 저긴장 상태를 보인다.
② 운동실조성은 소뇌의 손상으로 균형과 협응에 어려움을 보인다.
③ 무정위 운동성은 기저핵의 손상으로 불수의적인 움직임을 보인다.
④ 혼합형은 경직성과 무정위 운동성이 혼재하며, 경직성 유형이 좀 더 두드러진다.

2015 2급 생활스포츠지도사 정답과 해설

1과목 스포츠 교육학

01	02	03	04	05	06	07	08	09	10	11	12	13	14	15	16	17	18	19	20
④	②	②	④	①	③	③	②	③	③	④	②	①	①	④	③	①	③	②	①

2과목 스포츠 사회학

01	02	03	04	05	06	07	08	09	10	11	12	13	14	15	16	17	18	19	20
③	①	④	②	②	①	③	④	④	①	②	③	①	③	①	④	②	④	②	③

3과목 스포츠 심리학

01	02	03	04	05	06	07	08	09	10	11	12	13	14	15	16	17	18	19	20
③	①	①	④	②	④	①	③	③	①	②	②	④	④	③	④	②	③	①	②

4과목 스포츠 윤리

01	02	03	04	05	06	07	08	09	10	11	12	13	14	15	16	17	18	19	20
②	③	④	③	④	①	②	④	②	①	①	③	①	③	①	④	①	②	②	④

5과목 운동생리학

01	02	03	04	05	06	07	08	09	10	11	12	13	14	15	16	17	18	19	20
①	②	①	①	④	②	③	③	④	①	③	④	②	④	③	②	④	③	②	①

6과목 운동역학

01	02	03	04	05	06	07	08	09	10	11	12	13	14	15	16	17	18	19	20
④	③	④	④	③	①	④	③	①	①	②	④	②	②	①	③	②	①	②	②

7과목 한국체육사

01	02	03	04	05	06	07	08	09	10	11	12	13	14	15	16	17	18	19	20
④	②	④	④	②	④	①	②	④	①	③	①	①	②	③	②	②	④	④	②

1과목 스포츠 교육학 해설

1. 스포츠 교육학의 연구 영역은 교사(지도자) 교육, 교수(수업) 방법, 교육과정(프로그램)이다.
2. 탁구, 야구, 축구는 개방 기술 영역이다. 개방 기술은 동적인 조건에서 수행되는 기술로, 정보를 처리하는 데 걸리는 시간적인 측면에서 제약을 받는다. 그리고 폐쇄 기술은 정적인 조건에서 수행되는 기술로, 정보를 처리하는 데 걸리는 시간적인 측면에서 개방 기술보다 제약을 상대적으로 덜 받는다.
3. 스포츠 교육학이 추구하는 가치 영역은 인지적 영역, 심동적 영역, 정의적 영역, 신체적 영역이다.
4. 스포츠 교육학의 실천 영역은 학교체육, 생활체육, 전문체육이다. 전인체육이란 정의는 없다.
5. 학습 과제의 발달적 내용분석을 하려면 무엇이든지 확대해보고 그것을 세련 후 적용(응용)한다.
6. • 내용 타당도 : 논리적 사고에 입각한 분석과정을 판단하는 주관적 타당도
   • 준거 타당도 : 검사나 평가도구가 다른 준거와 얼마나 관계가 있는가의 정도를 파악하는 타당도
   • 구인 타당도 : 심리척도를 개발할 때 사용하는 타당도
7. 3가지 성장 방법은 (1) 형식적 성장(체육전문인으로의 교육), (2) 비형식적 성장(일상의 경험, 과거 선수 경험, 실제 코칭 경험 등으로부터 얻은 학습), (3) 무형식적 성장(세미나, 워크숍, 같은 교육 참여)
8. 지도자가 학습자의 과제 수행을 관찰하는 가장 기본적인 목적은 안전한 과제 수행 여부의 확인이다.
9. 교수-학습 과정의 구성 요소는 계획, 실행, 평가이다.
10. 체육지도자의 자격 명칭은 스포츠지도사(생활, 전문), 건강운동관리사, 노인스포츠지도사이다. 유소년스포츠지도사, 장애인스포츠지도사로 구분되어 있다.
11. 효과적인 단서의 특징은 정확성, 간결성, 구체성, 단서의 양적 적절성, 연령에 맞는 용어이다.
12. 수업을 계획할 때는 이용 가능한 수업시간, 수업 공간 및 기구, 수업 참여 학생 수를 고려해야 한다.
13. 학습 과제의 난이도를 조절하는 방법은 운동 수행 조건의 수정, 인원수 조절, 기구의 조정이다.
14. "학교 스포츠 클럽 활동"의 창의적 체험 활동은 정규 교육과정 내의 활동이다.
15. 지도자가 수업의 성공 여부를 판단할 때 가장 중요한 기준은 '학생들이 목표를 얼마나 달성했는가'이다.
16. 스포츠 프로그램 운영 시 승리의 중요성에 대한 지속적인 강조는 적절하지 않다.
17. 절대평가는 준거 지향, 목표 지향 평가, 학습자들의 교과별 학업 성취도를 평가할 때 사용된다. 평가 방법은 사전에 설정된 교수-학습 목표를 준거로 하여 목표 달성도를 평가하는 방식이다.
18. 탐구수업 모형은 사회학습이론, 인지발달, 구성주의 학습이론이 기초이다. 또한 학습자 개인의 사고력, 문제 해결 능력, 탐구력 등을 향상시키는 것이 지도 목표이다.
19. 교육 목표나 내용에 따라 학생을 나눈 후 교사는 해당 주제를 가르치고 학생은 교육이 끝난 후 다음 장소로 이동하는 방식으로 수업이 협력교수의 일종으로 진행된다. 또한 교사는 한 곳에 머물러 있는 장소가 되고 학생들이 계속해서 장소를 옮기게 된다. 이는 지도자가 새롭거나 난이도 있는 기술을 설명하기에는 효과적이지 못하거나 영향력을 극대화할 수 없는 교수법이다.
20. • 회상형(회고적) 질문 : 기억 수준의 대답이 요구되는 질문
    • 수렴형(집중적) 질문 : 과거에 경험한 내용을 토대로 분석에 필요한 질문
    • 확산형(분산적) 질문 : 과거에 경험하지 않은 문제의 해결에 필요한 질문
    • 가치형(가치적) 질문 : 선택을 하거나 태도 등에 관한 표현을 요구하는 질문

2과목 스포츠 사회학 해설

1. ③은 스포츠 심리학에 대한 설명이다.
2. 사회 정서적 기능 : 스포츠 참여와 관람을 통해 긴장과 갈등 및 그에 따른 욕구불만, 좌절, 그리고 공격적 충동을 무해하게 방출하게 하여 해소할 수 있는 계기를 마련한다.
3. 상징은 직접 자각할 수 없는 의미나 가치 등을 유사적인 표현을 사용해 구성화한다.
   동일화의 과정을 통해 대중은 선수나 팀을 자신과 일체시킨다.
   상징, 동일화, 조작은 일련의 과정이지만 동시다발적으로 발생하기도 한다.
4. 경기규칙의 선진화는 국가가 스포츠에 개입하는 원인에 해당하지 않는다.
5. 남성지배 이데올로기의 강화는 국제정치에서 스포츠의 역할과 관계없다.

6. 아마추어리즘의 퇴조는 스포츠 본질의 변화에 관한 개념이다.
7. 국제 스포츠 이벤트의 사회적 기능은 역기능 효과도 발생한다.
8. 스포츠의 교육적 기능에서 일반 학생의 참가 기회의 제한은 없다.
9. 최저학력제 도입 및 운영은 학원스포츠의 문제점으로 보기 어렵다.
10. 신문은 인쇄 미디어이고, ②, ③, ④는 전파 미디어이다.
11. 스포츠 경기 일정 조정은 미디어가 스포츠에 미치는 영향이다.
12. 적재적소에 인재 배치를 주요 목적으로 하는 것은 지위의 서열화 때문이다.
13. ②, ③, ④는 스포츠 참가에 대한 설명으로 잘못된 것이다.
14. 수직 이동 : 종전의 지위에 대한 상하 변화, 계층적 상승과 하강의 경우 존재
15. • 스포츠로의 사회화
    - 참가 자체를 전제로 한다.
    - 결정적 영향은 준거집단이나 주요 타자의 가치관이다.
    - 스포츠 개입의 과정은 본질적 즐거움이나 외적 보상에 대한 기대, 부정적 제재로부터의 회피 등이 있다.
16. 청소년기에 가장 영향력이 큰 사회화의 주관자는 또래집단이다.
17. ① 스포츠로의 사회화
    ② 스포츠로의 재사회화
    ③ 스포츠로의 탈사회화
    ④ 스포츠로의 사회화
18. 경기의 중요도가 높으면 폭력 발생의 원인이 된다.
19. 미래의 통신 및 전자매체로 인해 스포츠 직접참가 인구의 급격한 감소로 국제 스포츠 이벤트가 소멸되지는 않는다.
20. 테크놀로지 발전으로 스포츠 활동의 위험성이 감소할 수 있다.

3과목 스포츠 심리학 해설

1. 캐런은 스포츠 팀 응집력을 결정하는 요인을 다음과 같이 구분하였다.
   (1) 환경적 요인 : 계약 책임, 조직의 성향
   (2) 개인의 요인 : 개인의 성향, 만족, 개인차
   (3) 리더십 요인 : 리더의 행동, 리더십 유형, 코치와 선수 대인관계
   (4) 팀 요인 : 집단과제, 팀의 성과규범, 능력, 팀의 안정성, 팀의 지향성, 성과
      • 집단의 성과 → 팀의 성과, 절대적 수행 효율성, 상대적 수행 효율성
      • 개인의 성과 → 행동의 성과, 절대적 수행 효율성, 상대적 수행 효율성/만족

2. 자기결정성 이론에서는 자기결정선상에서 동기를 외적, 내적으로 설명하는 인지적 동기 이론으로 인간의 행동을 자율성의 정도에 따라 순전히 타율적인 행동(외적 동기 행동)에서 완전히 자기 결정된 행동(내적 동기 행동)으로 개념화한다. 보상이란 공통된 동기가 존재하여 외적 동기가 내적 동기보다 중요하다고 단정할 수 없다.

3. ② 추동이론
   사회적 추동이론 – Zajonc의 단순존재가설 : 각성 수준이 높아지면 수행 능력 또한 향상되는 반응이 보이지만 학습이 익숙하지 않거나 어렵게 되면 오히려 부정확한 반응을 보여 능률이 저하될 수 있다.
   ③ 역U자 가설 : 불안이 증가할수록 운동 수행은 증진되며, 적정 수준의 각성상태에서 운동 수행이 극대화되다가, 각성 수준이 더욱 증가하여 과각성 상태가 되면 운동 수행이 저하된다는 이론이다.
   ④ 전환 이론 : 각성 수준의 해석에 따라 각성 수준과 정서의 관계가 달라진다는 이론으로 각성을 어떻게 받아들이느냐에 따라 부정적인, 긍정적인 기분일 수도 있다. 즉, 각성 수준에 따라 기분 상태가 긍정에서 부정으로 변하며 그 반대 방향으로도 전환이 가능하다.

4. 단기기억은 감각기억보다 긴 시간 동안 정보가 저장되며 정보처리체계에서 사고가 일어난다. 감각 시스템으로부터 얻어진 정보 중 필요한 정보만을 선택하여 처리하며 단기기억력의 저장기간은 지도와 학습에 중요한 역할을 한다.

5. 독특성은 성격의 특성으로서 다른 사람과 구별되어 자신만의 행동 및 사고로 다양한 환경에 따라 나타나

는 독특한 반응을 말한다.
6. 피드백의 기능은 다음과 같다.
   - 정보 제공 : 학습자에게 효율적인 운동 수행에 필요한 정보를 제공
   - 동기 유발 : 학습자의 기술 수행을 위한 동기를 유발시켜 지속적으로 목표를 성취할 수 있도록 유도
   - 강화 : 정적 강화는 현재의 수행을 지속적으로 유지할 수 있도록 해주고, 부적 강화는 운동 수행 중에 바람직하지 않은 수행을 수정하며, 이후 성공적인 수행을 이끌어내는 역할
7. 준비 전 단계는 운동의 실천과 가치에 대한 의식을 가지지 못하고 운동에 관한 행동의 변화를 거부한 단계로 의사결정의 균형은 혜택보다는 손실이 더 높다.
   ㉮ 현재 운동을 하고 있지 않으며 6개월 이내에 운동을 수행할 계획이 없다.
8. 스포츠 심리학의 주요 연구과제로는 동기유발의 전략을 짜고 상담기술 및 방법을 연구하며 불안감소전략을 구축하는 것으로서 체육정책 연구는 스포츠 심리학의 주요 연구과제와 거리가 멀다.
9. 운동 발달은 다음과 같은 특징으로 운동 연습에 의해서만 결정되지는 않는다.
   1) 운동 발달은 단계에 따라 인체 성숙에 따라 이루어진다.
   2) 운동 발달은 기능적 분화와 통합화의 과정에 의해 이루어진다.
   3) 운동 발달은 연령에 따라 비슷하게 이뤄지며 개인차가 존재한다.
   4) 신체는 머리에서 발끝 순서로 몸통에서 말초부분 순서로 발달이 이루어진다.
10. 인간은 공격성을 가지고 있으며 상처나 고통을 주는 것을 목표로 한 성향으로 언어적·비언어적 모든 행위를 포함한다. 본능 이론은 인간이 본능적으로 신체적·언어적 공격을 한다는 이론이다.
11. 스포츠 심리학자의 역할은 다음과 같다.
    - 자신의 연구 성과를 발표하고 검증받음.
    - 스포츠 심리학, 운동 학습, 운동 제어, 운동 발달 등을 가르침.
    - 상담을 통해 선수가 필요로 하는 심리 기술 훈련을 하기도 함.
12. 유산소성의 운동 형태는 무산소성 운동의 형태보다 불안요소의 감소로 더 좋은 효과를 보이며 이는 최대 심박수의 60~80%의 강도로 30분 정도의 시간 동안 수행하는 것이 좋다는 연구 결과도 있다.
13. 생리적 측정으로 심박수와 피부전기저항, 근전도 등 호르몬 계열의 검사가 이뤄지지만 반응 시간에 대한 측정은 활용되지 않는다.
14. 감각 회상 훈련은 심상을 의미한다.
15. 목표 설정에 있어 그 원리는 다음과 같다.
    1) 구체적이고 현실적인 목표를 설정한다.
    2) 단기 목표와 중기 목표 그리고 장기 목표를 연계하여 설정한다.
    3) 결과목표보다는 수행목표를 설정한다.
    4) 팀의 목표를 고려하여 개인의 목표를 설정한다.
    5) 목표를 융통성 있게 지도자와 상의하여 설정한다.
    6) 목표 성취 전략을 개발한다.
16. 전문적 판단에 영향을 줄 수 있는 부적절한 관계를 맺어서는 안 되는 것이지 개인별 접근의 제한과는 거리가 멀다.
17. Bandura의 자기효능감 이론은 어떠한 상황에서 성공에 대한 기대감으로 당면한 과제를 해결하기 위해 다양한 지식과 기술을 상황에 맞게 조직하고 행동으로 옮기는 능력에 대한 믿음을 의미하며 실패의 경험은 자기효능감의 강화와는 거리가 멀다.
18. 심상훈련은 직접적으로 운동을 수행하는 것처럼 느끼는 것을 의미하며 심상을 하는 동안에는 실제로 그 동작을 할 때 자신의 시선에 비쳤던 모습만을 보게 되고, 시선의 이동에 따라 심상도 계속적으로 변한다.
19. 스포츠 상황에서의 지도자의 코칭 행동은 코치가 가진 리더의 특성이 상황요인과 구성원의 특성에 따라 영향을 받는 것이지 부모의 강요와는 거리가 멀다.
20. 스포츠 심리 상담사는 다음과 같은 윤리를 갖는다.
    - 책임감 : 상담자는 개인 및 집단과 조직에 스포츠 상황에서 발생된 심리적 요인에 대한 정보를 전달하며 그에 맞는 심리기술을 지도해야 한다. 그리고 많은 심리적 요소를 이해하고 개인에게 잘 교육하여야 한다. 또한 전문성, 정직성, 책무성, 인권존중, 사회적 책임을 가져야 한다.
    - 관계 : 상담자는 내담자에게 권력남용, 위협을 하지 않으며 상담자와 내담자 간의 치료적 관계와 사회적 혹은 개인적 관계에 대해 주의를 기울여야 한다. 상담자는 내담자에 대한 자신의 욕구와 영향력을 충분히 자각하고 있어야 하며, 전문적 판단에 영향을 줄 수 있는 부적절한 관계를 맺어서는 안 된다.
    - 비밀보장 : 상담에서 내담자와의 약속된 비밀은 반드시 지켜져야 한다. 법적으로 상담자가 보고해야 할 상황은 내담자가 자신이나 타인에게 위험한

행동을 할 때, 미성년 내담자가 성범죄, 아동학대 또는 여타의 범죄의 희생자라고 생각될 때, 내담자가 입원할 필요가 있다고 판단될 때, 정보가 법적인 문제가 될 때 등이다.

4과목 스포츠 윤리 해설

1. 직업윤리에 위반된 문제로 공무원은 겸직을 못한다는 규정이 있다. 술집을 한다는 것은 법을 지킨다면 도덕적으로 아무런 책무가 없다.
2. 승리를 위한 의도적 파울은 전술적으로 용인될 수 있지만 규칙을 준수해야 하는 스포츠 윤리에 어긋난다. (의무론적 윤리체계)
3. 정의는 인간의 감성을 건드리며 감성은 인간을 행동하게 만든다. 행동(실천)은 윤리의 가장 큰 목표이다.
4. 알레아(alea)는 운과 관련된 용어이다.
5. 형식적 공정 유지를 위해선 규칙이 꼭 필요하다.
6. 윤리교육을 제외하고는 외적 통제의 방법이다.
7. 스포츠에서의 성폭행과 성희롱을 근절하려면 주변사람의 용기와 사회적 관심이 필요하다.
8. 국수주의는 편협하고 극단적인 민주주의를 말한다.
9. 이익 동등(평등) 고려의 원칙을 주장한 사람은 피터 싱어이다.
10. 체육은 근원적 경향성을 약화 또는 해소시킨다.
11. 이종격투기의 과다 관람(시청)은 관중으로 하여금 폭력에 대한 중독과 무감각을 초래한다.
12. 폭력 가해 선수를 보호하고 지원하는 것은 더 큰 폭력을 초래한다.
13. 관중 폭력을 해소하기 위해서는 태도와 윤리적 가치관을 고취시켜야 한다.
14. 도핑은 경기력 향상을 위해 금지 약물이나 금지 방법을 사용하는 것을 의미한다.
15. NCAA는 전미대학협회로 대학학생운동선수의 최저학력제도를 관리 감독한다.
16. 체육지도자가 맹목적인 승리를 추구한다면 선수 및 자신에게 비윤리적인 행위를 초래한다.
17. 학교 체육은 창의적 행동의 개발과 교육을 도모한다. 이탈 행위는 비윤리적 행위와 관련된다.
18. 연금 수혜는 오히려 금권주의와 승리지상주의를 강화시킬 수 있다.
19. 심판의 오심과 권위의식의 강화 및 명예심의 고취는 아무 관련이 없다.
20. 조직윤리에서 수칙은 반드시 지켜야 하며, 예외 조항을 두어서는 안 된다.

5과목 운동생리학 해설

1. ① 화학적 – 기계적
   화학적 에너지를 기계적 에너지로 전환시키는 생체 에너지 과정은 연속적인 화학 작용에 의하여 조절된다.
2. 공식) $1METS = 3.5 \times kg \times min$
   강도와 체중과 시간을 대입하면 된다.
   $(10 \times 3.5) \times 80kg \times 10min = 28,000ml (= 28L)$
   $28L \times 5kcal = 140kcal$
3. 에피네프린은 부신수질에서 분비되는 호르몬의 80%를 차지한다.
4. 운동에 따른 신체 적응은 단련자는 비단련자보다 최대 심박출량이 높게 나타나며 1회박출량이 높아 안정 시 심박수가 낮다.
5. ④ 근다발 〉 근섬유 〉 근원섬유 〉 필라멘트
   근육의 조직에서 가장 큰 구조는 근다발이며 가장 작은 구조의 조직은 필라멘트이다. 필라멘트는 액틴과 마이오신으로 구분된다.
6. 뉴런은 신경계의 기능적 단위이며, 해부학적으로 세포체, 수상돌기, 축삭의 세 가지 기본영역으로 구성된다.
7. 운동역학은 운동생리학의 영역에서 파생된 학문이 아니다.
8. ③ 세포 내 소기관인 골지장치는 신경계와 연관된 설명이다.
9. 전정 기관은 우리 몸의 균형과 평형 기능을 담당한다.
10. 트레이닝 초기 근신경계통의 발달로 근력 향상이 일어난다.
11. 운동 강도가 증가하면 근섬유는 지근에서 속근의 순서로 동원된다.
    ST → FTa → FTx
12. 카테콜라민(Catecholamine)을 의미하는 두 가지 호르몬은 에피네프린(epinephrine)과 노르에피네프린(norepinephrine)이다.
13. 정상적인 인슐린(insulin) 호르몬은 혈당을 낮추어 정상 혈당을 유지시켜준다.
14. 혈관의 직경이 큰 순서는 대동맥 〉 소동맥 〉 세동맥 〉 모세혈관이다.
15. 호흡계통의 이동경로는 기도 – 허파꽈리 – 가슴우

리이다.
16. 피부 밑(피하) 혈관의 수축 → 혈관이 확장되어 체열 발산이 되어야 맞는 설명이 된다.
17. 마라톤 : 장거리 운동일수록 환경에 대한 영향을 크게 받는다.
18. 신장성 수축은 근육의 길이가 길어지면서도 힘을 발휘할 수 있다.
19. 유전적 소질은 적응 효과와 연관성이 낮다.
20. 혈중 이산화탄소의 운반 형태 중에서 70% 정도를 차지하는 것은 중탄산염 형태이다.

6과목 운동역학 해설

1. 운동역학적 지식은 운동 경험과 관찰 능력을 과학적으로 뒷받침할 수 있으므로 같이 적용되어야 한다.
2. 제시된 운동 기구들은 경기력 향상을 위한 운동 기구의 평가 및 개발에 관한 연구 분야이다.
3. 뉴턴의 운동법칙으로는 관성의 법칙(제1법칙), 가속도의 법칙(제2법칙), 작용–반작용의 법칙(제3법칙)이 있다.
4. 운동역학의 목적으로 재활 치료 중 운동 수행 중단 효과를 증가시키기 위해 이미지 트레이닝 방법을 연구 개발한다.
5. 투사체의 투사 거리를 증가시키기 위한 대표적인 요인으로는 투사 높이, 투사 속도, 투사 각도가 있다.
6. 인체의 움직임을 설명하기 위해서는 3개의 운동면이 필요한데, 전후면(sagittal plane), 좌우면(frontal plane), 수평면(horizontal plane)이 있으며 전면면은 해당되지 않는다.
7. 타원의 장축과 단축만으로 회전하는 운동을 하는 2축 관절은 타원관절(ellipsoidal joint)이다.
8. 기저면은 인체나 물체의 접촉에 의해 형성된 지면의 경계선이 포함된 전체 면적으로 좁은 자세에서 넓은 자세 순으로는 ③의 순서이다.
9. 지렛대의 원리 중 제3종 지레에 해당하는 설명으로 힘점은 위팔두갈래근(상완이두근)이다.
10. 무게 중심은 여자가 남자보다 낮은데 그 이유로 여자는 남자보다 골반이 넓고 어깨의 폭이 좁기 때문이다.
11. 인체의 안정성을 높이기 위해서는 무게 중심의 높이가 낮아야 하며, 기저면이 넓고 마찰력이 클수록 안정적이다.
12. 거리는 크기만을 가지고 있는 스칼라량이고 변위는 크기와 방향을 가지고 있는 벡터량이다. 400m 곡선을 달릴 경우 거리는 400m가 된다.
13. 평균속도 = 이동 거리 / 소요 시간
    = 100m / 10s
    = 10m/s
14. 관성 모멘트는 회전하는 물체가 회전을 지속하려는 성질의 크기를 나타내는 양으로, 회전축으로부터 멀어지거나 질량이 무거우면 회전하기 어려워지는 특징이 있다. 배트의 위쪽은 배트 손잡이보다 회전축으로부터 멀어지며, 이렇게 멀어지면 관성 모멘트가 증가하여 회전속도가 느리며 회전하기 어렵기 때문에 배트 위쪽은 가벼운 소재로 되어 있다.
15. 압력은 물체가 누르는 힘으로 중력에 비례하고 접촉면적이 반비례하므로, 주먹보다는 글러브의 면적이 더 넓으므로 압력을 분산시켜 상해를 예방할 수 있다.
16. 에너지 효율 = (역학적 일의 양 / 소모 에너지 양) × 100
    = (60J / 100J) × 100
    = 60%
17. 파워 또는 일률이라고도 하며 일하고 있는 시간 비율 혹은 시간당 일의 양을 의미한다. 단위는 W(와트), J/s, N · m/s를 사용한다.
18. 역학적 일을 했다는 것은 일정한 거리에 걸쳐 지면에 대항하는 힘이 작용되었다는 것으로 정지되어 있는 상태는 일을 한 것이라 할 수 없다.
19. 영상 분석 시스템은 카메라 등의 장비를 이용하여 화상 데이터가 가지고 있는 정보를 바탕으로 정보를 추출해 내는 분석 방법이다.
20. 근전도 검사는 측정하고자 하는 근육에 대해 근수축 및 근활성도에 대한 정보를 측정할 수 있는 장점이 있는 측정 기구이다.

7과목 한국체육사 해설

1. 광복 이후로 1953년 한국체육학회를 창립하면서 한국체육사 연구가 본격적으로 이루어졌다.
2. 활인심방은 중국 명나라 태조 주원장의 아들인 주권(朱權)이 지은 '활인심법'을 퇴계 이황이 구하여 필사한 책이다.
3. 1982년 3월 프로 야구, 1983년 4월 민속 씨름, 1983년 5월 프로 축구 그리고 1997년 남자 농구가

프로화되었다.
4. 체육사의 연구 영역은 과거를 통해 현재를 직시하고 미래를 전망하는 학문이기 때문에 미래적 연구영역은 포함되지 않는다.
5. 널뛰기는 널뛰기, 축판희, 도판희(跳板戲), 초판희(超板□), 판무(板舞) 등으로 불린 놀이이다.
6. 삼국시대의 신체활동을 통한 교육, 즉 체육의 한 유형으로 볼 수 있는 각종 무예가 있었다. 기마, 궁술, 편술 등이 해당된다.
7. 백제는 삼국 중 가장 먼저 멸망한 국가로 박사제도 이외의 기록이 거의 남아 있지 않다. 국학은 신라의 관리 양성을 목표로 한 교육 기관이다.
8. 화랑은 해당 집단의 지도자로서 용모가 단정하고 믿음직하며 사교성이 풍부한 진골귀족 가운데서 낭도의 추대를 받아 뽑혔다.
9. 1948년 공보처로 출범하여 1968년 문화공보부로 설치된 뒤 1989년 문화부와 공보처로 분리되었고, 1993년 문화체육부, 1998년 문화관광부를 거쳐 2008년 문화체육관광부로 재편되었다.
10. 편사(便射)는 5인 이상 활을 쏘는 경기이다.
11. 육예(六藝)는 《주례(周禮)》에서 이르는 여섯 가지 기예를 가리키는 말이다. 사(射), 어(御), 궁시(활쏘기), 마술(말타기 또는 마차몰기)에 해당한다.
12. 향학이란 지방의 학교라는 뜻인데 고려시대 지방 교육기관으로서 궁사와 음악 교육 등이 이루어졌다.
13. 조선시대 문관 채용시험은 초급인 소과와 대과의 두 단계로 나뉘었다.
14. 조선시대의 『무예도보통지』는 정조의 지시로 이덕무, 박제가, 백동수 등에 의해 간행되었다.
15. 고려시대 격구(擊毬)는 상류층에게 인기가 있었고 주로 귀족들이 즐겨하던 오락 및 여가 활동이었다.
16. 우리나라는 1948년 런던하계올림픽에 최초 참가하였다.
17. 우리나라 단체였던 조선체육회를 해산시키고 조선체육협회와 통합시켰다.
18. 2008년 베이징올림픽 남북한 개폐회식 공동 입장이 무산됐다.
19. 대한올림픽위원회는 1946년에 창설된 한국의 국가올림픽위원회(NOC ; National Olympic Committee)로 2009년 6월 대한체육회로 통합되었다.
20. 1988년 서울올림픽은 일본과 치열한 유치 과정에서 적극적인 외교활동을 펼쳐 서독 바덴바덴에서 유치를 결정지었다.

2015 2급 전문스포츠지도사 정답과 해설

1과목 스포츠 교육학

01	02	03	04	05	06	07	08	09	10	11	12	13	14	15	16	17	18	19	20
④	④	③	③	④	③	④	④	④	④	②	④	①	④	②	④	④	③	①	④

2과목 스포츠 사회학

01	02	03	04	05	06	07	08	09	10	11	12	13	14	15	16	17	18	19	20
②	④	①	②	④	②	③	③	①	④	②	①	③	②	④	①	③	④	③	①

3과목 스포츠 심리학

01	02	03	04	05	06	07	08	09	10	11	12	13	14	15	16	17	18	19	20
①	④	③	①	③	④	④	④	②	③	②	①	③	②	②	①	④	②	④	①

4과목 스포츠 윤리

01	02	03	04	05	06	07	08	09	10	11	12	13	14	15	16	17	18	19	20
①	④	②	④	③	④	①	③	①	③	④	①	③	④	①	①	②	②	②	④

5과목 운동생리학

01	02	03	04	05	06	07	08	09	10	11	12	13	14	15	16	17	18	19	20
①	④	④	②	①	④	①	②	②	②	③	②	③	③	④	②	④	③	③	④

6과목 운동역학

01	02	03	04	05	06	07	08	09	10	11	12	13	14	15	16	17	18	19	20
④	③	④	①	②	④	③	②	①	④	④	①	②	④	①	②	④	③	④	①

7과목 한국체육사

01	02	03	04	05	06	07	08	09	10	11	12	13	14	15	16	17	18	19	20
④	②	①	③	③	①	④	①	①	①	④	③	③	④	④	②	①	②	②	①

1과목 스포츠 교육학 해설

1. 운동선수를 대상으로 한 스포츠 교육의 가장 적절한 표현은 운동 기술을 익히고 시합을 하는 과정에서 참된 자신과 가능성을 깨닫고 삶 속에서 지속적으로 실천해 가도록 하는 것이다.
2. 안전한 학습 환경 조성과 학습 분위기 유지를 위해서는 수업 시작과 끝맺음을 위한 신호, 규칙과 절차를 인지시키고 지속적인 강조, 기대 행동과 수행 기준의 반복적인 명시를 해야 한다.
3. Hellison(2003)의 개인적·사회적 책임감 모형에 있어서 인성지도를 위한 책임감 수준의 순서는 타인 감정 존중-참여와 노력-자기방향 설정-돌봄과 배려-전이이다.
4. 문화적 관점은 교육과정과 학교교육 변화에 중점을 두며, 학교교육에 참여하는 구성원 간의 상호작용을 통해 결정을 한다. 또한 교사 스스로 변화의 정당성을 이해하고 능동적인 인식의 전환을 도모한다.
5. 체육 지도 방법의 교수 전략은 반성적 교수, 파트너 교수, 팀티칭이다.
6. 영역형 스포츠에서 공간을 만들어 내는 것과 같은 기초 지식들은 하키나 농구 게임에서 볼 수 있는 전술과 전략에 도움이 될 수 있다.
7. 스포츠지도자의 전문성의 구성 요소 중 배려심, 선천적인 기질, 열정, 믿음 등의 심리적 측면의 전문성 요소는 개인적 특성에 해당된다.
8. 확장형 과제는 난이도와 복잡성이 덧붙여진 형태의 과제이고, 세련형 과제는 폼이나 느낌과 같이 운동 기능의 질적인 측면에 초점이 맞추어진 과제이다.
9. 지방자치단체의 장은 체육 진흥 계획과 그 추진 실적을 문화체육관광부령으로 정하는 바에 따라 문화체육관광부 장관에게 보고하여야 한다.
10. 학교체육소위원회의 심사를 통해 스포츠 클럽 등록이 가능하고, 아침, 점심, 방과 후나 토요일에 활동을 인정해주어 다음에 학교 간 스포츠 클럽 대회 출전이 가능하다.
11. 어디서 이 사람을 가르치기 시작할 것인가 하는 결정을 하기 위해서는 진단 평가를 실시한다. 그리고 그 사람에 대한 교육이 시작되면 그 교육이 효과가 있는지 알아보기 위하여 수시로 그 추이를 평가하는데 이것이 형성적인 평가이다.
12. 스포츠 교육의 총체적 특성은 전인적 성장이라고 할 수 있다.
13. 문제 오류 : 학교체육진흥법 제6조(학교체육진흥의 조직 등)에는 보기 ①, ②, ③, ④의 내용이 모두 포함되어 있음.
14. 노인을 대상으로 운동을 지도할 때는 운동 중의 신체 상황을 지속적으로 점검하거나, 대화를 통해 건강 상태를 파악해야 한다.
15. 학습 단서는 지도자가 학습자에게 단어나 문장을 통해 학습 단서를 쉽게 전달할 수 있는 장점이 있다.
16. 학교체육 활동의 교과 영역에 클럽 활동은 포함되지 않는다.
17. 지도자의 전문 역량을 향상시키기 위한 반성적 교수 행동은 계획 – 실행 – 관찰 – 반성 – 수정과 재계획이다.
18. 지도자는 평가하는 학생에게 처음부터 책임 범위를 넓게 주는 것이 필요하지 않다.
19. 직접교수 모형은 교수가 수업의 리더 역할을 한다.
20. 종목별 체력 강화 훈련과 체력 측정도 실시하지만 약물복용 검사도 다각적인 방법을 통해 지원한다.

2과목 스포츠 사회학 해설

1. 스포츠 사회학은 문과 과목이지만 과학적으로 탐구하는 학문은 이과 과목에 속한다.
2. 체제 유지 및 긴장 해소가 스포츠의 사회적 기능에 속한다.
3. 스포츠와 정치의 결합 방법은 상징, 동일화, 조작으로 분류한다.
4. 1991년 지바 세계 탁구선수권 대회 때 남북단일팀이 최초로 구성되었다.
5. 스트레스 해소 및 생활의 활력은 프로 스포츠의 순기능이고, 나머지는 프로 스포츠의 역기능이다.
6. 무리한 시설 투자는 긍정적 효과라고 보기 어렵다.
7. 스포츠 상업화는 스포츠 교육적 순기능이 아니다.
8. 스포츠의 교육적 역기능
    - 교육 목표의 훼손(승리 지상주의, 일반 학생의 참가 기회 제한, 성차별의 간접교육)
    - 부정행위 조장(스포츠의 상업화, 위선과 착취, 일탈 조장)
    - 편협한 인간 육성(독재적 코치, 비인간적 훈련)
9. 현대 스포츠 발전에 미디어는 스포츠 경기규칙이 변화되도록 기여하였다.
10. 스포츠 관중의 감소는 미디어가 스포츠에 미치는 영향이 아니다.

11. 스포츠와 미디어는 공생관계에 있다.
12. 수평 이동
    - 계층적 지휘 변화 없는 이동
    - 동일하게 평가되는 지위
    - 일종의 단순한 자리이동
13. 건강 운동의 경우에는 중류층, 저소득층보다 상류층 사람들이 더 많이 참가한다.
14. 축구는 사회계층에 관계없이 참여가 높은 스포츠이다.
15. 스포츠를 통한 사회화 : 스포츠 활동 경험을 통하여 성공에 필요한 지식을 습득하고 특정 사회에서 생존할 수 있는 방법을 습득하는 과정에서 가치를 익히고 행동을 학습하는 것을 의미한다.
16. 스포츠 사회화
    - 스포츠와 사회생활의 다른 여러 측면인 가족, 교육, 정치, 경제, 종교 등의 다른 사회학 영역의 관계성을 파악한다.
    - 다양한 형태의 스포츠 현장에서 나타날 수 있는 집단행동과 사회조직 및 사회적 상호작용의 유형을 파악한다.
    - 스포츠와 스포츠 경험에 영향을 미치는 문화적, 구조적, 상황적 요인을 파악한다.
    - 스포츠와 연관되어 발생되는 사회화, 경쟁, 협동, 갈등, 사회계층, 사회변동 등의 사회과정을 파악한다.
17. 역할사회화가 최초로 이루어지는 집단은 가족이다.
18. 집합행동이란 구성원들 사이에서 일어나는 상호자극의 결과로서 집단 안에 형성되는 비교적 자발적이고 비구조적인 사고, 느낌, 행동양식을 의미한다.
19. 위 내용은 스포츠 일탈 중 사회에 개혁과 창의성을 가져다주는 역할에 대한 내용이다.
20. 근 파워 위주의 스포츠를 즐기는 것은 고령자층의 스포츠 활동에 적합하지 않다.

3과목 스포츠 심리학 해설

1. 발달은 성장과 성숙을 내포하는 의미로 쓰인다. 성장은 지문에서와 같이 점점 커지는 크기의 증가를 의미하고 성숙은 단계를 거쳐 발육 또는 기능의 수준 향상이 이루어지는 것을 의미한다.
2. 운동 제어의 개념은 인간이 운동 수행을 하기 위한 개인, 환경, 과제의 상호작용 속에서 나타나는 복잡한 인간운동행동의 원리를 동작, 지각, 인지적인 측면에서 규명하는 연구 분야로서 개인, 환경, 과제의 제한적 요소를 가진다.
3. 보강피드백은 학습자의 기술 수행을 위한 동기를 유발시켜 지속적으로 목표를 성취할 수 있도록 유도한다.
    - 수행지식 : 동작의 유형에 대한 정보를 학습자에게 제공
    - 결과지식 : 움직임의 결과에 대한 정보를 제공
4. 태만의 방지 전략으로는 적절한 목표를 설정하는 것이 아닌 목표를 설정할 때 집단과 개인 목표를 모두 설정해야 한다.
5. 내적 동기 유발에 있어 과제를 성취하는 만족감에 운동 수행을 실시하는 것이지 과제의 난이도를 높이는 것은 내적 동기 유발의 방법으로 적절하지 않다.
6. 광의의 스포츠 심리학 : 일반 심리학이 포함하는 모든 측면을 스포츠 상황 및 그와 관련된 맥락(운동 학습, 운동 발달, 운동 제어)에서 관찰 가능한 인간행동의 모든 측면에 적용
7. 민감기는 발달이 이뤄지기 위한 최적의 시기, 결정적 시기보다 완화된 개념으로 운동 발달의 기본 가정에서는 민감기 또는 결정적 시기가 존재한다. 이에 민감기의 자극 정도는 발달에 영향을 미친다고 볼 수 있다.
8. 가. 올바른 스포츠 행동을 모방하게 하도록 격려한다.
   다. 과제 자체에 대한 동기 및 협동심을 자극한다.
   마. 선수(학생) 스스로가 선택하고 책임질 수 있도록 재량권을 준다.
   이들은 내적 동기 유발로서 인성 발달에 긍정적인 영향을 준다.
9. 시간의 제약을 받지 않는 목표를 설정하는 것이 아니라 단기목표와 중기목표, 장기목표를 연계하여 설정한다.
10. 주의는 폭(광의, 협의)과 방향(내적, 외적)의 2가지 차원으로 구성되어 있다.
    (1) 넓은/외적 유형 : 상황을 재빠르게 평가한다.
    (2) 넓은/내적 유형 : 분석하고 계획한다.
    (3) 좁은/외적 유형 : 하나 또는 두 개의 단서에 전적으로 주의 집중한다.
    (4) 좁은/내적 유형 : 수행에 대한 정신적 연습 및 정서를 조절한다.
    ③의 사례는 좁은/내적 유형과는 거리가 멀다.
11. 부적 강화는 꾸중, 지위의 박탈, 화장실 청소 등과 같이 불쾌한 자극을 제거시킴으로써 바람직한 행동을 유도하는 것을 말한다.
12. 인지-연합-자동화의 단계에 따라 주의 요구 수준은

13. 적정 수준 이론(역U 가설)은 불안이 증가할수록 운동 수행은 증진되며, 적정 수준의 각성 상태에서 운동 수행이 극대화되다가, 각성 수준이 더욱 증가하여 과각성 상태가 되면 운동 수행이 저하된다는 이론이다.
14. 불안과 스트레스의 관리(감소) 기법 중 인지 재구성(인지적 방법)은 부정적인 생각이 들었을 때 긍정적인 생각으로 변화를 주어 부적 요인을 제거하고 긍정적인 생각으로 이를 대처하는 것을 말한다.
15. 어떠한 상황에서 성공에 대한 기대감으로 당면한 과제를 해결하기 위해 다양한 지식과 기술을 상황에 맞게 조직하고 행동으로 옮기는 능력을 키우고 자신감을 얻도록 비교적 쉬운 과제를 제시하는 것이 적절하다.
16. 운동의 과정 중에서 여러 사람들을 만나며 활발한 교우관계 형성을 통하여 대인관계 개선과 같은 혜택의 인식을 제공함으로써 결과에만 중요도를 두는 것은 적절하지 않다.
17. 수단적 공격행위(공격성)는 해를 입힐 의도, 승리가 목적이며, 분노 없음으로 상대방의 자극에 의한 반응으로 분노가 수반된다는 것은 적절하지 않다.
18. 각성 수준이 증가함에 따라 과제 수행 관련 단서에 주의력이 감소하여 경기력이 저하되며 수행 과제에서 요구되는 주의 형태와 과제의 숙련도 또는 자동화와 안정성의 획득에 따라 경기력의 차이가 발생한다.
19. 스포츠심리상담의 절차는 관심의 집중과 경청, 공감 등의 절차에 의해 진행되는데 자발적 선수에게만 선택적으로 이뤄지는 것은 아니다.
20. 상담에서 내담자와의 약속된 비밀은 반드시 지켜져야 한다. 하지만 법적으로 상담자가 보고해야 할 상황은 내담자가 자신이나 타인에게 위험한 행동을 할 때, 미성년 내담자가 성범죄, 아동학대 또는 여타 범죄의 희생자라고 생각될 때, 내담자가 입원할 필요가 있다고 판단될 때, 정보가 법적인 문제가 될 때 등으로 어떠한 경우에도 비밀을 보장하는 것은 합당하지 않다.

4과목 스포츠 윤리 해설

1. 스포츠 윤리는 일반윤리에 기초하기 때문에 크게 다르지 않다. 일반윤리의 덕목을 스포츠라는 특수한 상황에 접목시킨 것이다.
2. 기독사상은 서양의 사상이다.
3. 행위의 도덕적 의무의 준수는 의무론적 윤리체계에 대한 설명이다.
4. 경기 규칙의 준수를 위한 외적 통제는 심판이 담당한다.
5. 페어플레이와 스포츠맨십은 보편적인 스포츠 윤리라고 말할 수 있다. 페어플레이는 공정한 경기를 의미한다.
6. 체중감량은 스포츠에서 많이 이루어진다. 하지만 금지행위나 금지약물을 통한 체중감량은 윤리적 비난의 대상이 될 수 있다.
7. 하프코리안은 이중국적 선수나 귀화선수를 의미하는데 외국과 우리나라의 훈련방법과 문화가 다른 것에서 많은 갈등요인을 발생시킨다. 특히 운동부 특유의 위계질서는 그들이 잘 경험하지 못한 문화이다. 외국의 경우 선후배 위계보다는 동료로서의 의미가 강하다.
8. 다문화가정 자녀 간의 교류 확대는 오히려 문화의 혼재 및 충돌로 인해 혼란을 가중시킬 수 있다. 그보다는 다문화가정과 한국가정의 자녀 간의 교류가 확대되어야 한다.
9. 고대 그리스 올림픽에서는 여성 및 노예는 경기의 참가 및 관람이 금지되었다.
10. 스포츠 시설의 대중화는 환경적 이슈와는 거리가 멀다.
11. 당시 기준으로는 3차 적발 시 영구제명이었으나 2017년 완화되었다.
    2017년 기준 : 성추행, 성희롱 – 극미한 경우 1년 미만 자격정지, 경미한 경우 1~5년 자격정지, 중대한 경우 5년 이상 자격정지
    ※ 2019년 현재 스포츠계의 미투 사건으로 관련 규정이 변화될 가능성이 있음.
12. 심판을 폭행하는 경우는 대부분 자기 분노 조절 실패에서 일어난다.
13. 스포츠에서 폭력상황은 경기 중의 흥분과 승리에 대한 맹목적인 집착에서 비롯된다.
14. 의학적 처치에 사용되는 약물은 경기 중에도 사용이 가능하며, 도핑은 부당한 경기력 향상을 막는 것에 목적이 있다.
15. 유전자도핑은 아직 안전성과 그 결과가 불확실하고 선수에게 어떠한 폐해를 주는지 알 수 없다.
16. 알코올은 일부 종목에서 경기 전, 후 일정 기간만 금지약물로 지정되어있다.
17. 스포츠지도자의 비윤리적 행위의 원인은 불안정한

근무형태, 팀 성적에 대한 부담, 고용불안, 입시청탁 등이 있다.
18. 이 답은 ②와 ③이 모두 될 수 있다. 하지만 문제에 '금전'과 관련된 내용이 없으므로 전문체육이 가장 적절한 답이다.
19. 스포츠 강사사업의 부정적 측면은 전문 인력의 남용과 저소득을 양산하는 데 있다.
20. 심판은 자율성과 청렴성, 공정성을 지녀야 한다. 스포츠맨십은 선수에게 더 중요한 요소이다.

5과목 운동생리학 해설

1. 동일 운동 강도에서는 단련자가 비훈련자보다 심박수가 낮다. 단련자는 훈련에 의한 운동 능력의 개선으로 비훈련자에 비해 운동 지속 시간이 증가하며 최대산소섭취량도 높아진다.
2. 스포츠 심장은 심장의 용적이 커서 1회박출량이 증가하고 안정 시 심박수는 감소한다.
3. 운동 시 탈수를 예방하기 위해서는 운동 전, 중, 후에 충분한 수분 섭취가 필요하다.
4. 저온 환경에서 근육 세포 내 ATP 합성을 위한 화학반응의 속도가 감소하여 순발력 저하의 원인이 된다.
5. 단련자가 일반인보다 산소 이용률이 높아 활동근의 정맥혈에서 산소분압이 더욱 낮게 나타난다.
6. 근섬유에는 미토콘드리아가 많이 분포한다. 골격근의 근섬유는 의지에 따라 움직일 수 있다. 운동선수는 일반인보다 근섬유 주위에 모세혈관이 더 많이 분포한다.
7. 뇌하수체 전엽에서 분비되는 성장호르몬의 기능은 성장 촉진, 세포 내 단백질 합성 촉진, 중성지방의 분해를 촉진시켜 혈중 유리지방산 증가, 골밀도 증가를 유발한다.
8. 칼슘펌프에 의한 칼슘의 제거는 근육의 이완단계에서 일어난다.
9. 일회성 운동 시 인슐린의 혈중 농도는 운동 지속 시간에 비례하여 감소한다.
10. 바깥 갈비 사이근이 수축하게 되면 늑골을 들어올려서 흉강을 확장시켜 들숨을 하는 데 도움을 준다.
11. 유산소 과정에서 포도당 1분자는 36개의 ATP를 생산하고 지방산 1분자는 130여 개의 ATP를 생산한다.
12. 지구성 훈련을 통하여 근섬유의 모세혈관 밀도는 Type I 근섬유에서 산소 이용의 적응으로 모세혈관 밀도가 증가한다.
13. 세포막 밖의 나트륨이 안으로 들어오면서 세포 내의 전압이 높아지면서 활동전위가 발생한다.
14. 근수축의 활성화가 이루어지는 과정에서 근형질 세망에 저장되어 있는 칼슘이온이 방출된다. 칼슘이온이 트로포닌과 결합할 때 트로포마이오신은 액틴 활동 부위에서 떨어지고 십자형가교와 결합한다.
15. 분당산소섭취량을 결정하는 요인은 운동 중 심장이 1분간 박동하는 횟수와 심장이 1회 수축할 때 뿜어내는 혈액의 양, 동맥과 정맥의 산소 포화도의 차이 등에 의해 반응한다.
16. 시상하부는 중추신경계에 속해 있으며 뇌의 역할을 조절하는 중요한 역할을 수행하며, 갈증, 체온조절, 혈압, 수분 균형 및 내분비계의 활동 등을 조절하면서 항상성을 유지하는 역할을 한다.
척수, 대뇌피질은 의식적인 행동에 관여하여 하위 뇌활동에 기억, 생각, 정보 등의 활동에 영향을 준다.
소뇌는 신체평형, 자세유지, 운동 조절에 관여하는 기관으로서 고유수용기로부터 전달받은 신호에 반응하여 움직임을 조절한다.
17. 인간 활동에 있어서 가장 중요한 에너지 형태는 에너지 기질로서 직접 사용하는 화학적 에너지이다.
18. 운동생리학은 운동 중 생명체가 어떻게 생리학적으로 반응하는가를 관찰하는 학문이다. 그러므로 운동이라는 자극을 이용하여 인체가 적응하는 과정을 생리학적으로 관찰함과 동시에 인체가 궁극적으로 어떻게 변화하는지를 연구하는 학문이다. 그러나 21세기에 접어들면서 운동생리학의 연구 영역은 인체의 조직과 기관이라는 생리학적 수준에서 점차 진화하여 세포와 신호전달체계 및 단백질 합성과 발현이라는 세포생물학 또는 분자생물학 분야로 진화하고 있다.
19. 운동수행에 필요한 힘의 크기나 속도에 따라 동원되는 지근과 속근의 운동단위가 다르다.
20. 심근산소소비량은 운동으로 인한 심장발작을 모니터하기 위한 수단으로 측정이 가능하고 운동강도에 비례하여 증가한다. 심근산소소비량은 수축기 혈압과 심박수에 의해서 결정된다.

6과목 운동역학 해설

1. 운동부하검사법은 운동생리학 연구에 사용되는 방법

이다.
2. 운동역학의 대표적인 연구 내용으로는 각 신체 특성에 알맞은 운동 기술의 분석 및 개발, 상해 예방을 위한 운동 기구의 평가 및 개발, 보다 편리하게 연구하기 위해 분석방법 및 자료처리 기술 개발이 있다.
3. 공을 던지는 순간 팔의 길이를 길게 하면 관성 모멘트가 커지므로 회전하기 어렵게 된다. 즉, 각속도는 느려진다.
4. 역학적으로 일을 했다는 것은 일정한 거리에 걸쳐 지면에 대항하는 힘이 작용이 되었을 때를 말하며, 문제 보기의 경우 움직임이 없으므로 일은 '0'이 된다.
5. 운동량 = 물체의 질량(m) × 속도(v)
 A = 90kg × 6m/s = 540kg · m/s
 B = 80kg × 7m/s = 560kg · m/s
6. 팔은 손바닥이 전방을 향하며 새끼손가락이 몸통을 향하게 한다.
7. 장대높이뛰기의 경우 도움닫기를 통해 운동에너지를 발생하며 장대의 휘어짐을 통해 발생하는 탄성에너지를 이용해 위치에너지로 변환시키는 스포츠이다.
8. 보기의 예시는 2종 지레에 대한 설명이며, 또 다른 예시로는 병따개가 있다.
9. 영상 분석으로 추출할 수 있는 변인은 각도(자세), 가속도, 속도이며 압력중심의 위치는 지면반력 변인이다.
10. 안정성을 높이기 위해서는 기저면을 넓히고, 몸의 무게중심을 낮추어야 하며 무게중심은 기저면의 중심에 위치해야 한다.
11. 뉴턴의 대표적인 3가지 운동법칙으로 ㉠은 관성의 법칙(제1의 법칙), ㉡은 작용–반작용의 법칙(제3의 법칙), ㉢은 가속도의 법칙(제2의 법칙)에 대한 설명이다.
12. 구심력은 원운동을 발생시키는 원인으로 물체가 원궤도 안으로 따르게 하는 힘이며, 원심력은 원운동을 하는 물체가 회전으로 인한 외부로 향하는 힘이다.
13. 변위는 처음 위치로부터 마지막 위치로의 방향과 직선거리를 나타내는 크기와 방향을 나타내는 벡터이다.
14. 근전도는 근수축 시 발생하는 생체전기를 수집 및 분석하는 도구로 근육의 동원 순서, 근활성도 및 근피로도 등을 측정할 수 있다.
15. 좌우축을 중심으로 하는 전후면상에서는 굴곡(flexion)과 신전(extension) 운동을 할 수 있다.
16. 물리량의 국제단위계(SI) 단위계에는 시간의 단위(s), 길이의 단위(m), 질량의 단위(kg)가 있다.

17. 속력 = 움직인 거리 / 단위시간
 속도 = 움직인 변위 / 단위시간
 스칼라는 크기를 나타내고, 벡터는 크기와 방향을 나타내는데, 거리는 크기만 나타내는 스칼라량, 변위는 크기와 방향을 나타내는 벡터량이다.
18. 역학적 에너지는 보존의 법칙이 성립하여 항상 일정한 값을 나타내는데, 이는 운동 에너지 + 위치 에너지이다.
 운동 에너지 = $\frac{1}{2}mv^2$
 위치 에너지 = 9.8mh
19. 탄성력은 주위의 온도, 충돌하는 물체와 바닥의 표면 재질, 충격각도, 충격속도에 의해 결정된다.
20. g은 질량을 나타내는 단위이므로 무게 단위로 사용되지 않는다.
 무게의 단위로는 kg중, N, kg · m/s² 을 사용한다.

7과목 한국체육사 해설

1. 체육사의 연구 영역은 과거를 통해 현재를 직시하고 미래를 전망하는 학문이기 때문에 예언하는 것은 아니다.
2. 체육사의 시대 구분은 각자 바라보는 사관이 다르기 때문에 역사가들의 임의적 수단이자 도구가 될 수 있다.
3. 선사시대의 신체활동은 생존과 연결되어 있다.
4. 부족국가 시대는 수렵과 채집을 특징으로 체육활동이 진행되기 때문에 교육체계나 체육활동이 있을 수는 없었다.
5. 활인심방은 중국 명나라 태조 주원장의 아들인 주권(朱權)이 지은 '활인심법'을 조선시대의 퇴계 이황이 구하여 필사한 책이다.
6. 석전은 말 그대로 돌싸움으로서 전투 훈련의 효과가 있었다.
7. 씨름은 삼국시대부터 행해진 일종의 민속 스포츠였다.
8. 격구는 귀족들의 오락 및 여가 활동이었다. 일단 말이 있어야 할 수 있었기에 서민층에서는 말이 없어 할 수 없었다.
9. '대사례'는 임금이 성균관에 나아가 석전례(釋奠禮)를 지낸 뒤 신하들과 함께 활쏘기를 하는 의식이다.
10. 조선시대의 『무예도보통지』는 정조의 명으로 이덕무, 박제가, 백동수 등에 의해 간행되었다.
11. 개화기에 강화도 조약 이후 외국의 근대스포츠가 우

12. 1895년 고종이 교육조서를 반포하고 그 속에는 체육을 강조하는 내용이 담겨 있었다.
13. 원산학사에서는 전통무예를 학교교육에 포함시켰으며 고유한 우리민족의 스포츠문화를 새롭게 형성하기 시작하였다.
14. 배드민턴은 광복 이후에 우리나라에 소개되었다. 1957년 대한배드민턴협회가 창립되고 1962년 대한체육회 가맹단체로 등록되었다.
15. 일제강점기 시기는 민족의 전통 경기를 부활하고 보급하려는 움직임을 보였다.
16. 학교체조교수요목의 제정과 개정기(1914~1927)는 학교의 체조교육을 통일시켰으며, 체육통제기(1941~1945) 시기에 군국주의를 바탕으로 군사훈련을 강요하였다.
17. '조선체육회'가 1920년 7월 13일 창립되었다. 조선체육회는 조선인의 체육을 지도하고 장려하기 위해 각종 경기 대회의 주최 및 후원을 본격화한 단체였다.
18. 제2차 교육과정부터 '보건·체육'에서 '체육'으로 교과목 명칭을 통일하였고 경험 중심 교육과정으로 여가 활동을 중심으로 하는 개념이 내포되었다.
19. 태릉선수촌은 1964년 도쿄올림픽을 통해 한국체육의 열악함과 현실을 깨닫고 조성된 한국스포츠의 산실이었다. 국위선양을 위한 엘리트 스포츠 활성화 정책의 정점이 바로 대한민국의 스포츠심장, 즉 1966년 6월 28일에 건립되었다.
20. 남북한 단일팀 선수단의 단복은 남과 북을 구별하지 않는다.

2016 2급 생활 · 전문스포츠지도사 정답과 해설

1과목 스포츠 교육학

01	02	03	04	05	06	07	08	09	10	11	12	13	14	15	16	17	18	19	20
③	③	④	④	③	①	①	③	②	③	②	④	①	②	④	④	②	②	④	①

2과목 스포츠 사회학

01	02	03	04	05	06	07	08	09	10	11	12	13	14	15	16	17	18	19	20
④	②	②	②	①	④	②	③	④	④	①	②	①	③	②	③	①	①	③

3과목 스포츠 심리학

01	02	03	04	05	06	07	08	09	10	11	12	13	14	15	16	17	18	19	20
④	①	④	②	③	②	①	④	①	②	③	④	②	③	①	②	③	①	③	④

4과목 스포츠 윤리

01	02	03	04	05	06	07	08	09	10	11	12	13	14	15	16	17	18	19	20
④	①	②	③	②	②	①	④	③	③	②	①	③	④	②	②	③	①	③

5과목 운동생리학

01	02	03	04	05	06	07	08	09	10	11	12	13	14	15	16	17	18	19	20
③	①	③	①	④	②	①	④	②	④	①	②	②	②	①	③	③	④	④

6과목 운동역학

01	02	03	04	05	06	07	08	09	10	11	12	13	14	15	16	17	18	19	20
①	③	②	④	②	④	④	③	②	③	①	①	③	③	①	④	①	②	④	①

7과목 한국체육사

01	02	03	04	05	06	07	08	09	10	11	12	13	14	15	16	17	18	19	20
②	①	②	①	③	④	①	②	①	③	①	④	②	③	③	④	④	④	②	③

1과목 스포츠 교육학 해설

1. 위 지문은 스마일 100 정책에 대한 내용이다.
2. 학문화 운동은 1950년대이다.
3. 유도발견형 스타일은 미리 정해져 있는 답을 학습자가 계열적으로 발견하도록 설계하는 교수법이다.
4. 운동기능과 이론적 지식은 필히 지도자가 갖추어야 하는 자질이다.
5. 내용교수법은 수업 시간 중에 다루어지는 주제에 초점을 맞춘다.
6. 지도자의 흥미보다는 학습자의 흥미를 고려해야 한다.
7. 교정적 피드백(corrective feedback) : 무엇인가 잘못된 행동을 했을 때 그 행동을 바꾸게 하는 것, 기존에 형성된 관계를 개선·발전시켜 나가는 데 유용하다.
8. 협동학습 모형의 목표는 팀 내 협동을 추구하는 데 있다.
9. 교사는 학생들의 난이도, 시작점을 선택할 수 있게 다양한 수업과제를 준비한다. 학습자는 초기 과제의 난이도를 선택할 수 있다.
10. 우수선수의 발굴 및 지원은 학교체육진흥조치에 포함되지 않는다.
11. 스포츠 교육 모형의 특징은 전인육성, 역할 분담을 통한 학생 모두의 능동적인 학습 참여이다.
12. 평가 절차를 포함하여 평가를 통해 다음 수업을 고려해야 한다.
13. 학생들의 수준을 고려하여 지도하는 방법에 대한 설명이다.
14. 상호학습형 스타일은 사회적 상호작용을 통해 과제를 수행한다. 파트너를 선정하여 학습자-관찰자 역할을 교대하며 진행한다.
15. 수행평가는 피험자 스스로 자신의 지식이나 기능을 드러낼 수 있도록 답을 작성·구성하거나, 발표하거나, 산출물을 만들거나, 행동으로 나타내도록 요구하는 평가 방식이다.
16. 스포츠맨십과 스포츠 인권은 도덕적 자질에 해당한다.
17. 마이크로 티칭의 주요한 목적은 예비교사에게 특정의 수업기술을 만족스러운 수준까지 습득하도록 연습시키는 데 있다.
18. 문제에 대한 해답을 찾아가는 지도 방법이다.
19. 개인적 경험은 비형식 교육에 해당된다.
20. 농구, 하키, 축구, 넷볼, 핸드볼, 럭비는 상대의 영역에 침범하는 영역형 게임 유형이다.

2과목 스포츠 사회학 해설

1. 걷기의 운동량과 다이어트와의 관계는 운동생리학 분야의 연구이다.
2.
    - 사회성 : 보수의 분배가 스포츠 내의 규범이나 관행에 의하여 결정
    - 고래성 : 사회의 불평등과 관련된 역사와 유사
    - 보편성 : 보편적 사회문화의 현상
    - 다양성 : 모든 사람에게 동등하게 권력이나 재산이 부여될 수도 아닐 수도 있는 다양한 형태
    - 영향성 : 사회적 배경이 비슷한 사람끼리 교류하므로 스포츠 계층과 밀접한 관계
3. 합리화 : 명시된 규칙에 의행 규제된다.
4. 사회적 지위가 높을수록 일차적 관람을 선호하는 경향이 있다.
5. 부정적 일탈은 반규범 지향적이고, 긍정적 일탈은 규범 지향적이다.
6. 스포츠의 세계화
    - 전 세계의 스포츠를 하나의 체계로 만들기 위해 국가 간의 상호거래로 세계사회에 적응하고 경험의 유형을 발전시켜나가는 과정
    - 스포츠는 세계화가 가장 활발히 진행된 분야
    - 스포츠는 세계인이 공유하는 대표적인 문화 현상
7. LA 올림픽 : 소련을 비롯한 공산 진영 국가(13개국) 불참
8. 프로 스포츠의 역기능으로 국민들의 사행심이 증가하였다.
9. 스포츠계층이란 스포츠 내에서 성, 연령, 근력, 신장, 인성, 사회 경제적 지위, 특권, 선호도와 같은 특성이 특정 집단이나 개인에게 차별적으로 분배되어 상호 서열이 위계적 체계를 형성하고 있는 것을 의미한다.
10. 소비 성향의 변화에 따라 노인의 스포츠 참여율은 증가할 것이다.
11. 제도적 부정행위 : 경쟁 상황을 유리하게 이끌어가기 위한 제도적 속임수
12. 사회 통합 기능 : 스포츠는 사회 성원의 출신 성분에 관계없이 공통적인 감정을 유발시키고 사회통합 및 일체감을 형성한다.
13. ①, ③, ④는 대중매체가 스포츠에 미치는 영향이다.
14. 경쟁적 보상 구조 강화는 프로스포츠에 해당하는 내용이다.
15. 올림픽에서 시행하는 스폰서십으로 IOC는 기업으로부터 금전 및 물자를 제공받고 기업은 올림픽 공식

16. • 스포츠를 통한 사회화 : 스포츠 활동의 경험을 통하여 특정 사회에서의 생존과 성공에 필요한 자질을 습득하는 과정에서 가치나 태도 및 행동을 학습하는 것을 의미한다.
    • 스포츠로의 재사회화 : 운동선수가 스포츠 활동으로부터 중단, 탈락 및 은퇴하는 탈사회화 이후, 스포츠 현장으로 복귀하여 스포츠 사회화 과정을 경험하는 것을 의미한다.
17. 쿨매체 스포츠
    - 동적 스포츠, 팀 스포츠
    - 득점 스포츠, 공격과 수비가 구분되지 않는 스포츠
    - 종목 : 경마, 농구, 럭비, 배구, 자동차경주, 미식축구, 아이스하키, 하키, 축구, 핸드볼
18. 사회적 상승 이동의 매개체로서 스포츠의 역할
    - 사회적 상승 이동을 촉진
    - 교육 기회 제공과 성취도 향상
    - 직업적 후원의 다양한 기회 제공
    - 올바른 태도 및 행동 함양
19. 스포츠가 젊은 세대의 전유물로 자리잡지는 않는다.
20. 도구적 공격 행위 : 상대의 고통이 목적이 아닌 승리, 금전, 위공 등 다른 외적 보상이나 목표를 획득하는 것

3과목 스포츠 심리학 해설

1. 넓은 의미(광의)의 스포츠 심리학이란 일반 심리학이 포함하는 모든 측면을 스포츠 상황 및 그와 관련된 맥락(운동학습, 운동발달, 운동제어)에서 관찰 가능한 인간행동의 모든 측면에 적용된다.
2. 집단 응집력은 집단의 성원을 집단에 머무르도록 작용하는 힘들의 총합을 의미한다.
   스타이너는 집단에 소속된 개인이 갖고 있는 능력과 집단이 어떤 성과를 나타내는지에 관한 이론을 제시하였다.
   축구, 배구, 농구 등과 같은 상호작용 종목은 조정 손실이 집단의 수행에 큰 영향을 미치고 수영, 육상, 체조 등과 같은 공행 종목에서는 선수들 사이의 상호작용이나 협동이 그다지 요구되지 않기 때문에 동기 손실을 막는 데 중점을 두어야 한다.
3. 운동 학습
   운동학습은 개인적 특성을 바탕으로 연습이나 경험을 통해 과제와 환경적인 변화에 부합하는 가장 효율적인 협응 동작을 형성시켜 나가는 과정으로 계획된 연습이나 경험에 의해 목표로 하는 운동 수행의 향상이나 변화가 지속적으로 발생되는 것을 의미한다.
4. 운동실천의 환경 요인 중 운동 지도자의 영향 : 리더십을 활용하여 운동 수행자들의 자기효능감, 재미 등을 높여 운동 참여율을 높이며 동기부여를 한다.
5. 불안이론 중에 카타스트로피 이론에 의하면 생리적 각성과 운동수행 사이에 역U자 형태의 관계는 인지불안의 수준이 낮을 때(근심이나 걱정을 안할 때)에만 성립된다. 만약 인지불안의 수준이 높아지면(시합에 대한 걱정을 많이 할 때) 생리적 각성이 증가함에 따라 운동수행도 점차 증가하지만 최고점을 막 지났을 경우 수행의 급격한 추락현상이 발생한다는 이론이다.
6. 자기결정선상에서 동기를 외적, 내적으로 설명하는 인지적 동기 이론으로 인간의 행동을 자율성의 정도에 따라 순전히 타율적인 행동(외적 동기 행동)에서 완전히 자기 결정된 행동(내적 동기 행동)으로 개념화한다.
   외적 동기의 외적 규제는 외적 보상을 받으려는 욕구가 활동의 원동력이며, 외적 보상을 얻기 위해 운동을 한다.
7. • 구획연습 : 하나의 기술을 주어진 시간에 연습하는 방법, 무선연습은 주어진 시간에 여러 가지 운동 기술을 무작위로 연습하는 방법을 말한다.
   • 무선연습 : 맥락 간섭 효과가 크기 때문에 파지와 전이에 효과적이다.
   • 집중연습 : 연습 시간이 휴식 시간보다 상대적으로 긴 경우를 말한다.
   • 분산연습 : 휴식 시간이 연습 시간보다 상대적으로 긴 경우를 말한다.
8. • Newell의 단계 : 협응 단계-제어 단계
   • Fitts와 Posner의 단계 : 인지 단계-연합 단계-자동화 단계
   • Gentile의 단계 : 움직임의 개념 습득, 고정화 및 다양화 단계로 구분 → 움직임 개념 습득 단계-고정화 및 다양화 단계
9. 심상이란 기억 속에 있는 감각 경험을 회상하며, 외적 자극 없이 내적으로 운동 수행하는 과정을 상상하는 것으로서 모든 감각들을 동원하여 마음속으로 어떠한 경험을 재현하거나 만들어 내는 것을 말한다. 심상은 운동 기능 향상에 많은 도움을 주며 근육 조직의 활동을 일으키며 실제 신체적 경쟁을 준비할 수 있도록 해준다.
10. 전이란 과거의 수행 또는 학습경험이 새로운 운동기술의 수행과 학습에 영향을 미치는 것으로서 다음과

같이 분류된다.
- 정적 전이 : 한 가지 과제의 수행이 다른 과제 수행을 돕거나 촉진하는 경우로 운동기술의 요소와 처리과정이 유사할 때 발생한다.
- 부적 전이 : 한 가지 과제의 수행이 다른 과제 수행을 간섭하거나 제지하는 경우로 움직임이 유사하지만 특성이 다를 때 발생한다.

11. 운동의 심리적 효과 중 우울증 감소와 불안 및 스트레스의 감소는 다음과 같다.
규칙적인 운동은 우울증 및 불안, 스트레스의 감소에 효과적이라고 나타났다. 운동은 그 형태의 구분 없이 자체로도 우울증과 불안에 효과적이나 유산소성의 운동 형태는 무산소성 운동의 형태보다 불안 요소의 감소로 더 좋은 효과를 보인다.

12. 목표 설정의 3단계(준비 단계, 교육 단계, 평가 단계) 중 교육 단계에서 목표 설정 훈련을 처음 실시하는 경우에는 한 번에 하나의 목표만을 설정하게 하고 이를 달성하게끔 노력하게 한다.

13. 운동의 심리적 효과(우울증 감소와 불안 및 스트레스의 감소, 기분이 좋아지며 활력 수준이 높아지고 긍정적 정서를 체험, 자아개념과 자아존중감의 향상) 중 두 번째인 '기분이 좋아지며 활력 수준이 높아지고 긍정적 정서를 체험'
운동을 수행하며 힘든 상황에서 행복, 편안, 희열을 느끼게 해주는 러너스 하이(runner's high)는 운동의 내적 동기를 높여주며 그로 인해 인간의 기분이 좋게 되는 효과를 가지게 한다.

14. 운동 발달의 특징은 다음과 같다.
- 운동 발달은 단계에 따라 인체 성숙에 따라 이루어진다.
- 운동 발달은 기능적 분화와 통합화의 과정에 의해 이루어진다.
- 운동 발달은 연령에 따라 비슷하게 이뤄지며 개인차가 존재한다.
- 신체는 머리에서 발끝 순서로 몸통에서 말초부분 순서로 발달이 이루어진다.

15. 팀 구축(Team building)의 전략은 다음과 같이 구성된다.
목표 설정 → 역할 규정 → 대인 과정 분석 → 응집력 구축
위를 바탕으로 다음과 같은 요인으로 예를 들 수 있다.
- 환경 요인 : 팀 구성원이 동일한 유니폼을 입는다.
- 구조 요인 : 매주 한 번씩 팀 미팅을 열어 각자의 역할과 책임에 대해 논의한다.
- 과정 요인 : 팀 구성원 간 상호작용과 의사소통의 기회를 충분히 갖는다.

16. 어떤 상황에서 운동 동작이 이루어지는 첫 단계는 외부 환경이나 자극을 감각기관을 통해 수용하여 그 의미를 지각하는 과정이다. 지각과정을 통해 얻은 정보를 토대로 하여 설정된 목표를 달성하는 데 필요한 동작 양식을 선택하고 계획한다. 반응 선택에 근거하여 적합한 반응을 효율적으로 수행할 수 있는 행동을 실행하게 된다.

17. 루틴은 선수들이 최상의 운동수행을 발휘하는 데 필요한 이상적인 상태를 갖추기 위한 자신만의 고유한 동작이나 절차, 또는 선수들이 자주 수행하는 습관화된 동작을 의미한다.

18. 링겔만 효과는 모일수록 책임감이 분산되는 현상으로 '나 하나쯤이야' 하는 심리를 의미한다. 특히 집단의 잠재 능력에 비해 실제 능력이 줄어드는 이유는 각자의 동기가 줄어들기 때문이다. 즉 동기가 감소하는 사회적 태만 현상이 나타난다.

19. 운동 학습법의 피드백 중 하나인 자기통제 피드백은 학습자의 요구와 상태에 따라 교사 또는 코치와 학습자 간의 상호적인 의사 전달 과정을 통하여 제공되며 이를 통해 인지전략을 수립한다.

20. 바람직한 코칭 행동은 권위적이거나 민주적인 면의 한쪽에 치우치지 않고 상황에 따라 융통성 있게 적용하는 것으로서 지도자 개인의 필요에 따라 팀의 구성원들을 이용해서는 안 된다.

4과목 스포츠 윤리 해설

1. ①, ②, ③은 가치판단에 대한 진술이고 ④는 사실판단에 근거한다.
2. 법의 필요성을 강조한다는 것은 독자성이 아닌 법에 의존한다는 의미이다.
3. 스포츠맨십은 스포츠를 행하는 사람이 지켜야 할 대부분의 도덕규칙을 포함한다.
4. 아레테는 탁월성, 덕으로 번역된다. 예를 들어 양궁선수의 아레테는 활을 잘 쏘는 것이다. 즉 신체의 기능과 밀접한 관련을 갖는다.
5. 생물학적 환원주의는 생물학적 능력의 차이를 인정하는 것이다. 따라서 남녀의 생물학적인 차이에서 오는 차별은 스포츠에서 불가피하다고 주장한다.
6. 일부 종목을 제외하고 대부분 남성스포츠가 인기가 더 많기 때문에 인기 종목 위주의 스포츠 보도는 성차별을 가중시킬 수 있다.
7. 절대적인 도덕 원칙을 지키는 것을 의무론이라고

한다.
8. 장애인스포츠 관련 법령은 이미 공포되어 있으며, 그 외에 헌법에도 명시되어 있다.
9. 형식적 공정은 제도, 즉 규칙을 위반했는지 안 했는지에 대한 문제이다.
10. 불침해(비상해)의 의무는 다른 생명체를 해치는 경우에 관한 것이다.
11. 오염되지 않은 자연환경을 스포츠 공간으로 활용한다는 것은 자연환경의 훼손과 파괴를 가져온다.
12. 관중폭력은 연대감과 집단화된 과시의 경향으로 발생한다.
13. 스포츠 선수는 청소년들에게 역할모형, 즉 롤모델의 기능을 가진다.
14. 오심이나 편파 판정을 최소화하는 기술은 비디오 리플레이나 전자기기를 활용한 경기보조기술, 즉 감시를 위한 기술이다.
15. 측은지심은 남을 불쌍히 여기는 타고난 착한 마음을 말한다.
16. 경기력 향상에 효과가 있건 없건 간에 선수체벌은 일어나서는 안 된다.
17. 신약의 개발은 도핑을 더욱 활성화시키는 계기를 만든다.
18. 스포츠 4대 악은 조직사유화, 승부조작, 성폭력, 입시 비리이다.
19. 식이요법은 도핑 행위가 아니다. 도핑은 금지약물복용이나 금지행위를 의미한다.
20. 고강도 훈련은 선수폭력에 해당하지 않는다.

5과목 운동생리학 해설

1. 운동기술 관련 체력 – 운동기술을 발휘하는 데 필요한 체력
   - 순발력 : 순간적으로 빠르게 강한 힘을 발휘하는 능력
   - 민첩성 : 운동 중 신체의 방향을 신속하게 전환할 수 있는 능력
   - 평형성 : 운동 중 균형과 자세를 유지할 수 있는 능력
   - 협응력 : 운동의 동작이나 기술의 움직임을 정확하고 매끄럽게 발휘하는 능력
   - 스피드 : 운동 중 필요한 힘을 빠르게 적용하는 능력
   - 반응 시간 : 빛, 소리, 움직임에 대해 신속하게 감지하는 능력
2. 하버드피로연구소(Harvard Fatigue Lab.)는 1920년대 호흡생리학의 권위자인 핸더슨(L. Henderson)이 설립하였다.
3. 혈관탄성 증가는 혈압을 감소시키는 데 영향을 준다.
4. 1회 호흡량(Tidal Volume) : 1회 호흡 시 들이마시거나 내쉬는 공기의 양
5. ATP-PCr 시스템은 빠르게 에너지를 공급하며, 순발력을 요구하는 운동의 주 에너지 시스템이다.
6. 100m 달리기, 다이빙, 역도와 같은 운동은 인원질 시스템에 의해 에너지 공급이 되어야 하고, 800m 수영은 해당과정에 의해 주로 에너지 공급이 된다.
7. - 동화 작용(anabolism) : 물질을 합성시켜 에너지로 저장하는 변화의 과정
   - 이화 작용(catabolism) : 저장된 물질을 분해시켜 에너지를 소비하는 과정
8. 신경자극 → 수상돌기 → 세포체 → 축삭 → 축삭종말 순으로 전기적 신호가 전달된다.
9. 〈보기〉의 내용은 뇌줄기(뇌간, brainstem)의 기능이다.
10. 가로세관(transverse-tubule)은 신경 자극 전달의 기능을 한다.
11. 속근은 근섬유의 빠른 수축과 높은 해당 능력의 특징을 가진다.
    지근은 피로에 대한 내성이 강하고 산화력이 높은 특징을 가진다.
12. 장기간 유산소 트레이닝에 따른 심혈관계의 변화는 1회박출량 증가에 의해 트레이닝 전과 비교하여 안정 시 심박수가 감소한다.
13. ㉠ 레닌 ㉡ 안지오텐신 전환효소 ㉢ 알도스테론
14. 글루카곤 호르몬은 췌장의 알파세포에서 분비된다.
15. ㉠ 무산소 대사가 가능한 ATP-PCr 시스템
    ㉡ 무산소 대사가 가능한 해당 과정(젖산 시스템)
    ㉢ 산소에 의해 대사되는 산화 시스템
16. 혈압의 감소는 고지환경에서 나타나는 반응이 아니다. 고지대에서는 해수면보다 산소 밀도가 낮아 해수면과 동일한 산소를 얻으려면 환기량을 늘려야 한다. 따라서 호흡수가 증가하고 심박수와 함께 심박출량도 증가한다.
17. 폐활량은 1회박출량을 조절하는 요인이 아니다.
18. 저강도 운동에서는 지근섬유(Type I)가 동원되고 운동 강도가 높아지면 속근섬유(Type IIa)가 추가적으로 동원되며 최고의 강도로 상승하면 속근섬유(Type IIx/IIb)가 동원된다.
19. 장기간 유산소 트레이닝은 혈중 저밀도 지단백(LDL) 콜레스테롤 감소에 의한 혈중 총콜레스테롤

이 감소하게 된다.
20. 심혈관계의 주 기능 : 산소 운반, 노폐물 제거

6과목 운동역학 해설

1. 정역학(Statics)은 움직임이 전혀 없거나 일정한 속도(등속)로 움직이는 물체에 관한 학문이다.
2. ③은 스포츠 심리의 주요 연구 목적이다.
3. 암컬 동작은 전후면에서 팔꿉관절을 좌우축으로 하였을 때 시행되는 동작으로 전후면에서는 굽힘과 폄의 동작이 이루어지므로 정답은 ②이다.
4. 운동역학적 분석은 힘, 모멘트/토그, 압력, 근력 등이 있으며, 운동학적 분석은 위치, 변위, 속도, 가속도, 속력, 최대 속도, 각도 등이 있다.
5. 운동역학적 분석은 힘, 모멘트/토그, 압력, 근력 등이 있으며, 운동학적 분석은 위치, 변위, 속도, 가속도, 속력, 최대 속도, 각도 등이 있다.
6. 체조의 대차돌기는 철봉을 축으로 회전하는 각운동이다.
7. ①은 선운동과 회전운동이 동시에 일어나는 복합운동이며, ②는 선운동 중 곡선운동에 해당된다. ③은 선운동에 대한 설명이다.
8. 단거리 크라우칭 스타트 자세는 불안정할수록 빠르게 출발하는 데 유리하다.
9. 시소의 평형을 이루기 위해서는 양쪽의 일의 양이 같아야 한다.
   역학적 일 = 작용하는 힘 × 변위
   500N × 1.5m = 600N × Xm
   X = 1.25m
10. 변위는 벡터량으로 크기와 방향이 존재한다.
11. 유도의 업어치기 시 상대와 자신의 신체 중심 거리를 최대한 넓히게 되면 모멘트 암이 길어져서 토크의 값이 커지기 때문에 신체 중심 거리를 최대한 가깝게 해야 한다.
12. 힘의 3가지 요소는 힘의 작용점, 힘의 방향, 힘의 크기이다.
13. 인체의 전후로 나누는 해부학적 운동면은 좌우면(관상면)이고, 인체를 좌우로 나누는 면은 시상면이며, 신체를 좌우로 나눠 놓은 곳의 정중앙은 전후면(정중면)이라 한다. 해부학적 자세에서 신체를 상하로 나누는 면은 횡단면이라 한다.
14. 운동량은 물체의 질량(m) × 속도(v)로 질량과 속도에 비례한다. ① 같은 속도로 날아오는 무거운 공의 운동량이 더 많다. ② 같은 공으로 속도를 다르게 던지면 빠른 공의 운동량이 더 많다.
15. 토크를 결정하는 2가지 요소는 작용하는 힘과 모멘트 암이다.
16. 관성 모멘트는 회전축을 중심으로 회전하는 물체가 계속해서 회전을 지속하려고 하는 성질의 크기를 나타낸 것이다. 외부에서 힘이 작용하지 않는다면 관성 모멘트가 클수록 각속도가 작아지게 된다. 다이빙의 입수 직전에 몸을 신전시켜서 각속도를 최소화하여 물이 적게 튀게 한다.
17. 역학적 일을 구하는 공식으로는 '일 = 작용한 힘 × 변위'이다.
18. 역학적 에너지는 운동에너지와 중력에 의한 위치에너지, 탄성에 의한 위치에너지 3가지가 있다.
19. 영상 장비로 산출할 수 있는 변인은 가속도, 각도(자세), 속도 등이 있다.
20. 영상 분석은 힘이 아닌 동작을 분석하는 방법이다.

7과목 한국체육사 해설

1. 스포츠 윤리는 경쟁, 도덕적 조건 등을 다루는 학문이다.
2. 저포는 현대의 윷놀이이다.
3. 화랑의 세속오계는 사군이충, 사친이효, 교우이신, 임전무퇴, 살생유택이다.
4. 고구려의 대표 무예는 기마술이고 경당의 교육은 궁술이다.
5. 각저는 씨름의 유사용어로 민속스포츠이다.
6. 국토에 대한 소중함을 알고 목숨을 걸고 지키는 불국토 사상과 연결된다.
7. 고려의 국립교육기관은 국자감이다.
8. 석전은 돌싸움이다.
9. 기효신서는 중국의 척계광이 지은 병서이다.
10. 활쏘기는 유교 사상을 토대로 하였다.
11. 황성기독교청년회는 야구, 농구 등 근대스포츠를 소개하였다.
12. 전시학도체육훈련은 일제강점기에 시행되었다.
13. 개화기의 우리나라는 국제무대에 나갈 수 있는 여건이 되지 않았다.
14. 일제강점기는 민속스포츠가 전파되지 않았다.
15. 조선체육회는 1920년에 창립되었다.
16. 양토사상은 서양체육과 전통체육의 대립이다.
17. 일장말살사건은 베를린올림픽에서 마라톤 우승을 차지한 손기정 선수에 의해 발생하였다.
18. 남북스포츠의 교류는 1990년 이후에 시작되었다.
19. 1962년에 국민체육진흥법이 최초로 제정되었다.
20. 1988년 서울올림픽에 북한은 참가하지 않았다.

2017 2급 생활·전문스포츠지도사 정답과 해설

1과목 스포츠 교육학

01	02	03	04	05	06	07	08	09	10	11	12	13	14	15	16	17	18	19	20
③	①	④	④	①	④	①	②	②	③	②	①	③	④	②	①	③	①	①,②	③

2과목 스포츠 사회학

01	02	03	04	05	06	07	08	09	10	11	12	13	14	15	16	17	18	19	20
①	④	①	②	②	③	③	②,③	④	②	④	①	③	③	②	③	②	③	④	③

3과목 스포츠 심리학

01	02	03	04	05	06	07	08	09	10	11	12	13	14	15	16	17	18	19	20
②	④	①	①	④	①	③	④	③	③	④	④	①	②	④	②	②	③	④	②,④

4과목 스포츠 윤리

01	02	03	04	05	06	07	08	09	10	11	12	13	14	15	16	17	18	19	20
④	③	③	④	①	②	①	③	①	①,③,④	①	④	②	④	①	②	②	③	③	②

5과목 운동생리학

01	02	03	04	05	06	07	08	09	10	11	12	13	14	15	16	17	18	19	20
④	②	①	②	①	①	③	②	③	④	②	③	④	④	②	④	②	①	③	③

6과목 운동역학

01	02	03	04	05	06	07	08	09	10	11	12	13	14	15	16	17	18	19	20
①	④	②	①	③	④	④	③	①	③	②	④	②	②	①	②	①	②	③	②

7과목 한국체육사

01	02	03	04	05	06	07	08	09	10	11	12	13	14	15	16	17	18	19	20
③	②,④	③	①	④	④	③	②	②	②,③	④	①	③	①	③	②	②	④	②	①

1과목 스포츠 교육학 해설

1. 학교체육진흥법에는 '초등학교에서는 스포츠강사를 의무적으로 배치해야 한다'는 내용은 없다.
2. 교육과정에 대한 지식이다.
3. 생활체육 프로그램 목표 설정 시 고려해야 할 사항은 ㉠, ㉡, ㉢, ㉣이다.
4. 요구 분석은 생활체육 프로그램을 추진하고자 하는 지역사회와 참여자에 대한 사전 분석 절차이다.
5. 통합리그는 기술의 차이와 전문성 때문에 순위가 고착될 가능성이 높다.
6. 마튼스(R. Martens)의 전문 체육 프로그램 지도 개발 단계는 ㉠-㉤-㉢-㉣-㉡-㉥ 순이다.
7. 학습목표는 주도성과 거리가 멀다.
8. 〈보기〉는 직접교수모형에 대한 내용이다.
9. 이해중심게임수업모형은 게임소개, 게임이해, 전술인지, 의사결정, 기술연습, 실제게임수행의 단계를 거친다.
10. 동료교수모형은 학습자와 교육자의 역할을 교환하며 진행한다.
11. 스포츠교육모형의 6가지 요소는 시즌, 팀 소속, 공식경기, 결승전 행사, 기록보존, 축제화이다.
12. 탐구수업모형에서 학습 영역의 우선순위는 인지적 영역 → 심동적 영역 → 정의적 영역이다.
13. 개인적·사회적 책임감 지도 모형 3단계에 대한 내용이다.
14. 하나로 수업 모형의 목적은 스포츠의 심법적 차원 입문을 통해 좋은 사람을 만드는 것이다.
15. 적극적 연습은 지도자가 학습자에게 반복적인 연습을 통해 학습을 지도하는 것이다.
16. 간접 기여 행동은 학습자와 학습환경에 주의를 기울이지만 내용에 직접적으로 도움이 되지 않는 행동을 말한다.
17. 위의 이야기는 기술에 대한 평가의 타당도가 결여되었다. 타당도란 측정하고자 하는 것을 측정도구가 실제로 정확하게 또는 적합하게 측정하는지에 관한 것이다.
18. 수업을 시작하기에 앞서, 학생들의 현재 학업 수준을 파악하여 학생들의 수준에 맞는 수업을 운영하기 위해서이다.
19. 비형식적 성장은 개인의 경험을 통해 성장이 가능하다.
20. 다른 학습자에게 방해가 되지 않는다면 즉시 제지할 필요는 없다.

2과목 스포츠 사회학 해설

1. 사회통제 기능 : 스포츠 현실에서 질서의 상태는 스포츠의 본질적인 모습이 아닌 강제적으로 조정된 결합
2. 외교적 항의 : 스포츠를 통하여 항의를 전달하는 경우, 직접적인 피해나 손해를 입지 않고도 외교적 목적을 달성할 수 있게 된다.
3. 학교 내 통합 : 스포츠는 학교에 공동 목표를 제공하여 교내의 모든 사람에게 공동체 의식을 형성시킨다.
4. 스포츠 사회학은 스포츠에서 나타나는 행동유형과 사회과정에 초점을 두고 있으며, 이를 스포츠 활동이 존재하는 일반 사회구조의 측면에서 설명하는 학문이다.
5. 코클리(J. Coakley)가 제시한 스포츠 제도화의 특성
   - 규칙의 표준화
   - 공식 집행 위원회의 규칙 집행
   - 행동의 합리적·조직적 측면 강조
   - 경기 기술의 정형화
6. 올림픽 경기가 정치화된 요인 : 민족주의 심화, 정치권력 강화, 상업주의 팽창
7. 상업주의에 의한 스포츠의 변화 : 스포츠의 구조, 스포츠의 내용, 스포츠의 조직, 올림픽 경기의 변화
8. ② 보편적 접근권은 어느 누구나 국민적 관심이 높은 스포츠 경기나 이벤트 등을 볼 수 있도록 하는 권리를 말한다.
   ③ 1960년 로마올림픽대회는 최초로 인공위성을 통해 전 세계에 중계되었다.
9. 시즌의 막바지로 접어들수록 난동 발생 가능성이 높아진다.
10. 미디어가 스포츠에 미치는 영향 : 경기 기술의 전문화와 표준화
11. 스포츠 일탈에 대한 접근
    - 절대론적 접근(일탈에 대한 보편적이고 절대적인 기준이 명확함, 일탈은 보편적인 사회적 기준에 근거하여 판단함)
    - 상대론적 접근(일탈은 사회적 기준에 따라 차이가 있음, 인간관계의 상호작용으로 일탈의 범위가 규정됨)
12. 스포츠 사회화의 전이 조건 : 참여의 정도, 참가의 자발성 여부, 스포츠 조직 내의 사회적 관계, 사회화 주관자의 영향력, 참가자의 개인·사회적 특성
13. 오늘날 지구촌 어디에서든 스포츠 경기가 열리는 선

14. 일상적 참가 : 스포츠 활동에 정규적으로 참가하고 활동이 개인의 생활과 조화를 잘 이루고 있는 상태이다.
15. 운동선수는 스포츠 탈사회화 이후 모두 스포츠 재사회화의 과정을 겪지는 않는다. 일부는 스포츠 재사회화 과정을 겪는다.
16. 상류계층은 자신의 경제적 여유를 드러내려는 속성으로 인해 하류계층보다 개인스포츠 참가를 더 선호한다.
17. 과잉동조란 규범의 무비판적 수용을 말한다.
18. 부르디외(P. Bourdieu)는 생활양식과 같은 사회문화적 요소를 계급결정 요인으로 간주하고 이를 자본의 개념으로 다루었다. 이 개념에 따르면 스포츠는 체화된 문화자본의 한 형태로써 사회의 계층구조에 관여한다.
19. 준거집단 이론에서 준거집단은 규범집단, 비교집단, 청중집단 등으로 구성된다.
20. 제국주의 시대 스포츠는 피식민지 국민에게 문화적 수단을 활용한 동화정책의 일환으로 활용되었다.

3과목 스포츠 심리학 해설

1. 운동제어의 역할은 정보처리이론, 운동제어이론, 운동의 법칙, 반사와 운동 제어, 협응구조 등의 연구이고 역할은 운동수행 및 스포츠 시 발생되는 움직임의 생성과 조절에 따른 기전을 연구하고 규명하는 데 있다.
2. 스포츠 심리학은 운동과 같은 스포츠 수행에 영향을 미치는 요인들과 그에 따른 기제를 과학적인 측면으로 탐구하는 학문이며 스포츠와 운동 참여가 개인의 심리적 발달에 미치는 영향을 규명하는 것으로 성격 발달과는 거리가 멀다.
3. 운동 학습은 개인적 특성을 바탕으로 연습이나 경험을 통해 과제와 환경적인 변화에 부합하는 가장 효율적인 협응 동작을 형성시켜 나가는 과정으로, 계획된 연습이나 경험에 의해 목표로 하는 운동수행의 향상이나 변화가 지속적(영구적)으로 발생되는 내적 과정을 말한다.
4. 개방회로 이론이란 빠른 운동의 정보처리를 말하는 이론이다. 즉, 움직임이 발생하기 이전에 뇌에서 동작에 대한 운동 프로그램이 기억되어 있다는 것으로 피드백 없이도 운동을 정상적으로 수행하는 것이 가능하다는 주장이다.
5. 효과적인 연습계획 및 유형 중 하나인 무선연습은 맥락간섭 효과가 크기 때문에 파지와 전이에 효과적이다. 맥락간섭이란 운동기술을 연습할 때에 중간에 개입된 사건이나 경험 사이에 발생되는 갈등으로 학습 및 수행, 기억이 방해를 받는 것을 말한다.
6. 운동발달이란 인간의 생명이 시작되는 순간부터 죽음에 이르기까지 모든 생애를 통해 이뤄지는 모든 변화의 양상의 과정으로, 즉 연령에 따라 계열적·연속적으로 운동기능이 변화해 가는 과정으로 기능적 분화와 복잡화, 통합화를 이루어 환경에 잘 적응하고 하나의 상태에서 다른 상태로 변화하는 과정을 의미한다.
7. 합리적 행동이론에 따르면 개인의 의도는 행동을 예측하는 단 하나의 원인으로 두 가지의 요인으로 나눈다. 그중 태도는 특정 행동의 실천 결과에 대한 신념과 결과에 대한 평가에 영향을 받고 주관적 규범은 타인의 기대에 대한 인식과 기대에 부응하려는 동기에 영향을 받는다.
8. 자기결정선상에서 동기를 외적, 내적으로 설명하는 인지적 동기 이론으로 인간의 행동을 자율성의 정도에 따라 순전히 타율적인 행동(외적 동기 행동)에서 완전히 자기 결정된 행동(내적 동기 행동)으로 개념화한다. 내적 동기 행동들은 다음과 같다.
   - 감각 체험 : 운동할 때 느끼는 감각 체험이 즐거워서 운동을 한다.
   - 과제 성취 : 과제를 성취하는 만족감 때문에 운동을 한다.
   - 지식 습득 : 새로운 것을 배우는 것이 즐거워서 운동을 한다.
9. Maslow는 인간의 기초적인 욕구를 5단계로 나누었는데 이들 욕구는 위계적인 관계를 가지고 인간행동을 결정한다.
   - 생리적 욕구 : 배고픔, 목마름, 수면, 성욕 등
   - 안전의 욕구 : 정서적, 신체적 위험으로부터의 보호
   - 사랑의 욕구 : 친밀, 애정, 소속감
   - 자기존중의 욕구 : 목표 달성, 권력, 사회적 지위
   - 자아실현의 욕구 : 자기만족
10. – 인지적 불안 : 근심, 걱정, 우려 등의 부정적인 생각과 관련된 요인이다.

- 탈진 : 기운이 다 빠져 없어진 상태로 스트레스로 인한 정서적 소진 상태를 말한다. 이러한 탈진의 원인으로는 과도한 훈련과 목표성향과 동기, 소외감, 고립 등이 있으며 정서적 고갈, 스포츠의 가치 감소, 수행 성취 감소 등의 심리적 증상을 보인다.
- 특성불안 : 선천적으로 타고난 기질이다.
- 사회적 추동이론 : Zajonc의 단순존재가설에 따르면 각성 수준이 높아지면 수행 능력 또한 향상되는 반응이 보이지만 학습이 익숙하지 않거나 어렵게 되면 오히려 부정확한 반응을 보여 능률이 저하될 수 있다.

11. 와이너에 따르면 귀인이론은 특정한 행동의 원인을 추론하여 그 귀인이 다음 행동에 어떠한 영향을 미치는지 나타낸다. 귀인의 종류는 노력, 능력, 운, 과제난이도 4가지 종류로 나타낼 수 있으며, 노력과 능력은 내적 요인으로, 운과 과제 난이도는 외적 요인으로 분류한다. 또한 운은 불안정적 요소(변화 가능), 능력과 과제 난이도는 안정적 요소(변화 불가능)로 분류할 수 있다.

12. 심상이란 기억 속에 있는 감각 경험을 회상하며, 외적 자극 없이 내적으로 운동 수행하는 과정을 상상하는 것으로서 모든 감각들을 동원하여 마음속으로 어떠한 경험을 재현하거나 만들어 내는 것을 말한다. 심상은 운동 기능 향상에 많은 도움을 주며 근육 조직의 활동을 일으키며 실제 신체적 경쟁을 준비할 수 있도록 해준다.

13. 주의의 특징 중 선택은 주의 집중할 목표를 선택하여 불필요한 정보들을 배제하도록 한다.
주의는 폭(광의, 협의)과 방향(내적, 외적)의 2가지 차원으로 구성되어 있다.
Nideffer의 주의 스타일 이론은 스포츠 상황에 맞는 주의 스타일로서 스포츠에 필요한 기능에 따라 다른 주의 스타일을 요구한다. 이는 효율적 기능 수행 가능 범위와 방향으로 구분한다.
  • 넓은 범위(주의) : 변화하는 상황과 사건에 대한 파악 및 인지
  • 좁은 범위(주의) : 제한된 사건, 한두 가지의 사건에 반응
  • 외적 방향(주의) : 타인이나 외부 환경에 관한 주의
  • 내적 방향(주의) : 자신의 생각, 감정에 관한 주의

14. 루틴이란 선수들이 최상의 운동수행을 발휘하는 데 필요한 이상적인 상태를 갖추기 위한 자신만의 고유한 동작이나 절차, 또는 선수들이 자주 수행하는 습관화된 동작을 의미한다.

15. 동기 손실은 코치와 선수 등 팀 구성원이 자신의 최대 노력을 기울이지 않을 때 생기는 손실을 말한다.

16. 팀 구축의 전략은 목표설정 → 역할규정 → 대인과정 분석 → 응집력 구축으로 완성되는데 위를 바탕으로 다음과 같은 요인으로 예를 들 수 있다.
    - 환경요인 : 팀 구성원이 동일한 유니폼을 입는다.
    - 구조요인 : 매주 한 번씩 팀 미팅을 열어 각자의 역할과 책임에 대해 논의한다.
    - 과정요인 : 팀 구성원 간 상호작용과 의사소통의 기회를 충분히 갖는다.
    - 집단응집력 : 집단의 성원을 집단에 머무르도록 작용하는 힘들의 총합을 의미한다.

17. 강화는 어떤 행동이 나타난 다음에 자극을 제시해 줌으로써 미래에 그 반응이 나타날 확률을 높여 주는 것을 말하며, 정적 강화와 부적 강화로 분류된다.
    - 정적 강화 : 칭찬, 상, 표창, 금전적 보상 등과 같이 만족감을 주는 자극으로, 반응이나 행동 발달을 촉진시킨다.
    - 부적 강화 : 꾸중, 지위의 박탈, 화장실 청소 등과 같이 불쾌한 자극을 제거시킴으로써 바람직한 행동을 유도하는 것을 말한다.
    효과적인 강화물을 선택하고 바람직한 행동을 찾아 강화를 주어 결과보다는 수행 과정에 관심을 가지게끔 한다.

18. 공격성이란 상처나 고통을 주는 것을 목표로 한 성향으로 언어적·비언어적의 모든 행위를 포함한다.

19. 스포츠심리상담의 절차와 기법은 다음과 같다.
    1) 관심집중 : 내담자가 관심을 가지고 어떤 것을 원하는지에 대해 주의를 기울이며 내담자가 긴장을 풀 수 있도록 편안함을 제공해 주어야 한다. 이를 통해 내담자와의 신뢰를 형성하도록 한다.
    2) 경청 : 내담자의 말뿐만 아니라 표정, 제스처, 자세, 목소리 등을 보고 듣는 것을 내포한다. 상담자는 내담자의 말을 평가하거나 판단하려 하지 말고 내담자의 관점에서 듣도록 해야 한다.
    3) 공감 : 내담자의 입장에서 그 사람이 느끼고 생각하는 점을 상담자가 같거나 유사하게 느끼며 생각하는 것을 말한다. 공감적 반응을 높이기 위해선 생각할 시간을 가지며 반응 시간을 짧게 하고 내담자의 반응에 맞도록 자신을 조정해야 한다.

20. - 라포 : 내담자와 상담자 사이의 공감적 관계
    - 신뢰 형성 기술 : 적절한 고개 끄덕임과 적절한 반응, 관심 어린 질문
    - 관심 보여주기 : 상담자가 내담자 향해 앉기, 개

방적 자세 취하기, 적절한 시선 맞추기
- 경청 : 상담자가 내담자의 언어적 메시지는 물론 비언어적 메시지를 듣는 과정

4과목 스포츠 윤리 해설

1. 행위의 의도나 수단보다는 행위의 결과를 중시하는 판단이고 많은 사람에게 이익을 가져다 주었으므로 공리주의와 관련된다.
2. 덕은 개인의 품성과 연관되어 있다.
3. 사실판단은 객관적 자료와 근거를 제시한다. 가치판단은 보편적, 공공적, 영구적 가치가 특별하고 일시적인 가치에 우선해야 한다.
4. 아레테는 탁월성, 덕으로 번역된다. 예를 들어 양궁선수의 아레테는 활을 잘 쏘는 것이다. 즉 신체의 기능과 밀접한 관련을 갖는다.
5. 스포츠맨십은 스포츠를 행하는 사람이 지켜야 할 대부분의 도덕규칙을 포함한다. 페어플레이는 공정한 경기, 행위를 의미한다. 따라서 서로 다르다.
6. 스포츠 에토스는 스포츠 상황에서 인간의 내면으로부터 일정한 행동 양식으로 이끌어내는 실천적인 추진력이다.
7. 각자의 몫을 정하는 기준을 절차 혹은 과정에 두는 것을 절차적 정의라 한다.
8. • 구성적 규칙 : 개별 행위에 적용되는 세밀한 규칙으로 구체적이며 강제적이다.
   • 규제적 규칙 : 일반적인 경기 규칙과 진행 방식을 말한다.
9. 이익 동등(평등) 고려의 원칙을 주장한 사람은 피터 싱어이다.
10. 스포츠에서 통제된 힘의 사용을 정당한 폭력이라 할 때 이를 용인된, 자기 목적적 폭력이라 하고 이런 폭력은 특수성과 이중성을 갖는다.
11. 아곤은 경쟁을 의미한다. 미미크리는 모방, 알레아는 운, 일링크스는 무아지경의 황홀을 의미한다.
12. 승리에 대한 보상 강화는 승리지상주의를 부추기고, 이는 도핑의 유혹을 부추긴다.
13. 의무론은 도덕규칙이 서로 상충될 수 있고 갈등상황에서 실질적인 해결책을 제시하지 못할 수 있는 난점이 있다.
14. 쿠베르탱은 여성의 올림픽 참여를 제한하였다.
15. 덕 윤리에 관한 설명이다. 덕 윤리는 행위자 중심이다.
16. 장애인스포츠 관련 법령은 이미 공포되어 있으며, 그 외에 헌법에도 명시되어 있다.
17. 심판평가제와 자격박탈의 문제는 개인윤리가 아닌 외부통제 및 해결 방안이다.
18. 재판자, 즉 제3자의 관점에서 바라보는 것은 올바른 판단법이 아니다. 스포츠라는 특수성과 환경을 고려해야 한다.
19. 골프, 야구, 테니스는 개발환경으로 구분된다. 개발환경은 자연환경을 변화시켜 스포츠 환경을 만들어내는 것이다.
20. 형식주의는 경기 규칙에 명시되어 있는 것만을 경기 규칙으로 보는 견해이다. 따라서 구성적 규칙과 규제적 규칙을 모두 준수하면 공정성이 실현된다고 보는 것이다.

5과목 운동생리학 해설

1. 운동 손상에 대한 수술 방법은 의료행위로서 운동생리학에서는 연구하지 않는 학문이다.
2. $H+$이 피르브산(pyruvate)과 결합하여 젖산을 형성하는 과정은 해당과정에서 일어난다.
3. 운동 중 호흡순환 조절 – 고온 환경에서 장시간의 최대하 운동은 서늘한 환경에서보다 1회박출량을 감소시킨다.
4. 심박출량은 운동 강도의 증가에 따라 직선적으로 계속 증가하지 않는다.
5. 중성지방은 리파아제(lipase)에 의해 글리세롤과 유리지방산으로 분해된다.
6. 100m 달리기, 장대높이뛰기는 경기 시 순간적인 운동강도가 높기 때문에 ATP-PCr 시스템을 주로 사용하게 된다.
   마라톤 선수는 지근섬유인 Type I의 근섬유를 많이 가지고 있다.
   10,000m 달리기 선수는 크레아틴 키나아제(creatine kinase)의 활성도가 낮다.
7. 지방 산화가 탄수화물 산화보다 많은 산소를 필요로 한다.
8. 동방결절(SA node) → 방실결절(AV node) → 방실다발(AV bundle) → 퍼킨제섬유(Purkinje fibers)
9. 자율신경계는 심장근, 내분비선, 평활근을 자극하는 기능을 한다.
10. ④ 안정막전위는 세포 안 $K+$, 세포 밖 $Na+$이 많은

11. 보기의 내용은 골지건기관(Golgi tendon organ)을 설명하는 내용이다.
12. 신경세포와 근육의 흥분-수축 결합 단계
    활동전위가 축삭 종말에 도달하면 아세틸콜린이 방출된다. → 근형질세망에서 분비된 Ca2+이 트로포닌에 부착되어 트로포마이오신을 들어올린다. → 마이오신 머리가 액틴세사를 잡아당긴다.
13. Type I 근섬유(지근섬유) 특징
    강한 피로 내성, 낮은 해당능력, 느린 수축 속도와 낮은 장력, 높은 지구성을 지니고 있어 유산소 운동에 적합, 많은 미토콘드리아와 산화효소, 많은 모세혈관 분포, 낮은 ATP효소 농도, 낮은 해당효소 농도
14. 글루카곤(glucagon)은 간의 글리코겐을 글루코스로 바꿔 안정 시 혈당을 유지할 수 있게 한다.
15. 보기의 과정은 알도스테론(aldosterone)에 대한 설명이다.
16. 미오글로빈(myoglobin)은 산소와 결합하여 운반된다. 생화학적으로 근조직 속에 산소를 확보하는 저장체라고 알려져 있다.
17. 폐에서 가스교환으로 산소가 포화된 혈액은 폐정맥을 통해 좌심방으로 이동하여 바로 좌심실에서 박출되어 대동맥을 통해 전신으로 혈액이 공급된다. 공급된 혈액은 모세혈관에서 산소와 영양소를 운반하고, 세포의 대사물질은 정맥을 통해 운반된다. 혈액은 대정맥을 통해 우심방으로 이동하고 우심실에서 폐동맥을 통해 폐로 이동한다. 그리고 폐에서 가스교환이 일어나며 순환한다.
18. ① 동정맥산소차는 근육세포의 산소 소비량에 비례한다.
    ② 고강도 운동은 동정맥산소차를 증가시킨다.
    ③ 골격근의 모세혈관 분포의 증가는 동정맥산소차를 증가시킨다.
    ④ 동정맥산소차의 감소는 산소 이용의 감소로 지구력을 감소시킨다.
19. 1회박출량 감소로 심박수가 증가한다.
20. 시상하부 전엽은 체온 증가에 관여하여 피부혈관 확장 및 발한을 자극한다.
    시상하부 후엽은 체온 감소에 관여한다. 열발생을 위하여 혈관을 수축시키고 근육의 떨림을 발생한다. 격렬한 운동으로 증가된 체온은 주로 땀의 증발을 통해 조절된다.

6과목 운동역학 해설

1. 심폐지구력 향상 훈련법 개발은 운동생리학 분야의 목적이다.
2. 시상면은 인체를 좌우로 나눈 면으로 굴곡(flexion)과 신전(extension)이 발생하는 면이다.
3. 운동역학은 속도가 아닌 힘을 측정하여 인체의 움직임을 분석한다.
4. 기저면이 넓을수록, 체중이 무거울수록, 무게중심이 낮을수록 인체의 안정성이 높아진다.
5. 무게중심은 성별, 나이, 인종에 따라 변화하며 두 사람의 몸무게가 같아도 인체의 분절이 차이가 나면 무게중심의 위치는 다르다. 무게중심은 인체 내부뿐만 아니라 외부에도 존재할 수 있다.
6. 가속도는 시간의 변화에 따른 속도의 변화 정도이며, 단위는 m/s^2이다. 가속도의 방향은 속도가 감소할 경우 속도의 방향과 다르게 나타난다.
7. 힘은 속도, 가속도, 충격량, 변위 등과 같은 벡터이다.
8. ① 야구배트 헤드의 선속도는 배트의 각속도에 비례한다.
   ② 테니스 라켓의 선속도 방향은 각속도 방향과 반대이다.
   ④ 팔 길이가 길수록 야구공 릴리스 선속도가 크다.
9. ② 동일한 충격량 생성 조건에서 접촉시간을 늘리면 충격력은 감소한다.
   ③ 운동량은 벡터량이다.
   ④ 운동량과 충격량의 단위는 N·s 또는 kg·m/s로 같다.
10. 일을 구하는 공식은 '일 = (작용한 힘) × (힘 방향의 변위)'이다.
11. 지면반력은 인체가 지면에 가해준 힘에 대한 반작용이므로 수평 정지 상태에서는 몸무게와 항상 같다.
12. 동작 분석기는 자세(각도), 가속도, 속도를 측정할 수 있으며 지면반력기는 전후, 좌우, 상하 세 방향의 힘과 압력 중심점, 토크, 모멘트 등을 산출한다. 근전도 장비는 근육의 활성도 및 피로도를 측정한다.
13. 위치에너지는 물체의 높이에 가장 큰 영향을 받으며, 최고 높이에서 가장 크다.
14. 다이빙 동작에서 몸을 펴면 회전 반경이 커지므로 관성 모멘트는 증가한다.
15. 농구공 무게중심의 수평 가속도는 속도의 변화가 없으므로 $0m/s^2$이 되며, 농구공 무게중심의 속력은 일정하지 않다. 농구공 무게중심의 수평 속도는 일

정하며, 수직속도는 최고점에서 '0'이 된다.
16. 각운동량은 전체 운동량이 변하지 않는 상태에서 일부 동작으로 각운동량, 나머지 동작은 선운동량으로 전환되어 상-하체에서 발생하는 각운동량의 합은 일정하다.
17. 1종 지레는 지레의 양끝에 힘점과 저항점이 있고, 힘점과 저항점 사이에 축이 위치한 가장 일반적인 지레이다. 대표적으로 가위와 뒷목 관절이 있는데 목을 신전(뒤로 젖힘)시키는 근육의 정지부가 힘점이 되고, 목을 앞뒤로 움직일 수 있도록 두개골과 1번 경추 사이의 관절이 축점, 머리뼈의 앞쪽 부분의 무게가 저항점이 된다.
18. 3차원 분석법에서 요구되는 최소 카메라 수는 2대이며, 비틀기 동작을 분석하기 위해서는 3차원 분석법이 더 적합하다. 그리고 3차원 분석법에서 하나의 인체 분절 정의에 필요한 최소 반사마커 수는 3개이다.
19. 원심력을 감소시키기 위해서는 속도를 줄이거나 질량을 감소시켜야 한다.
20. 일과 에너지의 단위는 J를 사용하며, 일률의 단위는 W, J/s, N·m/s를 사용한다.

15. 민족말살기에 일본의 황국신민체조가 도입되었다.
16. YMCA에 의해 배구가 도입되었다.
17. 레슬링의 양정모 선수는 1976년 몬트리올올림픽에 출전해 우리나라 최초로 금메달을 획득하였다.
18. 체력장의 종목은 5개이다.
19. 전국대회의 효시는 전조선야구대회이다.
20. 1962년 국민체육진흥법 공포, 1966년 태릉선수촌 건립, 1982년 프로야구 출범, 1988년 서울올림픽 개최

7과목 한국체육사 해설

1. 스포츠 윤리는 스포츠 행위의 옳고 그름을 연구하는 학문이다.
2. 신라시대에 교육적 활동으로 궁술과 기마술이 있었다.
3. 경당은 독서와 활쏘기를 하는 장소였다.
4. 세속오계는 원광이 전한 5가지 계율이다.
5. 쌍륙은 주사위놀이, 축국은 축구, 각저는 씨름이다.
6. 수박은 맨손무예로서 고려시대 무신반란의 주요 요인이었다.
7. 풍연은 연날리기로 서민 스포츠였다.
8. 대사례는 성균관에서 실시되었다.
9. 방응은 매사냥, 석전은 돌싸움, 활인심방은 퇴계 이황이 필사한 책이다.
10. 조선시대는 농경문화를 중요시했다.
11. 교육입국조서는 덕양, 지양, 체양을 강조하였다.
12. 초창기 운동회의 종목은 육상이었다.
13. 원산학사는 동래 무예학교의 영향을 받았다.
14. YMCA는 전통 스포츠를 보급하지 않았다.

2018 2급 생활·전문스포츠지도사 정답과 해설

1과목 스포츠 교육학

01	02	03	04	05	06	07	08	09	10	11	12	13	14	15	16	17	18	19	20
③	①	②	④	③	④	④	①	①	③	④	②	②	①	③	④	①	②	②	③

2과목 스포츠 사회학

01	02	03	04	05	06	07	08	09	10	11	12	13	14	15	16	17	18	19	20
①	①	③	①	③	④	②	④	③	②	①	③	②	④	④	②	②	④	②	③

3과목 스포츠 심리학

01	02	03	04	05	06	07	08	09	10	11	12	13	14	15	16	17	18	19	20
②	③	③	④	②	②	④	①	④	①	④	③	④	①	③	①	④	②	①	③

4과목 스포츠 윤리

01	02	03	04	05	06	07	08	09	10	11	12	13	14	15	16	17	18	19	20
②	④	②	③	②	④	②	②	④	①	①	④	③	①	④	③	①,③	①	③	④

5과목 운동생리학

01	02	03	04	05	06	07	08	09	10	11	12	13	14	15	16	17	18	19	20
④	①	①	④	③	①	③	②	④	②	②	②	④	②	①	①	③	②	④	③

6과목 운동역학

01	02	03	04	05	06	07	08	09	10	11	12	13	14	15	16	17	18	19	20
④	②	③	①	③	④	③	③	①	②	④	②	④	①	④	②	④	③	②	①

7과목 한국체육사

01	02	03	04	05	06	07	08	09	10	11	12	13	14	15	16	17	18	19	20
①	④	②	③	①	④	③	①	④	②	①	③	③	④	②	②	④	②	③	①

1과목 스포츠 교육학 해설

1. 탐구수업 모형 : 문제 해결자로서의 학습자(인지적 영역의 학습, 문제해결력, 표현력, 창의적 움직임 개발)
2. Thomas Wood는 '체조 중심의 체육'으로부터 '신체를 통한 교육으로서의 체육' 철학으로 넘어가는 분수령을 마련하였다.
3. 초등학교 스포츠 강사의 역할은 초등 체육수업의 보조자로서 담임교사 책임하에 체육수업 협력지도, 방과 후 학교, 학교스포츠클럽 지도, 방학 프로그램 운영(여름방학 비만 프로그램), PAPS 업무(학생건강체력평가제) 지원 등을 통하여 초등학교 체육 활성화 및 체육 인재 조기 발굴에 기여하는 것이다.
4. 스포츠 활동과 인성의 요소를 통합적으로 지도한다.
5. 평정척도 : 학습 성적이나 행동, 태도 따위를 평가할 때 사용하는 기준
6. 보기 ㉠~㉢ 모두 옳다.
7. • 신호간섭 : 시선의 마주침, 손 움직임, 부주의한 행동을 감소시키는 그 밖의 교사 행동을 이용하는 것
   • 접근통제 : 교사가 그 행동에 관심을 보이고 있다는 것을 전달하기 위하여 방해 행동을 하는 학생에게 가까이 접근하거나 그를 접촉하는 것
   • 삭제훈련 : 교사가 학생이 어떤 특정한 행동에 관여하지 않은 데 대해서 보상을 주는 것
   • 보상손실 : 부적합한 행동을 했을 시 어떤 것을 상실하는 것
8. 학교체육 진흥법 제11조 1항 : 학교의 장은 학생선수가 일정 수준의 학력기준에 도달하지 못한 경우(이하 '최저학력'이라 한다)에는 별도의 기초학력보장 프로그램을 운영하여 최저학력이 보장될 수 있도록 노력하여야 하며, 필요한 경우 경기대회 출전을 제한할 수 있다.
9. 소외계층 청소년의 체육활동을 지원하기 위해 운영하는 '행복나눔 스포츠교실' 사업의 공모단체 선정을 마치고 프로그램 운영을 한다.
10. 스포츠 지도 시 주의 집중 전략
    첫째, 학생의 능력 수준에 맞는 과제를 부여한다. 능력과 과제 난이도가 균형을 이루는 것은 가장 중요한 조건이다. 수준별 집단 편성을 강조하는 배경도 여기에 있다.
    둘째, 줄 서서 기다리는 시간을 줄인다. 자유스러운 연습시간을 보장해 줘야 한다. 중간에 자주 연습이 중단되거나, 줄 서서 기다리는 시간이 많다면 집중하기 힘들게 된다. 연습을 위한 코너를 늘리면 줄 서는 시간을 줄일 수 있다.
    셋째, 교사는 말을 아낀다. 연습 전에 설명과 시범은 꼭 필요하다. 하지만 일단 연습이 시작되면 교사는 말을 아껴야 한다. 언어적 피드백의 빈도가 지나치면 학생의 수업 집중을 방해하게 된다. ('내가 항상 주의해야 할 것이지.. 아이들이 제대로 못해도 계속 연습시키자')
    넷째, 평가 상황을 만들지 않는다. 평가가 이루어지면 학생은 교사에게 잘 보이는 것을 지나치게 의식한다. 외부 상황을 자주 의식하게 되면 집중은 어렵게 된다.
11. 2015 초·중등학교 교육과정 총론에 의하면, 중학교 '학교스포츠클럽 활동'은 정규교육과정의 교과 활동에 편제되어 있지 않으며, 창의적 체험활동의 동아리활동에 매학기 편성하도록 하고 있다.
12. 개별화 지도 모형
    - 교사가 미리 계획한 학습과제를 학생이 자신에게 맞는 속도로 학습
    - 교사의 지식 전달 시간을 줄이고 교사와의 상호작용 시간을 늘림.
    - 학생이 스스로 전개 및 지도의 속도 조절 가능
    - 교사는 피드백 등을 통해 상호작용
13. 과제 전달의 효율성을 높이려면 학습 단서의 수가 간략할수록 좋다.
14. 유도 발견형 스타일 : 교사의 연속적인 질문을 통해 그에 부응하는 해답을 학습자 스스로 발견하도록 유도
15. 협동학습에서는 개인의 개별 책무성을 높이기 위해 개인의 점수뿐 아니라 개인이 소속되어 활동한 집단의 점수도 반영한다.
16. 보기는 기능 수준과 내용 교수법 지식에 관한 내용이다.
17. • 축제형 : 누구나 즐겁게 참여하는 생활체육
    • 협동학습모형 : 협동을 통한 내용 숙달, 성취 지향, 과정 중심
18. 직소(Jigsaw)
    - 구성원들 간의 극단적인 상호 의존적 환경을 구성하게 한다.
    - 각 학습자는 학습 단원의 일부만 학습 자료로 제공받지만 학습 단원 전체로 평가받는다.
    - 구성원은 단원 전체를 공부하기 위해 다른 구성원들의 도움을 받아야 한다.

19. 전술적 창의력 : 스포츠 활동을 포함한 신체활동 상황에서 주변 상황은 늘 고정적이지 않고 변화한다.
20. 정의적 가치의 영역에 포함되는 것
    - 감각적으로 쾌락을 얻는 과정에서 획득되는 정서적 가치
    - 아름다움을 경험할 때 경험되는 심미적 가치
    - 의와 선에 대한 관념에 따라서 경험하게 되는 도덕적 가치 등

2과목 스포츠 사회학 해설

1. • 스포츠 : 놀이성과 규칙성, 그리고 경쟁성을 강하게 띠며, 신체활동이 주가 되는 인간의 행위 양식
   • 놀이 : 활동 그 자체에서 만족과 즐거움을 찾는 것으로 결과보다는 활동 자체의 의미를 중시
2. 초 · 중학교 상시 합숙제도는 학원스포츠의 문제점에 해당된다.
3. • 외교적 항의 : 스포츠를 통한 외교적 항의는 직접적인 피해나 손해를 입히지 않고 목적을 달성
   • 국가 경제력 표출 : 스포츠의 정치적 역기능
   • 갈등 및 전쟁의 촉매 : 국제관계에서 각국의 갈등은 언제나 존재하며 국제경기에서도 예기치 않게 발생
4. 상업주의 스포츠 출현의 사회적 조건
   - 자본주의적 시장 경제 체계
   - 인구 밀도가 높은 대도시
   - 자본의 집중
   - 소비문화의 발전 정도
5. • 국가주의 이데올로기 : 민족주의나 국민적 일체감을 강조
   • 젠더 이데올로기 : 여성선수의 외모를 더 부각시켜 성차별 이데올로기를 조장
   • 자본주의 이데올로기 : 경제적 가치를 중시하여 스포츠의 소비를 유도하는 보도
   • 개인주의 이데올로기 : 사회적 모순을 개인의 노력에 의해 극복할 수 있다는 심리를 조장
6. • 반역주의 : 목표와 수단을 모두 거부하고, 새로운 목표와 방법을 모색하는 행위
   • 도피주의 : 스포츠 참가 중단 또는 거부
   • 혁신주의 : 목표를 수용하지만 수단을 거부하는 행위
7. 옐로 저널리즘(yellow journalism) : 특정 선수나 코치의 개인 사생활을 의도적으로 파헤치거나 선수나 스포츠 관계자를 웃음거리로 만드는 기사를 보도하는 관행
8. 지위의 서열화
   - 지위의 상호 비교가 가능
   - 서열화의 목적은 각 지위의 적절한 배치
   - 개인적 특성, 개인의 기능이나 능력, 역할의 사회적 기능에 의해 가능
9. 신체 소외는 갈등이론의 개념 중 운동선수의 재능과 능력의 착취와 관련이 있다.
10. 동일화의 과정을 통해 대중은 선수나 팀을 자신과 일체시킨다.
11. 상대방의 심리적 불안을 초래하는 과도한 야유는 부정행위에 속하지 않는다.
12. 보편성 : 스포츠 계층은 장소와 시간을 불문하고 존재하며 그 편재성은 어디에나 존재하고 발전할 수 있는 보편적 사회문화 현상이다.
13. 스포츠의 교육적 역기능 : 승리 지상주의, 일반 학생의 참가 기회 제한, 성차별의 간접교육, 스포츠의 상업화, 위선과 착취, 일탈 조장, 독재적 코치, 비인간적인 훈련
14. 정의적 참가 : 직접적으로 참여하지 않고 간접적으로 특정 선수나 팀 경기에서 강점을 표출하는 행동을 의미
15. 대중매체가 스포츠에 미치는 영향 : 스포츠 상품화, 스포츠에 대한 관심과 인기 증대, 스포츠 규칙의 변경, 경기 일정의 변경, 스포츠 기술의 향상
16. 스포츠 노동 이주 : 스포츠 노동 수요에 따라 이리저리 옮겨다니는 스포츠 노동자의 노동
17. ② 스포츠로의 사회화 : 주요 타자와 준거집단의 영향을 받는다.
    ①, ③, ④ 스포츠를 통한 사회화
18. ④는 흥미를 극대화하기 위한 구조로 보기 어렵다.
19. ⓒ, ⓔ는 스포츠 일탈의 순기능이다.
20. 언론의 집중적인 보도로 인한 영향으로 주관자는 대중매체이다.

3과목 스포츠 심리학 해설

1. • 응용스포츠심리학 : 스포츠 참가가 개인의 심리적 발달에 끼치는 영향을 연구하는 학문
   • 운동학습 : 계획된 연습이나 경험에 의해 목표로 하는 운동 수행의 향상이나 변화가 지속적으로 발생되는 것

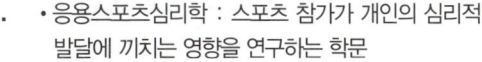

2. 경쟁불안은 스포츠 경기 상황에서 경쟁 과정에 수반하여 나타나는 불안의 한 형태이다.
3. 각성을 긍정적으로 해석하면 긍정적 심리 에너지가 발생하기 때문에 운동 수행에 긍정적인 영향을 미치는 반면, 각성을 부정적으로 해석한다면 부정적 심리 에너지 때문에 각성과 운동 수행 사이에 부정적인 관계가 성립되므로 운동선수는 각성을 어떻게 하느냐에 따라 경기력이 달라진다.
4. 심상을 하는 동안에 뇌와 근육에는 실제 동작을 할 때와 매우 유사한 전기 자극이 발생하여 실제 동작을 하는 것과 똑같은 순서로 근육에 자극이 전달되어 근육의 운동 기억을 강화한다.
5. 무임승차 전략은 남들의 노력에 편승하여 혜택을 받기 위해 자신의 노력을 줄이는 것을 말한다.
6. • 규정행동 : 조직 내에서 리더가 해야만 할 행동, 리더로부터 기대되는 행동
   • 선호행동 : 선수들이 선호하거나 바라는 행동
   • 실제행동 : 리더가 실제로 행하는 행동
7. 운동은 그 형태의 구분 없이 자체로도 우울증과 불안에 효과적이나 유산소성의 운동 형태는 무산소성 운동의 형태보다 불안요소의 감소로 더 좋은 효과를 보인다.
8. • 정서적 지지 : 다른 사람을 격려하고 걱정하는 과정에서 생기는 것
   • 도구적 지지 : 유형의 실천적인 지지를 제공하는 것
   • 정보적 지지 : 운동 방법에 대해 안내와 조언을 하고 진행 상황에 관한 피드백을 제시하는 것
   • 비교 확인 지지 : 다른 사람과의 비교를 통해 자신의 생각, 감정, 문제, 체험 등이 정상적이라는 확인을 하는 것
9. 주의는 폭(광의, 협의)과 방향(내적, 외적)의 2가지 차원으로 구성되어 있다.
   (1) 광의/외적 유형 : 상황을 재빠르게 평가한다.
   (2) 광의/내적 유형 : 분석하고 계획한다.
   (3) 협의/외적 유형 : 하나 또는 두 개의 단서에 전적으로 주의 집중한다.
   (4) 협의/내적 유형 : 수행에 대한 정신적 연습 및 정서를 조절한다.
10. 심리적 핵 : 개인의 기본적인 태도, 가치관, 적성, 동기를 포함한 것으로 성격의 가장 안정된 부분이고 오랜 시간 일정하게 유지되는 특성이 있다. → 사회적 환경에 영향을 받지 않는다.
11. 실천 : 운동의 동기가 충분히 생겼으며 운동에 대한 시간과 투자가 생긴 단계이다. 하지만 가장 불안정한 단계로서 다시금 하위로 내려갈 가능성이 있다. 의사결정의 균형은 혜택이 손실보다 더 높아진 상태이다.
    ㉠ 주 3회, 1회당 20분 이상 수준의 운동을 6개월 미만으로 실천하고 있는 상태
12. 바이오피드백은 자율신경계의 기능을 의식적으로 조절하는 것을 말한다.
13. • 인지 단계 : 학습해야 할 운동 기술의 특성을 이해하고 그 과제를 수행하기 위하여 사용되는 전략을 개발하는 단계, 초보자
    • 연합(고정화) 단계 : 과제를 수행하기 위한 수행전략을 선택하고, 잘못된 수행에 대한 적절한 해결책을 찾아갈 수 있게 됨. 수행의 일관성과 수행력 점차 향상
    • 자동화 단계 : 동작이 거의 자동적으로 이루어지기 때문에 움직임 자체에 대한 의식적인 주의가 크게 요구되지 않음. 주의를 전환시킬 수 있고, 오류를 탐지하고 수정할 수 있는 능력을 가짐.
14. 운동 발달 단계에서 초기 움직임 단계는 다음과 같다.
    - 출생부터 2년까지의 유아기에 나타남.
    - 수의적인 기본 움직임 형태가 등장
    - 신경체계 성숙으로 반사 운동이 사라지고 수의적인 움직임이 나타나는 단계
15. 다이내믹시스템이론은 운동과제, 환경, 유기체가 지니는 제한요소에 대한 적응 과정의 면으로 보는 이론을 말한다.
16. • 맥락간섭 : 운동기술을 연습할 때에 중간에 개입된 사건이나 경험 사이에 발생되는 갈등으로 학습 및 수행, 기억이 방해를 받는 것을 말한다.
    • 분습(분단)법 : 한 가지 과제를 하위 단위로 나누어 제시하는 방법을 말한다.
    • 무선연습 : 맥락 간섭 효과가 크기 때문에 파지와 전이에 효과적이다.
17. 행동을 일으키거나 조절하는 외적 사건이 동기 및 동기와 관련된 과정에 미치는 효과를 기술하는 이론으로 Deci(1975)에 의해 처음 제안되었다.

18. 모노아민의 가설은 운동을 하면 신경전달물질(세로토닌, 도파민 등)의 분비로 불안한 감정을 개선한다는 가설을 말한다.

19. 자기효능감 이론(Bandura. 1977)에서 제시되어 있듯이 자기효능감은 운동의 지속성과 관련되어 여러 측면에서 많은 영향을 준다. 예컨대 운동시간, 노력, 투자, 목표설정 등은 자기효능감에 따라 충분히 달라질 수 있다.
    (1) 과거 성공적인 수행 경험
    (2) 간접 경험
    (3) 언어적 설득
    (4) 신체와 감정 상태
20. 주의 집중 향상 방법은 다음과 같다.
    1) 모의 훈련을 통해 주의 산만의 요인에 자주 노출시켜 적응케 한다.
    2) 과정 지향 목표를 주어 당면한 과제를 해결하는데 주의를 집중하도록 한다.
    3) 개인에게 맞는 적정 수준의 각성을 하도록 한다.
    4) 주의가 흐트러져도 다시금 재정비하도록 재집중 훈련을 한다.
    5) 동작이 자동적으로 이루어진다는 신뢰를 기르기 위한 훈련을 한다.
    6) 내적인 변화에 주의를 기울여 보고 좋았던 추억을 회상하는 등 변화되는 생각에 주의를 기울이는 분리 전략도 활용해 본다.

4과목 스포츠 윤리 해설

1. 스포츠 윤리의 이론적 토대는 도덕, 윤리, 선이다.
2. 상대와의 경쟁을 통한 승리 추구는 아곤(agon)에 대한 설명이다.
3. 의무론은 결과의 좋고 나쁨이 아니라 그 행위 자체가 도덕규칙의 판단 기준이다.
4. 가치판단은 도덕적인 것, 미적인 것, 사리분별에 관한 것이다.
5. 덕 윤리에 관한 설명이다. 덕 윤리는 행위자 중심이다. 덕성과 인성에서 발현된다.
6. 비형식주의는 규칙뿐 아니라 관습이라고 하는 윤리적인 면도 규칙에 포함한다.
7. 스포츠맨십은 스포츠를 행하는 사람이 지켜야 할 대부분의 도덕규칙을 포함한다. 페어플레이는 공정한 경기, 행위를 의미한다.
8. 결과론에 대한 난점이다. 공리주의는 결과론을 대표한다.
9. 스포츠 윤리는 선수의 경기 수행력의 향상과는 관련이 없다.
10. 심판은 스포츠 경기에서 개인의 윤리와 사회적 윤리가 복합적으로 얽혀 있기 때문에 상호 보완해야 한다.
11. 구성적 규칙을 위반한 것 자체가 찬성의 입장이라고 볼 수 없다. 나머지 ②, ③, ④는 선수의 행동을 옹호하는 입장이다.
12. 분배적 정의에 대한 내용이다. 분배적 정의는 공정성을 가지고 있어야 하며, 모든 관련자가 동의해야 하며, 공정한 과정을 거쳐서 세운 기준에 따른 불평등은 수긍할 수 있다. 또한 합리적 분배 기준을 제시해야 한다.
13. ③은 인종차별적인 내용을 담고 있지 않다.
14. 장애인에 대한 기본권 침해는 제한, 배제, 분리, 거부이다.
15. 종차별주의로 희생되는 동물윤리의 문제는 경쟁, 유희, 연구를 위한 수단이다.
16. 영준은 개인의 도덕성 결핍, 즉 개인 윤리적 관점을 가지고 있다.
17. 보기의 내용은 국가가 주도하여 선수들에게 원치 않는 금지 약물을 복용시켰고, 도핑 결과 역시 조작한 공정성 문제와 선수에 대한 강요가 있었다고 볼 수 있다.
18. 한나 아렌트는 악행이 국가에 순응하며 본인의 행동을 '평범'하게 여기는 사람들에 의해 행해지는 것을 '악의 평범성'이라고 했다.
19. 스포츠 인권은 누구나 동등하게 보편적으로 보장되는 권리이다.
20. 제도적 강제성은 조직의 감시와 통제, 억압, 착취를 강화시킨다.

5과목 운동생리학 해설

1. 운동생리학은 일정 기간 동안 운동 형태로 가해진 자극에 대해 인체가 적절하게 반응하고 적응하는 과정 속에서 나타나는 생리학적 현상을 연구하는 학문 분야이다.
2. 보기는 인슐린(insulin)에 대한 설명이다.
3. 호흡교환율(RER)＝1의 의미는 탄수화물이 에너지로 상용되고 있음을 의미한다. 상대적으로 낮은 강도의 운동을 수행하고 있다는 것은 호흡교환율이 1 이하로 낮아질 때이며 지방이 에너지로 대사될 때 호흡교환율 또한 낮아진다.
4. 운동 시 뇌하수체후엽에서 분비되어 신장(콩팥)을 통

한 수분손실을 감소시켜주는 호르몬은 항이뇨호르몬 (antidiuretic hormone)이다.
5. 단백질은 근육의 구성 물질로서 에너지 대사과정에서 탄수화물, 지방에 비해 이용률이 낮다.
6. • 불수의근 : 심장근, 평활근, 내장근
   • 수의근 : 골격근
7. 호흡에 의한 인체 내 산-염기 균형 조절은 점증부하 운동 시 증가된 혈중 수소이온(H+) 농도가 중탄산염 (HCO3-)의 완충 작용과 폐환기량의 증가에 의해 감소되는 것을 의미한다.
8. 골격근의 수축과정 중 근형질세망(sarcoplasmic reticulum)에서 분비되어 트로포닌(troponin)과 결합하는 물질은 칼슘이온(Ca2+)이다.
9. 운동 시 호기는 횡격막과 외늑간근의 능동적인 이완으로 일어난다.
10. 등장성(isotonic) 근수축의 형태로 근육의 길이가 늘어나는 동안 장력(tension)이 발생되는 것은 신장성(원심성 : eccentric) 수축이다.
    • 단축성(구심성 : concentric) 수축 : 근육의 길이가 짧아지면서 근육이 수축하는 형태
    • 등척성(isometric) 수축 : 근육의 길이는 변하지 않으면서 장력이 발생되는 운동 형태
    • 등속성(isokinetic) 수축 : 관절의 각이 동일한 속도록 움직이는 운동 형태
11. 보기의 설명은 해당작용(glycolysis) 시스템에 대한 설명이다.
12. 근육 세포의 산성화는 수축력이 저하된다.
    젖산역치 시점의 지연, 에너지대사 효소의 활성도 증가, 근육 내 ATP 저장량 증가는 근수축력 또는 운동 능력이 증가되는 경우에 해당된다.
13. 운동 중 정맥혈 회귀(venous return)를 조절하는 요인은 근육 펌프, 호흡 펌프, 정맥 수축에 의해 이루어지며, 모세혈관 수축은 정맥혈 회귀에 영향을 미치지 못한다.
14. 심박출량은 1분 동안 심장으로부터 박출되는 혈액의 양이다.
15. 장기간 지구성 트레이닝에 의한 심혈관계의 적응은 1회박출량 증가에 의해 안정 시 심박수가 감소한다.
16. 탈분극(depolarization)은 신경 뉴런(neuron)의 활동전위(action potential)가 생성되는 첫 번째 단계로서 나트륨 이온(Na+)의 세포막 투과성을 높여 세포 내 양(+)전하를 만들고 활동전위를 역치 수준에 이르게 한다.
17. 떨림(shivering)의 증가는 추운 환경에 노출되었을 때 나타나는 생리적 반응이며 더운 환경에서는 떨림이 발생하지 않는다.
18. 고지대에서 산소분압의 감소는 운동능력이 저하되는 원인이 된다.
19. 방실결절은 좌심방이 아닌 우심방에 위치하여 맥박 조정자의 역할을 한다.
20. 교감신경계가 활성화되면 심박수와 혈압이 증가된다. 반대로 부교감신경계의 활성은 심박수와 혈압이 감소된다.

6과목 운동역학 해설

1. 코는 귀의 내측(안쪽, medial)에 위치한다. 가슴은 엉덩이의 상측(위쪽, superior), 어깨는 목의 외측 (바깥쪽, lateral)에 위치한다.
2. 관상면은 신체를 앞뒤로 나눈 것으로 벌림(외전 : abduction)과 모음(내전 : adduction)의 움직임이 발생한다.
3. 3종 지레는 힘점이 축과 작용점 사이에 있으며, 축이 힘점과 작용점 사이에 있으면 1종 지레이다.
4. 마그너스 효과로 인해 회전 방향과 공기흐름이 같은 경우에는 공기흐름이 빠르기 때문에 압력이 감소하며, 회전 방향과 공기흐름이 다른 경우에는 공기흐름이 느리기 때문에 압력이 낮아진다.
5. 안정성을 높이는 방법으로 기저면은 넓히고 무게중심은 낮추며 수직 무게 중심선은 기저면의 안에 위치시켜야 한다.
6. ① 거리(distance)는 시작점에서 끝점까지의 누적된 이동궤적의 총합이다.
   ② 변위(displacement)는 두 지점을 잇는 최단 경로이다.
   ③ 속력(speed)은 스칼라량으로 크기만 가지고 있다.
7. ①은 스포츠 심리학, ②는 스포츠 사회학, ④는 스포츠 생리학에 대한 내용이다.
8. 압력은 운동역학적 측정 방법이다.
9. 일률은 걸린 시간당 수행한 일의 양이며, 힘과 속도의 곱이다.
   단위는 W, N · m/s, J/s를 사용하며 수행시간이 길어지면 일률은 낮아진다.
10. 질량, 회전하는 물체의 질량, 회전 또는 스윙 비율에 의해 각운동량은 영향을 받으며 회전축이 클수록 회전 반경과 관성 모멘트가 커진다.

11. 인체의 지레는 한 개의 축을 중심으로 회전이 일어나기 때문에 힘의 작용선이 물체의 회전축과 어긋나야 토크가 발생한다.
12. 운동역학적 변인은 힘, 토크/모멘트, 양력, 족압력 등이 있으며, 운동학적 변인은 거리, 각속도, 위치, 변위, 가속도 등이 있다.
13. 역학적 일 = 힘 × 변위 = 20N × 2m = 40 N · m
14. 고도나 지역에 따라 다르게 작용된다.
15. 관성 모멘트는 크기, 형태, 밀도에 따라 다르다. 관성 모멘트의 크기는 물체의 질량과 회전반경이 클수록 증가한다.
16. 마찰력의 크기는 마찰계수와 접촉면에 수직으로 가해진 힘의 곱이다. 최대정지마찰력은 운동 마찰력보다 크다.
17. 충격량은 질량과 속도의 곱인 운동량의 변화량이며, 가해진 충격력과 접촉시간의 곱이다.
18. 근전도는 근육의 수축 시 발생하는 생체 전기 신호를 수집하여 분석하는 측정 방법이다.
19. 보기는 관성의 법칙에 대한 설명이며, 예를 들면 버스가 급출발, 급제동할 때이다.
20. 투사체의 투사거리에 중요한 영향을 미치는 3가지 요소로는 투사각도, 투사속도, 투사높이가 있다.

15. 유희, 보통체조, 병식체조가 체조, 교련, 유희로 보급되었다.
16. 민중의 보건화를 위해 보건체조를 도입하였다.
17. 일장기말소사건은 동아일보에서 일어났다.
18. 헬싱키올림픽은 한국전쟁 중 우리나라가 참가하였고, 몬트리올올림픽은 우리나라가 최초로 금메달을 획득한 대회이다.
19. 남한과 북한이 최초로 단일팀을 구성하여 '코리아'라는 명칭으로 참가한 종목은 탁구이다.
20. 박정희 정부의 스포츠 정책은 엘리트스포츠의 육성이었다.

7과목 한국체육사 해설

1. 시대 구분은 당시대의 이해와 서술을 돕기 위해 한다.
2. 사관은 역사를 보는 관점이다.
3. 각저는 상대방을 넘어뜨리는 경기로 씨름과 유사하다.
4. 편력은 화랑의 야외교육활동이다.
5. 축국은 축구, 추천은 그네뛰기, 투호는 일정한 거리에 화살 넣기이다.
6. 임전무퇴는 나라를 위한 계율이다.
7. 무예도보통지는 조선시대에 편찬되었다.
8. 격구, 방응, 투호는 귀족스포츠이다.
9. 초시(230명), 복시(28명), 전시(28명)
10. 조선시대는 글을 숭상하고 무를 천시하였다. 하지만 정조는 문과 무를 갖추어야 한다고 생각하였다.
11. 대성학교는 안창호가 평양에 설립한 중등학교이다.
12. 질레트가 야구, 농구를 도입하였다.
13. 근대적 최초의 체육단체는 대한체육구락부이다.
14. 체육단체에 대한 제안 내용은 없다.

2019 2급 생활·전문스포츠지도사 정답과 해설

1과목 스포츠 교육학

01	02	03	04	05	06	07	08	09	10	11	12	13	14	15	16	17	18	19	20
②	①	④	③	②	①	③	①	④	④	④	④	③	②	①	④	①	③	③	②

2과목 스포츠 사회학

01	02	03	04	05	06	07	08	09	10	11	12	13	14	15	16	17	18	19	20
④	①	②	②	④	②	①	③	①	②	③	①	②	③	①	③	③	④	④	④

3과목 스포츠 심리학

01	02	03	04	05	06	07	08	09	10	11	12	13	14	15	16	17	18	19	20
①	①	①	①	①	②	②	①	④	④	④	③	①	③	②	④	①	②	①	③

4과목 스포츠 윤리

01	02	03	04	05	06	07	08	09	10	11	12	13	14	15	16	17	18	19	20
③	②	③	①	②	①	②	③	④	①	④	④	②	①	④	④	①	③	②	④

5과목 운동생리학

01	02	03	04	05	06	07	08	09	10	11	12	13	14	15	16	17	18	19	20
③	④	②	③	④	①	③	①	④	③	④	②	②	②	④	①	④	②	①

6과목 운동역학

01	02	03	04	05	06	07	08	09	10	11	12	13	14	15	16	17	18	19	20
③	③	④	④	③	③	④	①	④	④	④	②	②	②	①	③	④	①	①	③

7과목 한국체육사

01	02	03	04	05	06	07	08	09	10	11	12	13	14	15	16	17	18	19	20
④	③	④	①	①	③	①	②	④	①	③	③	①	②	④	④	②	①	②	②

1과목 스포츠 교육학 해설

1. - 스포츠 교육은 활동 목표와 내용, 방법에 있어 통합화와 다양화를 추진하고 있다.
   - 스포츠 교육은 유아, 청소년, 성인, 노인, 장애인 등 다양한 학습자를 대상으로 한다.
   - 스포츠 교육은 학교체육-생활체육-전문체육을 연계적으로 발전시키고자 한다.
   - 스포츠 교육은 통합화와 다양화를 추진하며, 다양한 학습자를 대상으로 하고 있고, 연계적으로 발전시키고자 한다.

2. 먼저 움직임이라는 단어를 주목할 필요가 있다. 1번 보기는 "이동"이라는 단어와 "뛰어"라는 단어로 연결되어 있어 움직임을 나타내고 있다고 볼 수 있다. 2번 보기는 제자리에서 훌라후프를 던지고 받고, 3번 보기는 물체를 조작하여 표현하고, 4번 보기는 평균대 위에서 움직이지 않은 채 균형을 잡는 것을 나타내고 있다.

3. 제8조(지방 체육의 진흥) 중 지방자치단체는 직장인 체육대회를 연 1회 이상 개최하여야 한다. 제14조(선수 등의 보호/육성) 중 국가와 지방자치단체는 우수선수와 체육지도자 육성을 위해 필요한 표창제도를 마련하여야 한다. 체육동호인조직의 정의는 같은 생활체육 활동에 지속적으로 참여하는 자의 모임이다.

4. 교수/학습 지도안을 작성할 때 진행할 학습과제, 각 과제에 배정한 시간, 과제 전달 방법 및 과제 수행 조건, 교수 단서 등을 포함해야 고려해야 하고, 대안적 계획을 수립한다.

5. 평가는 측정, 사정, 검사와 유사한 개념으로, 학습자의 학습상태와 지도에 관한 정보를 제공하여 지도 활동에 대한 피드백으로 활용될 수 있다.

6. ① 체육지도자 : 학교/직장/지역사회 또는 체육단체 등에서 체육을 지도할 수 있도록 자격을 취득한 사람 ex)스포츠지도사, 건강운동관리사, 장애인스포츠지도사, 유소년스포츠지도사, 노인스포츠지도사
   ② 스포츠지도자 : 스포츠지도사의 자격 종목에 대하여 전문체육이나 생활체육을 지도하는 사람 ex) 생활스포츠지도사, 전문스포츠지도사
   ③ 노인스포츠지도사 : 노인의 신체적/정신적 변화 등에 대한 지식을 갖추고 노인을 대상으로 생활체육을 지도하는 사람
   ④ 유소년스포츠지도사 : 유소년의 행동양식, 신체 발달 등에 대한 지식을 갖추고 유소년을 대상으로 체육을 지도하는 사람
   ⑤ 장애인스포츠지도사 : 장애 유형에 따른 운동방법 등에 대한 지식을 갖추고 장애인을 대상으로 전문체육이나 생활체육을 지도하는 사람

7. 정의적 영역은 흥미, 감상, 태도, 가치, 적용, 신념 체계 등이 관련된 영역이고, 인지적 영역은 표현력, 사고력, 창의력, 종합력 등 인간 두뇌 기능에 관련된 영역이다.
   - 스크리미지(scrimmage) : 실제로 경기를 하는 것처럼 기술, 전술을 익히는 경기로 티칭모멘트가 발생할 경우, 게임을 멈출 수 있는 완전 게임의 형태이다.
   - 리드-업 게임(lead-up games) : 정식 게임을 단순화한 형태로 흥미를 불러일으키고 기능 측면에 초점을 둔다.

8. - 적극적 수업 : 교사 중심 수업으로, 교사가 학생들에게 학습 과제를 전달하고, 학생들은 과제를 수행하며 그러한 과정에서 교사는 학생들의 수행정도를 평가해서 발전시키는 수업이다.
   - 확산형 : 질문 답이 정해지지 않은 질문, 다양한 답이 나올 수 있는 질문이다.

9. ㄱ에서 고개를 '끄덕이며'와 엄지손가락을 '세워'라는 단어에서 행동으로 반응을 보였기 때문에 비언어적 피드백, ㄴ에서는 '안 돼'라는 부정어를 썼으므로 부정적 피드백, ㄷ에서는 '~면 ~할 수 있어'라는 문장에서 교정할 것에 대해 알려주고 있어서 교정적 피드백이 바르게 나열된 것이다.

10. - 효율적인 지도는 운영 시간에 배당된 시간의 비율이 낮다.
    - 효율적인 지도는 학습자가 과제에 참여하는 시간의 비율이 높다.
    - 효율적인 지도는 학습 과제의 난이도가 적절하다.

11. 모스턴(M. Moston) : '비대비접근'방식으로 패러다임 전환 시도했고, 이러한 교수/학습은 어떤 종류든 교육 목표 달성에 공헌가능하다고 주장하였다.

12. 현장(개선)연구는 문제 파악 및 계획, 실행, 관찰, 반성의 4단계를 거친다. 따라서 결과보다는 과정을 중시한다고 볼 수 있다.

13. 생활체육 프로그램 설계 시 고려사항 : 목적 및 목표, 내용, 장소, 예산, 홍보 등 이며 장소는 학습자가 쉽게 참여할 수 있도록 장소의 접근성을 우선적으로 고려한다. 또한 홍보는 시대에 적합하게 다양한 방법으로 실행한다. 예산은 시설대여비, 용품구입비, 인건비, 홍보비 등의 경비 예측할 수 있다.

14. - 진단평가 : 수업 시작 전에 참여자 수준을 파악하

- 형성평가 : 수업과정에서 수업진행사항을 파악하기 위한 평가
- 총괄평가 : 모든 수업과정을 마친 뒤에 학습목표 달성도를 평가
15. 상규적 활동 : 스포츠 지도시간에 반복적으로 일어나는 활동으로 학습활동 전, 후에 발생하는 출석점검, 수업준비 상태 확인, 학습자의 이동시간 등을 말하며, 상규적 활동 시간의 증가는 실제 학습자의 과제 참여 시간을 감소시키므로, 이러한 과정을 효율적으로 관리하면 학습자들의 과제참여 시간을 증가시킬 수 있다.
16. 학교스포츠클럽 : 체육활동에 취미를 가진 같은 학교의 학생으로 구성된 학교가 운영하는 스포츠클럽이다.
17. 스포츠강사 재임용 평가사항 : 강사로서의 자질, 복무 태도, 학생의 만족도이다.
18. 체크리스트 : 미리 준비된 평가 항목에 따라 스스로 체크하며 자기 평가하는 방법
면접법 : 질문에 대한 대답을 토대로 태도를 평가하는 방법
19. 세련형 과제 : 자세나 기분 등 질적 측면이 향상된 과제
확장형 과제 : 학습자에게 많은 동작을 알려줘서 개발하는 과제
20. 효과적인 과제 제시 방법 : 시각적 정보를 제공, 학습자의 학습단계에 맞게 적절히 제시, 모든 학습자가 쉽게 보고 들을 수 있는 대형을 갖추고, 학습자가 이해할 수 있는 어휘를 사용한다.

2과목 스포츠 사회학 해설

1. 조직은 미시적 영역이다.
2. 사회통합 기능 – 스포츠는 사회성원에의 출신 성분에 관계없이 공통적인 감정을 유발시키고 사회통합 및 일체감을 형성함
3. 현대 스포츠의 발전에 미치는 사회적 요소는 사회화, 도시화, 교통과 통신의 발달이 있다.
4. 사회적 상황이란 언어 사용이 이루어지는 상황적 요인 가운데서 발화에 영향을 끼치는 대화 참여자의 나이, 지위, 성 등의 사회적 요인의 작용 및 상호 관련성을 일컫는 말이다.
5. 전통스포츠가 전 세계로 보급되어 새로운 스포츠시장을 개척하지는 않았다.
6. 상업주의 팽창은 올림픽과 정치의 관계이다.
7. 구조기능이론 – 체제유지 및 긴장해소 : 사회질서에 필요한 다양한 기능을 수행함으로 사회의 전반적인 체제유지에 기여
8. 보기의 내용은 스포츠 조직의 변화로 볼 수 있다.
9. - 최저연봉제는 선수의 삶의 질을 최소한 보장하기 위해 도입
   - 샐러리 캡은 거대 기업이 돈을 앞세워 최고 수준의 선수를 독점으로 실력차이가 벌어지는 것을 방지
   - 트레이드는 프로구단이 선수와 선수, 선수와 금전을 교환으로 선수를 데려오거나 교환하거나 내보내는 권리
10. 사회범주이론에 있어서 사회범주란 인구통계학적 속성에 따라 사람들을 몇 가지 집단으로 구분할 수 있다.
11. 마르크스의 계급론은 혁명의 필연성과 당위성을 주장한다.
12. 상징은 직접 자각할 수 없는 의미나 가치 등을 유사적인 표현을 사용해 구성화 함
13. 구분짓기규범 – 운동선수는 다른 선수와 구별되기 위해 자신만의 경기 스타일을 만들어야 한다고 해도 일탈적 과잉동조를 유발하기는 어렵다.
14. ④는 폭력이 남성의 사회적 유대를 강화하고 자만심에 사로잡히지 않도록 분위기를 조성한다.
15. 사회학습이론 : 개인이 사회적 행동을 습득하고 수행하는 과정을 분석하여 밝히는 이론으로써, 코칭, 강화, 관찰학습의 세 가지 요소를 통해 사회화가 이루어진다.
16. 정답은 ③ 섬 문화이다.
17. 스포츠가 미디어에 의존할수록 미디어의 스포츠에 대한 통제력은 증가한다.
18. 민족주의
    – 스포츠로 민족의 정체성 확인
    – 사람들은 하나로 화합하는 민족 형성에 영향
19. ④는 선수 개인의 행동과 관련된 인간 내면의 특성 및 과정을 설명한다는 스포츠심리학의 정의이다.
20. 수직이동
    – 종전의 지위에 대한 상하 변화
    – 계층적 상승과 하강의 경우 존재
    수평이동
    – 계층적 지위 변화없는 이동
    – 동일하게 평가되는 지위
    – 일종의 단순한 자리이동

3과목 스포츠 심리학 해설

1. 운동제어는 정보처리이론, 운동제어이론, 운동의 법칙, 반사와 운동 제어, 협응구조의 등의 연구의 영역에서 운동수행 및 스포츠 시 발생되는 움직임의 생성과 조절에 따른 기전을 연구하고 규명하는 역할을 한다.

2. 운동기술은 능력(후천적 습득, 노력, 경험에 의한 변화, 다양한 종류)을 바탕으로 운동 및 과제를 수행하는 능력을 말한다.

3. 루틴은 스포츠 상황에서 다음과 같이 활용된다.
   (1) 경기 전 : 경기장에 도착하여 최상의 경기력을 위해 자신만의 움직임으로 충분히 몸을 풀거나 준비를 한다.
   (2) 경기 후 : 경기를 분석하고 강점과 약점을 파악하며 추후 경기를 준비한다.
   (3) 미니루틴 : 운동 및 스포츠 수행 직전의 습관화된 동작을 의미한다.

4. 스포츠심리상담의 윤리는 다음과 같다.
   (1) 책임감 : 상담자는 개인 및 집단과 조직에 스포츠 상황에서 발생된 심리적 요인에 대한 정보를 전달하며 그에 맞는 심리기술을 지도해야 한다. 그리고 많은 심리적 요소를 이해하고 개인에게 잘 교육하여야 한다. 또한 전문성, 정직성, 책무성, 인권존중, 사회적 책임을 가져야 한다.
   (2) 관계 : 상담자는 내담자에게 권력남용, 위협을 하지 않으며 상담자와 내담자 간의 치료적 관계와 사회적 혹은 개인적 관계에 대해 주의를 기울여야 한다. 상담자는 내담자에 대한 자신의 욕구와 영향력을 충분히 자각하고 있어야 하며, 전문적 판단에 영향을 줄 수 있는 부적절한 관계를 맺어서는 안 된다.
   (3) 비밀보장 : 상담에서 내담자와의 약속된 비밀은 반드시 지켜져야 한다. 법적으로 상담자가 보고해야 할 상황은 내담자가 자신이나 타인에게 위험한 행동을 할 때, 미성년 내담자가 성범죄, 아동학대 또는 여타의 범죄의 희생자라고 생각될 때, 내담자가 입원할 필요가 있다고 판단될 때, 정보가 법적인 문제가 될 때 등이다.

5. 슈미츠의 정보처리 3단계는 다음과 같다.
   - 감각지각 단계 : 자극이 발생된 것을 인지하고 확인하는 단계
   - 반응선택 단계 : 자극의 확인이 끝난 뒤에 또 다시 어떠한 반응을 할 것인지에 대해 결정하는 단계
   - 반응실행 단계 : 반응의 실행을 위한 구체적인 체계를 생성하고 조직화 하는 단계

6. 반두라(A. Bandura)의 자기효능감(self-efficacy)이론은 다음과 같다.
   어떠한 상황에서 성공에 대한 기대감으로 당면한 과제를 해결하기 위해 다양한 지식과 기술을 상황에 맞게 조직하고 행동으로 옮기는 능력에 대한 믿음을 의미하며 경쟁 상황에서 자기효능감 수준이 높을수록 운동수행의 성취도가 높고 정서적 각성은 낮아진다.

7. Weiner(1972)는 귀인의 모형을 승리와 패배의 원인을 안정성, 내외 인과성, 통제성 세 가지 차원으로 분석하였는데 이는 다음과 같다.
   - 안정성 : 미래 수행에 대한 기대가 안정적인지 불안정한지 결정한다.
   - 인과성 : 수행결과와 관련된 효과를 결정한다.
   - 통제성 : 개인이 통제할 수 있는지 없는지 유무로 결정한다.

8. 반전 이론(reversal theory)은 각성을 어떻게 받아드리냐에 따라 운동수행에 미치는 영향이 달라진다고 보는 이론으로 우수한 선수일수록 경기 중 불안한 상황을 긍정적으로 해석하려는 경향이 있다.

9. ①번 보기와 ③번 보기는 같은 내용이며 ②번 보기는 B타자가 A타자보다 힘이 더 강하다는 것을 말하고 보기 ④번은 보기의 그림에서 알 수 있듯이 B 타자는 A 타자보다 스윙 시작이 느리다.

10. 자기목표성향이 높은 선수는 학습활동 자체를 목표로 삼고 개인이 노력하면 충분히 성취 할 수 있는 과제를 선호한다. 그리고 과제목표성향이 높은 선수는 자기능력의 우월함을 증명하는 것을 목표로 삼고 성공하기 쉽거나 아예 불가능한 과제를 선택하려는 성향이 높다.

11. 자기결정이론은 자기결정선 상에서 동기를 외적, 내적으로 설명하는 인지적 동기 이론으로 인간의 행동을 자율성의 정도에 따라 순전이 타율적인 행동(외적동기 행동)에서 완전히 자기 결정된 행동(내적동기 행동)으로 개념화한다.
    외적동기의 의무감 규제는 외적동기요인이 내면화되어 죄책감, 불안과 같은 압력으로 운동을 한다.

12. 사회적 촉진에 있어 경쟁과 협동의 효과는 상호작용을 통하여 자기존중감 및 심리적 안정과 건강 수준을 향상 시킨다.

13. 운동학습은 개인적 특성을 바탕으로 연습이나 경험을 통해 과제와 환경적인 변화에 부합하는 가장 효율적인 협응 동작을 형성시켜 나가는 과정으로 계획된 연습이나 경험에 의해 목표로 하는 운동수행의 향상이나 변화가 지속적으로 발생되는 것을 의미한다.

14. 불안과 스트레스 관리 기법에서 생리적 방법에서 바이오 피드백은 자율신경계의 기능을 의식적으로 조절하게 해준다.
15. 행동수정의 전략을 활용하여 의사결정 단서를 제공하여 행동을 잊지 않고 실천 하도록 기억해주 동기부여 및 보상, 피드백을 통해 운동애착을 촉진하도록 한다.
16. 부적처벌은 원하는 자극을 제거하는 것으로서 그 자극을 회피하기 위해 그릇된 행동을 감소하게끔 한다.
17. • 운동 등가 : 다른 근육군을 사용하여 같은 움직임을 수행할 수 있는 능력.
    • 맥락조건가변성 : 근육의 활동이 동일해도 조건에 따라 운동결과가 달라질 수 있다.
    • 자유도 : 특정 조절단위가 움직일 수 있는 경우의 수를 설명하는 데 사용한 개념이다. 여기에는 움직임에 관여하는 혹은 동원되는 관절의 수, 근육의 수, 더 나아가 활성화되는 운동 단위의 수까지도 포함된다. 최근에는 이에 관여하는 신경네트워크까지 포함하기도 한다.
18. 캐론(A. V. Carron)은 스포츠 팀 응집력을 결정하는 요인 중 팀 요인은 집단과제, 팀의 성과규범, 능력, 팀의 안정성, 팀의 지향성, 성과에 응집력과 관련을 지었고 교모는 설명하지 않았다.
19. 전이는 과거의 수행 또는 학습경험이 새로운 운동기술의 수행과 학습에 영향을 미치는 것을 말한다.
20. 반응시간은 인간이 주어진 자극을 분석하고 자극이 요구하는 반응을 선택 및 결정하며 목적을 달성할 수 있는 방법을 계획하고 조직하는데 필요로 하는 시간을 말하며 그 종류는 다음과 같다.
    • 단순반응시간 : 하나의 자극신호에 대하여 하나의 반응만을 요구할 때의 측정 시간
    • 선택반응시간 : 두 개 이상의 자극에 대하여 각각 다른 반응을 요구할 때의 측정 시간
    • 변별반응시간 : 두 개 이상의 자극에 대하여 특정 자극에만 반응을 요구할 때의 측정 시간

4과목 스포츠 윤리 해설

1. 절묘한 기술로서 '좋은 패스'는 도덕적 선이 아닌 신체적 탁월함(arete)으로 해석된다.
2. 보기의 내용은 인권에 대한 이야기와 학생의 권리인 학습권 보장에 대한 내용이다.
3. 침술은 도핑에 해당하지 않으며 정당한 의료행위에 속한다.
4. 보기의 내용은 행위의 주체의 시각에서 해석하고 있다. (선수와 행위자=주체)
5. 'ㄱ'은 심판이 지녀야 할 덕목 중에 하나인 공정성에 대한 내용이며, 'ㄴ'은 전문성에 대한 내용이다.
6. 'ㄱ'과 'ㄷ'은 결과주의적 도덕추론의 입장이다.
7. 3번의 기회균등의 원칙이라고 생각될 수 있으나 롤스에 따르면 상대적 약자에게 기회를 부여하면서 공평성을 확보하는 것을 '차등의 원칙'이라고 한다.
8. 보기의 내용은 니부어의 사회윤리에 대한 내용이다.
9. 보기의 내용은 노자의 사상 중 무위자연 근거한 입장이다.
10. 피터 싱어의 이익동등고려의 법칙에 대한 내용이다.
11. 레스트의 도덕적 동기화에 대한 내용이다. 도덕적 동기화란 '다른 가치보다 정정당당하게 경기에 임하는 것에 가치'를 두게 하는 것이다.
12. 때로는 옳은 행위가 항상 좋은 결과를 가져오지 않는다. 의무에 따라 행동했으나 결과적으로 좋은 결과를 가져오지 못했다.
13. 2번은 구성적 규칙위반에 대한 내용이다.
14. 공정한 경기는 개인의 의도나 목적에 따라 변화하지 않는다.
15. 보기의 내용은 인종차별에 대한 문제적 발언이라고 할 수 있다.
16. 지영이는 인간이 만들어 놓은 인위적 환경에서의 스포츠에 대한 견해이며, 나머지는 자연환경과 관련된 견해이다.
17. 최저학력제는 일정기준이상의 학업성적을 취득해야 하는 제도이며, 학습권은 학생으로서 당연히 얻을 수 있는 권리이며 의무이다.
18. 관중 폭력은 군중으로 있을 때 발생하기 더 쉽다. 이는 군중에 속해있을 때 자신의 폭력행위가 드러나지 않을 수 있으며, 다른 사람과 함께 폭력행위를 하기 때문에 상대적으로 정당화할 수 있는 이유에서이다.
19. 인의예지는 맹자가 주창한 사상이며, 상선약수는 노자가 주창한 사상이다.
20. 사람이 지켜야할 도리에 대한 행위보다 자연스럽게 내면에서 우러나는 행위가 더 중요함을 말하고 있다.

5과목 운동생리학 해설

1. • 가역성의 원리 : 트레이닝을 중단하면 훈련으로 얻어진 효과가 감소하면서 훈련 이전의 체력 상태로 돌아간다는 원리
   • 개별성의 원리 : 체력의 수준에 따라 트레이닝을 함으로써 트레이닝 효과를 얻을 수 있는 원리. 개인이 수행할 수 있는 체력을 고려한 트레이닝 원리.
   • 과부하의 원리 : 일상생활보다 높은 강도로 트레이닝 함으로써 체력을 향상시키는 트레이닝 원리
   • 특이성의 원리 : 트레이닝 목적에 맞는 근육군의 기능을 개선하려고 한다면 동일 근육군의 굴곡과 신전을 통한 지속적인 수축을 일으키는 운동을 선택한다.

2. 속근섬유는 지근섬유에 비해 피로에 대한 저항성이 낮은 특성이 있다.

3. • 글루코스(glucose) : 포도당
   • 헤모글로빈(hemoglobin) : 혈액 내 산소를 운반하는 물질
   • 마이오글로빈(myoglobin) : 근육 세포 안에 있는 붉은 색소 단백질
   • 유리지방산(free fatty acid) : 지방세포가 운동 등으로 분해되어 혈액으로 방출되는 지방성분

4. 코리사이클은 운동 중 해당과정에서 발생되는 젖산이 당신생과정을 거쳐 글리코겐이 되는 과정이다. 그러므로 코리사이클은 생성된 젖산으로 대사되는 과정으로서 젖산역치 발생의 원인이 될 수 없다.

5. • 글루카곤의 기능 : 혈당 저하 시 췌장에서 분비되는 글루카곤은 글리코겐과 중성지방을 분해시켜, 혈당을 높여주는 역할을 한다.
   • 인슐린의 기능 : 혈당 증가 시 췌장에서 분비되는 인슐린은 세포 안으로 포도당 흡수를 촉진하여, 혈당을 낮추는 역할을 한다.

6. • 건강체력요소 : 근력, 근지구력, 유연성, 심폐지구력, 신체구성
   • 기능체력요소 : 순발력, 민첩성, 평형성, 반응시간, 스피드, 협응력

7. 고지대에서 장기간 머무르면 근육 내 모세혈관의 밀도가 증가하는 변화가 나타난다.

8. • 교감신경 : 방위 반응계로서 신체를 활동력 있게 준비한다.
   • 부교감신경 : 인체의 항상성 조절과 심박수 감소, 기관지수축, 관상동맥의 수축에 관여한다.

9. 폐동맥의 낮은 산소량이 낮으면 폐포에 있던 산소가 압력차에 의해 폐모세혈관을 통해 폐정맥으로 이동하여 산소교환율을 증가시킨다.

10. 축삭 종말에서 아세틸콜린 방출 → 근육세포의 활동전위 발생 → 근형질세망에서 칼슘이온 방출 → ATP 분해에 따른 근세사 활주 시작

11. 1회박출량은 운동 강도와 비례하여 증가하지 않는다. 1회박출량은 유산소 운동시 최대 산소 섭취량을 40~60%에서 최고 수준까지 증가시켜 심박수가 최대에 도달하기 전까지 오랫동안 항정상태를 이룬다.

12. 보기 ㉠, ㉡, ㉢ 모두 운동단위에 대한 설명이다.

13. 간접칼로리 측정법에서 호흡교환율 0.8은 탄수화물(33.4%)에 비해 지방(66.6%)으로 소비되는 칼로리의 비율이 더 높다. 그러나 에너지 대사의 주가 지방이라고 표현 하기는 어렵다. 주로 지방이 에너지 대사에 이용된다고 하려면 호흡교환율이 0.75(지방 : 84.4%) 또는 7(지방 : 100%)에서 표현이 적절하다.

14. 지근섬유는 다른 타입의 근섬유인 속근섬유로 전환될 수 없다.

15. • 에스트로겐 : 성호르몬으로서 여성호르몬
    • 성장호르몬 : 성장호르몬은 성장을 촉진하는 데 필요한 호르몬
    • 갑상선자극호르몬 : 뇌하수체 전엽에서 분비되는 호르몬으로서 갑상선에 작용한다. 갑상선호르몬의 합성과 분비를 유도하는 호르몬이다.

16. 보기에서 ㉠, ㉡의 지방에 대한 설명은 옳지 않은 부분이 있다.
    맞는 보기로 풀이하면 지방은 중성지방의 형태로 지방조직과 골격근 등에 저장되며, 중성지방은 운동 강도에 따라 에너지원으로 사용될 수 있다.

17. • 동방결절 : 심장의 주기적인 수축과 이완을 조절하는 기능
    • 모세혈관 : 동맥과 정맥 사이를 연결하며 조직에 산소와 영양분을 전달하고 물질을 교환하는 역할의 혈관
    • 근형질세망 : 근원섬유를 감싸고 있으며 칼슘의 저장소

18. ④ 운동 중 증가한 산소의 제거는 EPOC발생의 원인으로 적절하지 않다. 운동 중 증가된 산소를 제거한다면 젖산의 대사산물인 CO_2의 배출도 이루어질 수 없다. 혈중 산소 농도를 안정화시키기 위해서는 산소를 제거하는 과정이 있어서는 안 된다.

19. • 심박수 : 1분간의 심장 박동수. 성인의 안정 시 심박수는 체력에 따라 차이는 있지만 약 60~70회 정도이다.

- 분당 환기량 : 1분 동안 흡기와 호기의 공기량, 분당 환기량(L/ml) = 1회 호흡량(TV) × 호흡수
- 최대산소섭취량 : 운동 중 단위 시간당 신체에서 소모되는 산소의 최대량

20.
- 젖산 시스템과 해당과정 : 젖산 시스템은 무산소 에너지 시스템의 과정, 강도 높은 운동 중 글리코겐이 ATP로 전환되는 과정에서 산소의 공급이 없을 때 젖산이 생성되기 때문에 젖산 시스템이라고 한다.
- 산화적 인산화 : ATP를 얻는 중요한 대사 과정

6과목 운동역학 해설

1. 멘탈 및 인지 강화 프로그램 관련 내용은 운동심리학에 관련된 내용이다.
2. 백터는 크기와 방향을 가지는 양을 말하며 힘, 변위, 속도, 가속도 등이 이에 해당된다.
3. 얕은(superficial, 표층)은 인체의 표면에 가까운 쪽이다.
4. 위치에너지는 물체의 위치나 모양에 의해 갖게 되는 에너지이며 질량과 높이에 비례 한다.
   PE = mgh = m * 9.8 m/s² * h
   (m: 질량, g : 중력가속도, h : 높이) 이므로 높이가 높을수록 위치 에너지는 커지게 된다.
5. 벌림(abduction, 외전)은 전·후축을 중심으로 하여 좌·우면에서 발생하는 관절 운동이다.
6. 지레 운동 중 3종 지레는 받침점, 힘점, 작용적 순서로 적용되며, 빠른 속도가 필요한 곳에서 적합하다. 인체 지레의 90% 이상 해당되며 삽집, 카누에서 노 젓는 동작, 아령 들기 등에 해당된다. 카누 운동에서는 A 오른손 받침점/ F 왼손 힘 / R 물의 저항력 순서로 적용된다.
7. 물체가 가속할 때는 동역학의 범주에 해당된다.
8. 철봉 대차돌기는 철봉이라는 축(Axis)을 중심으로 이루어지는 선운동이다.
9. 마찰력은 한 물체가 다른 물체에 접촉하면서 운동 할 때 발생하며, 접촉면을 운동을 방해하는 반대방향에서 발생한다.
10. 충격량은 힘이 작용하는 시간에 따라 결정되며 큰 힘이 오랫동안 작용하면 충격량이 커지며, 작은 힘으로 짧은 시간 작용하면 충격량은 작아진다. 공식은 다음과 같다.
    - 충격량 공식 : 충격량 = 힘(충격력) * 작용시간 =
    충돌 후 운동량 - 충돌 전 운동량 = 운동량의 변화량
    ① 2초 × 30 N = 60 N·s
    ② 3초 × 20 N = 60 N·s
    ③ 4초 × 15 N = 60 N·s
    ④ 2초 × 40 N = 80 N·s

11. 무게 중심의 위치는 분절의 위치에 따라 변화하며 무게 중심의 높이가 낮을수록 낮은 지점에 위치한다.
12. 회전 운동을 하는 물체는 외부로부터 돌림힘이 작용하지 않는다면 일정한 빠르기로 회전 운동을 유지하는 것을 각운동량 보전 법칙이라 한다. 회전 운동에서 물체의 각 운동량은 각속도 * 회전 관성이다. 여기서 각속도를 크게 하기 위해서는 회전 관성이 작아져야 하는데 회전 관성이 작으려면 질량 요소들이 회전축으로부터 가까이 있어야 한다. 그러므로 회전할 때 두 팔과 다리를 동시에 몸통쪽으로 모으는 자세를 할 때 가장 크다.
13. 지면 반력은 작용 – 반작용의 원리에 의해 지면 반력을 이용하여 인체가 지면에 서 있을 때 지면에 가해준 힘에 대한 반작용을 측정하는 것이다.
14. 신체의 분절의 위치를 측정하는 것은 동작분석 검사를 통해서 할 수 있다.
15. 근육의 수축 종류 중 등장성 수축(Isotonic contraction)에는 단축성 수축(concentric contraction)과 신장성 수축(eccentric contraction)이 해당이 된다. 이 중 신장성 수축은 운동 중 근육이 길어지는 유형이며 근육군에 의해 발휘되는 힘 모멘트가 외력에 의한 저항 모멘트보다 근육이 길어지며 발생하는 수축형태이다.
16. 운동 분석 중 2차원 영상분석은 2차원인 평면상에서의 영상분석으로 운동이 1개의 평면 내에서 이루어진다고 가정하고 동작을 분석하는 것이다. 분석 예로는 철봉의 대차, 사이클링 다리 동작, 보행 동작 등이 있다.
17. 파워의 단위는 수행된 일에 시간 개념을 도입한 것으로 이루어진 일을 소요된 시간으로 나눈 것을 의미하며, 단위는 와트(Watt) 또는 J/s, N·m/s 로 나타낸다.
18. 투사 속도는 수평속도와 수직속도의 합으로 포물선 운동 중 투사각이 45도 일 때 가장 빠르다.
19. 운동하는 물체에 힘을 줄 때, 그 힘과 그 힘을 준 시간의 곱을 충격량(Impulse)이라 한다. 즉, 물체에 힘을 주면 물체는 가속도 운동을 하게 되는데 움직임이 없거나 일정한 힘을 주게 되면 힘/시간 그래프에서 수평선을 나타내며 변하는 힘을 주게 되면 힘의

방향에 따라 그래프가 변화하게 된다. 800N의 바벨을 처음에 정지 상태에서 시작하여 바벨을 들어 올렸는데 들어 올리는 과정에서 속도가 증가하였다가 감소하게 되며, 마지막을 정지상태를 유지함으로서 답은 ① 이다.

20. 속력과 속도를 구하는 공식은 다음과 같다
   − 평균 속력 = 이동거리 / 소요시간
   → 400m / 50s = 8 m/s
   − 평균 속도 = 변위 / 소요시간
   → 0m / 50s = 0 m/s
   따라서 정답은 ③ 이다.

7과목 한국체육사 해설

1. 구전사료는 입에서 입으로 내려져오는 사료로 트로피나 메달은 유물자료이다.
2. 고구려의 동맹, 신라의 가배, 삼한의 10월제라는 제천의식이 있었다.
3. 일정한 거리에서 항아리에 화살을 넣는 민속놀이는 투호이며, 두 사람이 맞잡고 힘을 겨루는 경기는 각저이다. 그리고 주사위를 던져서 승부를 겨루는 놀이는 쌍륙이 있다.
4. 고려시대의 그네타기로 추천(鞦韆) 이라고 했다.
5. 편사는 사원(射員)들이 자신이 속한 사정(射亭)에 따라 편을 나누어 활쏘기를 겨루던 일을 말한다.
6. 수박은 우리나라의 맨손무예로 고려시대에 수박만으로 무인을 선발하였다.
7. 무예도보통지는 정조의 명으로 만들어진 종합무예서적이다.
8. 서울YMCA는 야구, 농구, 배구 등 근대 스포츠를 도입해 보급했을 뿐 아니라 1908년 12월 회관을 준공하고 1916년 5월 우리나라 최초의 체육관을 건립하였다.
9. 언더우드 학당은 1886년에 서울에 설립되었던 중등과정의 사립학교이다. 고종의 교육입국조서는 1895년에 공표되었다.
10. 1925년 한강 인도교 아래서 열린 조선체육회 주최 제1회 전조선빙상대회는 일제강점기인 1925년 1월 6에 개최되었다.
11. 1936년 베를린올림픽 손기정 선수의 금메달, 1948년 런던올림픽의 첫 참가, 1976년 몬트리올 올림픽에서 양정모 선수의 첫 금메달, 1988년 서울 올림픽 순이다.
12. 배제학당은 1885년 아펜젤러가 최초로 설립, 1889년 학칙이 정해졌다.
13. 《경성일보》(일본어: 京城日報 게이조닛보)는 대한제국 말기부터 일제 강점기 동안 발행된 신문이다
14. 국군부대는 1984년 1월 창설되었으며, 엘리트 체육선수들을 선발해 모은 군인 체육부대로 흔히 '상무(尙武)'라 부른다.
15. 정식 명칭은 '서울 올림픽 기념 국민 체육 진흥 공단'. 국민 체육 진흥법 제24조에 의하여 1989년 4월 20일 문화체육관광부의 전신인 체육부 산하기관으로 발족된 공익법인체이다.
16. 1905년 미국인 선교사 필립 질레트(한국명: 길례태)가 한국에 황성 YMCA 야구단을 조직하면서 시작되었다.
17. 석전은 주로 정월대보름에 개천이나 넓은 가로街路 등을 경계 삼아 돌을 던져 승부를 가리는 편싸움 형식의 대동놀이이다.
18. 1948년 2월 생모리츠 동계 올림픽 개막해서 한국 대표 팀 참가했다. 런던 하계올림픽이 1948년 8월이니 동계가 가장 처음 참가한 올림픽이다.
19. 2000년 시드니 올림픽에 태권도가 정식종목으로 채택되었으며, 남북의 동시입장이 이루어졌다.
20. 선수촌은 1966년 6월에 건립되었는데 한국에서 유일한 대규모 종합 선수 합숙훈련장이다.

2020 2급 생활스포츠지도사 정답과 해설

1과목 스포츠 교육학

01	02	03	04	05	06	07	08	09	10	11	12	13	14	15	16	17	18	19	20
④	③	①	③	①	①	②	④	①	②	②	④	①	③	③	②	②	③	④	④

2과목 스포츠 사회학

01	02	03	04	05	06	07	08	09	10	11	12	13	14	15	16	17	18	19	20
②	①	③	②	④	④	④	②	④	④	③	③	④	②	②	①	④	①	③	①

3과목 스포츠 심리학

01	02	03	04	05	06	07	08	09	10	11	12	13	14	15	16	17	18	19	20
③	①	②	③	④	④	③	②	②	④	①	④	②	③	④	①	①	③	③	①

4과목 스포츠 윤리

01	02	03	04	05	06	07	08	09	10	11	12	13	14	15	16	17	18	19	20
①	①	③	②	③	③	④	④	①	②	②	④	②	①	④	②	④	④	①	③

5과목 운동생리학

01	02	03	04	05	06	07	08	09	10	11	12	13	14	15	16	17	18	19	20
②	③	④	③	④	①	④	③	①	①	③	②	③	①	②	①	④	②	②	④

6과목 운동역학

01	02	03	04	05	06	07	08	09	10	11	12	13	14	15	16	17	18	19	20
①	①	④	④	①	①	④	①	③	③	③	④	④	②	③	②	④	②	③	③

7과목 한국체육사

01	02	03	04	05	06	07	08	09	10	11	12	13	14	15	16	17	18	19	20
④	②	④	②	①	③	③	④	③	④	①	④	②	①	①	④	②	①	②	③

8과목 노인 체육론

01	02	03	04	05	06	07	08	09	10	11	12	13	14	15	16	17	18	19	20
①	②	③	④	①	③	④	③	③	④	②	②	③	④	④	③	①	②	①	④

9과목 유아 체육론

01	02	03	04	05	06	07	08	09	10	11	12	13	14	15	16	17	18	19	20
②	①	③	③	④	④	②	①	③	③	④	③	②	③	①	①	②	④	③	④

10과목 특수 체육론

01	02	03	04	05	06	07	08	09	10	11	12	13	14	15	16	17	18	19	20
④	④	②	③	①	③	②	③	③	③	③	④	④	①③④	④	②	②	①	③	①

1과목 스포츠 교육학 해설

1. 확산발견형, 창조의 과정 다양한 방식으로의 과제 접근 해결
2. 헬리슨(D. Hellison)의 전이 단계(transfer level)란 체육 프로그램에서 학습한 배려를 일상에서 생활 실천하기이다.
3. 멕티게(J. Mctighe)가 제시한 개념으로 경기상황에서 구현하는 평가 방법은 실제 평가이다.
4. 체육 프로그램에서 동료와 협력을 한다는 것은 정의적 영역에 해당한다.
5. 학습자가 스스로 과제 평가를 하기 부족하다.
6. 상대를 분석하면 대처 방법이 달라질 수 있다.
7. 학습자가 적절한 행동을 할 때마다 지도자가 점수를 제공하는 기법은 토큰 수집을 말한다.
8. • 3가지 유형의 지식 - 메츨러(M. Metzler)
   - 명제적 지식 : 교사가 구두나 문서로 표현할 수 있는 지식
   - 절차적 지식 : 교사가 실제로 수업 전, 중, 후에 적용할 수 있는 지식
   - 상황적 지식 : 교사가 특수한 상황에서 적절한 의사 결정을 언제 왜 해야 하는지에 관한 정보를 제공
   • 이 코치 : 개념을 설명할 수 있는 지식은 명제적 지식
9. 학생선수에 관한 학교체육진흥법 제 11조 (학교운영부 운영 등)
   - 학교의 장은 원거리에서 통학하는 학생 선수를 위하여 기숙사를 운영할 수 있다. 이 경우 필요한 사항은 교육부령으로 정한다. 〈개정 2013.3.23.〉
10. 학습 활동 중 지도자 행동 및 기능
    - 비기여 행동 : 수업 내용에 전혀 도움이 되지 않는 행동
      ex) 소방 연습, 전달 방송, 방문한 학부모와의 대화 등
    - 간접기여 행동 : 학습자와 학습 환경에 주의를 기울이지만 내용 지도에 직접 도움이 되지 않고 간접적인 도움이 되는 행동
      ex) 상해 학생의 처리, 교과 외 주제의 대화, 생리적 욕구의 처리, 활동 참가와 심판
    - 직접 기여 행동 : 학습자, 시간, 공간 그리고 용구를 적절하게 운영, 조직, 유도, 강화하는 행동
      ex) 안전한 학습 환경 유지, 과제의 명료화 강화, 생산적인 학습 환경 유지, 피드백 제공, 개인과 소집단을 위한 과제의 변화 및 수정, 학습자의 반응의 관찰과 분석
    박 코치 – 학습자의 보호자 방문(비기여 행동)
    김 코치 – 학습자 다침 : 상해 학생의 처리(간접기여 행동)

한 코치 – 안전한 학습 환경 유지(직접기여 행동)
이 코치 – 신호에 따른 과제 수행, 피드백 제공(직접기여 행동)

11. 학습자 이탈 행동 예방하고 과제 참여 유지를 위한 교수 기능 – 올스테인과 레빈
12. 국민체육진흥법 제 12조 – 체육지도자의 자격 취소 사유
    ㉠ 자격 정지 기간에 업무를 수행한 경우
    ㉡ 체육 지도자 자격증을 타인에게 대여한 경우
    ㉢ 선수의 신체에 폭행을 가하거나 상해를 입히는 행위를 한 경우
    ㉣ 거짓이나 그 밖의 부정한 방법으로 체육 지도자의 자격을 취득한 경우
13. 로젠샤인(B. Rosenshine) 6단계
    전시 과제 복습 – 새로운 과제 제시 – 초기 과제 연습 – 피드백 및 교정 – 독자적인 연습 – 정기적인 복습
    초기 학습 과제와 함께 순차적으로 과제 연습 이루어짐, 핵심 단서를 가르치거나 이전 학습 과제를 되풀이 –> 피드백 및 교정
14. 학습자의 운동 참여 시간 증가
15. 교수 기능 연습법
    – 소수 실제 학습자 : 마이크로 티칭(축소 수업)
    – 1인 연습 : 혼자, 거울, 비디오, 언어 교정, 비언어적 의사소통 개선
    – 동료 교수 : 소집단의 동료 교사들과 모의수업 장면 통한 연습
    – 반성적 교수 : 6~8명 소집단 학생, 학습 목표, 수업 후 평가 방법, 반성적 토의
16. • 언어 단서 : 구두 정보 제공
    • 비언어 단서 : 동작에 대한 제스처와 시범
    • 언어 단서와 비언어 단서의 조합 : 구두 정보와 시범 정보를 동시에 제공
    • 조작 단서 : 지도자가 의사 전달을 위해 학습자의 신체를 올바른 자세로 직접 고쳐주는 지도 정보 단서
    • 시청각 단서 : 비디오, 그림 등의 시청각 매체를 통해 제공
17. – 최초 활동의 통제, 수업 시간의 엄수, 출석 점검 시간 절약, 주의 집중에 필요한 신호의 교수, 높은 비율의 피드백과 긍정적 상호작용의 활용
    – 수업 운영 시간의 기록 게시, 열정·격려·주의 환기의 활용, 즉각적인 성과를 위한 수업 운영 게임의 이용
    ㉠ 수업 운영 시간의 기록 게시
    ㉡ 수업시간의 엄수
    ㉢ 주의집중에 필요한 신호의 교수
18. 변형 게임 : 학습자에게 보다 많은 활동 제공, 많은 전략과 전술의 활용 기회 제공
19. 실제 학습 시간의 정의 꼭 기억해야 하며 학습자가 학습 목표와 부합하는 과제의 성공을 경험하며 참여한 시간
20. 학습 과정을 배제하면 안 된다.

2과목 스포츠 사회학 해설

1. 스포츠 사회의 순기능
   – 사회정서적 기능, 사회화 기능, 사회통합 기능
2. 갈등 이론이란 사회는 서로 다른 이해관계를 추구하는 개인과 집단으로 구성되어 있으며, 이들이 대립과 경쟁, 갈등과 변화의 관계에 있다고 주장하는 이론
3. – 상징 : 개인보다 국가
   – 동일화 : 개인과 선수를 일체시킴
   – 조작 : 정치가 개입, 효율성 증가
4. 미디어가 스포츠에 미치는 영향
   ① 스포츠 인구 증가: 적은 비용으로 스포츠 관람 → 스포츠의 보급과 확산에 기여
   ② 스포츠의 상품화
      – 스포츠의 불균형 발전 초래(인기&비인기 종목)
      – 아마추어 정신의 퇴색(승리지상주의)
   ③ 스포츠 규칙 변경 : 스포츠 경기가 방송에 적합하도록 다양한 변화를 요구(농구–쿼터제/3점슛, 배구–랠리포인트제, 골프–스트로크플레이 등)
   ④ 스포츠 용구의 변화: 스포츠 용구의 색깔을 시청자의 눈에 잘 띄도록 변경(유도복장–흰색/청색, 탁구공–주황색 변경, 탁구대–청색 변경)
   ⑤ 경기 일정의 변경: 최대한 많은 시청자들이 경기를 관람할 수 있도록 일정에 영향을 줌
   ⑥ 스포츠 기술의 발달 및 확산 : 경기 장면에 대한 미디어 자료 제공
      – 감독과 선수들은 반복적인 분석과 검토로 팀 전술과 기술을 향상시키는 데 활용
      – 여가스포츠 참여자들의 전문적 기술 습득의 기회, 스포츠에 재미를 느끼게 함
5. 상업화에 따른 스포츠의 변화
   • 스포츠 본질의 변화 : 아마추어리즘의 약화, 스포츠의 직업화

- 스포츠 목적의 변화 : 관중의 흥미 유발(경제적 이윤 위해)
- ③ 스포츠 구조의 변화 : 규칙의 변화(외적형태)
  - 경기를 스피드하게 진행시킴 : 야구 공수교대 시간 제한 등
  - 득점이 보다 쉽고 다양하게 이루어지게 함 : 농구의 3점 슛 등
  - 경기력의 균형을 맞춤 : 샐러리캡 제도, 드래프트 제도 등
  - 극적인 요소를 극대화 : 연장전, 승부차기 등
  - 선수와 팀에 대한 애정을 고조시킴 : 서포터즈나 팬 커뮤니티를 지원
  - 상업적 광고를 위한 시간을 적절히 편성 : 농구의 쿼터제
- 스포츠 내용의 변화: 선수, 코치, 스폰서(기업)이 추구하는 가치의 변화
  - 경기 자체보다는 경기 외적인 요소를 더욱 중요시 하는 경향(선수의 외모, 시설, 분위기 등)
  - 관중의 이목을 끌기 위한 플레이나 화려함 위주의 플레이를 하게 됨
- 스포츠 조직의 변화
  - 경제적 가치 극대화 위해 스포츠 외적 요소 강조 : 치어리더, 연예인 시구, 초대가수 등
  - 선수들의 권리보다는 소수의 관리자와 스폰서의 이익을 증대시키는 방향으로 조직 운영

6. - 수직 이동 : 선수에서 감독으로
   - 세대 내 이동 : A 선수 개인의 생해주기 내에서 변화
   - 개인 이동 : 개인의 능력과 노력에 입각하여 사회적으로 상승
7. - 통합적 욕구 : 스포츠는 타 사회집단과 친화하게 하고 다른 관중과 사회적 경험을 공유하게 하며 공동체의식을 갖게 한다.
   - 인지적 욕구 : 스포츠에 대한 지식, 경기결과 및 통계적 지식을 제공한다.
   - 정의적 욕구 : 스포츠에 대한 흥미와 즐거움을 제공한다.
   - 도피적 욕구 : 불안, 초조, 욕구불만, 좌절 등의 감정을 해소하도록 돕는다.
8. 대표성 : 소속 조직 대표, 상징, 충성심, 슬로건, 응원가 등등
9. 스포츠에서 일탈을 규정하기 어려운 이유
   1. 스포츠에서 일탈의 유형과 원인은 매우 다양하기 때문에 한 가지 이론으로 모든 것을 설명할 수 없다.
   2. 스포츠에서 허용된 행동이 사회의 다른 영역에서는 일탈이 될 수 있고, 사회에서 허영된 행동이 스포츠에서는 일탈이 될 수 있다.
   3. 스포츠에서의 일탈은 규범의 거부보다는 규범을 무비판적으로 받아들이는 것도 포함된다.
   4. 선수들의 훈련 및 운동 수행은 새로운 유형의 과학과 기술과 밀접한 관계를 맺는다.
10. - 핫 미디어 스포츠 : 정적, 개인, 기록 스포츠, 공/수가 구분된 팀 스포츠
    - 쿨 미디어 스포츠 : 동적, 득점, 공/수가 구분되지 않는 스포츠
11. 스포츠 계층 형성 과정
    - 지위의 분배(분화) 〉〉 지위의 서열화 〉〉 평가 〉〉 보수 부여
12. 1. 제국주의 - 피지배국 지배 도구
    2. 민족주의
    3. 과학 기술의 발전 - 스포츠미디어를 통한 확장
    4. 신자유주의적(자본주의) 세계화 - 프로시장의 이적 등
13. - 전염 이론 : '피암시성', '모방과 전염', '순환적 반작용'
    - 수렴 이론 : 사회 규범이라는 허구 속에 숨겨진 개인의 실제 자아가 익명성과 몰개성화 상황에서 표출, '훌리가니즘'
    - 규범생성 이론 : 군중 속에서 개인의 차이와 군중의 이질성 인정.
    - 부가가치 이론 : 집합 행동이 발생한 장소와 시간 및 양식에 대하여 설명
14. - 긍정적 일탈 사례 : 스포츠 규범에 대한 과잉 동조, 부상 투혼, 운동 중독, 오버 트레이닝 등
    - 부정적 일탈 사례 : 폭력, 약물 복용, 승부 조작, 선수 담합 등
15. - 갈등 이론 : 경제, 인종, 젠더
    - 아노미 이론 : 목표와 수단의 괴리
    - 차별교제 이론 : 근묵자흑, 일탈은 다른 사람들과 상호작용을 통해 학습
    - 낙인 이론 : 사회적 규정으로서 일탈 개념화한 것
16. - 축구 전쟁 : 1969년 중앙아메리카의 온두라스와 엘살바도르가 100시간 동안 벌였던 전쟁
    - 보스턴 마라톤 폭탄 테러 사건 : 2013년 미국 보스턴에서 개최된 보스턴 마라톤에서 결승선 직전 두개의 폭탄이 터져 관중들과 참가자 및 일반 시민들을 다치게 한 사건
    - IRA 인쇄 폭탄 테러 사건 : 아일랜드공화국군이 벌인 독립 투쟁을 위한 일련의 테러 사건

17. 상류 계급 : 과시적 소비 성향, 요트, 승마 자연친화적 개인 스포츠, 직접 참여, 사생활 보호되는 장소, 소수 인원
18. – <u>스포츠로의 사회화</u>: 스포츠 참여 그 자체
    – <u>스포츠를 통한 사회화</u>: 스포츠 활동으로 얻은 경험을 통해 사회의 가치, 태도, 행동 양식을 습득하는 과정
    – <u>스포츠로부터의 탈사회화</u>: 개인의 사정, 부상, 갈등 등으로 인하여 스포츠 활동을 중단하게 되는 것
    – <u>스포츠로의 재사회화</u>: 새로운 동기에 의해 다시 스포츠에 참가하게 되는 것
19. • <u>스포츠의 교육적 순기능</u>
    – 전인 교육 : 사회화 촉진, 학업능력 촉진, 정서 순화
    – 사회 통합 : 학교 내 통합, 학교와 지역사회의 통합
    – 사회 선도: 여권 신장, 평생체육과 연계, 장애인의 삶의 질 향상
20. • 케년(G. Kenyon)의 스포츠 참가 유형
    – 행동적 참가 : 직접 스포츠에 참여(선수, 심판, 지도자)
    – 인지적 참가 : 스포츠에 관한 정보 수용(지식의 습득), 미디어를 통한 스포츠 참가(중계)
    – 정의적 참가 : 특정 선수나 팀에 대한 특정한 감정 혹은 성향을 나타내는 것

3과목 스포츠 심리학 해설

1. 상변이 현상
   – 제한 요소의 변화에 따라서 새로운 조건의 적합한 형태로 갑자기 변화하는 상변이 현상
   – 제어 변수의 체계적인 변화로 발생하여 협응 구조의 불연속적인 변화(비선형성의 원리 따름)
2. 목표 설정의 원리
   1) 구체적이고 현실적인 목표를 설정한다.
   2) 단기 목표와 중기 목표 그리고 장기 목표를 연계하여 설정한다.
   3) 결과 목표보다는 수행 목표를 설정한다.
   4) 팀의 목표를 고려하여 개인의 목표를 설정한다.
   5) 목표를 융통성 있게 지도자와 상의하여 설정한다.
   6) 목표 성취 전략을 개발한다.
3. – 파지 검사 : 학습자가 새로운 기술을 연습하고 특정 시간이 지난 후 연습한 기술의 수행력을 평가
   ex) 기술 연습 후, 다음날 연습한 기술의 수행 능력을 검사
   – 전이 검사 : 연습한 기술이 다른 수행 상황에서도 발휘될 수 있는지 평가
   ex) 운동 수행 연습하고 다른 부분에서도 그 수행 능력이 좋은지를 검사
4. 주의 집중의 방법
   – 동작을 루틴에 따라 실행한다.
   – 관중의 방해를 의식하지 않는다.
   – 실책은 빨리 잊고 현재 수행에 몰입한다.
5. 심상은 선명한 이미지와 함께 모든 감각을 이용하여 이미지를 마음대로 조절할 수 있는 능력을 갖추는 것이 중요하다.
6. 수행 지식은 수행을 위한 기술이나 동작 등을 타인이나 지도자에게 받는 정보로서 외재적 피드백이며 보강적 피드백이라고도 한다.
7. 링겔만 효과
   모일수록 책임감이 분산되는 현상으로 '나 하나쯤이야'하는 심리를 의미한다. 특히 집단의 잠재 능력에 비해 실제 능력이 줄어드는 이유는 각자의 동기가 줄어들기 때문이다. 즉 동기가 감소하는 사회적 태만 현상이 나타난다.
8. – 인지 단계 : 학습하여야 할 운동 기술의 특성을 이해하고 그 과제를 수행하기 위하여 사용되는 전략을 개발하는 단계, 초보자
   – 연합(고정화) 단계 : 과제를 수행하기 위한 수행 전략을 선택하고, 잘못된 수행에 대한 적절한 해결책을 찾아갈 수 있게 된다. 수행의 일관성과 수행력 점차 향상
   – 자동화 단계 : 동작이 거의 자동적으로 이루어지기 때문에 움직임 자체에 대한 의식적인 주의가 크게 요구되지 않는다. 주의를 전환시킬 수 있고, 오류를 탐지하고 수정할 수 있는 능력을 가진다.
9. 실패의 원인을 자신의 노력(내적)에서 찾고 실패의 원인은 자신의 노력의 부족과 전략, 전술의 미흡이라 믿게끔 귀인을 바꾸는 것을 말한다.
10. 부적 전이 : 한 가지 과제의 수행이 다른 과제 수행을 간섭하거나 제지하는 경우로 움직임이 유사하지만 특성이 다를 때 발생한다.
11. – 반응 시간 : 자극 제시와 반응 시작 간의 간격
    – 움직임 시간 : 반응 시작과 종료 간의 간격
    – 전체 반응 시간 : 반응시간과 움직임 시간을 포함하는 시간
12. 인지의 재구성은 인지 전력으로서 외부 환경에 의한 변화가 아닌 개인의 목표 설정과 주의 집중 전략을

활용하여 생각에 변화를 주어 감정의 변화를 주게끔 하는 방법이다.
13. 지각 과정의 주된 역할은 과중하게 부과된 정보를 여과하는 일이며 지각 과정의 완료로 인간 행동 체계는 관련 특징을 분석을 하며 지각의 협소화는 이러한 지각 능력의 감소화를 의미한다.
14. 리더십은 조직의 구성원들 간의 상호작용 관계와 집단의 성격, 집단의 규범, 집단의 성격과 활동 등의 여러 요인들에 의해 리더십의 효과는 얼마든지 달라질 수 있다. 이에 과도한 자신감은 리더십의 행동적 접근에 옳지 못하다.
15. 기억의 체계(유형) 저장의 용량에 따라 커지게 된다.
16. 준비 단계는 운동을 수행하고는 있지만 대개는 주 3회, 1회당 20분 이상을 수행을 채우지 못하는 수준으로 의사결정의 균형은 혜택이 손실보다 높아져 운동의 혜택에 대한 인식이 커진 상태이다.
    ex) 30일 이내에 주 3회, 1회당 20분 이상의 수준으로 운동을 수행할 생각이 있다.
17. 불안의 유형 중 상태 불안은 일시적인 상황에서 느껴지는 정서 상태를 말한다.
18. – 구획 연습 : 하나의 기술을 주어진 시간에 연습하는 방법
    – 무선 연습 : 주어진 시간에 여러 가지 운동기술을 무작위로 연습하는 방법을 말한다.
19. 상담자는 내담자에게 권력 남용, 위협을 하지 않으며 상담자와 내담자 간의 치료적 관계와 사회적 혹은 개인적 관계에 대해 주의를 기울여야 한다. 상담자는 내담자에 대한 자신의 욕구와 영향력을 충분히 자각하고 있어야 하며, 전문적 판단에 영향을 줄 수 있는 부적절한 관계를 맺어서는 안 된다.
20. 100m 스타트에서는 하나의 자극 신호에 대하여 하나의 반응만을 요구하여 소요 시간이 상대적으로 짧고 배구 서브 리시브 상황에서는 두 개 이상의 자극에 대하여 반응을 하기 때문에 소요 시간이 상대적으로 길다.

4과목 스포츠 윤리 해설

1. ① : 사실 판단에 대한 내용만 기술
   스포츠 윤리의 역할은 스포츠 상황에서 어떤 행동이 옳으며, 어떤 목적이 좋은가를 결정할 수 있는 근본 원리들을 고양하는 것이다.
2. ① : 사실 판단
   ②,③,④ : 옳고 그름, 좋음과 나쁨, 바람직하거나 그렇지 못한 것 등 가치에 대한 판단이다.
3. – 아곤 : 경쟁에서 승리
   – 아레테 : 탁월함(덕, 훌륭한 상태, 탁월성)
4. ②은 규칙 준수에 관한 것
   에토스 : 성격, 관습을 의미, 흔히 성격으로 번역됨. 즉 에토스는 사람에게 도덕적 감성을 갖게 하는 보편적인 도덕적 요소를 말함.
5. 도덕적 자율성 : 도덕적 문제에 대해 비판적이고 독립적으로 사고함과 동시에 이러한 도덕적 사고를 스포츠에서 발생하는 도덕적 상황들에 적용하는 능력을 말함
6. 의무론적 윤리 체계의 특징 : 인간이 마땅히 지켜야 할 도덕 법칙에 따라 행위의 옳고 그름의 결정한다. 행위의 결과보다 동기를 중요시한다. 결과에 상관없이 어떤 행위가 의무에 속한다면 반드시 따라야 한다. 목적이 수단을 정당화할 수 없다. 의무론적 윤리는 보편적인 도덕을 추구한다. 도덕성의 기준은 시대와 상황에 따라 달라지는 것이 아니라 언제 어디서나 절대적인 의무로 주어진다. 아무리 선의의 거짓말이더라도 거짓말은 나쁘기 때문에 하지 말아야 한다.
7. 윤리적 상대주의 : 옳고 그름, 좋고 나쁨이 절대적인 것이 아니고 개인, 환경, 사회 상황에 따라 가변적이고 상대적이라고 보는 견해
8. 치료 목적으로 처방되어 사용(복용)한 물질에 대해서는 도핑방지기구에 신청 후 승인을 받으면 치료 목적 사용 면책을 받는다.
9. 홉스 – 사회계약설
   자유롭고 평등한 개인들의 합의나 계약에 의해 국가가 발생하였다는 학설
   ④ – 르네 지라르이 모방이론
   자기가 좋아하는 운동선수의 폭력을 따라 하게 되듯이 인간 폭력의 원인을 공격 본능이나 자연 상태가 아닌 모방적 경쟁 관계라고 주장함
10. – 베르크 : 인간 중심 주의 환경 윤리 주장
    – 레오폴드 : 대지 윤리에서 생태학적 문제의 뿌리의 철학적인 것(인간은 자연에 대해 도덕적 고려를 확대해야 한다)
    – 네스 : 환경 위기를 해결하기 위해서는 개인적 및 사회적 관행을 바꾸는 정도로는 부족하여 세계관을 근본적으로 바꾸어야 함
    – 슈바이처 : 도덕적 지위와 고려 대상을 인간과 동물뿐만 아니라 식물을 포함한 모든 생명체로 확장하여 모든 생명을 소중히 여기고 존중하라
11. 결과론적 윤리체계의 단점

A팀 행동 지지 → 결과 중요 → 결과론적 윤리체계 (공리주의)
ㄴ, ㄹ → 의무론적 윤리체계의 난점

12. 도핑의 원인 : 운동 수행 능력 향상, 경쟁에서 승리, 경기의 참여 욕구, 물질적 보상, 명예를 위함
13. 절차적 정의 : 절차 합의- 결과 합리적 정의, 평균적 정의 : 절대적 평등이론, 절대적 산술적, 형식적, 분배적 정의 : 집단에 기여하는 공헌도와 능력에 맞게 대우, 상대적, 비례적, 실질적 평등, 법률적 정의 : 사회는 개인 존중, 개인은 구성원으로서 의무
14. - 수오지심 : 자신의 옳지 못함을 부끄러워하고 남의 옳지 못함을 미워하는 마음
    - 사양지심 : 겸손하여 남에게 양보하는 마음
    - 시비지심 : 잘잘못을 분별하여 가리는 마음
    - 측은지심 : 남을 불쌍히 여기는 타고난 착한 마음
15. 여성 차별적 인식으로 젠더에 의한 스포츠 성 차별과 생물학적 환원주의에 관한 내용으로 생물학적 환원주의는 남자가 여자에 비해 월등한 운동 능력을 보유, 발휘하는 현상이다.
16. - 공평무사 : 사적인 이익과 감정에 휘둘리지 않고 공정한 자세를 유지
    - 청렴성 : 성품과 행실이 바르고 탐욕이 없어야 함
    - 투명성 : 말이나 태도가 분명해야 함
    - 자율성 : 외부의 지시나 간섭을 단호히 뿌리쳐야 함
    - 정직 : 거짓이나 꾸밈이 없어야 함
    - 냉철함 : 침착한 판단과 선수의 심리에 밝아야 함
17. 스포츠의 환경윤리(생태 중심주의 환경윤리)
18. 성폭력의 윤리적 문제는 인간의 존엄성 유린, 인간의 쾌락의 도구화, 피해자의 이성에 대한 적대감, 피해자의 건전하고 바람직한 성의식 파괴, 피해자의 자기비하와 삶에 대한 비관적 태도 형성, 피해자의 가족에 미치는 정신적 고통 등 피해자 중심적 사고이며, 성폭력 교육은 모두에게 필요하다.
19. • 스포츠 종목의 차별 : 장애인의 스포츠 욕구를 다양하게 수용하지 못하고 있음
    장애인을 위한 스포츠 지도자의 부재 : 전문적인 지도자의 부족으로 체계적인 활동이 불가능
    이동 및 접근권의 차별 : 이용시설이 부족하고 이동이 불편
    학교스포츠에서의 차별 : 학교체육과 스포츠에의 참여가 보장되지 않아 스포츠에 친숙할 기회를 제공받지 못함
    • 장애차별 없는 스포츠의 조건
    기회 제공, 재정 지원, 계속적인 활동, 선택의 기회, 다양한 사람과의 만남
20. 스포츠에서 인종 차별은 인종과 소수 민족 차별에 저항을 표현함

5과목 운동생리학 해설

1. - 유산소 시스템은 저강도 운동 시 사용되며 운동 시간이 길수록 지방의존도가 높아지며, 무산소 시스템에 비해 ATP 합성률이 느리다.
   - 유산소 시스템은 탄수화물과 지방 모두 에너지 기질로 이용이 가능하다.
   - ATP 합성은 유산소 시스템보다 무산소 시스템이 빠르다.
2. - 알부민 : 생체 세포나 체액 중에 넓게 분포되어 있으며, 혈장 알부민은 혈장의 글로불린과 함께 세포와 혈장의 기초물질을 구성한다.
   - 신경전달물질 : 뇌와 신경세포에서 방출되어 인접해 있는 신경세포 등에 정보를 전달하는 물질
   - 마이오글로빈 : 헤모글로빈과 비슷한 헴단백질, 혈중의 산소를 이동시킨다.
   - 아세틸콜린 : 신경전달물질로 사용되는 화학 물질
3. - 젖산 : 글리코겐에 의한 ATP 합성 과정에서 산소가 부족하면 젖산이 생성된다.
   - 지방 : 저강도와 중간강도의 유산소 운동에서 주로 에너지 기질로 이용된다.
   - 근육 단백질 : 고강도 운동 중 근글리코겐이 부족하면 당신생에 이용된다.
   - 근육 글리코겐 : 해당과정에 의해 빠르게 ATP를 공급할 수 있다.
4. - 인슐린 : 췌장의 랑게르한스섬의 베타세포에서 분비, 혈중 포도당을 세포로 유입시켜 혈당을 낮춘다.
   - 글루카곤 : 췌장의 알파세포에서 분비되며 혈당이 낮아지면 간의 글리코겐을 포도당으로 분해하여 혈당을 높인다.
   - 알도스테론 : 부신피질에서 분비되는 스테로이드 호르몬으로 나트륨과 칼륨대사에 관여한다.
5. 미토콘드리아(mitochondria)의 밀도는 지구성 트레이닝에 의한 적응의 현상으로 증가한다.
6. - 지구성 트레이닝에 대한 적응으로 체내 산소 이용 능력이 증가하여 동맥과 정맥의 혈중 산소차는 증가한다.
   - 지구성 트레이닝에 의한 적응으로 좌심실 용적이

증가하여 최대 1회 박출량이 증가되어 안정 시 심박수가 감소한다.
7. - 안정 시 신경세포 막의 안쪽은 Na$^+$의 농도가 높고, 바깥쪽은 K$^+$의 농도가 낮다.
   - 전기적 활동에서 역치는 전위를 유발할 수 있는 최소한의 자극강도이다.
8. - 적혈구용적률은 성인의 경우 남자 42~45%, 여자 38~42%로 적혈구의 용적률은 남성이 높다.
   - 혈중 적혈구용적률이 높아지면 혈액의 흐름이 어렵게 된다.
   - 지구성 트레이닝에 대한 적응으로 혈장량이 20%~30% 증가하며 적혈구용적률도 함께 증가한다.
9. 액틴과 마이오신은 서로 교차하며 근절의 길이가 짧아진다.
10. • 심부체온이 증가하여 산소-헤모글로빈 해리 곡선은 오른쪽으로 이동하며, 헤모글로빈의 산소 친화력을 감소시킨다.
    • 신체의 pH가 감소하여 산소-헤모글로빈 해리 곡선은 오른쪽으로 이동하며, 헤모글로빈의 산소 친화력을 감소시킨다.
11. - 단축성 수축은 근수축 속도가 빠를수록 최대파워가 감소한다.
    - 동일 근육에서의 신장성 수축은 단축성 수축에 비해 더 큰 힘이 생성된다.
12. 탈수로 체액이 감소하면 혈액량과 우심방으로 돌아오는 정맥 환류량도 함께 감소되어 심박수가 증가한다.
13. - 골격근을 구성하는 근섬유에는 운동 신경이 분포되어 있는데, 하나의 운동 신경의 말단은 신경신호를 전달하는 많은 가지로 나뉘어져 근섬유에 분포되어 근섬유들을 지배한다. 하나의 운동 신경에 지배되는 신경과 근섬유를 운동단위라고 한다. 운동단위 크기의 원리에서 헤너만이 밝힌 운동단위의 동원 순서는 운동신경세포가 작을수록 큰운동신경세포보다 먼저 동원된다. TypeⅠ 운동단위는 TypeⅡ 운동단위보다 일반적으로 먼저 동원된다.
14. - 갑상선자극 호르몬 : 뇌하수체 전엽에서 분비된다. 티록신, 트라이아이오드타이로닌 분비 자극
    - 노르에피네프린 : 부신선에서 분비된다. 주로 교감신경, 심근, 평활근, 분비샘 등의 연접에서 신경전달물질로 작용
    - 성장 호르몬 : 뇌하수체 전엽에서 분비된다. 성장 촉진, 세포내 단백질 합성 촉진, 중성지방의 분해

를 촉진시켜 혈중 유리지방산 증가, 골밀도 증가
    - 인슐린 : 췌장의 랑게르한스섬의 베타세포에서 분비, 혈중 포도당을 세포로 유입시켜 혈당을 낮춘다.
15. 훈련되지 않은 사람과 비교하여, 단거리 선수는 고강도 트레이닝에 의한 적응으로 장딴지(대퇴) 근육은 주로 속근섬유의 비율이 높으며 장거리 수영선수는 지구성 트레이닝에 의한 적응으로 팔 근육에 지근섬유의 비율이 높은 경향이 있다.
16. - 퍼킨제섬유 : 좌심실과 우심실의 수축을 일으키기 위해 자극을 전달하는 심근섬유
    - 방실다발 : 심실의 중격에 위치하여 심방과 심실의 전기적 신호를 퍼킨제섬유에 전달하는 전도 체제이다.
    - 삼첨판막 : 심장의 오른쪽 심방과 심실 사이의 구멍을 여닫는 판막
17. - 근비대는 1RM의 80%~70%의 세트당 6회~12회의 저항성 트레이닝에서 주요 효과가 나타난다.
    - 근력, 근파워 향상은 고강도(1RM 또는 100%~80%) 저반복의(1회~6회) 트레이닝의 효과로 나타난다.
18. 운동 시 폐포로 유입된 산소는 폐 모세혈관으로 확산되고, 운동 중 근육에서 생성된 이산화탄소는 모세혈관으로 확산된다.
19. - 교감신경의 활성화는 소화기계 활동을 감소시킨다.
    - 소화기계의 활동의 증가는 부교감신경계의 활성에 따른 영향을 받는다.
20. 장기간 유산소 트레이닝에 따른 심혈관계의 적응으로 안정 시 1회 박출량 증가와 함께 안정 시 심박수가 감소한다.

6과목 운동역학 해설

1. • 동역학 – 분석 대상 : 힘과는 관계없이 동작의 기하학적인 면에 초점(위치 변화, 속도, 가속도, 변위 등)
   • 운동역학 – 분석 대상 : 운동의 원인이 되는 힘에 관한 분석에 초점(근력, 지면, 반력, 토크, 관성모멘트, 마찰력, 충격력 등)
2. 힘의 단위는 N
3. 지면 반력은 인체가 지면과의 접촉을 통하여 힘을 가했을 때 그 힘에 대한 반작용력
4. 역학적 일은 힘의 작용 방향과 물체의 변위 방향에

따라서 +, 0, − 의 세 가지 경우로 구분할 수 있음
㉠ : 음의 일, ㉡ : 양의 일, ㉢ : 0
* 즉 ㉠ = 단축성, ㉡ = 신장성, ㉢ = 등척성 수축

5. 충격량 : 주어진 시간 동안 가해진 힘의 총량, 그 힘은 벡터이다.
6. 윤활 관절은 움직임의 축이 몇 개인가에 따라 무축성, 1축성, 2축성, 3축성 관절로 분류
   ① 절구 관절은 3축성 관절, ② 타원 관절은 2축성 관절, ③ 경첩 관절 1축성 관절, ④ 중쇠 관절 1축성 관절
7. 기계적 확대율은 항상 1보다 작음
8. 근전도(electromyogtaphy, EMG)는 양과 음의 값 모두 가지고 있다. 근육의 활동 여부, 근활동의 정도, 근육의 피로도 등을 측정, 선형 포락선은 정류된 신호를 필터링하여 얻은 신호, 선형 포락선을 통해 근육의 활동을 명확히 함, 일반적으로 선형적으로 비례하지는 않으나, 진폭이 클수록 근육의 힘이 큰 것으로 나타남. 따라서 근전도 신호를 통해서 발현된 근력의 정도를 어느 정도 예측 가능
9. 가속도 = 속도 변화량/ 시간의 변화량
   ㉮ 구간은 11−5/3−0 = 2m/s², ㉰ 구간 11−11/7−3 =0m/s²
   ㉯ 구간은 11m/s 로 계속 가고 있는 등속도 운동 중
10. 라디안은 반지름과 호의 길이의 비율로 계산
11. 뉴턴 제 3법칙에 의하여 해머에 발휘된 구심력(안쪽으로 당기는 힘)과 원심력(헤머가 당기는 힘) 같음 따라서 안쪽으로 당기는 힘 증가시키면 해머도 선수를 당기는 힘을 증가시킴
12. 반발계수란 두 물체의 정면충돌 전후 상대속도의 비를 나타낸다. 정면충돌이 아닌 경우에는 충돌 전후 충돌면에 수직 방향의 상대속도 성분의 비와 같다.
13. v = r*w 선속도는 rw이므로 각속도와 길이에 비례
14. ②은 보존과 전이가 아니라 각운동량 증가 감소와 관계 있음
15. 영상 분석은 운동학적 변인을 측정한다.
16. F=m*a
    가속도부터 구해야 함. 가속도 = 속도 변화/시간 변화이므로 12−0/3 = 4m/s²이다. 따라서 F=80kg*4m/s² = 320N
17. ㉢을 제외한 모두 신체 외부에 무게 중심 존재한다.
18. ㉠ = 정지하고 있고, 에너지가 0이므로 운동 에너지
    ㉡ = 낙하할수록 감소하니깐 위치 에너지
    ㉢ = 낙하할수록 증가하므로 운동 에너지
19. 곡선 운동은 선 운동에서 일어나는 운동이다.
20. v=r*w=0.5m*50rad/s=25m/s

7과목 한국체육사 해설

1. 부족국가 시대에서는 제천행사와 더불어 성년의식과 궁술 및 유희가 체육의 형태를 띠고 있다.
2. 화랑도는 심신의 조화로운 발달과 신체미 숭배사상을 가졌으며 신체 활동(궁술)을 통한 수련 – 신체의 '덕'을 함양, 군사적 성격, 불국토 사상과 더불어 세속오계(사군이충, 사친이효, 교우이신, 임전무퇴, 살생유택) 통해 심신의 조화적 발달을 추구하였다.
3. 종합무예서인 『무예도보통지』는 조선시대 정조 때 편찬되었다.
4. 귀족들이 즐겼던 민속놀이는 활쏘기, 봉희, 격구, 방응, 투호, 장치기, 석전, 씨름, 추천 등 있으며 그 중 매를 길들여 사냥하는 놀이를 방응이라 한다.
5. 무신정변 : 1170년(의종 24) 무신 정중부(鄭仲夫)와 이의방에 의해 일어난 정변으로 고려 문벌 귀족사회를 붕괴시키는 결과를 가져왔다.
6. 원산학사는 무사의 입학생 수가 많음, 외세 침입에 대응하기 위한 무비자강를 강조하였다.
   또한 무예반 교육 내용을 병서, 사격으로 군사 체계를 위한 국민 체육이라는 점에 큰 의의가 있다.
7. 나현성의 한국체육사에 따른 시대 구분에 의하며 갑오경장 이전은 무예를 중심으로 하는 전통 체육을 강조하였고 갑오경장 이후는 교육입국조서를 중심으로 하는 근대 체육을 강조하였다.
   – 갑오경장 전 : 생계를 위한 무예중심의 체육과 레크리에이션 요소로서 전통놀이 성행
   – 갑오경정 후 : 교육의 근대화로 학교 체육과 사회 체육을 포함한 과학적인 체육이 발달
8. 조선시대의 무과제도는 초시, 복시, 전시의 3단계로 나누어 진행되었으며 복시에서는 문무의 실력을 고루 갖춘 인재를 선발하기 위해 강서탐독 시험을 치렀다.
9. 우리나라 최초 운동회는 1896년 영어 학교에서 개최한 화류회이다.
10. 훈련원은 조선시대의 무인 양성 공식적 교육기관으로서 무예 수련을 담당하며 병서의 습독을 장려하고 군사의 시재를 담당하였다.
11. 활인심방은 퇴계 이황 선생이 저술한 의료서적으로서 오늘날의 보건 체조와 같은 내용도 기술되어 양생이라는 건강 개념 포함되어 있다. 또한 늙지 않고 장수한다는 도교의 개념 또한 포함하였다.
12. 대한체육회의 역사는 다음과 같다.
    – 1920 조선체육회 창립
    – 1948 대한체육회로 개칭
    – 1966 태릉선수촌 건립

- 2016 국민생활체육회와 통합
13. 우치다 료헤이는 1906년 유도를 도입했다.
14. 권투는 1925년 YMCA의 실내 운동회 때 정식 종목으로 등장했다.
15. 1988년 서울에서 제24회 서울올림픽 개회 이후 국민의 체육활동 참여 열기가 고조되고 국민건강 및 여가 선용에 대한 관심이 부각되면서 민간차원의 건전한 체육문화를 창달하기 위한 목적을 가지고 1989년 11월 국민생활체육진흥종합계획(호돌이 계획)을 수립하였고, 1991년 1월 사단법인 국민생활체육협의회가 정식으로 출범하였다.
16. 황국신민체조는 1937년 제정되었으며 보기④의 내용은 일제강점기 체육1기(1911년~1914년)에 시행된 내용이다.
17. 1위는 손기정, 3위는 남승룡이다.
18. 경성 운동장은 1925년에 건립되었으며 조선체육회는 경성 운동장에서 조선신궁대회를 개최, 1931년 9월 덴마크의 닐스북이 경성 운동장에서 체조강습회를 열었다. 1984년에 경성운동장은 동대문 운동장으로 개칭되었다.
19. 전두환 정부에서는 엘리트 중심의 스포츠가 대중 스포츠로 전환됨에 따라 체육부가 신설되었으며 프로야구, 프로축구, 프로씨름 등이 출범하였다.
20. 서울 올림픽 경기 대회는 호랑이를 바탕으로 제작된 호돌이, 평창 올림픽 경기 대회는 백호를 바탕으로 제작된 수호랑과 반달곰을 바탕으로 제작된 반다비가 마스코트이다.

6. 하비거스트(R. Havighurst)의 발달과업 이론에서 노년기 과업은 다음과 같다.
배우자의 죽음에 대한 적응, 퇴직 및 수입 감소에 대한 적응, 약화되는 신체적 힘과 건강에 따른 적응
7. 보기에 관련된 행동 변화 이론은 계획된 행동 이론이다. 계획된 행동 이론은 '행동에 대한 태도', '주관적 규범', '지각된 행동 통제력'이 행동에 영향을 미치는 이론이다.
8. • 목표심박수 공식 : (최대심박수-안정 시 심박수) × 운동강도 + 안정 시 심박수
 • 최대심박수 : 220 - 나이(70세)
 (150-70) × 0.6 + 70 = 118
 (150-70) × 0.7 + 70 = 126
9. 죽상경화증 심혈관 질환 위험요인(연령, 비만, 당뇨, 흡연 해당)

위험요인	기준의 정의
연령	남자 45세 이상, 여자 55세 이상
가족력	아버지 또는 남자 형제 중에서 55세 이전 그리고 어머니 또는 여자 자매 중에서 65세 이전에 심근경색, 관상동맥혈관 재형성술 및 급사한 가족이 있음
흡연	현재 흡연자, 6개월 이내 금연자, 흡연 환경에 노출
신체 활동 부족	최소 3개월 동안 주당 최소 3일, 중강도(40~59 VO2R)의 신체활동을 30분 이상 참여하지 않음
비만	체질량 지수 30kg·m-2 허리둘레 남 : 102cm(40in) / 여 : 88cm(35in) 초과
고혈압	최소 2회 이상 측정하여 수축기혈압 140 mmHg 이상 또는 이완기 혈관 90mmHg 이상 또는 항고혈압제복용
이상 지질혈증	LDL-C 130mg·dL-1 이상 또는 HDL-C 40mg·dL-1 미만 또는 지질강하제 투약, TC만 확인 가능하다면 200mg·dL-1 이상
당뇨병	공복 혈당 126mg·dL-1 이상 또는 경구 당부하검사 2시간 후 200mg·dL-1 이상 또는 당화혈색소 6.5% 이상
음성 위험요인	기준의 정의

8과목 노인 체육론 해설

1. 저출산, 고령화가 증가하고 있는 추세이다.
2. 연령이 높아질수록 근육량, 최대심박수, 최대산소섭취량은 감소하고, 혈관 경직도는 증가한다.
3. 노화와 관련된 보행 형태의 변화는 보행속도 감소, 걸음 길이 감소, 팔 흔들림(swing) 감소, 발목 가동성의 감소이며, 발목 가동성의 감소는 낙상의 위험을 높인다.
4. 중강도의 규칙적인 운동은 노인에게 다음과 같은 영향을 미친다.
근력 증가, 수면의 질 증가, 뇌 혈류량의 증가, 인슐린 저항성의 감소(인슐린 민감도 증가)
5. 노인에게 모험적인 목표는 부상을 초래할 수 있으며, 오히려 동기가 감소할 수 있다.

고밀도지단백 콜레스테롤	60mg·dL⁻¹ 이상

10. 가역성의 원리 : 운동을 중단하면 신체의 기능은 운동 전의 상태로 돌아간다.
11. ㉠ : 유연성(등 뒤에서 양손 마주잡기), ㉡ : 근력& 근지구력(의자에 앉았다 일어서기)에 해당되는 내용
12. 저항 운동은 체력 수준을 고려해야 하며, 1RM 40~50%(저강도) 권장
    유연성 향상을 위해 정적 스트레칭은 30~60초 유지를 권장, 유산소 운동은 중강도로 주당 150~300분/고강도 75~100분을 권장한다.
13. 동적/탄성 스트레칭은 정적 스트레칭에 비해 상해 위험이 높다.
    노인의 경우 정적 스트레칭이 적합하며, 고유수용성 신경근 유연성에 촉진법도 효과가 있다.
14. 김 할아버지는 현재 유지(maintenance) 단계이며, 단조로움과 지루함을 극복하기 위해 즐길 수 있는 스포츠를 경험하도록 지도한다.
15. 이상지질혈증이 있는 노인은 중강도 운동도 효과적이다.
16. 골다공증이 있는 노인도 통증이 없는 범위 내에서 체중 지지 운동을 할 수 있다.
17. 노인에게 효과적으로 정보를 제공하기 위해서는 비언어적 표현과 언어적 표현을 복합적으로 사용하는 것이 좋다.
18. 축구, 농구, 배구와 같은 경쟁 스포츠는 부상이 높고, 과격한 동작이 많이 나타나므로 중강도 신체 활동으로 적절하지 않다.
19. 운동 강도가 높을수록 체온이 급격히 상승할 수 있으므로 통풍이 잘 되는 의복을 착용해야 한다.
20. 의식이 돌아오지 않으면 구급대원이 오기 전까지 가슴 압박, 인공호흡을 지속적으로 실시한다.

9과목 유아 체육론 해설

1. 목표 설정이 없는 동일한 활동 반복은 유아 발달적 특성을 고려한 신체 활동으로 적절치 않다.
2. 대부분의 근육과 뼈를 강화하는 운동은 저항을 사용하는 운동이므로, 아무리 움직임이 활발해지는 유아기일지라도 이제 막 발달 단계이기 때문에 저항 운동은 적절하지 못하다.
3. 놀이 형태와 지도 여건에 따른 놀이 공간을 확보하여야 한다.
4. 스키핑은 협응력을 기르는 동작이며 근지구력을 측정하기 위한 방법이 아니다.
5. 불수의적인 움직임은 자의적인 움직임이 아니므로 연습 또한 불가능하다.
6. 동작에 대한 시범에 오랜 시간을 들이면 실제 학습 시간은 줄어들게 된다.
7. 영유아보육법(2011) 제1장 제2조에서 정의한 영유아란 만 6세에서 취학 전 아동을 의미한다.
8. 미각과 후각은 운동 발달과 관련성이 낮다.
9. 〈보기〉의 ㉠ = 탐색, ㉡ = 놀이 시에 관찰되는 특징들이다.
10. 〈보기〉의 내용은 에릭슨(E. Erikson)의 심리 사회 발달의 3단계인 주도성 대 죄책감에 대한 내용이다.
11. 본 〈보기〉의 내용은 리핑에 대해서 설명하고 있다.
12. 피아제는 인지발달 이론을 통해 인간의 네 가지 단계를 거쳐 인지 발달을 이룬다고 하였다.
13. ㉠ : 적합성의 원리에 대해서 설명하고 있으며 ㉡ : 특이성과 관련하여 설명하고 있다.
14. 과제 제시 방법은 유아가 할 행동이나 과제를 지도사가 정하지만, 유아에게 의사결정권을 주는 방법을 말한다.
15. 단독 놀이는 독립적으로 놀이를 하면서 다른 아이를 놀이에 참여시키지 않는 단계를 말한다.
16. ㉠ : 초보, ㉡ : 성숙, ㉢ : 시작 단계를 서술하고 있다.
17. ㉠의 보기에서 도구(배트, 발)를 조작하는 종류의 조작 운동이며, ㉡의 경우 철봉에서 중심을 흔들기, 몸통을 굽히거나 접은 상태에서 중심을 이용하여 안정성을 유지하는 안정성 운동에 관련된 운동이다.
18. 〈보기〉에서 지도자는 방향과 관련된 단어들을 언급하고 있다.
19. 2019년 개정 누리 과정에서 경쟁 활동과 스포츠 기술은 포함되어 있지 않다.
20. 〈보기〉는 열성 경련을 설명하고 있다.

10과목 　특수 체육론 해설

1.
   - 특수 체육은 개인적 요구를 충족시키는 서비스 제공을 기본으로 하지만, 분리된 환경이 아닌 장애인의 임파워먼트(권리신장)를 위한 사회적 참여를 강조한다.
   - 특수 체육의 특징
     - 법률적 요구와 사정에 기초하여 제공되는 서비스
     - 다학문적으로 유아 및 청년기 연령층을 포함하는 서비스(평생교육을 강조)
     - 적절하게 변형된 스포츠 기술, 규칙, 전략 등 낮은 수준의 다양한 심리, 운동적 수행을 고려한 서비스
     - 스포츠는 문화의 일부이며, 특수 체육은 장애인들이 일생동안 스포츠에 참여할 수 있도록 여가 선용 기술을 발달시키는 것
     - 단순한 적응 교육이 아닌 연속적인 직접 서비스를 제공하는 것
     - 생태학(유기체와 환경과의 관계를 연구하는 과학)과 밀접한 관련 존재
     - 책무성을 가짐
     - 사회적 참여와 삶의 질을 최적화시키는 과정 속에서 장애인의 임파워먼트(권리신장)가 필요하며 임파워먼트는 개인적 유능감, 자기 결정, 사회적 참여의 3가지 속성을 가짐

2. 휠체어 농구 기술 수행 검사가 타당성을 가지기 위해서는 휠체어의 조작과 농구에 대한 특성을 올바르게 측정할 수 있는 방법으로 진행되어야 한다.

요소	내용
타당성	신체 능력 및 인지적, 정의적 요소의 능력이나 특성을 충실히 측정하고 있는지 여부
신뢰성	동일한 검사를 반복 실시하여도 같은 결과가 나올 수 있는 일관성이 있는지 여부
객관성	두 명 이상의 다수 평가자가 측정한 결과가 동일한 점수를 나타내는지 여부
적합성	검사하는 데 적절한 유형의 대상을 포함하고 있는지 여부(나이, 성별, 장애 유형 등)
변별성	검사 방법을 잘 수행하는 사람과 그렇지 않은 사람을 구분하고 실시하고 있는지 여부
용이성	측정을 쉽게 할 수 있어서 검사대상자들이 수행에 어려움을 겪지 않아야 하고, 측정된 결과 역시 지도자가 쉽게 이해할 수 있어 이를 지도에 용이하게 활용할 수 있는지 여부
효율성	최소의 시간과 비용으로 측정가능한지 여부

3. 휠체어 테니스에 참여하는 지체 장애인이 백핸드 스트로크를 수행하는 과정을 단계별로 구분하여 순서별로 제시하고 있으므로 과제 분석에 해당

평가 방식	내용
과제 분석	목표 과제를 시작 단계부터 최종까지 세부적인 단계로 구분하여 쉬운 단계부터 어려운 단계로 과제를 제시하는 것
규준지향 평가(규준참조 평가, 결과 중심)	– 대상자의 점수를 규준(검사를 수행한 동일집단의 점수 분포)과 비교하여 파악 – 개개인의 운동 수행력을 특정 집단의 기록과 비교하기 위한 방식 – 규준 설정 및 성취 수준 파악을 위해 통계적 척도를 활용 특정 또래 그룹이 수행과 비교가 가능하며, 지도의 시작과 종료 시에 실시
준거지향평가(준거참조 평가, 과정 중심)	사전에 설정한 숙달기준인 준거에 대상자의 점수를 비교하여 특정 영역에서의 대상자의 성취수준을 파악하는 것 (100m 20초 이내 들어올 시 합격) 특정 영역에 관한 숙련도 검사로 미숙한 동작의 원인 파악 등에 활용 개개인을 위한 프로그램 계획 및 평가에 사용 다른 검사 참여자들과 비교하기 어려움
근거 기반 실무	치료를 정하는 의사결정에서 근거가 확보된 치료, 숙련된 치료자가 환자의 필요, 가치와 선호 등의 맥락을 고려하여 적용하는 것

4. 지적 장애인이 과제를 수행함에 있어 잠실 실내 수영장 탈의실이라는 환경이 구체적으로 제시되고 있으며, 이 환경 속에서 반응하는 행동을 평가한다는 점에서 생태학적 평가 방법임

평가 방식	내용
생태학적 평가	대상자가 처해진 환경에서 상호 작용하며 일으키는 행동과 관련된 정보를 수집하는 평가 과정(데이터를 수집 방법으로 설문조사를 주로 사용)
루브릭 평가	학습자가 수행 과제에서 드러낸 수행 결과물이 어느 수준에 있는가를 규명하고 판단하기 위해 사용하는 명세화되고 사전에 공유된 기준이나 가이드라인
포트폴리오	작업 결과나 작품 혹은 어떤 수행의 결과를 모아놓은 자료집이나 서류 파일을 보고 평가
규준지향 평가	비교 집단(규준) 속에서 다른 사람보다 얼마나 더 성취했는지를 상대적인 비교를 통해 성적을 판단하는 평가 체제

5.
- 장애인의 스포츠 활동 현장에서 참여자의 장애유형과 정도, 흥미와 여건에 맞는 신체 활동을 제공하기 위해서는 적절한 활동 변형이 요구됨. 그러나 장애인에게 적합하도록 변형하는 경우에도 스포츠로서의 본질은 유지되어야 함
- 장애인 스포츠에 대한 활동 변형
  - 체육 시설과 환경, 용구 및 기구의 변형, 규칙의 변경, 장애 유형에 따른 변형
- 변형 시 고려해야 할 점
  - 참여 촉진 유도, 협동심이 필요한 활동 제시, 최소한의 규칙 사용, 스포츠 본질 유지, 활동 변형에도 불구하고 참여자가 어려워하는 경우 수정·보완 시행

6.
- 시각 장애인의 경우 청각과 촉각 정보를 충분히 제공하여 시각을 보완할 수 있도록 하여야 함
- 시각 장애인을 위한 지도 전략
  - 현재의 시각 능력을 평가하고, 안전을 위한 환경 구성이 필요하며, 운동지도 시 언어 지도 → 촉각 탐색 → 직접 지도의 단계를 따라야 함.
  - (환경구성) 활동 공간을 정리 정돈하여 바닥, 벽 등의 부상요인을 사전 제거. 시설 및 용구·기구의 위치와 작동의 계획적 구성 등
  - (운동 지도) 안전을 위한 장비 및 시설에 대한 충분한 설명, 활동에 대한 단서 제공 동작을 촉각적으로 이해하도록 조치, 연습 시간과 지도 시간을 충분히 제공. 2인 1조로 활동 구성 등

7. 경험이 많은 참여자가 보조 지도자로 지도를 한다는 점에서 또래 교수 수업 스타일에 해당

수업 방식	내용
또래 교수	상위 수준의 기술을 습득한 학생이 수행 수준이 낮은 학생을 지도하는 수업 방식, 학생이 체육 수업에서 보조 교사로서 참여
팀 교수	체육 활동 지도 시 2명의 지도자가 협력하여 수업을 진행하는 것
협동 학습	학생들끼리 서로 돕기 위해 팀이나 소집단으로 함께 학습하는 수업 형태
역주류화 수업	일반 학생들이 장애가 있는 학생들과 함께 수업에 참여하는 것

8. 세계보건기구(WHO)의 장애 개념의 변화
- 1980년 WHO의 국제장애분류(ICIDH)
  - 장애와 질병은 동일한 것이 아니며, 장애는 질병의 결과로 나타남
  - 장애는 3개의 차원(손상, 장애, 핸디캡)으로 구분이 가능하며, 서로 연관성을 가진다고 파악
- 2001년 WHO의 국제 기능·장애·건강분류(ICF)
  - 장애란 총체적 용어로 환경적, 개인적 요인에 의해 누구에게나 발생가능한 일반적 현상이라 파악
  - 핸디캡 등의 기존 부정적인 개념 대신 ①신체 기능과 구조, ②활동의 제한, ③참여 제약으로 변경

9. 미국 지적장애 및 발달장애협회(AAIDD, 2010)는 지적 장애에 대해 지적 기능성과 실제적, 사회적, 개념적 적응 기술로서 표현되는 적응 행동에서 제한적인 면이 유의미하게 나타나며, 이는 18세 이전에 시작된다고 언급하고 있음

10.
- 자폐성 장애의 대표적 특성으로는 의사소통과 사회적 상호작용 능력의 현저한 발달 지체 그리고 같은 동작을 반복하는 등의 상동 행동이 존재함. 의사소통이 어려운 자폐 성장애에 대한 스포츠지도 전략은 행동주의적 접근을 활용 가능하며, 언어 지시와 시각적 단서 제공을 통해 의사소통의 어려움을 극복할 필요가 있음
- 자폐성 장애의 체육 지도 전략
  - 소음과 활동에 저해되는 환경을 관리, 같은 스포츠 활동 시 동일한 환경과 장비들로 구성
  - 의사소통의 어려움으로 언어 지시와 시각적 단서 제공이 필요하며, 환경적 단서가 효과적일 수 있음

- 지도 환경을 구조화하고 지도 방식을 패턴화하여 일관성을 유지
- 불연속 또는 계열적 동작으로 구성된 스포츠(농구, 축구, 야구 등)는 부적합하며 연속된 동작의 스포츠(수영, 사이클 등)가 적합

11. 뇌성마비는 중추 신경계의 손상 부위에 따라 증상 정도에 따른 분류, 형태적 분류, 신경해부학적 분류, 움직임 기능에 따른 분류, 스포츠 경쟁을 위한 기능적 분류 등으로 구분
    - 형태적 분류 : 단마비, 편마비, 양하지마비, 사지마비, 양측마비
    - 신경해부학적 분류 : 추체로성 뇌성마비, 추체외로성 뇌성마비, 소뇌성 뇌성마비

12. - 회백수염 : 폴리오바이러스 감염으로 인한 급성전염병, 구강으로 바이러스가 침입하여 척수에 침범할 경우 손발의 마비를 야기하며 어린이에게 잘 발생한다. 소아마비의 원인
    - 다발성 경화증 : 몸의 여러 곳에서 동시 다발적으로 염증이 발생하여 근육이 굳어지며 전반적인 무력감이 나타나는 증상
    - 근이 영양증 : 여러 근육권의 퇴화가 서서히 진행되는 유전성 질환으로 호흡 장애와 심장 질환 등의 합병증을 유발

13. • 자율신경계는 심박수나 호흡 소화 등과 같이 생각 없이 이루어지는 뇌의 활동을 조절하는 시스템이며, 자율신경계 반사 부전증은 자율신경계의 과다 활동을 의미하므로 신경계와 관련된 장애 유형인 척수 장애인을 지도할 때 고려하여야 할 사항임
    • 절단 장애인 신체 활동 지도 시 고려사항
      - 훈련 전 신체 상태 파악(근력, 관절 가동 범위, 동체 안정, 절단 유형, 평형성 등)
      - 관절 가동 범위의 감소는 규칙적인 스트레칭 등 다양한 훈련을 통해 예방이 가능
      - 규칙적인 동체와 자세 운동으로 척추 측만증 또는 머리 위치 변화 등을 예방
      - 보장구를 착용한 훈련이 필요
      - 선천성 또는 외상에 의한 절단의 경우 운동에 대한 특별한 제약은 없음
      - 당뇨 고혈압 심장질환 등으로 인한 절단은 의학적 검사를 병행
      - 훈련 시 절단된 부위의 2차 상해가 발생하지 않도록 주의하고 유연성 향상을 위해 항상 스트레칭 실시
      - 체중 지지가 필요한 운동 시 사지와 보장구에 체중이 균형 있게 배분되도록 주의
      - 하지 절단의 경우 걷는 운동은 비장애인들보다 50%이상 많은 산소가 필요

14. - 뇌성마비 장애인의 근육 긴장도가 높을 경우 운동시간을 짧게 하여 피로와 손상을 예방하여야 한다.
    - 스피드 훈련과 같은 빠른 움직이나 반동의 경우 근 경련을 일으킬 수 있으므로 스피드 훈련보다는 근력운동과 협응력 활동이 필요하다.
    - 뇌성마비 장애인의 신체 운동 능력은 일반인에 비해 50%정도 낮으므로 매우 낮은 강도보다는 중간 정도의 강도 훈련이 체력 향상 및 수행 능력 향상에 도움이 된다.

15. 문제 행동 관리의 절차
    1) 문제 행동이 무엇인지 파악
    2) 문제 행동의 발생 빈도, 기간, 유형을 파악
    3) 적절한 행동 관리법을 선정
    4) 효과적인 강화물을 조사하고 선정
    5) 행동 관리 시작
    6) 행동 관리 시행에 따른 효과 관찰 및 기록
    7) 행동 변화를 확인하는 최종평가 실시
    8) 행동 관리법에 사용된 강화물을 점차 감소시켜 나감

16. 다운증후군 지적 장애인은 1번째와 2번째 경추의 정렬 불량으로 척추가 휘거나 고관절 탈구가 많이 발생하기 때문에 고관절 과신전 부상에 주의하여야 한다.

17. • 적절한 교육과 훈련을 통해 지적 장애인이 스스로 활동할 수 있도록 책임감을 느끼게 해준다.
    • 지적 장애인의 체육활동지도 전략
      - 현재 수행 능력의 세밀한 파악 후 지도
      - 간단한 언어 및 단어 등을 통해 주의 집중하도록 하고, 다양한 감각적 단서를 제공하면서 지도
      - 쉬운 과제에서 어려운 과제 순으로 / 익숙한 과제에서 새로운 과제 순으로 제공
      - 독립적 경험을 제공
      - 반복 학습 및 운동 수행의 발달 정도에 따라 꾸준히 지도
      - 언어 지도, 시범 지도, 직접 지도 등을 활용하고, 필요에 따른 용구 기구를 변형
      - 직접 지도 시 최소한의 신체 접촉을 유지하고, 안전 지도 방안을 구체화

18. 시각 장애와 관련된 용어
    - 시각 : 눈을 통해 빛의 자극을 받아들이는 감각 작용
    - 시력 : 물체의 존재 및 형태를 인식하는 능력
    - 약시 : 정상적인 교정시력이 나오지 않는 상태
    - (법적)맹 : 시력이 극히 나쁘거나 아무것도 볼 수

없는 상태로 교정 시력이 20/200ft 이하이거나 시야가 20도 이하인 사람

19.
- 청각 장애인의 의사소통 능력을 확인하고 수화 또는 구화를 적절하게 사용한다.
- 청각 장애인 신체 활동 지도 시 유의 사항
  - 청각 장애인이 지도자의 입과 눈을 볼 수 있도록 위치
  - 시범 또는 설명 시 청각 장애인을 등지지 말아야
  - 청각 장애인의 의사소통 능력(수화 또는 구화)을 확인하고 언어적 설명보다 시각적인 설명을 위주로 지도
  - 인공와우(달팽이관)를 사용하는 청각 장애인의 안전을 고려하여 지도
  - 청각 장애인이 잘 이해하고 있는지 중간 확인
  - 야외 스포츠(스킨스쿠버, 스키 등) 진행 시 수화 통역사의 참여 범위와 내용에 대한 사전 협의 필요

20.
- 척수 장애인의 신체 활동 지도 시에는 손상 부위에 따라 적합한 운동기구를 활용할 수 있도록 점검해야 함
  - 척수 장애인은 손상 부위가 같아도 체력 수준은 척수 신경의 변병 수준에 따라 차이가 많아 나며 운동을 하는 양에 따라서 체력 수준도 다르므로 다양한 프로그램을 제공하여야 한다.
  - 체온 조절 능력이 상실되어 온도와 습도 변화에 따라 생리적 변화가 크게 나타날 수 있으므로 이에 주의하여 신체 활동을 지도하여야 함
  - 잔존 운동 기능의 정도에 따라 재활과 치료 중심의 활동 외에 다양한 체력 운동 방식이 필요함

2021 2급 체육지도사 필기시험 정답과 해설

1과목 스포츠 교육학

01	02	03	04	05	06	07	08	09	10	11	12	13	14	15	16	17	18	19	20
③	①	①	②	④	②	②	③	④	③	①	②	②	④	④	③	①	③	④	①

2과목 스포츠 사회학

01	02	03	04	05	06	07	08	09	10	11	12	13	14	15	16	17	18	19	20
②	①	④	②	④	②	④	③	①	③	①	③	①	③	④	②	④	②	③	④

3과목 스포츠 심리학

01	02	03	04	05	06	07	08	09	10	11	12	13	14	15	16	17	18	19	20
④	④	①	②	①	③	④	③	②	①	③	①	②	②	③	②	④	③	④	①

4과목 스포츠 윤리

01	02	03	04	05	06	07	08	09	10	11	12	13	14	15	16	17	18	19	20
②	①	④	④	③	②	④	④	③	②	①	③	②	①	②	④	②	④	①	①

5과목 운동생리학

01	02	03	04	05	06	07	08	09	10	11	12	13	14	15	16	17	18	19	20
④	③	①	②	②	②	①	③	②	④	①	④	①	①	④	③	②	④	①	④

6과목 운동역학

01	02	03	04	05	06	07	08	09	10	11	12	13	14	15	16	17	18	19	20
②	①	③	②	③	②	②	④	③	②	①	②	①	②	①	①	④	②	①	③

7과목 한국체육사

01	02	03	04	05	06	07	08	09	10	11	12	13	14	15	16	17	18	19	20
②	①	②	④	③	①	②	②	③	④	①	④	①	①	④	③	④	③	②	③

8과목 노인 체육론

01	02	03	04	05	06	07	08	09	10	11	12	13	14	15	16	17	18	19	20
③	①	④	④	②	③	③	②	①	②	③	②	④	③	③	②	②	④	③	④

9과목 유아 체육론

01	02	03	04	05	06	07	08	09	10	11	12	13	14	15	16	17	18	19	20
④	①	①	③	②	④	①	①	①	①	②	④	④	③	②	④	③	②	①	④

10과목 특수 체육론

01	02	03	04	05	06	07	08	09	10	11	12	13	14	15	16	17	18	19	20
③	②	②	①	③	①	①	④	①	②	④	①	④	③	②	②	④	②	②	①

1과목 스포츠 교육학 해설

1. 시즌, 팀 소속, 공식 경기, 결승전 행사, 기록 보존, 축제화
2. 학습자의 적성과 흥미를 고려하며 구체적인 목표와 미래 지향적 방향을 설정해야 한다.
3. 1960년대 중반 미국을 중심으로 전개된 체육 학문화 운동과 이론적 지식을 스포츠 참여자에게 가르쳤다.
4. 체육 활동 중 위험한 상황이 예측이 된다면 즉시 과제를 종료해야 한다.
5. 유소년, 청소년, 성인 스포츠는 신체적 건강 유지를 하는 것이므로 연령에 맞게 활동해야 한다.
6. 학습자의 발달 수준을 고려하여 학습 단계를 결정하는 것이 중요하다.
7. 수단과 방법을 가리지 않고 승리만을 원하는 지도자는 지도자의 자질이 부족하다.
8. 주도성 내용 선정과 과제의 수행 기준 도달할 책임이 있는 모형은 개별화 지도 모형이다.
9. 김 코치, 박 코치는 스포츠 활동 참여자의 행동 수정 전략을 잘못 이해하고 있는 지도자이다.
10. 스포츠의 개념적 특징을 비교, 분석할 수 있도록 인지적 팀 게임 토너먼트 전략을 사용하였다.
11. 학교 체육 진흥법 일부 개정의 제12조에 해당 내용은 ②, ③, ④번이 해당된다.
12. 체육계 인권침해 및 스포츠 비리와 관련하여 유죄 판결이 확정되는 경우에는 운영위원회의 심의 의결을 한다.
13. 지도자는 학습자의 능력과 독립성을 존중하며, 학습자가 활용할 평가 기준을 마련해주며, 학습자는 스스로 자신의 과제를 확인하고 교정한다.
14. 자신의 역할에 대한 이해와 책임감이 강조되는 게임 유형은 표적형 유형이다.
15. 체육 수행평가 시 아는 것과 실제 적용 능력을 모두 발휘해야 수행평가를 향상시킬 수 있다.
16. 지도 계획안 수립 시 평가 시기와 평가의 관리 및 절차상의 고려사항을 제시하여야 한다.
17. 〈보기〉 내용 중 지도자가 활용한 질문 유형 중 바르게 연결된 것은 회상형(회고형), 확산형(분산형), 가치형으로 볼 수 있다.
18. 과제의 난이도와 복잡한 기술을 가르치는 내용 발달 과제는 적용(평가) 과제이다.
19. 보기에서 설명하는 슐만(L. Shulman)의 교사 지식은 학습자와 학습자 특성(learners and their characteristics) 지식이다.
20. 절대평가란 절대적인 기준을 정하고 그 안에서 성적을 평가하는 것을 말하며 상대평가란 개인의 성적을 타인과 비교하여 집단이나 단체 안에서 상대적인 위치를 바탕으로 평가하는 방법을 의미한다.

2과목 스포츠 사회학 해설

1. 운동 수행 능력과 관련된 직접적인 원인을 설명하는 학문은 운동 생리학에 속한다.
2. 축구 전쟁은 1969년에 열린 1970년 FIFA 월드컵 북아메리카 지역 예선에서 있었던 엘살바도르와 온두라스 사이에 붙은 시비가 명분이 되었지만, 진짜 이유는 두 나라 간의 정치적 갈등 때문이었고, 축구 경기는 기폭제 역할로 작용하였다. 이민자 문제, 경제 문제, 영토 문제 등으로 발발했으며, 엘살바도르에서 온두라스로 간 이민자 문제도 포함되었다.
3. Parsons는 인간의 행동 체제에 관한 개념 구조를 [Theorey Of Action]에서 설명하였다.
   인간의 행동 체제는 문화 체제, 사회 체제, 개인의 인성 체제, 유기체로 구성되어 있다고 보고 있다. parsons는 행동 이론의 원형으로 사회 체제를 분석하였는데 그는 모든 사회 체제는 다음의 기능을 가진다고 보았다. (AGIL)
   - Adaption : 체제의 존속을 위해 환경에 적응(경제 체제가 담당)
   - Goal attainment : 조직 목표의 구현(정치행정 체제가 담당)
   - Integration : 개개의 요소가 조직 목표에 통합되도록(정치와 문화 체제가 담당)
   - Latent pattern maintenance : 체제의 자기 형상 유지 기능(교육과 문화 체제가 담당)
4. 'Title IX(타이틀 나인)'은 1972년 미국 내 교육계에서 성 차별을 없애기 위해 제정된 법률이다.
5. 프로 스포츠 순기능
   - 흥미거리를 제공하여 여가선용
   - 스포츠 참여의 확산
   - 사회적 긴장 해소로 생활의 활력소 역할
   - 지역의 대표 팀으로 지역주민의 공동체 의식 유발
   - 지역 경제 활성화로 지역사회의 발전을 이루는 기회 제공
   - 아마추어 스포츠 선수에게 장래의 진로 개척

6.
스포츠의 구조	- 경기 시간 및 경기팀 조정
	- 규칙 개정, 도박 심리 유도 등의 스포츠의 규칙 변화
	- 스포츠의 기본 구조 유지

스포츠의 내용	- 경기 외적 사실 중시
	- 전시 효과 추구
	- 심리적 가치보다 영웅적 가치 중시
스포츠의 조직	- 대준매체, 팀 구단주, 후원자 등의 지원 스포츠로 그들의 목적 영위를 위한 쇼(show) 발생
	- 개폐회식 이전과 예산 확보를 위한 노력
	- 경기의 내적인 측면보다 이익 창출을 위한 노력
	- 스포츠 경기에서 기업의 목적은 기업 발전을 위한 시장 확대의 선전매장으로 활용
올림픽 경기의 변화	- 규모의 거대화
	- 기업체는 기업 선전매장으로 간주

7. 투민(M. Tumin)의 스포츠 계층 형성과정의 서열화
   - 개인적 특성 : 특정 역할을 효과적으로 수행하기 위해 개인이 지녀야 할 지식, 용모, 체력 등과 같은 개인적 특성
   - 숙련된 기능 : 역할을 효율적으로 수행하기 위해서 특정 역할 수행에 필요하다고 생각되는 숙련된 기능이나 능력에 의하여 서열이 정해질 수도 있다.
   - 사회적 기능 : 개인이나 사회 전체에 미치는 영향과 효과에 의하여 정해질 수 있다.
8. 사회 이동 기제로서의 스포츠
   - 사회 이동 기제로서 스포츠의 역할을 동의하는 입장(= 스포츠 참가가 사회 이동을 촉진)
     - 스포츠 참가가 사회적 상승 이동을 촉진하는 매개체 역할을 함
     - 어린 시절부터 조직적 스포츠에 참가하게 되면 프로 스포츠와 같은 전문 직업을 가질 수 있는 신체적 기량과 능력이 발달함(고교 졸업 후 프로 입단)
     - 조직적 스포츠 참가는 직·간접적으로 교육적 성취도 향상시킴(특기자제도, 최저학력제)
     - 다양한 형태의 직업적 후원을 받을 수 있는 기회(스폰서, 광고, 명성을 통한 사업 기회)
     - 일반 직업 영역에서 가치 있게 여겨지는 태도 및 행동 양식을 함양해 상승 이동을 촉진시킴
9. 문화규범 이론은 대중 매체의 본질적 기능을 설명하

는 이론. 대중 매체는 주어진 어떤 상황에 대한 정의를 내리고, 이러한 정의는 행동의 지침이 되어 인간의 규범을 형성함으로써 사람들의 행동 양식에 영향을 미친다는 내용이다.

10. - 혁신 : 문화적 목표는 수용하나 그 사회가 적용하는 수단은 수락할 수 없다고 하는 행동 양식(약물복용, 경기장 폭력 및 난동, 담합에 의한 승부 조작 등)
    - 의례주의 : 목표 수준 약화의 심리적 과정과 관련되어 있는 것으로 실현 가능한 목표만을 세움으로써 좌절과 스트레스를 감소시키는 적응 모형
    - 도피주의 : 문화적으로 승인된 목표와 사회적으로 용인되는 수단을 모두 부정함으로써 스트레스에 적응하는 행동 유형
    - 반역 : 종래의 목적과 수단을 모두 포기하고 새로운 방법을 가지고 목적을 달성하려는 행위

11. - 전염 이론 : '피암시성', '모방과 전염', '순환적 반작용'
    - 수렴 이론 : 사회 규범이라는 허구 속에 숨겨진 개인의 실제 자아가 익명성과 몰개성화 상황에서 표출, '훌리가니즘'
    - 규범생성 이론 : 군중 속에서 개인의 차이와 군중의 이질성 인정
    - 부가가치 이론 : 집합 행동이 발생한 장소와 시간 및 양식에 대하여 설명

12. - 몰입 규범 : 운동선수는 경기에 헌신해야 한다.
    - 인내 규범 : 운동선수는 스포츠 상황에서 발생하는 다양한 위험과 고통을 감내하고 경기에 임해야 한다.
    - 도전 규범 : 운동선수는 불가능은 없다는 긍정적인 마음가짐으로 도전해야 한다(가능성 규범).

13. 유목민형
    - 종목의 특성으로 인해 국가 간 이동 발생
    - 개인의 취향에 의해 선택하는 경우도 흔히 발생

14. 상징적 상호작용론
    - 의미 : 인간은 모든 대상에게 주관적으로 해석된 의미를 부여하므로 인간의 행위는 상징(의미)를 매개로 한 상호작용이라는 관점
    - 특징 : 주관적 의미를 해석하고 반응하는 상황 정의 중시
    - 단점 : 개인의 행위에 영향을 미치는 사회, 집단, 국가 등 사회 구조의 힘을 경시, 구조적 모순 간과, 일반적 법칙 발견 곤란

15. - 스포츠로의 사회화 : 스포츠에 참가하는 그 자체를 전제로, 스포츠에 입문하게 되는 것
    - 스포츠를 통한 사회화 : 스포츠 장면에서 학습된 기능, 특성, 가치, 태도, 지식 성향(인성, 도덕적 성향) 등이 다른 사회 현상으로 전이 일반화 되는 과정
    - 스포츠로의 재사회화 : 중단했던 스포츠 활동을 다시 시작하는 단계

16. 신자유주의
    - 국가 권력이 시장에 개입하는 것을 비판, 시장의 기능과 민간의 자유로운 활동을 중시

17. - 미디어는 스포츠 중계를 통해 시청자들의 상품 소비를 촉진시키는 자본주의 이데올로기를 생산한다.
    - 미디어는 남성 스포츠 경기를 역사적 중요성을 갖고 있는 것처럼 묘사하며, 여성 스포츠를 실력보다 외모를 부각시키는 젠더 이데올로기를 생산한다.

18. • 교육 목표의 훼손
    - 승리 지상주의 : 과도한 경쟁으로 스포츠 가치가 변질된다.
    - 일반 학생의 참가 기회 제한 : 소수의 기능우수자에게 집중되어 엘리트 의식을 조장한다.
    - 성 차별의 간접 교육 : 여성들의 스포츠 지도자의 부재로 불평등이 존재한다.
    • 부정행위 조장
    - 스포츠의 상업화 : 운동선수들의 상업적인 지원으로 경제적 이익을 창출한다.
    - 위선과 착취 : 운동선수들을 이용한 부정행위(성적 위조, 선수를 이용한 경영 등)가 제도적 무기력을 경험하게 한다.
    - 일탈 조장 : 승리를 위한 부정적인 선수 및 지도자의 행동이 발생한다.
    • 편협한 인간 육성
    - 독재적 코치 : 무조건적인 복종 및 강요로 학생들의 자립적인 성장에 방해가 된다.
    - 비인간적 훈련 : 학교의 목적 달성을 위한 수단으로 인간성을 상실하게 된다.

19. 사회학습 이론
    - 개인이 사회적 행동을 습득하고 수행하는 과정을 분석하여 밝히는 이론으로써, 코칭, 강화, 관찰 학습의 세 가지 요소를 통해 사회화가 이루어진다.

20. ④ 통신 및 전자매체의 발달로 스포츠에서 미디어의 영향력이 증가된다.

3과목 스포츠 심리학 해설

1. 운동 참여의 심리적 효과는 우울증 감소와 불안 및 스트레스의 감소를 보이고 기분이 좋아지며 활력 수준이 높아지고 긍정적 정서를 체험하게 하며 자아개념과 자아존중감을 향상시키는 역할을 한다.
2. 보강 피드백은 학습자의 기술 수행을 위한 동기를 유발시켜 지속적으로 목표를 성취할 수 있도록 유도하며 움직임의 결과에 대한 정보를 제공한다.
3. • 넓은(광의) 의미의 스포츠 심리학
   – 일반 심리학이 포함하는 모든 측면을 스포츠 상황 및 그와 관련된 맥락(운동 학습, 운동 발달, 운동 제어)에서 관찰 가능한 인간행동의 모든 측면에 적용
   • 좁은(협의) 의미의 스포츠 심리학
   – 스포츠 심리학의 대상을 스포츠 행동 대신 스포츠 행동의 한 측면인 스포츠 수행 또는 운동 수행에 그 초점을 두고 운동 기능의 수행에 영향을 주는 심리적 요인을 규명
4. 계획된 행동 이론은 태도와 주관적 규범은 행동에 간접적인 영향을 주지만, 행동 통제 인식은 의도뿐만 아니라 행동에 직접 영향을 주며 운동이 방해되는 요인을 극복하게 된다. 그로서 주관적 규범으로 자신이 계획한 운동을 지속으로 실천을 해야 한다.
5. 수행자의 운동 지속 기간을 증가시키고 운동 수행 능력의 향상과 만족감을 높이며 운동에 관련된 심리적 용인들을 개선하여 그에 따른 문제들을 해결을 하지만 즉각적인 경기력 향상의 효과를 줄 수는 없다.
6. 캐런은 스포츠 팀 응집력을 결정하는 요인을 리더십 요인, 팀 요인, 개인 요인, 환경 요인으로 구분하였다.
7. 행동을 일으키거나 조절하는 외적 사건이 동기 및 동기와 관련된 과정에 미치는 효과를 기술하는 이론으로 행동 결과에 대한 보상의 연관성을 강조진 않았다.
8. Schmidt(1982)의 Information theory(정보이론)에서는 정보 처리 단계를 다음과 같은 순서로 정의했다.(감각 지각 → 반응 선택 → 반응 실행)
9. 운동 실천을 위한 행동 수정 전략으로는 의사결정의 단서와 출석 상황의 게시, 보상의 제공 및 피드백 제공이 있다.
10. – 확인규제 : 운동 자체의 목표가 아닌 건강 증진이나 다이어트 같은 자기설정 목표 달성을 위해 운동을 한다.
    – 의무감 규제 : 외적 동기 요인이 내면화되어 죄책감/불안 같은 압력으로 운동을 한다.
11. – 성취 목표 성향 이론 : 기본적으로 성취 목표를 과제 목표(학습 목표), 수행 목표(자아 목표)로 이분화 한다.
    – 과제 목표: 새로운 것을 배워 익히는 그 자체를 학습 활동의 궁극적인 목표로 한다.
    – 수행 목표: 자신이 남들보다 우수하다는 것을 증명하는데 많은 치중을 둔다.
12. 분습법 : 한 가지 과제를 하위 단위로 나누어 제시하는 방법을 말한다.
13. Matrens(1977)는 특히 '운동 수행과 불안의 관계' 연구에 있어 스포츠의 경쟁적 특수 상황을 고려하여야 하며 특정한 상황을 측정하는 불안 검사지에 비해서 행동을 예측에 대한 선행 연구들을 바탕으로 스포츠 상황에 적합한 경쟁 특성 불안 검사지(Sport Competitive Anxiety Test : SCAT)를 개발하였다.
14. 운동 발달의 단계는 반사 운동(움직임) 단계, 초기 움직임 단계, 기본 움직임 단계, 스포츠 기술 단계, 성장과 세련 단계, 최고 수행 단계, 퇴보 단계로 이뤄져 있다.
15. – 동일한 규칙 위반에 대해서는 누구나 동일하게 처벌받는 일관성을 가져야 한다.
    – 사람이 아니라 행동을 처벌해야 한다.
    – 신체 활동을 처벌로 이용하지 않는다.
    – 개인적 감정으로 처벌하지 않는다.
    – 전체 선수나 학생 앞에서 개인 선수에게 창피를 주지 않는다.
    – 처벌이 필요할 때에는 단호함을 보여야 한다.
16. 관심 집중 : 내담자가 관심을 가지고 어떤 것을 원하는지에 대해 주의를 기울이며 내담자가 긴장을 풀 수 있도록 편안함을 제공해 주어야 한다. 이를 통해 내담자와의 신뢰를 형성하도록 한다.
17. 운동 발달은 연령에 따라 계열적/연속적으로 운동 기능이 변화해 가는 과정에서 개인차가 존재하며 기능적 분화와 복잡화, 통합화를 이루어 환경에 잘 적응하고 하나의 상태에서 다른 상태로 변화하는 과정을 의미한다. 개체 발생적 운동 행동은 환경적 요인에 영향을 받아 학습 과정을 통해 획득되는 운동 행동이며 공통적이지는 않다.
18. 변화 단계 이론은 신체 활동은 일련의 단계를 거쳐 변화함을 말하는 것으로서 관심, 과심, 준비, 실천, 유지 와 같이 변화됨을 말한다.
19. 최적 수행 지역 이론 : 선수들의 상태불안 수준의 개인차가 매우 크며, 최고의 수행을 발휘하는 데 있어

서 특정한 불안 수준이 필요한 것이 아니라 자신만의 고유한 불안 수준이 있다는 것으로 적정 불안 수준은 불안의 연속 선상에서 항상 한 중앙이 아닐 수 있으며 개인에 따라 큰 차이가 있다.

20. 사회적 태만을 방지 방법
    - 상호간의 얼마나 노력 여부를 확인할 수 있도록 해야 한다.
    - 집단 내의 상호작용을 촉진시켜 개개인의 책임감을 높여야 한다.
    - 목표를 설정할 때 집단과 개인 목표를 모두 설정해야 한다.

4과목 스포츠 윤리 해설

1. 의도적 반칙은 윤리적 비난의 대상이 될 수 있으면서도 옹호의 입장도 있을 수 있다. 이에 스포츠윤리의 목적 의도적 반칙에 대한 근본적인 숙고에 있는 것이지 정당화의 근거를 제시하는 것은 아니다.
2. - 진위 : 참과 거짓 또는 진짜와 가짜를 아울러 이르는 말.
   - 당위 : 마땅히 해야 하거나 되어야 할 것이다.
3. 보기의 내용은 페어플레이에 관한 것으로 결과에 초연하고 과정을 즐길 수 있는 삶의 조건 속에 있던 영국 귀족과 신사의 삶의 방식이었다고 할 수 있다.
4. 아곤 : 경쟁에서 승리, 아레테 : 탁월함(덕, 훌륭한 상태, 탁월성)
5. 칸트는 의무론적 윤리의 대표적인 사상가로 도덕 법칙은 그 자체가 목적인 무조건적인 명령이 되어야 하며, 이처럼 절대적인 명령의 형식을 정언명령이라고 한다.
6. 배려 윤리는 바람직한 인간 관계를 통해 근대 윤리학의 한계를 뛰어넘으려는 새로운 윤리 사상이다. 길리건(C. Gilligan)과 나딩스(N. Noddings)가 대표 학자이다.
7. 'ㄱ'은 평균적인 것에 대한 내용이며, 'ㄴ'은 분배적인 것에 대한 내용이다.
8. 아파르트헤이트 : 백색 인종과 유색 인종, 특히 흑인을 격리하는 차별 정책
9. 한나 아렌트에 악의 평범성에 관한 내용으로 잘못된 관행이 계속되는 사회에서 나타나는 사유의 부재는 전통과 관습에 묶어둔 억압적이고 강제적인 행위를 지속시키는 데 기여한다고 볼 수 있다.
10. 의도적 규제 반칙으로 의도적으로 하지 말라고 하는 것을 어긴 것이라고 할 수 있다.
11. 공자는 생활 속에서 인을 실천하는 구체적인 방법으로 충(忠) : 거짓과 가식 없이 온 정성을 다하는 것과, 서(恕) : 다른 사람의 마음을 헤아리는 것을 제시하였으며, 윤리적 사회의 본질은 구성원 각자의 본분에 맞는 덕의 일치를 뜻하는 정명에 있다고 보았다.
12. 재단법인 스포츠 윤리 센터는 체육계 비리 및 인권침해를 조사하고 가해자 처벌 현실화, 피해자의 회복을 돕기 위한 심리·정서·법률 등 종합적 지원을 하며, 예방 교육과 국내·외 정보 공유를 통해 체육계 악습의 고리를 끊고 "체육의 공정성 확보와 체육인의 인권 보호"에 기여하고 있다.
13. ① 도덕적 상황에 대한 인지와 해석(도덕적 감수성)
    ② 이상적인 도덕적 행동의 추리 혹은 판단(도덕적 판단)
    ③ 실제로 행하고자 하는 행동의 선택(도덕적 의사 결정)
    ④ 도덕적 행동 계획의 실행 과정(자아 강도, 자아 통제)
14. 래츠(Louis Raths), 하민(Merrill Harmin), 사이먼(Sidney Simon) 등은 '가치 명료화'라고 부르는 가치 교수, 학습 모형을 개발하였다.
15. 맥페일(P. McPhail)의 고려 모형(Consideration Model)에서 "관찰 학습"(observation learning)은 중요한 타인들(significant others)이 우리와 다른 사람들에 대하여 어떻게 행동하고 대우하는가를 관찰하는 것에 의하여 학습된다고 하였음.
16. - 스포츠 종목의 차별 : 장애인의 스포츠욕구를 다양하게 수용하지 못하고 있음.
    - 장애인을 위한 스포츠 지도자의 부재 : 전문적인 지도자의 부족으로 체계적인 활동이 불가능
    - 이동 및 접근권의 차별 : 이용 시설이 부족하고 이동이 불편
    - 학교 스포츠에서의 차별 : 학교 체육과 스포츠에의 참여가 보장되지 않아 스포츠에 친숙할 기회를 제공받지 못함.
    - 장애 차별 없는 스포츠의 조건 : 기회 제공, 재정 지원, 계속적인 활동, 선택의 기회, 다양한 사람과의 만남
17. 도덕 원리 중에서 모든 선수에서 보편적인 원리를, 자신이 부상당한 경우를 가정하여 판단은 역할 교환의 검토라고 할 수 있다.
18. 스포츠에서 공격이 윤리적이어야 하는 타당성과 논리성은 감정적이지 않으며, 폭력적인 수단으로 전락되지 않기 위해서이다.

19. 스포츠에서 과학기술의 발달로 인하여 운동선수의 인격이 무시되고 인권이 유린되는 경향이 발생하고 있다.
20. 편파성은 어느 한쪽으로 치우쳐 공평하지 못한 성질이기 때문에 스포츠의 규칙과 함께 심판의 윤리로도 맞지 않다.

5과목 운동생리학 해설

1. – 골격근은 체성신경계의 조절에 의해 수의적으로 수축한다.
   – 걷기와 같은 저강도 운동 중에는 typeⅠ형태의 지근섬유가(ST) 주로 동원되고 전력 질주, 역도와 같은 고강도 운동 중에는 typeⅡ형태의 속근섬유가(FT) 주로 동원된다.
2. 호흡교환율 : 간접 열량 측정 방법으로서 산소 소비와 이산화탄소 배출량의 비율에 따라 탄수화물과 지방의 소비량을 추정하여 알 수 있다.
3. – 관상동맥 : 심장근육에 혈액을 공급해주는 동맥
   – 폐동맥 : 온몸에서 심장으로 돌아온 정맥혈을 폐로 보내는 혈관
   – 상대, 하대동맥 : 폐에서 상대동맥을 거쳐 아래쪽으로 흐르는 대동맥
4. 고지 환경에 따른 순환계의 반응은 해수면과 비교하여 기압이 낮은 고지대의 저기압 상태에서는 최대하 운동의 초기에 심박수와 심박출량이 해수면보다 증가되는 반면, 1회 박출량은 변화를 보이지 않는다.
5. – 유산소 트레이닝에 의한 골격근의 적응 현상은 TypeⅠ형태의 지근섬유의 변화와 미토콘드리아의 수와 크기, 모세혈관의 분포가 증가한다.
   – TypeⅡ형태의 속근섬유의 적응과 변화는 무산소 운동에서 가능하다.
6. 운동 중 호흡계 전도 영역의 기능은 호흡하는 공기에 습기를 제공하고, 공기를 여과하는 역할을 한다.
7. ㉡ 유산소 시스템 : 미토콘드리아 내에서 크렙스회로와 전자전달계를 통해 ATP 합성한다.
   ㉣ 무산소 해당 시스템 : 산소가 부족할 때 피루브산을 젖산으로 분해하여 ATP를 생성한다.
   ㉤ 무산소 해당 시스템 : 세포 내 ADP 또는 Pi의 농도가 증가할 때 포스포프룩토키나아제(PFK: phosphofrucotkinase)를 활성화되어 해당 속도를 높인다.
8. – 칼시토닌 : 혈중 칼슘과 인 농도 조절, 파골 세포 활동 저하로 분해 억제, 칼슘 과다 시 배설 증가
   – 부갑상선 호르몬 : 칼슘 부족 시 신장에서 칼슘 재흡수, 파골 세포 활동 촉진
   – 인슐린 : 랑게르한스섬의 베타세포에서 분비, 혈중 포도당을 세포로 유입시켜 혈당을 낮춘다.
   – 글루카곤 : 랑게르한스섬의 알파세포에서 분비, 간 글리코겐을 분해해서 혈당을 높인다.
   – 티록신 : 전체적인 대사율을 결정한다. 세포의 수용기 수와 호르몬 수용기의 친화력에 영향을 미침으로 호르몬 작용에 영향을 준다.
   – 안드로겐: 성 스테로이드 호르몬으로서 남성의 생식계 성장과 발달, 기능에 영향을 미치는 모든 남성 호르몬을 말한다.
9. – 근섬유는 여러 개의 핵을 가진 다른 세포들과 다르게 다핵세포로 구성된다.
   – 근세포는 여러 다발의 근원섬유로 구성된다.
10. – 단축성 수축은 동적 수축이며 속도가 빠를수록 더 큰 힘의 크기가 줄어든다.
    – 신장성 수축은 동적 수축이며 속도가 0일 때 최대 힘이 생성된다.
11. ㉢ QRS 복합파를 이용해서 심박수를 측정할 수 있다.
    ㉥ ST분절은 QRS 파장과 T파장 사이에 끼여 있는 부분을 칭한다. ST 분절은 심근세포 전부가 탈분극(흥분)한 결과 심장 각부에서 전위차가 소실하기 때문에 기선에 되돌아가는 시상을 말한다.
12. – 성장호르몬은 뇌하수체전엽에서 분비된다.
    – 주요 기능으로 단백 동화 및 촉진 작용, 뼈의 성장과 촉진, 혈당 상승, 인슐린의 길항 작용, 지방 동원 작용 등이 있으며, 성장기에 발육과 성장을 촉진한다.
13. 말초 화학적 수용체인 경동맥체와 대동맥체는 동맥의 산소 분압 증가에 따라 환기량 증가를 자극한다. 말초 화학수용체는 혈액의 산소 분압이 60mmHg 이하로 내려가거나 이산화탄소 분압이 40mmHg 이상으로 상승하면 호흡중추인 연수를 자극하여 호흡계의 환기량이 증가한다.
14. – 탈분극 : 신경 뉴런의 활동전위가 생성되는 첫 번째 단계로서 나트륨 이온의 세포막 투과성을 높여 세포 내 양(+)전하를 만들고 활동전위를 역치 수준에 이르게 한다.
    – 재분극 : 탈분극 상태에서 안정막 전위로 돌아가는 시기
    – 불응기 : 일정시간 동안 활동전위가 발생할 수 없는 때

15. – 시냅스(연접) : 신경세포와 다른 신경세포 사이에 존재하는 기능적 연접 부위. 뉴런으로부터 다른 뉴런으로 신경충동이 화학적, 전기적 방법으로 전달된다.
    – 운동 단위 : 하나의 운동신경에 지배되는 신경과 근섬유의 그룹
    – 랑비에르 결절 : 신경에서 수초에 둘러싸이지 않은 부분
16. – 복사 : 열이 물질이나 매개체 없이 이동하는 현상
    – 대류 : 액체나 기체 상태의 분자가 직접 이동하면서 열이 전달되는 현상
    – 전도 : 분자간의 직접 충돌로 인해 열에너지가 전달되는 현상
17. 열탈진과 열사병은 증상이 유사하나 차이가 있다.
    – 열사병 : 고온 다습한 환경에 노출되거나 격렬한 운동 중에 발생하며 이러한 환경에 노출되었을 때 수분과 염분의 손실로 발생된다. 현기증과 구기력, 구토 증상을 동반하며 서늘한 곳에서 수분을 보충하고 병원으로 이송 조치한다.
    – 열탈진 : 과도한 체온 증가로 체온 조절 기능의 이상으로 고온다습한 환경에 노출되어 체온 조절에 장애가 생긴다.
18. • 감각 – 운동 신경계의 인체 운동 반응 조절 과정
    감각 수용기가 감각 자극을 받아들인다. → 자극이 감각 뉴런을 통해 중추신경계로 전달된다. → 중추신경계가 정보를 해석하고 운동 반응을 결정한다. → 운동 자극이 중추신경계에서 운동 뉴런으로 전달된다. → 운동 자극이 근섬유에 전달되면 운동 반응이 일어난다.
19. – 저항성 트레이닝에 의한 근력 향상의 요인은 TypeⅡ 형태의 속근섬유 크기의 증가와 운동 중 동원되는 운동단위수의 증가이다.
    – TypeⅠ 섬유 수의 증가는 지구성 트레이닝에 의해 변화가 나타난다.
20. – 교감신경 : 방위 반응계로서 위험에 처한 신체를 활동력 있게 준비한다. → 심박수와 수축력 증가, 골격근으로 혈액공급량 증가, 정맥환류 증가
    – 부교감신경 : 인체의 항상성 조절, 심박수 감소, 기관지 수축, 관상동맥 수축

6과목 운동역학 해설

1. 운동 불안은 스포츠 심리학에서 다루는 영역

2. 복장뼈는 흉부의 앞쪽(전면 : anterio)에 위치
3. – 병진 운동 : 상하좌우로 물체가 평행 운동하는 것을 의미한다.
   – 곡선 운동 : 물체가 운동을 할 때 물체에 속하는 모든 점이 어느 일정한 곡선상을 이동하는 평면 운동을 말한다.
4. ① kg은 질량의 단위이다.
   ③ 무게 중심의 위치는 자세와 상관있으며, 인체 내외부에 존재한다.
   ④ 질량은 인체가 가지고 있는 관성의 척도로 장소에 따라 크기가 변하지 않는다.
5. 무게 중심의 높이는 안정성에 영향을 미친다.
6. 2종 지레는 작용점이 힘점과 받침점 사이에 있기 때문에 2번이 답이다.
7. 마그누스 효과는 유체 속에서 물체가 회전하며 특정한 방향으로 이동할 때 물체의 경로가 휘어지는 현상을 의미한다. 이러한 현상은 물체가 그 이동 속도의 수직 방향으로 힘을 받아 나타나게 된다.
8. 최대 평균 가속도는 1초와 3초 사이에 나타난다.
9. 평균 속력은 거리/시간 = 100m/100s, 즉 1m/s이다. 속도는 방향성을 가리키고 있기 때문에, 시작점과 도착지점이 동일하면 속도는 0m/s가 된다.
10. 해설 필요 없음
11. 마찰력은 추진력으로 작용할 수 있다.
12. 뉴턴의 제 2법칙(가속도의 법칙) : 물체에 힘이 가해졌을 때 물체가 얻는 가속도는 가해지는 힘에 비례하고 물체의 질량에 반비례한다.
13. 조건인 (가)와 (나)의 면적이 동일하다는 것에서 수직 충격량이 동일하다는 것을 알 수 있다.
14. ① 질량 분포가 회전축에서 멀수록 관성 모멘트는 커진다.
    ③ 회전 반경의 길이는 관성 모멘트의 크기에 영향을 준다.
    ④ 공중 자세에서 관성 모멘트가 달라져도 각속도는 변한다.
15. 1J(줄)은 일의 단위이며 1N(뉴턴)의 힘으로 물체를 1미터 이동하였을 때 한 일 또는 필요한 에너지이다. 영국의 물리학자인 제임스 프레스콧 줄에서 따왔다.
16. 일의 크기 = 힘(N) × 이동거리이다. 200(N)×5(M)=1000(J)이며 일률은 일의 크기를 시간으로 나누면 되므로 1000(J)÷10(Sec)=100 Watt
17. 위치 에너지는 물체의 질량과 높이와 관계가 있다.
18. 운동에너지 = 1/2×질량(kg)×속력(m/s)의 제곱
    위치에너지를 구하는 식은 9.8m(질량)h(높이)이다.
    식에 대입해서 역학적 에너지가 가장 큰 것이 정답

이다.
19. ⓒ,ⓔ은 운동역학적 분석 방법
20. 3차원 위치 좌표는 근전도 분석으로 얻을 수 있는 정보가 아니다.

7과목 한국체육사 해설

1. 고대체육(부족국가~삼국시대), 중세체육(고려시대~조선시대), 전통체육(갑오경장 이전), 근대체육(갑오경장 이후)
2. 삼국시대의 마구와 함께 기마의 상황을 알려주는 유적으로는 고구려의 고분벽화인 고구려 무용총 수렵도가 있다.
3. 저포(樗蒲)는 삼국시대에 나무로 만든 주사위를 던져서 승부를 다투는 민속놀이로서 현대의 윷놀이와 비슷한 형태를 가지고 있다.
4. 붕우유신(朋友有信)은 조선시대 유교적 예법인 삼강오륜 중 오륜의 하나로서 벗과는 믿음이 있어야 함을 강조하는 내용이다.
5. 주인이 길들인 매로 사냥을 하는 것이 '방응'이며 이는 짐승을 활로 잡는 수렵 행위보다 자연적이고 원시적인 방법이었다.
6. 고려시대는 국학 안에 7재를 두었는데 그 중 무학을 공부하는 강예재(講藝齋)가 있었다. 고려 교육기관의 성향으로 볼 때 유능한 인재를 선발하여 교육시켜 관리로 등용시킨 점으로 볼 때 무학을 통해 장수로 양성한 것으로 보인다.
7. 고려시대의 격구는 군사 훈련의 수단이었으며, 주로 승마(乘馬) 능력향상을 위한 훈련 수단이었다. 격구는 고려시대의 귀족사회에서 매우 성행하였으며, 특히 격구에 대한 의종의 열정을 광적이라고 표현할 정도였다고 한다.
8. 고려시대에는 인재를 등용시키는 특별 채용 방식으로 무인을 등용했고 무인 집권시기에는 수박희가 인재 선발의 중요한 수단이었음을 알 수 있다. 말을 타고 여러 가지 자세나 기예를 보여주는 것으로 유교를 치국의 도로 삼았던 고려시대의 승마 기술은 군자의 중요한 덕목 중에 하나였다.
9. 훈련원은 무인 양성과 관련된 공식적인 교육기관이다. 군사의 무재를 시험하고 무예를 연습하였으며, 병서 강습을 하기도 하였다. 활쏘기 승마 등을 연습시켰다.
10. 줄다리기는 대보름날에 주민 모두가 함께하는 대동놀이로, 한강 이남지역의 큰 고을에서 매우 성한 놀이였다. 지역에 따라, 발하(拔河), 삭전(索戰), 갈전(葛戰)이라고 부른다.
11. 이화학당은 1886년 선교사였던 메리 스크랜턴이 설립한 한국 최초의 여성 교육 기관이다. 교과 과정은 국어, 한문, 산술, 역사, 지리, 영어, 음악, 체조 등의 14과목으로 이루어져 있다.
12. 황성기독교청년회는 1903년 10월 발족하였으며 1906년 4월 11일에 운동부를 결성하였다. 각종 운동 경기를 개최하여 초창기 조선의 체육 활동 보급과 확산에 지대한 영향을 미쳤으며 이후 YMCA의 전신이 되었다. 총무였던 질레트에 의해 YMCA 야구단원들이 야구복 차림으로 농구공을 가지고 놀기 시작하였다.
13. – 조선체육협회는 1919년 2월에 설립된 일본인주도의 조선체육협회이다.
  – 대한체육구락부는 1906년 3월에 결성된 우리나라 최초의 근대적 체육단체이다.
  – 대한국민체육회는 1907년 10월에 노백린(盧伯麟)의 발기로 조직된 우리나라 최초의 체육단체이다.
  – 대한흥학회운동부는 1909년 일본 동경(東京)에서 조직되었던 한국유학생 통합 단체 내 운동부이다.
  *개화기는 1876년 강화도 조약 이후 1910년 경술국치까지의 시기이다.
14. 서상천은 일제강점기 역도연맹회장, 대한씨름협회 회장 등을 역임한 체육인으로 1923년 일본 체조학교를 졸업 후 1926년 귀국하여 휘문 고등 보통학교에서 교편을 잡으면서 일본 체조학교 동창인 이규현(李圭鉉)·이병학(李丙學)과 함께 역도이론의 연구와 실제 수련에 심혈을 기울였다.
15. 1896년 5월 2일, 동대문 근처 삼선교에서 우리나라 최초의 근대적 운동회가 열렸으며 일종의 야유회형식에 가까웠고 이름도 '화류회(花柳會)'라 불렀다. 화류회의 근본적인 목적은 좁은 교실에서 벗어나 자연 속에서 운동회를 하고 심신단련과 호연지기(浩然之氣)를 배양하기 위함이었다.
  *일제강점기는 1910년부터 1945년까지의 시기를 말한다.
16. 〈보기〉의 체육단체는 조선체육회이다. 조선신궁경기대회는 일본인이 주도하고 있는 조선체육협회가 경성운동장 준공 기념으로 1925년 10월 15일부터 사흘 동안 개최한 대회이다.
17. 1991년 일본 지바에서 열린 제41회 세계탁구선수권대회에서 남·북한은 사상 첫 단일팀을 결성하여 참가하였고 여자 단체전에서 우승을 하였다. 또한

1991년 제6회 포르투갈 세계 청소년 축구 대회에도 남,북한은 단일팀으로 참가하여 아르헨티나를 누르고 8강에 진출하였다.

18. ㉠ 1948년 제5회 생모리츠 동계올림픽
㉡ 1988년 제24회 서울 하계올림픽
㉢ 2000년 제27회 시드니 하계올림픽
㉣ 1976년 제21회 몬트리올 하계올림픽

19. 1936년 제11회 베를린 올림픽 마라톤 경기에서 24살의 손기정 선수가 금메달을 획득하였고 동아일보에서 손기정 선수의 사진을 게재하면서 유니폼에 그려진 일장기를 삭제하였다.

20. 태릉선수촌은 박정희 정권 시절 1966년 6월 일선 지도자 및 국가대표선수의 강화훈련을 위하여 대한체육회가 설립한 종합 선수합숙훈련장이다. 보기는 전두환 정권 시절 스포츠 정책이다.

8과목 노인 체육론 해설

1. 노화로 인해 수축기 및 이완기 혈압은 증가한다.
2. ㉠은 유전적 이론, ㉡은 손상 이론, ㉢은 점진적 불균형 이론에 해당한다.
3. 에릭슨(E. Erikson)의 심리사회 발달에서 노년기는 "자부심과 만족감을 느끼면서 자신이 살아온 과거를 되돌아볼 수 있으며, 죽음까지 위엄 있게 받아들일 수 있다." 라는 것은 긍정적인 노년기가 되는 것이고, 반대로 "자신이 살면서 달성해야 할 것을 달성하지 못했다고 느끼면서 삶의 종말이 다가오는 것에 절망한다."면 부정적인 노년기이다.
4. 신체적, 정신적, 사회적 손실에 대한 적응력(보상)과 기능적 향상을 통해 노화로 인한 손실을 보완(보상)하는 것은 보상이 수반된 선택적 적정화 이론이다.
5. 운동(exercise)은 하나 또는 그 이상의 체력 구성요소를 향상시키기 위해 실행되는 계획적이고 체계적이며 반복적인 신체의 움직임이다.
6. "경로당 운영이…그립구만" : 고립감 악화
"술로 잠을 자려고…" : 수면장애
"…겁이 나네" : 불안감 고조
"치매에 걸릴까…" : 사고력 약화
7. 언어적 설득 : 수행자로 하여금 수행해야 할 과제를 성취할 수 있는 능력이 있다는 믿음을 주는 방법이다. 성공 수행 경험, 간접 경험에 비해 자기효능감 형성에 미치는 영향은 적다.
8. 노인들을 자신의 부모님처럼 공경하고 예의 바르게 대하는 마음가짐이 필요하다.
9. 행동주의적 지도 방법은 운동을 지속적으로 실천하는 데 긍정적인 효과를 주는 전략으로 운동 습관에 영향을 줄 수 있는 환경의 특정 요소를 변경하는 것이므로 '상담'은 포함되지 않는다.
10. ㉠은 근력&근지구력에 관한 내용이므로 30초 아령 들기, ㉡은 민첩성에 관한 내용이므로 2.4m 왕복 걷기가 해당된다.
11. 장기간 저항성 운동의 장점 : 근력&근지구력 증가, 제지방량 증가, 속근 섬유의 비대, ATP-PC 체계의 효소 활동 증가 등이 있다. 20대의 근비대 수준으로 근력 회복은 생리학적으로 어려우며, 낙상 위험은 저항성 운동보다는 협응성, 평형성에 관련된 내용이다.
12. ACSM 노인 운동 부하 검사 지침에 따르면 운동 강도를 높이기 위해서는 속도보다 경사도를 높이는 것을 권장한다.
13. 수중 운동은 직립 자세, 수영(영법), 수중 걷기, 수중 에어로빅 등 다양한 자세에서의 운동이 권장된다.
14. 등을 굽히고 있는 자세는 요통의 통증을 증가시킬 수 있다.
15. 죽상경화증 심혈관질환 위험요인
(나이, 가족력, 총콜레스테롤, 고밀도지단백 콜레스테롤, 당뇨, 혈압, 신체 활동 해당)

위험요인	기준의 정의
연령	남자 45세 이상, 여자 55세 이상
가족력	아버지 또는 남자 형제 중에서 55세 이전 그리고 어머니 또는 여자 자매 중에서 65세 이전에 심근경색, 관상동맥혈관 재형성술 및 급사한 가족이 있음
흡연	현재 흡연자, 6개월 이내 금연자, 흡연 환경에 노출
신체활동 부족	최소 3개월 동안 주당 최소 3일, 중강도(40~59 VO2R)의 신체 활동을 30분 이상 참여하지 않음
비만	체질량 지수 30kg · m-2 허리둘레 남 : 102cm(40in) / 여 : 88cm(35in) 초과
고혈압	최소 2회 이상 측정하여 수축기혈압 140mmHg 이상 또는 이완기 혈관 90mmHg 이상 또는 항고혈압제복용

이상지질혈증	LDL-C 130mg·dL^{-1} 이상 또는 HDL-C 40mg·dL^{-1} 미만 또는 지질강하제 투약, TC만 확인 가능하다면 200mg·dL^{-1} 이상
당뇨병	공복 혈당 126mg·dL^{-1} 이상 또는 경구 당부하검사 2시간 후 200mg·dL^{-1} 이상 또는 당화혈색소 6.5% 이상
음성 위험요인	기준의 정의
고밀도 지단백 콜레스테롤	60mg·dL^{-1} 이상

16. 체중부하, 유연체조, 계단 오르기, 저항 운동 등 근력 강화 운동을 권장한다.
17. 준비 운동은 폐 혈류의 저항을 감소시켜 폐의 혈액 순환을 향상시킨다.
18. 노화와 관련된 보행 형태의 변화는 다음과 같다. 보행 속도의 감소, 걸음 길이(보폭)의 감소, 팔 앞뒤 흔들기(swing)의 감소, 걷기를 위한 의식적 관여도 증가, 양발 지지기 증가 등
19. 동작의 속도와 방향을 다르게 하면 복잡한 사고를 요구하므로 오히려 단기기억에 부정적인 문제를 나타낼 수 있다.
20. 노인은 시력 약화, 전정계 기능 저하, 체성감각 기능 저하로 인해 균형 감각이 떨어질 수 있으며, 의식적인 노력에 의해 균형감각을 향상시킬 수 있다.

9과목 유아 체육론 해설

1. 가역과정은 피아제의 도식 형성과정에 포함되지 않는다.
2. 영유아의 신체 및 운동 발달의 특징으로 ⓒ과 ⓔ은 포함되지 않는다.
3. 비대칭목경직반사는 생후 2~3개월간에 발생되며, 이후에도 계속되면 비정상 발달이 있을 수 있다.
4. 보기의 내용은 스키너(B. Skinner)의 행동주의 이론이다.
5. 성숙 단계의 드리블은 한발을 앞으로 내밀고 반대편 손으로 드리블이 가능한 상태를 말한다.
6. 몸통 앞으로 굽히기는 정적 안정성과 관련이 없다.
7. 에릭슨의 심리 사회 발달의 3단계인 주도성 대 죄책감에서 1번은 포함되지 않는다.
8. ㉠ 몸을 구부려 훌라후프 통과하기(공간)
   ㉡ 박수 소리에 맞추어 리듬감 있게 점프하기(시간)
   ㉢ 신호에 따라 오른쪽으로 회전하기(방향)
9. – 민첩성 : 왕복달리기(2m) 시간의 측정
   – 근지구력 : 1분 간 앉았다 일어나기 동작 횟수의 측정
   – 평형성 : 평균대 위에서 한 발로 서있는 시간의 측정
10. 도약과 착지 지점이 멀리 떨어지도록 지도하는 것은 수직 점프의 단계 발달에 적합하지 않다.
11. 해설 불필요.
12. 〈보기〉는 유아의 기본 운동 기술의 조작성 기술을 설명하는 내용이다.
13. 유아 운동 프로그램의 구성 시 고려사항으로 남아와 여아를 분리하여 고려하지 않는다.
14. WHO(2020)은 만 3~4세의 아이들에게 최소 60분 이상의 중·고강도 신체 활동을 포함한 하루 180분 이상의 신체 활동을 권장하고 있다.
15. 과제와 동작을 최대한 자세히 설명하면서 소요되는 시간이 유아의 흥미와 관심을 떨어뜨리는 요소가 될 수 있다.
16. 신체적 자기개념이란 신체 활동을 통해 인간 행동을 결정하는 자기 존중감의 한 가지 형태로써 자기 자신을 어떻게 생각하며 지각하는가를 말한다. 따라서 신체적 자기개념은 복합적인 개념이며, 어려운 동작의 도전과 성공을 통해서 스포츠 유능감을 느끼며, 따라서 자기효능감과 밀접한 관련성을 가지고 있다.
17. 유아의 신체 활동 참여 동기는 과제에 도전 및 성공이기 때문에 과제 성취를 운에 의한 것으로 지도할 시 참여 동기가 떨어질 가능성이 높다.
18. 어렵고 위험한 과제에는 지도자의 신체적 가이던스(physical guidance)가 필수적이다.
19. 유아가 선호하는 교구만을 배치 시 다양한 체육 수업을 진행할 수 없으므로 유아가 선호하지 않더라도 여러 가지 교구를 배치하여야 한다.
20. 누리 과정(2019)에서 '신체운동·건강 영역'의 내용에서는 창의적으로 표현하기는 포함되지 않는다.

10과목 특수 체육론 해설

1. 특수 체육은 사회적 관점에서 통합 사회, 교육적 관점에서 통합 교육, 체육 및 스포츠 관점에서 통합 체육의 의미를 지니고 있으며 개인의 장애를 치료하는

목적은 주된 목적이 아니다.
2. 국제 기능·장애·건강 분류(International Classification of Functioning, Disability, and Health: ICF)는 건강과 관련된 광범위한 정보를 구분하는 국제 분류로 장애란 총체적 용어로 환경적, 개인적 요인에 의해 누구에게나 발생가능한 일반적 현상이라 파악하였다. 핸디캡 등의 부정적 개념 대신 신체기능과 구조, 활동과 참여, 환경 요인으로 구분하고 있다. 이 중 스포츠에 독립적인 참여는 어려우나 적절한 지원을 받아 참여할 수 있는 영역은 참여이다.
3. 지적장애인의 심동적 특성으로는 운동 발달 상의 지체, 낮은 체력 수준, 신체적 제어 부족, 과체중과 비만 및 관절의 과신전(관절의 각이 180도 넘는 상태) 경향이 있다. 따라서 경기장의 크기를 확대한다거나 골대의 높이를 높이는 것 그리고 레인의 폭을 좁히는 것은 활동의 어려움을 야기하게 되어 부적절하다. 배구에서 부드러운 비치볼을 사용하는 것은 보다 수월한 운동 수행을 가능하게 하는 변형 방법이다.
4. 특수 체육 용어는 미국에서 시대에 따라 변화되어 왔으며 1970년부터 장애인의 평생 신체 활동(Adapted Physical Activity)을 강조하는 개념으로 발전하여 2001년 세계특수체육학회에서 공식적으로 Adapted Physical Activity로 사용해 오고 있다.
   - 1900년까지- 의료 체조(Medical Gymnastics)
   - 1930년까지- 스포츠로의 전환(Transition to Sports)
   - 1950년까지- 교정 체육(Corrective Physical Education)
   - 1970년까지- 특수 체육(Adapted Physical Education)
   - 현재- 특수 체육(Adapted Physical Activity)
5. - 생태학적 과제 분석 : 운동 기술, 움직임 등의 수행 과제뿐만 아니라 학생의 개별적인 특성과 선호도 및 수행에 영향을 줄 수 있는 환경요소까지 고려하는 방식이다.
   - 생태학적 과제 분석의 3대 구성요소 : 수행자, 수행 환경, 수행 과제
6. - 뇌성마비 : 출생 시 또는 출생 이후 2년 이내에 뇌 손상 또는 결함으로 움직임에 만성적인 장애를 가지는 상태로 손상이 진행적이지 않다.
   - 다발성 경화증 : 몸의 여러 곳에 동시 다발적으로 염증이 발생하여 근육이 굳어지며 전반적인 무력감이 나타나는 질환
   - 근이영양증 : 여러 근육근의 퇴화가 서서히 진행되는 유전성 질환으로 호흡 장애와 심장 질환 등의 합병증을 유발하는 질환
7. 타당도란 측정도구가 실제로 파악하고 조사하고자 하는 것을 정확하게 측정하고 있는가의 정도이다.
   - 타당도 종류
     - 준거 타당도 : 검사도구의 측정 결과가 준거가 되는 다른 측정 결과와 관련이 있는 정도이다. 준거 타당도는 예언 타당도와 공인 타당도로 나누어 볼 수 있다.
     - 내용 타당도 : 측정하고자 하는 내용을 내용과 관련된 전 영역에 걸쳐 얼마나 잘 반영하여 측정하고 있는지를 평가하는 것이다.
     - 구성 타당도 : 측정도구가 측정하고자 하는 개념을 이론적인 배경 속에서 적절하게 측정하고 있는지를 평가하는 것이다.
     - 안면 타당도 : 검사가 실제 무엇을 측정하려는 것인지를 피험자의 입장에서 검토하는 타당도이다.
8. 장애인 운동 기술 측정 도구 유형

도구	TGMD-2	BPFT	PAPS-D (국내개발 2013)
대상	만 3세~10세 장애 아동 / 비장애 아동	만 10세~17세 척수 장애, 뇌성마비, 절단, 지적, 시각 장애 / 비장애인	장애 학생(6개 장애 유형)
목적	대근 운동 발달 수준 검사	심폐 능력, 신체 조성, 근골격계 기능(유연성, 근력 및 근지구력)의 검사	건강 체력 평가
검사 방식	- 이동 기술 : 달리기, 갤롭, 홉, 립, 제자리 멀리뛰기, 슬라이드 - 조작 기술 : 치기, 튀기기, 받기, 차기, 던지기, 굴리기	- 심폐 : PACER, 심박수 검사 등 - 신체 : 피부 두께, BMI 측정 - 유연성 : 앉아 윗몸 굽히기, 응용 토마스 검사 등 - 근력 : 매달리기, 푸쉬 업 등	- 근골격계 : 근기능, 유연성, 신체균형도(자세 평가) - 호흡순환계 : 심폐 기능 - 신체 구성 : 비만도 - 자기신체평가 : 외모, 존중감 등

활용	규준 지향, 준거 지향 방식 모두 활용 가능	준거 지향(절대기준) 방식	규준 지향, 준거 지향 방식 모두 활용 가능
절차	설명과 시범 – 사전 연습 – 검사	검사 전 프로파일 작성 – 검사항목 선정 – 측정 – 준거점수와 비교 – 결과에 대한 프로파일 작성 – 운동계획 작성	6가지 검사 유형 중 선택 가능 지체(보행/휠체어/전동휠체어) 시각/ 청각/ 정신·정서 및 행동

9. 과학적 연구에 의해 지지되는 검증된 프로그램을 사용하는 방식은 근거 기반 프로그램이다.
10. 사회적 참여와 삶의 질을 최적화시키기 위해서는 장애인의 임파워먼트(권리신장)가 필요하다.
    - 임파워먼트 : 개인적 유능감, 자기결정, 사회적 참여의 3가지 속성을 가짐
    - 개인적 유능감 : 긍정적 자아 존중감 배양, 장애에 대한 수용, 통제에 대한 내재적 승인
    - 자기결정 : 개인의 삶에 대한 적극적 자기결정, 운동과 재활 참여에 대한 선택권, 서비스 계획과 조직에 대한 영향 등
    - 사회적 참여 : 다른 장애인데 대한 배려와 지시, 사회적 불공정에 대한 시정 요구, 지지 활동에 참여
11. 장애를 가진 사람을 지도할 때 스포츠 활동을 효과적으로 유도하기 위해 환경, 용구·기구, 규칙 등을 변형하는 것을 활동 변형 전략이라고 하며, 다만 필요에 의해 변형을 하는 경우라도 스포츠의 본질은 유지하여야 한다.
12. 자율신경 반사 이상이란 대개 제6흉수 이상의 척수 손상 환자에서 손상된 척수보다 아래 부위의 유해자극에 대한 대량의 교감신경 반응으로 발생하는 급성 임상 증후군으로 발작성 고혈압, 발한, 심한두통 등이 나타날 수 있다.
    • 지체 장애인 스포츠 지도 시 고려사항
      - 욕창 예방을 위해 체중의 중심을 자주 옮겨주고, 수분을 흡수할 수 있는 의복을 착용시킴
      - 상해부위에 보호용 커버를 사용
      - 흉추 6번 이상의 척수손상자는 혈압 증가와 심박수 감소 등의 문제가 있으므로 체온 조절에 유의
      - 척수손상자는 경기 전 방광을 비우도록 해야 함
      - 기립성 저혈압이 나타날 경우 몸을 앞으로 완전 숙이거나 앞쪽으로 서 있도록 조치

13. 시각 장애인 체육 활동 지도 전략
    ※ 시각을 대체하도록 언어 지도, 촉각 탐색, 직접 지도의 단계로 지도하며 안전을 위한 환경 구성이 중요
    - 간단한 용어와 한, 두 가지를 포함한 피드백을 언어적으로 제공
    - 잔존시력의 정도를 파악 후 동작을 반복적으로 보여 줌
    - 참여자가 신체 활동을 원활하게 할 수 있도록 곁에서 도움을 주며, 고글 등 눈을 보호할 수 있는 장비 착용시킴
    - 소리 나는 기구를 활용하거나 색의 대비나 조도를 조절하여 활용
    - 과제의 전체 동작과 부분 동작을 순서대로 시범을 보임
    - 놀라지 않도록 신체적 가이던스를 제공하기 전에 미리 공지하고 강도는 점진적으로 줄여나감
    - 지도자의 시범을 자신의 손으로 만져서 자세를 확인할 수 있도록 하여야 함
14. 지원의 종류과 강도에 따른 분류(미국 지적 장애·발달 장애 협회)
    - 간헐적 지원 : 필요한 시기에 기초적 지원 / 단기간의 일회적인 지원 형태
    - 제한적 지원 : 일정시간동안 지속적으로 이루어지는 지원 / 시간이 제한적이므로 지원 인력이 덜 필요하고 소모비용이 적음
    - 확장적 지원 : 특정 환경(조건)에서 정기적으로 이루어지는 지원 / 시간적 제한이 없음
    - 전반적 지원 : 항구적이고 고강도의 지원 / 모든 환경에서 제공되며 삶을 유지시키는 데 필요한 지원을 의미하고 많은 인력과 개입을 요함
15. 행동 관리 강화 기법
    • 강화 : 장애인 교육 및 지도에 필수적 요소로 행동에 따라오는 결과 혹은 보상을 의미
    • 정적 강화 : 바람직한 행동을 유지하거나 증가시키기 위해 사용하는 강화 방법
      - 프리맥 원리 : 좋아하는 활동을 이용하여 좋아하지 않는 활동에 학습 동기를 부여하는 것
      - 토큰 경제 강화 : 미리 결정된 행동 기준에 대상자가 도달한 경우 이에 대한 대가를 지불하여 대가로 받은 토큰이나 점수로 어떠한 강화물로 교환이 가능하도록 하는 방법
    • 부적 강화 : 바람직한 행동 증가를 위해 그 행동을 보일 경우 혐오적인 사건을 제거하는 것
      - 타임아웃 : 정해진 시간 내 정적 강화 환경에서 문제 행동 일으키는 경우 그 환경에서 퇴출

- 과잉 교정 : 문제 행동을 한 경우 강제적으로 반복 통제함으로서 대상자에게 문제 행동에 대한 책임을 지게 하거나 원래보다 더 개선된 상태로 변화시키는 것(강제적 반복 교정)

16. 자폐성 장애인의 체육 지도 전략
    ※ 의사소통이 어렵고, 비인격적 사물을 사용해서 관계를 만들어 간다는 점에서 익숙한 공간과 규칙으로 반복 진행하는 것이 필요
    - 언어 지시와 동시에 시각적 단서를 제공하고 지시의 패턴화 필요
    - 의사소통 보드 또는 그림(사진, 실물 그림, 상징적 그림 등)을 적극적으로 활용
      - 자폐성 장애의 경우 관련 없는 정보를 배제할 수 있는 능력이 부족하므로 그림 하나에 한 항목만 포함하는 것이 효과적
    * 보드메이커 : 사건이나 행동 등을 나타내는데 있어서 보편적으로 받아들여지는 상징들을 구성하는 데 도움을 주는 소프트웨어
    - 규칙적인 일상과 구조를 유지
      - 자폐성 장애인의 경우 새롭거나 기존 환경과 차이가 있는 정보가 무작위 또는 무계획적으로 제공될 때 부적절한 행동으로 반응하는 경우가 많음
      - 일상적 과제를 수행하는 것이 과제에 대한 기대치를 향상시킬 수 있음
      - 새로운 정보를 제공하는 경우 기존과 유사성 있는 정보를 점진적으로 제공하는 것이 유용함
    - 접하기 쉽고 선호하는 스포츠를 우선 선정하고, 같은 스포츠 활동 시 동일한 환경과 장비로 구성
    - 불연속, 계열적 동작으로 구성된 스포츠(농구, 야구)보다 연속 동작으로 구성된 스포츠(사이클, 수영)가 적합
    - 소음과 활동에 저해되는 환경 관리

17. 시각 장애인 신체 활동 지도 시 시력 상실의 원인과 시기를 파악하여 특성에 맞는 프로그램을 계획하고 참여자가 신체 활동을 원활하게 할 수 있도록 잔존시력의 정도를 파악하여 구성하여야 한다.

18. 청각 장애인과 의사소통 시 고려사항
    - 대화 시 눈을 맞추고 필요시 필기구를 사용
    - 청각 장애인이 인지하고 있는 수신호를 사용할 것
    - 대화를 방해할 수 있는 언행을 주의할 것
    - 시범을 보일 때에는 청각 장애인을 교사 등 뒤에 위치하게 하여 좌우 혼동 없게 조치

19. 발작 증상 발생 시 주의사항
    - 주변에 위험한 물건들과 부딪지 않도록 조치함
    - 옷이 꽉 끼지 않도록 느슨하게 풀어줌
    - 숨 쉬는데 지장이 없도록 기도를 유지해줌
    - 발작이 멈추지 않을 경우 응급구조대를 불러 응급처치를 받아야 함

20. 운동기능적 분류
    - 경련성 : 근육의 장력이 증가함에 따라 근육의 움직임이 둔해지고 과긴장 상태가 되는 것(60%)
    - 무정위 운동성 : 대뇌 중앙에 위치한 기저핵 부분이 손상되어 사지가 의지와 상관없이 불규칙하게 움직이는 경우(20%)
    - 운동실조성 : 소뇌에 손상을 입어 몸의 평행성과 협응력에 영향을 미치는 것(10%)
    - 강직성 : 심한 정신 지체를 동반, 수축근과 길항근에서 모두 근육의 강직을 보임(2~4%)
    - 진전성 : 운동에서 신체의 일부가 불수의적으로 떨림(2%)
    - 혼합형 : 경직성과 무정위 운동증이 함께 나타남

스포츠지도사 2급
한권으로 합격하기

발 행 일	2021년 3월 10일 개정1판 1쇄 발행
	2021년 9월 10일 개정2판 1쇄 발행
저 자	백현종·홍형호·이동률·김진훈·박채호
	김정현·이형록·정덕화·성준영 공저
발 행 처	
	http://www.crownbook.com
발 행 인	이상원
신고번호	제 300-2007-143호
주 소	서울시 종로구 율곡로13길 21
공 급 처	(02) 765-4787, 1566-5937, (080) 850~5937
전 화	(02) 745-0311~3
팩 스	(02) 743-2688, 02) 741-3231
홈페이지	www.crownbook.co.kr
I S B N	978-89-406-4472-0 / 13690

특별판매정가　29,000원

이 도서의 판권은 크라운출판사에 있으며, 수록된 내용은 무단으로 복제, 변형하여 사용할 수 없습니다.
Copyright CROWN, ⓒ 2021 Printed in Korea

이 도서의 문의를 편집부(02-6430-7012)로 연락주시면 친절하게 응답해 드립니다.